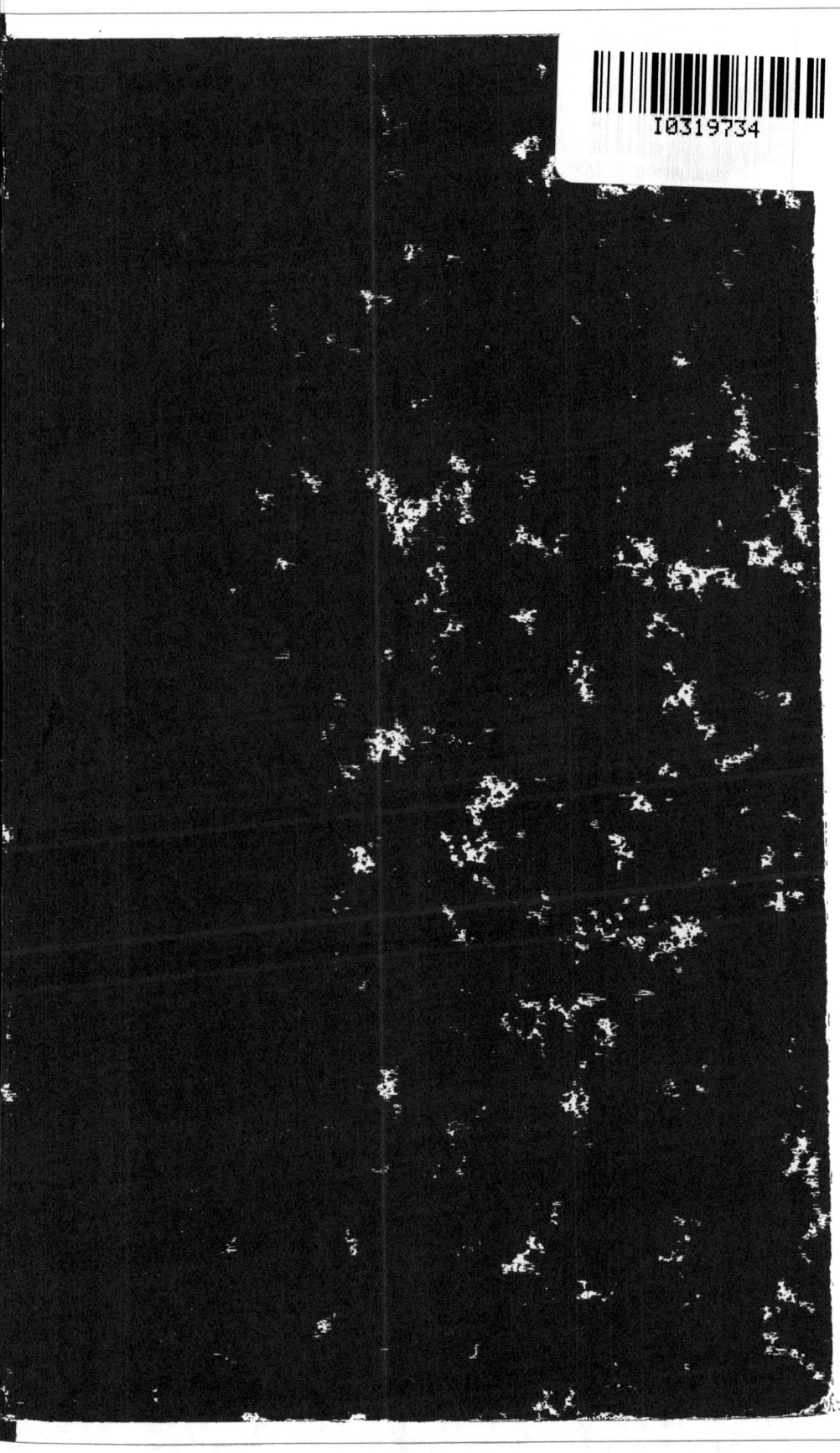

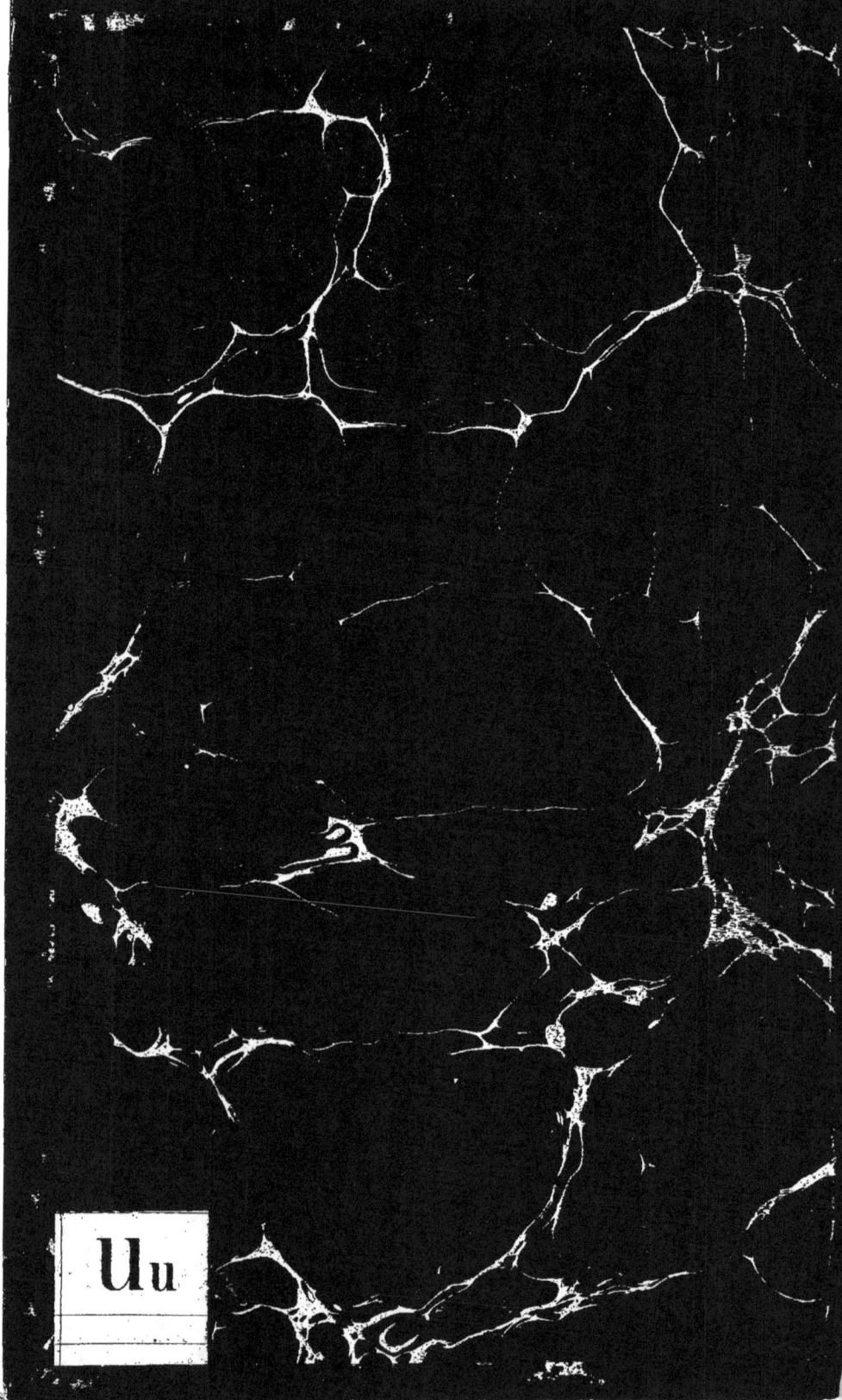

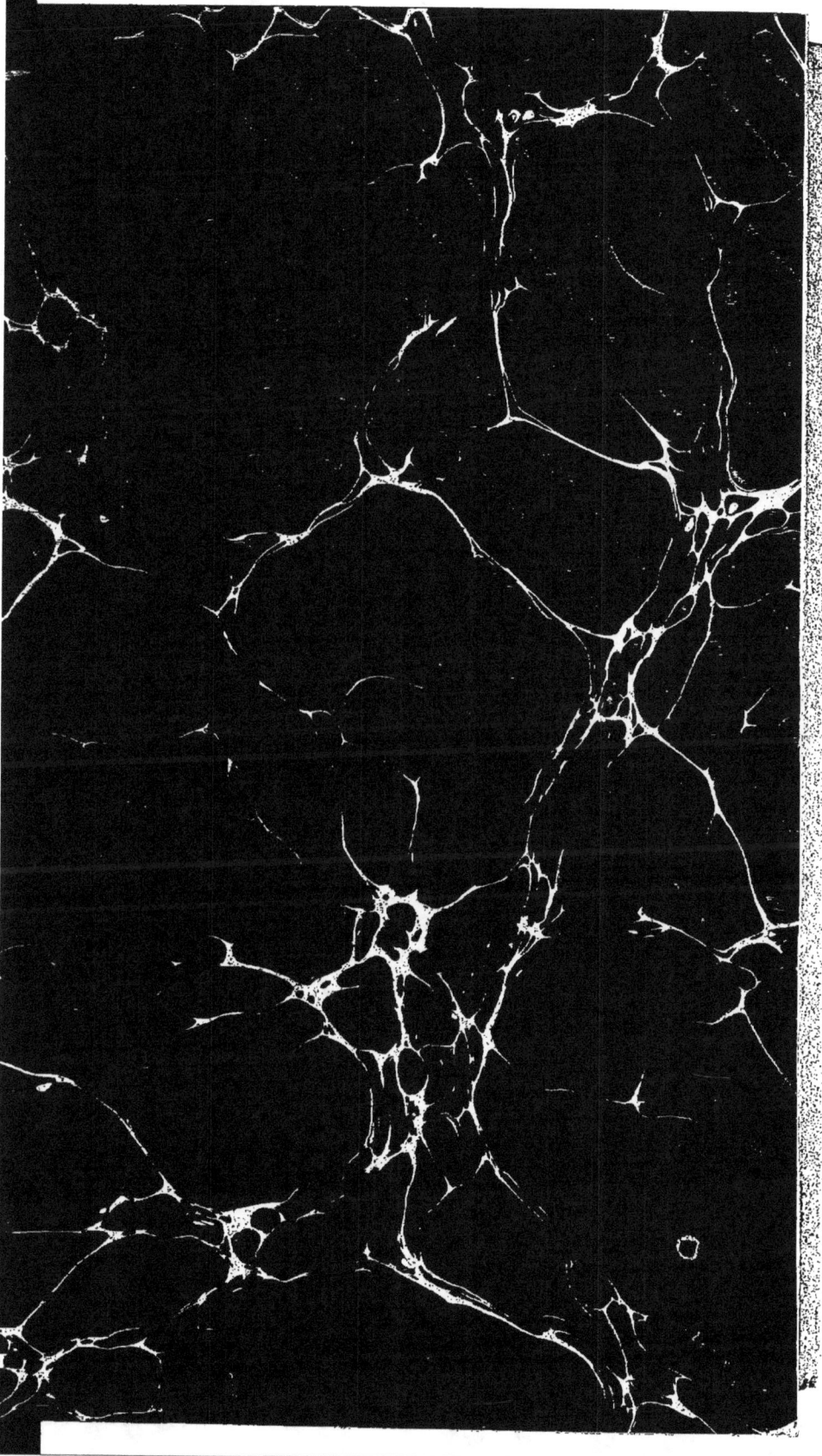

L'UNIVERS

HISTOIRE ET DESCRIPTION
DE TOUS LES PEUPLES

ITALIE ANCIENNE

SECONDE PARTIE

INSTITUTIONS, MŒURS ET COUTUMES

PARIS,
TYPOGRAPHIE DE FIRMIN DIDOT FRÈRES, FILS ET Cie,
RUE JACOB, N° 56.

ITALIE ANCIENNE

SECONDE PARTIE

INSTITUTIONS

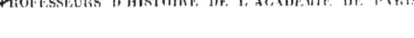

MŒURS ET COUTUMES

PAR MM.

DURUY, FILON, LACROIX ET YANOSKI

PROFESSEURS D'HISTOIRE DE L'ACADÉMIE DE PARIS

PARIS

FIRMIN DIDOT FRÈRES, FILS ET Cie, ÉDITEURS

IMPRIMEURS DE L'INSTITUT DE FRANCE

RUE JACOB, 56

M DCCC LXIII

ITALIE ANCIENNE,

PAR MM. DURUY, FILON, LACROIX ET YANOSKI.

INSTITUTIONS, MŒURS ET COUTUMES (1).

CHAPITRE I.

DESCRIPTION DE ROME SOUS LES ROIS, LA RÉPUBLIQUE ET LES EMPEREURS.

EMPLACEMENT DE ROME. — Le Tibre, aujourd'hui Tevere, reçoit dans son cours de quatre-vingts lieues la Chiana (*Clanis*), la Nera (*Nar*), le Tévérone (*Anio*). A une lieue de la mer il se divise en deux bras qui enferment l'île Sacrée. Le plus petit, au nord-est, se nomme le Fiumicino, l'autre, sur lequel Ostie fut construite, est la Fiumana.

Ce roi des fleuves de l'ancien monde est d'un triste aspect. Ses eaux, constamment chargées de pouzzolane rougeâtre, ne peuvent servir ni à la boisson ni au bain ; aussi les Romains furent-ils forcés d'élever de nombreux aqueducs pour conduire dans la vallée les eaux des

---

(1) Les ouvrages à consulter sur les antiquités romaines sont en nombre infini. Nous citerons seulement les plus importants. La grande collection de Grævius, *Thesaurus antiquitatum romanarum*, 12 vol. in-folio ; celle de Sallengre, *Thesaurus Ant. Rom.* Ven. 1732 ; 3 vol. in-fol. les *Mémoires de l'Académie des Inscriptions et Belles-Lettres* ; les *Antiquités romaines* de Nieuport avec les remarques d'Haymann, Dresde, 1786 ; Nitsch, *Beschreibung des häuslichen, Wissenschaftlichen, Gottesdienstlichen, politischen und Kriegerischen Zustandes der Römer, nach den Verschiedenen Zeitaltern der nation*, 1807-1811, 4 vol. ; Reiz, *Vorlesungen über die Römischen Alterthümer nach Oerlins tafeln*, 1796 ; Adam, *Antiquités romaines* (traduit de l'anglais) ; Creuzer, *Abriss der Römischen Antiquitäten* ; Böttiger, *Sabina* ; Becker, *Gallus* ; Mazois, *Ruines de Pompéi*, 4 vol. in-fol., Paris, 1812-1827, et *le Palais de Scaurus* ou *Description d'une maison romaine*, Paris, 1827, in-8° ; Dureau de la Malle, *Économie politique des Romains*, 2 vol. in-8°. — Un des plus récents et des meilleurs est le suivant, que nous avons plus d'une fois mis à contribution : Ruperti, *Handbuch der Römischen Alterthümer*, Hanovre, 1842. Un important et fort intéressant ouvrage a aussi été dans ces derniers temps publié en France par M. Dézobry, *Rome au siècle d'Auguste*, avec plans et figures. — Je ne puis citer les innombrables monographies publiées en Allemagne, depuis Niebuhr, sur toutes les parties des antiquités romaines. Chaque année en a vu éclore une foule. Les meilleurs de ces travaux, dont quelques-uns sont fort considérables, sont ceux de Hullmann, Göttling, Schulz, Huschke Gerlach, Warnkœnig, et surtout ceux de Savigny. En France nous avons eu le savant livre de M. Leclerc, *Des Journaux chez les Romains*, une thèse de M. Macé sur les lois agraires, une autre de M. Lacroix sur *la Religion des Romains*, etc. — Pour la description même de Rome l'ouvrage capital est celui de Bunsen, *Beschreibung Roms*. On consulte toujours avec fruit : Nardini, *Roma vetus* ; Venuti, *Descrizione topografica*, etc., surtout dans l'édition de Visconti. — Je donne une fois pour toutes ces indications, que je pourrais multiplier encore. Mais à quoi bon ? Pour ce livre j'ai eu à choisir entre deux systèmes : ou des citations, des discussions pour chaque phrase, ou abstention complète de notes. J'ai préféré le dernier ; car dans le premier cas les notes eussent occupé beaucoup plus de place que le texte ; et il est si facile de se donner à peu de frais les apparences d'une vaste érudition ! Peut-être me permettra-t-on de rappeler que j'ai passé dix années de ma vie dans l'étude de l'histoire de Rome.

montagnes voisines. De là un des caractères de leur architecture. Cependant près de Rome le courant du fleuve était rapide et profond. A la hauteur du Champ de Mars il avait près de quatre cents pieds grecs de largeur, et de Rome jusqu'à la mer l'inclinaison de ses eaux était de six mètres et demi (1), près de quatre pieds par lieue.

Dans la partie inférieure de son cours le Tibre sépare les grandes plaines agricoles du Latium et de l'Étrurie, et passe au-dessous des montagnes de la Sabine. Ce fut là que Rome s'éleva, à cinq lieues de la mer, sur les bords du plus grand des fleuves de l'Italie péninsulaire (2). Au nord et au sud de riches contrées invitaient au pillage, à l'est d'intrépides montagnards devaient recruter l'armée ou la rendre invincible en l'exerçant par des attaques peu dangereuses, mais continuelles. Placée sur la limite de trois civilisations et de trois langues, entre les Rhasénas de l'Étrurie, les Ausones du Latium, les Sabelliens de la Sabine et du pays des Èques, Rome se trouva, autant par sa situation que par la volonté de son fondateur, le grand asile des populations italiennes, la ville de la guerre, car tout autour étaient des étrangers, des ennemis, la cité riche en hommes, *magna parens... virûm...*, et aux mœurs sévères, à la vie frugale et laborieuse, car son aride territoire ne donnait rien que par un rude travail (3),

(1) J'ai pris ces chiffres dans Bruguière, *Orographie de l'Europe*. Le géographe Sickler donne une pente de cinquante-deux pieds. Ruperti ne donne aussi, contrairement à l'assertion de Denys d'Halicarnasse que j'ai conservée dans le texte, que cent quatre-vingt-cinq pieds de largeur.

(2) Camille énumère ainsi les avantages de la position de Rome : *Saluberrimos colles, flumen opportunum quo ex mediterraneis locis fruges devehantur, quo maritimi commeatus accipiuntur; mari vicinum ad commoditates, nec expositum nimia propinquitate ad pericula classium externarum; regionum Italiæ medium, ad incrementum urbis natum unice locum.* (Tite-Live, liv. V, ch. 54.)

(3) Les légionnaires en garnison dans la Campanie disent : *se militando fessos in pestilenti atque arido circa urbem loco luctari.* Tite-Live, liv. VII. — « Le prospect du pays est mal plaisant, bossé, plein de profondes fendaces, incapable d'y recevoir nulle conduite

qui pendant six cents ans éloigna la mollesse. Assez près de la mer pour la connaître et ne la point redouter, assez loin pour n'avoir rien à craindre des pirates grecs, volsques ou étrusques, elle n'était ni Sparte, ni Athènes, ni exclusivement maritime, ni exclusivement continentale. Voisins à la fois des montagnes, des plaines et de la côte, les Romains ne devaient ressembler exclusivement ni aux pâtres, ni aux laboureurs, ni aux marins, mais avoir en eux ces trois caractères des populations italiennes et en réunir tous les avantages.

LES SEPT COLLINES. — A quelque distance de son confluent avec l'Anio, le Tibre passe entre neuf collines, dont deux, le Janicule et le Vatican, dominent la rive droite du fleuve, et les sept autres le bord opposé. Ce sont : le Capitolin, le Quirinal, le Viminal, l'Esquilin, le Cœlius et l'Aventin, qui forment comme un demi-cercle au milieu duquel s'élève le Palatin, la colline royale et patricienne (1). Les compagnons de Romulus se fixèrent sur le Palatin, où les Sicules et l'Arcadien Évandre avaient, dit-on, successivement occupé l'antique Pallantium ; Tatius et les Sabins sur le Capitolin, nommé aussi Saturnin, et où était bâtie déjà, sur la colline Tarpéienne, rocher d'une hauteur perpendiculaire de quatre-vingts pieds, la citadelle de Rome ; sous Numa ils s'étendirent jusqu'au Quirinal (*mons Agonalis*, et aujourd'hui *monte Cavallo*). Ancus établit les Latins vaincus par lui sur l'Aventin (2) ; Servius, les pauvres plébéiens, et sans doute aussi de nombreux étrangers attirés dans Rome, sur l'Esquilin, la plus considérable des sept collines, et sur le Viminal ; Tullus, enfin, les Albains sur la colline Querquétulane, nommée le

de gens de guerre en ordonnance : le terroir nu, sans arbres, une bonne partie stérile. » Montaigne, *Voyage d'Italie*. — Ce territoire bossé, plein de profondes fendaces, explique les éternelles attaques et les surprises des Èques, des Sabins et des Volsques. Cicéron dit très-bien : « *Salubri loco in regione pestilenti.* » De Repub., II, 6.

(1) La partie du Palatin qui regarde le Cœlius s'appelait la *Velia*. Cf. Nardini, VI, 12.

(2) Près de l'Aventin se trouve aujourd'hui le *monte Testaccio*, amas de débris.

mont Cœlius lorsque Cœlius Vibenna l'eut occupée avec une armée d'Étrusques. Plus tard il fut appelé Lateranus, du nom d'une famille puissante qui y habitait et dont le palais fut donné aux papes par les empereurs. Une petite hauteur, le *Cœliolus*, dépendait de cette colline. Tout à fait à l'est s'étendait la *Collis hortulorum* ou mont Pincius. Sur la rive droite du Tibre s'élevaient le Janicule, la plus haute de toutes ces collines, en face du Capitolin, et le Vatican, alors fort insalubre.

Au milieu du huitième siècle avant notre ère, ces collines et les vallées qui s'étendent entre leurs pieds, étaient presque désertes et d'un aspect sauvage. Les hauteurs étaient couvertes de bois et les lieux plats de marécages. L'osier croissait sur le Viminal; une forêt de chênes et de hêtres s'élevait sur le Cœlius (alors appelé *Querquetulanus*), sur l'Esquilin, (*Escudeta*), dans l'intermont du Capitolin (1), et bordait le Tibre jusqu'au pied de l'Aventin. Peut-être sur le Palatin subsistaient encore les restes d'un antique établissement, la colonie Arcadienne de *Pallantium*, à laquelle des Latins s'étaient mêlés et qui avait élevé des autels à Évandre et à sa mère Carmenta, un temple à la Victoire et un autre à Neptune.

Le Tibre dans ses fréquents débordements avait rempli de marais et d'étangs les lieux bas qui séparaient les collines, et même la vaste plaine qui s'étendait entre leur pied et ses rives et qui devait être plus tard consacrée au dieu de la guerre. Entre le Palatin et l'Aventin, le Vélabre était couvert d'eau. Au pied du Capitolin, dans une vallée basse et resserrée qui allait devenir la place publique de Rome, était le lac Curtius; d'autres lacs couvraient une partie du champ de Mars, celui de la Chèvre, où disparut, dit-on, Romulus, et l'étang de Terentius.

FONDATION DE ROME. — Tel était l'aspect des lieux où Romulus fonda la nouvelle ville réservée à de si grandes destinées. Les collines, où l'air était plus pur et la défense plus facile, durent être occupées les premières; car il fallait les travaux de desséchement des Tarquins pour rendre les vallées habitables. — Des cérémonies religieuses empruntées à l'Étrurie consacrèrent la fondation de la cité. Une charrue traînée par un taureau et une génisse, et conduite par Romulus, marqua d'un sillon sacré la limite du mur d'enceinte. On portait la charrue aux endroits qui devaient servir d'entrée à la ville, et pour cette raison ils furent appelés *Portes*. Le circuit achevé, les augures prononcèrent la prière suivante : « *Dieux tutélaires de la ville, faites que ce pomœrium ne soit ni moins grand ni plus grand; mais portez-le jusqu'aux limites qui viennent d'être tracées.* » La nouvelle cité eut trois noms : Un nom secret, *Eros* ou *Amor*; un nom sacerdotal, *Flora* ou *Anthusa*; un nom civil, *Roma* (1). — On célébrait l'anniversaire de sa fondation le 11 des calendes de mai (21 avril), jour où l'on fêtait les Palilies. M. Porcius Caton rapportait sa fondation à la quatrième année de la sixième olympiade; Varron, à la troisième année de la même olympiade; Fabius Pictor, à l'olympiade VIII, 1; Polybe et Cornélius Népos à l'olympiade VII, 2.

LE POMŒRIUM. — Le pomœrium, dont il a été question plus haut, était un espace de cent soixante-six pieds de largeur, réservé en dedans et en dehors des murs, et qui ne pouvait être ni habité ni labouré (2). A ses limites finissaient les auspices de la ville et la ville véritable, la cité politique et religieuse. Le premier pomœrium n'enfermait que le Palatin. La muraille, partant de la pointe occidentale de cette colline, passait au

---

(1) On nommait ainsi *intermontium* un étroit espace séparant les deux cimes du mont, l'une appelée *Arx*, aujourd'hui le monte Caprino, avec le palais Caffarelli, et l'autre *Capitolium*, où s'élève à présent un cloître et l'église *Aria Cœli*. On finit par envelopper le tout d'une ligne de fortifications.

(1) Creuzer, *Symbolique*. M. Sichel croit que le nom sacré de Rome était *Angerona*, nom d'une déesse dont parle Pline, et qui était représentée avec un bandeau sur la bouche et un cachet sur ce bandeau. *Voy. Revue Archéolog.* du 15 janvier 1846.

(2) *Quod neque habitari neque arari fas erat* (Tite-Live, I, 44). Les murs étaient aussi sacrés que les temples. Pomponius dit au Digeste, I, VIII, 2; *Si quis violaverit muros capite punitur.*

1.

pied de l'Aventin, longeait le bas de la pente du Cœlius, et revenait rejoindre le Forum par la vallée que devait traverser plus tard la voie Sacrée. Du Forum au Vélabre, un vaste marais servait de barrière et de défense. Trois portes donnaient accès sur le Palatin.

Servius Tullius, en agrandissant la ville, recula le pomœrium; cependant l'Aventin resta en dehors des nouveaux murs qu'il fit élever. La superstition populaire se souvenait peut-être que les augures n'y avaient pas été favorables à Rémus, ou plutôt Rome n'osait encore s'approprier cette colline, où était le temple de Diane, commun aux Romains et aux Latins. Toutefois Ancus Marcius y avait déjà élevé quelques constructions, qui se multiplièrent quand Servius Tullius invita les plébéiens à s'y établir. En 456 un plébiscite, rendu sur la proposition du tribun Icilius, partagea au peuple les terres publiques de l'Aventin. Cette colline ne fut jointe à la ville, c'est-à-dire enfermée dans le pomœrium que sous l'empereur Claude; le mont *Pincius* n'y fut réuni que par Aurélien. Pour avoir le droit d'agrandir l'enceinte de Rome il fallait avoir reculé les limites de l'Empire. Cependant jusqu'à Sylla, bien que l'Italie, la Grèce, l'Espagne, l'Afrique et une partie de l'Asie eussent été soumises, on ne voit pas qu'un consul ait usé des droits conférés par la victoire. Sylla sous la république, Auguste (peut-être Claude.), Trajan et Aurélien parmi les empereurs, furent les seuls qui étendirent les bornes du pomœrium.

L'ENCEINTE ET LES PORTES DE ROME. — Rome conserva pendant toute la république l'enceinte que Servius Tullius lui avait donnée. Les murailles, partant du mont Capitolin, remontaient le long du Quirinal jusqu'à la porte Colline, la partie la plus orientale de la ville, située près du champ Scélérat, où s'exécutait le supplice des vestales; de là elles redescendaient derrière le Viminal et l'Esquilin, suivaient le pied de leur versant méridional, passaient sur le Cœlius au milieu du Campus Cœlimontanus; puis, faisant un coude presque à angle droit vers l'ouest, elles longeaient le Cœlius jusqu'à la porte Capène, enveloppaient l'Aventin, qui, sans faire partie de la ville proprement dite, était joint à Rome comme une position à défendre, traversaient le Tibre pour se relier aux fortifications du Janicule, et enfin revenaient auprès du fleuve, qu'elles franchissaient encore pour rejoindre sur l'autre rive le Capitolin.

Les principales des vingt-deux portes de Rome étaient la porte Capène, ouverte du côté de Capoue; la porte Triomphale, par laquelle entraient les triomphateurs; la porte Carmentale, plus tard appelée Scélérate, en souvenir du sort des trois cents Fabius; la porte Colline, située à l'est, dans un des endroits les moins défendus de Rome : ce fut de ce côté qu'Annibal et plus tard Alaric dirigèrent leurs attaques; la porte Navia au sud-ouest, la porte Esquiline et la porte Viminale à l'est.

ASPECT DE ROME PRIMITIVE. — Les premiers rois, occupés à fonder un État, à le défendre ou à lui donner des lois, firent peu pour l'embellisement de la ville. Le temple bâti par Romulus à Jupiter Férétrien était une construction étroite et grossière. C'était cependant le premier édifice élevé en pierre. Les habitations du peuple, celles mêmes des chefs étaient des cabanes de boue séchée à l'air et recouvertes de chaume. Montesquieu peint ainsi Rome à son premier âge :

« Il ne faut pas prendre de la ville de Rome dans ses commencements l'idée que nous donnent les villes que nous voyons aujourd'hui, à moins que ce ne soient de celles de la Crimée, faites pour renfermer le butin, les bestiaux et les fruits de la campagne. Les noms anciens des principaux lieux de Rome ont tous du rapport à cet usage.

« La ville n'avait pas même de rues, si l'on n'appelle de ce nom la continuation des chemins qui y aboutissaient. Les maisons étaient placées sans ordre et très-petites; car les hommes, toujours au travail ou dans la place publique, ne se tenaient guère dans les maisons.

« Mais la grandeur de Rome parut bientôt dans ses édifices publics. Les ouvrages qui ont donné et qui donnent encore aujourd'hui la plus haute idée de sa puissance ont été faits sous les rois. On commençait déjà à bâtir la ville éternelle (1). »

(1) *Grandeur et décad. des Rom.*, ch. I.

La prison publique, le grand cloaque et le cirque Maxime. — Toutefois ces humbles cabanes dont parle Montesquieu continuèrent à subsister à Rome, même pendant le règne des Tarquins, alors que les leçons de l'art étrusque avaient déjà fait apporter de notables améliorations aux constructions publiques et privées. Un édifice construit avant l'arrivée des Tarquins à Rome, et qu'il est important de mentionner, parce que, avec des restaurations successives, il se conserva jusque sous les empereurs, c'est la prison d'Ancus Marcius. Elle se dressait au milieu de la ville, sur le versant septentrional du Capitolin, comme un épouvantail pour prévenir les révoltes. Servius l'augmenta d'un cachot souterrain, le *Tullianum*, immédiatement placé douze pieds au-dessous de la prison primitive, dont le séparait une voûte épaisse, et avec laquelle il communiquait au moyen d'un trou rond, d'un diamètre suffisant pour laisser passer le corps d'un homme. L'escalier par lequel on descendait de la prison est célèbre ; ce sont les degrés Gémonies, où étaient exposés les corps des suppliciés, et où plus tard la pourpre des Césars fut teinte plus d'une fois du sang d'empereurs éphémères (1).

Le principal ouvrage que Rome dut aux rois est le cloaque Maxime, vaste égout qui débarrassa la vallée entre le Capitolin et le Palatin des eaux qui la rendaient malsaine. Commençant près du lac Curtius, il traversait tout le forum Romain, le forum Boarium, le Vélabre, et se jetait dans le Tibre, à quelque distance au-dessous du pont Palatin. Nous sommes aujourd'hui surpris des proportions de ces constructions souterraines, assez vastes pour qu'Agrippa, lors de leur restauration, ait pu les descendre en barque jusqu'au Tibre. Larges de plus de quatre mètres et demi, elles avaient au delà de dix mètres de haut ; la voûte avait une épaisseur de deux mètres, et était construite sans ciment, en pierre d'Albe. Commencé par Tarquin l'Ancien, le cloaque Maxime ne fut achevé que sous Tarquin le Superbe, vers 514.

Le cirque Maxime, qui occupait une si

(1) Voyez dans Salluste, *Catil.* 55, la description de ce lieu sinistre.

grande partie de la région entre le Palatin et l'Aventin, remonte aussi à Tarquin l'Ancien. Plusieurs censeurs après lui l'embellirent. César ainsi qu'Auguste l'agrandirent ou le restaurèrent. — Sa longueur primitive était de trois stades et demi ; il avait la forme d'un amphithéâtre tronqué terminé à son extrémité orientale par une hémicycle, et à son extrémité occidentale par une ligne de petits portiques, *les Carcères*, pour remiser les chevaux et les chars. Le pourtour du cirque était rempli de gradins, partagés en trois sections sur leur hauteur par deux larges paliers ou précinctions. Une longue séparation, nommée l'épine, formait comme une barrière autour de laquelle devaient tourner les chars.

Le Capitole. — Le monument le plus célèbre de Rome, le temple de Jupiter Capitolin, fut commencé sous les rois et dédié sous la république. Avant de le construire il fallut créer une esplanade, car la place que Tarquin lui avait choisie était escarpée et terminée en pointe. Ce fut en creusant ses fondations que l'on trouva, dit-on, une tête qui semblait fraîchement coupée, signe, dirent les augures, que ce temple serait la tête du monde. Les dépouilles des vaincus, les contributions des alliés, et les bras du peuple travaillant sans salaire à cette œuvre nationale, tout fut employé pendant plusieurs années à achever ces murs de dix-neuf à vingt pieds d'épaisseur. Tarquin le Superbe jeta les fondements du temple, il éleva même une grande partie de l'édifice ; mais il ne put le finir : le Capitole ne fut terminé que sous les consuls, la troisième année après l'expulsion des rois, et dédié par Horatius Pulvillus.

Le temple avait environ deux cents pieds de long sur cent quatre-vingt-dix de large ; sa façade tournée vers le sud-est était décorée d'un portique de douze colonnes de front sur trois de profondeur, et couronnée d'un fronton surmonté de statues d'airain doré et d'un quadrige qui portait la statue de Jupiter. Des colonnades latérales formaient un portique à double rang. L'intérieur du temple se composait de trois nefs, à l'extrémité desquelles se trouvaient trois édicules, séparés par des murs mitoyens. Celui du milieu était consacré a Jupiter, celui de gauche à Minerve, et celui de droite à Junon. La forme de l'édifice étant celle d'un temple toscan, la nef du milieu était à ciel ouvert. Des restaurations successives embellirent ce monument. Il fut orné de portes d'airain. Les colonnes furent faites du marbre le plus précieux, et Catulus fit dorer les toits des nefs latérales. Ce qui ajoutait surtout à la beauté du monument, c'est sa position, d'où il dominait majestueusement le Forum et une grande partie de la ville. On y montait par un escalier de cent marches, partant du bas du clivus capitolin et s'élevant par une double rampe. Au-dessous du temple, dans l'intermontium, se trouvait l'*asile* de Romulus, petit bois de chênes jadis fermé d'un mur et plus tard d'une haie vive. L'*Arx* ou citadelle était sur l'autre cime du mont ; elle renfermait plusieurs temples et la cabane de Romulus.

LE CHAMP DE MARS. — Aussitôt après l'expulsion des rois, la vaste plaine qui s'étend du Quirinal et du Capitolin jusqu'aux bords du Tibre, et qui avait jusqu'alors appartenu au domaine royal, fut consacrée au dieu Mars, et devint propriété publique. C'est à cette prise de possession du champ de Mars par le peuple que l'on rapporte la formation d'une île au milieu du fleuve, à la hauteur du Forum. On avait fauché ces champs de blé que le dernier roi possédait aux portes de Rome, et on avait jeté la moisson dans le Tibre, comme un butin impur. Les gerbes, arrêtées non loin de là au milieu du fleuve, devinrent le noyau d'atterrissements, que le temps rendit assez considérables pour en faire une île. C'est l'île du Tibre ou l'île Tibérine. Plus tard, lors d'une peste, on reçut dans cette île, sous la forme d'un serpent, le dieu de la médecine, ramené d'Épidaure sur un vaisseau. Un temple lui fut bâti à la pointe de l'île, qu'on borda de quais en pierre. La partie qui regardait le bas du fleuve fut construite de manière à représenter les flancs d'un navire.

ROME DEPUIS L'ÉTABLISSEMENT DE LA RÉPUBLIQUE. — Les grands travaux d'embellissement commencés par les rois ne pouvaient se continuer sous les premiers consuls, au milieu des guerres du dehors et des agitations de la place publique. Les maisons particulières des Romains restèrent construites sans art et sans régularité. Cependant comme chaque année les consuls remportaient une victoire, fréquemment quelque monument s'élevait pour en perpétuer le souvenir. Tous les grands événements, tous les noms des hommes célèbres furent ainsi consacrés par une statue, par une colonne, surtout par un temple. C'était autour du Forum, autour de cette place où se discutaient les grands intérêts de la république, que vinrent se grouper ces constructions glorieuses. Peu à peu toutes les demeures particulières y cédèrent la place à des édifices publics.

Une catastrophe dans laquelle la vieille ville périt tout entière, l'invasion gauloise, laissa le champ libre aux Romains pour rebâtir sur un nouveau plan une ville régulière et plus belle (389). Mais la nécessité ne leur permit pas de mettre à profit leur malheur : le trésor public était vide, et les vainqueurs de Véies menaçaient de se transporter dans leur conquête. Les consuls ordonnèrent une prompte reconstruction. En un an la ville fut rebâtie, mais sans aucune régularité : les maisons, pressées les unes contre les autres, envahirent les espaces sous lesquels étaient creusés les canaux du cloaque Maxime. Il fallut attendre l'incendie de Néron pour renouveler la face de la ville. Le nom d'une place dans la vallée qui sépare l'Esquilin du Cœlius perpétua le souvenir de l'invasion gauloise. On prétendait que les Gaulois y avaient brûlé leurs morts en monceaux, et on l'appela place des Bûchers Gaulois.

Manlius, le sauveur du Capitole, fut le dernier Romain qui eut le droit d'avoir une habitation particulière sur le mont Capitolin. Sur l'emplacement de sa maison Camille éleva un temple de Junon Monéta, voué dans une guerre contre les Aurunces. Après la victoire de T. Quintius sur les habitants de Préneste, une statue de Jupiter fut rapportée à Rome de cette dernière ville, et placée dans le temple du Capitole, au fond de la vaste nef découverte qui en occupait le milieu.

Quand le consulat eut été partagé entre les deux ordres, un temple fut élevé à la Concorde, en l'honneur de la réconciliation des citoyens; et cet édifice devint le lieu ordinaire des assemblées du sénat. Il était situé tout près du Forum; de là le sénat pouvait suivre les délibérations populaires et les diriger au besoin. Le sénat se réunissait aussi dans la *curie Hostilia*, vaste portique couvert situé également sur le Forum, et dont la fondation remontait à Tullus Hostilius. Détruite en 53, aux funérailles de Clodius, cette curie fut rebâtie plus grande et plus belle par Sylla. Peu d'années après, Lépide en fit décréter la démolition, sous prétexte d'y élever un temple à la Félicité. Elle fut relevée par les triumvirs, dédiée par Auguste, et reçut de lui le nom de curie Julia.

LE COMITIUM, LA TRIBUNE AUX HARANGUES, ET LE FORUM. — Auprès de cette curie était le *Comitium*, sorte de colonnade à travers laquelle le peuple défilait pour voter. Devant cette colonnade, sous un lion de pierre, était enterré, disait-on, le berger Faustulus ou Romulus lui-même. Le figuier ruminal avec le groupe d'airain qui représentait la louve allaitant les jumeaux se trouvaient au fond du comitium.

La tribune aux harangues était isolée, non loin du Comitium. En 338 elle fut décorée de six éperons en airain enlevés aux Antiates, et dès lors elle prit le nom de *Rostres*. C'était un vaste piédestal de forme circulaire, haut de six à sept pieds, surmonté d'une balustrade, et d'un toit pour couvrir l'orateur et répercuter sa voix sur toute l'étendue du *Forum*. Cette place célèbre formait un carré long, de huit cents pieds de long sur quatre cents de large, entre le mont Palatin et le mont Capitolin. Tout autour s'élevaient des temples, des basiliques, des arcs de triomphe. C'était devant la basilique Æmilienne, au bas de la pente du Capitolin, que s'élevait la tribune aux harangues; une colonne placée à l'angle septentrional de la tribune marquait le centre de la ville, et portait le nom d'*Ombilic de Rome*. Vis-à-vis des Rostres était la statue du satyre Marsyas, qui avait osé provoquer Apollon au combat de la flûte. Aussi sa statue était-elle comme un emblème de la liberté de la ville. Peut-être aussi avait-elle été placée là pour détourner des procès injustes. César transporta la tribune près du temple de la Fortune, où elle se trouvait dans une position plus centrale. Le tribunal du préteur était aussi au milieu du Forum, près de la voie Sacrée. César le fit également changer de place, et depuis il resta près de la Græcostase. La Græcostase servait de salle d'attente aux envoyés des peuples étrangers qui devaient être admis aux audiences du sénat. Elle était près de la curie Hostilia, et non loin de la *villa Publica*, vaste monument dont la partie supérieure était affectée à leur logement, et dont les salles inférieures servaient à passer la revue du peuple. Le Forum se trouvait ainsi le rendez-vous de toutes les sortes d'assemblées publiques : le sénat y délibérait, les magistrats y rendaient la justice, le peuple y écoutait les orateurs, y votait les plébiscites. C'était aussi l'endroit où se traitaient toutes les affaires d'intérêt. Des tavernes (*argentariæ*), espèces de maisons de banque bordant la voie Sacrée, y occupaient tout l'espace appelé *Janus Medius*. Deux petits arcs quadrangulaires ornés de statues dédiées à Janus et placés l'un près de la basilique Æmilia, l'autre à côté du tribunal du préteur, donnaient le nom à cette partie du Forum. A gauche de ces deux arcs, un figuier, une vigne et un olivier sauvage couvraient l'emplacement du lac de Curtius.

LA VOIE APPIENNE ET LES AQUEDUCS. — Les soixante années que dura la guerre contre les Samnites furent fécondes en monuments : ce sont d'abord (312) l'aqueduc Appius et la voie Appienne. Cette route, qui conduisait de la porte Capène à travers les marais Pontins jusqu'à Capoue, fut la première voie romaine qui eut une chaussée de pierre. On imita bientôt cette utile innovation du censeur Appius dans quelques parties de la ville. L'aqueduc, ou, comme on disait, l'*Aqua Appia*, amenait l'eau à Rome d'une distance de plus de onze milles. Il était formé, dans un parcours de onze mille cent trente pas, de canaux souterrains. Il entrait dans la ville par la voie Prænestine, alimentait une partie du Cœlius et l'Aventin et finissait aux Salines, près de la porte Trigemina. Après les monuments du censeur Appius vinrent les temples du Salut, de Bellone, près du cirque Flaminius, de

Jupiter Vainqueur, de la Victoire et de Jupiter Stator sur le Palatin, de Vénus près du cirque Maxime, de Quirinus sur le Quirinal. Il faut y joindre un temple de la Fortune, voué et bâti par Sp. Carvilius. Ce consul fit élever avec l'airain des boucliers samnites une statue colossale de Jupiter qui fut placée sur l'*area* du Capitole.

Le butin rapporté de Tarente et du camp de Pyrrhus servit aux censeurs L. Papirius Cursor et M. Curius Dentatus à construire un second aqueduc (274), l'*Anio*, qui apportait l'eau de Tibur à Rome. L'aqua Appia était presque tout entière en canaux souterrains; il en fut encore de même pour une grande partie de l'*Aqua Aniensis* (1).

HORLOGES PUBLIQUES, TEMPLES DIVERS. — Les premières horloges publiques à Rome datent de l'occupation de la Sicile par les Romains. A côté de la colonne rostrale érigée à Duillius, M. Valérius Messala fit placer (263) un *cadran solaire* rapporté de Catane; bien que les indications ne fussent pas exactes, puisqu'il avait été tracé pour un lieu beaucoup plus méridional, les Romains s'en servirent pendant un siècle. Q. Marcius Philippus, collègue de L. Paulus, en fit établir un autre, qui était encore loin de présenter toute l'exactitude nécessaire. Scipion Nasica y remédia, le lustre suivant, en lui substituant une *horloge à eau*.

Les défaites comme les victoires valaient des Temples aux Dieux. Au moment du péril, c'était un vœu fait par le général; après le succès c'était un acte de reconnaissance et le monument de la victoire. Ainsi dans la seconde guerre punique, après Trasimène, l'on bâtit sur le Capitolin les temples de Vénus Érycine et de Mens; et près de la porte Capène celui de la Vertu et de l'Honneur, après la prise de Syracuse. Un oracle des livres sibyllins ayant déclaré que les Romains ne triompheraient qu'avec l'appui de la mère des dieux, des envoyés allèrent demander à Attale, au nom de la république, une pierre noire que les habitants du pays adoraient sous ce nom. Scipion Nasica, comme le plus honnête homme de la république, fut choisi pour la recevoir. On la mit d'abord dans le temple de la Victoire; on lui consacra ensuite un temple spécial sur le Palatin.

Tous ces temples étaient de pierre d'Albe ou de Tibur. Ce ne fut qu'après la défaite de Philippe et la soumission d'Antiochus que des marbres précieux furent employés à la construction des monuments publics et bientôt à celle des édifices particuliers. Le premier temple de marbre fut celui de la Piété, voué par Acilius Glabrion, le vainqueur d'Antiochus; il renfermait une statue d'or de la déesse, la première qu'on vit à Rome.

Dès cette époque les portiques, les basiliques, les colonnades allèrent se multipliant. Tous les lieux de réunions populaires furent entourés de promenades ombragées et décorées de fontaines jaillissantes.

PORTIQUES. — Il n'y avait pas, en effet, pour les riches patriciens de moyen plus sûr de gagner la faveur du peuple que de lui procurer de l'ombre et de la fraîcheur. Les dépouilles de la Macédoine après la défaite de Persée et celle du faux Philippe furent consacrées à construire des portiques. Octavius en éleva un près du cirque Flaminius, Q. Métellus construisit l'autre autour des temples de Jupiter Stator et de Junon. Ce sont ces portiques qu'Auguste plus tard restaura et embellit. Au premier il conserva son nom, au second il donna le nom de sa sœur Octavie. Derrière la scène de son théâtre, dont nous parlerons plus tard, Pompée fit élever

---

(1) Au temps d'Auguste la longueur des sept aqueducs réunis était de deux cent-cinquante-neuf kilom. trois cents trente-cinq mèt. se terminant par cent trente châteaux d'eau, qui alimentaient cent six fontaines jaillissantes et trois cent soixante-cinq fontaines à bassin ou abreuvoirs. L'eau fournie par ces aqueducs aurait pu former une rivière de trente pieds de large sur six de profondeur. Cf. Dezobry, II, 102. Rome eut neuf aqueducs: *Aqua Appia*, de l'an 312; *Anio Vetus*, (273); *Marcia* (146); *Tepula* (127); *Julia*, (35); *Virgo* construit par Agrippa; *Alseatina* ou *Augusta* construit par Auguste. L'*Aqua Claudia*, commencé par Caligula, fut achevé par Claude, qui construisit aussi l'*Anio vetus*. Celle-ci donnait la meilleure eau, et avait cinquante-huit mille cinq cent deux pas de longueur. Quatre autres peu importants furent ajoutés plus tard, et les améliorations faites par Auguste à l'Aqua Marcia furent comptées comme un aqueduc nouveau, de sorte que Procope en énumère quatorze dans Rome.

de vastes portiques; une galerie, soutenue par des colonnes de granit rose, les partageait dans le sens de la longueur; à droite et à gauche était une avenue plantée d'arbres, et décorée de statues et de fontaines. Le triumvir Lépide fit commencer sur la voie Lata les *Septa Julia* qu'Agrippa devait achever. C'était une colonnade reposant sur des piliers carrés, longue de quatre cent cinquante mètres et large de soixante, des voûtes intérieures formaient un grand nombre de salles où se réunissaient les comices par tribus.

Ces constructions étant insuffisantes, Agrippa fit construire vis-à-vis d'autres portiques aussi spacieux et qui de son nom s'appelèrent Septa Agrippiana.

MARCHÉS. — En même temps que la ville se décorait de monuments glorieux et de riches constructions, les censeurs et les édiles y faisaient faire d'utiles travaux. M. Porcius Caton, qui attacha son nom à la basilique Porcia, élevée par lui, fit paver un grand nombre de rues et nettoyer les anciens cloaques; il en fit même creuser de nouveaux pour recevoir les eaux de l'Aventin et de quelques autres lieux. Huit ans auparavant les édiles avaient fait établir sur le Tibre comme une sorte de quai ou plutôt de port, l'*emporium*, où les bateaux apportant des provisions de la campagne devaient trouver un débarquement plus facile. C'est encore à cette époque qu'il faut rapporter l'établissement des principaux marchés, groupés aussi sur les bords du Tibre et autour du Forum; c'étaient le *forum Boarium*, voisin du grand cirque, le *forum Piscarium*, le *forum Olitorium*, le forum *Olearium*, le *forum Suarium*. Le *forum Cupedinis*, ou marché aux pâtisseries, ne fut établi que plus tard. Le premier des Gracques continua les travaux de Caton pour l'amélioration des rues; il acheva de les faire paver, et fit dessécher les endroits marécageux.

LA VOIE SACRÉE. — En même temps qu'on restaurait les anciens aqueducs on en établit de nouveaux. L'*aqua Marcia* apporta d'une distance de trente-trois milles jusque sur le Capitole une eau pure et fraîche. Quelques-unes des rues principales furent élargies, entre autres la voie Flaminienne; la *via Lata*, qui allait jusqu'à la porte Ratumena, au pied du Capitolin; la voie Neuve qui se trouvait derrière le Comitium, et la *voie Sacrée*, dont le nom rappelait l'antique origine. C'est sur son emplacement qu'avait été jurée l'alliance de Romulus et Tatius; elle était la plus importante de Rome, la plus vivante et la plus riche, à cause des nombreuses boutiques qui la bordaient. Elle traversait la partie septentrionale du forum; commençant à l'angle nord-est du Palatin, elle montait par une pente rapide jusqu'au milieu des Carènes, devant le temple de Tellus, et allait se terminer vis-à-vis du temple de la Concorde, unissant ainsi le quartier de Subure à celui du Capitole.

PONTS. — Quand la ville se fut étendue sur la rive droite du fleuve, il devint nécessaire d'établir plusieurs ponts. Lontemps la communication entre les deux rives ne s'était faite qu'au moyen du pont Sublicius, qui était tout en bois et remontait au temps des rois, entre le Janicule et l'Aventin. Ce pont ne fut reconstruit en pierre que vers les premières années de l'Empire, et alors il prit le nom de pont Æmilius. Vers 181 le quartier du Palatin fut relié à celui du Janicule par le pont Senatorius ou Palatinus, le premier pont de pierre construit à Rome. Un double pont fut jeté sur les deux bras du Tibre, de chaque côté de l'île Tiberina, vers les dernières années de la république, le pont Fabricius à gauche, le pont Cestius à droite, l'un de deux, l'autre de trois arches à plein cintre. En amont de l'île du Tibre était le pont Janicule, qui joignait le Champ de Mars au Janicule. L'origine en est incertaine; il faut y joindre le pont Triomphal, que les triomphateurs traversaient pour aller au Capitole; le pont Ælius, construit par Ælius Hadrianus, et qui est encore le plus beau et le plus large pont de Rome; enfin, en dehors de la ville, le pont Milvius (auj. *Ponte Molle*).

EMBELLISSEMENTS DE LA VILLE. — Pendant que la vieille ville subsistait avec ses rues étroites, mal alignées, encombrées de boutiques et en beaucoup d'endroits d'une montée si roide qu'il avait fallu y pratiquer des degrés, les riches se construisaient de riches palais dans la région Transtibérine, ou aux abords du Champ de Mars, le long de la voie flaminienne ou de la *via Lata*. C'est aux Carènes, sur cette place qui devait son nom à la façade des maisons qui l'entouraient, qu'était la somptueuse demeure de Pompée, à côté du temple de Tellus et de l'habitation de la famille de Cicéron. Des salles de bains, des portiques, des jardins, une bibliothèque, un musée s'y trouvaient réunis. Après la vente des biens de Pompée, cette demeure appartint à Antoine, et plus tard elle fut occupée par Tibère. — Sur la colline des jardins s'étendaient les magnifiques constructions et le parc immense de l'habitation de Lucullus, qui dominaient le Champ de Mars et toute la partie orientale de la ville. Au bas du Janicule, sur les bords du Tibre étaient encore les vastes jardins que César légua au peuple par son testament. Les demeures des grands de Rome étaient alors décorées avec un tel luxe, que Crassus vendit à Cicéron trois millions cinq cent mille sesterces la maison de Drusus.

La famille des Scipions avait donné une des premières l'exemple du luxe, de l'élégance et de l'amour des lettres, témoin cette protection éclairée accordée par elle au poëte Ennius, auquel les Scipions firent partager leur tombeau. Les restes de ce monument, découverts en 1780, ont confirmé sur ce point les témoignages historiques. — Sylla fut un des plus ardents à introduire l'art grec à Rome. Quand le temple du Capitole eut été brûlé en 83, il se chargea de le rétablir et fit venir des colonnes de marbre de la Grèce. Quelques-unes mêmes furent enlevées au temple de Jupiter Olympien. — Pour construire son forum J. César dépensa, rien qu'en acquisition de maisons particulières, une somme de soixante millions de sesterces.

ÉDILITÉ D'AGRIPPA. Il est un nom qui se rattache plutôt à l'empire qu'à la république, mais qu'il ne faut pas omettre en parlant des embellissements de Rome, c'est celui d'Agrippa. Son édilité est restée célèbre. Par ses soins les aqueducs *Marcia*, *Claudia*, *Anio vetus*, furent restaurés. En outre il fit établir un nouvel aqueduc, l'*aqua Julia*, d'une longueur de quinze mille quatre cent vingt-six pas, pour suppléer à l'insuffisance de l'aqua Tepula, construction des censeurs M. Servilius Cœpio et L. Cassius Longinus, qui ne fournissait qu'une faible quantité d'eau. Les rues furent mieux entretenues, les cloaques nettoyés. Des fontaines et des bassins furent établis en diverses parties de la ville. Enfin il commença, dans cette édilité, les bains qu'il devait achever plus tard et entourer d'autres constructions.

Un des derniers monuments de la république fut un temple *de la Liberté*, élevé en l'honneur des victoires de César en Espagne. Quatorze ans plus tard, la république et la liberté n'étaient plus qu'un nom : Auguste, vainqueur à Actium, réunissait en sa main tous les pouvoirs.

ROME SOUS AUGUSTE. — L'époque d'Auguste est une des plus brillantes pour la ville de Rome. — Deux nouveaux forums sont ouverts aux assemblées du peuple, l'un portant le nom de César, qui l'avait entrepris et en avait payé l'emplacement plus de vingt millions, était fermé d'un mur et d'une colonnade à triple rang. — Au fond s'élevait un temple de *Venus Genitrix* ; au milieu était une statue dorée de César, ancienne statue d'Alexandre faite par Lysippe, dont on avait changé la tête. — L'autre forum, appelé *forum d'Auguste*, était au pied du Capitole, du côté oriental. Garni de portiques et de tavernes sur les côtés, il était fermé au fond par une muraille au milieu de laquelle s'avançait un hémicycle où siégeaient les juges, car ce forum, comme celui de César, était consacré aux affaires judiciaires.

LE PANTHÉON. — Les quartiers très-peuplés du Capitolin et du Palatin ne laissaient plus de place à de nouveaux monuments. Déjà une partie des habitants étaient allés s'établir du côté du Champ de Mars. C'est là que s'élevèrent les principales constructions sous Auguste. C'est là qu'Agrippa fit bâtir le Panthéon (aujourd'hui la Rotonde), édifice de cent cinquante pieds de diamètre sur une hauteur égale ; l'intérieur ne recevait le jour que d'une ouverture, pratiquée au sommet de la voûte, et ayant trente-trois pieds de diamètre. Les murailles étaient couvertes de marbre et le dôme étincelait de lames d'argent. Un revêtement d'airain doré décorait la façade. De hautes portes d'airain, enrichies de sculptures, donnaient entrée dans l'intérieur du temple, dont la façade était décorée par un péristyle de seize colonnes de granit d'un seul bloc, et ayant chacune plus de treize pieds de circonférence. Non loin du Panthéon étaient les Thermes d'Agrippa. Ce vaste édifice renfermait des salles pour les bains à toutes les températures. Il y avait en outre des cours entourées de portiques où les baigneurs pouvaient jouer à la paume. Ces bains étaient alimentés par l'*aqueduc de la Vierge*, construit par Agrippa pendant son édilité (32). — Cet aqueduc, long de quatorze mille cinq cents pas, arrivait à Rome du côté de la voie Prœnestine. Il était composé de canaux en partie souterrains, en partie portés sur des arcades qui commençaient au pied de la colline des Jardins et se terminaient par un château d'eau, sur la place des Septa-Julia.

LE MAUSOLÉE D'AUGUSTE. — Ce fut aussi dans le Champ de Mars qu'Auguste bâtit pour lui et les siens un mausolée. Il avait la forme d'une tour à trois étages concentriques, élevée sur un soubassement carré. Tout le monument était recouvert en marbre blanc, une statue d'Auguste en airain le surmontait. La retraite laissée à chaque étage avait une espèce de canal circulaire rempli de terre et planté de cyprès. A côté de son mausolée, Auguste avait fait placer un obélisque monolithe de granit rose qu'il avait rapporté d'Égypte. Haut de plus de soixante-treize pieds, il reposait sur un piédestal également en granit de treize pieds d'élévation. Il servait d'horloge solaire et marquait les heures sur une esplanade en marbre blanc située vers le nord.

BIBLIOTHÈQUES. — Une partie de la demeure d'Auguste sur le Palatin ayant été frappée de la foudre, les aruspices déclarèrent qu'Apollon marquait ainsi la place où il voulait être adoré. Auguste y construisit un temple dédié à ce dieu, et dans les portiques qui l'entouraient il établit une bibliothèque grecque et latine, qu'il rendit publique. La première bibliothèque publique avait été fondée par Asinius Pollion, dans l'atrium du temple de la Liberté. Auguste en établit encore une autre, au nom de sa sœur Octavie, près du théâtre de Marcellus. Depuis il s'en forma d'autres au Capitole, dans le temple de la Paix, dans le palais de Tibère. La plus précieuse fut due à Trajan, la *bibliothèque Ulpienne*, plus tard réunie aux thermes de Dioclétien et qui était ornée de statues, de tableaux et des portraits des hommes illustres.

LA COLONNE MILLIAIRE. — Sous la république, on comptait les distances hors de Rome à partir des murs de la ville. Ces murs étant en partie détruits ou masqués par les maisons, Auguste fit élever sur le Forum une colonne de marbre blanc, haute de dix pieds, qui devait servir à compter les distances sur toutes les routes d'Italie. C'est la colonne milliaire, érigée en l'an 20. On la nommait aussi le mètre d'or, à cause d'une boule de bronze doré dont son sommet était surmonté.

LE PALAIS. — La maison qu'Auguste occupait sur le Palatin, et qui avait appartenu à Q. Hortensius, n'était pas assez belle pour le chef de l'empire romain. La maison voisine, de L. Sergius Catilina, des maisons plus petites, qui occupaient l'espace jusqu'au temple d'Apollon, furent achetées pour élever l'habitation impériale. Quand ensuite le palais des Césars eut envahi presque tout le Palatin, la maison d'Auguste conserva toujours une place à part et son entrée particulière par la voie Sacrée. En recevant le titre de souverain pontife, Auguste devait aller s'établir dans la maison pontificale; mais pour s'en dispenser il donna cette maison aux vestales. Un incendie ayant détruit sa maison l'an 2 de notre ère, elle fut complètement rebâtie par une souscription volontaire. Pour reconnaître ce don, Auguste déclara qu'elle appartenait au peuple romain. C'est sans doute depuis cette époque que le lieu de la résidence impériale fut appelé le *Palatium*.

Si la demeure même du chef de l'État n'était pas à l'abri des ravages du feu, combien ne devaient pas y être plus exposées ces maisons de bois à six ou sept étages serrées les unes contre les autres, encombrées de boutiques et de marchandises inflammables ! Les édifices publics étaient aussi fréquemment dévastés par les incendies. La plupart avaient des toitures en bois, c'était un aliment offert au feu, qui pénétrait ensuite au milieu des charpentes intérieures. Il n'y avait pas de police établie pour prévenir ces accidents; Auguste fut le premier qui institua des gardes chargés de veiller pendant la nuit à la sûreté de la ville.

LES QUATORZE QUARTIERS. — Auguste partagea la ville en quatorze régions ou quartiers d'inégale étendue (1).

1° *Via Lata.* Ce quartier avait pour limites à l'ouest la voie Lata, qui borde une partie du Champ de Mars, au sud les murs de la ville depuis la porte Ratumena jusqu'à la porte Sanqualis, à l'est les murs encore jusqu'au delà de la porte Piacularis, au nord enfin les arcs de l'aqueduc de la Virgo, qui allaient joindre la colline des Jardins. Cette région renfermait le Forum Suarium et plus tard le Portique de Constantin.

2° *Forum Romain.* Ce quartier avait pour limites à l'est la voie Neuve, au pied du Palatin; au sud la voie qui partait de l'angle septentrional du cirque Maxime et passait par la porte Scélérate, à l'extrémité méridionale du Capitolin; à l'ouest le temple de Janus, le bas de la pente du Capitolin et les murs de la ville jusqu'à la porte Catularia ; enfin au nord le Forum de César, qui y était compris. Il renfermait le milliaire d'or, d'où partaient toutes les voies romaines, le comitium, la Curie Hostilienne, le temple de Castor, la basilique Porcienne, celle de César, les temples de Vesta et de Saturne, les *Rostra Nova*, les forum de César, d'Auguste et de Trajan, le Capitole et la citadelle.

3° *Cirque Flaminius.* Ce quartier, le plus vaste de tous, était limité au nord, à l'ouest et au sud, par le Tibre; au sud-est il confinait au forum Olitorium, au théâtre de Marcellus, au pied occidental du Capitolin et à la voie Lata. A l'est cette même voie le bornait jusqu'aux Septa Julia. De là il s'étendait le long de l'aqueduc Virgo, assez loin sur la colline des Jardins. Ses monuments étaient : le mausolée d'Auguste, le Panthéon d'Agrippa, le théâtre de Balbus, l'amphithéâtre de Statilius Taurus, le théâtre de Marcellus, la curie de Pompée, où César fut tué, la villa publica, où l'on faisait le cens et où étaient reçus les ambassadeurs étrangers.

(1) Nous suivons pour les limites de ces régions les excellentes indications de M. Dezobry, *Rome au siècle d'Auguste.*

4° *Palatin.* — Ce quartier embrassait toute la montagne de ce nom; la voie Triomphale le bornait à l'est, le cirque Maxime au sud, la voie Neuve à l'ouest, et au nord le Lupercal et le mur de la montagne jusqu'à la porte Rumana. Son principal édifice était le palais impérial.

5° *Cirque Maxime.* Ce quartier, étroit et long, et en grande partie rempli par le cirque, qui lui donnait son nom, commençait vers le midi aux murs mêmes de la ville, s'allongeait dans la vallée entre le Palatin et l'Aventin, et s'étendait jusqu'au pont Sublicius à gauche, jusqu'au théâtre de Marcellus à droite.

6° *Mont Aventin.* Ce quartier était borné au nord par le cirque Maxime, à l'est par la Piscine publique, par le Sacrarium et le bois de Saturne. Il s'étendait au sud-ouest jusqu'à la porte Trigemina et à l'ouest jusqu'au Tibre. Là se trouvait l'*Armilustrum*, où se faisait la revue des troupes.

7° *Région Esquiline.* L'une des plus vastes de la ville; elle était bornée au nord par la regio Alta Semita, à l'ouest par la regio Via Sacra, au sud par la regio Isis et Serapis, à l'est par la voie Tiburtine, et les murs de la ville jusqu'à la porte Esquiline. On y trouvait le castrum Prœtorium, les jardins et la maison de Mécène, l'arc de Gallien, le *Vivarium*, où l'on gardait les bêtes destinées à l'amphithéâtre.

8° *Alta Semita.* Les murs de la ville bordaient cette région au nord, à l'ouest et à l'est; les vicus Cyprius et Sceleratus en formaient la limite au sud jusqu'à la porte Catularia. Les monuments élevés dans cette région furent les thermes de Dioclétien et de Constantin, les temples de Quirinus, du Soleil, de Flore, du Salut. On y trouvait les jardins de Lucullus, de Salluste, etc.

9° *Voie Sacrée.* L'une des plus petites régions; elle avait pour bornes au nord le vicus Sceleratus, à l'ouest la voie Neuve, au sud le Palatin, à l'est la région Esquiline et celle d'Isis et de Sérapis.

10° *Isis et Sérapis.* Cette région était terminée au sud par l'extrémité orientale de la voie Sacrée et par la voie Suburane, vers l'ouest par le vicus Cyprius, à l'est par le mur de la ville, à partir de la porte Querquétulane jusqu'à la région Esquiline, qui formait la limite supérieure. —

Ses monuments étaient les Thermes de Trajan et de Titus, les grandes rues *Subura* et *Carinæ*, enfin le Colysée ou amphithéâtre de Vespasien, qui pouvait contenir cent vingt mille spectateurs.

11° *Cœlius*. Cette région avait pour limites, à l'est et au sud, les murs de la ville, et à l'ouest la voie Triomphale, au nord de la via Sacra. Ses principaux édifices étaient la *Domus Lateranorum*, la *Mica Aurea*, élégant pavillon bâti par Domitien, des écoles de gladiateurs. On y voyait aussi le petit Champ de Mars.

12° *Porte Capène*. Cette région, l'une des moins grandes et des moins importantes, se trouvait en dehors des murs qui la séparaient au nord du mont Cœlius, à l'ouest du cirque Maxime. Au sud sa limite était la voie Appia. — Monuments : Le temple de l'Honneur et de la Vertu, bâti par Marcellus, le temple de Mars extra muros, les Thermes de Sévère et de Commode, le tombeau de Cœcilia Metella, le *Septizonium* d'Alexandre Sévère.

13° *La Piscine publique*, l'une des plus grandes régions, avait pour limites : à l'ouest l'Aventin et le cirque Maxime; au sud et à l'est, les murs de la ville ; au nord, le Cœlius.

14° *La région Transtibérine*, la plus longue de toutes. Située sur la rive droite du fleuve, elle s'étendait depuis l'arrivée du Tibre au Champ de Mars au nord jusqu'à sa sortie de la ville au sud. Elle comprenait l'île du Tibre et le Janicule dans sa circonscription. — Monuments : les jardins de Néron, le môle d'Adrien, les Thermes d'Aurélien.

C'est en dehors des limites des quatorze régions que Tibère fit établir le camp des Prétoriens, vaste caserne fortifiée, située entre le Quirinal et le Viminal. — Les murs d'enceinte en furent détruits par Constantin, qui supprima cette turbulente milice.

EMBELLISSEMENTS DE CLAUDE ET DE NÉRON. — La ville dut à Claude l'*Aqua Claudia*. Cet aqueduc, commencé par Caligula et consacré en l'an 46, amenait d'une distance de quarante milles, jusque sur les lieux les plus élevés de la ville, l'eau des sources Curtius et Cœruleus.

Sous Néron Rome fut sur le point de devenir une cité maritime. L'empereur avait le projet de l'unir à la mer par un large canal. Passionné pour l'art, Néron devait souffrir du triste aspect que présentait la partie la plus importante de Rome. Aussi, sans l'accuser du vaste incendie qui éclata sous son règne, il faut croire qu'il se réjouit d'avoir le champ libre pour les embellissements qu'il désirait faire. Le feu dura six jours et sept nuits, et consuma un grand nombre de temples et tous les trophées, toutes les dépouilles précieuses qu'y avaient rassemblés plusieurs siècles de victoire. L'incendie commença aux abords du cirque Maxime, encombré de boutiques légèrement construites et remplies de marchandises ; il se répandit d'abord dans la vallée, en faisant le tour du cirque ; puis, s'élevant sur le Palatin, il dévasta tout sur son passage : on ne s'en rendit maître que sur l'Esquilin ; et encore pour l'arrêter il fallut abattre un grand nombre de maisons. Il n'y eut que quatre régions épargnées : trois furent complètement dévastées ; à peine y restat-il quelques habitations. Sur le Champ de Mars et sur le Quirinal les temples et les galeries couvertes eurent encore plus à souffrir que les maisons particulières. Parmi les temples détruits Tacite nomme le temple de Servius à la Lune et à Diane ; le temple de Jupiter Stator, celui de Romulus, la Regia Numæ, le temple de Vesta, l'Ara Maxima, et le temple élevé à Hercule par Évandre. Le Palatin restait entièrement nu et vide : l'empereur y fit élever ce palais magnifique que les Romains appelèrent le *Aurea-Domus*. Dans son enceinte se trouvèrent compris plusieurs temples et une grande quantité de riches habitations. — Une statue colossale en bronze, représentant Néron, était placée dans l'Atrium. — Vespasien la consacra plus tard au Soleil, qu'il figura en plaçant sur la tête de la statue une couronne de rayons. Les rues reçurent un alignement régulier, et prirent un nouvel aspect. Il y eut une époque fixée par ordonnance impériale, pour laquelle toutes les constructions devaient être achevées ; des récompenses furent même promises à ceux qui montreraient le plus d'empressement. Pour ajouter à l'embellissement des rues, devenues plus larges et plus droites, les façades des maisons durent reposer sur une rangée d'arcades. Cette prescription, qui était aussi une mesure de sûreté publique, fut imposée même aux plus pauvres propriétaires. Toute construction en bois fut interdite, et il fut défendu de donner trop d'élévation aux maisons en multipliant les étages. Enfin, pour être plus à même de prévenir la reproduction d'aussi effroyables accidents, une plus grande quantité d'eau fut réservée pour l'usage public dans les diverses parties de la ville. Cependant, s'il fallait en croire Tacite, ces améliorations dans la disposition des rues auraient eu une fâcheuse influence sur la santé de cette population habituée à l'ombre et à la fraîcheur des rues étroites et profondément encaissées par de hautes maisons.

Le palais de Néron, qui était comme une ville, s'étendant depuis le nord-ouest du Palatin jusqu'à l'Esquilin et aux jardins de Mécène, le long de la voie Sacrée, l'élargissement des rues, l'abaissement des maisons avaient enlevé beaucoup de place dans l'intérieur de la ville. Une grande partie des habitants dut aller s'établir dans la région Transtibérine. C'est de ce moment surtout que date l'émigration de la population vers ce côté, où Rome a fini par passer presque tout entière.

CONSTRUCTIONS DE VESPASIEN, TITUS ET DOMITIEN. — Les vastes constructions entreprises par Néron furent arrêtées par sa mort. Vespasien, loin de les poursuivre, rendit aux particuliers une grande partie du Palatin, et sépara de son palais tout ce qui était jardins et monuments. — Parmi les constructions de ce prince citons le temple de la Paix dans le forum, celui de Claude sur le Cœlius, et un amphithéâtre au milieu de la ville. Le Capitole avait été en partie détruit dans les luttes de Vitellius et de Flaccus Sabinus; il en commença la reconstruction.

Titus embellit Rome, encore ravagée sous son règne par un incendie, de plusieurs monuments, et entre autres de thermes et d'un immense amphithéâtre. La restauration du Capitole fut achevée par Domitien. Ce prince fit abattre les boutiques qui resserraient les rues, et releva un grand nombre d'édifices en ruines. Il bâtit un temple de Jupiter Custos, un temple des Flaviens, un stade, une naumachie et un forum, auquel Nerva devait donner son nom. Une statue équestre colossale de Domitien fut érigée sur le forum; il fit élever sur le Palatin une basilique, des portiques et des bains. Aussi une partie du Palatin s'appela longtemps, depuis, *Palatium Domitiani*. Il embellit aussi de diverses constructions le Champ de Mars et le Quirinal.

CONSTRUCTIONS DE SEPTIME SÉVÈRE. — Un nouvel incendie éclata sous Commode, dans le temple de la Paix; il s'étendit jusqu'aux édifices du Palatin, en détruisit une partie, et entre autres les archives impériales. Septime Sévère s'appliqua à restaurer la plupart des édifices qui avaient souffert. Pour Caracalla, il construisit des thermes immenses, devant lesquels il fit percer une large voie neuve. Situés sur la pente de l'Aventin, les bâtiments occupaient presque toute la largeur de la vallée jusqu'au pied du Cœlius. Deux mille trois cents personnes pouvaient s'y baigner à la fois. Il en subsiste des restes considérables. Caracalla y avait joint un gymnase ainsi que de larges avenues ombragées. Un vaste portique couvert y était réservé pour les lectures publiques des poëtes et les discussions ou l'enseignement des philosophes. Dans l'intérieur des jardins et sous les arcades des portiques il se trouvait de magnifiques statues; l'Hercule et le Taureau Farnèse, que des fouilles ont fait découvrir, témoignent de leur beauté.

Les thermes de Titus, situés derrière l'amphithéâtre du Colysée, étaient aussi construits dans d'immenses proportions. Septime Sévère bâtit d'autres bains, dont il reste encore des ruines considérables : une partie du temple où s'en était fait la dédicace; une grande salle couverte, des arcades et quelques voûtes. — On y distingue des peintures, dont les couleurs sont admirablement conservées. Les colonnes et les statues y étaient multipliées. C'est sous les débris de ces bains qu'on a trouvé le Laocoon, au milieu de colonnes de granit, d'albâtre et de porphyre.

CONSTRUCTIONS D'ALEXANDRE SÉVÈRE, DE DIOCLÉTIEN ET DE CONSTANTIN. — Quand Alexandre Sévère voulut établir ses bains dans le Champ de Mars, où ils devaient être alimentés, comme ceux de Néron, par l'eau de l'aqueduc

Virgo, il dut acheter un grand nombre de maisons, qu'il fit démolir; ce qui prouve que depuis plusieurs années la ville s'était étendue de ce côté. Elle avait depuis longtemps dépassé les murs de Servius, et il lui fallait de nouvelles murailles; elle les dut à Aurélien.

Outre les constructions dont nous avons parlé, Alexandre Sévère fit bâtir le *Septizonium*, vaste palais, dont la façade du côté du Palatin était bordée d'une double colonnade, dans laquelle se trouvaient sept arcades en enfoncement formant le portail. C'est encore à ce prince qu'est attribué l'établissement du *Nymphœum*, vaste lieu de plaisance, où se trouvaient des bois ombragés, des avenues, des fontaines et des eaux jaillissantes. Il devait son nom aux statues des nymphes, placées au milieu des portiques. — Sous le nom de *Thermes de Dioclétien* on comprenait des basiliques, des portiques, un gymnase, un odéon, des avenues, des galeries de tableaux, une bibliothèque, des jardins avec des fontaines, et des bains qui formaient la moindre partie des constructions. Les salles en étaient si vastes, qu'on pouvait y nager, et trois mille personnes s'y baignaient à la fois. C'est sur le Viminal qu'ils étaient situés; l'eau leur arrivait par l'aqueduc Marcia. — Les Thermes de Constantin, dont il ne reste aujourd'hui aucun vestige, étaient décorés de deux statues colossales d'Alexandre fils de Philippe. Ces deux statues subsistent, on les voit encore sur le *monte Cavallo*.

COLONNES TRAJANE ET ANTONINE. — Deux colonnes célèbres furent érigées sous les empereurs : la colonne Trajane et celle d'Antonin. La première, élevée au milieu du forum de Trajan, était formée de trente-quatre blocs de marbre, cimentés avec tant d'art, qu'ils semblaient n'en former qu'un seul. Elle avait de cent trente-deux pieds de haut, douze pieds de diamètre à la base et dix au sommet. Elle était percée d'un escalier intérieur de cent quatre-vingt-deux marches, recevant la lumière par quarante-trois petites ouvertures. La superficie était incrustée de plaques de marbre sur lesquelles étaient représentés, dans un bas-relief continué en spirale tout le long du fût, les exploits du prince, et surtout ceux de la guerre contre les Daces. On y compte deux mille cinq cents figures de deux pieds de hauteur. Enfin, elle était surmontée de la statue colossale de Trajan, tenant d'une main un sceptre et de l'autre un globe d'or, où étaient, dit-on, renfermées ses cendres. Mais Eutrope assure qu'elles furent déposées sous la colonne. Des trophées décorent les quatre faces du piédestal, et des aigles aux quatre angles supportent des colonnes de laurier. C'est le modèle de notre colonne Vendôme, et la plus riche mine où les antiquaires aient puisé pour connaître les armes et les usages des Romains et des Barbares. — La colonne d'Antonin, moins haute que celle-ci, était décorée de sculptures et d'ornements analogues à ceux de la colonne Trajane, quoique d'un travail moins riche. Ces deux colonnes subsistent encore aujourd'hui; seulement Sixte-Quint a fait remplacer les statues de Trajan et d'Antonin par celles de Saint-Pierre et de Saint-Paul.

LES CIRQUES. — Dès l'origine de Rome on avait célébré des jeux aux époques solennelles. — Les premiers furent les Consualia de Romulus, en l'honneur de Neptune. — Tarquin l'Ancien fit élever un vaste édifice pour leur célébration. De sa forme même, ou du mouvement des chars tournant autour de la borne, cette nouvelle construction prit le nom de cirque. A vingt-quatre pieds au-dessus du niveau du sol étaient des sièges disposés pour les spectateurs. D'abord réservés aux grandes solennités, les jeux romains, appelés aussi grands jeux, devinrent annuels à partir de 494. — Le cirque Maxime, bâti par Tarquin, fut agrandi par César. L'empereur y avait une place réservée pour lui et pour sa famille; à partir de l'an 4 de J. C. les sénateurs et les chevaliers y eurent aussi des places spéciales. Un long canal d'eau vive, large et profond de dix pieds, *l'Euripe*, fut établi par César tout autour de l'arène, entre les gradins et l'arène. Il était arrivé dans les combats de bêtes que les éléphants avaient brisé leur barrière, et cette nouvelle disposition était nécessaire à la sûreté des spectateurs. On augmenta encore leur sécurité en plaçant une grille en fer sur le bord extérieur de l'Euripe. Suivant Denys d'Halicarnasse cent cinquante mille spectateurs pouvaient y trouver place. Pline porte ce chiffre à deux cent soixante mille. L'épine était un mur transversal, haut de quatre pieds et large de douze, qui partageait le milieu de l'arène. Il était décoré de statues, de colonnes et de divers petits monuments, parmi lesquels deux portiques en colonnade, l'un supportant sept dauphins, l'autre sept œufs qui dans les courses des chars servaient à compter les tours de cirque accomplis parce que à chaque tour on en abaissait un. Au centre s'élevait un obélisque haut de cent vingt pieds. L'incendie qui sous Néron brûla toutes les boutiques adossées au cirque dut nécessairement détruire les gradins supérieurs, qui étaient en bois. Il est pourtant à croire que le dommage fut peu considérable, puisque Domitien y fit célébrer des jeux. Trajan l'agrandit de manière à ce qu'il pût contenir cinq mille personnes de plus. Constance le décora d'un obélisque qu'Auguste, à cause de sa masse colossale, n'avait osé faire transporter à Rome. Cet obélisque est aujourd'hui en face de Saint-Jean de Latran, où Sixte-Quint le fit placer en 1588.

Le deuxième cirque fut bâti à Rome par le censeur Caïus Flaminius, dont il porta le nom. Il se trouvait en dehors de la porte Carmentale, non loin du temple d'Apollon. C'est dans ce cirque que se célébraient les jeux Tauriens, en l'honneur des dieux infernaux, dont le culte ne pouvait avoir lieu dans l'intérieur de la ville. Lucullus, à son retour de la guerre contre Mithridate, l'embellit de trophées (63).

Un *cirque agonal* avait été établi entre le Mausolée d'Auguste et le Tibre. On ignore et sa position et l'origine de son nom. Pour la célébration des jeux floraux, introduits à Rome en 238, on construisit un nouveau cirque, appelé du nom des fêtes qui s'y célébraient *Circus florealis*. — Plus tard Caïus Caligula fit dresser un cirque au milieu de ses jardins, sur le Vatican. C'était dans l'arène du cirque du Vatican que Néron venait disputer le prix de la course des chars. On y voyait un obélisque, que Caligula avait fait venir d'Égypte, et qui se trouve maintenant devant l'église de Saint-Pierre. On trouve encore les ruines d'un cirque entre la voie Appienne et la voie Latine; on lui donne le nom de cirque de Caracalla, bien que cette dénomination paraisse peu fondée. Il était entouré d'un portique ayant quatorze pieds de profondeur; il avait trente-six portes, vingt-huit escaliers; et sur les dix-huit rangées de gradins qu'il supportait il pouvait contenir trente mille spectateurs.

LES NAUMACHIES. — Des constructions analogues aux cirques avaient été élevées pour les naumachies; la seule différence qui les distinguât, c'est qu'elles n'étaient pas entourées de maçonneries. C'étaient simplement de vastes excavations, remplies d'eau, et autour desquelles la terre qu'on avait retirée en creusant le bassin était amoncelée en forme d'amphithéâtre. Ces bassins étaient remplis par l'eau de quelques aqueducs voisins, et on y donnait la représentation de combats navals. Jules César eut le premier l'idée de présenter au peuple un semblable spectacle; Auguste le renouvela dans un bassin qui avait dix-huit cents pieds de long sur douze cents de large, et où il fit paraître trente trirèmes avec un grand nombre de bâtiments plus petits. Ne voulant pas que la meilleure eau de la ville fût détournée dans l'immense bassin qu'il avait fait creuser, Auguste établit un nouvel aqueduc. L'*Aqua Alseatina*, long de vingt-deux mille pas, apportait à Rome des sources d'une eau âcre et bourbeuse qu'elle prenait près de la voie Claudia, à quatorze mille pas de la ville. C'était sans doute sur les bords du Tibre, au milieu des jardins des Césars, qu'eut lieu la naumachie; et il est probable que le bassin fut conservé, puisqu'il en est encore fait mention du temps de Néron. — Le seul bassin qui fût entouré d'une maçonnerie est celui de Domitien; ce prince en fit même couvrir les rebords de marbre.

LES THÉÂTRES. — Les théâtres pour les représentations dramatiques ne furent élevés à Rome que fort tard. La première représentation donnée par des histrions d'Étrurie (vers 364), après une peste, eut lieu dans le cirque Maxime entre l'Épine et les Carcères. Cependant, après la première guerre Punique, l'histoire nous montre le poëte Andronicus jouant lui-même dans les pièces qu'il avait composées ; ce qui donne à penser que les Romains avaient déjà le goût de ces sortes de spectacle. Néanmoins il était d'abord si peu dans l'esprit des Romains qu'il y eût des édifices permanents pour les représentations qu'un théâtre commencé en 155, par le censeur C. Cassius Longinus, fut renversé par l'ordre de Scipion Nasica, alors censeur, et du sénat tout entier. Toutefois, des théâtres de plus ou moins de durée s'élevèrent peu de temps après, puisqu'il est dit qu'Appius Claudius Pulcher fit décorer de peintures l'intérieur de la scène et y joignit des constructions. Les spectateurs étaient d'abord condamnés à rester debout. Cet usage fut négligé vers la fin de la république ; car la loi Roscia (68) accorda aux chevaliers quatorze gradins comme places d'honneur. Durant de longues années l'emploi des théâtres temporaires se maintint. Bâtis plus légèrement, ils pouvaient avoir d'énormes proportions, témoin le théâtre d'Æmilius Scaurus (59), élevé pour les fêtes de son édilité, qui pouvait contenir quatre-vingt mille spectateurs et qui ne subsista pas un an.

C. Scribonius Curio, partisan de César, fit construire pour les jeux funèbres donnés en l'honneur de son père deux vastes théâtres en bois qui se joignaient. Ils étaient soutenus chacun sur un pivot et opposés l'un à l'autre par leur partie convexe, afin que les acteurs pussent jouer en même temps sur les deux théâtres, sans se troubler réciproquement. On y donna des pièces dramatiques pendant la première partie du jour ; ensuite les deux théâtres, en tournant sur leur pivot, présentèrent leur partie concave de manière à former un amphithéâtre où des gladiateurs combattirent pendant l'autre partie de la journée. — Le théâtre de Pompée fut le premier construit en pierre. Commencé à son retour de la guerre contre Mithridate, il fut dédié pendant son deuxième consulat. C'était un hémicycle de cent quarante-sept mètres de diamètre, contenant vingt-sept mille cinq cent quatre-vingts spectateurs. Pour se soustraire à l'interdiction des censeurs, qui ne souffraient que des théâtres de bois, Pompée plaça dans son monument, au sommet des gradins, vis-à-vis de la scène, un petit temple, et publia qu'il avait élevé un temple à Vénus Victorieuse, avec quelques degrés pour voir les jeux. Quarante-quatre arcades, avec des colonnes détachées en avant de chaque pied-droit, décoraient l'extérieur du monument ; Auguste le restaura. Tibère rétablit la scène, détruite par un incendie. A droite de la scène Auguste avait fait placer la statue de Pompée au pied de laquelle César était tombé dans le sénat.

Le second théâtre en pierre fut construit, à l'instigation d'Auguste, par C. Balbus, dans le voisinage du Tibre, hors de la ville, non loin du cirque Flaminius. Ce théâtre, élevé en l'an 13, pouvait contenir trente et un mille spectateurs. Auguste fit consacrer la même année le théâtre de Marcellus, qui contenait trente mille personnes.

La forme des théâtres était hémisphérique, et ils avaient, comme les nôtres, trois parties principales : la *scène*, où jouaient les acteurs ; l'*orchestre*, où se plaçaient les sénateurs, et de chaque côté duquel étaient le siège du préteur et ceux des vestales ; enfin la *cavea*, c'est-à-dire le *théâtre* proprement dit, où siégeaient les spectateurs. La *cavea* était toujours en demi-cercle et en pente ; ses gradins étaient portés par deux ou trois rangs de portique, le portique supérieur formait une galerie couverte, qui était réservée aux matrones. De cette galerie, appelée *summa cavea*, les rangées de gradins descendaient circulairement jusqu'au pied de l'orchestre, divisées par des couloirs qui aboutissaient du portique supérieur au centre ; de cette manière les gradins étaient disposés en forme de coins, *cunei*. Des *précinctions* ou couloirs parallèles à la circonférence les partageaient dans un autre sens en divers étages ; ce qui facilitait la circulation et séparait les ordres différents de spectateurs. La loi Roscia avait en effet assigné aux chevaliers les quatorze premiers rangs de sièges, derrière l'orchestre, et Auguste multiplia les classifications et les places réservées. Chaque escalier répondait à une porte, *vomitorium*. L'orchestre était aussi en pente et séparé de la scène par un mur haut de cinq pieds nommé l'avant-scène ou *proscenium*. C'est là que les acteurs jouaient leurs rôles ; derrière était la scène, où étaient placées toutes les décorations. Les acteurs entraient par trois portes ; celle du milieu, *valva regia*, était censée la porte du palais. C'est par elle qu'entrait le personnage principal. Les deux autres à droite et à gauche s'appelaient *hospitalitia*. L'extrémité de cette façade se terminait par deux ailes en retour percées chacune d'une porte, dont l'une paraissait donner entrée à ceux qui venaient de la campagne et l'autre à ceux qui arrivaient de la ville. Un immense voile, retenu par des câbles, couvrait parfois le théâtre pour mettre les spectateurs à l'abri des rayons du soleil. Afin de combattre la trop grande chaleur on en vint jusqu'à faire couler des eaux vives dans de petits canaux, ménagés derrière les diverses lignes de gradins, et on arrosait la scène avec de l'eau parfumée de safran.

« Il y a, dit Vitruve, trois sortes de scènes pour les trois sortes de pièces tragique, comique et satirique. Les décorations en sont différentes, en ce que la scène tragique a des colonnes, des frontons élevés, des statues et tels autres ornements qui conviennent à un palais royal. La décoration de la scène comique représente des maisons particulières, avec leurs balcons et leurs croisées disposées comme les habitations ordinaires. La scène satirique est ornée de bocages, de cavernes, de montagnes et de tout ce qu'on voit représenté dans les paysages. »

AMPHITHÉÂTRES. — Sur le modèle de l'amphithéâtre où Scribonius avait donné des combats de gladiateurs aux funérailles de son père, César, lors de la dédicace de son forum, présenta au peuple des combats de bêtes féroces, dans une vaste arène, entourée de gradins placés assez haut pour la sûreté des spectateurs, et dont la disposition circulaire permettait de voir de tous côtés. L'amphithéâtre de César n'eut qu'une durée de circonstance. Ce fut sous Auguste que Statilius Taurus éleva dans le Champ de Mars le premier amphithéâtre en pierre. — Il paraît qu'il avait péri dans l'incendie du temps de Néron ; car on rapporte que ce prince se servit d'un amphithéâtre en bois pour donner un combat de gladiateurs. Le plus vaste et le plus beau monument de ce genre fut l'amphithéâtre élevé au milieu de la ville avec les dépouilles de Jérusalem. Commencé par Vespasien, il fut achevé et dédié par Titus ; aussi portait-il indifféremment le nom de ces deux princes, ainsi que celui de Flavien. Mais le nom sous lequel il est le plus connu est celui de Colysée, dû à son immense étendue ou à une statue colossale de Néron, qui s'élevait dans son voisinage. Il pouvait contenir quatre-vingt-sept mille personnes : ce qui en reste forme les ruines les plus imposantes de Rome.

L'arène qui devait servir aux combats des bêtes devait nécessairement être vide ; cependant, on plaçait au milieu un autel pour sacrifier au dieu auquel l'amphithéâtre était consacré ; mais il est vraisemblable qu'il pouvait être enlevé. On rapporte qu'un jour Néron fit placer dans l'arène comme un vaisseau gigantesque qui s'ouvrit tout à coup au moyen de ressorts habilement disposés pour laisser sortir les bêtes féroces enfermées dans son intérieur.

LES MURS D'AURÉLIEN. — Tant que les Romains, protégés par la force et l'immensité de leur empire, n'eurent rien à redouter d'aucun ennemi, ils s'inquiétèrent peu de voir leur ville s'étendre en dehors des anciens murs ; mais lorsqu'une invasion des peuplades barbares de la Vendélicie ou du Norique devint à craindre, les empereurs durent songer à donner à la ville une nouvelle enceinte de fortifications. Commencées par Aurélien, en 273, les nouvelles murailles ne furent achevées que sous Probus.

Le mur d'Aurélien comprit les monts Pincius et Testaceus, le Champ de Mars et le Janicule, laissés en dehors du mur de Servius. Il partait de la rive gauche du Tibre, près de la porte Flaminienne ; puis il faisait un coude, passait derrière la colline des Jardins (*Monte Pincio*), et venait jusqu'aux portes Salaria et Nomentana, qui se trouvaient dans la direction de l'ancienne porte Colline ; de là il redescendait vers le sud-est, enveloppait le camp des Prétoriens, et passait derrière l'extrémité orientale de l'Esquilin, par les portes Tiburtine et Prénestine ; — C'est là que se trouvent les ruines des aqueducs Martia, Claudia et Tépula, ainsi que le cours de l'Anio-Vetus. — Le mur faisait un nouveau coude vers le sud-ouest, enfermait l'*amphitheatrum castrense*, traversait la voie Asinaria; puis, redescendant vers le sud, derrière le Cœlius, il allait jusqu'à la porte Latine et la porte Appienne. Enfin, la dernière porte était celle d'Ostie ou Trigemina, auprès du tombeau de Caïus Cestius; enveloppant la colline (auj. *mont Testaceus*), il revenait le long du fleuve, qu'il franchissait pour envelopper tout le Janicule, formait une nouvelle porte Portuensis, bien en avant de l'ancienne, et le Tibre traversait la voie Aurélienne et venait rejoindre la porte Septimiane.

Dans la première année du quatrième siècle de notre ère, Dioclétien donna l'exemple de transporter hors de Rome la résidence impériale. La guerre était partout sur les limites de l'empire: il fallait être toujours en armes dans quelque place forte des frontières. Rome, abandonnée, ne fut plus agrandie ni embellie. Enfin Constantin lui porta le coup le plus funeste en élevant à Constantinople une seconde capitale de l'empire. La dernière consolation qui restait à Rome, la magnificence de ses anciens monuments, lui fut enlevée par les invasions dévastatrices des barbares.

En résumé, Rome avait au temps d'Aurélien trente-sept portes, desquelles sortaient trente et une voies militaires, huit ponts sur le Tibre, deux cent quinze grandes rues, dix-neuf *fora*, deux cent soixante-cinq places ou carrefours, quatre cent vingt-quatre temples, cinq naumachies, quatorze aqueducs, trente-six arcs de triomphe; environ cinquante colosses, une multitude infinie d'odéons, de théâtres, de curies et tout un peuple de statues, enfin la *Maxima cloaca*, qui porte encore la ville aujourd'hui.

ÉTENDUE DE ROME. — Il règne une grande incertitude sur l'étendue de Rome, et principalement sur le chiffre de sa population. Pline (*H. N.*, III, 5) nous dit que de la colonne milliaire placée à l'entrée du forum jusqu'à chacune des trente-sept portes on a en droite ligne trente mille sept cent soixante-cinq pas. De la même colonne milliaire il compte jusqu'aux dernières maisons, en suivant les rues attenantes à toutes les grandes voies, un peu plus de soixante-dix mille pas. Pour le circuit des murs il était de 13,200 pas romains. Malheureusement Juste Lipse lit 23,200 (*De magnitud. Rom.* II, 3), Isaac Vossius 30,000 (*Observ. de ant. Romæ Magnit.* c. 1), et d'Anville 8,186, parce qu'il corrige le texte de Pline, XIII, M. CC. en VIII, CC.(1). Ce dernier chiffre est celui qu'adopte M. Dureau de la Malle (*Écon. polit. des Rom.*, I, 345). Pour le circuit de la muraille d'Aurélien, Vopiscus donne 50,000 pas; mais ici encore les uns lisent 15,000, d'autres 13,000 seulement. D'Anville s'arrête à 12,345 pas romains, équivalant à 9338 ½ toises. On sait que celle de Paris est en toises de 12187,03. Le circuit de Rome n'aurait donc été qu'un peu plus des trois quarts de la circonférence de Paris.

POPULATION DE ROME. — La population de Rome sous les empereurs est assez difficile à déterminer. On parle bien alors de quatre, cinq, six millions et plus de citoyens romains; mais cela s'applique aux hommes en âge de porter les armes, ayant le droit de cité et répandus dans tout l'Empire. Sous Claude (48 ap. J. C.), ils étaient six millions neuf cent quarante-quatre mille. Le *Marmor Ancyranum* ne nous donne qu'un document incomplet relativement au temps d'Auguste. Il marque que dans une distribution faite à la plèbe romaine il se présenta trois cent vingt mille personnes pour recevoir les dons de l'empereur: dans ce nombre n'étaient compris ni les femmes, ni les enfants au-dessous de onze ans, ni les sénateurs, ni les chevaliers, ni les esclaves, dont la multitude était si grande à Rome. Sans aller, comme Juste Lipse, à compter jusqu'à quatre millions d'habitants, nous ne pouvons non plus descendre, comme M. Dureau de la Malle, à 502,695. Il nous suffirait de remarquer, pour repousser ce nombre, que si l'on ajoute seulement les femmes au chiffre de 320,000 hommes prenant part aux distributions de blé on arrivera à un total déjà bien supérieur à celui du savant académicien (2).

(1) *Mém. de l'Acad. des Inscrip.*, t. II, p. 131, édit. in-12.
(2) M. Dezobry a déjà renversé les calculs de M. de la Malle par les mêmes raisons dont ce savant avait cru pouvoir les appuyer.

Dans cette inscription que les marbres d'Ancyre nous ont conservée Auguste dit qu'aucune des trois distributions d'argent qu'il fit dans les années de Rome 727, 730 et 742, ne lui coûta moins de 250 millions de sesterces. Or comme il avait donné 400 sesterces à chacun, il en résulte que 625,000 hommes, enfants ou vieillards avaient pris part à la distribution ; doublez pour les femmes et vous aurez le chiffre de 1,250,000, dans lequel ne sont certainement compris ni les esclaves, ni les étrangers. On voit que le chiffre de 1,500,000 ne serait pas même suffisant. N'oublions pas d'ailleurs qu'en dehors de la ville proprement dite il y avait d'immenses faubourgs dont l'étendue ne peut être estimée avec précision, mais qui, d'après tous les témoignages, renfermaient une innombrable population.

Les anciens auteurs de descriptions de Rome par quartier (REGIONARII) donnent à la ville 1,700 *domus* et 46,000 *insulæ*. Les premières sont évidemment les maisons des riches, des hôtels si l'on veut; les secondes sont des maisons de location pour les pauvres. M. Dureau de la Malle entend par *insula* petite boutique. Je ne nie pas que le mot *insula* n'ait quelquefois ce sens, mais s'il fallait entendre ainsi les *insulæ* des *regionnaires*, il faudrait aussi admettre que Rome avec un pareil nombre de boutiques devait être extraordinairement commerçante; or on sait ce qu'il en était. En n'accordant que 20 habitants, hommes, femmes, enfants, esclaves à chaque *insula*, nous aurions déjà une population de 920,000 âmes. Elle serait de 1,380,000 si on portait le chiffre de 20 à 30.

L'AGER ROMANUS. — Autour de la ville jusqu'à une certaine distance, qui varia plusieurs fois, s'étendait le territoire proprement dit de Rome, l'*Ager romanus*. Son étendue sous Romulus dut être fort restreinte; mais il s'agrandit avec la fortune de la nouvelle cité, aux dépens des villes voisines. Tellene, Ficulnea et Antemnes furent les premières frappées. Albe elle-même vit ses limites reculer et celles du territoire romain avancer jusqu'à Festi, à cinq ou six milles du pomœrium. C'était en effet en ce lieu qu'au temps de Tibère on célébrait encore les *Ambarvalia*. Les frères arvales bornaient à cette distance hors des murs les lustrations et la promenade de la victime sacrée.

Sous Ancus Marcius le territoire de Rome atteignit, non loin d'Albe, la fosse *Cluilia*. Sous Servius la distribution de sept arpents à chaque citoyen l'agrandit encore, et l'on peut porter la limite de l'*Ager* pour cette époque à la douzième ou treizième pierre milliaire.

Dans les premiers temps de la république le territoire de Rome ne s'étendait pas encore dans un rayon de plus de 15, 18, ou 20 milles hors des murs. Ce territoire propre de la ville conserva exclusivement le nom d'*Ager romanus*. Alors même que les Romains convertissaient en propriété publique une partie d'un pays conquis ils désignaient toujours le nouveau canton par le nom de la cité à laquelle il avait appartenu. C'est ainsi qu'ils disaient l'*Ager Gabinus*, l'*Ager Falernus*, l'*Ager Campanus*, distinction importante; car certaines fonctions religieuses, par exemple, n'auraient pu être accomplies ailleurs que sur l'Ager romanus.

Avec le temps ce nom prit une acception plus large, et s'appliqua même aux territoires conquis. Varron rapporte que Caton, dans son livre *des Origines*, appelait ainsi une partie de la Gaule cisalpine. Cependant, ajoute-t-il, il ne désignait sans doute par là qu'une partie de territoire, distribuée par suite d'une loi agraire, ou reconnue à titre d'*Ager publicus* comme propriété romaine, ou bien encore acquise en vertu de marchés par des citoyens romains. Le même auteur distingue cinq sortes d'Ager : L'*Ager Romanus*, *Gabinus*, *Peregrinus*, *Hosticus* et *Incertus*. On trouve encore d'autres désignations. Ainsi le pays partagé par les lois agraires s'appelait *Ager Viritanus*, c'est-à-dire champ devenu par assignation *propriété personnelle;* on le nommait aussi *Ager Colonicus*, parce qu'il était pris ordinairement au territoire des cités soumises, où l'on envoyait des citoyens romains sous la conduite de magistrats nommés *Triumviri coloniæ deducendæ*.

Les noms des diverses sortes de territoires cités par Varron s'expliquent d'eux-mêmes, un seul a besoin de quelques éclaircissements. Le mot d'Ager Gabinus date de Tarquin le Superbe. Quand ce prince mit un terme à la rivalité de Rome et de Gabies, non point par une trahison, comme le rapporte Tite-Live, mais par une alliance conclue sur le pied de l'égalité, et dont Denys a lu le texte dans le temple de Dius Fidius, Gabies fut comprise non plus dans l'*Ager Hosticus*, mais dans l'*Ager Peregrinus*. Cependant, comme elle avait l'isopolitie avec Rome, on conserva à son territoire un nom particulier, pour marquer ces relations particulières, celui d'*Ager Gabinus*.

L'*Ager Hosticus*, ou *Ager Hostilis* était tout naturellement le pays ennemi; mais il y avait à Rome même un champ ainsi nommé. Lorsque Rome provoquée par Tarente vit cette ville appeler Pyrrhus à son aide, le sénat ne voulut pas offenser les dieux en faisant entrer les légions en campagne avant d'avoir solennellement déclaré la guerre à Pyrrhus. On verra ailleurs quelles cérémonies les féciaux devaient dans ce cas accomplir sur le territoire même de l'ennemi. Mais l'Épire était loin et le temps pressait; on s'en tira par un subterfuge. Un déserteur épirote acheta un champ et sur ce champ les féciaux accomplirent sérieusement les cérémonies usitées. La lettre de la loi était exécutée; les dieux devaient se tenir pour satisfaits. La conscience publique n'en demanda pas davantage. Ce champ se trouvait dans le voisinage du cirque Flamininus, près du temple de Bellone. Ce fut là qu'Octave fit déclarer la guerre à Cléopatre.

Malgré ces noms si divers, la grande différence était entre le territoire soumis à toutes les lois civiles et religieuses des Romains, l'*Ager Romanus*, et les territoires régis par des lois étrangères, *Ager Peregrinus*. Le premier était la demeure du peuple roi, le domaine propre des trente-cinq tribus; le second était habité par des hommes qui n'étaient pas citoyens ou qui du moins n'avaient pas le droit de cité dans sa plénitude, *optimo jure*.

L'Ager Romanus pris dans cette extension ne formait pas autour de la ville un territoire compacte et uniforme. Aux portes mêmes de Rome il y avait des villes étrangères, où un citoyen romain, pour éviter une condamnation au forum, pouvait s'exiler. Cela nous conduit à une curieuse et importante question, celle de l'organisation donnée par Rome à l'Italie.

CHAPITRE II.

DESCRIPTION DE L'ITALIE ET ORGANISATION DE CETTE PÉNINSULE PAR LES ROMAINS.

DIMENSIONS. — L'Italie est trop longue, disait Bonaparte, et trop divisée. Entourée par la mer et par les plus hautes montagnes du continent européen, elle forme, entre l'Adriatique et la mer de Toscane, une longue presqu'île, qui se bifurque au sud en deux pointes, tandis qu'au nord elle s'élargit en un demi-cercle, dont la chaîne supérieure des Alpes trace la circonférence.

De Bologne au détroit de Messine la partie péninsulaire a 200 lieues de long sur 52 de large, d'Orbitello à Ancône. Mais du golfe de Salerne à celui de Manfrédonia, ou des bouches du Garigliano à celles du Tiferno, sa largeur n'est que de 31 lieues, et même de 6 seulement au sud de Catanzaro dans les Calabres. Du Var aux Alpes Juliennes, la partie continentale mesure, de l'ouest à l'est, 140 lieues et 50 environ dans la direction du nord au sud, de Gênes au Saint-Gothard, ou de Bologne à Botzen.

LES ALPES. — Les Alpes ont conservé les noms que les Romains leur donnèrent; et on les divise encore en Alpes maritimes, cottiennes, grecques, pennines, helvétiques ou lépontiennes, rhétiennes, noriques, carniques et juliennes. Au nord et au nord-ouest de cette grande chaîne, du côté de la Suisse et de la France, le sol s'élève lentement par une suite de montagnes et de vallées transversales jusqu'aux plus hautes cimes. Mais sur le versant italien la pente est rapide, escarpée, abrupte, et toutes les vallées tombent perpendiculairement dans le Pô ou l'Adriatique sans qu'il y ait ni montagnes ni vallées parallèles. Au mont Cénis, les rochers qui sont au-dessus de la Grande-Croix descendent presque à pic; et le mont Blanc, qui est accessible du côté de la Savoie, présente, vu de l'Italie, un mur perpendiculaire d'environ 10,000 pieds. Enfin, tandis que les terrains élevés se continuent au loin dans la France et l'Allemagne, les basses plaines commencent en Italie, au pied même de la chaîne alpine. Turin, à 14 lieues seulement du mont Cénis, n'a que 700 pieds d'élévation au-dessus de la mer, et Grenoble, qui en est à plus de 20 lieues, est placée 800 pieds plus haut. Milan, à 26 lieues du mont Rosa, n'a qu'une altitude de 395 pieds, tandis que celle de Lyon est encore de 500 pieds, bien qu'il y ait 38 lieues de cette ville au mont Blanc. Aussi l'Italie n'a-t-elle ni ces pâturages alpestres ni cette race d'indomptables montagnards qu'on trouve sur le versant opposé dans le Dauphiné, la Suisse et le Tyrol. Dans cette différence d'inclinaison et d'étendue entre les deux versants, se trouve une des causes qui ont assuré les premiers succès de toutes les expéditions dirigées contre l'Italie. Maîtres du versant septentrional, les assaillants n'ont, pour descendre dans la péninsule, ni de nombreuses positions à forcer, ni de belliqueuses populations à combattre; et un jour ou deux de marche les mènent au milieu du plus riche pays. Aussi l'Italie ne peut-elle jamais échapper aux invasions, ni rester en dehors des guerres européennes, malgré sa formidable barrière des Alpes, malgré leurs cimes colossales, qui, vues de près, « semblent des géants de glace placés là pour défendre l'entrée de cette belle contrée. »

LES APENNINS. — A leur extrémité sud-ouest les Alpes se recourbent dans la direction de l'est, et diminuent progressivement de hauteur jusqu'au delà des sources de la Bormida, où elles se relèvent, près de Savone, pour commencer une chaîne nouvelle, les Apennins. Ces montagnes longent d'abord la côte de Ligurie, et ferment presque entièrement par le sud la vallée du Pô; puis traversent toute la péninsule jusqu'à la Lucanie, où elles se partagent, entre Venouse et Potenza, en deux rameaux qui vont mourir l'un à l'extrémité du Brutium (les Calabres), l'autre dans le pays des Salentins (Terre d'Otrante). La hauteur moyenne de cette chaîne n'est que d'environ 3,000 pieds; mais à l'est de Rome, dans le pays des Marses et des Vestins, le monte Velino atteint 7,686 pieds, et le monte Corno 8,934. Plus rapprochés de l'Adriatique que de la mer de Toscane, les Apennins couvrent la côte orientale, moins la Pouille, de collines boisées et de gras pâturages, que sillonnent de nombreux torrents et dont les sauvages habitants vivent de leur pêche ou de leurs troupeaux. A l'ouest du moins s'étendent entre la mer et le pied des monts quelques grandes et fertiles campagnes : Toscane, Latium et Campanie, arrosées par des fleuves plus tranquilles, Tibre, Liris, Vulturne, mais brûlées par le vent du midi, incessamment menacées par des volcans, ou rendues insalubres par des marais pestilentiels. Si l'on excepte ces plaines peu nombreuses et peu étendues, l'Italie péninsulaire est, à vrai dire, partout hérissée de montagnes et coupées d'étroites vallées, au point que les Abruzzes et les Calabres, dans le royaume de Naples, sont à peu près inaccessibles pour une armée. Comment s'étonner que le morcellement politique, ou, pour l'appeler par son nom italien, que le régime municipal ait toujours existé sur le sol que la nature elle-même a tant divisé, que toute ville ait été un État là où chaque vallée renfermait un peuple?

VOLCANS. — Des bords du Pô jusqu'aux extrémités de l'Italie, on a reconnu comme une immense traînée de matières volcaniques : mais l'activité des feux souterrains semble s'être maintenant concentrée au sud de cette ligne, dans le Vésuve, les Champs-Phlégréens, dont les éruptions sont alternatives; dans l'Etna, et dans les îles Lipari. Au nord on ne trouve plus que des cratères éteints, dont plusieurs forment aujourd'hui des lacs (lacs Averne, d'Agnano, Lucrin, d'Albano, de Némi, de Gabii, Régillo, de S. Guliano, de Bolséna, de Bracciano, etc.), les collines volcaniques de Rome, les sources inflammables de la Toscane (l'Acqua Buja et le Fuocco del Legno, près de Piétra Mala), et les salses des environs de Parme, de Reggio, de Modène et de Bologne.

Avant l'année 79 de notre ère le Vésuve semblait un volcan éteint; la population et la culture étaient montées jusqu'à son sommet. Lorsque, se ranimant tout à coup, il ensevelit Herculanum, Pompéi et Stabies sous d'épaisses masses de cendres et de laves. En

472, suivant Procope, telle fut la violence de l'éruption, que les cendres emportées par les vents volèrent jusqu'à Constantinople. En 1794 un de ces courants de laves incandescentes qui ont parfois quatorze mille mètres de long sur cent à quatre cents mètres de large, et une épaisseur de huit à dix mètres, détruisit la belle ville de Torre del Gréco. Des pierres étaient lancées à douze cents mètres; des gazs méphytiques détruisaient au loin toute végétation; et à la distance de quatre lieues on ne marchait en plein jour qu'aux flambeaux. M. de Humboldt a remarqué que la fréquence des éruptions est en raison inverse de la grandeur du volcan. Depuis que le cratère du Vésuve a diminué, ses éruptions, moins violentes, sont devenues presque annuelles. L'effroi a cessé; la curiosité reste. De toutes parts les riches voyageurs accourent; et les Napolitains, qui oublient vite, disent de leur volcan, tout en exhumant Herculanum et Pompéi: c'est la montagne qui vomit de l'or.

FLEUVES ET LACS DE L'ITALIE CONTINENTALE. — Les Alpes et la partie septentrionale des Apennins enferment la riche plaine que traverse le Pô et qui, de Turin à Venise, n'offre pas une colline. Des torrents sans nombre descendus de cette ceinture de montagnes neigeuses, la sillonnent et la fécondent, mais l'exposent aussi à d'affreux ravages. Ce sont eux qui l'ont créée, en comblant de leurs alluvions l'ancien golfe que l'Adriatique y formait et dont les traces existent dans les débris d'animaux marins que l'on a retrouvés jusque dans les environs de Plaisance et de Milan. Ces torrents sont tributaires du Pô (*Padus*), qui, né sur les flancs du mont Viso (*Vesula*), est navigable depuis Turin, et va se jeter dans l'Adriatique par plusieurs embouchures, dont le nombre et la position varièrent souvent. Polybe en nomme deux: celle du *Padoa* (Pô-Grande) et celle de l'*Olana* (Pô di Volano). Pline en cite une troisième, le *Vatrenus* (Pô di Primaro), qui formait un large port. Ce fleuve, chariant les débris des montagnes qui l'entourent et du sol qu'il traverse, exhausse chaque jour son lit, maintenant plus élevé à Ferrare que les toits de la ville et fait reculer chaque année la mer de soixante-dix mètres. Ses principaux affluents, dont trente étaient navigables, sont sur la rive droite: la Maira (*Latis*), le Tanaro (*Tanarus*), grossi de la Stura (*Canis*), la Staffora (*Iala*), la Trébia (*Trebia*), la Nura (*Nure*), le Taro (*Tarus*), la Parma (*Parma*), la Secchia (*Secies*), le Panaro (*Scultenna*), le Réno (*Rhenus*), qui renfermait l'île des Triumvirs, et le Montone (*Utis*) qui passe par Forli. Sur la rive gauche: le Pô reçoit, de l'ouest à l'est, le Clusone (*Clusonius*), la Dora Ripéra, (*Doria Riparia vel minor*), la Stura (*Stura*), l'Orca (*Orgus*), la Dora Baltéa (*Doria major*), la Sésia (*Sessites*), la Gogna (*Agunia*), le Terdoppio (*Victium*), le Tessin (*Ticinus*), l'Olona (*Olonna*), le Lambro (*Lambrus*), l'Adda (*Addua*), le plus grand des affluents du Pô, le Sério (*Sarius*), l'Oglio (*Ollius*), grossi par la Mella et le Chiese (*Cleusis*), le Mincio (*Mincius*), enfin la Tartara (*Tartarus seu Atrianus*), qui réunissait le Pô et l'Adige.

Plusieurs de ces rivières ont donné naissance à de grands lacs, en remplissant les bassins naturels creusés le long de leur cours. Ainsi le Tessin a formé le lac Majeur (*Verbanus*), long de 14 lieues, large de 1 1/2, et profond en quelques endroits de 800 mètres; l'Adda, le lac de Como (*Larius*), 12 lieues de long, célèbre par la beauté de ses rives, chargées de montagnes hautes de 8 à 900 pieds, d'où se précipitent de nombreuses cascades; l'Oglio, le lac d'Iséo (*Sevinus*), long de 5 lieues et profond de 300 mètres; la Sarca, le lac de Garda (*Benacus*), long de 12 lieues, large de 4 au sud, et profond de 8 à 900 pieds, d'où elle sort sous le nom de Mincio. Autour du lac Majeur se trouvent encore les petits lacs d'Orta, de Varèse, et de Lugano; ce dernier, qui a 5 lieues de long, s'écoule dans le lac Majeur. — A l'est du Mincio, le dernier des affluents de la rive gauche du Pô, descendent des Alpes dans l'Adriatique: l'Adige (*Athesis*) le plus grand fleuve d'Italie après le Pô, 90 lieues de cours, le Bacchiglione et la Brenta (*Medoacus minor et major*), 22 et 40 lieues de cours; la Piave (*Plavis*) 50 lieues, le Tagliamento (*Tilaventum*),

42 lieues, l'Isonzo (*Sontius*), 29 lieues, le Timavo (*Timavus*) et l'Arsa (*Arsia*), 7 lieues.

FLEUVES ET LACS DE L'ITALIE PÉNINSULAIRE. — Les Apennins envoient à la mer de Toscane la Magra (*Macra*), 13 lieues; le Serchio (*Auser*); l'Arno (*Arnus*), 55 lieues, né au nord d'Arezzo, non loin des sources du Tibre; l'Ombrone (*Umbro*), 25 lieues; la Marta (*Marta*) et l'Arone (*Aro*), qui sortent des lacs de Bolséna et de Bracciano; le Tévéré (*Tiberis*), 80 lieues, grossi de la Chiana (*Clanis*), de la Néra et du Tévérone (*Anio*), qui des quarante-deux cours d'eau que le Tibre reçoit mérite seul le nom de rivière; le Garigliano (*Liris*), 25 lieues, qui, comme le Tibre, court longtemps du nord au sud avant de se jeter à la mer, à travers les marais de Minturnes; le Volturno (*Vulturnus*), 30 lieues; le Sélé (*Silarus*) et le Lao (*Laüs*). Dans le golfe de Tarente tombent le Sinno (*Siris*), et l'Agri (*Aciris*); dans l'Adriatique du nord, au sud depuis le Pô : le Savio (*Sapis*); le Pisatello (*Rubico*); la Foglia (*Pisaurus*); le Métauro (*Metaurus*); l'Isino (*Æsis*); le Tronto (*Trontus*), 20 lieues; la Pescara (*Aternus*), 30 lieues; le Sangro (*Sagrus*), 30 lieues; le Tiferno (*Tifernus*), 21 lieues; le Fortore (*Fronto*), 29 lieues, et l'Ofanto (*Aufidus*), 30 lieues. Mais tous ces cours d'eau ont le caractère capricieux des torrents descendus des montagnes; larges et rapides au printemps, à l'époque de la fonte des neiges, ils se dessèchent en été, et restent dans tous les temps à peu près inutiles pour la navigation.

Aux lacs que nous avons déjà nommés de Bracciano (*Sabatinus*), et de Bolséna (*Vulsinensis*), en Étrurie, de Némi (*Nemorensis vel Dianæ speculum*), d'Albano (*Albanus*), de Gabii (*Gabinus*), Régillo (*Regillus*), dans le Latium, Averne et Lucrin dans la Campanie, il faut joindre ceux de Castiglione (*Prelius*), de Ronciglione ou de Vico (*Ciminius*), de Bassano (*Vadimonius*), de Pérugia (*Trasimenus*), et la Palude Chiana (*Clusinus*), dans la Toscane; celui de Celano (*Fucinus*) et les deux lacs aujourd'hui desséchés de Juturna et d'Arici, dans le Latium; enfin celui de Lésina (*Pantanus*) dans l'Apulie.

Tous les lacs de la haute Italie sont, comme ceux de la Suisse, des vallées que les rivières ont comblées, et dont l'écoulement donne naissance à de nouveaux fleuves; ceux de la Péninsule, au contraire, remplissant d'anciens cratères ou des bassins encaissés entre des montagnes, n'ont point d'émissaires naturels, et menacent souvent d'inonder, après les longues pluies ou la fonte des neiges, les campagnes voisines. Ainsi le débordement du lac d'Albano, signal de la chute de Véies, et ceux du lac Fucin, qui tant de fois faillirent ruiner le pays des Marses. Si les lacs sont dans les montagnes, les eaux stagnantes couvrent presque tout le littoral à l'ouest et au sud. Pline le Jeune parle de l'insalubrité des côtes d'Étrurie, où recommençait déjà la Maremme, que les Étrusques avaient une première fois desséchée. Dans le Latium la mer s'était autrefois étendue jusqu'au pied des monts de Setia et de Privernum, à 16,000 mètres de son rivage actuel; et du temps de Strabon toute la côte d'Ardée à Antium était marécageuse et insalubre; au delà d'Antium commençaient les marais Pontins. La Campanie avait les marais de Minturnes et de Linternum. Plus au sud, les Grecs de Buxentum, d'Élée, de Sybaris et de Métaponte avaient dû creuser mille canaux pour dessécher le sol, avant d'y mettre la charrue. L'Apulie jusqu'au Vulturne avait été une vaste lagune, comme les pays voisins des bouches du Pô jusqu'à cent milles au sud de son embouchure actuelle. La Lombardie elle-même ne fut longtemps qu'un immense marais; et malgré les efforts des Étrusques, qui firent tant pour l'assainir, la vallée de Prino, qui se prolonge en descendant de l'Apennin jusqu'à la Trébie, et les territoires de Parme, de Modène et de Bologne ne purent être desséchés avant les travaux d'Æmilius Scaurus.

Le soin de diriger les eaux fut donc pour les Italiens non-seulement un moyen, comme pour les autres peuples, de gagner des terres à l'agriculture, mais une question de vie ou de mort. Ces lacs au sommet des montagnes, ces rivières débordant chaque printemps ou changeant de lit, ces marais qui, sous le soleil italien, enfantent si vite la peste, les condamnaient à de constants efforts. Dès qu'ils s'arrêtèrent, ce qu'ils avaient péniblement conquis retourna à sa première nature. Aujourd'hui Baïa, le délicieux séjour des plus riches Romains, Pœstum, avec ses champs de roses tant aimés d'Ovide, *tepidi rosaria Pœsti*, la voluptueuse Capoue et Sybaris sont au milieu d'eaux stagnantes et fétides. Les eaux, les miasmes pestilentiels, la solitude et le silence ont aussi reconquis les bords du golfe de Tarente, autrefois couvert de tant de villes. Dans la Toscane quarante-trois lieues de côtes, dans le Latium trente lieues carrées de pays furent abandonnées aux eaux et aux miasmes délétères. Ici la colère de l'homme aida celle de la nature. Rome avait ruiné l'Étrurie et exterminé les Volsques ; mais les eaux envahirent le pays dépeuplé. La *malavia* gagnant de proche en proche, de Pise jusqu'à Terracine, s'étendit sur Rome même, et la ville éternelle expie maintenant au milieu de son désert et sous son ciel insalubre cette guerre impitoyable que faisaient ses légions.

LES MARAIS PONTINS. — De ces marais les plus célèbres sont ceux du pays des Volsques, les *Pomptinæ paludes*, aujourd'hui appelés Paludi Pontine. Ils couvrent entre la mer Tyrrhénienne et le pied des hauteurs qui descendent du mont Albain et de l'intérieur du pays des Volsques une superficie de dix milles géographiques carrés. Suivant quelques savants il existait là un golfe de la mer Tyrrhénienne que les atterrissements du Nymphœus, de l'Amasenus et de l'Ufens ont comblé, pas assez cependant pour en faire un sol ferme et fertile. Des troupeaux conduits par des pâtres fiévreux y errent en liberté, et le voyageur traverse vite cet air empesté. La tradition veut qu'en cet endroit aient anciennement brillé vingt-trois cités volsques. Leur ruine, l'absence de culture, surtout de travaux pour diriger les eaux abandonnées à elles-mêmes, auront contribué au triste état de choses qui existe encore aujourd'hui, et qu'ont vainement combattu Appius, Céthégus, Julius César, qui voulait combler ces marais, Auguste, Trajan, qui traça tout au travers une belle voie, Dioclétien, qui la répara, enfin le pape Pie VI,

qui attaqua énergiquement le mal, sans réussir. Le succès qui a récemment couronné les efforts du grand-duc de Toscane Léopold II, dans le dessèchement des marais de l'Ombrone, montre la voie à suivre (1).

Auguste avait creusé le long de la voie Appienne un canal de dessèchement. On pouvait pour aller à Terracine prendre l'une ou l'autre voie. Le paresseux Horace préféra cheminer sur le canal. « D'Arice, nous gagnâmes, dit-il,
« Forum Appii, fourmilière de mariniers
« et de cabaretiers fripons. La voie Ap-
« pienne est moins rude pour les mau-
« vais marcheurs. L'eau était abomina-
« ble en ce pays ; je mis mon estomac
« en pénitence, et d'un œil impatient je
« regardai souper mes compagnons.
« Déjà la nuit s'apprêtait à envelopper
« la terre de ses ombres et à parsemer
« le ciel d'étoiles ; assaut de nos laquais
« contre les mariniers et des mariniers
« contre nos laquais : — Aborde ici ! —
« Tu entasses l'univers dans ta bar-
« que ! Holà, assez ! — Pendant qu'on
« ramasse l'argent du péage, qu'on at-
« telle la mule, une mortelle heure s'é-
« coule ; les odieux cousins et les gre-
« nouilles du marécage mettent en

(1) Le système suivi a été de fermer au moyen de chaussées et d'écluses l'accès des marais aux eaux salées, puis d'y introduire des eaux troubles, et de les en faire sortir clarifiées : on s'est astreint à élever ces sols artificiels de $1^m,16$ au-dessus du niveau de la mer ; dans les marais de Castiglione et de l'Ombrone, l'atterrissement a été de $0^m,58$ à $2^m,34$ de hauteur, dans ceux de Piombino, de $0^m,83$: le remblai entier a excédé 185 millions de mètres cubes ; et le résultat de l'entreprise a été la substitution d'excellentes terres arables à des marécages infectes, sur une étendue de neuf lieues carrées, savoir :

A Castiglione	9,784 hect.
Sur la plage de Grosetto	2,364
A Albarése	286
A Scarlino	605
A Piombino	1,036
Total	14,095 hect.

Les dépenses directes se sont élevées à 5,292,722 fr. 80 cent., c'est-à-dire 375 fr. 50 par hect. Une somme de 1,688,233 fr. a été en outre employée en ouvertures de routes, constructions de ponts et d'usines. Ces travaux ont été accomplis de 1828 à 1837. Baude, *Les Côtes de Provence*.

« fuite le sommeil. Ivres de piquette, le
« batelier et le passager chantent à l'envi
« leur maîtresse absente ; si bien que
« le passager, fatigué, commence à s'en-
« dormir, et que l'indolent batelier at-
« tachant à une borne les rênes de sa
« mule, la laisse paître à l'aise et ronfle
« sur le dos. Déjà l'aube blanchissait
« quand nous nous apercevons que la
« barque ne bouge pas ; à la fin, un voya-
« geur à la tête chaude saute à terre, et
« d'une branche de saule apostrophe la
« tête et les reins de la mule et de son
« maître. On nous met à terre à dix
« heures à grande peine. O nymphe Fé-
« ronie, dans ta fontaine nous lavons
« notre visage et nos mains, puis, lestés
« d'un déjeûner, nous gravissons trois
« milles, et nous entrons dans Anxur,
« hissée sur des rochers éblouissants. »

RÉSUMÉ DES CONQUÊTES DE ROME
EN ITALIE. — Il a été longuement parlé
dans la première partie de ce travail
des anciennes populations de l'Italie.
Nous n'avons pas à revenir sur ce qui
a été déjà fait et bien fait. Seulement
nous insisterons sur les différences de
race et d'origine qu'on a signalées dans
les populations italiennes, parce qu'elles entraînaient nécessairement aussi
une différence de langues, de mœurs,
de caractères, qui empêchait tous ces
peuples de se regarder comme frères,
de s'unir dans une même cause et pour
la défense des mêmes intérêts. Ajoutez la nature physique de l'Italie, de
cette longue et étroite péninsule traversée dans toute sa largeur par une
chaîne de montagnes et sillonnée à chaque pas par des chaînes transversales
qui couvrent le pays d'innombrables
vallées. Sur un sol aussi découpé, avec
une population d'origine si variée, il
était impossible qu'il se formât un
grand peuple ; chaque vallée allait devenir le territoire d'une peuplade et les
proportions de tout État s'y réduire à
celles d'une tribu, d'une cité.

Que maintenant au milieu de ces peuplades rendues étrangères les unes aux
autres par un long isolement, on place
un petit peuple qui se fera de la guerre
une nécessité, de l'exercice des armes
une habitude, de la discipline militaire
une vertu, et l'on comprendra que ce
peuple, né pour la conquête, triomphe
successivement de toutes ces tribus, qui,
attaquées les unes après les autres, s'a-
percevront trop tard que la ruine de
l'une était la menace et l'annonce de la
ruine prochaine de l'autre.

On a raconté plus haut ces conquêtes
des Romains ; nous en présenterons rapidement ici la succession pour montrer l'heure où chaque pays italien tomba
dans la dépendance de Rome. Ses premières conquêtes furent faites sous le
premier roi. Romulus soumit les bourgades des Crustuminiens et des Antem-
nates, situées au-dessus du confluent
de l'Anio et du Tibre. La ville sabine
de Cures, au nord-est des précédentes,
reconnut volontairement Rome pour sa
métropole, et Fidènes, au-dessus du
confluent du Tibre et de l'Anio, reçut
une colonie romaine. Dans l'Étrurie,
Véies céda le canton des sept bourgs,
Septem Pagi; sous Tullus, Albe fut
détruite, et son territoire ajouté à celui
de Rome, qui s'étendit, sous son successeur, jusqu'à la mer, par la conquête
sur les Étrusques du territoire appelé
sylva Mœsia, où Ancus fonda la colonie d'Ostie, à l'embouchure du Tibre,
afin de mettre Rome en communication
avec la mer. La conquête, par le même
prince, de Politorium, de Tellenæ, de
Ficana, de Médullia et de Caméria ;
celle par Tarquin l'Ancien, de Ficulnea,
au nord-est de Fidènes ; d'Apioles, dont
les ruines servirent à la construction
du Capitole ; de Crustumérium, Nomentum, Collatie, Corniculum, affermirent la suprématie de Rome sur la Sabine occidentale et l'ancien Latium.
Plus tard, Tarquin le Superbe enleva
Gabies, et, commençant contre les Volsques une guerre qui devait durer deux
siècles, prit Suessa-Pométia, Signia,
et près du promontoire de Circéi la
ville de ce nom.

Rome formait donc avant la révolution de l'an 509 un État puissant. Par
la persuasion ou par la force, Tarquin
lui avait soumis l'ancien Latium *féries Latines*); et dans le traité avec
Carthage tout le pays du Tibre à Terracine paraît placé dans sa dépendance.
Le sud de l'Étrurie, au moins jusqu'au
Crémère, le sud et l'ouest de la Sabine
étaient conquis, les Èques et les Vols-

ques contenus, Suessa-Pométia prise, Signia et Circéi colonisées. Maîtresse d'un territoire de près de 25 lieues de long et défendue par une population militaire de plus de 110,000 hommes en état de combattre, Rome était véritablement alors une des plus grandes puissances de l'Italie.

L'expulsion des rois remit en question jusqu'à son existence; et ses dissensions intérieures arrêtèrent pendant un siècle les progrès de ses armes. Cependant la bataille du lac Régille replaça les Latins dans son alliance, et un traité lui assura la fidélité des Herniques. Rome opposait l'alliance de ces deux peuples à la constante inimitié des Èques et des Volsques et de quelques peuplades sabines. Montagnards pauvres et pillards, toujours menaçants et cependant insaisissables, aujourd'hui dans la plaine, incendiant les moissons, demain retranchés ou perdus dans leurs montagnes, on ne pouvait en finir avec eux par une bataille; car ils n'avaient point de grandes capitales dont la prise terminât la guerre, et l'on n'en vint à bout qu'en rasant l'une après l'autre leurs forteresses ou leurs villes et en chassant ou exterminant les populations. Aussi, quand la guerre cessa, le pays des Volsques se trouva ne plus être en grande partie qu'un désert. Au nord, dans l'Étrurie, Rome avait des adversaires différents; c'était surtout Véies, grande ville commerçante, presque aussi peuplée que Rome et mieux fortifiée. De ce côté, on savait où frapper : il n'y avait qu'à marcher droit à la ville, l'assiéger et la prendre; mais ce siége, grâce aux querelles intérieures, Rome ne fut en état de l'entreprendre qu'au bout d'un siècle. Il est nécessaire de se bien représenter d'une part la situation intérieure de Rome, et de l'autre le genre d'ennemis qu'elle avait à combattre pour comprendre comment les Romains mirent un siècle et demi à sortir de l'étroite enceinte du Latium.

Dès l'an 495 les Volsques perdirent cependant pour la seconde fois une de leurs principales villes, Suessa-Pométia, située dans les montagnes; en 493, la place de Corioles, au nord-ouest des marais Pontins, non loin de la côte; et, en 468, la ville maritime d'Antium, qui avait profité de la décadence de l'Étrurie pour s'enrichir par le commerce et se rendre redoutable par ses pirates.

Mais ce fut surtout après la chute des décemvirs que de nombreux succès signalèrent la réconciliation des deux ordres. En 426 Fidènes, toujours indocile au joug, fut reprise et colonisée. La prise de Lavicum en 416, celle de Voles ou Bola en 412, de Verrugo, Ferentum, Carrentum et Anxur, de 405 à 412, forcèrent enfin les Èques et les Volsques à reconnaître la domination romaine. Dix années après Véies, la plus puissante ville de l'Étrurie succomba (395), et Faléries ouvrit ses portes (394). L'invasion des Gaulois Sénonais faillit détruire cette puissance que les Romains avait reconstruite avec tant de peine, et ils se trouvèrent un instant, par la défection des Latins et des Herniques, réduits presque aux anciennes limites de l'*Ager Romanus*. Mais la conquête de Voles en 389, de Préneste, devenue la principale ville du Latium, et de Vélitres (379), d'Antium en 376, de Tibur en 354 et de Priverne en 358; celle des villes étrusques de Sutrium, au nord du lac de Bracciano; de Cortuosa et de Conténébra, deux bourgades des Tarquiniens; de Népé, à l'est de Sutrium, de 389 à 384; les victoires de Popilius Lœnas et de Rutilus, qui forcèrent la confédération des douze cités étrusques à se dissoudre (356); enfin la prise de Satricum, dans l'ancien Latium (346), et celle de Sora (345), à l'extrémité sud-est du pays des Volsques, firent de Rome la puissance dominante de l'Italie centrale. Les Gaulois étaient divisés : les Ligures et les Vénètes, peu nombreux et relégués, les premiers dans les Apennins et les Alpes, les seconds dans les marais et les lagunes de l'Adriatique. Les Ombriens n'étaient plus un peuple. L'Étrurie avait perdu sa puissance maritime, ses établissements de Campanie et ses villes méridionales, qui lui servaient de rempart contre Rome; la Grande-Grèce, enfin, énervée par trop de richesses, ruinée dans son commerce par la concurrence de Carthage, de Marseille et de Syracuse, attaquée sans cesse par les tyrans de Sicile et les peuple du Brutium, de la Lucanie et du Samnium, pouvait déjà pressentir sa ruine prochaine. Restaient donc dans l'Italie centrale deux peuples pleins de jeunesse et de force : les Romains et les Samnites, qui mêlèrent à leur lutte toutes les autres nations de la péninsule.

ORGANISATION DONNÉE PAR LES ROMAINS A L'ITALIE AU QUATRIÈME ET AU TROISIÈME SIÈCLE AV. J. C. — La lutte contre les Samnites a été racontée dans la première partie de cet ouvrage; mais nous devons en préciser ici les résultats, en montrant l'organisation donnée par le sénat à sa conquête. Il n'y a pas de plus grand exemple de sagesse politique. D'autres peuples de l'antiquité ont su conquérir, aucun n'a su conserver. Pourquoi ?

Le patriotisme ancien avait quelque chose de matériel et d'étroit. La patrie qu'on pouvait voir et toucher, dont on embrassait d'un regard l'étendue, du haut du cap Sunium, du mont Taygète ou du Capitole, était la patrie véritable, l'autel et les foyers pour lesquels il fallait mourir, *pro aris et focis*. Mais ces liens invisibles d'un même idiome, d'idées, de sentiments, de mœurs et d'intérêts communs, ce patriotisme né de la fraternité chrétienne et de la civilisation moderne, nul dans l'antiquité ne le connut. Chacun était de sa tribu, de son canton ou de sa ville. Comme Sparte, Athènes et Carthage, comme toutes les républiques conquérantes de l'antiquité, Rome ne voulait pas que la souveraineté fût transférée hors de son forum et de sa curie. Ces villes n'étaient point des capitales, mais l'État tout entier. Il n'y avait de citoyens que dans leurs murs ou sur l'étroit territoire qui les entourait; au delà c'étaient des terres conquises et des sujets. Sparte, Athènes et Carthage, qui ne renoncèrent jamais à cet orgueil municipal, ne furent jamais aussi que des villes, et périrent. Rome, qui l'oublia quelquefois, devint un grand peuple, et vécut douze siècles.

La sagesse politique des Romains ne s'éleva point cependant d'abord jusqu'à l'idée de créer une nation italienne: enlever aux vaincus leur indépendance et une partie de leurs terres, pour les affaiblir; étouffer leur nationalité et leur culture indigène, pour en faire de dociles sujets, les soumettre à des degrés différents de servitude, pour qu'une commune et égale oppression n'amenât pas une révolte générale; la faire servir enfin à la grandeur romaine, telle fut la pensée du sénat, quand les légions lui eurent donné l'Italie à gouverner. Les Italiens furent donc à l'égard du peuple romain ce que les plébéiens eux-mêmes avaient été si longtemps à l'égard des patriciens, des instruments de puissance.

Mais l'origine de Rome, et toute son histoire, et cette politique qui sous les rois avait ouvert la cité aux vaincus, sous les consuls, la curie aux plébéiens, montraient en même temps une autre route au sénat. Le peuple souverain sera toujours le peuple du Forum, et il ne pourra exercer ses droits que dans l'enceinte sacrée du Pomœrium; mais dans cette enceinte seront admis les vaincus, lentement, peu à peu, à mesure que par une longue communauté d'action et d'intérêts, ils se seront pénétrés de l'esprit de Rome. Les plus braves et les plus voisins de la ville y entrèrent d'abord. C'était sans doute pour les Romains partager les profits de la victoire; mais c'était aussi, en doublant leur nombre, s'assurer des victoires nouvelles et des conquêtes durables. De 384 à 241 quatorze tribus nouvelles furent créées, et cent cinquante mille Italiens peut-être, les plus voisins de Rome furent élevés au rang de ses citoyens, admis au partage de la souveraineté. De la forêt Ciminienne jusqu'au milieu de la Campanie tout fut romain.

DROIT DE CITÉ; MUNICIPES; PRÉFECTURES; SUJETS; ALLIÉS. — Cette union cependant, et c'est là ce qui la rendait féconde, ne fut jamais accomplie d'une manière tellement absolue, que le sénat ne laissât aux portes même de Rome des villes indépendantes. Partout le territoire des trente-trois tribus, l'*Ager Romanus*, était coupé de territoires étrangers, *Ager Peregrinus*. A Tibur, à Préneste, les exilés romains trouvaient un asile inviolable, car la loi qui leur interdisait l'eau et le feu ne pouvait les frapper hors des terres de la république. En faisant de son Forum le seul théâtre des discussions politiques, le seul lieu, de l'Ombrone au Vulturne, où pussent se produire les grandes ambitions et les grands talents, le sénat avait toutefois voulu laisser quelque aliment à ce vieil amour des Italiens pour leur indépendance municipale. Maintes villes du Latium, *nomen latinum*, restaient donc des cités étrangères, bien que rattachées par des liens divers à la grande association de peuples et de cités qui formaient la république romaine. Moins durement traités, en général, que les autres peuples de l'Italie, entourés de citoyens romains ayant les mêmes intérêts matériels, la même langue, les mêmes mœurs, souvent les mêmes lois civiles, avec le droit de mariage et d'échange et de nombreuses facilités pour obtenir le droit de cité, les Latins n'avaient pas non plus d'autres sentiments que ceux des citoyens de Rome. L'élection de leurs magistrats et de leurs sénateurs (*décurions*), la liberté qui leur était laissée de faire des lois d'intérêt local, d'administrer leurs revenus, de veiller au culte, à la police de leurs villes, entretenaient la vie dans ces petites cités. Leur tribune, moins retentissante que la tribune romaine, n'était pas moins passionnée. Avant de voir la rivalité de Marius et de Sylla, Cicéron avait vu à Arpinum les luttes héréditaires de ses ancêtres et de ceux de Marius. Mais ces consuls, ces censeurs municipaux, le sénat se gardait bien de les oublier dans leur municipe. Il avait établi que l'exercice d'une charge municipale donnerait le droit de cité, rattachant ainsi à la fortune et aux intérêts de Rome tout ce qu'il y avait d'hommes riches, nobles ou ambitieux dans les villes latines. Pour désarmer les plébéiens il avait appelé leurs chefs dans son sein, pour désarmer les Latins il appelait leur noblesse dans Rome.

Ce droit de cité dont le sénat savait si bien se servir pour stimuler le zèle, récompenser les services et effacer ou adoucir les regrets de la liberté perdue impliquait, pour celui qui l'avait obtenu, l'autorité absolue sur les enfants, sur la femme, sur les esclaves, sur les biens; la garantie de la liberté personnelle, du culte, du droit d'appel et de suffrage, l'aptitude aux emplois publics, l'inscription sur les registres du cens, le service dans les légions, la faculté d'acheter et de vendre suivant la loi des Quirites, et l'exemption de tout impôt, excepté de celui que payaient les citoyens, en un mot, le bénéfice des lois civiles, politiques et religieuses des Romains. Parmi ces droits les uns regardent la famille et la propriété; on les comprenait sous le nom de *jus Quiritium*; les autres intéressaient l'État, c'est le *jus civilatis*; tous réunis, ils formaient le droit de cité dans sa plénitude, *jus civilatis optimo jure*. Aux Italiens restés en dehors des trente-cinq tribus le sénat conféra tantôt les droits civils, comme aux Cérites après l'invasion gauloise, tantôt les droits politiques dans toute leur extension. Quelquefois le sénat n'accordait que le droit d'échange (*commercium*) ou celui de mariages (*connubium*). Dans ce dernier cas les enfants suivaient toujours la condition du père. Ainsi, loin d'avilir le droit de cité par une libéralité imprudente, le sénat le fractionnait afin de multiplier et de varier les concessions, de récompenser le zèle, punir la tiédeur et semer partout l'inégalité et la jalousie.

Ces concessions étaient faites parfois à un homme, à une famille, à une classe entière; plus souvent, à toute une ville. On nommait *municipes* les villes ainsi agrégées à la grande société romaine. Il y en avait de trois sortes : 1° les municipes *optimo jure*, dont les habitants exerçaient tous les droits et étaient soumis à toutes les obligations des citoyens romains; 2° les municipes sans droit de suffrage, dont les habitants se trouvaient dans la même condition que les anciens plébéiens de Rome, portaient le titre de citoyens, servaient dans les légions, mais ne pouvaient arriver aux charges et ne votaient jamais; 3° les villes qui avaient renoncé à leurs anciennes coutumes pour recevoir les lois civiles de Rome, mais sans compter parmi le peuple romain. Au-dessous des municipes venaient, dans cette hiérarchie sociale, les *préfectures*, auxquelles un préfet était envoyé de Rome tous les ans, dans les unes pour rendre la justice, dans les autres pour administrer toutes les affaires de la ville.

Les préfectures étaient des villes punies de leur trop de puissance et de leurs révoltes, ou, comme Capoue durant la guerre Samnite, des cités troublées par des dissensions intestines et qui demandaient à Rome un corps de lois et un préfet. Au moyen âge chaque république italienne avait aussi un podestat étranger. Les *dediticii* étaient plus maltraités encore, livrés par la victoire à la discrétion du sénat, ils avaient dû donner leurs armes et des otages, abattre leurs murailles ou y recevoir garnison, payer un impôt et fournir un contingent déterminés par le sénat. C'étaient des sujets de Rome.

D'autres ne portaient aucun de ces noms, ils se croyaient libres et alliés du peuple romain; illusion qui servait les desseins du sénat sans rien ôter à sa puissance! Tarente était libre comme les cités herniques; mais les murailles abattues, la citadelle occupée par une légion romaine disaient assez ce qu'était cette liberté. Naples était l'alliée de Rome, ainsi que les Marses et les Péligniens; mais il lui fallait dans toutes les guerres donner des vaisseaux et une solde pour les troupes. Les Camertins et les Héracléotes avaient traité sur le pied de l'égalité *æquo fœdere*. Tibur, Préneste avaient conservé tous les signes extérieurs de l'indépendance, et la plupart des cités étrusques semblaient des États étrangers; mais dans chaque ville Rome s'était créé un parti. Et que pouvait être d'ailleurs cette égalité entre quelques villes obscures et la maîtresse de l'Italie? Qu'était cette indépendance due seulement à la dédaigneuse ou habile modération du vainqueur?

Telle fut donc la politique suivie par le sénat dans sa conduite à l'égard des vaincus. Point de mesures générales, elles auraient uni ce que le sénat voulait diviser. Au contraire, interdiction formelle de toute ligue, de tout commerce, de mariage même entre les Italiens de cités ou de cantons différents; et pour chaque peuple qui se soumet des conditions particulières, pour chaque ville un traité spécial. Plus tard ces différences s'affaiblirent, quelques-unes s'effacèrent, et peu à peu il se forma pour l'Italie trois conditions générales, trois droits: le *jus civitatis*, qui donnait part à la souveraineté; le *jus Latii*, qui facilitait l'entrée de la cité; le *jus italicum*, plus onéreux, et avec moins de priviléges. Mais pour l'époque qui nous occupe l'existence d'un droit italique rigoureusement défini n'est qu'une création des jurisconsultes, habitués à tenir trop peu de compte des transformations que subit dans la durée des siècles toute chose humaine. Bien loin d'admettre des mesures générales, nous voyons une variété infinie de concessions.

Il y eut cependant quelques conditions communes à toute l'Italie. Ainsi la prudence conseillait de ne point assujettir les Italiens à un impôt foncier, et cette exemption devint un des caractères du droit italique. Mais on les soumit au service militaire, que ces peuples belliqueux regardaient à peine comme une charge. Cependant leurs contingents devant être levés, armés, soldés et peut-être entretenus aux frais des villes, ces dépenses étaient un véritable impôt.

COLONIES. — Ce n'était pas assez de diviser les intérêts: il fallait empêcher qu'ils ne pussent jamais se réunir. Les colonies prévinrent ce danger.

Les colonies grecques furent quelquefois fondées dans un but commercial, comme les trois cents comptoirs de Milet, jamais dans un but politique, si ce n'est pour débarrasser la mère patrie d'un excès de population ou d'une foule turbulente. Comme l'essaim chassé de la ruche, les colons devenaient étrangers à leur métropole, tout au plus lui devaient-ils dans les choses religieuses quelques marques de déférence et de respect filial. Le droit civil explique le droit politique. A Athènes le fils inscrit dans la phratrie devenait citoyen, et nul ne conservait d'autorité sur lui; à Rome le père était maître de la vie et des biens de son fils, même sénateur, même consul. Pour les colonies nées de Rome l'émancipation non plus n'arrivait jamais. Du sénat elles recevaient leurs lois, leur organisation intérieure, calquée sur celle de la mère-patrie; à peine lui laissait-on le choix de ses magistrats, de ses sénateurs (*décurions*), de ses consuls (*duumvirs*), de ses censeurs (*duumvirs quinquennaux*), et elles devaient verser dans le trésor un impôt, dans les légions jusqu'au dernier de ses hommes valides; c'est que la colonie romaine n'était véritablement qu'une garnison, ou, comme dit Machiavel, une sentinelle placée au milieu du pays ennemi, sur les terres de l'État. Elle ne s'établit pas au hasard, dans les contrées les plus fertiles, sur les bords d'un fleuve, en face d'un port; son but n'est pas sa prospérité, mais la garde du pays. Elle ne se bâtit pas une ville à son choix, mais elle occupe dans des gorges étroites, sur des montagnes escarpées, de vieilles cités enceintes de bonnes murailles et qui commandent au loin le pays, afin que, ainsi qu'Horace le dit de Vénouse, l'ennemi ne puisse se glisser jusqu'à Rome par quelque vide laissé dans la défense : *Quo ne per vacuum Romano incurreret hostis* (1). L'agrimensor, parti de Rome avec les colons en armes, tous vieux soldats, leur partage les maisons comme les terres. Ils sont en plus ou moins grand nombre, suivant l'importance militaire de la position à occuper; six mille à Bénévent pour couvrir la Campanie, quatorze mille à Vénouse pour menacer la Grande-Grèce, défendre l'Apulie, contenir les Lucaniens et les Samnites. Établis aux dépens des anciens habitants, et par conséquent entourés d'ennemis, les colons ne peuvent déserter leur poste pour aller voter à Rome. Comme aux soldats sous les drapeaux la loi leur ôte le droit de délibérer. Ils ont bien autre chose à faire que de venir augmenter le bruit et la *foule au Forum*; ce que la république leur demande, c'est de rendre ses conquêtes durables; c'est, en surveillant les vaincus et en prévenant leurs révoltes, de porter par toute l'Italie la langue, les mœurs, les lois et le sang de Rome et du Latium.

Voyons quels postes le sénat leur donne à garder.

Jusqu'à la guerre du Samnium, Rome, plus occupée de trouver la paix au dedans que des conquêtes au dehors, n'avait établi qu'un petit nombre de colonies. En Étrurie Sutrium et Népète aux débouchés de la forêt Ciminienne; chez les Rutules, Ardée et Satricum; chez les Volsques, Antium pour surveiller la côte; Vélitres, Norba et Sétia pour tenir en respect la montagne. Dans la guerre du Samnium, les légions avaient beau vaincre, la guerre n'eût jamais fini si le sénat par ses colonies n'eût peu à peu acculé l'ennemi dans ses montagnes. Par Anxur, sur la voie Appienne, il ferma la route du Latium dans la Campanie. Par Frégelles, Sora, Intéramna, Minturnes, toutes sur le Liris, il couvrit le Latium contre les Samnites. Une seconde ligne défendit la première. Attina, Aquinum, Casinum dans le pays montagneux d'où sortent le Vulturne, le Sagrus et divers affluents du Liris, ferment les passages que les Samnites avaient plusieurs fois suivis pour descendre dans la haute vallée du Liris et de là tendre la main aux peuples soulevés du Latium. Vescia, Suessa-Aurunca, Sinuessa chez les Aurunces, Teanum et Calès chez les Sidiens gardèrent le pays entre le bas Liris et le Vulturne. Cette double ligne qui enveloppait le Latium au sud et au sud-est se rattachait à l'est et au nord par Alba Fucentia chez les Marses, Æsula et Carseoli chez les Èques, à l'importante position de Narnia, qui couvrait la route de l'Ombrie vers Rome, et aux colonies de l'Étrurie Népète, Sutrium, Cosa, Alsium et Frégelles. Derrière ce formidable rempart Rome pouvait braver tous les ennemis. Annibal et Pyrrhus, qui le franchirent une fois, mais sans l'avoir brisé, n'osèrent s'arrêter au milieu de ce cercle redoutable.

Dans le reste de l'Italie les colonies furent moins nombreuses, la population de Rome et de ses alliés latins n'aurait pu y suffire; mais leur force et la position qu'on leur choisit leur permit de rayonner au loin. Ainsi le Samnium n'en eut que deux : à Æsernia, au cœur du pays, et à Bénévent, d'où partaient toutes les grandes routes de l'Italie méridionale; le Picénum trois : Adria, Firmum, Castrum; l'Ombrie quatre, échelonnées sur la route des Gaulois : Narnia, déjà nommée; Spolète, qui couvrait cette place et la route de Rome; Séna, et Ariminum, tête de pont tournée contre les Cisalpins. Dans la Campanie les Grecs s'étaient montrés fidèles; mais Capoue, toujours remuante, était serrée de près par les colonies de

---

(1) Sat. II, 1, v. 38.

Saticula et de Calès; au besoin Casilinum, sur un rocher au bord du Vulturne et à deux pas de Capoue, pouvait recevoir une garnison. L'Apulie fut gardée par Lucérie et Vénouse, qui frappait ses monnaies au coin de Jupiter-Tonnant, la Calabre par Brindes et Valentia, la côte de Lucanie par Pœstum. Tarente, Locres, Rhégium sur le détroit et quelques autres places avaient des garnisons.

PROVINCES QUESTORIALES; FORA; CONCILIABULA. — Outre ces colonies militaires envoyées dans les plus fortes places de l'Italie, Rome en avait dans les campagnes d'un autre genre et qui aidaient au même but la propagation dans toute la péninsule de la race latine. L'*Ager Romanus* s'arrêtait au Vulturne. Mais l'Italie était couverte de terres attribuées au domaine public du peuple romain. Les Brutiens avaient cédé la moitié de la Sila; les Samnites et les Lucaniens, qui avaient reconnu *la majesté du peuple romain*, les Sabins et les Picénins, dépouillés par Curius, les Sénons, exterminés par Dolabella, avaient perdu plus encore, et la moitié peut-être des meilleures terres de la péninsule était devenue propriété romaine. Les censeurs les avaient affermées (1), et des pâtres, des laboureurs romains se répandant partout le pays, allaient incessamment se mêler aux populations italiennes.

Afin de veiller de plus près sur des intérêts si divers, le sénat partagea la péninsule en quatre grands départements, et créa pour les administrer quatre questeurs qui se rendirent à Ostie et à Calès pour les provinces qui regardent la mer Inférieure, dans l'Ombrie et la Calabre pour les pays baignés par l'Adriatique. A la même idée d'organisation des populations italiennes se rapporte la création des *Fora* et des *Conciliabula*. Dans les pays où les villes étaient rares, comme dans le nord de l'Ombrie, dans la Cisalpine, etc., on

(1) Dans beaucoup d'endroits les Italiens furent admis comme fermiers, et ce fut un lien de plus entre eux et Rome; mais cela date sans doute d'une époque postérieure. Au temps des Gracques beaucoup d'entre eux sont détenteurs du domaine. Cic. *Rep.* III, 29.

désigna un lieu qui fut le marché commun *forum*, et le point de réunion, *conciliabulum*, de tout le canton. Peu à peu des villes s'y élevèrent qui prirent rang parmi les autres cités; et le pâtre nomade des marais Pomptins, comme le montagnard dont la hutte était cachée au fond des plus secrètes vallées de l'Apennin, furent rattachés à ce régime municipal, dont le sénat enlaçait l'Italie. Les bourgs et les cantons eurent aussi leurs magistrats annuels.

SUPRÉMATIE RELIGIEUSE DE ROME SUR L'ITALIE. — La religion exerçait dans toute la péninsule une trop grande influence pour qu'en disciplinant l'Italie le sénat ne songeât pas aussi à discipliner, si je puis dire, ses cultes et ses dieux. Nous avons vu qu'ils évoquaient à Rome les divinités protectrices des villes conquises; quand ils laissèrent aux vaincus leurs cités et leurs dieux, ils eurent soin de soumettre leurs prêtres au contrôle des prêtres romains, qui revendiquèrent pour eux seuls la connaissance de la science augurale. Du Rubicon au détroit de Messine il n'arriva pas un prodige qui ne fût aussitôt déféré par les peuples tremblants au sénat romain, interprété par les augures et expié selon leurs prescriptions. Par là le clergé local fut dépossédé de son principal moyen d'influence, et les Romains tinrent l'Italie par la religion comme ils la tenaient par la politique et par les armes.

CENTRALISATION POLITIQUE ET NON ADMINISTRATIVE. — Les autres grands peuples de l'antiquité avaient bien su conquérir, avons-nous dit, et aucun ne sut conserver ses conquêtes, parce qu'aucun ne voulut oublier les droits que la victoire lui avait donnés. Sous les rois, Rome appelait les étrangers dans son sein; maintenant, assez peuplée au gré du sénat, elle crée des citoyens romains hors de ses murs; et pour stimuler le zèle, elle fait briller aux yeux de tous ce titre qui fait monter au rang des maîtres de l'Italie, qui libère d'impôts, ouvre l'accès aux charges, et appelle aux distributions de terres, à la jouissance du domaine. C'est la monnaie dont elle paye tous les services; monnaie précieuse, qu'elle divise pour en gagner un plus grand nombre à sa cause. S'il est donc vrai que le peuple romain, terrible contre les forts et sans pitié sur les champs de bataille, ait porté la destruction partout où il trouvait une vive résistance, du moins la guerre achevée relevait-il lui-même, dans l'intérêt de sa grandeur, l'ennemi qu'il venait d'accabler. Comme dit le poëte : *Parcere subjectis et debellare superbos.* Content d'avoir détruit la puissance politique de ses adversaires, il respectait le plus souvent, dans cette première période de ses conquêtes, leurs mœurs, leurs lois civiles, leur gouvernement. Il savait qu'un peuple peut se résigner à la perte de son indépendance, c'est-à-dire à l'aveu de sa faiblesse, jamais au mépris des coutumes de ses pères. La centralisation était politique, non pas administrative; et la plupart des cités conservant leurs magistrats, leurs lois, leur culte, leurs finances, et leur police intérieure; pouvant conférer elles-mêmes leur droit de bourgeoisie, administrer la justice criminelle et civile, enfin se donner même, si bon leur semblait, des lois nouvelles, se croyaient plutôt associées à l'éclat du nom romain que soumises à sa puissance. L'agitation de leurs comices leur faisait croire à leur liberté. Toutes les forces vives de l'Italie étaient centralisées dans Rome; le sénat disposait de ses 500,000 soldats, de sa cavalerie et de sa marine; et cependant la vie politique n'était point éteinte dans les municipes; le sang ne se retirait pas des extrémités pour affluer au cœur, comme un siècle et demi plus tard, quand s'élevèrent ces tourmentes au milieu desquelles s'abîma la république. Nous sommes encore dans l'âge de la modération et de la force.

Voies militaires. — Nous n'avons pas jusqu'à présent parlé d'un moyen de domination dont les Romains ont été les seuls dans l'antiquité à comprendre l'importance, nous voulons dire leurs belles voies militaires. Ce sujet mérite une attention particulière.

Quand Rome, sous ses rois, eut réuni de nombreux territoires à l'*ager Romanus*, et fondé une colonie aux bouches du Tibre, il fallut songer à ouvrir des voies faciles de communication entre les diverses parties du territoire. Les premières furent la voie Latine et la voie Ostiensis, simples routes de campagne d'abord, mais qui devaient plus tard être mises par de grands travaux au rang des voies romaines les plus célèbres.

Le nombre des portes ouvertes dans la nouvelle muraille de Servius Tullius montre qu'il y avait entre Rome et ses voisins des relations multipliées, car chaque porte donnait passage à une route particulière.

Les principales étaient, au sud :

Via Latina. — Son origine remonte à la première alliance des Latins avec Rome et aux fêtes célébrées dans le temple commun sur l'Aventin. Elle commençait, non loin de la porte Capène, à la porte Latine, et se prolongeait jusque dans la Campanie. Tite-Live en parle pour la première fois à propos de la guerre de Coriolan réfugié chez les Volsques. Après s'être dirigée vers les monts Albains, où la voie Tusculane se séparait d'elle, elle passait entre l'Algide et les collines de Tusculum, allait jusqu'à Anagnia, où elle se réunissait à la voie Prénestine; près d'Intéramna elle entrait dans la Campanie; à Casilinum elle se joignait à la voie Appienne. Elle se trouvait ainsi entre les voies Appienne et Valéria. — C'est par cette route qu'Annibal et plus tard Bélisaire marchèrent sur Rome.

Via Appia. — Stace l'appelle la reine des voies romaines; ce fut la première pour laquelle on commença ces grands et beaux travaux dont nous admirons encore les vestiges. Elle avait également sa direction vers le sud, commençait à la porte Capène et aboutissait à Capoue. Elle avait une longueur de 142 milles. Plus tard elle alla jusqu'à Brindes; mais cette extension ne put pas lui être donnée par Appius : Brindes n'était pas alors au pouvoir des Romains. Ce fut peut-être C. César qui la prolongea ainsi dans une distance de 238 milles. Plutarque rapporte qu'il fut nommé curateur de la voie Appienne, et qu'il dépensa pour son agrandissement des sommes considérables. Il y avait près de la voie Appienne, à partir de Forum Appii, un canal sur lequel on allait jusqu'au temple de Féronie dans des barques traînées par des mulets. Ce mode de transport indique que la voie Appienne faisait un long détour. Trajan la rendit plus courte, en la faisant

3ᵉ *Livraison.* (Italie.*)

aller en ligne droite à Terracine à travers les marais Pontins. Procope parle de la voie Appienne lors de l'attaque de Bélisaire, dirigée sur Rome par la voie Latine. « Bélisaire, dit-il, laissait sur sa gauche la voie Appienne, établie par le censeur Appius il y a plus de neuf cents ans et dont elle a pris le nom. Il faudrait cinq jours de marche à un homme vigoureux pour la parcourir tout entière de Rome à Capoue ; elle est assez large pour que deux chars y passent de front. — La voie Appienne fut la première qui eut une chaussée de pierres. Les roches qu'on y employa étaient si bien posées, que sans aucune attache de fer ou de ciment elles restèrent toujours parfaitement unies, et elles étaient si dures, que les voyages des chars accomplis sur cette voie pendant de longs siècles y ont à peine laissé des traces. » On voit encore aujourd'hui des fragments conservés de cette belle voie.

De la voie Appienne partaient plusieurs routes secondaires : la *voie Domitienne*, établie par l'empereur Domitien, et qui allait de Sinuesse à Putéoli ; elle avait une chaussée de granit et même en quelques endroits de marbre ; elle passait par les marais de Linternum, entre le lac Achérusia et le lac Averne, non loin de Cumes ; elle avait 26 milles de long ; la *voie Setina*, qui conduisait de la voie Appienne jusqu'à Setia dans la Campanie et de Vélitres jusqu'à Terracine : c'était une voie militaire ; la *voie Trajane* et la *voie Numicienne*, qui allaient de Bénévent à Brindes.

VIA ARDEATINA. — Elle allait de la porte Ardéatine, au sud de Rome, jusqu'au fleuve Numicius, et de là jusqu'à Ardée. A son origine elle était voisine de la voie Appienne et de la Asinaria.

VIA OSTIENSIS. — Partant de la porte du même nom, elle allait le long de la rive gauche du Tibre jusqu'à Ostie.

VIA PORTUENSIS. — Elle conduisait de la région Transtibérine, le long de la rive droite du fleuve, jusqu'au port d'Ostie, assez éloigné de la ville d'Ostie. Elle était comme partagée en deux par la disposition du terrain ; c'était d'un côté une montée, de l'autre une longue descente. Claude fit établir un port nouveau à Ostie même.

Une route qui fut sans doute établie postérieurement est la *voie Asinaria*, pour laquelle on devait ouvrir plus tard une porte spéciale. Elle commençait aux conduits d'eau de la voie Ardéatine, touchait l'extrémité de la vallée Égérie, et entre la troisième et la quatrième pierre milliaire elle se réunissait à la voie Latine, établissant ainsi une communication entre cette route et les voies Appienne et Ardéatine.

A l'est de la ville :

VIA LABICANA. — Elle passait entre les voies Latine et Prénestine, et conduisait de la porte Esquiline à Labicum, non loin de Gabies. Elle était comme enfermée entre les aqueducs Marcia et Tépula, Claudia et Julia, et elle se réunissait près de Longianum avec la voie Prénestine.

VIA PRÆNESTINA. — Elle partait également de la porte Esquiline, et conduisait par Préneste jusqu'à Gabies, et de là jusqu'à Anagnia, où passait la voie Latine. La première partie de la route portait aussi le nom de voie de Gabies.

Non loin de là était la *voie Collatine*, qui cessa bientôt d'avoir de l'importance quand Collatia eut été détruite et que de plus grandes eurent été ouvertes dans cette direction.

VIA TIBURTINA. — Elle allait de la porte Tiburtine ou Gabinia en se dirigeant vers le nord-est et en passant par Medullia jusqu'à Tibur. Là elle s'unissait probablement à la voie Valeria, qui conduisait à travers le territoire des Marses et des Péligniens jusqu'à Corfinium. Elle traversait encore Albe et Carseoli.

Dans la partie septentrionale :

VIA NOMENTANA. — Elle partait de la porte Colline, franchissait l'Anio jusqu'à Ficulnea Vetus et Nomentum ; elle se réunissait près d'Eretum avec la voie Salaria. C'était une route fort ancienne ; elle est célèbre par la villa de Phaon, affranchi de Néron. C'est là que ce prince se donna la mort.

VIA SALARIA. — Elle commençait à la porte Colline ou à la porte Salaria, et allait vers le nord jusqu'à Eretum, à 18 milles de Rome, où elle se joignait à la voie Nomentana. Elle traversait l'Anio. C'est non loin de cette route que l'Allia, fameux par la victoire

ITALIE.

des Gaulois, se jette dans le Tibre, à 16 milles de Rome. A l'origine de cette voie se trouvaient le temple de Vénus Éricyne, le temple de l'Honneur et le tombeau de C. Marius.

Via Flaminia. — Elle allait de la porte Flaminienne (Porte du Peuple) jusqu'à Ariminium. Sa longueur était de 194 milles. Elle fut établie l'an 220 par le censeur Flaminius, après le partage fait au peuple du territoire Sénonais et Picentin. Strabon l'attribue au censeur C. Flaminius, qui remplissait cette fonction avec M. Æmilius Lépidus en 188. Non loin de la ville la voie Flaminienne passait sur le pont Milvius, où lors de la conjuration de Catilina les envoyés des Allobroges furent arrêtés.

A la voie Flaminienne se rattachaient :

La *via Emilia*, allant d'Ariminium à travers la Gaule Cisalpine jusqu'à Aquilée; 527 milles de long.

La *via Cassia*, allant du pont Milvius par la colonie de Sutrium jusqu'à Vulsinies.

La *via Claudia*, unie d'abord à la voie Cassia et allant par Véies, Sutrium Clusium, Arretium, Florentia, Pistorium jusqu'à Lucques.

La *via Campana*, qui n'était qu'une communication entre la voie Ardéatine et la voie Laurentine.

Aux voies déjà citées il faut joindre :

La *via Aurelia*, distinguée en voie neuve et en voie ancienne, la première plus au nord, la deuxième plus au sud. Elle conduisait à Pise.

La *via Triumphalis* partait de la porte Triomphale et passait par le pont du même nom. Peut-être unissait-elle la voie Claudia à la voie Aurelia.

De toutes ces routes il n'y en avait que onze qui partissent immédiatement de Rome. Ainsi la table de Peutinger ne donne pas les voies Ardéatine, Portuensis, Asinaria.

Il faut établir une distinction entre les voies de premier ordre et les voies de deuxième ordre, les routes principales et les routes secondaires, qui n'étaient que des embranchements des premières. Voici un tableau où cette distinction est marquée.

VOIES de PREMIER ORDRE.	VOIES de DEUXIÈME ORDRE.
Via Appia.	Via Ardeatina.
	Via Trajana.
	Via Setina.
Via Latina.	Via Asinaria.
Via Labicana.	
Via Ostiensis.	Via Laurentina.
	Via Campana.
Via Portuensis.	
Via Janiculensis seu Vitellia.	
Via Prænestina.	
Via Tiburtina.	
Via Gabinia.	
Via Nomentana.	
Via Salaria.	
Via Flaminia.	Via Cassia.
	Via Gallica.
	Via Quinctia.
	Via Cornelia.
	Via Patinaria.
	Via Ciminia.
	Via Aurelia.
	Via Valeria.
	Via Claudia.
	Via Tiberina.

Ce tableau, extrait de la *Notitia imperii*, donne les voies principales et les voies secondaires, celles qui partaient de Rome et celles qui n'étaient que des embranchements de voies principales : en tout vingt-huit voies romaines.

Pendant cinq siècles Rome resta sans avoir de rues pavées; ce ne fut que l'an 513 de sa fondation que les édiles L. et M. Publicius Palléolus firent paver pour la première fois le chemin qui passait par le *Clivus publicus*. Cependant les routes militaires furent en partie pavées avant cette époque. Ville toute guerrière, Rome s'occupait plutôt de faciliter la marche de ses armées au dehors que d'embellir les chemins intérieurs de la ville. Ainsi la voie Appienne fut pavée dès 312. Immédiatement après l'établissement de la voie d'Appius, d'autres censeurs cherchèrent à gagner la faveur publique en multipliant le nombre des routes pavées. Le censeur M. Valérius Maximus voulait que tous les chemins fussent pavés; mais les travaux exécutés pour la voie Appienne ne furent imités que pour les voies militaires de premier ordre, les routes secondaires n'étant couvertes que de gravier ou de cailloux.

« Pour établir une route, on commence par ouvrir une tranchée de la largeur de la partie qui doit être viable aux voitures et aux chevaux; on la creuse jusqu'à ce qu'on trouve un terrain solide. On nivelle le fond, et on le couvre d'une couche épaisse de sable fin. La construction proprement dite commence ensuite ; elle se compose souvent de quatre couches de maçonnerie, appelées la fondation, la rudération, le noyau et la couverte ou l'endossement supérieur formant une masse de trois pieds ou trois pieds et demi d'épaisseur.

« La *fondation* se fait ainsi : d'abord une couche de mortier de chaux d'une once (vingt-cinq millimètres environ), et sur ce mortier une assise de plusieurs rangs de pierres larges et plates, jointes entre elles par un ciment très-dur. La *rudération* est un corroi en maçonnerie de blocage, un mortier mélangé, soit de pierres grosses comme la moitié du poing, soit de petites pierres de toutes formes, et de fragments de briques et de tuiles. On bat fortement ce mortier avec des pilons ferrés, et quand, après avoir été bien foulé, il est réduit à dix onces (vingt-cinq centimètres) d'épaisseur environ, on établit dessus le noyau.

« Dans beaucoup de chemins, une couche de sable gras et de chaux mélangés, foulée seulement avec de gros cylindres en fer, et qui n'acquiert qu'une médiocre dureté, compose le *noyau*. Son épaisseur est de quatre ou cinq pouces, et quelquefois d'un pied.

« La *couverte* ou *endossement supérieur* se fait de diverses manières, suivant les localités et la nature des routes : dans les unes, c'est une couche de cailloux fortement cimentée, épaisse de six onces ; dans les autres ce cailloutage ne forme que les parties latérales de la route, celles où passent les roues des chars, et le centre est pavé, afin de ménager les pieds des chevaux. Mais les plus belles voies et en général celles des environs de Rome sont pavées dans toute leur largeur. Les pavés sont de grands polygones irréguliers de silex, pierre volcanique presque aussi dure que le fer. Ils ont depuis un pied de diamètre jusqu'à deux pieds, trois pieds et plus, sur une épaisseur moyenne d'un pied. La face qui forme l'aire de la route est parfaitement dressée, les lits sont bruts ; les côtés, de longueur diverses, les angles inégaux sont raccordés les uns près des autres avec tant de précision, que toutes ces pierres si dissemblables paraissent presque n'en former qu'une seule, et qu'on les croirait l'ouvrage de la nature plutôt que celui de l'art. On obtient l'appareil de raccord au moyen d'une règle de plomb que l'ouvrier courbe suivant les divers angles des pavés déjà posées et qui, présentée ensuite sur le pavé prêt à mettre en œuvre, sert à tracer exactement la forme qu'il doit avoir (1). »

On comprendra, d'après cette description, l'énergique expression de la langue latine, *struere seu munire viam ;* creuser un chemin était pour les Romains faire une construction.

Ces vingt-huit routes n'étaient pas toutes construites à la fin de la guerre du Samnium, il s'en faut ; mais ce fut dans cette guerre que les Romains comprirent l'utilité militaire et politique de ces chemins, pour relier ensemble leurs colonies, et transporter rapidement des légions sur les points menacés. Avant la seconde guerre punique la voie Valérienne traversait Tibur, les colonies de Carseoli et d'Alba, et ne s'arrêtait qu'à Corfinium, de l'autre côté de l'Apennin ; la voie Aurélienne longeait les côtes de l'Étrurie ; la voie Flaminienne allait du champ de Mars à Ariminum ; et la voie Émilienne d'Ariminum à Placentia, sur le Pô (2). Par la voie Appienne Rome se trouva alors en communication prompte et facile avec l'Italie inférieure ; par les voies Aurélienne et Flaminienne, avec l'Étrurie et l'Ombrie ; par la voie Aurélienne, avec la Cisalpine ; par la voie Valérienne avec les pays du centre de l'Apennin. Les colonies assises sur ces routes pouvaient, en cas de danger, les fermer ;

---

(1) Dézobry, II, p. 250. — Bergier, *Les grands Chemins de l'empire romain*, est toujours l'ouvrage capital sur cette question.

(2) Cette voie est très-probablement d'une construction postérieure, de l'an 188.

car bien que les armées anciennes ne traînassent pas, comme les nôtres, après elles un immense et lourd matériel, elles ne pouvaient cependant se jeter à travers champs, et pas plus qu'aujourd'hui négliger les forteresses. Annibal et Pyrrhus, qui le firent deux fois dans leur marche audacieuse sur Rome, ne purent s'arrêter et partirent aussi vite qu'ils étaient venus.

ÉTAT DE L'ITALIE AVANT LA SECONDE GUERRE PUNIQUE. — Telle était l'organisation donnée par le sénat à l'Italie quand le plus grand homme de guerre de l'antiquité vint audacieusement menacer Rome au cœur de son empire. Annibal avait compté sur de nombreuses défections. Il croyait que Rome, comme Carthage, n'avait semé que la haine autour d'elle, et il vit avec étonnement, après les victoires du Tessin, de la Trébie et de Trasimène, que pas un peuple italien ne se déclarait pour lui si ce n'est les Gaulois Cisalpins, que Rome n'avait pas encore achevé de soumettre. Même après Cannes il y eut peu de défections. C'est que dans la plus grande partie de l'Italie la domination de Rome était acceptée sinon avec amour, du moins avec résignation. Les peuples pauvres et belliqueux aiment mieux payer tribut avec du sang qu'avec de l'or : Rome ne demandait aux Italiens que des soldats. En échange de leur orageuse indépendance, elle leur avait donné la paix, qui favorisait le développement de leur population, de leur agriculture, de leur commerce. Les censeurs couvraient la péninsule de routes, desséchaient les marais et jetaient des ponts sur les fleuves. Pour défendre les côtes contre les descentes de l'ennemi ou des pirates, le sénat les avait dernièrement encore garnies de colonies maritimes; pour protéger les marchands italiens, il avait déclaré la guerre aux Illyriens et à Carthage. Quelques-uns des grands usaient noblement de leur titre de patrons des villes, pour exécuter au profit des alliés d'immenses travaux. Ainsi Curius était devenu le protecteur de Réate en creusant un canal dans le roc d'une montagne pour jeter dans la Néra le trop plein du lac Vélinus. Si l'on avait encore la seconde décade de Tite-Live, on y trouverait sans doute beaucoup de faits semblables, qui montreraient que cette domination, établie par la violence et la perfidie, se faisait pardonner par ses bienfaits. La gloire de Rome rejaillissait d'ailleurs sur les Italiens, comme celle d'Athènes et de Sparte sur la Grèce; tous, malgré les différences de leur condition, venaient de se serrer autour d'elle à la nouvelle d'une invasion gauloise; et nous verrons Annibal victorieux rester deux ans au milieu de l'Italie sans y trouver un allié : le temps avait cimenté cet édifice construit par le sénat durant la guerre du Samnium, et fait de toutes les nations italiennes une masse inébranlable par son union. Cependant dans les derniers pays soumis il y avait encore parmi le peuple, dont le patriotisme est souvent plus désintéressé que celui des grands, des regrets pour la liberté perdue. Mais partout la noblesse était franchement ralliée aux Romains, comme à Arretium, à Capoue, à Nole, à Nucérie, à Tarente, à Compsa et dans la Lucanie; des alliances de famille entre cette noblesse italienne et celle de Rome resserraient encore ces liens. A Venise les nobles du livre d'or méprisaient ceux de la terre ferme; à Rome, Appius Claudius prenait pour gendre un Campanien, et le consulaire Livius épousa la fille d'un sénateur de Capoue.

ÉTAT DE L'ITALIE APRÈS LA SECONDE GUERRE PUNIQUE. — Cette libéralité de conduite porta ses fruits. Rome fut sauvée par les Italiens. Eût-elle jamais pu, en effet, sans eux, sans leur dévouement, soutenir pendant quatorze ans cette lutte sanglante, et lever contre Annibal tant d'armées? C'est même aux Italiens que revient l'honneur d'en avoir fini avec Annibal et Carthage, puisque ce furent eux, qui donnèrent à Scipion les hommes, les armes, les provisions, les vaisseaux que le sénat lui refusait pour son expédition d'Afrique. Ils furent les vrais vainqueurs de Zama. Quand ils revinrent ils trouvèrent sans doute la Péninsule appauvrie et décimée par quatorze années de dévastations et de batailles meurtrières. Mais les plaies de la guerre se ferment vite chez le peuple victorieux. Dès l'an 206, après la bataille du Métaure, le sénat avait rappelé les laboureurs dans les campagnes et affaibli l'effectif des armées, pour laisser plus de bras à l'agriculture. Des colonies envoyées dans la Campanie et le Brutium, des distributions de terres aux vétérans de Scipion, dans la Lucanie et la Pouille avaient repeuplé les solitudes faites par la guerre. Des terres données aussi aux créanciers de l'État avaient éteint les dettes de la seconde guerre punique, et laissé libres pour de nouvelles entreprises toutes les ressources du trésor. Avec la paix, la sécurité et les encouragements du sénat, l'Italie allait voir sa prospérité intérieure renaître, et ses villes marchandes hériter du commerce de Carthage. La mer était libre. Jusqu'aux colonnes d'Hercule il n'y avait plus que des peuples alliés ou sujets, et les guerres d'Illyrie et de Macédoine avaient ouvert aux marchands italiens les mers de la Grèce.

Malheureusement il manquait aux Italiens pour rendre cette prospérité durable des droits politiques qui leur donnassent des garanties sérieuses. En même temps que grandissait si prodigieusement la fortune de la république, un double mouvement se produisait à Rome même et dans l'Italie. Dans la ville une aristocratie nouvelle se formait plus arrogante, plus oppressive que n'avait jamais été l'ancien patriciat ; et dans l'Italie tous ceux qui avaient quelque ambition ou quelque talent fuyaient le domaine paternel pour aller chercher fortune dans la grande cité. Ainsi d'une part oppression des grands, et de l'autre tendance des Italiens vers Rome, d'où les grands et le peuple les repoussent. Cette lutte longtemps sourde éclate dans la guerre Sociale (1). Rome victorieuse cède prudemment, et accorde à une partie considérable des Italiens le droit de cité. Ce ne fut pour eux que le droit d'être mêlés aux affreuses tourmentes par lesquelles la république passa durant la rivalité de Marius et de Sylla et plus tard sous les triumvirs. Elle vint enfin se reposer sous la main d'Auguste.

ÉTAT DE L'ITALIE AU COMMENCEMENT DE L'EMPIRE. — Mais à cette heure que restait-il de la vieille race italienne? Et l'Italie même était-elle

(1) *Voyez* la première partie.

encore ce sol fécond où les dieux étaient venus donner les premières leçons de la sagesse agricole? Comme l'homme, la terre vieillit ; et sa séve s'épuise lorsqu'une culture intelligente ne lui rend pas les forces qu'elle a perdues. Il y avait bien çà et là des traces de l'ancienne fertilité ; sur quelques points on montrait des merveilles : un cep qui portait deux mille grappes ; un autre à Rome même qui donnait douze amphores de vin. Varron vantait aussi le blé de Campanie et d'Apulie, le vin de Falerne, l'huile de Vénafre et cette multitude d'arbres « qui fait, disait-il, de notre pays un immense verger. » Mais généralement la richesse du sol s'était perdue avec les vieilles traditions de culture. « Nous avons abandonné le soin de nos « terres aux derniers de nos esclaves, « dit Columelle ; aussi les traitent-ils « en vrais bourreaux. Nous avons des « écoles de rhéteurs, de géomètres, « de musiciens. J'en ai vu même où « l'on enseigne les professions les plus « viles, comme l'art d'apprêter les mets « ou de parer la tête ; mais pour l'agri- « culture, nulle part je n'ai trouvé ni un « professeur ni un élève. Et cependant « dans le Latium même il nous faut pour « éviter la famine tirer le blé de pays « situés au delà des mers, et le vin des « Cyclades, de la Bétique et de la Gaule. » Ainsi peu de blé, car dans ces terres épuisées, auxquelles depuis des siècles on demandait toujours sans leur donner jamais de quoi réparer leurs forces, le blé ne rendait plus en moyenne que quatre pour un ; peu de vin, car c'était une culture décriée, *nam res infamis est;* mais des prés, des oliviers et des bois, c'est-à-dire des cultures dont Jupiter, comme disait Caton, faisait seul tous les frais.

La terre manquait donc aux hommes, mais les hommes aussi manquaient à la terre. Le sol italien s'était appauvri et l'Italie s'était dépeuplée. Nous en avons indiqué ailleurs les premières causes, la concentration des richesses et par suite celle des propriétés ; elles subsistaient toujours, plus énergiques et plus actives. Ajoutons-leur tout le sang répandu depuis les Gracques, la guerre des Marses et la colère, plus terrible, de Sylla, qui l'avait couverte de ruines sanglantes; puis tant de légions décimées par les fatigues et la guerre, tant de colons envoyés hors de la Péninsule, et ces continuelles migrations d'aventuriers qui allaient chercher fortune au loin. Ils étaient Romains, le monde leur appartenait; et à présent que la misère était une honte, ils seraient modestement restés à labourer leurs champs comme aux temps de l'antique et honorable pauvreté! Sotte vertu, dont ils n'étaient plus capables. Ils accouraient donc dans les provinces pour y exploiter leur titre de citoyens, la faveur de leurs patrons, surtout les emplois lucratifs qu'ils trouvaient auprès des magistrats et des publicains, ou dans ces sociétés de commerce répandues en si grand nombre dans l'Empire, qu'il n'y avait pas une ville de quelque importance qui n'eût un comptoir et toute une colonie de négociants romains. Si quatre-vingt mille Italiens étaient en Asie au temps de Mithridate, combien y en a-t-il aujourd'hui? Combien encore en Égypte, en Syrie, à Carthage, qu'à cette heure même ils relèvent, en Espagne, où la moitié du pays parle déjà latin, en Gaule, où ils ont achevé l'invasion de la Narbonnaise et où ils commencent celle de la Celtique et de l'Aquitaine! Bientôt on en trouvera au fond de la Germanie, chez les Marcomans et les Chérusques, et jusque dans les solitudes, où l'Arabe qui les rencontre s'arrête étonné devant ces hommes d'un monde qu'il ne connaît pas. Ainsi le peuple romain, dispersé sur toutes les mers et dans les plus lointaines régions, laissait désertes les campagnes de l'Italie. Rome seule s'encombrait d'une foule famélique et inutile, sur laquelle Tite-Live n'osait compter. Témoin de l'appauvrissement de l'Italie et de la disparition de cette classe moyenne qui formait autrefois une si nombreuse et si vaillante armée, il s'étonnait des forces que Rome déployait dans les anciens jours, et il ajoutait tristement : « Lever dix légions au premier bruit d'une irruption soudaine ne serait pas à présent chose facile, même en réunissant toutes nos ressources, tant il est vrai que ces richesses et ce luxe, qui nous minent seuls, ont grandi et non notre puissance! »

Il arriva donc à l'Italie, comme à l'Espagne de Philippe II, de s'épuiser en voulant élever une domination colossale et de payer sa gloire par d'incurables misères. Le soleil ne se couchait pas sur l'empire du fils de Charles V, le Pérou lui envoyait ses trésors, ses flottes couvraient la mer, ses armées menaçaient l'Europe entière, et au milieu de tant de richesses et de puissance l'Espagne se ruinait. Ses campagnes se changeaient en déserts, ses villes en bourgades, ses châteaux en mâsures, et leurs maîtres, les fiers hidalgos, couvraient le pays d'un peuple de mendiants. La base qui portait l'édifice fléchissant, bientôt tout s'écroula. Heureusement pour l'Italie, elle était lentement montée, lentement aussi elle descendit!

Cet état frappait tous les yeux clairvoyants; César y avait pensé. Afin d'arrêter ces migrations qui dépeuplaient la Péninsule et combattre l'*absentéisme* qui l'appauvrissait, il avait ordonné qu'un citoyen ne pût rester plus de trois ans de suite dans les provinces, à moins d'empêchement légal. En même temps pour encourager l'agriculture, il mettait des bornes à l'extension des patrimoines, et il forçait ses vétérans colonisés à rester vingt années au moins sur leurs champs, avant d'avoir droit de les vendre. Mais les troubles du second triumvirat remirent tout en question. Les proscriptions, la guerre de Pérouse, surtout les nouvelles colonies accumulèrent sur l'Italie plus de misère qu'elle n'en pouvait porter. On a compté que de la dictature de César aux premières années du principat d'Auguste soixante-trois villes avaient été livrées à des vétérans sortis de toutes les provinces et recrutés dans toutes les races! C'était comme un renouvellement de la population entière de la Péninsule, à laquelle on donnait, au lieu de paysans sobres et actifs, des soldats grossiers et paresseux, *impius miles!* Après ces exécutions, les chemins de l'Italie se couvraient de troupes d'émigrants que la faim chassait vers Rome, et tandis qu'ils remplissaient de leurs lamentations le forum et les temples, ceux qu'ils laissaient derrière eux sur leurs terres gaspillaient en quelques mois d'orgies ce qui avait nourri dix générations de laboureurs.

Comment en effet ces hommes de sang et de pillage, qui faisaient la loi même à leurs chefs victorieux, seraient-ils devenus des citoyens laborieux et utiles? Par eux on eût pu combattre le plus grand mal de l'Italie, la formation des grandes propriétés, qui dévoraient les petites; mais, moins encore que les colons de Sylla, ceux des triumvirs étaient capables de changer leur épée en un soc de charrue. A l'exemple de leurs prédécesseurs, ils continuaient la guerre en pleine paix, pillaient leurs voisins; et quand ils ne trouvaient plus rien à prendre autour d'eux, ils vendaient leurs terres à quelque riche accapareur, pour accourir à Rome faire le peuple souverain, vivre à la porte de leurs patrons, s'asseoir au cirque, ou tendre la main au pont Sublicius, et manger dans un coin du forum la sportule qu'ils ont mendiée.

Aussi, voyez Rome, ce centre des affaires et des plaisirs, des priviléges et de la fortune, comme elle grossit, comme elle déborde par-dessus ses murailles, et par toutes ses portes. Autour de la grande ville il y en a une autre, *suburbana*, qui descend à Ostie ou court le long des voies Appienne et Latine, qui gagne vers Tusculum et Tibur, et déjà passe le fleuve pour monter au Janicule et au Vatican. Le Samnium est désert, la Grande-Grèce désolée, Rhégium colonisée par Octave après la défaite de Sextus, Tarente, qui n'occupe plus que la moitié de son enceinte, Brindes, Bénévent gardent seules un peu de vie; la Sabine, l'Étrurie achèvent de mourir. Au moyen âge, après la défaite de la Meloria, qui voulait voir Pise allait à Gênes. Qui cherche l'Italie n'a maintenant qu'à demeurer à Rome. Combien y étaient-ils? Les uns disent quatre, six, huit, même quatorze millions; d'autres seulement cinq cent soixante-douze mille: prenons un million et demi.

Cependant les grands, les riches fuyaient de temps à autre loin de cette foule, et refluaient vers la campagne, sur les collines du Latium et de l'Étrurie méridionale, surtout vers les beaux rivages du golfe de Naples, qu'ils couvraient de somptueuses constructions.

La sombre et mystérieuse forêt qui entourait l'Averne était tombée sous la hache des légionnaires d'Agrippa, et de nombreux édifices, couronnant ces collines redoutées, se miraient audacieusement dans le lac limpide qu'on avait surnommé la bouche des enfers. Sur ce coin de l'Italie se concentrait une activité qu'on ne retrouvait qu'à Rome. Agrippa y complétait ses grands travaux, en conduisant une route souterraine de l'Averne à Cumes, et il allait faire creuser par l'architecte Coccéius la grotte fameuse du Pausilippe. A Pouzzole des cris en vingt langues et l'infinie variété des costumes et des denrées annonçaient le plus grand marché de l'Empire. Tout près de là, Baia étalait ses villas, rivales de celles de Lucullus et d'Hortensius au cap Misène et du Sans-Souci de Vadius Pollion sur le mont Pausilippe, ce Pollion qui jetait ses esclaves aux murènes. Naples la voluptueuse, l'oisive Parthénope offrait un asile moins fastueux aux rhéteurs émérites qui venaient chercher là les souvenirs toujours vivants de la Grèce, les gymnases, les phratries, des concours de musique et tous les jeux du stade.

Ainsi, la Campanie exceptée, l'Italie se dépeuplait au profit de Rome, où se promenait une royauté en haillons, mendiante et fière, qui voulait s'asseoir chaque jour au festin de l'Empire, servi par le maître qu'elle s'était donné. Ce mouvement de concentration sur la capitale était passager, parce qu'il dépendait de circonstances politiques; un autre, plus durable, poussait la population au nord vers ce nouveau monde qui commençait à se révéler. La Grèce et l'Italie péninsulaire, comme deux terres épuisées par une production trop forte, semblaient ne pouvoir plus porter des générations pressées et fécondes. La vie remontait le long de la voie Flaminienne, vers le Pô, vers les Alpes, vers le Danube. Déjà Padoue est le municipe le plus riche et le plus peuplé des provinces occidentales; dans trois siècles, Ravennes, Milan, Aquilée auront remplacé Rome; la Gaule, la Norique, la Mésie et la Thrace seront couvertes de cités, et toute la vie de l'Empire paraîtra s'y être réfugiée. C'est le mouvement moderne qui se produit, la civilisation et la puissance de l'Europe septentrionale, qui vont commencer.

L'ÉTAT DE L'ITALIE SOUS LES ANTONINS. — Si nous regardons encore l'Italie deux siècles plus tard, sous les Antonins, nous trouvons le mal aggravé et désormais incurable. Tite-Live nous disait tout à l'heure qu'au temps d'Auguste, avec des efforts, on viendrait à bout de lever dans Rome dix légions. Deux siècles s'écoulent, et Marc-Aurèle n'y trouve plus un soldat. Si vous exceptez la capitale, remplie de tous les mendiants de l'Italie, et quelques villes placées sur la route de Brindes et d'Aquilée, qu'y a-t-il hors des voies Flaminienne et Appienne? Le désert qui chaque jour s'étend. Pour une ville qui monte cent qui déclinent. Capoue, Otriculum, Tuder, Rimini, Bologne, Vérone et Pola élevaient bien des amphithéâtres, dont les ruines nous étonnent ; Bénévent, Ancône, Rimini, Suze des arcs de triomphe, qui sont encore debout. Mais l'Étrurie, la Grande-Grèce, la région centrale et ces douze cents villes dont parlent les anciens, que sont-elles devenues? Je l'ai dit vingt fois déjà : la grande propriété avait tué la petite, et les grandes villes les villages. Mais pourquoi cette constitution nouvelle de la propriété n'avait-elle au moins sauvé l'agriculture italienne et produit dans la Péninsule la révolution heureuse que le même fait a produit en Angleterre? C'est qu'ici les landlords repoussèrent par leurs tarifs la concurrence des blés étrangers, et que la politique força les empereurs de livrer le marché italien à ceux qui importaient les blés de l'Afrique, de la Sardaigne et de l'Espagne. Ces deux faits économiques expliquent la décadence continue de l'Italie, alors que les provinces prospéraient autour d'elle. Le premier rend compte de sa dépopulation, le second de sa misère.

CHAPITRE III.

LES PROVINCES.

PAYS RÉDUITS EN PROVINCE SOUS LA RÉPUBLIQUE. — La première acquisition faite par Rome hors de l'Italie fut la Sicile. Cette grande île, placée au centre de la Méditerranée, entre l'Italie et l'Afrique, fut l'occasion de la première lutte entre Rome et Carthage et le prix de la victoire. La paix des îles Ægates donna les deux tiers de l'île aux Romains (241); l'autre tiers, le royaume d'Hiéron, leur revint après la prise de Syracuse par Marcellus en 212. — Il n'était pas nécessaire d'employer à l'égard des Siciliens les ménagements politiques que les Romains avaient cru devoir prendre envers les peuples de l'Italie pour les attacher sans retour à leur fortune ou rendre toute révolte impossible. Maintenant que le centre de leur empire est couvert et protégé par des municipes, des colonies et des alliés, il n'y aura plus au dehors que des sujets, des provinciaux, administrés par des magistrats romains et payant tribut. Car il faut que Rome se dédommage à leurs dépens des concessions qu'elle a faites aux Italiens : la Sicile fut donc réduite en province, avec l'obligation de payer la dîme et quelquefois le cinquième de ses récoltes. Fidèle cependant à sa maxime de ne faire jamais peser sur tous un joug égal, le sénat accorda aussi des privilèges à quelques villes préférées, en petit nombre toutefois ; car la Sicile était trop riche pour que Rome s'ôtât le droit de la spolier à loisir. Ainsi, après la conquête entière de l'île, Tauromenium obtint le titre d'alliée, *civitas fœderata*, Catane, Panorme et Thermæ celui de colonies.

La Sicile était province prétorienne, avec deux questures, celle de Lilybée et celle de Syracuse. L'importance de l'île comme grenier de Rome et le nombre des transactions qui s'y faisaient au nom de l'État avaient sans doute nécessité cette division et la présence de deux agents supérieurs de l'administration financière de la république. La Sicile en effet, à cause de son admirable fécondité, attira bientôt les spéculateurs romains. Les propriétaires indigènes, ruinés par les dîmes et les exactions, furent peu à peu contraints de vendre à bas prix leurs terres. La petite propriété disparut ainsi de l'île, et la totalité du pays appartint à un petit nombre de citoyens romains, qui la firent cultiver par une multitude innombrable d'esclaves. Aussi fut-ce de la Sicile que sortirent les guerres serviles.

Placées entre l'Italie, la Gaule, l'Espagne et l'Afrique, les deux grandes îles de Corse et de Sardaigne ne pouvaient échapper à l'ambition romaine. Carthage, qui les avait conservées à la fin de la première guerre punique, fut forcée de les céder en 237 pour prévenir l'alliance des Romains avec les mercenaires révoltés. Fertile mais insalubre, la Sardaigne dut, comme la Sicile, payer le dixième et souvent le cinquième de ses récoltes. Mais plusieurs de ses peuplades, surtout les Ilienses et les Balares, exercèrent longtemps les armes romaines. Au temps d'Auguste ils n'étaient pas encore domptés, malgré plusieurs expéditions terribles dirigées contre eux. Vers le milieu du second siècle avant notre ère, le père des Gracques avait ramené de cette île tant de captifs, qu'on disait depuis ce temps : *Sardes à vendre*, pour désigner une denrée de vil prix.

La Corse non plus ne fut pas docile au joug; trop pauvre pour payer le tribut en argent, elle donnait de la cire, ordinairement cent mille livres pesant par an. Ces deux îles formèrent la seconde province. L'Illyrie, conquise en 219, fut la troisième. Ce fut pour délivrer le commerce italien et l'Adriatique des pirates illyriens que Rome entreprit cette conquête. Au reste une partie seulement de cette région, l'*Illyrie grecque*, depuis l'Épire jusqu'au mont Scodrus, fut alors soumise; le reste, l'Illyrie barbare, ne fut domptée que par Auguste.

La conquête de la Gaule Cisalpine fut commencée dans l'intervalle de la première et de la seconde guerre punique, mais ne s'acheva qu'en l'année 163. La haute barrière des Alpes servit alors de frontière à la république. Pour en finir avec l'opiniâtre résistance des Ligures il avait fallu transporter dans les solitudes du Samnium quarante mille familles de ce peuple. Les Boïens avaient d'eux-mêmes abandonné les rives du Pô et émigré dans la Bohême. Les Vénètes s'étaient soumis de bonne heure. Le sénat n'en recourut pas moins à ses moyens habituels pour veiller sur ces populations remuantes. Il envoya des colonies sur les points importants; il fit tracer les routes qui unirent entre eux ces postes militaires. En 191 un renfort de six mille familles fut envoyé aux anciennes colonies de Crémone et de Plaisance. Bologne reçut trois mille hommes en 189, Parme et Modène chacune deux mille en 184. La ligne du Pô et l'ancien pays des redoutables Boïens se trouvant ainsi bien gardés, deux mille colons furent envoyés (184) à Aquilée pour veiller sur la Vénétie et l'Istrie. Pise en 181 et Lucque en 178 en reçurent un même nombre, pour arrêter les courses des Ligures. Plus tard Tortone, qui commande toute la Ligurie intérieure, fut aussi colonisée, dans le même temps à peu près où Caïus Sextius fondait à *Aquæ Sextiæ* la première colonie romaine placée hors de l'Italie, afin de tenir en respect les Ligures de la Gaule. Après la défaite des Cimbres, Éporædia (Yvrée), qui commande le passage le plus fréquenté des Alpes par la vallée de la grande Doire, reçut une colonie, la dernière que le sénat ait fondée dans un but politique; car celles qu'établirent Sylla, César et les triumvirs ne furent que des récompenses accordées à leurs vétérans, le prix de leurs services dans les guerres civiles.

Nous avons dit que des grandes routes réunirent tous les postes militaires de la Cisalpine; la voie aurélienne fut en effet continuée à travers les villes maritimes de la Toscane et de la Ligurie jusqu'à Marseille, avec un embranchement sur Tortone. La voie Émilienne franchit le Pô, et traversa d'Yvrée à Aquilée, par Verceil, Novarre, Milan, Bergame, Brescia, Vérone et Vicence, toute la Gaule Transpadane. Enfin les passages des Alpes furent frayés et gardés. Quatre voies romaines, dit Polybe, qui vivait à cette époque, conduisent d'Italie en Gaule ; l'une passe par la Ligurie, l'autre par Turin et la vallée de la petite Doire, l'autre par le val d'Aost, la quatrième enfin par la Rhétie.

L'Istrie suivit le sort de la Cisalpine. Les Romains avaient de bonne heure (177 et 170 av. J. C.) mis la main sur cette presqu'île, parce que de ce côté ils s'ouvraient une route par terre vers la Macédoine et la Grèce, en même temps qu'ils gardaient là une des portes de l'Italie, les Alpes Juliennes.

Dès le temps de la seconde guerre punique les Romains s'étaient montrés en Grèce, mais sans y faire de conquête. Quand ils eurent battu les Illyriens, leurs députés allèrent dire partout que les légions n'avaient vaincu que pour la Grèce, dont le commerce et les villes étaient désolés par les pirateries de ces barbares. Au moment d'attaquer Philippe, allié d'Annibal, ils déclarèrent qu'ils ne prenaient les armes que contre l'oppresseur de la liberté grecque. Le même prétexte leur servit dans leur seconde guerre contre Philippe (200-197). Ce prince assiégeait Athènes, Rome courut à son secours. Après la victoire de Cynocéphale, le sénat, afin de prouver le désintéressement de Rome, se contenta de renfermer Philippe en Macédoine, de réduire son armée à cinq mille hommes et de détruire sa marine, sans rien prendre pour lui-même. Il déclara tous les Grecs libres, retira ses garnisons, et ne laissa pas un seul légionnaire en Grèce. Aussi quand Antiochus y vint débarquer il n'y trouva pas un allié. Le sénat sortit facilement victorieux de cette nouvelle lutte. Satisfait d'avoir montré sa force et la faiblesse de ses ennemis, il ne prit encore rien pour Rome. Même après la défaite de Persée, s'il détruisit les royaumes de Macédoine et d'Illyrie, ce fut en laissant encore aux peuples de ces contrées leur indépendance; seulement il avait brisé tous les forts, il avait usé toutes les ressources de ses adversaires, et il lui suffira maintenant d'un décret pour réduire la Macédoine et la Grèce en province. Cela arriva en 146. La même année Carthage succomba. On forma de ces pays trois nouvelles provinces : Macédoine, Achaïe et Afrique propre. L'Espagne prolongea plus longtemps sa résistance.

Quatre ans après la fin de la seconde guerre punique le sénat, croyant l'Espagne soumise, la partagea en deux provinces : la Citérieure au nord-est (Tarraconaise), et l'Ultérieure au sud-ouest (Lusitanie et Bétique). Il envoya deux préteurs pour les gouverner. Mais une révolte presque générale l'obligea d'en recommencer la conquête, et ce ne fut qu'après une guerre d'un siècle que la prise de Numance, la soumission des peuplades celtibériennes de l'Idubéda, celles des Gallaïciens et des Vaccéens, amenèrent la fin de cette lutte meurtrière. Les peuples qui y jouèrent le principal rôle furent les Celtibériens, les Vaccéens et les Vettons. Retranchés dans les montagnes du centre de la Péninsule, ils coupaient toutes les communications des Romains, et n'avaient point de grandes villes par où l'on pût saisir et contenir le pays, mais d'innombrables villages et châteaux forts, qui, si je puis le dire, éparpillaient la guerre et la rendaient éternelle, la prise de chacun d'eux ne livrant aux Romains que d'arides rochers, qu'on ne pouvait garder. A l'est, au contraire, étaient de grandes cités, Gadès, Malaga, Carthagène, Tarragone, dont la soumission assurait la possession de vastes territoires; ou bien des peuples sans courage, comme les Turdules (*maxime imbelles*), ou à peine espagnols, comme les habitants de la Bétique. Les Lusitaniens à l'ouest soutinrent aussi la lutte avec courage, et le sort de l'Espagne dépendit plus d'une fois de leur union avec les Celtibériens. Viriathe l'essaya; mais de mutuelles jalousies empêchèrent toujours les peuples espagnols d'agir de concert. Luttant isolément, ils furent soumis l'un après l'autre. Toutefois plusieurs tribus conservèrent encore leur indépendance, les Vascons jusqu'à Pompée, les Astures et les Cantabres jusqu'au temps d'Auguste.

Numance fut prise en l'année 133; le royaume de Pergame devenait vers le même temps une province. Ainsi cent trente ans environ avant notre ère Rome avait fondé son empire. Il ne lui restait plus à vaincre que Jugurtha, Mithridate et les Gaulois. Elle possédait déjà les trois grandes péninsules de l'Europe méridionale, l'Espagne, l'Italie et la Grèce; elle avait une partie de l'Asie Mineure et les domaines de Carthage en Afrique.

Ces possessions formaient neuf grands gouvernements ou provinces : I, la Sicile; II, la Corse et la Sardaigne; III, la Gaule Cisalpine; IV, la Macédoine avec la Thessalie, l'Illyrie et l'Épire; V, l'Achaïe, c'est-à-dire la Hellade, le Péloponèse et les îles; VI, l'Asie : VII, l'Afrique propre; VIII, l'Espagne Ultérieure; IX, l'Espagne Citérieure. Ce nombre s'accrut en 65 par les conquêtes de Pompée, qui réduisit en provinces la Bithynie, la Paphlagonie et le Pont, la Pamphylie, la

Cilicie, l'Isaurie et la Lycaonie, la Syrie et la Phénicie à laquelle on réunit plus tard l'île de Chypre. Quand Pompée retourna à Rome il ne laissait dans l'Asie antérieure que quatre petits États indépendants : l'Arménie, la Cappadoce, le Bosphore et la Judée. Ainsi la domination romaine dépassait le Taurus, terme fatal, disait le peuple, au delà duquel la Sibylle ne promettait que désastres, et qui, heureusement franchi, fut reporté par la superstition populaire jusqu'aux bords du Tigre.

Dans cette même année 65 le sénat réduisit en province la Cyrénaïque, qui lui avait été léguée en 96 par son dernier roi, Apion. Ce nouveau gouvernement comprit la Crète, récemment conquise par Métellus.

Appelés dès l'année 155 par les Massaliotes contre les Ligures, les Romains, après avoir vaincu à plusieurs reprises pour le compte de leurs alliés, se décidèrent, en 121, après la défaite des Allobroges et des Arvernes, à former une province au delà des Alpes, qui leur offrit une route sûre pour le passage de leurs armées en Espagne. Elle ne comprit d'abord que les pays situés à l'orient du Rhône, depuis l'endroit où ce fleuve entre dans le Léman jusqu'à son embouchure dans la mer. Mais peu à peu elle s'agrandit; à l'ouest le territoire des Helves, des Volks Arécomikes et des Sardes y fut réuni, tandis qu'à l'est les passages des Alpes maritimes et des Alpes grecques furent occupés par les légions. Enfin, à l'époque de l'invasion des Cimbres, Cépion s'empara de Tolosa, capitale des Tectosages; et les possessions de ce peuple furent définitivement incorporées à la province, où deux puissantes colonies, Aquæ-Sextiæ (Aix) et Narbo-Martius (Narbonne), furent établies pour assurer à Rome sa récente conquête. César dompta la Gaule chevelue, et son fils adoptif réduisit l'Égypte en province, après la bataille d'Actium.

Maître de l'Empire, Auguste le trouva assez vaste, et accepta les frontières que la république avait atteintes, l'Atlas, l'Atlantique, le Rhin et l'Euphrate. Sur un seul point l'Empire manquait d'une bonne ligne de défense, et malgré ses intentions pacifiques Auguste fut obligé de prendre les armes pour lui donner cette barrière. Depuis longtemps une partie des Alpes était occupée par les Romains; mais pour mettre l'Italie du nord à l'abri des incursions des montagnards, ou d'une invasion subite des Germains, il fallait enfermer ces montagnes elles-mêmes dans les limites de l'Empire, et envoyer les légions camper sur les bords du Danube. Là, derrière le plus grand fleuve de l'Europe, elles pouvaient défendre aisément contre les barbares les approches des Alpes et de l'Italie. La conquête de la Rhétie, de la Vindélicie, du Noricum et de la Pannonie, la soumission définitive des peuples de l'Illyrie barbare et de la Mésie permirent de porter les avant-postes romains tout le long du Danube, depuis ses sources jusqu'à son embouchure. En Asie Auguste réduisit la Galatie en province, et réunit une partie de la Judée à la Syrie. En Afrique, il rétablit le royaume de Numidie, renversé par César, mais en lui ôtant la Numidie Massylienne, qui fut comprise dans la province d'Afrique.

ÉTENDUE ET DIVISIONS DE L'EMPIRE A LA MORT D'AUGUSTE. — Tels étaient à la fin du principat d'Auguste les bornes de l'Empire. Le Pont-Euxin, le Danube, le Rhin et l'Océan, depuis les embouchures du Rhin jusqu'au détroit de Gadès, le limitaient au nord et à l'ouest. Dans l'Asie Mineure, il s'étendait jusqu'aux frontières de la Colchide et de l'Arménie; en Syrie, jusqu'à l'Euphrate et aux déserts de l'Arabie; en Afrique, jusqu'à la chaîne de l'Atlas, aux sables de la Libye et aux déserts qui séparent l'Égypte de l'Éthiopie. Ainsi de grands fleuves, des déserts ou l'Océan, bornaient l'Empire à la mort de son fondateur; mais il subsistait encore dans l'intérieur de ces vastes frontières quelques États indépendants. Le roi Cottius dans les Alpes cottiennes conservait ses douze villes et sa capitale Segusio (Suze). Corcyre, Chio, Rhodes, Samos, Byzance se gouvernaient d'après leurs lois; Nîmes, Marseille, Lacédémone, plusieurs peuples des Gaules et de l'Espagne demeuraient autonomes. Les Iliens dans la Sardaigne et quelques peuples de la Corse résistaient encore. Des cinq cents villes d'Asie un grand nombre, notamment toutes celles de la Pamphylie, avaient obtenu le privilége de l'autonomie. La Thrace, la Lycie conservaient leur liberté; la Cappadoce, une partie de la Cilicie, la Commagène, la Palmyrène, la Judée, la Mauritanie et le Pont avaient encore leurs rois. Mais ils n'avaient tous que les vains dehors de l'indépendance, car c'était, dit Tacite, une ancienne coutume d'avoir des rois pour instruments de servitude. Remarquons aussi l'opposition de l'Italie et de la Grèce, des provinces occidentales, qui parlent latin, et des provinces orientales, qui parlent grec et sont alliées d'Antiochus et de Mithridate contre le sénat, de Pompée contre César, de Brutus contre les triumvirs, et d'Antoine contre Octave. La Grèce, l'Asie et l'Égypte, c'est-à-dire l'ancien empire d'Alexandre n'avait renoncé ni à sa langue, ni à ses coutumes, ni au désir de rester libre, et il devait soutenir encore contre les empereurs de Rome, Niger, Cassius et Zénobie.

Auguste établit de nouvelles divisions administratives dans plusieurs provinces, afin de créer parmi les habitants des relations politiques qui leur fissent oublier leur ancien ordre social.

C'est un premier essai d'organisation encore fort incomplet, mais qui cependant, avec quelques modifications, durera trois siècles, jusqu'à ce que Dioclétien et Constantin donnent enfin à l'administration de l'Empire une forme régulière.

L'Espagne fut divisée en trois grandes provinces :

1° La Lusitanie, entre le Douro, la Guadiana, l'océan Atlantique et le pays des Carpétans; parmi ses villes on comptait un municipe, trois villes latines, cinq colonies et trente-sept villes tributaires. Les *conventus juridici*, ou siéges des assises, étaient établis à Mérida (*Augusta Emerita*), Beja (*Pax Julia*) et Santarem (*Scalabis*).

2° La Bétique entre la Guadiana (*Anas*), l'Océan et la Méditerranée jusqu'au cap de Gata (*Promontorium Charidemi*), renfermait cent soixante-quinze cités, dont deux villes libres, quatre ayant le droit de cité romaine, sept municipes, onze colonies, et cinq villes stipendiaires. Les trois *conventus juridici* siégeaient à Cordoue (*Corduba*), Séville (*Hispalis*) et Éjica (*Astigi*).

3° La Tarraconaise comprenait le reste de l'Espagne, et renfermait quatre cent soixante-treize villes, dont cent soixante-dix-neuf grandes et deux cents quatre-vingt-quatorze petites. On y comptait au temps de Pline douze colonies romaines, treize municipes, dix-huit colonies, cent trente-cinq villes tributaires. Les *conventus juridici* étaient à Carthagène, Tarragone, Saragosse (*Cæsar-Augusta*), *Clunia* (près de Corogna), Astorga, Lugo (*Lucus*), et Braga (*Bracara Augusta*). Trois légions seulement résidèrent en Espagne. Vespasien lui donna le droit latin.

GAULE. — Auguste conserva à la Narbonnaise, depuis longtemps docile au joug, ses anciennes limites; mais il renferma quatorze grandes peuplades celtiques dans l'Aquitaine, dont la frontière fut ainsi portée de la Garonne à la Loire. La Celtique, réduite alors, sous le nom de Lugdunaise, à la moitié de son ancienne étendue, ne comprit que les pays situés entre l'Océan, la Loire, la Seine, la Bresle, la Marne et la Saône. Deux nouvelles provinces furent aussi formées plus tard, dans les dernières années de l'ère ancienne, aux dépens de la Belgique : 1° la Germanie supérieure depuis Arzenheim (*Argentovaria*) jusqu'à Worms (*Borbetomagus*), et depuis le Rhin jusqu'à la Moselle; 2° la Germanie inférieure, de Worms jusqu'au Wahal et depuis le Rhin et la Moselle jusqu'à l'Escaut. La Belgique comprit seulement les contrées placées entre les deux Germanies et la Lugdunaise.

Dans cette réorganisation de la Gaule, plusieurs villes perdirent leur nom et leur importance, tandis que d'autres, favorisées par l'empereur, s'élevèrent à une prospérité nouvelle. Dans la Narbonnaise, Orange, Carpentras, Cavaillon, Valence, Vienne, Fréjus, qui devint un des plus grands arsenaux maritimes de l'Empire, Aoust, Apt, Viviers, reçurent des colons romains, ou le titre de colonies. Mais Marseille perdit deux de ses comptoirs, Antibes et Agde, qui furent déclarés par Auguste l'un colonie latine, l'autre cité romaine. Dans l'Aquitaine, dans la Belgique et dans la Lugdunaise, qui dut son nom à la ville récente de *Lugdunum* (Lyon), bâtie au pied des Alpes, pour être le siége de l'administration impériale dans la Gaule Chevelue, Gergovie perdit le rang de capitale des Arvernes, qui passa à la bourgade voisine de *Nemetum* (Clermont); *Brutuspontium* fut de même déshérité au profit de *Cæsaromagus* (Beauvais), qui subsiste encore, tandis que l'ancienne capitale des Bellovaques, comme celle des Arvernes, était déjà détruite et oubliée au quatrième siècle de notre ère. Les capitales des Suessions, des Véromandues, des Tricasses, des Rauraques, des Auskes, des Trévires, des Lémoviques, prirent le nom d'Augusta; *Turones* (Tours) devint *Cæsarodunum*, et Bibracte, *Augustodunum*. Mais l'une reprit plus tard son ancien nom, l'autre garda celui sous lequel se répandit partout l'Empire sa renommée littéraire (Autun). Enfin, en Gaule comme en Italie, comme en Espagne, comme dans toutes les provinces, les priviléges furent inégalement répartis; les Édues, les Rèmes conservèrent le titre d'alliés, qui fut aussi concédé aux Carnutes, pour qu'au sud, à l'ouest et au nord il y eût trois peuples puissants intéressés au maintien du nouvel ordre social. Les Teutons, les Arvernes, les Biturges, clients émancipés des Édues, les Trévires et les Suessions conservèrent leurs lois (autonomie); les Auskes, le peuple le plus puissant de l'ancienne Aquitaine, obtinrent le *jus Latii*. Enfin soixante-quatre villes eurent le rang de villes municipales avec le titre de cités.

L'Italie fut divisée en onze régions : 1° le Latium et la Campanie, où *Puteoli* (Pouzzoles) était alors le centre de tout le commerce de la Méditerranée, le port où abordaient toutes les flottes marchandes; 2° le pays des Picentins et des Illyriens; 3° la Lucanie, le Brutium, l'Apulie et la Calabre, où l'importance nouvelle de *Brundusium* faisait oublier Locres, Crotone, et Tarente; 4° le pays dépeuplé des Marses, des Frentans, des Sabins et des Samnites; 5° le Picenum et l'Ombrie; 6° l'Étrurie; 7° la Gaule cispadane, où Ravenne s'élevait alors, comme aujourd'hui Venise, au milieu des lagunes, et avait pour rues des canaux; Auguste y avait accompli d'immenses travaux, un canal, etc.; 8° la Ligurie; 9° la Vénétie et l'Istrie, qui devait remplacer un jour la Campanie par son extrême fertilité; 10° la Gaule transpadane, qui, plus rapprochée de la frontière du Danube, voyait grandir chaque jour son importance. Sous Tibère, Padoue fut la seconde ville de l'Italie; et Milan puis Aquilée en devinrent les capitales ou les deux plus grandes villes.

Les Alpes maritimes formèrent une province particulière.

La Sicile, qui avait obtenu d'Antoine le droit de cité, mais dont l'ancienne capitale, Syracuse, n'était déjà plus qu'une bourgade, était toujours une province comme la *Corse et la Sardaigne*. Rome forma un gouvernement particulier, confié au préfet de la ville.

Les provinces des Alpes et de la rive droite du Danube, récemment conquises, n'eurent pas d'organisation nouvelle; mais, soumises au régime militaire, elles furent gardées par huit légions présentant une force de quatre-vingt-huit mille hommes dispersés dans des villes ou les camps des trois nouvelles provinces de la Rhétie, Mésie et Dalmatie; en outre, une nombreuse flottille stationna sur le Danube, tout le long de son cours. C'est de ce côté qu'allait se porter toute la vie de l'Empire, et les provinces cisdanubiennes, jadis peuplées seulement de quelques barbares, allaient se couvrir d'innombrables cités. La Grèce, devenue l'une des contrées les moins importantes de l'Empire, était depuis longtemps partagée en deux provinces : 1° celle d'Achaïe comprenant au sud le Péloponèse, « déjà désert, dit Strabon, si on le compare à ce qu'il était du temps de la liberté des Grecs; » c'est-à-dire la Laconie, où le nombre des villes ou plutôt des bourgades était réduit de cent à trente, et qui renfermait alors de petites républiques vassales de Rome, Lacédémone et le canton des Éluthéro-Lacons (l'extrémité sud-ouest de la Laconie), la Messénie, l'Élide, l'Arcadie, l'Achaïe, la Sicyonie, la Phliasie, l'Argolide et la Corinthie, où Jules César avait envoyé une colonie pour relever les ruines de Corinthe, et au nord la Hellade, ou Grèce proprement dite, c'est-à-dire la Mégaride, l'Attique, la Béotie, la Phocide, la Doride, la Locride, l'Étolie, l'Acarnanie, et la Macédoine, où Thessalonique effaçait déjà par sa splendeur naissante les anciennes capitales Édesse et Pella.

L'Asie romaine resta partagée en plusieurs gouvernements : 1° l'Asie proconsulaire, ou ancien royaume de Pergame, dont Éphèse fut la capitale; 2° la Bithynie, la Paphlagonie et le Pont; 3° la Cilicie; 4° l'île de Chypre; 5° la Phénicie et la Célésyrie, c'est-à-dire les trois grandes vallées formées par le Liban et l'Anti-Liban à l'est de Tyr, au sud-ouest et au sud-est d'Héliopolis, jusqu'à la plaine fertile de Damas. Sous les Romains, la Célésyrie fut réunie à la Phénicie, et son nom remplacé par celui de Phénicie Libanesia ou Salutaris. Les *conventus juridici* établis par Auguste dans l'Asie y subsistèrent jusqu'au quatrième siècle; ils siégeaient à Sardes en Lydie, à Smyrne, à Apamée, dans la Phrygie, à Alabanda en Carie, à Cabyra en Phrygie, etc. Quatre légions campèrent en Asie. L'Afrique forma trois provinces : l'Égypte, la Cyrénaïque réunie à la Crète, l'Afrique proprement dite, c'est-à-dire l'ancien territoire de Carthage et la Numidie jusqu'à l'Ampsages; quatre légions, dont deux en Égypte, suffirent pour les garder.

PARTAGE DES PROVINCES ENTRE LE SÉNAT ET L'EMPEREUR. — Auguste partagea avec le sénat l'administration des vingt-cinq provinces de l'Empire : il lui en abandonna onze : 1° la Sicile, alors le grenier de Rome; 2° la Sardaigne et la Corse; 3° la Narbonnaise; 4° la Bétique; 5° la Macédoine; 6° l'Achaïe avec l'Épire; 7° la Crète avec la Cyrénaïque; 8° l'Asie proconsulaire, entre l'Halys, le Taurus et la mer d'Ionie (Lydie, Carie, Mysie, Phrygie, Hellespont proconsulaire); 9° la Bithynie, avec la Paphlagonie et une partie du Pont; 10° Chypre; 11° l'Afrique carthaginoise avec la Numidie, c'est-à-dire le sud-est de la Gaule et de l'Espagne, depuis longtemps soumis et tranquille; les grandes îles de la Méditerranée, toute la Grèce, toute l'Afrique, excepté l'Égypte; toute l'Asie Mineure, excepté la Galatie et les contrées qui dépendent de ce gouvernement. Il s'en réserva quatorze, la plupart provinces frontières, où étaient les armées : 1° la Lusitanie; 2° la Tarraconnaise; 3° l'Aquitaine; 4° la Lugdunaise; 5° la Belgique; 6° et 7° les deux Germanies (1); 8° les Alpes maritimes; 9° la Rhétie, avec la Vindélicie et le Norique; 10° la Dalmatie; 11° la Mésie, avec les Dardaniens et les Thraces; 12° la Célésyrie avec la Phénicie; 13° la Cilicie, avec l'Isaurie et la Lycaonie; 14° enfin, l'Égypte avec une partie de l'Arabie. L'Italie, n'étant pas considérée comme province, n'entra pas dans ce partage.

L'EMPIRE ROMAIN SOUS LES ANTONINS. — Dans cet intervalle d'un siècle les empereurs enlevèrent leur gouvernement national à quelques provinces qui l'avaient jusqu'alors conservé, et achevèrent la conquête de la Bretagne. La Cappadoce, la Pannonie, la Galatie et la Pamphylie furent définitivement réunies à l'Empire par Tibère; la Mauritanie et la Palestine, par Claude; le petit royaume de Cottius et la Cilicie par Néron. Vespasien enleva la Gallæcie (Galice) à la Tarraconaise, réduisit la Thrace et la Commagène en provinces, et effaça les priviléges de Rhodes, de Byzance, de Samos, de Marseille, et condamna de nouveau au tribut la Grèce, proclamée libre par Néron. Agricola soumit les Bretons, et pénétra chez les Maœtes et les Calédoniens.

Vespasien lui-même, alors général de Claude, avait conquis l'île de Wight (*Vectis*), sur la côte méridionale de la Bretagne; Agricola soumit celle de *Mona* (Anglesey), sur la côte de l'ouest, et les Orcades, au nord de la Calédonie. Trajan, par ses conquêtes au delà du Danube et de l'Euphrate, donna à l'Empire sa plus grande étendue; mais après lui, et pour la première fois, le dieu Terme recula. Cinq nouvelles provinces furent en effet ajoutées par cet empereur aux anciennes possessions de Rome :

1° Entre l'Égypte et la Syrie, l'Arabie Pétrée, dont la possession assura les relations commerciales de l'Afrique et de l'Asie;

(1) Ces deux provinces n'étaient pas formées encore lors du partage dont nous parlons et qui fut fait en l'an 26 av. J. C.

2° L'Arménie : conquête importante, car par sa position entre la Médie et la mer Caspienne à l'est, l'Ibérie et l'Albanie au nord, la Cappadoce et le cours supérieur de l'Euphrate à l'ouest, enfin la Mésopotamie et l'Assyrie au sud, l'Arménie couvrait l'Asie Mineure ou la haute Asie, selon que les Romains ou les Parthes en étaient maîtres. Par ses montagnes, l'infanterie romaine pouvait pénétrer jusqu'au cœur de la Perse sans avoir à craindre les plaines de la Mésopotamie, si fatales à Crassus; et les Parthes, s'ils les occupaient, pouvaient faire des courses continuelles dans l'Asie Mineure et la Syrie. Aussi cette vaste province fut un éternel sujet de guerres entre les deux empires ;

3° La Mésopotamie, entre le Tigre, à l'est, le mont Masius ou la grande Arménie au nord, l'Euphrate, qui la séparait de la Syrie et de l'Arabie Déserte à l'ouest, enfin la Babylonie, au sud;

4° L'Assyrie, entre la Médie à l'est, l'Arménie au nord, la Mésopotamie à l'ouest, et la Susiane au sud ;

5° Enfin, en Europe, la Dacie entre la Theiss (*Tysia*) à l'ouest, les monts Krapaks (Carpathes) et le Dniester (Tyras) au nord, le Danube au sud, le Pont-Euxin et le Dniester à l'est; *Tibiscum* près de Karavan, sur le Temesv, cité qui eut le titre de municipe; *Dierna* ou *Tierna* (Orzova), place forte, nommée dans les Pandectes *colonia Zernensium; Zarmizegethusa*, capitale de Décébale, et plus tard celle de toute la Dacie, sous le nom d'*Ulpia Trajana*, lorsque Trajan s'en fut emparé (en ruines, près de Varhély). Comme province romaine, la Dacie fut divisée en *Dacia Ripensis* sur les bords du Danube, *Dacia Alpensis* au pied des monts Carpathes, et *Dacia Mediterranea* dans l'intérieur du pays. Outre les quinze tribus daciques qui l'habitaient, cette contrée reçut à l'époque de la conquête une grande quantité de colons romains. Les Valaques, qui parlent la langue romaine, en descendent.

Par ces acquisitions et celles des empereurs précédents, par la réduction de pays restés libres en provinces ou le démembrement de provinces anciennes, le nombre des provinces fut porté à quarante-sept, ou à vingt-deux de plus qu'à l'époque du partage fait par Auguste et le sénat. La distinction en provinces sénatoriales et en provinces impériales subsistait toujours; mais le sénat n'avait encore que les onze provinces primitives, et les officiers des empereurs administraient les trente-six autres. Ces quarante-sept provinces étaient ainsi réparties :

En Espagne, quatre : Bétique, Lusitanie, Gallicie avec Asturie, et Tarraconaise;

En Gaule, six : Aquitaine, Narbonnaise, Lyonnaise, Belgique, Germanie inférieure, Germanie supérieure.

Dans l'île des Bretons, une : la Bretagne ;

Autour de l'Italie, quatre : les Alpes cottiennes, les Alpes maritimes, la Sardaigne avec la Corse, la Sicile;

Vers le Danube, deux : la Rhétie et le Norique;

Dans l'Illyrie, cinq : la Pannonie supérieure, la Pannonie inférieure, la Mésie, la Dalmatie, la Dacie;

Dans la Grèce et la Thrace, trois : la Macédoine, l'Achaïe et la Thrace;

Dans l'Asie, seize : l'Asie propre, la Bithynie avec le Pont, la Galatie avec la Lycaonie, la Pamphylie avec la Lycie, les Iles, Cypre, la Cilicie, la Cappadoce, la Commagène, l'Arménie mineure, l'Arménie majeure, l'Illyrie, la Mésopotamie, l'Arabie, la Célesyrie avec la Phénicie, la Judée;

En Afrique, six : l'Égypte, la Cyrénaïque avec la Crète, l'Afrique propre, la Numidie, la Mauritanie Césarienne, la Mauritanie Tingitane.

De Trajan à Constantin les pertes et les acquisitions se compensèrent. Adrien dut renoncer aux provinces du Tigre conquises par son prédécesseur ; mais Sévère porta la frontière romaine en Bretagne trente lieues plus au nord que le mur d'Adrien. Aurélien abandonna la Dacie, mais il conquit la Palmyrène, qui sous la domination arabe était devenue le centre d'un puissant État. Enfin sous Dioclétien l'Empire parut se relever et même s'agrandir. Les Perses, vaincus, laissèrent les Romains placer un roi leur vassal sur le trône d'Arménie, nommer celui de l'Ibérie, qui gardait pour eux les défilés du Caucase, et cédèrent encore les cinq provinces transtigritanes. De Dioclétien à Constantin l'Empire ne fit aucune perte ; mais le premier de ces empereurs suivit l'exemple déjà donné par plusieurs de ses

ITALIE.

prédécesseurs, de démembrer les provinces afin de diminuer la puissance des gouverneurs et de rendre par là leurs révoltes moins faciles. Constantin acheva son ouvrage, il divisa l'empire en 4 préfectures; et celles-ci en 13 diocèses, renfermant 119 provinces. La préfecture d'Orient eut 6 diocèses : Orient, Égypte, Asie, Vicariat, Pont et Thrace, renfermant 49 provinces. La préfecture d'Illyrie eut 2 diocèses : Macédoine et Dacie, renfermant 11 provinces; celle d'Italie, 3 : Italie, Illyrie et Afrique, 30 provinces; celle des Gaules, 3 aussi : Espagne, Gaule, Bretagne, 29 provinces. En voici le tableau :

PRÉFECTURES.	DIOCÈSES.	PROVINCES.	MÉTROPOLES.
GAULES.	ESPAGNE. 7 provinces.	Bétique.	*Hispalis* (Séville).
		Lusitanie.	*Emerita Augusta* (Mérida).
		Galicie.	*Bracara Augusta* (Braga).
		Tarraconaise.	Tarragone.
		Carthaginoise.	Carthagène.
		Iles Baléares.	Palma et *Portus Magonis* (Port Mahon).
		Mauritanie Tingitane (entre l'Océan et le Malva).	Tanger.
	GAULES. 17 prov.	Narbonnaise I et II.	Narbonne et Aix.
		Viennoise.	Vienne.
		Alpes maritimes.	Embrun.
		Alpes pennines.	Centros, dans le Val Tarentaise.
		Aquitaine I, II et III.	Bourges, Bordeaux, *Eauze*.
		Lyonnaise I, II, III et IV.	Lyon, Rouen, Tours, Sens.
		Grande Séquanaise.	Besançon.
		Belgique I et II.	Trèves, Reims.
		Germanie I et II.	Cologne.
	BRETAGNE. 5 prov.	Bretagne I et II.	Londres et *Isca Silurum* (Caerléon).
		Flavia Cæsariensis.	*Venta Belgarum* (Winchester).
		Maxima Cæsariensis.	York.
		Valentia.	
ITALIE.	ITALIE. 17 prov.	Rhétie I et II.	Coire et Augsbourg.
		Alpes cottiennes.	Suze.
		Ligurie.	Milan.
		Vénétie et Istrie.	Aquilée.
		Æmilie.	Plaisance.
		Picenum annonaire et Flaminie.	Ravenne.
		Étrurie et Ombrie.	Florence.
		Picenum suburbicarium.	Spolète.
		Valérie.	Amiterne.
		Samnium.	Corfinium.
		Campanie.	Naples.
		Apulie et Calabre.	Lucérie.
		Lucanie et Brutium.	Cosenza.
		Sicile.	Syracuse.
		Sardaigne.	Cagliari.
		Corse.	*Aleria*.
	ILLYRIE (occidentale). 7 prov.	Dalmatie.	Salone.
		Savie.	*Siscia* (Sisseck).
		Pannonie I et II.	*Salaria et Bregetio*.
		Valérie.	
		Norique inférieur.	*Virunum* (Klagenfurth).
		Norique riverain.	Lorch.
	AFRIQUE (occidentale). 6 prov.	Tripolitaine.	*Leptis Magna* (Lébida).
		Byzacène.	*Bysacium* (Bégui).
		Proconsulat d'Afrique.	Carthage.
		Numidie.	Constantine.
		Mauritanie *Sitifensis*.	Sétif.
		Mauritanie césarienne.	*Cæsarea* (Alger).

4ᵉ *Livraison*. (ITALIE*.)

50 L'UNIVERS.

PRÉFECTURES.	DIOCÈSES.	PROVINCES.	MÉTROPOLES.
ILLYRIE.	DACIE. 5 provinces.	Dacie riveraine et intérieure.... Mésie I. Dardanie. Prévalitane.	*Ratiara* et *Sardica* (Arzer-Patenka et Triaditza). *Viminacium* (Widdin). *Scupi* (Uskup). *Scodra* (Scutari).
	MACÉDOINE 6 prov.	Macédoine. La nouvelle et l'ancienne Épire. Thessalie. La Crète. L'Achaïe.	*Thessalonica* (Saloniki). *Dyrrachium* (Durazzo), *Nicopolis* (Prévéza). *Larisse. Cnosse. Corinthe.*
ORIENT.	ORIENT. 15 prov.	Palestine I, II et III. Arabie. Phénicie maritime. Phénicie du Liban. Syrie I et II. Euphratésienne. Osrhoëne. Mésopotamie. Cilicie I et II. Isaurie. Chypre.	Césarée (Kaïsarieh), *Scythopolis* (El-Baïsan), et *Petra* (Krok ou Karak). *Bostra* (Basra). Tyr, et plus tard Béryte. Damas ou Émèse. Antioche et Apamée. *Hieropolis* (Bambig). *Édesse* (Orfa). *Amida* (Diarbekir). Tarse et *Anazarbe* (Ac-Saraï). *Séleucie Trachée* (Sélefkeh). *Constantia* (Costanza).
	ÉGYPTE. 6 prov.	Égypte. Arcadie. Thébaïde. Libye I et II. Augustamnique.	Alexandrie. *Memphis.* Thèbes. *Parætonium* (El-Baretoun) et *Cyrène.* *Péluse.*
	Vicariat D'ASIE. 8 prov.	Pamphylie. Lycaonie. Pisidie. Phrygie salutaire et Pacatienne. Lycie. Carie. Lydie.	*Aspende* (Ménougat) ou *Pergé.* *Iconium* (Konieh). *Antioche de Pisidie* (Ak-Chéher). *Synnade* (Saïd-Gazelle) et *Laodicée* (Ladikieh). *Myra* (Makre). *Halicarnasse* (Boudroun) ou *Aphrodisias.* Sardes.
	Proconsulat D'ASIE. 3 prov.	La province d'Asie. Hellespont. Les îles.	Pergame. *Abydos.* Rhodes.
	PONT. 11 prov.	Galatie I et II. Bithynie. Honoriade. Cappadoce I et II. Hélénopont. Pont Polémoniaque. Arménie I et II. Paphlagonie.	*Ancyre* (Angouri) et *Pessinonte* (Bosan). *Nicomédie* (Is-Nikmid). *Claudiopolis* (Castomena). Césarée et *Tyane* (Kaïsarieh et Nikdeh). *Amasée* (Amasiah). *Néocésarée* (Niksara) ou *Trébisonde.* *Sébaste* et *Mélitène* (Siwas et Malatbija). *Gangra* (Kiangari).
	THRACE. 6 prov.	Europe. Rhodope. Le mont Hœmus. La Thrace. La Mésie II. La Scythie.	*Héraclée* (Erekli). *Abdère* ou *Trajanopolis.* Andrinople. Philippopolis. *Marcianopolis* (Perejaslaw). *Tomi* (Tomisvar).

VOIES MILITAIRES DANS LES PROVINCES. — Héritiers des censeurs de la république, les empereurs continuèrent les grands ouvrages qu'ils avaient commencés. Auguste donna une attention particulière à la réparation ou à la continuation des voies romaines. Toutes les routes de l'Italie furent par ses ordres, et souvent à ses dépens, remises en bon état; et tandis qu'il chargeait Agrippa d'en percer de nouvelles à travers la Gaule, lui-même conduisit jusqu'à Gadès la voie qui traversait les Pyrénées orientales. Ses successeurs l'imitèrent; Trajan surtout, qui jeta une route à travers les marais Pontins. Adrien, Antonin, Sévère multiplièrent en Espagne, dans la Germanie, en Bretagne, etc., ces voies militaires dont ils comprenaient l'importance politique et stratégique. L'Empire se trouva alors enlacé comme d'un réseau que jamais les nations vaincues n'auraient pu briser, si du dehors les barbares ne leur étaient venus en aide.

La voie *Aurelia*, qui traversait l'Étrurie, la Ligurie et la Narbonnaise jusqu'à Arles, fut continuée par Narbonne, Tarragone et Carthagène jusqu'à Gadès, tandis que, de l'autre côté du détroit, Tanger recevait l'extrémité de la voie Flaminienne, conduite depuis Rome jusqu'à l'océan Atlantique, à travers l'Italie du nord, la Pannonie, la Mésie, la Thrace, l'Asie Mineure, la Syrie, l'Égypte et l'Afrique; par Rimini, Bologne, Modène, Plaisance, Milan, Vérone et Aquilée en Italie; Siscia et Sirmium en Pannonie; Singidunum, Naïssus, Sardica, dans la Mésie; Philippopolis, Adrianopolis, Héraclée et Constantinople, dans la Thrace; par Dadastane, en Bithynie; Ancyre, les villes de la Cappadoce et de la Pisidie; puis au delà du Taurus, par Issus, Antioche, la Syrie, la Palestine, l'Égypte et toutes les villes maritimes de l'Afrique : Alexandrie, Cyrène, Carthage et Tanger. De cette grande voie, qui faisait le tour de la Méditerranée et de l'Empire, se détachaient d'autres routes, qui reliaient entre elles toutes les grandes villes. Chacune de celles-ci devenait à son tour le centre d'un nouveau système de voies militaires, qui rayonnaient dans tous les sens, jusqu'aux extrémités des plus lointaines provinces. Ce que Rome était pour l'Italie péninsulaire, Milan l'était pour l'Italie du nord et les passages des Alpes : Arles pour la Narbonnaise; Bordeaux pour l'Aquitaine; Lyon pour l'ancienne Celtique; Reims pour la Belgique; Trèves pour la Germanie; Augsbourg pour la Rhétie et les provinces du Haut-Danube; Sirmium pour la Pannonie; Dyrrachium pour la Grèce; Naïssus pour la Mésie; Ancyre, Tavium. Damas pour l'Asie Mineure et la Syrie; Alexandrie et Carthage pour l'Égypte et l'Afrique; Mérida, Astorga, Saragosse, Cordoue, pour l'Espagne; Londres pour la Bretagne. Ainsi l'Italie avait quarante-sept chemins formant une ligne de plus de quatre mille cinq cents lieues de développement, dont le centre était à Rome et les extrémités à Brindes, à Rhégium, à Aquilée, à Vérone, à Como, Aost, Nice, à toutes les portes des Alpes, à toutes les villes maritimes de la Péninsule; l'Espagne, trente et un chemins, de trois mille huit cent cinquante lieues d'étendue; la Bretagne quinze routes, de huit cent soixante-dix lieues; l'Asie à l'occident de l'Euphrate, trente-huit chemins; la Sicile dix-neuf, de quatre cent cinquante lieues; la Sardaigne, six; la Corse, un seul, mais de quarante lieues. Ceux d'Égypte avaient une longueur de cinq cents lieues; ceux d'Afrique, de plus de quatre mille six cent soixante-quatorze.

Ajoutons que sur ces routes, qui toutes partaient du milliaire d'or élevé au milieu de Rome, étaient disposées de distance en distance des *stationes* et des *mansiones*, où les relais et toutes les choses nécessaires à la rapidité et à la sûreté du voyage étaient préparées avec soin; et qu'à une époque où ce système, tout récent encore, n'avait pas reçu les perfectionnements qui lui furent donnés dans la suite, Tibère fit deux cents milles en vingt-quatre heures, de Lyon jusque dans la Germanie, pour aller recevoir le dernier soupir de son frère Drusus. Suivant l'orateur Libanius, il fallait moins de six jours pour aller d'Antioche à Constantinople, ce qui faisait plus de quarante lieues par jour.

POPULATION DE L'EMPIRE. — J'ai dit quelles incertitudes existent sur le chiffre de la population de Rome; il n'est pas plus aisé de déterminer le nombre des habitants de l'Empire. Montesquieu le portait très-haut. L'Europe de son temps lui semblait dépeuplée à côté de ce qu'elle avait été autrefois. « Il y a à peine sur la terre, dit-il, la dixième partie des hommes qui y étaient dans les anciens temps (1). » Gibbon compte 120 millions d'âmes. C'est le chiffre habituellement accepté; mais le cens de l'an 28 avant J. C. donna, d'après le monument d'Ancyre 4,063,000 citoyens. Nous savons par Denys d'Halicarnasse (liv. IX, τοὺς ἐν ἔθη πολίτας) et par Tite-Live (I, 44, *eorum qui ferre arma possent*) que ce cens ne comprenait que les citoyens âgés de dix-sept à soixante ans, les *juniores* et les *seniores*. Si nous calculons d'après les données d'un recensement anglais fait avec le plus grand soin (*Voyez* Clinton, *Fast. Hellen.* II, p. 387) nous trouverons que sur 20,160 personnes la proportion des mâles de vingt à soixante ans est de 4,140 et celle des mâles de quinze à vingt ans de 1,010. Prenant trois cinquièmes de 1,010 ou 606 pour la proportion des mâles de dix-sept à vingt ans, on a 4,140+606=4,746 pour le nombre des mâles de dix-sept à soixante ans sur 20,160 personnes. Mais ce rapport (1 à 4 1/4) donne une population générale trop forte. D'après les tables de Mathieu et Duvillard, ce rapport ne serait que de 1 à 3 1/2, c'est-à-dire à peu près le chiffre qu'on peut déduire d'un passage de Denys d'Halicarnasse (*Ant.*, l. XX). César dans le dénombrement des Helvètes donne tout juste :: 4 : 1. C'est une moyenne entre les tables de Mathieu et Duvillard et le recensement anglais. En nous tenant à ce rapport la population totale à laquelle appartenaient les 4,063,000 citoyens de dix-sept à soixante ans du premier dénombrement d'Auguste sera donc de 16,252,000. Sur ce chiffre de 16 millions d'âmes il devait y avoir 9 à 10 millions de provinciaux; car le cens de l'an 70, le dernier fait avant celui d'Auguste, alors qu'il n'y avait guère de citoyens hors de l'Italie, n'avait donné que 450,000 citoyens ou 1,800,000 âmes pour la plus grande partie de l'Italie péninsulaire.

En comptant largement nous aurons 6 à 7 millions d'hommes pour l'Italie tout entière, Rome comprise (1). D'après les chiffres des contingents fournis contre César, la Gaule n'en avait pas davantage; on ne peut guère attribuer à la montagneuse Espagne que les deux tiers de la population de la Gaule. La Grèce était bien désolée, on n'y pourrait trouver, dit Plutarque, 3,000 hommes de guerre. Les hordes thraces étaient peu nombreuses, puisque c'est 500 cavaliers seulement que le plus puissant chef du pays amène à Pompée avant Pharsale. Si Rome avait dans toute la péninsule orientale 2 à 3 millions de sujets ou d'alliés c'est beaucoup. Autant dans les Alpes et les provinces du Danube; 10 millions dans l'Asie Mineure et la Syrie; 6 en Égypte (Joseph dit 7, pour un siècle plus tard), autant dans le reste de l'Afrique seront certainement des chiffres forts : cela fait 46 à 47 millions d'hommes libres; mettons en nombre rond 50 millions. Gibbon, qui compte 20,000,000 de citoyens, estime qu'il y avait deux fois autant de provinciaux; puis il double ce nombre pour les esclaves, et arrive ainsi à 120 millions d'âmes. Sans avoir cherché cette rencontre avec le grand historien anglais, nous avons trouvé un peu plus du tiers de citoyens et près de deux tiers de provinciaux. Quant aux esclaves, nous ne pouvons admettre qu'il y en eût autant que d'hommes libres. L'esclavage n'existait sur une grande échelle que dans les cités riches et commerçantes. Les peuples encore barbares, comme les Gaulois, les

(1) *Lett. persan. CXII. Esprit des Lois*, t. XXIII, ch. 17, 18, 19, 23.

(1) M. Vallon, dans sa savante *Histoire de l'Esclavage*, t. II, p. 85, estime qu'il y avait en Italie avant la seconde guerre punique un peu plus de huit millions d'hommes. La population de la Péninsule n'a dû faire que décroitre par les désastres de la seconde guerre punique, de la guerre Sociale, de la rivalité de Marius et de Sylla, par les proscriptions des triumvirs et les causes exposées plus haut. M. Dureau de la Malle, en suivant la même méthode que M. Vallon, avait trouvé moins de cinq millions d'habitants. Ces différences prouvent l'insuffisance des méthodes en apparence les plus sévères. Tout cet étalage scientifique a pour effet fâcheux de faire passer auprès des gens peu difficiles des hypothèses et des jeux d'érudition pour des résultats certains.

Espagnols et les Africains, en avaient peu. L'organisation sociale de l'Égypte et dans la Judée les lois de Moïse s'opposent au développement de cette classe; et l'Empire en faisant de la paix le principe du nouveau gouvernement avait tari la source la plus abondante de l'esclavage. Je connais bien le passage de Strabon sur Délos, mais on l'a trop souvent mal compris; μυριάδας est ici un mot générique pour dire un grand nombre, et de plus ce n'est pas une myriade qu'on y vend et qu'on y enlève chaque jour, mais qu'on pourrait y vendre, tant les marchands sont riches et nombreux. Je crois donc qu'en admettant 20 à 25 millions d'esclaves on resterait dans le vrai. La population totale de l'Empire aurait ainsi flotté entre 70 et 75 millions d'âmes durant le principat d'Auguste. Il est vrai que je suis tout disposé à admettre une augmentation très-notable pour l'époque des Antonins.

CHAPITRE IV.

FORMATION ET DÉCOMPOSITION DU PEUPLE ROMAIN (1).

FORMATION DU PEUPLE ROMAIN. — La position de Rome et son origine devaient empêcher cette ville d'avoir un peuple d'un caractère à part. Tout en elle, hommes et choses, est emprunt ou imitation; et si l'on faisait l'analyse patiente de cette société on n'y trouverait que parties hétérogènes. Telle coutume serait latine, telle autre étrusque, telle autre encore sabine ou plus tard grecque, même espagnole. De ce colossal assemblage il ne resterait rien de romain, rien, si ce n'est la force de cohésion, si ce n'est l'âme de ce grand corps, si ce n'est la vie propre, énergique, originale de ces mille choses d'abord étrangères, puis peu à peu fondues en un bloc, qui longtemps parut indestructible. Rome est le plus grand exemple de la force qui résulte de la fusion d'éléments contraires. Elle a conquis l'Italie parce qu'elle n'a pas été exclusivement étrusque ou latine ou sabellienne, c'est-à-dire parce qu'elle n'a jamais formé une nationalité qui ne trouvait hors d'elle-même que contact hostile et mœurs étrangères. Comme son dieu Janus, elle avait plus d'un visage; et de quelque côté de l'Italie qu'elle se tournât, elle pouvait lui présenter un visage ami et des traits connus. Aussi eut-elle de très-bonne heure des alliés parmi les Italiens. Contre les Sabelliens elle s'appuya sur l'alliance séculaire des Sabins, contre les Volsques et les Éques sur celle des Latins et des Herniques, contre les Étrusques de Véies ou de Tarquinies sur les Etrusques de Cœré.

On a raconté dans la première partie comment se forma, avec le concours des populations environnantes, cette ville qui fut le grand asile des populations italiennes; on a dit comment Latins, Sabins, Étrusques, appelés par les rois ou transportés après une défaite, vinrent successivement peupler les sept collines. Ce mouvement, commencé dès le temps de Romulus, ne s'arrêta pas. L'asile qu'il avait établi resta toujours ouvert, comme cette porte de la ville que les Gaulois en se retirant avaient voulu qu'on ne fermât jamais. Dans les fastes consulaires je trouve parmi les consuls, de 509 à 460, des Volsques, des Aurunces, des Sicules, des Sabins, des Rutules, des Étrusques et des Latins. Parmi les grandes familles : les Jules, les Servilius, les Tullius, les Géganius, les Quinctius, les Curiatius, les Clœlius viennent d'Albe; les Appius, les Posthumius et probablement les Valérius, les Fabius et les Calpurnius, qui se disaient descendants de Numa de la Sabine; les Furius et les Hostilius, de Medullia dans le Latium; les Octavius, de Vélitres; les Cilnius (Mécène était de cette famille) et les Licinius, d'Arezzo; les Cécina, de Volaterra; les Vettius, de Clusium; les Pomponius, les Papius, les Coponius, de l'Étrurie; les Coruncanius, de Camérium; les Porcius, les Mamilius, de Tusculum. De tous les grands noms de la littérature romaine deux seulement, ceux de César et de Lucrèce, appartiennent vraiment à Rome; tous les autres sont italiens. Horace est Apulien; Ennius, Salentin; Plaute, de l'Ombrie; Virgile, de Mantoue; Stace, d'Élée; Nævius, de la

---

(1) Pour ce chapitre et les suivants je suis forcé de renvoyer à mon *Histoire des Romains et des peuples soumis à leur domination*. J'y puiserai souvent. Les questions que je ne fais ici qu'effleurer y ont été longuement traitées. J'y renvoie encore pour les preuves et les citations à l'appui des affirmations ici posées.

Campanie; Lucilius de Suessa-Aurunca; Cicéron est Volsque, comme Marius; Ovide, Pélignien; Caton, Tusculan; Salluste, Sabin; Tite-Live, de Padoue; les deux Pline, de Como; Catulle, de Vérone. Voilà pour les hommes, passons aux choses.

De l'Étrurie vinrent à Rome : la division en tribus, curies et centuries, l'ordonnance de bataille, les ornements des magistrats, le laticlave, la prétexte, l'apex, les chaises curules, les licteurs, tout l'appareil des triomphes et des jeux publics, les nundines, le caractère sacré de la propriété et la science augurale, c'est-à-dire une religion d'État. — Du Latium, les noms de dictateur et de préteur, le droit civil, une religion simple, qui plaçait sous la protection des dieux tous les travaux de la vie champêtre, le culte de Saturne protecteur de l'agriculture, celui de Djanus et Djana, le soleil et la lune, réunis dans le double Janus, enfin des habitudes agricoles et la langue même. — Du Samnium et de la Sabine, le titre d'*imperator*, l'armure et les traits des soldats, des mœurs sévères et religieuses, et des divinités guerrières. — De tous les pays enfin qui l'entouraient : le patriciat ou patronat, la division en *gentes*, la clientèle, l'autorité paternelle, le culte des dieux lares et des dieux fétiches, tels que le pain ou Cérès, la lance ou Mars, les fleuves, les lacs, et les sources thermales. — Comme expression fidèle de cette formation de la société romaine, Romulus et Tullus sont Latins ; Numa et Ancus, Sabins ; Servius et les deux Tarquin, Étrusques.

Sous le sixième de ses rois Rome, grâce aux importations opérées par les prédécesseurs de Servius, avait déjà une population militaire de 84,700 citoyens, représentant une population totale de plus de 300,000 âmes. Servius partagea le territoire qu'elle habitait en vingt-six régions ou tribus, et la ville en quatre quartiers, en tout trente tribus. Les désastres qui suivirent l'expulsion de Tarquin réduisirent le nombre des tribus à vingt. En 495, après les succès de la guerre Sabine et l'émigration à Rome de toute la *gens Claudia*, une nouvelle tribu, la Crustuminienne, fut formée aux dépens de la Sabine. Pendant un siècle, c'est-à-dire durant toute la période des démêlés intérieurs, le nombre des tribus ne changea pas. L'œuvre de la conquête, entravée par la lutte des deux ordres, n'avançait pas, et la politique des rois semblait abandonnée. Aucun nouveau peuple n'était appelé dans la cité romaine. C'est qu'avant de fonder l'empire les Romains s'occupaient à fonder la liberté. Mais quand celle-ci est conquise, quand la paix et l'union règnent enfin au Forum, la domination marche à grands pas, et le nombre des tribus augmente rapidement. En 384, pour combler les vides faits dans la population par la guerre Gauloise et prévenir une révolte dangereuse des sujets, le droit de cité fut accordé aux Étrusques du territoire de Véies, de Capène et de Faléries. On en forma quatre tribus nouvelles : *Stellatina, Tromontina, Sabatina* et *Arniensis*. C'était une très-grave mesure que celle qui appelait d'un coup tant d'hommes au partage de la souveraineté, et qui conservait à d'anciens sujets quatre suffrages sur vingt-cinq. Mais c'était peut-être la seule qui pût tirer Rome de la dangereuse situation où les Gaulois l'avaient laissée ; et le sénat, que nous avons toujours vu si éclairé, n'hésita pas devant ce sacrifice nécessaire. Il en fut aussitôt récompensé ; car nul doute que cette concession n'ait beaucoup aidé aux succès de Rome, restée sans alliée par la défection d'une partie des Latins et des Herniques, et attaquée avant d'être sortie de ses ruines, par les Volsques, les Èques et les Étrusques.

En 341 la guerre Latine mit de nouveau en péril l'existence de Rome ; elle sortit victorieuse de cette lutte courte, mais terrible. Cette fois encore, au lieu d'user rigoureusement des droits que lui conféraient la victoire et les coutumes de l'ancien monde, elle s'appliqua à gagner par la douceur ceux dont elle venait de briser les armes ; et, chose étrange, si ce n'eût été l'application de la vieille politique romaine, elle fit d'une partie des vaincus des citoyens. Deux nouvelles tribus, *Metia* et *Scaptia*, furent formées dans le pays des Latins. Vingt ans plus tôt le pays des Volsques, ces éternels ennemis de Rome, était devenu la tribu *Pomptina* et *Publilia*. En 316 ce furent les Ausones qui obtinrent d'être élevés au rang des vainqueurs de l'Italie : tribus *Ufentina* et *Falerina*; en 299 les Èques : tribus *Aniensis* et *Terentina*; en 241 les Sabins : tribus *Velina* et *Quirina*. Alors fut atteint le chiffre des trente-cinq tribus, qu'on ne dépassa plus.

Ainsi, de 384 à 299, dans l'espace de moins d'un siècle, douze tribus furent ajoutées aux vingt et une anciennes ; et grâce à cette augmentation de force virile, habilement acquise par la prudente libéralité du sénat et du peuple, les censeurs trouveront au commencement de la première guerre Punique 292,334 citoyens en état de combattre, et représentant une population de 1,200,000 âmes, qui, serrée autour de Rome, sera certainement assez forte pour tenir en respect le reste de l'Italie. Deux siècles auparavant la population militaire ne dépassait pas 104,214 hommes. Malgré les pertes des guerres Gauloise et Samnite, les forces de Rome en citoyens se sont donc accrues dans la proportion de un à trois.

Le vieux peuple romain compte à peine pour moitié dans ce nombre. Mais ses vingt et une tribus lui donnent vingt et un suffrages, et les nouveaux citoyens, peut-être plus nombreux, en comptent douze seulement. Les districts de l'Étrurie méridionale, romains depuis 384, ont quatre voix; les Latins, les Volsques, les Ausones et les Èques, deux chacun; les Sabins, en 241, ne formeront non plus que deux tribus. Ajoutons que pour le vote dans les centuries l'éloignement de Rome des nouveaux citoyens ne leur permettra pas, à moins de déplacements coûteux, d'assister à tous les comices. Ainsi, tout en doublant les forces militaires, tout en déclarant membres de l'État souverain les peuples établis autour d'elle jusqu'à cinquante, soixante ou cent milles de ses murs, Rome réserve prudemment à ses anciens citoyens leur légitime influence. Elle contente la vanité de ses sujets, sans altérer le caractère fondamental de sa constitution; elle reste une ville, et elle est déjà un peuple; elle a la force du nombre et celle de l'unité.

MŒURS DU PEUPLE ROMAIN AU TROISIÈME SIÈCLE AVANT NOTRE ÈRE. — Un résultat peut-être plus important encore, c'est que si par ces lentes et successives concessions Rome n'altérait pas le caractère fondamental de sa constitution, elle n'altérait pas davantage les mœurs de ses citoyens, qui alors étaient vraiment dignes d'être les maîtres de l'Italie. Leurs vertus privées légitimaient leur puissance, et ils étaient les plus forts parce qu'ils étaient les meilleurs. Ces vainqueurs des Étrusques et de Tarente honoraient toujours la pauvreté, la discipline, le dévouement; et leur patriotisme avait la force d'un sentiment religieux. Trois Décius ont donné leur vie pour l'armée romaine, et un chevalier romain, Curtius, s'est précipité tout armé dans le gouffre qui s'était ouvert sur le forum, parce que les devins avaient demandé, pour conjurer un sinistre présage, que Rome y jetât ce qui faisait sa principale force. Un sacrifice plus terrible avait été celui du dictateur Posthumius Tubertus, qui avait fait frapper son fils de la hache pour avoir sans ordre quitté son poste et battu l'ennemi. Dans la guerre Latine le consul Manlius Torquatus renouvela ce terrible exemple, en immolant aussi son fils à la discipline. On se rappelle la sévérité de Cincinnatus forçant Minucius à abdiquer le consulat pour s'être laissé enfermer par les Èques, et Papirius Cursor exigeant la mort de Fabius, son général de cavalerie, qui en son absence, malgré l'ordre réitéré de se tenir sur la défensive, avait combattu et vaincu. Dans la guerre contre Pyrrhus, ce prince ayant fait beaucoup de prisonniers, les renvoya généreusement. Beaucoup de ces captifs s'étaient bravement conduits. Mais les éléphants de Pyrrhus, animaux jusque alors inconnus en Italie, effarouchant les chevaux, avaient jeté le désordre dans les rangs romains, et la défaite avait plus été le résultat d'une surprise que celui de la lâcheté. Néanmoins les sénateurs décidèrent que ceux de ces prisonniers qui avaient servi dans la cavalerie seraient enrôlés dans l'infanterie; que les fantassins passeraient dans les rangs des frondeurs auxiliaires, et qu'aucun d'eux ne pourrait reposer sous un abri dans l'intérieur du camp ni fortifier de fossés ou de palissades le lieu qui leur serait assigné au dehors, ni avoir une tente couverte de peaux. Une seule voie fut laissée à chacun pour regagner le rang qu'il occupait dans l'armée : c'était de rapporter la dépouille de deux ennemis. Tel fut l'effet de ce châtiment que ces soldats, don humiliant de Pyrrhus, furent par la suite les plus redoutables ennemis de ce prince. A Cannes dix mille légionnaires environ étaient tombés au pouvoir d'Annibal ; le sénat refusa de les racheter, pensant qu'un si grand nombre de soldats armés ne se seraient point laissé faire honteusement prisonniers s'ils avaient voulu mourir avec honneur. Trois mille s'étaient réfugiés à Venouse : il ordonna qu'ils iraient servir en Sicile, sans solde ni honneurs militaires, jusqu'à ce qu'Annibal fût chassé d'Italie. En 276 un citoyen se refusait à l'enrôlement. Manius Curius, déclarant que la république n'avait que faire d'un citoyen qui ne savait pas obéir, vendit ses biens et sa personne. Un C. Vettiénus, en 91, se coupa les doigts de la main gauche pour échapper au service militaire ; on confisqua ses biens, et il fut puni d'une prison perpétuelle.

Le dévouement pour la patrie sur les champs de bataille n'était pas le seul nécessaire ; il y en avait un autre plus difficile peut-être, c'était le sacrifice, dans les circonstances difficiles, des fortunes privées au profit du trésor public. L'histoire de Rome en ce siècle est féconde en exemples de ce genre. Que de fois le patriotisme des citoyens, cette richesse qui ne s'épuise pas, ne fournit-il point, dans les guerres puniques, des ressources inattendues. En l'année 214, l'armée d'Espagne, malgré ses victoires, manquait de tout, et les Scipions demandaient avec instance de l'argent, du blé, des vêtements pour les soldats, des agrès pour les navires. Mais le trésor était vide, bien que l'impôt eût été doublé. Le sénat fit appel au patriotisme, et tous les ordres rivalisèrent d'une noble émulation. Les tuteurs des veuves et des orphelins portèrent au trésor l'argent de leurs pupilles, confiant à la foi publique ce dépôt sacré ; et trois compagnies, sous la seule condition d'être remboursées les premières, à la fin des hostilités, firent passer à l'armée d'Espagne les approvisionnements nécessaires. On n'avait pas de matelots pour la flotte : chaque sénateur en donna huit, avec la solde d'une année ; les autres citoyens sept, cinq, trois, selon leur fortune. Dans l'armée de terre, les chevaliers et les centurions firent à l'État l'abandon de leur solde ; et quand, après sa victoire à Bénévent, Semp. Gracchus déclara libres tous les esclaves enrôlés, les maîtres refusèrent d'en recevoir le prix avant la fin de la guerre. A la même condition, les entrepreneurs fournirent à tous les frais d'entretien des édifices et à l'achat des chevaux pour les magistrats. Apprenant qu'il n'y avait pas même au trésor l'argent nécessaire pour le service des temples et le culte des dieux, ils allèrent trouver les censeurs pour les inviter à faire avec eux tous les marchés nécessaires, comme si la république était dans l'opulence, promettant de remplir tous leurs engagements et de ne pas demander un seul as à l'État avant la fin de la guerre. Le sénat avait déchargé du poids de l'impôt ceux qui avaient pris part aux contributions volontaires ; nul ne voulut profiter de cette faveur. Afin de réserver l'or et l'argent pour les besoins de l'État, la loi Oppia défendit même aux femmes de porter dans leur parure plus d'une demi-once d'or.

Rome ne donnait alors en tout que de grands exemples. Pour l'année 214 le peuple voulait porter au consulat deux citoyens obscurs. L'un, Otacilius, était le neveu même du temporiseur. La première centurie le nomme. Fabius, président des comices, arrête aussitôt l'élection, harangue le peuple, lui montre quels consuls veulent les circonstances, et le renvoie aux suffrages. Toutes les centuries proclamèrent Fabius et Marcellus, l'un, comme on disait, le bouclier, l'autre l'épée de Rome. Le peuple, malgré son instinctive jalousie contre le chef de la noblesse, avait compris que l'amour seul du bien public, et non une stérile ambition, animait ce vieillard, chargé déjà de tant d'honneurs. Dans une autre élection, c'est Manlius Torquatus qui refuse le consulat, puis la centurie des *juniores* qui demande, avant de voter, à conférer avec les *seniores,* et qui nomme consuls ceux qu'avaient désignés les vieillards. Nous ne savons ce qui se passait alors à Carthage ; mais on n'y voyait assurément ni ce désintéressement dans les grands ni cette sagesse dans le peuple.

Dans une petite république où l'industrie est inconnue, la simplicité des mœurs et l'égale pauvreté de tous les citoyens étaient un bien, parce qu'elles étaient une garantie pour la liberté. Autres temps, autres mœurs. De puissantes monarchies, de grands États, où le progrès des sciences multiplie chaque jour les conquêtes de l'homme sur la nature, ont moins à craindre les funestes effets du luxe. Il n'est donc pas nécessaire, comme le voulaient quelques philosophes du dernier siècle, que nous revenions à l'antique rusticité. Mais les républiques anciennes, fondées sur de tout autres principes que nos sociétés modernes, ne pouvaient se maintenir qu'en gardant les mœurs rudes et grossières. Ces mœurs austères, cette vie simple et forte, les Romains des beaux temps de la république les avaient. Menénius Agrippa, le médiateur entre le sénat et le peuple lors de la création du tribunat, ne possédait rien dont le cens pût tenir compte. Attilius Serranus était occupé à ensemencer son champ quand les députés du sénat vinrent lui offrir la pourpre consulaire; et en descendant du char triomphal il retourna à sa charrue. Régulus, le vainqueur des Carthaginois à Ecnome, n'avait pour tout bien que sept arpents. Lorsqu'il apprit en Afrique que le sénat lui avait prorogé son commandement, il écrivit aux consuls que son fermier était mort, qu'un mercenaire, profitant de l'occasion, s'était enfui avec les instruments de culture, et en conséquence il demandait un successeur, de peur que l'abandon de ce champ ne réduisît à l'indigence sa femme et ses enfants. Le sénat, sur le rapport des consuls, décréta que le champ d'Attilius serait affermé et cultivé, que l'on nourrirait sa femme et ses enfants, et que les objets qu'il avait perdus seraient remplacés aux frais de l'État. Un fonds de terre d'une pareille étendue était toute la fortune de L. Quinctius Cincinnatus. Il ne possédait, en effet, que sept arpents, sur lesquels il en engagea trois au trésor en faveur d'un ami condamné à une amende; et il les perdit. Il paya encore, sur le revenu de son petit champ, une autre amende prononcée contre Céson, son fils, pour n'avoir pas comparu à l'audience au jour indiqué. Toutefois, avec les quatre arpents qui lui restaient il sut maintenir sa dignité de père de famille, et mériter même l'honneur de la dictature. De nos jours, ajoute Valère-Maxime, on se dit logé à l'étroit dans une maison égale en étendue aux terres de Cincinnatus.

Mais, il faut bien l'avouer, dans la maison de C. Fabricius et de Q. Émilius Papus, les premiers hommes de leur siècle, on voyait de l'argenterie. Ils avaient l'un et l'autre une coupe sacrée et une salière. Il y avait même plus de luxe encore chez Fabricius, en ce qu'il fit monter sa coupe sur un pied de corne. Papus, de son côté, attacha une sorte d'orgueil à la possession de ces objets; comme il les avait reçus à titre d'héritage, un religieux scrupule l'empêcha de les vendre. Curius Dentatus n'était pas plus riche. Quand les députés des Samnites, qu'il avait vaincus, se présentèrent devant lui, ils trouvèrent ce triomphateur assis près de son feu sur un banc rustique et mangeant dans une écuelle de bois de grossiers aliments. Ils lui avaient apporté une forte somme d'argent, et le pressaient de l'accepter. « Vous vous êtes chargés, leur dit-il, d'une inutile ambassade. Allez dire aux Samnites que Curius aime mieux commander à ceux qui ont de l'or que d'en avoir lui-même. » Le même Curius, après avoir chassé Pyrrhus de l'Italie, enrichit de ses royales dépouilles l'armée et Rome, sans en rien prélever pour lui-même. Un décret du sénat ayant ensuite accordé sept arpents de terre à chaque citoyen et cinquante à Curius, celui-ci n'accepta que la mesure assignée au peuple, estimant un citoyen dangereux dans une république celui qui ne savait pas se contenter d'une part égale à celle de ses concitoyens.

Ce n'est pas seulement dans les camps ou en face de l'ennemi que les Romains de cet âge montraient ce caractère austère. Au foyer domestique quelle forte discipline! Pendant cinq cent vingt ans il n'y eut pas à Rome un seul divorce. Carvilius, qui en donna le premier exemple, vit toute la ville se soulever contre lui, bien qu'il eût juré devant les censeurs qu'en répudiant sa femme stérile, il n'avait d'autres motifs que de donner des citoyens à la république. Telle était la force du lien conjugal, que, dans l'opinion publique, il devait, pour la femme au moins, survivre à la mort même. De secondes noces leur ôtaient cette couronne de chasteté, *pudicitiæ corona*, qu'un premier mariage leur avait donnée. L'époux conservait le vieux droit de vie et de mort, et l'usage du vin était interdit aux matrones. Mais, dit un ancien auteur, pour que leur vertu ne fût ni triste ni sauvage, et s'embellît au contraire de tous les agréments compatibles avec la décence, l'indulgence des maris leur avait permis, sans restriction, l'usage de la pourpre et de l'or. Joignez à cela le soin extrême qu'elles prenaient de rehausser leur beauté naturelle en donnant à leurs cheveux, au moyen de la poudre, une couleur éclatante. S'il s'élevait un débat entre un mari et sa femme, ils se rendaient tous deux au temple de la déesse *Viriplaca*, sur le mont Palatin ; et quand ils s'y étaient expliqués, la querelle était finie. Un autre usage maintenait la concorde des familles. On avait institué un repas annuel appelé *Charistie*, où il n'était admis que des parents et des alliés, afin que s'il était survenu quelque division dans la famille, on pût s'entremettre et ramener l'union, à la faveur des libations religieuses et de la gaieté du festin.

Rien n'avait encore affaibli l'autorité paternelle : on se souvient de Coriolan ne faisant céder sa haine et sa vengeance qu'aux larmes de sa mère. Le tribun Pomponius avait cité devant le peuple L. Manlius Torquatus ; il l'accusait d'avoir gardé le commandement au delà du terme légal, en attendant l'occasion de terminer heureusement une expédition militaire. Il l'accusait en outre de retenir son fils aux rudes travaux des champs et loin des affaires publiques. Dès que le jeune Manlius fut instruit de cette accusation, il partit pour Rome, et se rendit à la pointe du jour chez Pomponius. Celui-ci, persuadé qu'il lui apportait de nouveaux sujets d'accusation contre un père qui le traitait si durement, fit retirer tout le monde de sa chambre, afin que l'absence de témoins laissât plus de liberté au dénonciateur. Profitant d'une méprise si favorable à son dessein, le jeune homme tire un poignard qu'il tenait caché, presse, menace, épouvante le tribun, le force à lui jurer qu'il se désistera de toute accusation contre son père, et, grâce à cette action hardie, Torquatus n'eut point à se justifier.

C. Flaminius avait voulu durant son tribunat partager aux citoyens les terres d'un canton de la Gaule Cisalpine, et malgré la résistance opiniâtre du sénat il avait proposé sa loi. Insensible aux prières comme aux menaces, il faisait à la tribune aux harangues lecture de sa rogation, lorsque son père vint l'arracher des Rostres. Vaincu par cet acte d'autorité privée, il quitte le Forum, et la multitude, quoique frustrée de son espérance, ne fit pas même entendre un murmure.

Dans une autre circonstance, le grand Fabius fit céder le respect dû au père devant le respect dû au magistrat ; mais ce fait même prouve la haute idée que les Romains se faisaient des droits de l'autorité paternelle. Envoyé à Suessa par le sénat, pour servir de lieutenant à son fils, alors consul, il rencontra celui-ci, qui par respect sortit de la ville à sa rencontre. Fabius, indigné que onze licteurs eussent déjà passé devant lui sans lui ordonner, comme ils le devaient, de mettre pied à terre, demeura à cheval, outré de colère. Le fils, qui s'en aperçut, commanda au dernier licteur de faire son devoir. A sa voix Fabius s'empressa de descendre. « Mon fils, dit-il alors, je n'ai pas fait mépris de ta suprême autorité. J'ai seulement voulu m'assurer si tu savais être consul. Je n'ignore pas les égards que l'on doit à un père ; mais je mets les devoirs publics au-dessus de l'affection privée. »

Ce respect pour l'autorité paternelle fut une des dernières vertus que Rome perdit. On en trouve de grands exemples jusque dans les siècles de corruption. La Macédoine ayant envoyé des ambassadeurs porter plainte au sénat contre le fils de Manlius Torquatus, D. Silanus, qui avait administré cette province, Torquatus pria cette assemblée de ne rien statuer sur cette affaire qu'il n'eût lui-même pesé les griefs des Macédoniens et les raisons de son fils. Du consentement unanime des sénateurs et des plaignants eux-mêmes, il instruisit le procès, siégea chez lui, consacra seul deux jours entiers à entendre les parties, et le troisième jour, après avoir scrupuleusement écouté les témoins, jusqu'au dernier, il prononça cette sentence : « Attendu qu'il m'est prouvé que Silanus, mon fils, a reçu de l'argent des alliés, je le déclare indigne de la république et de ma maison. Je lui ordonne de disparaître à l'instant de ma présence. » Un arrêt si terrible sorti de la bouche d'un père accabla tellement Silanus que, ne pouvant plus supporter le jour, il se pendit la nuit suivante. Dès lors Torquatus avait rempli les devoirs d'un juge sévère et consciencieux : la république était satisfaite et la Macédoine vengée. La noble honte qui avait porté le fils à se donner la mort pouvait enfin désarmer la rigueur du père ; mais il n'assista pas même à ses funérailles, et dans le temps qu'on lui rendait les derniers devoirs il donna tranquillement audience à tous ceux qui voulurent le consulter.

M. Scaurus, la lumière et l'honneur de la patrie, apprenant que la cavalerie romaine, repoussée par les Cimbres sur les bords de l'Adige, avait abandonné le proconsul Catulus et repris, tout épouvantée, le chemin de Rome, envoya dire à son fils, qui avait partagé cette terreur, qu'il aimerait mieux le savoir mort, et aller recueillir ses os sur le champ de bataille, que de le revoir déshonoré par une fuite aussi honteuse ; et que s'il gardait encore dans son âme dégénérée quelque sentiment de pudeur, il eût à éviter sa présence. Un tel message réduisit ce jeune homme à tourner son épée contre lui-même avec plus de courage qu'il n'en avait montré contre l'ennemi.

Fulvius, de l'ordre des sénateurs, ne déploya pas moins d'énergie contre son fils qui marchait au combat, que Scaurus contre le sien qui fuyait le champ de bataille. C'était un jeune homme remarquable entre ceux de son âge par son esprit, par ses connaissances, par sa beauté, mais que de perfides suggestions avaient attaché au parti de Catilina. Il courait donc avec un aveugle empressement se ranger sous ses drapeaux, lorsque son père le fit arrêter en chemin, et le punit de mort, en lui disant qu'il lui avait donné le jour non pour servir Catilina contre la patrie, mais la patrie contre Catilina.

C'est contre ces mœurs bien plus aussi que contre les forces de Rome que vinrent se briser tous les efforts de Pyrrhus et d'Annibal. Après avoir victorieusement résisté aux terribles assauts de ces deux guerres, le peuple romain n'avait plus d'ennemi à craindre ; il les dompta tous, et en trois quarts de siècle il mit la plus grande partie du monde ancien sous son joug. Mais, dit le poëte : « le monde vaincu se vengea en nous donnant ses vices. »

Décomposition de la société romaine ; invasion des mœurs grecques et orientales. — Les légions de Manlius, dit Tite-Live, rapportèrent dans Rome le luxe et la mollesse de l'Asie. Elles introduisirent les lits ornés de bronze, les tapis précieux, les voiles et les tissus déliés. Ce fut depuis cette époque qu'on fit paraître dans les festins des chanteuses, des baladins et des joueuses de harpe ; qu'on mit plus de recherche dans les apprêts des repas et qu'un vil métier passa pour un art. » Alors on vit un jeune et bel esclave se vendre plus cher qu'un champ fertile, et quelques poissons plus qu'un attelage de bœufs. Nous ne sommes pas encore au temps des Apicius. Cependant les plus heureuses spéculations sont déjà celles qui se chargent de pourvoir les tables des riches et de satisfaire leurs capricieux désirs. Jadis tous les sénateurs réunis n'avaient qu'un seul service en argenterie, qu'ils se prêtaient pour traiter les ambassadeurs ; maintenant quelques-uns possèdent jusqu'à cent mille livres pesant de vaisselle d'argent, et bientôt Livius Drusus en aura onze mille livres. Il faut pour les maisons, pour les villas, de l'ivoire, des bois précieux, du marbre d'Afrique. En 131 un Métellus bâtira un temple tout de marbre ; car ces nobles disposent maintenant de richesses royales.

Dans les douze années seulement qui s'écoulèrent entre le retour de Scipion à Rome et la fin de la guerre d'Antiochus, les contributions de guerre frappées sur les vaincus s'élevèrent à près de cent cinquante millions. L'argent, l'or, l'airain portés par les généraux à leurs triomphes montèrent à une somme égale. Ces trois cent millions seront aisément doublés si l'on y ajoute tout ce qui fut détourné du butin par les officiers et les soldats, les sommes distribuées aux légionnaires et les objets précieux, meubles, tissus, argenterie, ouvrages de bronze apportés à Rome du fond de l'Asie. Car rien n'échappait à la rapacité romaine. L. Scipion montra à son triomphe douze cent trente et une dents d'éléphants; Flaminius et Fulvius plus de cinq cents statues de marbre et d'airain, des vases ciselés, des boucliers massifs d'or et d'argent. Acilius prit jusqu'à la garde-robe d'Antiochus, Manlius jusqu'à des guéridons et des buffets. Dans Ambracie, ancienne résidence des rois d'Épire, Fulvius n'avait laissé que les murailles nues, *parietes postesque nudatos*. Les années qui suivirent ne furent pas moins productives. En une seule fois Paul Émile rapporta quarante-cinq millions! Plus tard arrivèrent les richesses de Corinthe et de Carthage, les trésors d'Attale; et chaque année les tributs des provinces et le produit des mines. La Macédoine seule payait deux mille talents; et une mine qui occupait quarante mille ouvriers, près de Carthagène, rendait, chaque jour, au peuple romain vingt-cinq mille drachmes.

On peut aisément se représenter la perturbation causée par tant d'or, de richesses et de luxe, jetés tout d'un coup au milieu d'une cité pauvre, sans industrie ni commerce. Ce fut, mais dans des proportions colossales, l'effet produit sur la vie simple et pure des Suisses par le butin de Morat, de Granson et des guerres d'Italie. Les mœurs ne purent y résister. La contagion de l'exemple et les facilités que le mal trouva pour gagner la société romaine jusqu'au cœur portèrent en quelques années la corruption au comble. « Car après la conquête de la Macédoine on crut pouvoir jouir en toute sécurité de l'empire du monde et de ses dépouilles. »

En vain les censeurs frappaient de loin en loin quelques-uns de ces délits que la loi ne pouvait punir. La censure elle-même devint le prix de la brigue et de l'infamie; Valérius Messala, autrefois noté d'infamie, y parvint en 154. Dès lors les censeurs fermèrent les yeux sur tous les désordres; jusqu'à l'année 116 il n'y eut pas dans le sénat une seule radiation. Mais cette année Métellus dégrada d'un coup trente-deux sénateurs. Parmi ceux qui furent chassés en 174 il y avait un ancien préteur et un préteur en charge, le fils de l'Africain; un Fabius Maximus menait une vie si licencieuse, que le préteur Pompéius l'interdit et lui donna un curateur. Ce n'étaient pas les jeunes nobles seulement, mais les plus graves personnages qui se déshonoraient avec une scandaleuse impudeur. En 181 le censeur Lépidus, prince du sénat et grand pontife, employa l'argent du trésor à construire une digue à Terracine, pour préserver ses terres de l'inondation. Un autre censeur, Fulvius, enlevait les tuiles de marbre du temple vénéré de Junon Lacinienne, pour couvrir un temple qu'il faisait bâtir à Rome. Quand l'indignation publique eut forcé le sénat à blâmer ce sacrilége, le censeur se contenta de reporter les tuiles dans la cour du temple. Un ancien consul, Acilius Glabrion, briguait la censure quand on l'accusa de concussions. Caton jura qu'il n'avait pas retrouvé au triomphe certains vases d'or et d'argent qu'il avait vus dans le camp d'Antiochus; et le candidat à la censure fut condamné à une amende de cent mille as. C'était peut-être une vengeance des nobles contre un homme nouveau. Mais ces concussions n'étaient que trop communes, car il n'y avait plus de pudeur publique. Un commissaire du sénat, en Illyrie, Décimus, se laissa acheter par le roi pour faire un rapport favorable. En 141 un Métellus fut rappelé d'Espagne; la guerre promettait alors gloire et butin. Furieux, le général désorganisa l'armée, détruisit les vivres, tua les éléphants. D'autres, au contraire, refusaient leurs provinces parce qu'ils n'espéraient y rien gagner. Licinius en Grèce, faisant argent de tout, vendit jusqu'à des congés à ses soldats, c'est-à-dire l'honneur du drapeau et la sûreté de la province. Un Fulvius Nobilior licencia ainsi en une seule fois toute une légion. Deux consuls se disputaient un gouvernement : « Je pense, dit Scipion Émilius, qu'il faut tous deux les exclure, parce que l'un n'a rien et que l'autre n'a jamais assez. » Dès le temps de Plaute on ne croyait plus à la bonne foi romaine. « Si Jupiter, disait le poëte, ouvrait son temple aux parjures, il n'y aurait pas assez de place au Capitole. » Plus tard nous lirons dans le mime Labérius : Qu'est-ce qu'un serment ? un emplâtre à guérir les dettes. Ainsi moins d'un demi-siècle avait suffi pour briser la vertu romaine. Le caractère national s'altérait, et les plus fermes appuis de la société romaine, le désintéressement, le respect de la discipline, de la loi, de la religion, tombaient l'un après l'autre sous l'influence des mœurs et des idées de la Grèce. Si du moins cette influence eût été générale, à un mal peut-être nécessaire il se serait mêlé quelque peu de bien. Comme la lance d'Achille, la civilisation grecque eût guéri quelques-unes des blessures qu'elle avait faites. Mais si les nobles *hellénisaient*, le peuple restait dans sa grossièreté native. Il s'inquiétait peu de ces arts nouveaux, de cette littérature naissante; et c'est là ce qui faisait sa faiblesse, car elle restait comme une importation étrangère, bonne seulement à délasser l'esprit des grands. Deux fois l'*Hécyre* de Térence fut abandonnée pour les jeux du cirque, pour des chasses de lions et de panthères, pour des combats d'athlètes ou de gladiateurs. Parmi les nobles même quelques-uns conservaient l'ancienne rusticité. Après le sac de Corinthe Mummius, voyant le roi Attale offrir 75,000 fr. d'un tableau sur lequel ses soldats jouaient aux dés, crut que cette toile avait quelque vertu cachée, et la fit reprendre. Quand il envoya à Rome son précieux butin, il avertit le pilote qu'il aurait à remplacer les statues et les tableaux qui dans le trajet seraient perdus ou détériorés. Anicius, le conquérant de l'Illyrie, n'avait pas pour la musique un goût plus délicat. Il avait réuni sur un théâtre les plus célèbres musiciens de la Grèce; mais comme ils jouaient tous ensemble le même air, il trouva que ces gens gagnaient mal leur argent, et il leur cria de lutter les uns contre les autres. On comprend l'horrible cacophonie d'un pareil concert.

Rome restait donc une cité demi-barbare, malgré le nombre immense de statues et de tableaux entassés dans ses temples, sur ses places, sous ses portiques. En vain ses consuls la paraient-ils des dépouilles du monde; en vain voulaient-ils, malgré les remontrances de Fabius et de Caton, qu'elle rivalisât aussi de beauté avec Athènes, Syracuse et Corinthe. L'art, importé comme un butin dans le bagage des légions, devenait sur les bords du Tibre un travail manuel et mercenaire. Il est de trop noble origine pour ne pas languir dans la servitude. Comme la poésie, il veut une âme élevée et des mains libres.

La civilisation romaine était ainsi marquée à son origine du caractère qu'elle conservera toujours et qui explique sa chute. C'est une civilisation tout extérieure. La surface seule de la société est éclairée; la lumière ne pénètre pas jusqu'aux couches inférieures. De là ce mélange d'élégance et de grossièreté, de scepticisme et de superstition, d'études élevées et de plaisirs féroces, de débauches sans nom. L'esprit s'éclaire, mais le cœur se déprave; l'intelligence s'agrandit; mais les caractères s'affaissent parce que ce n'est pas le savoir mais les mœurs qui les forment. Aujourd'hui, dans le corps social, le sang plébéien monte sans cesse et renouvelle le sang appauvri des classes riches et puissantes; et ce mouvement lent, mais continu, rend impossible, malgré de poétiques craintes, le retour d'un nouveau moyen âge. A Rome il n'en était pas ainsi; entre les hautes et les basses classes il y avait, comme nous l'allons bientôt montrer, un infranchissable abîme. Aussi quand cette tête de la société romaine tomba sous la faux du temps ou sous la hache des triumvirs et des empereurs, il ne resta plus qu'un cadavre.

DESTRUCTION DE LA CLASSE MOYENNE. — J'ai déjà signalé dans la première partie de ce travail la disparition de la classe moyenne (1); ce qui faisait dire à Catilina que le peuple romain était un corps sans tête et une tête sans corps.

Ainsi la classe moyenne disparaissait. Mais quelles étaient les causes de cette sourde révolution? Depuis qu'Annibal avait passé l'Èbre, la guerre avait décimé sans relâche la population militaire; quarante mille Romains au moins étaient toujours retenus sous les dra-

---

(1) L'importance même actuelle de cette question m'engage, contrairement à la loi que je m'étais faite, de multiplier ici les citations et les preuves. J'emprunte au reste tout ce travail à mon *Histoire des Romains*.

peaux, c'est-à-dire le huitième de la population totale et le quart peut-être des hommes propres au service. Aujourd'hui on ne lève qu'un soldat sur cent habitants, et il ne sert que six ou huit ans. A Rome on en prenait un sur huit (1), et il pouvait être, comme Ligustinus, vingt-trois fois enrôlé (2); un service si actif devait être bien meurtrier; et comme les pertes tombaient sur une classe restreinte, cette classe devait nécessairement décroître avec une désastreuse rapidité. Ainsi les longues guerres de Charlemagne contribuèrent à épuiser dans l'empire des Francs la classe des hommes libres. Après lui il ne resta que des seigneurs féodaux et des serfs, comme à Rome il n'y eut plus après la conquête de l'Afrique, de la Grèce et de l'Asie, que des nobles et des prolétaires.

Toutefois une chose plus meurtrière que les combats et les marches forcées, que les privations et le brusque passage par tant de climats, que les maladies enfin ou le fer ennemi, c'était les conséquences qu'avait cette vie des camps pour les mœurs des soldats. Pour beaucoup la guerre était devenue un métier; et quand l'expédition promettait du butin les consuls ne trouvaient que trop de volontaires (3). Pauvres aujourd'hui, mais demain riches, heureux, ils préféraient aux rudes labeurs des paysans, à sa vie tristement monotone, les changements soudains de ce jeu terrible de la guerre, les privations, mais aussi les joies et les excès des lendemains de victoire. L'État leur assurant les vivres, les vêtements (1) et la solde, ils remplaçaient, par une prodigue insouciance, les habitudes prévoyantes et économes du laboureur. Mais venait-il un licenciement; fallait-il reprendre la pioche et la bêche, et les travaux de tous les jours, et la sobriété de tous les instants, ils étaient épouvantés, et ils fuyaient à Rome, où ils allaient grossir auprès de leurs anciens chefs la foule servile des clients. En vain leur offrait-on des terres, ils n'en voulaient pas; le sénat en envoya comme colons à Antium, à Tarente, à Locres, à Siponte, à Buxentum, dans vingt autres places; au bout de quelques années ils s'étaient tous enfuis (2). Les Gracques eux-mêmes ne trouveront pas de partisans dans cette foule paresseuse qui les laissera périr sans les défendre. Quand l'ennemi était près de Rome, les campagnes étaient courtes, et le soldat, redevenu bien vite citoyen, retrouvait après quelques jours d'absence, sa femme, ses enfants et ses travaux. Aujourd'hui les légionnaires, qui dans peu s'indigneront qu'on les appelle du nom de Quirites, passent quinze et vingt ans dans les camps, ou dans les garnisons des provinces. Ils n'ont plus de famille; ils vivent dans le célibat; et si le général ne les ramène pas avec lui à Rome, ils restent dans la province, où ils perdent bientôt ce qu'ils ont encore de vertus romaines (3). Quel nombre Mithridate n'en trouva-t-il pas en Asie?

Pour ceux que le service rendait à l'Italie, d'autres causes les chassaient de leurs champs vers la ville. Les progrès du luxe et l'abondance des métaux précieux ayant subitement élevé le prix des denrées (4), la même fortune qui don-

(1) Comme les consuls avaient le droit de choisir les légionnaires, ils prenaient surtout dans les tribus rustiques. En portant à cent soixante ou cent quatre-vingt mille habitants le chiffre de la population dans laquelle les consuls faisaient les levées, je crois être plutôt au-dessus qu'au-dessous de la vérité.

(2) Même davantage, le temps où l'on ne pouvait refuser son nom à l'enrôlement durant de dix-sept ans à quarante-cinq. On ne pouvait briguer une charge qu'après avoir fait dix campagnes. (Polyb. V, 18.)

(3) Quand on sut que l'Africain accompagnerait son frère en Asie, cinq mille volontaires accoururent (Liv. XXXVII, 4.) En 171 il s'en présenta une foule, *quia locupletes videbant qui priore macedonico bello adversus Antiochum in Asia stipendia facerant*. (Ibid., XLII, 32.)

(1) Cela ne fut régulièrement établi que par Caïus Gracchus.

(2) Un consul trouva Sipontum et Buxentum entièrement désertes. (Liv., XXXIX, 22.)

(3) Pour les mœurs des légionnaires voyez la requête des quatre mille hommes qui furent établis à Carteia sous le nom de colonie latine des affranchis. (Liv., XLIII, 3.)

(4) Ταχὺ τὰς τούτων τιμὰς εἰς ἄπιστον ὑπερβολὴν ἤγαγεν. Τοῦ μὲν γὰρ οἴνου τὸ κεράμιον ἐπωλεῖτο δραχμῶν ἑκατόν, τῶν δὲ

naît autrefois une honnête aisance ne sauvait plus de la misère. Quand Cn. Scipion, au commencement de la seconde guerre Punique, demanda son rappel d'Espagne pour aller marier sa fille, le sénat se chargea de trouver à celle-ci un époux, et lui constitua une dot de 11,000 as (1). Quelques années seulement après Zama, 25 talents étaient déjà regardés comme une dot bien minime, même dans une maison de mœurs antiques. Ainsi chaque jour les besoins croissaient; et chaque jour aussi, du moins pour le pauvre, qui avait les périls mais non les profits de la conquête, les moyens de les satisfaire diminuaient. Autrefois les petits fermiers nourrissaient Rome : cet immense marché leur était fermé depuis qu'on y amenait les blés d'Afrique, de Sicile et de Sardaigne, cultivés à meilleur compte par des troupeaux d'esclaves, dans des terres plus fertiles (2). Ils voyaient donc baisser, par la concurrence des blés étrangers, le produit de leur travail, et par la concentration des propriétés, la valeur de leur patrimoine.

Ποντικῶν ταρίχων τὸ κεράμιον δραχμῶν τετρακοσίων. (Diod., XXXVII, 3.)

(1) Sénèque dit que de son temps cela n'eût pas suffi à la fille d'un affranchi pour l'achat d'un miroir.

(2) Quoi qu'en dise Tacite (*Ann.*, XII, 43), l'Italie n'était pas, sauf en quelques cantons, d'une extrême fertilité. Ou peut-être était-elle épuisée par une longue culture à bras et par le manque d'engrais; du moins à cette époque le rapport n'était, excepté dans quelques cantons privilégiés de l'Étrurie et de la Grande-Grèce, que de 4 ou 5 à 1. En outre, un mauvais système de jachères, des frais de culture énormes par suite de l'imperfection des méthodes et des instruments qui exigeaient une main-d'œuvre quadruple de la nôtre; le mauvais état des voies de petite communication, qui, ne permettant pas l'emploi des voitures, forçait de tout envoyer à dos d'âne ou de chevaux jusqu'à la ville ou au bord de la mer; enfin la défense d'exporter le blé d'Italie et les encouragements donnés à l'importation des blés étrangers contribuaient à rendre la culture du blé très-onéreuse, par conséquent à faire regarder comme une mauvaise spéculation d'avoir des terres à grains. Caton place cette propriété au sixième rang. Voyez l'*Écon. pol. des Rom.* de M. Dureau de la Malle. Il ne porte qu'à 60 francs par an le rapport d'un arpent des meilleurs prés.

Chez nous l'équilibre se conserve dans les conditions par la diversité des sources de fortune dont une seule classe ne peut avoir le monopole. Les agriculteurs, les industriels et les commerçants renouvellent sans cesse par leur concurrence cette classe moyenne, qui est la plus sûre gardienne de la liberté. A Rome il n'y avait pour le peuple qu'un moyen d'aisance, la propriété foncière et le travail agricole; l'une diminuant de valeur, l'autre devenant tous les jours plus rare, l'aisance du peuple aussi diminuait: de la gêne à la misère le pas était bientôt franchi. Voulait-on recourir à l'usure, l'argent était à un taux exorbitant (1), malgré les lois et la surveillance des édiles. Nous verrons Brutus lui-même prêter à 58 pour 100. Depuis 169 les citoyens sont, il est vrai, affranchis de l'impôt foncier. Mais cet impôt étant proportionnel pesait principalement sur les riches, et c'étaient eux encore qui gagnaient le plus à sa suppression.

Et puis, ces riches ne respectaient pas toujours le domaine du pauvre. Après avoir pillé le monde comme préteurs ou consuls durant la guerre, les nobles, pendant la paix, pillaient encore les sujets comme gouverneurs; et de retour à Rome avec d'immenses richesses (2), ils les employaient à échanger le modique héritage que leurs pères leur avaient laissé en des domaines vastes comme des provinces. Dans leurs villas ils voulaient renfermer des bois, des lacs, des montagnes. *Latifundia perdidere Italiam*, s'écrie Pline; là où jadis cent familles vivaient à l'aise, une seule se trouvait à l'étroit. Pour augmenter son parc, il ache-

(1) Cicéron dit que de son temps on prêtait à Rome jusqu'à 34 pour 100, et à 48 dans les provinces; et dans une lettre (*Fam.* V, 6): Il n'y a de fortune que pour ceux qui prêtent à 50 pour 100. (Cf. Plaute, *Curcul.* v. 515; *Epidicus*, v. 52 : *In dies minusque argenti singulas nummis.*

(2) Cicéron, qui n'était pas, il s'en faut, l'un des plus riches, donna d'une maison 3,500,000 sesterces (*Fam.* V, 6; Sallust. *Cat.* 12) : *Domos atque villas... in urbium modum exædificatas... a privatis compluribus subversos montes maria constrata.* Cornélie avait eu sa maison de Misène pour 75,000 drachmes; Lucullus la paya 2,500,000. (Plut. *Mar.* 34).

tait à vil prix le champ d'un vieux soldat blessé, ou d'un paysan endetté qui allaient bientôt perdre dans les tavernes de Rome le peu d'or qu'ils avaient reçu. Plus souvent il prenait sans rien donner (1). Un ancien écrivain nous montre un malheureux en procès avec un homme riche, parce que celui-ci, incommodé par les abeilles du pauvre, son voisin, les avait détruites. Le pauvre protestait qu'il avait voulu fuir, établir ailleurs ses essaims ; mais que nulle part il n'avait pu trouver un petit champ où il n'eût encore un homme riche pour voisin (2). Les puissants du siècle, dit Columelle, ont des propriétés dont ils ne peuvent pas même faire le tour à cheval ; et une inscription, récemment trouvée près de Viterbe, montre qu'un aqueduc long de six milles ne traversait les terres que de neuf propriétaires. Sur tout le territoire de Leontium en Sicile il n'y avait que quatre-vingt-trois propriétaires, sur celui d'Herbite deux cent cinquante-sept, d'Argyra deux cent cinquante, de Motyca cent quatre-vingt-huit.

Ainsi il en était des fortunes particulières comme des États : une énergique concentration amenait toutes les terres dans les mains de quelques grandes familles. Mais un pays de montagnes comme l'Italie ne peut prospérer que par la petite culture ; car les agents mécaniques réussissent mal dans les sols accidentés, tandis que la culture à la main fait valoir les moindres réduits et varie les procédés, comme le sol même, à cha-

que pas. La richesse totale diminuait donc en même temps que la petite propriété disparaissait du sol de l'Italie romaine, et avec elle cette forte population de laboureurs qui aimait sincèrement la patrie, les dieux et la liberté. Tite-Live cite avec complaisance le discours du centurion Sp. Ligustinus. Mais ce centurion, après vingt-deux campagnes et à l'âge de plus de cinquante ans, n'avait pour lui, sa femme et ses huit enfants qu'un arpent de terre et une cabane (1). Qu'allaient devenir ses fils après le partage de ce misérable héritage? Ils offriront leurs bras aux riches propriétaires; mais ceux-ci ne veulent plus, à l'exemple de Caton lui-même, que des prairies qui nourrissent presque sans frais et sans travail de nombreux troupeaux (2). Quelques esclaves suffiront bien pour les garder ; et il y a tant d'hommes à vendre qu'avec 500 drachmes (434 fr.) on a cette machine humaine que Varron classe avec les bœufs et les charrues, *instrumentum vocale*. Elle fonctionne mal, il est vrai, et paresseusement ; mais elle coûte si peu à entretenir et à remplacer, qu'on ne l'épargne guère. Malgré tous ses défauts, on préfère l'esclave à l'ouvrier libre, plus cher, moins docile et qu'on ne peut traiter avec le même mépris. Quand Paul-Émile eut vendu cent cinquante mille Épirotes, Scipion Émilien cinquante-cinq mille Carthaginois, et Sempronius Gracchus tant de Sardes qu'on ne disait plus pour désigner une vile denrée que *Sardes à vendre* (3), toutes les

---

(1) ... *Parentes aut parvi liberi militum, ut quisque potentiori confinis erat, sedibus pellebantur.* Sall., *Jug.*, 41. Cf. Sen., *Ep.* 90 ; le faux Quint., *Décl.* 13) ; et Hor., *Od.*, II, 18 :
... pellitur, paternos
In sinu ferens deos,...

(2) Dur. de la Malle, *Économie politique des Romains*, vol. II, p. 221. Ces *latifundia* sont encore le mal de Rome aujourd'hui. Le prince Borghèse possède dans la campagne de Rome 22,000 hectares, le duc Sforza Cesarini 11,000, les princes Pamphili et Chigi plus de 5,000, le chapitre de Saint-Pierre et l'Hôpital du Saint-Esprit davantage encore ; enfin cent treize familles romaines possèdent 126,000 hectares et soixante-quatre corporations s'en partagent 75,000. (Fulchiron, *Voyage dans l'Italie méridionale*.)

(1) *Jugerum et tugurium.* Liv. XLII, 32.
(2) *A Catone quum quaereretur, quid maxime in re familiari expediret, respondit: Bene pascere.* (Colum. præf. l. VI). Les lois agraires, en inquiétant sur la jouissance du fonds, favorisèrent l'extension du système des prairies, lesquelles n'exigeaient pas qu'un capital considérable fût enfoui dans les défrichements et les cultures.
(3) Douze cents prisonniers romains vendus par Annibal en Achaïe furent, suivant Polybe, rachetés au prix de 100 talents ou 521,665 fr. Suivant M. Bœckh le prix des esclaves employés aux mines d'Attique n'était que de 125 à 150 drachmes (108 ou 130 fr.) D'après Plutarque, ce prix pouvait monter pour un vigoureux esclave jusqu'à 1,300 fr. (*in Cat. maj.*, 6). Cependant Horace, à une époque où les prix avaient augmenté, n'avait payé Dave que 500

llas s'emplirent d'esclaves, et il n'y eut lus sur les terres des riches place our le journalier de condition libre (1). Chassés de leur patrimoine par l'usure u par l'avidité de riches voisins ; priés de travail par la concurrence des sclaves ou prenant en dégoût la vie frugale de leurs pères, grâce aux habitudes e paresse et de débauche contractées ans les camps, les pauvres tournaient urs pas vers Rome (2), et venaient rossir cette foule affamée et menaçante ue le sénat apaisera quelque temps en ii jetant un peu de blé pour pâture. César trouva que sur quatre cent cinquante nille citoyens, trois cent vingt mille vivaient aux dépens du trésor ; c'est-à-dire que les trois quarts du peuple romain nendiaient. Un mot du tribun Philippe st plus terrible : « Il n'y a pas, disait-i, dans Rome, deux mille individus qui ossèdent » (3) ; et maintenant qu'on reproche à Marius d'avoir ouvert les légions aux Italiens et aux prolétaires!

Appien a bien compris cette triste situation de la république ; après avoir rappelé qu'une partie des terres enlevées aux Italiens étaient restées indivises et abandonnées en jouissance à ceux qui voulaient les défricher, à condition seulement de payer la dîme et le quart des fruits perçus, et pour les pâturages une redevance en argent, il ajoute : « On croyait ainsi avoir pourvu aux besoins de la vieille race italique, race patiente et laborieuse et aux besoins du peuple vainqueur, mais le contraire arriva. Les riches s'emparèrent peu à peu de ces terres du domaine public, et dans l'espérance qu'une longue possession deviendrait un titre inattaquable de propriété ils *achetèrent ou prirent de force* les terres situées à leur convenance et les petits héritages de tous les pauvres gens leurs voisins (1) ; de cette manière ils firent de leurs champs de vastes *latifundia*. Pour la culture des terres et la garde des troupeaux ils employèrent des esclaves, qui ne pouvaient leur être enlevés, comme l'étaient les ouvriers libres, par le service militaire. *Ces esclaves étaient une propriété des plus fructueuses, à cause de leur rapide multiplication, que favorisait l'exemption du service militaire.* De là il arriva que les hommes puissants s'enrichirent outre mesure, et que l'on ne vit plus que des esclaves dans les campagnes. La race italienne, usée et appauvrie, périssait sous le poids de la misère, des impôts, et de la guerre. Si parfois l'homme libre échappait à ces maux, il se perdait dans l'oisiveté, parce qu'il ne possédait rien en propre dans un territoire tout entier envahi par les riches, et qu'il n'y avait point de travail pour lui sur la terre d'autrui au milieu d'un si grand nombre d'esclaves. »

Contre la misère, ces hommes n'avaient pas même à la ville la ressource du travail des artisans, car les riches s'étaient aussi réservé les profits de l'industrie (2). Ils avaient organisé des ateliers d'esclaves et dressé des ouvriers pour tous les métiers. Crassus en louait comme

---

drachmes (*Sat.*, II, 7). Une preuve de leur peu de valeur, c'est qu'un M. Scaurus, riche seulement de 25,000 nummos, en avait six (Meursius, *de Luxu Rom.*). Après une victoire il s'en vendait au prix de 4 drachmes (3 fr. 47 c.).

(1) Ὥστε ταχὺ τὴν Ἰταλίαν ἅπασαν ὀλιγανδρίας ἐλευθέρων αἰσθέσθαι, δεσμωτηρίων δὲ βαρβαρικῶν ἐμπεπλῆσθαι δι' ὧν ἐγεώργουν οἱ πλούσιοι τὰ χωρία, τοὺς πολίτας ἐξελάσαντες. (Plut. *in Tib.* 8). M. Ch. Comte a montré qu'il ne pouvait pas y avoir de classe moyenne dans les États où l'esclavage a pris un grand développement.

(2) Maintenant, dit Varron, que les pères de famille, abandonnant la faucille et la charrue, se sont presque tous glissés dans les murs de Rome et aiment mieux se servir de leurs mains au cirque et au théâtre que dans les vignobles et les champs, il nous faut, pour ne pas mourir de faim, acheter notre blé aux Sardes et aux Africains, et aller vendanger avec des navires dans les îles de Cos et de Chio.

(3) *Non esse in civitate duo millia hominum qui rem haberent* (Cic., *De off.*, II, 21). Ce tribun était cependant un homme modéré. Fiedler dit, p. 224 : in Tivoli sind z.b. jetzt ein fünftheil landbesitzer Weniger als vor 50 Jahren.

(1) Τά τε ἀγχοῦ σφίσιν, ὅσα τε ἦν ἄλλα βραχέα πενήτων, τὰ μὲν ὠνούμενοι πειθοῖ, τὰ δὲ βίᾳ λαμβάνοντες, πεδία μακρὰ ἀντὶ χωρίων ἐγεώργουν.

(2) Plut., *in Crasso.* I ; Cic., *pr. Cæcina*, 20 ; Remnius Palémon, célèbre grammairien, avait été esclave. Devenu libre, il monta un atelier d'esclaves tailleurs (Suét., *Ill. gr.*, 23) ; Atticus louait surtout des copistes (Corn. Nep.,

cuisiniers, maçons ou scribes. Toute famille riche avait parmi ses esclaves des tisserands, des ciseleurs, des brodeurs, des peintres, des doreurs, des scribes et jusqu'à des architectes et des médecins, même des précepteurs pour les enfants (1). Auguste ne porta jamais que des étoffes tissées dans sa maison (2). Chaque temple (3), chaque corporation avait ses esclaves. Le gouvernement en entretenait des troupes nombreuses pour tous les bas offices de l'administration et de la police, pour la garde des aqueducs et des monuments, pour les travaux publics, dans les arsenaux, dans les ports, sur les navires comme rameurs. En une seule fois Scipion en envoya deux mille à Rome pour fabriquer des armes. Ainsi les travaux les plus grossiers comme les occupations les plus délicates leur étaient confiés. Que restait-il donc au pauvre de condition libre pour gagner sa vie? D'ailleurs des fêtes continuelles, les triomphes, les jours de supplications décrétées pour les victoires, les fréquentes distributions faites par les édiles, par les patrons, par les candidats (4), et le préjugé qui notait le travail d'infamie comme un vice, nourrissaient l'oisiveté des pauvres. Écouter les orateurs du forum, courir aux jeux pendant des semaines entières, assiéger la porte des grands et leur faire cortége; mais aussi vendre son suffrage, au besoin son bras, tels étaient leurs uniques soucis. On leur disait : le peuple-roi doit vivre aux dépens du monde vaincu.

La pauvreté endurcit le corps et trempe énergiquement les âmes quand elle est générale comme à Sparte, comme à Rome, au temps de leur vertu; mais en face du luxe et de l'opulence, la misère trop souvent dégrade et avilit. Quelle devait être la dignité, l'indépendance, le patriotisme de ces hommes qui chaque matin allaient à la porte des grands, recevoir leur sportule? Et ces grands en reconnaissant au forum ceux qu'ils avaient achetés au prix d'un peu de blé et d'huile, quel respect pouvaient-ils avoir pour les décisions qu'ils rendaient?

Ce peuple même était-il vraiment le peuple romain?

Autrefois pour combler les vides faits par la guerre dans les rangs de ces plébéiens que les nobles avaient appris à estimer à leurs dépens, le sénat donnait le droit de cité aux plus braves populations de l'Italie. Mais depuis la fin de la première guerre punique, pas une seule tribu nouvelle n'a été formée. Qui remplaçait cependant les prisonniers de la seconde guerre punique(1), les soldats restés sur les champs de bataille de Cannes, de Trasimène et de Zama, dans les gorges de l'Espagne, dans les terres fangeuses de la Cisalpine, en Grèce, en Asie et jusqu'au pied de l'Atlas? Des affranchis, qui apportaient leur corruption avec tous les vices de l'esclavage : de 241 à 210 cent mille affranchis peut-être entrèrent dans la société romaine. Ainsi Rome envoyait ses citoyens dans les provinces comme légionnaires, publicains, agents des gouverneurs, intendants des riches, ou aventuriers cherchant fortune; et en échange, elle recevait des esclaves (2), bientôt affran-

Att., 13); Malléolus, des ouvriers de toute sorte (Cic., *in Verr.*, I, 36); Appius, Cicéron et mille autres avaient des *præfecti fabrum.*

(1) Var., *R. R.*, I, 2 et 6. Les inscr. de Gruter et la longue nomenclature dressée par Pignorius, Popma, Ruperti et Blair. Mais je n'ai pu me procurer ni à Paris ni à Londres ce dernier ouvrage; il est épuisé. Le savant livre de M. Wallon rend heureusement tous ceux-là inutiles.

(2) Suet., *Oct.*

(3) Il y avait jusqu'à des *servi fanatici*, (Grut. 312, 7).

(4) Sur les viscerationes cf. Liv. XXXIX, 46; VIII, 22. Acilius Glabrion avait gagné le peuple *per multa congiaria* (Liv. XXXVII, 57). Du temps de Cicéron on achetait les votes argent comptant.

(1) Les Romains perdirent 20,000 prisonniers à Drépane seulement, 6,000 à Trasimène, 8,000 à Cannes, et ils en délivrèrent 20,000 en Afrique, 4,000 en Crète, 1,200 dans la seule province d'Achaïe cependant si petite (App. P. 8; Tite-Live).

(2) Dans la première guerre punique Duilius fit 8,000 prisonniers, Manlius et Régulus 40,000, Lutatius 32,000. Aussi un récent historien de Rome, Kobbe, estime le nombre des seuls esclaves africains ramenés en Italie durant cette époque à un cinquième de la population romaine. M. Dureau de la Malle croit au contraire qu'on ne fit alors qu'un très petit nombre d'esclaves, parce que les noms d'Afer,

chis (1) qui lui apportaient : l'esclave grec, les vices des sociétés mourantes;

de Pœnus, de Numida se retrouvent rarement dans les comiques. Mais ceux-ci copiaient les pièces grecques, et d'ailleurs ils ne parlent guère que des esclaves domestiques. Or les Africains, s'exprimant dans un idiome inconnu, devaient être relégués aux champs.

(1) Tite-Live dit qu'en 210 le sénat vida le *sanctius ærarium*, où était renfermé l'*aurum vicesimarum*, produit par l'impôt de un vingtième sur la valeur des esclaves affranchis, et qu'on y trouva *quatuor millia pondo auri*: nécessairement on avait dû recourir déjà à cet expédient durant la première guerre punique, pendant laquelle les besoins n'avaient pas été moins grands; le trésor ne renfermait donc que l'impôt de trente et un ans. Cependant il contenait 4,496,200 fr. Or, nous savons que Caton payait un vigoureux esclave 1,300 fr., et que les Achéens avaient racheté les légionnaires vendus par Annibal au prix de 457 fr. 38 cent. par tête. En prenant une moyenne on aura 878 fr., dont le vingtième sera 43 fr. 90 cent., somme comprise cent deux mille quatre cent dix-neuf fois dans 4,496,200 fr. M. Dureau de la Malle double le nombre des affranchissements; mais comme il suppose qu'on ne toucha pas à ce trésor depuis l'établissement du vingtième, il croit qu'on mit cent quarante-cinq ans à l'amasser, et qu'il n'y eut par conséquent que treize cent quatre-vingts affranchissements annuels au lieu de trois mille trois cent cinq que nous trouvons pour les années 241-210. Toute guerre heureuse était suivie de nombreux affranchissements, car il était avantageux d'avoir des affranchis; comme ils étaient citoyens, c'était pour les patrons un moyen d'influence dans les comices; puis l'affranchi restait soumis à de certaines conditions honorifiques et pécuniaires : en échange de la liberté, il s'engageait vis-à-vis de son ancien maître, dont il devenait le client, à lui payer annuellement de certaines sommes; à lui rapporter une partie de ce qu'il recevait dans les distributions gratuites (Den. d'Hal., IV; Dion, XXXIX, 24), à lui laisser enfin à sa mort une partie de sa succession; car il lui exigeait souvent de l'esclave qu'il libérait le serment de ne se point marier, afin d'en hériter légalement comme patron. Ce serment ne fut défendu que par Auguste (Dio, XLVII, 14). Au temps de Cicéron il était d'usage d'affranchir le captif honnête et laborieux au bout de six années de servitude (Philipp. VIII, 11). Ils étaient en tel nombre qu'aux yeux de Scipion-Émilien tout le peuple de Rome n'é-

l'esclave espagnol, thrace ou gaulois, ceux des sociétés barbares. Il y avait donc entre la capitale et les provinces comme une circulation non interrompue. Le sang refluait sans cesse du cœur vers les extrémités, qui le renvoyaient, mais vicié et corrompu (1).

Au point de vue politique ces résultats étaient menaçants, au point de vue économique ils étaient désastreux. La concentration aux mains d'une oligarchie peu nombreuse des propriétés et des capitaux; le système des prairies substitué à la production des céréales; la mise en régie de la culture délaissée à des esclaves ignorants, que ne surveillait plus l'œil du maître (2), étaient autant de causes de ruine pour l'agriculture. Du temps de Caton déjà elle déclinait; bientôt elle produira si peu que, l'Italie ne pouvant plus se nourrir, « la vie du peuple romain sera à la merci des vents et des flots. » Ce ne sont pas les seuls dangers : les campagnes, abandonnées par les ouvriers libres, se dépeuplent; aussitôt la malaria s'en empare (3), en chasse les derniers habitants ou étend sur eux son influence meurtrière. Avant un siècle toute la plaine du Latium sera inhabitable (4).

tait pas autre chose, et que quand Sulpicius et Claudius voulurent se rendre maîtres des comices, ils ne songèrent qu'à les répandre dans toutes les tribus. Du temps même de Cicéron (*de Orat.*, I, 9) ils dominaient jusque dans les tribus rustiques.

(1) ...... Nulloque frequentem
Cive suo Romam, sed mundi fæce repletam.
Lucain, VII, 404.

(2) Pline disait : *Coli rura ab ergastulis pessimum est, et quidquid agitur a desperantibus.* Columelle exprime les mêmes plaintes.

(3) On sait quels rapides progrès fit la *malaria*. Brocchi attribue à l'influence de l'*Aria cattiva* le caractère sombre, violent et irritable de tous ceux qui couvent dans leurs veines le germe de la fièvre des maremmes. C'est une remarque faite par tous les voyageurs : autant la population de Naples est folle, rieuse et bruyante, autant celle de Rome est triste et taciturne.

(4) On fut obligé de faire venir chaque année de l'Ombrie et des Abruzzes les ouvriers nécessaires à la culture (Suet., *in Vesp.*, 1). — En Angleterre aussi les propriétés sont concen-

Par la destruction de la classe moyenne, je veux dire celle des petits propriétaires, la société romaine manqua désormais dans l'ordre politique comme dans l'ordre moral, par la ruine des croyances et par la perte des vertus civiques, de ce pouvoir modérateur, de cette force conservatrice qui retient les empires. Les grands, délivrés de toute crainte, en ne voyant plus devant eux ces plébéiens avec lesquels il fallait autrefois compter, s'abandonnèrent à toute la licence des mœurs nouvelles. Pour eux la simplicité ne fut plus qu'un travers et l'égalité qu'une insolente prétention.

Caton essaya, mais vainement, de ramener cette orgueilleuse aristocratie au respect des lois, et les Gracques tentèrent sans plus de succès de régénérer le peuple romain par la vertu du travail, de reconstituer la classe moyenne en reconstituant la petite propriété. Leur mort et la retraite de leurs lois laissa le peuple dans sa misère et la dégradation. Dès lors la liberté fut perdue sans retour. Le peuple, avili et corrompu, mais toujours fort de son nombre, donna l'empire pour une *sportule*. Les Romains ne s'inquiétaient plus que de trouver un homme qui consentît à régulariser pour eux le pillage du monde, qui les fît vivre aux dépens des provinces. La populace, appelée par Marius dans les camps, oublia la patrie et la liberté pour son général, qu'il s'appelât Marius ou Sylla, César ou Pompée, Antoine ou Octave, et elle le fit empereur. Les empereurs payèrent le prix du marché en gorgeant d'or, de fêtes et de spectacles la populace et les soldats. L'aristocratie fit les frais de ces libéralités : l'empire fut pour elle l'expiation de ses usurpations sous la république.

TRANSFORMATION DU PEUPLE ROMAIN. — Depuis les guerres puniques jusqu'à la guerre Sociale le peuple romain ne se recruta plus que dans l'esclavage par l'affranchissement. Pour faire tomber les armes des mains des Italiens révoltés, on accorda en 89 le *jus civitatis* à tous ceux qui dans le délai de soixante jours viendraient à Rome déclarer devant le préteur qu'ils en acceptaient les droits et les charges. Une partie considérable de l'Italie eut ainsi le droit de cité. C'était un premier pas fait dans une voie nouvelle. Quand la liberté fut morte à Rome, et que la tête de Cicéron clouée sur la tribune aux harangues eut montré que la souveraineté n'était plus aux rostres ni au forum, le droit de cité perdit une grande partie de son importance politique ; mais trop de priviléges y étaient encore attachés pour qu'on ne le recherchât pas vivement. Les empereurs, héritiers de la pensée de César et qui travaillèrent à faire progressivement de toutes les nations de l'Empire un seul peuple, multiplièrent à l'envi les concessions de droit de cité. Soixante-dix ans avant Jésus-Christ il n'y avait encore que 450,000 citoyens, quarante-deux ans plus tard Auguste en comptait plus de 4,000,000. Ses successeurs accrurent encore ce nombre, et Caracalla mit un terme aux concessions partielles en accordant en masse le *jus civitatis* à tous les habitants de l'Empire. Pour lui, ce n'était qu'une mesure fiscale, un moyen de faire payer à tous les impôts particuliers aux citoyens ; mais ce n'en était pas moins un fait très-considérable, qui établissait l'égalité de tous sous un seul maître, formule politique que les jurisconsultes du moyen âge retrouvèrent, et dont ils se servirent pour battre en brèche la féodalité au profit du pouvoir monarchique.

Quant au peuple de Rome proprement dit, il n'était plus dès le temps d'Auguste qu'une vile populace, indigne du nom qu'elle portait, inutile à l'Empire et à charge aux provinces, parce qu'il fallait l'amuser et la nourrir aux dépens du trésor.

Je place ici le tableau de la progression suivie par la population romaine à partir du troisième siècle avant notre ère. Avant l'établissement de la censure en 444, il y avait eu déjà dix dénombrements (Liv. III, 24); le dernier eut lieu sous Vespasien, en 74. Censorinus, *de Die natali*, en compte soixante-quinze.

---

trées dans les mains d'un petit nombre, les prairies ont envahi les terres à blé, et un quart seulement des habitants de la Grande-Bretagne est occupé aux travaux des champs. Mais l'industrie et le commerce occupent et nourrissent à peu près le reste de la population ; et l'agriculture est florissante, parce que l'étendue des prairies étant en rapport avec celle des terres à blé, les troupeaux sont nombreux et par conséquent les engrais abondants.

ANNÉES av. J. C.	AUTORITÉS.		NOMBRE d'habitants.
293	Liv. X, 47.	Les manuscrits varient de 262,321 à 280,322.	262,322
289	Liv. ep. XI.		272,000
280	XIII.	Quelques manuscrits donnent jusqu'à 288,000.	278,222
275	XIV.	Un manuscrit donne 261,000.	271,224
265	XVI.	Eutr. II, 18, donne 292,334.	282,234
252	XVIII.	Les manuscrits varient de 217,000 à 327,000.	297,797
247	XIX.	Quelques manuscrits donnent 241.	251,222
241	Euseb. Chr.		250,000
220	Liv. ep. 20.		270,213
209	Liv. XXVII, 36.	Minor aliquanto numerus quam qui ante bellum fuerat. DRAKENBORCH, ad Liv. XXVII, 36, suppose que ces chiffres sont altérés, surtout si l'on compare les lustres qui précédent et qui suivent.	137,108
204	Liv. XXIX, 37.		214,000
194	XXXV, 9.	Pighius croit qu'il faut lire CCXLIII.	143,704
189	XXXVIII, 36.		258,318
179	Ep. Livii XLI.		273,294
174	XLII, 10.		269,015
168	Ep. 45.	Tous les manuscrits cités par Drakenborch s'accordent à donner ce chiffre.	312,805
164	46.	Plut. Æmil. 38.	327,022
159	47.		338,314
154	48.		324,000
147	Euseb. Chron.		322,000
142	Ep. 54.	Les leçons varient de 228 à 328,000.	328,442
136	Ep. 56.	— 317 à 333,000.	323,000
131	59.		317,823
125	60.	— 324 à 394,000.	390,736
114	63.	Tous les manuscrits s'accordent à donner ce chiffre.	394,336
86	Euseb. Chron.		463,000
70	Ep. 98.		450,000
28	Monum. d'Ancyre.	Selon Eusèbe seulement 4,011,017.	4,063,000
8	Id.		4,233,000
Années ap. J. C.			
14	Id.		4,097,000
48	Tac. Ann. XI, 25.	5,984,072. Il y a doute sur ce chiffre. D'autres manuscrits donnent.	6,945,000
74		Les nombres manquent.	

CHAPITRE V.

ORGANISATION POLITIQUE DES ROMAINS ET DÉVELOPPEMENTS SUCCESSIFS DE LEUR CONSTITUTION.

Le tableau de l'organisation politique des Romains peut se diviser en cinq parties :

1° Sous les rois, 754-510.

2° Sous les consuls patriciens, 510-367.

3° Sous les consuls des deux ordres, 367-30.

4° Sous les empereurs d'Auguste à Dioclétien, 30 av. J. C. 284 après.

5° Depuis la réorganisation monarchique de Dioclétien et de Constantin.

ORGANISATION POLITIQUE SOUS LES PREMIERS ROIS. — On a montré dans la première partie de ce travail, aux pages 46 et 47, la primitive organisation de Rome, nous n'y reviendrons pas. Le caractère fondamental de cette constitution était la juxtaposition de deux peuples, politiquement aussi étrangers l'un à l'autre que s'ils avaient habité aux deux extrémités de l'Italie. L'un, celui des trois tribus, formait seul l'État, faisait les lois, fournissait des membres au sénat, des rois et des prêtres à la république ; il avait tout : la religion, les droits publics et privés, les terres et les magistratures, et, dans la foule de ses clients, une armée dévouée. C'était la bourgeoisie souveraine, le *populus*, les chefs et les membres des *gentes*, les *patriciens*. L'autre, foule sans nom, se composait d'hommes qui n'étaient ni serviteurs, ni membres des *gentes*, qui ne pouvaient entrer par mariage légal dans les maisons patriciennes, qui n'avaient ni la puissance paternelle, ni le droit de tester, ni celui d'adopter; qui n'intervenaient dans aucune affaire d'intérêt public et ne prenaient part à aucune délibération; qui restaient en un mot en dehors de la cité politique, comme ils habitaient en dehors de la cité matérielle, au delà du *Pomœrium*, sur les collines qui entouraient le Palatin. Ces hommes, c'était la *plebs*, les *plébéiens*. Transportés autour de Rome par la conquête, ou attirés par l'asile, ils vivaient comme sujets du peuple qui les avait reçus ou forcés d'habiter sur ses terres, étrangers aux tribus, aux curies, au sénat; et, comme un Appius le leur dira plus tard, sans auspices, sans familles, sans aïeux; mais libres, ayant des propriétés, exerçant des métiers et le commerce qui les enrichiront, réglant par des juges choisis dans leur sein leurs contestations, ne recevant d'ordres que du roi et combattant dans les rangs de l'armée romaine, pour défendre les champs qu'ils cultivent et la cité à l'abri de laquelle ils ont bâti leurs cabanes.

Tarquin l'Ancien, roi étranger, modifia une première fois l'organisation de la société romaine. Cette superposition de deux peuples perpétuellement en présence, en contact, et cependant rigoureusement séparés, avait ses dangers. Les haines s'envenimaient et pouvaient éclater en une guerre civile qui eût étouffé la fortune de Rome dans son berceau. D'ailleurs de ces deux peuples, l'un, qui fermait hermétiquement ses rangs, se voyait décimé par la guerre et la mort; l'autre, se recrutant sans cesse de nouveaux venus, croissait chaque jour en force. Le nombre des plébéiens dépassait maintenant de beaucoup celui des patriciens; il devenait prudent de rattacher ceux-ci par quelques concessions à la patrie commune. Tarquin usa d'un moyen qui a souvent réussi, il doubla l'ancien patriciat par l'adjonction de nouvelles familles prises parmi les plébéiens. C'était enlever à ceux-ci leurs chefs pour les faire passer dans le camp aristocratique, dont ils ne pouvaient manquer d'épouser bientôt les intérêts. Les nouveaux patriciens formèrent les *patres minorum gentium*, les anciens furent les *patres majorum gentium*, et au sénat ils votaient avec les premiers.

Cette grave innovation était comme une préparation aux grandes réformes de Servius. Mais si elle avait momentanément désarmé la plèbe en la décapitant de ses plus influentes maisons, elle laissait toujours subsister l'ancien antagonisme. Servius conçut un plan plus radical, et qui força l'aristocratie, déjà ébranlée par Tarquin, à recevoir enfin les plébéiens comme membres d'une même cité.

Réformes du roi Servius. — Deux moyens lui servirent pour atteindre ce but : les *tribus* et les *centuries*, c'est-à-dire l'organisation administrative et l'organisation militaire et politique de l'État.

Il partagea le territoire romain en vingt-six régions et la ville en quatre quartiers; en somme trente tribus. Cette division toute géographique fut aussi religieuse, car il institua des fêtes pour chaque district : les *Compitalia* pour les tribus urbaines, les *Paganalia* pour les tribus rurales; administrative, car chaque district eut ses juges pour les affaires civiles, ses tribuns pour tenir note des fortunes et répartir l'impôt; militaire enfin, car ces tribuns réglaient aussi le service militaire de leurs *tribus*, et en cas d'invasion soudaine les réunissaient dans un fort construit au centre du canton. L'État se composa donc de trente communes ayant leurs chefs, leurs juges, leurs dieux particuliers, mais sans droits politiques, ces droits n'étant exercés que par les centuries et dans la capitale même. Sans toucher aux privilèges des patriciens, Servius donnait aux plébéiens cette organisation municipale qui précède toujours et amène la liberté politique. Les patriciens qui donnaient leur nom aux trente tribus conservaient dans chaque district leur influence, et remplissaient probablement seuls les charges de juges et de tribuns municipaux. Mais pour la première fois ils se trouvaient confondus avec les plébéiens dans une division territoriale où la naissance et la fortune n'étaient pas comptées. Dans cela seul il y avait toute une révolution. Un temps viendra où ces tribus, qui ne reconnaissent point de priviléges, voudront et obtiendront des droits politiques. Ce jour-là sera la victoire du nombre; les centuries assurèrent celle des riches.

Servius avait fait le cens ou dénombrement (1), et chaque citoyen était venu déclarer sous serment son nom, son âge, sa famille, le nombre de ses esclaves et la valeur de son bien. Une fausse déclaration aurait entraîné la perte des biens, de la liberté et même de la vie. Connaissant ainsi toutes les fortunes, il partagea les citoyens en raison de leurs biens en cinq classes, et chaque classe en un nombre différent de centuries. Denys reconnaît six classes, et donne à la première quatre-vingt-dix-huit centuries, tandis que les cinq autres réunies n'en avaient que quatre-vingt-quinze. Dans chaque classe on distinguait les *juniores*, de dix-sept à quarante-six ans, qui composaient l'armée active, et les *seniores*, qui gardaient la ville. La première classe renfermait aussi dix-huit centuries de chevaliers, c'est-à-dire les six anciennes centuries équestres de Tarquin et douze nouvelles formées par Servius des plus riches et des plus distingués d'entre les plébéiens. L'État leur donnait un cheval, et pour son entretien une solde annuelle de 2,000 as (*æs hordearium*), que les veuves et les femmes non mariées payaient. A la seconde classe étaient attachées deux centuries d'ouvriers (*fabri*), et à la quatrième deux de musiciens Voici le tableau de Denys (1):

CLASSES.	CENTURIES.	FORTUNE.	ARMES.
1re	40 seniores, 40 juniores, 18 equites.	Au moins 100,000 as, environ 8,000 fr.	Casque, bouclier rond d'airain (*clypeus*), cuirasse, cuissard, javelot, épée (Pol. IV, 23).
2^e	10 seniores, 10 juniores, 2 fabri.	75,000 as = 6,000 fr.	Mêmes armes, moins la cuirasse, et avec un bouclier de bois oblong (*scutum*).
3^e	10 seniores, 10 juniores.	50,000 as = 4,000 fr.	Mêmes armes sans cuissards ni cotte de mailles.
4^e	10 seniores, 10 juniores, 2 tubicines.	25,000 as = 2,000 fr.	Piques et flèches, sans armes défensives.
5^e	15 seniores, 15 juniores.	11,000 as = 880 fr.	Des frondes.
6^e	1 capite censi vel proletarii.	Moins de 11,000 as ou rien.	Point de service.
	Total 193		

Cicéron, dans le passage tant controversé du IIe livre *De la République*, ne parle que de cinq classes formées des *assidui* (*asses dare*, contribuables). A la première il donne quatre-vingt-neuf centuries et aux quatre autres cent quatre; en tout cent quatre-vingt-treize comme dans le compte de Denys, et une de moins que dans celui de Tite-Live. Cicéron parle aussi des musiciens, des prolétaires qui n'étaient point reçus dans l'armée, et dont le cens ne s'é-

(1) Le cens de Servius donna, suivant Tite-Live 80,000 citoyens, ou selon Den. (IV, 22) 87,700, ὡς ἐν τοῖς τιμητικοῖς φέρεται γράμμασι.

(1) Böckh, dans ses recherches métrologiques, XXIX, 4-7, croit que, originairement, quand l'as pesait réellement une livre de cuivre, le cens exigé pour chaque classe était de 20,000, 15,000, 10,000, 5,000 et 2,000 as. Plus tard, quand l'as ne fut plus qu'une partie de la livre ou quintupla, on alla même plus loin, et le cens de la première classe fut élevé de 100,000 à 110,000 (Plin. H. N., XXXIII, 13) et à 125,000 as (Aulug. VII, 13), et celui de la dernière à 11,000 et 12,500.

levait pas à quinze cents as ; des *accensi* et des *velati*, qui suivaient sans armes les légions, pour remplacer les morts, combattre à la légère ou faire auprès des chefs le service d'ordonnances. Mais son texte malheureusement mutilé en cet endroit comme en tant d'autres de *la République*, ne laisse pas même soupçonner sa pensée. Peut-être les regardait-il comme formant cette sixième classe que comptent Tite-Live et Denys.

Cette incertitude sur quelques chiffres n'empêche pas d'apprécier l'importance politique de cette réforme. Ce n'est plus la naissance qui divise les citoyens en patriciens et plébéiens, c'est d'après la fortune que sont à la fois réglés leur répartition dans les classes, leur place dans la légion, la nature de leurs armes, la quotité de l'impôt que chacun d'eux payera. Toutes les centuries contribueront au trésor pour une même somme et auront au champ de Mars les mêmes droits politiques. Mais la première classe compte quatre-vingt dix-huit centuries, bien qu'elle soit de beaucoup la moins nombreuse, puisqu'elle ne renferme que les riches ; elle fournira donc plus de la moitié de l'impôt, et ses légionnaires, en raison même de leur petit nombre, seront plus souvent appelés sous les enseignes. Mais c'est aussi par centuries qu'à l'avenir se compteront les suffrages pour décider de la paix ou de la guerre, nommer aux charges et faire les lois. Les riches, divisés en quatre-vingt-dix-huit centuries, auront quatre-vingt-dix-huit voix sur cent quatre-vingt treize, c'est-à-dire la majorité ; c'est-à-dire encore une influence décisive dans le gouvernement. Leur unanimité, acquise d'avance à toute proposition favorable à leurs intérêts, rendra le droit des autres classes illusoires. Quelquefois, en cas de désaccord entre les centuries de la première classe, celles de la deuxième pourront être appelées à voter, très-rarement celles de la troisième, jamais celles des dernières, bien que chacune d'elles renferme peut-être plus de citoyens que les trois premières réunies. Servius, dit Cicéron, ne voulut pas donner la puissance au nombre. Ce fut par les suffrages des riches, non par ceux du peuple, que tout se décida. Il aurait pu ajouter : Ce ne fut pas à la richesse seule qu'appartint la prépondérance, mais à la sagesse et à l'expérience, puisque les *seniores*, naturellement moins nombreux que les *juniores*, avaient cependant autant de suffrages.

Dans les lois nouvelles les rangs étaient aussi nettement marqués que dans l'ancienne constitution. Mais cette inégalité s'effaçait aux yeux des pauvres devant l'honneur d'être enfin comptés au nombre des citoyens et devant les avantages matériels faits à leur condition. Si les riches ont plus de pouvoir politique, sur eux aussi pèsent toutes les charges : dans la ville, la plus lourde part de l'impôt ; à l'armée, le service le plus fréquent, l'armement le plus coûteux et les positions les plus dangereuses. Mais à cette époque il n'y avait guère à Rome d'autres richesses que les propriétés territoriales ; or presque tout *l'ager Romanus* et la plus grande partie des terres conquises se trouvant entre les mains des patriciens, c'étaient ceux-ci qui restaient, comme par le passé, les maîtres de l'État. Aussi ces nouvelles lois qui reconnaissaient les plébéiens comme citoyens libres de Rome, et les appelaient, dans la proportion de leur fortune, à délibérer et à voter sur les affaires publiques, ne changeaient pas en réalité la condition présente des deux ordres. Cependant un progrès immense était accompli. En remplaçant l'aristocratie de naissance, puissance immuable, par l'aristocratie d'argent, puissance mobile et accessible à tous, ces lois préparaient les révolutions par lesquelles passa Rome républicaine.

Cette constitution portait un autre coup fatal à l'aristocratie ; elle attaquait indirectement la clientèle. Elle n'abolissait, il est vrai, ni les curies, dont la sanction restait nécessaire pour tous les actes des centuries, ni le patronage, qui donnait aux grands la force matérielle sans laquelle les priviléges ne peuvent longtemps se défendre ; mais elle assurait une place dans l'État aux clients, qui jusque alors avaient vécu sous la protection des Quirites. Elle les sépara de leurs patrons, le jour des comices, pour les confondre, suivant leur fortune, avec les riches ou les pauvres. Elle ouvrait la route du forum à ceux qui n'avaient jamais suivi que celle de l'*atrium* patricien. Une autre loi de Servius autorisa les affranchis à retourner dans leur patrie, ou, s'ils restaient à Rome, à se faire inscrire dans les tribus urbaines, en se choisissant un patron, même parmi les plébéiens. Le riche plébéien put dès lors se montrer dans la ville entouré, comme un Fabius, d'une troupe bruyante et dévouée. Mais la clientelle s'affaiblit en se multipliant; et Rome, le siége de l'Empire, se peupla, pour la ruine de ses institutions, d'esclaves affranchis.

Servius promulgua plus de cinquante lois encore sur les contrats, les délits, les affranchissements, les formes d'acquérir la propriété, etc., toutes généralement empreintes de ce caractère libéral que portent ses lois politiques, comme celle-ci par exemple, que Tarquin abolit et que le peuple mit près de deux siècles à reconquérir : la propriété seule du débiteur, et non sa personne, répondra de sa dette. Aussi la reconnaissance populaire protégea la mémoire du roi plébéien, né dans la servitude ou sur la terre étrangère, et l'on alla jusqu'à croire qu'il avait voulu déposer la couronne pour établir le gouvernement consulaire.

Quelques années auparavant, Solon avait, comme Servius, réparti les droits en proportion des biens. Ainsi les deux plus grandes villes de l'ancien monde renonçaient dans le même moment aux idées orientales, au gouvernement immobile des castes, et adoptaient le principe moderne et révolutionnaire que le pouvoir dépend de la fortune. Mais à Athènes les mœurs avaient depuis longtemps préparé la réforme de Solon; elle fut immédiatement appliquée. A Rome celle de Servius devançait les temps, elle ne put lui survivre. Tarquin le Superbe l'abolit.

« Si elle s'était maintenue, dit Niebuhr, Rome aurait atteint deux cents ans plus tôt, et sans sacrifices, à une félicité qu'elle ne put ressaisir qu'au prix de rudes combats et de grandes souffrances. Il est vrai que dans l'histoire d'un peuple, comme dans la vie d'un homme, le bien sort souvent du mal. Cette lutte pénible forma la jeunesse de Rome, et retarda sa décadence. Mais malheur à ceux de qui vint l'offense et malédiction sur ceux qui détruisirent, autant qu'il était en eux, la liberté plébéienne! »

CARACTÈRE ARISTOCRATIQUE DE LA RÉVOLUTION DE L'AN 510. — Tarquin l'Ancien avait renversé l'œuvre de son beau-père. Mais l'égale oppression qu'il fit peser sur tous amena sa chute; cette révolution faite par les grands fut toute à leur profit. Sous les rois ils avaient un chef qui pouvait, comme Servius, élever à la vie politique la foule sujette des plébéiens, ou comme Tarquin abattre les plus hautes têtes. L'abolition de la royauté délivra les patriciens de ce double danger; et pour en prévenir le retour, ils substituèrent au roi deux consuls ou préteurs choisis dans leur sein et investis de tous les droits et de tous les insignes de la royauté, moins la couronne et le manteau de pourpre broché d'or. A la fois ministres et présidents du sénat, administrateurs, juges et généraux, les consuls avaient le souverain pouvoir, *regium imperium*, mais seulement pour une année. Dans l'intérieur même de la ville, les grands n'avaient point permis qu'ils exerçassent tous deux en même temps les prérogatives de leur magistrature, et chacun avait pendant un mois les douze licteurs et le pouvoir. Au sortir de charge, ils pouvaient être appelés à rendre compte et être mis en accusation; car dès ce moment ils redevenaient simples citoyens, en conservant cependant, comme membres du sénat, où ils étaient entrés du droit de leur charge, une part dans le gouvernement.

Ce gouvernement restait tout entier aux mains des patriciens. Maîtres du sénat, conseil suprême de la cité et par lequel devaient préalablement passer toutes les propositions faites dans les comices, ils dominaient dans les assemblées centuriates par leurs richesses et leurs clients. Si des plébéiens arrivés, grâce à leur fortune, dans les premières classes, modifiaient le vote des centuries de manière à le rendre moins contraire aux intérêts populaires, les patriciens pouvaient toujours, comme augures, rompre l'assemblée ou annuller ses décisions; et s'ils manquaient de mauvais présages, refuser dans le sénat l'autorisation préalable; et dans leurs assemblées curiates, d'où les plébéiens étaient exclus, la sanction nécessaire à tous les actes des comices centuriates. C'étaient donc eux en réalité qui faisaient les lois, décidaient de la paix et de la guerre, et nommaient à toutes les charges, qu'ils remplissaient toutes. Ils avaient le sacerdoce qui, au nom du ciel, exerçait une si grande influence, et les auspices, qui les consacraient comme familles aimées des dieux. Ils étaient prêtres, augures, juges, et ils cachaient avec soin aux yeux du peuple les formules mystérieuses du culte et du droit. Seuls enfin ils avaient le droit d'images qui nourrissait l'orgueil héréditaire des familles ; et l'interdiction des mariages entre les deux ordres semblait devoir repousser à jamais le peuple des positions occupées par l'aristocratie.

Mais les plébéiens ont pour eux leur nombre et jusqu'à leur misère qui les poussera bientôt à une révolte heureuse. Ce n'est plus un peuple étranger ; c'est un second ordre dans l'État, qui grandit obscurément et sans relâche en face du premier, et que les patriciens seront forcés d'armer pour résister à Tarquin, aux Èques, aux Volsques, aux Étrusques. Mais ce concours il faudra le payer. Déjà on lui a rendu ses juges, qui décident dans la plupart des causes civiles, et ses fêtes religieuses, où les plébéiens réunis pourront se compter et prendre confiance en leurs forces. Enfin c'est aux centuries militaires qu'on a demandé, comme le voulait Servius, la nomination des deux consuls. C'est l'assemblée centuriate qui fera désormais les lois que le sénat propose et que les curies confirment ; c'est elle qui nommera à toutes les charges, qui décidera de la paix ou de la guerre ; et cette grave innovation suffit, pour l'heure, à l'ambition populaire, parce que les plébéiens voient dans la première classe des gens de leur ordre et dans la dernière des patriciens, même des plus illustres, comme Cincinnatus, qui n'aura pour tout bien que quatre arpents.

La plèbe romaine n'était pas d'ailleurs cette populace des grandes villes qui s'irrite, combat et s'apaise au hasard ; force aveugle, qui n'est redoutable que le jour où elle se donne un chef. Les plébéiens avaient aussi leur noblesse, leurs vieilles familles et jusqu'à des races royales. Car les patriciens des villes conquises, comme plus tard, les Mamilius, les Papius, les Cilnius, les Cœcina, n'avaient pas tous été reçus dans le patriciat romain. D'autres familles, patriciennes d'origine, mais que des circonstances pour nous inconnues firent sortir des curies, ou empêchèrent d'y entrer, les Virginius, les Génucius, les Mænius, les Mælius, les Oppius, les Métellus et les Octavius se plaçaient à la tête du peuple ; et ces hommes qui pouvaient disputer de noblesse avec les plus fiers sénateurs, attachant leur fortune à celle de l'ordre vers lequel ils étaient repoussés, donnèrent à la plèbe des chefs ambitieux et à ses efforts une direction habile. Comme prix des secours prêtés aux grands contre Tarquin, ils avaient obtenu la mise en vigueur de la constitution de Servius ; ils vont arracher d'autres concessions encore, car l'Étrurie s'arme pour la cause du roi, et derrière les Véiens et les Tarquiniens on peut voir déjà les préparatifs de Porsenna. Un malheur commun, en humiliant l'orgueil militaire des grands, rapprochera les deux ordres.

Les aristocraties meurent quand elles ne se renouvellent pas, surtout dans les républiques militaires où les nobles doivent se trouver au premier rang, sur tous les champs de bataille, et payer de leur sang leurs priviléges. Décimée par les combats et par cette loi mystérieuse du développement de l'espèce humaine, qui éteint les vieilles familles et nivelle peu à peu les rangs, toute aristocratie qui ne se recrute pas au dehors est vite épuisée et détruite, par la seule action du temps. Les neuf mille Spartiates de Lycurgue n'étaient plus que cinq mille à Platée, sept cents à Leuctres, moins encore à Sellasie. Mais la noblesse de Rome ne ferma jamais son livre d'or. Sous Tullus, les grandes familles d'Albe, sous le premier Tarquin cent plébéiens avaient été admis dans le sénat. Après l'abolition de la royauté, l'aristocratie sentit le besoin de se fortifier en attirant à elle tout ce qu'il y avait d'illustre et de riche dans l'autre ordre. Pour compléter le sénat, privé d'une partie de ses membres par la cruauté de Tarquin et l'exil de ses partisans, Brutus y appela cent chevaliers plébéiens (*conscripti*), qui furent quelques années après remplacés dans les centuries équestres par quatre cents nouveaux chevaliers. En même temps, il distribuait au peuple les terres du domaine royal, abolissait les douanes, faisait baisser le prix du sel, et assignait à chacun sept arpents de terre. Tactique doublement habile, qui, satisfaisant l'ambition des chefs, laissait la foule sans direction, tout en l'intéressant par l'accroissement de son bien-être à la cause des grands.

On rapporte encore à la première année de la république les lois du consul Valérius, qui rendit libre la candidature au consulat, prononça la peine de mort contre celui qui aspirerait à la royauté, fit baisser les faisceaux consulaires devant l'assemblée du peuple, et reconnut sa juridiction souveraine en portant la loi de l'appel. En signe du droit de vie ou de mort enlevé aux consuls, on ôta les haches des faisceaux dans l'intérieur de la ville et jusqu'à un mille de ses murs; au delà, les haches étaient rendues aux licteurs. Car les consuls en passant le premier mille recouvraient ce pouvoir illimité qui leur était aussi nécessaire à l'armée qu'il eût été dangereux dans la cité.

Ainsi les patriciens et les plébéiens restaient deux ordres distincts, profondément séparés par l'inégalité de leur condition : les uns descendants des premiers conquérants, et gardiens de l'ancien culte; les autres, foule mêlée, hommes de toute origine et de toutes religions, longtemps sujets du peuple souverain des Quirites et placés encore, comme n'ayant ni le même sang ni les mêmes dieux, sous l'outrageante interdiction des mariages. Heureusement l'assemblée centuriate les réunissait tous en un seul peuple, et cette union les sauva. Elle ne profita d'abord, il est vrai, qu'aux seuls patriciens, qui s'étaient faits dans les dépouilles royales la part du lion; mais les plébéiens les forceront peu à peu à un partage équitable.

LE TRIBUNAT PLÉBÉIEN. — L'établissement du tribunat fut la première et la plus sûre victoire du peuple, car avant d'attaquer il fallait pouvoir se défendre. On a vu dans la première partie, page 63, comment se forma et s'accrut durant les guerres royales l'irritation populaire. Ruiné par la continuité du service militaire, par les ravages de l'ennemi, par le taux écrasant du prêt à intérêt, le peuple, à bout de patience et de misère, se retira, dix-sept ans après l'expulsion de Tarquin, sur le mont Sacré, laissant les patriciens seuls dans leur ville, que l'ennemi menaçait. Ils n'en descendirent que quand Ménénius Agrippa leur eut fait sentir la nécessité de l'union en leur contant l'apologue des membres et de l'estomac. Le sénat, mettant en pratique le conseil donné par son propre envoyé, abolit la plus grande partie des dettes, et délivra tous les plébéiens retenus prisonniers comme insolvables.

Mais avant de rentrer dans la ville le peuple voulut une garantie que ces concessions seraient fidèlement exécutées; et les comices centuriates nommèrent deux tribuns, Sicinnius et Brutus, qui eurent le droit de venir en aide au débiteur maltraité et d'arrêter par leur veto l'effet des sentences consulaires. Ces représentants des pauvres n'avaient ni le laticlave bordé de pourpre, ni les licteurs armés de faisceaux. Aucun signe extérieur ne les distinguait de la foule, au milieu de laquelle ils s'avançaient précédés d'un simple appariteur, et ils n'étaient même pas considérés comme magistrats. Mais, comme les féciaux sur le territoire ennemi, leur personne était inviolable : celui qui les frappait était dévoué aux dieux, et ses biens étaient confisqués au profit du temple de Cérès. Nul patricien ne pouvait devenir tribun (493).

Par cette création de deux chefs du peuple (bientôt après cinq, plus tard dix), la révolte, purement civile, si je puis dire, dans son principe, se changeait presqu'en révolution, et devenait le plus grand événement de l'histoire intérieure de Rome. « Ce fut, dit Cicéron, une première diminution de la puissance consulaire, que l'existence d'un magistrat qui n'en dépendait pas. La seconde fut le secours qu'il prêta aux autres magistrats et aux citoyens qui refusaient d'obéir aux consuls. » Aussi les riches plébéiens adoptèrent ces chefs des pauvres comme ceux de l'ordre entier, et par leur influence dans les assemblées centuriates ils empêchèrent les patriciens de remplir le tribunat de leurs créatures, en attendant que le peuple arrachât, par une nouvelle victoire, le droit de les nommer lui-même dans des assemblées par tribus.

Ainsi soutenu de toute la classe plébéienne, ce pouvoir protecteur deviendra bientôt agressif, et nous verrons les tribuns, d'une part, étendre leur veto à tous les actes contraires aux intérêts populaires, de l'autre organiser le peuple politiquement, et lui faire reconnaître le droit de délibérer, de voter et d'élire. Plus tard, ils effaceront la distinction des ordres en proclamant le principe que la souveraineté réside dans le peuple, et un temps viendra où nul ne sera si puissant dans Rome qu'un tribun populaire. Ce pouvoir se souillera sans doute par des excès; mais sans lui la république, soumise à une oligarchie oppressive, n'aurait jamais rempli ses grandes destinées. « Ou Rome devait rester une monarchie, disait encore Cicéron, qui avait tant à se plaindre du tribunat, ou il fallait accorder aux plébéiens une liberté qui ne consistât pas en de vaines paroles. » Cette liberté, voici qu'elle commence pour eux, puisqu'il n'y a de libre que ce qui est fort, et de force pour les sociétés que dans la discipline. Disciplinée par ces nouveaux chefs, la commune populaire pourra maintenant soutenir une lutte régulière contre les grands, et conquérir, l'une après l'autre, toutes les magistratures. La cité patricienne, forcée de les recevoir, s'ouvrira aussi pour les Italiens, plus tard pour le monde; et un grand empire sera le prix de cette union demandée et arrachée par les tribuns.

Dès l'origine, tous, patriciens et plébéiens, comprirent instinctivement l'importance de la révolution qui venait de s'opérer. Ce fut avec les cérémonies les plus solennelles, par des sacrifices et le ministère des féciaux, que la paix fut conclue et célébrée. Chaque citoyen jura l'éternelle observation de ces lois saintes, *leges sacratas;* et un autel élevé à Jupiter Tonnant sur l'emplacement du camp plébéien consacra la montagne où le peuple avait conquis ses premières libertés. La vénération publique entoura jusqu'à son dernier jour l'homme qui avait réconcilié les deux ordres; et quand Agrippa mourut le peuple lui fit, comme à Brutus et à Publicola, de splendides funérailles.

Progrès de la puissance tribunitienne. — Les tribuns, investis du seul droit d'opposition, *veto*, n'avaient aux mains qu'un bouclier pour en couvrir le peuple contre les violences des grands, du sénat et des consuls. Forts pour défendre, ils étaient impuissants dans l'attaque. Un patricien leur donna cette arme, qui leur manquait. En proposant sa loi agraire, qui lui coûta la vie, Spurius Cassius avait révélé aux tribuns le secret de leur puissance, l'*agitation populaire*. Le premier il jeta dans la foule ce grand mot : une nouvelle distribution de terre, et les tribuns après lui n'eurent qu'à le prononcer pour soulever au forum les plus furieuses tempêtes. Pour arrêter cette guerre inattendue et combattre le peuple avec ses propres armes, le sénat gagna d'abord quelques membres du collège des tribuns, dont l'opposition arrêta le veto de leurs collègues. Tactique bonne pour un moment, mais au fond dangereuse, puisqu'elle montrait le sénat obligé de s'appuyer sur une partie du tribunat pour balancer l'influence de l'autre. De toutes manières, soit en arrêtant l'effet des volontés du sénat et des consuls, soit en les favorisant, les tribuns gagnaient à ces manœuvres un crédit, une autorité, qui tiraient ces chefs du peuple de l'obscurité où le sénat aurait voulu les maintenir.

Droit pour les tribuns du peuple d'accuser les consuls. — On s'aperçut bien du chemin qu'ils avaient fait dans l'opinion quand, en 476, après la destruction de la petite armée des Fabius par les Véiens, sur les bords du Crémère, ils accusèrent de trahison le consul Ménénius, qui, commandant une armée dans le voisinage du champ de bataille, n'avait rien fait pour secourir et sauver les Fabius. Ménénius, accablé de honte et de douleur, se laissa mourir de faim. Ce succès était important. Jusqu'alors la puissance des tribuns avait été renfermée dans leur veto, que les consuls savaient bien rendre illusoire. Mais voici qu'ils se saisissent d'une arme nouvelle. Le désastre du Crémère et la douleur publique leur servent à conquérir le droit de citer des consuls, et désormais les accusations tribunitiennes attendront au sortir de leur charge les magistrats qui se seront opposés à la loi agraire. Exclus des curies du sénat et des magistratures, annulés dans les centuries par l'influence prépondérante des patriciens; privés par la dictature de la protection tribunitienne, les plébéiens viennent de trouver le moyen d'intimider leurs plus violents adversaires, en les appelant devant leurs tribus, qui pour se rassembler et agir n'ont besoin ni de la permission du sénat ni de la consécration des augures. En moins de vingt-six années, sept consuls, des patriciens des plus illustres familles, furent accusés, condamnés, ou n'échappèrent à cette honte que par un exil ou une mort volontaires.

DROIT POUR LES PLÉBÉIENS DE FAIRE DES PLÉBISCITES. — Cette victoire fut bientôt suivie d'une autre. Voléro, nommé tribun en 472, à la suite d'une émeute qui avait chassé du forum les consuls avec leurs faisceaux brisés, proposa une rogation par laquelle les tribuns seraient élus à l'avenir, non dans les assemblées centuriates, où les patriciens obtenaient toujours quelques places pour leurs partisans ou leurs créatures, mais dans les assemblées par tribus, où les suffrages, comptés par tête et directement donnés, assuraient la majorité au petit peuple et à ses candidats. Cette loi devait rendre au tribunat toute sa sève démocratique. Les patriciens le comprirent, et pendant une année ils surent l'empêcher de passer; mais les plébéiens furent assez forts, même dans les centuries, pour réélire Voléro et lui adjoindre Lætorius, qui ajouta à la proposition Publilia : Les édiles seront nommés par les tribus, et les tribus pourront connaître des affaires générales de l'État, c'est-à-dire l'assemblée plébéienne aura le droit de faire des plébiscites. De son côté, le sénat fit arriver au consulat Appius Claudius, le plus violent défenseur des priviléges patriciens. La lutte fut vive; c'était le plus sérieux combat que le sénat avait eu à soutenir depuis la création des tribuns : or, en vint aux mains, et le peuple, resté maître du forum, y vota la loi; puis en s'emparant du Capitole il força le sénat de l'accepter.

Vingt-quatre ans auparavant le peuple n'avait arraché aux patriciens la création des tribuns qu'en quittant la ville; aujourd'hui pour achever cette victoire commencée au mont Sacré, c'était la citadelle même de Rome qu'il occupait en armes. Quelle audace dans ces affranchis d'hier! quelle force dans ce peuple naguère si humble! La défaite de l'aristocratie est maintenant certaine pour un avenir plus ou moins rapproché; car le peuple trouvera dans le tribunat, désormais soustrait à l'influence des grands, une protection sérieuse, dans ses assemblées, qui ont le droit de faire des plébiscites (1), un moyen d'action dans son nombre, et enfin dans sa discipline une force toujours croissante.

Parmi les tribuns nommés après l'adoption de la loi Publilia se trouvait Sp. Icilius, qui, pour prévenir le retour de pareilles violences, se servit du droit de faire des plébiscites, qui venait d'être reconnu à la commune populaire, et fit passer cette loi : Que personne n'interrompe un tribun parlant devant le peuple; si quelqu'un enfreint cette défense, qu'il donne caution de se représenter. S'il y manque qu'il soit puni de mort et ses biens confisqués.

En 493 les tribuns n'avaient que leur veto, en 476 ils s'attribuent le droit d'accuser les consulaires, et en 471 celui de faire rendre par le peuple des plébiscites. Ainsi vingt-trois années leur ont suffi pour organiser l'assemblée politique des plébéiens et en faire déjà dans de certaines limites un pouvoir législatif et judiciaire.

CONQUÊTE PAR LES PLÉBÉIENS DE L'ÉGALITÉ CIVILE. — Quelque temps se passa dans le calme. Les chefs du peuple, satisfaits de leurs récentes conquêtes, laissèrent en paix pendant dix ans le sénat et les grands. Mais en 461 la lutte éclate avec plus de violence que jamais. Les plébéiens demandent cette fois la révision de l'ancienne constitution et une législation nouvelle; c'était trop

(1) Ces plébiscites n'étaient pas encore obligatoires pour les deux ordres; mais en formulant hautement les désirs du peuple, ils leur donnaient une force souvent irrésistible; légalement il leur fallait la sanction du sénat et des curies.

vouloir à la fois, car ils n'étaient pas assez forts pour triompher d'un coup. Aussi leur victoire se fractionnera, si je puis dire : en 450 ils arracheront l'égalité civile ; en 367, l'égalité politique ; en 339 et 306, l'égalité judiciaire ; en 302, l'égalité religieuse. Le décemvirat fut la conquête de l'égalité devant la loi civile.

Les consuls et les juges patriciens avaient jusque alors rendu la justice non d'après des lois écrites et connues de tous, mais en suivant d'anciennes et obscures coutumes qu'ils interprétaient arbitrairement, et qui livraient à leur pouvoir discrétionnaire le plaideur plébéien. Dans la constitution même rien n'était fixé, déterminé ; nul ne savait où s'arrêtait la juridiction des magistrats, où cessaient les pouvoirs du sénat. Ce fut pour détruire cet arbitraire et ces incertitudes que le tribun Térentillus Arsa demanda en 461 que dix hommes fussent nommés pour rédiger et publier un code de lois ; le sénat repoussa avec violence cette proposition, et pour gagner du temps il chercha à arrêter le tribun par le veto d'un de ses collègues. Mais ils avaient tous juré de rester inébranlablement unis ; et ni ruses, ni menaces, ni présages sinistres ne purent les détourner du but.

Le sénat essaya de détourner l'attention du peuple par des concessions qui semblaient d'un intérêt plus immédiat. En 454 il accepta la loi Icilia, qui distribuait au peuple les terres du domaine public sur l'Aventin, après avoir autorisé le tribun Icilius, auteur de cette rogation, à la venir défendre au sein même de la curie. Innovation de laquelle sortit le droit pour les tribuns de siéger et de parler dans le sénat ; plus tard, même celui de le convoquer. L'année suivante le consul Aternius mit un terme à l'arbitraire des consuls dans la fixation des amendes, en déterminant quels en seraient le minimum et le maximum. On espérait donner ainsi le change au peuple ; mais les tribuns ne laissèrent au sénat ni trêve ni relâche, et il fallut accepter les décemvirs.

Nous n'avons pas à raconter leur gouvernement et leur chute, ni même à exposer l'ensemble de leurs lois. Nous relèverons seulement celles des dispositions des XII Tables qui sont favorables aux pauvres ou à l'ordre entier des plébéiens, et celles qui montrent le caractère général que prend enfin la loi, sans plus faire acception de personne ni de condition.

1° *Dispositions favorables aux plébéiens.* — « Celui qui prêtera à plus de 8 un tiers pour 100 rendra au quadruple ; que le *nexus* (l'esclave pour dettes) ne soit pas regardé comme infâme. » Protection pour le débiteur contre l'usurier. — « Dans les questions d'État, qu'on adjuge la provision en faveur de la liberté. » Protection pour le faible contre le puissant. — « Que le faux témoin et le juge corrompus soient précipités. » Protection pour le plaideur pauvre contre le plaideur riche et le juge patricien. — « Qu'il y ait toujours appel au peuple des sentences des magistrats. » Consécration nouvelle de la loi Valéria et restriction mise au pouvoir illimité de la dictature. — « Que le peuple seul, *dans les comices centuriates*, ait pouvoir de rendre des sentences capitales. » Attribution au peuple de la juridiction criminelle, enlevée en même temps aux curies et aux tribus ; c'est à l'assemblée des centuries, où tous, patriciens et plébéiens, sont confondus d'après l'ordre de leur fortune, que passent et le pouvoir et les titres. Les XII Tables l'appellent *maximus comitiatus*, la véritable assemblée du peuple romain.

2° *Caractère général de la loi* « Plus de lois personnelles ; *ne privilegia inroganto*. La législation civile des XII Tables ne connaît que des citoyens romains. Ses dispositions ne sont faites ni pour un ordre ni pour une classe, et la formule est toujours, *si quis*, si quelqu'un ; car le patricien et le plébéien, le sénateur, le pontife et le prolétaire sont égaux à ses yeux. Ainsi est enfin proclamée, par cet oubli de distinctions autrefois si profondes, la définitive union des deux peuples ; et c'est ce peuple nouveau, c'est l'universalité des citoyens, qui a maintenant l'autorité souveraine, qui est la source de tout pouvoir et de tout droit. — « Ce que le peuple aura ordonné en dernier lieu sera la loi. »

L'esprit aristocratique perce cependant dans ce code rédigé par des patri-

:iens. Je ne veux point parler des peines sévères qu'ils prononcèrent contre les auteurs des vers outrageants et contre les rassemblements nocturnes, mais d'un seul article, un des derniers écrits par Appius : — « Qu'il n'y ait point de mariages entre les familles patriciennes et plébéiennes. » C'est une protestation des patriciens au nom de leurs ancêtres, de la noblesse de leur race, de la religion des familles contre le caractère nouveau de la loi. Qu'il y ait égalité, puisqu'ils ne peuvent l'empêcher; que les mêmes juges, la même loi, la même peine frappent Fabius et Icilius; mais, hors du tribunat, que l'un retourne à la foule d'où il est sorti; l'autre, à la curie, aux temples des dieux, à l'atrium héréditaire.

Les patriciens n'avaient en effet rien laissé changer à la constitution. Ils restaient consuls et sénateurs, augures et pontifes, juges surtout; et par les formes multipliées de la procédure, que les plébéiens ignoraient, ils pouvaient rendre vaine cette publication de la loi et cette égalité civile qu'ils venaient eux-mêmes de proclamer.

EFFORTS POUR OBTENIR L'ÉGALITÉ POLITIQUE; NOUVELLE CONSTITUTION DE L'AN 444. — Mais si la législation nouvelle trompait les espérances du peuple en ne réglant rien sur la constitution, les décemvirs n'en avaient pas moins donné à la puissance plébéienne une irrésistible impulsion, si ce n'était par leurs lois, c'était par leur chute. La révolution de 510, faite par les patriciens, n'avait profité qu'à l'aristocratie; celle de 448, faite par le peuple, ne profita qu'au peuple. Dès l'année 445 le tribun Canuléius demanda l'abolition de la défense relative aux mariages, et ses collègues le partage du consulat. C'était demander l'égalité politique.

Nous l'avons déjà dit, toute aristocratie qui ferme ses rangs périt bientôt, car le temps et le pouvoir usent vite les familles, comme les individus. Heureusement pour la grandeur de Rome, ses patriciens, après une résistance habilement calculée pour opposer au torrent populaire une digue qui amortît sa force, au lieu de l'exciter, cédaient toujours; mais comme une armée disciplinée, qui jamais ne se laisse rompre, ils ne reculaient que pour reprendre sur un autre point une forte défensive. Ainsi s'éternisa cette lutte qui fit la force de Rome, car le repos dans les États libres n'est souvent qu'un signe de mort. Cette fois encore l'indignation éclata. Ainsi donc, disait un Claudius, dans son orgueil héréditaire, ainsi rien ne restera pur, l'ambition plébéienne viendra tout souiller, et l'autorité consacrée par le temps, et la religion et les droits des familles, et les auspices et les images des dieux. Mais le peuple usa du moyen qui lui avait deux fois servi ; il se retira en armes sur le Janicule; et le sénat, pensant que les mœurs seraient plus fortes que la loi, accepta la proposition du tribun.

Cette barrière tombée, il n'était plus possible d'interdire aux plébéiens l'accès des charges curules. Cependant, à force d'habileté, le patriciat, à demi vaincu, se défendit quarante-cinq ans encore; car il avait dans cette lutte les dieux mêmes pour alliés, par cette croyance profondément enracinée dans le peuple que la main d'un noble pouvait seule offrir des sacrifices favorables. Les collègues de Canuléius demandaient pour leur ordre une place de consul et deux de questeurs du trésor. Le sénat accorda que les questeurs du trésor seraient indistinctement choisis dans les deux ordres; et grâce à cette latitude on ne vit pendant longtemps que des patriciens dans cette charge. Quant au consulat, il le démembra. A ce pouvoir royal on avait enlevé déjà le droit d'accomplir certains sacrifices (*rex sacrificiorum*), la garde du trésor (*quæstores ærarii*), et l'instruction des affaires criminelles (*quæstores parricidii*). Deux nouveaux magistrats, les censeurs créés, en 444, pour cinq ans d'abord, pour dix-huit mois ensuite, héritèrent encore du droit des consuls de faire le cens, d administrer les domaines et les finances de l'État, de régler les classes, de dresser la liste du sénat et des chevaliers, d'avoir enfin la haute police de la ville. Restaient aux consuls les fonctions militaires, la justice civile, la présidence du sénat et des comices, la garde de la ville et des lois; on les donna, mais divisées entre plusieurs, sans les honneurs curules, avec six licteurs au lieu de douze et sous le nom plébéien de tribun, à trois, quatre ou six généraux. Créés sans auspices, peut-être dans l'assemblée profane des tribus, la religion interdit à ces tribuns militaires l'une des plus importantes prérogatives des consuls ; ils ne pourront nommer un dictateur. Simples lieutenants, pour ainsi dire, d'un magistrat invisible, mais que le sénat connaît et espère, ils ne combattent pas sous leurs propres auspices, et jamais ils ne pourront obtenir la plus enviée des récompenses militaires, le triomphe. Ce qu'ils ont de pouvoir se partage encore entre eux, suivant leur nombre. Ceux-là vont à la tête des légions ; celui-ci commande la réserve ; un autre les vétérans ; un autre encore veille aux arsenaux et aux approvisionnements pour les troupes. Un seul est investi des fonctions religieuses et judiciaires des consuls ; c'est le préfet de la ville, président du sénat et des comices, gardien de la religion, des lois et de tous les intérêts de la cité. Aussi le sénat aura soin que ces prérogatives, qui renferment toutes les attributions données plus tard au préteur, avec le privilége important de désigner les juges, ne tombent jamais au pouvoir d'un plébéien. Quand les plébéiens auront forcé l'entrée du tribunat consulaire, une place au moins sera toujours réservée pour un candidat de l'autre ordre (1).

Des débris du consulat quatre charges se sont formées : la questure judiciaire, la censure, la questure du trésor et le tribunat consulaire. Les deux premières restent exclusivement patriciennes. Les questeurs du trésor et les tribuns militaires, véritables proconsuls réduits, un seul excepté, au commandement des légions, pourront être indistinctement choisis dans les deux ordres. Mais la loi, en n'exigeant pas que chaque année un nombre déterminé d'entre eux soient plébéiens, permet qu'ils soient tous patriciens ; et ils le seront pendant un demi-siècle. Malgré de si habiles précautions, le sénat ne renonçait pas au consulat. Il tenait en réserve, et pure de toute souillure, la magistrature patri-

(1) Une seule fois, en 396, T. Live nomme six plébéiens. Mais, au lieu de P. Mœlius, les nouveaux fragments des Fastes et Diod., XIV, 90, nomment Q. Manlius.

cienne, attendant pour elle des jours meilleurs. La dictature, qui n'était point effacée du nouveau code constitutionnel, et le droit d'opposition des curies restaient aussi comme une dernière ressource pour les cas extrêmes. La religion enfin servait toujours les intérêts de l'aristocratie ; et si malgré l'influence des grands dans les assemblées, malgré le pouvoir arbitraire du président des comices, qui avait le droit de refuser les votes pour un candidat ennemi, la majorité des suffrages se portait sur un homme nouveau, son élection pouvait encore se briser contre une décision des augures. Au besoin Jupiter tonnait.

Quelque habileté qu'eût déployée le sénat, le principe de l'égalité politique venait de triompher, et le partage des magistratures curules n'était plus qu'une question de temps. Ce temps fut long ; car il ne s'agissait plus ici de satisfaire des intérêts généraux, mais seulement l'ambition de quelques chefs du peuple. Aussi l'attaque, bien que vive, fut mal soutenue ; et les plébéiens, contents du nom, laissèrent longtemps la chose. « Nous les verrons, au moment suprême, prêts à abandonner Licinius Stolon et le consulat pour quelques arpents de terre. »

La constitution de 444 autorisait à nommer des plébéiens au tribunat consulaire ; jusqu'en 400 pas un seul n'y parvint, et durant les soixante dix-huit années que cette charge subsista le sénat fit nommer vingt-quatre fois des consuls, c'est-à-dire qu'il chercha et réussit une année sur trois à rétablir l'ancienne forme de gouvernement.

Cependant, sans bruit ni violences, le pouvoir populaire grandissait par sa modération même. En 428 les consuls, après s'être fait battre par les Èques, se refusaient à nommer un dictateur ; le sénat, pour vaincre leur résistance, recourut aux tribuns du peuple, qui menacèrent de faire traîner les consuls en prison. Ce fût un spectacle nouveau que celui de l'autorité tribunitienne protégeant la majesté du sénat. De ce jour la considération du tribunat égala sa puissance. En 420 la questure est déclarée charge accessible aux plébéiens ; en 405 la solde militaire est établie ; en 400 quatre tribuns consulaires sur six furent plébéiens, et à une date incertaine, mais qui tombe entre 443 et 400, a loi *Ovinia* avait permis aux censeurs de choisir les sénateurs dans tous les ordres.

PARTAGE DU CONSULAT. — L'invasion gauloise, les désastres qui en furent la suite, la nécessité de rebâtir Rome et de relever son empire en replaçant sous le joug les anciens sujets, partout révoltés, firent trêve aux débats du forum. Ils recommencèrent quand la sécurité reparut. Deux riches plébéiens, C. Licinius Stolon et L. Sextius, nommés tribuns en 376, demandèrent formellement le partage du consulat, et pour forcer le peuple à prendre intérêt à cette question ils présentèrent les résolutions suivantes :

1° A l'avenir on n'élira plus des tribuns militaires, mais deux consuls, dont l'un sera toujours plébéien.

2° Aucun citoyen ne pourra posséder plus de cinq cents arpents de terres domaniales, ni envoyer dans les pâturages publics plus de cent têtes de gros bétail et cinq cents têtes de petit. Sur ces terres restituées à l'État, on distribuera à chaque citoyen pauvre sept arpents; ceux qui resteront détenteurs du domaine payeront au trésor public la dîme des fruits de la terre, un cinquième du produit des oliviers et de la vigne, et la redevance due pour chaque tête de bétail. A chaque lustre ces impôts seront affermés au plus offrant par les censeurs, qui appliqueront ce revenu à la solde des troupes.

3° Les intérêts payés seront déduits du capital, et le reste sera remboursé en trois années par égales portions (1).

Le moment de la lutte suprême était donc arrivé. Elle fut digne de ses commencements; point de violences inutiles, mais des deux côtés une admirable persévérance. Dix années de suite les tribuns se font réélire. En vain le sénat gagne leurs collègues, dont le véto les arrête, et recourt deux fois à la dictature. Camille, menacé d'une amende de 500,000 as, et peut-être de l'exil pour ses vieux jours, abdique, et Manlius, proclamé après lui, choisit un plébéien,

(1) Liv., VI, 35; Var., *De Re rust.*, I, 2; Colum., I, 3; *Licinia jugera*, App., I, 7; Den., VIII, 73.

Licinius Calvus, pour son maître de la cavalerie. On leur oppose la sainteté de la religion; pas un plébéien n'est dans le sacerdoce. Pour détruire ce motif et prévenir l'intervention des dieux, que les patriciens auraient pu lire dans les oracles de la sybille, ils ajoutent cette quatrième rogation, que le sénat accepte, afin de mettre de son côté les apparences de la justice : « Au lieu de duumvirs pour les livres sibyllins, on nommera à l'avenir des décemvirs, dont cinq seront plébéiens. » Cependant le peuple, fatigué de si longs débats, allait se trahir lui-même; il ne demandait plus que les deux lois sur les dettes et les terres, que les patriciens étaient disposés à accorder. Mais les tribuns déclarèrent les trois propositions inséparables; elles seront adoptées ou rejetées ensemble. Les comices par tribus les votèrent, et les centuries proclamèrent consul l'un des deux tribuns, L. Sextius. Dans leurs curies les patriciens refusèrent *l'imperium* au consul plébéien, et la guerre, qui allait finir, se ranima plus violente. Les détails de cette dernière lutte sont mal connus; il est vaguement parlé de menaces terribles et d'une nouvelle retraite du peuple. Camille s'interposa, il venait de remporter sa dernière victoire sur les Gaulois; cinq fois dictateur, sept fois tribun militaire, rassasié de gloire et d'honneurs, il voulait un repos dignement mérité par soixante années de services : vaincus par ses conseils et son exemple, les sénateurs cédèrent, l'élection de Sextius fut ratifiée; et Camille, fermant pour un siècle et demi l'ère des révolutions, voua un temple à la Concorde (365).

Les portes de la cité politique étaient donc enfin forcées. Les plébéiens vont siéger à leur tour sur la chaise curule; et en signe de l'admission de ces nouveaux venus dans le vrai peuple romain, aux trois jours de fête des grands jeux célébrés pour les trois vieilles tribus il en fut ajouté un quatrième pour les plébéiens.

L'adoption des lois liciniennes marque une ère nouvelle dans l'histoire de la république. Mais ces lois furent-elles fidèlement observées, et quelles conséquences en sortirent pour les grands, pour le peuple, pour la fortune de

Rome? Ce sont là des questions qui méritent un sérieux examen.

Les patriciens n'acceptaient jamais franchement les victoires populaires. Le lendemain de leur défaite, ils recommençaient à disputer pas à pas le terrain perdu la veille, multipliant les obstacles, pour éloigner le jour néfaste où serait consommée cette égalité sacrilége. Cette fois ils cédaient le consulat lui-même, mais le consulat démembré. Deux nouvelles magistratures patriciennes étaient créées; la *préture* pour l'administration de la justice, dont les plébéiens ne connaissaient pas les formules; et l'*édilité curule* pour la police urbaine, dont le sénat comprenait maintenant l'importance, et qu'il ne voulait plus laisser aux seuls édiles plébéiens (365). Les consuls ne conservaient que le commandement des armées, la présidence du sénat et la levée des troupes. C'étaient encore de trop belles prérogatives pour que les patriciens se résignassent à les partager. La dictature leur restait; ils s'en servirent soit pour présider les comices et influencer l'élection des consuls, soit pour ravir à un général plébéien l'honneur d'une guerre heureuse. De 364 à 343, en vingt et un ans seulement il y eut quatorze dictatures.

PARTAGE DES MAGISTRATURES CURULES. — Mais l'impulsion était donnée. Quelle main serait assez forte pour l'arrêter? Déjà l'édilité curule avait été partagée presque aussitôt après sa création. En 364 le peuple obtint la nomination des deux tiers des tribuns légionnaires. En 355 la dictature elle-même fut envahie. Les dangers de la guerre contre les Étrusques firent proclamer dictateur un des plus illustres plébéiens, C. Rutilius, qui cinq ans plus tard devint aussi le premier censeur de son ordre. Cependant il y eut encore des efforts de la part des patriciens pour retenir le consulat. En vingt-sept ans ils ne laissèrent arriver que huit plébéiens à cette charge; cette imprudente tentative acheva leur défaite. Les riches familles plébéiennes s'irritèrent qu'on leur enlevât ce que la persévérance de Licinius leur avait donné; quant aux pauvres, ruinés, comme toujours, par l'usure, ils étaient, comme toujours aussi, disposés à un soulèvement.

LOIS POPULAIRES (340-286). — Après la première guerre contre les Samnites, les Romains avaient mis garnison dans Capoue. Au milieu de ce beau pays les légionnaires se souvinrent des impitoyables créanciers qui les attendaient à Rome, et aussi du moyen qui avait servi quatre-vingts ans auparavant aux Samnites pour s'emparer de cette ville. Le complot fut découvert. Pour en prévenir l'exécution, le consul Marcius Rutilius renvoya les soldats par cohortes; mais ils se réunirent aux gorges de Lautules, appelèrent à eux tous les esclaves pour dettes, et marchèrent sur Rome au nombre de vingt mille. Près de Bovillæ ils fortifièrent un camp, ravagèrent les terres voisines, et, ayant trouvé dans la ville près de Tusculum un patricien, T. Quinctius, ils le forcèrent de se mettre à leur tête. A la révolte des soldats répondit celle des plébéiens. Ils sortirent de Rome et campèrent à quatre milles des murs. On nomma un dictateur populaire, Valérius Corvus. Mais ses soldats, au lieu de combattre, se réunirent à leurs camarades, et, tous ensemble demandèrent et obtinrent :

1° Une amnistie générale et le complet oubli du passé;

2° Un règlement militaire portant que le légionnaire sous les drapeaux ne pouvait sans son consentement être rayé des contrôles, c'est-à-dire être privé des immunités et des avantages attachés au service militaire, et que celui qui avait servi comme tribun ne pourrait être enrôlé comme centurion;

3° Une réduction sur la solde des chevaliers.

De leur côté, les plébéiens rentrés dans la ville votèrent, sur la proposition du tribun Génucius, les lois suivantes, dont le double but était de soulager les pauvres et d'empêcher que les charges ne devinssent le patrimoine héréditaire de quelques familles (341):

4° On ne sera rééligible à la même charge qu'après un intervalle de dix ans, et on ne pourra être investi de deux magistratures à la fois;

5° Les deux consuls pourront être plébéiens;

6° Le prêt à intérêt et les dettes sont abolis; les *nexi* seront relâchés.

Dans ces graves circonstances le sénat avait montré un esprit de conciliation dont il fit preuve encore deux années plus tard, lorsqu'il laissa le dictateur plébéien Publilius Philo porter le dernier coup au vieux régime par la suppression du veto législatif des assemblées curiates, d'où partaient toutes ces violences que la sagesse des sénateurs avait plus d'une fois condamnées (339) :

1° Les plébiscites seront obligatoires pour tous.

2° Toute loi présentée à l'acceptation des comices centuriates sera à l'avance approuvée par les curies et le sénat.

3° On choisira toujours un des censeurs parmi les plébéiens; les deux consuls pourront être de cet ordre.

La dernière de ces lois était une confirmation d'une loi de Génucius et l'application à la censure de la première loi Licinia. Les deux autres enlevaient à l'assemblée exclusivement patricienne des curies toute part dans le pouvoir législatif, désormais concentré dans les centuries, les tribus et le sénat.

Ici se termine véritablement la lutte politique. Si les plébéiens sont encore exclus de quelques charges, ils y arriveront successivement, sans bruit, sans efforts, par la seule force de la constitution nouvelle dont l'esprit est l'égalité, comme celui de l'ancienne était le privilége. Ainsi en 337 Publilius Philo obtint la préture, et en 327 le proconsulat, charge plébéienne dès son origine. En 302 la loi Ogulnia, vivement soutenue par un Décius, décréta qu'il y aurait à l'avenir quatre pontifes et cinq augures plébéiens. C'était le partage du sacerdoce. Quatre ans auparavant le fils d'un affranchi, Cn. Flavius, greffier d'Appius le Censeur, enleva aux patriciens, par la publication du calendrier et des formules de procédure, le seul avantage qui leur restât, la connaissance du droit civil et sacré.

A cette œuvre de nivellement populaire se rapporte la loi Mœnia, établie vers la fin de la guerre du Samnium et qui supprima le droit, jusque-là laissé aux curies, de refuser l'*imperium* aux magistrats élus par les centuries. Privées de toute influence sur les élections et sur la confection des lois, ces vieilles assemblées du premier peuple romain tombèrent en désuétude. Il n'y avait plus de caste patricienne, il n'y eut plus de comices curiates. Mais ce peuple, dont la vie fut une révolution perpétuelle, eut plus qu'un autre le culte du passé. Comme les citoyens, qui montraient avec orgueil les images des ancêtres, il conservait religieusement le souvenir et l'image de ce que le temps ou les hommes avaient détruit. L'empire lui-même ne fit point table rase. Trois siècles après Auguste il y avait un sénat, qui prenait quelquefois son rôle au sérieux, et Justinien nommait encore des consuls. Les curies durèrent donc, conservées, comme les statues des rois, par le respect de tous pour les hommes et les choses des vieux âges, mais réduites à d'insignifiantes prérogatives civiles et religieuses et représentées par trente licteurs sous la présidence du grand pontife.

Par cette déchéance des curies, toute la force aristocratique du gouvernement se concentra dans le sénat, où les charges curules firent entrer tous les jours un nombre plus grand de plébéiens. Ceux-ci n'avaient plus rien à prendre ou à détruire; il fallait conserver. De 300 à 216 de nouvelles consécrations furent données aux lois fondamentales, qui étaient comme la grande charte des libertés plébéiennes.

En 302 confirmation de la loi Valéria, qui par le droit d'appel donnait à l'accusé ses pairs pour juges.

En 299 confirmation de la loi Licinia, pour le partage du consulat, et par suite de toutes les charges.

En 286 lois du dictateur plébéien Hortensius qui consacrent toutes les conquêtes antérieures et assurent la fidèle exécution des lois de Publilius Philo.

C'étaient de graves circonstances qui avaient amené cette dernière dictature. Le peuple, encore une fois soulevé au sujet des dettes, s'était retiré sur le Janicule. Il ne demandait que la remise en vigueur des lois contre les créanciers; ses chefs voulurent davantage. Intéressés, comme ils le sont toujours, à faire des révolutions politiques dont ils profitent, ils détournèrent l'attention de la multitude de ses misères pour la reporter sur sa dignité offensée, disaient-ils. Les lois Hortensiennes eurent donc une bien autre portée que ne l'avaient pensé les premiers meneurs de la foule. Les dettes furent abolies ou diminuées, il est vrai, mais aussi les droits politiques des plébéiens et de l'assemblée par tribus furent de nouveau confirmés ; et pour effacer la dernière distinction qui séparât encore les deux ordres, les *Nundines* furent déclarées jours non fériés. C'était aux Nundines, ou jours de marché, que les tribus s'assemblaient, parce que les habitants de la campagne venaient ces jours-là à Rome. Les patriciens, par orgueil, pour n'avoir rien de commun avec les plébéiens, pour que ceux-ci ne pussent compter leur petit nombre dans les curies, attendre, réunis, les décisions du sénat, ou assister en foule menaçante aux jugements de leurs tribunaux, avaient consacré les Nundines à Jupiter, et s'étaient interdit, pendant leur durée, toute délibération et toute affaire.

Cependant on attribue au dictateur Hortensius une autre disposition, qui montrerait le désir sincère de prévenir les excès de la démocratie en fortifiant dans la constitution l'élément aristocratique. Les sénatus-consultes furent élevés aussi au rang de lois générales, et, comme les plébiscites, lièrent tous les ordres.

Par l'ensemble des lois promulguées depuis 367, non-seulement l'égalité politique était conquise, mais le privilége était maintenant du côté des plébéiens. Éligibles à toutes les magistratures, avec le droit d'occuper à la fois les deux places de consul et de censeur, ils conservaient exclusivement plébéiennes les charges de tribuns et d'édiles plébéiens. Par leur veto les tribuns arrêtaient les décrets du sénat, les actes des consuls et les propositions législatives ; par leur droit d'accusation ils plaçaient les magistrats impopulaires sous la menace d'une inévitable condamnation. Les assemblées curiates étaient annulées, les assemblées centuriates n'avaient que le droit de voter sans délibérer ; les seuls comices par tribus délibéraient et votaient sous la parole ardente de leurs tribuns ; et leurs plébiscites liaient tous les ordres. Cependant l'aristocratie elle-même et surtout la fortune de Rome devaient gagner à cette égalité si douloureusement consentie. L'aristocratie s'ouvrait à tous, il est vrai, mais c'était pour attirer, pour absorber dans son sein, et au profit de son pouvoir, tous les talents, toutes les ambitions. Séparée du peuple elle se serait vite énervée. Désormais le meilleur du sang plébéien montait jusqu'à la tête. Comme une branche entée sur un tronc puissant, elle fut nourrie d'une sève féconde, et l'arbre, dont les racines plongeaient profondément dans le sol, fut assez fort pour étendre au loin ses rameaux.

Tableau de la constitution romaine au troisième siècle avant notre ère ; égalité et union. — Cette constitution que nous venons de voir se former si lentement résista pendant la guerre du Samnium aux plus redoutables épreuves. Quand nous arrivons vers la fin de cette grande lutte nous trouvons que toute rivalité avait cessé entre les deux ordres, que l'émancipation politique des plébéiens s'était pleinement accomplie, et que la nouvelle génération patricienne, élevée dans les camps, avait perdu le souvenir amer des victoires populaires. Les hommes nouveaux étaient maintenant aussi nombreux que les descendants des vieilles familles curiales ; et les services comme la gloire de Papirius Cursor, de Fabius Maximus, d'Appius Cæcus et de Valérius Corvus n'effaçaient ni les services ni la gloire des trois Décius, de P. Philo quatre fois consul, de C. Mænius deux fois dictateur, de Cœcilius Métellus qui commençait l'illustration de cette famille dont Mænius devait dire : les Métellus naissent consuls à Rome, de Curius Dentatus enfin et de Fabricius, plébéiens qui n'étaient pas même d'origine romaine.

Il y avait union parce qu'il y avait égalité, parce que l'on ne connaissait plus l'aristocratie du sang, et que l'on n'honorait pas encore celle de la fortune. A cette époque la constitution romaine présentait cette sage combinaison de royauté, d'aristocratie et de démocratie qu'ont admirée Polybe, Machiavel et Montesquieu. Par le consulat, il y avait unité dans le commandement ; par le sénat, expérience dans le conseil ; par le peuple, force dans l'action. Ces trois pouvoirs se contenant mutuellement dans de justes limites, toutes les forces de l'État, autrefois tournées les unes contre les autres, avaient enfin trouvé, après une lutte de plus de deux siècles, cet équilibre qui les faisait toutes concourir, avec une irrésistible puissance, vers un but commun, la grandeur de la république.

LES CONSULS ET LES TRIBUNS DU PEUPLE. — Dans la ville, les consuls sont les chefs du gouvernement : mais ils sont deux et d'ordre différent. Ils reçoivent les ambassadeurs des nations étrangères ; ils convoquent le sénat et le peuple, proposent des lois, rédigent les sénatus-consultes, et commandent aux autres magistrats : mais toute cette puissance, plus honorifique que réelle, vient se briser contre l'autorité inviolable du tribunat, contre la souveraineté du peuple, qui fait les lois, contre un décret du sénat, qui peut annuler le consul en faisant nommer un dictateur. A l'armée le consul paraît un chef absolu ; il choisit des tribuns légionnaires, il fixe les contingents des alliés, et exerce sur tous droit de vie et de mort : mais sans le sénat il n'a ni vivres, ni vêtements, ni solde ; et un sénatus-consulte peut arrêter subitement ses entreprises, lui donner un successeur ou le proroger dans son commandement, lui accorder ou lui refuser le triomphe. Il fait des traités, mais le peuple les ratifie ou les casse. Il agit, il décrète, mais les tribuns le surveillent, et par leur véto l'arrêtent, par leur droit d'accusation le tiennent en de continuelles alarmes. Enfin, sa magistrature expirée, il doit rendre compte au peuple pour en recevoir des applaudissements qui lui promettent de nouvelles charges, ou des reproches et des murmures qui le rejettent à jamais dans la vie privée, quelquefois une amende qui le ruine et le déshonore.

LE SÉNAT. — Les sujets, les alliés et les rois étrangers, qui ne traitent jamais qu'avec le sénat, qui le voient juger leurs différends, répondre à leurs députés et envoyer au milieu d'eux des commissaires tirés de son sein, regardent ce corps comme le maître de la république. A Rome même les sénateurs ne paraissant que vêtus de la pourpre royale ; siégeant dans les temples, discutant toutes les grandes affaires, les plans des généraux et le gouvernement des pays conquis ; recevant les comptes des censeurs et des questeurs ; autorisant toutes les dépenses, tous les travaux ; veillant à la conservation de la religion de l'État, à la poursuite des crimes publics, à la célébration des jeux et des sacrifices solennels, et pouvant ajourner les assemblées du peuple, ou rendre des décrets qui ont force de loi, semblent être les premiers dans l'État par l'étendue de leurs droits politiques, comme ils l'étaient par leur dignité et par le respect qui s'attachait à leur nom. Mais, soumis au contrôle irresponsable des censeurs, le sénat est encore présidé par les consuls, qui dirigent à leur gré ses délibérations. Serait-il d'accord avec eux qu'il ne pourrait, sans le consentement des tribuns, ni s'assembler ni rendre un décret ; et l'omnipotence législative du peuple les met dans la dépendance des centuries et des tribus. Tous ses membres d'ailleurs sont indirectement nommés par le peuple, puisque c'est lui qui élève aux charges, et que c'est par les charges qu'on entre au sénat.

LE PEUPLE. — Le peuple, jury suprême, corps électoral et législatif, en un mot le vrai souverain au forum, retrouve dans les tribunaux civils les sénateurs pour juges, à l'armée les consuls pour généraux, les uns armés de l'autorité des lois et du pouvoir discrétionnaire que donne une législation incertaine et obscure ; les autres, d'une discipline qui commande une obéissance aveugle. Le plébéien se gardera de blesser ceux qui pourraient se venger sur le plaideur ou sur le légionnaire, des votes hostiles du citoyen. Fermiers de l'État pour les domaines, les travaux publics et le recouvrement des impôts, nombre de citoyens, surtout les plus riches, dépendent encore du sénat et des censeurs qui adjugent les enchères, font les remises, prolongent les termes de payement ou cassent les baux. Il n'y a pas jusqu'aux plus pauvres qui n'aient leur jour de fête et de royauté. La veille des comices le patricien oublie sa noblesse pour se mêler à la foule, pour caresser ces rois de quelques heures qui donnent les honneurs, la puissance et la gloire. Il prend la main calleuse du paysan, appelle par son nom le plus obscur Quirite, et, plus tard, il rendra au peuple en un jour d'élection tout ce que lui et ses pères auront gardé du pillage de plusieurs provinces.

La brigue que dans un siècle il faudra punir, parce qu'elle amènera la vénalité, ne fait encore que rapprocher le riche du pauvre et donner aux grands une leçon d'égalité.

Chaque corps de l'État, dit Polybe, peut donc nuire à l'autre ou le servir; de là naît leur concert et la force invincible de cette république.

LA CENSURE. — Une puissance morale, la censure, elle-même irresponsable et illimitée dans ses droits, veillait au maintien de cet équilibre. Dans les législations orientales le principe conservateur de la constitution est le sentiment religieux, car la loi n'est que l'expression de la volonté divine. En Grèce et à Rome Lycurgue et Numa donnèrent aussi à leurs lois la sanction divine. Mais Solon et les Romains de la république, plus éloignés de l'époque sacerdotale, confièrent à des hommes ce pouvoir conservateur : Solon à l'Aréopage; la constitution romaine aux censeurs. A Athènes l'Aréopage, sorte de tribunal placé en dehors de l'administration, ne fut jamais assez fort pour exercer une influence utile; à Rome la censure, chargée de très-graves intérêts matériels, fut une magistrature active, dont l'importance politique accrut et assura l'autorité morale. Ces délits qu'aucune loi ne peut frapper, ces dangereuses innovations qui ébranlent sourdement les républiques en détruisant l'égalité, les censeurs savent les atteindre et les punir. Ils chassaient du sénat et de l'ordre équestre, ils privaient de leurs droits politiques les plus riches, les plus puissants citoyens; et dans la répartition des classes « ils exerçaient la législation sur le corps même qui avait la puissance législative ».

Par leur autorité sans contrôle, ils contenaient le peuple et la noblesse, frappaient tout ce qui s'élevait au-dessus des lois, tout ce qui pouvait altérer les mœurs, et ainsi venaient en aide au pouvoir exécutif, toujours si faible dans les démocraties.

Cette constitution exposait cependant à de grands dangers. Elle n'était point écrite; et les droits des assemblées ou des magistrats n'ayant jamais été clairement définis, il pouvait arriver que les diverses juridictions empiétassent les unes sur les autres; de là des chocs, c'est-à-dire des troubles; ou bien qu'une seule, aidée par les circonstances, prît dans l'État une prépondérance dangereuse. Ainsi Hortensius avait donné une égale autorité aux décisions du sénat et à celles du peuple. Que ces deux pouvoirs se mettent en opposition, et il n'y aura dans l'Etat aucune force légale, si ce n'est le remède violent et temporaire de la dictature, d'ailleurs à présent peu usitée, qui pourra terminer cette lutte sans combats. Mais la prudence du sénat sut pendant un siècle et demi prévenir ce danger. Il se fit un partage entre lui et le peuple des matières sur lesquelles devait s'exercer leur omnipotence législative. Au peuple les élections et les lois d'organisation intérieure; au sénat l'administration des finances et des affaires extérieures.

Le sénat consentit même dans l'intervalle des deux guerres puniques, comme pour récompenser le peuple du dévouement qu'il avait montré, à opérer un grand changement dans l'organisation de l'assemblée publique. On effaça de la constitution le principe timocratique que Servius y avait introduit. Les classes furent abolies et toutes les prérogatives de l'assemblée centuriate passèrent à l'assemblée des tribus, lesquelles n'eurent d'autre division que celle indiquée par le respect héréditaire de tous les Romains pour l'âge et l'expérience (*Centuriæ juniorum et seniorum*). C'était le triomphe définitif du principe de l'égalité, au nom duquel les tribuns avaient toujours combattu.

Ainsi au cœur de l'Italie, au milieu des populations domptées, désunies et surveillées, s'élevait le peuple romain, fort de son union, de ses mœurs, de l'habileté et de la sagesse de ses chefs. Et devant ce grand spectacle, devant ces résultats de l'activité et de la prudence humaines, nous souvenant de ce que Rome avait été d'abord, nous dirons avec Bossuet : « De tous les peuples du monde, le plus fier et le plus hardi, mais tout ensemble le plus réglé dans ses conseils, le plus constant dans ses maximes, le plus avisé, le plus laborieux, et enfin le plus patient, a été le peuple Romain. De tout cela s'est formée la meilleure milice et la politique la plus prévoyante, la plus ferme et la plus suivie qui fut jamais. »

FORMATION D'UNE NOUVELLE ARISTOCRATIE AU DEUXIÈME SIÈCLE AVANT JÉSUS-CHRIST. — Mais la chute de Carthage, de Corinthe et de Numance, la conquête de l'Espagne, de l'Afrique, de la Macédoine et de l'Asie, la grandeur de Rome, en un mot, devinrent fatales à sa constitution; ni le sénat, ni les tribuns, ni le peuple ne furent les auteurs du mal. Au second siècle avant notre ère le peuple était paisible, le sénat modéré et les tribuns pacifiques. Du tribunat sortirent même les meilleures lois de ce temps. Quant au sénat, recruté d'hommes qui avaient rempli les plus hautes charges, conduit les guerres les plus difficiles, administré des provinces vastes comme des royaumes, il formait le corps le plus expérimenté, le plus habile et tout à la fois le plus prudent et le plus hardi qui ait jamais gouverné un État. Il ne demandait ni plus de pouvoir ni plus d'honneurs, et il s'appliquait à respecter tous les droits du peuple. Mais lui-même il était dominé par ceux que Salluste appelle la faction des grands.

Le sénat, en effet, n'était que la tête d'une aristocratie nouvelle plus illustre que l'ancienne, parce qu'elle avait fait de plus grandes choses, plus fière, parce qu'elle voyait le monde à ses pieds. Des anciennes *gentes* il en restait quinze à peine; et dès l'époque de la seconde guerre punique le sénat renfermait plus de plébéiens que de patriciens. Aussi y eut-il, en 172, malgré la loi, deux consuls plébéiens, comme en 215 et en 131 deux censeurs du même ordre. Ainsi, à l'époque qui nous occupe deux faits de la plus haute importance s'étaient produits dans la société romaine, la noblesse et le peuple étaient entièrement renouvelés. Mais d'autres hommes amènent d'autres idées; cette seconde noblesse, en effet, bien que sortie du peuple, n'en tenait pas moins le peuple en souverain mépris. Ce n'était plus le plébéien qui était repoussé des honneurs; mais l'*homme nouveau*. Unissant par des mariages et des adoptions leur sang et leurs intérêts, les familles nobles formaient une oligarchie qui faisait des charges publiques son patrimoine héréditaire. La vénalité du peuple et la nécessité de passer d'abord par la charge ruineuse de l'édilité fermaient l'accès des honneurs à tous ceux qui ne pouvaient dissiper en un jour d'élection ou de jeux publics une fortune amassée par dix générations. La loi disait bien que les charges étaient annuelles. Mais Caton perdait son temps à reprocher au peuple d'élever toujours les mêmes hommes aux magistratures.

Dans les Fastes consulaires les mêmes noms reviennent sans cesse. De 219 à 133, en quatre-vingt-six ans, neuf familles obtinrent quatre-vingt-trois consulats. Aussi un petit nombre seulement de citoyens obscurs parvenaient-ils à se faire jour : le grand pontife Coruncanius, Flaminius, Varron, Caton, Mummius, et cet Acilius Glabrion, qui, en briguant la censure, invectivait si hautement les nobles ligués contre les hommes nouveaux.

USURPATIONS, INSOLENCE ET EXACTIONS DES GRANDS. — Ce mouvement qui, en élevant aux honneurs tous les citoyens capables, renouvelait sans cesse l'aristocratie, et qui assurait sa durée en légitimant son existence; ce mouvement commencé il y a deux siècles allait donc s'arrêter. Enfermée, pour ainsi parler, dans les charges et dans son opulence, la noblesse rompait tout lien avec le peuple, qu'elle méprisait, qu'elle insultait, lors même qu'elle briguait ses suffrages, comme ce Scipion Nasica qui en prenant la main calleuse d'un paysan lui demandait : « Eh, mon ami, est-ce que tu marches sur les mains? » Cet orgueil s'alliait mal avec l'idée de l'égalité républicaine. Cependant dans une république où le pouvoir exécutif est ordinairement sans force à l'intérieur, il est nécessaire que le sentiment de l'égalité, que le respect pour les lois soient profondément enracinés dans le cœur des citoyens. Dès que l'un ou l'autre de ces principes s'affaiblit et disparaît, la république tombe. Car les lois ne sont plus qu'un réseau qui arrête bien les faibles, mais que les forts brisent en se jouant. Et les nobles le brisaient. Maîtres de toutes les positions, du sénat, des tribunaux, du forum et des charges, ils réglaient toutes choses suivant leur bon plaisir. Le sénat lui-même vit souvent son autorité méconnue. Malgré lui, malgré le peuple, Appius Claudius triompha des Salasses. Popilius Lænas avait sans motif attaqué les Statyelles, rasé leur ville, et vendu dix mille d'entre eux. Quelques voix s'élevèrent en faveur de ces malheureux, les seuls de tous les Ligures qui n'eussent jamais attaqué les légions, et un décret ordonna qu'ils fussent rachetés. Popilius y répondit en tuant encore dix mille Statyelles. Mis en jugement, il obtint du préteur un ajournement, et l'affaire tomba. Scipion, dans ses opérations, n'avait guère consulté le sénat; les généraux, à son exemple, oublièrent dans leurs provinces qu'ils ne devaient être que les dociles agents d'une autorité supérieure. Ainsi, sans attendre une autorisation du sénat, Manlius attaqua les Galates, Lucullus les Vaccéens, Æmilius Pallantia, Cassius les montagnards des Alpes. Ce même Cassius voulait quitter la Cisalpine, sa province, pour pénétrer par l'Illyrie dans la Macédoine, où commandait l'autre consul, au risque de laisser l'Italie et Rome à découvert.

Si en face du sénat et du peuple ils affichaient l'indépendance, vis-à-vis des alliés et des provinciaux ils se croyaient tout permis. On voulait renvoyer Marcellus en Sicile : que l'Etna plutôt nous ensevelisse sous ses laves, s'écrièrent les Syracusains. La Sicile allait expier sa fécondité, l'Espagne sa richesse. Outre la taxe permanente, les Espagnols devaient fournir du blé, dont une partie leur était payée. Mais les préteurs fixèrent très-bas le prix du blé acheté par l'État, et très-haut celui du blé que les Espagnols devaient fournir. Puis ils convertirent en argent cette prestation en nature; et de cette manière levèrent à leur profit de lourds tributs. Ces exactions devinrent si criantes, qu'à l'époque de la guerre contre Persée le sénat jugea prudent de montrer quelque justice. Deux préteurs furent accusés et s'exilèrent avant le jugement, l'un à Tibur, l'autre à Préneste. D'autres étaient soupçonnés; mais le magistrat chargé de l'enquête partit tout à coup pour son gouvernement, et le sénat, empressé de terminer cette inquiétante affaire, fit quelques règlements pour donner aux Espagnols une apparente satisfaction. En Grèce, dans le même temps, consuls et préteurs pillaient à l'envi les villes alliées et en vendaient les citoyens à l'encan, ainsi à Coronée, à Haliarte, à Thèbes, à Chalcis. La stérile Attique fut condamnée à fournir cent mille boisseaux de blé. Abdère en donna cinquante mille, plus cent mille deniers; et comme elle osa réclamer auprès du sénat, Hostilius la livra au pillage, décapita les chefs de la cité et vendit toute la population. Un autre préteur, Lucrétius, plus coupable encore, fut accusé à Rome : « Il serait injuste, dirent ses amis, d'accueillir des plaintes contre un magistrat absent pour le service de la république, » et l'affaire fut ajournée. Cependant Lucrétius était alors près d'Antium occupé à décorer la ville du produit de ses rapines et à détourner une rivière pour la jeter dans son parc. Il fut moins heureux une autre fois. On le condamna à une amende d'un million d'as; puis le sénat donna aux envoyés des villes quelques milliers d'as en présent, et tout fut dit. Mais ces décrets tombaient vite dans l'oubli, et les abus recommençaient, seulement moins éclatants, pour que le bruit n'en vînt pas si aisément à Rome. Car il fallait une bien dure oppression pour décider un peuple à encourir par une plainte la colère de ces puissants personnages. Pour apaiser Marcellus, qu'ils avaient accusé de rapines, on vit en plein sénat les députés de la Sicile se jeter à ses pieds, implorer son pardon et le supplier de les accepter eux et tous les Syracusains pour ses clients. A leur retour, Syracuse institua des fêtes annuelles en l'honneur de l'homme qui l'avait presque détruite; plus tard le dieu de ces fêtes fut Verrès.

Un autre genre d'exactions pesait sur les alliés. A chaque victoire les généraux exigeaient d'eux des couronnes d'or. Les consuls qui commandèrent en Grèce et en Asie, de 200 à 188, se firent ainsi donner six cent trente-trois couronnes d'or, ordinairement du poids de douze livres. Et s'ils vouaient durant les combats des jeux ou des temples, ils n'oubliaient pas de prélever dans leurs provinces les fonds nécessaires. Avec l'argent fourni par les alliés, Fulvius et Scipion célébrèrent des jeux qui durèrent dix jours. Les édiles même s'habituèrent à faire payer aux provinciaux les frais des jeux qu'ils devaient donner au peuple, et un sénatus-consulte essaya vainement d'arrêter ces exactions.

Inutiles efforts de Caton et des Gracques pour ramener l'égalité. — Voilà donc ce que le peuple romain avait gagné à toute cette gloire : la ruine des mœurs et de l'égalité. Le monde était aux pieds de Rome, et Rome elle-même appartenait à quelques-uns de ses citoyens. En vain Caton essaya de lutter contre eux. Pour imposer silence à ce censeur perpétuel, ils brisèrent entre ses mains l'arme dont il se servait contre eux : le système des classes ou des catégories de fortune aboli avant la seconde guerre punique, pour l'assemblée du peuple, fut rétabli. L'on prit encore les suffrages par tribus, mais dans chaque tribu il y eut plusieurs classes; les sénateurs, les chevaliers, les laboureurs, les artisans, etc., votèrent à part. C'était livrer toute l'influence dans les comices à la noblesse et à la fortune.

Ainsi quand les Gracques parurent la société romaine, jadis si bien unie, était séparée en deux partis; d'un côté quelques nobles, de l'autre le peuple, et entre eux un infranchissable abîme. Les Gracques, qui essayèrent de le fermer, y tombèrent eux-mêmes, et les violences qui suivirent leur mort appelèrent la sanglante réaction de Marius.

Réaction populaire contre les violences des grands. — Maîtres de la ville, des commandements des provinces, les grands oublièrent la leçon qui devait sortir pour eux de cette double tragédie. Ils se firent illusion sur leur force, et crurent qu'en tuant les Gracques ils avaient dissipé tous les périls. Il n'y avait pas neuf ans que Caïus avait été égorgé, qu'un tribun, Memmius, mettant à profit la honte dont les nobles s'étaient couverts dans la guerre de Numidie, disait au peuple du haut de la tribune : « Bien des motifs m'éloigneraient de vous, Romains, si l'amour du bien public ne l'emportait sur toute autre considération : le pouvoir d'une faction, votre patience, l'absence de toute justice, et surtout la conviction que la vertu a plus de périls que d'honneurs à attendre. En vérité j'éprouve de la honte à dire comme dans ces quinze dernières années vous avez servi de jouet à l'orgueil de quelques hommes, avec quelle ignominie vous avez laissé périr sans vengeance les défenseurs de vos droits, à quel point vos âmes ont été corrompues par la lâcheté et la bassesse. Aujourd'hui même que vos ennemis donnent prise sur eux, vous n'osez pas vous lever, et vous avez peur de ceux qui devraient trembler devant vous. Malgré ces justes motifs pour me taire, mon courage m'impose la loi de braver la tyrannie de cette faction. Certainement j'userai de cette liberté que j'ai reçue de mes pères. Sera-ce inutilement, ou avec fruit, c'est ce qui dépend de vous, Romains.

« Je ne viens pas vous exhorter à repousser l'injustice par les armes, comme l'ont fait souvent vos ancêtres; il n'est ici besoin ni de violence ni de retraite au mont sacré : il suffit de leurs vices seuls pour précipiter leur ruine. Après l'assassinat de Tibérius Gracchus, qui, disaient-ils, aspirait à la royauté, on exerça de rigoureuses poursuites contre le peuple romain tout entier : de même, après le meurtre de C. Gracchus et de Fulvius, une foule de citoyens de votre ordre furent immolés dans les prisons, et ce ne fut pas la loi, mais le caprice seul des nobles qui mit un terme à ce double massacre. Mais que ce soit aspirer à la royauté que de rendre au peuple ses droits, j'y consens; tenons pour légitime tout ce qui ne peut être vengé sans faire couler le sang des citoyens. Dans les dernières années vous vous indigniez en secret de voir le trésor public dilapidé, et les impôts des rois et des peuples ravis par quelques nobles qui possèdent les plus hautes dignités et d'immenses richesses. Mais pour eux c'était peu que d'avoir osé impunément de tels attentats; dernièrement ils ont livré aux ennemis vos lois, la majesté de votre empire et tout ce qu'il y a de droits divins et humains. Et montrent-ils honte et repentir de tels crimes? Loin de là : ils se présentent insolemment à vos regards, étalant avec orgueil les uns leurs sacerdoces et leurs consulats, les autres leurs triomphes, comme si ces distinctions usurpées étaient pour eux un titre d'honneur. Des esclaves achetés à prix d'argent ne supportent pas les traitements injustes de leurs maîtres; et vous, Romains, nés pour commander, vous souffrez patiemment la servitude! Et quels sont donc ceux qui ont ainsi envahi la république? Des gens d'une monstrueuse cupidité, couverts de crimes et de sang, les plus pervers et les plus orgueilleux des hommes. Pour eux la bonne foi, l'honneur, la piété, enfin la vertu et le vice sont un objet de trafic. Les uns ont égorgé les tribuns du peuple, les autres ont exercé des procédures injustes, la plupart ont versé votre sang; et c'est là ce qui fait leur sauve-garde; plus ils ont été criminels, plus ils sont en sûreté; la terreur qui devait s'attacher à leurs crimes, ils l'ont fait passer dans vos âmes timides : les mêmes désirs, les mêmes haines, les mêmes craintes, n'ont fait de tous ces hommes qu'un seul homme. Mais ce qui est amitié entre les gens de bien devient conspiration entre les méchants. Si vous aviez autant de souci de votre liberté qu'ils ont d'ardeur pour la domination, sans doute la république ne serait pas, comme aujourd'hui, livrée au pillage, et vos bienfaits seraient le prix de la vertu, non de l'audace. Vos ancêtres, pour conquérir leurs droits et fonder la majesté de cet empire, ont fait deux fois scission, et se sont retirés en armes sur le mont Aventin; et vous, pour conserver cette liberté qu'ils vous ont transmise, vous ne feriez pas les derniers efforts? Cependant vous devez montrer d'autant plus d'ardeur qu'il y a plus de honte à perdre ce que l'on possède qu'à ne l'avoir jamais acquis. On me dira, que demandez-vous? Je veux qu'on sévisse contre ceux qui ont livré honteusement la république à l'ennemi; qu'on les poursuive, non à main armée, ni par force, ces moyens sont indignes de vous, bien que leurs crimes les dussent justifier, mais par des procédures régulières et le témoignage de Jugurtha lui-même. Si sa soumission est réelle, il s'empressera sans doute d'obéir à vos ordres; s'il les méprise, vous saurez ce que vous devez penser d'une paix ou d'une soumission qui laisse à Jugurtha l'impunité de ses crimes, à quelques hommes d'immenses richesses, à la république le dommage et l'opprobre. Mais peut-être n'êtes-vous pas encore fatigués de leur domination; peut-être préférez-vous ces temps où les royaumes, les provinces, les lois, les droits des citoyens, les tribunaux, la guerre, la paix, enfin toutes les choses divines et humaines étaient au pouvoir de quelques ambitieux? Et vous, c'est-à-dire le peuple romain, invincibles au dehors, souverains de toutes les nations, vous croyiez avoir assez fait que de conserver le droit de respirer : car pour l'esclavage, qui de vous osera le repousser?

« Bien que ce soit à mes yeux le comble de l'ignominie pour un homme de cœur de se laisser outrager impunément, je me résignerais à voir le pardon accordé à ces pervers, si votre indulgence ne devait pas entraîner votre ruine. Car ils sont si dépravés, que pour eux c'est peu d'avoir mal fait impunément, si on ne leur ôte le pouvoir de mal faire à l'avenir. Et pour vous ce sera un sujet d'éternelles inquiétudes, quand vous comprendrez qu'il vous faut être esclaves, ou combattre pour garder votre liberté. Et quelle espérance avez-vous d'un accord sincère avec eux? Ils veulent dominer, vous voulez être libres; ils veulent faire le mal; vous, l'empêcher; enfin ils traitent vos alliés en ennemis et vos ennemis en alliés. La paix ou l'amitié peut-elle exister avec des sentiments si contraires?

« Je vous le conseille donc et je vous en prie, ne laissez pas un si grand crime impuni. Il ne s'agit pas de trésor public dilapidé ou d'argent arraché par la violence aux alliés, ces délits, quelque graves qu'ils soient, sont devenus si communs qu'ils sont comptés pour rien aujourd'hui. On a livré à votre plus dangereux ennemi l'autorité du sénat : on lui a livré la majesté de votre empire; à Rome et dans les camps la république a été vendue.

« Si l'on ne sévit pas contre les coupables, si de tels attentats ne sont pas poursuivis, il ne nous reste plus qu'à vivre esclaves de ceux qui les ont commis; car c'est être vraiment roi que de faire impunément tout ce qu'on veut. Non que je vous exhorte à mieux aimer trouver vos concitoyens coupables qu'innocents. Mais prenez garde, en pardonnant aux méchants, de sacrifier les gens de bien. D'ailleurs, dans une république il vaut beaucoup mieux oublier le bien que le mal. L'homme vertueux si on le néglige devient seulement moins zélé, le méchant devient plus audacieux ; et en prévenant plus souvent l'injustice vous aurez plus rarement besoin de la répression. »

OPPOSITION DE MARIUS CONTRE LES GRANDS. — Ces paroles étaient sévères, Marius en fit entendre aux nobles de plus dures encore.

« Je sais, Romains, que la plupart des magistrats ne tiennent pas la même conduite quand ils sollicitent le pouvoir et quand ils l'exercent après l'avoir obtenu. D'abord actifs, souples, modérés, puis vivant dans la mollesse et l'orgueil. Telle n'est pas ma façon de penser, car autant la république entière est au-dessus du consulat et de la préture, autant il faut mettre plus de soin à bien gouverner qu'à briguer ces honneurs. Je ne me dissimule pas combien l'éclatante faveur dont vous m'avez honoré m'impose d'obligations : pourvoir aux préparatifs de la guerre, ménager à la fois le trésor public, contraindre au service des citoyens à qui on ne voudrait pas déplaire, veiller à tout au dedans et au dehors, malgré l'envie, les intrigues et les factions ; c'est là, Romains, une tâche plus rude qu'on ne pense. Les autres du moins, quand il leur arrive de faillir, trouvent une protection dans leur ancienne noblesse, dans les grandes actions de leurs ancêtres, dans le crédit de leurs proches et de leurs alliés, dans le nombre de leurs clients : pour moi, toutes mes espérances sont en moi-même, et il faut que je les soutienne par mon courage et mon intégrité. Car auprès de ceux-là tous les autres appuis sont bien faibles.

« Depuis mon enfance jusqu'à ce jour j'ai préparé ma vie aux dangers et aux fatigues ; telle a été ma conduite avant vos bienfaits, quand j'étais sans espoir de récompense, telle elle sera aujourd'hui que je l'ai reçue. La modération dans le pouvoir est difficile à ceux qui pour y parvenir ont fait semblant d'être probes ; pour moi, qui ai passé ma vie dans l'exercice des vertus, l'habitude de bien faire m'est devenue naturelle.

« Vous m'avez ordonné de faire la guerre à Jugurtha : la noblesse s'est indignée de votre choix. Réfléchissez à loisir, je vous prie, s'il ne vaudrait pas mieux changer votre décision, et, dans cette foule de nobles, choisir pour cette expédition, ou pour toute autre, un homme de vieille race, comptant beaucoup d'aïeux et pas une seule campagne, afin sans doute que dans une mission si importante, plein d'ignorance, de trouble et de précipitation, il prenne quelque homme du peuple qui lui enseigne ses devoirs. Il arrive souvent en effet que celui que vous aviez chargé du commandement cherche un autre homme qui lui commande. J'en connais, Romains, qui après être parvenus au consulat, ont commencé à lire les actions des ancêtres et les préceptes des Grecs sur l'art militaire ; hommes qui font tout à contre sens, car de ces deux choses, exercer et obtenir le consulat, si l'exercice est la dernière dans l'ordre des temps, c'est la première par l'importance et les résultats.

« Maintenant, Romains, comparez à ces nobles superbes Marius, homme nouveau. Ce qu'ils ont lu ou entendu dire, je l'ai vu ou je l'ai fait ; ce qu'ils ont appris dans les livres, je l'ai appris dans les camps.

« Voyez maintenant ce qui vaut mieux des actions ou des paroles. Ils méprisent ma naissance, et moi je méprise leur lâcheté. On peut m'objecter à moi le tort de la fortune : à eux l'on objectera leur déshonneur. A mon avis la nature fait tous les hommes égaux, et c'est le plus courageux qui est le plus noble. Si l'on pouvait demander aux aïeux d'Albinus ou de Bestia, de qui, d'eux ou de moi, ils aimeraient mieux être les pères, croyez-vous qu'ils répondissent autre chose, sinon qu'ils voudraient avoir pour fils les plus vertueux. S'ils ont le droit de me mépriser, qu'ils méprisent donc aussi leurs ancêtres, dont la noblesse doit son origine à la vertu.

« Ils sont jaloux de mon élévation, qu'ils le soient donc aussi de mes fatigues, de mon intégrité, de mes périls, qui me l'ont acquise. Mais ces hommes, gâtés par l'orgueil, vivent comme s'ils méprisaient vos honneurs ; et ils les demandent, comme s'ils avaient bien vécu. Certes ils s'abusent d'une étrange manière, en voulant réunir en eux deux choses incompatibles : les plaisirs de la mollesse et les récompenses de la vertu.

« Cependant, lorsqu'ils parlent devant vous ou dans le sénat, tous leurs discours sont pleins d'éloges de leurs ancêtres; ils croient se rendre plus illustres en rappelant les belles actions de ces grands hommes : mais c'est tout le contraire; car, plus la vie des uns a eu d'éclat, plus la lâcheté des autres est dégradante.

« La gloire des aïeux est comme un flambeau qui jette sa lumière sur les vertus et sur les vices de leurs descendants.

« Pour moi, Romains, je n'eus pas cet avantage; mais ce qui est plus glorieux, il m'est permis de parler de mes propres actions. Voyez cependant leur injustice. Ce qu'ils s'arrogent pour une vertu qui n'est pas la leur, ils ne me l'accordent pas pour la mienne; sans doute parce que je n'ai pas d'images et que ma noblesse est nouvelle; mais j'aime mieux l'avoir fondée que de déshonorer celle qui m'aurait été transmise. Je sais bien que s'ils veulent me répondre, ils sauront trouver facilement des phrases éloquentes et arrangées avec art; mais comme depuis que vous m'avez élevé à une si haute dignité, ils nous déchirent en tous lieux, vous et moi, de leurs invectives, je n'ai pas cru devoir me taire, de peur qu'on ne prît mon silence pour un aveu.

« Ce n'est pas qu'à mon avis des discours pussent me nuire; car s'ils sont vrais, ils doivent faire mon éloge; s'ils sont faux, ma vie et mon caractère les démentent. Mais puisqu'ils accusent la résolution qui m'a déféré une haute dignité et une mission importante, réfléchissez encore si vous devez vous repentir de votre choix. Je ne peux pas, pour la justifier, étaler les images, les triomphes ou les consulats de mes ancêtres; mais, s'il le faut, des piques, un étendard, des colliers, d'autres récompenses militaires, et des cicatrices sur ma poitrine. Voilà mes images. Voilà ma noblesse, laquelle ne m'a pas été, comme la leur, transmise par héritage, mais que j'ai gagnée à force de périls et de travaux.

« Mes discours sont sans apprêt, et je m'en inquiète peu; ma vertu se montre assez par elle-même. C'est à eux que l'art des paroles est nécessaire pour couvrir la honte de leurs actions. Je n'ai point étudié la littérature grecque, et me souciais peu de l'apprendre ne voyant pas qu'elle eût rendu plus vertueux ceux qui l'enseignaient. Mais j'ai appris des choses beaucoup plus utiles à l'État. J'ai appris à frapper l'ennemi, à garder un poste, à ne rien craindre que le déshonneur, à supporter également le froid et le chaud, à coucher sur la terre, à souffrir en même temps les privations et les fatigues. Voilà par quelles leçons j'exhorterai mes soldats. Je ne les ferai pas vivre dans la gêne et moi dans l'abondance, et je n'achèterai pas ma gloire au prix de leurs travaux. C'est là le seul commandement utile, le seul qu'on doive exercer envers des citoyens; car vivre soi-même dans la mollesse et contraindre les soldats au devoir par les châtiments, c'est agir en tyran, et non pas en bon général. C'est par la pratique de ces maximes que vos ancêtres ont illustré et leur nom et la république. La noblesse, s'autorisant de ces grands hommes, auxquels elle ressemble si peu, nous méprise, nous qui sommes ses émules. Elle réclame de vous tous les honneurs, non pas comme une récompense dont il faut se rendre digne, mais comme une dette. En vérité ces hommes si orgueilleux s'abusent étrangement. Ils ont reçu de leurs ancêtres tout ce que ceux-ci pouvaient leur transmettre, des richesses, des images, un souvenir glorieux de leur nom; ils n'ont pas reçu la vertu qu'on ne peut laisser par héritage, et qui ne se donne ni ne se reçoit. Ils m'accusent d'avarice et de grossièreté, parce que je ne sais pas ordonner les apprêts d'un festin, que je n'ai pas d'histrion et que je ne paye pas un cuisinier plus cher qu'un valet de ferme. Je me fais gloire de cet aveu, car mon père et d'autres citoyens vertueux m'ont appris que ces délicatesses conviennent aux femmes et le travail aux hommes; qu'il faut au brave plus de gloire que de richesses, et que ses armes le parent mieux que ses ameublements. Eh bien donc, qu'ils mènent la vie qui leur plaît et qu'ils prisent si fort; qu'ils fassent l'amour, qu'ils boivent, qu'ils passent leur vieillesse où ils ont passé leur ado-

scence, dans les festins, esclaves de
urs sens et livrés aux plus sales pas-
ons. Qu'ils nous laissent à nous la
ieur, la poussière et toutes les fatigues,
us agréables pour nous que leurs dé-
pes. Mais il n'en est pas ainsi, car lors-
ie ces hommes avilis se sont désho-
brés par tous les excès, ils viennent
ivir les récompenses de la vertu. C'est
nsi que par une injustice odieuse, la
ébauche et la lâcheté, les pires de tous
s vices, sans nuire à ceux qui s'y li-
rent, sont un fléau pour la république
ii en est innocente. »
Ces paroles haineuses étaient une
buvelle déclaration de guerre. Soute-
us en effet par la gloire du vainqueur
e Jugurtha et des Cimbres, les tribuns
ecommencèrent la lutte. Le plus fa-
ieux, le plus entreprenant fut Satur-
ius, dont nous avons raconté dans la
remière partie les excès et la triste fin.
a mort de ce turbulent citoyen, et
exil volontaire de Marius rendirent
our quelques années le calme à la ville
 la sécurité aux grands. Le tribun
rusus remit tout en question. Il vou-
it remanier de fond en comble la cons-
tution et associer enfin les Italiens au
euple romain. Les grands le firent
ssassiner; mais la guerre Sociale éclata.
n ne la termina qu'en accordant le droit
e cité au plus grand nombre d'Italiens.
ès lors la vieille constitution ne pouvait
lus durer; comme elle déclarait que la
ouveraineté ne devait pas être exercée
illeurs qu'à Rome même, elle ne pouvait
lus convenir dès que le peuple romain
e renfermait plus seulement les Ita-
ens groupés autour de la ville dans les
ampagnes environnantes. La lutte en-
re Marius et Sylla eut pour prétexte la
épartition des nouveaux citoyens dans
es trente-cinq anciennes tribus, et pour
notif réel le désir dans les chefs, le be-
oin dans la foule d'une domination
nonarchique. Qu'on cherche bien en
ffet dans la vie de Marius, et on n'y
rouvera pas une seule idée politique.
ussi de toutes les renommées que
kome nous a léguées, celle-ci est-elle
ne des moins légitimes. Un autre,
inon Marius, eût vaincu les Cimbres et
auvé l'Italie, et cet autre, peut-être,
n'eût pas comme lui, chargé d'ans et de
gloire, jeté Rome dans la guerre civile;

il n'eût pas inauguré le meurtre, non de
quelques citoyens, mais de classes entières, comme maxime politique et raison
d'État. Sans Marius, Sylla n'eût pas été
ce qu'il fut. Nous avons honoré les Gracques malgré leurs fautes, flétrissons ici
l'ambition stérile de celui qui ne fut pas
même un homme de parti.

RÉFORME ARISTOCRATIQUE DE
SYLLA. — Sylla fut un tout autre homme, à part ses vices et sa cruauté. Sans
doute une fois qu'il fut sorti de l'obscurité, où il se retint lui-même jusqu'à
quarante-cinq ans, il ne voulut pas,
malgré le faste de son abdication, y rentrer. Mais maître du pouvoir, il s'occupa
de régénérer le gouvernement de son
pays. Il n'eut pas seulement de l'ambition, mais de grandes idées politiques;
et pour s'être trompé dans ses réformes
il n'en reste pas moins un homme éminent.

Sylla n'avait été toute sa vie qu'un soldat, habitué sous Marius lui-même à
l'obéissance militaire. S'inquiétant bien
plus de la puissance de Rome que de
sa liberté, il voulut faire régner au forum le silence des camps. Cette liberté,
il est vrai, n'était plus que la licence.
Mais pour arrêter ces tiraillements perpétuels, qui à la fin auraient compromis
la fortune de Rome, il ne sut trouver
d'autres remèdes qu'un retour vers le
passé; il crut l'aristocratie assez forte
pour porter le poids de l'empire, et il le
lui donna.

Il importe peu de présenter les lois
du dictateur dans l'ordre, incertain d'ailleurs, où elles se succédèrent; il vaut
mieux les classer sous différents chefs
selon qu'elles se rapportent aux catégories suivantes : extension de l'autorité du
sénat, limitation de la puissance des
tribuns et de l'assemblée du peuple, mesures relatives au droit de cité, aux Italiens, aux provinciaux; lois pénales, lois
somptuaires, etc.

La guerre civile et les proscriptions
avaient décimé le *sénat*. Sylla y fit entrer
trois cents membres nouveaux, choisis
parmi les chevaliers; et pour faire de
cette assemblée le pivot de l'État, le
principe conservateur de la constitution,
il lui rendit les jugements et la discussion préalable des lois, c'est-à-dire le
véto législatif. Il lui conserva le droit de

désigner les provinces consulaires, et plaça les gouverneurs dans sa dépendance en établissant que ceux-ci resteraient dans leurs provinces tant qu'il plairait au sénat.

Les *tribuns* perdirent le droit de présenter une rogation au peuple, leur véto fut restreint aux seules affaires civiles, et le tribunat lui-même fut presque déclaré infamant. Du moins l'exercice de cette charge ôta le droit d'en briguer d'autres, et les ambitieux s'éloignèrent d'une magistrature condamnée au silence et au désintéressement.

Si les tribuns ne pouvaient plus parler au peuple, si toute loi devait être préalablement approuvée par le sénat, les *comices par tribus* perdaient en réalité leur puissance législative : réduits à l'élection des magistrats inférieurs, ils semblaient n'exister plus. Quant aux *comices par centuries*, Sylla ne songea pas à leur rendre par le rétablissement intégral des classes le caractère aristocratique que Servius leur avait donné. Cependant la nécessité que toute proposition de loi fût précédée d'un sénatus-consulte portait une grave atteinte à leur souveraineté législative, comme leur pouvoir judiciaire en souffrait une par l'érection de nouveaux tribunaux permanents, et par la suppression du droit d'appel. En matière électorale le peuple fut encore dépouillé de la prérogative qu'il possédait depuis l'an 104, de nommer lui-même les pontifes. Quant aux *chevaliers*, qui depuis cinquante ans jouaient un si grand rôle, Sylla n'en tint compte. Il ne les trouvait pas dans la vieille constitution, il les effaça de la nouvelle. Il en fut de même de la *censure* ; à ses yeux, c'était une magistrature récente, qui voulait primer le sénat lui-même ; il la supprima. Mais la censure et l'ordre équestre se vengèrent. Ce sera par les chevaliers que sa législation périra, et les premiers censeurs nommés neuf ans après sa dictature chasseront de son sénat soixante-quatre membres. Afin de paraître faire quelque chose pour le peuple et les pauvres, il confirma la loi de Valérius Flaccus qui abolissait les dettes d'un quart. Il baissa aussi le prix des denrées, mais pour se donner le droit de supprimer les distributions qui nourrissaient la paresse du peuple. Si un enseignement politique ressort de la constitution romaine, c'est celui-ci, assurément, que le gouvernement qui veut être fort, calme et durable doit faire la part des éléments nouveaux qui successivement se produisent dans la cité. Les sociétés sont de grandes familles, où les aînés doivent partager avec les plus jeunes à mesure que ceux-ci arrivent à la force, à l'intelligence, au travail commun. Durant trois siècles, ce système avait fait la fortune de Rome. Mais depuis longtemps l'aristocratie y avait renoncé ; et cette faute Sylla l'exagérait encore par ses lois. Les tribuns, le peuple et les grands étaient ramenés de quatre siècles en arrière, les uns à l'obscurité du rôle qu'ils jouaient le lendemain de la retraite au mont Sacré, les autres à l'éclat, à la puissance des premiers jours de la république. Mais Sylla pouvait-il aussi les rappeler aux mœurs antiques : les nobles au désintéressement, les pauvres au patriotisme ? Il ne le crut pas ; il n'essaya pas même de rendre aux grands et au peuple par une épuration sévère la considération et le respect d'eux-mêmes. Loin de là : dans le sénat il fit entrer des gens obscurs et indignes ; dans le peuple il répandit dix mille esclaves des proscrits qu'il affranchit, et qui portèrent son nom, les Cornéliens. Des Espagnols, des Gaulois obtinrent même le droit de cité ; et il laissa les autres Italiens, excepté ceux qui avaient servi contre lui, répandus dans les trente-cinq tribus. C'était un fait accompli sur lequel il ne voulait point revenir, pour ne pas soulever de nouvelles irritations. Du moment d'ailleurs qu'il rendait le gouvernement exclusivement aristocratique, il y avait moins de danger à prodiguer un titre presque inutile mais qui satisfaisait encore la vanité. Aussi le laissa-t-il à ses vétérans établis dans les *colonies militaires*. Ce n'en était pas moins, dans son système, une imprudence ; car ces nouveaux citoyens pouvaient faire arriver un de ses ennemis au consulat, et dans l'anarchie légale où Rome vivait depuis un demi-siècle un consul pouvait défaire ce qu'avait fait un dictateur.

L'établissement des colonies militaires fut une des mesures les plus importantes de la dictature de Sylla. Elles changèrent face de l'Italie. Dans la Lucanie, le [Samnium] et l'Étrurie tous les propriétaires furent chassés et remplacés par [ses] soldats. Sylla voulut en quelque [sorte] créer un peuple nouveau pour sa [nouvelle] constitution. Cent vingt mille [légionnaires] reçurent les terres les plus [fertiles] de la Péninsule. C'était l'exécu[tion] d'une *loi agraire*, telle que les Gracques eux-mêmes n'avaient osé la [concevoir]. Mais les tristes résultats [qu'elle] eut montrèrent combien était [chimérique] l'espoir mis dans cette ré[forme]. Il y a des remèdes qui administrés [trop] tard tuent au lieu de guérir; ce [sera] dans ses *colonies* que Catilina re[crutera] ses bandes incendiaires.

Sylla avait rendu le pouvoir aux grands; [il] ne s'abusait pas cependant sur leur [moralité], et ses lois pénales, dirigés [contre] les crimes qu'ils commettaient [habituellement], prouvent qu'il chercha [sinon] à les rendre meilleurs, du moins [à] les intimider. Pour diminuer la brigue, [il] décréta qu'on ne pourrait exercer la [même] charge qu'après un intervalle de [dix] ans, et il défendit qu'on sollicitât la [préture] avant la questure, le consulat [avant] la préture. Lucrétius Ofella, celui [qui] avait si longtemps assiégé Préneste, [scella] cette loi de son sang. Il deman[dait] le consulat sans avoir été préteur, [Sylla] l'avertit de se désister; il continua: [un] centurion le poignarda au milieu de [la] place. Quand le peuple traîna le meur[trier] aux pieds du dictateur, assis sur [son] tribunal dans le temple de Castor. [« Qu'on] relâche cet homme, dit-il, c'est [par] mes ordres qu'il a agi »; et il leur conta [un] burlesque apologue du laboureur qui [deux] fois arrêté dans ses travaux, à la fin [se] débarrasse par le feu des insectes dont [il] est tourmenté, ajoutant: « Deux fois je [vous] ai vaincus, prenez garde que pour [de] nouvelles fautes je n'emploie cette fois [les] plus terribles peines. »

Il ne s'était élevé lui-même que par la [violence]; le premier il avait donné [l'exemple] de faire marcher sur Rome [ses] légions; il crut pouvoir prévenir le [retour] de pareils attentats, et, reprenant [la] loi de lèse-majesté de Saturninus et de [Varius], il l'étendit à des cas nouveaux. [À] l'avenir devait être puni par l'inter[diction] du feu et de l'eau, c'est-à-dire [par] l'exil, quiconque porterait atteinte à l'honneur et à la sécurité de l'Empire, violerait le véto d'un tribun, ou arrêterait un magistrat dans l'exercice de ses fonctions; tout magistrat qui laisserait lui-même dégrader entre ses mains les droits de sa charge; tout gouverneur qui de sa pleine autorité déclarerait la guerre, sortirait de sa province avec ses troupes, les exciterait à la révolte, les livrerait à l'ennemi, ou vendrait leur liberté à des chefs prisonniers. Ce fut de cette loi, qui plus tard punit non-seulement les actes mais les paroles, que les empereurs firent un si cruel usage.

Par sa loi *de falso* contre ceux qui falsifiaient la monnaie (1) ou les testaments, qui vendaient ou achetaient des hommes libres, et par la loi *de sicariis* contre les meurtriers, les incendiaires, les parricides, les faux témoins et les juges prévaricateurs, Sylla punissait des crimes trop communs dans Rome. Par sa loi *de repetundis*, cette sauve-garde des provinces, il chercha à réprimer l'avidité des préteurs dans leurs gouvernements. Ce fut, au reste, la seule mesure qu'il ait prise en faveur des provinciaux; homme du passé, il voulait que la conquête, dont il avait lui-même renouvelé les droits, continuât de peser sur eux, et sa loi *de provinciis ordinandis* ne regarda guère que les intérêts de Rome. Aucun gouverneur ne devait quitter sa province sans ordres; il fallait qu'il y restât jusqu'à ce qu'il plût au sénat de lui envoyer un successeur et qu'il en sortît alors dans les trente jours qui suivaient l'expiration de ses pouvoirs. Cependant il défendit aux gouverneurs de rien exiger au delà de ce qui leur était accordé par les règlements, et limita les dépenses, souvent excessives, que faisaient les provinces pour envoyer à Rome des ambassades chargées de louer le gouverneur sortant et de gagner d'avance leur nouveau maître.

Depuis la guerre Sociale il n'y avait plus à Rome de tribunaux, plus de justice. Sylla réorganisa les *Quæstiones perpetuæ*, établies soixante-dix ans auparavant par Calpurnius Frugi. Dès lors il y

---

(1) La falsification des monnaies était arrivée à un tel point, que le peuple avait élevé des statues à Marius Gratidianus, qui avait cherché à l'arrêter.

eut huit de ces tribunaux permanents, à chacun desquels fut préposé un préteur. Comme les juges dans ces cours de justice étaient tous sénateurs, et qu'ils prononçaient sans appel, l'administration de la justice criminelle passait tout entière au sénat. Auparavant le droit de récusation était presque illimité; il ne permit pas qu'on récusât plus de trois juges, à moins d'être sénateur.

Nous ne savons pas ce que fit le dictateur pour l'administration financière; il s'en occupa cependant, car il porta de huit à vingt le nombre des questeurs. Tacite nous apprend qu'il toucha même aux limites sacrées du Pomérium, et qu'il agrandit l'enceinte de Rome, bien qu'il n'eût ajouté aucune province à l'Empire.

Dans cette restauration du gouvernement aristocratique Sylla ne pouvait oublier la religion. Malgré l'impiété dont il avait fait preuve en Grèce, il afficha en maintes circonstances un profond respect pour les dieux, et jusqu'à sa dernière heure il crut aux prédictions des astrologues. A la bataille de la porte Colline il tira de son sein une petite statuette d'Apollon, et la pria très-dévotement de le sauver de tout péril. On sait son culte pour la Fortune, et pour Vénus, à laquelle il offrit une couronne et une hache d'or, double symbole de son propre pouvoir. Par conviction comme par politique, il s'efforça donc de rendre le crédit et l'éclat à l'ancienne religion; il augmenta le nombre des pontifes et des augures, qu'il porta de dix à quinze, leur rendit le droit de compléter eux-mêmes leur collége, et fit partout chercher les oracles sibyllins pour remplacer les livres qui avaient péri dans l'incendie du Capitole. Ce temple même il le rebâtit avec magnificence.

Malgré la dépravation de ses mœurs, ses amours infâmes et ses débauches, Sylla rendit plusieurs lois sur la sainteté du mariage, l'abus du divorce, les dépenses des festins et des funérailles. Comme toutes les lois somptuaires, ces dispositions furent sans force et sans durée; celui même qui les avait portées les renversa par son exemple. Mais il n'en fut pas ainsi de ses lois pénales, dont plusieurs dispositions ont vécu jusqu'à nos jours.

Il y a deux choses dans la vie publique de Sylla, et celle à laquelle on songe le moins est la plus grande. A son avénement au pouvoir l'empire et la constitution tombaient en ruines; il sauva l'un à Chéronée, et Rome vécut cinq siècles sur ses victoires; il voulut relever l'autre par ses lois, et elles ne durèrent pas dix années. Cependant si l'on embrasse dans son ensemble cette réforme législative, la plus vaste qui se soit accomplie à Rome depuis les décemvirs, on sera frappé de l'audacieux génie de l'homme qui l'exécuta. Constitution politique, organisation judiciaire, administration publique, vie privée, tout y est réglé. Mais Sylla s'était trompé. Après avoir vu le mal, il s'était arrêté à en combattre les causes extérieures; et quand il eut écrasé le tribunat et remis toute la force légale aux mains d'une aristocratie épuisée, il crut avoir tout fait, et pouvoir se retirer; il n'avait que galvanisé un cadavre.

Au lieu de regarder du côté de l'avenir, au lieu de reconnaître les idées qui lentement s'élevaient du fond des provinces, de l'Italie, et de Rome même, il était resté les yeux fixés sur les temps anciens; et dans cette évocation aveugle du passé il n'avait pas même songé à tenir compte des éléments nouveaux qui depuis quatre siècles s'étaient produits dans la société romaine. Dans l'antiquité, à laquelle remontait le dictateur, les esclaves, les chevaliers, les Italiens et presque le peuple lui-même n'avaient pas d'existence politique; dans ses lois ils n'en eurent pas davantage. Mais en ne stipulant rien pour les esclaves il rendait possible une troisième révolte, que Spartacus guidera; en effaçant les priviléges des chevaliers, il les mettait du côté de ceux qui voulaient une révolution; en écrasant les Italiens et le peuple il préparait une armée pour Lépide, un parti pour Pompée. Il n'y a pas jusqu'à la guerre sans nom de Catilina qui ne relève de cette dictature malheureuse.

Cette royauté qui ne voulut pas durer n'arracha donc pas le germe de mort qui se développait au sein de la république; et, en donnant à une aristocratie irrévocablement condamnée la force de lutter encore, elle rendit les dernières douleurs plus vives et plus longues.

est dur de souhaiter la perte de la liberté et de pousser de ses vœux toute une grande nation vers la servitude. Mais quand cette liberté n'est qu'une sanglante anarchie, où tout se perd, les mœurs, les lois, le sens moral; quand l'héritage du genre humain est en péril par la faute d'un peuple, il faut bien désirer que ce peuple rentre en tutelle plutôt que de retourner à la barbarie.

INUTILITÉ DES EFFORTS DE SYLLA POUR RENDRE LE POUVOIR AUX GRANDS. — Au reste, Sylla compromit d'avance ses lois en les privant de leur meilleure sanction, l'exemple du législateur. Il n'y a de lois durables que celles qui se défendent elles-mêmes par le respect de tous, et chaque jour il violait les siennes. Il avait puni le meurtre; et il tua sans jugement, après les proscriptions, Ofella et Granius; la trahison, et toutes ses dépêches, tous ses actes étaient scellés du signe d'une perfidie. Il avait restreint les dépenses et ses profusions au peuple, la pompe des funérailles de Métella était une insulte à ses lois somptuaires. Il avait rétabli l'autorité du sénat, et il avait nommé de simples soldats sénateurs. Il avait relevé l'honneur du mariage, et il vivait dans l'adultère et d'infâmes débauches. D'autres respecteraient-ils cette législation mieux que celui qui l'avait fondée? Il ne le crut pas lui-même, et ses paroles à Pompée au sujet de Lépide prouvent qu'il n'espérait pas pour elle un règne paisible. En effet, odieuse au peuple et aux Italiens, défendue par quelques nobles corrompus et par de grossiers soldats, qui l'abandonneront dès qu'ils auront dissipé l'argent et les terres qu'ils lui doivent, elle avait encore contre elle la classe la plus riche et la plus active, les chevaliers, qui ne trouvaient plus leur place dans la nouvelle constitution. Du vivant même de Sylla deux hommes de l'ordre équestre avaient commencé la lutte : Pompée en se créant un parti dans le parti même des sylaniens; Cicéron en attaquant hardiment un affranchi du dictateur, dans le procès de Roscius, et le dictateur lui-même dans une cause moins connue, mais plus grave, où le jeune et audacieux orateur entraîna ses juges à déclarer que Sylla n'avait pû ôter le droit de cité aux villes d'Italie.

Dans cette réaction, Pompée sera le bras, Cicéron la voix éloquente, et tous deux seront un instant portés par elle au pouvoir suprême.

Sylla était mort en l'année 78. Trois ans s'étaient à peine écoulés que déjà l'édifice qu'il avait élevé chancelait et que huit ans après il s'écroulait en entier. En 75 les tribuns obtinrent le droit de haranguer le peuple et d'aspirer aux charges; après le retour de Pompée d'Espagne, en 70, le tribunat fut rétabli dans tous ses droits, et les jugements furent rendus aux chevaliers. De l'œuvre de Sylla il ne restait plus qu'un souvenir sanglant.

LA RÉFORME PAR L'ARISTOCRATIE ET CELLE PAR LE PEUPLE N'AYANT PU RÉUSSIR, IL EN EST TENTÉ UNE AUTRE PAR LA MONARCHIE. — Ainsi, dans l'espace de soixante années deux tentatives furent faites, en sens contraire, pour reconstituer la république, l'une en vue des intérêts populaires, l'autre au nom des intérêts aristocratiques. La première échoua, parce que les Gracques comptèrent trop sur l'intelligence et la moralité du peuple; l'autre parut réussir, parce que Sylla s'appuya sur la seule force vive qui restât à Rome, la noblesse. Mais cette noblesse était trop profondément corrompue dans ses mœurs publiques, comme dans sa vie privée, pour être digne du commandement. Pompée lui arracha pour payer les applaudissements du peuple ce que Sylla lui avait donné. C'était là encore une restauration inintelligente du passé, un retour aux temps de Sulpicius et de Saturninus, sans plus de garantie contre l'esprit de faction; c'était la guerre ramenée au Forum, où les luttes à main armée recommencèrent aussitôt. C'étaient maintenant les consuls qui reprochaient aux tribuns leurs violences. Nobles et peuple étaient donc également convaincus d'impuissance à gouverner; et il n'y avait plus qu'une expérience à tenter, la monarchie. Trois hommes y tendaient alors; Pompée à la manière de Périclès, par les lois mêmes de son pays; Catilina, comme les Denys et Agathoclès, par les conspirations et la soldatesque; César, à la façon d'Alexandre, par d'irrésistibles séductions et l'ascendant de son génie. Entre les trois hommes, un autre se plaça, qui, meilleur que son temps, croyait à la vertu, au pouvoir de la raison, et qui ne se résignait pas encore à la pensée qu'on ne pût sauver cette grande chose, la liberté. Comme Drusus, Cicéron cherchait le salut de la république, non dans la domination exclusive d'une classe de citoyens, mais dans la conciliation de tous les ordres. Avec un seul c'était le despotisme, avec deux la guerre, avec trois l'harmonie, la paix.

Je n'ai pas à raconter ici comment il échoua, ni par quelles fautes les grands forcèrent Crassus et Pompée à se rapprocher de César pour former le premier triumvirat. Du jour où trois citoyens, mettant en commun leur crédit, purent dominer l'État, faire des élections et distribuer les provinces, il n'y avait plus de république; il n'y avait plus pour l'établissement définitif de la monarchie qu'une question de temps et de forme : de fait elle existait déjà. La mort de Crassus chez les Parthes rompit le triumvirat, et laissa en présence Pompée et César. La bataille de Pharsale décida que le vainqueur ne serait pas celui des deux rivaux qui avait fini par se faire le représentant de l'aristocratie. La liberté était si bien impossible, que le coup de poignard des ides de mars qui tua le tyran ne put tuer la tyrannie. Octave hérita de César; Antoine eût voulu le forcer de partager au moins avec lui : ce démembrement de l'Empire était prématuré. Par la bataille d'Actium le monde romain apprit qu'il ne serait pas divisé entre deux dominateurs.

Résumons. La cause véritable de la chute de la république n'est pas, comme on le répète encore tous les jours, la turbulence et l'ambition de quelques factieux; et les empereurs ne sont pas des tribuns couronnés. Qui a donné l'empire? L'armée, et non pas le peuple; l'armée, où les soldats s'indignent et se croient déshonorés lorsqu'on les appelle citoyens. Qui l'a pris? des tribuns? Non; mais des généraux, auxquels Marius et Sylla ont révélé le moyen d'avoir des soldats dociles, sans scrupules et exclusivement dévoués à leur personne : l'un en enrôlant les prolétaires et en faisant de la condition de légionnaire un métier; l'autre en montrant qu'avec du butin et de la gloire on pouvait se rendre assez maître de leur conscience pour les faire marcher sur Rome même. Quel rôle le tribunat joue-t-il dans les dernières convulsions de la république? Un des plus obscurs. Les violences de Saturninus, de Sulpitius et de Clodius font illusion. Ces hommes, dans n'importe quelle charge, se fussent conduits ainsi; et le tribunat n'était pour eux qu'un instrument commode. Mais dès que les grandes ambitions se montrent les tribuns disparaissent. Ce n'est pas au Forum que Catilina, Pompée, César trouvent leur force, leur point d'appui. Ils comptent n'y demander que la légitimation du pouvoir que les armes leur auront donné.

La république est tombée, nous l'avons dit déjà, parce que la classe moyenne disparut à ce point qu'un tribun affirmait qu'on ne pourrait compter dans la cité deux mille citoyens propriétaires; elle tomba, parce qu'il n'y eut plus dans l'État qu'une aristocratie peu nombreuse, violente, oppressive, et en face d'elle une populace famélique, qui refusa les offres viriles des Gracques, du pain à condition du travail et de l'économie, mais qui accepta les aumônes intéressées des ambitieux. On lui promettait des jeux, des fêtes, de l'abondance, et l'oisiveté; elle régularisa en échange tout ce qu'on voulut, battant monnaie avec sa souveraineté et payant avec des votes les congiaires et les sportules.

Il y a là une grande leçon : c'est qu'il ne faut aller chercher la liberté ni trop haut ni trop bas. Les grands la veulent pour eux seuls, et la populace ne s'en soucie guère, parce que sous tous les régimes elle en trouve toujours sous ses haillons autant qu'elle en veut, et surtout de celle qu'elle veut.

ORGANISATION DE LA CONSTITUTION IMPÉRIALE PAR AUGUSTE. — Antoine mort, l'Égypte conquise et nulle voix, nulle opposition ne s'élevant dans l'Empire, Octave se trouva seul maître.

Quinze années auparavant un jeune élève des écoles d'Apollonie partait seul de cette ville et arrivait presque inconnu à Rome, où, malgré les conseils de ses proches et les prières de sa mère, cet ambitieux de dix-huit ans avait l'audace de réclamer l'héritage de son père adoptif, tombé sous vingt coups de poignard. D'abord on s'était ri de lui; mais les plus habiles, il les avait trompés; les plus forts, il les avait brisés; et sur les ruines de tous les partis et de toutes les ambitions sa fortune s'élevait maintenant inébranlable. Arrivé au terme, qu'allait-il faire? On dit qu'il consulta Agrippa et Mécène; que celui-là conseilla l'abdication et celui-ci l'empire. Mais de tels conseils ne sont tenus que sur les bancs des rhéteurs; pour les hommes pratiques, la république était condamnée, sans que Mécène eût besoin de plaider contre elle; et quoiqu'on se plaise à faire d'Agrippa un héritier des sentiments de Caton et de Brutus, l'instrument de toutes ces victoires mor rchiques, le vainqueur de Sextus et d'Antoine me paraîtra toujours un singulier républicain. Je ne crois donc pas aux puériles hésitations d'Octave, mais à sa ferme volonté de rester le maître, en sauvant toutefois les apparences et en mettant des formes à son usurpation; car avec l'exemple de sa vie César lui avait laissé l'enseignement de sa mort. Peu soucieux de se rejeter par des innovations, dont les résultats seraient inconnus, au milieu des hasards d'où il venait de sortir, Octave s'appliqua à faire de pièces et de morceaux une constitution qui est restée sans nom dans la langue politique et qui pendant trois siècles reposa sur un mensonge. La fraude ne dure pas d'ordinaire si longtemps; c'est qu'elle n'était ici que dans la forme. Tout le monde s'entendait sur le fond des choses; mais tout le monde aussi voulait garder la décevante illusion, la chère et glorieuse image de l'antique indépendance.

Il ne prit donc ni la royauté, toujours odieuse, ni la dictature, qui rappelait de sanglants souvenirs; mais il connaissait assez l'histoire de son pays pour savoir qu'il trouverait aisément dans les prérogatives mal définies des anciennes magistratures de quoi déguiser la monarchie sous des oripeaux républicains, et qu'il pourrait défrayer le pouvoir absolu avec les lois de la liberté. Depuis l'an 31 il était consul, et c'était avec ce titre qu'il avait combattu à Actium et devant Alexandrie; il gardera pendant six années encore cette charge, qui le fait chef officiel de l'État et qui lui donne légalement presque tout le pouvoir exécutif. Mais ce qu'il a surtout besoin de conserver, c'est l'armée, garantie meilleure à une pareille époque que tous les décrets et que toutes les magistratures. Il ne veut donc à aucun prix licencier ses légions; et pour rester à leur tête il se fit décerner par le sénat le nom d'*imperator*, non pas ce simple titre d'honneur que les soldats donnaient sur le champ de bataille aux consuls victorieux, mais cette charge nouvelle, sous un vieux titre, que César avait eue et qui conférait le commandement suprême de toutes les forces militaires de l'Empire. Les généraux deviennent ainsi ses lieutenants, les soldats lui jurent fidélité, et il exerce le droit de vie et de mort sur tous ceux qui portent l'épée.

Il était consul, *imperator*; mais il ne pouvait être à lui seul le sénat tout entier. Cependant dans ce système il fallait conserver la vieille assemblée. Octave se décide hardiment à faire du sénat lui-même le rouage principal de son gouvernement. Pour cela deux choses sont nécessaires; il faut que ce corps tombé dans un grand discrédit soit relevé aux yeux du peuple, et en même temps qu'il reste souple et docile. Il atteint ce double but en se faisant donner avec Agrippa pour collègue, et, sous le titre de préfecture des mœurs, la censure, qui lui permet de faire la révision du sénat. Il y avait alors mille sénateurs. Sur son invitation, cinquante se firent justice à eux-mêmes, et abdiquèrent: il leur conserva leurs insignes; cent quarante, c'est-à-dire tous les membres indignes et tous ceux, amis d'Antoine ou de Brutus, s'il y en avait encore, qui pouvaient lui porter ombrage, furent rayés. On craignait de leur part quelque entreprise hardie; tant que l'opération dura dix sénateurs armés entourèrent le tribunal du préfet des mœurs, et lui-même il ne se rendit au sénat qu'avec une cuirasse sous sa toge. Mais les *Charonites* et les *Orcini* acceptèrent leur condamnation en silence.

La guerre avait tant moissonné de vieilles familles que, malgré les anoblissements de César, les patriciens manquaient pour les services religieux qu'eux seuls devaient remplir. Octave, qui tenait à paraître le restaurateur de la religion comme de l'État, se fit ordonner par le sénat et par le peuple de créer de nouvelles familles patriciennes. Ce tribun parvenu, c'est ainsi qu'on le représente, relevait donc l'aristocratie tombée. Comme Bonaparte, qui s'efforçait de placer entre lui et le peuple ce qu'il appelait ses grands corps intermédiaires, le pouvoir nouveau prenait ses précautions contre la révolution d'où il était sorti; il voulait un sénat, il voulait des nobles, c'est-à-dire qu'il remettait dans cette société, troublée encore et nivelée, une hiérarchie nécessaire pour se distancer lui-même de la foule; précaution vaine, car cette noblesse, factice comme toute celle qui ne sort pas de ses propres œuvres, si elle est sans force pour résister à celui qui l'a créée, est trop faible aussi pour le défendre ou pour le contenir, autre manière de le sauver. Dans trois siècles Dioclétien et Constantin reprendront cette idée plus sérieusement, mais trop tard. Octave défaisait au reste d'une main ce qu'il élevait de l'autre, en montrant à ces nobles ses rancunes par la défense faite à tout sénateur de sortir de l'Italie sans permission expresse. Il est vrai que ces soupçons se cachaient ici encore sous le prétexte de la bonne administration de l'État et que la défense était renouvelée d'anciens édits consulaires, de façon qu'elle paraissait un retour aux vieilles et sages coutumes.

Toutes ces mesures furent prises durant son cinquième consulat. L'année suivante il fit la clôture du cens, qui marqua quatre millions soixante-trois mille citoyens. Le dernier dénombrement, celui de l'an 70, en avait donné neuf fois moins, quatre cent cinquante mille. Cette augmentation, due surtout à César, prouve ses intentions libérales. Octave ne le suivra pas dans cette voie. Le peuple romain compte maintenant plus de dix-sept millions d'âmes, c'est toute une nation; il la trouve assez nombreuse et assez forte pour porter le poids de l'empire; tout en restant ce qu'il importe encore de maintenir vis-à-vis des provinciaux, une classe privilégiée. Sous son règne le chiffre des citoyens ne s'accroîtra que de trente-quatre mille.

Lorsque les anciens censeurs fermaient le cens, celui dont ils avaient mis le nom en tête de la liste des sénateurs, ordinairement l'un d'entre eux, s'appelait le premier du sénat, *princeps senatus*, et cette place, toute d'honneur, lui était laissée sa vie durant. Agrippa donna à son collègue ce titre républicain (28 av. J. C.). Aucun pouvoir n'y était attaché; seulement, en l'absence des consuls désignés, le prince du sénat parlait le premier, et, dans les habitudes romaines, ce premier avis exerçait toujours une grande influence; que sera-ce quand il sera donné par l'homme qui a dans les mains toute la puissance militaire. En réalité Agrippa venait de placer les délibérations du sénat sous la direction d'Octave. Personne n'avait le droit de s'en plaindre; qui même en avait le désir? Les fêtes et les jeux se succédaient; le peuple avait reçu une mesure de blé quatre fois plus forte que d'ordinaire; les sénateurs pauvres, des gratifications, et les débiteurs du trésor avant Actium, la quittance de leurs dettes. Pour venir au secours de l'*ærarium* épuisé, Octave avait lui-même fait des emprunts. Pourquoi douter et craindre? Ne venait-il pas de donner un gage éclatant du respect qu'il voulait avoir pour les lois et la justice en supprimant toutes les ordonnances triumvirales. Peu d'hommes politiques ont osé prononcer ainsi leur propre condamnation et renier une moitié de leur vie pour assurer à l'autre les sympathies publiques. Rien donc, extérieurement, n'annonçait le maître; il venait d'abdiquer la préfecture des mœurs; s'il était prince du sénat, c'était comme Catulus, et vingt autres l'avaient été avant lui; s'il était encore consul, c'était par les suffrages du peuple, et ne le voyait-on pas alterner les faisceaux avec son collègue, suivant l'antique usage, et, comme les magistrats d'autrefois, jurer en sortant de charge qu'il n'avait rien fait de contraire aux lois. — Le titre d'*imperator* accusait seul des temps nouveaux.

Aux premiers jours de l'année 27 Octave se rendit à la curie; il déclara que son père étant vengé, et la paix rétablie, il avait le droit de renoncer aux fatigues du gouvernement et de prendre sa part du repos et des loisirs que ses victoires avaient faits à ses concitoyens ; en conséquence il déposait ses pouvoirs entre les mains du sénat. On s'était résigné à avoir un maître, et voilà qu'un désintéressement inattendu remettait tout en question. Le plus grand nombre fut frappé de stupeur. Les uns craignaient ; d'autres, plus clairvoyants, doutaient. On eut vite le mot de cette partie jouée, avec un grand sérieux, à la face de Rome. Ceux qui étaient dans le secret, ou à qui on l'avait laissé deviner, se récrient contre ce lâche abandon de la république, contre ces égoïstes désirs, qui iraient bien à un citoyen obscur, qui sont coupables dans celui que le monde proclame et attend encore pour son sauveur. Octave hésite ; mais le sénat tout entier le presse : il accepte enfin, et une loi votée par le peuple, sanctionnée par les pères conscrits, lui confirme le commandement suprême des armées, qu'il augmentera ou diminuera à son gré, avec le droit de faire la paix ou la guerre. Ce n'est point Auguste qui usurpe, mais le peuple romain qui se dépouille. Les formes sont sauvées et la légalité sera acquise au despotisme.

Du reste, Octave continue son rôle de modération affectée ; ce titre d'impérator qu'on lui offre à vie, il ne le veut que pour dix ans, pour moins encore, s'il achève plus tôt la pacification des frontières. Le commandement des armées exigeait et entraînait le commandement dans les provinces, et le sénat les avait toutes placées sous son autorité absolue en l'investissant de la puissance proconsulaire ; il s'effraye d'une telle charge ; qu'au moins le sénat partage avec lui. Il lui laissera les régions calmes et prospères de l'intérieur, il prendra pour lui celles qui remuent encore ou que les barbares menacent. Tout le monde s'immolant ce jour-là au bien public, le sénat se soumet à la nécessité d'administrer la moitié de l'Empire ; il est vrai qu'il n'aura pas un soldat dans ses paisibles provinces, qu'envelopperont les vingt-trois légions de l'impérator ; cependant, dans la ferveur de sa reconnaissance, il cherche un nom nouveau pour celui qui ouvre à Rome une ère nouvelle. Munacius Plancus propose celui d'Auguste, qu'on ne donnait qu'aux dieux ; le sénat et le peuple saluent de leurs acclamations répétées cette dernière apothéose (17 janvier, 27 av. J. C.). La carrière était ouverte à l'adulation, tous s'y précipitent ; un tribun, Pacuvius, se dévoue à Auguste, et jure de ne pas lui survivre : une foule insensée et servile répète après lui le même serment. La longue vie du prince les dispensa de tenir parole, et le tribun eut tout loisir d'exploiter son dévouement. Il était bon d'encourager la bassesse ; Pacuvius reçut des récompenses et des honneurs.

A l'époque que nous avons atteinte, le fondateur de l'Empire n'avait encore dans les mains d'une façon exceptionnelle que l'autorité militaire (1). Mais Auguste ne fut jamais impatient d'arriver ; afin de justifier son pouvoir, il quitta Rome pendant trois ans, et alla organiser la Gaule et l'Espagne, soumettre les Slaves par un de ses lieutenants, et dompter lui-même les Astures et les Cantabres. Quand il revint, en l'an 24, après une maladie qui le frappa à Tarragone, la joie causée par son rétablissement à son retour se traduisit en nouvelles concessions. Il avait promis une distribution d'argent ; mais avant de la faire, il sollicita modestement l'autorisation du sénat, qui répondit en le dispensant de la loi Cincia, relative aux donations. Cette dispense, ici peu importante, étant un premier pas sur cette doctrine fondamentale du pouvoir absolu, et proclamée plus tard par Ulpien, le prince n'est lié par aucune loi. On le flatta aussi dans les siens. Marcellus, à la fois son neveu et son gendre, fut autorisé à briguer le consulat dix ans avant l'âge ; une pareille exemption de cinq années fut accordée à Tibère, son fils adoptif. En même temps l'un fut nommé édile et l'autre questeur.

L'idée de l'hérédité perçait dans ces honneurs prématurés ; mais Auguste était trop prudent pour la laisser déjà s'établir ; plus que jamais au contraire il affichait des sentiments républicains. Dans son onzième consulat, une nouvelle maladie l'ayant réduit à toute extrémité, il appela autour de son lit de mort les magistrats et les plus illustres

(1) Il avait aussi le consulat, mais en se le faisant légalement donner à chaque élection.

des sénateurs et des chevaliers. On croyait qu'il allait déclarer Marcellus son successeur au titre d'impérator; mais, après avoir quelque temps parlé des affaires publiques, il remit à Pison, son collègue au consulat, un état des forces et des revenus de l'Empire, et à Agrippa son anneau. C'était le testament d'Alexandre : au plus digne! Aux yeux de beaucoup de gens c'était mieux encore, puisqu'il semblait instituer la république même pour son héritière. Afin qu'on n'en doutât pas, il voulut, quand le médecin Musa l'eut guéri, qu'on lût au sénat l'écrit où il avait déposé ses dernières volontés. Les pères déclarèrent bien haut cette preuve inutile, et refusèrent la lecture du testament. Alors il annonça qu'il abdiquerait le consulat; nouvelle opposition du sénat et du peuple. Mais il s'opiniâtre dans son désintéressement, sort de Rome, où il n'est plus libre de se montrer sans ambition, et va abdiquer sur le mont Albain. Le choix de son successeur ne fut pas moins habile; il se substitua Lucius Sextius, qui avait servi de questeur à Brutus et qui conservait un religieux respect pour la mémoire de son général, dont l'image ornait encore sa maison.

Il y aurait eu de l'ingratitude à demeurer en reste avec un tel homme. Rome devait se montrer autant que lui généreuse et confiante. Il abandonnait quelques mois le consulat, on lui donna pour sa vie durant la puissance tribunitienne, avec le privilége de faire au sénat quelque proposition qu'il lui plût, et l'autorité proconsulaire, même dans les provinces sénatoriales, avec le droit de porter l'habit de guerre et l'épée jusque dans l'intérieur du Pomœrium. Cette fois c'était bien réellement l'abdication du sénat et du peuple. Car à l'autorité militaire, qu'il avait déjà, on ajoutait la puissance civile que les tribuns, grâce à la nature indéterminée de leur charge, avaient plus d'une fois envahie tout entière. Depuis que les ambitieux ne cherchaient plus leur appui dans le peuple, mais dans les armées, le tribunat était bien déchu; cependant il était toujours populaire, et il pouvait encore donner le droit à celui qui avait la force, parce qu'il plaçait légalement la constitution sous son pouvoir discrétionnaire. Auguste se garda bien de refuser la magistrature républicaine par excellence, celle qui rendait inviolable et dont le premier devoir était de veiller au salut de l'État, dût-on pour l'atteindre passer par-dessus les lois; car Cicéron lui-même avait formulé le célèbre et dangereux axiome : *Salus populi suprema lex esto*.

Ainsi Auguste allait avoir le droit de proposer, c'est-à-dire de faire des lois, de recevoir et de juger les appels, c'est-à-dire la juridiction suprême d'arrêter par le veto tribunitien toute mesure, toute sentence, c'est-à-dire d'opposer partout sa volonté aux lois et aux magistrats, de convoquer le sénat ou le peuple, et de prendre c'est-à-dire de diriger à son gré les comices d'élection. Et ces prérogatives il les aura non pour une année, mais pour la vie; non dans Rome seulement et jusqu'à un mille de ses murs, mais par tout l'Empire; non partagées avec neuf collègues, mais exercées par lui seul, sans compte à rendre, puisqu'il ne sortait jamais de charge, et accrues encore de toute l'influence que lui donnent ses autres pouvoirs et son inviolabilité. Nous voici donc enfin en pleine monarchie, et l'on ne peut accuser Auguste d'usurpation, car tout se fait légalement, même sans innovation blessante. Il n'est ni roi ni dictateur, mais seulement prince au sénat, *imperator* à l'armée, tribun au Forum, proconsul dans les provinces. Ce qui était autrefois divisé entre plusieurs est remis dans les mains d'un seul; ce qui était annuel est devenu permanent. Voilà toute la révolution; c'est l'inverse de celle qui suivit l'expulsion des Tarquins. En quelques années, et sous l'habile conduite d'un seul homme, Rome remontait la pente qu'elle avait mis cinq siècles à descendre.

Après ce grand pas, Auguste s'arrêta quatre années, qu'il employa à organiser les provinces orientales et à convaincre les Romains de l'impuissance et de l'inutilité de leurs magistratures républicaines. De tous les grands démembrements de la puissance publique il ne restait hors de ses mains que la censure et le consulat; je ne parle point du souverain pontificat, qu'il laissait dédaigneusement à Lépide. Mais la censure était comme abolie de fait, et le consulat il se s'était fait donner tous les ans. Pour laisser les Romains faire une dernière épreuve, il rétablit l'une et il renonça à l'autre. Les comices de l'an 23 nommèrent d'abord consuls Marcellus et Auruntius. Mais comme si le ciel était complice de la politique d'Auguste, dès qu'ils furent entrés en charge, le Tibre déborda, la peste désola l'Italie et la disette épouvanta la ville. Le peuple, voyant dans ces malheurs des signes de la colère des dieux, s'ameuta contre le sénat, qui permettait à Octave de déserter son poste et d'abandonner la république. Les sénateurs enfermés dans la Curie furent menacés d'y être brûlés vifs s'ils ne le nommaient dictateur et censeur à vie. Auguste refusa, et le peuple insistant, il déchira de douleur ses vêtements, découvrit sa poitrine, et demanda la mort plutôt que la honte de paraître attenter à la liberté de ses concitoyens. Il prit cependant l'intendance des vivres, mais afin d'avoir le droit de veiller avec plus de sollicitude à la subsistance du peuple. Quant à la censure, dont il avait été parlé, il la fit donner à deux anciens proscrits Plancus et Paulus Lépidus. Ces deux républicains étaient bien choisis pour avilir la grande charge républicaine et ôter aux Romains le respect qu'ils lui gardaient encore. « Censure malheureuse, dit un contemporain, qu'ils passèrent en de continuels débats, sans honneur pour eux-mêmes, sans profit pour la république. L'un n'avait point l'énergie d'un censeur, l'autre n'en avait pas les mœurs. Paulus ne pouvait remplir sa charge, Plancus eut dû la craindre. » La censure ne s'en releva pas. Plancus et Lépidus furent les derniers investis de cette magistrature dans la forme antique. Quand les troubles de l'an 19 firent souhaiter le rétablissement d'une magistrature qui pût atteindre ceux que la loi ne pouvait toujours frapper, Auguste fit pour la censure ce qu'il avait fait pour le tribunat, ce qu'il fera encore pour le consulat, il prit l'autorité de la charge, sans le nom ; on lui donna pour cinq ans la préfecture des mœurs (*magister morum*).

Le consulat tomba de la même manière. Il ne l'avait pas accepté, avons-nous dit, pour l'an 22. Aussitôt les brigues d'autrefois reparurent des troubles éclatèrent, et toute la ville fut agitée par ces ambitions insensées qui se précipitaient sur une ombre de pouvoir comme sur le pouvoir même. Auguste était alors en Sicile ; il manda auprès de lui les candidats, et, après les avoir vivement gourmandés, il fit procéder à l'élection en leur absence ; mais la tranquillité de Rome lui importait trop pour qu'il n'eût pas dans la ville quelqu'un qui pût lui en répondre. Agrippa, qu'il avait honorablement éloigné pour complaire au jeune Marcellus, mort maintenant, fut appelé, fiancé à la fille de l'empereur et envoyé dans la capitale, où l'ordre rentra avec lui. Les choses allèrent bien jusque vers le temps où Auguste s'apprêta à quitter l'Orient. Certain d'arriver bientôt, il envoya Agrippa contre les Cantabres, révoltés, et laissa Rome encore une fois à elle-même. Pour y augmenter les chances de troubles, et je ne pense pas être injuste envers Octave en lui prêtant ces calculs, que l'histoire n'atteste pas mais que son caractère autorise à croire, il évita de notifier avant le 1ᵉʳ janvier son refus d'accepter une des deux places de consul qu'on lui avait réservée. Sentius entra donc seul en charge ; mais cette nouveauté irrita, et de nouveaux comices d'élection ayant été annoncés on s'y porta avec des passions et des colères qui rappelèrent les plus beaux jours des violences tribunitiennes. Le sang même coula. Le sénat, qui le prenait encore au sérieux, exhuma la vieille et redoutable formule par laquelle le consul était investi de l'autorité dictatoriale, *Caveat ne quid respublica detrimenti capiat*. Sentius connaissait mieux son rôle et ses forces ; il refusa ce qu'on lui donnait, et le sénat, ramené au sentiment de sa faiblesse, envoya des députés à Auguste. L'*imperator*, satisfait, se hâta de nommer un d'entre eux consul substitué.

L'épreuve était faite : dès que la main d'Auguste s'éloignait Rome retombait dans le désordre, les gens sages le pensaient ; ils le dirent tout haut dans le sénat ; et en rentrant dans la ville Auguste y trouva la proposition de recevoir pour sa vie durant la puissance consulaire. Il avait déjà la réalité du pouvoir : l'armée et les provinces, une partie qui chaque jour s'agrandira sans nouveaux efforts de l'activité législative et judiciaire; il est enfin le chef véritable de l'administration et du pouvoir exécutif, car les charges qui semblent encore indépendantes ne sont ouvertes qu'à ses créatures. Il pourrait donc laisser les grands de Rome jouer à la république avec ce consulat qui, cerné de toutes parts, n'a plus qu'une vaine représentation. Mais il faut en finir avec cette révolution qu'il prolonge depuis dix ans; pour compléter son établissement monarchique il ne peut laisser en dehors la charge qui donne action sur tous les citoyens, qui durant cinq cents ans a représenté la gloire et la puissance de Rome, et qui tout à l'heure encore avait failli se changer en dictature. Cependant il se gardera de faire disparaître cet illustre débris : il sera consul comme il est tribun, je veux dire qu'il aura sans partage les droits de la charge tout en permettant à d'autres d'en porter le titre et les insignes. Non-seulement il conservera le consulat, mais il le multipliera en quelque sorte; et, comme s'il ne trouvait jamais assez de consulaires, chaque année il en fera trois, quatre, même un plus grand nombre (*consules suffecti*); c'est une manière aussi de tuer un pouvoir que de l'étouffer sous six hommes. L'inoffensive magistrature durera maintenant plus que l'Empire même.

Les consuls, comme presque tous les magistrats romains, pouvaient promulguer des édits; Auguste, à titre de proconsul, de tribun et de censeur, avait déjà ce droit, mais limité aux affaires relevant de chacune de ces charges. En lui donnant la puissance consulaire les sénateurs étendirent pour lui à presque toutes les questions le *jus edicendi* des consuls. Ils voulaient jurer d'avance d'obéir à toutes les *lois Augustales*; comptant plus sur sa force que sur leurs serments, il les dispensa d'une formalité inutile. Tibère témoignait plus tard de la multitude et de l'importance de ses règlements. Lui-même il suivit cet exemple que tous ses successeurs imitèrent; et les *édits impériaux* devinrent la source la plus abondante où puisèrent les jurisconsultes de Justinien. Rédigés non plus au point de vue étroit d'une caste et d'une cité, mais dans l'intérêt universel de l'empire, ils firent entrer chaque jour davantage le droit naturel dans le droit civil. Sans eux le code romain n'eût jamais été appelé la raison écrite.

Auguste n'avait accepté que pour dix ans le commandement des provinces et des armées; au commencement de l'année 18 il se fit renouveler pour cinq ans ses pouvoirs; ce temps devait suffire, disait-il, pour qu'il terminât son ouvrage. Mais quand il fut écoulé il demanda une nouvelle prorogation de dix années, et continua ainsi jusqu'à sa mort, en protestant chaque fois contre la violence qu'on faisait à ses goûts, au nom de l'intérêt public. En souvenir de ces abdications répétées du sénat et du peuple, ses successeurs, jusqu'aux derniers moments de l'Empire, célébrèrent toujours la dixième année de leur règne par des fêtes solennelles. *Sacra decennalia*.

Ce sénat était bien dévoué, bien docile! Mais les corps politiques assez nombreux pour que la responsabilité de chaque membre se cache et se perde dans la foule ne se prêtent pas toujours au silence et à l'immobilité. Récemment le sénat avait montré quelque velléité d'agir. Auguste, qui, comme je l'ai dit, voulait paraître gouverner par lui, avait besoin d'y trouver encore plus de résignation. Il se décida à l'épurer une seconde fois, et Agrippa, qu'il associa cinq ans à la puissance tribunitienne, l'aida encore dans cette opération. Dion et Suétone en rapportent les détails, en exagérant sans doute les craintes qu'elle inspirait à Auguste. Quelques libres paroles s'y firent entendre. Un des exclus montra sa poitrine couverte de cicatrices, un autre s'indigna qu'on l'eût admis en chassant son père; et Antistus Labéon, choisi avec trente de ses collègues pour présenter chacun une liste de cinq candidats, mit en tête de la sienne le nom de Lépide. N'en connais-tu pas de plus digne, demanda Auguste avec colère? Ne le conserves-tu pas comme souverain pontife, répondit froidement le grand jurisconsulte; et Lépide revint siéger à la curie. Mais ce retour au sénat ne le tira point de son abaissement; sa mort, arrivée cinq ans après (13 av. J. C.), laissa libre le grand pontificat, qu'Auguste saisit enfin. Ce fut sa dernière usurpation; il ne restait plus rien à prendre qui en valût la peine.

Cependant à n'y point regarder de bien près la république subsistait. Tout le monde y croyait. Velléius même sous Tibère en parlera sans cesse, et en face d'Auguste Tite-Live peint à grands traits la fière liberté des temps antiques, dont Virgile place les héros dans les Champs Élysées à la tête des justes. D'ailleurs, n'y avait-il pas un sénat occupé de grandes affaires et dont les décrets étaient des lois, des consuls qui gardaient tous les honneurs de leur rang, des préteurs qui jugeaient en première instance, des tribuns qui useront de leur véto jusque sous les Antonins, des questeurs enfin et des édiles qui remplissaient leur charge au nom du sénat et du peuple romain? Les comices par tribus et par centuries se réunissaient pour confirmer les lois, nommer aux magistratures, et rejeter même, si bon leur semblait, les propositions du prince. S'agissait-il d'une rogation, Auguste venait voter dans sa tribu; d'un jugement, il apportait sa déposition comme témoin, et l'avocat pouvait impunément le prendre à partie, le poursuivre de ses sarcasmes; d'une élection, il conduisait au milieu de la foule, pour le recommander à ses suffrages, le candidat qu'il appuyait, en ajoutant toujours, même pour ses proches : S'il les mérite. Cet homme qui habite au Palatin une maison modeste, et qui au sénat parle, écoute, vote comme un sénateur ordinaire; qui ne refuse sa porte à personne, ni son appui au plus pauvre de ses clients; qui a des amis, qui s'en va dîner, sans garde, là où il est prié, et qui, pour sauver un accusé obscur, implore l'accusateur au lieu d'opposer son véto; cet homme qu'est-il donc ? Non, ce n'est pas le maître, mais la paix et l'ordre personnifiés. Pour qu'il réalise et donne ces biens, on a pris pour lui, si j'ose dire, l'essence même de toutes les grandes charges républicaines; et de la réunion de ces pouvoirs est sortie une autorité encore sans nom dans la cité, et qui sera sans limites, parce qu'elle fait d'Auguste le représentant du peuple romain tout entier, le dépositaire et le gardien de sa puissance et de ses droits. Jadis le peuple faisait équilibre au sénat, et les consuls aux tribuns; les proconsuls n'avaient qu'une province, les généraux qu'une armée, et l'élection changeait annuellement l'administration tout entière. Maintenant ces volontés, souvent contraires, sont remplacées par une seule; ces pouvoirs, souvent hostiles, sont réunis et se fortifient l'un l'autre au lieu de se combattre; chaque année enfin ne voit plus tout remettre en question. Un seul homme a pour la vie le pouvoir exécutif et la plus grande partie de la puissance législative et judiciaire. Ce qui reste au sénat et au peuple n'est qu'un abandon calculé du prince, qui leur laisse quelques hochets pour amuser leurs loisirs et les aider à se tromper eux-mêmes. Peut-être devrions-nous ne pas attacher plus de sérieux qu'ils n'en ont à ces droits menteurs. Mais faisons comme Auguste, qui entoure de respects ces royautés tombées, et qui se garderait bien de parler de leur déchéance.

Que dis-je? leur déchéance; mais le peuple fait des lois et donne des charges; mais le sénat impérial a plus de prérogatives que n'en a jamais eu le sénat républicain. Il gouverne une moitié de l'empire et reçoit les ambassadeurs des princes étrangers!!! Il a le trésor public sous sa garde. Ses décrets sont des lois, comme au bon temps de la toute-puissance patricienne, et tous les grands coupables soustraits au jugement du peuple relèvent de sa juridiction. Il est la source de toute légalité, même pour l'empereur, qui tient de lui ses pouvoirs et qui par lui se les fait proroger. C'est le sénat qui dispense des prescriptions légales, et qui par sa sanction érige en lois de l'État les édits impériaux; lui qui confirmera les empereurs élus par les soldats, en nommera même, ou, comme notre parlement, déchirera au besoin le testament, même la signature de Tibère. Mieux encore, il fait des dieux : nous le verrons voter au prince mort l'Olympe et les gémonies. Que lui manque-t-il donc? Ce ne sont assurément ni les droits ni les titres, pas même la liberté de discussion; car Auguste s'enfuit plus d'une fois de la curie pour échapper à d'interminables et violentes altercations. Cependant, quel contraste dérisoire entre la pompe des formules et le vide de la réalité! Le peuple souverain n'est qu'un ramas de mendiants, qui se donnent l'air de vouloir ce que veut celui qui les nourrit, les amuse et les paye; et les pères conscrits, les sénateurs de Rome, parlent et votent comme peuvent le faire des hommes qui n'ont ni la dignité personnelle, ni l'autorité du caractère, ni l'indépendance sociale ; créatures du prince, auquel ils tendent chaque jour la main, pour échapper à leurs créanciers, ils n'ont pas même sous leur laticlave cette liberté que le pauvre garde avec ses haillons, de rire tout haut en face de cette grande comédie que jouent si gravement Auguste et son sénat.

J'ai hâte de montrer enfin Auguste légitimant son pouvoir par ses services. Mais afin de compléter cette exposition de l'établissement du gouvernement impérial, il faut voir encore comment l'administration supérieure de l'empire fut modifiée pour être appropriée au régime nouveau. Comme il y avait deux sortes de provinces, et en apparence deux pouvoirs, le prince et le sénat, il y eut deux ordres de magistrats : ceux du peuple romain et ceux de l'empereur. Les premiers géraient annuellement les anciennes charges républicaines, moins la censure ; les autres, pour un temps indéterminé, celles qui furent alors pour la première fois établies. En l'année 17 Auguste fit une magistrature régulière de ce qui n'avait été qu'un poste de confiance donné à Mécène et à Agrippa ; il nomma Messala préfet de la ville, « pour réprimer sans délai les esclaves et les citoyens turbulents. » Le préfet, représentant de l'empereur en son absence, eut une autorité à la fois civile et militaire, et, comme tous les officiers du prince, il ne fut point annuellement révoqué. Pison, le troisième préfet, resta en fonctions pendant vingt années, jusqu'à sa mort. Cette charge, ordinairement confiée au plus considéré des sénateurs, devait grandir avec le pouvoir d'où elle émanait, moins cependant que la préfecture du prétoire, qui commença plus modestement. Les cohortes prétoriennes et toutes les troupes résidant en Italie furent placées sous les ordres de deux simples chevaliers, qui eurent le droit de vie et de mort sur les soldats jusqu'au grade de centurion exclusivement. » Pour faire participer, dit naïvement Suétone, un plus grand nombre de citoyens à l'administration de la république, Auguste créa de nouveaux offices, comme la surveillance des travaux publics, des chemins, des aqueducs, du lit du Tibre, des distributions de blé au peuple. Il augmenta le nombre des préteurs, et il aurait voulu qu'on lui donnât, quand il serait consul, deux collègues au lieu d'un ; mais il ne l'obtint pas, tout le monde se récriant sur ce qu'il souffrait déjà une assez forte atteinte à sa dignité, en partageant avec un autre un honneur dont il pouvait jouir seul. » Suétone aurait pu ajouter les nombreuses charges de procurateur créées par Auguste, et tous ces grades promis dans les vingt-cinq légions au zèle et au dévouement. Tel fut donc l'esprit du nouveau gouvernement : affaiblir les charges en les divisant, et multiplier les fonctions, afin d'intéresser à sa cause ceux qui les acceptaient. Il y avait cependant aussi dans ces innovations un désir sincère d'améliorer l'administration publique. Ces agents nombreux, auxquels on assigna des traitements fixes, pour se donner le droit d'exiger d'eux davantage, répondaient mieux aux besoins, et rendaient la police plus facile ; on y gagnait plus d'ordre, de bien-être et de sécurité. Auguste, qui se disait simple citoyen de Rome, ne pouvait, comme un roi, avoir des ministres, mais seulement des amis qui l'aidaient de leur expérience. Nous les connaissons déjà. Les principaux étaient Agrippa, Mécène, Valérius Messala, Salluste, quelques vieux consulaires, ajoutons Livie, dont l'influence s'accrut avec les années, mais qui s'occupaient moins des intérêts généraux de l'empire, que d'intrigues à Rome et dans la maison impériale. La multitude des questions à étudier et à résoudre engagea dans la suite Auguste à distribuer régulièrement à ses amis les principales affaires. Ainsi il préposa à chaque province un consulaire, qui fut en quelque sorte son représentant à Rome, et qui reçut tous les appels qu'on y formait. Ce conseil s'organisa peu à peu. Suétone et Dion parlent de quinze membres, plus tard de vingt, renouvelés tous les six mois et tirés au sort. Le sort, je le pense bien, n'était ni si aveugle ni si libre qu'il pût amener là quelque conseiller indépendant. Les consuls en charge, qui formaient eux-mêmes un tribunat supérieur pour l'Italie et les provinces sénatoriales, et un fonctionnaire de chaque ordre, y étaient appelés. Ce conseil, d'où sortit le consistoire impérial, devenait au besoin une haute cour de justice.

Derrière le gouvernement officiel, tout républicain dans la forme, et qui siégeait grave et inoccupé sur les chaises curules, il y avait le gouvernement véritable, qu'on ne voyait guère à la Curie, ni au Forum, et qui sans pompe ni bruit faisait les affaires de l'Empire. Celui-là avait la flotte et les légions, qu'il ne congédiait plus, et un trésor particulier pour payer ses soldats et ses fonctionnaires. Il nommait directement à la plupart des charges, indirectement à toutes. Les étrangers ne connaissaient que le chef militaire de l'Empire, celui qui avait le droit de paix et de guerre, et les rois alliés étaient placés sous son autorité suprême. La moitié des provinces avec leurs revenus lui appartenaient, le reste obéissait à ses ordres quand il voulait bien en donner; dans la ville il était le chef du clergé, du sénat et du peuple. Comme préfet des mœurs, il pénétrait jusque dans la vie privée. La puissance consulaire, l'autorité tribunitienne lui donnaient action sur tous les citoyens, qu'il liait par les jugements et les édits, que par son droit de grâce il pouvait soustraire à la justice ordinaire. Et de Rome, de l'Italie, des provinces, les opprimés tendaient les mains vers lui; car chef de l'administration, tribun et proconsul perpétuel, il recevait tous les appels, de sorte que d'une frontière à l'autre de l'Empire il apparaissait comme le gardien des droits, le redresseur des griefs, le refuge des malheureux. Neuf cohortes, chacune de mille prétoriens, payés deux fois autant que les légionnaires, faisaient respecter son inviolabilité; le *préfet de la ville* veillait pour lui à la police de Rome avec les quatre mille cinq cents hommes des trois cohortes urbaines, avant que le *préfet des vivres* tînt les greniers publics toujours remplis, et *le préfet des gardes nocturnes* les rues toujours sûres. Si d'anciens préteurs, tirés annuellement au sort, administraient, au nom de l'État, le trésor public (*ærarium*), le prince se le faisait ouvrir par le sénat, de sorte que l'armée, la justice, la religion, la loi, les finances, les fonctionnaires, toutes les ressources, toutes les forces vives de l'Empire étaient dans ses mains. Il s'était fait l'âme de ce grand corps, afin d'en régler à son gré tous les mouvements; et pour lier tout l'Empire par la religion du serment, au premier janvier le sénat, le peuple, les légions et les provinciaux lui juraient fidélité. Auguste n'établit rien pour la succession à l'Empire. Jusqu'à ses dernières années il évita de toucher à cette grave question de l'hérédité du principat. Cependant, après avoir fondé le gouvernement impérial, il fallait faire un pas de plus et rendre ce gouvernement héréditaire. Non que l'hérédité nous paraisse partout et toujours un bien; quand on peut s'en passer le mieux est de le faire. Mais dans un Empire si vaste et sans liens entre ses parties, dans un État qui avait des lois et point d'institutions, où vivaient beaucoup de regrets et d'ambitions déçues, où enfin manquaient les fortes mœurs politiques, on ne pouvait à chaque fin de règne retomber dans les incertitudes et les troubles d'une élection. Auguste reconnaissait bien la nécessité de l'hérédité; mais le désintéressement affecté de sa vie entière l'empêchait de l'établir ouvertement. Cette république, dont on parlait toujours, ne permettait pas qu'on abordât franchement une pareille question. Rien donc ne fut réglé pour l'avenir. On ne voulut prévoir ni les minorités, ni l'extinction de la famille impériale, pas même la succession du premier empereur. Tout fut remis au hasard, à la fortune du jour. Ce fut une faute, qui pesa trois cents ans sur l'Empire; et l'on doit en demander compte à Auguste, car il était assez fort dans la seconde moitié de son principat, et assez sûr de la docilité des Romains, pour renoncer enfin à ces hypocrites ménagements dont il n'avait que trop usé.

Ce qu'il n'osait fonder en droit il tâcha cependant de l'établir en fait. Comme César, il n'avait pas eu de fils; mais les lois romaines donnaient de grandes facilités pour suppléer par l'adoption à la paternité naturelle. Il avait adopté son neveu Marcellus, plus tard les deux fils aînés de Julie, et enfin, après leur mort, le fils de Livie, Tibère. Cet exemple fut imité par les princes suivants; et il s'établit en droit que l'empereur désignait lui-même son successeur, soit en l'adoptant, soit par la collation du titre de césar et prince de la jeunesse, soit en l'associant pour collègue à la puissance tribunitienne et proconsulaire. Depuis Adrien l'empereur prit souvent un collègue, qui lui restait pourtant subordonné. En l'absence d'un successeur désigné le sénat choisissait, mais les prétoriens et les légions s'attribuèrent bientôt ce droit; toutefois l'élu n'entrait légalement en possession du pouvoir qu'en vertu d'un sénatus-consulte qui lui faisait passer les titres et les droits de son prédécesseur. Ce sénatus-consulte fut appelé plus tard la loi royale, *lex regia*.

ORGANISATION DE L'EMPIRE ROMAIN A LA FIN DU SECOND SIÈCLE DE NOTRE ÈRE. — Dans cet espace de deux siècles le gouvernement impérial suivit un mouvement marqué de concentration. Le principe monarchique tendait à se dégager des formes républicaines qui l'enveloppaient encore. Plus de délibérations publiques. Le sénat subsiste toujours, mais Adrien a transféré ses pouvoirs à son conseil (*consistorium principis*), lequel traite en secret toutes les affaires importantes; et les jurisconsultes ont déjà déclaré que la volonté du prince était la loi. Ainsi s'était constitué le despotisme le plus absolu dans les affaires civiles, politiques et religieuses; car l'empereur était le chef de la religion comme il l'était des armées, du sénat et des fonctionnaires de tout ordre. Il était à la fois pouvoir législatif, pouvoir exécutif et pouvoir judiciaire.

Ce despotisme s'appuyait sur les légions, principalement sur les prétoriens, qui, se sachant nécessaires, faisaient payer leur protection par un *donativum* et des gratifications répétées, souvent même renversaient un empereur pour les plus légers motifs, et vendaient sa succession. Leur chef, le préfet du prétoire, était devenu la seconde personne de l'Empire. Mais depuis Adrien cette charge était partagée entre deux titulaires. Avec les prétoriens le despotisme se défendait, avec les délateurs et les accusations de majesté il attaquait. Singulier spectacle que celui d'une tyrannie si complète sortant du milieu d'une république qui longtemps parut vivre encore. L'explication de ce phénomène est simple. L'Empire n'avait pas d'institutions générales qui liassent le prince en même temps que les sujets, et, de plus, la société romaine était double; il y avait la société politique et la société civile: l'une, formée de cinq à six cents familles nobles ou riches, que l'Empereur décimait, parce qu'il en était sans cesse menacé; l'autre, composée de la masse du peuple et des provinciaux. Sur ceux-ci l'Empereur avait, par le droit de conquête, une autorité absolue, qui ne pouvait tarder à s'étendre aussi, par la seule force des choses, sur la minorité que formait le peuple romain. Quelque temps cette usurpation se cacha sous des formes républicaines; mais la réalité se trahit bientôt, et alors il ne cessa plus de sortir du sein de l'ancienne bourgeoisie souveraine des conspirations et des assassinats. De là une lutte affreuse et les boucheries de l'amphithéâtre transportées au milieu du sénat. Mais au-dessous de cette région des tempêtes et des révolutions, les provinciaux vivaient calmes et à peu près heureux, et appuyaient un gouvernement qui, en donnant la paix et l'ordre à cent millions d'hommes, avait singulièrement favorisé les progrès de la civilisation et du bien-être. Tibère, Domitien n'avaient pas été haïs dans les provinces; même sous les plus odieux tyrans, les progrès de la société civile continuaient, grâce aux jurisconsultes, qui s'efforçaient de généraliser les droits et de les fonder de plus en plus sur l'équité.

La succession au trône n'avait d'autre règle que la volonté du prince mort, surtout que les caprices de la soldatesque, dont il fallait d'abord acheter l'assentiment. La confirmation du nouvel élu par le sénat était une vaine formalité. L'hérédité, quoi qu'en dise Tacite, n'était pas odieuse aux Romains; mais, par une fatalité étrange, les familles impériales étaient toutes infécondes. L'adoption suppléa souvent à l'hérédité naturelle qui manquait, et donna à l'Empire ses meilleurs princes. Mais cette instabilité, qui força d'en appeler sans cesse au bon vouloir des prétoriens, eut pour ésultat de remettre entre leurs mains un droit d'élection que les légions trouvèrent bien vite utile de leur disputer; se là tant de révolutions sanglantes, qu'une plus forte organisation du pouvoir civil, soustrait à la prépondérance écrasante du pouvoir militaire, eût peut-être prévenues.

La situation du sénat était fort incertaine : sous quelques princes il semblait être encore le grand conseil représentatif de tout l'Empire, sous d'autres il n'était plus consulté. Ces alternatives de pouvoir et de faiblesse accusent sa trop réelle impuissance.

Quant au peuple romain, il n'en est plus question que pour mémoire, et l'on n'entend guère sa voix qu'au cirque ou dans les famines. Réclamations bien rares et toujours bien modestes : *Panem et circenses!* Et comme l'empereur sur ce point-là est toujours bon maître, le peuple, qui le voit humilier ses anciens oppresseurs et flatter ses caprices, l'applaudit et l'aime : il pleura longtemps Néron.

Auguste avait cependant conservé une image des anciens comices; Tibère effaça même cette ombre des vieux droits. Caligula, dans un moment de caprice, revint à l'organisation d'Auguste, et dans un autre à celle de Tibère. Au troisième siècle, toutes les nominations appartenaient au prince. Cependant les bons empereurs ne se dérobaient que sur les propositions du sénat, et, après avoir consulté l'opinion publique. Dans ce cas même on tenait encore les comices avec l'ancienne solennité, et le drapeau était déployé sur le Janicule.

Les sénatus-consultes rendus sur la proposition verbale ou écrite de l'empereur et les constitutions des princes (*rescripta, decreta, mandata, edicta*), avaient remplacé les lois votées jadis dans l'assemblée publique. Les préteurs et les autres magistrats conservaient leur droit de promulguer des édits, mais à condition qu'ils seraient conformes aux principes des jurisconsultes, dont l'influence grandissait tous les jours. L'un d'eux, Salvius Julianus, avait fait une première codification du droit romain, l'*edictum perpetuum*, auxquels les préteurs ne purent déroger que pour les cas non prévus.

L'empereur, juge suprême, recevait les appels en dernière instance; un conseil distinct du consistoire chargé des affaires politiques, l'*auditorium*, l'aidait dans le jugement des appels et des procès qu'il avait retenus. Les *judicia publica* étaient ordinairement vidés dans le sénat, exécuteur des hautes œuvres impériales. Les préteurs et le préfet de la ville, assistés de juges pris parmi les sénateurs, les chevaliers et le peuple, prononçaient en matière civile. Les centumvirs, tribunal indépendant du préteur, avaient été portés par Auguste au nombre de cent quatre-vingts et divisés en quatre collèges, d'après la nature des affaires sur lesquelles ils avaient à prononcer.

Auguste avait divisé Rome en quatorze quartiers, que surveillaient sept cohortes de gardes nocturnes, et créé des inspecteurs des rues, des monuments, des aqueducs, du Tibre, etc. Un préfet des vivres avait la charge de maintenir l'abondance dans la ville. L'intendance des jeux publics était passée des édiles aux préteurs, et les frais en étaient faits par le trésor public. Il avait cherché à limiter le luxe des festins, combattu la passion pour les jeux de gladiateurs, pour les astrologues, les devins, et tâché de réformer les mœurs. Mais ces lois, renouvelées par quelques-uns de ses successeurs, furent impuissantes, et Rome, le siége du despotisme, vit éclater les désordres et les crimes nés des passions mauvaises que la tyrannie développe autour d'elle.

L'établissement de la monarchie avait amené de grands changements dans l'administration financière. La nécessité de solder une armée permanente, des gardes, des flottes et les fonctionnaires auxquels Auguste assigna un traitement pour les rendre plus dépendants; la construction de grandes routes à travers l'Empire, l'érection de monuments et d'édifices publics; des fondations utiles, comme celles de bibliothèques, de cours faits par les professeurs que l'État salariait; les mesures de charité prises pour les malades, pour les nécessiteux, pour les enfants pauvres, etc.; enfin les gratifications au peuple, aux soldats, aux courtisans, et le luxe de la cour impériale employèrent des sommes énormes, qui sortaient soit du *fiscus*, trésor particulier du prince, soit de l'*ærarium* ou trésor public, dont le sénat avait conservé l'administration, sauf à l'ouvrir à l'empereur toutes les fois que celui-ci l'exigeait. Il est impossible de dresser un tableau exact des revenus et des dépenses de l'Empire; car nous avons perdu celui qu'Auguste avait composé (*rationarium imperii*), et nous n'avons pas la statistique qu'Appien nous promet dans sa préface. Peut-être les recettes s'élevaient-elles à quatre cents millions, sans y comprendre les ressources extraordinaires fournies par les legs et les confiscations. Ressources importantes; car presque tous les Romains léguaient en mourant quelque chose à l'empereur; et il y avait plus de trente délits qui entraînaient la confiscation. En mourant Tibère et Antonin laissèrent un trésor de plus de trois cents millions.

Comme la fortune des Romains n'était pas mieux garantie que leur liberté et leurs droits politiques, les empereurs multiplièrent peu à peu et accrurent les impôts. Les tributs payés par les provinces, la capitation en argent et en nature (le blé, le vin, l'huile et les vivres fournis aux armées ou aux fonctionnaires, qui se rendaient avec une nombreuse cohorte dans leur gouvernement), furent augmentés ou diminués selon le prince qui régnait. Quelles sommes n'étaient pas nécessaires pour satisfaire aux folles prodigalités des Néron, des Vitellius et des Héliogabale! Un impôt très-productif était celui du vingtième des héritages. Il ne frappait que les citoyens; pour lui faire rendre davantage, Caracalla donna le droit de cité à tous les provinciaux, et exigea jusqu'au dixième des successions.

ORGANISATION MONARCHIQUE DE L'EMPIRE DEPUIS DIOCLÉTIEN JUSQU'A JUSTINIEN (1). — Dioclétien changea l'organisation de l'Empire; il détruisit,

(1) Comme commentaire de la *Notitia dignitatum utriusque imperii*, je me suis beaucoup servi, pour ce paragraphe, du savant livre de Walter, *Geschichte des römischen rechts*, et du livre de M. Naudet, *Sur les changements dans l'administration de l'Empire*, etc. Tillemont et Godefroy sont aussi des guides précieux.

pour le remplacer par un autre, le despotisme militaire; effaça tout ce qui subsistait encore des vieux souvenirs républicains, et fit dominer dans la cour impériale et dans le gouvernement l'esprit, les habitudes, les mœurs des monarchies orientales. Le premier des empereurs romains il voulut entourer la majesté impériale de toute la pompe extérieure des cours asiatiques. Il prit un diadème, s'habilla de soie et d'or, et tous ceux qui obtenaient la permission de l'approcher durent, suivant le cérémonial asiatique, adorer à genoux la divinité et la majesté impériales. Tous les maux de l'Empire dans le siècle qui avait précédé provenaient de la facilité que les généraux trouvaient à se faire nommer empereurs. Dioclétien partagea l'Empire administrativement. Il se choisit un collègue, Maximien, et chacun d'eux prit un lieutenant, ou, comme on l'appela, un césar qui devint l'héritier présomptif du titre d'auguste. En agissant ainsi Dioclétien plaçait entre lui et les ambitieux l'intérêt de trois maisons puissantes, et il commençait à établir cette hiérarchie si nécessaire dans le gouvernement monarchique pour mettre le prince et l'État à l'abri des révolutions de caserne, mais aussi ce despotisme de cour, ce gouvernement de sérail qui tuent l'esprit public et font passer les services rendus à la personne du prince par dessus les services rendus à l'État.

La plus importante des modifications qu'introduisit Dioclétien fut le partage de l'Empire en deux grands gouvernements pour les deux augustes. Cette organisation, qui ne devait d'abord être que passagère et qui n'avait été établie que pour rendre l'administration plus facile et la défense plus sûre, resta définitive depuis la mort du grand Théodose. Cependant les deux Empires continuèrent à être regardés comme les parties d'un même tout jusqu'au renversement de l'Empire d'Occident par les barbares. Les édits promulgués dans l'un avaient force de loi dans l'autre. Constantin fit un autre changement important lorsqu'il éleva au rang de seconde capitale de l'Empire la ville de Constantinople, qui devint ainsi le point central de l'Orient. Un troisième changement, qui appartient encore à ce prince, fut la nouvelle situation politique faite au christianisme dans l'Empire. Les chrétiens se virent d'abord (313) assurer le libre exercice de leur culte et les églises obtinrent le droit de posséder des biens transmis par donation ou par testament. Bientôt les empereurs, devenus chrétiens, furent forcés de rendre hommage au nouveau culte par une lutte ouverte contre l'ancien. Les sacrifices et les cérémonies du paganisme furent peu à peu frappés par des lois sévères. Les temples successivement se fermèrent ou furent renversés. Les prêtres furent dépouillés de leurs priviléges et de leurs revenus. Enfin les païens furent à leur tour exclus de toutes les fonctions civiles et militaires. Mais nous ne devons insister ici que sur les changements qui s'introduisirent depuis Constantin dans l'administration publique. Voici quelle fut la nouvelle forme de la constitution modifiée. A la tête de l'État était l'empereur, dont la majesté était sainte et inviolable et le pouvoir sans limites. Le caractère nouveau de la dignité impériale se reflétait dans le costume même du prince et dans l'usage de l'adoration et de la génuflexion devant sa personne. Ce cérémonial, introduit par Dioclétien, fut conservé par les empereurs chrétiens. Ceux-ci proscrivirent seulement le culte de leurs images. Il fallait en apparence le concours du sénat pour la nomination du prince, en réalité elle était faite par l'armée; ou bien l'empereur se choisissait son successeur, en lui donnant le titre de césar ou celui d'auguste. L'installation de l'empereur était accompagnée de fêtes dans lesquelles avaient lieu la prise des insignes impériaux, l'élévation sur un bouclier et plus tard, à Constantinople, le couronnement par le patriarche. Après ces solennités le nouveau prince adressait au sénat un manifeste, par lequel il promettait une administration juste et bienfaisante. L'éclat de la dignité impériale se répandait nécessairement sur les parents du prince, et ils recevaient dès son avénement le titre de grands de l'État.

Le service immédiat de la personne de l'empereur appartenait au grand chambellan, *præpositus sacri cubiculi*. Au-dessous de lui étaient le vice-chambellan, *primicerius sacri cubiculi*, l'intendant du palais, *comes castrensis sacri cubiculi*, celui de la garde-robe, *comes sacræ vestis*, et les autres officiers de la maison du prince. L'intendant du palais impérial avait sous lui les pages et le nombreux domestique de la cour *castrensiani et ministeriani*. Il passait tous les contrats avec les fournisseurs de la maison du prince, il revoyait et acquittait les comptes : aussi avait-il à ses ordres de nombreux secrétaires. Trente huissiers, *silentiarii*, dirigés par trois décurions, faisaient observer le silence aux abords de la salle où se donnaient les audiences impériales. Enfin un corps de troupes richement équipées était chargé de la garde du prince et lui servait d'escorte. Nous en parlerons ailleurs.

L'administration avait pour base la division même établie par Constantin entre l'ordre civil et l'ordre militaire. Les préfets du prétoire furent maintenus à la tête du premier. Pour le second il y eut une hiérarchie nouvelle. Le système du gouvernement depuis Dioclétien était de démembrer les charges et les provinces pour diminuer le pouvoir des fonctionnaires en les multipliant. Le nombre des préfets du prétoire fut porté à quatre pour les quatre préfectures entre lesquelles tout l'Empire fut partagé : le premier, résidant à la cour, avait sous son autorité la Thrace, tout l'Orient et l'Égypte ; le second, qui avait sa résidence d'abord à Sirmium, puis à Thessalonique, commandait à l'Illyrie, à la Macédoine et à la Grèce ; le troisième avait sous lui l'Italie et l'Afrique, et résidait à Milan, séjour habituel de la cour d'Occident ; le quatrième dominait sur les Gaules, l'Espagne et la Bretagne : il demeurait à Trèves. Les deux préfectures d'Occident se trouvèrent abolies par les conquêtes des barbares. Après la destruction du royaume des Vandales, Justinien rétablit en Afrique une préfecture, dont Carthage fut la capitale ; et après ses victoires sur les Ostrogoths, il en institua une autre pour l'Italie. Malgré tous ces partages, la charge du préfet resta la première de l'État. De grands priviléges y étaient attachés. Néanmoins ils n'étaient pas nommés à vie ; et quelquefois même l'autorité ne leur était conférée que pour un an. Le nombre et l'importance des affaires qui rentraient sous leur contrôle avaient exigé un personnel considérable. Leurs bureaux renfermaient plusieurs centaines d'employés. C'était encore aux préfets qu'appartenait la direction des postes. Depuis son institution par Octave ce service avait pris de grands développements. Tout était organisé pour que le transport des dépêches et celui des fonctionnaires publics se fît avec la plus grande rapidité. Des chevaux et des voitures étaient entretenues aux frais l'État dans des stations régulièrement distribuées sur les routes principales. Le droit de se servir des postes de l'État était conféré par un diplôme (σύνθημα) que délivrait le préfet; et des règlements determinaient, suivant l'importance des personnes, tout ce qui concernait le poids des bagages à transporter, les voitures et le nombre des chevaux à donner. Rome et Constantinople avaient chacune un *præfectus urbis*.

A la tête de toutes les forces militaires de l'Empire Constantin plaça d'abord deux généraux, l'un pour la cavalerie, l'autre pour l'infanterie, le premier supérieur au second en dignité, car depuis Constantin la force des armées, et c'est là un signe de décadence militaire, consista principalement en troupes à cheval, à ce point que le mot de *miles* finit par ne plus désigner qu'un cavalier. Le nombre des généraux fut plus tard augmenté, et sous Constance il y en avait déjà quatre; par une nouvelle répartition des troupes ils eurent chacun au temps de Théodose à commander de l'infanterie et de la cavalerie. Au cinquième siècle il y avait dans l'Empire d'Orient deux généraux à la cour et trois dans les provinces; dans l'Occident, deux à la cour et un dans les Gaules.

Justinien créa un nouveau commandement militaire pour l'Arménie. Les généraux avaient leur *officium* organisé presque de la même manière que celui des préfets. Seulement, les employés étaient pris parmi les soldats, et leur service était compté comme service militaire. Cependant ils furent souvent aussi considérés comme des fonctionnaires ordinaires.

La place élevée que le préfet du prétoire occupait, immédiatement au-dessous du prince, le rendait maître de tout ce qui intéressait le personnel et l'administration de la cour. Cette influence lui fut enlevée par la création d'un *magister officiorum*, sorte de grand maître du palais chargé de tout le cérémonial et des présentations; sous lui travaillaient cent quarante-huit scribes, divisés en quatre bureaux (*scrinia*). Il annonçait et introduisait les ambassadeurs; disposait des troupes du palais (*scholæ*), auxquelles il donnait le mot d'ordre, et des milices chargées de la police, *agentes in rebus*, car il remplissait les fonctions de ministre de la police générale; enfin il jugeait souverainement pour les personnes de la cour toutes les causes civiles et militaires. Après la chute de Rufin la direction des postes fut retirée de la préfecture du prétoire et comprise dans les attributions du *magister officiorum*.

Il y avait un autre ministère d'égale importance, c'était la questure du palais: le questeur présidait à la législation. Tous les rapports, toutes les décisions prises sur les requêtes présentées au prince passaient par ses mains; il contresignait toutes les ordonnances et tous les décrets émanés du cabinet impérial. Cependant il n'y avait pas d'*officium* spécial attaché à la questure, les secrétaires mêmes du prince étaient à la disposition du questeur. Enfin il y avait à la tête de l'administration des biens de la couronne et du trésor impérial deux ministres, dont nous parlerons ailleurs. Les chanceliers d'État et les secrétaires du prince formaient comme un corps de notaires présidé par un *primicerius*. Celui-ci était chargé de tenir le rôle des fonctionnaires civils et militaires. Pour toutes les autres affaires, soit procès, soit pétitions présentées au prince, il y avait quatre bureaux, chacun sous un chef, *magister*, aidé d'un sous-chef, *proximus*.

A côté de ces nouveaux fonctionnaires subsistaient des dignités anciennes, qui conféraient beaucoup d'honneur, mais aucun pouvoir réel. Tel était le consulat, regardé encore comme une des plus hautes dignités de l'Empire, quoiqu'il n'eût plus qu'une ombre de ses anciens droits. L'élection des consuls avait été rendue au sénat; elle était confirmée par l'empereur, et annoncée aussitôt aux provinces pour fixer le nom de la nouvelle année. La coutume avait attaché au consulat des charges considérables, des distributions au peuple, des dons en argent, des jeux de toutes sortes; ces dépenses montèrent quelquefois jusqu'à deux mille livres d'or. Après le partage de l'Empire il y eut tantôt un consul à Rome et un à Constantinople, tantôt deux dans chacune de ces deux villes. Le dernier consulat exercé en Orient par un simple citoyen fut celui de Basile (541). Depuis 541 jusqu'à 556 il n'y eut pas de consul. A partir de cette époque les empereurs prirent à leur avénement la dignité consulaire.

La censure avait cessé d'exister depuis qu'il n'y avait plus à faire le dénombrement du peuple romain. Cependant comme il fallait encore pour être sénateur et chevalier posséder une fortune déterminée, on conserva pour faire ce recensement des scribes attachés autrefois à la censure, avec le nom de *censuales*, et on institua un *magister census*. Ce dernier avait en même temps sous sa garde le dépôt des archives, *tabularium*, qui de tout temps avait été joint au trésor public, mais qui n'était plus à cette époque qu'une sorte de greffe municipal. Constantin créa également pour Constantinople un *magister census*.

Il y avait encore des préteurs, des questeurs et des tribuns du peuple même à Constantinople. Il n'y eut d'abord dans cette ville que deux préteurs, dont l'un était attaché au *magister census*; plus tard il y en eut trois, et quelque temps même jusqu'à huit. Ils devaient, comme autrefois, donner des fêtes à des époques marquées. Les dépenses en étaient fixées, et des mesures avaient été prises pour en rendre la célébration moins ruineuse. La même obligation était imposée aux questeurs à leur entrée en fonctions. C'était une charge que chaque sénateur devait régulièrement supporter une fois, un devoir qu'ils étaient obligés de remplir; s'ils y manquaient, ils encouraient les peines les plus sévères. Les préteurs, et sans doute aussi les questeurs, étaient désignés par le sénat, et les noms choisis étaient présentés au prince; la nomination avait lieu dix ans à l'avance, afin que les places laissées vides fussent immédiatement remplies, et que de longues économies pussent préparer aux magistrats élus les moyens de fournir aux dépenses que leur charge devait leur imposer. Le partage des diverses prétures entre les préteurs nommés par le sénat appartenait aux *censuales*. Ces derniers étaient aussi chargés de veiller à la célébration des fêtes qui devaient être données par ces magistrats.

On ne sait rien des tribuns, si ce n'est qu'ils étaient encore membres du sénat.

Il y avait deux sénats, depuis que Constantin en avait créé un à Byzance et que Julien l'avait investi des priviléges de l'ancien sénat de Rome. Ces deux sénats n'avaient qu'une participation apparente à la promulgation des lois. Il leur en était donné connaissance par un discours du prince; et leur rôle se bornait à les adopter. Il n'y avait de véritables sénatus-consultes que relativement aux fêtes et aux autres charges imposées aux sénateurs; de sorte que leur pouvoir législatif se bornait à ce qui regardait leur corporation. Cependant une ordonnance de Théodose II, en 446, rendit au sénat la libre délibération des lois d'intérêt général. C'était avec le concours du sénat que l'empereur jugeait les procès remis à sa décision. Le sénat avait encore la connaissance des crimes de lèse-majesté. La présidence du sénat appartint jusque sous Justinien aux consuls; après ce prince elle fut conférée au préfet de la ville. La rédaction des arrêtés était confiée aux *censuales*.

Le sénat n'avait donc aucune importance politique; ce n'était plus qu'une illustre assemblée, dans laquelle on réunissait les grands propriétaires de l'Italie et des provinces dans l'intérêt de la capitale, qui profitait de leur séjour, et du prince, qui avait en eux des otages. Aussi la liste des sénateurs avec l'indication de leur fortune était-elle tenue avec la plus grande exactitude par les *censuales* : tous les trois mois ce rôle était présenté au prince par le préfet du prétoire. La dignité sénatoriale se transmettait par héritage à tous les enfants, excepté à ceux qui étaient nés avant que le père fût investi de cette dignité. Les sénateurs avaient le premier rang parmi les *clarissimi*, qui formaient la troisième classe des nobles. Dans les causes civiles comme dans les causes pénales les sénateurs relevaient du tribunal du préfet de la ville.

Les charges qui pesaient particulièrement sur les sénateurs étaient d'abord ces fêtes dont la célébration était imposée aux préteurs. Puis ils étaient soumis à un impôt particulier, qui portait le nom de *follis* ou de *gleba*. Cet impôt était réglé d'après la valeur des biens; et chacun devait déposer, sous peine de confiscation, une déclaration exacte de sa fortune entre les mains des *censuales*. Les propriétés sénatoriales formaient ainsi par rapport à l'impôt une catégorie spéciale, et la défense de leurs intérêts était confiée dans chaque province à des *défenseurs du sénat*. Les sénateurs sans fortune payaient, au lieu de la *gleba*, une capitation de sept *solidi*. Les autres charges sénatoriales étaient les dons de sommes considérables faits au prince dans les circonstances solennelles, les cadeaux de nouvelle année, enfin dans les temps de nécessité extraordinaire des distributions au peuple.

En outre de la naissance, il y avait trois moyens d'accès du sénat. C'était d'abord la dignité de consul ou un titre de second ordre, celui de *spectabilis*, ou, à plus forte raison, un titre de premier ordre, celui d'illustre. Le rang et l'ancienneté déterminaient à la fois l'ordre dans lequel les sénateurs siégeaient et celui dans lequel ils votaient. Cet ordre était maintenu après que l'on avait résigné la charge à laquelle on devait sa place dans le sénat. Cette inégalité, admise dans le sénat même entre les sénateurs, existait aussi dans la répartition de la *gleba*. Ceux qui n'avaient aucune propriété n'avaient à payer que deux *follis*. Les consuls étaient exempts de l'obligation de faire les frais d'une fête, parce qu'ils avaient passé par la préture; mais cette exemption ne s'étendait pas aux proconsuls ni aux vicaires. L'empereur avait le droit d'élever au rang de sénateur, sur la recommandation du sénat. Celui qui recevait cette faveur était naturellement soumis à l'impôt de la gleba et aux autres charges sénatoriales, à moins que par une grâce spéciale le prince ne l'élevât en même temps au rang de personnage consulaire. Enfin, les services civils ou militaires dans les hautes charges de la cour conduisaient au sénat, avec le titre de consulaire et l'exemption de toutes les charges sénatoriales.

Au-dessous du sénat était le *consistorium*, qui devait son origine au conseil secret de l'empereur. Ses membres portaient le nom de *comites consistorii*. Ils appartenaient soit à la première classe, celle des illustres, comme le maître des officiers, les questeurs, le ministre du trésor et celui des biens de la couronne; soit à la deuxième classe, celle des *spectabiles*. Il y avait en outre des *comites consistorii* agrégés au conseil pour le service extraordinaire. Naturellement les préfets du prétoire et les généraux qui se trouvaient à la cour avaient le droit de faire des motions dans le *consistorium*; et un grand nombre d'autres dignitaires pouvaient, suivant les circonstances, y être appelés. Le cercle des affaires attribuées au *consistorium* était très-étendu. On y donnait des audiences solennelles; on y présentait les projets de loi; on délibérait sur l'administration; on y jugeait des procès. Les procès-verbaux étaient rédigés par les notaires, sous leurs chefs, le *primicerius* et le *secundicerius*.

Toutes ces charges, hiérarchiquement divisées, donnaient à ceux qui en étaient investis des titres de noblesse personnelle et non transmissible. Les consuls, les préfets et les sept ministres s'appelaient les *illustres*; les proconsuls, les vicaires, les comtes, les ducs étaient *spectabiles*; les consulaires, les sénateurs, et les présidents étaient *clarissimi*. Il y eut aussi des *perfectissimi* et des *egregii*. Les princes de la maison impériale avaient le titre de *nobilissimi*. Cette divine hiérarchie, comme on l'appela dans la langue officielle, cette armée de fonctionnaires augmentèrent l'éclat de la cour, sans augmenter la force du gouvernement, parce que cette noblesse individuelle et non héréditaire, dépendant de la seule faveur du prince, ne put jeter de racines profondes dans le pays, pour lequel elle ne fut qu'une source de dépenses nouvelles. Il fallut des traitements pour ce personnel immense, qui s'inquiéta bien plus de plaire au prince que de travailler au bien public; et les dépenses de l'administration s'accrurent démesurément au moment où l'État avait plus besoin que jamais de toutes ses ressources pour ses armées, pour ses routes, pour les forteresses des frontières. Il fallut donc demander davantage à l'impôt, quand la misère générale, résultat des désordres de l'anarchie militaire et des pillages des barbares, de la décadence de l'agriculture et de la concentration des propriétés, s'était répandue jusqu'au cœur des plus riches provinces. Alors commença entre le fisc et les contribuables une guerre pleine de ruses et de violences, dont une des conséquences fut d'irriter les populations et d'éteindre jusqu'aux derniers restes du patriotisme.

Si nous résumons ce qui vient d'être dit sur la réorganisation du gouvernement par Constantin, on verra qu'il voulut faire de l'Empire une monarchie véritable, calquée sur les monarchies asiatiques et s'appuyant non plus seulement sur l'armée, mais sur un immense personnel administratif. L'idée qui le préoccupa surtout dans cette nouvelle constitution donnée à l'Empire fut le démembrement des commandements trop étendus et la séparation des fonctions civiles et militaires, afin que les deux ordres de fonctionnaires se fissent l'un à l'autre équilibre, et que chacun des agents de l'autorité publique, réduit à un pouvoir restreint et enveloppé dans une hiérarchie nombreuse, ne trouvât plus les facilités qu'avaient les puissants gouverneurs d'autrefois pour se révolter. Mais cette administration compliquée allait devenir bientôt tracassière en voulant incessamment se montrer et agir là où les rares agents de la république et des premiers empereurs ne se montraient et n'agissaient jamais. Cette intervention continuelle eût seule suffi à la rendre oppressive et odieuse. Pour comprimer le mécontentement inévitable des provinces, pour arrêter les attaques, chaque jour plus menaçantes, des barbares, Constantin organisa-t-il une armée formidable? Loin de là : les premiers empereurs avaient donné la prépondérance au pouvoir militaire sur le pouvoir civil; Constantin fit le contraire : il abaissa, il dégrada l'état militaire, il relégua les chefs des soldats aux derniers rangs de la noblesse qu'il constitua ; et cela dans un temps où les ennemis du dehors allaient devenir plus menaçants que jamais. Il rendit bien par ces mesures les révoltes des légions et des généraux difficiles; mais si elles donnèrent des garanties à la sécurité du prince, elles en ôtèrent à celle de l'Empire.

Il sera facile de juger ce que pouvaient valoir les soldats de ce temps en sachant qu'ils n'étaient recrutés que parmi les prolétaires, et que pour qu'on pût toujours les reconnaître s'ils désertaient on leur imprimait sur le bras ou sur la jambe un stigmate indélébile. Le légionnaire était marqué comme l'esclave voleur ou fugitif ; le camp devenait un bagne.

CHAPITRE VI.

ADMINISTRATION.

§ 1ᵉʳ. — *Assemblées générales du peuple romain.*

ASSEMBLÉE CURIATE. — On a précédemment vu que le peuple romain se forma d'éléments fort divers, dont il est difficile de marquer avec certitude l'origine. Mais ce qui est hors de toute contestation, c'est l'antique existence de la division du peuple en trois tribus. La tribu, à son tour, se partageait en dix curies et chaque curie en dix décuries. Il y avait donc en tout trente curies et trois cents décuries ; celles-ci étant représentées par les *gentes* ou maisons patriciennes.

Rome avait son roi, ses magistrats, son sénat, mais aussi, suivant l'usage universel de l'Italie et de la Grèce, son assemblée publique. La plus ancienne assemblée générale du peuple romain était l'ASSEMBLÉE CURIATE. Les patriciens se rendaient au *comitium*, lieu de la réunion, divisé en trente curies, toutes les fois qu'il s'agissait de décider de la paix ou de la guerre, de nommer aux charges ou de faire une loi. Le roi faisait ses propositions, et l'assemblée les acceptait ou les repoussait sans discussion, à la majorité des voix. Ce ne fut, au témoignage de Denys d'Halicarnasse, qu'après le bannissement des rois que l'on discuta dans les curies, avant de voter, sur les propositions faites par le sénat. Chaque curie avait un suffrage, et ce suffrage était formé par la majorité des voix des *gentes* comprises dans la curie. La

S.

voix de chaque *gens* était elle-même déterminée par celles des membres qui la composaient. Il va sans dire que les patriciens seuls, et non les clients, votaient. Si sur ce point les témoignages manquent, l'admission des clients au suffrage serait contraire à l'esprit de la constitution romaine.

Ainsi les membres patriciens de chaque *gens* décidaient quel serait le suffrage de la *gens*; la majorité des suffrages des *gentes* formait le vote de la curie; la majorité des suffrages des trente curies, le vote du peuple romain. Mais il ne pouvait être pris de résolution que sur le point proposé par le roi, de même qu'il ne pouvait y avoir d'assemblée que sur sa convocation ou sur celle de son lieutenant, le tribun des célères. Cette assemblée curiate, renfermée dans de si étroites limites, était encore placée sous la surveillance des prêtres, qui pouvaient la rompre, au milieu même du vote, en déclarant que les auspices étaient contraires. Mais le patriciat, qui remplissait de ses membres le sénat, les charges et le sacerdoce, avait assez de dédommagements pour accepter cette discipline sévère, qui prévenait tout désordre. Si elle gênait l'indépendance de l'assemblée où se réunissait la bourgeoisie souveraine, elle était nécessaire, en face de cet autre peuple, les plébéiens, qui voyaient avec des yeux d'envie le petit nombre décider de tous les intérêts de la commune patrie.

ASSEMBLÉE CENTURIATE. — Cette organisation subsista intacte depuis les temps les plus anciens jusqu'au roi Servius. Alors une grave innovation s'introduisit. Servius pour réunir en un seul peuple les patriciens et les plébéiens, jusqu'alors divisés et ennemis, répartit tous les habitants de Rome, d'après la fortune de chacun, en cinq, d'autres témoignages disent en six classes. Mais la différence importe peu, tous les auteurs s'accordant sur la nullité politique de cette dernière classe. On a expliqué ailleurs cette organisation (1); rappelons seulement ici que les classes étaient subdivisées en un nombre inégal de centuries, à chacune desquelles était attaché le droit de donner un suffrage. De telle sorte que la première classe compta quatre-vingt-dix-huit centuries, ou quatre-vingt-dix-huit suffrages; la seconde, la troisième et la quatrième vingt seulement, avec quatre centuries d'ouvriers et de musiciens; la cinquième, trente. Ainsi les grandes fortunes avaient quatre-vingt-dix-huit voix sur cent quatre-vingt-treize, les moyennes fortunes soixante-quatre, les petites fortunes trente. La majorité appartenait donc aux riches toutes les fois qu'ils étaient d'accord entre eux. J'ai fait remarquer aussi que les *seniores*, moins nombreux que les *juniores*, avaient pourtant autant de voix. C'était un avantage assuré à l'expérience. Suivant Festus, une centurie particulière était formée pour tous ceux qui, arrivés trop tard, n'avaient pu voter dans leur centurie. Les affranchis, n'étant pas admis dans les classes, ne votaient point.

Servius fit passer à l'*assemblée centuriate* toutes les prérogatives politiques, législatives et électorales de l'*assemblée curiate*, sans toutefois supprimer celle-ci. La nouvelle assemblée fut aussi soumise à la discipline de l'ancienne. On n'y discuta, on n'y vota que sur les propositions faites par le sénat, et ses actes n'avaient même tout leur effet qu'après que les résolutions des comices par centuries avaient été sanctionnées par l'assemblée curiate, obligation qui ne fut supprimée qu'en 339, par une loi du dictateur Publilius Philo. Même après cette époque les magistrats élus par les centuries n'entraient en fonctions que lorsque les curies leur avaient accordé l'*imperium*, c'est-à-dire le droit de les exercer. Ce ne fut que vers la fin de la guerre du Samnium que la loi Mænia enleva aux curies le droit de refuser cette confirmation des prérogatives de leur charge aux magistrats élus par les centuries.

L'organisation des centuries étant toute militaire, c'était, du moins dans l'origine, en armes et en dehors du Pomœrium, dans le Champ de Mars, qu'elles se réunissaient, non pas à l'appel des licteurs, comme les comices par curies, mais au son de la trompette. Toutefois, il fallait pour leur réunion prendre les auspices; et la religion les tenait par là dans la dépendance des augures patriciens. Leur convocation devait être an-

---

(1) *Voy.* ci-dessus, p. 71.

noncée trente jours auparavant; et durant ces trente jours (*dies justi*) un drapeau rouge flottait sur le Janicule, qu'une troupe armée occupait pendant toute la durée des comices.

Ajoutons que les patriciens, pour être plus sûrs de leur ascendant dans les comices centuriates, avaient obtenu que les jours des comices ne pourraient jamais tomber les jours de marché. Ces jours-là tous les paysans venaient à Rome pour leurs affaires; ils étaient moins disposés à s'y rendre quand le déplacement n'avait pour but que de donner un vote. Cette disposition dura jusqu'aux lois du dictateur Hortensius, qui supprima l'interdiction portée contre la tenue des comices centuriates durant les *nundines*.

L'assemblée par centuries devint la grande assemblée du peuple romain après l'exil des Tarquins. L'importance de ces nouveaux comices fit tort aux anciens. La vie politique s'éloignait des seconds pour passer aux premiers. Les curies, représentation d'un temps où le patriciat était tout-puissant, devaient tomber avec lui. À l'époque des lois des XII Tables elles se maintiennent encore; elles ont même alors concurremment avec les comices centuriates le droit de juger dans la forme antique les crimes de *perduellion*. Ainsi Manlius, acquitté par les centuries, fut condamné par l'assemblée curiate. Mais la sanction des curies, anciennement exigée pour les résolutions des autres assemblées, fut, en 339, déclarée inutile par une loi du dictateur Publilius Philo. Dès lors les curies n'eurent plus que des attributions purement religieuses ou civiles; c'étaient elles qui ratifiaient les adoptions, les testaments, qui élisaient certains ministres du culte, comme les flamines et les curions. Mais dans les derniers temps de la république personne n'y assistait plus; et, comme nous l'avons dit déjà, lorsqu'on les convoquait, c'étaient trente licteurs et trois augures qui représentaient les trente curies patriciennes de l'ancien peuple romain.

L'assemblée centuriate se défendit mieux, par cela même qu'elle était moins exclusive; mais elle subit aussi, suivant les temps, d'importantes modifications. Avant de les exposer, il nous faut étudier une troisième sorte d'assemblée, les *comices par tribus*, qui firent aux centuries la rude guerre que celles-ci avaient faite aux curies.

ASSEMBLÉE PAR TRIBUS. — Le roi Servius n'avait pas divisé seulement le peuple en cinq classes d'après la fortune, *ex censu;* il avait partagé tout le territoire romain en vingt-six régions et la ville en quatre quartiers, en tout trente tribus. Cette division était purement géographique; cependant il y avait là un germe d'organisation future, car chaque tribu formait une sorte de commune dans l'État, ayant ses fêtes religieuses, ses autels particuliers, un nom, un chef à part. Quand le peuple retiré sur le mont Sacré eut forcé le sénat à lui donner des chefs, les tribuns, ceux-ci comprirent bien vite que leur vote serait inutile s'ils ne montraient pas aux grands le peuple entier rangé derrière eux, organisé, discipliné, et tout prêt à faire, à la voix de ses tribuns, une nouvelle *retraite* si ceux-ci la leur demandaient. Or cette organisation existait déjà; il n'y avait, pour créer un grand instrument de puissance, qu'à faire de la division géographique et religieuse des tribus une division politique. Les plébéiens se réunissaient pour les mêmes sacrifices, autour des mêmes autels : pourquoi ne se réuniraient-ils pas pour les mêmes intérêts autour des mêmes chefs? Les tribuns avaient l'obligation de protéger les plébéiens; du devoir de recevoir les plaintes au droit de rendre des réponses il n'y avait qu'un pas, et les tribuns prirent l'habitude de parler au peuple sur le Forum. A toute réunion il faut de l'ordre; on rangea les assistants suivant leurs tribus. Pour connaître leur avis, on les fit voter. Les patriciens n'avaient aucune opposition à faire; toutes ces conséquences découlaient légitimement de la création consentie par eux de magistrats exclusivement voués à la défense des intérêts populaires. En 477 un grand désastre survint, la mort des Fabius; les tribuns profitèrent habilement de la douleur publique pour se faire reconnaître le droit de citer par-devant les tribus du peuple réunies au Forum les consuls traîtres à l'État. Les patriciens qui, comme Coriolan, avaient insulté le peuple, les magistrats, les généraux qui s'étaient joué de la vie des plébéiens, en les traînant malades devant leur tribunal ou en les exposant, à la guerre, à des périls que le salut de l'armée n'exigeait pas, devinrent justiciables de la nouvelle juridiction. Jadis l'appel des plébéiens contre les sentences prononcées par les magistrats allait aux centuries; l'assemblée par tribus put les recevoir, et la sentence ne fut exécutée qu'après qu'un tribun eut notifié au consul le rejet prononcé par les tribus.

Volero fit faire un nouveau progrès à l'assemblée des tribus; il obtint, en 471, par sa loi *Publilia* qu'elle ferait l'élection des tribuns et des édiles, jusque alors réservée aux centuries. Il est même vraisemblable que dès lors aussi on ne demanda plus dans ce cas aux curies la confirmation de l'élection. Le collège de Volero avait ajouté à sa rogation une disposition capitale, celle que l'assemblée par tribus pourrait connaître des affaires générales de l'État, c'est-à-dire que l'assemblée plébéienne aurait le droit de faire des plébiscites.

Comme on ne consultait pas toujours le ciel pour la tenue des assemblées par tribus, et qu'elles n'étaient point précédées, comme les assemblées centuriates, par de solennels sacrifices, elles étaient soustraites à l'influence des augures, et elles pouvaient se réunir à jours fixes. Ces jours étaient les Nundines, c'est-à-dire les jours de marché, qui attiraient à Rome toute la population des campagnes. Si l'affaire agitée n'était pas terminée avant le coucher du soleil elle ne pouvait être reprise qu'au troisième marché suivant. Les tribuns ne pouvaient être interrompus dans leurs fonctions. La loi Icilia, que Denys d'Halicarnasse place à tort vingt-quatre ans plus tôt, portait : Que personne n'interrompe un tribun parlant devant le peuple. Si quelqu'un enfreint cette défense, qu'il donne caution de se présenter en jugement; s'il y manque, qu'il soit puni de mort, et que ses biens soient confisqués.

Les résolutions des assemblées par tribus ne furent pas à l'origine obligatoires pour les deux ordres; mais en formulant hautement les désirs du peuple ils leur donnaient une force souvent irrésistible. Après la chute des décemvirs, les consuls populaires Horatius et Valérius firent passer une loi portant que les plébiscites n'auraient plus besoin que de la sanction des curies et du sénat, comme les résolutions des assemblées centuriates, pour devenir des lois générales. Publilius Philo, dictateur en 339, effaça cette restriction; il fit déclarer les plébiscites obligatoires pour tous : *ut plebiscita universum populum tenerent*. Niebuhr croit que les plébiscites ne furent affranchis de la sanction du sénat que par la loi du dictateur Hortensius, en 286; Gaius parle, en effet, seulement de la *lex Hortensia*; mais cette loi ne nous semble être que la simple confirmation, cette fois définitive, de la loi Publilia. Toutes les lois importantes furent ainsi plusieurs fois confirmées; et comme la dictature d'Hortensius termina réellement la lutte des deux ordres, par un rappel et une consécration dernière de toutes les conquêtes antérieures des plébéiens, ce fut surtout de la *lex Hortensia* que les jurisconsultes parlèrent.

Du jour où les plébiscites devinrent obligatoires les tribuns, qui n'avaient jadis dans leur veto qu'une arme de défense, eurent dans leur initiative une arme puissante d'attaque. Rien ne pouvait plus les arrêter, si ce n'est l'opposition d'un de leurs collègues; mais pendant longtemps les tribuns n'usèrent de leur pouvoir que dans l'intérêt général et avec le concours et l'accord du sénat. Jusqu'aux Gracques nous ne voyons guère que Flaminius qui eût fait passer un plébiscite, sa loi agraire relative au territoire des Sénons, malgré l'opposition du sénat.

Ainsi, au troisième siècle avant notre ère, au temps de la guerre du Samnium et de la première guerre Punique, il n'y avait plus à Rome que deux assemblées sérieuses, souveraines, celle par centuries, plus aristocratique, celle par tribus, plus démocratique. Mais la constitution romaine n'ayant jamais été écrite, il ne s'était pas fait entre ces deux assemblées un partage régulier d'attributions. Les centuries paraissent avoir conservé, d'accord avec le sénat, la haute main sur les affaires extérieures, la guerre, la paix, les alliances; elles nommaient aux grandes charges de l'État, au consulat, à la préture, à la censure, à l'édilité curule; elles décidaient suivant les XII Tables, dans les accusations capitales, et faisaient les lois d'intérêt général. Les assemblées par tribus, plus occupées des intérêts particuliers des citoyens, surtout des plébéiens et des pauvres, nommaient seulement les tribuns et les édiles plébéiens ; leur pouvoir judiciaire se bornait à infliger les amendes que les tribuns réclamaient souvent contre les consuls, ou à prononcer sur des délits de peu d'importance. Mais souvent l'assemblée des tribus, poussée par ses chefs, empiéta sur les droits de l'assemblée centuriate, même dans les affaires de politique extérieure. Ainsi, en 167, la proposition de déclarer la guerre aux Rhodiens fut portée devant les tribus sans même avoir été précédée d'un sénatus-consulte.

CHANGEMENT DANS LA CONSTITUTION DE L'ASSEMBLÉE CENTURIATE. — Mais à cette époque de grands changements avaient eu lieu. Les textes réunis de Tite-Live, de Cicéron et de Denys d'Halicarnasse ne jettent malheureusement qu'un demi-jour sur les modifications qui s'opérèrent. Ce qu'ils laissent hors de doute, c'est la fusion des deux sortes de comices (1). Mais il paraît qu'on s'y prit à deux fois. Pendant la guerre d'Annibal, et jusqu'à l'année 181, époque où il parle d'un grand changement dans les suffrages, Tite-Live donne fréquemment (XXIV, 7 ; XXVI, 22 ; XXVII, 6) aux centuries le nom des tribus. Dans l'élection de 211 chaque tribu paraît divisée en deux centuries, une de *juniores*, une de *seniores*, ce que confirme le passage I, 43, de Tite-Live, *tribus, numero earum duplicato centuriis juniorum et seniorum*. A quelle époque ce changement eut-il lieu ? Nécessairement après la loi Hortensia (286), et suivant Tite-Live *post expletas quinque et triginta tribus* (241). Peut-être, en 220, durant la censure de Flaminius, par qui, dit le xx *epitome*, *libertini in quatuor tribus redacti sunt, quum antea dispersi per omnes fuissent*. Du reste,

(1) Les passages suivants prouvent la fusion des centuries et des tribus (Liv., 1, 43 ; XXIV, 7 ; XXVI, 22 ; XXVII, 6.) — Cic., *De Leg. Agr.*, II, 2 ; *me non extrema tribus suffragiorum consulem declaravit*. Pro Planc. 20, *centuria... pars unius tribus. De Leg.*, III, 4 ; et chaque page de la demande du cons. — Den., IV, 21 ; Polyb., VI, 4, etc.

si la date n'en peut être rapportée à une année précise (1), il me semble qu'on ne peut se tromper de beaucoup en plaçant ce changement dans l'intervalle des deux guerres Puniques. Le nombre des trente-cinq tribus ne fut complété qu'en 241, et en 215 on voit déjà des centuries de tribus. Dans ce temps d'égalité républicaine, de pauvreté et d'héroïsme, le principe timocratique du cens dut nécessairement s'effacer ; déjà il avait disparu des légions, dont l'organisation ne reposait plus sur la division en classes établie par Servius. Les plébéiens, qui venaient de conquérir sur tous les points l'égalité, purent bien le faire disparaître aussi au Forum. D'ailleurs, par la dépréciation de l'as, réduit alors au sixième de la valeur qu'il avait encore avant la première guerre Punique (2), 100,000 as, en 240, ne représentaient que 16,666 as anciens, auxquels l'élévation du prix des denrées donnait une valeur infiniment moindre qu'au temps de Servius. De là il résultait que la même fortune qui sous Servius n'aurait donné entrée que dans la cinquième classe élevait en 240 à la première. En fait les classes n'existaient plus, bien que leur dénomination subsistât toujours, puisque l'immense majorité des citoyens se trouvait dans la première. Il ne fut donc pas nécessaire d'une révolution pour les abolir comme division politique ; leur suppression passa inaperçue. Sans classe il ne pouvait plus y avoir de centuries. Il ne restait donc d'autre division connue et aimée du peuple que celle par tribus ; on y ajouta la vieille division en *juniores* et en *seniores*.

Mais les dangers de la seconde guerre Punique investirent le sénat d'une sorte de dictature, qu'il ne voulut plus quitter quand il l'eut exercée quinze ans. La noblesse se reforma, prit confiance en elle-même, et, pour fortifier son pouvoir

(1) Tous les écrivains allemands varient sur cette date, parce qu'ils n'ont pas vu qu'il pouvait y avoir eu deux changements à deux époques différentes. Franke donne 495, Walter et Peter 450, Niebuhr 305, Hobbe 286, Gottling et Gerlach 220, Schulze 281.

(2) En 264 il pesait encore 1 livre (Plin., XXXIII ; Varr., *de R. R.* 1, 10), et deux onces seulement à la fin de la guerre. Cette dépréciation continua jusqu'à ce que l'as ne pesât plus qu'un demi-once, en 191.

croissant, voulut rétablir les catégories de fortune. Tite-Live dit des censeurs de l'an 181 : *Mutarunt suffragia, regionatimque generibus hominum, causis et quæstibus tribus descripserunt*, XL, 51 ; et dès lors les classes, qui d'ailleurs avaient toujours existé sur les livres des censeurs, reprirent leur rôle politique (1).

En 169 Tite-Live parle des centuries de chevaliers et de beaucoup de centuries de la première classe. Dans l'élection de Dolabella, Cicéron (*Phil.* II, 33) cite la centurie prérogative, le vote de la première classe, de la deuxième et des autres. Dans tous ses discours il ne connaît plus que des classes, tout en regardant les tribus comme la grande et fondamentale division du peuple romain. Ce sont ces tribus que, dans le *de Leg.*, III, 3, il subdivise en classes et en centuries. *Censores partes populi in tribus describunto* (les trente-cinq tribus), *exin pecunias* (les cinq classes), *ævitates* (les *juniores* et les *seniores*) *ordines* (sénateurs, chevaliers et plébéiens) *partiunto;* et de nombreux témoignages viennent confirmer ces paroles (2). Dans les deux derniers siècles de la république les classes, les centuries existaient donc comme autrefois, et reposaient sur le même principe que l'ancienne division de Servius. Aussi Denys put dire : L'assemblée par centuries n'est pas détruite, mais modifiée; elle est devenue plus démocratique, IV, 21; sans doute, parce qu'il n'y avait plus la même disproportion que par le passé dans le nombre des centuries. Le passage de Tite-Live, XLIII, 16, où il ne parle plus que de douze centuries de chevaliers, au lieu de dix-huit, en serait une preuve.

Bien que cette opinion n'ait encore pour elle l'appui d'aucun écrivain, je crois que de 241 à 220 la grande assemblée du peuple romain, le *maximus comitiatus*, a été celle des tribus divisées chacune en deux centuries de *juniores* et de *seniores;* que depuis 181, l'égalité disparaissant tous les jours, les catégories de fortune furent rétablies, dans un sens plus démocratique cependant que ne l'avait fait Servius. Ces changements s'appuyant sur des textes précis, et étant d'ailleurs en parfait accord avec l'histoire de ces temps-là, me semblent devoir être admis sans contestation. Ce qui va suivre ne sera plus qu'une hypothèse.

Chaque tribu renfermait des classes, d'après le passage de Tite-Live pour l'an 181 (1) et les textes indiqués plus haut; probablement cinq, comme anciennement, et comme le disent expressément l'ouvrage *de Ord. Rep.* II, 8, et les *Acad.* de Cicéron. Chaque classe était divisée en *juniores* et en *seniores*, comme chaque tribu avant 181, comme chaque classe depuis Servius, et comme le prouvent vingt passages de Cicéron ; c'étaient donc trente-cinq tribus, renfermant cent soixante-quinze classes, subdivisées en trois cent cinquante centuries, plus douze centuries de chevaliers. Ainsi toutes les classes ayant chacune autant de centuries avaient chacune aussi autant de suffrages. Le petit nombre des riches ne l'emportait plus sur la foule des pauvres. Seulement, la première classe votant la première et la centurie prérogative étant choisie dans son sein, le respect superstitieux que les Romains avaient pour le premier vote profitait aux riches; aussi C. Gracchus fit décider qu'à l'avenir l'ordre dans lequel les centuries voteraient serait réglé par le sort. Ces modifications donnaient donc bien, comme l'affirme Denys, un caractère plus démocratique à l'assemblée centuriate. Remarquons cependant que le sort d'une élection ou d'une loi était véritablement entre les mains de la classe moyenne, qui en se jetant au-

---

(1) Toute tribu était elle-même sur les registres de l'impôt divisée en classes; car l'impôt était proportionnel à la fortune. (Wachsmuth, p. 233.)

(2) Den., IV, 21; Sall., *de Ord. Rep.*, II, 8; Aulug., VII, 13, au sujet de la loi *Voconia;* l'expression figurée appartient à la cinquième classe (Cic., *Acad.* II, 23).

(1) Le *causisque et quæstibus* de ce passage se rapporte sans doute à la profession. Faut-il penser à ces collèges d'artisans, à ces corps de métiers dont l'existence est prouvée par tant d'inscriptions de Gruter et d'Orelli, et qui eurent assez d'influence à Rome pour faire occuper d'eux les tribuns Cicéron et Auguste? C'est ce que pense Hullmann, *Römesche Grandverfass*, peut-être ici entraîné par ses souvenirs d'organisation municipale.

dessus ou au-dessous donnait aux riches ou aux pauvres la majorité. Malheureusement dans les derniers temps de la république cette classe n'existait plus. Quant au cens de chaque classe, il est difficile à déterminer. On pourrait, d'après Tite-Live, XXIV, 11, le fixer ainsi : la première classe au-dessus d'un million d'as; la deuxième, de un million à 300,000; la troisième, de 300,000 à 100,000 ; la quatrième, de 100,000 à 50,000; la cinquième de 50,000 à 4,000.

Ces chiffres peuvent être contestés, parce que les textes manquent ; mais le principe de la nouvelle organisation est hors de doute. C'est le principe fondamental de la constitution romaine : *ne plurimum valeant plurimi*. Les tribuns, qui entrent maintenant au sénat et qui font partie de la nouvelle noblesse, ne sont plus des hommes de parti, mais des hommes d'État. Aussi acceptent-ils volontiers cette organisation, qui empêche Rome d'être une effroyable démagogie; car, le nombre des nouveaux citoyens croissant chaque jour, il fallait à tout prix mettre un ordre qui assurât une certaine prépondérance aux vieux Romains. Si l'assemblée centuriate eût absorbé l'assemblée par tribus, Rome eût été une oligarchie soupçonneuse et tyrannique, comme Venise. Si les comices par tribus eussent absorbé les comices par centuries, Rome eût été une démocratie insensée comme l'Athènes de Cléon. Par leur fusion, la noblesse, et le peuple, les riches et les pauvres se firent équilibre, se continrent mutuellement jusqu'au jour où, l'Empire étant devenu trop grand, il fallut sacrifier la liberté à la puissance, et reconnaître un maître (1).

Ces divers changements de l'assem-

(1) J'ai lu, depuis que ceci est écrit, la dissertation du docteur Arnold sur ce sujet. Il reconnaît, avec Pantagathus, Savigny et Walther, dans chaque tribu cinq classes, subdivisées en deux centuries de *juniores* et de *seniores*, de manière que chaque tribu avait dix centuries, chaque classe soixante-dix ; en tout trois cent cinquante. Il ajoute : « This also is the opinion of another living authority of the highest order, who has expressed to me his full acquiescence in it. » (II, p. 665). Cependant, faute de textes précis, il n'ose accepter les chiffres; moi-même je ne les ai présentés que comme hypothétiques.

blée par centuries ne conduisirent pas à la suppression de l'assemblée par tribus, qui subsista toujours parallèlement à l'autre. Ce fut d'elle que les Gracques se servirent pour faire passer leurs lois.

En résumé, il y a eu à Rome trois sortes d'assemblées :

1° L'assemblée par curies, *ex generibus hominum*, exclusivement patricienne, et où dominait l'esprit aristocratique;

2° L'assemblée par tribus, *regionatim*, exclusivement plébéienne, et où dominait l'esprit démocratique;

3° L'assemblée par centuries, *ex censu et ætate*, qui réunissait les deux peuples sans distinction de naissance ni d'origine, mais, au moyen de combinaisons habilement trouvées, assurait la prépondérance à la classe riche.

CONVOCATION DE L'ASSEMBLÉE. — Les assemblées ne pouvaient être tenues ni avant ni après le coucher du soleil. Elles se réunissaient au jour fixé par le magistrat qui avait fait la convocation ; mais ce jour ne pouvait être un jour *néfaste* ni un jour de fête, ni tomber dans le temps où le *justitium*, c'est-à-dire la vacation des tribunaux et de toutes les affaires, avait été proclamé. Ce dernier cas était rare, car il n'arrivait que dans les grands périls. Mais les jours de fête et les jours néfastes étaient assez nombreux pour qu'on ne comptât dans l'année que cent quatre-vingt-quatre jours de comices. Si pour la direction il s'élevait des débats, des conflits, l'un des consuls intervenait. Il avait la faculté de prendre la présidence de toute assemblée; cette même prérogative, à défaut d'un consul, appartenait au préteur. Entre magistrats inférieurs, celui qui avait provoqué la réunion la présidait de droit. Le premier soin était de prendre avant tout les auspices, même pour les comices par tribus, excepté dans l'élection des tribuns et des édiles. Si les présages étaient contraires l'assemblée était remise; elle l'était encore lorsque au milieu des opérations il survenait un orage, lorsqu'on voyait des éclairs ou qu'il venait à tonner. Il suffisait de la déclaration d'un augure qu'il avait entendu le coup de tonnerre, alors même qu'il eût été seul à le dire, pour qu'il y eût sursis. Les comices étaient aussi renvoyés à un autre jour si un des assistants était frappé d'une attaque d'épilepsie, ce qui fit appeler ce mal *morbus comitialis*.

Toutes les fois que les comices centuriates étaient réunis, une troupe armée occupait le Janicule et un drapeau rouge était déployé au haut de la forteresse; s'il venait à disparaître l'assemblée était rompue. Au dernier siècle de la république, un Métellus arrêta un jour les suffrages en enlevant le drapeau du Janicule.

COMICES ÉLECTORAUX, LES CANDIDATS. — Les auspices pris et la prière solennelle faite, la délibération ou le vote commençaient. Mais on ne pouvait délibérer que sur les propositions faites par le président des comices. Quand il s'agissait d'une élection, on votait jadis sur les présentations du sénat; depuis la législation décemvirale le sénat ne paraît plus avoir exercé ce droit. Les candidats briguaient longtemps d'avance; et, afin de se faire reconnaître aisément de tout le monde, ils se montraient aux assemblées couverts d'une robe blanche, *candida veste induti*. Mais ce n'était pas le seul moyen qu'ils employaient pour attirer sur eux les regards et la faveur du peuple. Les salutations empressées au moindre citoyen, les distributions gratuites, les fêtes données à tout le peuple, et, dans les mauvaises époques, les votes achetés deniers comptant, étaient des moyens plus sûrs. Le peuple ainsi gagné anciennement par d'éclatants services, plus tard par de coupables largesses, le candidat donnait son nom au consul, un nombre de jours déterminé avant l'élection. Mais le consul ne l'admettait au nombre des candidats qu'après avoir examiné s'il remplissait toutes les conditions d'âge, d'années de services militaires, de bonnes mœurs, etc., requises par la loi. Le moment fatal arrivé, le candidat se rendait au Forum entouré de la foule de ses parents, amis et clients, et précédé, toutes les fois qu'il avait pu l'obtenir, de quelque noble personnage, connu de toute la cité, qui sollicitait pour lui. A ses côtés était un esclave *nomenclateur*, qui lui nommait chacun des citoyens auprès duquel il passait, afin qu'il pût le saluer par son nom. Après avoir traversé la place, en prodiguant à la foule les instances et les promesses, il allait se placer sur une estrade élevée, d'où il pouvait être vu tant que durait la votation.

Le candidat pour lequel la centurie ou la tribu *prérogative*, c'est-à-dire votant la première, donnait un suffrage favorable était presque toujours nommé. Mais le président de l'assemblée avait le droit de refuser les voix données à un candidat qui lui semblait incapable, et même de casser l'élection quand les suffrages s'étaient égarés sur un personnage indigne. On a vu plus haut Fabius Cunctator exercer ce droit, au milieu de la seconde guerre Punique.

COMICES LÉGISLATIFS. — Quand il s'agissait d'une loi, d'après la coutume anciennement suivie pour les plébiscites, et appliquée par la loi Cœcilia Didia, en 98, à toute espèce de proposition, le projet de loi mûrement élaboré par son auteur était publié trois nundines à l'avance et publiquement affiché. Le jour de la délibération venu, un scribe, quelquefois un tribun, en donnait lecture, et le magistrat qui avait fait la proposition, ou ses amis, ou ceux enfin qui voulaient le défendre, prenaient la parole, suivant leur ordre d'inscription; d'autres la combattaient. Mais les uns et les autres ne pouvaient demander que l'adoption ou le rejet. Les Romains ne pensaient pas qu'une grande assemblée pût être autre chose qu'un grand jury; aussi aucun amendement n'était admis. La proposition tout entière était acceptée, ou tout entière était rejetée. Seulement, pour faciliter le vote et empêcher que de mauvaises idées fissent tort à de bonnes, ou que de bonnes en fissent passer de mauvaises, la loi Cœcilia Didia défendit de présenter un projet de loi traitant d'objets de nature différente.

VOTATION. — La discussion terminée, les citoyens, qu'on avait jusque alors laissés pêle-mêle au pied de la tribune, étaient renvoyés chacun à sa tribu ou à sa centurie. Celles-ci traversaient tour à tour une sorte de pont ou de corridor construit à cet effet, et sur lequel les candidats et leurs amis se tenaient pour solliciter jusqu'au dernier moment. Afin de les en chasser, Marius, dans son tribunat, proposa de rétrécir les ponts de telle sorte qu'un seul homme pût y passer à la fois. De là les votants se rendaient dans une enceinte de planches appelée *septa* ou *ovile*, à cause de sa ressemblance avec un parc à bestiaux ; quelquefois la limite était marquée seulement par des cordes attachées à des pieux. Ce ne fut qu'au temps de Jules César, et à ses frais, que l'on construisit au Champ de Mars, pour les comices par tribus, un vaste édifice couvert, dont le mur d'enceinte était de marbre.

Dans les comices par centuries on votait à haute voix, dans les comices par tribus avec de petits cailloux blancs et noirs. En l'année 139 le scrutin secret fut établi pour donner au vote plus d'indépendance. Cicéron énumère quatre lois tabellaires : 1° *Lex Gabinia* (139), ordonnant que dans les comices électoraux on voterait par écrit ; 2° *Cassia* (137), appliquant le même système de votation aux comices judiciaires, excepté dans le cas de crime de haute trahison ; 3° *Papinia* (131), aux comices législatifs ; 4° *Cœlia* (107), aux comices judiciaires pour les crimes de haute trahison (*perduellio*). Dès lors tout fut traité au scrutin secret, et les acheteurs de suffrages se trouvèrent embarrassés. Cicéron a varié dans son jugement sur cette innovation : en certains endroits il l'improuve ; et Montesquieu dit avec lui (*Esprit des Lois*, II, 11) : Il faut que le petit peuple soit éclairé par les principaux et contenu par la gravité de certains personnages. Mais quand la corruption est générale que peuvent Caton et Brutus ? Nous nous rangeons donc à la première opinion de Cicéron, qui appelle le scrutin secret la sauvegarde muette de la liberté ; tout en reconnaissant qu'il vaudrait mieux pour la dignité de l'élection que le scrutin pût sans danger être public.

C'est à l'entrée des ponts que les membres de chaque centurie ou de chaque tribu recevaient, quand il s'agissait de voter sur une loi, deux tablettes, portant l'une les deux lettres UR, « *uti rogas*, comme tu le proposes » : pour l'adoption ; ou la lettre A, « *Antiquo*, je préfère la loi ancienne » : pour le rejet. Dans les jugements les deux tablettes portaient les initiales de l'absolution A, *absolvo*, et de la condamnation C, *condemno*. Dans les comices électoraux on ne donnait à chaque votant qu'une tablette sur laquelle il écrivait lui-même le nom de son candidat. Les *rogatores*, qui souvent étaient des citoyens s'offrant d'eux-mêmes pour remplir cette charge, réunissaient les votes de chaque centurie ou de chaque tribu dans une corbeille, d'où les *diribitores* les tiraient un à un, en lisant ce que chaque bulletin portait ; les gardiens ou scrutateurs, *custodes*, marquaient sur des tablettes autant de points qu'on trouvait de bulletins conformes pour une opinion. Cette opération terminée, les tablettes étaient portées au président de l'assemblée ; aussitôt on tirait d'une urne les noms des tribus, et, à mesure que l'un d'eux sortait, un héraut faisait connaître les suffrages donnés par la centurie ou la tribu que le sort venait de désigner. Dès que la majorité était acquise le président proclamait le nom de l'élu. Après leur adoption les lois étaient portées à l'*ærarium publicum*, et déposées dans les archives. La loi *Licinia Junia* ordonna, en l'année 62, que ce dépôt serait toujours fait devant témoins.

Il y avait quelquefois des assemblées préparatoires, *conciones*. De simples particuliers pouvaient en provoquer la réunion ; mais à la condition qu'un magistrat consentît à faire la convocation et à prendre la présidence.

§ 2. — *Le sénat.*

ORIGINE DU SÉNAT ROMAIN. — Rome fut dans l'origine une réunion de familles distribuées en tribus et en curies. Le magistrat suprême n'avait, malgré son titre de roi, qu'un pouvoir très-limité : il commandait l'armée et présidait à la religion. Mais la souveraineté appartenait à l'assemblée générale ; c'était là que se faisaient les lois, que se décidaient la guerre et la paix. Or, comme il faut à la multitude une autorité qui la dirige et qui la contienne (1), à côté de l'assemblée du peuple il s'éleva un conseil où vinrent siéger les citoyens les plus recommandables par leur âge et par leur expérience, les chefs des principales familles, les *pères*, comme ils furent appelés. Cette assemblée fut nommée

---

(1) Aristote regarde le sénat comme un élément essentiel de toute espèce de gouvernement. Partout en effet, et quelle que soit la forme de l'État, il faut qu'il existe un certain nombre de conseillers chargés de préparer les décrets, πρόβουλοι.

sénat, c'est-à-dire conseil de vieillards. Les descendants des pères ou premiers sénateurs furent d'abord désignés sous le nom de *patriciens* (1).

NOMINATION DES CENT PREMIERS SÉNATEURS. — Tite-Live dit que le sénat fut d'abord composé de cent membres, nommés par Romulus, soit que ce nombre parût suffisant pour la ville naissante, soit qu'il n'y eût alors que ces cent personnages en position d'être créés sénateurs (2). Selon Denys d'Halicarnasse, ce ne fut point le roi qui composa l'assemblée : il fit élire trois sénateurs par chacune des trois tribus, trois par chacune des trente curies, et il forma ainsi le nombre de quatre-vingt-dix-neuf sénateurs, ne se réservant à lui-même que la nomination du centième (3). Plusieurs critiques modernes, en adoptant le système électif de l'historien grec, croient qu'il n'est point inconciliable avec le texte de Tite-Live ; ils entendent cette expression *creat senatores*, il crée des sénateurs, dans ce sens que le roi ne les choisit point lui-même, mais qu'il les reconnaît, qu'il les installe et leur donne l'investiture (4). C'est ainsi que plus tard l'interroi créait consuls ceux que les comices avaient élus. On peut douter que l'élection des premiers sénateurs se soit faite d'après les formes indiquées par Denys d'Halicarnasse ; mais ce qu'il est impossible d'admettre, c'est que le roi les ait arbitrairement choisis. Il n'aura fait que déclarer sénateurs les chefs de ces anciennes maisons qui sont devenues la souche de l'aristocratie romaine.

LE SÉNAT EST PORTÉ À DEUX CENTS MEMBRES PAR L'ADJONCTION DES SABINS. — Quand le peuple de Rome se fut uni aux Sabins par le traité conclu avec Tatius, les deux rois adjoignirent aux cent sénateurs romains un égal nombre de sénateurs tirés des principales familles sabines. Le sénat se trouva ainsi porté à deux cents membres. Tite-Live ne parle point de cette augmentation ; mais le fait, très-vraisemblable en lui-même, est attesté par le témoignage de Denys d'Halicarnasse et par celui de Plutarque.

LES ALBAINS SONT REPRÉSENTÉS DANS LE SÉNAT. — Après la ruine d'Albe, lorsque Rome eut doublé le nombre de ses citoyens, et que le mont Cœlius eut été compris dans l'enceinte de la ville, les chefs de la nation vaincue vinrent siéger dans le sénat. Tite-Live nomme six familles que le roi Tullus Hostilius appela à cet honneur, les maisons Julia, Servilia, Quintia, Gegania, Curiatia, Clœlia. Denys ajoute la famille Metilia. Malgré ces adjonctions, le sénat resta fixé à deux cents membres : le roi ne fit sans doute entrer dans l'assemblée que le nombre d'Albains nécessaire pour remplir les places vacantes. Tullus fit construire l'édifice où le sénat devait se réunir, la *Curia Hostilia*, comme on l'appela jusqu'au temps de Jules-César. Tite-Live donne à la curie le nom de temple, parce que le sénat avait la haute surveillance des affaires religieuses, et que le lieu de ses séances devait être consacré par les augures. Au reste, on vit plus tard le sénat s'assembler dans de véritables temples, tels que ceux de Jupiter, d'Apollon, de Castor, de Bellone, de la Concorde et de la Foi. Les premiers pères ne portaient point encore le *laticlave* et ces riches ornements qui imposaient à la foule. Properce nous les représente revêtus d'un simple costume, analogue à leurs mœurs rustiques :

Curia, prætexto quæ nunc nitet alta senatu,
  Pellitos habuit, rustica corda, patres.

LE SÉNAT EST COMPOSÉ DE TROIS CENTS MEMBRES SOUS TARQUIN L'ANCIEN. — Cependant Rome prit bientôt une extension nouvelle : elle soumit plusieurs villes latines ; le roi Ancus, recevant les vaincus dans la cité, leur donna le mont Aventin, et, par un pont sur le Tibre, joignit le Janicule à la ville. En même temps la forêt Mœsia était enlevée aux Véiens ; la ville d'Ostie était fondée, et le territoire romain s'étendait jusqu'à la mer. Le résultat de toutes ces con-

---

(1) Patres certe ab honore, patriciique progenies eorum appellati. (Tit.-Liv., lib. I, cap. 8.)
(2) Centum creat senatores, sive quia is numerus satis erat, sive quia soli centum erant qui creari patres possent. (Id., Ibid.)
(3) Denys d'Halicarnasse, *Antiquités Romaines*, II, 12.
(4) Chapman, *Essai sur le Sénat romain*, ch. I. — Middleton, *Traité du Sénat romain*.

quêtes fut d'augmenter insensiblement sa population inférieure, la *plebs*, qui formait déjà sous Ancus un corps loien distinct des maisons patriciennes. Ce fut dans les rangs plébéiens que le premier des Tarquins prit cent nouveaux sénateurs ; ce qui porta l'assemblée à trois cents membres. Tarquin donna aux sénateurs qu'il avait créés le titre de pères des nouvelles familles, *Patres minorum gentium*. Les autres furent appelés pères des anciennes familles, *Patres majorum gentium*, et eurent le droit d'opiner les premiers (1). Chapman croit qu'encore ici le prince ne nomma point seul les sénateurs, et qu'il ne fit que proclamer le résultat d'une élection populaire. Rien ne prouve que cette élection ait eu lieu en effet ; mais nous sommes disposé à croire que pour ces cent derniers pères, comme pour les deux cents premiers, la royauté n'a point choisi selon son bon plaisir, et qu'elle a seulement ouvert la porte de la curie aux chefs de famille que leur position y portait naturellement. L'aristocratie à son origine n'est point l'œuvre d'un caprice, ni même d'un calcul politique : elle existe par elle-même ; le pouvoir ne la crée point, il ne peut que la reconnaître et l'organiser.

BRUTUS COMPLÈTE LE NOMBRE DES MEMBRES DU SÉNAT. — Tarquin le Superbe déclara la guerre à l'aristocratie, et ses cruautés firent de larges vides dans le sénat. Brutus le compléta, en y faisant entrer les plus distingués de l'ordre équestre (1). Les consuls, qui convoquaient le sénat et le présidaient comme les rois, avaient aussi hérité du droit royal d'y appeler de nouveaux membres, mais à condition de les choisir parmi les personnages les plus notables de la république. On s'est demandé si les sénateurs nommés par Brutus étaient restés plébéiens. Beaufort s'est prononcé pour l'affirmative, en se fondant principalement sur ces paroles de Tite-Live : « C'est, dit-on, depuis cette époque qu'en convoquant le sénat on y appelait séparément ceux qui étaient pères et ceux qui étaient inscrits avec les pères ; *qui patres, quique conscripti es-*

(1) Cicer., *De Republica*, II, 20.
(2) Tite-Live, II, 1.

sent. » En effet ces deux mots, que l'usage a réunis plus tard, ont été séparés dans l'origine : l'un s'adressait aux anciens sénateurs, qui étaient patriciens, l'autre aux nouveaux, qui étaient plébéiens tout en siégeant à côté des pères. Mais rien ne prouve que cette distinction ait été usitée au temps de Brutus. Tite-Live lui-même ne donne cette opinion que comme un *on dit*, comme une tradition qu'il ne garantit pas : *traditum inde fertur*. Or, nous avons, pour décider la question, des textes plus positifs. Denys d'Halicarnasse dit expressément que les sénateurs nommés par Brutus furent faits patriciens (1), et Tacite les compte parmi les *patres minorum gentium* (2). Dans les premiers temps de la république, comme sous les rois, nul ne pouvait être sénateur sans être patricien, et ce ne fut que plus tard que les plébéiens purent être admis dans le sénat sans être affiliés à la caste aristocratique.

PRINCIPALES ATTRIBUTIONS DU SÉNAT. — Le sénat ne fut jamais en possession de la souveraineté, qui n'appartenait qu'au peuple ; mais c'était lui qui en dirigeait et en réglait l'exercice. Dans la période primitive les rois étaient élus par le peuple ; mais il fallait que l'élection fût ratifiée par le sénat (3). Les comices par curies et plus tard les comices par centuries ne pouvaient se réunir qu'après que le sénat avait autorisé la convocation de l'assemblée et examiné les questions qui devaient y être discutées. « Vous êtes témoins, disait le consul Minucius, l'an 491 avant J. C., que depuis que vos ancêtres ont fondé cette ville, le sénat a toujours joui de cette prérogative, et que le peuple n'a jamais rien jugé ni décidé qui n'eût été auparavant adopté par le sénat (4). » Si l'assemblée patricienne avait l'initiative, elle avait aussi la sanction. Aucune loi, aucune décision populaire n'était valable sans l'approbation du sénat. La nomination même des magistrats était entre les mains des sénateurs, puisqu'ils avaient le droit de ratifier le choix du

(1) Denys d'Halicarnasse, V, 2.
(2) Tacite, *Annal.*, XI, 25.
(3) Tite-Live, I, 22 et 32.
(4) Denys d'Halicarnasse, VII, 38.

peuple. Denys ajoute que le sénat désignait ordinairement les candidats au consulat, excluant ainsi du gouvernement tous ceux qui lui déplaisaient (1). On sait d'ailleurs que pendant longtemps les patriciens seuls purent aspirer aux honneurs consulaires.

C'était vraiment le sénat qui était l'arbitre de la guerre et de la paix. Il examinait s'il y avait lieu de faire la guerre, et rédigeait le décret qui la déclarait. Quelquefois même, sous prétexte de gagner du temps, il commençait les hostilités sans attendre la décision des comices. C'était à lui que les peuples étrangers envoyaient leurs ambassadeurs ; il dictait les conditions des traités, et l'acceptation populaire n'était guère qu'une formalité. C'est par là que la politique étrangère des Romains, appuyée sur des traditions héréditaires, eut une suite et une vigueur qu'elle n'aurait point connues si elle eût été abandonnée aux caprices et aux passions des assemblées nombreuses.

La surintendance des choses religieuses appartenait au sénat. C'était une des prérogatives qui étaient échues aux patriciens dans l'héritage de la royauté. Ils veillaient à l'exécution de cette ancienne loi royale qui ne permettait d'autre culte que celui de la patrie, et qui fermait l'entrée de Rome aux superstitions étrangères (2). Ils autorisaient les prières publiques, la consécration des temples et des autels. Ils interdisaient aux particuliers la lecture des livres sibyllins, qu'ils avaient seuls le droit d'interpréter. Ainsi s'enracina dans l'âme des citoyens le respect des rits nationaux et cette ferveur religieuse que Polybe ne partageait point, mais qu'il regardait avec raison comme un des principaux ressorts de la grandeur romaine.

Les finances rentraient aussi dans les attributions du sénat. Il veillait sur le trésor, et administrait le domaine de l'État ; il réglait la perception et l'emploi des revenus publics. Sous les premiers rois l'impôt se payait par tête et était égal pour tous. Servius Tullius, ayant institué le cens, proportionna l'impôt au revenu. Tarquin le Superbe rétablit la capitation, et exigea des plus pauvres autant que des plus riches. La seconde année du gouvernement consulaire on rétablit la taxe proportionnelle de Servius. Le sénat fit plus encore au moment de la guerre de Porséna : on redoutait alors les citoyens eux-mêmes autant que l'ennemi ; on craignait que la *plebs*, frappée de terreur, ne rappelât les rois dans la ville et n'achetât la paix au prix de la liberté. Aussi, dit Tite-Live, n'est-il point de séductions que le sénat n'ait employées à l'égard du peuple pendant tout le temps que dura cette crise. Avant tout, il s'occupa d'assurer le bas prix des subsistances ; on envoya jusque chez les Volsques, jusqu'à Cumes, faire de grands approvisionnements de blé. On retira aux particuliers la vente du sel, qui se débitait à un prix très-élevé, et l'État, s'en attribuant le monopole, put le donner à meilleur marché. On affranchit le peuple des droits d'entrée, et en général de toute espèce d'impôt ; les taxes furent toutes rejetées sur les riches, qui pouvaient en supporter le fardeau. On disait que le pauvre payait assez par les enfants qu'il donnait à l'État (1).

PREMIÈRES QUERELLES ENTRE LES PLÉBÉIENS ET LES PATRICIENS ; LE SABIN ATTA CLAUSUS VIENT S'ÉTABLIR A ROME, ET EST ADMIS DANS LE SÉNAT. — Mais l'aristocratie n'est pas longtemps populaire. Les plébéiens accusaient les patriciens de n'avoir renversé la royauté que pour s'en partager les dépouilles. La masse du peuple était comptée pour rien dans les comices par centuries, que Servius Tullius avait organisés, et que la révolution consulaire avait maintenus. Les riches plébéiens n'avaient eux-mêmes qu'une influence très-limitée : ils étaient exclus des sacerdoces et des magistratures. La guerre ne tarda point à éclater entre les deux ordres. Au milieu de ces premiers troubles, le Sabin Atta Clausus, connu depuis sous le nom d'Appius Claudius, vint s'établir à Rome avec ses clients, qui étaient fort nombreux. On leur donna le droit de cité et en même temps

(1) Denys d'Halicarnasse, VIII, 87.
(2) Deos patrios colunto : externas superstitiones aut fabulas ne admiscento. (Just. Lips. *Leges Regiæ*.)

(1) Tite-Live, II, 9.

un territoire au delà de l'Anio. Ils formèrent une nouvelle tribu, appelée l'ancienne Claudia, dans laquelle on incorpora plus tard les nouvelles familles qui arrivèrent de ce canton. Appius reçut le titre de patricien, et siégea dans le sénat, où il ne tarda point à prendre un grand ascendant.

L'ÉTABLISSEMENT DES TRIBUNS DU PEUPLE EST UNE ATTEINTE A LA PUISSANCE DU SÉNAT. — Après la bataille du lac Régille et la soumission des Latins, les plébéiens, qui donnaient leur sang à l'État, réclamèrent un adoucissement à leur sort. Ils refusaient de s'enrôler et se réjouissaient des victoires de l'ennemi. « Les patriciens, disaient-ils, n'avaient qu'à se charger du service militaire ; il fallait laisser les périls de la guerre à ceux qui s'en réservaient tout le profit. » La discorde, dit Tite-Live, d'une seule ville en avait fait deux (1). Il arriva dans ces circonstances ce qui arrive toujours dans les assemblées aristocratiques en présence de la révolte populaire. Les uns, comme le violent Appius, étaient d'avis de ne faire aucune concession et de déployer contre les rebelles l'autorité des magistrats. Les autres, plus enclins à la douceur, pensaient, avec Servilius, que les esprits étaient exaltés, qu'il valait mieux les adoucir que de les irriter encore. D'autres, n'osant avoir un avis, se tenaient cachés dans leurs maisons. Après de longs débats, le sénat finit par céder, et, en consentant à l'établissement du tribunat plébéien, il abdiqua une partie de son autorité.

Les tribuns n'étaient, dans l'origine, que les défenseurs du pauvre peuple ; armés du *veto*, ils semblaient faits non pour agir, mais seulement pour s'opposer à tout acte contraire aux intérêts plébéiens. Assis modestement à la porte du sénat, ils n'y étaient introduits que lorsque les consuls leur demandaient leur avis. Mais bientôt ils sortirent de cette attitude purement défensive; ils s'attribuèrent le droit de convoquer le peuple, et créèrent une nouvelle espèce de comices, les comices par tribus, qui n'eurent besoin ni des auspices ni de l'autorisation du sénat. Ces assemblées, toutes plébéiennes, s'emparèrent d'une partie de la souveraineté : elles jugèrent les patriciens, les magistrats, et rendirent des décrets, désignés sous le nom de *plébiscites*. Après l'abolition du décemvirat, les plébiscites furent déclarés obligatoires pour les patriciens, et dès ce moment la puissance législative fut partagée entre les deux ordres.

PARTAGE DES MAGISTRATURES ENTRE LES DEUX ORDRES ; ENTRÉE DES PLÉBÉIENS DANS LE SÉNAT. — Il ne restait plus aux plébéiens qu'à conquérir les magistratures et à forcer l'entrée du sénat. En 445, le tribun Canuleius proposa une loi qui autorisait les mariages entre les maisons patriciennes et les familles plébéiennes. En même temps, ses collègues demandèrent qu'on pût élire indistinctement les deux consuls dans les deux ordres. Le sénat accorda les mariages, mais refusa le partage du consulat. Les tribuns insistèrent ; les pères furent réduits à capituler : ils consentirent à substituer aux consuls des tribuns militaires, qui seraient revêtus du même pouvoir et pourraient être choisis indifféremment entre les patriciens ou entre les plébéiens (444). Les attributions religieuses qui appartenaient au consulat n'étant point attachées au tribunat militaire, les plébéiens, même en devenant tribuns, ne touchaient point aux sacerdoces, qui restaient le privilége exclusif de l'ancienne aristocratie. Au reste, le peuple ne se hâta point d'user de son nouveau droit : il continua d'appeler les patriciens au gouvernement, et ce ne fut que l'an 400 avant J.C. qu'il éleva un plébéien au tribunat militaire. C'était, dit Tite-Live, un ancien sénateur, respectable par son âge (1). C'est la première mention qu'on rencontre dans l'historien latin d'un sénateur plébéien. Il est probable que l'entrée des plébéiens dans le sénat date de l'époque où Canuléius et ses collègues firent tomber les barrières qui séparaient les deux ordres. Le jour où les plébéiens eurent le droit de s'allier aux familles patriciennes et de parvenir aux premiers honneurs ils durent être considérés comme capables d'être admis

---

(1) Tit.-Liv., II, 24.

(1) Tit.-Liv., V, 12.

dans le conseil suprême de la république.

ÉTABLISSEMENT DE LA CENSURE ; LE CENSEUR EST CHARGÉ DE DRESSER LE RÔLE DU SÉNAT. — Les patriciens se dédommagèrent des concessions qu'ils avaient été forcés de faire, en créant une nouvelle magistrature, qui leur fut d'abord réservée : la censure, établie en 443, semblait n'avoir que des attributions peu importantes; mais elle prit par la suite un prodigieux accroissement. Chargés spécialement de constater l'état des citoyens par l'opération du cens, qui avait lieu tous les cinq ans, les censeurs, comme autrefois les rois et les consuls, dressaient le rôle du sénat. Si l'on en croit Festus, ils usaient de ce pouvoir d'une façon tout à fait arbitraire; ils choisissaient leurs parents, leurs amis, les hommes qui leur étaient le plus dévoués, d'abord parmi les patriciens, puis parmi les plébéiens. Je crois que Festus prend ici l'abus pour le droit. Les censeurs devaient prendre les sénateurs parmi les personnages désignés par leur position et par leurs services; mais ils oublièrent le devoir qui leur était imposé; ils se laissèrent aller à des nominations de faveur ou à d'injustes exclusions, et il fallut que la loi *Ovinia*, dont on ne sait pas la date précise, leur ordonnât d'inscrire sur la liste des sénateurs les premiers citoyens de chaque curie (1). Ils avaient le droit de dépouiller un sénateur de sa dignité; et pour cela il leur suffisait d'omettre son nom sur le rôle; mais dans ce cas ils étaient obligés d'exprimer par écrit le motif de l'exclusion.

PROGRÈS DES PLÉBÉIENS DANS LE SÉNAT; DÉCADENCE DU PATRICIAT; FORMATION DE LA NOBLESSE. — Pendant longtemps les plébéiens ne formèrent qu'une faible minorité dans le sénat, où ils étaient écrasés par les familles patriciennes. Mais bientôt ils entrèrent vraiment en partage du gouvernement : ils purent être questeurs, consuls, préteurs, dictateurs. Censeurs même, ils dressèrent à leur tour la liste du sénat.

En 339 Publilius Philon, étant dictateur, fit passer en loi que des deux censeurs il y en aurait toujours un plébéien. En 305 Flavius communiqua au peuple les secrets des fastes et les formules de droit, qui avaient été jusque-là un mystère aristocratique. Enfin, en 301, la loi *Ogulnia* partagea les sacerdoces entre les deux ordres. Quand les plébéiens furent admis à tous les honneurs, ils envahirent les bancs du sénat, et il se forma dans l'assemblée un élément nouveau, qui balança l'influence patricienne. C'est alors qu'on voit paraître la noblesse, qu'il ne faut pas confondre avec le patriciat. La noblesse commence à Rome au moment où le patriciat décline. Le patricien, c'est le descendant des anciennes familles qui étaient représentées dans le sénat à l'époque des rois, ou dans les premiers temps de la république. Le noble, c'est le fils de ces hommes qui ont passé par les honneurs et rendu de grands services à la république, de ces plébéiens dont parle Tite-Live qui avaient commandé les armées et obtenu le triomphe, *consulares triumphatoresque plebeii*. Le sénat prend donc un nouveau caractère à la fin du quatrième siècle : sans cesser d'être le conseil des patriciens, c'est en même temps le conseil des nobles, et les deux aristocraties s'unissent pour le salut de l'État.

LE CENSEUR APPIUS CLAUDIUS VEUT FAIRE ENTRER DANS LE SÉNAT DES FILS D'AFFRANCHIS; INTERVENTION DU PEUPLE DANS LA NOMINATION DES SÉNATEURS. — Il se trouva pourtant un censeur, Appius Claudius, qui essaya, en 313, de troubler ce bel ordre, en altérant, d'une manière inouïe, la composition du sénat. Il en chassa les hommes les plus distingués, le peupla de ses créatures, et y fit entrer jusqu'à des fils d'affranchis. Mais dès le commencement de l'année suivante les consuls C. Junius et Æmilius Barbula firent annuler ces nominations par le peuple, et convoquèrent le sénat tel qu'il était avant la censure d'Appius (1). Ce

(1) Sancitum est ut censores optimum quemque curiatim in senatum legerent. (Festus, in voce *Præteriti*.)

(1) Ap. Claudius senatum primus libertinorum filiis lectis inquinaverat... Consules, questi apud populum deformatum ordinem prava lectione senatus, citaverunt eo ordine

fait montre que le pouvoir du censeur n'était point affranchi de tout contrôle, et que la véritable assemblée souveraine, les comices par centuries, avait le droit de reviser la liste du sénat. C'est aussi ce que fait entendre Polybe, quand il dit qu'à Rome le peuple seul était l'arbitre des honneurs et des récompenses.

Appius Claudius, n'ayant pu souiller sa curie en y introduisant ses protégés, voulut du moins faire dominer le bas peuple dans les comices par tribus. Jusqu'à cette époque la plupart des prolétaires avaient été, ainsi que les affranchis, renfermés dans les quatre dernières tribus, ce qui neutralisait leur influence : Appius les dissémina dans toutes les tribus, et, selon l'expression de Tite-Live, par ce mélange il corrompit le Forum et le Champ de Mars. Rome fut, pendant six ans, en proie à des guerres perpétuelles; mais, en 305, un autre censeur, Fabius Maximus, relégua la multitude dans les quatre tribus urbaines, et rétablit l'équilibre entre les différentes classes des citoyens.

LE SÉNAT PERD UNE PARTIE DE SES ATTRIBUTIONS LÉGISLATIVES. — Il y avait à Rome dans les comices par centuries et même dans les comices par tribus un parti modéré, une classe moyenne, qui ne voulait subir ni la tyrannie de quelques hommes, ni l'invasion de la populace. Quoique le sénat eût ouvert ses portes aux représentants des grandes familles plébéiennes, cependant on ne souffrait point qu'il entravât la puissance législative des comices. Malgré les lois d'Horatius et de Publilius Philon, les patriciens refusaient encore obéissance aux plébiscites, et le sénat prétendait que les décisions des grands comices n'étaient valables qu'avec son autorisation. En 287 la loi du dictateur Hortensius renouvela le principe que les plébiscites étaient obligatoires pour tous les citoyens. La même année le tribun Mœnius fit renouveler la loi de Publilius Philon, que le sénat ratifierait d'avance tout ce qui serait décidé dans l'assemblée des centuries. Quelques années auparavant, en 303, on avait aussi renouvelé l'ancienne loi sur l'appel au peuple, qui existait même sous les rois, selon le témoignage de Cicéron (1). Il y avait longtemps que le peuple avait revendiqué le droit de déclarer la guerre, dont le sénat avait cherché à s'emparer. Tite-Live raconte qu'en 427, à propos d'une querelle avec les Véiens, il s'éleva la question de savoir s'il fallait un ordre du peuple pour déclarer la guerre, ou si un sénatus-consulte était suffisant. Les tribuns déclarèrent que si l'on se contentait d'un sénatus-consulte ils s'opposeraient aux enrôlements, et par là ils forcèrent les consuls à porter l'affaire aux centuries (2). Tout ce que nous venons de rapporter prouve que le sénat n'était que le conseil du souverain, et que le souverain, c'était le peuple assemblé dans les comices.

LE SÉNAT CONSERVE L'ADMINISTRATION DES FINANCES; IL INSTRUIT LES PRINCIPALES AFFAIRES CRIMINELLES; IL SURVEILLE ET RÉCOMPENSE LES GÉNÉRAUX; IL TRAITE AVEC LES PEUPLES ÉTRANGERS. — Cependant, ce peuple si jaloux de ses droits avait laissé au sénat la plus grande part de l'administration proprement dite. Le sénat, dit Polybe, est le maître des deniers publics : rien n'entre dans le trésor, rien n'en sort que par ses ordres. C'est lui qui administre le domaine de l'État, et qui dirige les travaux publics; il juge toutes les contestations relatives à ces matières. S'il se commet quelque crime qui porte atteinte à la sûreté de l'État, ce n'est pas le sénat qui juge, mais il ordonne les poursuites et instruit l'affaire. Dans les circonstances extraordinaires, c'est lui qui ordonne de nommer un dictateur, ou qui arme les consuls d'un pouvoir presque absolu, en les chargeant de veiller au salut de la république. Il lui appartient aussi de régler les différends qui s'élèvent entre les villes soumises à Rome, de les réprimander lorsqu'elles manquent à leur devoir, de les proté-

(1) Cicer., *De Republica*, II, 31.
(2) Controversia inde fuit, utrum populi jussu indiceretur bellum, an satis esset senatus consultum. Pervicere tribuni, denuntiando impedituros se delectum, ut consules de bello ad populum ferrent. (Tit.-Liv., IV, 30.)

9ᵉ Livraison. (ITALIE.*)

ger et de les défendre quand elles ont besoin d'appui. Quoique la direction suprême de la guerre appartienne aux consuls, le sénat conserve une grande influence sur les opérations militaires. C'est lui qui fournit l'argent nécessaire pour la solde, les vivres et l'habillement. Le consul est-il en campagne, le sénat est maître d'interrompre ses entreprises. C'est lui qui, l'année du consulat écoulée, envoie à l'armée un autre chef, ou ordonne à celui qui la commande d'y demeurer comme proconsul. Après la guerre, c'est lui qui tient en ses mains la gloire des généraux : les consuls ne peuvent obtenir le triomphe si les sénateurs n'y consentent et n'accordent les fonds nécessaires. Enfin c'est toujours le sénat qui représente le peuple romain auprès des nations étrangères, soit qu'il reçoive leurs envoyés, soit qu'il leur envoie ses ambassadeurs; il fait les réponses et rédige les instructions. Aussi, dit Polybe, bien des étrangers, bien des Grecs s'y sont trompés : comme ils n'ont eu affaire qu'au sénat, ils se sont imaginé que le gouvernement romain était purement aristocratique (1).

ACCORD DU SÉNAT ET DU PEUPLE JUSQUE VERS LE MILIEU DU SECOND SIÈCLE AVANT J. C. — A ces attributions légales si l'on joint l'ascendant que donnaient aux sénateurs leur mérite personnel, leur patriotisme et leur désintéressement, on comprendra l'influence que le sénat a exercée si longtemps sur les destinées de Rome. « A le prendre, dit Bossuet, dans les bons temps de la république, il n'y eut jamais d'assemblée où les affaires fussent traitées plus mûrement, ni avec plus de secret, ni avec une plus longue prévoyance, ni dans un plus grand concours, ni avec un plus grand zèle pour le bien public. » L'orateur admire également la haute prudence et les conseils vigoureux de cette sage compagnie, où personne ne se donnait de l'autorité que par la raison, et dont les membres conspiraient à l'utilité publique, sans partialité et sans jalousie (2). Alors

une parfaite harmonie régnait entre tous les ordres de l'État (1) : comme le sénat respectait les droits du peuple, le peuple sentait l'importance des conseils du sénat. La constitution romaine était parvenue à maturité, et c'est l'excellence de cette constitution qui a permis à la république de résister à ses ennemis et de grandir par ses revers même, de triompher de Pyrrhus et d'Annibal, d'assujettir l'Italie, la Sicile, l'Afrique, l'Espagne, la Macédoine, la Grèce, et de porter sa domination ou son influence sur tous les bords de la Méditerranée.

RECRUTEMENT DU SÉNAT APRÈS LA BATAILLE DE CANNES; LA PROPOSITION D'ADMETTRE DES SÉNATEURS LATINS EST REJETÉE. — Après la bataille de Cannes, cette auguste assemblée, qui avait appris au peuple à ne pas désespérer de la république, était elle-même dévastée par la guerre, et il fallait songer, dit Tite-Live, à repeupler la solitude de la Curie. En effet, depuis la censure de Lucius Æmilius et de Caïus Flaminius (221) le rôle du sénat n'avait point été dressé, et dans cet espace de cinq ans un grand nombre de sénateurs avaient été emportés, soit par tant de batailles meurtrières, soit par les accidents ordinaires de la vie humaine. La question du recrutement de l'assemblée fut mise en délibération dans le sénat même. Une grande innovation fut proposée : Spurius Carvilius voulait qu'on appelât les Latins au partage de la dignité sénatoriale; il demandait qu'on donnât le droit de cité romaine à deux sénateurs de chaque peuple du Latium, et ensuite qu'on les admît dans le sénat en remplacement de ceux qui n'étaient plus. C'était, disait-il, le moyen de rattacher plus étroitement le Latium à la fortune de la république. Les Latins l'avaient jadis demandé, à l'époque de leur révolte, en 340; mais le consul Manlius Torquatus avait déclaré que si on avait la faiblesse de céder à une pareille demande, il poignarderait de sa propre

---

(1) Polybe, VI, fragment 4.
(2) Bossuet, *Discours sur l'Histoire universelle*, troisième partie, 6.

(1) Optumis autem moribus et maxumâ concordia egit populus Romanus inter secundum atque postremum bellum Carthaginiense. (Sallust. *Fragment*

main le premier Latin qui viendrait s'asseoir dans le sénat. La proposition ne fut pas mieux accueillie en 216, et il se trouva même un Manlius qui répéta le propos attribué à son aïeul. Fabius Maximus fit rejeter la motion, comme la plus indiscrète et la plus inopportune qu'on eût jamais présentée. « Ce n'est pas, dit-il, dans un moment où les esprits des alliés sont si inquiets, où leur fidélité est si douteuse, qu'il faut éveiller en eux de telles prétentions (1). »

LE DICTATEUR FABIUS BUTEO DRESSE LA LISTE DU SÉNAT; DES CATÉGORIES DE CITOYENS DANS LESQUELLES DEVAIENT ÊTRE PRIS LES SÉNATEURS. — On dérogea ensuite à l'usage en décidant que l'on créerait un dictateur pour dresser la liste du sénat; mais l'on eut soin de choisir un ancien censeur, et le plus ancien de ceux qui existaient alors, Marcus Fabius Buteo. Ce magistrat usa, avec une extrême modération, du pouvoir qui lui avait été conféré. Étant monté à la tribune aux harangues, il déclara qu'il ne changerait pas une seule des nominations reconnues par les censeurs Æmilius et Flaminius, afin qu'il ne fût pas dit qu'un seul homme eût été le juge absolu des mœurs et de la réputation d'un sénateur. Ordinairement les deux censeurs faisaient en commun la liste du sénat, et, en cas d'exclusion, la nécessité de leur accord était une garantie de la justice de l'arrêt. Fabius ajouta que pour le remplacement des morts il réglerait ses choix d'après le rang des candidats, et non d'après des prédilections individuelles. En effet, lorsque l'ancienne liste eut été épuisée, les premiers qu'il choisit, ce furent tous ceux qui depuis la censure d'Æmilius et de Flaminius avaient occupé des magistratures curules, et n'avaient point encore été incorporés dans le sénat. Il les appela tous, en suivant la date de leurs magistratures. Il nomma ensuite ceux qui avaient été édiles, tribuns du peuple, questeurs; et quand il eut nommé tous les magistrats il prit ceux qui avaient dans leur maison des trophées remportés sur l'ennemi, ou qui avaient obtenu la couronne civique. Après avoir ainsi élu, avec l'approbation unanime, cent soixante-dix-sept sénateurs, il abdiqua sur-le-champ la dictature, descendit des rostres simple particulier, congédia ses licteurs, et se mêla dans la foule.

On voit, par le récit qui précède, que la nomination des sénateurs n'était point abandonnée à l'arbitraire, mais qu'elle se faisait au contraire d'après des règles fixes et précises. D'abord la liste était lue publiquement dans l'assemblée générale; elle était soumise, sinon aux suffrages des citoyens, du moins au jugement de l'opinion : or la publicité est toujours une garantie contre l'erreur ou le caprice du pouvoir. En outre, le choix du magistrat, qu'il fût censeur ou dictateur, ne pouvait se porter indistinctement sur tous les citoyens; on ne pouvait nommer que ceux qui se trouvaient compris dans certaines catégories : 1° ceux qui avaient exercé les magistratures curules, c'est-à-dire, ceux qui avaient été dictateurs, consuls, censeurs, préteurs ou édiles curules; ces fonctions donnaient non pas seulement un titre, mais encore un droit positif à être admis dans le sénat (1); 2° ceux qui avaient exercé les magistratures inférieures, ceux qui avaient été tribuns, édiles plébéiens ou questeurs; 3° ceux qui s'étaient distingués à la guerre, ou qui avaient obtenu des récompenses publiques. C'étaient donc en réalité les grands services rendus à l'État qui ouvraient l'entrée du conseil. L'élection aux différentes magistratures était la route qui conduisait au sénat, et voilà pourquoi Cicéron a pu dire que c'était le peuple lui-même qui choisissait les sénateurs.

SI LES SACERDOCES DONNAIENT DROIT DE SIÉGER DANS LE SÉNAT. — Les sacerdoces n'étaient point compris parmi les emplois publics qui formaient comme une candidature légale au sénat. Cependant les pontifes étaient souvent sénateurs; mais il ne l'étaient point en vertu de leurs fonctions religieuses. Le seul membre du corps sacerdotal qui eût droit de siéger dans la curie, même sans avoir été appelé par le cen-

(1) Tite-Live, XXIII, 22.

(1) Senatores aut qui cos magistratus gessissent, unde in senatum legi deberent. (Tit.-Liv., XXII, 49.)

seur, c'était le flamine de Jupiter (*flamen Dialis*), qui fut toujours pris dans l'ordre des patriciens. Cet honneur lui avait été accordé, dans l'origine, avec les insignes des grandes magistratures, la prétexte, la chaise curule et le droit de marcher toujours accompagné d'un licteur. Mais ce privilége était depuis longtemps tombé en désuétude, lorsqu'en 209 le flamine Valérius Flaccus s'avisa de venir s'asseoir dans le sénat; le préteur l'en ayant fait sortir, Flaccus appela les tribuns à son aide, et réclama l'antique prérogative de son sacerdoce. Le préteur soutint qu'un droit s'établissait non par de vieux exemples ensevelis dans l'oubli, mais par les précédents et par les usages les plus récents : or qui se souvenait d'avoir jamais vu un prêtre de Jupiter en possession d'un tel privilége? Les tribuns répondirent que si les flamines avaient négligé leur droit, leur incurie ne devait point tourner au préjudice du sacerdoce lui-même, et ils introduisirent le prêtre dans le sénat, aux grands applaudissements des patriciens et des plébéiens. Mais chacun pensait, dit Tite-Live, que Flaccus devait son triomphe à la sainteté bien reconnue de sa vie plus qu'au droit réel de son sacerdoce (1).

DE L'ÂGE DES SÉNATEURS. — On a recherché s'il y avait un âge déterminé pour l'admission des Romains dans le sénat. Il n'y en avait point dans l'origine, puisque en 493 les consuls Sp. Cassius et Posthumius déclarèrent qu'ils sauraient bien réprimer la pétulance des jeunes patriciens par une loi qui réglerait l'âge où l'on pourrait être sénateur. On ne voit pas que ce projet ait été réalisé. Il semble cependant qu'il y eut plus tard un certain âge au-dessous duquel on n'était point admis dans le sénat. Cicéron dit que Pompée avait commandé les armées et avait eu le gouvernement dans un âge fort au-dessous de celui qu'il fallait avoir pour être sénateur (2). Plutarque dit aussi que Sylla eut beaucoup de peine à accorder le triomphe à Pompée, parce qu'il n'avait point encore atteint l'âge sénatorial. Beaufort croit que cet âge fut fixé à trente ans par Sylla lui-même, et que même avant Sylla c'était l'âge légal. Notre opinion est que l'âge sénatorial n'était pas réglé directement, mais qu'il se trouvait implicitement déterminé par les lois qui fixaient l'âge où l'on pouvait prétendre aux magistratures. Or, comme on ne pouvait arriver à la questure avant vingt-sept ans, et que les autres dignités n'étaient accessibles qu'à un âge plus avancé, il en résulte qu'en fait on ne pouvait guère entrer dans le sénat avant la trentième année.

DE LA FORTUNE DES SÉNATEURS. — Exigeait-on des sénateurs qu'ils possédassent une certaine fortune? on ne rencontre aucune trace de cette condition pendant les premiers siècles de la République. Après la bataille de Cannes, comme on manquait de matelots, les consuls, en vertu d'un sénatus-consulte, ordonnèrent par un édit que tout citoyen qui posséderait un fonds de cinquante à cent mille as fournirait un matelot et six mois de paye; que celui qui aurait de cent à trois cents mille as fournirait trois matelots, avec la paye d'une année entière; que de trois cent mille as à un million on en donnerait cinq, et sept au delà d'un million; qu'enfin les sénateurs en fourniraient huit, avec une année de solde (1). Beaufort en conclut que la fortune des sénateurs devait monter à plus d'un million d'as (2). Nous croyons en effet que le sénat se composait en général des plus riches citoyens; mais rien n'indique que ce fût une condition expresse, et qu'il y eût un cens déterminé par la loi. Ce fut beaucoup plus tard, comme on le voit dans Pline l'Ancien, que la fortune fit les sénateurs, comme elle faisait les juges, les magistrats et les généraux (3).

LE PRINCE DU SÉNAT. — Lorsque les censeurs dressaient la liste des sénateurs, celui qu'ils y inscrivaient le premier portait le titre de *prince du sénat*.

---

(1) Tit.-Liv., XXVII, 8.
(2) Cicer., *Pro lege Manilia*.

(1) Tite-Live, XXIV, 11.
(2) Beaufort, *République Romaine*, t. I, p. 409.
(3) Posteris laxitas mundi et rerum amplitudo damno fuit, postquam senator censu legi cœptus, judex fieri censu, magistratum ducemque nihil magis exornare quam census. (Plin., *Hist. nat.*, lib. XIV, in prœm.

Autrefois cette dignité appartenait toujours au plus ancien des censeurs encore vivants. Mais en 209 un débat s'éleva entre les deux censeurs sur le choix du prince du sénat. L'un, Cornélius Céthégus, voulait rester fidèle à la coutume antique ; l'autre, Sempronius Tuditanus, prétendait qu'il avait le droit de choisir, et qu'il en userait en nommant Fabius Maximus, alors le premier citoyen de la République au jugement même d'Annibal. Cornélius se rendit, après une assez longue discussion, et Fabius fut proclamé prince du sénat (1). Depuis cette époque les censeurs continuèrent d'appeler au principat celui qui leur en paraissait le plus digne. Aucune autorité, aucune prérogative particulière n'était attachée à ce titre, et cependant il donnait en quelque sorte le premier rang dans l'État, et il était considéré comme le plus haut degré d'honneur auquel un Romain pût aspirer.

LA DIGNITÉ SÉNATORIALE, AMOVIBLE EN DROIT, ÉTAIT ORDINAIREMENT VIAGÈRE EN FAIT. — La dignité sénatoriale n'était point inamovible, puisque tous les cinq ans l'état des sénateurs était remis en question par la rédaction d'un nouveau rôle. Ceux des anciens dont les noms étaient passés sous silence (*præteriti*) étaient par là même exclus du sénat ; mais il fallait, comme nous l'avons vu, que les deux censeurs fussent d'accord, et de plus qu'ils donnassent les motifs de l'exclusion. Ceux qu'ils alléguaient le plus souvent, c'étaient une conduite déréglée et la dissipation du patrimoine. La loi *Cassia* interdisait à jamais l'entrée du sénat à ceux qui avaient été dépouillés de leurs charges et condamnés par les suffrages du peuple. Mais ces cas se présentaient rarement. Presque toujours les anciens sénateurs, et la plupart de ceux qui avaient été une fois admis dans l'assemblée, ne quittaient leur siège qu'avec la vie. Ceux même qui avaient été exclus par la sentence des censeurs, sans être flétris par un jugement du peuple, pouvaient, en corrigeant ce qu'il y avait eu d'irrégulier dans leur conduite, se rendre dignes de rentrer dans le sénat.

LES FONCTIONS SÉNATORIALES, SANS ÊTRE HÉRÉDITAIRES, SE PERPETUÈRENT DANS CERTAINES FAMILLES. — Le principe de l'hérédité n'était point admis pour les fonctions sénatoriales. Quand un sénateur était mort, on ne voyait pas son fils venir réclamer la place de plein droit, comme le fait aujourd'hui en Angleterre le fils d'un lord qui vient d'expirer. Et cependant Rome a compté certaines familles qu'on retrouve, à toutes les époques, en possession des honneurs publics et siégeant dans le conseil. C'est que les comices ne dédaignaient pas ces traditions d'honneur et de dévouement qui se transmettaient dans les anciennes maisons, et qu'en préférant souvent aux hommes nouveaux les fils des nobles ou des patriciens, ils les désignaient d'avance comme candidats au sénat. Le gouvernement romain, si admirablement tempéré, empruntait à l'hérédité les éléments de gloire et de stabilité qu'elle promet à l'État ; mais en même temps il répudiait ce qu'elle peut avoir d'exclusif et d'odieux. Il combinait dans l'organisation du sénat les souvenirs du passé avec les besoins nouveaux, les intérêts des familles avec les droits du peuple et les justes prérogatives du pouvoir. Ce fut ainsi qu'il pourvut à sa durée, et qu'il se tint pendant plusieurs siècles au niveau de la destinée que la Providence lui réservait.

LE SÉNAT EST LE GARDIEN DES MOEURS ET DES ANCIENNES MAXIMES ; SÉNATUS-CONSULTE CONTRE LES BACCHANALES. — Ainsi constitué, le corps du sénat devait être et fut en effet le gardien fidèle non-seulement des lois, mais des mœurs et des anciennes maximes qui avaient fait la grandeur de l'État. En 219, lorsque les coutumes orientales commençaient à pénétrer dans Rome, le sénat rendit un décret qui ordonnait de détruire les chapelles d'Isis et de Sérapis. Si plus tard, au milieu des dangers de la seconde guerre Punique, il envoya chercher jusque dans la Phrygie la pierre noire, emblème du culte de Cybèle, il n'en maintint pas moins cette maxime fondamentale, qu'il ne pouvait y avoir de culte privé non autorisé par l'État (1). Quand, sous

---

(1) Tite-Live, XXVII, 11.

(1) Separatim nemo habessit Deos ; neve

prétexte de célébrer les fêtes de Bacchus, sept mille Romains conspirèrent la ruine des mœurs et de la religion (186), les sénateurs firent châtier les coupables, et, par un décret sévère, prévinrent le retour de pareils excès. Ce sénatus-consulte, dont le texte a été retrouvé à la fin du dix-septième siècle dans un village de Calabre, défendait de célébrer désormais les Bacchanales à Rome ou en Italie. Si quelque citoyen se croyait obligé en conscience de ne point négliger de tels sacrifices, il devait en faire la déclaration au préteur de la ville; le préteur devait consulter le sénat; le sénat ne pouvait délibérer sur ce sujet qu'au nombre de cent membres, et l'autorisation ne devait être accordée qu'à condition qu'il n'y aurait pas plus de cinq personnes présentes à la cérémonie, qu'il n'y aurait point entre elles de trésor commun, et qu'aucune d'elles ne serait instituée en qualité de prêtre ou de maître des sacrifices. Deux ans plus tard (184), Caton l'Ancien, parvenu à la censure, soutint une lutte héroïque contre l'invasion du luxe et des coutumes étrangères. Le sénat lui-même ne fut point à l'abri de l'inflexible autorité du censeur. D'accord avec son collègue Valérius Flaccus, Caton raya du rôle de cette compagnie sept membres indignes, parmi lesquels était un consulaire, Lucius Quintius, frère de Flamininus. En 204 les consuls Livius et Néron avaient dégradé sept sénateurs; en 252 les censeurs Valérius Messala et Publius Sempronius en avaient dégradé treize. Grâce à ces remèdes énergiques, le sénat se maintenait pur au milieu de la corruption publique, et il continuait de mériter l'immense influence que la confiance des Romains lui accordait.

LE SÉNAT DEVIENT L'ARBITRE DES PROVINCES. — Plus Rome étendait son domaine, plus le sénat croissait en force et en autorité. C'était lui qui nommait les gouverneurs de provinces, et qui, d'année en année, prorogeait les commandements. Quelquefois les tribuns intervinrent, et le peuple disposa des gouvernements dans les comices par

novos, sive advenas, nisi publice adscitos, privatim colunto. (Cicer., *De Legibus*, II, 8.)

tribus. Il paraît même que dans les premiers temps le sénat faisait confirmer son décret par le peuple; mais peu à peu il s'affranchit de cette déférence, et il devint l'arbitre absolu des pays conquis. Quand les provinces avaient à se plaindre des excès de leurs gouverneurs, c'était au sénat qu'elles présentaient leurs griefs. En 171 il vint à Rome une députation espagnole, qui se plaignit amèrement de la dureté et de l'avarice des magistrats romains. Les députés se jetèrent à genoux devant le sénat, et le supplièrent de ne point souffrir que ses sujets fussent vexés et pillés avec plus de cruauté que ses ennemis mêmes. Le sénat donna ordre à Canuleius, à qui le gouvernement d'Espagne venait d'échoir, de nommer cinq commissaires pour examiner ces plaintes, et il permit aux demandeurs de se choisir tels patrons qu'ils voudraient entre les plus illustres citoyens de Rome. Il y eut un des accusés d'absous; deux autres prévinrent leur condamnation par un exil volontaire. Le préteur Canuleius termina brusquement l'affaire en partant pour l'Espagne, et le sénat se contenta d'interdire au magistrat romain le droit de fixer le prix du blé que les Espagnols devaient lui vendre.

EMPIÉTEMENTS DU SÉNAT SUR LES DROITS DU PEUPLE. — La prospérité même de la république constitua dans Rome une formidable aristocratie. Le sénat devint comme une citadelle où se renfermèrent les familles, patriciennes ou nobles, qui se partageaient les emplois publics et les dépouilles des vaincus. A la fin du second siècle avant l'ère chrétienne, les hommes nouveaux ne parvenaient plus que rarement aux honneurs. Le sénat s'arrogeait le droit de faire la paix et la guerre sans consulter le peuple : en 149 ce fut lui qui vota la guerre contre Carthage. Vers la même époque, l'établissement des *questions perpétuelles* enleva au peuple le droit de juger les crimes publics, pour le donner exclusivement aux sénateurs. Sous ce nom de crimes publics on comprenait non-seulement les délits politiques, tels que ceux de lèse-majesté, de brigue, de concussion et de péculat, mais encore l'assassinat, l'empoisonnement, le vol, le faux, le parjure, l'abdultère, en un mot tout acte qui, en blessant un ou plusieurs individus, est un péril pour la société entière. Le sénat conservait aussi la suprématie religieuse, qui était entre ses mains un puissant moyen de gouvernement. A ces attributs divers se joignaient quelques prérogatives honorifiques : peu de temps après la seconde guerre Punique, les censeurs avaient donné aux sénateurs des places distinctes dans les spectacles. Le sénat tendait donc à se transformer en une véritable oligarchie, et à s'emparer de la souveraineté pour l'exploiter à son profit.

LUTTE DES CHEVALIERS CONTRE LE SÉNAT ; ILS OBTIENNENT LA PUISSANCE JUDICIAIRE. — Le peuple, qui avait la conscience de sa force, ne se laissa point dépouiller de ses droits ; il combattit les nobles, comme il avait autrefois combattu les patriciens. Ce fut alors que l'on vit les chevaliers intervenir dans la lutte. Les chevaliers n'avaient rempli jusque-là que des fonctions militaires ; cependant ils avaient toujours exercé une grande influence politique, parce qu'ils appartenaient aux plus riches familles, soit patriciennes, soit plébéiennes, et qu'ils composaient les dix-huit premières centuries de la première classe. C'était dans leurs rangs que les censeurs recrutaient ordinairement le sénat. Mais, comme cette assemblée ne se composait que de trois cents membres, l'ambition des chevaliers n'était point satisfaite, et ils voulurent former dans la république un ordre intermédiaire entre le peuple et le sénat. Les Gracques, qui se firent les patrons de tout ce qui voulait s'affranchir ou s'élever, soutinrent les chevaliers contre les sénateurs. Caïus Gracchus, pendant son second tribunat (122), profita de l'indignation qu'avait excitée parmi le peuple l'acquittement de quelques concussionnaires, pour enlever les jugements publics aux sénateurs et les transférer aux chevaliers. Par là il coupa, comme il le disait lui-même, le nerf de la puissance sénatoriale, et il constitua l'ordre équestre. Caïus porta aussi un grand coup à l'influence du sénat et de l'aristocratie par sa loi sur les comices par centuries : cette loi enlevait aux classes les plus riches le droit de voter les premières, et décidait que les centuries seraient désormais appelées à donner leurs suffrages dans l'ordre assigné par le sort.

Après la chute de Caïus Gracchus le sénat s'efforça de faire abolir la loi qui avait donné les jugements à l'ordre équestre : il prétendait que les chevaliers ne pouvaient jouir de cette prérogative, parce qu'étant fermiers des revenus publics, ils se trouvaient tous les jours juges dans leur propre cause. En 106 le consul Servilius Cæpion fit partager les jugements entre les sénateurs et les chevaliers. C'est au milieu des débats auxquels cette proposition donna lieu, que l'orateur Crassus, du parti aristocratique, prononça ces éloquentes paroles, citées par Cicéron : « Arrachez-nous aux misères qui nous accablent, arrachez-nous à la gueule dévorante de ces monstres dont la cruauté ne peut se rassasier de notre sang ; ne souffrez pas que nous soyons esclaves, si ce n'est de vous tous, car nous ne pouvons, nous ne devons être esclaves que de la volonté du peuple. » Le sénat esclave du peuple ! s'écrie Cicéron, et n'est-ce pas au sénat que le peuple a remis, pour ainsi dire, les rênes en mains, afin d'être gouverné et conduit par sa sagesse ? (1) Ces paroles de Crassus prouvent que les temps étaient changés, et combien la noble assemblée avait été abaissée par le parti populaire. Le sénat ne conserva pas longtemps cette part du pouvoir judiciaire que Servilius Cæpion lui avait fait rendre : six ans après, C. Servilius Glaucia attribua de nouveau les jugements aux seuls chevaliers.

Un peu avant la guerre Sociale, Livius Drusus, très-conciliant quoique tribun, voulut terminer le différend par une transaction. Les sénateurs étaient à peine trois cents : il proposa de leur adjoindre un nombre égal de chevaliers, et de choisir désormais les juges dans l'assemblée ainsi composée. Mais cet expédient mécontenta également les deux partis. Le sénat ne voulait point souffrir cette invasion de l'ordre équestre, et le corps des chevaliers, qui avait goûté, dit Appien, le profit et l'influence attachés à la puissance judiciaire, ne se souciait point d'abdiquer ses droits au profit de quelques-uns de ses mem-

(1) Cicéron, *De Oratore*, I, 52.

bres (1). La loi de Drusus fut abolie l'année même qu'elle avait été portée (91), avec tous les actes de son tribunat.

SYLLA REND LES JUGEMENTS AU SÉNAT ET AUGMENTE LE NOMBRE DES SÉNATEURS. — Le droit de juger fut, selon Tacite, le principal objet du débat entre Sylla et Marius (2); et quand la cause aristocratique eut triomphé, l'un des premiers soins du dictateur fut de rendre les jugements aux seuls sénateurs. Il rendit aussi au sénat le droit d'autoriser les propositions qui étaient portées devant le peuple. En même temps, comme les proscriptions et les troubles civils avaient fait de grands vides dans la curie, Sylla y fit entrer trois cents des principaux de l'ordre équestre, dont il laissa l'élection aux comices par tribus. Il voulait, en restaurant l'aristocratie, lui donner une plus large base, et détacher du parti populaire l'élite des chevaliers. Depuis cette époque, le nombre légal des sénateurs paraît avoir été de six cents. Cicéron fait mention d'une assemblée du sénat où il y avait quatre cent quinze membres présents (3), et d'une autre où il y en avait quatre cent dix-sept (4). Or il devait toujours en manquer environ un tiers, soit parce qu'il y avait des places vacantes, soit parce que beaucoup de sénateurs étaient retenus chez eux par des motifs particuliers ou éloignés de Rome par des emplois publics.

LES QUESTEURS ET LES TRIBUNS DU PEUPLE SIÈGENT DE DROIT DANS LE SÉNAT. — Certaines fonctions donnaient alors le droit de siéger dans le sénat. Sylla, en portant le nombre des questeurs à vingt, voulut que ces magistrats fussent sénateurs de plein droit. Déjà, cinquante ans auparavant (131), le plébiscite d'Atinius avait attaché le même privilége à la charge de tribun du peuple. Les autres magistratures formaient toujours, comme nous l'avons dit, la pépinière du sénat. Le peuple nommait donc indirectement les sénateurs en nommant les magistrats. C'est ainsi qu'il faut entendre ce passage du discours de Cicéron pour Sextius où l'orateur, s'adressant à la jeunesse romaine, dit que ce sont les suffrages populaires qui font les membres du sénat, et que l'entrée de ce conseil suprême est ouverte au mérite et à la vertu de tous les citoyens (1). Sylla ne détruisit point la loi d'Atinius, qui donnait aux tribuns un siége dans le sénat; mais il en annula l'effet, en défendant de choisir les tribuns, dont il avait d'ailleurs bien réduit la puissance, hors des rangs des sénateurs.

LES JUGEMENTS SONT PARTAGÉS ENTRE LES SÉNATEURS, LES CHEVALIERS ET LES TRIBUNS DU TRÉSOR. — La politique de Sylla avait été de relever le sénat, tout en le dominant; mais, après son abdication, la lutte recommença. Les chevaliers, chassés des tribunaux, s'étaient réfugiés dans les fermes, où ils faisaient de gros bénéfices, et leurs richesses avaient maintenu leur crédit. Ils reparurent bientôt à la tête du peuple. Le plus illustre d'entre eux, Pompée, consul en 70, leur prêta son appui, et, au moment où le tribunat rentrait dans ses droits, le préteur Aurélius Cotta fit partager les jugements entre les sénateurs, les chevaliers et les tribuns du trésor. Ces derniers représentaient les plébéiens, et le droit de juger, cette partie essentielle de la souveraineté, qui avait été l'objet de si longs débats, fut équitablement mis en commun entre tous les ordres de l'État.

DES CHEVALIERS ET DU SÉNAT SOUS LE CONSULAT DE CICÉRON. — Cicéron, comme Pompée, soutint de tout son crédit l'ordre équestre, d'où il tirait son origine. C'était là surtout qu'il cherchait sa force et sa popularité. C'est de l'époque de son consulat (63) que date, suivant Pline, l'établissement définitif des chevaliers comme corps troisième dans la république. C'est depuis ce temps qu'à ces mots sacramentels *le sénat et le peuple Romain*, on commença à ajouter *l'ordre équestre*. Quoique cet ordre

---

(1) Appien, *Guerre civile*, I.
(2) Tacite, *Annales*, XII, 60.
(3) Cicer., *Epist. ad Atticum*, I, 14.
(4) Cicer., *Orat. post reditum in senatu*, 10

(1) Ita magistratus annuos creaverunt ut concilium senatus reipublicæ proponerent sempiternum; deligerentur autem in id concilium ab universo populo, aditusque in illum summum ordinem civium industriæ ac virtuti pateret. (Cicer., *pro Sextio*, 65.)

formât réellement un corps intermédiaire entre le sénat et le peuple, il était inscrit le dernier dans la formule, parce qu'il était le dernier en date (1). Cicéron, tout en fortifiant, tout en élevant les chevaliers, se gardait bien de les opposer aux sénateurs; il cherchait au contraire à unir, dans l'intérêt public, ces deux puissances longtemps rivales. Ce qu'il voulait, comme Pompée, c'était de s'allier toutes les classes dominantes, toutes les aristocraties de naissance, de fortune ou de talent, et d'en former un grand parti, qui, sous le nom d'*Optimates*, fût en état de défendre l'ancienne constitution contre les attaques des novateurs. Dans ce système, le sénat était toujours la tête de la république; c'était le gardien et le vengeur de tous les droits; les magistrats n'agissaient que par son autorité, et en étaient comme les ministres (2).

LE SÉNAT CONDAMNE LES COMPLICES DE CATILINA. — C'était surtout contre le sénat que la conjuration de Catilina était dirigée; aussi ce fut dans le sénat que Cicéron vint chercher la force qui lui était nécessaire pour sauver la république. Il ajouta même, dans cette circonstance, aux anciennes prérogatives de l'assemblée, en lui attribuant ce droit du glaive qui n'appartenait qu'au peuple, et en lui faisant prononcer la mort des complices de Catilina. Mais le parti populaire ne pardonna ni au consul ni au sénat cette usurpation de pouvoir. Cicéron fut condamné à l'exil, et le sénat, après avoir été humilié par le premier triumvirat, vit toute sa puissance ébranlée par la victoire de César.

(1) M. T. Cicero demum stabilivit equestre nomen in consulatu suo, ei senatum conciliians, ex eo se ordine profectum celebrans, ejusque vires peculiari popularitate quærens. Ab illo tempore plane hoc tertium corpus in republica factum est, cœpitque adjici senatui populoque Romano et equester ordo. Qua de causa et nunc post populum scribitur, qui novissime cœptus est adjici. (Plin., *Hist. Nat.*, XXXIII, 8.)

(2) Senatum reipublicæ custodem, præsidem, propugnatorem collocaverunt: hujus ordinis auctoritate uti magistratus, et quasi ministros gravissimi concilii esse voluerunt. (Cicer., *Pro Sextio*, 65.)

PUISSANCE DE CÉSAR; AFFAIBLISSEMENT DU SÉNAT. — A cette époque la forme du gouvernement romain se modifia profondément: le peuple, vainqueur de la noblesse, parut abdiquer ses droits en faveur de son chef, et tous les pouvoirs furent concentrés entre les mains d'un seul homme. César joignait à la dictature et au titre militaire d'*imperator* le grand pontificat et la principale autorité de la censure, la préfecture des mœurs. Il avait en outre le droit de paix et de guerre, la libre disposition des provinces, et une immense influence sur l'élection de tous les magistrats. La puissance tribunitienne dont il avait été revêtu rendait sa personne inviolable, et en faisait comme le représentant de tous les droits populaires. Dès lors le sénat n'était plus une assemblée vraiment politique, exerçant la souveraineté au nom du peuple; ce n'était plus qu'un grand conseil d'État, et il ne conservait plus d'autres attributions que celles qu'il plaisait au maître de lui laisser.

CÉSAR NOMME DES PATRICIENS ET DES SÉNATEURS; TOUTE L'ITALIE ET MÊME LA GAULE NARBONNAISE SONT REPRÉSENTÉES DANS LE SÉNAT. — César comprit tout le parti qu'il pourrait tirer d'une assemblée dont le nom avait encore tant de prestige. Quoiqu'il eût triomphé par le peuple, il chercha à restaurer l'ordre patricien. Il ne restait qu'un petit nombre des familles patriciennes instituées sous les rois ou dans les premiers temps de la république. César, par la loi *Cassia*, créa patriciennes les familles puissantes qui lui étaient le plus dévouées. Quant au sénat, le dictateur se garda bien de paraître porter atteinte à ses priviléges; il laissa les jugements aux sénateurs et aux chevaliers, et il n'en exclut que les tribuns du trésor. Mais il modifia singulièrement l'esprit du sénat en y faisant entrer de nouveaux membres: le nombre des sénateurs fut porté à environ neuf cents. César avait augmenté à proportion le nombre des magistrats. Il y avait seize préteurs et quarante questeurs. Ce fut sans doute à cette époque que les différentes contrées de l'Italie commencèrent à être représentées dans le sénat. La guerre Sociale avait donné le droit de cité aux Italiens ; la victoire de César leur ouvrit les portes de la Curie. On vit alors des sénateurs étrusques, lucaniens, vénètes, insubriens : l'Italie entière fit irruption dans l'assemblée. Le fait était encore récent sous le règne de Claude, comme l'atteste Tacite dans ses *Annales* (1). Cesar fit plus encore : il alla chercher des sénateurs jusque dans la Gaule Narbonnaise, ce qui excita les murmures du parti aristocratique et l'indignation de Cicéron. On chantait partout, dit Suétone, des vers dont le sens était : « César a triomphé des Gaulois, et les Gaulois, introduits dans le sénat, ont quitté la braie pour le laticlave. » Les plaisants de Rome affichaient dans les différents quartiers de la ville un avis ainsi conçu : « On est prié de ne pas montrer aux nouveaux sénateurs le chemin de la Curie. »

MORT DE CÉSAR; LE SÉNAT SOUS LE SECOND TRIUMVIRAT. — Mais les puissances qui ont longtemps régné ne se laissent point déposséder en un seul jour. Tout rempli qu'il était des créatures de César, le sénat n'était point dompté. Là vivaient encore les traditions anciennes et les sentiments républicains. On sait combien de sénateurs entrèrent dans le complot de Brutus et de Cassius. Ce fut dans le sein même de l'assemblée que le dictateur fut percé de vingt-trois blessures, et qu'il expira au pied de la statue de Pompée. Après ce tragique événement, le sénat parut vouloir garder la neutralité : il maintint les actes de César, mais sans poursuivre ses meurtriers. Les deux partis étaient en présence, l'un voulant rétablir la république, l'autre cherchant un nouveau maître. Antoine, alors consul, aspirait au pouvoir absolu. Il fit entrer dans le sénat plusieurs de ses amis, prétendant que c'était le dictateur lui-même qui les avait désignés dans ses tablettes. Aussi le peuple nomma-t-il les nouveaux sénateurs *charonites* ou *orcini*, comme s'ils sortaient des enfers. Octave vint ensuite, qui, déguisant sous l'apparence la plus modeste l'ambition dont il était dévoré, s'insinua dans la faveur du sénat, et gagna Cicéron lui-même, l'un des anciens adversaires de César. Quand le second triumvirat eut été formé, sous prétexte de reconstituer la république, le désordre fut porté au comble dans l'ordre sénatorial. Chaque triumvir créait ou proscrivait à son gré des sénateurs. A la fin de cette sanglante période, le sénat comptait plus de mille membres ; mais plus il était nombreux, plus sa puissance était avilie ; ce n'était plus qu'une assemblée tremblante, attendant le sort des combats et prête à subir la loi du vainqueur.

AUGUSTE RÉORGANISE LE SÉNAT L'AN 29 AVANT JÉSUS-CHRIST ; IL CRÉE DE NOUVELLES FAMILLES PATRICIENNES. — Après la bataille d'Actium, quand Octave, appuyé sur son armée victorieuse, fut devenu le seul maître, il affecta, plus encore que César, de respecter les formes de l'ancien gouvernement. Il déposa le titre de triumvir, et il semblait satisfait de joindre au titre de consul la puissance tribunitienne. Il travailla en même temps à rétablir l'ordre en assurant sa domination. Par la loi *Sænia* il créa de nouvelles familles patriciennes. Il déclare, dans l'inscription d'Ancyre, l'avoir fait par ordre du sénat et du peuple, pendant son cinquième consulat (29). A la même époque il entreprit d'épurer l'ordre des sénateurs, en qualité de préfet des mœurs ; titre qui lui avait été décerné, comme à Jules César, et qui lui avait conféré l'autorité censoriale. Il commença par exhorter ceux des membres du sénat qui se sentaient par quelque endroit inférieurs à leur dignité à se faire justice eux-mêmes ; et, sur ce simple avertissement, il s'en trouva cinquante qui donnèrent leur démission. Octave loua beaucoup leur retraite, et ses ordres ou ses instantes sollicitations en déterminèrent cent quarante autres à suivre l'exemple des premiers. Pour les récompenser de leur docilité, il leur conserva à tous quelques privilèges honorifiques qui appartenaient à la dignité sénatoriale. Mais ce qui prouve qu'il craignait encore leur ressentiment, c'est que pendant tout le temps qu'il travailla à

---

(1) An parum quod Veneti et Insubres Curiam irruperint? Et, ne vetera scrutemur, Etruria Lucaniaque et omni Italia in Senatum acciti. (Tacit., *Annal.*, XJ, 23 et 24.)

cette revue du sénat, il porta une cuirasse sous sa toge, et eut soin d'avoir à ses côtés dix sénateurs des plus vigoureux et des plus dévoués à sa personne; et pendant ce temps aucun sénateur ne fut admis à son audience sans avoir été visité et fouillé. Octave inscrivit son nom en tête du tableau; et il garda toujours le titre de prince du sénat, titre inoffensif qui n'inspirait point les soupçons comme celui de roi ou de dictateur, et qui rappelait l'image de l'ancienne république, que le nouveau César prétendait conserver.

NOUVELLE RÉFORME DU SÉNAT L'AN 18 AVANT J. C. — Onze ans plus tard, Octave fit une nouvelle revue du sénat. Alors le gouvernement était complétement changé. Auguste avait persisté à refuser la dictature, que le peuple avait voulu lui décerner; mais il avait accepté le titre d'*imperator*, qui lui donnait le commandement suprême de toutes les forces militaires. Dans l'ordre civil, il avait la puissance proconsulaire et tous les droits du consulat; il avait en outre la préfecture des mœurs, qui le constituait l'arbitre du rang des citoyens, et cette puissance tribunitienne qui, en le rendant inviolable, était comme le bouclier de sa toute-puissance (1). L'an 18 avant J. C. il reprit l'œuvre commencée en 29, et voulut achever la réforme du sénat : il le trouvait encore trop nombreux, et son intention était de le réduire à l'ancien nombre de trois cents. Il s'estimait heureux, disait-il, si Rome et l'Italie pouvaient lui fournir trois cents citoyens dignes d'entrer dans le conseil public de l'empire; mais la crainte de se faire trop d'ennemis par un si grand nombre d'exclusions lui fit préférer le nombre de six cents, qui avait été adopté par Sylla.

Cette fois, Auguste ne voulut point avoir seul la responsabilité du choix, et il laissa aux sénateurs eux-mêmes le soin d'épurer leur compagnie. Il commença par en nommer trente, pris parmi les plus dignes. Chacun des trente était chargé de choisir cinq candidats, parmi lesquels le sort devait désigner un sénateur. Les trente ainsi élus devaient recommencer la même opération, jusqu'à concurrence du nombre de six cents. Mais l'empereur, sous prétexte de fraude et d'intrigue, arrêta l'élection avant qu'elle ne fût terminée, et compléta la liste par la nomination directe (1). L'inscription d'Ancyre dit qu'Auguste a dressé trois fois le rôle du sénat (*senatum ter legi*). Suétone parle en effet d'une troisième nomination, dont le soin fut confié à une commission de trois membres. Mais cette dernière opération ne paraît avoir eu aucun résultat important, et c'est de l'an 18 que date la véritable organisation du sénat impérial.

RÈGLEMENTS RELATIFS A LA FORTUNE ET A L'AGE DES SÉNATEURS. — Dans les derniers temps de la république il fallait pour être sénateur posséder au moins huit cent mille sesterces (environ 160,000 francs). Mais les guerres civiles ayant ruiné plusieurs familles puissantes, Auguste avait réduit cette somme à la moitié. Plus tard il rétablit le cens sénatorial, tel qu'il avait été réglé à la fin de la république; puis il l'éleva, selon Dion Cassius, à un million de sesterces (environ 200,000 francs), et même, si l'on en croit Suétone, jusqu'à douze cent mille sesterces (environ 240,000 francs). L'empereur suppléa quelquefois, de ses propres deniers, à la fortune de certains citoyens qui, faute d'atteindre le chiffre légal, se trouvaient exclus du sénat. En abaissant à vingt-cinq ans l'âge fixé pour la questure, Auguste abaissa en même temps l'âge où l'on pourrait être sénateur; et quand il demanda pour Tibère et pour Drusus le privilége d'exercer la questure cinq ans avant l'âge, il leur ouvrit en même temps le sénat dès l'âge de vingt ans.

ÉTABLISSEMENT DU CONSEIL PRIVÉ. — La politique d'Auguste était de conserver au sénat l'apparence du pouvoir et de s'en attribuer la réalité. Les séances devinrent moins fréquentes : sauf les circonstances extraordinaires, elles n'avaient plus lieu que deux fois par

---

(1) Id summi fastigii vocabulum Augustus reperit, ne regis aut dictatoris nomen assumeret, ac tamen appellatione aliqua cetera imperia praemineret. (Tacit., *Annal.*, III, 56.)

(1) Dion Cassius, LIV, 13.

mois, le jour des calendes et celui des ides, excepté le jour des ides de Mars, anniversaire de la mort de César. Les sénateurs avaient deux mois de vacances, septembre et octobre, et pendant ce temps le sénat était réduit à un petit nombre de membres désignés par le sort. Auguste se fit donner un conseil privé (*consistorium principis*), composé de son collègue au consulat lorsqu'il était lui-même consul, ou des deux consuls lorsqu'il ne l'était pas, d'un membre de chaque collège des autres magistrats et de quinze sénateurs. Ce conseil était renouvelé tous les six mois. C'était lui qui décidait les affaires urgentes, et préparait celles qui devaient être portées à l'assemblée générale du sénat. Il y avait eu dans le temps de la république quelque trace d'une telle institution : quelquefois les consuls délibéraient secrètement sur certaines affaires avec les plus anciens sénateurs, et il y avait même dans le Capitole un lieu destiné à ces convocations (1). Mais ce n'était qu'une mesure accidentelle, qui ne portait aucune atteinte aux droits du sénat. Sous Auguste, au contraire, l'institution permanente du conseil privé fut l'instrument du pouvoir absolu. Cette assemblée peu nombreuse, rapprochée de la personne du prince et composée de ses favoris, l'aida à s'élever peu à peu, comme dit Tacite, et à attirer à lui tous les pouvoirs du sénat, des lois et des magistrats (2).

AUGUSTE PARTAGE L'ADMINISTRATION DES PROVINCES AVEC LE SÉNAT ET LE PEUPLE. — Le territoire romain fut partagé en deux parts : les provinces publiques et les provinces de César. Les premières restaient sous la direction spéciale du sénat, les autres passaient sous celle de l'empereur. Octave prit pour lui les provinces les plus difficiles à garder et à défendre, celles qui étaient le plus agitées au dedans ou le plus exposées aux invasions étrangères, en Espagne la Tarraconaise et la Lusitanie, toute la Gaule excepté la Narbonaise, la Dalmatie, la Célésyrie, la Phénicie, la Cilicie et l'Égypte. Le lot du peuple et du sénat se composait des provinces les plus tranquilles, de celles où la domination romaine était le mieux établie. C'étaient la Sicile, la Sardaigne et la Corse, la Gaule Narbonaise, la Bétique, l'Afrique et la Numidie, l'Achaïe, la Macédoine, la Crète et la Cyrénaïque, l'île de Chypre, l'Asie, la Bithynie avec la Propontide et quelques parties du Pont (1). Auguste avait fait ce partage, en apparence pour laisser au sénat une administration facile, et pour se réserver à lui-même la plus grande part des travaux et des périls, mais en réalité pour désarmer les pères, et pour concentrer dans ses provinces les soldats et les armes. En cela, comme en toute autre chose, il suivait le conseil de Mécène : Conservez au sénat ses honneurs, ôtez-lui sa force. Dans la suite, les provinces nouvellement conquises furent ajoutées au lot du prince, tandis que le despotisme impérial démembrait souvent la part du sénat et du peuple.

C'était le sénat qui envoyait des gouverneurs dans les provinces publiques : il les prenait, par la voie du sort, parmi les citoyens qui avaient rempli une magistrature à Rome, au moins pendant cinq ans. Ces magistrats n'avaient dans leur gouvernement que la juridiction civile, tandis que les lieutenants de César, dans les provinces impériales, avaient aussi la puissance militaire. Auguste choisissait ses lieutenants parmi les sénateurs. L'Égypte seule avait pour premier magistrat un chevalier romain, avec le titre de préfet. L'empereur envoyait en outre, dans les provinces publiques comme dans les siennes, des procurateurs tirés de l'ordre des chevaliers, et quelquefois même d'entre ses affranchis ; et ces procurateurs, spécialement chargés de l'administration des revenus du prince, ne laissaient pas d'entraver quelquefois la puissance des gouverneurs.

DES DROITS QUI RESTENT AU SÉNAT. — Le sénat conservait un droit de surveillance et de juridiction sur les provinces publiques. Il demandait des comptes aux magistrats qui les gouvernaient,

---

(1) Festus, in voce *Senaculum*.
(2) Tacit., *Annal.*, I, 2.

(1) Strabon, XVII, 2. — Dion Cassius, LIII, 12.

et il contrôlait leur administration. Le gouverneur de Macédoine, M. Primus, fut assigné devant l'assemblée, pour avoir porté la guerre chez les Odryses. Quelquefois même cette juridiction s'étendait sur les provinces impériales. Le préfet d'Égypte, Cornélius Gallus, fut condamné à l'exil par un arrêt du sénat. On retrouve aussi plusieurs sénatus-consultes, sur diverses matières d'intérêt public, qui prouvent que le sénat n'était point dépouillé de ses attributions législatives ; par exemple, un sénatus-consulte sur les attentats des esclaves contre la vie de leurs maîtres, et un autre, cité par Frontin, sur les officiers préposés à la conduite des eaux. C'était le sénat qui accordait les priviléges et les immunités. Ce fut lui qui dispensa Auguste, non pas d'obéir aux lois en général, comme l'ont prétendu plusieurs auteurs, sur la foi des jurisconsultes du troisième siècle, mais d'obéir à certaines lois déterminées, à la loi Cincia et à la loi Voconia. C'était d'ailleurs le sénat qui réglait les limites de la puissance impériale. Auguste affecta toujours de n'exercer aucune autorité, et de ne porter aucun titre qui ne lui eût été déféré par un sénatus-consulte. Les sénateurs restèrent les gardiens du trésor public (*ærarium*), distinct du trésor particulier du prince (*fiscus*). Enfin ils conservèrent la haute surveillance des affaires religieuses : ce sont eux qui, après avoir salué Auguste comme le père de la patrie, en ont fait un dieu après sa mort, et ont institué des fêtes en son honneur (1).

LE SÉNAT EST SUBSTITUÉ AU PEUPLE POUR L'ÉLECTION DES MAGISTRATS. — Au commencement du règne de Tibère les comices furent supprimés, et le sénat fut investi du droit de nommer les magistrats. « Jusqu'à ce jour, dit Tacite, le prince avait exercé une influence décisive sur les principales élections ; cependant quelques-unes étaient encore abandonnées aux suffrages des tribus. Le peuple, dépouillé de son droit, ne se plaignait que par de vains murmures, et le sénat se saisit avec joie d'une prérogative qui lui épargnait des largesses ruineuses et des prières humiliantes (1). » L'empereur n'abandonnait pas son droit de présenter un certain nombre de candidats, qu'il eût été fort dangereux de repousser.

ATTRIBUTIONS DU SÉNAT SOUS TIBÈRE. — Pendant les premières années du règne de Tibère, les affaires publiques et même les plus importantes des affaires privées se traitaient dans le sénat. Tacite dit que les principaux de cet ordre discutaient librement, et que s'ils tombaient dans la flatterie, le prince était le premier à les arrêter. Tibère, ajoute l'historien, content de fortifier dans ses mains les ressorts du pouvoir, offrait au sénat l'image des temps anciens, en renvoyant à sa décision les demandes des provinces. Ce fut ainsi qu'il le chargea de juger les réclamations des villes grecques au sujet du droit d'asile. Ce droit était devenu, en certaines cités, un péril pour l'ordre public : les temples se remplissaient de la lie des esclaves ; ils servaient de refuge aux débiteurs contre leurs créanciers, aux criminels contre la justice. Il n'y avait point d'autorité assez forte pour réprimer les séditions du peuple, qui, par zèle pour les dieux, protégeait les attentats des hommes. Il fut résolu que chaque ville enverrait des députés avec ses titres. Quelques-unes renoncèrent d'elles-mêmes à des prérogatives usurpées ; d'autres invoquaient d'anciennes traditions religieuses et des services rendus au peuple romain. Ce fut un grand jour, dit Tacite, que celui où les bienfaits de nos ancêtres, les traités conclus avec nos alliés, les décrets des rois qui avaient eu l'empire avant Rome, et le culte même des dieux, furent soumis à l'examen du sénat, libre comme autrefois de confirmer ou d'abolir (2). On entendit successivement les députés d'Éphèse, de Magnésie, de Stratonice, de Cypre, et de plusieurs autres peuples. Le sénat n'abolit point, mais il restreignit ce droit d'asile, qui avait été autrefois un rempart contre la barbarie, mais qui était devenu un obstacle au progrès de la justice et des lois.

---

(1) M. C. Curtii *Commentarii de Senatu Romano post tempora reipublicæ liberæ*, lib. III, cap. 1 et seq.

(1) Tacit., *Annal.*, I, 15.
(2) Tacit., *Annal.*, III, 60.

Les provinces, mieux administrées que sous la république, trouvaient dans le sénat un vengeur de leurs injures. Silanus, proconsul d'Asie, fut condamné à ce tribunal pour crime de concussion. Tibère laissa même juger par le sénat un de ses propres officiers, Lucilius Capiton, procurateur d'Asie. La province l'accusait d'usurpation de pouvoir. L'empereur déclara hautement qu'il ne lui avait donné d'autorité que sur ses esclaves et sur ses domaines particuliers; que si son intendant s'était arrogé les droits d'un gouverneur et avait employé la force militaire, c'était au mépris de ses ordres; qu'ainsi il fallait faire justice aux alliés. Le procès fut instruit, et Capiton condamné. En souvenir de cet acte de justice, les villes d'Asie décernèrent un temple à l'empereur, à sa mère et au sénat (1). Ce n'est pas la seule fois que le sénat ait reçu un pareil hommage : il existe dans le musée de Florence une médaille frappée à Smyrne, probablement avant la chute de la république : on y voit d'un côté le type ordinaire de la ville de Rome, une tête de femme ornée d'un casque, avec ces mots : ΘEAN POMHN ; et sur le revers une tête semblable à celle d'Apollon, ceinte d'un diadême, avec cette légende : ΘEON ΣYNKΛHTON (2).

Tibère laissait aussi au sénat la surveillance des mœurs publiques et de la religion. En 19 plusieurs décrets sévères furent rendus contre les dissolutions des femmes. La profession de courtisane fut interdite à celles qui auraient pour aïeul, pour père ou pour mari, un chevalier romain. « On s'occupa en même temps, dit Tacite, de bannir les superstitions égyptiennes et judaïques. Un sénatus-consulte ordonna le transport en Sardaigne de quatre mille hommes, de la classe des affranchis, infectés de ces erreurs et en âge de porter les armes. Ils devaient y réprimer le brigandage ; et s'ils succombaient à l'insalubrité du climat, ce serait une perte peu regrettable. Les autres étaient condamnés à quitter l'Italie, si dans un temps fixé ils n'avaient pas abjuré leur culte profane (1). » Il est probable que les chrétiens étaient compris parmi ces malheureux, qui inspiraient si peu d'intérêt à l'historien. C'est ce qui rend tout à fait invraisemblable le fait avancé par Tertullien, dans son Apologie, que Tibère proposa au sénat de mettre Jésus-Christ au nombre des dieux.

L'INFLUENCE DU SÉNAT EST ABAISSÉE SOUS CALIGULA. — Le premier acte de Caligula, à son avénement à l'empire, fut de faire casser par le sénat le testament de Tibère, qui lui égalait Tibérius Gemellus, fils de Drusus. C'était un témoignage de déférence pour le premier corps de l'État. Mais Caïus ne persista pas longtemps dans cette politique. Rien de plus capricieux que le gouvernement d'un tel prince. Un jour les élections populaires étaient rétablies; un autre jour elles étaient supprimées. Tantôt Caligula s'attribuait exclusivement la puissance judiciaire; tantôt il la partageait avec le sénat. Quelquefois c'était le sénat qui jugeait seul, mais il était permis d'en appeler à l'empereur; car l'appel au prince avait remplacé l'appel au peuple, comme la loi de majesté, qui protégeait autrefois la sûreté de la république, punissait désormais les attentats contre la personne du maître. Caïus, irrité contre les sénateurs de ce qu'ils ne lui avaient décerné que l'ovation à propos de sa ridicule expédition en Germanie, leur défendit, sous peine de mort, de rien statuer sur les honneurs qui lui étaient dus. Puis, comme une députation du sénat l'engageait à rentrer dans Rome : « Je viendrai, répondit-il en mettant la main sur la garde de son épée ; je viendrai, et celle-ci avec moi. » Et dans une déclaration qui fut portée à Rome par son ordre il disait qu'il revenait pour ceux qui souhaitaient sa présence, c'est-à-dire pour l'ordre des chevaliers et pour le peuple; mais qu'à l'égard du sénat, il ne se considérait plus ni comme prince ni comme citoyen. C'était donc la guerre qu'il déclarait au sénat, et cette guerre il l'aurait faite sanglante, si le poignard de Chéréa n'avait délivré Rome de sa tyrannie.

CLAUDE RESPECTE LES DROITS DU SÉNAT ; IL NOMME SÉNATEURS PLU-

---

(1) Tacit., *Annal.*, IV, 15.
(2) E. Spanheim, *De præstantia et usu numismatum antiquorum*, t. I, p. 139.

(1) Tacit., *Annal.*, II, 85.

HEURS HABITANTS DE LA GAULE CHEVELUE. — Caïus mort, le sénat se crut maître du pouvoir, et déjà il songeait à rétablir l'ancien gouvernement. Déjà les consuls avaient donné pour mot d'ordre aux quatre cohortes urbaines le mot *liberté*. Mais les soldats et le peuple choisirent Claude pour empereur, et l'imposèrent au sénat. Le nouveau prince protesta de son respect pour les droits des sénateurs, et il soumit en effet à leur délibération les affaires les plus importantes. Suétone dit qu'il ne rappela aucun exilé sans avoir consulté le sénat (1). C'était dans le sénat qu'il recevait les ambassadeurs étrangers. Ce fut au sénat qu'il demanda l'autorisation d'épouser sa nièce. Comme ses prédécesseurs, Claude remplissait les fonctions de censeur. En 48, dressant la liste de l'assemblée, il proposa d'y admettre les principaux habitants de la Gaule chevelue. Né à Lyon, l'empereur devait éprouver pour cette province une sympathie particulière; mais cette demande excita ses plus vives réclamations. On soutenait que l'Italie n'était pas assez épuisée pour ne pouvoir fournir un sénat à sa capitale. « Eh quoi! disait-on, on allait voir envahir tous les honneurs par ces riches provinciaux dont les aïeux et les bisaïeux avaient détruit les légions romaines et assiégé le divin César dans Alésia! (2) » Claude convoqua le sénat, et défendit lui-même son projet, par un discours dont Tacite a reproduit la substance, et dont on a retrouvé à Lyon, en 1528, des fragments originaux. L'empereur engage l'assemblée à ne pas s'effrayer de l'innovation qu'il propose; car le génie de Rome a toujours consisté à innover avec prudence (3). Il rappelle que dans l'origine le sénat a emprunté aux villes voisines de Rome, à Cures, à Albe, à Cameirium, à Tusculum, leurs principales illustrations. Plus tard, il s'est associé les premières familles de l'Italie, depuis le nord de l'Étrurie jusqu'à l'extrémité méridionale de la Lucanie. Ensuite il s'est recruté au delà du Pô, jusqu'au pied des Alpes. Il a appelé dans son sein des représentants de la Narbonnaise, et a été chercher les Balbus jusqu'en Espagne. Pourquoi la Gaule Chevelue n'y paraîtrait-elle pas à son tour? Et aux combats que les Gaulois ont jadis soutenus contre César, Claude oppose la fidélité qu'ils ont gardée à l'empire depuis plus d'un siècle. Tacite prête à l'orateur un parallèle ingénieux entre la politique des Romains et celle des Grecs: « Pourquoi Lacédémone et Athènes ont-elles péri malgré leur puissance militaire, si ce n'est pour avoir repoussé les vaincus comme des étrangers? Nous avons appris, au contraire, de la sagesse de Romulus, notre fondateur, à transformer nos ennemis en concitoyens (1). » Un sénatus-consulte fut rendu conformément à la proposition du prince, et les Éduens reçurent les premiers le droit de siéger dans le sénat. Cette distinction fut accordée, dit Tacite, à l'ancienneté de leur alliance, et au nom de frère des Romains, qu'ils portaient seuls parmi les peuples gaulois.

NOUVELLE CRÉATION DE PATRICIENS; ÉPURATION DU SÉNAT. — A la même époque, Claude éleva les sénateurs les plus anciens, ou ceux dont les pères s'étaient le plus illustrés, à la dignité de patriciens. Il restait déjà peu de familles de celles que Jules César et Auguste avaient créées. Cette partie des fonctions de la censure avait quelque chose de populaire, et l'empereur s'en acquittait avec joie. Mais ce qui l'embarrassait davantage, c'était de retrancher du sénat les membres indignes; il eut recours à un expédient dont Auguste avait donné l'exemple. Il dit que c'était à chacun d'interroger sa conscience et de demander à n'être plus sénateur; que cette faculté s'obtiendrait sans peine, et qu'il présenterait les expulsions sans les distinguer des retraites volontaires, afin que la justice des censeurs, confondue avec celle qu'on se ferait à soi-même, en devînt moins flétrissante. A cette oc-

(1) Sueton., in *Claudio*, cap. 12.
(2) Tacit., *Annal.*, XI, 23.
(3) Deprecor ne, quasi novam, istam rem introduci exhorrescatis; sed illa potius cogitetis, quam multa in hac civitate nova sint, et quidem statim ab origine urbis nostræ. (Fragmenta orationis Claudii principis, in Taciti operibus; ed. Brotier.)

(1) Tacit., *Annal.*, XI, 24.

casion, le consul Vipstanus proposa de décerner à Claude le nom de père du sénat ; mais le prince s'opposa à la motion du consul, comme à un excès de flatterie (1). En 53 un sénatus-consulte délégua la puissance judiciaire aux procurateurs impériaux : c'était égaler aux magistrats les affranchis que le prince avait chargés de ses affaires domestiques. Auguste, craignant que les sénateurs ne se rendissent redoutables dans les provinces, leur avait interdit de sortir de l'Italie sans congé ; Claude leur défendit de s'éloigner de Rome de plus de sept milles sans une autorisation impériale.

LE SÉNAT SOUS NÉRON. — Néron fut salué empereur par les prétoriens, et l'adhésion des sénateurs ne fit que confirmer l'arrêt des soldats (2). Cependant quand le fils d'Agrippine fit son entrée dans le sénat, il déclara qu'il n'entendait point se constituer l'arbitre de toutes les affaires, et renfermer dans l'ombre du palais l'action de la justice et de l'administration. « Le sénat, disait-il, allait reprendre ses antiques fonctions ; l'Italie et les provinces publiques pourraient s'adresser au tribunal des consuls : par eux on aurait accès auprès des pères conscrits ; quant à lui, chargé des armées, il leur réservait tous ses soins. » Ces paroles ne furent point vaines, selon Tacite, et l'indépendance du sénat se manifesta par un grand nombre de décisions. Il est vrai que les séances se tenaient dans une des salles du palais, afin qu'à la faveur d'une porte secrète, la mère de l'empereur pût y assister derrière un voile, et entendît tout sans être vue (3).

Il subsistait encore, dit Tacite, comme une image de la république. Une contestation s'était élevée entre le préteur Vibullius et Antistius, tribun du peuple, au sujet de quelques séditieux arrêtés par le préteur pour leur violence dans les cabales du théâtre, et relâchés par ordre du tribun. Le sénat blâma cet ordre comme un excès de pouvoir, et se déclara pour Vibullius. En même temps on défendit aux tribuns d'usurper la juridiction des préteurs ou des consuls, ou de citer devant eux aucune personne d'Italie contre laquelle les voies légales seraient ouvertes. L. Pison, consul désigné, fit ajouter qu'ils ne prononceraient dans leurs maisons aucune condamnation ; que nulle amende imposée par eux ne serait portée sur les registres publics, par les questeurs du trésor, qu'après un délai de quatre mois ; que pendant ce temps on pourrait en appeler, et que les consuls statueraient sur l'appel. On restreignit aussi le pouvoir des édiles, et l'on détermina ce que les édiles curules, ce que les édiles plébéiens pourraient prendre de gages ou infliger d'amende (1). Telles étaient les attributions du sénat : si ce n'était plus, comme autrefois, une assemblée souveraine, c'était encore un grand conseil d'administration publique. C'était aussi une haute cour, dont Néron releva la dignité, en ordonnant que ceux qui des juges particuliers en appelleraient au sénat consigneraient la même somme que ceux qui en appelaient à César. Auparavant les appels à cet ordre étaient libres et francs de toute amende.

On lit dans Tacite que Néron aida, par ses libéralités, quelques sénateurs à soutenir leur rang. Il donna cinq cent mille sesterces de revenu à Valérius Messala, qu'il eut pour collègue dans son troisième consulat. Aurélius Cotta et Hatérius Antoninus, qui avaient follement dissipé leur patrimoine, reçurent aussi de l'empereur une pension annuelle (2). Mais il paraît que le corps du sénat paya les faveurs accordées à quelques-uns de ses membres. Paul Orose dit que Néron imposa un tribut aux sénateurs, comme à des vaincus (3). Ce fut sans doute l'origine de cet impôt sénatorial qu'on trouve établi dans les derniers temps de l'empire, et qui est désigné sous le nom de *follis senatorius* ou *gleba senatoria*.

Quand Néron eut vu son pouvoir menacé par le complot de Pison, il ne garda plus aucune mesure envers les sénateurs, dont il soupçonnait l'hostilité. Ce fut alors qu'il résolut de frapper les têtes

(1) Tacit., *Annal.*, XI, 25.
(2) Sententiam militum secuta patrum consulta. (Tacit., *Annal.*, XII, 69.)
(3) Tacit., *Annal.*, XIII, 5.

(1) Tacit., *Annal.*, XIII, 28.
(2) Tacit., *Annal.*, XIII, 34.
(3) Paul Orose, VII, 7.

ITALIE.

ses plus illustres, et, selon l'expression de Tacite, d'exterminer la vertu même en immolant Thraséas et Soranus. Le sénat ne jugea point ces grands citoyens : il ne fit qu'enregistrer l'arrêt que la haine du tyran avait prononcé. Néron avait fait investir par deux cohortes prétoriennes le temple de Vénus Genitrix, où devait avoir lieu la séance. Un gros d'hommes en toge, avec des épées qu'ils ne prenaient même pas la peine de cacher, assiégeait l'entrée du sénat. Enfin des pelotons de soldats étaient distribués sur les places et dans les basiliques. Ce fut en essuyant les menaces et les regards de ces satellites, que les sénateurs se rendirent au conseil. Un discours du prince fut lu par son questeur : sans désigner personne en particulier, il accusait les sénateurs d'abandonner les fonctions publiques et d'autoriser par leur exemple l'insouciance des chevaliers.

« Fallait-il s'étonner qu'on ne vînt pas des provinces éloignées, lorsque, après avoir obtenu des consulats et des sacerdoces, la plupart ne songeaient qu'à l'embellissement de leurs jardins ? » Ces paroles furent comme le signal de l'accusation. Cossutianus Capiton, Eprius Marcellus et Osterius Sabinus prirent successivement la parole. Les deux premiers attaquèrent Thraséas avec la dernière violence ; le troisième accusa Soranus et même sa fille Servilie, qui avait, disait-on, prodigué de l'argent à des devins pour savoir quelle serait l'issue du procès. Pendant que les délateurs se livraient à toute leur fureur, il régnait, dit Tacite, parmi les sénateurs non cette tristesse que des périls de chaque jour avaient tournée en habitude, mais une terreur inconnue, et que rendait plus profonde la vue des soldats et des glaives. Ils se soumirent à ce qu'on exigeait d'eux : ils condamnèrent Thraséas, Soranus et Servilie, en leur laissant le choix de leur mort (1). Helvidius Priscus, gendre de Thraséas, et Paconius Agrippinus furent en même temps chassés d'Italie. En prononçant de tels arrêts le sénat s'était condamné lui-même ; il n'avait plus ni liberté ni pouvoir : le règne des favoris et des soldats avait commencé.

(1) Tacit., *Annal.*, XVI, 21 et seq.

10ᵉ *Livraison*. (ITALIE.*)

LE SÉNAT APRÈS NÉRON ; PROGRÈS DE L'INFLUENCE DES SOLDATS ; SÉNATUS-CONSULTE EN FAVEUR DE VESPASIEN. — La mort de Néron semblait devoir être l'affranchissement du sénat. En proclamant Galba l'assemblée crut ressaisir ses anciens droits ; mais l'empire était désormais à la merci des prétoriens et des légions. Quand Galba adopta Pison, cette mesure fut publiée dans le camp avant d'être notifiée aux sénateurs. Pendant les luttes sanglantes de Galba, d'Othon et de Vitellius, l'ascendant du sénat s'efface encore, pour ne reparaître qu'au rétablissement de l'ordre et de la paix, à l'avénement de Vespasien (69). Ce fut un sénatus-consulte qui décerna à ce prince les prérogatives de la puissance impériale. On a retrouvé à Rome, au milieu du quatorzième siècle, une table de bronze qui contenait la plus grande partie de ce décret. Nous citerons en entier ce précieux monument, parce qu'il fait connaître avec précision l'étendue et les limites de l'autorité qui appartenait légalement aux premiers Césars :

« Qu'il lui soit permis (à Vespasien) de conclure des traités avec qui il voudra, comme cela fut permis à Auguste, à Tibère et à Claude.

« Qu'il lui soit permis d'assembler le sénat, d'y faire ou faire faire des propositions, de faire rendre des sénatus-consultes par votes individuels ou par division.

« Toutes les fois que le sénat sera assemblé en vertu de sa volonté, de son autorisation, de son ordre, de son mandat, ou en sa présence, que tous les actes de l'assemblée aient leur force et soient observés, aussi bien que si elle avait été convoquée d'après une loi.

« Toutes les fois que les aspirants à une magistrature, pouvoir, commandement ou charge quelconque, seront recommandés par lui au sénat et au peuple romain, et qu'il leur aura donné ou promis son appui, que dans tous les comices il soit tenu un compte extraordinaire de leur candidature.

« Qu'il lui soit permis, toutes les fois qu'il le jugera utile à la république, d'étendre les limites du *Pomœrium* (l'enceinte de la ville), comme cela fut permis à l'empereur Claude.

« Qu'il ait le droit et le plein pouvoir de faire tout ce qu'il croira convenable à l'intérêt de la république, à la majesté des choses divines et humaines, au bien public ou particulier, ainsi que l'eurent Auguste, Tibère et Claude.

« Que de toutes les lois, de tous les plébiscites dont il a été écrit que seraient dispensés Auguste, Tibère et Claude, l'empereur César Vespasien soit dispensé comme eux. Que tout ce qu'ont dû faire Auguste, Tibère et Claude, d'après une loi quelconque, l'empereur César Vespasien puisse le faire également.

« Que tout ce qui avant la présente loi a été fait, exécuté, décrété, commandé par l'empereur César Vespasien Auguste, ou par toute autre personne sur son ordre ou son mandat, soit réputé légal et demeure ratifié, comme si ces actes avaient été faits par l'ordre même du peuple.

« *Sanction.* Si quelqu'un, en vertu de la présente loi, a contrevenu ou contrevient par la suite aux lois, plébiscites ou sénatus-consultes, en faisant ce qu'ils défendent ou en ne faisant pas ce qu'ils ordonnent, qu'il ne soit point pour cela réputé coupable, ni tenu à aucune réparation envers le peuple romain. Qu'aucune action ne soit intentée, aucun jugement rendu à ce sujet, et qu'aucun magistrat ne souffre qu'un citoyen soit cité devant lui pour cette raison (1). »

Cet acte prouve que, malgré la révolution qui avait substitué l'empire à la république, la souveraineté était toujours censée résider dans le peuple romain ; que c'était le sénat qui déléguait le pouvoir au prince, au nom du peuple ; que ce pouvoir était sans doute fort étendu, mais qu'il n'était pas illimité et supérieur à toutes les lois ; et par conséquent que la loi royale, ce prétendu fondement de la toute-puissance impériale, est une invention des jurisconsultes du troisième siècle.

ORGANISATION DU CONSEIL PRIVÉ SOUS ADRIEN. — Vespasien respecta ces limites posées à sa puissance : sous le règne de ce prince et sous celui de Titus le sénat exerça paisiblement tous ses droits. Opprimé sous Domitien, il s'affranchit sous Nerva, qui sut, selon l'expression de Pline le jeune, concilier deux choses jusque-là inconciliables, le pouvoir et la liberté. Trajan, qui porta ses armes jusqu'aux extrémités de l'Orient, rendait compte de ses campagnes au sénat, et lui adressait les ambassadeurs des nations vaincues. Il renvoyait toujours aux sénateurs les contestations relatives au trésor public. Pline dit que ce prince ne se croyait point permis de défendre ce qu'un sénatus-consulte avait ordonné. Sous Adrien le sénat perdit une partie de son influence, par l'organisation du conseil privé, dont l'origine remontait à Auguste, mais qui devint après Trajan l'instrument habituel de la puissance impériale. Adrien, étant presque toujours occupé à parcourir les provinces, choisit un petit nombre de sénateurs dont il fit ses conseillers intimes (1). Peu à peu toutes les affaires tombèrent dans les attributions de ce petit sénat, qui suivait partout l'empereur. L'assemblée générale des sénateurs ne fut plus convoquée que dans des circonstances extraordinaires ou pour l'élection des magistrats. Ce fut le sénat qui consacra de ses suffrages le grand acte qui sous Adrien fixa la législation civile, *l'édit perpétuel* de Salvius Julianus.

Quoique Adrien eût retranché quelque chose de l'influence du sénat, il affecta toujours de lui témoigner les plus grands égards. Il ne manquait à aucune séance, lorsqu'il se trouvait à Rome ou dans les environs. Il rehaussa la dignité de sénateur en se montrant très-difficile à l'accorder, et lorsqu'il la conféra à Tatien, qui avait été préfet du prétoire, il déclara qu'il ne pouvait rien faire de plus pour son élévation. Il chargeait d'exécrations, dit Spartianus, la mémoire des princes qui s'étaient montrés jaloux des prérogatives sénatoriales. Il était souvent arrivé, sous les règnes précédents, que des chevaliers romains qui faisaient partie du conseil privé jugeassent avec

---

(1) OEuvres complètes de Tacite, traduites par J. L. Burnouf, notes sur le livre IV des *Histoires.*

(1) Optimos quosque de senatu in contubernium imperatoriæ majestatis adscivit. (Spartianus, in *Adriano*, 18, ap. *Hist. August. Scriptores.*)

l'empereur certaines causes où des sénateurs étaient personnellement intéressés. Adrien abolit cet usage : il voulut que les membres du sénat ne pussent être jugés que par leurs pairs. Il établit aussi que les jugements du sénat seraient sans appel (1). Outre ces égards pour la compagnie en général, ce prince combla de bienfaits quelques-uns des particuliers qui la composaient. Il vint au secours de plusieurs sénateurs dont la pauvreté ne pouvait être imputée à leurs désordres : il les aida à soutenir leur rang, proportionnant ses dons au nombre de leurs enfants. Ce ne fut que vers la fin de sa vie que, malade et soupçonneux, il condamna plusieurs sénateurs; mais son fils adoptif, Antonin, les sauva; et lorsqu'il gouverna Rome à son tour (138), il montra encore plus de déférence que son prédécesseur pour le conseil suprême de l'Empire. Il était toujours prêt à rendre compte de son administration, soit par des discours prononcés en plein sénat, soit par des déclarations affichées sur le Forum. Il fut pour les sénateurs, dit Capitolinus, ce qu'il avait souhaité que les princes fussent à son égard, lorsqu'il était simple particulier. Il est cependant probable, ainsi que le fait observer Curtius, qu'Antonin ne changea rien au fond du gouvernement d'Adrien, et que pour ses réformes sur l'administration des provinces, comme pour ses nouveaux règlements judiciaires, ce fut au conseil privé qu'il s'adressa, et non à l'assemblée générale du sénat.

DÉFÉRENCE DE MARC-AURÈLE POUR LE SÉNAT. — Marc-Aurèle fut le gardien vigilant des droits du sénat; il lui sacrifia même quelques prérogatives impériales : il lui déféra plusieurs affaires dont la décision appartenait au prince (2). Lui-même donnait l'exemple de la plus scrupuleuse exactitude; présent à toutes les séances, il ne se retirait jamais avant que le consul n'eût prononcé la formule consacrée : Nous ne vous retenons plus, pères conscrits (*nihil vos moramur, patres conscripti*). Cependant,

(1) *Digest.* XLIX, tit. 2.
(2) Senatum multis cognitionibus, et maxime ad se pertinentibus, judicem dedit. (J. Capitolinus, in *Antonino philosopho*, 10.)

lorsque nous lisons dans Capitolinus que Marc-Aurèle ne faisait rien sans avoir conféré avec les grands (*cum optimatibus*), nous sommes disposé à croire qu'il s'agit ici non de tous les sénateurs, mais des chefs du sénat, c'est-à-dire encore du conseil privé, qui continua d'être ce qu'il avait été sous les deux règnes précédents, le ressort principal du gouvernement.

HAINE ET MÉPRIS DE COMMODE POUR LE SÉNAT. — La tyrannie de Commode fut un continuel démenti donné aux maximes de son père. Esclave de ses passions, il livra l'empire à ses favoris, et traita le sénat en ennemi. Aussi plusieurs sénateurs prirent-ils part au complot de Lucilla. Un jour que Commode entrait au théâtre par une allée obscure, Quintianus s'approche, tire son poignard, et s'écrie : « Voilà ce que le sénat t'envoie. » Cette imprudente menace fit découvrir le complot, et la plupart des conjurés furent mis à mort. Mais le mot de Quintianus resta profondément gravé dans la mémoire du tyran, et il n'en fut que plus acharné à choisir ses victimes dans les rangs du sénat. L'abaissement de ce corps est attesté par un curieux passage de Dion Cassius, qui en faisait lui-même partie à cette époque. On sait la fureur de Commode pour les jeux du cirque, et avec quelle ardeur, indigne de son rang, il prenait part aux combats de gladiateurs. « Pendant quatorze jours de suite, dit Dion Cassius, il y eut des spectacles de ce genre; et pendant que l'empereur combattait, nous sénateurs, nous y assistions toujours avec les chevaliers. Un seul était absent : c'était le vieux Claudius Pompeianus. Il envoyait ses fils au cirque; mais pour lui il n'y parut jamais, aimant mieux s'exposer à la mort par son absence, que de voir son beau-frère, le fils de Marc-Aurèle, livré à de telles infamies. Nous, nous criions de toutes nos forces tout ce qu'on nous ordonnait de crier, et particulièrement la formule suivante, qui était toujours sur nos lèvres : Tu es le maître, tu es le premier, tu es le plus heureux de tous; tu triomphes, tu triompheras, immortel vainqueur des Amazones. La plupart, après avoir assisté quelques moments à ce spectacle, se retiraient, soit par honte de ce qu'ils avaient vu, soit par crainte; car le bruit s'était répandu que l'empereur se proposait de percer de ses flèches quelques-uns des spectateurs, comme Hercule avait percé les oiseaux du lac de Stymphale... Cette crainte, tout le monde la partageait avec nous; mais il nous avait fait, à nous sénateurs, un trait qui pouvait nous faire craindre une mort prochaine. Un jour qu'il avait coupé la tête d'une autruche, il s'approcha de l'endroit où nous étions assis; et tandis qu'il tenait cette tête de la main gauche, de la droite il avançait son glaive sanglant, sans prononcer une parole, mais d'un air et d'un geste qui semblaient nous annoncer un sort semblable. A cette vue un grand nombre se mirent à rire, au lieu d'être frappés de terreur; et les rieurs auraient été immédiatement mis à mort, si je ne m'étais avisé de mâcher quelques feuilles de laurier détachées de ma couronne, et si je n'avais engagé ceux qui étaient assis auprès de moi à suivre mon exemple, afin que ce continuel mouvement de mâchoire dissimulât le rire qui nous avait saisis (1). » Voilà où en était réduite cette assemblée qui avait commandé au monde!

LE PRINCIPAT EST REMPLACÉ PAR LE DESPOTISME MILITAIRE; NOUVEL ABAISSEMENT DU SÉNAT. — Aussitôt que le tyran eut succombé, victime d'une conspiration de palais, le sénat détesta sa mémoire et fit traîner son corps aux Gémonies. Ce fut un sénateur, le vieux Pertinax, qui lui succéda; mais Pertinax ne fut élu qu'après avoir promis aux prétoriens une gratification de douze mille sesterces par tête. Une poignée de soldats indisciplinés étaient devenus les arbitres de l'Empire. Irrités contre Pertinax, qui, tout en les comblant de largesses, voulait réprimer leurs excès, les prétoriens l'assassinèrent, et mirent l'empire à l'encan. Didius Julianus l'acheta à beaux deniers comptant, et le sénat ne fit que ratifier le marché conclu par les soldats. Alors le principat n'était plus ce qu'il avait été sous Auguste et sous ses premiers successeurs : il allait céder la place à un gouvernement absolu et purement militaire. Cette révolution se consomma sous Septime Sévère. Ce prince avait pour maxime qu'il fallait bien traiter les gens de guerre et ne pas s'inquiéter du reste. Albinus, que les Gaules et l'Espagne opposèrent à Septime Sévère, avait toujours soutenu le parti du sénat. Sous Commode, n'étant encore que chef des légions de Bretagne, il avait refusé le titre de césar, et, dans un discours à ses soldats, il avait hautement déclaré ses opinions républicaines. « Si le sénat, avait-il dit, exerçait encore ses anciennes prérogatives, nous ne serions pas descendus jusqu'aux Vitellius, aux Nérons, aux Domitiens; nous verrions revêtus de l'autorité consulaire ces illustres maisons des Ceionius, des Albinus, des Posthumius, qui jouent un si grand rôle dans l'histoire de nos aïeux. N'est-ce pas le sénat qui a ajouté l'Afrique à l'Empire romain, qui a soumis la Gaule et donné des lois à l'Orient? C'est le sénat qui a attaqué les Parthes, et qui les aurait soumis sans l'avarice du chef que la fortune avait donné à l'armée romaine. Quand César a conquis la Bretagne, il n'était que sénateur, il n'était point encore dictateur. Et Commode lui-même, combien n'aurait-il pas mieux gouverné s'il avait redouté le sénat? Jusqu'à Néron, le sénat a conservé quelque pouvoir. En condamnant ce prince vil et impur il n'a pas craint de frapper de son arrêt celui qui était armé du droit de vie et de mort. Et moi j'accepterais le titre de césar qui m'est déféré par Commode! Non; et puissent les dieux inspirer à tous d'imiter mon refus! Que le sénat commande; que le sénat partage les provinces; que le sénat fasse les consuls. . . . . (1). » Un tel discours était un manifeste en faveur de l'ancien gouvernement, dont on travaillait alors à effacer les derniers vestiges. Albinus fut tenu pour suspect sous Commode, et sous Pertinax et sous Didius. Plus tard, rival de Septime Sévère, il eut l'appui du sénat, qui fut vaincu avec lui et cruellement châtié par le vainqueur. Spartianus nous a laissé une liste de plus de quarante sénateurs que Sévère fit mettre à mort sans jugement. Dès lors le sénat n'était plus que l'ombre de ce qu'il avait été, je

---

(1) Dion Cassius, LXXII, 20, 21.

(1) Julius Capitolinus, in *Albino*, ap. *Scriptores Historiæ Augustæ*.

ne dis pas sous la république, mais sous les premiers empereurs : le despotisme militaire était fondé.

ADMISSION DES ÉGYPTIENS DANS LE SÉNAT. — Sous le gouvernement absolu d'un seul homme, l'égalité tendait à s'établir entre toutes les parties de l'Empire. Caracalla, qui donna le droit de cité à tous les habitants des provinces, est le premier empereur qui ait admis dans le sénat des habitants d'Alexandrie. Déjà, sous Septime Sévère, l'Égyptien Cœranus avait pris place parmi les sénateurs. Les princes étaient d'autant plus prodigues de ces dignités, qu'elles n'étaient plus guère que de vains titres, et ne donnaient aucun pouvoir réel à ceux qui en étaient revêtus.

LE SÉNAT, AVILI SOUS HÉLIOGABALE, SE RELÈVE SOUS ALEXANDRE SÉVÈRE. — Le sénat exerce encore quelques droits sous le gouvernement de Macrin, successeur de Caracalla; c'est lui qui agrège le nouvel empereur parmi les patriciens (1), comme il avait déjà fait pour Didius Julianus. Mais l'assemblée comprit son néant quand Macrin lui imposa l'apothéose de Caracalla, et quand il s'adressa d'abord aux soldats pour faire donner à son fils, Diadumène, le nom d'Antonin et le titre de César. Ce fut bien pis encore sous Héliogabale : pour ce prince, les sénateurs n'étaient plus que des esclaves revêtus de la toge (*mancipia togata*). Jusquelà les plus mauvais princes, tout en s'appuyant sur l'armée, faisaient au moins confirmer leur pouvoir par un sénatus-consulte : Héliogabale n'imita point cette retenue, et n'attendit point le décret du sénat pour s'attribuer tous les droits de la puissance impériale. Dion Cassius dit qu'Héliogabale abattit un grand nombre de têtes illustres, sans daigner même en écrire un seul mot au sénat. Il souilla ce corps en y faisant entrer des hommes qui ne remplissaient aucune des conditions d'âge, de fortune ou de naissance déterminées par l'usage et par la loi. On vit alors un scandale devant lequel Néron et Agrippine avaient reculé : l'aïeule du tyran, Mœsa, et sa mère, Sœmis, vinrent siéger dans le sénat, à côté des consuls. En même temps Sœmis établit, sur le mont Quirinal, un sénat de femmes, qui délibérait sur les préséances, l'étiquette de la cour et la forme des vêtements. A la fin, il prit fantaisie à Héliogabale de se débarrasser tout à fait du sénat : il envoya aux sénateurs l'ordre de sortir de Rome, et tous furent obligés d'obéir sur-le-champ, sans avoir le temps de faire les apprêts du voyage. Le seul Sabinus, personnage consulaire, ne s'était point pressé de partir : l'empereur en fut informé; il ordonna à un centurion d'aller le tuer; heureusement l'ordre avait été donné à voix basse, et le centurion, qui était un peu sourd, se crut seulement chargé de conduire Sabinus hors de la ville (1).

Cette fois, les prétoriens vengèrent les sénateurs. Ils tuèrent Héliogabale, et lui substituèrent son cousin, Alexandre Sévère, qui était déjà en possession du titre de césar. Le sénat confirma volontiers le choix des soldats, et crut rentrer dans l'exercice de ses droits. En effet, cet excellent prince, qui défendait qu'on l'appelât seigneur, témoigna toujours les plus grands égards pour l'ordre sénatorial. Ainsi il rendit à cette compagnie l'administration des provinces publiques. Ulpien, l'un des plus célèbres jurisconsultes de cette époque, reconnaît formellement la juridiction du sénat (2). Alexandre ne nommait les consuls que d'après les suffrages des sénateurs. Il les consultait même sur le choix des préfets du prétoire et du préfet de la ville, dont la nomination avait toujours appartenu à l'empereur. Jamais il ne créa un sénateur qu'avec l'approbation du corps entier. S'il attacha la dignité de sénateur à la charge de préfet du prétoire, ce fut encore par considération pour le sénat. Ces officiers, qui devaient être tirés de l'ordre des chevaliers, joignaient alors au commandement militaire une puissance civile très-étendue : ils jugeaient, avec le prince ou en son nom, les causes les plus importantes, et par conséquent celles où

---

(1) Macrinum in patricios recepit senatus. (J. Capitolinus, in *Macrino*.)

(1) Ælius Lampridius, in *Anton. Heliogabalo*, ap. *Hist. Augustæ Scriptores*.
(2) Non ambigitur senatum jus facere posse. (Ulpianus in *Digesto*, lib. I, tit. 3.)

les sénateurs étaient intéressés. Or, Alexandre ne trouvait pas convenable que des sénateurs eussent pour juges de simples chevaliers ; et voilà pourquoi il voulut que les préfets du prétoire fussent eux-mêmes sénateurs. L'empereur rendait compte au sénat de ses campagnes, à la manière des anciens généraux romains. « Pères conscrits, disait-il après la guerre d'Orient en 233, nous avons vaincu les Perses, et reconquis la Mésopotamie........ C'est à vous à voter des actions de grâces, pour que nous ne paraissions point ingrats envers les dieux (1). »

Mais, malgré la modération et le désintéressement du prince, l'impulsion était donnée, et le sénat ne pouvait se relever qu'en apparence. Presque toutes les affaires se décidaient dans le conseil privé, où siégeaient un petit nombre de sénateurs et les plus habiles jurisconsultes. C'était là que se rédigeaient toutes les constitutions impériales. Alors commençait à s'établir cette maxime, plus tard reproduite dans les livres de Justinien : Tout ce qui plaît au prince a force de loi (*quidquid principi placuit legis habet vigorem*). Et au-dessus du conseil privé, au-dessus des légistes en crédit, au-dessus du prince lui-même, était toujours suspendue l'épée des prétoriens. Cette troupe indomptée triompha des lois, en assassinant Ulpien, sous les yeux même de l'empereur. Quand Alexandre lui-même eut péri victime des soldats de Maximin (235), le désordre fut porté au comble : ce ne fut plus le despotisme, ce fut l'anarchie militaire.

EFFORTS DU SÉNAT POUR DÉFENDRE SON POUVOIR. LES FONCTIONS MILITAIRES SONT INTERDITES AUX SÉNATEURS. — Au milieu de la confusion qui enveloppe l'empire, le sénat s'épuise en vains efforts pour défendre son pouvoir. Au Thrace Maximin il oppose les deux Gordiens, et, envoyant partout des commissaires tirés de son sein ou de l'ordre des chevaliers, il soulève les provinces en faveur des nouveaux élus. Après la mort des Gordiens, le sénat choisit Maxime et Balbin. Maximin succombe dans la lutte ; les vainqueurs proclament, en présence des soldats, ces maximes antiques : « Que l'empire n'est point le domaine d'un seul, qu'il appartient en commun au sénat et au peuple ; que les princes sont seulement délégués pour administrer les affaires publiques, avec le secours des magistrats et de l'armée. » Mais un tel gouvernement ne pouvait convenir à une soldatesque accoutumée à avoir sous les tyrans le privilége de la licence. Les prétoriens se révoltèrent, et massacrèrent les deux empereurs sénatoriens. L'influence du sénat alla toujours s'affaiblissant, au milieu des invasions étrangères et des guerres civiles dont l'Empire était le théâtre. Gallien lui porta le dernier coup, en défendant aux sénateurs de porter les armes et même de paraître dans les camps. Ainsi s'établit à Rome une distinction, jusqu'alors inconnue, entre les gens de guerre et les fonctionnaires civils.

HONNEURS RENDUS AU SÉNAT SOUS AURÉLIEN, SOUS TACITE ET SOUS PROBUS. — Cependant le sénat donnait encore quelque signe de vie sous les empereurs qui voulaient bien lui laisser quelque liberté. Sous Aurélien les sénateurs désignaient encore les proconsuls, et conservaient la haute surveillance des affaires religieuses. Le temple du Soleil à Palmyre ayant été détruit pendant la guerre, l'empereur ordonna de le reconstruire dans son ancienne forme ; et il dit dans une lettre à Ceionius Bassus, que Vopiscus nous a conservée : « J'écrirai au sénat pour lui demander d'envoyer un pontife qui dédie le temple nouveau (1). » Après la mort d'Aurélien (275) on vit un spectacle unique dans les fastes de l'empire. Les soldats, ne pouvant s'accorder sur le choix d'un maître, prirent le parti d'abandonner au sénat le droit d'élection. Le sénat, de son côté, renvoya la nomination à l'armée, et il se passa six mois sans que l'Empire eût un chef. Enfin, les soldats s'obstinant dans leur générosité inaccoutumée, Tacite fut élu, et le sénat sembla devoir régner sous son nom. « Pères conscrits, dit le nouvel empereur, puissé-je exercer d'après

(1) Ælius Lampridius, in *Alexandro Severo*.

(1) Fl. Vopiscus, in *Aureliano*. ap. *Scriptores Hist. Augustæ*.

vos conseils l'autorité que je dois à vos suffrages ! » Tacite voulut, en effet, que cette assemblée fût l'arbitre suprême de la paix et de la guerre, qu'elle jugeât en dernier ressort les affaires les plus importantes. La joie des sénateurs fut extrême ; le sénat en corps annonça au monde cette heureuse révolution, par des lettres adressées à toutes les grandes villes de l'Empire, au sénat de Carthage, à ceux de Trèves, d'Antioche, d'Aquilée, de Milan, d'Alexandrie, de Thessalonique, de Corinthe et d'Athènes. La lettre à la curie de Carthage se terminait par ces paroles : « Le changement que nous vous annonçons dans notre situation vous en promet un pareil en ce qui vous concerne ; car la première compagnie de l'État ne recouvre ses droits que pour conserver ceux des autres. »

Après la mort violente de Tacite, qui ne régna que deux cents jours, Probus, quoique élu par les soldats, reconnut que c'était au sénat qu'il appartenait de disposer de l'empire. « Pères conscrits, écrivait-il à ce corps illustre, rien n'est plus conforme à l'ordre et à la justice que ce qui s'est fait l'année dernière, lorsque votre clémence a donné un chef à l'univers. » Et Probus ajoutait : « C'est vous qui êtes vraiment princes du monde ; vous l'avez toujours été et vous le serez toujours. » Le sénat, d'une voix unanime, décerna à Probus les noms de César et d'Auguste, l'autorité proconsulaire, le souverain pontificat et la puissance tribunitienne. Le nouvel empereur, fidèle à ses premières paroles, respecta toujours les droits que Tacite avait rendus au sénat ; il chercha même à les augmenter. Non-seulement il laissa aux sénateurs le droit de nommer librement des proconsuls pour les provinces publiques ; mais il voulut que les magistrats civils, dans les provinces impériales, reçussent du sénat leur mission et leurs pouvoirs. Il déclara que toutes les lois qu'il pourrait faire n'auraient de force qu'après avoir été consacrées par des sénatus-consultes (1). En un mot, son système consistait à se réduire presque uniquement au commandement militaire, et à laisser au sénat toute l'administration civile. Mais Probus succomba, comme Tacite, sous les coups des soldats, et, après lui, tout retomba dans le chaos.

ABAISSEMENT DÉFINITIF DU SÉNAT SOUS DIOCLÉTIEN. — Quand Dioclétien rétablit l'ordre et reconstitua l'empire, ce fut à peine s'il resta une place au sénat dans l'organisation nouvelle. L'ancienne division des provinces fût abolie : il n'y eut plus de provinces publiques ; il n'y eut plus que des provinces impériales. Dès lors le sénat n'eut plus rien à voir dans l'administration provinciale. Il perdit en même temps le droit d'élection, que Tibère lui avait donné. Depuis Dioclétien c'est l'empereur qui désigne les consuls et les autres magistrats, excepté les préteurs, qui sont encore à la nomination du sénat. Quand l'Empire fut divisé en plusieurs parties et que les empereurs ne résidèrent plus dans Rome, le sénat se trouva dépouillé de presque toutes les attributions qui lui restaient. C'était dans le conseil secret du prince, dans le *sacré consistoire*, que l'on préparait toutes les lois et que l'on traitait toutes les affaires. Sous le despotisme militaire, et au milieu de l'anarchie, le sénat était quelquefois parvenu à relever la tête ; sous la monarchie nouvelle il fut condamné sans retour.

LE SÉNAT SOUS CONSTANTIN ; TOUTE LA PUISSANCE POLITIQUE APPARTIENT AU CONSEIL PRIVÉ. — A la faveur des troubles qui suivirent les règnes de Dioclétien et de Maximien, le sénat fit un dernier effort pour ressaisir ses priviléges abolis. Il s'unit aux gardes prétoriennes pour proclamer Maxence ; mais bientôt il fut obligé de le proscrire, et de décerner le titre d'Auguste à Constantin vainqueur. Lorsqu'il y eut un sénat à Constantinople, le sénat de Rome perdit, dans tout l'Orient, le prestige qui s'attachait encore à son nom. Constantin enleva aux sénateurs l'exemption de l'impôt foncier. Il effaça des enseignes militaires les noms du sénat et du peuple romain ; il y substitua les initiales du nom de Jésus-Christ et l'image de l'empereur. En même temps il organisait définitivement le consistoire impérial : il y faisait entrer les principaux officiers de la cou-

---

(1) Fl. Vopiscus, in *Probo*.

ronne; le préfet du prétoire, le questeur du palais, le maître des offices, le comte des largesses, le comte du domaine, avec les comtes et les tribuns du cortége sacré (1). Ce conseil, ainsi constitué, héritait des dépouilles du sénat, et devenait le principal instrument du pouvoir impérial.

DISPOSITIONS RELIGIEUSES DU SÉNAT; LUTTE DES DEUX RELIGIONS; TRIOMPHE DU CHRISTIANISME. — La religion nouvelle, libre sous Constantin et dominante sous ses successeurs, avait pénétré dans le sénat et en avait modifié l'esprit; cependant le paganisme y comptait encore un grand nombre de défenseurs. Sous le règne de Constantin la statue et l'autel de la Victoire ornaient encore le temple où siégeait l'assemblée. Ce monument, supprimé par Constance, fut rétabli par Julien; et quand Gratien l'eut fait disparaître pour la seconde fois, les sénateurs païens en demandèrent la restauration par l'organe de Symmaque, qui était à la fois grand pontife et prince du sénat (2). L'autel de la Victoire ne se releva point. Quelque temps après, Théodose poursuivit avec rigueur ce qui restait du paganisme. Docile à la volonté impériale, la majorité du sénat proscrivit Jupiter, et purgea la ville de Rome des idoles qui la remplissaient encore. « Alors, dit Prudence, on vit ces vénérables pères, ces lumières du monde, ce noble conseil de Catons, déposer les insignes du vieux sacerdoce, et revêtir humblement la blanche robe du catéchumène (3). »

A LA FIN DE L'EMPIRE LE SÉNAT N'EST PLUS QU'UN GRAND CONSEIL MUNICIPAL. — Les familles les plus illustres avaient encore des représentants dans le sénat. Il s'établissait même en leur faveur un droit d'hérédité, inconnu sous la république et dans les premiers siècles de l'empire. Il y a dans le code Théodosien un acte qui date du règne de Gratien, Valentinien II et Théodose, et qui commence en ces termes : « Si quelqu'un est arrivé à la dignité de sénateur par la faveur impériale ou par le privilége de la naissance... (1). » Le sénat se recrutait donc en partie par l'hérédité. Ce qui explique cette innovation, c'est que les empereurs savaient à quelle impuissance ce corps était désormais condamné, et qu'ils trouvaient à peine assez d'hommes dont l'ambition se contentât du titre de sénateur. Ces fonctions étaient alors peu recherchées, parce qu'elles imposaient plus de charges qu'elles ne conféraient de priviléges. Le sénat n'était plus qu'un grand conseil municipal; sa juridiction s'étendait à peine hors des murs de la ville. Cette assemblée, qui avait autrefois gouverné le monde, ne réglait plus souverainement que quelques affaires d'intérêt local. Ainsi, après onze siècles de vicissitudes, le sénat de Rome se trouvait à peu près ramené à son point de départ. Mais quelle différence entre les deux époques! Jadis, quand son pouvoir était renfermé entre les sept collines, il portait en lui le germe de la grandeur romaine. A la fin du quatrième siècle, au contraire, il n'y a plus d'avenir pour le sénat, et le faible souffle dont il est encore animé va bientôt s'éteindre au milieu des ruines de l'empire (2).

§ 3. — *Magistrats et fonctionnaires publics.*

Il y a pour les magistratures, comme pour la constitution, trois périodes à distinguer : sous les rois, sous la république, sous l'empire. Dans la première époque tous les magistrats sont subordonnés au roi; dans la seconde ils agissent chacun avec une autorité souveraine dans la sphère d'action qui leur est attribuée; dans la troisième ils sont

---

(1) M. Naudet, *Des changements opérés dans toutes les parties de l'administration de l'Empire Romain sous les règnes de Dioclétien et de Constantin*, t. II, p. 252.
(2) M. Villemain, *de Symmaque et de saint Ambroise*.
(3) Exsultare patres videas, pulcherrima mundi Lumina, conciliumque senum gestire Catonum, Candidiore toga niveum pietatis amictum Sumere, et exuvias deponere pontificales.
 (Prudent., *contra Symmachum*.)

(1) Si quis senatorium nostra largitate fastigium, vel generis felicitate consecutus. (*Codex Theod.*, l. VI, tit. 2.)
(2) Nous devons ces développements sur l'histoire du sénat à M. Filon, maître de conférences à l'École Normale.

enveloppés dans une vaste hiérarchie qui les subordonne les uns aux autres. Nous avons dû montrer cette vaste hiérarchie administrative dans le tableau du développement historique de la constitution, nous n'y reviendrons pas ici. Nous dirons en peu de mots quels étaient les magistrats de l'époque royale, réservant pour les magistrats de la république les détails qu'il importe le plus de connaître.

Le roi. — Le roi était le chef et le représentant de l'État. Élu à vie, sur la proposition du sénat par l'assemblée des trente curies, il remplissait les triples fonctions de généralissime, de grand prêtre, et de juge suprême ; tous les neuf jours, selon la coutume étrusque, il rendait la justice ou établissait des juges pour la rendre en son nom. Mais on pouvait en appeler au peuple, c'est-à-dire à l'assemblée curiate ou patricienne, de ses jugements. Durant la guerre, et hors des murs, son autorité était absolue pour la discipline comme pour le partage des terres conquises, dont il gardait lui-même une part ; de sorte qu'il possédait, à titre de biens de l'État des domaines considérables. Les étrangers, les plébéiens lui étaient seuls soumis en tout temps et en tout lieu. C'était lui qui convoquait le sénat et l'assemblée souveraine, qui nommait les sénateurs. Comme plus tard les consuls et les censeurs, il était le gardien des mœurs et des lois, et il faisait le cens ou dénombrement. Il avait, dit-on, pour sa garde *trois cents chevaliers* ou *célères*. Mais ces cavaliers, choisis parmi les plus riches citoyens, n'étaient vraisemblablement qu'une division militaire des tribus ; en temps de guerre ils formaient la cavalerie des légions.

Leur chef, *le tribun des célères*, était, après le roi, le premier magistrat de la cité, comme sous la république le *magister equitum* était le lieutenant du dictateur. En l'absence du roi un sénateur, choisi par lui parmi les dix premiers du sénat, gouvernait Rome, sous le nom de *gardien* de la ville. Enfin, deux questeurs (*quæstores parricidii*) poursuivaient les causes criminelles. Deux autres (*quæstores ærarii*) veillaient, sous l'autorité du roi, à l'administration des finances.

Des *duumviri perduellionis* jugeaient dans les cas de haute trahison que le roi ne s'était pas réservés. Toutes ces charges étaient probablement à vie, comme la première de toutes, la royauté, de même encore que l'étaient les fonctions sacerdotales sous le république.

Caractère des magistratures républicaines. — Nous passons aux magistratures républicaines ; mais nous croyons devoir faire précéder ce qui concerne de quelques considérations fort justes placées par M. Laboulaye en tête de son remarquable *Essai sur les lois criminelles des Romains*. Rome ignorait, dit-il, ce que c'est qu'un pouvoir supérieur auquel tout se rapporte et tout vient aboutir, tel en un mot que notre ancienne royauté ; et ce fut sous l'Empire seulement qu'on eut les premières idées de centralisation. La république avait deux têtes, le sénat et le peuple, représenté le plus ordinairement par le collége des tribuns ; et quoique le peuple fût reconnu par la constitution comme la puissance suprême, comme la source de tous les autres pouvoirs, rien n'est moins rare que de voir le sénat éluder et même annuler les décisions des comices, sans que jamais le peuple se soit arrogé de contraindre le sénat par une mesure générale qui constatât l'infériorité politique de ce grand corps, sans que jamais il ait fait remonter la responsabilité plus haut que les consuls ou les autres instruments de la volonté du sénat.

Entre ces deux grands pouvoirs, qui se partageaient, sans limites précises, la puissance législative et judiciaire, et qui tous deux prenaient une part importante de l'administration supérieure, les magistrats formaient comme un troisième pouvoir. Responsables à l'expiration de leurs fonctions, ils étaient souverains pendant leur durée ; et non-seulement les magistrats étaient jusqu'à un certain point indépendants du sénat et du peuple, indépendance bien difficile à concilier avec le rôle du sénat dans l'administration, mais encore ils étaient indépendants les uns des autres, tout en agissant dans une même sphère, et souvent avec des droits égaux. Leur pouvoir, au lieu de se limiter par une division d'attributions, comme dans les États modernes, se limitait en quelque façon par concours : si le consul ou le préteur ne faisait point tout dans la ville, c'est que (sans parler du veto) il y avait un autre consul ou d'autres préteurs qui agissaient de leur côté. Mais leurs fonctions, limitées de fait, ne l'étaient pas de droit, et ses collègues ou les consuls absents, il n'y avait pas de raison pour qu'un préteur n'administrât seul la république. Ce n'est point qu'il n'y eût une apparence d'hiérarchie; mais elle était plus honorifique que réelle; et il ne faut pas, transportant les idées d'aujourd'hui dans ces anciens jours, nous laisser prendre à ce faux semblant. Les consuls étaient sans doute les chefs de la république; tous les autres officiers leur devaient le respect, et Ælius, comme Scaurus, défendaient la prérogative consulaire quand ils firent briser par les licteurs le siége du préteur, qui, occupé à rendre la justice, ne s'était pas levé devant eux; mais si le droit des consuls passait avant celui des préteurs, il n'est pas moins vrai que ce dernier magistrat n'était point subordonné au consul, n'avait point d'ordres à recevoir de lui, et ne lui rendait pas compte de son administration. Le consul présent à Rome administrait et gouvernait la république de préférence au préteur; mais le préteur était souverain dans les actes qu'on lui laissait faire; et s'il assemblait le sénat ou le peuple, s'il prenait ou faisait prendre quelque décision, s'il promulguait un édit pour modifier la législation ou l'administration, le consul (son droit de véto mis de côté) n'avait point qualité pour redresser les actes d'un magistrat indépendant. Il pouvait ne point le reconnaître; il pouvait même défendre aux citoyens de s'adresser au tribunal du préteur, comme fit Scaurus, offensé par le préteur Décius; mais il ne pouvait s'entremêler de la façon dont ce magistrat rendait la justice, ni réformer ses arrêts, comme le ferait chez nous, dans des questions administratives, le ministre, supérieur hiérarchique d'un préfet ou de quelque autre officier public. Tout au contraire de ce qui se passe chez nous, à Rome il était de principe que le magistrat n'avait de pouvoir que pour les choses qu'il pouvait mener à fin lui-même et en vertu de sa charge; car il n'avait aucun moyen de contrainte à l'égard des autres magistrats, qui étaient ses inférieurs, mais non point ses subordonnés.

Ce que je dis des préteurs je puis le dire également des censeurs, des édiles, des questeurs; je ne parle point des tribuns, qui dans l'origine n'étaient point à proprement parler des magistrats, puisqu'ils n'avaient point de fonctions actives, et qui d'ailleurs, chargés de contrôler les consuls, ne pouvaient être soumis à leur autorité. Toutes ces magistratures étaient indépendantes les unes des autres; il n'y avait entre elles nulle hiérarchie. Les questeurs, par exemple, avaient des attributions moins hautes que celles des premiers magistrats; mais ils ne relevaient de personne. Jamais ils n'ont été les officiers ni les agents des consuls, même en leur obéissant habituellement. Ils agissaient non par délégation et sous les ordres d'un supérieur, comme chez nous les préfets ou les directeurs des contributions, mais directement et de leur chef, en vertu du pouvoir que leur avait confié l'élection populaire, et par conséquent sous leur propre responsabilité; la part de souveraineté qu'ils avaient reçue des comices ne devait rien aux consuls.

L'idée de subordination des magistratures n'est venue à l'esprit des Romains que sous l'Empire, et date du règne d'Adrien; c'est, en effet, une idée toute monarchique et de même nature que l'idée de centralisation; et il est remarquable que sous la république on se disputa vivement les magistratures, mais sans songer jamais à les affaiblir ni à les limiter par une organisation hiérarchique.

Ainsi la constitution romaine reconnaissait deux grands pouvoirs publics, absolument indépendants et irresponsables, le sénat et le peuple, et en outre des magistrats indépendants, souverains et irresponsables durant la durée de leurs fonctions. Aussi, comme nous l'a si bien expliqué Polybe, pour un étranger qui n'était pas encore initié aux mystères de la constitution, Rome, à considérer les prérogatives des consuls, semblait une monarchie; à étudier la puissance du sénat, c'était une aristoratie ; à examiner la souveraineté populaire, c'était une démocratie.

DIVISION DES MAGISTRATURES. — Toute personne investie d'une partie de l'autorité active était magistrat. Cette autorité, presque toujours temporaire, était le plus souvent conférée par le peuple : de là les brigues des *candidats* ou aspirants aux emplois publics, que nous voyons haranguer le peuple d'un endroit élevé les jours de marché ; s'entourer d'*interprètes*, de *divisores*, de *sequestres*, agents chargés de trafiquer des suffrages ou de les payer, et se faire suivre d'un *nomenclateur* toujours prêt à lui donner le nom de chaque citoyen.

Il y avait les magistrats ordinaires et les magistrats extraordinaires ; et dans chacune de ces divisions on distinguait les grands magistrats et les magistrats inférieurs. Aux premiers appartenaient les grands auspices, le droit de siéger dans le sénat (*sella curialis, curulis*) (1) et le pouvoir militaire joint à l'autorité civile (*imperium* et *potestas*). Ceux qui en avaient été investis avaient le *jus imaginum*, absolument comme dans notre ancienne monarchie l'exercice de certaines charges donnait la noblesse. Les *magistratus minores* n'avaient que des auspices inférieurs, et étaient investis seulement du pouvoir limité, appelé *potestas*. — Le peuple conférait directement l'autorité civile, l'*Imperium* était conféré par une loi spéciale, *lex curiata de imperio*.

Tout magistrat était responsable de sa gestion. A son entrée en fonctions, il devait jurer qu'il exercerait sa charge conformément aux lois ; et lorsqu'il en sortait, il rendait un compte exact de sa conduite et prêtait le serment de n'avoir violé aucune des lois.

Dans le principe il n'y avait point d'âge déterminé pour être appelé aux diverses magistratures. En 181, la loi de Villius (*lex annalis*) établit quelques règlements à ce sujet. L'âge nécessaire pour la questure était trente et un ans, pour l'édilité trente-six, pour la préture, quarante, pour le consulat quarante-trois. — Cependant, ces règlements ne furent pas toujours observés.

Les grands magistrats étaient les consuls, les préteurs, les censeurs (magistrats ordinaires) ; le dictateur, le maître de la cavalerie, le préfet de la ville, l'interroi (magistrats extraordinaires). Les tribuns consulaires et les décemvirs furent des magistrats extraordinaires.

Les magistrats inférieurs étaient les édiles plébéiens et curules ; les questeurs, tous magistrats ordinaires ; et les tribuns du peuple, bien que ceux-ci, comme on l'a vu plus haut, ne fussent véritablement pas magistrats, puisqu'ils n'avaient aucune part à l'administration.

LES CONSULS. — Dans l'origine les consuls héritèrent de la plus grande partie du pouvoir des rois, aussi bien que de leurs insignes, mais non plus à titre viager ; ils ne furent élus que pour un an. Ils avaient le titre de *prætor*, comme chefs de l'armée ; celui de *consul*, parce qu'ils présidaient les assemblées du peuple et du sénat, enfin celui de *judex*, parce qu'ils dirigeaient l'administration de la justice. Pour que le consul ne pût abuser d'un si grand pouvoir, on lui avait donné un collègue ; leur autorité étant égale se limitait réciproquement. Les deux consuls n'avaient que l'un après l'autre, chacun pendant un mois, les douze faisceaux, signes de leur pouvoir. On donnait le titre de *consul prior* d'abord au plus âgé, ensuite à celui qui avait réuni le plus de suffrages ; depuis la loi *Julia*, à celui qui avait le plus d'enfants. Son nom était inscrit le premier en tête du calendrier ; il était aussi le premier à avoir le cortège des licteurs ; et ordinairement il présidait les élections de l'année suivante.

Le pouvoir consulaire était conféré par l'élection du peuple dans les comices par centuries, confirmée par une *lex curiata de imperio*. Les consuls avaient dans leur dépendance tous les magistrats, hormis les tribuns du peuple. Tant qu'ils étaient à Rome rien ne se faisait que par eux soit au sénat, soit dans les comices centuriates. C'étaient eux qui convoquaient le sénat, présentaient les sujets de délibération, dirigeaient la discussion, rédigeaient les sénatus-consultes et les faisaient exécuter. Ils introduisaient dans le sénat les députés étran-

---

(1) L'*édilité curule* n'était pas une grande magistrature, bien qu'elle donnât droit de siéger au sénat.

gers, convoquaient également les comices par centuries et y avaient la présidence; ils soumettaient à la confirmation du peuple les questions déjà jugées par le sénat; dirigeaient dans une certaine mesure le choix des magistrats dans les comices, où leur influence allait jusqu'à pouvoir rejeter les noms des candidats qui ne leur agréaient pas.

La *lex curiata de imperio* investissait les consuls du pouvoir militaire. En prenant possession de leur charge, ils indiquaient le jour où tous les citoyens que leur âge appelait à faire partie de l'armée devaient se rendre au Capitole; et ce jour venu ils faisaient la revue, assistés des tribuns militaires. Dans le même temps ils envoyaient aux villes alliées le chiffre des troupes qu'elles devaient fournir, et marquaient le jour et le lieu de la réunion. Les consuls nommaient leurs lieutenants *legati*, un ou plusieurs, suivant l'importance de la guerre et des provinces où ils étaient envoyés. A l'armée leur pouvoir était illimité. Pour leurs dépenses de guerre le trésor leur était ouvert sans réserve; les questeurs devaient satisfaire immédiatement à toutes leurs demandes.

La juridiction consulaire était supérieure à toutes les autres; et il y avait un grand nombre de cas dans lesquels on appelait en dernière instance des tribunaux ordinaires au tribunal du consul.

Le sénat désignait aux consuls, dès leur entrée en charge, deux provinces qu'ils étaient chargés d'administrer avec un pouvoir à peu près absolu, et qu'ils se partageaient par le sort ou par un choix volontaire. Une loi sempronienne (122) décréta, pour prévenir des arrangements utiles aux convenances particulières, mais nuisibles au bien public, que les provinces consulaires seraient désignées avant même l'élection des consuls. Vers les derniers temps de la république les consuls restaient à Rome pendant toute l'année de leur magistrature; mais à l'expiration de leur charge l'*imperium* leur était prorogé, et ils partaient pour leur province avec le titre de *proconsul*. En effet, l'importance des affaires qui se traitaient alors à Rome, les cérémonies religieuses qui suivaient l'installation des consuls exigeaient pendant plusieurs mois leur présence dans la ville, et ils n'étaient pas plus tôt arrivés dans leurs provinces, souvent éloignées, qu'ils étaient obligés de les quitter presque aussitôt, afin de revenir présider à Rome les comices pour l'élection des consuls de l'année suivante. Il en résultait que les affaires de la province comme les affaires de Rome souffraient de ces consulats passés en courses inutiles. On fit disparaître cet inconvénient en retenant les consuls en charge pendant toute leur année à Rome, tandis que les consuls de l'année précédente gouvernaient toute une année aussi les provinces consulaires.

Le partage du consulat entre les deux ordres fut obligatoire depuis Licinius Stolon, et religieusement observé jusqu'à la fin des guerres Puniques; mais en 162 on voit deux consuls plébéiens.

Il n'y avait de limites au pouvoir du consul que les lois, l'opposition de son collègue ou le véto d'un tribun. Cependant, bien que les consuls pussent rendre des ordonnances sans les faire appuyer d'un sénatus-consulte, cette sanction (*auctoritas*) était comme d'une nécessité morale. Quand il y avait désaccord entre les deux consuls, ou bien entre les consuls et le sénat, les tribuns intervenaient pour rétablir l'union. Il arriva plusieurs fois qu'un consul en s'alliant aux tribuns obtint, par eux, du peuple ce que le sénat refusait d'accorder. Ainsi passa la loi *Campana* de César. Quand on déclarait la république en danger, le sénat investissait les consuls d'un pouvoir illimité, par la formule *darent operam ne quid detrimenti respublica caperet*.

Si un consul mourait en fonctions ou abdiquait, un autre consul lui était subrogé, avec les mêmes pouvoirs. A l'expiration de ses fonctions, le consul rendait compte au sénat de l'emploi des sommes qu'il avait reçues; il pouvait aussi être cité par-devant les comices par tribus, qui condamnaient à l'amende, ou par-devant les comices par centuries, qui avaient droit de prononcer la mort.

L'année était désignée par le nom des consuls. Toute la chronologie romaine repose sur la liste où ces noms étaient conservés (*fasti consulares*). On comptait les jours à partir de l'entrée en charge des consuls. Ce point de départ ne peut être marqué par une époque fixe. Les consuls entraient d'abord en charge

24 février, jour anniversaire de l'expulsion des rois (*regifugium*). Plus tard ce fut le 15 mai, le 1ᵉʳ juillet, le 1ᵉʳ août, et enfin au milieu du deuxième siècle avant notre ère, le 1ᵉʳ janvier. Dans l'intervalle de l'élection à l'installation, les consuls étaient appelés *consules designati;* au sénat ils donnaient leur avis les premiers. Les consuls avaient droit à la chaise curule, à la toge prétexte, bordée de pourpre, remplacée ensuite par la *toga picta vel palmata*. Douze licteurs portant des faisceaux sans haches dans la ville, avec des haches hors de Rome, marchaient un à un devant chacun d'eux, tour à tour pendant un mois : un apparateur précédait le consul pendant le mois où il n'avait pas les licteurs. Les citoyens étaient obligés sur le passage des consuls à certaines marques de respect. Ils devaient se lever, s'ils étaient assis ; s'arrêter, s'ils marchaient, descendre de litière ou de cheval : même les préteurs pendant la justice devaient se lever de leur siège, si un consul venait à passer devant leur tribunal.

On n'obtenait le consulat qu'après avoir été questeur, édile ou préteur, du moins depuis la loi *villia* ou *annalis*, et la condition d'être vraisemblablement âgé d'au moins quarante-trois ans. On ne pouvait être réélu consul qu'après un intervalle de dix ans. Mais on trouve dans l'histoire de Rome de nombreux exemples de la violation de cette double loi. Un candidat au consulat ne pouvait être nommé que s'il était présent à Rome lors des élections. Marius, César furent élus bien qu'absents.

Sous les empereurs le consulat n'est plus qu'un titre. Les consuls sont nommés pour un mois, quelquefois même pour un jour. Sous Commode il y eut vingt-cinq consuls en une année. Les premiers nommés donnent leur nom à l'année (*consules ordinarii*), les autres sont *consules suffecti*. Constantin rendit quelque considération à cette charge ; et après le partage de l'Empire Rome et Constantinople eurent chacune leur consul. Justinien abolit cette charge en 541.

LES PRÉTEURS. — Les triples fonctions qui avaient passé des rois aux consuls, la présidence du sénat et des grandes assemblées du peuple, le commandement des armées, l'administration de la justice cessèrent en 366 d'être réunies dans les mêmes mains. Les patriciens, jusque-là seuls maîtres du consulat, se voyant dans la nécessité de le partager avec les plébéiens, le démembrèrent avant de le livrer, et créèrent à ses dépens une nouvelle magistrature, qu'ils espéraient pouvoir conserver exclusivement patricienne. On conserva à cette nouvelle charge le pouvoir judiciaire des consuls ; ce fut la préture.

Quand les consuls se trouvaient éloignés de Rome par de longues guerres, un magistrat les remplaçait dans la ville ; c'était d'abord le *custos urbis* ou le *prince du sénat*, c'est-à-dire le sénateur appelé le premier par le consul à émettre son avis. Dès que la préture eut été fondée, le préteur fut le remplaçant naturel du consul ; car il s'intitulait son collègue, bien que son autorité fût moindre, et il était comme lui nommé dans les comices par centuries, sous les mêmes auspices et avec les mêmes formalités. Il pouvait convoquer le sénat, provoquer une délibération et prendre les voix, introduire les ambassadeurs et nommer les légats chargés de quelque mission extraordinaire ; en un mot faire en l'absence du consul tout ce que le consul présent eût fait lui-même.

Le premier préteur fut le fils du grand Camille, le vainqueur de Véies et des Gaulois. Au bout de vingt-neuf ans, les plébéiens forcèrent les patriciens de partager avec eux cette nouvelle charge, et Q. Publilius Philo, qui avait déjà été consul et dictateur, fut en 337 le premier préteur plébéien. Dans la suite il fallut avoir passé par la préture pour être élevé au consulat.

Un seul préteur ne pouvant suffire aux nombreuses affaires de la foule, chaque jour croissant, des citoyens et des étrangers, on nomma vers 247 un second préteur. Le premier resta chargé de rendre la justice aux citoyens romains (*prætor urbanus*), l'autre jugeait les démélés des étrangers entre eux et leurs contestations avec les citoyens romains (*prætor peregrinus*). Un de ces deux préteurs dut sans doute toujours être pris parmi les plébéiens. Le préteur urbain avait la prééminence ; cependant il arrivait souvent que l'un des deux préteurs réunît entre ses mains tout le pouvoir judiciaire, quand l'autre était chargé d'un commandement militaire. Ainsi, quand, dans la dernière période de la première guerre Punique, Hamilcar Barca attaqua les côtes de l'Italie, et que pour suppléer au manque de flotte on établit une armée de réserve, cette armée fut mise sous les ordres d'un préteur. C'était d'ailleurs un principe de la constitution romaine, que les deux préteurs se suppléassent mutuellement, comme se suppléaient les deux consuls. On pouvait aussi en appeler de l'un à l'autre, d'après cet autre principe, que les magistratures égales avaient droit d'intercession ou de véto les unes à l'égard des autres.

Après cette guerre, la réduction de la Sicile et de la Sardaigne en province fit créer pour l'administration de ces deux pays deux nouveaux préteurs; car la constitution n'avait pas fixé le nombre de ces magistrats, comme celui des consuls (225). En 197 le nombre des préteurs fut porté à six pour donner deux gouverneurs à l'Espagne citérieure et à l'Espagne ultérieure, récemment conquises. Des six préteurs deux restaient à Rome, les autres se rendaient dans les provinces qui leur étaient désignées par le sénat. Le sort décidait ordinairement lesquels d'entre eux resteraient à Rome ou iraient dans les provinces. A l'époque où la république s'agrandit encore de la Macédoine, de l'Achaïe et de l'Afrique, il semble, d'après la progression suivie jusque là, que le nombre des préteurs eût dû être augmenté; cependant il n'en fut rien. Une loi Bœbia décida même en 192 qu'on élirait alternativement une année quatre et l'année suivante six préteurs, sans doute parce que les préteurs d'Espagne, à cause de l'éloignement de leurs provinces, n'étaient changés que tous les deux ans. Mais cette loi tomba vite en désuétude.

Les deux préteurs de la ville (*urbanus* et *peregrinus*) n'avaient de juridiction que sur les débats peu importants. Les affaires graves étaient portées devant des commissaires spéciaux nommés par le peuple (*quæstores parricidii*), qui n'avaient d'autorité que pendant la durée du procès. En 150 on créa des tribunaux permanents (*quæstiones perpetuæ*) pour juger les accusations capitales de brigue, de péculat, de majesté et de concussions; et il fut décidé que pour présider ces tribunaux tous les préteurs resteraient à Rome pendant l'année de leur magistrature. On les envoyait l'année suivante dans leur province avec le titre de propréteurs. Deux d'entre eux, suivant l'ancien usage, connaissaient des causes particulières, les autres présidaient à l'instruction des affaires criminelles. Le sort partageait entre eux les différentes juridictions. Sylla ajouta aux délits dont la poursuite était décernée aux tribunaux permanents plusieurs crimes (*de falso, de sicariis et veneficiis, de parricidiis*). Pour juger ces sortes d'affaires il créa deux nouveaux préteurs. Leur nombre fut ainsi porté à huit; mais il varia beaucoup encore dans la suite. L'empire ruina leurs prérogatives comme celles des consuls. Sous Valentinien il n'existait plus que trois de ces magistrats; la préture était alors un simple titre, sans puissance. Quel que fût le nombre des préteurs, le préteur urbain avait toujours le premier rang; il était chargé de la célébration des jeux du Cirque, des fêtes de Cybèle et de celles d'Apollon. Quand il n'y avait pas de censeurs en charge, il veillait à la réparation des édifices publics. En raison de ses occupations importantes, il ne pouvait être absent de Rome plus de dix jours.

Le préteur, dont le pouvoir était une partie du pouvoir primitif des consuls, jouissait presque des mêmes honneurs que ces magistrats. Il avait la chaise curule, aussi bien dans le sénat que sur son tribunal au Forum. Il prenait la toge prétexte le jour de son entrée en charge, après avoir adressé ses vœux à Jupiter, dans le Capitole. Lors de la fête d'Apollon, pour conduire la procession solennelle du Capitole au Cirque, il revêtait la *toga picta vel palmata*, ordinairement réservée aux triomphateurs. A Rome il avait deux licteurs; il en avait six hors des murs de la ville. Outre les licteurs, le préteur avait à sa suite des *ministres*, des *scribæ* et des *Accensi*, etc.

CENSEURS. — En 444, quand le peuple demandait le partage du consulat, et que le sénat, plutôt que d'accéder à ce partage, éait le tribunat militaire, une autre charge plus illustre fut instituée. Il y avait alors dix-sept ans que le dénombrement des citoyens et le recensement es fortunes n'avaient pas eu lieu. Les onsuls trop occupés des guerres étranères et des troubles intérieurs n'avaient u faire le cens. Pour remédier au déordre qui s'en était suivi, et pour l'emêcher de se reproduire, on nomma, sous nom de *censeurs*, deux magistrats spéiaux chargés de cette fonction.

Les premiers censeurs furent només pour cinq ans. Plus tard on craignit u'ils n'abusassent d'une autorité aussi rolongée, et le dictateur Mamercus Emilius rendit un décret par lequel la urée de leur charge était bornée à un n et demi.

Les censeurs étaient ordinairement hoisis parmi les consulaires les plus istingués. En 350 la censure fut ouverte ux plébéiens; et même une loi *Publiia* ordonna, en 339, qu'il y aurait touours un censeur plébéien. Cette loi fut bservée jusqu'en l'année 131, où les eux censeurs se trouvèrent à la fois lébéiens.

D'abord peu considérable, le pouoir des censeurs prit, à partir de la seonde guerre Punique, une telle extenion, que cette charge devint la plus resectée de l'État. Aussi les nobles familles e Rome se faisaient-elles gloire de ompter des censeurs parmi leurs anêtres.

Les censeurs faisaient tous les cinq ns le cens ou dénombrement dans le Champ de Mars; et, connaissant ainsi a fortune de chacun, ils rangeaient tous es citoyens dans les diverses classes et enturies. Ils dressaient la liste des séiateurs, passaient la revue de l'ordre questre, nommaient aux places vaantes dans ces deux corps, infligeaient es flétrissures, avaient droit d'exclure n sénateur du sénat, de retirer son aneau à un chevalier; ils pouvaient transérer un citoyen de la première classe lans la dernière, et le priver, par conséuent, d'une partie de ses droits politiques. Mais un censeur pouvait invalider es arrêts de son collègue et le frapper ui-même de censure. En outre le cioyen noté par un censeur, chassé par ui du sénat, pouvait y rentrer, si l'élection par le peuple à de nouvelles fonction lui en rouvrait les portes. Ainsi Cœpion, flétri par les censeurs, recommença sa vie politique par la questure.

Les censeurs affermaient les terres publiques et les impôts. Ils traitaient avec des particuliers pour la construction ou la réparation des édifices publics. Ils étaient chargés du pavage des rues, de l'entretien des aqueducs, des chemins, des ponts; ils fournissaient aux dépenses des sacrifices. Ils avaient donc la direction de tous les intérêts matériels de la cité, avec la surveillance de ses intérêts moraux. Ils ne s'occupaient point, en effet, des crimes capitaux, des délits que la loi frappait, mais de tous ceux qu'elle ne pouvait atteindre.

Un chevalier soigne mal le cheval que la république lui confie; un citoyen néglige le soin de ses propriétés, contracte des dettes, ou bien il vit célibataire, quand l'État a besoin que chacun accepte les charges du mariage; il viole son serment; il n'a pas assez de courage dans le combat; il a des mœurs dissolues: le censeur a droit d'*animadversio*. L'*animadversio censoria* entraînait l'*ignominia*. C'était un arrêt d'un effet tout moral; il pouvait être révoqué par les censeurs des années suivantes, par une commission ou par le peuple.

Les censeurs pouvaient, au témoignage de Zonaras, convoquer les comices, présenter eux-mêmes des projets de loi, à moins qu'ils ne préférassent charger de ce soin les tribuns du peuple.

Les censeurs ne pouvaient être réélus. Si un censeur mourait dans l'exercice de ses fonctions, son collègue devait abdiquer. L'entrée en charge pour les censeurs suivait immédiatement l'élection. Au sortir de l'assemblée des comices où ils venaient d'être élus, ils allaient devant le temple de Mars prêter le serment d'usage.

Vers les derniers temps de la république, l'altération des mœurs réagit sur l'autorité des censeurs. Ainsi, en 59 une loi est rendue qui soustrait les sénateurs à la dégradation qu'infligeait la censure. Sous les empereurs la censure est entièrement supprimée. Jules César, nomé *præfectus morum* pour trois ans, eut ensuite le titre et la charge de censeur à vie. Auguste prit le titre de *magister morum* et rejeta celui de censeur. A partir de Tibère, la censure n'existe plus. Le dernier recensement eut lieu sous Vespasien. En vain Décius veut rétablir la censure, en la confiant à Valérien : la corruption de Rome, surtout le despotisme impérial, ne pouvaient plus supporter cette magistrature.

Les insignes des censeurs étaient les mêmes que ceux des consuls; seulement n'ayant point l'*imperium*, ils n'avaient pas de faisceaux ni de licteurs, mais beaucoup de scribes et de *viatores*.

ÉDILES. — Les édiles (*a cura ædium*) étaient ou plébéiens ou curules.

Deux édiles plébéiens furent, en 493, institués en même temps que les tribuns, dont ils étaient comme les assesseurs. Ils expédiaient les affaires peu importantes et celles qui leur étaient confiées par les tribuns. Dans la suite ils furent, ainsi que les autres magistrats inférieurs, nommés dans les comices par tribus.

Deux édiles curules furent créés en 367 pour donner des jeux publics. Ils étaient nommés également dans les comices par tribus. Les édiles plébéiens jugeaient sur des bancs (*subsellia*). Les édiles curules avaient la chaise curule, avec le droit de siéger dans le sénat et d'y donner leur avis; ils portaient la robe prétexte et jouissaient du droit d'images.

La principale fonction des édiles était le soin des édifices publics, temples, théâtres, bains, basiliques, portiques, égouts, routes, aqueducs, spécialement quand il n'y avait pas de censeurs. Ils inspectaient les maisons des particuliers, pour faire jeter bas ou réparer celles qui étaient dans un état menaçant pour la sécurité de la voie publique. Ils veillaient à l'observation des lois concernant les terres du domaine et les pâturages publics. Les approvisionnements de Rome, les marchés étaient sous leur surveillance; ils brisaient les faux poids, les fausses mesures, faisaient jeter dans le Tibre les marchandises avariées. Les édiles limitaient les dépenses des funérailles, réprimaient par des amendes l'avidité des usuriers, empêchaient l'introduction de nouveaux rites et punissaient les paroles ou actions scandaleuses. Aux édiles curules était attribuée la célébration des fêtes solennelles, honneur souvent ruineux, mais qui était le plus puissant moyen de popularité. Ils jugeaient les pièces de théâtre et récompensaient ou punissaient les acteurs. Les édiles plébéiens étaient préposés à la garde des édits du peuple et du sénat, déposés d'abord dans le temple de Cérès, puis au trésor.

César nomma deux édiles *cereales* pour l'approvisionnement des magasins de blé.

L'édilité subsista jusqu'à Constantin.

QUESTEURS. — Les questeurs étaient les administrateurs des revenus publics (*a quærendo pecunias*).

Leur nomination appartint d'abord au roi, puis aux consuls. En 447 elle fut remise aux comices par tribus. Jusqu'en 421 il n'y avait eu que deux questeurs de la ville; on en nomma cette année-là deux autres, pour accompagner les consuls à la guerre et veiller aux dépenses des armées. D'abord exclusivement patricienne, cette magistrature fut ouverte aux plébéiens vers cette époque.

En 267, après la conquête de l'Italie, on nomma quatre nouveaux questeurs. Leur nombre augmenta avec l'étendue de l'Empire; sous Sylla il y en avait vingt; du temps de César on en comptait quarante; sous les empereurs leur nombre varia souvent.

Il n'y eut jamais que deux questeurs urbains; les autres étaient pour les provinces ou pour les armées. Depuis l'an 77 les questeurs tirèrent au sort leurs provinces.

Aux questeurs urbains appartenait la garde du trésor public, déposé dans le temple de Saturne. Ils étaient chargés à la fois de recevoir et de dépenser les revenus publics.

Les questeurs provinciaux accompagnaient les consuls, veillaient aux approvisionnements de l'armée, levaient les taxes, les tributs, vendaient le butin. En l'absence du gouverneur de la province, le questeur remplissait ordinairement ses fonctions. L'usage avait établi comme des liens de parenté entre le proconsul, ou le propréteur et son questeur. Celui-ci devait toujours montrer à son chef une sorte de déférence filiale. Si le questeur mourait dans le courant de l'année le gouverneur lui choisissait un successeur sous le nom de proquesteur.

Les questeurs militaires avaient la garde des drapeaux des légions, ils recevaient les ambassadeurs étrangers et leur remettaient les présents de l'État. Le général qui aspirait au triomphe ne pouvait l'obtenir qu'après avoir juré devant le questeur que le compte des ennemis tués et des citoyens morts était exact.

Les questeurs de Rome n'avaient ni licteurs ni appariteurs; ils n'avaient pas le droit de faire arrêter un citoyen.

Les questeurs provinciaux étaient accompagnés de licteurs, du moins en l'absence du préteur.

La questure était sous la république le premier degré dans la hiérarchie des magistratures; elle donnait entrée au sénat.

Les vingt-six, *vigintisexviri*, formaient un corps de magistrats inférieurs. C'étaient les *triumvirs capitaux*, créés vers 289, et chargés de la surveillance des prisonniers et de l'exécution des condamnés, les *triumviri monetales*, les quatre *curatores*, qui veillaient à la propreté des rues de Rome, les deux *curatores* pour les chemins hors de Rome, les *decemviri stlitibus judicandis*, et les quatre *préfets* qui rendaient la justice dans les villes de la Campanie.

MAGISTRATURES EXTRAORDINAIRES; DICTATEUR. — Il y eut souvent dans les commencements de la république des circonstances où le gouvernement ne pouvait s'exercer qu'à la condition d'un pouvoir absolu. Telle fut l'origine de la dictature, créée en l'année 501. Le dictateur réunissait pour six mois tous les pouvoirs des consuls. Ceux-ci étaient suspendus ou subordonnés au dictateur. Il en était de même de tous les autres magistrats, excepté les tribuns du peuple. Vingt-quatre licteurs ayant les faisceaux avec les haches, même dans l'intérieur de la ville, marchaient devant lui. Il n'y avait pas d'appel au peuple contre les décisions du dictateur, bien qu'il eût été établi par la loi Valeria qu'aucune magistrature ne pourrait supprimer l'appel au peuple. Cette toute-puissance du dictateur était indispensable pour triompher de la résistance du peuple, refusant le service militaire quand l'ennemi était aux portes de Rome, et ne laissant au sénat d'autre alternative que la prise de la ville ou l'abolition des dettes. Aussi le dictateur était-il nommé *magister populi*, *prætor maximus*, maître sur la place publique, maître dans le camp. Le consul lui transmettait le commandement de l'armée déjà enrôlée. Les citoyens enchaînés au dictateur par le serment militaire et emmenés hors des murs sous les drapeaux étaient soumis à son *imperium* et privés du droit d'appel au peuple. Témoin le sort de Q. Fabius, maître de la cavalerie du dictateur L. Papirius. Il avait combattu contre les Samnites, malgré l'ordre du dictateur, et, quoique vainqueur, il était menacé d'une condamnation; il s'enfuit à Rome, et en appela au peuple. Cet appel était illégal et sans valeur; il ne diminua rien de la sévérité du dictateur: Papirius ne céda que lorsque, son droit étant bien reconnu, on implora sa clémence. Les édits du dictateur avaient droit à l'obéissance religieuse que les dieux seuls exigeaient (*pro numine observatum*). La vie, les propriétés des citoyens étaient à sa disposition. On conçoit que quand le dictateur était nommé pour terminer une guerre dangereuse, la suppression du droit d'appel n'avait rien d'alarmant pour le peuple. Aussi voit-on les tribuns, loin de montrer une opposition tracassière, briser quelquefois l'opposition faite par le sénat au dictateur; mais quand le dictateur était nommé pour mettre fin à des troubles intérieurs, comment la liberté du peuple s'accommodait-elle de la suppression du droit d'appel? Le meurtre de Sp. Mœlius par Servilius Ahala montre que ce droit était sans force contre le dictateur. Le respect des anciennes coutumes peut seul expliquer le désistement de toute intervention tribunitienne. Il y avait eu trois dictateurs nommés avant l'époque où le peuple fut armé, en la personne de ses tribuns, du droit d'opposition, et par cela seul que le dictateur était nommé avec cette formule: Comme autrefois (*more majorum*), il n'y avait plus lieu à aucune protestation du peuple ni des tribuns. Cependant, remarquons que les tribuns restaient en fonctions malgré la dictature; leur véto n'était donc pas détruit.

Mais il y avait sans doute entente tacite de part et d'autre pour ne pas élever un conflit entre deux pouvoirs souverains, bien rarement d'ailleurs mis en présence sur des questions irritantes pour l'un ou pour l'autre.

Tant que, dans l'exercice de son pouvoir, le dictateur ne sortait pas des limites de sa mission, il était irresponsable; et cette puissance les dictateurs pouvaient la garder six mois entiers; mais tous ne la conservèrent que le temps nécessaire pour achever une guerre ou pour rétablir l'ordre, et abdiquèrent au bout de quelques jours. Cette charge suprême ne fut fréquemment employée qu'au temps où les dangers étaient fréquents, quand l'ennemi était aux portes. Dès que la guerre s'éloigna de Rome, surtout après la soumission des Samnites, on cessa d'y recourir. On n'y revint, dans la seconde guerre Punique, qu'à cause du danger qu'Annibal fit courir à l'existence même de Rome. Après lui il n'en fut plus question jusqu'à Sylla.

Dans les grandes calamités publiques, pendant une contagion, on nommait un dictateur pour présider aux solennités religieuses qui devaient écarter le fléau envoyé par les dieux. La plus sacrée des cérémonies usitées alors était celle qui consistait à enfoncer un clou dans le côté droit du temple de Jupiter.

On nommait encore un dictateur pour établir des fêtes ou pour célébrer les jeux pendant la maladie du préteur.

Le dictateur n'avait ordinairement aucun pouvoir législatif ni judiciaire. Cependant on nomma quelquefois un dictateur pour présider à certains jugements.

Quel que fût le motif et le but de son élection, que ce fût pour rétablir les affaires militaires ou pour une mission religieuse, le dictateur avait toujours un *imperium* aussi étendu. — Le sénat faisait choix du citoyen qui devait être dictateur; et l'un des consuls alors en charge avait la nomination. Quand le consul était empêché, les comices faisaient l'élection, mais ne nommaient alors qu'un prodictateur. C'est le titre qu'eut Fabius après Trasimène. Ainsi, c'était sur une proposition du sénat, et non à la suite d'une élection des comices, que le dictateur était nommé. Cette nomination se faisait pendant la nuit, avant le lever du jour et après avoir pris les auspices. — Le pouvoir dictatorial n'était conféré qu'à un personnage consulaire et il expirait hors de l'Italie. A l'armée il devait toujours marcher à pied. Il lui fallait une autorisation expresse de comices pour qu'il pût se servir d'un cheval.

La dictature était une magistrature empruntée aux villes latines; elle existait à Albe, à Tusculum, à Lanuvium. Son caractère fondamental était un pouvoir extraordinaire créé pour des circonstances extraordinaires; de là la diversité des objets en vue desquels on recourait à la dictature.

La dictature telle que l'exercèrent Sylla et César était une usurpation, qui n'avait rien de commun avec la dictature telle qu'elle existait sous la république. Après le meurtre de César une loi d'Antoine abolit l'autorité dictatoriale, et Auguste repoussa vivement le titre de dictateur quand on le lui offrit : de trop tristes souvenirs pour le peuple si l'on remontait jusqu'à Sylla, pour Octave si l'on ne se rappelait que César, condamnaient cette magistrature.

MAITRE DE LA CAVALERIE. — Aussitôt après sa nomination, le dictateur nommait un maître de la cavalerie, qui lui servait de lieutenant. Ce magistrat sans *imperium*, n'ayant que la *potestas*, et soumis au dictateur, n'était ordinairement choisi que parmi les anciens préteurs ou consuls. Le maître de la cavalerie remplissait sous la république des fonctions analogues à celles que remplissait sous les rois le *tribunus celerum*. Ce dernier remplaçait le roi en son absence, pouvait convoquer le sénat ou les assemblées du peuple; le dictateur put de même être remplacé par le maître de la cavalerie.

Il n'arriva qu'une fois qu'il y eut à Rome un dictateur sans maître de cavalerie; ce fut en 216, quand M. Furius Buteo fut nommé pour compléter le sénat, que la bataille de Cannes venait de décimer.

Une fois aussi le maître de la cavalerie fut revêtu d'un pouvoir égal à celui du dictateur. C'était à une époque pleine de périls et de soupçons, après la bataille de Trasimène. Q. Minucius Rufus reçut les mêmes pouvoirs que Q. Fabius Maximus.

Le maître de la cavalerie était comme l'exécuteur des ordres du dictateur. C'est ainsi que Servilius Ahala tua Sp. Mœlius au milieu du Forum. Il avait en conséquence six licteurs; il portait la toge prétexte, et avait le droit d'aller à cheval dans Rome. Le dictateur pouvait destituer et remplacer à son gré son maître de la cavalerie.

INTERROI. — Il pouvait arriver que l'État se trouvât sans consul, soit par cause de mort, soit que l'élection, déclarée mauvaise, eût été annulée, soit enfin que l'opposition des tribuns à la nomination des nouveaux consuls se fût prolongée jusqu'au moment où les anciens étaient obligés de se démettre de leur charge. On nommait alors pour la tenue des comices consulaires un *interroi*, pris parmi les sénateurs. Son autorité ne durait que cinq jours, au bout desquels un second interroi était nommé, si le besoin qui avait fait recourir au premier durait encore. Aussi n'était-il pas nécessaire que l'interroi convoquât de suite les comices. C'était l'interroi qui nommait lui-même son successeur.

PRÉFET DE LA VILLE. — Quand les rois s'absentaient de Rome, ils se faisaient remplacer par un sénateur qu'ils avaient choisi, et qui avait le titre de *préfet de la ville*. Les consuls suivirent cet exemple, et choisirent un préfet toutes les fois qu'ils s'éloignèrent de Rome, pour veiller en leur absence à la sûreté de la ville, à l'administration de la justice et pour présider le sénat. Plus tard, la nomination du *prætor urbanus* rendit cette charge inutile. L'on ne nomma plus de préfet de la ville qu'à l'époque où la célébration des féeries latines appelait tous les magistrats sur la montagne d'Albe. Il lui restait le droit de convoquer le sénat en cas d'urgence; mais il ne pouvait pas présider d'assemblées, car il était défendu à celles-ci de se réunir tant que duraient les fêtes. Cette charge se retrouve sous les empereurs.

TRIBUNS DU PEUPLE. — Nous n'avons pas encore parlé des tribuns du peuple, parce qu'ils avaient un pouvoir tout négatif et d'opposition, et qu'ils n'étaient pas, à proprement parler, magistrats, puisqu'ils n'avaient aucune part à l'administration; et ce n'est, en effet, qu'assez tard qu'on les a considérés comme tels et qu'on a parlé de leur *imperium*. Le tribunat fut institué en 493 lors de la retraite du peuple sur le mont Sacré (*Voy.* ci-dessus, p. 75). Les tribuns étaient des magistrats inviolables et sacrés; protecteurs du peuple, ils devaient empêcher qu'il ne fût pris dans le sénat quelque mesure contraire aux intérêts de la multitude; ils siégeaient d'abord dans le vestibule, sur les bancs (*subsellia*); ils examinaient les décrets sans prendre aucune part aux délibérations; et s'il y avait nécessité ils opposaient leur véto, qui annulait le sénatus-consulte. Ce véto était de même nature que celui des autres magistrats; mais avec cette différence que ceux-ci n'avaient d'action que sur des magistrats de même ordre, tandis que le véto tribunitien arrêtait la république tout entière; et le tribun n'avait même pas à donner les motifs de son opposition. Si un citoyen réclamait leur appui contre un magistrat, ils avaient le droit d'intercession, et pouvaient faire suspendre les poursuites ou détruire l'effet d'une sentence en en arrêtant l'exécution. Ils pouvaient s'opposer à la levée des troupes, ou bien à celle du tribut militaire. Le véto d'un seul tribun arrêtait toutes les entreprises des autres magistrats. Mais aussi le véto d'un seul tribun entravait l'action de tous ses collègues. En s'opposant à la tenue des comices, les tribuns pouvaient empêcher l'élection des magistrats; c'est ce qu'ils firent à l'époque de Licinius, pendant cinq ans.

La nature même de leurs attributions et de leurs droits donnait aux tribuns les moyens d'étendre leur pouvoir; c'est ce qu'ils ne tardèrent pas à faire, et leur charge, qui avait commencé par ne pas être une magistrature, devint bientôt une des plus importantes. Ils commencèrent par obtenir d'entrer au sénat et d'y siéger, puis d'y exprimer leur opinion, et bientôt même ils eurent le droit de le convoquer et de sommer le président de mettre aux voix tel ou tel décret. Si quelque magistrat attentait aux droits du peuple, le tribun devait l'engager à les respecter; et s'il n'en tenait compte, il pouvait le faire comparaître, à sa sortie de charge, devant l'assemblée du peuple et le frapper d'une amende considérable, qui pouvait équivaloir quelquefois à la confiscation des biens ; si le condamné ne l'exécutait pas, il n'avait d'autre ressource que de s'exiler. Les tribuns pouvaient forcer à se dissoudre une assemblée convoquée par d'autres magistrats ; et eux-mêmes ils avaient le droit de tenir les comices par tribus et d'y faire rendre des ordonnances (*plébiscites*), qui devinrent obligatoires pour tous les citoyens. La loi *Julia* avait prononcé les peines les plus graves contre quiconque interrompait un tribun parlant devant le peuple.

C'est surtout à l'existence du pouvoir tribunitien que Rome dut de ne pas devenir une aristocratie. C'est grâce à la constante opposition des tribuns et à leur lutte infatigable qu'est dû le partage des magistratures entre les plébéiens et l'établissement de l'égalité politique et civile.

Il n'y eut d'abord que deux tribuns, nommés dans l'assemblée par curies ; leur nombre fut ensuite porté à cinq, et en 457 à dix ; ce nombre fut maintenu dans la suite. La loi *Publilia*, en 471, remit la nomination des tribuns à l'assemblée démocratique des tribus. Il fut établi dès l'origine qu'un patricien ne pouvait devenir tribun qu'après avoir été adopté dans une famille plébéienne (comme le prouve l'exemple de Clodius). Par la loi *Atinia*, promulguée à une époque incertaine, tout tribun fut de droit sénateur.

Sous le gouvernement des empereurs les sénateurs seuls pouvaient être tribuns. A leur défaut, Auguste nomma des chevaliers.

Un tribun désigné par le sort présidait les comices pour l'élection des tribuns de l'année suivante. Cependant tout le collège des tribuns fut menacé par la loi Duilia, en 449, des peines les plus sévères, si les élections pour la nomination de nouveaux tribuns n'avaient pas lieu avant que les anciens fussent sortis de charge. Après l'abdication des Décemvirs, le tribunat se trouvant vacant, ce fut le grand pontife qui présida l'élection. Si les dix nominations ne pouvaient se faire le même jour, le collège n'avait plus le droit, depuis la loi *Trebonia*, rendue en 448, de se compléter par cooptation, on continuait l'élection jusqu'à ce qu'il eût été pourvu au dix places. C'était le 10 décembre, jou anniversaire de la nomination des pre miers tribuns, qu'avait lieu l'entrée e charge de ces magistrats. Un viateu marchait devant les tribuns. Sur leu ordre, il arrêtait tout citoyen qui refu sait de leur obéir, et le conduisait en pr son ou bien devant l'assemblée du peupl L'autorité des tribuns ne s'exerçait qu Rome. Elle expirait à un mille hors de murs, à moins d'un mandat extraord naire du sénat et du peuple. Dans c cas ils conservaient dans les province toute leur autorité, et pouvaient arrête un proconsul à la tête de son armée. n'était pas permis aux tribuns de s'ab senter de Rome plus d'un jour, si c n'est à l'époque des féries latines.

L'autorité d'un tribun ne pouva être sûrement annulée que par l'opp sition d'un de ses collègues. Aussi principale ressource du sénat et des pa triciens dans leur lutte avec le tribuna fut-elle de se gagner quelques partisa parmi les tribuns.

Sylla essaya de ruiner l'autorité de tribuns. Quiconque avait été tribun pouvait plus, d'après ses lois, parvenir aucune charge ; et il était défendu d recourir à leur intervention dans les a faires politiques ; ils ne pouvaient con voquer d'assemblée, et ils étaient rédui à leur droit primitif de véto, pour l affaires civiles. Mais les lois de Sylla n durèrent guère. Pompée rendit aux tri buns leur ancien pouvoir. Sous August les tribuns ne sont plus qu'un nom. puissance tribunitienne et tous ses droi (droit de convoquer le sénat et le peu ple et de recevoir les appels, inviolabilit personnelle garantie par le *crimen mo jestatis*, sont devenus, avec les autre pouvoirs, le partage du chef unique d l'État.

AGENTS INFÉRIEURS DE L'ADMINIS TRATION. — Tout le personnel infe rieur de l'administration, tous les offi ciers publics attachés aux magistrats pou transmettre leurs ordres, en garder not ou les exécuter, en un mot pour le assister dans leurs fonctions, étaient dé signés par la dénomination générale d'a paritores. Les *scribes* étaient les asses seurs nécessaires des magistrats pou toutes les affaires importantes de l'ad ministration. Aussi, comme il fallait une certaine science et une certaine pratique des affaires pour remplir l'emploi de scribe, on trouve qu'ils formaient déjà, sous Numa, des colléges ou corporations. Il fallait déposer une certaine somme d'argent pour être admis à faire partie de ce collége, qui était divisé en décuries. C'est là que les magistrats prenaient les scribes qui devaient être attachés à leur service. Aussi distingue-t-on *scribæ consulares, scribæ prætorii, scribæ ædilitii, scribæ quæstorii*.

Les fonctions des scribes devaient se borner à l'office de secrétaire; mais une longue pratique des affaires leur donnait une influence dont ils abusèrent quelquefois. Il semble que chaque décurie avait un cercle d'études dans lequel elle se renfermait. Pétilius dit qu'il avait été choisi par le questeur dans la décurie affectée aux travaux de la questure. Les magistrats choisissaient eux-mêmes leurs scribes. Cependant il y avait à craindre qu'ainsi nommés les scribes ne devinssent les créatures des magistrats, surtout dans les provinces éloignées, et ne se missent trop facilement au service de leurs injustices. C'est ce qu'avait montré le plaidoyer contre Verrès. Aussi dans bien des cas les scribes étaient-ils désignés par le sort. La fonction de scribe était conférée à vie; leur science des affaires leur donnait beaucoup d'autorité auprès des magistrats. C'était un emploi très-honoré (*ordo honestus*) comme l'appelle Cicéron. En relation avec les plus hauts magistrats, exercés aux travaux de l'administration, ils pouvaient quelquefois arriver aux charges publiques. Ainsi, l'on vit Cn. Flavius, qui avait été secrétaire des édiles, devenir lui-même édile curule (304). Les scribes recevaient un traitement de l'État; en outre, ils trouvaient à faire dans les provinces des profits considérables. Leur carrière s'ouvrait par le service dans les affaires de la questure. Sous les empereurs il y eut des secrétaires intimes du prince, *scribæ cubicularii*, appelés aussi *secretorum notarii*, ou *scribæ epistolarum vel ab epistolis*, ou encore *scribæ libellenses*.

Aux hérauts (*præcones*) était confié le soin de proclamer les ordonnances des magistrats, celui d'appeler les citoyens aux assemblées, ou de citer devant les tribunaux; l'annonce officielle des solennités publiques, telles que jeux, pompes funèbres, et celle des marchés publics avec l'indication des objets qui seraient à vendre. Les hérauts étaient, de même que les scribes, partagés en décuries, et chacun des magistrats choisissait parmi eux les assesseurs dont il avait besoin. Comme les scribes, ils recevaient un traitement fixe de l'État. Cependant, il semble qu'ils pouvaient aussi tirer profit d'affaires particulières. Ils étaient moins considérés que les scribes, car leur service exigeait moins d'instruction et d'habileté.

Aux *præcones* il faut rattacher les receveurs (*coactores*), qui recevaient l'argent des ventes aussi bien que les impôts payés à l'État.

Les *licteurs* étaient les agents immédiats du pouvoir exécutif. Leur institution remontait aux rois; comme insignes de leurs fonctions, ils portaient sur l'épaule des verges liées en faisceau par une courroie et du milieu desquelles sortait une hache. Parmi les grands magistrats, les censeurs, qui seuls n'avaient pas l'*imperium*, étaient aussi les seuls qui n'eussent pas de licteurs.

Les licteurs formaient la garde des consuls; ils marchaient en file devant lui; le premier s'appelait *primus*, le dernier *proximus*. C'était celui-ci qui recevait les ordres du consul. Ils faisaient faire place, et veillaient à ce que chacun rendît au consul les honneurs qui lui étaient dus. Quand le consul rentrait chez lui, ou allait dans une maison, ils annonçaient son arrivée en frappant contre les portes avec les faisceaux.

Les licteurs étaient les exécuteurs des sentences rendues par les consuls, ils frappaient les condamnés avec les verges ou avec la hache. Ordinairement c'étaient les propres affranchis du magistrat qu'ils accompagnaient; ils étaient par conséquent toujours choisis par lui.

Les *accensi* étaient ainsi nommés parce qu'ils avaient pour fonction de convoquer le peuple (*accire*): auprès du préteur leur fonction était de citer devant son tribunal et d'appeler les témoins; auprès des consuls, ils remplaçaient les douze licteurs que l'un des consuls avait seul chaque mois. Avant l'invention des horloges, c'étaient les *accensi* qui criaient l'heure, la troisième, la sixième et la neuvième dans la cour du préteur. Ils étaient ordinairement des affranchis.

Les *viateurs* remplissaient auprès des tribuns du peuple, des édiles et des censeurs les fonctions que les licteurs remplissaient auprès des magistrats qui avaient le pouvoir exécutif.

C'étaient aussi les viateurs qui allaient appeler dans la campagne les sénateurs pour qu'ils se rendissent aux assemblées.

Les hommes libres étaient exécutés par les licteurs; les esclaves l'étaient par la main du bourreau (*carnifex*). Le carnifex était un esclave si méprisé, à cause de ses fonctions, que le séjour de la ville lui était interdit : il avait sa demeure non loin de la porte Esquiline, près de l'endroit réservé au supplice des esclaves, à deux milles et demi de la ville.

Dans l'origine il n'y eut pas de courriers établis pour les relations du gouvernement central avec les administrations des provinces. Les *tabellarii* chargés de porter les ordres ou les lettres étaient des serviteurs particuliers des magistrats, leurs esclaves ou leurs affranchis, portant ordinairement le nom de leur maître. Ce ne fut que plus tard, sous les empereurs, qu'il y eut des courriers publics, *veredarii*.

AUSPICES PUBLICS. — Toute l'administration romaine reposait sur la religion, et aucune affaire importante ne pouvait être commencée sans avoir été soumise à l'approbation des dieux; de là le droit *d'auspices* (*auspicia majora, auspicia minora*) donné aux magistrats. Réunion du sénat, assemblée du peuple, élection des magistrats, installation de ceux-ci dans leurs charges, établissement des lois, consécration des temples, des camps; limitation d'un territoire; fondation d'une colonie ou d'une ville; engagement d'une bataille; enfin toute mesure, toute entreprise d'intérêt général exigeait que les auspices fussent à l'avance consultés. Des auspices défavorables renvoyaient à un autre jour l'exécution de l'affaire prête à s'accomplir. Cette nécessité d'une sanction divine pour tous les actes de l'administration, inspirait à la fois au peuple plus de respect pour ses magistrats, qui semblaient n'être que les agents de la volonté divine; et aux magistrats eux-mêmes plus de circonspection et de sagesse, pour que leurs actes fussent favorablement accueillis des dieux. Plus tard cet usage devint, entre les mains du sénat, un moyen puissant de limiter l'indépendance des magistrats. Grâce, en effet, à son influence sur le collège des augures, le sénat pouvait annuler l'élection d'un magistrat; il jugeait comme tribunal suprême si les auspices avaient été bien ou mal consultés, et par suite si l'élection était valable ou non. Le sénat pouvait même forcer un magistrat depuis plusieurs mois en exercice à se démettre de sa charge si les augures montraient qu'il y avait eu quelque défaut dans la consultation des auspices pris pour son élection.

Les auspices et les augures consistaient dans l'observation des signes par lesquels la volonté des dieux semblait se manifester pour ou contre quelque entreprise. Les auspices étaient une observation faite exprès et dans des circonstances déterminées de signes spéciaux où l'on ne voyait qu'un témoignage de l'approbation ou de la désapprobation des dieux. Les augures étaient tout signe qui pouvait se présenter à l'observation, et auquel la science sacrée du collège augural pouvait donner la plus large interprétation.

Il y avait diverses sortes d'auspices : *e cœlo, ex avibus, ex tripudiis, quadrupedibus, ex diris*.

AUSPICIA E CŒLO. — Les auspices tirés de l'observation des phénomènes météorologiques, tels que le tonnerre, les éclairs et les étoiles filantes étaient dits *auspicia e cœlo*. C'était à minuit ou au point du jour que cette observation, *servari ex cœlo*, était faite. Un éclair vu à gauche était un signe favorable, cependant il empêchait la tenue d'une assemblée. Aussi un magistrat pouvait rompre les comices en déclarant qu'il allait observer le ciel. Lors de l'élection de M. Marcellus, qui se fit à une immense majorité, il tonna au moment où l'on allait proclamer le résultat du vote; les augures appelés déclarèrent que le signe était contraire, et l'élection fut annulée. Un magistrat inférieur pouvait empêcher la tenue d'une assemblée par un magistrat supérieur, en déclarant qu'il observerait le ciel. Aussi, dans l'édit des consuls pour la réunion des comices par centuries on trouve cette formule : *Ne quis magistratus minor de cœlo servasse velit*. Dans les *auspicia e cœlo* un seul signe suffisait ; dans les autres auspices, au contraire, on attendait qu'un second signe vînt confirmer le premier.

AUSPICIUM EX AVIBUS. — Les auspices proprement dits étaient les signes donnés par les oiseaux (*avem spicere*). Tels furent ceux que consultèrent Romulus et Rémus. Sans doute cette coutume venait des Latins ou des Sabins, chez qui on la retrouve. Ces auspices étaient bien plus fréquemment consultés, parce qu'on pouvait les prendre à tous les moments, tandis qu'il y avait pour les premiers des heures déterminées. Les auspices *ex avibus* étaient de deux sortes, suivant qu'on interrogeait le vol ou le chant des oiseaux. Les oiseaux dont on observait le vol s'appelaient *alites* ou *præpetes* ; ceux dont on observait le chant s'appelaient *oscines*.

Les auspices tirés de l'observation du ciel ou des signes fournis par les oiseaux ne pouvaient être pris qu'à Rome et dans le lieu consacré pour cet usage. Quand les magistrats se trouvaient à l'armée et qu'ils avaient besoin d'interroger la volonté des dieux, ils avaient recours à un nouveau genre d'auspices, qu'on appelait *auspicium ex tripudiis*.

AUSPICIUM EX TRIPUDIIS. — Suivant la manière dont mangeaient les poulets sacrés il y avait signe favorable ou défavorable. On laissait longtemps ces animaux sans nourriture, puis on leur donnait du grain ; et s'ils se jetaient dessus avec assez d'avidité pour qu'une partie tombât par terre, il y avait *tripudium solistimum*, c'est-à-dire augure favorable. L'origine de ce mode d'auspices est fort ancienne ; d'abord on employait toutes sortes d'animaux (*tripudium oscinum*) ; plus tard les poulets seuls furent conservés. C'était surtout à l'armée que l'on consultait ainsi les auspices. La cage des poulets sacrés était placée dans le camp à côté de la tente du général (*auguraculum*). La garde des poulets sacrés appartenait au *pullarius*, serviteur du consul, dont il ne faut pas faire un augure ; car ce n'était souvent qu'un homme grossier et ignorant (1).

L'observation des deux premiers genres d'auspices, peut-être aussi du troisième, s'appelait *spectio*. Cependant cette désignation semble devoir être plus particulièrement appliquée à l'observation du ciel.

La déclaration faite par le magistrat que les dieux étaient favorables ou contraires, c'est-à-dire qu'il y avait silence ou défaut, *silentium* ou *vitium* ; que les oiseaux étaient propices, *aves addicere*, ou qu'il fallait remettre l'affaire à un autre jour, *alio die*, s'appelait *nuntiatio*. Et si par cette déclaration une entreprise

(1) Cicéron rend compte dans les termes suivants de l'*auspicium ex tripudiis* : Q. Fabius, je veux que vous m'aidiez à prendre les auspices. Il répond « J'ai entendu. » Chez nos ancêtres on n'adressait cette formule qu'à un homme habile ; aujourd'hui on prend le premier venu. Il faut cependant une grande habileté pour savoir quand il y a silence dans les auspices ; on entend par là l'absence de tout défaut ; il faut être parfait augure pour s'y bien connaître. Aussi il arrive que quand celui qui veut prendre les auspices dit à celui qu'il a choisi pour l'aider : *Dites s'il vous paraît qu'il y a silence*, celui-ci, sans regarder ni en haut ni autour de lui, répond aussitôt : *Il me paraît qu'il y a silence*. L'autre ajoute alors : *Dites si les oiseaux mangent*. On lui répond : *Ils mangent*. Mais quels oiseaux ? où sont-ils ? les poulets sacrés, dira-t-on, que le pullaire vient d'apporter dans leur cage. Voilà donc les oiseaux messagers de Jupiter ! Qu'ils mangent ou non ; qu'importe ? Cela ne fait rien aux auspices. Mais comme en mangeant ils laissent nécessairement tomber quelque chose de leur bec, qui frappe la terre, c'est ce qu'on a d'abord appelé *terripadium* et maintenant *tripudium* ; et quand il tombe ainsi quelque morceau de pâte du bec des poulets, on annonce alors à celui qui prend les auspices le *tripudium solistimum* (Cicéron, *de Divin.*, II, 34). Les sources principales pour cette question des auspices sont le livre de Cicéron que nous venons de citer et des passages épars d'Aulu-Gelle, de Varron, *Lingua latina*, de Festus, d'Hygin, apud Gœs., de Tite-Live, de Dion, etc., etc. Voyez sur cette question un bon chapitre de Ruperti, qui m'a beaucoup servi, II, 423.

était arrêtée, on disait qu'il y avait opposition, *obnuntiatio*. Quand deux magistrats dont l'un était supérieur à l'autre prenaient en même temps les auspices, ceux du magistrat inférieur étaient annulés par ceux du magistrat plus élevé (*auspicia majora magis rata*). Ce n'est qu'au moyen des auspices célestes par le *servare ex cœlo* que les magistrats inférieurs, tels que les tribuns du peuple, pouvaient s'opposer aux entreprises et aux actes des grands magistrats.

En dehors des auspices que nous avons nommés, et qui étaient exclusivement consultés dans les affaires d'intérêt public, il y avait d'autres signes, qui n'étaient pas négligés. Ainsi les anciens nous parlent d'*auspicia pedestria* (chiens, renards, loups, serpents), d'*auspicium juge* (*jumenta*), d'*auspicium ex acuminibus*, tiré de l'éclat des épées ou des lances. Enfin d'*auspicia peremnia*, pour le passage des fleuves.

Toutes les affaires publiques, tous les actes du gouvernement étant liés aux auspices, les auspices devaient être dans la dépendance des magistrats revêtus du pouvoir. Aussitôt que l'élection des magistrats avait été confirmée par les auspices (*inauguratio*), le magistrat était maître de consulter les auspices (*accipere auspicia*); il ne perdait ce droit qu'en se démettant de ses fonctions (*deponere auspicia*). Les consuls ou les préteurs, qui à la fin de leur magistrature allaient dans les provinces comme proconsuls ou comme propréteurs, n'avaient plus les auspices publics, qu'ils ne pouvaient prendre qu'à Rome. S'ils avaient besoin pour des entreprises importantes de consulter les dieux, ils avaient les auspices *privés*. C'est ainsi que le proconsul P. Scipion, étant en Espagne, annonçait à ses soldats des auspices favorables.

C'était à Rome un caractère essentiel du magistrat d'exercer ses fonctions sous la sanction des auspices, et de pouvoir les consulter lui-même. Ce droit sacré appartint d'abord aux rois, et vint ensuite entre les mains des patriciens, qui avaient toutes les magistratures auxquelles ce droit est attaché. Ce ne fut que plus tard qu'il passa aussi avec ces magistratures aux mains des plébéiens. Les magistrats pouvaient prendre eux-mêmes les auspices comme le faisaient les rois. Cependant il était plus ordinaire à Rome, et surtout dans les circonstances solennelles, que les magistrats fissent appeler un augure. Une exception avait lieu pour la nomination du dictateur; le consul la faisait sans appeler d'augure. A l'armée, le *pullarius*, sans être un augure en tenait lieu toutes les fois que le général voulait consulter les poulets sacrés.

Les auspices, étant chose sacrée, devaient être environnés de cérémonies dont l'oubli ou les fausses applications ôtait toute valeur aux auspices eux-mêmes. C'est aux *augures* qu'il appartenait de régler ces cérémonies et de juger la manière dont elles avaient été observées. Le plus souvent les rapports des augures avec le gouvernement et avec les magistrats étaient des rapports de dépendance, puisqu'ils n'agissaient que par ordre supérieur et qu'ils n'avaient qu'un droit d'interprétation ou de contrôle.

Romulus avait choisi un augure dans chaque tribu. Numa en nomma deux nouveaux, et peut-être formèrent-ils dès cette époque un collége. Les augures se recrutaient eux-mêmes par cooptation; mais il fallait réunir l'unanimité des suffrages. Un augure ne pouvait jamais être déposé, tant à cause de son caractère sacré que pour assurer le mystère de la science augurale, nommée elle-même *disciplina* ou *jus augurum*. Leur nombre fut porté à neuf par la loi *Ogulnia*, en 296.

Il y avait pour prendre les auspices diverses conditions de lieu, de temps, et de pratiques extérieures sans lesquelles rien ne pouvait être légitimement accompli. Le *lieu* où les auspices étaient consultés devait être consacré (*effatus*), ne servir à aucun usage profane (*liberatus*). Ce lieu s'appelait *templum* (de *templari*, *contemplari*). Dans la plus ancienne acception, *templum* désignait l'*ager* limité par les augures; à Rome, par exemple, il s'étendait autant que le pomœrium. Plus tard *templum* ne désigna plus que le lieu d'où l'augure ou le magistrat observait les signes. Pour restreindre l'espace qu'il devait observer, l'augure se renfermait dans une tente ouverte d'un seul côté (*tabernaculum*). A Rome c'était dans l'*auguraculum*, sur le Capitole, que depuis Numa on prenait es auspices. Au *templum* limité sur la terre correspondait un égal espace du ciel appelé aussi *templum*, et dans lequel devaient paraître les signes pour qu'on en tînt compte. Pour déterminer l'un et l'autre *templum* l'augure se servait du *lituus*, bâton recourbé et sans nœuds ; il se tenait la figure tournée vers l'orient, et commençait par tirer de l'est à l'ouest, entre deux points de l'horizon, une ligne imaginaire (*decumanus maximus*), puis il la faisait couper par une autre ligne tirée de la même manière du nord au sud (*cardo mundi*). Ainsi à Rome l'augure, placé dans l'*auguraculum*, sur le Capitole, regardait la voie Sacrée par où passait le *maximus decumanus*. Les villes et les colonies, étant, comme Rome, consacrées par les augures, avaient aussi, pour prendre les auspices, leurs deux lignes augurales et le *pomœrium*, hors duquel les auspices ne pouvaient être consultés.

L'augure ayant le nord à gauche, le sud à droite, l'est devant lui, l'ouest derrière, un éclair à gauche était un signe favorable ; un oiseau vu à gauche était un signe également heureux ; s'il volait à droite, c'était mauvais présage. Il faut toutefois excepter la corneille et le pivert, qui donnaient un signe funeste s'ils se montraient à gauche.

Hors de Rome les cérémonies pour les auspices pouvaient varier. Ainsi, quand on délimitait l'*ager* d'une colonie, l'augure ou le magistrat qui prenait les auspices se tenait, suivant l'ancien usage étrusque, la figure tournée vers le sud : le *decumanus* était ainsi tiré du sud au nord, le *cardo mundi* de l'ouest à l'est. Dans le camp romain, où l'*auguraculum* était placé à côté de la tente du général, et où cette tente devait toujours être tournée du côté de l'ennemi, la position du *decumanus* était aussi variable que celle du prétoire.

Le *temps* dans lequel l'on devait prendre les auspices était également réglé ; ils étaient pris le jour même où devait commencer l'entreprise pour laquelle on les consultait. L'observation des auspices célestes ne pouvait avoir lieu qu'une fois en un jour. Les augures se rendaient après minuit dans le *templum* ou dans l'*auguraculum*. Les signes devaient avoir été vus avant le lever du soleil ; et s'ils étaient favorables, l'entreprise pouvait être de suite commencée. Il n'y avait que l'*auspicium ex trepudiis* qui pût être pris plusieurs fois pour plusieurs entreprises fixées au même jour.

Les *cérémonies* observées par le magistrat et par l'augure étaient les suivantes : le magistrat, la tête voilée (*capite velato*), commençait par adresser une prière à Jupiter pour obtenir des signes favorables. L'augure se tenait auprès de lui pour indiquer si rien ne s'opposait à l'observation (*silentium esse videri*). Si le magistrat avait demandé certain signe spécial, il pouvait rejeter tous les autres signes qui se seraient présentés, et attendre dans les limites du temps fixé. Le signe ainsi obtenu s'appelait *impetritum*.

On distinguait les auspices en grands auspices et petits auspices, suivant qu'ils étaient pris par les magistrats supérieurs ou par les magistrats inférieurs. Tous deux (*auspicia majora*, *auspicia minora*) se prenaient de la même manière. Ainsi, le *servare de cœlo* appartenait au tribun aussi bien qu'au consul ; mais les auspices des magistrats inférieurs ne pouvaient rien contre les auspices des magistrats supérieurs ; ils étaient même interdits quand la réunion des comices par centuries avait été ordonnée. Le droit d'opposition s'appelait *obnuntiatio*. Aussi voyons-nous, lors du jugement de Cicéron, Clodius défendre de consulter les auspices, de peur que quelque *obnuntiatio* ne se produisît pour arrêter le jugement. Cicéron nous montre que même pour les auspices les magistrats avaient la supériorité sur les augures. Antoine, qui était augure, avait dit hautement qu'au moyen des auspices il empêcherait l'élection de Dolabella. Cicéron soutint qu'il ne pourrait le faire qu'autant qu'il serait appelé par le magistrat tenant les comices. En effet, comme augure Antoine n'avait que le droit de *nuntiatio*. Le droit de *spectio* appartenait au magistrat. Comme consul il eût pu empêcher l'élection en annonçant qu'il voulait observer le ciel ; mais en sa qualité d'augure il ne pouvait dire qu'il y eût empêchement, l'observation du ciel lui étant interdite. Ainsi, les magistrats étaient placés au-dessus des augures par le droit de *spectio* : *ipsi auspicio rem gerebant*.

Il faut distinguer les circonstances où les auspices étaient pris uniquement pour la sanction d'une entreprise et celles où ils devenaient un instrument d'opposition. Dans le premier cas la *spectio* suffisait ; il ne s'agissait que de déterminer si les signes étaient funestes ou favorables. Les censeurs, les édiles, les questeurs et quelquefois même les consuls n'avaient pas besoin de la *nuntiatio*; mais pour les assemblées électorales et législatives il fallait qu'au droit d'observer le ciel pût se joindre celui de faire opposition au nom des présages envoyés par les dieux. L'influence de l'*obnuntiatio* dépendait du plus ou du moins d'étendue de l'*imperium* du magistrat qui faisait opposition. Un consul pouvait arrêter par l'*obnuntiatio* l'action d'un autre consul, aussi bien qu'un préteur celle de son collègue. Mais le consul et le préteur ne pouvaient pas arrêter l'action du censeur ni réciproquement. Aussi les élections pour le consulat ne pouvaient être présidées que par un consul ou un interroi ; celles pour la préture, que par un consul ou un censeur. Les préteurs, dont la charge était comme une partie détachée du pouvoir consulaire, avaient le même *imperium* que les consuls, et le recevaient comme eux par une loi curiate, tandis que les censeurs, qui n'avaient pas d'*imperium* proprement dit, n'avaient pas besoin que les curies confirmassent leur élection.

En outre des auspices que l'on consultait pour les affaires ordinaires de la cité et des magistrats, il y avait l'*augurium salutis*, par lequel on consultait la volonté des dieux touchant le salut et la gloire de tout le peuple.

Pour prendre l'*augure du salut* il fallait un lieu où il n'y eût ni guerre ni procès ni mauvais présages, il fallait qu'il n'y eût aucun ennemi déclaré contre Rome, qu'aucune armée ne fût entrée en campagne, qu'il n'y eût pas de troubles dans la ville. Si toutes ces conditions étaient remplies, les grands magistrats et les augures se réunissaient pour observer les signes célestes par lesquels les dieux promettaient à l'État le maintien et l'accroissement de sa prospérité. Il arriva rarement que toutes les circonstances nécessaires se rencontrassent : aussi cette solennité n'eut lieu qu'à de longs intervalles, comme sous le consulat de Cicéron et au temps d'Auguste.

Aux époques de quelque extrême nécessité, dans les circonstances difficiles, en face de dangers extraordinaires, on avait recours, sur un ordre du sénat, aux livres sibyllins. Ces livres étaient sous la garde des *quindecemviri librorum sibyllinorum custodiendorum*, enfermés dans deux cassettes d'or, et placés dans le temple d'Apollon, sous la statue même du dieu. Ils avaient d'abord été mis dans le temple de Jupiter. Ce ne fut qu'après l'incendie de ce temple, pendant la guerre des alliés, que la place de ce dépôt sacré fut changée. Les magistrats trouvaient ordinairement dans ce livre comme remède à quelque grand mal l'introduction d'un nouveau culte. Ce fut ainsi qu'on tira des livres sibyllins ces oracles : Ptolémée Aulète ne peut pas être reconduit dans son royaume par une armée. Les Parthes ne peuvent être vaincus que par un roi, etc., etc. L'interprétation de ces livres réservée aux mandataires du sénat était pour lui un instrument puissant de gouvernement, devant lequel pouvaient tomber tous les obstacles.

Des magistrats sous les empereurs. — Tout l'ensemble des fonctionnaires impériaux peut être partagé en deux catégories : la première renfermant les fonctionnaires qui portaient les titres et étaient les représentants des anciens fonctionnaires de la république, la seconde comprenant les fonctionnaires de nouvelle création, c'est-à-dire ceux dont les empereurs avaient cru devoir s'entourer. Les premiers sont les magistrats du peuple romain, les seconds sont les officiers du prince ; ceux-là, choisis du moins en apparence par le peuple ou le sénat, sont élus au plus pour un an et n'ont point de traitement ; ceux-ci, nommés directement par l'empereur et ne relevant que de lui, ont des appointements et restent en charge tant qu'il plaît au prince de les y conserver.

1º Anciennes magistratures républicaines. — On a vu que les maistratures républicaines subsistèrent sous les empereurs en gardant tous leurs insignes et leur éclat extérieur; mais de leurs attributions elles ne conservèrent que ce qui était compatible avec le nouvel ordre de choses. J'ai déjà dit sommairement quelle fut leur destinée sous Empire, je le rappellerai ici en quelques mots pour que le tableau de l'administration sous les empereurs soit complet.

Les *consuls*, auparavant les chefs de l'État, n'eurent plus que la présidence du sénat et l'autorité judiciaire, quand les empereurs leur permettaient de recevoir les appels dans les affaires civiles. Cette charge resta cependant un objet d'envie pour les plus considérables personnages de la cité, et les empereurs ne dédaignèrent pas de la prendre souvent pour eux-mêmes. Afin de rendre le consulat accessible à un plus grand nombre, et le pouvoir satisfaire ainsi la vanité et l'ambition ou de payer un dévouement intéressé, on établit la coutume, dès l'année 39 avant notre ère, de ne plus nommer des consuls pour une année entière, mais de les remplacer au bout de quelques mois par des consuls nouveaux. Ceux-ci prenaient le nom de *consules suffecti;* ceux qui avaient commencé l'année lui donnaient leur nom et étaient les *consules ordinarii*. Sous Commode il y eut jusqu'à vingt-cinq consuls en une année.

Le nombre des *préteurs,* qui sous César s'était élevé de huit à dix, à douze, à quatorze, et à seize, fut ramené par Octave à dix, puis reporté à seize et enfin fixé à douze. Sous Tibère il y en eut seize. Leurs fonctions, notamment leurs attributions judiciaires, restèrent les mêmes que sous la république. Plus tard on créa un préteur pour les fidéicommis, un autre pour les contestations entre le fisc et les particuliers, et un troisième pour les tutelles.

Après une longue suspension de la censure, on nomma, en l'an 22 avant notre ère, des *censeurs*, Plancus et Lépidus, qui n'eurent que l'ombre de l'ancienne autorité de cette charge. Ils furent aussi les derniers : on n'en retrouve plus, en effet, dans la suite. Cependant l'empereur prenait quelquefois ce titre quand il faisait le cens, et se donnait même un collègue; mais cette dernière image de l'ancienne censure cessa elle-même. Décius nomma pourtant un censeur, Valérien, et jusqu'au temps de Constantin on retrouve de loin en loin quelques personnages portant ce titre.

Il y avait encore des *tribuns* dans le cinquième siècle. Mais Néron avait fort restreint leurs prérogatives. Cependant leur droit d'intercession, ou de véto, avait encore le pouvoir d'entraver les décisions du sénat; mais à condition que ce fût dans l'intérêt du prince, sans quoi ils étaient eux-mêmes brisés. Ils étaient régulièrement élus dans l'ordre sénatorial, plus rarement dans l'ordre équestre. Le prince, à titre de patricien, ne pouvait jamais être tribun. On a déjà vu que s'il n'avait pas le titre, il avait la puissance tribunitienne.

Les *édiles*, portés par César au nombre de six, perdirent quelques-unes de leurs attributions, qui passèrent à de nouveaux fonctionnaires ou furent supprimées. Il n'est plus question d'édile après le troisième siècle.

Les *questeurs* continuèrent à être nommés partie pour les affaires de la ville, partie pour les provinces. Mais Auguste ôta aux questeurs urbains l'administration du trésor public, qu'il confia à des préfets spéciaux. Comme on arrivait de très-bonne heure à la questure, il se trouvait que c'était à des jeunes gens qu'était remise l'administration financière de l'État. Auguste changea cet ordre de choses, et eut raison de le changer; en dédommagement il leur confia une fonction nouvelle, celle de lire au sénat ses propositions. Ceux qui furent investis de cette fonction prirent le nom de questeurs du prince, ou de candidats du prince.

L'ancienne magistrature des *vingt-six* subsista, mais réduite à vingt membres par la suppression des quatre préfets pour la Campanie et celle des deux *curateurs* pour les chemins hors de Rome. Les vingt membres conservés étaient les *triumvirs capitaux*, les *triumviri monetales*, les quatre *curatores* qui devaient veiller à la propreté des rues de Rome, et les *decemviri litibus judicandis*.

Ces charges formaient comme une hiérarchie régulière par laquelle les fils d'une bonne maison s'élevaient de grade en grade jusqu'au consulat. On commençait d'ordinaire par une des charges du vigintivirat quand on voulait suivre la carrière civile, par une charge de tribun ou de préfet de la cavalerie quand on embrassait la carrière des armes. Nous distinguons maintenant ce double point de départ, qui n'existait pas sous la république, parce que depuis l'établissement des armées permanentes il y avait complète séparation entre les fonctions civiles et les fonctions militaires. Quand on avait passé par l'une ou l'autre de ces deux charges on demandait la questure, qui ouvrait l'entrée au sénat et à laquelle on pouvait arriver maintenant dès l'âge de vingt-cinq ans. Venaient ensuite l'édilité, le tribunat et enfin à trente ans la préture. Afin de mieux réserver ces charges aux familles nobles, elles étaient interdites à quiconque n'était pas citoyen romain de naissance.

Pour satisfaire des ambitions impatientes ou récompenser des favoris, l'empereur, d'après un exemple donné par Jules César, conférait souvent lui-même ou faisait décerner par le sénat à de simples sénateurs ou à des citoyens qui n'appartenaient même pas au sénat les honneurs du consulat, de la préture, du tribunat ou de la questure (*ornamenta vel insignia consularia, etc., referre*). Depuis Septime-Sévère, lorsqu'un personnage qui avait reçu déjà les ornements consulaires était nommé consul, on lui comptait ce consulat comme si c'était le second qu'il gérait. La femme d'un consul participait à sa dignité consulaire, et même, devenue veuve, gardait le rang que la charge exercée par son époux lui avait valu.

Il n'y avait point de traitement attaché à ces magistratures; loin de là, elles obligeaient à de grandes dépenses pour les fêtes qu'étaient forcés de donner ceux qui en étaient investis. Cette obligation qui y était attachée fournit aux empereurs un moyen commode de contenter sans dépenses pour eux-mêmes le goût chaque jour plus vif de la foule pour les fêtes et les spectacles. Ils se déchargeaient du soin d'amuser le peuple sur les grands, trouvant à cela deux fois leur compte : le peuple, gorgé de fêtes, était docile, et les grands que la vanité poussait à vouloir des charges s'y ruinaient. Les consuls devaient à leur entrée en fonctions donner des courses et des combats de bêtes. Octave mit aussi à la charge des préteurs, en leur accordant une légère indemnité à prendre sur le trésor, les jeux que donnaient auparavant les édiles, parce qu'il ne trouvait plus personne qui voulût accepter une charge qui imposait plus de dépenses qu'elle ne donnait d'honneurs. Claude exigea des questeurs qu'ils donnassent des combats de gladiateurs ; ce qui rendit cette charge accessible seulement aux riches citoyens. Aussi les principes généraux de la loi civile durent être modifiés en faveur des fonctionnaires qui avaient des jeux à donner au peuple. Les donations, interdites à la femme mariée, furent autorisées dans ce cas.

FONCTIONNAIRES IMPÉRIAUX. En tête des magistratures nouvelles il faut placer le *préfet de la ville*. Cette charge fut instituée comme magistrature ordinaire et permanente par Octave, et investie de pouvoirs fort étendus. Le préfet de la ville veillait sur tout ce qui pouvait troubler le repos public, et intervenait dans toutes les choses d'où aurait pu sortir quelque mouvement populaire. Ainsi il tenait la main à ce que le prix de la viande ne fût pas arbitrairement haussé; et il poursuivait les usuriers et les tuteurs infidèles, qui avaient dissipé ou détourné le bien de leurs pupilles ; il recevait les plaintes des esclaves contre leur maître et celles des patrons contre leurs affranchis. Il jugeait les appels de tous les procès suivis à Rome et hors de la ville jusqu'à sept cent cinquante stades de ses murs, c'est-à-dire que sa juridiction s'étendait jusqu'à cent milles de Rome. Son autorité alla croissant pendant deux siècles; il envahit peu à peu presque toute la juridiction criminelle; il eut le droit de relégation hors de l'Italie, fût le juge des sénateurs, le président du sénat en l'absence de l'empereur, etc. Pour exécuter ses ordres il avait à sa disposition les cohortes urbaines, corps qui s'éleva jusqu'à six mille hommes et qu'il distribuait en postes ou stations dans la ville, *dispositos milites stationarios ad tuendam popularium quietem* (Digeste, I, 12). Afin d'augmenter encore la consiération de cette haute charge, on ne la onnait qu'à des personnages consu- ´ires; et sous les bons empereurs on ⟩nservait le plus longtemps possible le ıême préfet dans ses fonctions. A partir ɔ Valérien un système contraire pré- alut. Le préfet de la ville fut changé ›us les ans.

Une autre charge nouvelle qui prit ne très-grande importance fut celle de réfet du prétoire. Les préfets du pré- ›ire, créés en l'an 2 avant notre ère, 'étaient d'abord que les commandants ɔ la garde personnelle du prince, c'est- -dire des soldats prétoriens. Mais dans ne monarchie soumise au pouvoir ab- ›lu, où le prince était tout, et où il ait sans cesse entouré de complots, ̇ eux qui étaient chargés de veiller à sa ̂reté ne pouvaient manquer de voir ̇ur influence et leur autorité croître ans cesse. Il en fut ainsi à partir de ibère pour le préfet du prétoire. Sous ɔt empereur Séjan régna. Il lui avait ersuadé de réunir dans un camp atte- ant aux murs de Rome les cohortes rétoriennes, qui auparavant étaient en arnison dans plusieurs villes de l'Italie; uand il eut sous la main cette armée ɔut organisée, il tint sûrement Rome t le sénat. Aussi l'empereur lui laissa nvahir les fonctions civiles, que le préfet u prétoire joignit dès lors à ses fonc- ions militaires. Macron sous Caligula ut presque aussi puissant que Séjan. Sous ̇laude et Néron les affranchis du prince ̇alancèrent le crédit du préfet du pré- ɔire, que la main sévère de Vespasien, ɔ Domitien et de Trajan retint dans ̇ subordination. Mais sous Commode 'erennis renouvela la fortune de Séjan. ́u troisième siècle la préfecture du ˙rétoire donnait à celui qui en était in- esti la première place dans l'Empire près l'empereur. Sous les empereurs aibles le préfet du prétoire était le chef ́éritable du gouvernement. Tout ce qui ̇oncernait la sûreté personnelle du ˙rince était de son ressort; il avait de plus ̇uccessivement envahi toutes les par- ́ies de l'administration. Non-seulement l avait la direction supérieure des choses ̇ilitaires et de l'armée; mais il inter- ̇enait dans toutes les affaires impor- ̇antes de l'État. « Les préfets du prétoire, ̇it M. Naudet, donnaient des instructions aux magistrats qui partaient pour leurs provinces; ils les confirmaient; il les destituaient, d'après un rapport qu'ils fai- saient eux-mêmes à l'empereur; ils nom- maient des gouverneurs par intérim pen- dant la vacance des emplois; ils avaient l'intendance générale des tributs et des armées, tant pour l'approvisionnement des vivres que pour la répression des délits; ils contresignaient et promul- guaient les ordonnances des empereurs.

« Ils réunissaient tous les pouvoirs, à la fois ministres de la maison impériale, ministres de la justice, ministres des finances, ministres de la police, minis- tres de la guerre, commandants de la garde du prince, et souvent généraux des armées.

« Les juges des provinces, dans de grandes et importantes questions, ou pour des attentats contre la majesté de l'empereur, la sûreté de l'Empire, la sainteté de la religion, renvoyaient les parties ou les prévenus au jugement des préfets du prétoire. Les appels de toutes les justices provinciales à l'autorité sou- veraine revenaient à leur tribunal. Ils s'étaient arrogé même le droit de rendre des arrêts contre les sénateurs. Un décret d'Alexandre ordonna d'observer leurs édits, même ceux qui contenaient des dispositions générales pour tout l'Em- pire, à moins qu'il ne les changeât par une décision expresse.

« Cette dignité si élevée, si terrible, n'appartenait ordinairement qu'à des chevaliers; et même des affranchis l'a- vilirent quelquefois. Cependant elle fut honorée par un sénateur, et par Titus sous le règne de Vespasien; mais on était habitué à la regarder comme peu com- patible avec les fonctions sénatoriales.

« Commode voulait se défaire de Pa- ternus, et n'osait pas le tuer avant de l'avoir dépouillé de la préfecture. Il ne trouva d'autre expédient que de le nom- mer sénateur, sous prétexte de le mettre dans un rang plus éminent.

« Selon les lois, le préfet du prétoire n'avait le droit d'assister aux assemblées du sénat que comme spectateur, et il devait se retirer avec le public lorsque la séance devenait secrète; mais les lois se taisaient devant Perennis, Plautien et les autres qui leur ressemblèrent.

« Depuis Alexandre, on adopta de

prendre dans le sénat les préfets du prétoire, afin qu'on ne vît pas les sénateurs jugés par des hommes qui ne l'étaient pas. Cette dignité était devenue la source de toutes les justices de l'Empire, et elle fut illustrée par de grands hommes d'État et par de célèbres jurisconsultes. Papinien, Ulpien, Misythée, en l'exerçant, firent le bonheur de leurs contemporains, et laissèrent des lois utiles pour la postérité.

« Le nombre des préfets n'était pas d'abord fixé : on en avait vu un seul, deux à la fois et jusqu'à trois. Commode en nomma deux après la conspiration de Pérennis, croyant qu'il était plus sûr de ne pas confier à un seul une si grande puissance, et que la partager c'était retirer aux ambitieux les moyens d'aspirer au trône. Ses successeurs ne l'imitèrent pas toujours. »

Deux charges qui datent de l'Empire sont celles de préfet du guet, *præfectus vigilum* et de *préfet de l'annone;* celui-ci était l'intendant des vivres pour la ville de Rome. Il connaissait de tous les délits qui concernaient l'approvisionnement de la ville et la manutention. Le préfet du guet devait rechercher et poursuivre les incendiaires, voleurs et receleurs; mais il les remettait au préfet de la ville toutes les fois que la sentence à intervenir pouvait être capitale ou même seulement grave; sa juridiction était donc en quelque sorte celle de nos tribunaux de police correctionnelle. Aussi ceux qui avaient mis le feu par imprudence à une maison restaient ses justiciables; ceux qui avaient allumé un incendie avec intention de nuire devaient être renvoyés au préfet de la ville.

Les *préfets de l'ærarium* étaient aussi de création impériale. Pour la levée des revenus de la caisse particulière de l'empereur Octave institua des *procurateurs*, et il multiplia pour les diverses branches de l'administration les *curatores*.

Tous ces officiers impériaux, préfets et procurateurs, recevaient un traitement. C'était un moyen pour le prince d'aller prendre les agents de ses volontés jusque parmi les gens de basse condition, mais habiles, et d'exiger beaucoup de ceux qu'il salariait.

Ces officiers, dit M. Laboulaye, avec un nom modeste, sans rôle politique, n'ayant que des attributions administratives, se substituaient peu à peu aux magistrats de la république; le préfet de la ville supplante les consuls et les préteurs; le préfet des *vigiles* et le *prefectus annonæ* prennent la place des édiles, les préfets du trésor celle des questeurs. C'est ainsi qu'insensiblement la puissance réelle des magistrats du peuple leur est enlevée. Ils conservent longtemps encore toutes les apparences, et tous les honneurs sont pour eux. Aux officiers de la république le soin d'amuser le peuple et de lui plaire, comme autrefois, par des fêtes splendides; pour eux la première place dans tous les spectacles et toutes les cérémonies; pour eux seuls, comme au temps de la république, toutes les jouissances de la vanité.

« Ainsi, rien ne semble changé dans l'État; mêmes noms de dignités et de magistratures; un sénat, des consuls, des préteurs, des édiles, plus brillants que jamais; mais la vie s'est retirée de toute cette pompe et de tout cet appareil, il n'y a plus qu'une autorité véritable, celle du prince et de ses officiers, qui seuls ont toute la peine et tout le pouvoir. »

§ IV. *Organisation judiciaire.*

Une des plus grandes originalités de Rome c'est à coup sûr son droit. On ne s'étonnera donc pas que nous donnions dans ce livre une large place au droit romain. Mais le présent chapitre étant consacré à exposer les diverses branches de l'administration publique, nous ne parlerons ici que de l'organisation des tribunaux et des formes de la procédure, soit au civil, soit au criminel; nous réserverons un chapitre spécial pour exposer la législation et les principes de ce droit romain, qui après avoir régi la plus vaste société qu'ait vue notre Occident, a servi et sert encore de base aux codes modernes (1).

(1) En cette matière plus encore qu'en aucune autre nous reconnaissons notre incompétence. Aussi ne nous sommes-nous pas fait faute de puiser à pleines mains dans un excellent ouvrage, celui de Walter, dont M. Laboulaye avait entrepris la traduction. Malheureusement M. Laboulaye n'a donné qu'une

Toute organisation judiciaire suppose trois choses : la *loi*, le *juge*, et les *formes* suivant lesquelles agit cette double force de la loi et du juge. De ces trois choses nous n'avons pas à nous occuper ici de la première ; le texte de la loi se trouve dans les Douze Tables et dans la législation subséquente ; mais nous traiterons des deux autres c'est-à-dire de l'autorité qui appliquait la loi et de la procédure suivie pour faire valoir son droit en justice. En étudiant cette riche mais difficile matière nous admirerons le profond esprit d'analyse qu'y ont porté les jurisconsultes romains.

Procédure civile sous la république.

LA JURIDICTION. — A Rome, on l'a déjà vu, les pouvoirs n'étaient pas rigoureusement séparés, comme ils le sont aujourd'hui chez nous. Toutes nos constitutions depuis 1789 n'ont vu la liberté et la bonne administration du pays que dans cette distinction des pouvoirs qui font la loi, qui l'exécutent et qui l'appliquent, législatif, exécutif et judiciaire(1). Les Romains, au contraire, mêlaient tout, et trouvaient la liberté dans l'équilibre des diverses autorités. Seulement ils avaient réservé la souveraineté du peuple ; et ils avaient pris soin, outre de partager chacun de ces pouvoirs entre plusieurs fonctionnaires, tous armés d'un véto en face d'un collègue ou des fonctionnaires inférieurs, mais tous aussi placés sous la menace sérieuse d'une responsabilité réelle et terrible.

Ainsi donc la juridiction et l'administration étaient confondues. Un seul mot désignait ce double pouvoir, du moins pour les magistrats supérieurs, *imperium*; et ce n'était que quand on voulait distinguer l'autorité judiciaire des autres attributions qu'on appelait l'une *juridiction* et les autres *imperium*. Les magistrats inférieurs n'avaient pas l'*imperium*, et cependant ils avaient souvent une juridiction. La juridiction criminelle ne faisait pas partie de l'*imperium* ordinaire. Elle était toujours une délégation spéciale désignée sous le nom de *merum imperium*, en opposition avec le *mixtum imperium*. « Le *merum imperium*, dit Ulpien, est le droit de punir du glaive les hommes criminels, droit qui s'appelle aussi *potestas* (Dig. II , 1, § 3). Le *mixtum imperium*, auquel la juridiction est jointe, consiste dans le pouvoir d'envoyer en possession de biens.

Les Romains partageaient en deux classes les attributions que le *mixtum imperium* donnait au magistrat, selon que l'on considérait davantage la *jurisdictio* ou l'*imperium*. La juridiction conférait au magistrat la prérogative de prononcer sur le point de droit et de faire juger le fait par le juge, *judex*, que les parties avaient choisi ; mais c'était en vertu de son *imperium* qu'il accordait la *bonorum possessio*, qu'il exigeait des cautions, et que dans l'ancien droit l'*in jure cessio* ou translation de la propriété, l'adoption, l'émancipation et la manumission avaient lieu devant lui.

La juridiction du préteur était exprimée par trois mots : *Do, dico, addico*; c'est-à-dire : je donne le juge, je dis le droit et j'adjuge les biens.

Organisation judiciaire des premiers siècles.

LE ROI, LES CONSULS ET LES AUTRES MAGISTRATS. — Dans l'origine le roi fut le chef de la justice comme de l'armée. Il jugeait en personne d'après les lois et les coutumes. Denys d'Halicarnasse assure que sous le roi Servius un tribunal particulier fut institué pour juger les contes-

---

plus faible partie de son travail, la procédure civile ; et encore cette traduction, bien qu'elle nous ait été fort utile, se trouve-t-elle sur plusieurs points arriérée, car depuis qu'elle a paru l'auteur a publié une nouvelle édition de son livre, retravaillé à fond. M. Laboulaye, si bon juge en ces matières, disait de cet ouvrage en 1841 : « Il nous semble l'œuvre sinon la plus originale, du moins la plus complète, qu'on ait publiée sur l'histoire du droit romain. » Nous avons eu aussi constamment sous les yeux l'*Histoire du droit civil de Rome*, qui forme le premier volume du monument que M. Laferrière élève à l'histoire du droit français, le *Droit privé des Romains* de Marezoll, traduit par M. Pellat, et l'*Essai sur les lois criminelles des Romains*, de M. Laboulaye.

(1) La constitution de 1848 dit encore, chap. III, art. 19 : La séparation des pouvoirs est la première condition d'un gouvernement libre.

tations des citoyens. Les consuls héritèrent de la juridiction des rois; aussi les désignait-on quelquefois sous le nom de *judices*. Mais quand le sénat dut céder le consulat aux plébéiens, et que les guerres devinrent de jour en jour plus longues et plus lointaines, on créa un nouveau magistrat, le *préteur*, dont les fonctions furent d'abord exclusivement judiciaires. Les édiles, chargés de la police de la ville, eurent aussi une juridiction particulière pour réprimer toute fraude dans les ventes publiques, toute falsification des poids et mesures, toute infraction aux règlements de voierie; compétence au reste qui, en cas d'empêchement des édiles, pouvait être réclamée et exercée par le préteur.

Mais ces magistrats étaient trop peu nombreux pour pouvoir suffire à toutes les affaires : on vint à leur aide de deux manières, par l'établissement de tribunaux permanents et par l'autorisation qui leur fut accordée de constituer à leur place des juges qui ne décidaient que pour une seule affaire.

TRIBUNAL DES CENTUMVIRS. — Le premier des tribunaux permanents était celui des centumvirs. Sa compétence était fort étendue; son objet principal était les questions concernant la famille, la propriété et les successions (1). Aussi la lance, symbole de la propriété quiritaire, était-elle toujours plantée devant le tribunal des centumvirs. C'est là, bien que les avocats célèbres vinssent rarement y plaider, que les plus subtiles questions étaient débattues; et, comme ils jugeaient le droit aussi bien que le fait, leurs *præjudicia*, ou décisions sur un point douteux qui devait comme question préalable influer sur la décision d'un autre différend, en la préjugeant, avaient la plus haute importance.

Le nombre des centumvirs fut de cent cinq, trois par tribus, nommés vraisemblablement par le préteur, à moins

qu'il ne faille prendre à la lettre le mot de Festus : *electi ad judicandum*, et supposer que ce *choix* était fait par les tribus elles-mêmes. Cependant il n'en faudrait pas conclure que ce tribunal ne datât que des temps où Rome compta trente-cinq tribus; son origine remonte peut-être jusqu'à Servius; et alors il serait le tribunal fondé par ce prince et dont Denys-d'Halicarnasse nous parle. Son organisation sous la république est mal connue. Suivant les uns, c'était un tribunal tout plébéien et dont les membres étaient choisis indistinctement dans tous les ordres; selon d'autres, ces juges devaient être d'ordre sénatorial; on veut dire sans doute qu'ils devaient être patriciens; car il n'y avait pas alors d'ordre sénatorial. Je me rangerais volontiers à cette opinion. La connaissance du droit resta, en effet, longtemps à Rome une science aristocratique, et le tribunal des centumvirs se montra plus soucieux qu'aucune autre juridiction de conserver les vieux usages. Il admettait encore les *legis actiones* quand la loi *Æbutia* les avait déjà abolies. Aulu-Gelle le dit formellement (XVI, 10).

Au temps des empereurs, le tribunal centumviral comptait au moins cent quatre-vingts membres, partagés en quatre conseils ou sénats qui siégeaient dans la basilique *Julia* et formaient autant de tribunaux séparés. Il y avait cependant de certaines affaires qui se portaient successivement à deux de ces conseils, et d'autres pour lesquelles les quatre conseils se réunissaient. Le président des quatre sections réunies était un préteur. Mais les questeurs sortis de charge eurent la direction des affaires jusqu'au temps où Octave confia cette fonction aux *decemviri litibus judicandis*.

Sous l'Empire ce tribunal fut le seul qui restât ouvert à l'éloquence. Pline parle souvent, et avec emphase, des causes qu'il y plaida. Il est inutile d'ajouter que la grande éloquence politique ne pouvait se retrouver dans ces débats d'intérêt privé. On ignore la date de la suppression de cette cour. Peut-être n'est-elle tombée qu'avec l'Empire d'Occident.

Je trouve dans l'ouvrage cité de M. Laferrière une juste et profonde dé-

---

(1) Cicéron énumère ainsi les attributions des centumvirs... : *in causis centumviralibus, in quibus usucapionum, tutelarum, gentilitatum agnationum, alluvionum, circumluvionum nexorum, mancipiorum, parietum, luminum, stilicidiorum, testamentorum ruptorum et ratorum, ceterarumque rerum innumerabilium jura versentur*. De Orat. 1, 38.

mitation de la compétence du tribunal des centumvirs. « Elle embrassait, dit-il, les questions relatives :

« 1° A l'état des personnes, c'est-à-dire aux qualités d'homme libre ou d'ingénu, d'étranger, de citoyen, questions d'État, qui sont toujours *préjudicielles* et doivent être décidées avant le litige à l'occasion duquel elles se présentent ;

« 2° Aux droits de famille, c'est-à-dire aux droits de gentilité, d'agnation, de tutelle, de filiation, de mariage, de divorce ;

« 3° A la pétition d'hérédité, soit testamentaire, soit légitime ; à la qualité d'héritier, qui ne pouvait, même incidemment, être fixée par les autres juges ; à la plainte d'inofficiosité, qui attaquait la sentence testamentaire du chef de famille ou l'exhérédation des héritiers siens.

« 4° A la propriété romaine, ou quiritaire, et aux accessoires, comme les servitudes réelles. Que reste-t-il donc en dehors de la compétence civile des centumvirs ? Il reste les possessions de biens, ou successions prétoriennes ; les actions fictives, qui ne se rapprochent des actions civiles que par des assimilations faites par le préteur, comme l'action publicienne ; ou les obligations qui naissent des contrats, comme des contrats ; les obligations qui naissent des délits, ou autres faits dommageables ; les questions qui concernent les personnes, les biens, les conventions des étrangers, dont la qualité n'est pas contestée, les questions possessoires, et les actions *in factum*, d'un nombre indéfini.

« Ce point reconnu, nous tenons la clef de l'organisation judiciaire et de la compétence d'après les institutions romaines.

« La république était fondée sur la souveraineté du peuple romain. En matière criminelle, le peuple en corps, par l'appel porté devant les comices, statuait sur la vie du citoyen, sur le droit de liberté et de cité. « *Populus romanus de jure* « *libertatis et civitatis suum esse judi-* « *cium putat et recte putat* », disait Cicéron. — En matière civile il fallait une institution conforme à ce principe de souveraineté pour statuer définitivement sur la condition et sur la propriété des citoyens. Cette institution, c'était le tribunal des centumvirs, directement élus par les tribus. Les centumvirs représentaient la souveraineté du peuple romain. Dans les affaires civiles, le peuple assemblé ne pouvait décider par lui-même ; il avait été contraint par la nature, la difficulté, le grand nombre des questions à juger, de déléguer sa souveraineté. Les centumvirs, délégués par le peuple, étaient donc les juges naturels de la qualité des citoyens, de leurs droits de famille, du domaine quiritaire et de l'hérédité, en un mot de ce qui tenait le plus étroitement à la constitution de la cité. La lance romaine placée devant le tribunal des centumvirs était le signe permanent du domaine quiritaire et de la souveraineté. »

TRIBUNAL DES DÉCEMVIRS. — L'autre tribunal permanent était celui des *decemviri litibus judicandis*. Il appartenait au corps des Vingt-Six, dont nous avons déjà parlé ci-dessus. Les *decemviri litibus judicandis* doivent avoir été créés dans le même temps que les triumvirs capitaux, vers l'année 289 avant notre ère. On sait peu de chose de leur compétence ; Cicéron nous montre que les questions d'État étaient jugées par eux. Le jurisconsulte Pomponius ne fait pas d'eux un tribunal à part, mais seulement les présidents du tribunal des centumvirs. Selon d'autres, cette prérogative ne leur avait été donnée que par Auguste. Cependant deux textes de Cicéron (1) sont formels, à moins qu'on ne veuille admettre que ces présidents des centumvirs se réunissaient et se constituaient en tribunal particulier pour prononcer d'une manière plus solennelle *de libertate*, la plus grave en effet des questions de droit civil. Sous les empereurs ils paraissent avoir eu une part de la juridiction criminelle.

LES JUGES. — Le magistrat devant lequel on portait une plainte litigieuse la recevait, et le procès était ouvert et préparé par le fonctionnaire que la constitution chargeait spécialement du soin de rendre la justice, de dire le droit, *magistratus juri dicundo*. La plainte admise, le magistrat décidait le point de droit soulevé par le procès, c'est-à-

(1) *Pro Cæcina*, 33 ; *Pro domo*, 29.

dire qu'il posait le principe général de droit d'après lequel devait être jugé le cas particulier soumis au jugement. Mais pour appliquer ce principe, il fallait éclaircir auparavant la question de fait. Ce n'était pas assez de dire : Le dol entraîne telle peine ; il fallait savoir s'il y avait reellement dol. Il y avait donc à examiner les circonstances de fait, les allégations des parties, les dépositions des témoins. Pour cet examen du point de fait, pour toutes les procédures auxquelles l'affaire donnait lieu, et même pour la sentence, le magistrat instituait juge une personne privée, nommée par lui sur l'accord et le consentement des parties, et qui, la question de fait éclaircie, jugeait en appliquant dans la décision finale le principe de droit posé par le magistrat.

En de certains cas, on ne nommait qu'un seul *judex*; en d'autres c'étaient des *recuperatores* qui jugeaient. Le *judex* était d'ordinaire pris parmi les sénateurs ; mais il n'y avait pas obligation de le choisir toujours si haut. Ce fut sans doute l'usage général jusqu'à Caïus Gracchus. On ne sait même si avant Octave les juges pour les procès civils étaient élus d'avance et inscrits sur un *album*, ou liste que le préteur de la ville dressait tous les ans ; car les lois judiciaires portées dans le septième siècle de Rome n'ont trait qu'aux tribunaux criminels. C'est donc à ceux-ci, et non aux tribunaux civils, qu'il faut rapporter tout ce qu'on lit dans Cicéron, Velleius Paterculus, Plutarque et Pline sur le nombre des juges choisis chaque année parmi les citoyens à qui la loi reconnaissait la capacité d'exercer les fonctions judiciaires. Dans les constestations avec les étrangers, *peregrini*, il pouvait arriver que le juge institué par le préteur fût, non un des citoyens romains dont le nom était porté sur le tableau, mais un *peregrinus*.

Le choix du *judex* était fait, disions-nous, par les parties, soit qu'elles l'eussent pris elles-mêmes, *judicem ferre*, soit qu'elles n'eussent pas récusé celui qui leur avait été proposé par le préteur, *rejicere, ejerare judicem*. Ce libre choix du juge était considéré comme une des garanties de la liberté. Nos pères ont voulu, dit Cicéron, que même pour les moindres affaires il n'y eût d'autre juge que celui que les adversaires ont eux-mêmes accepté ou désigné, *nisi qui inter adversarios convenisset* (Pro Cluentio, 43). Aussi ce juge ne prenait-il souvent que le nom d'arbitre, surtout quand il s'agissait de décider, non d'après le droit strict, mais à l'amiable, quand la question portait sur une chose incertaine. *Aliud est judicium*, dit Cicéron, *aliud est arbitrium : judicium est pecuniæ certæ, arbitrium est incertæ*. (Pro Rosc., 4.)

Le juge ainsi désigné prêtait serment de remplir consciencieusement son office. Il avait le droit de s'adjoindre un ou plusieurs autres citoyens pour consulter leur expérience, et de les faire siéger à ses côtés. A cet effet, il appelait souvent de savants jurisconsultes, qui devaient l'éclairer sur la question de droit ; c'étaient les assesseurs, *assessores*. Le jugement ainsi rendu s'appelait *judicium privatum*. Quant à la compétence de ces juges, M. Laferrière la borne principalement aux matières qui n'étaient pas de la compétence des centumvirs, c'est-à-dire: « aux *successions*, aux *actions réelles prétoriennes*, distinctes de la propriété quiritaire, aux *obligations* ou *aux actions personnelles*, et par conséquent à la vaste matière des contrats et des engagements sans contrat. Ce sont tous les procès relatifs aux matières que nous venons de rappeler qui tombaient par le renvoi du préteur sous l'appréciation du juge et des arbitres, et qui formaient la matière même de leur compétence. »

Lorsque, par exception, c'était le magistrat lui-même qui examinait la question de fait en même temps que la question de droit, on disait qu'il y avait jugement *extra ordinem*, et le jugement s'appelait *extraordinarium judicium*. Remarquons tout de suite que ce qui était l'exception sous la république devint la règle sous l'empire : les *judicia privata* furent remplacés par les *judicia extraordinaria*.

LES RÉCUPÉRATEURS. — Il y avait une autre sorte de juges privés, les *recuperatores*, qui paraissent avoir été chargés de juger les affaires qui réclamaient une prompte décision. Dans la règle on devait toujours en nommer plusieurs pour une même affaire, trois ou cinq. Le magistrat les proposait, mais les parties

ient le droit de récusation. Il n'était nécessaire de les choisir parmi les ateurs ou les chevaliers; quelquefois les prenait parmi les citoyens prés...ts; leurs jugements étaient des *judi. sub imperio*, et par conséquent de.ent être prononcés avant la sortie de .rge du magistrat qui les avait ins.ués, et ils entraient en fonctions im.diatement après leur nomination.
On donnait aussi ce nom de *recupera-.es* aux juges nommés, en vertu des ités, pour décider sur les réclama.ns élevées entre Rome et une cité al.e ou entre des citoyens romains et des bitants d'une ville alliée. Dans les ntestations entre nations sujettes de .me les *recuperatores* étaient naturel.nent choisis par le sénat ou par les néraux romains.
Suivant M. Laferrière, les récupé.eurs avaient la poursuite et le juge.nt des choses privées entre citoyens étrangers, des faits possessoires entre oyens romains, des obligations nais.nt des délits, de la réparation des mmages et des injures, des faits de ncussion, des actions utiles ou préto.nnes, *in factum*, qui suppléaient au faut des autres et pouvaient être exer.es même par les fils de famille.
Après avoir ainsi exposé la compé.nce des diverses juridictions, le même risconsulte conclut ainsi : « La com.tence des tribunaux ou des juges était nc déterminée par la *nature même s actions* ou *des intérêts à juger*, prin.pe éternel de droit et de raison, sur le.iel s'appuie la théorie générale de la mpétence et sur lequel repose en par.. notre système judiciaire.
« Gaïus, en effet, a distingué les trois andes classes des actions *in rem, in rsonam, in factum*, qui se distribuent .tre les différentes branches de l'orga.sation judiciaire. Or, quand il a parlé s actions réelles du droit civil, *vin.cationes*, il a mis en regard de ces ac.ons le tribunal des centumvirs.
« Quand il a parlé des actions person.elles, il a mis en regard le *judex*; et .n sait que l'arbitre n'est qu'un juge .ur les obligations de faire, pour les .ligations de bonne foi.
« Enfin, quand il a parlé des actions *. factum*, actions personnelles, qui se

distinguent des autres par la cause qui les produit et la formule qui les exprime, il a mis en regard les récupérateurs, dont Cicéron, d'ailleurs, et Gaïus lui-même ont marqué la compétence en matière de possession.

« Entre ces différentes branches de l'institution judiciaire il n'y avait pas de hiérarchie, de degrés de juridiction, de recours en appel proprement dit. L'appel au peuple, dans les comices, n'était relatif qu'aux jugements en matière criminelle. Toutefois, dans le tribunal des centumvirs, qui représentait le peuple, il y avait un recours possible d'une section à deux ou plusieurs sections réunies; et ce recours soumettait une cause à l'épreuve de plus d'un jugement. La sentence rendue par deux ou quatre sections prenait la dénomination, propre et indicative, de *duplex judicium, quadruplex judicium*.

« Les magistrats égaux en pouvoir, comme les consuls, les préteurs, urbain ou pérégrin, avaient le *veto* par rapport à leurs actes respectifs; et ce droit appliqué aux actions judiciaires était appelé droit d'*intercession*. Ainsi Verrès, préteur de la ville, trouvait obstacle à ses injustices dans l'intercession habituelle de L. Pison, préteur des étrangers; et Jules César nous montre le préteur Cœlius Rufus plaçant son tribunal auprès de celui du préteur de la ville C. Trébonius, pour recevoir plus facilement les réclamations des débiteurs, qui en *appelleraient* à son intercession : *si quis appellasset*. Le droit d'*intercession* appartenait également aux tribuns, qui pouvaient s'opposer devant le magistrat à la continuation du litige, et faire ainsi renvoyer l'affaire à une époque où le magistrat qui donnait le juge ne serait plus en exercice. Le *veto* ne pouvait être opposé qu'au magistrat, et par le tribun présent à l'injustice commise. Les tribuns étaient sans force quand le litige était engagé devant les centumvirs ou les autres juges. Ils n'avaient, au surplus, leur droit d'intercession que dans Rome, et à un mille autour de Rome. Les *judicia legitima*, auxquels les tribuns opposaient leur *veto*, reprenaient leur cours à l'expiration des fonctions du tribun opposant; ils se soutenaient par l'autorité de la *loi*, tandis que les jugements récupératoires, ou les autres litiges qui étaient subordonnés à l'*imperium* du magistrat, pouvaient, longtemps et même complétement, rester sans solution, par l'opposition tribunitienne. En effet, si l'opposition se maintenait pendant l'année assignée au pouvoir du préteur, tout était arrêté : le pouvoir annuel du magistrat cessant, il fallait recommencer la procédure devant son successeur ; or elle ne pouvait arriver à solution si d'autres tribuns usaient encore de leur droit de *veto* et reprenaient l'opposition de leurs prédécesseurs. La force et la garantie des jugements ou instances légitimes étaient donc bien plus grandes à Rome que celles des litiges soumis à la compétence des récupérateurs, et que celles des autres procédures, appuyées, non sur la loi, mais seulement sur le pouvoir du magistrat. »

ORGANISATION JUDICIAIRE DANS L'ITALIE. — Dans les municipes italiens et dans les colonies, la juridiction appartenait aux magistrats municipaux; dans les préfectures elle était exercée par les préfets romains. Leur compétence était-elle dans l'origine, absolue ? On ne saurait le dire ; mais sous les empereurs elle était certainement limitée; nous le verrons bientôt. La justice était administrée comme à Rome. Le magistrat éclairait par une *formule* qu'il donnait au juge le point de droit; et pour l'application du droit au fait, il établissait un *judicium*, c'est-à-dire qu'il instituait un juge ou plusieurs récupérateurs. Ce juge était-il pris parmi les décurions ou dans la *plebs* ? Sur ce point les témoignages varient.

ORGANISATION JUDICIAIRE DANS LES PROVINCES. — Dans les provinces l'organisation judiciaire était l'image de celle de Rome. Le proconsul y représentait le préteur, et les récupérateurs le tribunal des centumvirs, dont ils avaient la compétence. En faisant leurs tournées, les gouverneurs tenaient à des époques fixées d'avance des assises, *conventus*, où ils s'occupaient principalement de régler les affaires judiciaires. A ces assises ils recevaient les plaintes, et instituaient, comme le préteur à Rome, un *judicium*, composé soit de citoyens romains se trouvant au *conventus*, soit de provinciaux. En Sicile, et les mêmes usages étaient suivis dans beaucoup d'autres provinces, les contestations entre citoyens d'une ville étaient portées devant le magistrat de la cité. Les contestations entre citoyens de villes différentes étaient portées devant un juge que le préteur avait choisi parmi les indigènes. Quand il s'agissait de réclamations de particuliers contre une ville, ou d'une ville contre un particulier, le sénat d'une autre ville décidait. Un Romain actionnait-il un Sicilien, ou un Sicilien un Romain, le juge était pris dans la nation du défendeur ? Pour les autres cas, les juges étaient tirés du *conventus* des citoyens romains. Tantôt aussi il n'y avait, comme à Rome, qu'un seul juge, et tantôt des *recuperatores*. Mais les parties conservaient le droit de récusation.

LEGITIMA JUDICIA. — Tous les tribunaux romains étaient partagés en deux classes. Il y avait les *judicia legitima* et les *judicia sub imperio*. Les premiers avaient lieu à Rome, ou à moins d'un mille de ses murs, devant un seul juge ou un arbitre et pour des contestations élevées entre citoyens romains. S'il manquait une seule de ces conditions, ce n'était plus qu'un *judicium sub imperio*. Cette distinction tenait sans doute à une différence fort ancienne; mais on ne saurait rien affirmer de précis à ce sujet (1). Nous verrons plus loin que dans les jugements légitimes, c'est-à-dire dans les actions *quæ legitimo jure consistunt*, qui prennent leur force dans la loi, la durée du procès fut jusqu'à Auguste indéterminée. Ce prince exigea par sa loi *Julia judiciaria* que l'instance fût vidée dans l'intervalle de dix-huit

(1) M. Laferrière dit à ce sujet : « Les jugements légitimes avaient leur origine dans la loi des Douze Tables, les jugements récupératoires ou autres semblables avaient pris naissance dans la coutume; l'usage s'était établi sous la protection du magistrat, et l'exercice du droit était attaché spécialement à cette protection. Quand cette protection n'était plus possible, par l'expiration même de la charge annuelle du magistrat, le droit restait sans force et sans appui. Par jugement ici l'on ne doit pas entendre la chose jugée, mais la poursuite en justice ou l'instance commencée.

lois. Il n'y avait qu'un an pour les *judi-ja sub imperio*. Ce qui assurait à ces instances bien moins de garanties que n'en avaient les *judicia legitima*.

TEMPS LÉGAL POUR L'OUVERTURE DES TRIBUNAUX; SESSIONS JUDICIAIRES; VACANCES. — Quant au temps où les tribunaux pouvaient s'ouvrir, il était rigoureusement déterminé par le calendrier des pontifes. C'était originairement les *dies fasti*, les jours où l'on pouvait dire le droit. Au contraire, ils étaient toujours fermés durant les jours *néfastes* ; et parmi ces *dies nefasti* furent rangées, jusqu'à la loi Hortensia, les nundines, ou jours d'assemblée publique, les jours de fête religieuse et ceux où l'on célébrait des jeux en l'honneur des dieux.

Les grands jeux célébrés au printemps et à l'automne donnaient lieu à de longues vacances pour les *judices selecti*, mais non pour les magistrats qui restaient toujours en fonctions. Il y avait par conséquent pour l'administration de la justice deux sessions *rerum actus*, une d'été et une d'hiver. Claude réunit ces deux époques de vacances en une seule, qu'il plaça en hiver : Galba la supprima. Dans les provinces les sessions dépendaient des jours fixés pour les assises du gouverneur ou *conventus*. Les jours où les tribunaux restaient fermés furent dits *jours fériés*. Après l'établissement du christianisme comme religion de l'État il n'y eut d'abord que le dimanche de jour férié ; on y ajouta quelques fêtes religieuses ou civiles.

SESSIONS JUDICIAIRES ET VACANCES. — La tenue du *conventus* y ouvrait et y fermait les tribunaux les fêtes, celles par exemple pour la moisson et les vendanges. Le magistrat ne jugeait pas pour cela tous les jours ouvrables, comme nous dirions, mais, ce qu'il semble, quand il le croyait nécessaire.

SIÈGE DES TRIBUNAUX. — Le lieu légal où le juge devait siéger était le *comitium* ou le *forum*. Là s'élevait pour les magistrats supérieurs un tribunal où l'on plaçait leur chaise curule ; les magistrats inférieurs et les juges n'étaient assis que sur des bancs. Les municipes avaient aussi leur forum et leur tribunal. Dans les provinces les *conventus juridici* étaient tenus par les gouverneurs dans la même forme que les tribunaux à Rome ; ils y jugeaient sur un tribunal qui portait leur chaise curule. Mais peu à peu tout cela fut changé. Les juges jugèrent non-seulement dans les basiliques, mais encore dans les bureaux des magistrats, dans les *auditoria* et les *secretaria*. Sous l'empire cet usage devint général, et le tribunal même du magistrat fut placé dans le *secretarium*. Mais les portes restaient ouvertes, pour que la procédure fût publique ; et les officiers composant l'*officium* du magistrat y assistaient. Les personnages de distinction obtenaient même un siège d'honneur placé à côté de ceux des juges. Quelquefois un rideau cachait les juges à la foule des spectateurs. Au reste, ce n'étaient que les plus importantes affaires qui étaient portées devant le tribunal, celles qui avaient exigé une instruction compliquée et un *decretum* formel, et non celles qui pouvaient être expédiées par une simple décision ou un arrangement facile. De là la différence entre les décisions rendues *pro tribunali*, par le magistrat sur son tribunal, et celles qu'il rendait hors du siège judiciaire, *de plano*, différence qu'on retrouve aussi dans les villes municipales.

PROCÉDURE PAR ACTIONS DE LA LOI. — Nous venons de voir les diverses autorités chargées de donner force à la loi, ou, suivant la forte expression romaine, de dire le droit. Mais par quel procédé cette force de la loi était-elle mise en jeu ?

Les formes de la procédure au temps des rois nous sont tout à fait inconnues. Celles, au contraire, que les patriciens introduisirent après la promulgation des Douze Tables se retrouvent en partie dans la procédure suivie au cinquième et au sixième siècle. Il y avait alors cinq formes légitimes, cinq *legis actiones*, par lesquelles on pouvait introduire régulièrement une procédure : l'*actio* par *sacramentum*, par *judicis postulatio*, par *condictio*, par *manus injectio*, par *pignoris captio*.

Ces *legis actiones*, qui constituaient le code de procédure alors suivi, consistaient dans des actes et des paroles symboliques rigoureusement déterminés, soit des deux parties, du demandeur et du défendeur, soit du magistrat, et qui avaient pour but d'introduire solennellement le procès. Les quatre premières actions de loi avaient cela de commun qu'elles ne pouvaient avoir lieu que devant le magistrat, *in jure*, à un jour non férié, et en présence de l'adversaire. Ces conditions n'étaient pas exigées pour la cinquième sorte d'action, la *pignoris captio*, laquelle pouvait avoir lieu même un jour néfaste, alors, dit Gaïus, qu'on ne pouvait faire légalement aucun acte juridique, *die quo non licebat lege agere*. Aussi plusieurs jurisconsultes doutaient-ils si cette forme de procédure était une *legis actio*. Toute contravention, même la plus légère, toute erreur, toute faute dans l'accomplissement de ces actes symboliques ou dans les paroles qui devaient les accompagner entraînait inévitablement la perte du procès, *at qui nimium errasset*, dit Gaïus, *litem perderet*. Et il cite l'exemple d'un plaideur qui avait perdu son procès pour une faute semblable. Il s'agissait de ceps de vignes, *vitibus succisis*. Or, le demandeur avait cru devoir se servir dans la formule accessoire à l'action du mot *vitibus* qui spécifiait clairement la chose dont il s'agissait ; mais la loi des Douze-Tables n'avait employé que le terme générique, *arbores* : la formule devait reproduire nécessairement ce mot, alors même qu'il s'agissait d'un cep de vigne ; la formule n'étant plus celle que la loi voulait, le procès ne pouvait être engagé. Remarquons encore que ce qui devait rendre ces fautes fréquentes, à moins de l'assistance d'un patron expérimenté, c'est que dans la procédure par action de la loi c'était la partie qui choisissait à ses risques et périls parmi les formules légitimes établies d'avance celle qu'elle jugeait convenir à la cause. De là la longue dépendance où les plébéiens restèrent dans les questions judiciaires vis-à-vis des patriciens et des pontifes, qui seuls connaissaient les jours où l'on pouvait dire le droit, *dies fasti*, et les termes sacramentels des formules légitimes. Cette dangereuse obligation imposée au demandeur de choisir lui-même la formule dont il avait besoin fut supprimée dans la seconde époque de la procédure romaine. Alors les parties la reçurent des mains même du préteur.

La *legis actio per sacramentum*, la plus ancienne de toutes, s'appliquait, avec des variations de forme, aux poursuites soit pour obligations, soit pour droits réels. Elle consistait, dans tous les cas, en une sorte de gageure que les parties faisaient sur l'objet en litige devant le tribunal, et suivant une formule rigoureusement déterminée. Les deux plaideurs devaient consigner cette somme entre les mains du grand pontife ; et elle était perdue pour celui des plaideurs qui était condamné par les centumvirs ou le juge. Les Douze Tables fixaient le taux du *sacramentum*, ou de la somme engagée. Elle était de 500 as pour les contestations de 1,000, de 50 pour les contestations de moindre valeur ou pour la vendication en liberté. Cette somme n'était pas confisquée au profit de la partie qui avait gagné le procès, mais au profit de l'*ærarium*, et consacrée au frais du culte, aux dépenses des sacrifices : de là le nom de cette action, *sacramentum*. On pouvait employer cette action dans toutes les contestations pour lesquelles il n'y avait point de *legis actio* déterminée.

De l'*actio* appelée *judicis postulatio* nous ne connaissons guère que le nom. Elle se référait à la demande d'un juge pour juger le procès faite au magistrat par-devant lequel les parties avaient comparu. La formule de cette action était sans doute ces paroles J. A. V. P. U. D. c'est-à-dire : *judicem arbitrumve postulo uti des*. Cette action, simplifiant la procédure, remplaçait en plusieurs cas, notamment dans les obligations personnelles, l'*actio per sacramentum*. Les trois autres formes étaient d'application beaucoup plus restreinte.

PROCÉDURE FORMULAIRE. — Ces actions de la loi et les formules qui les accompagnaient devaient être, avons-nous dit, rigoureusement et littéralement observées. Le droit resta ainsi enveloppé dans les liens étroits dont les patriciens et les pontifes l'avaient enchaîné jusqu'en 304. A cette époque, Flavius, ancien greffier des pontifes et scribe du censeur Appius Cœcus, devenu édile curule, divulgua les formules juridiques, dont Appius avait rédigé le recueil, et exposa dans le forum le tableau des urs fastes. Le livre de Flavius, qui renfermait toutes les formules accessoires les actions de la loi, forma le code Flavien, *Jus civile flavianum*. Mais les patriciens ayant inventé de nouvelles formules, pour ressaisir le pouvoir qui leur échappait, ces secondes formules furent publiées par Sextus Ælius vers l'an 202 ; ce livre forma le code Ælien, *Jus Ælianum*. Les formules tombèrent ainsi en désuétude ; et elles furent, sauf quelques cas d'exception, supprimées par la loi *Æbutia*, dont on ignore la date, et d'une manière plus générale par deux lois juliennes, l'une présentée par César, l'autre, la *lex Julia privatorum*, par Auguste. À leur place fut établie la procédure *per formulam*, qui laissait beaucoup plus de latitude au magistrat. Cette nouvelle procédure permettait au demandeur et au défendeur de s'expliquer devant le magistrat sur l'objet en litige sans être astreints à employer les anciennes formes légales. Les parties entendues, le magistrat résumait ce que l'espèce offrait d'essentiel dans une *formule* écrite, qu'il transmettait au juge pour lui servir de direction dans l'instruction de l'affaire et les sentences qu'il devait porter. Aussi la formule mettait l'instance au point où elle se serait trouvée si elle avait été réellement engagée par une *legis actio*.

On conserva pourtant l'ancienne procédure dans les procès jugés par les centumvirs. Les parties se provoquaient devant un des préteurs par l'action *per sacramentum*, et ce *sacramentum* saisissait le tribunal centumviral comme eût fait une formule.

On distinguait quatre parties dans la formule : la *demonstratio*, c'est-à-dire l'indication du fait qui faisait l'objet du procès, comme par exemple : « Aulus Agérius a vendu un esclave à Numérius Négidius » ; ou bien « Aulus Agérius a remis un esclave entre les mains de Numérius Négidius. » L'*intentio* ou l'indication des prétentions mises en avant par le demandeur et de la décision juridique qu'il sollicitait : « Faut-il que Numérius Négidius paye 10,000 sesterces à Aulus Agérius ? » ou bien : « que doit faire N. Négidius vis-à-vis d'Aulus Agérius ? » ou bien encore : « Est-il prouvé que sur cet esclave A. Agérius a le droit de propriété quiritaire ? » L'*adjudicatio*, qui autorisait en de certains cas le juge à adjuger à l'un des copartageants la chose jusque alors commune, décision qui établissait une nouvelle propriété sans qu'il y eût besoin de faire intervenir une *traditio :* « Que le juge adjuge à Titus ce qu'il convient de lui adjuger. » Enfin, la *condemnatio*, qui attribuait au juge le droit de prononcer son jugement suivant le résultat de ses recherches. « Que le juge condamne Numérius Négidius à payer 10,000 sesterces à Aulus Agérius ; s'il n'y a pas preuve contre lui, qu'il le renvoie de la plainte. » Ces quatre parties ne se rencontraient pas nécessairement dans la même formule. L'*intentio* devait toujours y être, et quelquefois elle y était seule. D'ordinaire une formule comprenait la démonstration, l'intention et la condamnation ; parfois même elle était précédée de certaines réserves qu'on appelait une *præscriptio*.

Nous avons déjà remarqué une différence capitale entre l'ancienne procédure par actions de la loi et la procédure formulaire ; c'est que dans celle-ci c'était le préteur qui délivrait aux parties la formule dont elles avaient besoin, et qu'ainsi il ne pouvait y avoir de nullité qu'autant qu'il y avait demande excessive, *plus petitio*. Les plaideurs étaient donc délivrés par cette intervention du magistrat des dangers auxquels les exposait la subtilité des formules accessoires aux actions de loi et la nécessité de choisir eux-mêmes la formule. C'était une conquête de l'esprit d'équité. « Les formules prétoriennes, dit M. Laferrière, étaient de la part des magistrats des actes de légale intervention ; elles donnaient aux citoyens une grande et nouvelle garantie, en offrant aux parties et aux juges un moyen sûr et facile d'appliquer aux litiges la loi ou l'équité. Le préteur intervenant pour la rédaction de la formule, l'appropriant à chaque cause, imprimait la sécurité au cœur du citoyen qui ne demandait pas plus qu'il ne lui était dû, et associait l'exercice de la justice au mouvement de la société romaine, aux besoins nouveaux du commerce et de la civilisation. »

La procédure *per formulam* cessa probablement sous Dioclétien, certainement sous les fils de Constantin. A cette époque on ne délivra plus de formule pour chaque cas particulier.

La procédure formulaire n'était pas en usage seulement à Rome, mais aussi dans les villes qui avaient le droit de cité et où les magistrats municipaux l'avaient apprise, soit par l'édit prétorien, soit par les arrêts des jurisconsultes. Il va sans dire que dans les provinces les magistrats romains la suivaient aussi.

M. Laferrière, qui a cherché avec le plus grand soin à déterminer la compétence des tribunaux et la sphère d'action des deux modes de procédure par-devant les centumvirs et par-devant le préteur, renferme le système formulaire dans les justes limites suivantes. « C'était, dit-il, par rapport aux obligations et actions personnelles naissant des contrats et des délits, par rapport à la délivrance des legs, à la réparation des dommages aux actions réelles prétoriennes, et aux actions in factum; c'était, en un mot, pour les litiges de la compétence du juge, des arbitres, des récupérateurs, toutes choses qui pouvaient se traduire, en une question d'argent comprise dans la condamnation, que les formules étaient d'abord rédigées et données par le préteur. — Il faut remarquer toutefois que le préteur trouva par la suite le moyen de dégager certaines questions de fait ou de droit de la gêne des formules complètes, pour les attribuer séparément à l'appréciation du *judex*; ainsi, il en vint à des formules préjudicielles, qui ne contenaient que l'*intentio*, c'est-à-dire des points de fait ou de droit à décider sans condamnation : par exemple la formule préjudicielle par laquelle on demandait quelle était la quotité d'une dot, ou si quelqu'un était l'affranchi de tel patron, et plusieurs autres, dit Gaïus. — De même le préteur composa des formules conçues en droit, dans lesquelles l'*intentio* était de droit civil : ainsi, la formule dans laquelle le successeur prétorien agissait comme s'il était héritier et propriétaire *ex jure quiritium*; la formule par laquelle le légataire *per vindicationem* agissait contre l'héritier obligé par l'*adition d'hérédité* comme par un contrat; mais alors il y avait condamnation, et la condamnation portait toujours sur la valeur estimative de la chose.

Le préteur, au surplus, étendait l'influence des formules à des cas opposés, ou par droit civil dans les actions de la loi. On ne pouvait agir pour autrui; une formule au contraire fut adaptée à cette possibilité : l'*intentio* était prise des droits supposés du créancier, ou du propriétaire, et la condamnation était convertie en faveur du demandeur agissant au nom d'autrui.

Ces intentions de la formule venaient de s'approprier aux différents aspects des affaires et des instances; elles donnaient plus de liberté d'action à la juridiction prétorienne; elles pouvaient même déplacer quelquefois, mais elles n'effaçaient jamais la profonde ligne de démarcation qui existait entre la compétence des centumvirs et celle des autres juges.

Les écrivains qui, dans nos temps modernes, parlent de l'application du jury aux causes civiles, et citent l'exemple des Romains, oublient que les grandes affaires, celles où les questions les plus élevées, les points de droit les plus difficiles se discutent, celles où la séparation du droit et du fait devient impossible, n'étaient pas décidées par les jurés romains, mais par un tribunal que présidaient des magistrats institués dans ce but, par un tribunal qui jugeait, sans formule obligatoire, sans détermination préalable, et qui réformait ou confirmait, en sections réunies, des décisions portées par une ou deux sections. L'appel ou du moins, un second degré de juridiction, inconciliable avec l'institution du jury, se trouvait comme une garantie organisée dans le sein même du tribunal des centumvirs.

DES DIFFÉRENTES ESPÈCES D'ACTIONS. — Tout procès à Rome était introduit et s'ouvrait par une action. Aussi l'action est-elle définie dans les *Institutes* et au *Digeste* : « le droit que nous avons de poursuivre en justice ce qui nous est dû ou ce qui nous appartient »; définition qui, pour être tout à fait juste, aurait besoin d'être complétée par ces mots : « ou ce que nous croyons nous appartenir ou nous être dû, » parce que bien souvent le demandeur n'a aucun droit. « En général une action, *actio, judicium*, dit M. Pellat, dans sa traduction du *Droit privé des Romains* de Marezoll, une voie de droit et de procédure par laquelle l'un des plaideurs, le demandeur, *actor*, ouvre le procès, l'instance judiciaire, en invoquant le secours du juge, pour obtenir en règle générale la condamnation de son adversaire, le défendeur, *reus*. Le mot *actiones*, qui désignait originairement les formules de procédure ou d'action, a été appliqué plus tard aux actions elles-mêmes considérées comme voies de droit. Par la désignation plus précise qui y est ajoutée, l'action se distingue des autres manières de procéder, qui sont aussi quelquefois, dans un sens large, comprises sous le nom d'*actiones*. Pour qu'une action soit fondée, de manière à pouvoir être calculée efficacement dans un cas particulier, il faut non-seulement que le demandeur ait un droit actuellement efficace et exigible par voie d'action, mais encore que ce droit ait été violé, troublé d'une manière quelconque et précisément par celui contre qui l'action est dirigée. »

Il y avait différentes sortes d'actions suivant la différence de leur objet. On peut les diviser en deux classes principales : 1° les actions qui devaient être conduites dans l'origine suivant les règles ordinaires des *legis actiones* et plus tard suivant les règles de la procédure formulaire ; 2° les actions qui nécessitaient une procédure particulière. A la première classe appartenaient l'action réelle, l'*in rem actio*, ou la *vindicatio*, qu'on appelait aussi *petitio*, l'*actio* dans le sens strict du mot ou l'action personnelle, *actio in personam*, les actions mixtes et les *præjudicia*.

LA VINDICATIO. — La vindication présentait un combat simulé entre les parties au sujet de l'objet en litige qu'elles se disputaient, jusqu'à ce que le juge eût interposé son autorité. Aussi quand il s'agissait d'une chose mobilière facilement transportable, on l'apportait devant le tribunal. Là chacun des prétendants la réclamait comme sa propriété *ex jure quiritium*, la saisissait et plaçait sur elle la lance, symbole du droit quiritaire. Le préteur leur ordonnait de laisser la chose ; alors ils engageaient dans la forme ordinaire du *sacramentum* une gageure sur le bien ou mal fondé de leur réclamation ; et, après que le préteur avait adjugé à l'un des deux, suivant ce qu'il croyait être le plus juste, la possession provisoire, moyennant caution, la procédure suivait son cours. Quand la chose mobilière objet du litige ne pouvait être facilement amenée au tribunal, une partie de cette chose, un fragment enfin, un signe représentatif de la chose suffisait ; et sur ce fragment on accomplissait tous les actes symboliques comme sur la chose même.

Si la contestation portait sur un immeuble les parties comparaissaient devant le magistrat, et le demandeur disait : *Je soutiens d'après le droit des Quirites que le fonds situé dans le territoire appelé Sabinus est mien*. L'adversaire affirmait sa prétention par la même formule. Le demandeur ajoutait : *D'après le droit, je t'appelle au combat;* le défendeur répétait les mêmes paroles, *manu consertum voco*. Alors le magistrat lui-même, dans les anciens temps, se rendait sur le fonds de terre en litige avec les parties ; elles y accomplissaient leur combat simulé, après quoi la possession provisoire était adjugée. Plus tard la coutume dispensa le préteur de se rendre lui-même sur le fonds contesté. Les parties après avoir présenté leur demande au magistrat quittaient le tribunal, et se rendaient sur le fonds où, en présence de témoins venus avec eux, ils exécutaient le combat symbolique ; et comme il n'y avait pas de préteur pour imposer la paix, un des prétendants consentait à se laisser traîner comme de vive force devant le magistrat, portant avec lui une motte de terre prise dans le champ disputé ; et la vindication était faite au tribunal sur cette motte de terre, comme si l'immeuble tout entier eût été apporté au tribunal.

Plus tard la forme fut encore adoucie. Les parties, pour s'éviter un double voyage, accomplirent sur le terrain les actes voulus par la loi, avant de venir se présenter au tribunal ; et, en présence du préteur devant lequel elles s'étaient obligées à comparaître, elles simulaient l'allée et le retour sur le terrain contesté. *Inite viam*, disait le préteur ; et elles feignaient de partir pour le fonds en litige ; *redite viam*, disait-il encore, et elles revenaient devant le tribunal. Sous les empereurs cette action fut encore simplifiée, car on se contentait d'apporter au tribunal une motte de terre prise dans le champ en litige, et sur cette motte de terre on accomplissait toutes les formalités comme sur une chose mobilière.

Il ne faudrait pas rapprocher ce combat simulé du combat véritable que le juge ordonnait au moyen âge, et qu'on appelait le duel judiciaire. Ici la force ou l'adresse fondaient le droit; à Rome le combat simulé, la violence convenue, *vis ex conventu facta*, rappelait seulement l'origine de la propriété quiritaire, c'est-à-dire la conquête. Le juge ne pouvait prononcer d'après le résultat d'une lutte qui n'était pas réelle, c'était d'après les dépositions des témoins qu'il accordait la possession provisoire.

Dans la procédure formulaire, c'est-à-dire dans le second âge de la procédure romaine, la *vindicatio* prenait la forme suivante. Le demandeur qui voulait réclamer une chose comme sienne d'après le droit quiritaire provoquait le possesseur ou détenteur de cette chose par une *sponsio* à s'engager envers lui pour une certaine somme, dans le cas où son droit serait reconnu; en même temps le détenteur stipulait et cautionnait la reddition de la chose et des fruits. La procédure suivait alors son cours, engagée seulement en apparence sur la *sponsio*, mais en réalité sur la chose même. En effet, après le jugement ce n'était pas la somme d'argent engagée que le demandeur réclamait du défendeur, il se servait du *præjudicium* contenu dans le jugement pour, en vertu de cette stipulation, obtenir la chose elle-même. La formule *petitoria* ouvrit une voie plus simple encore; par elle la demande et le jugement purent s'attaquer directement à la propriété, dont le défendeur promit la restitution en promettant en termes généraux d'obéir au jugement. On imitait cette formule *petitoria* dans celle dont on se servait pour revendiquer la propriété prétorienne et pour l'action publicienne. Du reste, quand une revendication était portée devant les centumvirs, ce qui semble avoir dépendu du libre choix des parties, la procédure, même au temps des empereurs, s'engageait devant un des deux préteurs par l'ancienne forme du *sacramentum*.

La procédure par revendication ne servait pas seulement pour les choses corporelles; un héritage se revendiquait ainsi, soit devant les centumvirs par la forme du *sacramentum*, c'est-à-dire par le combat simulé, soit par une *sponsio*, soit par la formule *petitoria*. Il en était de même pour la revendication des servitudes. Quand il s'agissait d'une question de liberté, le procès s'engageait dans l'origine par le *sacramentum*. Le demandeur revendiquait *in servitutem* la personne dont l'état était contesté; l'*assertor*, ou avocat du défendeur, le revendiquait *in libertatem*. Mais jusqu'à la décision de l'affaire, la provision était toujours accordée en faveur de la liberté, c'est-à-dire que la personne dont l'état était en question était tout d'abord présumée libre, et conservait provisoirement jusqu'à jugement contraire sa liberté. Il y a sur ce point dans Tite-Live un procès fameux, celui de Virginie, réclamée comme esclave par un affidé du décemvir Appius.

On retrouve encore cette forme antique du *sacramentum* dans les questions de liberté qui étaient portées devant les *decemviri stilitibus judicandis*. Devant les *recuperatores* elle était remplacée par la *sponsio* et la formule *petitoria*. Mais on conserva toujours le principe de la provision pour la liberté, et même l'*assertor*, représentant indispensable, qui ne fut supprimé que par Justinien. Si les voix des juges se partageaient également, en vertu d'une loi *Junia Petronia*, qui date peut-être du principat d'Auguste, la sentence devait être rendue en faveur de la liberté. Lors même que le jugement était contre la liberté, si un tiers offrait rançon pour le condamné, le condamné était libre, et avec sa liberté il recevait le titre de citoyen du Latium, c'est-à-dire le *jus Latii*; Justinien lui accorda même la plénitude des droits de cité. Il n'était pas possible d'attaquer après cinq ans l'état civil d'une personne morte en saisine de sa liberté.

LA CONDICTIO. — Les actions personnelles étaient originairement intentées dans la forme ordinaire du *sacramentum* ou de la *judicis postulatio*. Mais postérieurement à la législation décemvirale il y eut une *actio legis* particulière pour les demandes dans lesquelles *intendimus dare nobis oportere*. Le demandeur, par une simple dénonciation faite devant le magistrat, obligeait le défendeur de se présenter dans les trente jours pour recevoir un juge. De la sommation, *denunciatio*, qui faisait le trait capital de cette action vient le nom de *condictio*; et cette action fut dite *legis actio per condictionem*. Condicere, dit Festus, *est dicendo denuntiare : condictio est in diem certum ejus rei quæ agitur denunciatio*. Elle fut introduite par une loi *Silia* pour les actions relatives à une somme d'argent déterminée, *certa pecunia*; la loi *Calpurnia* (234) la rendit applicable à toute demande d'une chose déterminée, *res certa*. La *condictio* tenant lieu de l'*in jus vocatio*, dispensait des violences légales dont le défendeur pouvait être l'objet.

Dans la procédure formulaire cette ancienne forme fut remplacée par la formule : *si paret dare oportere*; cette formule fut improprement nommée *condictio*, et on distingua la *condictio certi* de la *condictio incerti*, selon qu'elle avait trait à une chose corporelle ou incorporelle.

LA MANUS INJECTIO. — Dans les actions intentées pour réclamation d'argent il y avait une voie d'exécution très-rigoureuse, c'était la *legis actio per manus injectionem*. Elle consistait en ceci, que le débiteur devait constituer à sa place un répondant, *vindex*; faute de quoi il pouvait être saisi par le créancier, et traité comme esclave pour dettes. Dans l'origine il n'était procédé ainsi, d'après les Douze Tables, que contre le débiteur condamné qui refusait de payer ou ne le pouvait pas. Le créancier disait en le saisissant : *Ob eam rem ego tibi pro judicato manum injicio*. Et il n'était pas permis au débiteur de repousser cette main-mise, cette contrainte par corps que le créancier exerçait lui-même.

Des lois postérieures étendirent la *manus injectio* à d'autres cas, notamment pour l'*actio depensi*, que le répondant intentait au débiteur principal pour lequel il avait dû payer.

Par un adoucissement introduit plus tard le débiteur cessa d'être contraint de constituer un répondant, et put se défendre lui-même. On fit même de cet adoucissement apporté à la loi la règle générale, et l'ancienne forme plus sévère ne subsista que pour l'*actio judicati* et l'*actio depensi*.

LA PIGNORIS CAPTIO. — D'autres créances étaient tellement favorisées qu'on pouvait agir pour elles par saisie de gages, *per pignoris captionem*, saisie faite extrajudiciairement et d'autorité privée. Le droit avait anciennement été reconnu au vendeur d'une victime pour les sacrifices contre l'acheteur qui n'avait pas payé, aux soldats pour leur solde ou les indemnités que l'État leur allouait, *æs militare*, *æs equestre*, *æs hordearium*. Les Douze Tables et d'autres lois étendirent ces priviléges à d'autres cas, à celui par exemple du refus d'impôt; les publicains étaient autorisés à faire alors eux-mêmes la saisie des gages. On leur ôta dans la suite ce droit ; mais dans les actions qu'ils intentaient en recouvrement des sommes dues ils avaient une formule spéciale, où se retrouve une fiction de gage. Cette saisie du gage pouvait avoir lieu sans la présence des magistrats, en l'absence de l'adversaire et même un jour néfaste.

Dans la procédure formulaire les actions touchant une dette pécuniaire d'un chiffre certain, *certa credita pecunia*, présentent aussi plusieurs particularités qui rappellent l'ancienne vigueur de la procédure relative aux dettes.

ACTIONS MIXTES. — On appela *actions mixtes*, dans les derniers âges de la jurisprudence romaine, les demandes à fin de partage, parce qu'elles embrassaient à la fois et une chose et des prestations personnelles. Dans les anciens temps la procédure se faisait par *sacramentum* ou par *judicis postulatio*. A l'époque où la formule remplaça les actions de loi, l'instruction se fit ainsi : le juge était chargé de décider dans la partie de la formule qui s'appelait l'adjudication sur la contestation touchant la chose, et dans la partie qui s'appelait la condamnation sur la contestation touchant les prestations personnelles. Il est évident que dans ce cas il n'y avait nul besoin de lui donner le pouvoir d'absoudre.

Un *præjudicium* était une action à l'aide de laquelle on se proposait seulement d'obtenir un jugement sur la vérité d'une assertion. Ici donc la formule consistait uniquement dans l'*intentio*; il était inutile d'y joindre la *condemnatio*.

Par cette forme de *præjudicium* le juge avait mission de décider non-seulement sur des questions de droit, par exemple sur des débats touchant l'ingénuité, la libertinité ou la paternité, mais encore sur de simples questions de fait ou sur des questions qui étaient à la fois de fait et de droit. Dans ces sortes de procès le demandeur était celui dont l'*intentio* reproduisait la demande.

ACTIONS DE DROIT STRICT ET DE BONNE FOI. — Une division plus générale des actions, bien qu'elle ne les comprît pas encore toutes, était celle qui les partageait en actions de droit strict portées devant le juge, et en actions de bonne foi portées devant l'arbitre. Il est incontestable qu'à l'origine le préteur indiquait pour chaque cas, dans la formule, si le juge déciderait comme *judex* d'après la lettre de la loi et en se tenant strictement à la demande, ou comme *arbiter*, c'est-à-dire avec plus de liberté et en tenant compte de l'équité, de la bonne foi et de la conviction des parties. Aussi le préteur avait-il soin d'indiquer dans l'édit les formules particulières à chaque genre d'affaires, de sorte qu'il était décidé d'avance si la question en litige serait soumise à un *judicium* ou à un *arbitrium*. On suivait le droit strict dans les actions dont la cause était une obligation unilatérale, un contrat écrit ou verbal, même quand l'objet de ces contrats était un *incertum*, même encore pour le *mutuum*, quoique l'obligation découlât en ce cas du *jus gentium*. Tous les engagements du commerce ordinaire, la vente, le louage, le mandat, etc., étaient, au contraire, considérés comme ayant la bonne foi pour base, et le juge dans les actions résultant de ces contrats devait avoir égard à ce que le défendeur pouvait réclamer de son côté en vertu du contrat qui liait les deux parties.

DE LA LITISCONTESTATION ET DES EXCEPTIONS. — Le but de la procédure suivie devant le magistrat ou, comme on disait, de la procédure *in jure* n'était pas, on l'a vu, d'obtenir une décision, un jugement, mais seulement de bien établir par débat contradictoire la question pour laquelle un *judex* devait être nommé et la procédure introductive réglée. Le point du débat une fois établi, le *judex* nommé et la formule ou instruction pour les juges délivrée, le procès était ordonné, *litis ordinatio*; et l'on passait du *jus* au *judicium*; mais il y avait avant d'arriver au *judicium* un dernier acte du *jus* à accomplir, c'était la *litiscontestatio*, par laquelle les parties s'obligeaient à suivre sur la demande. Ce nom venait de ce que, dans l'origine, rien de ce qui s'était passé devant le magistrat n'étant écrit, les parties prenaient des témoins pour attester le litige, *contestari litem*; parce que, dit Festus, le jugement étant ordonné, les parties ont coutume de dire aux citoyens présents : Soyez témoins, *estote testes*; et ils s'engageaient devant eux à accepter le *judicium* ordonné par le magistrat. Dès ce moment le procès est irrévocablement engagé; le défendeur était obligé d'aller jusqu'au bout : *litiscontestatione reus tenetur*.

La litiscontestation subsista sous la procédure formulaire, bien qu'il n'y eût plus besoin de témoins, puisque tout alors était écrit; et elle continua de créer une obligation rigoureuse, obligation pour le défendeur de rester au procès; car le juge ne serait pas arrêté maintenant par son absence, et prononcerait, lors même qu'il ferait défaut, obligation pour le demandeur de suivre dans la voie qu'il avait choisie, car *electa una via, non datur recursus ad alteram*, obligation aussi de rester lui-même au procès, sans quoi sa demande serait rejetée.

La litiscontestation avait des effets plus graves. Elle annulait à toujours l'action originaire, soit *ipso jure*, puisqu'elle prenait, par une novation, toute la substance de l'action, soit indirectement par l'*exceptio rei judicatæ vel in judicium deductæ*. Si les tribuns n'arrêtaient pas par leur *veto* le débat avant la litiscontestation, la contestation en cause une fois accomplie, leur droit d'intercession ne pouvait plus s'exercer; et l'action, d'annuelle qu'elle était, devenait perpétuelle. Enfin, elle interrompait la prescription, et perpétuait, pour et contre les héritiers, les droits que la mort d'une des parties aurait éteints. De là le principe que toutes les actions qui sont mises à néant par la mort de l'ayant-droit ou par le temps subsistent dès qu'elles ont été portées en jugement. Aureste, après la litiscontestation on pouvait encore transférer, si les circonstances l'exigeaient, le *judicium* à une autre personne. Mais on ne sait dans quelle forme ce transfert d'instance s'opérait.

Si le défendeur, tout en acceptant le bien fondé de l'action, invoquait quelque fait particulier de nature à infirmer indirectement l'action ouverte, l'équité ordonnait de prendre cette exception en considération. On ignore dans quelle forme au temps de la procédure par *legis actiones* on faisait valoir ces exceptions. Dans la procédure formulaire, dès que l'exception était prouvée, sans aller plus loin, le préteur arrêtait l'instance et refusait de recevoir l'action. Quand il y avait contradiction de la part de l'autre partie, le préteur, par une clause d'exception jointe à l'*intentio*, donnait commission au juge de rechercher la vérité des faits allégués par le défendeur et de prononcer en conséquence. Quand l'action était *bonæ fidei* le juge n'avait plus besoin de délégation spéciale pour connaître des faits destructifs de la bonne foi. Les exceptions étaient ou péremptoires, quand le défendeur se proposait d'anéantir l'action, ou seulement dilatoires, quand elles n'avaient pour but que de la différer.

LE JUGEMENT. — La partie de la formule qui donnait au juge le droit de condamner ou d'absoudre s'appelait, avons-nous dit, la *condemnatio*. L'obligation produite par la litiscontestation avait pour effet de rendre ce jugement inévitable. Si donc le débiteur, après que la litiscontestation avait eu lieu, était reconnu débiteur, il était condamné, lors même que depuis ce moment il aurait volontairement payé sa dette. Cette rigueur du vieux droit ne fut adoucie qu'au temps de Sabinus et de Cassius.

Dans la première période de la procédure romaine, à l'époque des *legis actiones*, la *condemnatio* pouvait atteindre directement la chose réclamée; dans la procédure formulaire la condamnation ne porta plus que sur une somme d'argent, dont le chiffre dépendait du chiffre même de la demande. S'agissait-il d'une somme exactement déterminée? Cette somme était marquée dans la *condemnatio*, par exemple de cette manière : « Juge, condamne Numérius Négidius à payer à Aulus Agérius dix mille sesterces; s'il ne te semble pas qu'il les doive, absous. » Si le juge s'écartait de la lettre de la formule, il pouvait être pris à partie. Quand la somme n'était pas déterminée, on fixait un maximum, et alors la formule du préteur disait : « Juge, condamne jusqu'à... *duntaxat X millia*, etc. » Si le juge dépassait ce maximum, il en était responsable. Dans d'autres cas, notamment dans les actions relatives à la propriété, il était libre de fixer à son gré le chiffre de la condamnation. Dans les *actiones arbitrariæ* une clause contenue dans la formule autorisait le juge, quand il trouvait la plainte fondée, à se constituer d'abord comme arbitre, à essayer des moyens de faire restituer *la chose même*, et à ne condamner le défendeur au payement d'une certaine somme qu'après que cette tentative avait été inutile. Mais le dernier prononcé du juge devait toujours contenir la fixation d'une certaine somme, quand même cette fixation n'aurait pas été énoncée par la *condemnatio* de la formule. Dans ce cas le juge avait aussi à estimer le litige en prenant en considération le chiffre fourni par le demandeur. Cette évaluation avait lieu dans les actions de droit strict au moment de la litiscontestation, dans les autres au moment de la condamnation. Dans les deux cas on tenait compte des fruits perçus depuis la litiscontestation. Quand il y avait dol de la part du défendeur, le juge, au lieu de faire lui-même l'évaluation, la faisait faire par le demandeur, en lui déférant le serment; mais le temps adoucit peu à peu cette jurisprudence, si rigoureuse pour le défendeur; et le juge ne déféra plus le serment au demandeur, avec la liberté d'évaluer le prix de l'objet en litige que jusqu'à concurrence d'une certaine somme. Dans les *actiones arbitrariæ*, si le défendeur ne se soumettait pas à l'*arbitrium*, le juge déférait encore le serment au demandeur, au grand désavantage du défendeur, qui la plupart du temps se hâtait alors de faire restitution. La procédure était tout autre pour les actions mixtes; car ici, d'après la formule, le juge avait pouvoir d'adjuger la chose même, et de transférer ainsi la propriété quiritaire à l'adjudicataire.

Les jurisconsultes romains soutenaient, relativement aux effets de la sentence, que l'obligation contractée par la litiscontestation était à ce moment considérée comme remplie, et que s'il y avait eu condamnation une obligation nouvelle naissait et remplaçait la première : c'était d'accomplir le jugement. Ainsi de même que jusque alors l'objet primitif du litige avait été absorbé par la litiscontestation, il l'était maintenant par la condamnation. Soit directement, par l'effet même de la sentence *ipso jure*, soit indirectement, par l'*exceptio rei judicatæ vel in judicium deductæ*, cette absorption du droit d'action était cependant très-préjudiciable pour le demandeur, s'il avait d'autres prétentions à faire valoir en vertu du même titre. Mais il pouvait faire ses réserves contre cette extinction de ses droits par une *præscriptio* inscrite en tête de la formule.

DURÉE DES PROCÈS. — Relativement au délai dans lequel la sentence devait être rendue il n'y avait originairement d'autre limite que celle du temps pendant lequel le magistrat qui avait institué un *judicium* conservait l'*imperium*. C'étaient là les *judicia imperio continentia*. Pour les *judicia legitima*, la loi Julia accorda un délai de dix-huit mois. Quand donc le demandeur n'avait pu obtenir avant ces termes un jugement, il était à tout jamais débouté, puisque toute action nouvelle pouvait être ou déclarée non recevable, ou repoussée par une exception. Aussi pour les *judicia sub imperio* on n'intentait l'action qu'à l'entrée en charge du magistrat chargé de donner le juge, afin d'avoir une année entière devant soi pour le procès. Sous les empereurs, cette limite étroite fut supprimée, dans les provinces pour les *judicia imperio continentia*.

La sentence du juge pouvait être remplacée de plusieurs manières. Ainsi les Douze Tables accordèrent l'effet d'une sentence légale à la reconnaissance de la dette faite par le débiteur devant le magistrat. Plus tard il en fut de même pour toutes les reconnaissances judiciaires; elles valurent comme chose jugée : *in jure confessi pro judicatis habentur*. Le serment déféré par le préteur sur la validité de la contestation à l'une ou à l'autre des parties, une transaction sur l'objet du litige avaient aussi les effets du *judicatum*, mais non avec toute la rigueur que lui donnait le pouvoir du juge.

TABLEAU D'UNE INSTANCE ROMAINE; LA CITATION. — Le commencement de tout procès était la citation ou ajournement, *vocatio in jus*. Cette sommation verbale était faite non par le magistrat, mais par le demandeur à son adversaire. La législation des Douze Tables reconnaissait à cet effet au demandeur le droit de traîner son adversaire même de force au tribunal. Seulement il devait fournir des témoins qui attestassent que la citation avait été régulièrement faite et que le défendeur avait refusé de le suivre. Celui-ci, lors même qu'il avait laissé arriver les choses à ce point, pouvait se tirer encore des mains du demandeur en constituant un répondant solvable, *vindex*, qui se portait fort pour l'affaire et acceptait pour lui-même toutes les conséquences du procès. Cette coutume, qui laissait au demandeur le soin d'amener de gré ou de force l'adversaire en justice, subsista jusque dans les derniers temps. Mais l'édit et la jurisprudence introduisirent des adoucissements, soit en faveur de certaines personnes dont la dignité devait sauvegarder de ces violences, soit pour certaines époques de l'année, telles que la moisson et les vendanges, soit pour de certains lieux, comme la maison même qui était un asile inviolable où le créancier ne pouvait pénétrer; *domus*, dit Gaius, *tutissimum cuique refugium atque receptaculum*. La loi des Douze Tables, si dure pour le débiteur, disait : Si la maladie ou l'âge l'empêchent de comparaître, qu'on lui fournisse un cheval, mais point de litière. Peu à peu, aussi, l'emploi direct de la force, quoique toujours autorisé par la loi, fut rendu inutile par une action que l'édit donna contre ceux qui se refusaient à venir en justice, et par certaines contraintes judiciaires. Au lieu d'un répondant, *vindex*, il suffit aussi de la caution ordinaire. Alors, au lieu de l'ancienne citation, l'*in jus vocatio*, les parties convinrent entre elles par stipulation de comparaître à un jour fixe devant le tribunal, et ce n'était que quand la partie contrevenait à cet engagement, appelé *vadimonium*, et faisait défaut, que l'on revenait à toute la rigueur de l'ancienne jurisprudence. Si le défendeur était absent, ou si bien caché que la sommation de comparaître ne pouvait lui être faite, le préteur, après trois avertissements publics à dix jours d'intervalle, décrétait l'envoi en possession de ses biens; et si le défendeur ne faisait pas à cette saisie une opposition personnelle, au bout de trente jours les biens étaient publiquement vendus.

A Rome l'affaire s'engageait immédiatement devant le tribunal, s'il était possible. Dans les provinces, où un grand nombre de procès étaient toujours réservés pour l'époque des assises (*conventus*), le sort décidait à l'ouverture de la session du jour où viendraient les diverses affaires.

CHOIX DE LA FORMULE PAR LE DEMANDEUR. — Quant à la marche de la procédure, on suivait dans les premiers siècles celle qu'indiquaient les *legis actiones*. Au temps de la procédure formulaire le demandeur commençait par faire connaître à son adversaire le principe et le contenu de sa demande, et lui déclarait en même temps quelle formule il avait demandée au préteur. Si pour le point en litige il y avait dans l'édit une formule spéciale, l'action était suffisamment intentée quand le demandeur avait déclaré s'en rapporter à l'édit du préteur, ou, comme dit Labéon, quand il avait provoqué son adversaire par-devant l'album prétorien et démontré ce qu'il se proposait de dire ou même en disant la formule dont il voulait se servir. Mais dans d'autres cas, lorsque l'édit faisait expressément défendre l'obtention de la formule d'un examen préalable du préteur, lorsqu'il s'agissait d'un fait extraordinaire ou exceptionnel, ou que l'action était évidemment mal fondée, alors le préteur pouvait dès l'abord refuser l'action. Le demandeur avait le droit de choisir entre des actions différentes, mais également admissibles.

LE DÉFENDEUR; EXCEPTIONS. — Après ce choix venait la défense. Cette défense consistait à nier purement et simplement l'*intentio*, ou à faire valoir une exception; le défendeur demandait que cette clause exceptionnelle fût introduite dans la formule. Le demandeur ainsi que le défendeur étaient libres de faire des modifications à la formule jusqu'à la *litiscontestatio*, mais passé ce moment aucune rectification n'était plus admise.

RÉDACTION DE LA FORMULE PAR LE PRÉTEUR. — Quand donc le préteur avait dressé la formule sur des données vicieuses, fournies par le demandeur, et avait constitué le *judicium*, l'erreur commise par le demandeur retombait à sa charge; car elle pouvait entraîner la perte de toute l'affaire. Aussi, fallait-il pour dresser les formules beaucoup d'habileté; c'était là que se montrait la science des jurisconsultes. Au reste, quand le demandeur avait des doutes sur certaines qualités de son adversaire qu'il lui importait de connaître, afin de mieux dresser sa demande, il avait le droit de le forcer à s'expliquer en l'interrogeant devant le préteur.

PROCÈS-VERBAL DE LA PROCÉDURE PRÉLIMINAIRE. — Tout ce procédé était oral; mais dès une époque reculée on dressait certainement le procès-verbal du dire des parties et de l'interlocutoire des magistrats.

ENGAGEMENT DE COMPARAITRE A UNE SECONDE AUDIENCE SI LA PREMIÈRE N'A PAS SUFFI. — Si cette procédure préliminaire ne se terminait pas dans le même jour, le défendeur était tenu de garantir par un *vadimonium* qu'il se présenterait à un jour déterminé. Ce jour venu, faisait-il défaut sans motifs d'excuses suffisantes, le demandeur devait dresser acte par-devant témoins de cette absence; alors il avait le droit, soit d'exiger le payement de la somme fixée dans le *vadimonium*, soit, d'après l'ancienne législation, que nous avons vue si rigoureuse pour défendre la propriété, de poursuivre le défaillant comme s'il eût perdu son procès, ou d'après le droit prétorien de demander l'envoi en possession. Des moyens coercitifs pareils étaient employés contre le défendeur qui comparaissait devant le préteur mais se refusait à répondre.

INTERVALLE ENTRE LA PROCÉDURE IN JURE ET L'INSTITUTION DU JUGE. — La procédure devant le magistrat, *in jure*, terminée, le *judex* du temps des *legis actiones* était immédiatement donné par le préteur; depuis la *lex Pinaria*, il dut s'écouler seulement un intervalle de trente jours. Ce délai fut conservé dans la procédure formulaire.

Il avait pour but de donner au préteur le loisir de composer sa formule.

CHOIX DU JUGE, LITISCONTESTATION. — Ce délai expiré, le choix du juge (*judex*) avait lieu, et on passait à la *litiscontestatio*, après quoi le *judicium* était définitivement constitué. C'était aussi le moment où la *cautio judicatum solvi* était donnée dans les cas où elle pouvait être exigée. Ces préliminaires accomplis, les parties étaient tenues de se rendre le troisième jour devant le juge, à moins que le préteur n'eût accordé un délai pour faire la preuve ou pour quelque autre raison légitime.

PROCÉDURE IN JUDICIO, EXPOSÉ SOMMAIRE, PLAIDOIRIES, INTERROGATIONS DES TÉMOINS PAR LES AVOCATS. — Devant le *juge*, l'affaire était d'abord exposée sommairement, puis on plaidait en détail. Après les discours, venaient les témoignages pour et contre; c'étaient les avocats qui posaient les questions, et ils y déployaient toute leur habileté.

SERMENT DES TÉMOINS, DÉPOSITION ÉCRITE, AUTRES MOYENS DE PREUVES. — Les témoins étaient obligés de corroborer la véracité de leur témoignage par un serment. Au lieu de témoigner en personne, ils pouvaient faire remettre leur déposition par écrit. En ce cas, naturellement, il n'y avait pas de serment. Jusqu'au temps de Justinien on ne fut pas forcé de déposer en matière civile. Les autres moyens de preuves étaient les titres, la notoriété publique, enfin les aveux arrachés par la torture. Cette dernière espèce de preuve n'était recherchée que dans les questions de succession; les esclaves seuls étaient appliqués à la torture. Le *juge* avait le droit de faire compléter par un serment une preuve incomplète. Probablement, l'une des parties pouvait aussi devant le juge comme devant le préteur déférer le serment à son adversaire.

SENTENCE. — Après les plaidoiries, les points principaux étaient récapitulés dans une vive discussion, où il n'y avait place que pour des questions et des réponses, puis la sentence était prononcée. Quand il y avait plusieurs juges la sentence était portée à la majorité des voix. Y avait-il doute dans l'esprit des juges, la cause était ajournée, et l'on recommençait les plaidoiries. La sentence devait être prononcée de vive voix, mais ordinairement elle était écrite d'avance et le juge la lisait sur la *tabella* où il l'avait rédigée.

CONDAMNATION PAR DÉFAUT. — Rien ne garantissait la comparution du défendeur par-devant le juge; mais une garantie eût été superflue, car lorsque le défendeur faisait défaut il était cité trois fois successivement à dix jours d'intervalle, par une dénonciation orale, ou écrite (*denunciatione vel literis*), par une affiche (*edictis*); après quoi la procédure suivait son cours, même en son absence; et le jugement prononcé avait la force d'un jugement contradictoire.

VOIES DE NULLITÉ. — Un des caractères des Romains fut le respect de la chose jugée. La république, dit Cicéron, se maintient surtout par l'autorité des sentences. De là l'axiome *res judicata pro veritate accipitur*. Cependant, avant que la sentence eût obtenu cette force, il fallait qu'on eût épuisé contre elle les voies de nullité. « La sentence une fois rendue, dit M. Laferrière, n'appartient plus au juge; elle est irrévocable; elle appartient aux parties intéressées : c'est un principe fondamental. Mais, malgré son caractère définitif, la sentence peut trouver des obstacles opposés à son autorité, soit de la part du défendeur condamné, soit de la part du demandeur vaincu. — L'action *judicati*, et l'exception *res judicatæ* ont pour principal objet de détruire les obstacles élevés contre l'autorité de la sentence qui condamne ou qui absout.

Nous allons considérer ces positions alternatives des parties. 1° Et d'abord, le demandeur qui a gagné le procès, et qui veut exécuter la sentence, doit réclamer du magistrat l'intervention nécessaire pour l'exécution. A celui qui donne le juge appartient le pouvoir de faire exécuter le jugement; mais la partie condamnée peut alors opposer la nullité de la sentence, ou soutenir qu'il n'y a pas de sentence, *non esse judicatum*; c'est ce qu'on appelle proposer des *voies de nullité*.

« Nous devons regarder comme con-
« damné, dit Ulpien, celui qui a été con-
« damné régulièrement, afin que la sen-
« tence vaille; mais si la sentence, par

ITALIE.

« quelque raison que ce soit, n'a pas de véritable existence, *si nullius momenti sit*, la parole de condamnation ne peut pas tenir.

« Les voies de nullité entre la sentence pourraient venir de plusieurs sources :

« Causes de nullité relatives à l'état de l'une des parties incapable ou absente pour motif légitime;

« Causes relatives à l'incompétence du magistrat qui avait donné le juge et à l'incapacité du juge (sauf l'erreur comme faisant droit).

« Causes relatives à l'inobservation de la formule, à l'irrégularité des formes substantielles de la sentence ;

« Causes relatives à l'infraction de la loi, ou à la violation du droit constitué, *cum contra constitutiones judicatur, aut de jure constituto pronunciatur.*

« Saisi de cette opposition par voie de nullité fondée sur un moyen de droit, le préteur, juge de la nullité, accordait ou refusait l'exécution du jugement ; mais si la sentence en elle-même (son existence de fait) était révoquée en doute, le magistrat renvoyait devant le juge avec sa formule de l'action du jugé : *si paret judicatum esse.*

« Toutefois la sentence apparente ou alléguée avait une force provisionnelle en ce sens que le défendeur opposant devait fournir la caution *judicatum solvi;* et s'il perdait son nouveau procès, il subissait la condamnation au double, car on avait agi contre une personne qui avait nié sincèrement une chose certaine, *adversus inficiantem.* — L'action *judicati* venait de la loi des Douze-Tables; elle était civile et pénale; elle était perpétuelle, avec droit de poursuite sur la chose et contre l'héritier.

« 2° Dans le second cas, lorsque le défendeur originaire avait obtenu la sentence d'absolution, le demandeur qui voulait se prévaloir de la nullité du jugement formait de nouveau son action devant le préteur, comme s'il n'y avait eu ni sentence ni même litiscontestation. Alors le défendeur opposait l'exception de *la chose jugée.* Le magistrat statuait s'il y avait question de droit élevée contre la validité de la décision du juge ; il renvoyait devant le juge dans le cas où l'existence même de la sentence était mise en question, et le demandeur téméraire qui avait nié la sentence d'absolution subissait la condamnation au double de la valeur du litige. »

Ainsi les *voies de nullité* étaient librement ouvertes contre la sentence du juge donnée par le préteur ; et elles constituaient un puissant moyen de faire respecter les règles du droit, la compétence des magistrats et des juges, l'inviolabilité des formules prétoriennes ; mais si le citoyen voulait aller au delà de ces attaques par le moyen de droit et user de la faculté de nier l'existence même de la décision du juge, il était averti ou retenu par de sages précautions; il était libre, mais il encourait la responsabilité de ses actes. L'action ou l'exception *judicati* et la caution *judicatum solvi* se combinaient avec la condamnation *in duplum* pour prévenir ou réprimer, par une grave sanction, l'usage téméraire d'une faculté précieuse à la sécurité du citoyen. Lorsque le citoyen abusait de sa liberté d'attaquer les actes de la justice, il encourait une peine méritée. Dans un État, dit Montesquieu, c'est-à-dire dans une société où il y a des lois, la liberté ne peut consister qu'à pouvoir faire ce que l'on doit vouloir. La constitution judiciaire des Romains réalisait admirablement ce principe de liberté politique et civile.

Ainsi, en résumé, un procès romain au civil avait quatre actes :

1° L'action, ou la demande devant le magistrat, *in jure ;*

2° La litiscontestation, ou le passage de l'instance par-devant le magistrat, *in jure,* à l'instance par-devant le juge, *in judicio;*

3° La sentence, ou le prononcé du jugement, *litis decisio ;*

4° L'exécution après épuisement des moyens de nullité. Il en sera parlé plus loin, lorsque nous aurons exposé quelle fut la procédure civile sous les empereurs.

Procédure civile sous les empereurs.

ORGANISATION JUDICIAIRE A ROME. — A Rome, sous les empereurs, la justice civile fut administrée, pendant longtemps encore par les *préteurs,* dont le nombre fut considérablement augmenté. Les consuls remplirent aussi concurremment avec eux les fonctions judiciaires. En outre subsistait le tribunal des *centumvirs*, qui jouit même alors d'une considération plus grande que sous la république. Une juridiction nouvelle fut établie, celle du *préfet de la ville*, devant qui furent portées les affaires commerciales qui intéressaient l'ordre public.

L'usage de nommer des juges particuliers (*judices*) continua aussi, et fut même régularisé par Octave, dans la réforme de la procédure qu'il accomplit par sa *lex Julia judiciorum privatorum*. Cette réforme d'Octave consistait probablement en ce qu'il organisa trois décuries de sénateurs et de chevaliers et une quatrième, formée de décénaires, c'est-à-dire de citoyens ayant une fortune de deux cent mille sesterces. Ces tribunaux avaient à décider sur les litiges de peu d'importance : le nombre des juges fut alors d'environ quatre mille. Caligula ajouta encore une cinquième décurie, et sous l'empereur Galba les juges eux-mêmes demandèrent qu'on en formât une sixième; mais l'empereur refusa.

Les membres de ces tribunaux étaient désignés annuellement par le sort; et ces fonctions, étant considérées comme un service public, ne pouvaient être refusées. Cependant il y avait certains motifs d'excuse, ou d'incapacité, par exemple un nombre déterminé d'enfants. Les noms des membres tombés au sort étaient inscrits dans un *album*, et l'empereur veillait avec son pouvoir censorial à ce qu'ils se montrassent dignes de leurs fonctions.

ORGANISATION JUDICIAIRE EN ITALIE. — En Italie la juridiction confiée aux magistrats municipaux subsista, mais renfermée dans de plus étroites limites. Les renseignements les plus anciens concernant ces limites apportées à la juridiction municipale se trouvent dans la *lex Rubria*, de l'an 42, qui réglait la compétence des magistrats municipaux dans les villes de la Gaule cisalpine. Leur compétence était illimitée par rapport à de certaines affaires; mais pour de certaines autres, par exemple pour les dettes, ils ne pouvaient connaître que de celles dont le chiffre ne dépassait pas 15,000 sesterces. Néanmoins on leur laissa d'abord quelque peu des attributions de l'*imperium* judiciaire. Ils avaient donc à la fois et l'*imperium* et la *potestas*. Mais plus tard leur juridiction fut limitée aux affaires ne dépassant pas une somme déterminée; ils n'eurent plus alors ni *imperium* ni *potestas*, c'est-à-dire ni la juridiction criminelle ni la juridiction civile, et leur compétence, fort étroite, fut bornée aux seuls actes intéressant la *jurisdictio*. *Ea quæ magis imperii sunt*, dit Paulus, *quam jurisdictionis, magistratus municipalis facere non potest* (Dig. L. I, 26); à moins d'une délégation spéciale, à cause d'urgence. Les affaires qu'on leur ôta furent déférées aux préteurs de Rome, jusqu'au temps où des consulaires et plus tard les *juridici* furent institués pour l'administration de la justice dans les contrées éloignées de Rome.

ORGANISATION JUDICIAIRE DANS LES PROVINCES. — Dans les provinces l'ancienne organisation fut maintenue. La justice était rendue dans les villes où se tenaient les assises, *conventus juridici*, soit par le gouverneur en personne, soit par ses légats, quand il leur avait délégué la juridiction, pour l'exercer dans une circonscription déterminée, soit enfin par des particuliers à qui le gouverneur accordait ce droit. Il y avait cependant de nombreuses exceptions; d'abord toutes les villes libres avaient, comme de raison, leur propre juridiction; il en était de même des villes municipales et des colonies, sauf de certaines restrictions, comme on l'a vu pour l'Italie. Enfin quelques villes obtinrent, par des raisons particulières, les droits d'une juridiction inférieure sur leurs propres habitants.

Au-dessus de toutes ces juridictions se plaçait l'empereur, juge suprême, qui puisait dans les différents pouvoirs dont il avait été investi le droit de siéger publiquement sur son tribunal, de décider dans les affaires qui lui étaient envoyées des provinces, et de recevoir les appels interjetés, de toutes les parties de l'empire. L'empereur jugeait alors, soit après avoir examiné lui-même les causes avec son conseil, soit en déléguant le jugement au sénat, à un magistrat et même à un particulier.

ORGANISATION JUDICIAIRE APRÈS

CONSTANTIN. — Depuis Constantin, et les importants changements apportés dans la constitution de l'empire à la fin du troisième siècle et au commencement du quatrième, les tribunaux furent organisés de la manière suivante : A Rome les préteurs conservèrent leur juridiction, il en fut de même à Constantinople; mais ici, comme dans l'ancienne capitale, ils furent restreints à des objets déterminés. A cette juridiction des préteurs il faut joindre dans les deux métropoles celle des deux préfets de la ville, et à Rome celle encore du *vicarius*. Dans les autres parties de l'empire, en Italie comme dans les provinces, elle appartenait au recteur de chaque province, qui fut, à cause de cette prérogative, nommée *judex ordinarius*, ou simplement *judex*. Dans les provinces qui étaient gouvernées par des proconsuls, ceux-ci, de même que leurs légats, avaient l'administration de la justice dans leurs attributions. Il en fut de même pour les préteurs et les proconsuls que Justinien nomma; mais il n'y eut plus d'assises ambulatoires, c'est-à-dire de *conventus juridici*, établies tantôt dans une ville et tantôt dans une autre. La justice fut rendue dans la métropole de chaque province. Seulement, pour éviter l'encombrement des affaires, de certaines personnes, probablement des avocats, étaient adjointes aux recteurs, qui leur déféraient le jugement des affaires peu importantes. En outre, les magistrats municipaux avaient conservé, on l'a vu, une juridiction limitée, dans les villes qui n'avaient pas de corps municipal; le *défenseur* avait juridiction pour les affaires s'élevant à une somme de cinquante *solidi*. Justinien porte cette somme à trois cents.

La coopération de l'empereur dans l'administration de la justice prit alors des formes plus précises. Il intervenait dans trois cas, savoir : quand on interjetait appel au prince, ou quand il était consulté par un fonctionnaire dans une affaire juridique, ou quand un particulier l'avait supplié de rendre une décision immédiate. Dans tous ces cas l'affaire, si l'empereur s'en occupait lui-même, était discutée dans le conseil, *consistorium principis*, avec toutes les formalités prescrites; quelquefois aussi la discussion avait lieu en présence du sénat. Les appels étaient plus rares, parce que, l'empereur ayant délégué sa juridiction aux préfets de la ville et du prétoire et à d'autres grands fonctionnaires, ceux-ci pouvaient en connaître *vice sacra*. Ces tribunaux s'appelèrent *sacra auditoria*, et on y procédait avec le cérémonial en usage dans le *consistorium* impérial.

JURIDICTIONS SPÉCIALES. — Quelques juridictions particulières avaient aussi pris naissance, soit pour de certains objets, soit pour des classes déterminées de personnes. Les suivantes étaient de la première sorte. Les affaires qui intéressaient le trésor public étaient remises au jugement des préfets de l'*ærarium*. Dans les affaires qui intéressaient le *fiscus*, ou trésor particulier du prince, les procurateurs impériaux dans les provinces prononçaient en vertu d'un sénatus-consulte rendu sous Claude, qui les avait investis de ces fonctions judiciaires. Un préteur particulier fut institué à Rome pour ces sortes d'affaires, sous Nerva. Après Constantin tous les procès dans lesquels étaient impliqués le trésor public ou l'administration des domaines impériaux relevaient de la juridiction du receveur que l'affaire concernait. On en appelait de ce fonctionnaire à l'empereur, ou à un autre fonctionnaire à qui l'empereur avait délégué le droit de recevoir cet appel, ordinairement au comte des largesses, *comes largitionum*, ou au comte du domaine privé.

A Rome on en appelait du receveur de Rome au préfet de la ville. La cause du fisc était dans ces tribunaux présentée et soutenue par un de ses avocats. Cette charge d'avocat du fisc devint permanente depuis Hadrien, et un traitement y fut attaché. Toutes les fraudes et malversations qui concernaient les vivres étaient jugées par le préfet des vivres, *præfectus annonæ*.

Enfin, les évêques chrétiens eurent une double juridiction : premièrement dans les choses qui intéressaient la religion, secondement dans les affaires civiles ordinaires, qui furent portées librement devant eux, comme arbitres. Le même droit fut aussi concédé aux Juifs et à leur patriarche.

13.

Les juridictions particulières pour les personnes étaient encore plus nombreuses. Les sénateurs depuis Constantin portaient leurs litiges devant le préfet de la ville; droit qu'il fallut plus tard modifier, en faveur de ceux des sénateurs qui étaient domiciliés dans les provinces; mais pour l'exécution l'intervention du préfet urbain fut toujours nécessaire. Les *officiales* relevaient du magistrat dont ils étaient les agents. Il en était de même pour les *palatini* de tout rang. Les colons et les esclaves établis sur les terres de la maison impériale étaient sous la juridiction du *comes domorum*, même dans les cas criminels; ceux qui étaient sur les terres du domaine privé étaient sous la juridiction du *rationalis rei privatæ*; mais seulement pour les affaires civiles. Les actions contre les soldats étaient portées devant le juge ordinaire jusqu'au cinquième siècle; mais depuis ce temps la juridiction pour les affaires où les soldats étaient en cause fut conférée aux chefs militaires, c'est-à-dire au *magister militum*, ou *dux*, ou au *comes*, suivant l'arme et la division militaire à laquelle le demandeur ou le défendeur appartenait. Le *magister militum* avait la juridiction sur les ducs et sur les comtes. L'appel d'une sentence d'un duc ou d'un maître de la milice allait immédiatement à l'empereur. Enfin les membres du clergé obtinrent de Justinien d'être jugés par leur évêque, et les évêques par leur supérieur hiérarchique.

Les assesseurs. — Une institution commune à tous ces tribunaux était celle des *assesseurs*. Déjà sous la république l'usage s'était établi qu'un juge s'entourât, pour s'éclairer de leurs conseils, d'hommes habiles dans la science du droit. Cet usage fut transformé en loi sous les empereurs. Le choix des assesseurs fut laissé aux magistrats; mais à partir du troisième siècle ils reçurent une rétribution fixe. Aussi le nombre d'assesseurs pour chaque tribunal fut-il déterminé. Ces places d'assesseurs étaient un moyen de se familiariser avec la pratique des lois, et le premier échelon pour arriver aux fonctions publiques. Leurs attributions variaient beaucoup; mais ils ne pouvaient être employés qu'en qualité de conseillers pour faire de certaines investigations dont le juge avait besoin; jamais la décision de leur litige ne leur était remise. Leur opinion ne liait pas non plus le magistrat qui les avait appelés autour de lui; pourtant ils étaient responsables dans le cas où par suite de leur conseil, ou de leurs rapports, un faux jugement avait été rendu.

La procédure sous les empereurs; jugements extraordinaires. — Les anciennes formes de la procédure ne furent d'abord pas changées sous les empereurs. Le magistrat instruisait le procès, et un *judex* était chargé de le mener à fin. Ainsi procédèrent les préfets de la ville et du prétoire, les présidents et les légats dans les provinces. Mais, par une suite naturelle de l'arbitraire du nouveau gouvernement, d'importantes modifications à l'ancien ordre de choses s'introduisirent peu à peu; ainsi le *judex* fut nommé par l'empereur, et fut affranchi des règles antiques. Puis une distinction capitale s'établit entre *jure ordinario agere*, ou les instances suivies dans la forme ordinaire, et les *cognitiones*, ou *persecutiones* extraordinaires. Cette instance *extra ordinem* avait lieu quand la procédure n'était basée ni sur le droit civil ni sur l'édit du préteur, mais seulement sur une décision particulière de l'empereur; dans ce cas le magistrat introduisait l'instance et disait le droit, *jus dicebat*, non en qualité de magistrat, mais comme commissaire agissant *extra ordinem*. Les cas de cette nature devinrent par degrés très-nombreux. Dans cette nouvelle procédure on ne s'astreignait ni à attendre l'époque du *conventus*, ni à observer la solennité des formules. On ne donnait point de juge; le magistrat examinait tout lui-même. La citation n'était plus nécessairement faite par le demandeur: le préteur faisait assigner de son chef; si le défendeur ne comparaissait pas, il était trois fois cité en la forme ordinaire; puis le procès continuait, même en son absence, et le jugement était prononcé.

Le gouvernement nouveau préférait ce régime, qui le débarrassait de l'inconvénient grave pour un pouvoir despotique de confier à des citoyens placés hors de son action et de son influence des droits et d'importants intérêts à régler. Il aimait bien mieux concentrer l'autorité judiciaire aux seules mains de ses fonctionnaires, juges plus dépendants et par conséquent au besoin plus dociles. Aussi ce système se développa rapidement. On s'habitua de jour en jour à voir le magistrat envahir tous les procès et juger seul sans l'adjonction d'un *judex*. Dioclétien fit de cette forme, jadis exceptionnelle, la règle générale.

JUDICES PEDANEI. — Néanmoins quelques exceptions furent établies; on permit aux gouverneurs de laisser les affaires de peu d'importance à des *judices pedanei*; tous les magistrats, jusqu'à l'empereur même, conservèrent le droit et l'habitude de renvoyer certains litiges à la décision d'un *judex*. Aussi Justinien et Zénon instituèrent dans ce but à Constantinople des collèges de juges permanents, auxquels on accorda le droit de décider sur de certains cas. Les parties purent même, comme dans les temps anciens, récuser le juge délégué, et se choisir un ou plusieurs arbitres. Mais ces juges subalternes, *judices pedanei*, commissaires ou arbitres, n'étaient plus astreints, comme auparavant, à suivre une formule étroite; aucune différence n'existait entre leur manière d'agir et celle des magistrats. La procédure était donc dans tous les cas une procédure extraordinaire, *extra ordinem*. Nous avons vu que les assesseurs assistaient alors les magistrats; on les trouve aussi auprès des juges délégués.

INTRODUCTION D'INSTANCE PAR SIMPLE DÉNONCIATION. — L'introduction d'instance fut modifiée dès le règne de Marc-Aurèle. A côté du *vadimonium*, qui se maintint en usage, il fut établi une autre forme de citation par simple dénonciation de l'action intentée. Constantin voulut que cette citation se fît devant le président de la province, ou tout au moins devant un officier ayant le *jus actorum conficiendorum*. Cette manière de procéder devint l'usage général. Après un terme fixé juridiquement, à compter du jour de cette dénonciation, les procédures commençaient devant le tribunal. Mais ce mode d'introduction d'instance causait encore des lenteurs inutiles. Aussi certaines actions furent affranchies de ces formalités; de sorte que l'action s'engagea immédiatement, sans dénonciation préalable devant le juge qui avait commencé le procès et qui le menait à fin. Plus tard la dénonciation fut même supprimée, et l'instance s'introduisit uniformément par la présentation au tribunal d'un *libellus* que le demandeur avait signé, et qui contenait un court exposé de l'objet et des motifs de la demande. Le magistrat envoyait ce libellus au défendeur par un exécuteur, *viator, executor*, avec une citation orale ou écrite. On transporta à cette forme nouvelle les effets que l'ancien droit reconnaissait à la citation et à l'*editio actionis*. Le défendeur était tenu d'en accuser réception par écrit après un délai déterminé qu'on lui laissait pour réfléchir sur l'affaire. Il devait en même temps donner caution qu'il comparaîtrait devant le tribunal et poursuivrait le procès; quelquefois un serment ou même une simple promesse tenaient lieu de la caution.

Autrefois il fallait donner caution d'exécuter le jugement, *judicatum solvi*. On cessa d'être astreint à cette obligation dans la nouvelle procédure, quand on agissait en son propre nom. En l'absence d'une caution solvable l'exécuteur devait s'assurer de la personne assignée, et être prêt à la représenter pendant toute la durée de l'instance. Un des bureaux de l'administration judiciaire veillait à toutes les mesures concernant l'introduction des parties devant le magistrat et la préparation de l'instance.

OUVERTURE DES DÉBATS SANS FORMULE. — Au jour fixé le demandeur présentait sa plainte d'une manière détaillée, et dans les termes qui lui convenaient; car il ne pouvait plus être question de formules, Constantin les ayant abolies. La demande avait donc trait et sans détours à la chose en litige sur laquelle le juge avait à prononcer. Cependant les anciennes distinctions et désignations d'actions se maintinrent en grande partie dans la pratique. Il resta même de la conception des formules une procédure préparatoire relative à l'impétration de l'action jusqu'au temps de Théodose II, qui l'abolit. Quand le défendeur reconnaissait sans restriction le bien fondé de la demande, cette reconnaissance produisait les mêmes effets que la même *confessio in jure*; s'il contestait, l'action était désormais engagée : c'est pour cela qu'on attachait à ce moment du procès le nom et les effets de l'ancienne *litiscontestatio*. Les exceptions, repliques et dupliques continuèrent de subsister ; mais elles ne dépendirent plus de la conception d'une formule, et conséquemment les exceptions dilatoires n'entraînèrent plus la perte de l'action. La procédure continuait par des discours pour et contre, et dont procès-verbal était dressé par les *officiales*, sous la direction du juge ; venait ensuite la production des preuves jusqu'à ce que le procès parût suffisamment instruit.

COMPARUTION DES TÉMOINS, DÉPOSITIONS ÉCRITES. Les témoins étaient assignés par les *officiales*, et, d'après un rescrit de Constantin, ils furent obligés de prêter serment avant d'être entendus. L'interrogatoire avait lieu en présence des deux parties ; les dépositions étaient écrites et les minutes communiquées aux parties. Pour les preuves par titres, on étudiait scrupuleusement l'authenticité des documents produits, et cette authenticité était reconnue avant tout par la déclaration des personnes qui avaient pris part à leur rédaction et auxquelles on les soumettait. Pour qu'ils fussent valables, il fallait habituellement la signature de sept témoins.

TABELLIONS. — Plus tard on se servit pour la rédaction des titres de *tabelliones*, dont les bureaux ou *stationes* étaient d'ordinaire établis sur la place publique de chaque ville.

JUGEMENTS ÉCRITS EN LATIN, PUIS EN GREC A PARTIR DE JUSTINIEN. — Les principes suivants réglèrent à partir de cette époque, relativement moderne, du droit romain la matière des jugements. Ils durent sous peine de nullité être mis en écrit et lus sur la minute, *periculum*. On les insérait ensuite dans les registres du tribunal ; le juge les signait, et une copie avec extrait du procès-verbal était délivrée aux parties. Dans l'Orient il fut permis à partir du règne d'Arcadius de les rédiger en grec. Mais ce ne fut que sous Justinien que l'usage de la langue latine se perdit à Constantinople.

LE JUGEMENT PORTE SUR L'OBJET MÊME DU LITIGE. — Le jugement ne portait plus toujours nécessairement sur une somme d'argent ; il pouvait prononcer sur la chose même qui avait été l'objet du litige. Mais comme on continuait d'admettre les décisions à l'amiable ou l'arbitrage, la distinction des *arbitrariæ actiones* subsista.

RESCRITS IMPÉRIAUX. — Dans les cas difficiles, le juge pouvait s'adresser à l'empereur pour en obtenir une décision, au lieu de prononcer lui-même. Alors il était obligé d'envoyer au prince par un de ses *officiales*, aussitôt après la clôture des plaidoiries, le procès-verbal de l'affaire, son avis et les conclusions des parties. La décision était alors remise à une commission, composée du questeur du palais et de deux autres personnes *illustres*. Leur jugement était envoyé au juge sous la forme d'un rescrit impérial. Justinien interdit ces recours à l'empereur, qui éternisaient les procès.

CONDAMNATION DU DÉFENDEUR ABSENT. — Quand le défendeur se tenait caché pour échapper à la citation, ou lorsqu'il manquait de se présenter après la citation faite et la caution donnée, ou enfin quand il se retirait de la procédure, l'affaire continuait, même en son absence, après les trois citations d'usage ; et si le jugement lui était contraire, on accordait au demandeur l'envoi en possession des biens du défendeur, ou la possession de l'objet en litige quand l'action était réelle.

EFFETS DE LA SUPPLIQUE D'UNE DES PARTIES A L'EMPEREUR. — Au lieu de suivre l'ordre ordinaire de la procédure, on pouvait s'adresser directement à l'empereur. Cela se faisait par l'envoi d'un *libellus supplicationis*, à la présentation duquel les effets de la *litiscontestatio* étaient déjà attachés. Mais l'empereur n'examinait pas lui-même, dans la plupart des cas ; il renvoyait le demandeur, par un rescrit que rédigeait le questeur et que le prince signait, par-devant le juge ordinaire ou devant un juge délégué. Le demandeur communiquait le rescrit avec le *libellus* au juge, qui à son tour transmettait les deux pièces au défendeur. Aussi longtemps que la *litisdenunciatio* fut en usage, l'*editio rescripti* en tint lieu, et donna les mêmes délais; le reste de la procédure suivait la marche ordinaire.

GAGE DES OFFICIERS DE JUSTICE. — L'introduction des *sportulæ* ou rémunérations pour les *officiales* modifia toutes les parties de la procédure. Constantin avait interdit rigoureusement cet abus, qui existait depuis longtemps dans les provinces, mais sans parvenir à empêcher ces exactions. Au cinquième siècle on dut se contenter de mettre des bornes à l'arbitraire et à l'avidité en établissant des taxes légales. Il y eut alors des *sportulæ* autorisées par la loi pour l'insinuation et la citation, pour l'introduction d'instance, pour la rédaction et la signification des actes, etc. Les *judices pedanei* eurent aussi leurs sportules ou honoraires. Certaines personnes eurent le privilége de ne rien payer ou de payer moins; mais ce privilége profitait en même temps à leurs adversaires. Dans les affaires de peu d'importance, ou dans les procès concernant les clercs et en instance devant une juridiction ecclésiastique, on procédait, pour éviter les frais, à une citation verbale, et l'on ne tenait qu'une notation sommaire de la procédure et du jugement.

DE L'EXÉCUTION. — Le jugement prononcé, les droits du juge cessaient. C'était au magistrat investi de l'*imperium* qu'il appartenait de poursuivre l'exécution de la sentence.

SAISIE DU DÉBITEUR PAR LE CRÉANCIER OU CONTRAINTE PAR CORPS. — D'après la loi des Douze-Tables, le condamné avait pour s'exécuter un délai de trente jours; ce temps expiré le demandeur pouvait le saisir, l'amener devant le magistrat et intenter contre lui la *legisactio per manus injectionem*. En vertu de cette action, si le défendeur ne trouvait pas un homme riche, une caution solvable, qui consentît à être *vindex* pour lui, il était nécessairement emmené prisonnier par le demandeur, qui avait droit de le charger de chaînes par la force, sans que le débiteur eût celui de résister; car s'il tentait de repousser, le créancier agissait par lui-même en vertu du jugement qu'il avait obtenu, *pro judicato*; il devenait rebelle à la loi, et le magistrat pouvait le faire jeter dans la prison publique.

VENTE DU DÉBITEUR COMME ESCLAVE. — Pendant soixante jours l'accusé était ainsi gardé, et durant ce temps son nom ainsi que le montant de sa dette étaient publiquement criés à trois jours de marché. Si cet appel n'amenait aucun résultat, si personne ne se présentait pour le cautionner, il pouvait être ou tué ou vendu hors du territoire de Rome. Cette exécution n'était pas seulement employée contre un débiteur, mais à la suite de toute espèce de condamnation, c'est-à-dire même quand le jugement obligeait à la restitution d'objets quelconques, ou à quelque prestation personnelle. Cette sévérité ne fut adoucie qu'en 325, par la loi Papiria-Pétilia *de nexu*, laquelle fit revivre une vieille loi attribuée à Servius, qui ordonnait que les biens, et non la personne, du débiteur répondraient de sa dette.

Le demandeur ayant à sa disposition de tels moyens de coërcition contre le défendeur, il était inutile qu'une exécution sur les biens du condamné fût ordonnée par le magistrat; aussi, quoique celui-ci eût, en vertu de son *imperium*, le droit de saisie, il n'usa jamais de ce pouvoir.

SAISIE DES BIENS DU DÉBITEUR PAR LE CRÉANCIER. — Le principe de laisser l'exécution au demandeur se retrouve dans le droit prétorien; mais il devint possible alors de saisir directement la fortune au lieu de la personne du défendeur. Lorsque le condamné ne satisfaisait pas au jugement, dans le délai voulu, le demandeur obtenait du magistrat un *decretum* qui l'autorisait à s'emparer, avec l'aide des officiers de justice, des biens du condamné. Un interdit spécial protégeait cet envoi en possession, qui avait pour but de conserver la chose. C'était un gage, le gage prétorien, que la loi remettait entre ses mains; elle faisait plus, car ce gage eût pu devenir onéreux, elle lui donnait le droit de le faire vendre dans la forme que nous décrirons bientôt. Cette poursuite n'avait pas lieu en effet dans l'ancienne forme de la *manus injectio*, mais par une action ordinaire, dont l'objet était l'obligation résultant du jugement. Le défendeur n'avait contre cette action que des moyens de défense très-limités; encore ne pouvait-il les faire valoir qu'après avoir donné caution. En outre, le refus d'exécuter le jugement obligeait le condamné à payer une somme double de celle que le demandeur réclamait. Cette exécution par *immissio* ou envoi en possession frappait aussi celui qui était absent, se tenait caché, ne suivait pas sur le *vadimonium*, ou enfin qui se refusait à répondre devant le préteur. Le droit accordé au créancier par l'envoi en possession de saisir la propriété du débiteur montre que le gage prétorien des Romains n'avait aucun rapport avec notre hypothèque judiciaire, laquelle ne suppose pas la détention réelle de la chose.

Exécution par le magistrat. — L'exécution dirigée directement par le magistrat ne se rencontre que sous l'empire; elle fut établie, probablement à l'occasion des *cognitiones extraordinariæ*. Le magistrat put alors, dans les questions d'argent, faire saisir quelques-uns des biens du condamné par un de ses officiers, après l'expiration du délai légal. Ces biens saisis et mis en séquestre servaient de gage aux créanciers. Ils étaient vendus à leur profit, si le débiteur ne les dégageait pas dans les deux mois. Dans le cas où les objets saisis ne trouvaient pas d'acheteur, le magistrat les adjugeait au créancier à un taux déterminé. Quand le jugement avait pour objet la restitution d'une chose, la saisie de cette chose par les officiers judiciaires pouvait être accordée par le magistrat. Cependant il est probable que lorsque le créancier le préférait, l'ancienne forme d'exécution par *immissio* était appliquée. Justinien fortifia même le droit de gage que le droit prétorien avait donné dans ce but.

La seule modification qui eut lieu consista à accorder au créancier, non, comme autrefois, l'envoi en possession de tous les biens du débiteur, mais seulement l'envoi en possession d'une partie suffisante pour couvrir la créance. On se servit de cette voie d'exécution même contre celui qui ne s'était pas présenté pour se défendre; non plus seulement, comme auparavant, à cause du défaut, mais en vertu d'une procédure qui avait été régulièrement suivie; et lorsque le jugement avait été prononcé, c'était aux officiers de justice qu'il appartenait de prendre toutes les mesures nécessaires pour arriver à l'exécution. C'était donc à eux qu'il fallait s'adresser pour que la sentence sortît tous ses effets, afin d'engager le condamné à l'exécuter lui-même. Théodose ordonna, en 380, qu'on pourrait exiger de lui vingt-quatre pour cent d'intérêt à compter du jour du jugement, lorsqu'il n'aurait pas payé dans un délai de deux mois. Justinien porta le délai de deux mois à quatre, et réduisit l'intérêt de vingt-quatre à douze pour cent. A côté de cette exécution sur les biens la contrainte corporelle par réduction en servitude subsista en Italie, et dans les provinces, l'Égypte exceptée, même sous les empereurs et jusque dans les derniers temps, non-seulement pour les dettes, mais encore pour d'autres causes; seulement les magistrats municipaux, qui ne pouvaient plus ordonner l'*immissio in bona*, n'eurent le droit d'accorder la contrainte que pour une dette d'une somme déterminée.

Aussi longtemps que les *legis actiones* furent en usage, l'exécution fut effectuée sous la forme de la *manus injectio*, plus tard par simple *actio judicati*. La condition du débiteur ainsi adjugé devint alors moins dure. Il n'était plus esclave de fait, mais seulement travailleur forcé de donner son labeur pour acquitter sa dette, et conservant toujours son droit d'ingénuité. Il fut interdit de les enfermer dans des prisons particulières et d'étendre l'obligation du travail forcé aux enfants du débiteur.

Débiteurs du fisc. — Le fisc aussi eut le droit d'employer la contrainte personnelle, même avec beaucoup de rigueur, contre ses débiteurs, car on ne pouvait y échapper même par la cession des biens (1). Cependant il y eut pour les dettes résultant de l'impôt quelques adoucissements. Ainsi en 353 une loi supprima la prison et les verges pour les provinciaux qui devaient au fisc des fournitures de plomb. Cette loi même prouve quelle avait été jusque là la

(1) La loi était pour lui impitoyable. Une loi rendue par Théodose porte : *Ne quis omnino fisci debitor... bonorum faciens cessionem liberum a repetitione plenissima nomen effugiat, sed ad redhibitionem debitæ quantitatis, congrua atque dignissima suppliciorum acerbitate cogatur.*

cruelle sévérité du fisc; et puisqu'il n'est question dans ce texte que d'une seule espèce de dettes, on en peut conclure que la prison et les verges subsistaient pour les autres. La loi impitoyable que nous citons en note est postérieure.

DROIT ANCIEN DE TUER OU DE VENDRE LE DÉBITEUR. — S'il y avait plusieurs créanciers, ils pouvaient, d'après la loi des Douze-Tables, couper en morceaux le débiteur commun qui leur était adjugé, atrocité permise par le texte et le sens littéral de la loi, mais que l'histoire ne nous montre pas comme mise à exécution.

PROCÉDURE CONTRE LE DÉBITEUR DANS LE DROIT PRÉTORIEN. — Dans le droit prétorien la procédure était la même, qu'un seul ou plusieurs créanciers demandassent l'*immissio*. On envoyait en possession des biens du débiteur pendant trente jours, et pendant quinze seulement quand le débiteur était mort; ces biens étaient publiquement mis en vente par affiches, *libelli*, placées dans les lieux les plus fréquentés de la ville. Ces affiches servaient également d'avis aux autres créanciers qui ne s'étaient pas présentés. Pendant tous ces préliminaires le débiteur, ou quelque autre pour lui, pouvait, soit en offrant le remboursement, soit en faisant opposition par des motifs légitimes, arrêter l'*immissio* ou envoi en possession de ses biens, à condition toutefois qu'il déposât avant tout un cautionnement. Les délais écoulés, les créanciers choisissaient parmi eux un syndic, *magister*, qui après un autre délai adjugeait les biens à celui qui offrait aux créanciers le dividende le plus élevé. A offres égales un créancier, et après lui un parent du débiteur, avait la préférence. Quand la vente était retardée ou quand il était nécessaire, dans l'intérêt même des créanciers, de la reculer, un curateur était nommé par les créanciers, d'accord avec le préteur.

Pour empêcher des aliénations frauduleuses avant ou pendant l'*immissio*, on établit l'action nommée *actio pauliana*, à fin de dommages-intérêts, et l'*interdictum fraudatorium*, à fin de restitution. L'*actio pauliana* s'intentait même contre le débiteur, bien qu'elle ne pût donner contre ce dernier que la contrainte personnelle. L'acquéreur se trouvait substitué, quant aux biens acquis, au débiteur dans tous ses droits, comme eût fait un successeur à titre universel, mais seulement d'après le droit prétorien; il avait un interdit spécial pour se mettre en possession de la chose, *interdictum possessorium*.

Du reste, la propriété était seulement prétorienne. Les obligations ainsi que les dettes ne lui étaient pas transmises d'une manière directe; mais seulement au moyen et en prenant la forme de l'*actio rutiliana* ou *serviliana*. Le débiteur demeurait donc, dans la rigueur du droit, obligé et pouvait être encore poursuivi pour ce qu'il restait devoir s'il acquérait de nouveau quelque bien. Quant à ce qui regardait sa personne, l'*immissio* et la mise aux enchères de ses biens entraînaient pour lui la note d'*infamie*. Cette infamie frappait même les morts; quand une contribution s'ouvrait sur la succession d'un débiteur insolvable, le mort était déclaré infâme, à moins qu'il n'eût institué pour héritier un esclave, sur lequel s'opéraient la poursuite et la vente. Un autre effet de l'*immissio* était que celui qui l'avait subie était tenu de fournir une caution pour l'accomplissement du jugement, dans toute action qui lui était ultérieurement intentée.

ADOUCISSEMENT DU DROIT CONTRE LE DÉBITEUR SOUS LES EMPEREURS. — Sous les empereurs ce droit fut adouci, d'abord par la *lex Julia* de César ou d'Auguste, qui accorda au débiteur le droit de faire librement cession de ses biens à ses créanciers. La vente s'effectuait alors d'après les mêmes principes qu'après une *immissio*. Le débiteur n'était pas encore libéré d'une manière absolue, mais il n'était soumis ni à la contrainte par corps ni à l'infamie. Le bénéfice de cet adoucissement apporté à l'ancienne loi ne fut d'abord accordé qu'aux citoyens romains; il fut ensuite étendu aussi aux provinciaux par les constitutions impériales. Plus tard encore un sénatus-consulte autorisa, comme forme plus convenable pour les personnes de rang sénatorial, la vente en détail par un *curator* que nommait le magistrat, à condition toutefois que les créanciers consentissent

Sous les empereurs des derniers temps la procédure changea encore. L'*immissio* accordée aux créanciers qui insistaient pour être payés resta la règle ; mais la totalité des biens ne fut plus vendue par le magistrat à celui qui offrait la somme la plus forte. La vente se fit en détail, par le curateur que les créanciers avaient choisi, et le produit était divisé entre eux en proportion de leurs créances respectives ; le reste de la somme était mis en réserve par le juge pour les créanciers qui viendraient se présenter plus tard.

La sectio bonorum. — Une procédure qui se rapprochait beaucoup de celle-ci était celle de la *sectio bonorum*. On appelait ainsi la vente, au profit de l'État, de la totalité des biens d'un citoyen publiquement condamné, ou proscrit, ou contraint de restituer ainsi des richesses acquises par de coupables exactions. Le préteur donnait la possession aux questeurs ; ceux-ci vendaient le tout aux enchères ; et comme cette vente avait lieu au nom de l'État, *sub hasta*, l'acheteur ou *sector* ou *manceps* acquérait immédiatement sur ces biens la propriété quiritaire.

Il avait aussi pour entrer en possession un interdit spécial, *interdictum sectorium* ; mais il était obligé de se charger des dettes qui grevaient ces biens. La vente d'un héritage échu au fisc s'opérait d'après les mêmes principes. Il est remarquable que cet acheteur acquérait les *actiones hereditariæ*. C'était un très-ancien usage, qui subsistait encore du temps de Tite-Live dans les ventes faites au nom de l'État, d'adjuger les choses sous le nom de biens du roi Porsenna, *bona Porsennæ regis vendendi*.

Des voies d'appel sous la République. — Sous la république on pouvait contre tout acte judiciaire du préteur, depuis la *formula concepta* jusqu'à l'*executio*, de même que contre tout acte d'un magistrat par qui l'on se croyait lésé, invoquer l'intervention de l'autre préteur, d'un consul, ou du collége des tribuns ; ce recours à l'intervention tribunitienne ou à celle d'un magistrat égal ou supérieur arrêtait tout.

Des appels sous l'Empire. — Après la chute de la république ce droit des citoyens devint l'appel au prince. Mais le nombre croissant de ces appels au prince força celui-ci d'en déléguer l'examen à certains fonctionnaires, surtout au préfet de la ville et même à ceux du prétoire ; ainsi se forma par degrés la jurisprudence en cette matière. A Rome les appels furent interjetés des magistrats de la ville au préfet, et de celui-ci à l'empereur. En Italie on en appela des magistrats municipaux aux préteurs, ou aux *correctores* ; dans les provinces, des magistrats, des municipes et des colonies et de ceux des villes libres aux gouverneurs. Plus tard on appela des légats, quand ceux-ci avaient prononcé, au proconsul, et du proconsul à l'empereur. Quelquefois le prince désignait le sénat pour juge, on le chargeait de prononcer sur tous les appels relatifs à certaines sortes d'affaires. On pouvait toujours appeler d'un juge quelconque à celui qui l'avait établi.

De l'ordre des appels après Constantin. — Après Constantin voici l'ordre qui fut suivi. Dans les deux capitales les appels allaient de tous les magistrats de la ville au préfet urbain ; dans les provinces, des *judices pedanei* aux magistrats municipaux, du *défenseur* aux gouverneurs. De ceux-ci on appelait en Italie au préfet de la ville, *vice sacra* ; ce droit fut suspendu par Constance, en 357, mais rétabli plus tard. Le *vicarius* de la ville recevait les appels concurremment avec le préfet, mais dans de certains cas seulement, pourtant aussi *vice sacra*. En Orient les appels de certaines provinces allèrent au préfet de Constantinople, et du préfet à l'empereur ; de même du *vicarius* de Rome on appela à l'empereur, quelquefois aussi au préfet de la ville *vice sacra*. Dans les autres provinces on appelait des gouverneurs aux préfets du prétoire, ou au *vicarius* du diocèse, ou bien, d'après la situation de la province, aux proconsuls, au comte de l'Orient, ou au préfet de l'Égypte, qui tous jugeaient alors *vice sacra*. Des vicaires, ou des magistrats leurs égaux, les appels allaient directement à l'empereur ; d'après une loi du second Théodose, l'empereur ne les examina plus personnellement, mais en chargea une commission, formée par le préfet de prétoire et le questeur. Aucun appel ne pouvait être interjeté du préfet du prétoire. Depuis Adrien on n'eut plus le droit d'appeler du sénat ; il est inutile de dire qu'on n'appela jamais de l'empereur.

CONDITIONS POUR QUE L'APPEL FUT LÉGITIME. — Pour que l'appel fût régulièrement porté il était nécessaire qu'il fût interjeté, soit immédiatement, par une déclaration verbale *apud acta*, soit dans un délai déterminé, soit par un *libellus* écrit. Le juge délivrait à l'appelant un acte constatant l'appel ; c'étaient des *litteræ dimissoriæ vel apostoli*, avec une copie des actes de la procédure. L'appelant devait remettre ces pièces au tribunal supérieur dans un délai légal ; si l'appel était interjeté par devant l'empereur lui-même, alors, du moins à partir du quatrième siècle, le magistrat de qui on appelait faisait dresser une *relatio* ou *consultatio* détaillée de l'affaire : cette relation était communiquée aux parties, qui y mêlaient leurs dires, et le tout était envoyé par des messagers de l'*officium* à la chancellerie impériale ; de là l'affaire était portée au *consistorium*, afin d'y être examinée et décidée. Il en fut de même pour les appels des proconsuls, du comte de l'Orient, du préfet d'Égypte et des vicaires des diocèses. Tous ces appels furent déférés, par la loi de Théodose, dont nous parlions tout à l'heure, au préfet du prétoire et au questeur, qui les jugeaient dans la forme ordinaire. La forme de la *consultatio* n'eut donc plus lieu que dans les appels interjetés des grands fonctionnaires de l'empire.

Du reste, en règle générale, les appels n'étaient reçus que des sentences définitives. Ce n'était qu'exceptionnellement qu'on admettait appel de certains interlocutoires. Justinien même l'interdit, parce que ces appels éternisaient les procès.

NOMBRE D'APPELS PERMIS. — Le nombre de fois dont on pouvait interjeter appel dépendait du rang qu'occupait dans la hiérarchie le magistrat qui avait jugé ; d'après le droit des derniers siècles, on ne pouvait appeler que deux fois au plus. Pour les appels portés devant l'empereur, il fallait que la somme en litige fût au moins d'une certaine valeur. Mais cette condition fut plus tard abolie.

PÉNALITÉ CONTRE LES APPELS NON FONDÉS. — Les appels inadmissibles étaient punis d'une amende ; ceux qui étaient mal fondés, par la perte d'une somme qui avait dû être déposée auparavant et par le payement au quadruple des frais du procès ; d'autres pénalités furent introduites dans la législation du Bas-Empire.

RECOURS CONTRE LE PRÉFET DU PRÉTOIRE. — On ne pouvait appeler, on l'a vu, d'une sentence du préfet du prétoire ; mais au quatrième siècle il s'introduisit une voie nouvelle de recours contre ces magistrats, je veux dire l'usage des *supplicationes* ou des *retractationes*. Il n'est pas bon, dit une loi de Dioclétien, que le secours de la loi soit refusé à quelques-uns ; c'est pourquoi il sera permis d'adresser, dans les deux années qui suivront le jugement, une supplication à notre divinité contre les sentences du siège du préfet du prétoire.

RESTITUTIONS POUR FAUX JUGEMENT. — Lorsqu'un jugement violait évidemment la loi ou les formes légales, il pouvait, même sans un appel, être considéré comme nul et rescindé. Peut-être cette rescision avait-elle lieu dans les temps anciens, par une *sponsio* au double. Enfin, en de certains cas on pouvait demander extraordinairement restitution contre des jugements comme on l'eût fait contre tout autre préjudice légal, même contre une sentence du préfet du prétoire ou de l'empereur.

PROCÉDURES PARTICULIÈRES ; LES INTERDITS. — Parmi les procédures particulières, il faut placer avant tout les *interdits*. Les Romains ne bornaient pas l'autorité des magistrats à dire seulement *le droit*, d'après les lois établies ; quand l'ordre public ou un besoin pressant l'exigeait, quand il y avait nécessité par exemple d'obtenir la représentation ou la restitution la plus prompte possible d'une chose ou de faire cesser immédiatement un acte préjudiciable, les magistrats pouvaient faire des ordonnances et les appliquer. Ainsi, le préteur indiquait dans son édit une série de cas particuliers, dans lesquels il ordonnait ou défendait de faire certaines choses. Lors donc que quelqu'un avait conformément à cette ordonnance le droit de réclamer contre une autre personne, le préteur, ou dans les provinces le proconsul, après avoir entendu un exposé sommaire des raisons de la partie adverse, décrétait la chose sollicitée par le demandeur, ou *interdisait* ce pour quoi il avait demandé une prohibition. Ce n'était primitivement qu'un avertissement sévère donné, conformément à l'édit, par le magistrat au défendeur, pour le cas où il se sentirait en défaut, de faire ou de ne pas faire telle chose. Ces ordonnances étaient appelées dans le premier cas des *decreta*, dans le second des *interdicta*, ou d'un nom collectif des *interdits*. Ils se divisaient en *interdicta restitutoria*, *exhibitoria* et *prohibitoria*. Si l'avis du magistrat avait été suivi, alors tout était dit; dans le cas contraire, la procédure particulière dont il sera question ci-après avait lieu.

Les interdits dont il était question dans l'édit se rapportaient à des cas nombreux et embrassaient les intérêts les plus divers. Il y en avait pour la protection des choses saintes, religieuses, ou destinées à l'usage public, d'autres concernaient les questions relatives aux personnes ou aux biens, d'autres encore s'occupaient de la propriété ou seulement de la possession. Dans ce dernier cas les interdits étaient de trois espèces : ils avaient pour but de donner une possession qu'on n'avait pas encore obtenue, ou de maintenir régulièrement dans une possession qu'on avait déjà, ou encore de faire rentrer dans une possession perdue. Les interdits de la première espèce étaient donnés en certains cas favorables, mais qui du reste n'avaient rien de commun les uns avec les autres.

INTERDITS UTI POSSIDETIS ET UTRUBI. — Les interdits pour maintenir en possession étaient l'interdit *uti possidetis* et *utrubi*. Le premier se rapportait aux fonds de terre et aux bâtiments. Le préteur l'accordait à celui qui, au moment même où l'interdit était donné, avait la possession de la chose acquise de l'adversaire, sans violence, clandestinité, ni précaire, *nec vi, nec clam, nec precario*. Quand donc, après examen, l'un se trouvait avoir la possession, mais une possession défectueuse, téméraire, et que l'adversaire, au contraire, avait une possession régulière, celui-ci était considéré comme le possesseur véritable. L'*interdictum utrubi* se rapportait aux biens meubles, et était donné à celui qui dans l'année avait possédé le plus longtemps sans aucun des vices signalés. Dans le droit de Justinien on ne s'occupa plus de la durée plus ou moins longue de la possession; on rechercha seulement qui dans le moment de la *litiscontestatio* se trouvait avoir la possession parfaite. Ces deux interdits *uti possidetis* et *utrubi* furent, au temps de la procédure formulaire, donnés surtout quand, à propos d'une contestation touchant la propriété d'une chose, la question préalable de la possession était controversable pour les deux parties; en outre, dans tous les cas où le détenteur était troublé dans sa possession, car on regardait ce trouble apporté à la possession d'autrui comme une affirmation de la part de celui qui en était l'auteur, qu'il contestait la possession et voulait revendiquer pour lui-même.

INTERDIT DE VI ET DE VI ARMATA. — Parmi les interdits destinés à faire recouvrer une possession perdue, les plus importants sont ceux qui étaient donnés dans les cas de dépossession faite de vive force. Dans le droit ancien il y avait deux interdits pour rentrer dans la possession d'une chose violemment enlevée, l'un quand il y avait simple violence, l'autre quand il y avait violence à main armée. Ils n'étaient accordés tous les deux que pour les immeubles; d'autres actions protégeaient la possession des biens meubles, notamment l'interdit *utrubi*, et plus tard les ordonnances impériales contre ceux qui se faisaient justice par leur propre main. Du reste, il y avait dans l'ancien droit plusieurs différences entre ces deux interdits, qui disparurent entièrement dans le droit plus moderne. L'interdit *de vi* ne se donnait pas contre des personnes qu'on devait respecter, tandis que l'autre, l'interdit *de vi armata*, s'accordait contre toute personne. Le premier ne se donnait que dans l'année de la violence; l'autre même au delà de ce terme. Pour l'un l'édit exigeait expressément que le demandeur eût eu la possession; pour le second cette condition n'était pas nécessaire, la simple détention suffisait. Enfin, contre l'interdit *de vi* on admettait, au moins dans l'ancien droit, exception que le demandeur lui-même avait possédé par violence, clandestinité ou précaire.; cette exception n'était pas valable contre l'interdit *de vi armata.* Dans le nouveau droit l'interdit *de vi* et *de vi armata* fut nommé l'interdit de la possession momentanée, *momentaneæ possessionis interdictum.*

INTERDITS SIMPLE ET DOUBLE. — Une autre division des interdits était celle des *interdicta simplicia* et *duplicia.* Les premiers sont ceux où l'une des parties comparaît comme demandeur et l'autre comme défendeur, ainsi que cela avait lieu dans tous les interdits restitutoires et exhibitoires. Les interdits prohibitoires sont en partie *simplicia* et en partie *duplicia.* Dans ceux-ci chacune des parties intervient comme demandeur et comme défendeur, par exemple dans les interdits *uti possidetis* et *utrubi.* En outre il y avait des interdits qu'on nommait *duplicia* dans un tout autre sens; c'étaient ceux qui servaient à obtenir une possession qu'on n'avait pas encore eue ou à récupérer une possession qu'on avait perdue; tel était l'*interdictum quem fundum.* Quand, dans la vindication d'un fonds, le possesseur ne se défendait pas, notamment lorsqu'il ne fournissait pas la *satisdatio* exigée, alors le demandeur pouvait abandonner le débat sur la question de propriété, et obtenir du préteur cet interdit qui obligeait le défendeur à transférer sa possession au demandeur, que celui-ci eût déjà possédé la chose ou qu'il la reçût en ce moment pour la première fois. Alors le défendeur était contraint de prendre le rôle du demandeur pour disputer à celui-ci la propriété de la chose.

Pareils interdits se donnaient dans la vindication d'hérédité ou d'usufruit, *interdictum quam hæreditatem*, *interdictum quem usumfructum.*

PROCÉDURE DES INTERDITS. — Pour ce qui regarde la procédure quand le défendeur refusait de se soumettre à l'interdit accordé par le préteur, il faut distinguer entre les interdits simples et les interdits doubles. Dans les premiers, si l'interdit était ou restitutoire, ou exhibitoire, le défendeur pouvait demander un arbitre qui examinât scrupuleusement le litige, puis prononçât, mais sans délai; alors une formule rédigée dans ce sens était accordée par le préteur. La décision de l'arbitre lui était-elle contraire, s'il s'y soumettait, il n'y avait pas de pénalité contre lui; s'il ne l'exécutait pas, il était condamné à payer les intérêts, d'après une estimation par serment du demandeur, comme elle avait lieu dans toutes les *actiones arbitrariæ*, et l'exécution était alors poursuivie par les voies ordinaires. Quand le défendeur ne réclamait pas d'arbitre, le demandeur se présentait de nouveau devant le tribunal, et provoquait son adversaire par une *sponsio* ou gageure d'une certaine somme, offrant de prouver que ce dernier avait fait ou n'avait pas fait ce qu'ordonnait l'édit. Le défendeur répondait en réclamant une *restipulatio;* deux formules étaient alors rédigées dans ce sens, et remises aux récupérateurs qui devaient décider quelle partie perdrait la somme engagée comme amende du mal fondé de l'assertion ou du déni. Le demandeur ajoutait une seconde formule à la première pour obtenir restitution, ou représentation de la chose, et, dans le cas où il y aurait refus, la condamnation au payement des intérêts. Dans les interdits prohibitoires on procéda toujours de cette manière, car il n'y avait pas lieu alors de proposer un arbitre. Si le défendeur ne comparaissait pas, on accordait, comme d'habitude, l'envoi en possession des biens. Dans les *interdicta duplicia* il y avait de chaque côté *sponsio* et *restipulatio;* de sorte que c'étaient quatre stipulations dont le juge avait à connaître. Pour l'*interdictum uti possidetis* il existait une procédure particulière, qui avait pour objet de régulariser la possession pendant la durée du procès. Elle était adjugée à celle des deux parties qui offrait le plus haut prix des fruits à percevoir. Si l'adjudicataire perdait le procès, outre l'amende de la *sponsio* et la *restipulatio*, il avait encore à payer le prix de l'adjudication, obligation qu'il avait ordinairement acceptée par une stipulation particulière. Cependant, même sans stipulation il pouvait être actionné à fin de restitution du prix d'adjudication par l'action *judicium fructuarium* ou *secutorium.* En outre, il devait restituer la chose même avec les fruits perçus. En cas de refus, il y était contraint par le *judicium cascellianum vel secutorium.*

Sous les empereurs la forme des interdits servit à engager l'instance; mais alors la procédure était *extraordinaire :* au lieu du *judex,* c'était le magistrat qui examinait et prononçait. Pour abréger on affranchit les interdits de la forme de la *litis denunciatio,* et la procédure des interdits fut remplacée par une instruction *extra ordinem :* si le défendeur faisait opposition et n'obéissait pas, la sentence était exécutée par voie de contrainte directe. Cette forme de l'*extraordinaria cognitio* devint la règle commune; et les principes qui auparavant régissaient les interdits lui furent appliquées.

AUTRES PROCÉDURES ANALOGUES. — Quelques autres procédures tenaient aux interdits. Avait-on commis sur le fonds d'autrui un acte préjudiciable, soit par violence ouverte, soit clandestinement, la personne lésée avait *l'interdictum quod vi aut clam* pour obtenir restitution. Mais s'il ne s'agissait que d'une œuvre en construction, celui qui se croyait lésé, ou, quand le tort portait sur des biens communaux, tout citoyen pouvait forcer le constructeur par une opposition *operis novi nunciatio,* faite d'une manière particulière, soit à se désister de ce travail, jusqu'à ce que l'affaire eût été jugée, soit à donner caution. S'il s'y refusait il s'exposait à l'interdit restitutoire. Mais à son tour il avait un interdit prohibitoire contre le dénonciateur; si, après la caution donnée, celui-ci persistait à entraver les travaux contre une œuvre qui menaçait ruine, le voisin pouvait s'armer aussi d'une *legis actio,* même après la *lex Ebutia.* L'édit lui permettait de demander une garantie, *damni infecti cautio,* qui consistait soit en une caution, soit en une simple stipulation, selon les circonstances. En cas de refus, le demandeur réclamait l'envoi en possession provisoire de la chose, et un interdit, comme dans toutes les immissions prétoriennes, défendait cette possession. Si le refus se prolongeait, il y avait envoi en possession définitive avec propriété prétorienne, et capacité d'acquérir la propriété absolue de la chose par usucapion. Les magistrats municipaux n'a-

vaient pas le droit de décréter la cautio ou l'*immissio,* si ce n'est pour la cau tion, au moins, en cas d'urgence. Quan c'était un ouvrage d'art qui menaçait d changer le cours naturel des eaux plu viales, il y avait pour le rétablissemen des choses en leur premier état une ac tion, l'*actio aquæ pluviæ arcenda* fondée peut-être sur les principes de Douze-Tables. Dans les provinces o l'eau était rare, comme dans l'Afrique ce n'était pas l'augmentation, mais diminution des eaux qui était regardé comme un préjudice.

ACTIO FINIUM REGUNDORUM. - Aux procédures spéciales appartenaie encore les contestations relatives à la l mitation des propriétés, quand il s'agissait que d'une différence de cir pieds tout au plus. Dans ce cas c nommait, d'après les Douze-Tables, tro arbitres, d'après la *lex Mamilia,* u seul. Mais ce qui était particulier cette sorte de procédure, c'est que l arbitres nommés étaient des arpenteur *agrimensores,* qui devaient fixer la l mite d'après les règles spéciales de leu art, sans avoir égard ni à la possessic ni à la prescription. Mais une contesta tion s'élevait-elle entre des voisins pa rapport au *locus,* c'est-à-dire au suje d'un intervalle séparatif excédant largeur de cinq pieds du *finis,* on pou vait bien encore consulter les *agrimen sores,* pour qu'ils déterminassent la l mite primitive; mais ils n'étaient plu alors que des experts appelés à donne leur avis. Quant au jugement, il éta rendu dans la forme ordinaire, en te nant compte de la possession, de la pro priété, de l'usucapion, des interdits, (de la vindication. Ce droit du *finis* d cinq pieds fût confirmé par Constar tin (331). Mais Valentinien II supprim la différence qui existait entre le *fini* et le *locus,* de sorte que dans ces deu espèces de contestation de limites l'a penteur décidait comme juge, en n consultant que les règles de son ar sans avoir aucun égard à la possessio ni à la prescription. Théodose Ier réta blit, en 392, l'ancien droit. La décisio fut remise à des arbitres, et il n'y eu encore que le *finis* des cinq pieds pou lequel on ne tint pas compte de la pres cription. Enfin, Justinien ramena l'égalit qui avait existé depuis Valentinien II pour les débats touchant le *finis* ou le *locus*.

Bornes des propriétés. — Dans les procès relatifs au bornage des propriétés le point important était de bien reconnaître les différents signes employés pour marquer la limite. Dans les *agri limitati*, pays où les champs avaient été régulièrement limités, les bornes qui servaient de signes aux *agrimensores* consistaient en des pierres, ou blocs taillés d'une certaine façon; tandis que dans les terres qui n'avaient pas été publiquement bornées, *agri occupatorii, arcifinales,* les bornes étaient plus arbitraires et variaient suivant l'usage de chaque localité. Avec le temps cette distinction primitive s'effaça, et on employa toute espèce de bornes même dans les terres limitées.

Controversiæ agrorum. — L'intervention des arpenteurs pouvait en d'autres cas être également nécessaire; alors ils n'apparaissent jamais que comme experts. Ces cas, qu'on a appelés *controversiæ agrariæ*, sont au nombre de quinze. La première controverse se rapporte à l'emplacement des bornes. On en mettait dans les pays limités, non-seulement aux limites des centuries, mais aussi dans leur intérieur, au point de partage de chaque lot, *agri compartionales*, pour marquer la division primitive ou celles qui provenaient des partages de succession. Dans les pays non limités ces bornes servaient, avec d'autres signes, à tracer la démarcation des propriétés.

La seconde controverse concernait le *vigor*, c'est-à-dire la ligne droite tirée d'une borne à l'autre. Quand un litige s'élevait entre deux voisins au sujet du *vigor*, cette controverse se confondait avec celle qui s'élevait à propos du *finis*, ou avec celle qui se rapportait au déplacement des bornes. Dans les terres tributaires des provinces, *agri vectigales*, quand le sol avait été limité, on appelait *rigor* ce qui dans les terres assignées, *agri assignati*, était nommé *limes*, et *ce rigor* avait, comme le *limes*, une largeur assez grande pour qu'il pût servir de passage.

La troisième controverse concernait le *finis*, et la quatrième le *locus*; il en a déjà été question ci-dessus. La cinquième, le *modus*, se rapportait, dans les terres assignées, à la contenance primitive des lots, mais en prenant en considération les changements qui étaient survenus. Dans les terres non limitées la controverse portait sur la détermination de la contenance indiquée dans le contrat.

Dans la sixième controverse qui concernait la propriété, les arpenteurs n'avaient qu'à déterminer l'étendue des champs labourables, des pâtures et des forêts qui avaient été assignés; et à cette fin on consultait les documents du premier partage. La septième controverse, portant sur la possession, ne regardait pas les arpenteurs; dans la huitième, touchant les alluvions, il s'agissait d'empêcher pour les terres limitées, et lorsque la largeur de la rivière n'avait pas été comptée dans les assignations, que le *modus* primitif ou la contenance originaire ne fussent modifiés par les terres que le cours d'eau enlevait ou apportait.

Dans la neuvième controverse, concernant le *territorium*, les arpenteurs avaient à décider si tel endroit appartenait à une ville, soit municipe soit colonie, ou à une autre. Dans la dixième controverse, concernant les *subseciva*; dans la onzième, concernant les terrains communaux du peuple romain, ou des cités; dans la douzième, concernant les portions de terre qui n'avaient pas été comprises dans l'assignation, soit dans l'intérieur, soit aux limites de terres mesurées; dans la treizième, concernant les lieux sacrés, *loca sacra et religiosa*, qui furent toujours laissés en dehors de l'assignation, il s'agissait d'empêcher les usurpations des particuliers, en rétablissant les limites primitives. La quatorzième controverse concernait l'écoulement de l'eau pluviale. Les arpenteurs n'étaient alors appelés que pour rétablir le *finis* que les eaux avaient déplacé. Il en était de même pour les cloaques. Enfin, la quinzième controverse, relative aux chemins, ne les regardait que dans les territoires assignés où les limites servaient de chemins publics.

De la restitution en entier. — Il suffira de nommer ici une autre procédure particulière, la restitution en entier ou le rétablissement dans l'état précédent. C'était, dit M. Pellot, une voie extraordinaire de droit, une dernière ressource, reposant, comme tant d'autres institutions du droit romain, sur l'opposition du *strictum jus* et de l'*æquitas*. Il peut, en effet, arriver, dit M. Pellot, que par l'application d'un principe de droit très-juste en général quelqu'un, dans certaines circonstances particulières, soit lésé d'une manière fort inique, et se trouve dans une position très-fâcheuse. Pour lever cette contradiction entre le *strictum jus* et l'*æquitas*, le préteur, comme organe de l'*æquitas*, promet dans son édit de venir au secours de celui qui se trouvera ainsi dans l'embarras, en le rétablissant, sur sa demande, dans la position où il était avant l'événement qui a causé la lésion : *prætor in integrum rectitius*. Cependant le préteur ne fait cette promesse que sous la supposition du concours de ces quatre conditions : qu'il y ait eu un véritable préjudice, une *læsio*; qu'on n'ait pas, sauf quelques exceptions, éprouvé ce dommage par sa propre faute; qu'il existe un juste motif d'équité en faveur de cette mesure extraordinaire, une *justa causa*; enfin que le lésé ne puisse pas recourir à quelque autre voie moins violente.

DES MOYENS EMPLOYÉS POUR DIMINUER LES PROCÈS : 1° PRESCRIPTION DE L'ACTION. — Différentes institutions avaient pour objet de diminuer les procès, soit directement, soit indirectement. D'abord il faut compter la prescription dans l'action. Cette prescription était inconnue dans l'ancien droit. Ce fut l'édit qui limita à un an le temps dans lequel on pouvait intenter la plupart des actions qu'il accordait. Plus tard il y eut une prescription contre des actions par lesquelles on réclamait la propriété. Enfin Théodose II fixa la prescription de trente ans contre toutes sortes d'actions. Une action intentée, puis suspendue, fut regardée comme prescrite au bout de trente ans, ou, comme l'ordonne Justinien, au bout de quarante ans à compter de la dernière *cognitio*. Dans l'ancienne législation le droit d'action était anéanti quand le procès commencé n'avait pas été vidé dans le temps prescrit. Cette rigueur ne se retrouve dans la législation nouvelle que pour de certains cas déterminés.

2° **DÉFENSE D'ACHETER DES DROITS LITIGIEUX.** — L'interdiction d'acheter des droits litigieux était fondée sur le même désir d'éviter l'augmentation ou la complication des procès. Cet édit d'Auguste déclara cet achat de droit litigieux non valide, et le punit d'une amende au profit du fisc. Justinien augmenta la peine. On interdit même une vente opérée avant la fin du procès, quand cette vente devait aggraver la position du défendeur ; et dans ce cas on accorda à celui-ci une action en dommages-intérêts.

3° **DISPOSITIONS CONTRE LES DEMANDES EXAGÉRÉES.** — Si l'on demandait plus qu'on n'avait droit de demander, cela seul, quand l'action était *certi*, entraînait la perte du procès, dès les temps des *legis-actiones* et sous la procédure formulaire. Le droit plus moderne remplaça cette perte du litige par une pénalité déterminée. On perdait également dans l'ancien droit à demander moins ou à agir par une seule action, quand on pouvait le faire par plusieurs ; car si on voulait ensuite réclamer le reste de la dette ou agir au moyen d'une autre action par-devant le même préteur, cette demande était repoussée par de certaines exceptions. Dans le droit moderne on ne trouve rien de semblable.

DISPOSITIONS CONTRE LES PROCÈS MAL FONDÉS. — Enfin il existait plusieurs dispositions expresses contre des procès injustes. Ainsi, il y avait déjà une peine dans le *sacramentum*, puisque la partie condamnée perdait le prix fixé par la gageure que constituait le *sacramentum*, plus tard dans la *sponsio* pénale, qui avait lieu dans des cas déterminés, surtout dans les interdits, ou dans les actions *certi* et *constitutio pecuniæ*. Dans d'autres actions, le déni entraînait une amende du double, *inficiando lis crescit*. Cette peine se conserva au moins pour quelques actions, même dans le droit moderne. Quand il n'y avait lieu ni à une *sponsio* ni à la peine du double, le demandeur pouvait exiger du défendeur le *juramentum calumniæ*. Justinien rendit même ce serment obligatoire dans tous les cas. Enfin, il y eut, moins pour diminuer le nombre des procès que punir pour la mauvaise foi, des condamnations qui notaient d'infamie.

Le défendeur, à son tour, était également protégé contre le demandeur. Il avait le droit d'exiger de lui le *juramentum calumniæ*, ou s'il pouvait prouver une vexation demander, par le *judicium calumniæ*, des dommages-intérêts montant au dixième du litige, et dans les interdits, jusqu'au quart. Ce *judicium* fut plus tard abandonné; mais le serment devint dans quelques actions, sous Justinien dans toutes, une obligation légale. Au lieu de ce *judicium*, il y avait dans l'ancien droit, pour certaines actions, même sans preuve, d'une vexation intentionnelle, un *contrarium judicium*, afin d'obtenir un dixième, ou un cinquième en dommages-intérêts. Ces deux *judicia* étaient plus admissibles quand le serment de calomnie avait été demandé et prêté. Enfin, une action pouvait être intentée contre le demandeur en vertu de la *restipulatio*, dans tous les cas où il y avait *sponsio* pénale.

Aux peines qui frappaient le plaideur téméraire il faut ajouter l'obligation où il était de payer à son adversaire les frais du procès. Ces frais étaient toujours à la charge de celui qui perdait, à moins qu'il n'existât des preuves évidentes de sa bonne foi. Le juge pouvait imposer encore, suivant les circonstances, un dixième en plus comme amende au profit du fisc. Originairement il n'était pas nécessaire qu'il y eût condamnation expresse aux dépens; mais dans la suite les juges furent obligés d'exprimer cette condamnation, sous peine d'avoir à payer eux-mêmes les frais. Pour empêcher des demandes exagérées, le juge déférait le serment sur le chiffre des frais. Les *sportules* en faisaient naturellement partie. Mais comme les *sportules*, surtout celles qu'on exigeait du défendeur lors de la citation en proportion de la valeur de l'objet en litige, pouvaient devenir un moyen de chicane, Justinien prononça une amende du triple contre les évaluations exagérées. En outre, il fallut que le demandeur donnât caution d'effectuer la litiscontestation dans les deux mois, sous peine d'avoir à payer au double les frais déjà faits. D'après une autre constitution de Justinien, une caution égale au dixième du litige dut être fournie pour garantir la continuation du procès, le payement des frais.

DES COGNITORES ET DES PROCURATORES. — Au temps des *legis actiones* un citoyen ne pouvait ordinairement agir en justice pour autrui. Dans la procédure formulaire cette autorisation fut donnée quand le demandeur avait désigné personnellement au défendeur devant le magistrat *in jure*, et avec des paroles solennelles, un autre citoyen comme son représentant. Ce représentant ainsi constitué pour conduire le procès était nommé *cognitor*. Il figurait dans la *litiscontestatio* comme demandeur, mais pour l'affaire d'autrui. L'*intentio* était tirée alors de la personne du demandeur véritable, et ce n'était que dans la *condemnatio* que figurait la personne du *cognitor*. Mais le jugement opérait directement pour ou contre le demandeur réel, *dominus litis*, puisque le *cognitor* n'était que son représentant. A une époque plus moderne il y eut d'autres sortes de représentants: le *tuteur*, le *curateur*, le *procurateur*, constitués sans les formalités dont nous venons de parler, et même, suivant l'opinion de quelques auteurs, le simple homme d'affaires, *negotiorum gestor*, qui du reste ne fut admis que dans des circonstances particulières. La formule était rédigée pour le *procurator* dans les mêmes termes que pour le *cognitor;* mais comme on n'avait pas, pour certifier la qualité de ce représentant, l'aveu formel et fait de vive voix par le *dominus litis*, le procurateur agissait dans la rigueur du droit sous sa propre responsabilité; il se rendait donc par la *litiscontestatio* véritablement le maître du litige; et le jugement engendrait *actio* et *exceptio* pour ou contre lui, et non plus pour ou contre celui qu'il représentait.

Cette procédure, par trop formelle, fut adoucie par degrés. D'abord on accorda aux tuteurs et curateurs le pouvoir de poursuivre en justice dans l'intérêt de leurs pupilles; et dans ce cas les effets du jugement portèrent directement sur les mineurs, qui gagnèrent ou perdirent la cause intentée par leur tuteur. Plus tard le *procurator*, qui fut constitué par le demandeur au moyen

14ᵉ *Livraison*. (ITALIE.*)   14

d'une déclaration personnelle consignée au procès-verbal, fut assimilé au *cognitor*. Enfin, on décida que des procurateurs de toute sorte, même le simple homme d'affaires, après que le *dominus litis* avait donné sa ratification, pouvaient suivre régulièrement l'instance; et l'action qui résultait du jugement était donnée au représenté, non plus au représentant. L'usage des *cognitores* cessa alors tout à fait quand Justinien fit compiler les *Pandectes*. Plusieurs passages des anciens jurisconsultes furent changés, et le mot de *cognitor* remplacé par celui de *procurator*.

Quand un *cognitor* intentait l'action, son caractère rendait une caution pour la ratification de son mandat inutile. Tous les autres remplaçants furent, au contraire, obligés de fournir une *cautio de rato*, parce qu'à la rigueur le demandeur lui-même pouvait agir de nouveau, comme s'il n'avait pas été déjà partie dans la première instance. Quand la loi se montra moins sévère, on dispensa d'abord les tuteurs de la caution, puis le procurateur nommé personnellement et constitué *apud acta*. Dans le droit plus moderne il n'y a que le procurateur d'une personne qui ne comparaît pas et le *negotiorum gestor* agissant sans mandat qui aient à fournir caution que celui qu'ils représentaient ratifiera leurs actes.

Il en fut pour la défense comme pour la demande. On admit pour la défense d'abord des *cognitores*, puis toutes les autres sortes de représentants, même le défenseur qui s'offrait spontanément, et la formule de la condamnation fut changée en conséquence. Dans l'origine une action contre le défendeur lui-même ne résultait du jugement que quand le procès avait été soutenu par un *cognitor*; plus tard, il en fut de même quand ce fût un *procurateur* ou un tuteur. Si un défendeur sans mandat avait soutenu la cause devant le juge, le défendeur profitait de l'*exceptio*; il ne pouvait plus en effet y avoir action contre lui de la part du demandeur, dont le droit était consommé, puisque le litige avait été débattu en justice.

Toutes les fois que la défense était faite par un autre, il était nécessaire de donner caution comme garantie de l'accomplissement du jugement; c'était le *dominus litis* qui la fournissait quand la défense était présentée par un *cognitor*, dans les cas contraires, c'était le mandataire lui-même qui la donnait. Dans le droit plus moderne, où ce cas est à peu près le seul dans lequel une caution soit exigée, on faisait la distinction suivante. Quand le *dominus litis* se présente lui-même et constitue au tribunal un *procurator*, alors c'est aussi lui qui donne la caution ; mais en son absence cette obligation incombe à celui qui s'offre pour être défenseur. En de certains cas, le représentant avait aussi à garantir par une caution que le représenté ratifierait ses actes.

Du reste, l'édit indiquait certaines personnes qui ne pouvaient nommer un *cognitor* ou le devenir; ces dispositions furent étendues aux *procuratores*. Les infâmes, par exemple, ne purent jusqu'à Justinien ni instituer ni être institués *procuratores*. Par contre il fut défendu aux personnes de haute condition de comparaître en personne devant les tribunaux, comme étant chose incompatible avec leur dignité.

DES PATRONS ET DES AVOCATS. — Pour s'éclairer sur la marche à suivre dans un procès, on consultait, sous la République, quelque savant jurisconsulte, et pour les plaidoiries on recourait à quelques *patronus*, qui, par amitié ou pour se faire un nom, se chargeait de soutenir la cause. Ce service devait être gratuit. La loi *Cincia*, de l'an 204, défendit toute rémunération pour l'avocat. Mais quand les succès du Forum n'ouvrirent plus la route des honneurs; quand les sentiments d'égalité et de fraternité républicaines furent morts, cette intervention de l'avocat devint un emploi lucratif; et, après d'inutiles efforts pour soutenir l'ancienne prohibition, il fut permis sous Claude d'accepter des honoraires; mais ils ne devaient pas excéder la somme de dix mille sesterces pour chaque procès. De nouveaux règlements furent décrétés sous Néron. Mais les honoraires restèrent fixés au même chiffre. Plus tard, au lieu de dix mille sesterces, on prit cent *aurei*. Les avocats remplacèrent alors les anciens orateurs, et avec ceux-ci disparut la grande éloquence judiciaire. Les jurisconsultes renom cessèrent même de diriger les procédures; ils ne voulurent plus que donner des consultations.

Du reste, la postulation était permise à tout le monde, excepté aux personnes que l'édit avait déclarées incapables, comme les femmes, à cause de leur sexe, et les infâmes. Le magistrat pouvait aussi interdire, comme peine, à un citoyen les fonctions d'avocat. Dans les derniers temps cette profession fut régularisée, mais dans un esprit très-étroit. On n'admit auprès de chaque tribunal qu'un nombre limité d'avocats, qui durent être avant leur admission sévèrement examinés sur leur naissance, leurs études et leurs connaissances. Les surnuméraires étaient forcés d'attendre une vacance. Les avocats inscrits formaient un collége ayant tous les droits d'une corporation. Ils avaient plusieurs priviléges personnels; mais ils étaient aussi soumis à une discipline particulière, pour ce qui concernait les devoirs de leur état.

Les avocats du fisc. — Une charge instituée par Adrien, celle d'avocat du fisc, était en étroite relation avec le collége des avocats. Cette charge fut attribuée dans le tribunal des préfets de l'Orient aux deux plus anciens membres du collége des avocats. Après une année d'exercice, ils étaient appelés à des fonctions plus élevées. Dans les autres tribunaux cette charge était remplie par un seul avocat, qui la quittait après deux années de service.

En résumé, il y a trois époques, trois divisions pour la procédure civile des Romains :

1° Les *actions de la loi*, système d'actes et de paroles sacramentels, formes compliquées, où le plaideur se perd s'il ne se laisse guider par le praticien initié à tous ces mystères. Ce système subsiste jusque vers la fin de la seconde guerre Punique.

2° Les *formules*, ou déclarations, rédigées par le préteur pour chaque affaire, des principes de droit qui devaient guider le juge après examen du fait, pour la rédaction de la sentence. Ce système dure cinq siècles, du second avant notre ère au troisième après Jésus-Christ.

3° Les *jugements extraordinaires*. Dans les deux systèmes précédents, le magistrat dit le droit, et c'est un juge particulier qui l'applique, après débats contradictoires sur le fait. Dans le nouveau système, qui à partir de Dioclétien devient l'usage général, le magistrat seul intervient à toutes les périodes de la procédure, depuis l'ouverture de l'instance jusqu'à la sentence et à l'exécution.

Ainsi les Romains, du moins aux beaux jours de la jurisprudence, avaient pour les affaires civiles des juges sous beaucoup de rapports comparables au jury que nous avons pour les affaires criminelles; et dans les derniers siècles de l'empire leur système judiciaire fut à peu près celui qu'a suivi l'Europe du moyen âge et des temps modernes, c'est-à-dire l'instruction, le débat et le jugement de l'affaire par le magistrat, sans intervention du juge particulier.

Nous ferons deux remarques encore : la première, c'est que les Romains de la république ne connaissaient pas en matière civile l'appel, que nous avons supprimé nous-mêmes au criminel, mais que, par une contradiction singulière, nous gardons au civil; la seconde, c'est que le jugement laissé au juge ne portait jamais sur la chose même, tant les Romains respectaient profondément le droit de propriété, mais sur une somme d'argent qui la représentait, et qu'on avait exagérée à dessein, afin que celui qui perdait le procès, plutôt que de payer la somme fixée, abandonnât la chose elle-même et s'exécutât pour ainsi dire de ses propres mains, sans que l'État, mais seulement la loi, parût intervenir dans ces débats d'intérêts privés.

ORGANISATION JUDICIAIRE.

Seconde partie; tribunaux et procédure criminels.

Principes généraux. — Dans les temps anciens, quand la religion était étroitement liée à la constitution de l'État, la procédure criminelle fut pénétrée du même esprit. Dans la croyance où l'on était que le même crime devait attirer sur le criminel, sur ses biens, sur sa famille et sur tout le peuple, la malédiction et la ruine, l'intérêt public exigeait une expiation ; et cette expiation ne pouvait être accomplie que par un châtiment personnel. La peine de mort elle-même fut rapportée à ce principe ; la loi, en effet, dévouait la tête criminelle aux dieux, et le magistrat faisait attacher le coupable à un arbre consacré aux puissances infernales, *infelici arbori*. Si le magistrat n'avait pu le saisir, tout citoyen avait le droit de le tuer, et ses biens étaient appliqués aux frais des sacrifices et des supplications. Mais il y avait aussi des délits dont la punition n'entraînait que l'obligation de donner satisfaction pour le dommage causé. Les lois des Douze Tables donnèrent à la procédure criminelle une forme plus précise. Elles mentionnent les crimes les plus graves, et assignent les peines. Celles-ci sont ou une amende pour l'offensé, ou une expiation publique ; mais rarement la peine de mort. De là résulte la division en *delicta privata* et en *delicta publica seu crimina*. Ceux-là donnaient lieu à des réclamations portées devant les tribunaux civils ordinaires, ceux-ci à une accusation portée par-devant le peuple. Les premiers étaient, comme les autres parties du droit privé, un des objets dont s'occupait l'édit du préteur ; les derniers ne tombaient que sous le coup de la loi. Vers les derniers temps de la république, quand la décadence des mœurs et la ruine des anciennes institutions nécessitèrent une réforme radicale du droit criminel, tous ceux qui arrivèrent au pouvoir se préoccupèrent des *crimina publica*. Des lois nouvelles furent rendues sur les crimes les plus graves, et pour chaque espèce de ces délits publics on créa un tribunal spécial ; on détermina la procédure et les peines dont les juges durent frapper les coupables. Telles furent les lois Cornéliennes de Sylla, celles de Pompée, les lois Juliennes de César et d'Octave, etc. Les accusations intentées en vertu de ces lois devant les tribunaux permanents devinrent alors la règle ; l'exception fut le jugement rendu par le peuple lui-même, ou par une commission formée pour un cas particulier : cette exception s'appelait *extra ordinem quærere*.

Sous les empereurs, d'autres tribunaux et une autre procédure furent institués ; cependant les lois anciennes formèrent toujours la base légale, et pour déterminer le crime et pour le punir ; il n'y avait de *judicia publica* que ceux où l'action criminelle était intentée en vertu de ces lois seulement ; certains cas, qu'elles n'avaient pas prévus, furent rangés, par des rescrits impériaux et par la jurisprudence, dans la catégorie des *crimina publica*. Mais on les distingua des premiers en les nommant *extraordinaria crimina*, ou même *privata crimina*. Dans l'application de la peine, pour ces crimes, le juge avait une grande liberté ; et il pouvait aller jusqu'à une sentence de mort. Il est juste d'ajouter que, même pour les crimes ordinaires, le juge eut sous l'empire une bien plus grande latitude quant à la détermination de la peine.

Avec le temps, plusieurs délits privés furent punis de peines publiques, soit par mesure extraordinaire, soit en vertu des lois. Le plaignant avait alors à choisir entre une action civile et une accusation publique, *judicium publicum vel actio privata*. Mais lorsqu'une peine résultait de l'une de ces procédures, il n'était plus permis de revenir à l'autre ; et en général une peine extraordinaire ne pouvait être ajoutée à une peine privée, à moins qu'il n'y eût eu, dans le vol par exemple, violence publique ; car, dit Paulus, dans son style nerveux, *alterum utilitas privatorum, alterum vigor publicæ disciplinæ postulat*. Néanmoins le juge pouvait admettre une réclamation civile en même temps que l'action criminelle.

DES DÉLITS PRIVÉS. — A l'époque où la jurisprudence eut atteint son plein développement les Romains comptèrent quatre sortes de délits privés, le vol, la rapine, l'injure et le dommage causé par l'injure, *furtum, rapina, injuria et damnum injuria datum*. Cependant il ne faut pas considérer cette énumération comme complète ; il faut y ajouter plusieurs autres contraventions punies de peines publiques, et qui doivent cependant être citées ici à cause de la connexité.

FURTUM. — Le droit romain entendait par vol, *furtum*, tout maniement (*contrectatio*) frauduleux et clandestin d'une chose mobilière au détriment des personnes *sui juris*. L'opinion de Sabinus, que des immeubles pouvaient aussi être volés, ne passa pas dans la jurisprudence. Quant à la peine à infliger, les Douze Tables contenaient déjà des dispositions détaillées. D'abord on établissait une distinction entre le *furtum manifestum* et le *furtum non manifestum*. Le premier cas était, d'après l'opinion la plus accréditée, celui où le voleur était pris sur le lieu même du vol. La peine était, d'après les Douze Tables, que le voleur fût battu de verges et livré comme esclave à celui au détriment duquel le vol avait eu lieu. L'édit changea cette peine en une amende au quadruple de la valeur de l'objet volé. Le *furtum nec manifestum* était puni, d'après les Douze Tables, par la restitution au double; ce que l'édit maintint. En outre, le propriétaire qui avait souffert du *furtum* avait contre le voleur lui-même et contre ses héritiers une *rei persecutoria actio* ou *condictio furtiva*. Pour obtenir la restitution de la chose volée ou de sa valeur, ou bien instituer la vindication, sous les suppositions ordinaires contre cette revindication, l'acquéreur, même innocent, n'était pas protégé par l'usucapion d'après les Douze Tables et la loi Atinia. Les Douze Tables autorisaient le citoyen volé à faire une visite domiciliaire chez celui qu'on soupçonnait être le voleur; mais à condition qu'il la fît tout nu, n'ayant qu'une ceinture et portant un plat à la main, afin qu'il ne pût cacher l'objet volé dans ses vêtements ou ses mains et le déposer furtivement dans la maison. Le vol ainsi découvert (*furtum per licium* et *lancem conceptum*) était puni comme un *furtum manifestum*. Celui chez qui on avait ainsi cherché en présence des témoins et trouvé la chose volée était atteint par l'*actio furti concepti*, qui exigeait de lui une restitution au triple de la valeur, de l'objet même lorsqu'il n'était pas le voleur véritable. Sur ce point l'édit n'avait pas dérogé aux prescriptions des Douze Tables. Mais le recéleur innocent pouvait réclamer aussi une restitution au triple de la valeur de celui qui avait malicieusement porté chez lui l'objet volé. La loi des Douze Tables n'avait pas prévu le cas où l'on s'opposerait à cette visite domiciliaire; aussi l'édit accordait-il dans cette circonstance l'*actio furti prohibiti* avec une amende au quadruple de la valeur. L'édit accordait aussi une *actio furti non exhibiti* contre celui qui se refusait à rendre la chose trouvée. Cependant dans la nouvelle jurisprudence les actions pour *furtum conceptum*, *oblatum*, *prohibitum* et *non exhibitum* devinrent hors d'usage; le recéleur coupable fut traité comme le *fur nec manifestus*. Les Douze Tables autorisaient encore le meurtre du voleur pris en flagrant délit dans une maison. On pouvait tuer le voleur nocturne, lors même qu'il ne se défendait pas; celui qui volait de jour, quand il se défendait avec une arme. Cette rigueur de l'ancienne législation fut plus tard adoucie, et le droit de tuer le voleur fut limité au cas de défense légitime.

Les peines différaient suivant les genres de vol. Celui qui s'était servi sciemment des matériaux d'autrui dans sa maison, ou dans sa vigne, pouvait être poursuivi en restitution du double de la valeur, d'après la loi des Douze Tables. Mener paître, furtivement la nuit, son troupeau sur le champ d'autrui ou couper son blé, entraînait la peine de mort. Que le coupable, disent les Douze Tables, soit dévoué à Cérès, *Cereri necator*. Des peines extraordinaires furent décrétées pour le vol de bétail; car les troupeaux formaient en Italie la principale richesse. Il y en eut aussi pour les vols commis dans les bains publics, par ceux qui se glissaient dans les chambres d'autrui dans l'intention d'y voler (1); contre les auteurs d'un vol avec effraction; et depuis, un décret de Marc-Aurèle contre ceux qui s'emparaient d'un héritage vacant; pour les vols commis dans les manufactures impériales de monnaies; enfin contre les voleurs nocturnes et contre ceux qui se défendaient par les armes. En un mot, le vol fut, dans la plupart des cas, poursuivi criminellement. C'est Ulpien qui le dit : *nunc furti plerunque criminaliter agi*. Depuis Justinien le voleur ne dut jamais être

(1) Ces vols étaient si communs qu'on avait donné un nom particulier aux voleurs de ce genre; c'étaient les *directarii*. (Dig., XLVII, 11, 7.)

puni ni dans son corps ni dans ses membres. Il est à remarquer que des vols peu considérables commis par des esclaves, des affranchis, ou des journaliers ne donnaient lieu à aucune action.

RAPINA. — Ce fut le préteur M. Lucullus qui le premier porta un édit contre la rapine, en menaçant d'une condamnation au quadruple les auteurs de tout dommage causé avec violence par rassemblement des gens armés. Il voulait restreindre par cet édit les désordres commis pendant les troubles civils; plus tard les dispositions de l'édit devinrent beaucoup plus générales, et s'appliquèrent au dommage causé par un seul citoyen avec mauvais dessein et violence, ou par un attroupement de gens sans armes, et agissant sans violence, enfin à toute rapine causée même sans attroupement. L'amende au quadruple de la valeur subsista ; mais on comprit dans cette amende la valeur de la chose elle-même, qu'il fallait anciennement restituer en outre de l'amende. Mais, au lieu de l'*actio vi bonorum raptorum*, on pouvait intenter simplement l'*actio furti* ou l'*actio legis aquiliæ*, une condition ou une revendication. Les lois Julia et Plautia n'accordèrent jamais l'usucapion pour les choses pillées ou volées *vi possessam prohibent*. Le pillage pendant un incendie ou les dommages causés en pareils accidents furent punis par l'édit d'une amende au quadruple et plus tard d'une peine extraordinaire.

INJURIA. — Quant aux injures, les Douze Tables contenaient les dispositions suivantes : « L'auteur de propos injurieux, ou de vers outrageants répandus dans le public, était battu de verges, à ce qu'il semble, jusqu'à ce que mort s'ensuivît. Toute mutilation entraînait la peine du talion. Pour un os brisé on payait, si le blessé était une personne libre, une amende de trois cents as; si c'était un esclave, cent cinquante; toute autre injure devait être punie par une amende de vingt-cinq as. Par suite des changements survenus dans la valeur de l'argent, ces amendes se trouvèrent insuffisantes. Aussi l'édit introduisit dans cette partie de la jurisprudence une clause qui autorisa l'injurié à faire lui-même l'estimation de la peine pécuniaire qu'il jugeait due pour l'injure reçue. Dans le cas de lésion grave, c'était le préteur lui-même qui faisait cette estimation ; et au nombre de ces cas on compta même, dans les Douze Tables, les mauvais traitements et les coups qui avaient entraîné la déformation d'un membre. L'édit appliqua aussi la peine de l'injure au *convicium*, c'est-à-dire aux injures proférées contre une personne en public, aux paroles légères et déshonnêtes adressées à une matrone, enfin à tout ce qui pouvait porter préjudice à la bonne renommée de quelqu'un. « L'action prétorienne d'injure, dit M. Pellat, fut donnée à l'occasion de toute lésion des droits d'autrui commise sciemment et à dessein, soit qu'elle ait déjà ou non occasionné un dommage, soit encore qu'elle ait eu pour but direct de porter atteinte à l'honneur d'autrui ou simplement à son droit, *animo injuriandi*. » La licence croissante des mœurs rendit nécessaire de punir plus sévèrement certaines injures. Une *lex Cornelia*, qui n'est pas celle *De Sicariis*, mais une loi particulière *De Injuriis*, accorda une action pénale dans trois cas, qui se rapportent à la violation, avec des degrés divers de violence, du domicile. Cependant cette action n'était accordée qu'à la partie offensée. On fut plus rigoureux encore pour la composition et la publication de libelles blessant l'honneur d'autrui. Un sénatus-consulte menaça d'une peine afflictive l'auteur, le vendeur et le colporteur d'épigrammes, ou de caricatures. Des constitutions impériales prononcèrent même la peine de mort pour des libelles anonymes dénonçant des crimes prétendus. On établit encore pour beaucoup de cas une pénalité extraordinaire et l'appréciation des délits de ce genre prévue dans l'édit, la *lex Cornelia* et le sénatus-consulte, devint plus arbitraire. Dans les derniers temps on eut aussi le choix entre une action civile et une action criminelle, et dans ce dernier cas une grande latitude était laissée au juge pour déterminer la peine. Au reste, même quand l'action d'injure était intentée *civiliter*, elle entraînait l'infamie pour le condamné.

DES COMPENSATIONS. — Les Douze Tables et les lois suivantes déterminèrent les compensations dues comme dédommagement. La *lex Aquilia* abrogea les anciennes dispositions sur cette matière et en introduisit de nouvelles. Cette loi avait trois chapitres. Le premier ordonnait contre le meurtre volontaire ou non d'un esclave, ou d'un quadrupède servant aux travaux des champs, une compensation égale au prix le plus élevé que la bête et l'homme auraient pu être vendus l'année précédente. Le second chapitre s'occupait de l'*adstipulator* qui retenait ce qu'il avait reçu; mais les dispositions à cet égard tombèrent assez vite en désuétude. Le troisième chapitre embrassait tous les autres cas où des dédommagements devaient être fournis, et fixait le taux de la compensation au maximum de la valeur de la chose pendant les trente jours qui avaient précédé le délit. Dans sa teneur littérale la loi Aquilia était d'une application très-restreinte, puisque l'*actio* legis *Aquiliæ* ne compétait qu'au propriétaire, et seulement pour un *damnum corpore corpori datum;* mais cette action fut, en qualité d'*in factum* ou *utilis actio,* donnée à d'autres personnes ayant souffert du dommage, et étendue à d'autres genres de *damnum* (1).

Il y avait des dispositions particulières pour certaines compensations. Celui qui coupait secrètement les arbres d'autrui devait payer, d'après les Douze Tables, une amende de vingt-cinq as pour chaque arbre abattu; l'édit doubla la compensation: quelquefois même il y avait, selon les circonstances, lieu à une peine afflictive. Quand le dommage avait été causé volontairement dans un tumulte, on pouvait revendiquer une compensation au double d'après l'édit; et si c'était une injure personnelle on pouvait demander une peine extraordinaire. Si le dommage était causé par un animal, le propriétaire était responsable, d'après les Douze Tables ainsi que d'après une *lex Pesulania.* Les Douze Tables donnaient aussi une action contre celui dont le bétail avait pâturé sur le champ d'autrui. Les édits des édiles accordaient une action plus forte à celui qui retenait près d'un chemin public un animal dangereux par le fait duquel quelque dommage pouvait être causé. Des dispositions pareilles furent introduites par le droit prétorien contre l'habitant d'une maison de laquelle tombait quelque chose ou était jeté quelque objet qui portât préjudice ou blessure au passant. Enfin, quand un délit était commis par un enfant ou par un esclave, c'était contre le père ou le maître que l'action était dirigée; les Douze Tables, puis la *lex Aquilia* et l'édit l'avaient ainsi réglé. Quand plusieurs esclaves avaient pris part à un vol, le maître n'était forcé, d'après une disposition explicite de l'édit, que d'offrir la somme qu'il y aurait eu à payer si le vol avait été commis par un seul homme libre.

DÉLITS MOINS GRAVES. — Aux délits privés appartenaient en outre les cas suivants : Les jeux de hasard étaient blâmés par la loi, et il est même question d'une amende au quadruple. L'édit chercha d'une manière indirecte à restreindre cette pénalité. Néanmoins les paris dans les jeux gymnastiques furent autorisés par une loi Titia, Publicia et Cornelia, ainsi que par un sénatus-consulte dont on ignore le nom. Justinien rendit une ordonnance reposant sur les mêmes principes. Seulement il n'y est question que de la réclamation de la somme perdue, et non pas de l'amende au quadruple. Contre les exactions des publicains, l'édit protégeait par une action en compensation du double de la somme extorquée. Le juge pouvait en outre ajouter à cette amende une punition extraordinaire contre celui qui avait reçu de l'argent pour intenter un procès à un citoyen, ou au contraire pour débarrasser un citoyen d'une poursuite en justice. L'édit accordait une action en revendication au quadruple; et plus tard le nouveau droit exigea une peine extraordinaire. Enfin, celui qui voulait se faire droit à lui-même fut puni depuis un rescrit de Marc-Aurèle par la déchéance de sa demande, ou par la restitution de la chose ou de sa valeur, quand il n'en était pas le propriétaire.

ACTIONS POPULAIRES. — Les cas entraînant une action populaire (*popularis actio*) tiennent le milieu entre les délits privés et les crimes publics. Ces cas étaient des contraventions de police. Ici l'autorité ne procédait pas d'une manière directe, car on supposait que les citoyens eux-mêmes avaient intérêt au

(1) Pellat, *Droit privé des Romains.*

maintien de l'ordre et du bien publics; en conséquence il était permis à tous de prendre en main la poursuite des délits de ce genre. Par ce côté les actions populaires se rapprochaient des actions criminelles. Toutefois, afin de stimuler ce vif intérêt que les lois supposaient aux citoyens pour la chose publique, le délinquant condamné devait payer une amende, qui était attribuée à celui qui avait intenté l'action; et par cette conséquence l'action populaire semblait rentrer dans les actions civiles. Comme ces dernières, elle était portée devant les tribunaux civils, et l'action se continuait contre les héritiers du délinquant de même que pour les délits privés, quand la litiscontestation avait eu lieu; si plusieurs citoyens se présentaient à la fois pour intenter l'action populaire, alors celui qui était le plus intéressé dans l'affaire avait la préférence. Ce choix était remis au préteur; mais on ne pouvait pas se faire représenter régulièrement par un procurateur, parce que dans ce cas on était soi-même pour ainsi dire le représentant du peuple.

Ces actions populaires s'appliquaient aux cas suivants : avoir corrompu le texte d'un édit du préteur publiquement affiché; avoir précipité hors d'une maison une personne libre, qui s'était tuée dans la chute; avoir suspendu ou exposé un objet en saillie hors d'une maison de manière à menacer la sécurité publique; avoir planté ou cultivé un terrain désigné pour un aqueduc. La violation des sépultures entraîna dans le nouveau droit une peine extraordinaire. Aux actions populaires appartenait aussi celle qui était intentée pour le déplacement frauduleux des bornes des héritages. Ces bornes étaient consacrées par des cérémonies religieuses, et une loi du Numa avait dévoué aux dieux celui qui les déplaçait. Une loi agraire d'un César, probablement de Caligula, la même qui est conservée dans la collection des *Agrimensores* sous le nom de loi *Manilia*, faisait de ce délit l'objet d'une action populaire. A partir d'Hadrien il entraîna une peine extraordinaire.

DES CRIMES PUBLICS. — Au nombre des crimes publics étaient comptés avant tout ceux qui avaient été dirigés contre l'État. Dans les temps anciens, quand la jurisprudence criminelle n'était pas encore réglée par des lois déterminées, mais par les mœurs et le sentiment public, tout délit qui semblait nécessiter l'intervention de l'État dans la poursuite devenait *perduellio* ou *crimen publicum*, et le coupable, comme violateur de la paix publique, était battu de verges et mis à mort. On punissait ainsi, selon les circonstances, un meurtre public comme celui de la sœur d'Horace, la perte d'une armée, des intrigues ayant pour but l'usurpation du pouvoir suprême, enfin toute offense faite aux tribuns du peuple. On trouve de ce dernier cas un exemple même vers la fin de la république, quoique une condamnation à une mort ignominieuse fût contraire aux priviléges des citoyens. Les Douze Tables décrétaient encore la peine de mort pour celui qui avait attiré l'ennemi sur le territoire romain ou qui lui avait livré des citoyens. Quand l'idée de la souveraineté du peuple romain se fit jour, toute action qui tendit à diminuer la dignité, l'honneur et la jouissance de la communauté, ou qui seulement les menaça, devint un crime de lèse-majesté. C'est dans ce sens que plusieurs lois sur la souveraineté furent rendues : la loi *Apuleia*, dont on ne sait bien ni l'époque ni le contenu; les lois *Varia* (90 av. J. C.), *Corneilia* (81) et *Julia* (46); une seconde loi *Julia*, promulguée par Auguste, est fort incertaine. La loi *Julia* de César était très-compréhensive, et comprenait beaucoup de cas qui auparavant étaient des *crimina perduellionis*. La peine pour ces crimes était *l'interdictio aquæ et igni*. Sous les empereurs, quand la majesté du prince, devenu le représentant de la nation elle-même, eut pour ainsi dire pris et concentré en lui la majesté du peuple romain, tout attentat contre sa personne, tout acte menaçant sa vie ou ses droits, toute atteinte au respect qui lui était dû fut considéré comme attentat contre le peuple romain lui-même. Auguste se servit le premier de l'ancienne loi de majesté pour poursuivre les auteurs de libelles; et depuis Tibère l'apparence même la plus légère d'un outrage, tout oubli du respect dû au prince fut regardé comme un crime de lèse-majesté. Les peines furent aussi rendues plus sévères; mais cette aggravation de la pénalité eut pour résultat de restreindre le nombre des crimes frappés par l'accusation de lèse-majesté, lesquels ne furent plus que des attentats contre l'État ou l'empereur. Les autres délits que la loi *Julia* avait rangés parmi les crimes de lèse-majesté continuèrent à être poursuivis en vertu de cette loi, mais non plus comme constituant des *crimina majestatis*, et en conséquence on cessa d'y attacher les peines sévères réservées aux véritables crimes de lèse-majesté. Le crime de lèse-majesté dans ce sens nouveau et limité fut cependant aussi appelé perduellion. Dans le droit nouveau quelques dispositions aggravantes y furent ajoutées. Théodose s'exprimait, en effet, avec beaucoup d'indulgence, dans sa constitution *Si quis imperatorem maledixerit*, pour les offenses verbales; mais Arcadius décrétait qu'un attentat à la vie de certains hauts fonctionnaires serait puni comme crime de lèse-majesté. D'autres empereurs allèrent encore plus loin. Déjà dans le troisième siècle la peine pour ces crimes était la mort. Les premiers empereurs y avaient attaché la confiscation des biens et la condamnation de la mémoire du coupable. Les enfants furent même soumis à de certaines peines. Sylla, durant ses proscriptions, donna l'exemple de cette cruauté. Les fils et les petits-fils de ses victimes, privés de l'héritage paternel, furent déclarés incapables d'occuper jamais une charge publique. Un caractère particulier de l'accusation pour crime de majesté c'est que depuis Marc-Aurèle, non-seulement l'action une fois commencée fut continuée après la mort de l'accusé, mais qu'elle pouvait commencer après sa mort même. On peut placer à côté des crimes de lèse-majesté les réunions nocturnes que les Douze-Tables punissaient de mort, l'excitation à la révolte, la trahison et la désertion à l'ennemi.

OFFENSES A LA RELIGION. — Au nombre des crimes contre l'État il faut aussi compter les offenses à la religion. Les Romains considéraient la religion comme quelque chose de national, comme une partie de la chose publique. Aussi, bien qu'ils laissassent à toute nation placée sous leur domination son culte et ses croyances, l'introduction de nouvelles doctrines et de nouvelles cérémonies était punie comme un crime contre l'État. Mais ce délit ne rentrait pas dans la classe des délits ordinaires que les tribunaux jugeaient, il était plutôt regardé comme une matière d'administration; et on le réprimait selon les circonstances par un édit comminatoire ou immédiatement par des châtiments qui allaient jusqu'à la peine de mort. Sous les empereurs la peine ordinaire était la déportation pour les *honorables*, la mort pour les gens de basse condition. Une défense particulière était faite pour la religion juive. Un rescrit d'Antonin autorisait les Juifs à pratiquer la circoncision sur leurs enfants; mais il ne leur était pas permis de faire des prosélytes, car le même rescrit portait : *in non ejusdem religionis qui hoc fecerit castrantis pœna irrogatur* (Dig., XLVIII, 8; fr. 11, *in pr.*). On fut plus sévère encore contre les chrétiens, qui furent forcés de sacrifier aux dieux de l'empire par des édits affichés dans toutes les provinces. C'était là le principe sur lequel reposaient légalement les persécutions contre les chrétiens.

LE MEURTRE. — Une loi de Numa et sans doute aussi les Douze-Tables punissaient de mort le meurtre volontaire. Le meurtre involontaire était expié par le sacrifice d'un bélier, d'après les lois anciennes et, à ce qu'il semble aussi, d'après les Douze-Tables. Dans le droit plus récent cette matière était principalement réglée par la loi *Cornelia, De sicariis et veneficis*. Elle ne punissait pas seulement le meurtre accompli, mais aussi l'intention du meurtre quand le coupable s'était pourvu d'une arme pour tuer ou voler. Elle frappait de la même peine celui qui préparait et vendait des poisons dans le but de faciliter la perpétration d'un crime; et comme une loi *Sempronia* antérieure, elle prononçait la mort contre le magistrat qui demandait et recevait de l'argent dans un procès criminel, et contre le témoin qui faisait une fausse déposition dans une affaire capitale. Plusieurs sénatus-consultes et des constitutions impériales étendirent la pénalité de la loi *Cornelia* à d'autres cas, à la castration des esclaves ou des hommes libres et aux sacrifices humains. La peine était l'exil, et plus tard la mort, du moins pour les gens de basse condition. On continua de ne mettre aucune différence, quand l'intention du meurtre était prouvée, entre le meurtre accompli ou non accompli. On punissait moins rigoureusement, ou même il n'y avait aucune peine, suivant les circonstances, pour un coup mortel porté dans l'exaspération de la colère ou par négligence. Ulpien parle de sentences capitales prononcées par les gouverneurs pour les menaces de mort d'un genre particulier comme celle qu'on appelait en Arabie le *scopelismos*. Elle consistait en ceci : Les ennemis d'un homme plaçaient des pierres sur son champ; et ces pierres signifiaient que s'il cultivait ce champ, il périrait sous les coups de ceux qui les avaient posées. Cette menace inspirait de telles craintes que personne n'osait plus approcher de ce champ. La loi *Cornelia* déterminait aussi les peines pour le meurtre d'un proche parent; la loi *Pompeia* confirmait celles de ces dispositions qui étaient relatives au *parricidium*. La peine était la mort, mais avec des circonstances qui la rendaient plus horrible. Les Romains, sobres de supplices et qui se vantaient de la douceur de leurs lois pénales, toutefois lorsqu'il ne s'agissait que de citoyens romains, avaient réuni pour l'expiation du parricide ce qui pouvait frapper le plus l'imagination. Constantin étendit la peine du *parricidium* au meurtre d'un enfant par son père. Au temps des rois les enfants qui maltraitaient leurs pères étaient dévoués aux dieux et mis à mort.

L'INCENDIE. — Les Douze-Tables contenaient déjà des dispositions pénales contre l'incendiaire. Celui, disait Gaius dans son *Commentaire sur les Douze-Tables*, qui met le feu volontairement à un tas de blé placé près d'une maison est enchaîné, battu de verges et mis à mort.

Ce crime était un des objets dont s'occupait la loi *Cornelia* dont nous venons de parler. Sous les empereurs l'incendiaire était ordinairement puni de mort, quand l'intention du crime était prouvée ; et brûlé vif lorsqu'il y avait contre lui des charges aggravantes. La peine pour l'incendie causé par négligence était déterminée par les circonstances qui avaient accompagné le fait.

MALÉFICES. — Les Douze-Tables punissaient aussi les incantations magiques, surtout les conjurations pour séduire la moisson d'autrui : *Qui fruges excantassit..... qui malum carmen incantassit*. Un sénatus-consulte plaça les opérations magiques pratiquées dans le but de nuire, au rang des délits que punissait la loi Cornelia. L'exercice et même la connaissance seule des arts magiques étaient punis des plus cruels supplices. Paulus dit (*Sentent.* V, 23, 9-15-18). Celui qui fera des sacrifices impies ou nocturnes dans le but d'ensorceler quelqu'un (*obcantare, defigere, obligare*) sera attaché à une croix ou jeté aux bêtes. Ceux qui auront immolé un homme et avec son sang fait des libations ou souillé un temple seront jetés aux bêtes. Si ce sont des *honorabiles*, ils auront la tête tranchée. Ceux qui étudient les arts magiques sont jetés aux bêtes ou crucifiés. Les magiciens leurs maîtres seront brûlés vifs. Le détenteur de livres magiques avait ses biens confisqués et était déporté dans une île, les livres étaient publiquement brûlés. Si le coupable était de basse condition il était puni de mort.

VIOLENCE. — La loi *Plautia* ou *Plotia* fut sans doute décrétée à l'occasion des troubles du dernier siècle de la république contre ceux qui venaient en armes sur la place publique. Q. Lutatius Catulus avait demandé une loi contre ce délit; ce fut probablement celle dont il vient d'être question. Une autre loi contre la violence, présentée par Pompée, ne se rapportait qu'à un cas particulier ; cependant elle contenait aussi des dispositions qui restèrent. On cite encore plusieurs lois *Juliennes* pour réprimer ce crime, l'une certainement de Jules-César, qui fixait la peine d'exil, une autre *lex Julia, De vi publica*, et une *lex Julia De vi privata*, toutes deux de César ou d'Auguste, et peut-être même n'en formant qu'une seule. Quoi qu'il en soit, il est certain que ces deux lois sont restées comme la base du droit nouveau pour cette matière. La peine portée par la première était l'exil ; celle que demandait la seconde était la confiscation d'un tiers des biens, peine qui fut plus tard aggravée. Des dispositions pénales particulières vaient été établies pour deux cas spéciaux : l'attaque d'une maison par une troupe armée et le rapt.

ATTENTAT AUX MŒURS. — Tout délit contraire aux mœurs ne relevait anciennement que de l'opinion publique et de la religion. Au temps des rois, la concubine d'un homme marié, ou célibataire, ne pouvait s'approcher de l'autel de Junon. Plus tard celui qui séduisait une femme respectable, ou une jeune fille, ou la matrone qui n'avait pas une conduite irréprochable, pouvaient être actionnés par-devant les édiles. Mais le plus souvent de tels délits étaient punis par le père, le mari, ou les proches parents. Quand les mœurs s'altérèrent, les lois essayèrent de leur venir en aide par des prescriptions pénales qui nous sont inconnues, et qui furent remplacées par la *lex Julia, De adulteriis*. Cette loi s'occupait particulièrement de l'*adulterium*, c'est-à-dire du commerce criminel entretenu avec une femme mariée. Ce crime, d'après la loi, devait entraîner une punition publique infligée aux deux parties, et tout citoyen pouvait dans ce cas être accusateur, toutefois avec de certaines restrictions. Ainsi, aucune action ne pouvait être intentée plus de cinq ans après que le délit avait été commis. En outre, ni le mari, ni un tiers, ne pouvait intenter à sa femme ou à son complice l'action d'adultère aussi longtemps que le premier continuait à vivre maritalement avec sa femme. *Probatam enim*, dit Ulpien, *a marito uxorem et quiescens matrimonium non debet alius turbare*. Une action d'adultère dans le cas où le mari vivait encore présupposait donc une dissolution du mariage par divorce, qui avait eu lieu avant l'écoulement des cinq années. Plusieurs distinctions furent ensuite établies. Le droit d'accuser appartenait d'abord au mari et au père pendant les soixante jours qui suivaient le divorce, et après ce délai, pendant quatre mois encore, à quiconque voulait se charger de l'accusation. Le père et le mari pouvaient encore la prendre à ce moment, mais alors seulement *jure extranei*. Quand ces six mois, à compter du jour du divorce, ou les cinq ans, à partir du moment où le délit avait été commis, étaient passés, l'accusation cessait d'être admissible. Si quand le mari était mort, le père ou un tiers quelconque avait droit de prendre l'accusation en main, à condition toutefois que six mois ne fussent pas écoulés depuis le délit, en sorte que dans ce cas il n'était plus question de la longue période des cinq ans. Dioclétien supprima cette limite du terme de six mois; de sorte qu'on put agir pendant toute la période des cinq années. Par contre, le droit d'accuser fut restreint par Constantin aux parents les plus proches. L'accusation n'avait pas lieu contre les deux coupables à la fois; l'action était divisée, et successive. Il dépendait de l'accusateur d'actionner d'abord la femme ou son complice. Si l'adultère n'était découvert qu'après la mort de la femme, on pouvait procéder contre le séducteur, pourvu toutefois que le délit ne datât pas de cinq années. L'accusation était encore admise, même quand la coupable avait contracté un autre mariage; seulement elle devait alors attaquer d'abord le complice, à condition qu'il fût encore en vie. On ne pouvait atteindre d'abord la femme que si l'accusation lui avait été dénoncée avant qu'elle contractât le nouveau mariage. Depuis Dioclétien ces restrictions furent supprimées. La pénalité était, d'après la *lex Julia*, pour les deux coupables la perte d'une partie de la fortune et la relégation dans une île déserte. Personne ne pouvait épouser une femme convaincue d'adultère sous peine de *le nocinium*. Plus tard l'adultère, qu'il fût esclave ou homme libre, fut puni de mort. Le droit de se rendre justice à soi-même, que l'ancienne législation reconnaissait, fut restreint par la loi *Julia*. Le père conserva bien le droit de tuer sa fille coupable, mais seulement quand il avait lui-même découvert l'adultère dans sa propre maison, ou dans la maison du mari, et quand il avait frappé les deux coupables en même temps et sur le lieu même du crime. Mais le mari n'avait pas ce droit absolu contre sa femme; et quant au complice de celle-ci, il ne pouvait le tuer que lorsqu'il était d'une condition que la loi spécifiait. Mais il pouvait toujours le tenir prisonnier dans sa maison pendant vingt heures. Toutes ces dispositions ne s'appliquaient pas seulement au mariage légitime, mais aussi au mariage naturel (1); elles furent même étendues à la fiancée, et en de certaines circonstances aussi à la concubine. Quant au *contubernium*, le commerce entre deux esclaves, la loi ne s'en occupait pas, non plus que des femmes d'une profession ou d'une vie réputée vile (2). Le commerce d'un homme marié avec une femme non mariée ne fut dans aucun cas considéré comme *adulterium*, mais comme *stuprum* et puni seulement à ce dernier titre.

La loi *Julia* punissait le commerce honteux avec une femme non mariée, mais seulement quand il s'agissait de personnes respectables, nées libres, ou affranchies. La peine était la même que pour l'adultère. Les prescriptions qui déterminaient les droits du père et celui des tiers à intenter une accusation, enfin la défense d'épouser la femme condamnée étaient les mêmes pour le *stuprum* que pour l'*adulterium*. Le *stuprum* commis avec séduction et ruse ou sur une fille non nubile était puni *extra ordinem*. La *lex Julia* menaçait encore des peines de l'adultère certaines espèces de *lenocinia*, quand, par exemple, on offrait sa maison pour faciliter un *adulterium* ou un *stuprum*, comme encore quand le mari avait tiré quelque avantage de l'adultère de sa femme, ou qui, indifférent à son honneur, il n'avait pas chassé sa femme aussitôt qu'il avait connu sa faute. Les mêmes peines furent aussi prononcées, par un sénatus-consulte, contre l'homme qui avait lui-même encouragé par artifices et excité le séducteur de sa femme. La loi *Julia* ne punissait pas le *stuprum* commis avec une femme de basse condition, avec la concubine d'autrui, ou avec une esclave. On permit même aux gens de basse classe de se livrer à la prostitution, ou au *nocinium* ordinaire, à condition d'en faire une déclaration préalable aux édiles; alors il n'y avait lieu à aucune peine; mais ceux qui faisaient cette demande étaient notés d'infamie. Toutefois, une telle déclaration ne protégeait pas contre les peines voulues par la loi *Julia* les femmes d'une condition plus relevée, et les empereurs chrétiens s'efforcèrent de mettre un terme à ce métier honteux.

Les anciennes mœurs comme les nouvelles lois punissaient de mort le crime contre nature. Une loi *Scantinia*, dont l'époque et le contenu sont également incertains, avait cherché dès le troisième siècle à réprimer ce crime. La loi *Julia* le plaça sous la même pénalité que le *stuprum*; mais les constitutions des empereurs plus modernes rétablirent la peine capitale. La prescription pour ce crime était de cinq ans. Le *stuprum* avec violence sur des femmes ou des hommes ne relevait pas de cette loi *Julia*, *De adulteriis*, mais de la loi *Julia*, *De vi publica*. La peine capitale fut aussi sous l'empire décrétée pour le *stuprum* commis avec violence sur un homme libre.

La bigamie entraînait pour la femme les mêmes peines que l'*adulterium*. L'homme qui avait deux femmes était puni de l'infamie. En outre, il pouvait être poursuivi comme coupable de *stuprum*. Enfin, un mariage qui avait lieu entre des parents ou des alliés au degré prohibé n'était pas valable comme mariage légitime, et était considéré comme union incestueuse. Quant aux unions dans la ligne directe, c'étaient les mœurs et la morale universelle qui les réprouvaient (1). Quant aux unions dans la ligne collatérale, c'était le droit civil qui les condamnait. L'inceste résultant des unions de la première sorte était puni dans les deux parties; mais celui qui résultait des unions du second genre l'était seulement dans l'homme, encore y avait-il des circonstances atténuantes. La peine était la même que celle de la loi *Julia* pour l'adultère, c'est-à-dire la relégation dans une île. Ces prohibitions eurent cependant besoin d'être énergiquement rappelées par Dioclétien. Les peines furent alors augmentées, plus tard

(1) *Sive justa uxor fuit, sive injusta, accusationem instituere vir poterit; nam et Cœcilius ait : Hæc lex ad omnia matrimonia pertinet.* Dig. XLVIII, 5, fr. 12, § 1.
(2) *Cum his quæ publice mercibus vel tabernis exercendis procurant, adulterium fieri non placuit.* Paul. Sent. II, 16, II.

(1) *Jure gentium*, dit Paulus, *incestum committitur qui ex gradu ascendentium vel descendentium uxorem duxerit.* Dig. XXIII, 11. 68.

on les diminua ; elles furent enfin rendues plus sévères par Justinien. Le concubinage entre proches parents fut jugé et traité d'après les mêmes principes. Par contre l'*adulterium* ou le *stuprum* entre proches parents furent punies plus sévèrement, parce qu'il y avait alors double délit : l'homme fut condamné à la déportation, et la femme au moins aux peines de la loi *Julia*. Pour les esclaves, il ne pouvait y avoir d'inceste; mais, quand l'esclave avait été affranchi, il tombait sous l'action de la loi et était puni d'après les principes ordinaires sans qu'il pût briser les liens de parenté qu'il avait contractés pendant l'esclavage. Le commerce avec une vestale était regardé comme un inceste et les deux coupables étaient mis à mort.

LE FAUX. — Le faux témoignage était puni d'après les Douze-Tables de sa mort. Sylla rendit une loi contre la falsification des testaments et des monnaies. Une série de sénatus-consultes et de constitutions impériales étendirent les dispositions de cette loi à ceux qui falsifiaient ses titres, qui portaient ou qui excitaient à porter un faux témoignage et en général tous ceux qui se rendaient coupables de faux, directement et indirectement, surtout pour les substitutions d'enfant et l'usage de fausses mesures et de faux poids. Un édit de Claude fit rentrer dans les délits punis par la loi *Cornelia* l'usurpation d'un legs, ce qui n'entraînait auparavant, d'après le sénatus-consulte Libonien, que la nullité du legs prétendu. La peine était régulièrement la déportation et la confiscation des biens. Pour les esclaves et les gens de basse condition la peine était la mort. Les faux monnayeurs furent surtout sévèrement punis. L'usurpation des droits des citoyens nés libres par des affranchis ou des Latins pouvait être poursuivie criminellement d'après la *lex Visellia*. Enfin, le parjure était puni quand il avait été fait en invoquant le génie du prince; il ne l'était pas quand on avait juré par le nom d'un dieu, c'était au dieu lui-même à se venger. Un empereur pourtant, Arcadius, voulut qu'on notât d'infamie celui qui attaquait un contrat conclu sous l'invocation de Dieu.

LE PLAGIUM. — Le *plagium* (vol, recel) envers des hommes libres ou esclaves, fut puni, d'après la *lex Fabia*, par une amende sévère; plus tard on décréta une peine extraordinaire, et même la mort.

LE PÉCULAT. — Le péculat, ou vol d'objets appartenant à l'État, fut originairement porté devant le sénat et le peuple. Plus tard on institua pour juger ce crime un tribunal particulier, qui régla sa procédure d'après une loi spéciale. Cette loi était une des lois Juliennes. La peine était la déportation, et même pour les fonctionnaires la mort ; dans quelques cas cependant il n'y avait lieu qu'à une restitution au quadruple. La loi comprit aussi dans ce crime le *sacrilegium* ou le vol des objets sacrés ; dans le nouveau droit, la peine fut la mort. Celui qui retenait indûment l'argent reçu du trésor public pour être employé à certain usage, était puni par la loi *Julia, De residuis*, d'une amende d'un tiers de la somme.

SPÉCULATION FRAUDULEUSE SUR LES BLÉS. — Toute hausse artificielle du prix du blé entraînait, d'après la loi *Julia, De annona*, une amende de vingt *aurei* ; les *dardanarii*, ou spéculateurs sur les blés, étaient frappés d'une peine extraordinaire.

L'USURE. — L'usure était punie depuis les Douze-Tables par une amende au quadruple. Plusieurs lois spéciales furent décrétées contre ce délit, entre autres la loi *Marcia*, qui autorisait à se servir de la *legis actio per manus injectionem* pour obtenir restitution de l'usurier. Les édiles poursuivaient même ce délit *ex officio*. Dioclétien marqua l'usurier de la note d'infamie; la loi n'alla pas plus loin, car Justinien n'acceptait pas la constitution de Théodose, par laquelle ce dernier renouvelait l'amende au quadruple fixée par les Douze-Tables.

CRIMEN REPETUNDARUM. — Contre la vénalité et les extorsions des magistrats, les provinciaux n'avaient originairement que le recours au sénat, qui nommait une commission choisie parmi ses membres pour examiner la plainte et ordonner, s'il y avait lieu, une restitution. La première loi établie contre ce crime fut la loi *Calpurnia*, de L. Calpurnius Piso Frugi, qui institua en 149 une commission de sénateurs annuellement formée pour juger ce délit, au lieu de le laisser à la décision de l'assemblée du peuple ; vint ensuite la loi *Junia*. Ces deux lois accordaient pour la revendication, la *legisactio sacramento* ; mais, on ne peut dire si c'était seulement pour les citoyens, ou aussi pour les *peregrini*. Nous ne connaissons rien de la loi *Acilia*, si ce n'est qu'elle renfermait certaines dispositions concernant la procédure, 648 et 654. La loi du tribun *C. Servilius Glaucia*, entre les années 106 et 100, modifia la procédure réglée par la loi Acilia, mais laissa subsister l'*actio* donnée par la loi *Calpurnia* et la loi *Junia*. Par cette loi du tribun Servilius, la présidence de la commission permanente, qui jusque alors avait été conférée au préteur des étrangers, fut donnée par le sort à un des quatre autres préteurs. La loi *Cornelia*, que Sylla promulgua, resta sous l'empire la base de la jurisprudence en cette matière. Le tribunal avait à décider d'abord si l'accusé était coupable ; ce n'était qu'après cette décision que les mêmes juges en venaient à l'estimation du délit, lequel, selon les circonstances, pouvait entraîner une peine capitale ; mais ordinairement la condamnation se bornait à imposer une restitution égale d'abord à la valeur des objets ou des sommes détournés, depuis la loi *Servilia* une restitution au double, et après la loi *Cornelia* au quadruple. Cependant la loi *Julia* attacha à la condamnation une interdiction de certains droits civiques. Le condamné n'était plus reçu à déposer dans une affaire juridique ; il ne pouvait être juge. Plus tard ce délit fut ordinairement puni de l'exil. L'action était admissible, même après la mort du coupable comme dans le délit de lèse-majesté. Les Douze-Tables punissaient de mort le juge qui se laissait corrompre ; ce délit fut assimilé au précédent et compris dans le *crimen repetundarum*.

LA BRIGUE. — De très-bonne heure la brigue, *ambitus*, ou l'emploi de moyens non permis pour obtenir des fonctions publiques, fut sévèrement punie. Une loi *Cornelia*, probablement celle du consul Cornelius Dolabella, en 159, punit la brigue d'une incapacité de dix ans pour l'obtention des magistratures. Dans la première moitié du septième siècle de Rome il existait déjà un tribunal permanent pour juger ce délit. En l'an 67 le sénat fit passer, après beaucoup d'efforts, la loi *Calpurnia*, qui prononçait contre les coupables l'expulsion du sénat, l'interdiction des charges et une amende. La loi *Tullia* de Cicéron (63) y ajouta un exil de dix ans. A ce même ordre de lois appartiennent la rogation du tribun Aufidius Lurco (61), qui ne fut pas adoptée, et la loi *Licinia, De sodaliciis* (55), qui institua un tribunal particulier pour ce genre d'*ambitus*, la loi *Pompeja* (52) ; enfin une loi *Julia* d'Auguste. Des récompenses particulières étaient assurées au dénonciateur qui poursuivait le délit. Ainsi, il pouvait, s'il le désirait, se faire inscrire dans la tribu du condamné ; et, s'il avait été lui-même condamné pour ce délit, il était délivré des peines qu'il avait encourues. Sous les empereurs, alors que le prince conférait lui-même les magistratures, la *lex Julia* ne servit plus que pour les fonctions municipales. Néanmoins on continua d'appeler de ce nom d'*ambitus* certaines illégalités commises dans la recherche des fonctions publiques, et d'y appliquer dans une certaine mesure les dispositions pénales de la loi *Julia, De ambitu*.

DÉLITS EXTRAORDINAIRES. — Il a déjà été cité plusieurs délits ou crimes *qui extra ordinem puniuntur*, et que le *Digeste* appelle, à cause de cette circonstance, *extraordinaria crimina* (1), il faut y ajouter les suivants. Les voleurs de grands chemins et les bandits et leurs complices ou recéleurs étaient, dans l'intérêt de la sécurité publique, punis très-sévèrement et immédiatement. L'évasion d'une prison, ou d'un lieu indiqué au condamné pour qu'il y subît sa peine, soit la rélégation dans une île, soit la condamnation aux travaux forcés dans certaines mines, augmentait cette peine d'un degré, lors même que cette aggravation allait jusqu'à la mort (2). Les associations non autorisées furent l'objet de plusieurs sénatus-consultes, édits et man-

---

(1) Liv. XLVII, au titre *De extraord. crimin.*
(2) *Qui ad tempus relegatus est si redeat in insulam relegetur ; qui relegatus in insulam excesserit, in insulam deportetur ; qui deportatus evaserit, capite puniatur* ; edit d'Adrien, ad Dig. XLVIII, 10, fr. 28, § 13.

états, qui les considérèrent comme des crimes contre l'État. Au nombre des délits extraordinaires on compta les concussions, ou extorsions faites en prétextant un ordre de l'autorité, les prévarications des avocats contre leurs clients; plus tard celles des accusateurs dans un procès criminel (1), les dénonciations intéressées auprès du fisc, le dégât volontairement causé aux fontaines publiques, et en Égypte aux digues du Nil, les avortements provoqués, l'administration d'un philtre, l'exercice des arts ou professions prohibés (2). En un mot, toutes les machinations et friponneries, même celles qui ne rentraient dans aucune des catégories de délits déterminées, étaient poursuivis par voie extraordinaire, comme stellionat.

DÉLITS MILITAIRES. — On faisait une classe à part des crimes particuliers aux soldats. Ceux-ci étaient : trahir ou déserter à l'ennemi, déserter à l'intérieur et s'éloigner du camp sans congé, abandonner un poste, ou une faction, jeter ses armes dans la bataille, ne pas porter secours à un chef, exciter des mutineries, ou la désobéissance aux ordres des supérieurs, vendre ses armes ou une partie de l'équipement, blesser un camarade, voler dans le camp même les armes, entrer dans le camp par-dessus le rempart ou sauter par-dessus le fossé, enfin tenter de se suicider. Les peines étaient très-variées et toujours très-sévères.

DÉLITS DES ESCLAVES. — Pour les délits des esclaves, ils étaient anciennement punis d'une manière très-arbitraire ; ils furent, en conséquence d'un sénatus-consulte de l'an 19 de notre ère, soumis au droit commun. Il y avait cependant certaines dispositions particulières. L'esclave pris en flagrant délit de vol était, d'après les Douze-Tables, battu de verges et mis à mort; mais l'é-

dit, adoucissant la peine, n'exigea qu'une restitution au quadruple. Les esclaves étaient responsables de la vie de leur maître; en sorte que, d'après le sénatus-consulte Silanien, rendu en l'an 10 de notre ère, dont les dispositions furent combinées avec plusieurs de celles de la loi *Cornelia, De sicariis*, tous ceux des esclaves qui se trouvaient près de l'endroit où leur maître avait été assassiné étaient mis à la torture, pour arriver par leurs réponses à éclaircir le fait du meurtre et en découvrir l'auteur ; ensuite ils étaient tous mis à mort pour n'avoir pas défendu leur maître. Le testament du mort ne pouvait être lu ni l'héritage délivré à l'héritier légitime, sous peine de confiscation au profit de l'État, qu'après que ces préliminaires avaient été accomplis. L'observation de ces prescriptions du sénatus-consulte Silanien fut rendue plus rigoureuse encore par un nouveau sénatus-consulte de l'an 11, par un sénatus-consulte Néronien Claudien ou Pisonien, enfin par l'édit prétorien, qui ajouta une amende en argent pour le cas où le testament serait ouvert avant le temps fixé.

DES PEINES.

DES DIVERSES SORTES DE PEINES ET DE LEUR DIVISION. — Les peines portées par les lois anciennes étaient l'amende, l'emprisonnement, la fustigation, le talion, la dégradation civique, l'exil, l'esclavage, la mort. Sous les empereurs on établit d'autres peines et une autre division dans les peines. D'abord il y avait l'amende, qu'on distinguait des peines réelles; celles-ci portant atteinte à l'honneur, à la dignité, que la condamnation à une amende laissait intacte. Puis dans les peines proprement dites on distinguait celles qui étaient capitales, c'est-à-dire qui privaient de la vie, de la liberté, ou des droits civiques, et celles qui ne l'étaient pas, c'est-à-dire, celles qui, suivant la parole des jurisconsultes, ne privaient pas la cité d'une tête, *caput*, d'un citoyen. Les peines proprement dites étaient aussi divisées en graves, *summa supplicia* (1), médiocres et légères. Dans

---

(1) *Prævaricator est quasi varicator, qui diversam partem adjuvat; prodita causa sua.* (Dig., XLVII, 15, 1.)

(2) *In circulatores, qui serpentes circumferunt et proponunt, si cui ob eorum metum damnum datum est, pro modo admissi actio dabitur. — Saccularii qui, vetitas in sacculo artes exercentes, partem subducunt, partem subtrahunt... plus quam fures puniendi sunt.* (Dig., ibid., 7, II.)

(1) *Summa supplicia sunt crux, crematio, decollatio; mediocrium autem delictorum*

l'application des diverses peines on faisait anciennement une grande différence entre les citoyens et les sujets; plus tard la distinction fut entre les gens de basse condition et les gens de rang élevé, *honestiores et humiliores*; parmi les premiers on comprenait les décurions, dont les priviléges furent partagés aussi par les vétérans. Les esclaves furent de tout temps punis plus rigoureusement; cependant sous l'empire on les mit sur le même rang que les *humiliores*. Certaines punitions ne leur étaient cependant pas applicables, comme l'amende et le bannissement. L'esclave qui était affranchi sans condition, *fidei commissaria libertas*, était anciennement traité comme un esclave, quant aux peines qu'il pouvait encourir; plus tard il fut regardé comme libre.

Des amendes. — L'amende était de deux sortes. D'abord celles que les magistrats imposaient en vertu de la juridiction et de leur *imperium* : le maximum de ces amendes fut fixé par la loi *Valeria* (509) à deux moutons et à cinq bœufs, et par la loi *Aternia* à deux moutons et à trente bœufs. Quand l'amende était infligée à un récalcitrant, le magistrat commençait par imposer à une tête puis à deux, et continuait ainsi en ajoutant chaque fois une tête nouvelle jusqu'à ce qu'il eût atteint le maximum. L'usage d'infliger cette amende en têtes de bétail subsista longtemps; mais depuis une loi *Papiria*, en 430, le payement était effectué en argent d'après cette évaluation officielle qu'un mouton valait dix as et un bœuf cent. Sous les empereurs ces proportions furent naturellement changées. Les autres genres d'amendes consistaient en de grosses sommes d'argent, au payement desquelles le peuple condamnait, sur la proposition d'un magistrat. Quant au chiffre même de l'amende, il était déterminé par une loi ou par le magistrat qui avait fait la proposition. Mais il était d'usage de demander une somme moindre que la moitié de la fortune du condamné. Il y avait aussi des amendes infligées par les tribunaux criminels. Ceux qui ne pouvaient payer leur amende étaient détenus pendant un certain temps ou même subissaient, surtout les esclaves, une peine corporelle.

La première des peines capitales était la mort. Suivant la forme la plus ancienne du supplice, on tenait le condamné immobile en lui prenant la tête entre les deux dents d'une fourche; et il était fustigé jusqu'à ce que mort s'en suivît. Un autre mode était la décollation, originairement par la hache, sous les empereurs par l'épée; c'était la mort regardée comme la plus douce. Anciennement encore on précipitait du haut du roc Tarpéien, ou on étranglait le condamné dans la prison; mais ces deux genres de supplices furent ultérieurement prohibés. Constantin défendit aussi de brûler et de crucifier. La potence remplaça le bûcher et la croix. Il n'y avait que les vestales qui fussent enterrées vives. Ce cas des prêtresses de Vesta excepté, il répugnait aux hommes des anciens temps d'abandonner une vierge au bourreau; à une époque plus rapprochée on éluda cette difficulté d'une manière infâme. L'empereur seul pouvait accorder au condamné la permission de choisir le genre du supplice. La condamnation *ad gladium* ou *ad ludum*, c'est-à-dire l'obligation de combattre comme gladiateur fut rangée au nombre des peines capitales, jusqu'à Constantin, qui supprima cette peine. Il en était de même de la condamnation aux bêtes; mais elle ne pouvait être prononcée contre les citoyens Romains; sous l'empire elle ne frappa que les gens de basse condition; ceux que les bêtes épargnaient ou laissaient à demi morts étaient achevés dans le *spoliarium*.

Une autre peine capitale était la réduction à la condition d'esclave. Cette sentence était rare dans l'ancien droit criminel. Plus tard on condamna aux mines, soit aux mines même, *in metallum*, soit à des travaux dépendant des mines (*in opus metalli*), et le condamné était, suivant les besoins, transporté, pour l'exécution de la sentence, souvent dans une province très-éloignée. Cette peine était généralement à perpétuité; mais elle ne frappait guère que les esclaves et les gens de basse condition. Les

pœnæ sunt metallum, ludus, deportatio; minimæ relegatio, exsilium, opus publicum. (Paul. *sentent.* X, 17, 3.)

ammes étaient condamnées in *ministerium metallicorum*. Aux peines capitales appartenait encore la condamnation *ad ludum venatorium*, c'est-à-dire aux masses dans l'amphithéâtre. Les condamnés aux mines étaient marqués d'un signe au visage; Constantin abolit encore cet usage « parce que la figure de l'homme, dit-il, faite à l'image de Dieu, ne doit pas être flétrie de cette souillure ». Les sentences emportant perte de la vie ou de la liberté rendaient le condamné esclave, non de l'empereur, mais de la peine. L'esclave frappé d'une peine capitale n'appartenait donc plus à son maître. Ceux qui n'avaient été condamnés qu'aux jeux de l'amphithéâtre pouvaient obtenir leur liberté au bout d'un certain temps.

L'EXIL. — Dans l'ancien droit il n'y avait pas de peines capitales qui ne prissent que des droits de citoyen et non de la liberté. Néanmoins on se déterminait souvent à un exil volontaire, pour se soustraire à la honte d'une accusation, ou à un châtiment plus sévère. Mais cet exil volontaire ne protégeait pas toujours contre une demande d'extradition, et l'État ne restait pas indifférent avant au lieu où se retiraient ceux qui avaient voulu échapper à ses rigueurs. L'exil volontaire était toujours suivi d'un plébiscite qui sanctionnait et régularisait cette peine, et qui par conséquent rendait le retour du fugitif impossible; il était interdit de lui donner asile, de lui fournir le feu ou l'eau. Plusieurs lois, entre autres une *lex Porcia*, reconnurent l'exil volontaire, mais déterminèrent en même temps les villes où l'exilé pourrait séjourner. Ce point devint un des objets dont les traités de Rome avec les cités étrangères s'occupèrent.

LE BANNISSEMENT ET LA DÉPORTATION. — A côté de l'exil volontaire il y eut aussi, sous la république, l'exil décrété par le peuple, avec l'interdiction du feu et de l'eau. Les empereurs ajoutèrent souvent à cette peine de l'exil l'indication d'une île où le banni devait fixer sa demeure. Dans ce cas le bannissement et la déportation devinrent des peines de même degré; ce fut cependant la déportation que sous l'empire on prononça le plus ordinairement. Ces deux peines entraînaient également la perte des droits de citoyen, par conséquent l'incapacité d'hériter et de tester : le déporté était regardé comme mort civilement. Du reste, il n'y avait que les préfets du prétoire et le préfet de la ville qui eussent le droit de condamner à la déportation. Les gouvernements ne pouvaient le faire qu'après avoir pris à ce sujet les ordres de l'empereur. Une autre peine qui entraînait la perte des droits de citoyen était la condamnation aux travaux forcés à perpétuité, *in opus publicum*. Cette peine n'était point appliquée à des personnes d'un rang élevé, mais seulement aux esclaves.

LA CONFISCATION. — Aux peines capitales était attachée la confiscation des biens au profit de l'État. Déjà au temps de la république l'exil entraînait, comme on l'a vu, la confiscation. A plus forte raison fut-elle jointe sous les empereurs à toutes les peines qui entraînaient perte de la vie ou de la liberté, puis aussi à l'exil et à la déportation, probablement aussi à la peine des travaux forcés à perpétuité. Cependant, quand le condamné avait des enfants, la moitié de son bien restait à ces derniers. Depuis Théodose II, les gouverneurs des provinces furent tenus de consulter l'empereur toutes les fois qu'il y avait lieu à confiscation. Justinien la supprima, excepté dans les délits de lèse-majesté, lorsqu'il y avait des descendants ou des ascendants jusqu'au troisième degré. La confiscation présupposait toujours une condamnation. Quand donc l'accusé mourait pendant le procès, ou même après la condamnation, mais pendant qu'il interjetait appel, alors ses héritiers entraient en possession, à condition toutefois que dans le dernier cas ils poursuivraient l'appel interjeté. Dans les premiers temps de l'empire le suicide de l'accusé sauvait la fortune de ses enfants en empêchant la confiscation; mais le droit ultérieur ne connut pas ces ménagements, que Tibère pourtant avait pratiqués. Dans les crimes de lèse-majesté, ou lorsqu'il y avait eu concussion de la part d'un fonctionnaire, une action pouvait être intentée et la confiscation avoir lieu, même après la mort du coupable.

DES PEINES NON CAPITALES. — Les peines non capitales étaient ou un châtiment corporel, ou la privation temporaire de la liberté, ou seulement la perte des droits civiques. Parmi les premières il faut d'abord compter le talion, aussi longtemps du moins qu'il fut admis. Les mutilations furent rarement autorisées par le droit plus moderne, et Justinien adoucit encore ce qu'il renfermait de rigoureux à cet égard. Il y avait différentes sortes de châtiments corporels. La fustigation avec des verges fut défendue sous la république pour les citoyens; mais il y avait même contre eux d'autres châtiments corporels, que les lois avaient réglés. Sous les empereurs les *humiliores* y furent seuls soumis. Contre des hommes libres on se servait du bâton, contre les esclaves, du fouet; il faut ajouter à ces peines les condamnations pour un temps limité aux travaux des mines et aux travaux forcés.

EMPRISONNEMENT. — La détention et la relégation attentaient à la liberté, mais point d'une manière irrévocable; elles n'étaient donc point des peines capitales. La première était ou le simple emprisonnement, ou l'emprisonnement avec les fers. L'emprisonnement pouvait aussi être perpétuel; cependant sous l'empire les gouverneurs eurent défense de l'appliquer contre les hommes libres. Mais les esclaves pouvaient être condamnés aux fers à perpétuité ou pour un temps seulement, et être rendus à leur maître sous cette condition.

LA RELÉGATION. — La relégation était ou l'expulsion d'un certain endroit seulement ou le bannissement dans un lieu déterminé, soit pour un temps, soit à perpétuité. Le bannissement était en usage sous la république. Mais à cette peine n'était pas jointe la privation des droits civils, ni même la confiscation des biens, à moins d'une déclaration expresse du juge. Cette aggravation de peine n'était admise que pour le bannissement à vie; même dans ce cas il était ordinaire que la confiscation ne portât que sur une partie des biens. La relégation était donc essentiellement différente de l'exil; mais plus tard les deux choses se confondirent. La forme la plus douce de la relégation était la détention, ou, comme nous dirions, la mise aux arrêts dans sa propre maison.

L'INFAMIE. — Parmi les peines qui ne portaient que sur la dignité et les droits du citoyen, la plus forte était la déclaration que le coupable était *improbus intestabilisque*, déclaration qui entraînait pour lui incapacité de faire en quoi que ce fût acte de citoyen. Ainsi, il ne pouvait tester ni assister comme témoin à un testament, etc. Une peine moins sévère était l'infamie; cependant elle excluait encore celui qui en était frappé de sa tribu, des comices, des magistratures et de toutes les fonctions élevées. Aussi l'infamie n'était-elle applicable qu'aux hommes, et non aux femmes. Mais cette distinction cessa quand la loi *Julia* restreignit pour de certaines femmes d'une conduite déshonnête le droit de contracter un mariage légitime; cette catégorie de personnes fut rangée par la jurisprudence sous la dénomination de femmes infâmes. Depuis ce temps des femmes furent aussi menacées d'infamie en de certains cas, et l'édit entra à cet égard dans des dispositions nouvelles. Dans le droit de Justinien ces restrictions cessèrent de nouveau; mais la possibilité de noter une femme d'infamie subsista, de nom toutefois, et sans entraîner aucune conséquence juridique effective. La peine d'infamie se joignait, comme conséquence nécessaire, à la condamnation dans tout *publicum judicium*; il en était encore ainsi pour certains délits privés, soit qu'ils fussent poursuivis par une action privée, soit qu'ils le fussent comme délit extraordinaire. Enfin, elle était infligée même dans quelques actions civiles, et sur ce point rien n'était laissé à l'arbitraire du juge; il devait suivre les prescriptions de la loi. Mais quand une peine sévère avait été infligée illégalement, alors l'infamie était en compensation supprimée. Les autres peines déshonorantes étaient l'expulsion du sénat ou de la curie pour un temps ou pour toujours, l'exclusion des charges, de toutes ou seulement de quelques-unes, l'interdiction d'un état ou métier pendant un temps, ou pour toujours. Le refus de sépulture en punition du suicide n'est pas d'origine romaine, mais grecque.

PEINES MILITAIRES. — Les peines exclusivement militaires étaient : la mort sous le bâton, la décimation, la vente comme esclave, l'expulsion des rangs, de l'armée, la privation d'un grade, la relégation dans une troupe d'espèce inférieure, le renvoi à des occupations viles, le retranchement d'une partie de la solde, l'amende, la fustigation par les verges ou le bâton, la saignée (1), des postures fatigantes, comme rester debout tout le jour devant la tente du général, la diminution de nourriture, le campement en dehors du camp, la relégation pendant la marche auprès des bagages. Les peines que nous avons appelées capitales et infamantes, comme la condamnation aux mines, n'étaient pas plus que la torture appliquée aux soldats. La condamnation à la peine de mort pour un délit militaire n'entraînait pas la confiscation des biens que le condamné avait acquis pendant la guerre.

DES TRIBUNAUX.

JURIDICTION CRIMINELLE DES ROIS. — Dans les temps les plus anciens le droit de frapper un coupable dans son corps ou dans sa fortune était uni à la dignité royale et à son pouvoir. L'exercice de ce droit était réglé par l'usage plutôt que par des lois. Quand le crime était grave, le roi lui-même siégeait comme juge avec un conseil; pour les délits moins importants, il instituait juge à sa place un des sénateurs. Il n'y avait pas appel d'une sentence royale. Le roi pouvait aussi instituer deux *duumviri perduellionis*, qui étaient choisis sur sa proposition par les comices des curies, afin de juger les crimes par lesquels le coupable avait troublé la paix publique et encouru la peine de mort. Mais il y avait appel de ces juges aux comices. La recherche et la poursuite de ces crimes appartenaient à deux *quæstores parricidii*.

JURIDICTION CRIMINELLE DES CONSULS ET DU PEUPLE. — Après l'abolition de la royauté, la juridiction criminelle passa aux consuls, mais avec de nombreuses restrictions. Toute accusation capitale concernant un citoyen romain fut renvoyée, d'après la loi Valeria (509), aux comices des curies, et par les lois des Douzes-Tables, aux comices centuriates. Une loi *Sempronia* confirma cette prescription, qui resta en vigueur jusqu'au dernier siècle de la république. En outre, les tribuns du peuple arrachèrent le droit de se rendre eux-mêmes accusateurs par-devant les assemblées des tribus, et d'y provoquer des condamnations à l'amende. Ainsi le droit de frapper un citoyen dans sa vie ou dans sa fortune appartenait régulièrement au peuple; mais il ne se chargeait pas toujours d'examiner et de juger lui-même; le plus souvent il choisissait un ou plusieurs personnages auxquels il confiait la mission d'instruire et de décider l'affaire, ou bien il déférait au sénat et l'instruction et la sentence; mais comme Rome renonçait le moins possible à un ancien usage, le *judicium perduellionis* se maintint dans sa forme antique, d'abord avec les décemvirs nommés par l'assemblée des curies, et après leur chute par celle des centuries. On trouve même à la fin de la république un exemple de décemvirs ainsi élus (1).

JURIDICTION CRIMINELLE DU SÉNAT. — A côté de la juridiction criminelle du peuple il y avait celle du sénat, qui s'occupait surtout des crimes intéressant l'administration supérieure de l'État. Ainsi c'est lui qui déterminait la punition à infliger aux colonies révoltées et aux villes sujettes. Il décidait également quand il croyait son intervention nécessaire au maintien de la paix publique, ou du bon ordre touchant les délits graves commis en Italie; à Rome même il poursuivait les citoyens romains pour des délits qui par leur nouveauté ou leurs secrètes ramifications menaçaient la sûreté de l'État. Enfin il recevait les plaintes des alliés et des provinciaux sur l'oppression des magistrats. Dans tous les cas où le sénat avait à exercer soit la juridiction qui lui appartenait, soit celle qui lui avait été déléguée par le peuple, ou bien il examinait lui-même, ou bien, c'était le cas le plus ordinaire, il confiait l'instruction et la décision de l'affaire aux consuls ou à un préteur. Mais quand cette accusation capitale portait sur un citoyen romain, ce tribunal particulier devait toujours être autorisé par le peuple. Toutefois, quand la patrie était en dan-

---

(1) Voyez plus loin l'organisation militaire.

(1) Cicéron, *pro Rabirio*, 4; 5. Suet., *Cæsar*, 12.

ger, et le crime avoué, ou patent, le sénat décrétait lui-même la poursuite et l'exécution.

JURIDICTION CRIMINELLE DES MAGISTRATS. — Les magistrats avaient aussi, dans une certaine limite déterminée par les lois *Valeria* (509) et *Aternia* (454), la juridiction criminelle. En outre, des lois plusieurs fois renouvelées sanctionnèrent le droit d'appeler au peuple de toutes les sentences des magistrats entraînant exécution à mort, fustigation ou amende exorbitante. Mais quant au pouvoir d'infliger les peines dites *médiocres*, c'est-à-dire d'envoyer en prison et de juger dans les limites légales, il était pleinement reconnu aux consuls, aux préteurs et à tous les magistrats qui avaient l'*imperium* ; ce pouvoir par conséquent existait toujours pour la répression des délits peu graves. Les consuls avaient un *imperium* moins restreint sur les étrangers; même quand le coupable était citoyen, ils pouvaient procéder rigoureusement contre lui, mais sous leur responsabilité, et dans les cas de délit évident, ou dans les circonstances extraordinaires.

JURIDICTIONS CRIMINELLES PARTICULIÈRES. — Il y avait en outre plusieurs juridictions particulières. D'abord celle du grand pontife, qui passa ensuite à l'empereur, puis au collége des pontifes, quand il n'y eut plus sur le trône que des empereurs chrétiens; mais ce collége des pontifes ne pouvait faire procéder à l'exécution d'une sentence capitale que par l'intermédiaire du préfet de la ville ou du gouverneur. Quant aux soldats, le général avait un pouvoir illimité. Le conseil de guerre présidé par un des tribuns militaires avait égard aux notes de conduite, lesquelles étaient très-exactement conservées (1). Contre les esclaves et les gens de basse condition les triumvirs capitaux avaient une juridiction criminelle très-étendue. Rappelons enfin, pour terminer cette liste, les anciens tribunaux domestiques.

JURIDICTION CRIMINELLE HORS DE ROME. — Il est difficile de dire de quelle manière la juridiction criminelle était constituée hors de Rome. Il est certain que les magistrats des villes avaient aussi une juridiction criminelle dans les colonies et les municipes. Cependant les affaires capitales étaient portées à Rome. Dans les provinces les gouverneurs étaient investis au nom du peuple romain de la pleine juridiction criminelle. Les cités provinciales avaient aussi ce pouvoir, mais dans des circonstances qui ne nous sont pas exactement connues (1).

DES TRIBUNAUX PERMANENTS. — L'usage où le peuple était d'instituer souvent une commission, afin de juger un crime, conduisit naturellement, quand le nombre des crimes s'augmenta, à la pensée de rendre cette commission permanente, pour juger les crimes les plus importants ou les plus fréquents. Ces commissions permanentes pendant une année se nommèrent *quæstiones perpetuæ*. La première commission ainsi établie le fut par la loi *Calpurnia*, du tribun L. Piso Frugi, en 149, contre les concussionnaires. Peu de temps après, d'autres tribunaux permanents furent institués pour d'autres crimes. Sylla, pendant sa dictature, réorganisa ces commissions permanentes, et en ajouta de nouvelles pour les crimes d'empoisonnement, de faux, de meurtre, etc. Dans les derniers temps de la république il y avait des *quæstiones perpetuæ* pour l'empoisonnement, le meurtre, les concussions et le péculat, le crime de lèse-majesté, les violences et les sodalités. Néanmoins, une affaire, lors même qu'il y avait pour la juger un tribunal permanent, pouvait toujours être portée devant l'assemblée du peuple, ou même renvoyée par le peuple et le sénat à une commission spéciale.

LE QUÆSITOR ET LE JUDEX QUÆSTIONIS. — La composition de chaque tribunal et la forme de procédure qu'il devait suivre étaient ordinairement déterminées par la loi qui l'avait constitué, bien que quelques-unes de ces lois aient eu une portée plus générale. Le *quæsitor* ou le président d'une commission permanente avait la police de l'audience, mais ne prenait point part au jugement. C'était un des préteurs, comme cela avait lieu originairement dans les

(1) Appien, *B. C.* III, 43, dit : Ἀνάγραπτος γάρ ἐστιν ἐν τοῖς Ῥωμαίων στρατοῖς ἀεὶ καθ' ἕνα ἄνδρα ὁ τρόπος.

(1) Cic., *in Verr.*, IV, 45.

tribunaux temporaires; et ce fut la cause qui fit augmenter le nombre des préteurs à mesure que s'accrut le nombre des commissions permanentes. Mais, comme il n'y avait pas encore assez de préteurs pour les présider toutes, on choisit en outre des *judices quæstionum*. Après l'élection les préteurs et ces *judices* se partageaient les tribunaux par la voie du sort. Cependant, deux commissions pouvaient être présidées par un seul *quæsitor*, de même que des crimes énumérés dans la même loi, et qui par conséquent auraient dû être soumis au tribunal que cette loi avait institué, pouvaient être renvoyés au jugement de plusieurs *quæsitores*.

LES JURÉS. — Il était adjoint à tout *quæsitor* un certain nombre de personnes assermentées, qui étaient exclusivement prises, comme originairement pour des commissions spéciales, parmi les sénateurs, plus tard dans les diverses classes de citoyens que la loi désigna à cet effet. Quant à la procédure suivie devant ces tribunaux, voici le peu que nous savons. Au tribunal qui jugeait les concussionnaires il y avait quatre cent cinquante *jurés*, âgés de plus de trente ans et de moins de soixante (1), que le préteur des étrangers choisissait annuellement, et dont il inscrivait publiquement les noms en noir sur une tablette blanche, *album*. Sous Sylla, quand les jurés ne furent plus choisis que parmi les sénateurs, cet *album* cessa d'être nécessaire. Après lui, le choix des jurés se fit annuellement, par le préteur de la ville, parmi les trois classes privilégiées, le sénat, l'ordre équestre et les *tribuni ærarii*, qu'il faut je crois entendre ainsi : *les censitaires dans chaque tribu*; les questeurs de l'*ærarium* tiraient ensuite leurs noms au sort, pour les répartir entre les divers tribunaux. Quant au chiffre total des jurés, on ne peut rien dire de certain; leur nom était *judices selecti*, ou *selecti* tout court; on les inscrivait sur un album, suivant l'ancienne coutume. Une fois choisi, on ne pouvait se dispenser de siéger à moins d'excuse légitime.

Le choix des jurés pour un seul *judicium* se faisait de la manière suivante : D'après la loi Servilia concernant les concussionnaires, l'accusateur choisissait cent jurés parmi les quatre cent cinquante qui appartenaient au tribunal *de crimine repetundarum*. L'accusé faisait un choix pareil; puis chacun d'eux récusait cinquante des jurés pris par l'adversaire. Quand les juges, comme cela avait été établi par les lois de Sylla, étaient tous sénateurs, le préteur désignait par la voie du sort pour un jugement une décurie du sénat; les adversaires avaient le droit, d'après la loi *Cornelia*, d'en récuser trois, même plus, s'ils étaient eux-mêmes sénateurs ; alors on complétait le nombre voulu de juges en tirant au sort une autre décurie. A une époque postérieure le préteur ou le *judex quæstionis* choisissait par le sort pour un seul *judicium*, parmi les jurés appartenant au tribunal que l'affaire concernait, le nombre de juges nécessaire. Mais les deux partis pouvaient récuser ceux qui leur déplaisaient, et alors il fallait faire un nouveau tirage au sort. D'après la loi *Vatinia* (de l'an 60), l'accusé pouvait, quand l'accusateur avait épuisé son droit de récusation, récuser même tout le reste du tribunal; l'accusateur avait le même droit vis-à-vis des juges acceptés par l'accusé : de sorte qu'alors tout un nouveau *concilium* devait être tiré au sort. La loi *Licinia* relative aux sodalités, en l'an 55, établit une procédure particulière; dans ce cas, en effet, l'accusateur indiquait quatre tribus, l'accusé en récusait une et choisissait lui-même les jurés parmi les trois autres. Enfin, d'après deux lois de Pompée, de l'année 52, il fit choix lui-même de quatre-vingt-un jurés parmi les trois cent soixante qu'il avait pris comme seul consul, et en l'absence des autres magistrats dans les trois catégories ordinaires. Les deux parties avaient droit d'en récuser cinq de chaque catégorie immédiatement avant le vote, de sorte qu'il n'en restait plus que cinquante et un.

Les *judices selecti* juraient de rendre bonne justice. Le préteur n'avait pas à

(1) Auguste permit d'être juré à vingt-cinq ans (Suet., *Oct*, 32); il établit aussi une quatrième liste de jurés, les *descenarii*, c'est-à-dire les citoyens possédant au moins 200,000 sesterces. Ceux qu'un jugement public avait notés d'infamie ne pouvaient être jurés.

faire ce serment, parce qu'il l'avait déjà prêté à son entrée en charge. Le *judex quæstionis* jurait également. Les noms des juges étaient portés sur une liste, qui était déposée et conservée dans les archives du préteur de la ville.

LES TRIBUNAUX CRIMINELS DU TEMPS DES EMPEREURS; SUPPRESSION DU JURY. — Sous les empereurs, la juridiction criminelle fut enlevée à l'assemblée du peuple dès le temps d'Octave. Les commissions permanentes ainsi que les préteurs subsistèrent; et Octave régla cette partie de la jurisprudence par sa loi *Julia Judiciorum publicorum*. Les jurés furent choisis dans les mêmes catégories de citoyens que les juges des tribunaux civils. Toutefois, cette loi, ainsi que la loi *Julia Privatorum*, établit une distinction entre ces deux sortes de juges, qui sans doute étaient inscrits sur un album séparé. Outre les *quæstiones perpetuæ*, qu'il conserva, Octave attribua en de certains cas au sénat une nouvelle juridiction criminelle, et le préteur de la ville obtint peu à peu par les constitutions impériales la connaissance de beaucoup de crimes extraordinaires, et même celle de quelques crimes ordinaires. Sous Septime Sévère le préteur de la ville en était venu à étendre sa juridiction criminelle jusqu'à cent milles de Rome; celle des *quæstiones* en fut d'autant restreinte, et finit par disparaître. Le préfet jugeait sans jurés, prononçant le jugement lui-même, après avoir seulement pris l'avis de son conseil, composé de personnes les plus notables. Au troisième siècle la révolution se trouva accomplie. Il n'y eut plus de jurés ni de jugements *secundum ordinem*, on procéda, au criminel comme au civil, par voie extraordinaire, *extra ordinem*. La répression de certains genres de délits fût attribuée au préfet des vigiles, duquel ils semblaient tout naturellement relever. Contre les esclaves il put même prononcer la peine de mort.

JURIDICTION CRIMINELLE EN ITALIE ET DANS LES PROVINCES. — En Italie la juridiction criminelle, jusqu'à une distance de cent milles de Rome, appartenait, comme on vient de le voir, au préfet de la ville; au delà de cette distance, en de certains cas, au préfet du prétoire, et dans tout le reste de la péninsule aux consulaires des régions. Dans les provinces le gouverneur en resta chargé comme sous la république. Son pouvoir s'étendait à tous les cas qui à Rome relevaient de plusieurs fonctionnaires différents; il en fut de même des causes extraordinaires, qui étaient du ressort du préfet de la ville. Il décidait aussi touchant les délits de peu d'importance, ainsi que sur les crimes des esclaves. Le procureur de l'empereur n'avait pas comme tel une juridiction criminelle, excepté lorsqu'il remplissait, comme en Judée, les fonctions de gouverneur. Quelle était la juridiction criminelle des magistrats municipaux en Italie ou dans les provinces? On l'ignore. On sait seulement qu'ils avaient action sur les esclaves, mais sans pouvoir les condamner à la peine dernière; qu'ils avaient droit de tenir les prévenus sous bonne garde et de procéder à un interrogatiore préliminaire. Les villes fédérées et libres avaient leur propre juridiction criminelle, quoique leurs habitants pussent aussi être accusés devant les magistrats romains et être jugés par eux. En Judée l'organisation était exceptionnelle : là le grand prêtre réuni au *synedrium* pouvait faire emprisonner pour offenses à la religion, juger et condamner à mort d'après la loi nationale; cependant, avant de procéder à l'exécution de la sentence il fallait qu'elle eût été confirmée par le procurateur romain.

DIFFÉRENCE ENTRE LA JURIDICTION CRIMINELLE ET L'IMPERIUM. — La juridiction criminelle ne fut jamais considérée comme étant contenue dans l'*imperium* d'aucun magistrat, mais toujours regardée, au contraire, comme une attribution extraordinaire de leur charge. Elle était appelée *merum imperium, jus gladii* et *potestas* dans le sens le plus restreint; et elle n'était attachée à une charge que quand elle lui avait été expressément attribuée par une loi, un sénatus-consulte ou par une constitution impériale. Aussi le *merum imperium* ne pouvait être délégué comme la juridiction, puisqu'on ne le possédait pas; il n'existait qu'en vertu d'une investiture personnelle (1).

(1) *Quæcumque specialiter lege vel senatus*

EXERCICE DE LA JURIDICTION CRIMINELLE PAR L'EMPEREUR. — L'empereur retint une grande partie de la juridiction criminelle. Des cas graves de toutes sortes furent très-souvent portés devant lui, et tantôt jugés par lui-même personnellement ou avec son conseil, et tantôt renvoyés au sénat, au préfet du prétoire ou à un juge spécial. Aussi la connaissance de toute accusation capitale contre un *decurio*, à quelque province qu'il appartînt, lui était toujours renvoyée. On pouvait aussi interjeter appel de toutes les provinces par-devant l'empereur dans les affaires capitales. Les cas douteux lui étaient souvent renvoyés par les gouverneurs.

CHANGEMENTS INTRODUITS PAR CONSTANTIN DANS LA JURIDICTION CRIMINELLE. — Après Constantin d'importants changements eurent lieu. Dans les deux métropoles le préfet avait, comme auparavant, la connaissance des crimes; dans quelques cas particuliers, le préfet de l'annone agissait en son nom. Le préfet des vigiles jugeait les délits moins graves; plus tard il y eut à sa place le préteur du peuple à Constantinople. La juridiction spéciale du sénat avait cessé; les délits extraordinaires commis dans tout l'empire, et surtout ceux qui touchaient à la personne sacrée de l'empereur, étaient souvent déférés au préfet du prétoire, à quelque personne de confiance, ou même au sénat. Dans les provinces, même en Italie, la juridiction criminelle était dans la main du gouverneur. Une exception fut faite seulement pour les provinces suburbicaires, où la juridiction des consulaires était encore limitée par celle du préfet de la ville. Mais le gouvernement ne devait plus s'occuper des délits légers, qui furent du ressort des magistrats municipaux. Dans le cinquième ou le sixième siècle cette juridiction restreinte passa aux *defensores*. C'est en vertu de ce pouvoir que ces *defensores* étaient chargés de faire subir un premier interrogatoire aux criminels qui leur furent adressés, non pas les magistrats, et qu'ils avaient

consulto, vel constitutione principum tribuuntur, mandata jurisdictione non transferuntur, quæ vero jure magistratus competunt, mandari possunt. (Dig., I, 21, fr. 1.)

ainsi à veiller à leur translation dans la métropole.

JURIDICTIONS CRIMINELLES PARTICULIÈRES. — Il y avait plusieurs sortes de tribunaux criminels, soit pour de certains délits, soit pour de certaines classes de personnes. Des premiers relevaient les délits contre l'*annona*; le préfet de l'*annona* avait pour ces délits, de même que sur les corporations qui s'occupaient des approvisionnements, une juridiction qui s'étendait jusqu'au droit de prononcer une peine capitale. Les tribunaux de la seconde classe étaient les suivants. Les sénateurs avaient dans les premiers siècles de l'empire leur tribunal dans le sénat même; plus tard ils perdirent ce privilége, et ceux qui habitaient la ville furent placés sous la juridiction du préfet de la ville, qui, seulement dans des cas graves, en référait à l'empereur; les sénateurs des provinces furent soumis à celle des gouverneurs, par une ordonnance de Constantin (317). Cependant, peu après il fut décidé que les accusations contre les sénateurs seraient reçues par les tribunaux ordinaires, qui instruisaient l'affaire, mais qu'on réserverait au préfet de la ville le droit de déterminer la peine quand le délit avait été commis dans les provinces suburbicaires, au préfet du prétoire quand il avait eu lieu dans les autres provinces. Le préfet de la ville était cependant toujours obligé de s'adjoindre un conseil de cinq sénateurs tirés au sort, lorsqu'il portait sentence contre des sénateurs. Mais Justinien abolit tous ces priviléges, en n'admettant dans sa compilation que la constitution de Constantin.

Les fonctionnaires de la première classe, celle des illustres, étaient jugés dans les affaires criminelles par l'empereur lui-même, même après qu'il avaient déposé leur dignité. Les gouverneurs de provinces avaient pour juge le préfet du prétoire. Les palatins étaient sous la juridiction du maître des offices, les *ofliciales* sous celle de leur chef, les colons et les esclaves établis sur les domaines de la maison impériale, sous celle du *comes domorum*.

Pour ce qui regarde les soldats, Octave les avait placés en Italie sous la juridiction du préfet du prétoire, avec quelques exceptions portant en faveur des centurions et d'autres chefs. Dans les provinces de l'empereur, c'était le légat commandant la légion qui exerçait la juridiction, excepté pour les crimes entraînant une peine capitale, lesquels étaient alors déférés au *præses* ou gouverneur. Les proconsuls, dans les provinces du peuple, n'avaient droit de prononcer une peine capitale contre les soldats qu'autant que ce droit leur avait été spécialement accordé par l'empereur. La juridiction criminelle sur les chefs militaires était exercée par l'empereur lui-même; Constantin transféra la juridiction des préfets aux *magistri militum;* tous les délits des soldats, et non plus seulement les délits militaires, furent alors portés devant les tribunaux militaires.

JURIDICTION ECCLÉSIASTIQUE. — Enfin, il faut mentionner encore la juridiction des tribunaux ecclésiastiques. Les délits commis par les clercs contre l'Église, ou dans leurs fonctions ecclésiastiques, ne pouvaient relever de la justice séculière: aussi en laissait-on la répression à l'Église elle-même. Il en fut de même en vertu d'un privilége spécial pour les délits civils commis par des évêques ou des clercs. Valentinien III en déféra cependant de nouveau la connaissance aux tribunaux séculiers, et ce changement se conserva dans les derniers siècles de l'empire.

PROCÉDURE CRIMINELLE; L'ACCUSATEUR. — La procédure criminelle présupposait toujours une action en forme. La charge d'intenter cette action appartenait anciennement aux deux questeurs du parricide : aussi avaient-ils le droit de convoquer à cet effet l'assemblée centuriate. Plus tard l'office d'accusateur public fut dévolu aux édiles, qui eurent par conséquent aussi le droit d'appeler le peuple à recevoir leur accusation. Les tribuns s'en chargeaient quelquefois ; mais alors ils devaient s'adresser au préteur pour obtenir de lui la réunion des centuries.

Ainsi les magistrats poursuivaient d'office les actes coupables ; mais ils n'avaient pas seuls ce droit ; tout citoyen romain, sauf certaines exceptions que nous signalerons plus loin, pouvait, à ses risques et périls, poursuivre un coupable, soit par action privée, soit par action publique. Mais comme un particulier n'avait pas le pouvoir de convoquer le peuple et de saisir directement l'assemblée d'une proposition, il fallait qu'il se servît à cet effet de l'intermédiaire d'un magistrat ayant le droit de convocation. Il n'en était plus de même dans les procès jugés par commission. Devant les *quæstiones perpetuæ* tout citoyen put être accusateur.

PROCÈS CRIMINEL PAR DEVANT LE PEUPLE. — Pour la procédure il faut distinguer durant la république les formes suivies devant le peuple de celles qui étaient en usage devant une commission. Dans le premier cas venait d'abord la déclaration qu'un tel voulait se porter accusateur contre tel citoyen pour tel délit. Le jour où l'accusation devait se prononcer devant l'assemblée centuriate était annoncé par un héraut à son de trompe sur le Capitole, devant les murs et près de la maison de l'accusé. Quand c'étaient les tribuns qui intentaient l'action devant les centuries, ils faisaient désigner le jour par le préteur, mais ils le fixaient eux-mêmes s'ils portaient l'affaire devant l'assemblée des tribus. Au jour fixé, l'accusateur exposait sa plainte et indiquait la pénalité à deux reprises différentes, et chaque fois à plusieurs jours de distance. A une époque moins ancienne, l'accusation était même répétée quatre fois, et restait affichée publiquement pendant trois jours de marché. L'accusé était tenu de fournir des cautions pour sa comparution, ou de se rendre en prison. Au jour du jugement, l'accusé était entendu dans ses défenses, les preuves étaient produites, et le peuple prononçait la sentence, dans l'origine verbalement, plus tard en écrivant sur de petites tablettes qui servaient au vote le signe d'acquittement ou de *condamnation*. Le vote avait lieu par centuries ou par tribus, suivant l'assemblée qui avait été convoquée. Quand l'accusé ne comparaissait pas pour se justifier après l'appel du héraut, ou s'il faisait annoncer qu'il s'exilait volontairement, l'affaire se continuait comme s'il eût été présent.

PROCÈS CRIMINEL DEVANT UNE COMMISSION ; PREMIÈRES FORMALITÉS. — Devant une commission, la procédure commençait par la déclaration faite sau préteur qui présidait la commission de la plainte et de la pénalité requise. C'était la *delationem nominis postulare*. Quand plusieurs accusateurs se présentaient en même temps, le tribunal décidait lequel serait admis à poursuivre l'affaire (1); car il ne pouvait jamais y avoir qu'un seul accusateur pour un même délit; les autres pouvaient cependant se joindre à lui comme *subscriptores* de la plainte. Après cette *postulatio* venait la *nominis delatio*, qui était la citation de l'accusé; c'est alors que l'accusation et ses fins étaient nettement formulées : cela s'appelait *legibus interrogare*; on écrivait le tout, et l'accusateur apposait au bas sa signature. Depuis la loi *Julia* il fallut que l'acte d'accusation, ou le *libellus inscriptionis*, rédigé dans la forme voulue et signé par l'accusateur, fût déposé dans les archives. Cette formalité remplie, l'affaire était inscrite aux rôles du tribunal avec les noms de l'accusateur et de l'accusé: c'était le *nomen rei recipere*; puis on fixait le jour des débats. D'ordinaire c'était le dixième; cependant l'accusateur obtenait, sur sa demande, un délai, s'il lui était nécessaire pour réunir des preuves. Au jour fixé, le *præco* appelait les deux partis par leurs noms devant le tribunal. Si l'accusateur ne comparaissait pas, le nom de l'accusé était aussitôt rayé des rôles : si ce dernier ne se présentait pas, il était condamné, après une brève discussion, et ses biens étaient confisqués. Sous les empereurs cette procédure fut cependant moins rigoureuse. L'accusé était noté comme devant être requis de comparaître, et cité par édit; au bout d'un an sa fortune était confisquée; mais aucun jugement n'était prononcé contre lui.

DÉBAT CONTRADICTOIRE. — Quand les deux parties se rendaient devant la cour au jour fixé, et que les jurés avaient été choisis, l'accusateur développait sa plainte; la défense répondait; puis venait un débat contradictoire, consistant en questions et réponses brèves, dans lesquelles on résumait les points les plus importants de la cause. Le débat se terminait là, d'après l'ancien droit, qui était encore en usage au temps de la loi *Acilia Repetundarum*. Cependant la *loi Servilia Repetundarum* établit une exception, en autorisant dans les jugements de concussion une *comperendinatio*, qui venait après la défense, c'est-à-dire en fixant un jour pour une seconde action de l'accusateur, et une seconde réponse de l'accusé.

LES PATRONI ET LES LAUDATORES. — Pendant l'accusation et la défense, des *patroni* venaient parler pour ou contre; même il était d'usage que l'accusé présentât pour appuyer sa défense un certain nombre de *laudatores*, ou de *laudationes* écrites. Mais l'abus qui s'en fit obligea Pompée et Octave de restreindre le nombre des patrons. Quant aux *laudatores*, Pompée les supprima tout à fait. Les discours duraient souvent pendant plusieurs jours. Pompée donna aussi une limite à cette source intarissable d'éloquence. On se servait d'une clepsydre pour le temps accordé à chaque orateur.

LES PREUVES. — Les preuves étaient originairement produites de la manière suivante. Après les discours pour et contre l'accusation, et dans le cas de *comperendinatio*, avant la seconde *actio*, les témoins étaient entendus et interrogés. Néanmoins l'accusé pouvait les appeler immédiatement, soit après avoir résumé les points de l'accusation dans un discours suivi, et en produisant ses témoins à la conclusion, soit en les interrogeant chaque fois qu'il avait attaqué un des points de l'accusation. D'après les deux lois de Pompée, les témoins devaient d'abord être entendus par tous les jurés appartenant à la commission; on tenait procès-verbal de leurs dépositions, puis quatre-vingt-un jurés étaient tirés au sort. C'était devant ceux-ci que les plaidoiries avaient lieu. La loi *Julia* modifia ces dispositions. Les témoins furent interrogés, comme anciennement, après les plaidoiries; de sorte que les avocats devaient se borner à des généralités sur la cause. L'appel des témoins se faisait par la partie qui en avait besoin, soit dans la forme d'une prière, à laquelle le témoin accédait volontairement, ou dans la forme d'une *denuntiatio*, autorisée par le juge, et en vertu de laquelle le témoin était cité de-

---

(1) Ce jugement s'appelait *divinatio*. (Aulu-Gelle, II, 4.)

vant la cour et forcé de répondre, sous peine d'une amende. Ce droit de contrainte exercé à l'égard des témoins n'était accordé qu'à l'accusateur; encore y avait-il des restrictions, soit par rapport au nombre des personnes à citer, soit par égard à leurs qualités ; quelques-unes ne pouvaient être appelées en témoignage, ou ne pouvaient être forcées à venir déposer. L'huissier appelait les témoins à tour de rôle, et chacun par son nom, devant le tribunal ; ils y prêtaient serment, et étaient alors interrogés publiquement par l'accusateur; mais durant cet interrogatoire l'accusé pouvait leur adresser, lui aussi, des questions ; et c'est surtout dans cette lutte avec les témoins que se montrait l'habileté de l'avocat. L'interrogatoire par le juge n'eut lieu que beaucoup plus tard, quand l'ancienne organisation judiciaire eût été complétement modifiée. Les dépositions étaient conservées par écrit. Au lieu de produire les témoins en personnes, les parties pouvaient aussi apporter leurs déclarations écrites ; mais on y attachait beaucoup moins d'importance. Les documents provenant des autorités publiques, et qui étaient produits au procès, devaient être déposés au tribunal durant trois jours, afin d'empêcher les faux.

LA TORTURE. — La torture était donnée aux esclaves afin de leur arracher les noms des auteurs présumés du crime ou des complices. Mais quand l'esclave était sorti mutilé de la torture, l'accusateur était tenu de dédommager le maître. Cependant l'esclave ne devait pas être mis à la torture pour charger son maître ; l'ancien droit ne faisait à cette règle qu'une exception, dans les cas d'inceste sacrilège, et le droit nouveau dans les cas d'adultère, ou de fraude par l'impôt, et de lèse-majesté ; mais non pour inceste dans le sens ordinaire de ce mot. Sous les empereurs des hommes libres purent être mis à la torture, l'accusé comme les témoins, excepté les sénateurs, les décurions et les soldats, si ce n'était dans la recherche du crime de lèse-majesté, ou même de magie, en de certaines circonstances. Mais la torture ne devait être appliquée que lorsqu'il y avait déjà d'autres indices et commencement de preuves ; et la loi recommandait de n'ajouter foi qu'avec réserve aux dépositions ainsi obtenues. La torture était donnée en dehors du tribunal, par les bourreaux, sous la surveillance d'un officier de la cour, plus tard sous celle du *commentariensis*. Les dépositions étaient aussitôt mises en écrit et renvoyées au tribunal. L'aveu de l'accusé n'était pas nécessaire quand les preuves suffisaient.

VOTATION. — La clôture des débats était annoncée par l'huissier ; aussitôt le vote commençait. Les jurés condamnaient ou acquittaient, ou bien encore déclaraient qu'il y avait doute. Dans ce cas on procédait à de nouveaux débats D'après la loi *Servilia Repetundarum*, qui autorisa pour les procès en concussion une remise du jugement, le vote renvoyant à un plus ample informé n'était pas admis. Le vote était secret ; une loi *Cornelia* permit à l'accusé de demander à son gré le vote secret ou le vote public. Dans ce dernier cas les jurés votaient dans un ordre déterminé par le sort; mais cet usage tomba vite en désuétude. Pour le vote secret, chaque juré recevait une petite tablette en bois couverte de cire, sur laquelle il écrivait un A (*absolvo*), ou un C (*condemno*), ou N L (*non liquet*). Selon qu'il absolvait, condamnait ou renvoyait à plus ample informé. En approchant de l'urne pour y déposer son vote il devait avoir le bras nu et couvrir du doigt la lettre tracée sur sa tablette. Depuis la loi *Aurelia*, et peut-être d'après une prescription de la loi *Julia* (59), chacune des trois décuries de juges devait voter dans une urne séparée; mais les suffrages déposés dans les trois urnes étaient comptés ensemble. Il n'était pas permis de discuter pendant le vote. La votation achevée, le préteur tirait successivement de l'urne chaque tablette, lisait à haute voix la lettre qui y était tracée, et la rendait au juge placé le plus près de lui. Lorsqu'il y avait partage égal des voix, l'accusé était acquitté. Quand la condamnation entraînait l'obligation de compenser un dommage, les mêmes juges étaient retenus afin de prononcer sur la *litisestimatio* en qualité de *recuperatores*.

PROCÈS CRIMINELS DANS LES PROVINCES. — On suivait les mêmes formes pour une accusation dans les provinces, par-devant le préteur et son conseil, qu'il tirait du *conventus*, avec cette grave différence toutefois que le jugement n'était pas porté par le tribunal, mais seulement par le préteur; nul doute qu'il ne suivait le plus souvent que l'opinion de la majorité. Il en fut de même sous les empereurs pour les préfets de la ville et les gouverneurs; leurs assesseurs ne formaient qu'un comité consultatif.

PROCÈS CRIMINELS DANS LE SÉNAT. — Dans le sénat le procès suivait la marche ordinaire; on y entendait l'accusation, la défense, les témoins; on recueillait toutes les preuves; puis on délibérait sur la condamnation ou l'acquittement, et l'opinion qui avait la majorité était exprimée par le vote définitif.

ACCUSATION INTENTÉE SANS DÉPÔT PRÉALABLE D'ACTE D'ACCUSATION. — Après la chute des anciennes commissions, la procédure fut toujours extraordinaire; cependant l'ancien principe qui exigeait au préalable le dépôt de l'acte d'accusation subsista. On y dérogea seulement pour l'accusation de faux; car d'après un rescrit d'Antonin le juge pouvait recevoir l'accusation de vive voix. Cette exception fut confirmée par Constantin, mais bientôt après supprimée. Il fut encore permis, dans quelques autres cas, d'intenter une accusation par une simple déposition faite *apud acta*, sans la formalité de l'*inscriptio*; ainsi la femme pouvait par exception *si suam, suorumque injuriam persequatur*, et le mari dans la plainte d'adultère. La plainte déposée, le juge ordonnait la citation, et le *commentariensis* en chargeait un de ses agents, qui amenait l'accusé devant le tribunal. Tout le monde pouvait assister aux débats; mais le juge passait derrière un voile pour rédiger la sentence. Elle était écrite sur une tablette, lue; et l'*instrumentarius* en donnait une expédition.

RÉGLÉMENTATION DU DROIT D'ACCUSER. — Quand la poursuite du crime fut laissée aux soins des particuliers, il fallut introduire certains règlements touchant l'accusateur. Le droit d'accuser n'était pas reconnu dans beaucoup de cas. Cette incapacité dérivait de l'âge avancé, du sexe et de la condition. Les citoyens sans fortune ou ceux qui n'avaient pas dans leur plénitude tous les droits de la cité étaient exclus de l'honneur d'être reçus à défendre la société. Des esclaves n'étaient pas admis à intenter une action criminelle contre leur maître, les affranchis contre leur patron, le délit de lèse majesté toujours excepté. On ne pouvait soutenir dans le même temps deux accusations différentes. Quand on était soi-même accusé, on ne pouvait être accusateur pour un délit égal ou moindre (1). Quand l'accusation avait été prouvée, une récompense était accordée à l'accusateur même durant la république, tout au moins dans les procès de brigue, à cause du service rendu par lui à la société. Sous l'empire ces récompenses augmentèrent de valeur. Il était naturel que les mauvais princes reconnussent par de plus grandes largesses le service personnel qui leur était rendu quand par telle ou telle accusation capitale on les débarrassait d'un adversaire politique. D'un autre côté, on avait cherché également à restreindre les accusations malveillantes et intéressées. Ainsi, l'accusateur était forcé de prêter serment, *calumniam jurare*. La loi *Remmia*, d'une date incertaine, ordonnait des peines contre ceux qui auraient calomnié un citoyen en lui intentant une accusation criminelle. Le coupable devait être marqué au front d'un K. Trajan ordonna, au lieu de cette pénalité, que l'accusateur aurait à subir la même peine dont aurait été puni le crime qu'il avait imputé à autrui; et cette peine était encourue par l'accusateur qui avait souscrit la plainte. Quand l'accusation reconnue fausse portait sur un crime de lèse-majesté, l'accusateur était en outre mis à la torture pour qu'on pût découvrir ceux qui l'avaient poussé à cette mauvaise action. Une accusation calomnieuse d'un délit extraordinaire était punie d'une manière extraordinaire. Cependant une accusation, pour n'avoir pas été prouvée, n'était pas toujours regardée par cela seul comme fausse. Les juges décidaient s'il fallait ou non faire à l'accusateur l'application de la loi con-

(1) *Neganda est accusatis licentia criminandi in pari vel minore crimine.* (Cod, IX, 1, 19.)

tre les calomniateurs. Il y avait aussi certaines accusations qui n'avaient rien à craindre des rigueurs de cette loi.

La loi voulait aussi qu'une accusation une fois commencée fût terminée. L'accusateur était obligé de fournir caution à cet effet; et quand il n'en pouvait donner, et que sa condition ne le protégeait pas, il était tenu en prison tout aussi bien que l'accusé. Quand l'accusateur abandonnait volontairement l'accusation, il était puni suivant les prescriptions d'un sénatus-consulte Turpillien, rendu sous Néron en l'an 60. On ne pouvait se désister légalement d'une plainte qu'en demandant au tribunal l'abolition (1); ce qui ne pouvait être accordé qu'avec le consentement de l'accusé ou de certaines circonstances. Le juge refusait cette abolition alors même qu'elle était demandée par les deux parties. En cas de mort ou d'empêchement de l'accusateur, son obligation cessait, et sa responsabilité était à couvert; mais alors l'accusé pouvait demander l'abolition. Quelquefois une abolition générale était accordée à l'occasion d'événements que le gouvernement voulait célébrer. Toutefois, l'accusateur était libre pendant les trente jours qui suivaient de reprendre l'accusation; mais passé ce terme elle était périmée. Enfin, la loi avait dû empêcher les prévarications de l'accusateur. Le sénatus-consulte Turpillien les frappa des mêmes peines que l'accusation calomnieuse.

Un magistrat en fonctions ne pouvait pas être mis en accusation, l'intérêt public s'opposant à cette interruption de son service; la poursuite devait être ajournée jusqu'à l'époque où il sortait de charge, à moins qu'il ne consentît à accepter l'accusation, qu'il déposât sa charge ou ne fût contraint d'abdiquer. D'après un sénatus-consulte de l'an 19, les accusations contre les esclaves furent assujetties aux règles communes. Les parties devaient présenter elles-mêmes l'accusation et la défense.

DÉTENTION PRÉVENTIVE DE L'ACCUSÉ. — Originairement l'accusé n'était retenu en prison que dans les cas de délits évidents ou avoués; d'ordi-

(1) *Abolitio est deletio, oblivio vel exstinctio accusationis.* (Paul. Sent. V, 17.)

naire on n'imposait que l'obligation de fournir une caution ou de garder les arrêts dans la maison d'un magistrat, sans aucun lien. Mais la législation plus moderne exigea l'emprisonnement; seulement l'officier de police envoyé à l'accusé devait, sur la demande de celui-ci, lui laisser trente jours pour mettre ordre à ses affaires : durant ces trente jours sa captivité était peu sévère. Quand le crime était grave et manifeste, les magistrats du lieu pouvaient même, sans un mandat d'arrêt, emprisonner le coupable qui leur était amené, mais à condition de l'envoyer sans retard au gouverneur, avec les accusateurs et les pièces. La détention par ordre du gouverneur avait lieu de trois manières : en confiant l'accusé à des répondants, en le faisant garder par des soldats, ou en l'enfermant dans la prison publique. La garde par des soldats était plus ou moins sévère. Quelquefois on se servait des esclaves publics au lieu des soldats. Dans la prison l'accusé n'était mis aux fers que pour les délits graves, et alors même dans une juste mesure. On procédait avec plus de sévérité contre ceux qui avaient avoué leur crime ou qui étaient déjà condamnés.

SURVEILLANCE DES PRISONS. — La surveillance des prisons était exercée à Rome par les triumvirs capitaux et leurs agents; dans les provinces, par ceux qui formaient l'*officium* du préteur; la liste des prisonniers était exactement tenue. Plus tard la prison fut sous la surveillance du *commentariensis*, qui avait sous lui des agents et des porte-clefs. Il devait faire chaque mois un rapport sur les prisonniers, et établir pour la discipline de la prison des règlements qui n'eussent rien d'une sévérité inutile. Les évêques avaient droit aussi de pénétrer dans les prisons et d'en surveiller le régime.

DE L'EXÉCUTION DU JUGEMENT. — Quand nul moyen de droit n'avait été pris, ou n'était possible pour faire retarder l'exécution du jugement, elle avait lieu sans retard; seulement, quand c'était une sentence du sénat entraînant peine de mort, il y avait un sursis de dix jours; pour les sentences prononcées par le prince même et emportant une peine grave le sursis était de trente jours.

Anciennement l'exécution était ordonnée par les questeurs du parricide, ensuite par les triumvirs. Quand le condamné était quelque illustre personnage, le magistrat qui faisait procéder à l'exécution était un questeur, un tribun, un préteur, ou même un consul, agissant avec les formalités antiques; sous l'empire c'était le préfet des gardes de corps, ou le préteur du peuple. Dans les provinces, un *centurion* et plus tard le *commentariensis* recevaient du président la commission fatale. L'exécution même se faisait par un licteur, lorsque le condamné avait à subir la décapitation, et quand le supplice devait être ignominieux, par le bourreau, lequel n'avait pas le droit de demeurer dans la ville ; sous l'empire on employa à ce service des soldats, les *speculatores*. Le lieu de l'exécution était devant la porte de la ville, en une place spécialement destinée à cet usage et qui était la propriété de la ville. Le cadavre était abandonné aux bêtes ou traîné avec des crocs, et précipité dans le fleuve ; plus tard on rendit le cadavre aux parents, quand ils le réclamaient. Les objets de peu de valeur que l'exécuté avait sur lui étaient dévolus à une caisse particulière. Quand le jugement n'impliquait qu'une amende, le condamné devait donner caution au fisc, ou se rendre en prison ; et s'il ne payait pas, les questeurs étaient envoyés en possession de ses biens. Dans ce cas, ainsi que toutes les fois que les biens d'un condamné étaient vendus pour satisfaire au fisc, le principe de la *sectio* était observé.

L'APPEL. — La loi reconnaissait à l'accusé le droit d'en appeler au peuple, du moins tant que ce droit subsista, ou de solliciter l'intercession des tribuns, lesquels pouvaient intervenir dès le début de l'accusation ou s'opposer à la peine proposée. Ils régularisaient ensuite cette opposition par un décret formel, délibéré dans leur collége à la majorité des voix. Il n'y avait pas appel des *questiones* établies par le peuple ou des commissions qui en tenaient lieu. Sous l'empire il y eut l'appel au prince ; il y avait aussi appel aux magistrats supérieurs ; ces appels étaient soumis aux mêmes formalités que dans la procédure civile. Un tiers pouvait même appeler pour le condamné. Toutefois, pour certains crimes avoués ou clairement prouvés on ne pouvait espérer un sursis par l'appel. Durant la république un exilé pouvait être grâcié, et rappelé par un plébiscite. Sous les empereurs le droit de grâce s'exerçait de deux manières : ou bien l'empereur accordait *indulgence*, soit pour un délit particulier, soit pour plusieurs, de sorte que la peine encourue par suite d'un jugement déjà rendu était remise, ou que l'instruction commencée était mise à néant ; ou bien il accordait *restitution*, c'est-à-dire que le délit et la sentence dont il avait été frappé étaient effacés et le gracié était restitué en son premier état.

PROCÉDURE EXCEPTIONNELLE. — La procédure que nous venons d'exposer n'enlevait pas au gouvernement tout moyen de rechercher par d'autres voies et de punir les crimes. On voit, dès les plus anciens temps, que des recherches étaient ordonnées par le peuple ou le sénat contre les auteurs et les complices de quelque crime extraordinaire. Alors la procédure prenait un caractère tout à fait inquisitorial. Des récompenses étaient promises aux délateurs, et les coupables étaient saisis et emprisonnés ; puis venaient les citations de témoins, les interrogatoires et le jugement. Les gouverneurs dans les provinces agissaient ainsi à l'égard des bandits qui compromettaient la sécurité publique ; c'était à cette justice expéditive que servaient surtout en Orient les irénarques ; et ce fut à l'aide de cette procédure exceptionnelle que les chrétiens furent poursuivis, comme perturbateurs de la paix publique.

LES DÉNONCIATEURS. — Les complices qui faisaient volontairement des révélations, ou, comme on les appelait, les *indices*, obtenaient dans certains cas leur grâce, et leurs *quadruplatores* ou dénonciateurs recevaient, autant qu'on peut le conjecturer, une récompense prise sur les biens du condamné. Dans les derniers siècles de l'empire ce principe prévalut, que les crimes pouvaient être aussi dénoncés par tous les officiers des magistrats *per officium* et par les agents de police stationnés dans les provinces. La formalité de l'*inscription* n'était plus alors nécessaire; cependant les dénonciations devaient fournir les preuves de leur véracité. L'esclave dénonciateur obtenait la liberté si le crime était prouvé.

JUGEMENTS ET EXÉCUTIONS SANS PROCÉDURE. — Un magistrat à qui l'on ne rendait pas les honneurs et le respect dus à son rang pouvait sans aucune formalité ni procédure infliger immédiatement un châtiment ou une amende. L'argent qui provenait de l'amende était employé aux frais du culte. Dans les provinces le gouverneur avait le droit de rechercher et de punir sans formalités les délits légers.

§ V. *Police.*

LES ÉDILES. — Cette partie de l'administration publique que nous appelons la police, et qui comprend le maintien de l'ordre dans la cité, la surveillance des approvisionnements, des ventes, des constructions, des jeux, de la circulation dans les rues, etc., etc., appartenait dans Rome à une magistrature unique, désignée par le nom d'*édilité*, et établie seulement du temps de la république. Sous les rois la police n'était pas encore confiée à une magistrature spéciale ; ses diverses attributions étaient réparties entre plusieurs fonctionnaires, tels que les curions et les questeurs. Quand Servius Tullius eut fait entrer les plébéiens dans la cité, la police fut confiée au chef de chaque tribu (*tribuni*). Après la révolution qui amena la retraite du peuple sur le mont Sacré et l'établissement des tribuns du peuple, on créa pour l'administration de la police des fonctionnaires spéciaux : les édiles plébéiens, *ediles plebis*. Nous avons déjà parlé, page 160, de ces magistrats, qui étaient au nombre de quatre, deux édiles plébéiens et deux édiles curules ; mais nous sommes forcé de revenir ici plus en détail sur leurs fonctions.

FONCTIONS DES ÉDILES. — Comme l'origine du nom des édiles l'indique et comme nous l'avons dit déjà, la garde des temples avait été une de leurs premières prérogatives. Les édifices sacrés, les constructions publiques et privées étaient soumis à leur surveillance. Plus tard, il est vrai, cette surveillance semble avoir appartenu aux censeurs. Ceux-ci, en effet, furent chargés de présider à la réparation ou à la construction de tous les monuments de la ville. Mais comme les censeurs n'étaient nommés que tous les cinq ans, et qu'ils ne restaient en charge que dix-huit mois, lorsqu'il y avait, pendant que la censure était vacante, quelque réparation urgente à faire, et que le sénat négligeait d'en charger d'office un fonctionnaire, ce droit revenait aux édiles. Ils n'étaient plus ainsi que les substituts des censeurs. C'est à ce même titre qu'ils retenaient en partie l'inspection des mœurs, qui leur avait d'abord appartenu, ainsi que le maintien des anciennes coutumes religieuses.

FONCTIONS RELIGIEUSES. — Lorsque survenait quelque calamité publique, telle qu'une sécheresse ou une épidémie, les édiles étaient souvent chargés de sévir contre ceux qui avaient, pensait-on, excité la colère des dieux par leur impiété, que ce fussent de simples particuliers ou une secte nouvelle. Dans quelques solennités religieuses, par exemple dans les supplications, ils présentaient aux dieux la *murrata potio*. Quand le peuple voulait, en de certaines circonstances, offrir aux dieux quelque présent, c'étaient encore les édiles qui étaient chargés de tout préparer et de rassembler l'argent des offrandes.

VOIRIE. — De toutes les fonctions des édiles, la garde des temples (*procuratio ædium sacrarum*), était la première en date, mais non en importance. Leur charge principale était de protéger la sécurité et le bien-être de toute la cité et d'y exercer la haute police (*curatores urbis*). Ainsi ils faisaient exécuter toutes les constructions ou démolitions ordonnées par les censeurs ; quelquefois même, comme nous l'avons vu, l'initiative leur était laissée. Ils devaient décorer le forum et les autres places publiques les jours de solennités ou de processions. César, dans son édilité, fit ainsi orner de décorations magnifiques le comice, le forum, les basiliques et le Capitole. Les édiles avaient le droit d'ordonner aux particuliers de jeter bas ou de faire réparer leurs maisons quand elles menaçaient la sécurité publique, et de les construire sur un certain plan pour l'alignement ou l'élargissement des rues, et la facilité des communications. Ils interdisaient devant es maisons, dans les portiques et les passages, tout encombrement qui pût gêner la circulation et tout empiétement sur la voie publique. Cette interdiction s'étendait jusqu'à un mille tout autour de la ville. La construction des ponts, l'établissement et l'entretien des rues et des chemins dans Rome et aux environs étaient à la charge des édiles. L'État ne faisait qu'une partie des frais : ils étaient obligés de contribuer à la dépense en prenant sur leur propre fortune.

SALUBRITÉ. — L'un des principaux devoirs de la police était d'entretenir dans la ville la propreté des rues et des places publiques. Les eaux des gouttières ne devaient pas séjourner devant les maisons, mais être dirigées dans les égouts; ni fumier, ni cadavres ou dépouilles d'animaux ne devaient être jetés sur la voie publique; ni matériaux de démolition ou de déblai y être laissés; défense était faite de laisser vaguer par les rues tout animal qui pouvait y causer quelque accident. Les édiles veillaient au balayage des rues et au curage de la Cloaca-Maxima. Pline l'Ancien rapporte qu'Agrippa la fit réparer durant son édilité et qu'il la prolongea sans doute sous la partie de la ville nouvelle. Les censeurs Caton et Flaccus firent également nettoyer ses cloaques, et les prolongèrent du côté de l'Aventin. Mais les édiles leur prêtèrent le concours le plus actif dans ces travaux. Pour la voirie les édiles avaient des adjoints, qui portaient dans Rome le nom de *quatuorviri*, et celui de *duumviri* hors de la ville.

BAINS PUBLICS. — Dans un climat comme celui de l'Italie, si souvent infesté de maladies pestilentielles, la propreté des rues avait un autre but que l'ordre et la facilité des communications; elle était une mesure hygiénique nécessaire. Les bains étaient multipliés dans toutes les parties de la ville, dans l'intérêt de la santé des habitants; et ils étaient placés sous la surveillance des édiles. Ceux-ci ne prenaient pas seulement soin de faire construire ces établissements, ils en réglaient encore tout l'intérieur; ils fixaient l'heure à laquelle ils devaient être ouverts et fermés, le degré de température, la ventilation, le maintien de la propreté, et tous les détails du service. Ordinairement les bains étaient ouverts au public moyennant une rétribution fixe; mais l'entrée en fut souvent gratuite.

DISTRIBUTION DES EAUX. — Ce qui manquait surtout à Rome c'étaient des eaux salubres; on y avait amené à force de travaux quelques sources plus ou moins éloignées. Les aqueducs qui les portaient servaient à alimenter les bains, les maisons particulières et les fontaines publiques. Les édiles étaient chargés de l'entretien des aqueducs, et réglaient les conditions auxquelles des prises d'eau étaient accordées aux particuliers. La haute surveillance de cette partie de l'administration était cependant conférée aux censeurs. Mais, tandis que les édiles avaient surtout pour fonction d'empêcher que l'eau ne fût soustraite aux besoins publics, les censeurs avaient principalement soin de la réparation des anciens aqueducs et de la construction des nouveaux. Ils veillaient aussi à ce que sur le parcours des aqueducs les cultivateurs ne détournassent pas frauduleusement une partie de l'eau pour leurs besoins particuliers. L'entretien des aqueducs fut longtemps affermé à des entrepreneurs; Auguste le remit à un fonctionnaire particulier (*curator aquarum*), qui avait deux aides sous ses ordres.

APPROVISIONNEMENTS ET MARCHÉS. — L'un des objets qui intéressent le plus l'ordre et le bien-être publics, et dont la police était surtout préoccupée, c'était l'approvisionnement de la ville. La surveillance des marchés rentrait dans les attributions des édiles; ils avaient le droit de confisquer ou de détruire tout ce qui se vendait en contrebande et d'infliger des amendes aux marchands. Toute vente de bestiaux se faisait également sous leur inspection; les discussions qu'elles pouvaient amener étaient jugées par eux. L'inspection du marché des esclaves avait encore plus d'importance; car la fraude était là plus fréquente et plus facile, quoique des sommes considérables fussent quelquefois engagées dans ces marchés. Aussi un édit des édiles ordonnait aux marchands de déclarer à l'acheteur tous les défauts de l'esclave mis en vente.

Rome se vit souvent exposée à manquer des approvisionnements nécessaires à sa subsistance. Anciennement une mauvaise récolte, une sécheresse, la dévastation des campagnes par l'ennemi, ou l'abandon forcé des travaux des champs pour le service militaire menacèrent plus d'une fois les citoyens d'une disette. Plus tard l'encombrement de la ville par une population immense, la décadence de l'agriculture italienne remirent, comme dit Tacite, la vie du peuple romain aux hasards des vents et des flots. Le sénat lui-même prenait en pareilles circonstances les mesures nécessaires pour arrêter le mal; plus tard ce soin regarda spécialement les édiles, qui faisaient acheter du blé dans les contrées voisines, et depuis que Rome posséda de fertiles provinces, qui faisaient venir celui que les détenteurs des terres soumises à la dîme devaient fournir gratuitement ou étaient forcés de vendre à Rome. Le blé ainsi acquis par l'État était vendu à un prix fixe ou même distribué gratuitement aux citoyens pauvres.

Cependant nous voyons dans les cas de grande famine le soin de pourvoir à l'approvisionnement de la ville confié aux consuls. Dans la famine de 439 on nomma un dictateur avec le titre de *præfectus annonæ ;* et l'on sait comment son maître de la cavalerie vengea le peuple, et surtout les patriciens, de la générosité intéressée de Sp. Mélius. En 414 les consuls, et non les édiles, sont encore chargés des approvisionnements. Ce n'est qu'en 299 qu'on voit pour la première fois un édile appelé à prévenir la famine : c'était un édile curule, Fabius Maximus. Tant que l'édilité était restée une magistrature purement plébéienne, le sénat avait craint de confier aux édiles des moyens d'influence trop étendus; et il s'était réservé ce soin, ou ne l'avait confié qu'à des magistrats patriciens. Depuis l'établissement de l'édilité curule, cette fonction rentra entièrement dans l'administration de la police, et fut confiée indifféremment aux édiles plébéiens et aux édiles curules.

L'accaparement du blé était un délit qui relevait du tribunal des édiles, et qui était sévèrement puni.

Les marchands qui apportaient au marché de mauvaises denrées et qui employaient de faux poids ou de fausses mesures étaient également justiciable des édiles.

Usure. — Un des plus grands maux qui pesaient sur la société romaine était l'usure. Les protecteurs du bien public, et surtout des intérêts de la multitude, ceux qui disaient *eis totam urbem tuendam esse commissam,* devaient travailler à réprimer les exactions de l'usurier. Les tribuns du peuple avaient provoqué des ordonnances pour régler le taux de l'intérêt; les édiles se trouvèrent naturellement chargés de veiller à ce que ces ordonnances fussent observées. Le *fœnus unciarium* fut réduit à la moitié (*semiunciarium*) an 409 et le terme des payements fut fixé d'une manière régulière. Une loi prononça même l'abolition complète de l'usure. Mais cette loi ne pouvait avoir à Rome qu'une autorité illusoire. Les usuriers avaient, en effet, mille moyens de l'éluder. S'ils étaient découverts, ils étaient cités par les édiles devant l'assemblée du peuple; et quand ils étaient condamnés, l'amende qu'ils payaient entre les mains des édiles était employée par ceux-ci à des travaux d'utilité publique. César porta une loi sur le prêt à intérêt. Sous les empereurs le droit de punir l'usure fut remis aux préteurs ou au préfet de la ville.

S'il importait au peuple que les usuriers auxquels sa misère le forçait de recourir n'aggravassent pas sa pauvreté, il était de son intérêt que les lois qui avaient pour objet de prévenir ou de combattre les causes de sa misère fussent sévèrement maintenues. L'édilité devait donc empêcher avec la plus grande sollicitude que les lois Liciniennes ne fussent violées, ni que les parties de l'*ager publicus,* réservées à l'État comme terres affermées par lui ou comme pâturages publics, ne fussent converties en propriétés particulières. Tout détenteur injuste était cité devant le peuple par les édiles; et l'argent qu'il était condamné à payer était affecté aux mêmes usages que les amendes imposées aux usuriers.

Surveillance des mœurs. — La surveillance des mœurs appartenait aussi à l'édilité. Toutes les maisons publiques, telles que tavernes, cabarets, boutiques, etc., étaient sous son inspection. Elle devait y prévenir ou réprimer les désordres et les discussions, la vente les denrées malsaines ou des objets de trop grand luxe. Il en était de même, à plus forte raison, pour les maisons de tolérance et leurs habitants. Toute femme qui voulait vivre de son corps (*corporis quæstum facere*) devait se présenter aux édiles et se faire inscrire. Celles qui y manquaient étaient punies. Ces femmes ne pouvaient porter le vêtement des matrones, la *stola* avec l'*instita*; mais elles avaient une tunique courte, et, au lieu de la *stola*, une toge de couleur sombre (*pulla*), désignée sous le nom de *toga meretricia*. La juridiction des édiles atteignait aussi les hommes coupables d'impudicité ou d'adultère, ainsi que leurs complices. Ils étaient condamnés à l'amende par un *judicium populi*, et souvent même au bannissement. Tibère infligea cette peine aux matrones qui avaient pris la toge des courtisanes.

C'est à l'édile Fabius Maximus qu'une esclave vint dénoncer le complot formé par un grand nombre de femmes des plus distinguées de la ville pour empoisonner leurs époux. Le même édile dirigea l'instruction de cette grave affaire.

Les paroles impies ou offensantes pour le peuple devaient être punies par ses édiles d'une amende. C'est ainsi que Clodius, sœur de P. Clodius, fut condamnée pour avoir exprimé le souhait qu'un plus grand nombre de citoyens eussent péri dans la défaite essuyée par son frère. Les accusations portées par les édiles devant les comices par tribus étaient jugées par le peuple; mais l'accusé pouvait en appeler aux tribuns qui présidaient l'assemblée; et ceux-ci avaient le droit de faire renoncer les édiles aux poursuites. Les infractions aux édits des édiles étaient punies par eux-mêmes. Cependant ils se contentaient d'intenter l'action, et ils en laissaient à un juge la conduite ainsi que le jugement. Leur tribunal était sur le Forum.

Fêtes, jeux, théâtre. — C'étaient les édiles qui faisaient célébrer durant trois jours dans le *circus Flaminius* les jeux plébéiens institués en souvenir des droits gagnés par le peuple après sa retraite au mont Sacré. Les amendes qu'ils avaient le droit d'imposer en couvraient en partie les frais. Les édiles curules faisaient célébrer les *ludi Maximi* ou *Romani*, qui avaient lieu dans le *circus Maximus*. Jusqu'à l'époque de la première guerre Punique le trésor public accordait aux édiles pour ces fêtes une somme de 500 livres d'argent ou de 500,000 as. Le plus souvent cette subvention était insuffisante; car les édiles augmentèrent la magnificence et les dépenses de ces jeux, pour gagner la faveur du peuple et leur élection à une plus haute magistrature. Ils cherchèrent plus d'une fois à se couvrir des frais restés à leur charge, ou à prévenir tout déboursé de leur part, en exigeant des alliés et des provinciaux des subventions en argent ou des prestations en nature. Il fallut que le sénat intervînt pour interdire ces exactions. Les fêtes en l'honneur de Bacchus, de Cérès et de Flore, ainsi que les jeux Mégalésiens étaient aussi sous la direction des édiles curules. Comme les hommes libres avaient seuls le droit d'être admis à ces jeux, les édiles devaient empêcher les esclaves de s'y introduire. Auguste enleva aux édiles la surveillance des jeux du cirque, qui fut remise aux préteurs; mais il leur laissa celle des représentations scéniques. C'étaient eux qui traitaient avec les acteurs, qui acceptaient ou récitaient les pièces, et qui fixaient au théâtre, suivant la diversité des conditions, les places des spectateurs. Ils réglaient encore les dépenses des pompes et des jeux funèbres, mais sans pouvoir toujours réprimer là comme ailleurs les excès d'un luxe qui grandissait tous les jours. Nous les voyons se plaindre à Tibère que les ordonnances à ce sujet fussent tombées dans le mépris.

Poids et mesures. — La surveillance des édiles sur les marchés ne se bornait pas à constater la qualité des denrées; ils contrôlaient les poids et mesures, ainsi que la monnaie qui servait aux échanges.

Pour maintenir une uniformité constante dans les poids et les mesures, il y avait à Rome des unités invariables conservées comme modèles dans le temple du Capitole. Les unités de poids étaient déposées dans les temples de *Mars-Ultor* et d'*Hercule*. Le pied romain était gardé dans le temple de *Juno-Moneta*.

L'unité de capacité était l'*amphora*

ou *quadrantal*, représentant en volume un pied cube romain, et en poids quatre-vingts livres d'eau de pluie. Voici comment elle se divisait : 1 amphore (égale quatre-vingts livres d'eau ou de vin), renferme 2 urnes ou 3 modii; 1 urne = 1 modius 1/2 ; l'urne = 4 *congii*, chacun de dix livres ; le conge contient 6 *sextarii*, chacun de 20 onces; et le *sextarius* 2 *heminæ*, chacune de 10 onces ; l'*hemina* = 2 *quartarii* ou 4 *acetabula* ou 6 cyathi ou 24 *liguli*. Le *culeus* valait 20 amphores.

L'amphore et les subdivisions que nous venons d'indiquer servaient de mesures pour les liquides. Pour les solides on employait le modius = 1/3 d'amphore ou 16 sextarii, ou 32 heminæ ou 64 quartarii ou 128 acetabula ou 192 cyathi.
En voici le tableau.

Mesures pour les liquides.

Amphora vel, Quadrantal,	1					
Congus,	8	1				
Sextarius,	48	6	1			
Hemina,	96	12	2	1		
Quartarius,	192	24	4	2	1	
Acetabulum,	384	48	8	4	2	1
Cyathus,	576	72	12	6	3	1½

Mesures pour les solides.

Modius (= ⅓ d'amphora),	1					
Sextarius,	16	1				
Hemina,	32	2	1			
Quartarius,	64	4	2	1		
Acetabulum,	128	8	4	2	1	
Cyathus,	192	12	6	3		6½

Le rapport du poids de l'huile à celui de l'eau était : : 9 : 10 ; par conséquent l'amphore ne renfermait que 72 livres d'huile ; mais elle contenait 108 livres de miel.

L'unité de poids employée ordinairement était la livre *libra;* l'as pesant primitivement une livre, les divisions de l'as furent appliquées à la livre. Comme l'as, elle se divisait en douze parties, *uncia;* chaque once en 2 *semiuncias*, en 3 *duellas*, 4 *sicilicos*, 6 *sextulas*, 24 *scriptulas* ou scrupules ; de sorte que 288 *scriptulæ* ou scrupules faisaient une livre. Voici quelles étaient les divisions de l'as en fonction de l'once : *deunx*, 11 onces ou 11/12 d'as ; *dextans*, 10 onces ou 10/12 d'as ; *dodrans*, 9 onces 9/12 d'as ; *bes*, 8 onces 8/12 d'as ; *septunx*, 7 onces 7/12 ; *semis* ou *semissis*, 6 onces 6/12 d'as ou 1/2 livre ; *quincunx*, 5 onces 5/12 d'as ; *quadrans*, 4 onces, ou 1/ de livre ; *triens* ou *teruncis, triunsis* 3 onces, ou 1/4 de livre ; *sextans*, 2 onces ou 2/12 ; *sescunx* ou *sescuncia*, 1 once 1/2 Les multiples de l'as étaient le *dussis* ou *dupondius*, 2 as ; *tressis* ou *tripondius*, 3 as ; *quadrussis*, 4 as ; *quinquessis*, 5 as ; *sexis* ou *sexessis*, 6 as ; *septus* ou *septussis*, 7 as ; *octussis*, 8 as *nonussis*, 9 as ; *decussis*, 10 as ; *vicessi* ou *vigessis*, 20 as ; *tricessis*, 30 as ; *quadragessis*, 40 as ; *quinquagessis*, 50 as *sexagessis*, 60 as ; *septuagessis*, 70 as *octogessis*, 80 as ; *nonagessis*, 90 as ; *centussis*, ou *centumpondium*, 100 as.

Nous ne devons pas omettre, dit M. Dureau de la Malle relativement à ce noms, une remarque fort importante les Romains les employaient dans deux sens différents :

1° Dans leur sens propre et primitif pour exprimer les poids plus petits qu la livre ;

2° Par extension d'idées, pour représenter dans un total quelconque la parti que ces poids représentaient dans la livre Voulait-on, par exemple, exprimer qu'u citoyen héritait d'un autre pour un douzième, on disait : *hæres ex uncia ;* devait-il hériter de trois quarts, il était *hæres ex dodrante*. C'est encore par un pareille extension d'idées qu'ils avaien donné à la *decempeda quadrata*, mesur de superficie, le nom de scrupule, parc que la *decempeda quadrata* était 1/288 du *jugerum*, comme le scrupule 1/288 d la livre. Comme nous l'avons déjà observé l'unité de poids, la livre, était le point d départ du système métrique des Romains pour les mesures de longueur et de capacité ; car le quadrantal, qui représentait e poids 80 livres d'eau de pluie, représentai comme mesure de volume ou de capacité 1 pied cube. Le pied était l'unité de longueur ; on en conservait l'étalon, le *pes monetalis*, dans le temple de Monéta au Capitole.

Il était également divisé, suivant la numération duodécimale, en 12 onces, ou bien encore en 4 *palmi*, ou largeur de mains, et en 16 *digiti*, comme le pied grec, en 4 παλασταί et en 16 δάκτυλοι. La palme dont nous venons de parler, et qui n'est que le quart du pied, était la *palmus minor;* il y avait aussi la *palmus major*, valant 12 doigts.

ITALIE.

Les multiples du pied étaient :

1° Le pas, *passus major*, de 5 pieds ; il y avait en outre le *passus minor* ou *gressus*, de 2 pieds 1/2.

2° La *decempeda*, de 10 pieds, mesure analogue à notre toise, et qu'Auguste plaçait, au lieu de lance, dans la main des soldats auxquels il voulait infliger une punition humiliante ;

3° L'*actus*, de 120 pieds ;

4° Le mille ou *milliarum*, de 1,000 pas ou 5,000 pieds ; nous mentionnerons encore le *cubitus*, ou coudée de Vitruve, qui valait 1 pied 1/2.

L'unité agraire était le jugerum, qui se subdivisait en deux *actus quadratus*. L'*actus quadratus* était un carré de 120 pieds romains de côté, et se subdivisait lui-même en 4 *clima*; le *clima* comprenait 36 *decempeda quadrata*, et la *decempeda quadrata* 100 pieds carrés.

Les multiples du *jugerum* étaient :

1° L'*hæredium*, valant 2 *jugerum*;

2° La *centuria*, de 100 *hæredium*;

3° Le *saltus*, de 4 *centuria* disposées en carré.

On distinguait trois espèces d'*actus* : l'*actus minimus*, de 120 pieds de long sur 4 de large; l'*actus quadratus*, dont nous avons déjà parlé plus haut ; et l'*actus duplicatus*, de 240 pieds de long sur 120 pieds de large.

L'introduction de ce système de poids et mesures, qui a de si grandes analogies avec le système métrique d'Athènes, date probablement du roi Servius, *qui mensuras, pondera constituit* (Aurelius-Victor). Depuis ce prince il y fut fait très-peu de changements ; bien que ce fût le système attique, il ne venait pas directement d'Athènes : les Corinthiens l'avaient pris à Égine, et apporté de bonne heure en Étrurie, avec d'autres usages qui passèrent également à Rome.

Pour les monnaies, nous en donnerons la valeur au § VI, à la fin du tableau de l'organisation financière. Nous dirons seulement ici que la surveillance des monnaies était particulièrement confiée aux *triumviri monetales*. Leur institution remonte à l'an 235 ou 207. Suivant d'autres historiens, ils auraient existé avant l'époque où l'on commença à frapper de la monnaie d'argent. On en trouve quatre sous César. Leur office consistait à contrôler les monnaies et à y mettre une marque A. A. A. F. F. *auro, argento, aeri, flando, feriundo*, ou A. P. F. *auro publice feriundo*. Sous Auguste on ne trouve plus de *triumviri monetales*. Probablement que ce n'était pas une charge permanente, et qui n'avait sa raison d'être que dans les fabrications accidentelles de monnaies. Cependant il était besoin d'une surveillance constante pour empêcher l'altération des monnaies. Cicéron nous parle d'un Marcus Gratidianus qui gagna une grande popularité en portant une loi qui ordonnait la vérification du titre des monnaies. Outre les monnaies frappées par l'État, monnaies consulaires ou impériales, il y avait aussi les monnaies des grandes familles, qui portaient leur nom. La loi *Cornelia nummaria* établit qu'il serait défendu aux particuliers de frapper monnaie, à cause des nombreux abus qui se produisaient à l'ombre de quelques priviléges.

La poursuite de tous les délits monétaires, de toutes les fraudes exercées avec de faux poids ou de fausses mesures, appartenait aux édiles. Ceux-ci instruisaient eux-mêmes le procès, et prononçaient la sentence ou donnaient un juge. Toutes les contraventions aux arrêtés sur la police des rues et sur les constructions ressortissaient également de leur tribunal.

Aussi, puisque les édiles avaient la juridiction, ils avaient aussi le *jus edicendi*. Comme le préteur, ils publiaient des *édits*. La rédaction en était attribuée aux édiles plébéiens et curules ; mais la publication en était réservée à ces derniers, sans doute à cause du *jus honorarium* dont ils étaient revêtus.

Depuis l'établissement de la loi *Publilia*, l'élection des édiles plébéiens se faisait dans les comices par tribus ; mais elle n'avait jamais lieu avant que celle des édiles curules eût été achevée dans les comices par centuries. Cependant il y eut plus d'un exemple d'édiles curules nommés sur le Forum dans l'assemblée par tribus présidée par les tribuns. Mais il faut remarquer que c'était toujours ou deux patriciens ou deux plébéiens qui remplissaient ensemble l'édilité curule.

Les édiles avaient sous leurs ordres immédiats des *accensi* et des *viatores*.

En outre, ils avaient dans leurs bureaux des secrétaires pris dans le collége des scribes, qui rédigeaient leurs ordonnances ou leurs arrêtés. Il y avait aussi des hérauts attachés à leur service, pour les proclamations des jeux, des fêtes et toutes les communications qu'ils avaient à faire au peuple. Sous les empereurs les édiles perdirent beaucoup de leurs attributions, qui pour la plupart furent données à d'autres magistrats. Ainsi, la surveillance des approvisionnements fut confiée au *præfectus annonæ* avec une juridiction spéciale. Il y eut ensuite les *præfecti frumenti dividendi*, les *curatores aquarum*, les *curatores operum publicorum*. Enfin, la partie la plus importante des fonctions de l'édilité se trouva remise, dès le règne d'Auguste, au *præfectus urbis*. Ce magistrat veillait sur la tranquillité publique, établissait la taxe sur les denrées et les marchandises, avait l'inspection sur les changeurs, et exerçait une juridiction à laquelle on pouvait appeler des arrêts des autres magistrats de la ville. Il était en même temps chargé de la justice criminelle à l'intérieur de Rome et dans un rayon de cent milles aux environs. La magistrature ainsi restreinte de l'édilité dura encore jusqu'au troisième siècle, époque où elle disparaît complétement.

§ VI. — *Organisation financière.*

Dans les plus anciens temps, lorsqu'il n'y avait de transaction que relativement à la terre et au bétail, quand la guerre elle-même se faisait sans frais pour l'État, chacun y voyait une nécessité personnelle de défendre sa propriété et un moyen de se dédommager avec le butin; alors enfin que le bétail était le seul ou du moins le principal moyen d'échange, il ne pouvait pas encore être question de finances. Le souvenir de ces temps s'est conservé dans le nom donné à l'argent *pecunia* (de *pecus*) et dans l'usage d'évaluer les amendes par têtes de brebis.

Les dépenses publiques étaient couvertes par les revenus du domaine assigné au roi pour l'entretien de sa maison et pour la célébration des sacrifices publics. Ces domaines, accrus par la conquête, devinrent l'*ager publicus*, et plus tard leurs revenus purent subvenir à d'autres dépenses d'intérêt général, telles que celles pour les constructions des temples, pour les fortifications de la ville. D'ailleurs, à cette époque les dons et les services volontaires des particuliers venaient au secours de l'État. En outre, la simplicité de l'administration permettait au roi de n'avoir autour de lui qu'un petit nombre de magistrats ou plutôt d'officiers, qui remplissaient à titre honorifique les charges qui leur étaient confiées. S'il y avait quelque impôt, il devait être payé en nature et être tout entier employé à subvenir aux besoins des travailleurs publics, qui à partir de Tarquin l'Ancien furent employés en grand nombre. Mais tout cela ne constituait pas des finances et n'exigeait pas d'organisation spéciale; cependant il y eut dans cette première époque des questeurs, *quæstores ærarii*.

FINANCES, DEPUIS SERVIUS JUSQU'A L'ÉTABLISSEMENT DE LA SOLDE MILITAIRE. -- C'est à Servius Tullius que se rapporte la plus ancienne organisation du peuple romain qui nous soit connue avec certitude; nous avons dit plus haut en quoi elle consistait. Cette constitution de Servius renfermait aussi une organisation financière; car par l'établissement du cens il avait voulu arriver à une répartition plus juste et plus égale des contributions entre les citoyens. En effet, chacun d'après les lois de Servius payait en raison de ce qu'il possédait, tandis qu'avant lui l'impôt était personnel (1), c'est-à-dire dépendait de la condition, et non pas de la fortune; de sorte qu'un patricien pauvre payait autant qu'un patricien riche (2).

---

(1) *Viritim*, dit Tite-Live, 1, 42; κατὸ κεφαλὴν, dit Denys d'Halicarnasse, IV, 43.

(2) Nul peuple n'a été obligé par sa constitution même à tenir comme les Romains un compte exact et sans cesse vérifié du chiffre de la population et de la fortune des citoyens. Les naissances et les décès, la distinction des citoyens par âge et par sexe, la situation, la nature, l'étendue, et le rapport des terres, les capitaux possédés par chacun étaient relevés et inscrits sur des registres, qu'on renouvelait tous les lustres. *Summa regii Servii solertia*, dit Florus, *ita est ordinata respublica, ut omnia patrimonii, dignitatis, ætatis, artium, officiorumque discrimina, in tabulas*

Tarquin le Superbe rétablit l'ancien ordre de choses; mais après l'expulsion des rois toutes les institutions de Servius furent remises en vigueur.

Dépenses. — La gestion des affaires publiques se fit d'abord sans frais pour l'État : ni les membres du sénat ni les magistrats ne recevaient de traitement. Il n'y avait de rétribuées que les charges inférieures de l'administration. Ainsi, dans l'administration de la justice l'État ne faisait de dépenses que pour les serviteurs des juges et pour la prison.

Les hautes dignités religieuses étaient également des charges honoraires; et il est même probable que les prêtres inférieurs et les serviteurs du culte étaient payés avec les revenus des terres attachées à chaque temple. Cependant ces biens ne suffisaient pas toujours aux dépenses des sacrifices, des fêtes, et des cérémonies. Aussi l'État vint en aide : l'argent de certaines confiscations fut attribué au trésor des temples. Il y avait l'impôt sur les décès, payé au temple de Libitine; celui sur les naissances, payé au temple de Lucine; et celui pour la prise de la robe virile, payé au temple de Juventus. Quant aux guerres, comme elles n'étaient alors ordinairement que de courte durée, il n'y avait de frais que pour les munitions et les machines de guerre. Ce n'était que dans le cas où la campagne se prolongeait que l'État devait fournir à l'entretien de l'armée (*annona*). Le cavalier était dédommagé de ce qu'il dépensait pour son cheval. Le chef d'armée ne recevait de l'État que son équipement et une tente (*supellex*).

Ce qui coûtait le plus à l'État, c'étaient les constructions publiques, les routes et tous ces grands travaux par quoi Rome voulait marquer sa puissance et sa gloire. Bien que ces ouvrages fournissent à l'entretien de la population pauvre, il arrivait souvent, surtout aux époques de disette, que la misère d'une partie de la population réclamait les secours de l'État. Dès les plus anciens temps on voit des distributions de blé faites au peuple ou gratuitement ou avec perte; cette mesure accidentelle d'assistance devait se changer en un usage périodique, et devenir une des charges les plus lourdes pour le trésor.

Revenus de l'État. — Après chaque conquête les Romains enlevaient aux peuples soumis une portion de leur territoire, qui venait accroître le domaine public du peuple romain, ou, comme Cicéron l'appelle, le *patrimonium populi Romani*. Le nom le plus ordinaire était celui d'*ager publicus*. La portion de l'*ager publicus* qui comprenait les terres arables, les pâturages, les terres plantées de vignes et d'oliviers, était livrée à l'exploitation particulière par l'État, qui restait propriétaire et prélevait un revenu annuel. Ce revenu était d'un dixième pour les terres arables, d'un cinquième pour les vignes et les oliviers. La perception se faisait rarement en nature. Le censeur affermait, *locabat*, la terre pour la durée d'un lustre. Le citoyen qui se rendait adjudicataire devenait possesseur ou fermier, *possidebat*; et cette *possessio* ne lui donnait qu'un droit d'exploitation, l'usufruit de la terre moyennant une redevance (*vectigal*).

Les terres non défrichées à l'époque de la conquête ou dévastées par la guerre étaient partagées par le sénat entre ceux qui voulaient en prendre possession. Mais l'État conservait toujours sur ces terres son droit de propriété, en y prélevant la dîme dès qu'elles étaient mises en culture et qu'elles don-

referrentur, ac si maxima civitas minimæ domus diligentia contineretur. Ces tables de recensement, dit M. Dureau de Lamalle, étaient une statistique détaillée, appuyée, pour les individus libres des deux sexes, sur des registres de population par ordre, âge, état, pays, revenus, divisés en père de famille, mère, fils et filles, et de plus comprenant, pour les esclaves mâles et femelles, l'emploi, la profession et le produit de leur travail. Pour les biens-fonds, ces tables étaient basées sur un cadastre et une estimation vérifiés tous les lustres; elles contenaient la qualité des champs, la nature des cultures, soit blés, vignes, fourrage, oliviers, prés, pâtures, bois taillis ou futaies, étangs, ports, salines, etc. Les champs étaient désignés par leur nom, la quantité de jugères, le nombre des arbres, vignes, oliviers et autres arbustes qu'ils contenaient. La ville, le bourg voisin, les abornements, les fermiers ou colons de chaque parcellaire; enfin le produit des terres s'y trouvait aussi indiqué.

naient un revenu. La terre ainsi occupée sans délimitation fixe, *qui nulla mensura continetur*, dit Frontin, s'appelait de ce fait même *arcifinalis*. L'État pouvait même réclamer les terres ainsi librement occupées pour les partager aux citoyens pauvres et y fonder une colonie. Cependant, il arrivait souvent que les *possessores* éloignés s'affranchissaient du *vectigal*, et réunissaient à leurs propriétés particulières les terres qu'ils avaient au seul titre d'*occupatio*. Aussi les censeurs étaient-ils tenus d'exercer une active surveillance et d'avoir des registres très en ordre.

Bien que *l'ager publicus*, souvent exposé aux invasions, fût mal exploité et, par suite, d'un rapport médiocre, c'était pourtant à cette époque la source principale du revenu public; il fournissait aux dépenses publiques et même au trésor particulier où l'on plaçait des réserves pour les besoins extraordinaires. Le domaine public sans cesse agrandi par la conquête était sans cesse aussi diminué, d'une part par les envahissements des grands, de l'autre part par les fréquentes demandes du peuple, réclamant des *assignations* nouvelles, c'est-à-dire des partages officiels, qui avaient pour résultat de convertir en propriétés privées la partie des biens de l'État qui était *assignée*. Tel était l'objet de la présentation incessante des lois agraires. Cependant si ce partage n'avait dû atteindre que les terres possédées par les grands, c'eût été un avantage pour l'État; car la plupart du temps les grands savaient se dispenser de rien payer pour les terres qu'ils occupaient, tandis que dès qu'un domaine devenait propriété quiritaire, il était soumis à l'impôt direct.

C'était ordinairement un tiers du territoire qui était enlevé aux peuples soumis pour former l'*ager publicus*. A l'époque dont il est ici question il y avait deux sortes d'*ager publicus*, l'un regardé comme domaine de l'État, exploité par des fermiers et rapportant la dîme de ces produits : c'était l'*ager decumanus* ; l'autre, qui avait été mis en vente dans les besoins pressants de l'État, et qui néanmoins restait soumis à un impôt particulier : c'était l'*ager vectigalis*.

Quant aux forêts publiques, l'État n'en tirait pas encore parti par l'exploitation des bois dont il n'avait pas besoin, si ce n'est pour ses constructions. Il les affermait cependant, ainsi que les terres laissées en prairies naturelles, et moyennant une redevance, *scriptura*. La manière dont on élève encore aujourd'hui les troupeaux en Italie et en Espagne explique comment les forêts étaient aussi nécessaires que les prairies à l'entretien des troupeaux. Le soleil de l'été brûlant l'herbe des prairies, les bestiaux sont conduits par leurs pâtres sur les hauteurs et dans les forêts, où l'herbe, abritée, se conserve.

Une autre source de revenus consistait dans les droits *régaliens*. On rangeait sous ce nom tout ce qui ne pouvait devenir propriété particulière; ainsi les salines. Si l'exploitation en avait été laissée à quelques particuliers, elle serait devenue entre leurs mains un monopole oppressif pour le reste des citoyens. Les premières salines furent celles que le roi Ancus Martius forma autour d'Ostie; elles devaient être d'un bon rapport, car on en tirait du sel qui était exporté jusque dans le pays des Sabins, comme le prouve le nom de *via salaria*, donné à la route qui conduisait de Rome dans la Sabine. Le nom de *salarium* employé pour désigner les rétributions accordées aux fonctionnaires indique peut-être que le produit de la vente du sel était dans le principe appliqué au traitement des magistrats inférieurs. Ce ne fut qu'en 509 que l'État fixa un prix invariable pour le sel, afin d'arrêter les exactions de ceux auxquels on en avait concédé la vente. Plus tard il y eut un impôt établi sur cette denrée; mais Rome en resta toujours affranchie.

Les mines doivent être rangées dans la même catégorie : mais il n'y en avait pas encore à cette époque d'exploitées sur le territoire romain.

Un autre droit régalien était le *portorium*, ou droit prélevé sur les marchandises apportées par le fleuve. La pêche et la navigation étaient d'abord libres, comme la chasse. Seulement il y avait un certain droit prélevé à l'entrée du port d'Ostie, la première colonie et le premier port des Romains. Quand le nombre des ports appartenant aux Romains se fut accru, le *portorium* devint une source importante de revenus. Aucun de ces impôts n'était levé directement par l'État; on en affermait la perception ordinairement pour un lustre à des citoyens au prix d'une somme fixée par les censeurs et que les fermiers de l'impôt versaient au trésor.

Dès les plus anciens temps il y eut, sous le nom de *tributum*, une contribution directe, sorte de capitation imposée à chaque chef de famille suivant sa position et sa naissance. Les inconvénients de cet impôt, qui nécessairement frappait, très-inégalement, le pauvre et le riche, amenèrent la réforme de Servius Tullius. Il fut établi un nouveau mode d'impôt suivant la fortune des citoyens. On évalua à l'aide du cens le capital de chacun, mais sans en défalquer les dettes, ni avoir égard au produit net; c'était l'impôt sur le capital. Il variait selon les besoins publics. Les prolétaires ne payaient rien; les affranchis et tous ceux qui, comme les veuves et les orphelins, étaient exempts d'impôt, bien qu'ils eussent des biens et des revenus considérables, devaient, comme prix de la protection que l'État leur accordait, payer une capitation *tributum in capite*. Depuis Camille les célibataires furent frappés d'un impôt particulier.

Dans les temps de grandes nécessités on établissait un impôt extraordinaire, dit *temerarium tributum*. Il était fixé par le sénat : son principal objet était de pourvoir aux dépenses de la guerre. Quand les ressources du trésor étaient épuisées, tous alors payaient, même les prêtres. Si les résultats de la guerre et l'importance du butin le permettaient, l'État faisait restitution pleine et entière aux citoyens.

La levée du *tributum ex censu*, ou de l'impôt sur le capital, n'était pas affermée, comme l'était celle des impôts indirects. Le sénat déclarait combien chaque citoyen donnerait par mille (probablement un as par mille), les censeurs dressaient les rôles; et primitivement les chefs des *vici* et des *pagi*, plus tard les tribuns du trésor faisaient la levée.

Dans les revenus de l'État il faut comprendre les amendes, d'abord payées en bestiaux, plus tard en argent. Le droit de les imposer appartenait aux consuls, aux préteurs, aux édiles et aux tribuns du peuple : la valeur des amendes que ceux-ci imposaient était déposée dans un trésor particulier, conservé au temple de Cérès. Les autres rentraient dans le trésor public. Quand la peine allait jusqu'à l'exil, ou que le coupable se condamnait à un bannissement volontaire, ses biens étaient confisqués au profit de l'État.

Une partie importante du revenu public était le butin acquis dans la guerre. Si la soumission du peuple avait été obtenue par force et non par un traité, les personnes et tous les biens mobiliers et immobiliers des vaincus appartenaient aux vainqueurs. Une partie des prisonniers était abandonnée à l'armée, l'autre était vendue par le questeur, et le produit de la vente était versé dans la caisse de l'État. Si on laissait des terres à quelques-uns d'entre eux ou à tous ceux qui survivaient, ces terres étaient frappées d'un impôt (*vectigales*).

L'administration des finances de l'État appartenait d'abord aux consuls, et depuis l'année 444 aux censeurs. Les deux questeurs urbains avaient la garde de l'*ærarium*, et tenaient note de toutes les sommes qui y étaient versées avec un soin qui rendait les malversations bien difficiles. Les questeurs provinciaux recevaient toutes les sommes destinées au trésor public de Rome, et en rendaient compte à leur retour. Mais la direction suprême de toute l'administration financière de la république restait au sénat, qui seul fixait l'impôt, décidait des dépenses d'intérêt général et sans l'approbation duquel aucune somme ne pouvait être délivrée par les questeurs à un magistrat, fût-ce même à un dictateur, à l'exception des consuls, dont les quittances étaient immédiatement soldées.

Le trésor public (*ærarium*) était déposé dans le temple de Saturne, où les questeurs à leur entrée en charge venaient prêter serment. Il était divisé en deux parties : dans l'une était l'argent pour les dépenses courantes, dans l'autre (*ærarium sanctius*) les réserves pour les dépenses extraordinaires.

DEPUIS L'INSTITUTION DE LA SOLDE MILITAIRE EN 405 JUSQU'A LA FIN DE LA RÉPUBLIQUE. — Dans cette période l'administration des finances change complétement d'aspect. De nouveaux revenus, de nouvelles dépenses augmentent la complication des affaires. Il faut établir une solde pour une armée dont les cadres vont s'agrandissant; il faut équiper des flottes et fournir aux besoins de l'administration dans les provinces. En même temps l'État perd la plus grande partie de l'*ager publicus*, tranformé par des *assignations* répétées et des fondations de colonies en propriété particulière; et pourtant il est obligé de subvenir aux besoins d'une population pauvre, qui augmente chaque jour.

Il n'y a pas encore de science des finances. Il n'y a pas d'administration régulière, ni ce que nous appellerions aujourd'hui un budget. Pour n'être pas embarrassé par les difficultés de la levée des impôts indirects, l'État les donne en fermage; ces fermages sont presque tous entre les mains des chevaliers, qui acquièrent par là une grande influence. Et comme ce sont les tributs des provinces entières qu'il faut lever, souvent les richesses d'un seul ne suffisent pas à fournir l'argent nécessaire. Il se forme des sociétés ayant un représentant nominal, *manceps*, ainsi nommé parce qu'aux enchères des censeurs il déclarait en levant la main qu'il se rendait adjudicataire; des *prædes*, ou cautions, et enfin des *sociétaires*, qui fournissaient des fonds pour en tirer intérêt. La ferme des revenus publics devient ainsi l'objet d'ardentes spéculations; et ces compagnies financières finirent par former une aristocratie d'argent toute-puissante dans les provinces. Les fermiers savaient se soustraire à tout contrôle, et multipliaient les exactions les plus arbitraires. En vain, les censeurs fixaient une mesure (*regula*) des impôts exigibles: les gouverneurs, qui pourraient seuls prévenir les exactions des fermiers, s'associent à eux pour en partager le profit. Les agents inférieurs suivaient cet exemple. Plus le collecteur devait rapporter aux publicains, plus il exigeait des contribuables, et il faisait ses affaires en même temps que celles de son maître; car c'étaient ordinairement des affranchis ou des esclaves à qui ce soin était confié. C'était, on le voit, le pillage organisé à tous les degrés de la hiérarchie financière.

Quelque funeste que soit cette manière de lever les impôts, elle dura cependant plusieurs siècles; mais aussi elle fut une des principales causes du mécontentement des provinces, et de la chute de la république.

DÉPENSES PUBLIQUES. — Jusqu'à l'époque du siége de Véies les campagnes étaient ordinairement de courte durée, si bien que le citoyen pouvait, après la fin de la guerre, revenir à la culture de son champ, sans que ses affaires eussent trop souffert d'une courte absence. Mais quand les campagnes se prolongèrent jusque dans l'hiver, il devint nécessaire d'établir une solde pour l'armée. La première proposition, faite en 414, après la conquête de Fidènes, avait d'abord été écartée. On avait fait aux soldats de vaines promesses de leur abandonner le butin après la prochaine campagne; cette promesse avait été violée, et une sanglante révolte, dans laquelle furent tués un questeur et un tribun militaire, avait effrayé les patriciens. Aussi, quand, à l'approche du siége de Véies, on craignit l'opposition des tribuns aux levées, le sénat accorda la solde, afin que rien n'entravât l'opération décisive qu'il méditait.

La solde légionnaire était de 2 oboles par jour, ou de 3 as un tiers, comme Polybe l'affirme expressément pour son temps; ce qui faisait 100 as, ou 10 deniers, par mois. La solde pour le centurion comme pour le cavalier était double. Si le cavalier faisait le service avec un cheval qu'il eût fourni lui-même, il recevait une solde triple. César doubla la solde des soldats. Depuis C. Gracchus l'État fournit aux troupes le vêtement et de plus une ration de blé nommée *dimensum* (4 *modii* par mois pour le légionnaire, le double et le triple pour le centurion et pour le cavalier). Le nombre de soldats qui formait la légion varia aux diverses époques. Au temps de la guerre Punique il était de quatre mille deux cents hommes d'infanterie et de trois cents cavaliers. On peut donc calculer aisément ce que chaque légion coûtait. Mais il faut y joindre les troupes fournies par les alliés, en nombre égal pour l'infanterie, en nombre double pour la cavalerie. Ces auxiliaires ne recevaient de Rome que le *dimensum*, tout le reste devait leur être fourni par les villes qui les avaient envoyés. Il y eut d'abord deux armées consulaires, comprenant chacune deux légions. Pendant la deuxième guerre Punique nous trouvons le nombre des légions porté à vingt et une. Les dépenses de l'État pour leur entretien durent monter en proportion. Aussi après la bataille de Cannes, quand il y avait tant de soldats à payer et que beaucoup de sources de revenus étaient taries par les défections ou les pillages d'Annibal, il fallut lever sur les Romains un tribut double. Et encore ces ressources eussent été insuffisantes si de nouvelles conquêtes à l'étranger n'étaient venues au secours du trésor.

Depuis la première guerre Punique d'autres dépenses avaient été imposées à l'État, pour l'équipement des flottes. En l'absence de documents positifs, nous ne saurions établir à combien se montaient ces dépenses; car les galères n'étaient pas construites et armées aux frais du trésor de Rome. On voit par plusieurs passages d'auteurs anciens que certaines cités dans les provinces étaient obligées de fournir et d'armer un navire.

La construction des édifices publics, des voies militaires, des aqueducs, temples, etc., était une source de dépenses variables. L'administration des provinces coûtait peu à l'État. Cependant, si le gouverneur qu'on leur envoyait de Rome ne recevait aucun traitement, on lui allouait les provisions nécessaires à sa maison (*cella*); et on accordait une rétribution aux agents dont il avait besoin pour l'exercice de ses fonctions.

Les ambassadeurs étrangers étaient reçus et traités magnifiquement, dans la *villa publica*. On les servait avec la vaisselle et tous les objets de luxe employés dans les banquets sacrés.

Une dépense considérable était la distribution de blé faite aux citoyens pauvres. Cette distribution n'avait eu lieu d'abord qu'à de rares époques de disette; plus tard elles devinrent annuelles. Tant que l'État se trouva propriétaire de grands domaines, tant que la dîme fut payée en nature et non en espèces, l'assistance était facile. Mais quand les partages des terres et les établissements de colonies eurent transformé l'*ager publicus* en propriétés particulières, il fallut acheter des blés à l'étranger; et cette gratification devint ainsi une charge très-lourde pour l'État. Plus la population augmentait, plus il y avait de misère; les pauvres n'avaient pas assez du blé qui leur était donné; il fallut aussi des distributions de viande, *visceratores*. Cependant, ce n'était que dans des occasions extraordinaires, surtout aux obsèques des hommes illustres, que ces dernières gratifications eurent lieu.

L'État accordait des récompenses aux généraux et aux soldats. C'étaient des chaînes d'or et d'argent, de riches armures, des statues, des colonnes, comme la colonne rostrale de Duillius. Si le consul avait fait quelque vœu auquel il prétendait être redevable de la victoire, il prenait soin de faire élever au dieu qui l'avait protégé un temple sur lequel il gravait son nom et ses victoires.

Mais les revenus grandissaient plus vite que les dépenses, grâce aux victoires qui livrèrent à Rome les dépouilles de peuples riches et puissants: le butin fait sur Carthage, Antiochus et Persée remplissait le trésor de richesses immenses, qui faisaient baisser en Italie le prix de l'or et de l'argent, et permirent, après la victoire de Paul-Émile, de remettre le tribut à tous les citoyens romains. Il n'eut besoin d'être rétabli que sous les consuls Hirtius et Pansa, durant la guerre de Modène, en 43.

REVENUS. — Chaque conquête que faisaient les Romains augmentait les revenus de l'État. Les peuples soumis pouvaient être, comme en Italie, *socii*, *dedititii* ou *stipendiarii*, ou bien, comme cela se pratiquait hors de l'Italie, le pays était dit *province romaine*.

La fortune de l'État n'eut à souffrir de diminution en Italie qu'au temps de la guerre des alliés, lorsque Rome fut obligée d'appeler la plus grande partie des Italiens au partage du droit de cité, et par suite à l'exemption de tout impôt. Avant cette guerre les alliés italiens et les *dedititii*, outre l'obligation de fournir des troupes auxiliaires, payaient sans doute aussi une contribution pour l'entretien de l'armée. Parmi les territoires que le sénat avait déclarés propriété romaine, le plus important, à cause de la fertilité et de son voisinage même de Rome, était la Campanie. Aussi, par des prescriptions spéciales, cette région resta *ager publicus* jusqu'à ce que César en fit le partage; quand la guerre sociale enleva tout à coup à Rome ses ressources les plus prochaines, le seul domaine public de la Campanie a nourri plusieurs armées.

Le mode d'administration de l'*ager publicus* est le même que sous la période précédente. L'exploitation est remise encore à des fermiers nommés par les censeurs. Seulement une grande partie des terres ont été partagées aux citoyens pauvres : des colonies s'y sont établies; et il leur a été permis d'occuper, moyennant une certaine redevance, ce qui restait près d'elles de l'*ager publicus*. Bien qu'il fût établi qu'il n'y avait jamais prescription contre l'État, ces terres finirent par leur appartenir. A l'époque de la guerre contre Philippe de Macédoine une portion du domaine public fut aliénée pour satisfaire les créanciers de l'État. Ils furent obligés de les recevoir pour un prix déterminé, et un impôt d'un as fut mis sur chaque arpent pour indiquer que ces biens restaient propriété de l'État, qui conservait le droit de les racheter. Le prix payé par les colons détenteurs d'*agri vectigales*, c'est-à-dire la redevance établie en faveur du trésor lors de la concession, n'était pas le même partout, surtout dans les provinces, et s'élevait au *maximum* au cinquième des fruits. Le produit du domaine et des terres *assignées* était donc une des sources abondantes des revenus publics. Aussi Cicéron appelle-t-il l'*ager publicus* : « *Fundum pulcherrimum populi Romani, caput vestræ pecuniæ, pacis ornamentum, subsidium belli, fundamentum vectigalium, horreum legionum, solatium annonæ..* »

Les pâturages échappèrent plus longtemps que les terres arables aux envahissements de la propriété particulière. Le revenu qu'ils fournissaient au trésor (*scriptura*) était considérable.

Depuis le jour où les Romains eurent des flottes, ils durent reconnaître la valeur des bois de construction. Mais les Romains affermaient-ils les forêts ? en tiraient-ils un revenu analogue à la *scriptura*? C'est ce qui nous est inconnu. Les droits régaliens prennent à cette époque une grande extension. Le monopole du sel est aboli en Italie. Mais la vente de cette denrée est soumise dans les provinces à des droits très-élevés. Elle est affermée à des particuliers; et l'État perçoit un dixième du produit.

L'exploitation des mines devient une source considérable de revenus. Les mines des Romains étaient toutes hors de l'Italie; car un sénatus-consulte avait interdit l'exploitation des mines que renfermait l'Italie. Et sous ce nom commun de mines (*metalla*) ils comprenaient, outre les métaux, les carrières de marbre et de pierre aussi bien que les salines. Bien qu'il y eût à Volaterra, en Étrurie, des mines de cuivre, et à Verceilles des mines d'or, elles n'étaient pas exploitées. L'Espagne fournissait de l'or, de l'argent et du fer. La Macédoine et la Pannonie avaient de riches mines d'or. On tirait de l'étain du Nord et de la Bretagne; il y avait des mines en Gaule, en Sardaigne, en Dalmatie, dans la Norique, dans l'île de Proconnèse et le Pont. Toutes les mines n'étaient pas affermées aux publicains. Une partie était exploitée par des esclaves publics ou par les habitants du pays. Cependant c'était rarement le cas pour les mines d'or et d'argent. Jusqu'aux guerres Puniques les Romains n'avaient possédé que des mines de cuivre; ils ne possédèrent de mines de métaux précieux qu'après la conquête de l'Espagne, où celles de Carthagène occupaient quarante mille ouvriers et rapportaient par jour 25,000 drachmes, ou 9 millions de francs par an. Les mines de plomb de la Bétique étaient affermées pour un loyer annuel de 200,000 deniers. Le fermier en retirait annuellement cent trente mille cinq cent trente-six kilogrammes de métal. L'État possédait dans la même province des mines de minium ou cinabre. En Macédoine, où les rois du pays avaient longtemps forcé les habitants à l'exploitation des mines, comme à une corvée, la conquête romaine affranchit le peuple de cette charge; mais en affermant l'exploitation des mines les Romains livrèrent cette industrie à brigandage sans règle et sans mesure. Les foules monstrueuses d'esclaves furent ensevelies dans les mines et assujetties à la vie la plus misérable, si bien que les travaux étaient pour les criminels la plus dure des condamnations. Toutes les mines d'or étaient propriétés du fisc, au moins du temps de Strabon ; quant aux mines que l'État n'avait pas revendiquées, et qui appartenaient à des particuliers, ceux-ci devaient payer au trésor une redevance. On voit dans le code théodosien que l'impôt mis sur les carrières appartenant au fisc était un dixième du produit.

La fonte des monnaies, le droit d'en fixer la valeur, ajoutait dans les temps de nécessité aux ressources de l'État. Jusqu'au temps de la première guerre Punique on n'employa qu'une monnaie de bronze d'un poids considérable. Dans la première guerre Punique il fut établi que l'as peserait un sixième de la livre. Pendant la dictature de Q. Fabius, dans la seconde guerre Punique, le poids de l'as ne fut plus que d'un douzième ou d'une once. La loi Papiria, en 191, le réduisit à une demi-once. Dans la première guerre Punique on frappa aussi des monnaies d'argent, parmi lesquelles était le denier valant 10 as. Soixante-deux ans plus tard on frappa également des monnaies d'or, dont le titre varia beaucoup. Cependant l'or conserva invariablement une valeur décuple de celle de l'argent.

L'impôt direct, *tributum ex censu*, continua à être levé durant cette période jusqu'à la fin de la guerre contre Persée. Nous avons déjà dit pourquoi il fut alors remis aux citoyens. Nous avons aussi montré comment la fixation du taux de l'impôt et celle de l'époque de la levée dépendaient du sénat. La propriété entière des contribuables sans déduction des dettes, tout jusqu'aux maisons, aux troupeaux, aux esclaves et même plus tard aux objets de luxe, se trouvait imposé. Le *tributum* était pour les propriétés ordinaires d'un millième du capital ; plus tard Caton, dans sa censure, frappa les objets de luxe d'un impôt de trois millièmes. Les prêtres étaient exempts de cet impôt, de même que les citoyens servant sous les drapeaux. Les veuves devaient fournir à l'entretien des chevaux de la cavalerie. Comme le *tributum ex censu* n'atteignait que la propriété romaine, les aliénations de ces domaines quiritaires étaient soumises à des formes très-sévères. Ainsi toute transmission de bien quiritaire devait se faire devant cinq témoins, qui représentaient les cinq classes du cens.

Les Romains tiraient encore des impôts directs des municipes et des colonies. Ce n'était pourtant que dans les circonstances extraordinaires que ces dernières devaient fournir à l'armée romaine de l'argent et des troupes. Quand les *municipes* eurent acquis par la loi Julia le droit de cité romaine, ils durent être soumis au même impôt que les citoyens de Rome, Naples, comme municipe, est comptée au nombre des cités soumises à l'impôt.

Les contributions payées par les alliés dépendaient du traité même qui les unissait à Rome. Ainsi ils pouvaient être *dedititii*, et alors, tout en conservant leur administration intérieure, ils étaient tout entiers dans la dépendance de Rome, ou bien il y avait entre eux et Rome *fœdus æquum*, et ils jouissaient d'une sorte d'égalité. Cependant les alliés avaient toujours l'obligation de donner des troupes à Rome et de fournir à l'entretien de leurs soldats. Ils étaient sans nul doute frappés encore d'autres redevances ; mais nous ne savons rien de certain à ce sujet.

La source la plus féconde des revenus de l'État était dans les contributions des provinces. L'État même eût pu en retirer davantage, s'il eût exercé une surveillance plus active sur la conduite des gouverneurs et des publicains. La province était soumise à tous les genres d'impôts : il y avait l'impôt sur les personnes, *tributum in capita;* l'impôt sur la fortune, *tributum ex censu*. L'impôt foncier consistait dans la dîme du produit des terres, et était perçu soit en nature, soit en espèces. La perception de la dîme était affermée aux publicains pour toutes les provinces, excepté pour la Sicile. Toutes les terres devaient à l'État cette contribution, celles même qui étaient possédées par des citoyens romains. Leurs domaines, libres en Italie de toute redevance, étaient imposés dans les provinces. Les provinces fertiles payaient la dîme en nature, et fournissaient ainsi aux subsistances de l'armée et de la population pauvre de Rome; même elles ne pouvaient vendre leur blé qu'après que Rome avait déclaré qu'elle n'en avait plus besoin. Le *tributum in capita*, établi d'abord sans régularité, était souvent oppressif. Tous les travaux publics, tels que routes, constructions, aqueducs, devaient être exécutés par les habitants des provinces. Ils étaient aussi employés aux travaux des mines. Les droits régaliens pesaient surtout sur eux; en un mot les provinces étaient tributaires (*vectigales*), et ce tribut était en partie une somme d'argent déterminée, *vectigal certum*, en partie un tribut indéterminé, *vectigal incertum*, qui était formé par le produit de toutes les contributions indirectes. En outre, il y avait le blé acheté par le sénat, *emptum*, au prix qu'il avait fixé lui-même, et le blé livré au gouverneur, *æstimatum*, pour la consommation de sa maison. Cependant dans toutes les provinces, excepté en Sardaigne, il y avait des villes libres, reconnues pour amies et alliées du peuple romain; ces villes avaient leurs propriétés publiques et privées, et même levaient des droits de douane sur leur territoire.

La Sicile, la première contrée réduite en province, la plus voisine de Rome, jouissait de plusieurs priviléges. Elle n'était soumise qu'au *tributum ex censu*, qui était réparti par un censeur particulier. Après la conquête il y avait eu plusieurs distinctions établies entre les villes de la Sicile. Les unes, au nombre de dix-sept, dont le territoire avait été déclaré *ager publicus*, l'avaient recouvré, moyennant l'impôt du dixième, probablement pris en nature pour les approvisionnements de Rome et des armées et la *scriptura*. D'autres villes, comme Messine, Tauromenium et Netum, étaient dites *fœderatæ*, et n'étaient redevables que de quelques contributions pour la guerre. Cinq autres cités, sans avoir le titre de *fœderatæ*, étaient exemptes de la dîme. Enfin, le reste du pays, sur lequel pesait le tribut, avait néanmoins un sort beaucoup plus doux qu'aucune des autres provinces.

La Sardaigne et la Corse, qui avaient fait des tentatives si nombreuses pour se soustraire à la domination romaine, furent soumises au double impôt sur les biens et sur les personnes.

Quand les Romains furent maîtres de la Macédoine, ils trouvèrent un pays épuisé par l'avidité de ses rois. Les immenses trésors de Persée étaient une assez riche conquête; les habitants furent donc affranchis d'une partie des impôts qu'ils avaient supportés jusque alors. L'exploitation des mines d'or et d'argent, cause principale de l'oppression, fut momentanément interdite.

L'Asie, depuis la fin des guerres de Mithridate, avait reçu de Pompée une organisation qui lui assurait de grands avantages. Elle était affranchie du double impôt sur les personnes et sur les biens. Le produit revenu de l'*ager publicus*, de la dîme, de la *scriptura* et des douanes était à lui seul si considérable, que l'Asie était regardée comme la plus riche de toutes les provinces de l'empire. Cependant, les exactions des publicains avaient rendu si lourdes les contributions indirectes, que la loi de César qui établissait un impôt fixe fut acceptée comme une réforme avantageuse.

L'Espagne, qui avait à fournir une contribution en grains, payait en outre un vectigal fixe et était soumise encore à un tribut qui était réparti par des préfets romains.

Les Gaules et l'Achaïe n'étaient soumises qu'au *tributum ex censu*; l'Afrique était de toutes les provinces celle qui payait le plus cher sa soumission à Rome. Le territoire tout entier de Carthage avait été pris par les Romains à titre d'*ager publicus*, de sorte que toutes les terres étaient redevables de la dîme ou dixième des fruits. Il y avait en outre un *tributum in capita*, qui atteignait jusqu'aux femmes et aux esclaves.

Le *portorium*, ou revenu des douanes, était le droit perçu sur le transport des marchandises, soit par eau, soit par terre. Il devint d'un grand rapport dans les riches provinces de l'Asie et de l'Afrique. Une loi du tribun du peuple Métellus Népos, en l'année 61, avait, malgré la vive opposition du sénat, supprimé les douanes sur le territoire romain; et cette exemption avait été étendue à tous les peuples alliés de l'Italie. Pour les produits ordinaires la douane prélevait

ITALIE.

1/2 pour 100 ; pour les objets de luxe, ce prélèvement pouvait être de 12 pour 100. Les ports où les revenus de la douane étaient les plus considérables étaient ceux de Syracuse et d'Alexandrie. Les douanes étaient affermées aux publicains, qui avaient pour agents les *portitores*, chargés de la perception.

Il fut établi dans cette période un impôt qui subsista toujours depuis ; c'est la *vicesima manumissionum*, le vingtième sur le prix d'un esclave que son maître affranchissait. La loi qui l'établit avait surtout en vue de diminuer le nombre des affranchissements ; elle servait en même temps les intérêts du trésor. La *vicesima manumissionum*, réservée pour les besoins extraordinaires de l'État, était déposée dans l'*ærarium sanctius*. Plus tard, cet impôt fut payé en or ; et il s'appela *aurum vicesimarium*.

Une partie importante des revenus de l'État, mais qui n'avait rien de fixe, c'étaient les dépouilles considérables que rapportait chaque victoire. Le butin comprenait, outre les terres et les trésors, les personnes et les troupeaux. A la suite de beaucoup de guerres, les vainqueurs rapportaient des sommes considérables en lingots d'or et d'argent ou bien en espèces monnayées. Ainsi la défaite des Samnites valut au trésor 1330 livres d'argent. Scipion rapporta d'Espagne 4,342 livres d'argent en lingots, sans compter une somme considérable d'argent monnayé. La soumission de Carthage par le même Scipion valut au trésor 100,023 livres d'argent. Paul Émile apporta de Macédoine 45 millions de francs ; et la Macédoine elle-même payait chaque année 2,000 talents. Les victoires de Pompée valurent à l'État 20,000 talents, qu'il versa dans le trésor, et doublèrent presque le revenu public, qui fut porté de 50 millions de drachmes à 1,500,000, ou, suivant d'autres chiffres, à 135 millions. La vente des prisonniers rapportait aussi des sommes considérables. Après la guerre des Samnites l'État en retira 2,033,000 livres.

Il faut compter encore les tributs payés par les rois ou les peuples à qui on accordait la paix. Dans les douze années seulement qui s'écoulèrent de la fin de la seconde guerre Punique à la fin de la guerre contre Antiochus, Carthage donna 10,000 talents, Antiochus 15,000, les Étoliens 500, Ariarathe 300, Philippe 1,000, Nabis 500, en tout 27,110 talents, ou près de cent cinquante millions.

Il est absolument impossible d'arriver à une estimation, même approchée, de tous les revenus réguliers de la république. Gibbon porte ceux de l'empire de 15 à 20 millions de livres sterlings ou de 350 à 450 millions de francs.

FINANCES SOUS LES EMPEREURS. — Auguste, en réunissant entre ses mains tous les pouvoirs, ne laissa qu'une ombre d'existence à la république. Les noms seuls des magistratures furent conservés. Le pouvoir qui y était attaché devint le partage de dignités nouvelles. L'organisation de l'armée, les rapports de l'État avec les provinces, la situation même de la ville, tout fut changé. Pour fournir aux dépenses nouvelles d'une armée permanente et d'un nombreux personnel administratif, qui, à la différence de celui de la république, fut rétribué, il fallut ouvrir de nouvelles sources de revenus : aussi allons-nous trouver de nouveaux impôts.

LE CADASTRE. — Mais parlons d'abord du grand travail entrepris par Auguste pour asseoir sur des bases régulières l'organisation financière de l'empire. César avait conçu la pensée de faire mesurer l'Italie et les provinces. Son fils d'adoption réalisa cette idée grandiose. Trois géomètres parcoururent tout l'empire. Zenodoxus acheva la mesure des parties orientales en vingt et un ans cinq mois et neuf jours, Théodotus celle des provinces du nord en vingt-neuf ans, huit mois et dix jours ; Polyclète enfin celles des régions du midi en vingt-cinq ans, un mois et dix jours. Leurs travaux centralisés à Rome furent coordonnés par Balbus, qui, après avoir dressé le registre des mesures de tous les pays et de toutes les cités, écrivit les règlements agraires imposés à l'universalité des provinces. Agrippa, qui présida longtemps à ce grand travail, en tira une mappemonde qu'il fit graver sous le Portique d'Octavie. Chaque gouverneur, avant de partir de Rome, pouvait venir étudier sa province dans ce que nous appellerions le bureau de statistique impérial. Il reçoit, dit Végèce, une description de sa province avec indication des distances en milles, de l'état des routes et des petits chemins, des montagnes et des rivières. Grâce à ces travaux, on eut une base sinon parfaite, du moins laissant moins de prise à l'arbitraire.

Auguste fit aussi dresser pour tout l'empire une liste des personnes et de leurs biens, comme on le faisait à Rome. Lors du dénombrement, un *censitor* était envoyé à cet effet, avec les agents nécessaires dans chaque province. Mais le travail préliminaire était fait dans chaque cité par un citoyen préposé à cet office, et qui, avec l'aide des *censuales* ou des scribes municipaux, avait reçu les déclarations que chacun avait à faire, suivant une formule très-détaillée, de ses biens meubles et immeubles, de ses troupeaux, de ses esclaves, locataires et fermiers, du nombre, de l'âge et du sexe de ses enfants, etc. Ce recensement, qui était renouvelé tous les dix ans, plus tard, sous Constantin, tous les quinze ans, servit de base à la répartition de l'impôt. Des *peræquatores* revisaient les rôles du cens; et le *censitor* pouvait, quand des réclamations s'élevaient, diminuer les taxes. Dans les cas extraordinaires, on envoyait des inspecteurs spéciaux pour examiner les réclamations. Une fausse déclaration était punie de mort et de la confiscation des biens. Le code Théodosien en fait foi (XIII, XI, leg. 1). Tout changement de propriété devait être notifié, et le nom du nouveau propriétaire inscrit sur les contrôles. Le génie fiscal des Romains de l'empire perfectionna sans cesse cette inquisition des fortunes privées; et Florus put dire que la république se connaissait parfaitement elle-même, et que le gouvernement d'un grand empire était tenu dans tous les détails avec le même soin que l'administration d'une petite maison, par un simple particulier, *maxima civitas minimæ domus diligentia contineretur*.

LE TRÉSOR PUBLIC ET LE TRÉSOR DU PRINCE. — L'administration financière était en apparence laissée au sénat; en réalité elle était tout entière aux mains du prince. En cette matière, comme dans le reste, les propositions de l'empereur étaient des ordres. D'a[illeurs] leurs l'empereur avait ses finances pa[r]ticulières, qui le mettaient hors de [la] dépendance du sénat. Celui-ci admini[s]trait l'*ærarium* ou trésor public, q[ui] remplissaient les tributs des provinc[es] sénatoriales; le prince avait le *fiscu*[s] où arrivaient les contributions des pr[o]vinces impériales.

Les finances de l'État, restées sous [la] surveillance du sénat, étaient confié[es] à deux préfets du trésor, qui rempl[a]cèrent les questeurs de la républiqu[e.] Pour être préfet, il fallait avoir exer[cé] la préture. Bien que ce fût le sénat qui l[es] nommât, les empereurs surent les plac[er] dans leur dépendance, et parvinrent [à] disposer librement du trésor publi[c.] Plusieurs revenus des provinces sén[a]toriales, qui étaient anciennement affe[c]tés aux dépenses militaires, furent pe[r]çus par un procurateur impérial et ve[r]sés dans le trésor du prince. Parmi c[es] revenus détournés vers le trésor i[m]périal on comprit le produit des pât[u]rages (*pascua*) et des bois du domai[ne] public, lesquels furent bientôt consid[é]rés comme faisant partie du domai[ne] impérial.

Les revenus laissés à l'*ærarium* étaie[nt] le produit des douanes, de l'*ager p*[u]*blicus*, alors bien restreint, des contr[i]butions directes de l'Italie, de la *vic*[e]*sima manumissionum* et les impô[ts] des provinces sénatoriales, le produ[it] des aqueducs et des cloaques, les droi[ts] pour les cloaques, ceux que Caligu[la] avait établis sur les denrées mises [en] vente à Rome (*macelli vectigal*) que l'on supprima plus tard; le prélè[ve]ment par tout l'empire de 2 1/2 pour 1[00] sur les sommes qui avaient été l'obj[et] d'un procès (Galba supprima cet impô[t,] l'impôt sur les marchands, les artisan[s,] les portefaix et les filles de joie, le pr[ix] de location des latrines publiques, l'i[m]pôt sur les urines, sur le fumier [de] cheval établi par Vespasien, enfin les h[é]ritages que les lois caducaires adjugeaie[nt] au trésor et les biens vacants.

Pour subvenir aux dépenses de l'a[r]mée il y avait une caisse particuliè[re] constituée par Auguste, sous le no[m] d'*ærarium militare*. Cette caisse rec[e]vait les droits levés par le *præfect*[us] *ærarii* sur toutes les marchandises *centesima rerum venalium*. Cet impôt du centième, prélevé dans toutes les ventes mobilières et immobilières et frappant jusqu'aux denrées vendues sur le marché public, excita de la part du peuple de vives réclamations. A la mort d'Archélaüs, la réunion de la Cappadoce à l'empire accrut assez les revenus de l'État pour permettre que cet impôt odieux fût réduit de moitié. A l'*ærarium militare* revenait encore le cinquantième du prix des esclaves vendus, le produit du butin et le vingtième des héritages. L'État entretenait pour l'armée des magasins et des arsenaux. Il y avait des dépôts d'armes dans trente-quatre villes.

Aux revenus que le fisc tirait des provinces impériales il faut ajouter le produit des domaines impériaux et des biens particuliers du prince, les amendes pour contrebande, les présents des villes et des provinces dans les occasions solennelles, l'*aurum coronarium*, les héritages laissés à l'empereur par testament, les biens vacants dans les provinces impériales; enfin les confiscations, souvent abandonnées par le prince au trésor public. Ces revenus impériaux étaient perçus par des *rationales*, *actores*, *procuratores*, qui tous avaient un traitement et formaient de nombreux bureaux ou *stationes*.

Au troisième siècle la surveillance de l'*ærarium* fut enlevée au sénat, et donnée à un procurateur, qui avait sous lui les préfets. Alors, ce fut désormais lui ou ses agents directs qui délivrèrent seuls ces ordonnances de payement. Dans les provinces, il n'y eut plus d'autres agents financiers que les procurateurs ou *rationales* impériaux; et la distinction entre le trésor public, le trésor du prince et la caisse militaire disparut. Il n'est plus question de l'*ærarium militare* après Élagabal. Septime-Sévère plaça le fiscus sous la surveillance d'un procurateur spécial, *procurator rei privatæ*, qui avait sous lui d'autres procurateurs et les *rationales*. Quant à l'*ærarium* ou trésor public, il était si réellement et si ostensiblement à la discrétion de l'empereur, que les écrivains du troisième siècle lui appliquent fréquemment le nom de fiscus jusque alors réservé exclusivement pour désigner le trésor du prince.

Cependant les deux caisses continuèrent d'exister avec deux administrations distinctes. Il est même question, mais obscurément, d'une caisse particulière pour le préfet du prétoire, *arca præfecturæ*, laquelle répondrait à l'ancien *ærarium militare*; mais les détails nous manquent pour en déterminer exactement les attributions.

Un droit particulier de l'empereur était celui de battre monnaie. Seul depuis Octave il put faire frapper des pièces d'or et d'argent. Le sénat ne conserva jusqu'à Gallien que le privilège de faire frapper des monnaies de cuivre. Dans les provinces, les colonies et quelques autres villes conservèrent le droit d'avoir leurs monnaies particulières. Dès le temps du premier empereur on frappa des pièces romaines dans plusieurs villes de la Gaule et de l'Espagne, sous la surveillance d'un président, *præses*, impérial. Ces pièces romaines devinrent d'un usage de plus en plus général.

DÉPENSES. — La principale dépense de l'État dans l'empire romain, comme aujourd'hui dans nos États modernes, était l'entretien d'une armée permanente considérable. Il y avait dix légions sur le Rhin, pour défendre cette frontière contre les Germains; trois légions en Espagne, pour maintenir la soumission de cette province, subjuguée par Auguste; deux légions en Afrique, deux en Égypte. Les frontières de la Syrie et de l'Euphrate étaient gardées par les légions. Sur les bords du Danube, il y avait deux légions en Pannonie, deux en Dalmatie et deux en Mésie. En Italie il y avait trois cohortes urbaines et neuf cohortes prétoriennes (environ vingt mille hommes), auxquelles il faut joindre trois *cohortes vigilium*. A chaque légion était attaché un corps de troupes auxiliaires. L'armée se trouvait ainsi, sous Auguste, formée de vingt-cinq légions et de douze cohortes, tant prétoriennes qu'urbaines.

Sous Auguste il fut établi deux flottes, l'une à Ravenne, l'autre à Misène, pour protéger l'Adriatique et la Méditerranée. L'équipage de ces vaisseaux se composait encore de quelques milliers de soldats. Il y avait en outre une flotte à Fréjus, en Gaule, une autre plus forte dans le Pont-Euxin, formée de quarante vaisseaux, montés par trois mille soldats. Enfin, il y avait des vaisseaux entretenus sur les côtes de la Bretagne et de la Gaule, aussi bien que sur le Rhin et le Danube. Toutes les forces militaires formaient un effectif sous Auguste de deux cent mille hommes, plus tard de quatre cent cinquante mille, et même, sous Dioclétien, de six cent cinquante mille. Sous Hadrien, au lieu de vingt-cinq légions, il y en eut trente.

Un prétorien recevait 2 deniers par jour, ce qui mettait sa solde à 720 deniers par an : sous Domitien elle fut portée à 960, sous Caracalla à 1250. Le légionnaire recevait, depuis le temps de César, 10 as par jour ; il avait ainsi la moitié de la solde du prétorien, encore fallait-il qu'il se fournît avec sa paye et d'armes, et de vêtement et de tente. Les centurions recevaient une solde double de celle du légionnaire, et les cavaliers une solde triple. L'État fournissait à l'armée le blé, la viande et l'huile. Le traitement des tribuns et des lieutenants variait suivant les provinces dans lesquelles ils se trouvaient et suivant les difficultés du service.

Sous les empereurs la culture des esprits avait fait de grands progrès. L'étude de la grammaire, de la rhétorique, de la philosophie et du droit était devenue obligatoire pour tous ceux qui voulaient recevoir une éducation distinguée. Les sciences mêmes s'étaient développées. L'État dut se prêter à ces nouveaux besoins. On fonda des bibliothèques publiques ; et pour donner une direction aux études, il organisa des écoles publiques ayant des professeurs payés par l'État. Les littérateurs, les savants, les architectes, les sculpteurs, les peintres, reçurent un traitement de l'État.

Pour faciliter l'administration, ce n'était pas assez d'avoir multiplié les routes qui reliaient entre elles toutes les parties de l'empire ; il fallait que le service des dépêches, que les voyages des magistrats pussent se faire avec promptitude. A cet effet, l'État établit sur les routes des stations, ou postes où il y avait toujours des chevaux et des voitures préparés pour le service public. L'entretien de ces chevaux et des voitures tombait à la charge des propriétaires du pays, qui devaient encore, les chevaux de la poste ne suffisaient pas fournir bêtes de trait et voitures pour assurer le service.

Une dépense considérable, qui existait déjà du temps de la république mais que l'accroissement de la population de Rome avait augmentée sous les empereurs, c'étaient les distributions gratuites de blé. César avait réduit le nombre des citoyens appelés à ces distributions de trois cent vingt mille à cent cinquante mille : sous Auguste il y en eut encor deux cent mille. Les provinces riches en céréales, telles que la Sicile, la Sardaigne, l'Afrique, la Macédoine, devaient fournir la dîme de leurs récoltes en nature, pour subvenir à la fois aux approvisionnements de l'armée et à ceux de Rome. Il arriva quelquefois que ces contributions furent insuffisantes. Alors on achetait du blé dans les provinces aussi ne pouvaient-elles vendre leurs grains qu'après avoir reçu la déclaration que Rome n'avait plus besoin de leurs provisions.

Les dépenses de l'État se trouvaient encore aggravées par les dons extraordinaires ; tels que le *donativum*, largesse faite par le prince à l'armée le jour de son avènement, le premier jour de l'année et le jour anniversaire de sa naissance ; le *congiarium*, distribution de blé et de vin et quelquefois d'argent faite au peuple dans les mêmes circonstances.

Plus tard à ces dépenses se joignirent les dons faits aux peuples barbares, à titre de subsides, pour les troupes fournies à l'empire, ou même comme rançon des provinces frontières.

REVENUS. — Le principal revenu de l'État était l'impôt sur le capital, *tributum ex censu*, qui, aboli pour les citoyens depuis la conquête de la Macédoine, avait été rétabli par les triumvirs en l'année 43, avec plusieurs autres impôts ; mais pour une partie de l'Italie, la *regio annonaria*, ce tribut fut payé en nature. Dans la suite ce système fut étendu au reste de l'Italie, c'est-à-dire à la *regio urbicaria*. Sous Maximien, en outre de cette contribution en nature, les Italiens, ceux du moins des villes qui n'avaient pas d'immunité expresse, comme Brinde l'avait reçue de Sylla,

Cœré d'Antoine, etc., furent soumis à l'ancien impôt sur le capital.

Dans la province on conserva la capitation et l'impôt foncier. Celui-ci était payé soit en nature, le plus ordinairement, un cinquième ou un septième des fruits, soit en une somme d'argent, calculée d'après les revenus probables des biens-fonds, qui avaient été à cet effet divisés en plusieurs classes. La contribution en espèces était la plus générale; les provinces préféraient ce mode d'impôt, qui laissait moins de prise à l'arbitraire. Aussi alla-t-il se généralisant de plus en plus. Déjà sous Trajan l'Asie et la Phrygie avaient remplacé l'ancienne dîme par un tribut en argent. La Pannonie avait fait de même. L'Afrique payait la capitation et l'impôt sur le revenu en espèces; ce qui ne l'empêchait pas de fournir l'approvisionnement de Rome pour huit mois. Les Syriens payaient une capitation et 1 pour 100 du capital déclaré. Les Juifs qui restèrent en Palestine après la grande guerre qu'ils avaient soutenue contre Titus, furent soumis à une lourde capitation; et tous ceux qui étaient dispersés dans l'empire durent payer deux drachmes chaque année au Capitole, comme il les payaient auparavant au temple de Jérusalem. A une époque que les documents ne nous permettent pas de déterminer, l'impôt sur le capital fut étendu à toutes les provinces, mais concurremment avec la capitation. Les autres sources de revenus restèrent à peu près les mêmes que dans la période précédente.

Presque toutes les terres de l'*ager publicus* en Italie étaient occupées par des colonies, surtout par des colonies militaires, et n'étaient ainsi d'aucun rapport direct pour l'État. Dans les provinces les titres du domaine public avaient été aussi en grande partie usurpés à la faveur de la confusion des guerres civiles, et étaient aussi devenues des propriétés particulières. L'empereur avait agi de même; et son domaine particulier s'était accru des biens à sa convenance. Mais ce domaine du prince devint le partage de ses favoris ou de ses serviteurs. Dans tous les cas, l'État n'en tirait aucun profit. Mais Vespasien et Titus firent faire une recherche active de toutes ces usurpations, et retrouvèrent ainsi une grande quantité de terres qu'ils vendirent au profit du fisc. Domitien, pour calmer les inquiétudes excitées par cette recherche, donna aux possesseurs celles de ces terres qu'ils détenaient encore.

Les droits régaliens remplacèrent en grande partie les revenus qui étaient tirés autrefois des domaines publics. On aggrava ceux qui existaient déjà, et on y soumit un grand nombre d'objets nouveaux. Ainsi il y eut des fabriques impériales pour la teinture en pourpre, pour la fabrication des armes, le tissage de la soie et de la laine, pour la confection des voiles et cordages de la marine, pour la ciselure et la dorure, etc. On n'employait dans ces manufactures impériales que des esclaves du prince, et les surveillants et les commis chargés de la vente étaient nommés par lui.

La *vicesima manumissionum* subsistait toujours; mais elle était d'un faible rapport, depuis que les affranchissements devenaient plus rares. Auguste établit, en l'an 5 de notre ère, la *vicesima hæreditatum*. L'établissement de cet impôt éprouva une vive opposition de la part du sénat, bien qu'il n'atteignît pas les parents pouvant succéder *ab intestat* et que les héritages peu considérables en fussent exempts : on ne le prélevait en effet que sur les biens échus par le bénéfice d'un testament et qui n'étaient pas acquis par le droit du sang. Il fallut qu'Auguste menaçât d'établir un impôt foncier pour que le sénat consentît à cet impôt, fort juste cependant en principe, puisque l'État, en laissant un parent éloigné ou même un étranger recueillir un héritage, avait certainement le droit d'en prélever une parcelle, au nom de la société, et dans l'intérêt commun. Cet impôt était productif; car, comme le nombre des célibataires allait toujours croissant, malgré les efforts de la loi *Papia Poppæa* pour le diminuer, il arrivait très-souvent qu'un héritage passait à un étranger; et la *vicesima hæreditatum* était ainsi d'un revenu considérable. Les successeurs d'Auguste abusèrent de l'impôt qu'il avait établi, en voulant le faire peser sur toutes les transmissions d'héritage et en établissant des distinctions entre les citoyens d'origine et ceux qui avaient obtenu le droit de cité, soit par les priviléges du *jus Latii*, soit par une faveur du prince. Nerva adoucit la rigueur de la loi en ce qui concernait les transmissions entre mère et fille. Trajan supprima libéralement la distinction d'anciens et de nouveaux citoyens, et ne voulut pas que l'on payât pour un héritage de famille. Caracalla, pour augmenter le produit de cet impôt, conféra le droit de cité à tous les habitants de l'empire, et en même temps il porta le droit de 5 pour 100 à 10 pour 100; Macrin, son successeur, fut obligé de le faire redescendre à 5 pour 100.

Le produit des confiscations, soit pour délits contre les lois de douanes, soit à la suite d'une sentence entraînant la mort ou le bannissement, enfin les biens vacants par défaut d'héritier légitime, appartenaient au trésor public. L'*æstimatum*, qui n'était d'abord qu'une sorte de contribution indirecte payée au gouverneur, avait pris beaucoup d'extension; la valeur en était fixée par l'empereur, et il consistait surtout en bétail et en denrées nécessaires aux approvisionnements des troupes; on les versait dans les magasins, d'où elles étaient tirées ensuite suivant les besoins des armées.

Un revenu qui devait croître avec les développements du luxe et du commerce était celui que fournissaient les douanes. Les douanes étaient encore à cette époque affermées à des publicains, qui étaient ordinairement des chevaliers ou de riches affranchis. Le droit pour les objets ordinaires était resté fixé à 2 1/2 pour 100; pour les objets de luxe il était monté à 16 1/2 pour 100. En moyenne il était le huitième de la valeur de l'objet soumis à la taxe (*octavarum vectigal*). A la sortie le droit s'éleva rarement au-dessus de 2 1/2 pour 100.

On payait 1 pour 100 pour toutes les denrées apportées sur les marchés, *centesima rerum venalium*.

Les provinces étaient soumises à un impôt extraordinaire, l'*aurum coronarium*. D'abord volontaire, ce tribut finit par être obligatoire, et était levé à des époques périodiques, déterminées. Il venait de l'usage où étaient anciennement les provinces et les rois alliés d'envoyer comme présent à l'occasion de quelque événement heureux des couronnes d'or au sénat, ou d'en offrir aux généraux après une victoire. Sous l'administration des empereurs les provinces durent en envoyer à chaque nouvel avénement, ou à la naissance d'un prince impérial. Plus tard il fut établi qu'au lieu de couronne elles fourniraient une somme dont la valeur était fixée : c'était ainsi un véritable impôt. On multiplia même les occasions où il fallait payer au fisc ce nouveau genre de contributions.

Aux moments de grande nécessité, qui suivaient des prodigalités insensées ou des guerres ruineuses, les provinces étaient alors frappées de lourds impôts, que l'administration recevait à titre de *dons volontaires*.

DES FINANCES DEPUIS CONSTANTIN. — J'ai dit que la distinction entre l'*ærarium*, l'*ærarium militare* et le *fiscus* disparut en droit, puisque l'empereur pouvait puiser arbitrairement dans toutes ces caisses, mais que cette division parut subsister dans l'*ærarium sacrum*, qui recevait les impôts publics, dans l'*ærarium privatum*, qui recevait les revenus particuliers du prince, et enfin dans l'*arca præfecturæ*, où arrivaient sans doute les recettes dont le produit était particulièrement destiné à l'armée. Le ministre des finances était le *comes largitionum*, avec lequel correspondaient les *comites largitionum* de chaque diocèse, les procurateurs ou *rationales* et les trésoriers des provinces. Les agents financiers de l'administration centrale formaient autant de bureaux qu'il y avait de sortes d'impositions et de recettes.

Le principal revenu du gouvernement impérial continua d'être l'impôt sur le capital et la capitation. Cet impôt était maintenant général dans l'empire; les seules villes qui jouissaient dans les provinces des priviléges du droit italique ne le payaient pas. Ce *tributum ex censu* ne frappait que les propriétaires fonciers, lesquels avaient dû faire leur déclaration, *professio*, dans la forme indiquée plus haut. La taxe était répartie de cette sorte, que le propriétaire foncier payait un certain nombre de *solidi* par chaque millier de *solidi* que l'évaluation légalement faite de ses biens lui attribuait. Mille *solidi* étaient donc l'unité imposable; on l'appelait *jugum* ou *caput*; et l'imposition même *jugatio* ou *capitatio*. Un seul propriétaire avait donc plusieurs *capita* lorsque ses biens valaient plusieurs milliers de *solidi*, et il payait en conséquence. De là ces vers de Sidoine Apollinaire :

Geryones nos esse puta, monstrumque tributum.
Hic capita, ut vivam, tu mihi tolle tria (1).

Le poëte demandait tout simplement qu'on le dégrevât de trois *capita*, c'est-à-dire, qu'on le considérât comme ayant une fortune inférieure de 3,000 *solidi* à celle que l'évaluation officielle lui attribuait. De là encore ce qu'Eumène raconte des avantages accordés par Constantin à la cité des Éduens : « Tu nous a remis sept mille *capita*, c'est-à-dire plus du cinquième de notre tribut.... ; et par cette remise de sept mille têtes tu as rendu les forces et la vie à vingt-cinq mille. » Ces paroles signifient qu'ayant cette faveur de Constantin la cité des Éduens était considérée comme renfermant 32,000 unités imposables, *capita*, et que Constantin, en leur accordant de n'être portée sur les registres de l'impôt que pour 25,000 *capita*, la dégrevait du cinquième de ses contributions foncières.

Ainsi, l'ancien système d'impôt de la république, le *tributum ex censu*, était devenu l'impôt général. Une exception subsista seulement pour l'Égypte, qui continua d'être soumise à l'obligation de fournir une double dîme en nature : seulement ce *tributum ex censu* prit alors le nom d'*indiction*. Chaque année un édit signé de la main de l'empereur déterminait quelle serait la somme que payerait chaque *caput*. Cet édit, transmis aux préfets des provinces, était publié par des recteurs, dans toutes les villes de la province, avant les kalendes de septembre, avec l'indication de la contribution exigée de chaque cité, laquelle était en rapport avec le nombre de *capita* que l'estimation avait fait reconnaître dans la cité. De cette indication venait le nom d'*indiction*, donné à cet impôt. Aussitôt après cette déclaration la levée commençait. Les gouverneurs en étaient chargés, sous la surveillance des vicaires et des préfets. La répartition était faite, sous la présidence des principaux de chaque cité, par les *tabulaires* et les *logographes* municipaux. Ceux-ci, après avoir obtenu l'approbation des recteurs, transmettaient les rôles arrêtés aux *exacteurs* chargés de percevoir l'impôt. Ces exacteurs étaient, suivant les lieux, ou des officiers municipaux choisis parmi les curiales, ou des agents du gouverneur. Depuis Anastase les agents du fisc chargés de cette fonction, et appelés *vindices*, furent nommés par l'empereur.

La contribution annuelle était divisée en trois termes, et une quittance était donnée pour chaque payement. L'argent perçu était versé entre les mains des receveurs, *susceptores*, du président. Celui-ci transmettait tous les quatre mois les listes des sommes perçues au trésorier de la province, pour qu'il les remît au comte des largesses. Ces listes étaient également communiquées aux tabulaires, pour qu'ils sussent ce qui restait à lever. Chaque *caput* était imposée en outre de la taxe pour une somme additionnelle qui devait couvrir les dépenses qu'entraînaient la perception; cette somme était partagée entre tous les agents chargés de la levée du tribut. Un passage tiré d'une novelle de Majorien montre que chaque *caput*, ou *jugum*, c'est-à-dire, comme on l'a montré plus haut, tout capital estimé 1,000 *solidi*, payait annuellement 2 *solidi* d'impôt et de plus un demi *solidi* additionnel pour les frais, *qui, pro ordinatione nostra, inter diversa officia dividatur*. Ainsi les frais de perception s'élevaient au quart de la recette totale ou à 25 pour 100 (1). Des *discussores*

---

(1) *Carm.*, XIII, 19, 20.

(1) En France les frais de perception et de régie des administrations financières sont aujourd'hui au montant des recouvrements qu'elles opèrent dans les proportions suivantes :

Contributions directes..... 3 et 2/10 p. 100
Enregistrement, timbre et domaine............. 4 et 5/10 p. 100
Forêts et pêche......... 14 p. 100
Douanes............. 21 et 1/10 p. 100
Contributions indirectes.... 16 et 8/10 p. 100

Au total les dépenses des frais de régie et de recouvrement des impôts se sont élevées en 1848 à 158,239,889 pour un budget de 1,487,324,818, ou, en moyenne, à plus du neuvième de la recette totale.

contrôlaient les comptes; et pour presser la rentrée des contributions arriérées, ce comte des largesses expédiait des commissaires pris dans les bureaux. Il faut dire cependant que l'empereur accordait souvent des remises aux débiteurs du fisc.

Outre leur taxe en espèces, les propriétaires étaient encore astreints à des prestations en nature, dont ceux d'Italie, même ceux de la *regio urbicaria*, n'étaient pas exempts. Cette contribution en nature servait aux approvisionnements des armées et de la capitale. Elle était levée également en trois termes, par des *susceptores* particuliers, dépendant du préfet du prétoire, à la caisse duquel revenaient ces contributions, *arca præfecturæ*. Il y avait autant de sortes de *susceptores* qu'il y avait d'espèces de contributions en nature, c'est-à-dire pour le blé, le vin, le lard, les habits, etc. On accordait à ces *susceptores*, comme aux agents de la contribution foncière, une indemnité appelée *épimétron* ou *incrementum*, qui, comme le nom l'indique, était payée par le contribuable en outre de la taxe. C'était pour le blé un centième à partager avec les *tabulaires* qui avaient dressé les rôles; un vingtième pour le lard et le vin; un quarantième pour l'orge. Suivant quelques auteurs, cet excédant, *épimétron*, était payé, non comme indemnité aux percepteurs, mais pour couvrir la déperdition qui avait lieu dans les magasins.

Les propriétaires étaient tenus d'apporter eux-mêmes leur tribut en nature dans les greniers et les magasins de la cité; et pour prévenir les soustractions frauduleuses que les receveurs auraient été tentés de faire, des poids et des mesures étaient déposés aux lieux où se faisait la livraison. Les gouverneurs faisaient prendre ensuite ces denrées, et des primipilaires les conduisaient dans les mansions ou magasins publics. L'airain et le fer, dit M. Naudet, étaient portés aux fabriques impériales d'armes. Les chevaux (*canonici militares equi*) étaient reçus après examen, par des *stratores*, agents du maître des écuries, *tribunus stabuli*; celui-ci prélevait pour chaque cheval deux *aurei*, les *stratores* un seul. Les habits (*canonicæ vestes*) étaient fabriqués dans les manufactures impériales (*gynecæa*). Le soin de la perception regardait le préfet du prétoire. C'était au 1er avril qu'on devait les fournir. En 377 on donna dans la Thrace un habit pour trente arpents. Mais la taxe variait selon les provinces et les années. Il arrivait souvent que la difficulté des transports, ou la pénurie du trésor public, ou quelque autre motif d'ordre ou d'avarice, déterminait les princes à convertir les diverses espèces de tributs en une contribution d'argent (*adærabantur*), pour une partie de l'année ou pour l'année entière ou pour toujours; c'est ainsi que Constance mit un nouvel impôt pécuniaire sur l'Italie, à la place des vins qu'elle était dans l'habitude de fournir pour les celliers de l'empereur.

Cette substitution avait lieu rarement pour les vivres, mais assez fréquemment pour les chevaux et pour les habits. Ainsi, on payait pour un cheval tantôt 25, et tantôt 18, ou même 15 *solidi*; et si l'État donnait de l'argent, au lieu de chevaux, aux soldats, la moitié de la taxe restait aux officiers de l'empereur ou au trésor, témoin une loi d'Arcadius, qui ne donnait que 8 solidi aux soldats pour un cheval, tandis qu'on en avait pris 20 aux particuliers. Il en était de même des habits et de l'or qu'on demandait aux sujets pour en acheter (*aurum comparativum*).

Quand les prestations en nature ne suffisaient pas, on faisait des réquisitions; mais les denrées ou objets enlevés de cette manière étaient estimés au prix du marché et payés sur ce pied, *publica comparatio*, ou reçues en déduction des sommes dues au fisc.

La capitation était payée par les classes inférieures, c'est-à-dire par tous ceux qui n'étaient pas propriétaires fonciers. Elle frappait donc particulièrement les artisans, les gens de métier, et les esclaves, et la classe, de jour en jour plus nombreuse, des colons. Il y avait des exceptions à cette règle. Ainsi dans plusieurs contrées de l'Orient la *plebs urbana* ne payait point la capitation. Dans la Thrace et l'Illyrie elle fut complétement supprimée. L'obligation d'acquitter la capitation ne commençait qu'à un certain âge, et même ceux qui atteignaient cet âge, avant l'époque du recensement n'étaient forcés de payer l'impôt que dans le cas où leur contribution était indispensable pour combler un déficit. La capitation des femmes était moindre.

Outre ces impôts, on levait sur les marchands le chrysargyre (*lustralis collatio, auraria fonctio*), qu'Anastase supprima; le droit sur les lieux de prostitution, aboli aussi par Théodose le jeune; les droits de douanes sur les denrées arrivant par terre ou par mer, et qui étaient encore affermés à des publicains; l'impôt sur les ventes publiques, qui s'élevait à 4 1/6 pour 100 pour toute vente d'objets mobiliers ou d'immeubles; la contribution des sénateurs, l'or coronaire que payaient les décurions des villes. Dans les temps de grandes nécessités il y avait des *superindictions* ou augmentations de taxes et contributions extraordinaires imposées principalement aux propriétaires de maisons et aux possesseurs de biens provenant de la libéralité impériale.

Les revenus des mines augmentaient encore les ressources du trésor. Les mines d'or et les carrières de marbre pouvaient être exploitées par des particuliers, à condition de payer une certaine redevance. Les mines de l'État étaient exploitées par des esclaves, des condamnés ou des ouvriers qui étaient enchaînés héréditairement à la profession de mineurs. Les salines de l'État et la vente du sel étaient affermées à des entrepreneurs. Les manufactures impériales étaient dans la dépendance de la trésorerie; ainsi, le comte des largesses avait sous ses ordres plusieurs officiers chargés de recevoir les objets fabriqués (*comes vestis, magistr. lineæ vestis, scrinium vestiarii sacri*); des procurateurs étaient préposés à chacun de ces établissements (*procuratores gynecæorum, baphiorum, linificiorum*). Les ouvriers de ces fabriques formaient même des corporations, où le fils héritait de la profession du père. Une autre corporation de voituriers (*bastagarii*) était chargée d'exécuter les transports.

L'autre grande branche des revenus de l'État était le produit de ce que nous appellerions les biens de la couronne ou le domaine public. L'administration financière de ces domaines appartenait à un comte (*comes rei privatæ*), duquel relevaient, outre les nombreux fonctionnaires qui formaient son *officium*, des receveurs, *rationales*, et des procurateurs répartis dans les provinces. Ces receveurs avaient également un *officium*, auquel appartenaient des agents nommés les cæsariens. Ces biens comprenaient tout ce qui restait de l'ancien *ager publicus*, et qui avait été concédé à des colons ou donné à bail, soit temporaire, soit emphytéotique ou laissé en prairies; en outre, les domaines particulièrement assignés à la maison impériale, *padia rei dominicæ*, comme palais, haras et troupeaux, placés, dans les provinces, sous la surveillance supérieure des comtes particuliers, *comites domorum*; enfin le patrimoine impérial ou les biens héréditaires, *fundi patrimoniales*. Ceux-ci furent, sous Anastase, ôtés au comte du domaine privé, et mis dans les attributions d'un comte spécial, *comes patrimonii*. Les biens des condamnés, les biens vacants, faisaient échute au domaine de la couronne.

MONNAIES ROMAINES. — Nous ajouterons ici sur les monnaies romaines quelques détails plus étendus que ceux que nous avons donnés précédemment, et que nous emprunterons en très-grande partie à M. Dureau de la Malle. En matière si délicate et si controversée, nous ne pouvons mieux faire que de nous mettre à l'abri derrière l'autorité du savant académicien.

« L'*as*, qui fut d'abord l'unité monétaire des Romains, était originairement une livre de bronze en lingot, *æs rude*. Numa ou, beaucoup plus sûrement, Servius marquèrent les premiers l'as d'une empreinte qu'il recevait à la fonte; car on ne sut frapper à Rome la monnaie que fort tard. Jusqu'à la première guerre Punique l'as de cuivre pesa une livre romaine; et comme il y avait alors 40 deniers d'argent à la livre, et qu'il fallait 10 as pour faire un denier, il en résulte que pendant toute cette période la valeur relative de cuivre fut à celle de l'argent comme 400 est à 1. A la fin de la première guerre Punique, l'as fut réduit au poids de 2 onces. L'État, qui était alors obéré, fit un gain d'environ

80 p. 100. D'un autre côté, le denier d'argent avait singulièrement diminué de poids; il ne pesait plus alors que $73\frac{1}{7}$ grains, et fut par conséquent $\frac{1}{84}$ de la livre d'argent; mais il continua de valoir 10 as de cuivre, seulement ces as étaient de 2 onces au lieu d'être d'une livre, comme jadis. Le rapport du cuivre monnayé à l'argent ne fut plus alors que de 140 à 1. Il fut de 112 à 1 quand, en 217, l'as fut réduit à 1 once, et que le denier d'argent de 84 à la livre valut 16 as au lieu de 10. Vers l'an 89 l'as fut encore réduit de moitié, à demi-once, le rapport ne fut plus que de 56 à 1 $\left(\frac{84 \times 16}{24}=56.\right)$ Mais ce n'était plus une valeur de marché; c'était seulement une valeur arbitraire, à laquelle on peut attacher d'autant moins d'importance, que l'as, depuis sa réduction à une once, n'était plus qu'une monnaie d'appoint. Le sesterce, pièce d'argent, était devenu l'unité monétaire, et tous les grands payements se faisaient en argent.

« Nous avons indiqué le rapport du cuivre à l'argent à différentes époques de la république et les réductions successives de l'as. Quant à la valeur véritable et intrinsèque de cette monnaie, il faudrait connaître le prix des marchandises, et principalement des plus communes et des plus indispensables. Mais rien n'est plus difficile que d'établir les prix, parce qu'ils varient suivant les temps. Nous dirons seulement qu'en l'année 454 un mouton était estimé 10 as et un bœuf 100.

« Un texte positif de Pline nous apprend qu'en l'an 485 de Rome on frappa des deniers d'argent valant 10 as libraux de bronze; et les monuments prouvent que ces deniers devaient être de 40 à la livre. En 510 on taillait 75 deniers à la livre; et chaque denier valait encore 10 as, mais 10 as de 4 onces. En 513 l'as fut réduit à 2 onces, et le denier, qui valait toujours 10 as, n'était plus que $\frac{1}{84}$ de la livre d'argent.

« Ce nombre de 84 à la livre se maintint au moins jusqu'à la fin de la république; mais en 537 le denier valut 16 as d'une once, et enfin en 665 16 as d'une demi-once. Le denier se partageait en deux quinaires, et le quinaire en deux sesterces. Dans des temps, et, à ce qu'il paraît, dès l'établissement de la monnaie d'argent, les Romains eurent encore la *libella* $= \frac{1}{10}$ du denier, la *secubella* $= \frac{1}{20}$ du denier, et le *teruncius* $= \frac{1}{40}$ du denier. Ces petites monnaies d'argent valaient respectivement à cette époque une livre, une demi-livre, un quart de livre, ou trois onces de cuivre. La division du denier en quinaires et en sesterce subsista sans modification, malgré les changements nombreux qu'éprouva le denier, tant sous le rapport de sa valeur en monnaie de bronze que sous celui du nombre de pièces que le monétaire devait tailler dans une livre d'argent.

« Il ne faut pas confondre le sesterce dont nous venons de parler avec le petit sesterce, *sestertius* avec le *sestertium*, monnaie fictive ou de compte, qui valait mille sesterces. Souvent *sestertium*, génitif contracté de *sestertia*, pour *sestertiarum*, signifie 100,000 sesterces; et alors le nombre des centaines de mille est déterminé par les adverbes : *semel, bis, ter, quinquies, decies*, etc.... C'est ainsi qu'on trouve *bis sestertium* pour 200,000 *sestertius*. On trouve dans les auteurs deux sigles différents pour le sestertius : ce sont IIS et HS expressions abrégées de 2 as $\frac{1}{2}$. Pline rapporte qu'en l'an de Rome 547 les Romains frappèrent de la monnaie d'or à raison du scrupule pour 20 sesterces; et il ajoute, sans désigner l'époque, que plus tard on tailla 40 deniers ou *aureus* à la livre. « Aureus nummus per-« cussus est ita ut scrupulum valeret « sesterciis vicenis..... Post hæc pla-« cuit XL signari ex auri libris. »

« Ainsi la monnaie d'or fut d'abord rapportée au scrupule, puis à la livre.

« Dans ses considérations sur les monnaies grecques et romaines, M. Letronne établit que la monnaie d'or fut rapportée au scrupule jusque vers l'an 700 ou 705 de Rome. A cette époque on commença à la rapporter à la livre, dont l'*aureus* fut d'abord la quarantième partie. Mais à partir d'Auguste son poids diminua par degrés insensibles, jusqu'à n'être plus que la quarante-cinquième partie de la livre. C'est ce qu'attestent les monuments, d'accord en cela avec la suite du passage de Pline déjà cité : « *Paulatimque principes imminuere pondus, minutissime vero ad XLV.* » En même temps ce denier d'argent diminuait à peu près dans la même proportion.

« César en établissant que la taille de l'*aureus* serait de 40 à la livre en fixa la valeur à 25 deniers. Tite-Live, qui écrivait son histoire peu de temps après la création de l'*aureus*, évalue une livre d'or, ou 40 *aureus*, à 4,000 sesterces, c'est-à-dire à 1,000 deniers. L'aureus était donc de 25 deniers.

« Si maintenant nous considérons les monnaies romaines sous le rapport du titre, les essais à la pierre de touche que, sur ma demande, a bien voulu faire M. Gay-Lussac fils, le 31 août 1839, à la Bibliothèque nationale, ont donné pour l'or au moins $\frac{25}{24}$ de fin.

« Quant aux monnaies d'argent, leur titre sous les empereurs est très-variable, et souvent très-faible, surtout depuis Gordien jusqu'à Dioclétien.

« Nous avons donc eu recours aux lumières et à l'obligeance de M. d'Arcet. Les médailles que nous lui avons confiées ont été essayées à la coupelle, mais en rectifiant les titres par le moyen de la compensation. Il résulte du rapport qui nous a été remis, et dont une copie, certifiée par M. d'Arcet, a été déposée par nous à la Bibliothèque nationale, que la monnaie de la république était presque pure de tout alliage. Leur titre moyen, résultant de six opérations, est de 0,973, et même de 0,983 si nous négligeons une pièce de beaucoup inférieure aux cinq autres. Le titre reste le même sous Auguste et sous Tibère; il s'affaiblit un peu sous leurs successeurs immédiats. Mais l'établissement du titre, qui est quelquefois très-considérable, ne présente pas une marche constante, et son accroissement subit vient souvent révéler les vues probes et judicieuses d'un prince sage et économe (1). »

Sous les empereurs la principale monnaie était l'*aureus*, pièce d'or dont on taillait 40 à la livre, et qu'il ne faut pas confondre avec le *solidus* des derniers siècles, qui était de 72 à la livre. Ces monnaies d'or étaient presque sans alliage. Dans le commerce le rapport de l'or à l'argent était :: 13,71 : 1, dans les monnaies, :: 17,14 : 1; ce rapport ne fut plus au temps de César que :: 11,90 : 1; proportion qui subsista à peu près sans changement jusqu'à Dioclétien, où il était :: 11,30 : 1. Ce rapport s'éleva dans la suite, et fut fixé dans le Bas-Empire par une loi d'Arcadius et d'Honorius. On recevait dans les comptes publics cinq *solidi* pour une livre d'argent. La livre d'or valait donc en argent $\frac{72}{5}$ ou 14,4 livres. Une loi d'Honorius et de Théodose le jeune fixa, en 422, la proportion de 18 à 1 entre l'argent et l'or. Ainsi, ajoute M. Dureau de la Malle, la valeur de l'or relativement à l'argent s'était accrue depuis Domitien jusqu'à Honorius; car la livre d'or, qui sous le dernier des Flavius, entre les années 82 et 96 de l'ère chrétienne, ne valait que $11\frac{1}{3}$ livres d'argent, en valait 18 en 422.

Plusieurs savants ont soutenu que le *solidus* ne paraissait comme monnaie d'or que depuis Dioclétien. Cependant Scaliger l'a trouvé désigné dans une inscription antérieure, et J. Godefroy pense qu'il fut substitué à l'*aureus* sous Alexandre Sévère. Mais, dit M. Dureau de la Malle, un passage de Pétrone prouve que l'existence du *solidus* est plus ancienne; je cite ce texte précis, qui n'a point été connu des savants, et qui me semble décider la question : *Puto mehercule illum reliquisse solidum centum, et omnia in nummis habuit.*

Du reste, la monnaie d'or, qui était, comme aujourd'hui en Angleterre, la régulatrice des valeurs, fut toujours conservée sans altération, soit pour le poids, soit pour le titre. Les empereurs d'Orient et d'Occident s'en firent une loi invariable; et une novelle de Valentinien III contient ces paroles remarquables : « L'intégrité et l'inviolabilité du signe « favorisent le commerce et maintien-« nent la fermeté du prix de toutes « les choses vénales. » Ce prince, dans la même novelle, fixe la valeur du *nummus*, monnaie de cuivre, dont 7,000 valaient 1 sol d'or, ou 15 francs; et déjà Arcadius et Honorius, dans une loi de l'an 396, avaient fixé à un *solidus* la valeur de 25 livres de cuivre. Ainsi, à

---

(1) Dureau de la Malle, *Économie politique des Romains*, t. I, ch. 3.

cette époque, la livre d'or valait 1,800 livres de cuivre, et 1 livre d'argent 100 livres de cuivre.

Les monnaies étaient aussi dans les attributions du comte des largesses. Les procurateurs des monnaies dans les différentes villes de l'empire dépendaient de lui. A chaque atelier monétaire étaient attachés un grand nombre d'ouvriers, qui ne pouvaient changer leur profession, et qui étaient forcés de la transmettre à leurs enfants. Les particuliers ne pouvaient, sous les peines les plus sévères, frapper de la monnaie ni en faire frapper dans les monnaies de l'État.

Il suffira de rappeler pour l'intelligence des tableaux qui suivent que le *denier* fut, suivant les époques, le quarantième, le soixante-quinzième ou le quatre-vingt-quatrième de la livre, et qu'il valut successivement dix et seize as de bronze, as dont le poids varia lui-même d'une livre à une demi-once. Quant au sesterce, il resta invariablement le quart du denier.

Iʳᵉ TABLE.

Conversion des monnaies romaines d'argent sous la république en francs et en centimes.

De l'an de Rome 485 jusqu'à la création de l'*aureus* de 40 à la livre par César, vers l'an 707.

Deniers.	Sesterces.	An 269.	An 244.	An 214 a 47.
		Fr.	Fr.	Fr.
1	4	1,63	0,87	0,78
2	8	3,26	1,74	1.55
3	12	4,89	2,61	2,33
4	16	6,52	3,48	3,11
5	20	8,15	4,35	3,88
6	24	9,78	5,22	4,66
7	28	11,41	6,09	5,43
8	32	13,04	6,96	6,21
9	36	14,67	7,82	6,99
10	40	16,30	8,69	7,76
20	80	32,60	17,39	15,53
30	120	48,91	26,08	23,29
40	160	65,21	34,78	31,05
50	200	81,51	43,47	38,81
60	240	97,81	52,17	46,58
70	280	114,11	60,86	54,34
80	320	130,42	69,56	62,10
90	360	146,72	78,25	69,87
100	400	163,02	86,94	77,63

IIᵉ TABLE.

Conversion des monnaies romaines d'or sous la république en francs et en centimes.

De l'an de Rome 547 à 707, époque de la création de l'*aureus* de 40 à la livre.

MONNAIES ROMAINES.			MONNAIES FRANÇAISES.
Scrupules d'or.	Deniers d'argent.	Sesterces.	
			Fr.
1	5	20	3,88
1 $\frac{1}{2}$	7 $\frac{1}{2}$	30	5,82
2	10	40	7,76
2 $\frac{1}{2}$	12 $\frac{1}{2}$	50	9,70
3	15	60	11,64
3 $\frac{1}{2}$	17 $\frac{1}{2}$	70	13,59
4	20	80	15,53
4 $\frac{1}{2}$	22 $\frac{1}{2}$	90	17,47
5	25	100	19,41
5 $\frac{1}{2}$	27 $\frac{1}{2}$	110	21,35
6	30	120	23,29
6 $\frac{1}{2}$	32 $\frac{1}{2}$	130	25,23
7	35	140	27,17
7 $\frac{1}{2}$	37 $\frac{1}{2}$	150	29,11
8	40	160	31,05
8 $\frac{1}{2}$	42 $\frac{1}{2}$	170	32,99
9	45	180	34,93
9 $\frac{1}{2}$	47 $\frac{1}{2}$	190	36,87
10	50	200	38,81

ITALIE.

IIIᵉ TABLE.

Conversion des monnaies d'or et d'argent sous César et les empereurs en francs et en centimes.

Depuis la création de l'*aureus* de 40 à la livre, vers l'an de Rome 707, jusqu'aux Antonins.

MONNAIES ROMAINES.		Sous César.	Sous Auguste.	Sous Tibère.	Sous Claude.	Sous Néron.	De Galba aux Antonins.
Aureus.	Deniers.	Fr.	Fr.	Fr.	Fr.	Fr.	Fr.
	1	1,12	1,08	1,00	1,05	1,02	1,00
	2	2,24	2,15	2,13	2,11	2,03	1,99
	3	3,35	3,23	3,19	3,16	3,05	2,99
	4	4,47	4,30	4,25	4,22	4,07	3,99
	5	5,59	5,38	5,31	5,27	5,08	4,99
	6	6,71	6,45	6,38	6,32	6,10	5,98
	7	7,82	7,53	7,44	7,38	7,12	6,98
	8	8,94	8,61	8,50	8,43	8,13	7,98
	9	10,06	9,68	9,56	9,48	9,15	8,97
	10	11,18	10,76	10,63	10,54	10,17	9,97
	15	16,78	16,13	15,94	15,81	15,25	14,96
	20	22,36	21,51	21,25	21,08	20,33	19,94
1	25	27,95	26,89	26,56	26,35	25,42	24,93
2	50	55,89	53,78	53,13	52,69	50,83	49,85
3	75	83,84	80,67	79,69	79,04	76,25	74,78
4	100	111,79	107,56	106,25	105,38	101,67	99,70
5	125	139,73	134,46	132,82	131,73	127,09	124,63
6	150	167,68	161,35	159,38	158,07	152,50	149,56
7	175	195,62	188,24	185,95	184,42	177,92	174,48
8	200	223,57	215,13	212,51	210,76	203,34	199,41
9	225	251,52	242,02	239,07	237,11	228,76	224,33
10	250	279,46	268,91	265,64	263,45	254,17	249,26

IVᵉ TABLE.

Conversion des solidus d'or de Constantin et de ses successeurs (sous d'or du Bas Empire) en francs et en centimes.

Solidus.	Constantin.	Successeurs de Constantin.	Solidus.	Constantin.	Successeurs de Constantin.
	Fr.	Fr.		Fr.	Fr.
1	15,53	15,10	20	310,52	302,02
2	31,05	30,20	30	465,77	453,04
3	46,58	45,30	40	621,03	604,05
4	62,10	60,40	50	776,29	755,06
5	77,63	75,51	60	931,55	906,07
6	93,15	90,61	70	1086,80	1057,09
7	108,68	105,71	80	1242,06	1208,10
8	124,21	120,81	90	1397,32	1359,11
9	139,73	135,91	100	1552,58	1510,12
10	155,26	151,01			

§ VII. — *Organisation militaire* (1).

Rome fut dès l'origine une cité guerrière. Au milieu des populations qui l'entouraient, elle ne pouvait se conserver et s'agrandir que par la guerre. Aussi tout Romain était-il soldat. Loin d'affaiblir la cité, la guerre était comme un salutaire exercice et une diversion puissante aux querelles extérieures.

Deux grandes idées dominaient la politique extérieure de Rome, et donnaient à ses armes une puissance invincible, l'idée de la religion et l'idée du droit. On n'entrait en campagne qu'après que les dieux avaient déclaré que la justice était du côté des Romains; et les hostilités ne commençaient qu'après qu'un fécial avait dénoncé les hostilités au peuple ennemi (2). Cette confiance dans son droit et dans les dieux donna à Rome cette force opiniâtre qui la rendit invincible et qui lui soumit le monde. Il est vrai que les prêtres faisaient souvent parler les dieux suivant l'intérêt du moment; mais l'armée n'en partait pas moins avec la croyance que l'expédition commandée était légitime.

ORGANISATION PRIMITIVE. — L'organisation militaire établie par le premier roi de Rome est aussi incertaine que tout ce qui regarde ces temps reculés. Les anciennes traditions présentent les choses de la manière suivante pour ce qui concerne l'armée. Il n'y eut d'abord qu'une seule légion, de trois mille hommes; mais après la réunion avec les Sabins et la formation d'une troisième tribu, lorsqu'en un mot les Romains se trouvèrent partagés en trois tribus, les *Ramnenses*, les *Titienses* et les *Luceres*, il y eut trois légions. Chaque tribu fournissait à chaque légion mille hommes d'infanterie, divisés en dix curies et chaque curie en dix décuries. Les trois mille hommes qui composaient l'infanterie de chaque légion étaient partagés en trois corps, répondant aux trois tribus, et chacun de mille hommes : à la tête de chacun de ces corps était un tribun. Chaque corps de mille hommes était subdivisé en dix compagnies, ou *manipules*, de cent hommes suivant le nombre des curies, et celles-ci en décuries de dix hommes. Chacun de ces manipules était commandé par un centurion, et chaque décurie par un décurion; de sorte qu'il y avait par légion

---

(1) Sur cette question voyez : Justi Lipsii *De Militia Romana;* Lebeau, *Mémoire sur la Légion Romaine,* dans les *Mémoires de l'Acad. des Insc. et Belles Lettres*, tome XXIX, XXXII, XXXVI, XXXVII, XXXIX, XLI, XLII; Stiernemann, *Principes de l'Art de la Guerre tirés de la discipline militaire des Romains*, Strasbourg, 1764; Nast et Rösch, *Römische Kriegs alterthümer*, Halle, 1782 ; le chevalier Folard, *Commentaires sur Polybe;* Guischard, *Mémoires militaires sur les Grecs et les Romains; Das Kriegswesen der Griechen und Römer*, von V. Ad. Löhr. Würzburg, 1830, Ruperti a habilement profité de tous ces travaux. Les deux ouvrages les plus récents que je connaisse sont : *Historia mutationum Rei Militaris Romanorum, inde ab interitu rei publicæ usque ad Constantinum Magnum*, par C. L. Lange, Gottingæ 1846, et Abhandlung über die Heeresverwaltung der alten Römer im Frieden und Krieg, etc., von. K. A. Sonklar, Edlen V. Junstadten, Innsbruck, 1847.

(2) Les féciaux, au nombre d'abord de deux, puis de quatre, de cinq, de dix, enfin de vingt, étaient gardiens du droit des gens. Ils formaient un collége, qui connaissait et décidait de toutes les affaires relatives aux relations de Rome avec les peuples étrangers. Cicéron a dit, *De Leg.*, II, 9, 9 21... *Fœderum, pacis, belli, induciarum oratores feciales, judicesque sunto, bella disceptanto;* cf. Varron, *De Lingua Lat.*, IV, 15. Les féciaux présidaient à la foi publique envers les peuples étrangers. Ils veillaient à ce qu'on n'entreprît que de justes guerres, à ce que les traités fussent fidèlement observés. Avant d'attaquer une cité un fécial lui était envoyé, qui lui présentait les réclamations faites par le peuple romain. Aulu-Gelle nous a conservé la formule dont le fécial se servait pour déclarer la guerre. Après avoir lancé son javelot sur le territoire ennemi, il prononçait les paroles suivantes : Parce que le peuple hermundule et les hommes du peuple hermundule ont fait la guerre contre le peuple romain et ont eu tort; parce que le peuple romain a décrété la guerre contre le peuple hermundule et contre les hommes du peuple hermundule, moi et le peuple romain, je déclare et fais la guerre au peuple hermundule et aux Hermundules.

Ainsi Rome, la cité de Mars, le peuple de la guerre, avait mis la guerre même, du moins à son origine et à sa conclusion, sous la surveillance d'un collége de prêtres.

trois tribuns, trente centurions et trois cents décurions. Le nom de manipule venait, disait-on, de cette circonstance que Romulus, lorsqu'il conduisait contre Albe sa troupe de pasteurs partagée en plusieurs bandes, leur avait donné comme signe de ralliement une botte de foin (*fani manipulus*) portée au haut d'une pique.

Pour la cavalerie, Romulus avait primitivement établi que chacune des trois cents décuries de ses *Ramnenses* fournirait un homme pris parmi les plus jeunes : ces trois cents cavaliers, ou *celeres*, étaient divisés en trois centuries et en trente décuries, ayant pour chefs trente décurions, trois centurions et un *tribunus celerum*. Après la réunion des *Ramnenses* aux deux autres tribus, il y eut neuf cents chevaliers, divisés en trois centuries équestres, chacune de trois cents hommes, pour répondre aux trois tribus. Quand on levait une légion, chaque centurie équestre fournissait cent cavaliers à chaque légion. Ces trois cents cavaliers étaient partagés en dix turmes, renfermant chacune dix cavaliers de chaque tribu; car chaque centurie équestre portait le nom de la tribu à laquelle elle appartenait.

A mesure que la victoire augmenta le nombre des habitants de Rome, le nombre des troupes dut s'accroître. Cependant, les nouveaux citoyens restèrent distincts des anciens. Quand Tarquin l'Ancien doubla le nombre des chevaliers, il voulut leur donner à tous le même titre, l'augure Nævius s'y opposa, et une distinction fut conservée entre les anciennes centuries et les nouvelles. Celles-ci eurent le nom de *Titienses*, *Ramnenses*, et *Luceres*, *secundi*.

CHANGEMENTS INTRODUITS PAR SERVIUS TULLIUS. — Les changements introduits par Servius Tullius dans l'ordre civil et politique modifièrent entièrement l'organisation militaire. Les étrangers qui s'étaient établis dans Rome ou sur son territoire, privés jusqu'alors des droits de citoyen, furent appelés au partage des privilèges et des charges de l'État. Aux six centuries de chevaliers (*sex suffragia*) furent ajoutées douze centuries nouvelles, tirées des plus riches familles plébéiennes. — Pour être admis dans le corps des chevaliers il fallait avoir le cens le plus élevé. L'État payait au chevalier dix mille as pour l'acquisition de son cheval deux mille pour son entretien. L'impôt levé sur les veuves et sur les orphelins couvrait cette dépense. Tout membre des cinq classes était obligé au service militaire. Dans les cinq classes étaient compris tous les citoyens ayant de 100,000 à 12,500 as de fortune. Le temps de service était de dix-sept à soixante ans. Seulement l'armée était divisée en deux corps, les *juniores*, de dix-sept à quarante-cinq ans, les *seniores*, de quarante-cinq à soixante ans; les premiers servaient hors du territoire, les autres étaient réservés pour la défense de la ville, et ils ne sortaient en campagne que dans les cas de nécessité extrême. Les citoyens des premières classes avaient le droit de combattre au premier rang; ils avaient l'armure la plus complète. Ceux de la dernière classe, placés au dernier rang, n'avaient que des armes légères et offensives. La première classe avait le petit bouclier rond, *clypeus*, le casque, la cuirasse et les jambards, la lance et l'épée. La deuxième classe n'avait pas de cuirasse, elle avait un grand bouclier carré, *scutum*. La troisième classe était armée comme la précédente, sauf qu'elle n'avait pas de jambards. La quatrième classe, armée comme la troisième, avait une lance plus légère et un javelot (*verutum*) au lieu d'épée; la cinquième classe n'avait point de bouclier ni d'armes défensives, elle allait au combat avec une fronde et un javelot. Les centuries des *fabri ferrarii* et des *tignarii* et celles des *cornicines* et des *tibicines* se tenaient derrière la première légion. Les premiers construisaient les machines de guerre, les seconds donnaient le signal du combat. Les *accensi* et les *velati* accompagnaient l'armée sans armes; ils remplaçaient à leur rang ceux qui tombaient. Les prolétaires ne paraissaient sur les champs de bataille que dans les temps de grand danger public; ils étaient alors armés aux frais de l'État.

PRINCES, HASTAIRES ET TRIAIRES. — Ceux des légionnaires qui combattaient au premier rang avec l'épée avaient le nom de *principes*, les premiers; ceux qui combattaient au second rang avec la lance avaient le nom de *hastati*. Ceux du troisième rang, qui avaient le javelot, s'appelaient *pilani* (*pilum*), plus tard on les nomma *triarii*. Les anciennes armées romaines se présentaient au combat en masses profondes, sorte de phalange, qui se mouvait difficilement; aussi cette ordonnance fut-elle postérieurement abandonnée.

DIVISION DE LA LÉGION EN MANIPULES. — La légion de Servius Tullius était composée de quatre mille deux cents hommes, qu'on portait à cinq mille et même à un chiffre plus élevé dans les cas de péril pressant. Ces quatre mille deux cents soldats se divisaient en trente manipules, subdivisés chacun en deux centuries, ce qui faisait en tout soixante centuries. Il y avait douze cents *principes*, douze cents *hastati*, six cents *triarii*, six cents *rorarii* ou *ferentarii*, six cents *accensi*. Ces deux dernières troupes étaient aussi appelées les *vélites*, ou l'infanterie légère. Ils ne formaient pas une division à part; ils étaient attachés aux triaires. Ceux-ci, regardés comme l'élite de l'armée, étaient choisis parmi les plus âgés et les plus braves des légionnaires. Le premier centurion des *pilani* ou *triaires* portait le nom de *primus pilus* (*primi pili centurio*).

Une dénomination qui correspondait à la division des soldats, suivant les armes qu'ils portaient, était celle de cohorte. La cohorte se composait de six cents hommes; par conséquent il y en avait sept dans l'ancienne légion. Les *triarii* avec les *rorarii* et les *accensi* formaient trois cohortes; les *hastati* et les *principes* en formaient quatre; plus tard le nombre des cohortes fut porté à dix. Les chevaliers, au nombre de trois cents, nombre invariable, comme celui des triaires, couvraient les ailes de la légion, sur le champ de bataille. Ils avaient pour armes défensives un petit bouclier rond, recouvert en cuir, *parma*, et des casques; pour armes offensives, une lance ou un javelot une et longue épée. Les *ferentarii* formaient un corps de cavalerie plus légèrement armé. Après le traité conclu par Tarquin le Superbe avec les Latins, ces peuples fournirent à l'armée romaine un contingent de troupes auxiliaires. Pour empêcher, dit Tite-Live, que les Latins n'eussent des chefs et des drapeaux à eux, *ducem suum propriave signa*, il fit entrer leurs auxiliaires dans la légion romaine où ils les répartit dans tous les manipules. Le manipule, devenu trop considérable fut partagé en deux, dont chacun resta composé de Romains et de Latins, et fut commandé par un centurion romain.

OBLIGATION ET DISPENSE DU SERVICE MILITAIRE. — Le service militaire chez les Romains était à la fois un devoir et un privilége; il fallait avoir fait dix campagnes pour avoir le droit de briguer une charge. Tout citoyen servant dans l'infanterie devait vingt campagnes à l'État; tout citoyen servant dans la cavalerie en devait dix. Les prolétaires, les *capite-censi* et les affranchis étaient exempts du service militaire. Ce ne fut que dans les cas d'extrême nécessité que les esclaves furent achetés à leurs maîtres par l'État pour être enrôlés comme *volones*. Les prolétaires eurent plus d'une fois aussi l'honneur de servir dans l'armée, en recevant des armes de l'État. Mais ce ne fut qu'à partir de Marius que les *capite-censi* furent régulièrement enrôlés: la diminution effrayante de la classe moyenne força ce général à appeler indistinctement sous les drapeaux sans tenir compte des rangs ni des classes, tous les citoyens, même les plus pauvres. Pendant la seconde guerre Punique les affranchis furent appelés à servir sur la flotte. L'obligation du service militaire ne commençait qu'à dix-sept ans, et finissait à soixante. On pouvait se refuser à un nouvel enrôlement après avoir fait le nombre de campagnes voulu par la loi. L'exemption était aussi accordée à quelques charges religieuses, comme celle de grand pontife ou de *flamen dialis* (*vacatio justa*), pour cause de mauvaise santé ou pour vice de conformation (*vacatio causaria*), pour quelque grand service rendu à l'État, quelque brillant exploit (*vacatio honoraria*). Un père qui avait plusieurs enfants sous les drapeaux était souvent exempté du service. Cependant tout motif d'exemption cessait en face d'un danger public (*delectus sine vacationibus habebatur*).

LEVÉE DES TROUPES. — C'était au

consuls, au dictateur, ou aux tribuns militaires (*tribuni militum consulari potestate*) qu'appartenait le droit de fixer le jour auquel se ferait la levée des troupes, si le sénat avait préalablement déclaré qu'il y avait nécessité d'appeler les citoyens sous les drapeaux. C'était le sénat encore qui déterminait le nombre des légions à réunir. Les consuls commençaient par nommer autant de fois six tribuns militaires qu'il devait y avoir de légions. Depuis 364 il y eut toujours six tribuns nommés par le peuple; depuis 311 il y en eut seize. Les autres seulement étaient à la nomination des consuls. Cependant dans les moments de danger le peuple laissait les consuls nommer le plus grand nombre de tribuns; souvent même il leur laissa tous les choix.

Au jour désigné tous les citoyens appelés à servir se réunissaient au Capitole ou bien au Champ de Mars. Le consul présidait l'assemblée, siégeant sur sa chaise curule. Les tribuns se partageaient les légions de telle sorte, que si on n'en levait que quatre, la première et la troisième avaient quatre tribuns ayant fait déjà dix campagnes et deux n'en ayant fait que cinq; la deuxième et la quatrième avaient trois tribuns ayant fait au moins dix campagnes et trois tribuns plus jeunes. On tirait au sort la tribu par laquelle on commencerait la levée; et il y avait pour chaque légion un registre (*catalogus*). On appelait d'abord (*citare*) quatre citoyens, autant que possible de même taille et de même âge. Les tribuns de la première légion en choisissaient un, puis ceux de la seconde, puis ceux de la troisième; ceux de la quatrième prenaient le dernier. On appelait quatre autres citoyens, et les tribuns de la deuxième légion choisissaient les premiers; ceux de la première les derniers. La troisième fois c'étaient les tribuns de la troisième légion qui choisissaient les premiers, ceux de la seconde les derniers; et ainsi de suite jusqu'à ce qu'on eût appelé le nombre d'hommes voulu. De cette manière les légions étaient composées avec une parfaite égalité. Les premiers noms appelés devaient toujours être des noms de bon augure, *bona nomina*, comme ceux de *Victor*, de *Valerius*, de *Prosper*, de *Salvius*, de *Statorius*. Chaque citoyen, dès qu'il était appelé, était tenu de répondre (*respondere*) et de donner son nom, qu'on écrivait sur un registre (*dare nomen*); celui qui refusait de répondre à l'appel ou qui se mutilait, se coupait le pouce par exemple pour se créer une impossibilité de servir, était puni sévèrement; ses biens étaient confisqués; il pouvait être mis en prison et même vendu comme esclave. La levée faite on distribuait les soldats dans les différentes armes suivant l'âge et la fortune. Les plus jeunes étaient rangés parmi les *hastati*, les plus robustes parmi les *principes*, les plus vieux, les plus éprouvés parmi les *triarii*; pour les *rorarii* et les *accensi*, c'étaient leur fortune et leur condition qui les avaient désignés pour ce service. Dans les temps anciens on enrôlait les cavaliers avec les fantassins; plus tard on commença la levée par eux. Le nombre des chevaliers attachés à la légion fut toujours de trois cents, tant qu'elle resta de quatre mille deux cents hommes.

SERMENT MILITAIRE. — De même que les consuls à leur entrée en charge juraient d'obéir aux lois, les tribuns, les centurions, les décurions et les soldats devaient prêter un serment d'obéissance (*sacramentum*)(1). Les tribuns réunissaient tous les soldats de leur légion; ils en choisissaient un qui prononçait devant ses compagnons la formule solennelle du serment militaire (*præire verba*), tous devaient répondre : *Idem in me*. Le serment était prêté au nom du consul (*jurare in verba consulis*) ou du dictateur, et n'engageait plus les soldats quand le commandant était changé; aussi était-il renouvelé au commencement de chaque campagne. Cincius Alimentus, qui fut lieutenant du consul Quintus Crispinus dans la seconde guerre Punique, avait recueilli dans son livre *Sur l'Art Militaire* le serment que prêtaient les soldats et qu'Aulu-Gelle nous a conservé (1). Il était ainsi conçu : « Sous la magistrature de C. Lælius, fils de Caïus,

(1) ἀκολουθήσειν τοῖς ὑπάτοις, ἐφ'οὓς ἂν καλῶνται πολέμους, καὶ μήτ' ἀπολείψειν τὰ σημεῖά, μήτ' ἄλλα πράξειν μηδὲν ἐναντίον τῷ νόμῳ — Denys d'Halic., X, 18.
(1) Liv. XVI, ch. 4.

consul, et de Lucius Cornélius, fils de Publius, consul, ni dans l'armée ni dans un rayon de dix mille pas autour, tu ne voleras par artifice criminel, ni seul, ni avec d'autres, un objet valant plus d'une pièce d'argent, par jour, et autre que lance, bois de lance, bois, fruits, fourrage, outre, soufflet, flambeau. Si tu trouves ou prends quelque chose qui ne soit pas à toi et vaille plus d'une pièce d'argent, tu iras le porter ou le déclarer dans les trois jours à C. Lælius, fils de Caïus, consul, ou à Lucius Cornélius, fils de Publius, consul, ou à celui des deux à qui il appartiendra. Ce que tu auras trouvé ou pris sans artifice criminel, tu le rendras à celui que tu croiras le propriétaire, afin d'agir conformément à la justice. » Lorsque les soldats étaient inscrits, on leur fixait le jour où ils devaient se rendre pour répondre à l'appel du consul : voici la formule du serment par lequel ils s'y engageaient. Elle renferme les excuses légitimes : « A moins d'un des empêchements qui suivent, funérailles domestiques, fêtes dénicales, dont le jour n'aura pas été fixé dans l'intention de retenir le conscrit, épilepsie, auspice qu'on ne puisse négliger sans sacrilége, sacrifice annuel qui ne puisse être ni avancé ni différé, violence, présence de l'ennemi, ou jour fixé et convenu avec l'ennemi. Si quelqu'un d'eux est retenu par un de ces empêchements, le lendemain du jour où l'empêchement aura cessé il ira trouver et servir celui qui aura fait la levée dans le village, bourg, ou ville. » Le soldat qui ne se rendait pas au jour fixé et ne justifiait pas son absence était considéré comme réfractaire.

Durant la seconde guerre Punique les soldats ajoutèrent à ce serment celui de se rassembler sur l'ordre des consuls et de ne point se séparer qu'ils n'y eussent été autorisés par eux. Ce serment, comme le fait remarquer Tite-Live, avait pour but de garder les soldats sous le drapeau tant qu'il était besoin.

Les soldats de chaque centurie, les cavaliers de chaque décurie se juraient même entre eux de ne jamais fuir ni jamais quitter leur rang, si ce n'est pour s'emparer d'une arme, tuer un ennemi, ou sauver un citoyen.

VOLONTAIRES ET VÉTÉRANS. — Dans les guerres dangereuses ou lointaines, certains chefs qui comptaient sur le patriotisme des citoyens ou sur la confiance qu'eux-mêmes ils inspiraient, appelaient des volontaires à s'enrôler, *evocati*. Ainsi, quand Scipion marcha avec son frère contre Antiochus, une foule de volontaires qui avaient déjà gagné l'exemption du service *vacationem militiæ* accoururent à la voix du vainqueur de Zama, qui leur promettait encore et gloire et butin. Ces enrôlés volontaires étaient dispensés des gardes et des travaux du camp. Les vétérans étaient les soldats qui avaient fait les vingt campagnes demandées par la loi, et qui restaient néanmoins sous les drapeaux. Ils avaient de grands priviléges, et une paye supérieure; libres, dit Tacite, de tout soin et de tout devoir, si ce n'est de celui de repousser l'ennemi. Dans les derniers temps de la république, leur nombre fut toujours considérable dans les légions, où ils étaient retenus par l'espérance d'obtenir des gratifications d'argent et de terres.

LEVÉES EXTRAORDINAIRES. — Dans la seconde guerre Punique, qui fit une si terrible consommation de soldats romains, les levées devenant de jour en jour plus difficiles, le sénat chargea des triumvirs d'aller dans tous les bourgs et villages et d'y enrôler tous les citoyens même au-dessous de dix-sept ans, qui leur paraîtraient avoir la force nécessaire pour soutenir les fatigues de la guerre. Ces commissaires avaient le nom de *conquisitores*. Ce système fut surtout employé quand le droit de cité eut été étendu à tous les peuples de l'Italie. Quand Rome était menacée d'un grand péril, qui ne permettait pas de faire la levée suivant les formes ordinaires, le sénat déclarait qu'il y avait *tumultus*. Deux drapeaux, l'un rouge, l'autre bleu, étaient dressés au-dessus du Capitole; le premier était un appel à l'infanterie, le second à la cavalerie; tous les citoyens en état de combattre étaient tenus de se réunir; le consul prononçait la parole consacrée (*qui rempublicam vult salvam esse me sequatur*), « Que tous ceux qui veulent sauver la république me suivent »; et les soldats prêtaient immédiatement serment (*conjurare*). Ce serment n'engageait les soldats que jusqu'au jour où le péril était passé. Les soldats ainsi levés et assermentés s'appelaient *milites subitarii* ou *tumultuarii*.

NOMBRE DE SOLDATS COMPRIS DANS LA LÉGION. — Après que la levée avait été faite, les tribuns fixaient le jour où les soldats devaient rejoindre leurs corps respectifs. La grande division de l'armée romaine était la *légion* (de *legere*; parce que les soldats étaient choisis parmi les citoyens suivant leur âge et leur fortune). Sous Romulus la légion comprenait trois mille hommes. Sans doute il s'y joignait comme troupes légères un grand nombre d'étrangers, de *clients*; mais ils n'étaient pas compris dans la légion. Sous les successeurs de ce prince le nombre des légions et le nombre des soldats dont elle était formée s'accrurent successivement. Après l'organisation de Servius Tullius la légion, nous l'avons vu, comprenait quatre mille deux cents *juniores* et trois cents cavaliers. Quatorze ans après l'expulsion des rois, sous Valerius Publicola, la légion était de quatre mille hommes d'infanterie et de trois cents hommes de cavalerie; il y avait alors sur pied dix légions. En 384 il y eut quatre légions de quatre mille hommes. En 348 dix légions de quatre mille deux cents hommes; en 339 quatre légions de cinq mille hommes. Le nombre des soldats de la légion ne fut aussi élevé qu'à cause de la crise que Rome traversait alors; aux époques ordinaires le nombre était de quatre mille. Scipion avait, dans la seconde guerre Punique, des légions de six mille deux cents hommes; dans la guerre contre Antiochus les deux légions de Cn. Domitius comptaient chacune cinq mille quatre cents hommes, et les auxiliaires étaient en pareil nombre. En 192 et 186 on n'en voit que cinq mille. Pendant la guerre avec les Ligures (184) les légions avaient cinq mille deux cents hommes. Dans la guerre de Macédoine, contre Persée, elles étaient fortes de six mille hommes. Depuis Marius la légion fut ordinairement de six mille hommes. Cependant, Plutarque ne compte que cent mille hommes dans les dix-neuf légions d'Antoine à Actium; ce qui donne pour chacune cinq mille deux cents hommes. Quant au nombre des cavaliers, il semble n'avoir pas varié; ce n'est qu'à l'époque de la guerre contre les Ligures qu'on en trouve dans la légion quatre cents au lieu de trois cents.

Jusque vers le temps du renversement de la république, les légions n'étaient levées que pour un an ; mais à l'époque où les consuls, comme César ou comme Pompée, se faisaient proroger pendant plusieurs années le commandement d'une province, ils eurent besoin d'avoir des armées qui s'habituassent à leur obéir et qui s'attachassent entièrement à leur fortune. Ces changements dans l'ordre militaire préparèrent l'établissement des armées permanentes, que devait organiser le gouvernement impérial.

L'ancienne armée romaine combattait, avons-nous dit, en masses profondes, qui présentaient quelque peu l'aspect de la phalange. Cette ordonnance ne convenait ni au sol accidenté des environs de Rome, ni aux ennemis agiles que les légions rencontrèrent en face d'elles quand les Èques descendirent chaque année de leurs montagnes pour piller les fermes, enlever les troupeaux et dresser des embuscades aux troupes qui les poursuivaient. Aussi, changea-t-on, à une époque qu'il n'est pas possible de déterminer, l'organisation de la légion. Elle fut rendue plus mobile et plus libre dans ses mouvements; le nouvel ordre de bataille fut une ligne étendue, formée par les manipules, qui laissèrent entre eux un certain espace par où l'infanterie légère pouvait, soit faire de rapides sorties sur l'ennemi, soit chercher un refuge derrière l'infanterie pesamment armée. L'armement de celle-ci fut rendu plus défensif, par la substitution d'un grand bouclier (*scutum*) au petit bouclier (*clypeus*), qui ne suffisait plus maintenant que chaque manipule pouvait avoir à soutenir seul tout l'effort de l'attaque. On remplaça aussi, dans le même but, la courte épée des *pilani* et des *hastati* par une épée plus longue. Tite-Live nous montre cette ordonnance déjà en usage à la bataille de l'Allia, en 390, où l'armée romaine, pour n'être point tournée, se présenta au combat sur une ligne fort étendue, ce qui n'eût pas été possible avec l'ancien système. Dans le nouveau la légion est divisée en trois lignes. La première est composée des *hastati*, c'est-à-dire des plus jeunes soldats (*flos juvenum pubescentium ad militiam*). Elle était formée, d'après Tite-Live, de quinze manipules renfermant chacun soixante hommes pesamment armés et vingt armés à la légère ; c'était quatre vingts hommes par manipule et douze cents pour la ligne entière. A la seconde ligne étaient les *principes*, les hommes dans la force de l'âge, armés de la lance et du grand bouclier et partagés aussi en quinze manipules, à quatre-vingts hommes par manipule. Ces deux premières lignes étaient dites formées des *antepilani*, parce que derrière elles se tenaient les pilani ou triaires. Ceux-ci n'étaient pas divisés en manipules, mais en *ordines*. Il y en avait dix. Chacun de ces *ordines* comptait soixante hommes et était divisé en trois parties. La première (*primus pilus*) renfermait les soixante triaires, vieux soldats d'un courage éprouvé et qui avaient leur étendard (*vexillum*); la seconde était composée de *rorarii*, la troisième d'*accensi;* ces deux dernières sections avaient aussi chacune leur drapeau, mais point de centurion ; elles obéissaient au centurion des triaires (*primipilaris centurio*), et n'avaient au plus chacune que deux chefs subordonnés au centurion des triaires (*subcenturiones*).

En résumé, une première ligne de hastats présentant en bataille douze cents hommes, partagés en quinze manipules, laissant entre eux un certain intervalle, *modicum spatium;* à quelque distance en arrière les quinze manipules des princes, comptant encore douze cents combattants ; enfin derrière ceux-ci dix *ordines* de triaires, six cents hommes ; dix *ordines* de *rorarii*, six cents hommes; dix *ordines* d'*accensi*, six cents hommes; en tout quatre mille deux cents hommes, cent vingt centurions et soixante porte-enseigne. Si la première ligne faiblissait, la seconde se portait en avant pour la soutenir. Celle-ci à son tour ébranlée, les triaires en venaient aux mains. C'était alors le fort du combat, *res redit ad triarios*.

Un changement fut introduit dans la division de la légion, au temps des guerres Puniques. Les deux premières lignes, au lieu d'être partagées en quinze manipules, n'en eurent plus, comme les triaires, que dix, mais chacun de cent vingt hommes. Chaque manipule se subdivisa, comme précédemment, en deux centuries. Trois manipules, un des hastats, un de princes et un de triaires formaient une cohorte. Anciennement les hastats tiraient de chacun de leurs quinze manipules vingt hommes légèrement armés qui leur servaient d'avant-garde et d'infanterie légère ; les *rorarii* et les *accensi* marchaient avec les triaires aux centurions desquels ils obéissaient. Depuis les guerres Puniques cette infanterie légère, désignée sous le nom de *velites*, fut également partagée entre les trois corps des hastats, des princes et des triaires, et placée sous les ordres de leurs centurions. De cette manière chacune des dix cohortes de la légion eut un dixième de toutes les troupes légères de la légion, ainsi réparties : quarante avec les hastats, autant avec les princes, autant encore avec les triaires ; et de même que la légion, renfermant des soldats de toutes les armes, était une armée complète, la cohorte fut, moins la cavalerie, une image de la légion, dont elle reproduisait, dans une proportion réduite, tous les éléments.

CAVALERIE. — La cavalerie comprenait plusieurs corps distincts : 1° Les *sex suffragia*, c'est-à-dire les trois centuries de chevaliers instituées par Romulus et doublées par Tarquin l'Ancien sous le nom de *Ramnenses secundi, Titienses secundi et Luceres secundi*. Les patriciens, les fils de sénateur ou les sénateurs eux-mêmes pouvaient seuls servir dans ce corps privilégié. 2° Les douze centuries de chevaliers créées par Servius Tullius. Ce prince y avait fait entrer les plus riches d'entre les plébéiens. Après les rois ce furent les consuls qui complétèrent les centuries équestres, et, après l'établissement de la censure, les censeurs. 3° Les cavaliers volontaires. Dans ce corps étaient compris tous les riches plébéiens qui avaient le cens voulu pour faire partie de l'ordre des chevaliers, mais qui n'étaient pas compris dans les centuries équestres ; leur présence dans l'armée romaine remonte à l'époque du siége de Véïes. Après un échec essuyé par les Romains, de riches plébéiens se présentèrent dans le sénat, demandant à servir comme cavaliers. Le service qu'ils faisaient ainsi leur comptait pour années de service, et leur préparait l'entrée dans les centuries équestres. Les chevaliers des douze centuries et ceux des *sex suffragia* recevaient un cheval de l'État (*equus publicus*), dont le prix était évalué anciennement à 2,000, plus tard à 10,000 as, et l'argent nécessaire à son entretien montant d'abord à 400, dans la suite à 2,000 as payés par les veuves, les femmes non mariées et les orphelins mineurs, *æs hordearium*. — Les cavaliers volontaires servaient à leurs frais (*equo suo, equo privato merere*). Ils n'avaient que le titre d'*equites*; ils n'étaient pas compris dans l'*ordo equester*. — Quant à la division des troupes de cavalerie attachées à la légion elle était la même qu'au temps de Romulus.

Troupes alliées. — Dès le commencement de la république, il y avait dans l'armée romaine, outre les légions, composées uniquement de citoyens, des troupes alliées. Après la bataille du lac Régille (494) Spurius Cassius avait conclu avec les Latins un traité d'alliance qui mettait les deux peuples sur un pied d'égalité, les Latins et les Romains devaient s'unir dans toutes leurs guerres, le commandement appartiendrait alternativement au général des deux peuples, le butin serait partagé en portions égales, et le triomphe d'une victoire commune serait célébré chez le peuple dont le général avait le commandement au moment de la bataille. Les Herniques entrèrent aux mêmes conditions dans la ligue en 486. Cette union dura près d'un siècle. Après la prise de Rome par les Gaulois, ses alliés se tournèrent contre elle. Les Herniques furent vaincus, et les Latins demandèrent à faire une nouvelle alliance (357). Elle leur fut accordée, mais à condition que le commandement des armées des deux peuples appartiendrait toujours au général romain. — En l'an 341 les alliés firent une nouvelle tentative pour reconquérir l'égalité ou même l'indépendance; la bataille livrée près du Vésuve ne fit qu'aggraver leur dépendance, et la guerre du Samnium étendit cette dépendance à toute l'Italie péninsulaire; elle fut obligée de fournir des troupes aux armées romaines. Les soldats fournis par les colonies romaines, par les villes ou par les peuples ayant obtenu le droit de cité, servaient dans la légion. Ceux que fournissaient les Latins et les autres peuples de l'Italie formaient, comme alliés (*socii*), des corps à part dans les armées romaines. Les cités d'Italie étaient tenues d'envoyer à Rome les registres où étaient marqués les résultats du recensement de leur population. Ces registres donnaient au sénat la liste de tous les Italiens en état de porter les armes, et lui servaient à établir chaque année le nombre des troupes qui devaient être fournies par les alliés. C'était ensuite au consul qu'il appartenait de faire la répartition de ce que chaque peuple devait fournir et de fixer le lieu et le jour du rassemblement de l'armée. L'infanterie des alliés était ordinairement en nombre égal à celle des Romains, la cavalerie en nombre double. Cependant ce rapport n'avait rien de fixe; il changea suivant les nécessités des circonstances. Les alliés prêtaient le serment dans leur patrie respective; l'État qui les envoyait devait fournir à leur solde, à leurs vêtements et à leurs armes; et il nommait un *questeur* pour veiller à ces dépenses. Quand la réunion de toutes les troupes fournies par les alliés avait eu lieu, le consul nommait pour les commander douze officiers (*præfecti*) correspondant aux douze tribuns militaires des légions romaines. Les *præfecti* choisissaient immédiatement parmi les troupes alliées, les soldats d'élite, qui devaient être le cinquième de l'infanterie et le tiers de la cavalerie. Ils en composaient un corps de réserve, pour les circonstances extraordinaires: aussi ces soldats étaient-ils nommés *extraordinarii*. Ils formaient deux cohortes d'infanterie et quatre *turmæ* de cavalerie. Celles-ci étaient de quarante hommes chacune. Plus tard on séparait de ce corps d'élite une demi-cohorte et une *turma*. C'étaient les *ablecti*, qui formaient la garde des généraux et étaient affectés à un service particulier. Le reste des troupes alliées aussi bien que les *extraordinarii* étaient partagés en deux grandes divisions; l'une combattait sur le flanc gauche, l'autre sur le flanc droit de l'armée romaine; les cavaliers des alliés

18ᵉ *Livraison* (Italie*).

placés sur les ailes de l'armée, se distinguaient par le nom d'*equites alarii* des cavaliers romains, désignés par celui d'*equites legionarii*.

C'était Rome qui fournissait la subsistance des alliés (*dimensum*). Ceux-ci étaient appelés avec les soldats des légions au partage du butin, et même au partage du territoire conquis, suivant que le permettait, pour le butin le chef de l'armée, pour les terres le sénat. Souvent même les alliés étaient appelés avec les soldats romains à fonder une colonie. Ajoutons que par une loi de Livius Drusus, l'adversaire de Caïus Gracchus, il fut établi que le soldat des troupes alliées ne devait pas être frappé.

Troupes auxiliaires. — Le nom d'alliés, *socii*, était exclusivement affecté aux troupes fournies à l'armée romaine par les peuples d'Italie. Le nom d'auxiliaires (*auxilia, auxiliares copiæ*) servit à distinguer les troupes fournies par les peuples ou par les rois que Rome avait vaincus hors de l'Italie, ou auxquels elle avait imposé son alliance. Il y avait cette différence entre les alliés et les auxiliaires que les premiers ne recevaient des Romains que les vivres, tandis que les seconds recevaient aussi la solde. En outre de ces troupes fournies par les États, et dont l'envoi était obligatoire, il y eut encore dans les armées romaines des troupes mercenaires. Le premier emploi en fut fait en 215; les Scipions levèrent chez les Celtibériens un corps qu'ils prirent à leur solde. Les auxiliaires ne furent pas d'abord mêlés aux troupes romaines dans l'ordonnance de bataille, ils ne servaient que comme troupes légères. Lorsque la loi *Julia*, rendue vers la fin de la guerre Sociale, eut conféré à la plupart des peuples de l'Italie péninsulaire le droit de cité, les alliés (*socii*) devenus citoyens furent appelés par la levée directe à servir dans les légions; les auxiliaires prirent alors leur place dans l'armée romaine.

Commandement des armées, consuls, proconsuls, etc. — Le commandement suprême de l'armée appartenait aux consuls. Dans les circonstances extraordinaires il pouvait passer temporairement entre les mains du dictateur. Pendant une période assez longue il appartint aux tribuns militaires (*tribuni militum potestate consulari*).

Quand Rome eut à la fois sur pied plusieurs armées, les deux consuls ne suffisant plus au commandement, on institua des *proconsuls* (327). Les consuls sortant de charge furent prorogés dans le commandement (*imperium*) et mis à la tête des armées dans les provinces. Souvent, pour assurer le succès d'une guerre en conservant aux opérations l'unité de direction, le proconsul était maintenu à la tête de l'armée qu'il avait commandée pendant l'année de son consulat. Quand quatre généraux ne suffirent même plus au commandement des armées, on augmenta le nombre des préteurs, et on leur conféra un pouvoir militaire. Il arriva quelquefois que les deux consuls se trouvaient à la fois à la tête d'une même armée; ils commandaient alors chacun à leur tour de deux jours l'un.

Avant de partir pour une expédition les consuls célébraient au Capitole un sacrifice solennel, au milieu duquel ils revêtaient l'habit de guerre du général (*paludamentum*). C'était un vêtement de laine, qui s'attachait sur l'épaule; il était plus long que celui des soldats (*sagum*), et s'en distinguait encore par une bande de pourpre. Au retour de la guerre le consul devait quitter le *paludamentum* avant de franchir le seuil des portes de la ville. Les licteurs à la guerre changeaient la toge contre le *sagulum*. Quand le général avait remporté quelque victoire éclatante il était salué par ses soldats du nom d'*imperator*. Plus tard ce titre ne fut accordé aux généraux que lorsqu'ils avaient tué à l'ennemi de six à dix mille hommes.

Lieutenants consulaires. — Les *legati* formaient comme l'état-major des consuls. Le nombre en était fixé par le sénat; ils étaient choisis parmi les sénateurs par le consul lui-même; ils composaient son conseil, le remplaçaient quand il était obligé de s'absenter de l'armée, et remplissaient, en son nom et sous ses auspices, les missions les plus délicates (*imperio auspicioque consulis*). Ils étaient entièrement dans la dépendance du consul, qui pouvait les révoquer et les changer à son gré.

Questeurs. — L'administration fi-

financière des armées était confiée au questeur. Depuis 424 il y avait quatre questeurs; plus tard il y en eut huit, et même davantage. Avant le départ du consul, les questeurs lui remettaient les enseignes déposées sous leur garde dans le trésor public. Ils étaient chargés de l'entretien et des subsistances de l'armée. Ils distribuaient la solde, dont les soldats laissaient ordinairement une partie en dépôt entre leurs mains. Le butin fait dans la campagne était vendu par eux au profit du trésor. Ils devaient tenir des registres exacts de leur gestion, qu'au retour ils déposaient dans l'*ærarium*. Plus tard ils durent aussi en laisser copie dans les deux principales villes de leur province. On les distinguait des questeurs qui restaient à Rome par le surnom de *provinciales* ou de *militares*. Dans les marchés et les jours de bataille le questeur commandait une partie de l'armée.

TRIBUNS MILITAIRES. — Chaque légion était commandée par six tribuns militaires. Comme on levait le plus souvent quatre légions, le nombre total des tribuns était de vingt-quatre. Jusqu'en 361 ils étaient tous nommés par les consuls; à partir de cette époque les uns furent nommés par le peuple, les autres par les consuls. Les premiers avaient le nom de *comitiati*, les seconds celui de *rutili* ou *rufuli*, parce que Rutilus Rufus avait proposé la loi qui réglait leurs attributions; jusqu'en 311 le peuple n'en nomma que six. La loi Attilia, rendue à cette époque, lui donna la nomination de seize tribuns. Nous avons vu comment ils se partageaient les légions d'après le nombre de leurs années de service. C'était ordinairement des citoyens qui s'étaient déjà distingués dans les combats. Cependant il y eut quelques exceptions. Ainsi un Scipion fut tribun militaire à dix-neuf ou vingt ans. Généralement quatorze tribuns étaient choisis parmi les anciens soldats de l'infanterie, dix parmi ceux de la cavalerie. Des six tribuns de chaque légion deux avaient durant deux mois le commandement de la légion entière; mais ils l'exerçaient alternativement chacun un jour. Les tribuns étaient chargés de faire les levées et de répartir les soldats entre les différentes armes, ils avaient la haute direction de la discipline, faisaient des rondes et recevaient le matin les *tesseræ* sur lesquels le mot d'ordre était écrit et que les gardes avaient dû remettre la nuit à ceux qui faisaient la visite des postes; ils inspectaient la tenue et les armes des troupes, présidaient aux exercices, surveillaient la distribution du blé, accordaient les congés, maintenaient l'ordre, et décidaient sur les différends qui s'élevaient entre les soldats. Les tribuns militaires avaient l'anneau d'or comme les chevaliers et les sénateurs; ils avaient aussi le vêtement distinctif des commandants supérieurs; mais nous ignorons en quoi consistaient ces distinctions du costume. L'État leur fournit à une certaine époque un cheval, avec de riches insignes, comme celui qui était fourni au consul. Quand Auguste eut accordé aux enfants des sénateurs de porter le laticlave, et qu'il eut envoyé beaucoup d'entre eux à l'armée avec le titre de tribun militaire, on distingua les *tribuni laticlavii* de l'ordre sénatorial et les tribuns *angusticlavii*. Les tribuns militaires avaient dans le camp une garde spéciale attachée à leur personne.

CENTURIONS. — Au-dessous des tribuns militaires étaient les centurions, aussi appelés *ordinum ductores*, et qui commandaient les manipules. Dans l'origine ils avaient été à la tête de cent hommes, et c'est de là que venait leur nom. Maintenant ils commandaient des manipules composés, les uns de quatre-vingts hommes, les autres de cent quatre-vingts. Chaque manipule des deux premières lignes (*hastati* et *principes*) était composé de quatre-vingts hommes plus un porte-enseigne; il avait à sa tête deux centurions, dont le premier les commandait et n'était remplacé par le second que lorsqu'il était tué, blessé, ou empêché par quelque cause de remplir son office. Chaque manipule du troisième rang appelé *ordo* se divisait; nous l'avons déjà vu, en trois corps, le premier seul était commandé par deux centurions; les deux autres, les *rorarii* et les *accensi*, étaient sous le commandement de chefs particuliers, appelés *optiones*, et dépendant des deux centurions des triaires. Les centurions étaient nommés par les tribuns : celui

18.

qui avait été choisi le premier, et qui était le guerrier le plus éprouvé, le plus brave et le plus habile, était centurion du premier manipule des triaires, avec le titre de *primipilus*, ou de *primi pili centurio* ou de *primus centurio*; il avait voix délibérative dans le conseil de l'armée, où il siégeait avec le consul, les tribuns militaires, les légats et les questeurs. C'était aussi au primipile qu'était remis l'aigle de la légion. Le premier centurion des hastats avait le titre de *primus hastatus*; le même nom servait à désigner son manipule; le second avait celui de *secundus hastatus*; et ainsi de suite. Il en était de même pour les centurions des *principes*. Des deux centurions l'un commandait à la gauche, l'autre à la droite du manipule; il y avait en outre deux *uragi*, ou sous-centurions, *subcenturiones*, qui se plaçaient en serre-files, à l'arrière, et qui remplaçaient au besoin les centurions. Les centurions des premiers manipules des hastats, des princes et des triaires avaient le titre de *primorum ordinum centuriones*, ou de *primores centurionum*. On n'arrivait à ces grades qu'après avoir passé par tous les degrés inférieurs. Le discours de Sp. Ligustinus nous montre comment on s'élevait dans la hiérarchie militaire. « Après avoir servi deux ans comme simple soldat, je fus nommé par T. Quinctius Flaminius dernier centurion des hastats. Dans la guerre en Espagne, Caton m'éleva au rang de premier centurion des hastats. M. Acilius me confia le commandement du premier manipule des princes; enfin j'eus l'honneur en peu d'années d'être nommé quatre fois primipile. » Le centurion visitait les postes, exerçait les soldats, inspectait tous les huit jours la tenue de son manipule; il distribuait les travaux, et fixait le service de chacun; il avait le droit de punir toute faute contre la discipline. A cet effet, il portait comme insigne de sa dignité un cep de vigne, avec lequel il frappait les coupables. Le centurion portait encore sur son casque pour marques distinctives un panache et les numéros de son manipule.

PORTE-ENSEIGNE. — A chaque manipule étaient attachés deux porte-enseigne (*signifer, vexillarius*): si l'un était tué ou blessé dans le combat, l'autre le remplaçait. Ils étaient toujours choisis parmi les soldats les plus vigoureux et les plus braves.

DÉCURIONS. — Dans l'infanterie comme dans la cavalerie, chaque section de dix hommes était mise sous le commandement d'un chef appelé, à cause de ce nombre même, décurion.

COSTUME MILITAIRE. — Le costume du soldat romain consistait en une tunique courte (*tunica*) et en un manteau de laine ouvert qui descendait jusqu'aux genoux et s'attachait au-dessus de l'épaule avec une agrafe (*sagum* ou *sagulum*). De là l'expression usitée pour annoncer l'ouverture d'une campagne ou sa fin : *ad saga ire* ou *saga ponere*. Le *sagum* était déposé pour le combat. C'était aussi le costume des officiers : seulement, comme nous l'avons vu, ceux-ci y joignaient des insignes distinctifs. Le consul portait le *paludamentum*, manteau de pourpre orné de broderies d'or. Les soldats avaient pour chaussures des brodequins, *caliga*; d'où le nom de *caligati*, désignant les soldats romains.

ARMES DES FANTASSINS. — Pour se rendre compte de la manière dont étaient armées les troupes romaines, il faut distinguer d'abord les troupes pesamment armées et les troupes armées à la légère.

Voici quel était l'équipement des premières. Elles avaient pour armes défensives (*arma*) : 1° un casque d'airain (*cassis*) ou un casque de cuir garni d'airain (*galea*), s'attachant sous le menton, faisant une saillie qui protégeait les yeux et le cou, mais sans visière et par conséquent laissant le visage à découvert; il était surmonté d'une aigrette faite avec des crins de cheval ou de trois plumes droites, rouges ou noires (*crista*); 2° une cuirasse de métal (*lorica*), souvent de cuir, couvrant toute la poitrine, et formée, soit de petites plaques de métal imbriquées (*lorica squamata*), soit de petites chaînes réunies en un lacet serré et pareil à nos cottes d'armes du moyen âge (*lorica hamata*); l'avant-bras était également protégé par des lames d'airain : les citoyens qui possédaient moins de 100,000 as de fortune ne portaient sur la poitrine qu'une plaque de métal de la largeur d'une palme, *pectorale*; 3° des jambards (*ocreæ*), ou bottines de cuir épais dont les soldats couvraient le devant des deux jambes : plus tard ils n'en portèrent qu'un seule, sur la jambe droite, qui, posée en avant dans le combat, était seule exposée; 4° un bouclier un peu recourbé dans le sens de la longueur (*scutum*), de deux pieds et demi de large sur quatre de long, souvent même ayant une palme de plus en longueur : il était fait de bois et garni d'une peau de bœuf. Le milieu en était bombé et recouvert de fer (*umbo*), pour repousser et faire glisser les flèches; on en garnissait encore de fer les deux extrémités pour parer les coups de taille, qui eussent pu le fendre, et pour empêcher de pourrir le bord qui posait à terre.

Les armes offensives étaient : 1° une épée (*gladius*), suspendue à un baudrier (*balteus*) que portait l'épaule gauche ou passée dans une ceinture (*cingulum*), et tombant toujours sur la cuisse droite : elle était faite pour frapper également d'estoc et de taille, la lame en était très-acérée et très-forte; probablement les Romains l'avaient empruntée aux Espagnols, car elle avait le nom de *gladius hispaniensis*; 2° deux javelots, un plus grand, c'était le *pilum*, l'autre plus petit, c'était le *verutum*. Le bois du *pilum* avait quatre doigts d'épaisseur, et, selon Végèce, cinq pieds romains et demi (1 mètre 628 millimètres) de long. Il était surmonté d'une longue pointe de fer triangulaire, qui avait depuis neuf pouces jusqu'à un pied romain de long. Elle était munie d'un crochet, afin que l'arme ne pût être retirée de la blessure, *hamatum pilum*. Les piques plus légères ressemblaient aux épieux dont on se sert à la chasse. Le *pilum* avait d'abord été l'arme distinctive des triaires, d'où leur nom primitif de *pilani*. Quand l'ordre de bataille fut changé, il devint l'arme des hastats et des princes. En place du *pilum* les triaires avaient la lance *hasta*, qui était de la hauteur d'un homme. Elle avait d'abord été l'arme distinctive des hastats, qui en avaient tiré leur nom. Les troupes légères formées par les citoyens de la cinquième classe, par les *rorarii* et les *accensi*, marchaient d'abord au combat sans aucune espèce d'armes défensives; les *accensi* même étaient laissés sans armes, et n'avaient d'autre mission que de remplacer ceux qui tombaient dans le combat; ils n'avaient pour armes offensives que la lance, le javelot ou la fronde. Ce ne fut qu'en 213, à l'époque du siége de Capoue, que sur la proposition du centurion Nævius on institua le corps des *vélites*. La cavalerie romaine était à cette époque toujours battue par la cavalerie campanienne; on imagina de choisir dans les légions les jeunes gens les plus lestes. On leur donna un casque léger, un petit bouclier rond, une épée et sept javelots. Ces javelots (*missilia*, appelés aussi *hastæ velitares*) n'avaient qu'un doigt d'épaisseur, et quatre pieds de long; le fer, qui avait une palme de longueur, était si effilé, qu'il se recourbait dans la blessure et ne pouvait pas servir aux ennemis. Le bouclier (*palma tripedalis*) était de bois, recouvert en cuir et garni d'un cercle d'airain; il était plutôt rond qu'ovale, ayant trois pieds de diamètre dans un sens, deux et demi dans l'autre. L'épée était le *gladius hispaniensis*; ils ne s'en servaient qu'après avoir lancé leurs sept javelots, et quand ils se précipitaient dans la mêlée au milieu des cavaliers. La coiffure des vélites n'était plus un casque de métal ou de cuir garni de métal; elle consistait simplement d'ordinaire en un morceau de peau de loup.

Parmi les troupes légères des Romains il faut comprendre les *jaculatores*, combattant avec des javelots (*jacula*, *veruta*); les archers (*sagittarii*), armés de flèches et d'un arc; les frondeurs (*funditores*), lançant avec une fronde (*funda*) des cailloux (*missiles lapides*) ou des balles de plomb munies d'une pointe (*glandes*); les *tragularii*, armés d'un javelot court (*tragula*), employés avec les *balistarii* au service des machines qui lançaient des traits; les *cetrati*, portant un petit bouclier rond comme les Espagnols (*cetra*).

ARMES DES CAVALIERS. — La cavalerie romaine n'eut pendant longtemps aucune espèce d'arme défensive. Contre des forces peu considérables le succès de la cavalerie dépendait de la rapidité de ses évolutions. Contre des armées plus nombreuses, la lutte devenait plus longue. Il fallut songer moins à rendre les mouvements faciles qu'à se garantir des dangers d'une attaque plus obstinément soutenue. Cependant les cavaliers ne se servirent d'une selle avec des étriers (*sella*) que du temps des empereurs. Jusque là ils n'eurent sur leurs chevaux que des couvertures (*ephippia*). Quant aux éperons, ils en connurent l'usage dès les temps les plus anciens. Les cavaliers prirent d'abord pour arme défensive le bouclier de cuir, *parma*; mais c'était un faible abri contre les flèches, et il était facilement endommagé par la pluie. Aussi du temps de Polybe les cavaliers romains avaient pris tout l'armement des cavaliers grecs. Ils eurent d'abord un bouclier plus fort et plus solide, puis la cuirasse et le casque d'airain. La lance, d'abord trop peu épaisse et trop légère, fut changée contre une lance plus solide, garnie d'une pointe de fer à ses deux extrémités, afin que, l'une venant à se briser contre un ennemi ou dans les mouvements du cheval, le cavalier ne restât point désarmé. Les cavaliers avaient aussi l'épée; mais elle était plus longue que celle de l'infanterie, afin qu'ils pussent atteindre l'ennemi du haut de leurs chevaux. Cet armement faisait des cavaliers des légions une sorte de grosse cavalerie. Mais quand les alliés et les auxiliaires fournirent aux armées des Romains une cavalerie deux fois plus nombreuse que la leur, une grande partie de ce contingent fut employé comme troupe légère. Ainsi, il y avait des cavaliers armés d'un arc et de flèches (*equites sagittarii*). Après la soumission de l'Afrique la cavalerie numide forma dans les armées romaines un corps remarquable par la rapidité et l'habileté de ses évolutions. Quelques cavaliers même conduisaient deux chevaux au combat, et sautaient de l'un sur l'autre avec une légèreté surprenante (*desultores Tarentini*). Sous l'empire il y eût dans la cavalerie romaine des *cataphracti*, tout couverts de fer et dont les chevaux avaient la tête et le poitrail également garantis contre les traits par des lames de fer.

Il n'est pas nécessaire de faire observer que dans les derniers temps de la république, quand on parle de cavaliers, d'*equites*, il ne peut plus être question de l'ordre équestre, ni même de ces cavaliers volontaires à qui l'état de leur fortune permettait de servir avec un cheval qui leur appartenait. Plus le nombre des légions augmentait, plus il fallut de cavaliers; il n'y eut plus alors parmi ceux-ci qu'un petit nombre de chevaliers romains. Quand l'ordre équestre eut acquis par ses richesses et par les lois des Gracques une grande influence dans l'État, les chevaliers ne servirent plus que comme *tribuni militum*, ou comme *præfecti*. Les autres s'attachaient à la personne du général; ils formaient un corps d'élite (*cohors prætoria*). Ils s'organisèrent ainsi pour la première fois sous Scipion l'Africain.

ARSENAUX. — Bien que les citoyens fussent tenus de s'armer à leurs frais, il y avait cependant des arsenaux (*armamentaria*) où l'on conservait les armes prises sur les ennemis et celles que l'État faisait fabriquer pour servir dans le cas de grande nécessité. L'établissement de la solde ne changea rien à la nécessité imposée à tous les citoyens de se fournir eux-mêmes de leur équipement militaire. Ce n'était qu'en cas de *tumulte* que l'État faisait distribuer aux citoyens les armes qu'il tenait en dépôt. Sous les empereurs les fabriques et les dépôts d'armes furent multipliés dans toutes les provinces; ils étaient placés sous la surveillance d'un *magister fabrum*, et chacun de ces arsenaux avait, comme nous dirions aujourd'hui, sa spécialité dans la fabrication des armes. Dans les *officina hastaria* on confectionnait les armes de jet; dans les *officina scutaria*, les boucliers; dans les *clibanaria*, les cuirasses. Les soldats payaient sur leur solde leurs armes et leurs vêtements, malgré la loi de C. Gracchus, qui leur assurait gratuitement les habits et le blé. Le premier arsenal établi à Rome se trouvait près du temple de Tellus.

ENSEIGNES. — Les légions et ses diverses divisions, les manipules et plus tard les cohortes, la cavalerie et les troupes des alliés avaient leurs enseignes (*signa*) particulières. L'enseigne du manipule avait d'abord été une botte de foin (*manipulus fœni*). Plus tard ce fut une pique à l'extrémité de laquelle était une barre de bois placée en travers, surmontée d'une main d'airain et au dessous de laquelle étaient attachés de petits boucliers ronds, en argent souvent, même en or. L'enseigne du manipule s'appelait souvent aussi *vexillum* ; c'était le nom affecté aux étendards de la cavalerie des vétérans et des alliés, et qui consistaient en une pièce d'étoffe carrée, attachée au haut d'une pique. Les étendards de la cavalerie, à cause de leur couleur rouge, prirent sous les césars le nom de *flammulæ*. On donnait encore le nom de *vexillum* à la bannière qui était déployée sur la tente du général pour donner à l'armée le signal de la sortie du camp.

L'enseigne de la légion était une aigle d'or, d'argent ou de quelque autre métal, ayant les ailes étendues, et qui ordinairement tenait un foudre dans ses serres. Le bois qui soutenait l'aigle se terminait en pointe par le bas afin de pouvoir l'enfoncer dans la terre. L'aigle était confiée au premier centurion de la légion ; quand il l'arrachait du sol (*signa convellebat*), c'était le signal de la marche. Souvent on tirait un présage du plus ou moins de facilité avec laquelle l'*aquilifer* enlevait l'aigle. Ce ne fut qu'à partir du temps de Marius que l'aigle fut la seule enseigne de la légion. Jusqu'à cette époque on l'avait souvent remplacée par l'image de plusieurs autres animaux, par celle du loup, consacré à Mars, et qui rappelait l'origine de Rome, par celle du Minotaure, symbole du mystère qui devait couvrir le plan de la guerre, par celle du cheval, symbole de la rapidité avec laquelle devaient se faire les mouvements de l'armée, ou bien par celle d'un sanglier, symbole de paix, parce que toute conclusion d'un traité était sanctionnée par l'immolation d'un porc.

Nul peuple n'eut autant que les Romains un respect religieux pour ses enseignes. C'est sur les aigles que l'on prêtait le serment militaire ; on y attachait un caractère divin (*numina legionum*). Le lieu où l'aigle était déposée était sacré (*sacellum*). C'était une honte pour la légion que d'avoir perdu son aigle ; pour celui à qui elle était confiée, c'était un crime souvent puni de la peine capitale. Il n'est pas sans intérêt de remarquer, au sujet de l'importance que les Romains attachaient à leurs enseignes, qu'il n'y a aucune des circonstances de la vie militaire qui ne puisse être désignée par une expression dans laquelle entre le mot *signa* : sortir du camp, *signa e castris efferre* ; marcher contre l'ennemi, *infestis signis ire* ; combattre, *signa cum hoste conferre* ; se mettre en marche, *signa vellere* ; faire retraite, *signa referre* ; déserter, *a signis discedere* ; être en congé, *a signis abesse*, etc., etc.

EXERCICES MILITAIRES. — Les Romains étaient formés dès leur jeunesse, et par de longs exercices, au service militaire. Leur corps s'endurcissait par les fatigues du Champ de Mars ; ils s'instruisaient à toutes les manœuvres de la guerre, à tous les travaux de la vie des camps. Le premier exercice était la marche régulière au pas et en rangs (*ambulatio*). Pendant l'été les Romains faisaient en cinq heures vingt mille pas au pas militaire ou vingt-quatre mille au pas de course (*plenus gradus*). Puis venaient la course (*cursus, decursio*) faite en portant tout le bagage militaire ; le saut (*saltus*) pour s'habituer à vaincre les difficultés du terrain, à tomber rapidement sur l'ennemi et à reprendre de suite son rang ; la natation (*natandi usus*), si nécessaire pour le passage des fleuves, et à laquelle étaient obligés les soldats de la cavalerie aussi bien que ceux de l'infanterie, et même les valets d'armée, les *lixæ* et les *agasones*. Un autre exercice était celui du poteau (*ad scuta viminea vel ad palos exercitari*). Un pieu de plus de six pieds était dressé dans le sol pour figurer un ennemi ; le jeune soldat (*tiro*) devait l'attaquer, armé d'un bouclier d'osier (*crates*) et d'un bâton de bois (*clava, rudis*), deux fois plus lourds que l'épée et le bouclier ordinaire. Il apprenait à se mouvoir avec légèreté sous les armes et à frapper l'ennemi de tous côtés (*non cæsim sed punctim ferire*). Ensuite il y avait le jet du javelot. Ces exercices étaient présidés par le *lanista* ou *campi doctor*, qui constatait si le javelot avait été lancé avec force et s'il avait frappé près du poteau. Les javelots employés étaient deux fois plus lourds que ceux qui servaient au combat, et ils n'avaient pas de fer ni de pointe (*missilia præpilata*). Les jeunes soldats étaient encore exercés à lancer des pierres avec la fronde et avec la main. Dans tous ces exercices le soldat portait des charges considérables, allant jusqu'à soixante livres. Quant aux cavaliers, ils étaient exercés à sauter sur leur cheval et à en descendre tout armés avec une longue lance et une épée nue dans la main.

A ces exercices, auxquels la jeunesse romaine se livrait isolément, il faut joindre les évolutions des soldats réunis en troupes, les manœuvres de la légion, les combats simulés des armées ou des flottes entières (*simulacra terrestris et navalis pugnæ*).

ARMÉE EN MARCHE; BAGAGE DES SOLDATS. — Nous venons de considérer l'armée romaine en temps de paix. Voyons-la maintenant en campagne. Avant de quitter la ville, le général romain allait dans le temple de Mars, et frappait les boucliers (*ancilia*) et la lance du dieu en prononçant ces paroles : *Mars, vigila;* il offrait au Capitole un sacrifice solennel, et célébrait les féries latines. Il se rendait ensuite, accompagné de ses amis, jusqu'au lieu où était fixé le rendez-vous des troupes; il faisait une revue de l'armée (*lustrare*), et l'ordre de la marche était donné aussitôt après. En marche le soldat romain portait une charge d'environ soixante livres. Outre ses armes, il avait deux, trois, quatre, souvent douze pieux, divers instruments (*ustensilia*), une scie, un panier, une pioche (*rutrum*), une faux et une lanière de cuir (*falx et lorum ad pabulandum*), en outre un havresac de cuir dans lequel il y avait des vivres pour quatorze jours, quelquefois même pour un mois. Pour les tentes et le gros bagage de l'armée, il était porté par des bêtes de somme (*jumenta sarcinaria*). Les cavaliers avaient pour le transport de leur bagage un second cheval, que conduisait un valet (*agaso*). Les soldats de l'infanterie n'avaient pas le droit de rien mettre de leur bagage particulier (*sarcinæ*) avec celui de l'armée (*impedimenta*) porté par les bêtes de somme. Ce n'était qu'au moment de la bataille qu'ils s'en débarrassaient, et ils combattaient n'ayant que leurs armes (*expediti*). Dans le principe, l'armée romaine s'enfermait chaque soir dans un camp; elle ne faisait alors les journées de marche que d'un camp à un autre camp précédé d'une avant-garde qui éclairait la route et suivie d'une arrière-garde qui couvrait les derrières des légions, tous les soldats gardant leurs rangs, observant leurs distances, et toutes les troupes marchant en colonnes aussi larges que possible et dans un ordre qui leur permettait de se déployer promptement en bataille. Cette obligation de construire chaque jour un camp était d'une extrême prudence, mais mettait beaucoup de lenteur dans les opérations de la guerre et devenait souvent dangereux. Q. Fabius Maximus Rullianus, consul en 314 et en 299, fut le premier qui se distingua par la rapidité et l'habileté de ses marches; Q. Fabius Maximus Verrucosus, l'heureux adversaire d'Annibal, imita son exemple, et plus tard J. César les surpassa tous.

PRÉLIMINAIRES DU COMBAT. — Le général ne se disposait jamais au combat sans consulter les auspices et sans offrir un sacrifice (*auspicabatur et litabatur*). Les dieux se montraient-ils favorables, on déployait aussitôt au-dessus de la tente du général une bannière rouge, pour avertir les soldats qu'ils eussent à se préparer au combat. La trompette indiquait ensuite le moment de se réunir. Le général faisait alors un discours du haut de son tribunal, si c'était dans le camp, du haut de son cheval si l'armée était déjà rangée en bataille. L'armée répondait par des cris en levant les mains et en agitant ses armes (*militaris assensus*); si elle avait quelque crainte, elle le témoignait par son silence. Aussitôt après le discours du général, toutes les trompettes sonnaient pour donner le signal du combat, et le cri aux armes retentissait dans tous les rangs (*ad arma conclamatum est*); pour augmenter ce bruit les valets d'armes jetaient des pierres dans des vases d'airain. Les bannières étaient immédiatement enlevées et le mot d'ordre communiqué de vive voix ou sur une petite tablette (*tessera*). C'étaient ordinairement Hercule invincible, Vénus victorieuse, Liberté ou Bonheur. Quand les deux consuls étaient ensemble à la tête de l'armée, la trompette sonnait deux fois dans le camp et sur le champ de bataille.

ORDRE DE BATAILLE. — L'ordre de

bataille le plus ordinaire aux Romains était celui qu'ils appelaient en quinconce. Les quinze manipules des hastats, où chaque soldat avait un espace de trois pieds pour ses mouvements, formaient la première ligne. Les quinze manipules des princes formaient la seconde. Mais les manipules de ces deux lignes étaient disposés de telle sorte que l'intervalle laissé entre les manipules de la première correspondait toujours à un manipule de la seconde. Ainsi les princes pouvaient passer entre les hastats et réciproquement les hastats pouvaient se replier entre les princes. Il n'y avait pas de jours dans la ligne; et cependant les mouvements étaient prompts et faciles. Si la première ligne était mise en désordre, elle passait rapidement (*presso pede*) derrière la seconde. Si la seconde ligne ne pouvait pas tenir, elle reculait également, et les triaires, qui se tenaient prêts à combattre, prenaient la place des *principes* et des *hastati*. La victoire demeurait-elle encore incertaine, les *hastati* et les *principes* venaient remplir les espaces laissés vides entre les manipules des triaires; et toute l'armée combattait à la fois sur une seule ligne (*compressis ordinibus, unoque continenti agmine*). Les deux premières lignes se mêlaient alors en une seule, pour empêcher que l'ennemi ne rompît les rangs en lançant sa cavalerie ou ses éléphants au milieu des vides.

C'étaient les troupes légères et la cavalerie qui commençaient presque toujours la bataille. Celle-ci couvrait les flancs de la légion; celles-là, placées d'abord devant les *hastats*, se repliaient derrière les *triarii*, après avoir ouvert l'attaque. Nous avons vu quelle était au commencement de la république la distribution de l'armée :

1re *ligne* : 15 *manipuli hastati* de 80 hommes, dont 60 pesamment armés, 20 armés à la légère; en tout. 4,200 h.
2e *ligne* : 15 *manipuli* de *principes* de 80 hommes, également partagés en 60 hommes pesamment armés et 20 armés à la légère; en tout. 1,200
3e *ligne* : 10 *ordines* de *triarii*, de 60 hommes pesamment armés. . . . 600
110 de *rorarii*, de 60 h. armés à la légère. 600
110 d'*accensi*, de 60 h. 600
                                          4,200 h.

Au temps des guerres Puniques ces troupes furent ainsi distribuées :

1re *ligne* : 10 *manipuli* de *hastati*, de 120 hommes. . . . . 1,200 h.
2e *ligne* : 10 *manipuli* de *principes*, de 120 h. 1,200
3e *ligne* : 10 *manipuli* de *triarii*, de 60 h. 600
En dehors de ces lignes; troupes légères, vélites. 1,200
                                          4,200 h.

Les troupes pesamment armées formaient les trois lignes de bataille; les plus jeunes, celle des *hastati*, les plus âgés celle des triaires. Le manipule des *principes* et des *hastati* présentait dix hommes de front sur douze de profondeur; celui des triaires présentait dix hommes de front sur six seulement de profondeur. Les vélites n'avaient ni place fixe ni chef à eux; ils étaient répartis sous les chefs des différentes troupes : tantôt ils étaient appelés à remplir les vides entre les manipules de l'infanterie pesante, tantôt ils étaient placés sur les flancs, tantôt devant la première ligne pour attaquer. C'étaient toujours les citoyens les plus jeunes et les plus pauvres qui servaient dans ces troupes.

L'aigle était avec les triaires; mais au centre de chaque manipule était un *vexillum*. La cavalerie se plaçait sur les ailes (*alæ, cornua*), divisée en turmes de dix hommes de front sur trois de profondeur.

RÉSERVE. — Il arrivait souvent que les Romains avaient un assez grand nombre de troupes pour n'être pas obligés de les employer toutes à la fois; ils formaient alors un, deux ou trois corps de réserve (*in subsidio*). Quand l'armée tout entière était réunie en un seul ordre de bataille, elle était dite *acies simplex*. Quand on en avait séparé un corps de réserve, elle était dite *acies duplex*. Souvent cependant les expressions *acies duplex*, *acies triplex*, *acies simplex*, ne servaient qu'à distinguer la disposition sur plusieurs lignes de la disposition sur une seule. Ainsi il arrivait fréquemment que les triaires étaient laissés à la garde du camp, et que l'armée ne formait que deux lignes.

C'est à l'époque des guerres Puniques que fut établie, comme nous l'avons déjà dit, la division par cohortes. La cohorte fut d'abord formée de deux manipules; il y eut cinq cohortes au lieu de dix manipules de *principes;* ceux-ci remplacèrent alors dans la première ligne de bataille les *hastati*, qui occupèrent la seconde. La cohorte comprenait ainsi deux cent quarante hommes. Plus tard la légion tout entière fut partagée en dix cohortes. La cohorte renferma alors un dixième des troupes pesamment armées et un dixième des troupes légères de la légion; c'est-à-dire un manipule de *principes,* un de *hastati,* un des *triaires* et un de *vélites,* bien que ces anciennes dénominations commençassent à disparaître. La cohorte était de quatre cents hommes ordinairement, quelquefois de cinq cents, à certaines époques de six cents.

DIVERS MODES D'ATTAQUE. — Le mode d'attaque le plus ancien et le plus utile était l'attaque sur une ligne droite, *agmen quadratum*, les flancs bien couverts et toutes les parties de l'armée étant en mesure de se soutenir les unes les autres.

L'ordre de bataille le plus employé après celui-là était l'ordre oblique. Quand l'armée était arrivée à cent quarante ou à cent cinquante pas de l'ennemi, l'aile gauche se repliait hors de la portée du trait, tandis qu'au contraire le premier manipule ou la première cohorte de l'aile droite s'avançait pour engager le combat. Le deuxième manipule suivait à une certaine distance, puis le troisième et ainsi de suite. L'on avançait toujours pour enfoncer l'ennemi sur un point et l'envelopper ensuite. Afin de prévenir une attaque du même genre, le général avait soin de réunir sur le point menacé ou sur celui qui pouvait l'être un corps extraordinaire de cavalerie ou d'infanterie sans déranger l'ordre du reste de l'armée.

Le troisième ordre de bataille était semblable au second, seulement on commençait l'attaque par la gauche.

Le quatrième ordre de bataille consistait à faire avancer précipitamment les deux ailes à la fois, lorsqu'on était à quatre cents ou à cinq cents pas de l'ennemi; le centre marchait plus lentement; l'armée formait alors un demi-cercle, dont l'ennemi se trouvait enveloppé, si la manœuvre avait été habilement exécutée. Végèce nomme encore trois autres ordonnances, qui rentrent dans celles-ci. Remarquons que les Romains combattaient souvent adossés à leur camp et par conséquent protégés sur leurs derrières ; s'ils en étaient éloignés, ils avaient soin d'appuyer au moins une de leurs ailes à un fleuve ou à une montagne.

Pour rompre l'ordre de bataille de l'ennemi, ou pour se dégager, quand elle était elle-même enveloppée, la légion se formait en coin (*cuneus*). C'était ce que nous appellerions aujourd'hui le bataillon carré, ou plutôt un ordre triangulaire, que les soldats appelaient d'une expression vulgaire, *porcinum caput*. Si l'ennemi marchait lui-même ainsi, l'armée manœuvrait de manière à former la pince (*forceps*). Les troupes se rangeaient en forme de V, et enveloppaient de toutes parts l'ennemi. On donnait le nom de scie (*serra*) à un mouvement opéré par des troupes d'élite qui passaient sur le front de la première ligne, afin de lui donner le temps de remettre l'ordre dans les rangs, puis se retiraient quand la ligne s'était raffermie. Lorsque quelques soldats se trouvaient isolés au milieu des ennemis, et qu'ils se serraient les uns contre les autres de manière à faire face de tous côtés à l'attaque, cette disposition s'appelait *globus* ou *orbis* ; la *turris* était la disposition en carré long.

La tortue (*testudo militaris*) était une disposition empruntée aux jeux du cirque. Des lutteurs armés de toutes pièces se formaient, après plusieurs évolutions, en carré et plaçaient leurs boucliers au-dessus de leur tête, serrés les uns contre les autres. Le premier rang se tenait droit; le second se baissait un peu, le troisième davantage, et ainsi de suite jusqu'aux hommes du dernier rang, qui étaient à genoux. Ces boucliers ainsi disposés présentaient l'aspect d'un toit de fer incliné. Alors deux lutteurs y montaient qui y engageaient un combat. Ce qui n'avait d'abord été qu'un jeu devint une opération militaire très-avantageuse, surtout dans les siéges, pour permettre aux soldats de s'approcher des portes et des murs à l'abri des traits. C'était une disposition également utile, quoique moins employée, en rase campagne pour résister à l'ennemi, quand on se trouvait entouré ou trop vivement pressé. Alors ceux qui étaient sur la face du carré, au lieu de tenir leur bouclier sur leur tête, le plaçaient devant eux.

PASSAGE DES FLEUVES. — Le passage des fleuves s'effectuait ordinairement dans les endroits où il y avait un gué. Quand l'eau était haute et rapide, la cavalerie se mettait sur deux lignes en travers du fleuve, pour briser d'un côté sa force du courant, et de l'autre pour retenir et sauver les soldats qui seraient entraînés. Si le passage ne pouvait pas s'effectuer de cette manière, on réunissait des bateaux, que l'on liait ensemble avec des poutres et qu'on recouvrait de planches. Dans les derniers temps les armées portaient toujours à cet effet, dans leurs bagages, de légers bateaux et tout ce qui était nécessaire à la construction d'un pont. S'il était impossible de trouver un gué et de construire un pont, on détournait une partie des eaux du fleuve au moyen de fossés, afin de créer un gué artificiel.

CAMPS. — Quand l'armée romaine était en marche, elle ne s'arrêtait jamais pour la nuit sans dresser un camp. Aussi, pour dire le second ou le troisième jour de marche, *altero*, *tertio die*, on disait *secundis*, *tertiis castris*. Un camp dans lequel on séjournait longtemps portait le nom de *castra stativa*. On appelait simplement *castra*, ou *mansio*, celui dans lequel on ne s'arrêtait qu'une nuit. Depuis le siège de Véies les Romains faisaient de longues campagnes. Leurs camps d'hiver s'appelaient *castra hiberna*, leurs camps d'été *castra æstiva*. Le choix d'un emplacement pour le camp et la détermination de ses limites devaient se faire avec beaucoup de soin. On envoyait en avant un tribun militaire avec quelques centurions et un corps de troupes pour reconnaître les lieux et fixer la place du camp. Il fallait qu'elle fût à l'abri des attaques, et par conséquent autant que possible forte d'assiette, que l'armée pût s'y loger à l'aise, et qu'il y eût de l'eau dans le voisinage.

DIVISIONS INTÉRIEURES DU CAMP. — Pour dessiner le camp on suivait comme pour la fondation d'une ville toutes les prescriptions de l'art augural; sa forme comme ses divisions intérieures étaient immuables. C'était toujours un carré parfait pour deux légions, un carré long, quand les deux armées consulaires se réunissaient. Après avoir déterminé l'emplacement du *prætorium*, qui devait se trouver dans une position qui dominât tout le camp, on fixait de là, comme d'un *tabernaculum*, les deux lignes sacrées, le *cardo maximus* et le *decumanus*. Les autres lignes de séparation intérieure devaient être parallèles à celles-ci. Le nom donné à une des portes du camp (*porta decumana*) rappelle ces anciennes dénominations et ces anciens usages. Le *prætorium* se trouvait juste au point où le *cardo maximus* coupait le *decumanus*; et vis-à-vis la *porta prætoriana*, qui faisait face à l'ennemi. On le distinguait à sa position élevée, à l'étendard blanc dont il était surmonté et au grand espace vide qui l'entourait. Cet espace formait un carré dont les côtés avaient deux cents pieds de long et qui comprenait ainsi quatre *jugera*, ou quarante mille pieds carrés. La tente du général portait le nom de *prætorium*, parce que dans l'origine les consuls s'étaient appelés *prætores*.

Le camp était partagé par deux grandes rues, l'une allant de la *porte prétoriane* à la *porte décumane*, l'autre perpendiculaire à celle-ci allant de la *porta principalis dextra* à la *porta principalis sinistra*. Cette rue appelée *principia* était du double plus large que toutes les autres; elle avait cent pieds de largeur, séparait le camp en deux parties bien distinctes, l'une antérieure, ne comprenant qu'un tiers du camp, et occupée par les commandants supérieurs et par les corps d'élite; l'autre comprenant les deux tiers du camp, et occupée par le gros de l'armée. Cette dernière partie était elle-même coupée en deux, dans sa largeur, par une rue moitié moins large que la *principia*, à laquelle elle était parallèle; cette rue était appelée *quintana*, et n'aboutissait pas à une sortie hors du camp. Tout autour du camp régnait un large fossé, dont la terre rejetée en dedans formait un rempart intérieur garni de pieux et de palissades; elle n'était interrompue qu'en quatre endroits, à la place des portes que nous avons mentionnées plus haut. Une rue de deux cents pieds de large était ménagée entre les tentes et le rempart.

LE PRÉTOIRE. — Dans la partie antérieure du camp se trouvait, outre le *prætorium*, l'*augurale*, lieu où le général offrait des sacrifices et consultait les auspices ; le *quæstorium*, tente du questeur ; le *forum militare*, place d'armes avec le *tribunal*. Près du *prætorium* était la prison où étaient gardés les captifs. C'est devant la tente du général qu'étaient déposés les aigles et les enseignes. Derrière le *prætorium*, le long de la rue *principia*, étaient les tentes des tribuns militaires. De chaque côté du *prætorium*, à droite et à gauche de la place d'armes, étaient les tentes des *evocati* et des troupes d'élite (*selecti*) attachées au service particulier des personnages de distinction qui accompagnaient le général. La cavalerie se trouvait du côté de la place, l'infanterie du côté du rempart. Au front du camp se trouvaient, sur deux rangs, la cavalerie et l'infanterie des *extraordinarii*. Ils occupaient toute la largeur du camp, les cavaliers derrière, les fantassins devant.

DISTRIBUTION DES COHORTES DANS LE CAMP. — Dans la seconde partie du camp l'armée était distribuée de telle sorte que les Romains occupaient le centre et les alliés les côtés. A droite et à gauche de la voie qui en coupait le milieu étaient les logements de la cavalerie, derrière étaient ceux des triaires, puis ceux des hastats. Cette distribution était répétée de l'autre côté de la *via quintana*. Quant aux alliés, ils étaient rangés de telle sorte que du côté gauche du camp leur cavalerie occupait la partie inférieure, et leur infanterie la partie supérieure ; c'était le contraire du côté droit. Pour faciliter tous les mouvements on ménageait des rues transversales de cinquante pieds de largeur entre les logements des alliés et ceux des hastats, entre ceux des princes et ceux des triaires. Ainsi, les triaires étaient adossés à la cavalerie qui faisait face à la rue du milieu du camp ; les princes faisaient face aux triaires, dont une rue les séparait, et étaient adossés aux hastats, qu'une nouvelle rue séparait des alliés, dont une partie faisait face aux hastats, et l'autre au retranchement. Du retranchement aux tentes il y avait deux cents pieds de distance ; cet espace servait à faciliter l'entrée et la sortie des troupes ; on y mettait aussi les bestiaux et tout ce qu'on prenait sur l'ennemi. Un autre avantage considérable c'est que dans les attaques de nuit il n'avait ni feu ni trait qui pût arriver aux tentes, si ce n'est très-rarement. Les vélites fournissaient toutes les gardes des portes et les grand'gardes qui veillaient en dehors du retranchement (*excubia*). S'il arrivait quelque renfort de troupes auxiliaires alors que le camp était achevé, on les établissait sur la place réservée autour du prétoire. Si quatre légions et deux consuls campaient ensemble, la disposition était la même pour l'une et l'autre armée ; seulement il faut s'imaginer deux armées tournées l'une vers l'autre et jointes par les côtés où les extraordinaires de l'une et de l'autre étaient placés. Le camp formait alors un carré long occupant un terrain double du premier.

CONSTRUCTION DU RETRANCHEMENT. — Dès que les diverses mesures pour l'établissement du camp avaient été prises et marquées, les travaux du campement étaient bien vite terminés. Des piques fichées dans le sol indiquaient la place des rues, et des enseignes rouges portant des numéros celle du logement des différents corps. Sous les empereurs il y eut un officier spécial (*præfectus castrorum*) chargé de présider à la formation du camp. Les tentes étaient faites de peaux de bœuf cousues ensemble : aussi étaient-elles appelées indifféremment *tentoria* ou *pelles* ; chacune contenait dix hommes (*contubernales*).

Si l'ennemi était dans le voisinage et voulait entraver les travaux, l'armée s'arrêtait. La moitié de l'infanterie marchait en avant avec toute la cavalerie, et contenait l'ennemi pendant que l'autre moitié de l'infanterie ayant déposé autour de ses enseignes les bagages et les armes, sans l'épée, que chaque soldat conservait, creusait le fossé et faisait le retranchement. Les légionnaires faisaient deux côtés du camp, les auxiliaires les deux autres, et l'on travaillait comme en ordre de bataille ; chaque homme avait dix pieds de fossé et de retranchement à faire. Aussi tout était bientôt fini. Alors les troupes engagées se repliaient en bon ordre, et l'armée entière se trouvait à la vue de l'ennemi étonné, à l'abri derrière de bonnes lignes de défense.

SERVICE DANS LE CAMP. — Une fois que les travaux du campement étaient achevés, les tribuns faisaient prêter à tous les soldats et aux valets attachés à l'armée le serment de ne rien dérober et de remettre entre leurs mains tout ce qu'ils pourraient trouver. Les tribuns distribuaient ensuite le service du camp de la manière suivante : Deux des vingt manipules des hastats et des princes étaient désignés dans chaque légion pour entretenir la propreté de la rue *principia*, qui bordait les tentes des tribuns militaires et qui était traversée toute la journée par les soldats. Les dix-huit manipules restant étaient partagés par le sort de manière à ce qu'il y en eût trois affectés au service de chacun des six tribuns de la légion. Ce service consistait à dresser la tente, après avoir aplani le sol, et à monter la garde auprès de la tente du tribun ; il fallait qu'il y eût toujours quatre hommes devant la tente pour être aux ordres du tribun et quatre derrière pour prendre soin de ses chevaux. Ce service n'avait rien de pénible, parce qu'il n'était que de quelques heures et ne revenait jamais qu'au bout de cinq jours. Chaque manipule des triaires avait pour devoir de fournir une garde de quatre hommes dans l'espace qui les séparait des cavaliers, afin d'empêcher que les chevaux n'occasionnassent quelques désordres en s'échappant ou en s'embarrassant dans leurs liens. En outre, les manipules des triaires étaient chargés successivement de monter la garde autour du prétoire tant pour la sûreté que pour la dignité du général.

MOT D'ORDRE. — Au lever du jour les cavaliers et les centurions se rendaient à la tente des tribuns et ceux-ci à celle du consul. Le général donnait l'ordre pour cette journée aux tribuns, qui le communiquaient aux cavaliers et aux centurions, et ces derniers l'annonçaient aux troupes qu'ils commandaient. Quant à la communication du mot d'ordre pour la nuit, voici comment elle se faisait. Il y avait un homme désigné par le sort dans chacun des dixièmes manipules et des dixièmes escadrons qui étaient logés dans la partie du camp la plus éloignée de la tente du tribun ; il avait le nom de *tesserarius*, et était affranchi de tout service dans le camp ; son seul devoir était de se rendre au coucher du soleil à la tente du tribun pour recevoir de lui le mot d'ordre, inscrit sur une tablette, *tessera*. Il retournait immédiatement dans son manipule, et communiquait devant témoins la tablette au centurion du manipule voisin. Celui-ci la passait au centurion du manipule suivant, et la tablette arrivait ainsi avant que la nuit fut tombée entre les mains du premier centurion, qui la rapportait au tribun.

VEILLES, GARDES DE NUIT. — En outre des gardes auxquelles les soldats étaient obligés durant le jour, il y avait des gardes de nuit. Ainsi, chaque manipule devait être gardé par un poste de quatre hommes pour la nuit, chacun des légats et le questeur en avait de trois hommes. Les parties extérieures du camp étaient gardées pendant la nuit par les troupes légères, qui pendant le jour faisaient sentinelle sur le rempart. Il y avait à chaque porte un poste de dix vélites. Pour les gardes de nuit, *vigiliæ*, chaque cohorte fournissait quatre hommes. Tous les soirs, au moment où le soleil allait se coucher, le général congédiait les *legati* et les officiers qui l'entouraient (*prætorium dimittebat*); aussitôt les trompettes sonnaient, et l'on posait les sentinelles. Les premières étaient les soldats qu'un officier subalterne, l'*uragus*, avait conduit quelques instants auparavant au tribun et qui en avaient reçu une petite tablette marquée d'un certain signe. Pour chaque poste il y avait quatre soldats, dont chacun veillait à son tour. Ces gardes étaient relevées quatre fois la nuit au son de la trompette (*tuba*), ou du cor, *buccina* D'où les expressions *ad primam, secundam, tertiam buccinam*, pour dire à la première, à la seconde, à la troisième veille. La première veille commençait au coucher du soleil, et la seconde finissait à minuit ; la troisième et la quatrième occupaient le reste de la nuit jusqu'au lever du soleil. Comme nous le disions tout à l'heure, ces veilles étaient plus ou moins longues, selon les saisons. Le centurion primipilaire était chargé de marquer la division des veilles ; et il le faisait au moyen d'une clepsydre ou horloge à eau.

RONDES. — C'étaient les cavaliers qui étaient chargés de la surveillance des postes; souvent les tribuns eux-mêmes prenaient ce soin, et dans les circonstances extraordinaires le général se le réservait. Au temps des empereurs les tribuns s'en déchargèrent sur plusieurs officiers inférieurs, et plus tard cette surveillance fut affectée à un grade spécial, aux *circitores*. Quand c'étaient les cavaliers qui devaient faire l'inspection, le premier décurion du premier escadron de la première légion ordonnait à un de ses *uragi* de commander quatre hommes pour ce service; et le soir il prévenait le décurion du deuxième escadron que c'était son tour le lendemain. Les quatre cavaliers désignés se partageaient les quatre veilles par le sort, puis ils allaient prendre les ordres du tribun militaire, et revenaient auprès du premier manipule des triaires, qui faisait annoncer par le son de la trompette qu'on posât les postes de nuit. Le cavalier, dans sa ronde, prenait avec lui quelques témoins; et il visitait non-seulement les gardes postées au retranchement et aux portes, mais encore toutes celles qui étaient à chaque cohorte et à chaque escadron. A chaque poste qu'il visitait il se faisait donner la *tessera* par la sentinelle. S'il la trouvait endormie ou si quelqu'un manquait au poste, il le faisait remarquer aux soldats qui l'accompagnaient. Le lendemain ceux qui avaient fait la ronde portaient dès le matin, au point du jour, au tribun la petite pièce de bois. S'il n'en manquait aucune, on n'avait rien à leur reprocher, et ils se retiraient; si on en rapportait moins qu'il n'y avait eu de gardes, on vérifiait quelle garde ne s'était point trouvée à son poste. On en confrontait les soldats avec ceux de la ronde, et on assemblait le conseil de guerre. Les tribuns jugeaient, et le coupable était passé par les verges.

SIGNAUX. — Les instruments employés pour les signaux militaires étaient: 1° *tuba*, appelée aussi *æs rectum*, sorte de trompette à tuyau droit et employée par l'infanterie; 2° *lituus*, ainsi nommé à cause de sa ressemblance avec le bâton augural, trompette recourbée à son extrémité, appelée aussi *æs aduncum*, servant à la cavalerie; 3° *cornu*, formé d'une corne de vache montée en argent; 4° *buccina*, cor de métal plus arrondi encore. Les *tubicines* donnaient le signal des travaux pour les soldats isolés; les *cornicines* sonnaient pour donner un ordre aux troupes réunies et ayant leurs enseignes. Au commencement du combat tous les instruments sonnaient à la fois, *classicum canebat*. Un trompette placé près du consul sonnait d'abord, et ce signal, répété par tous les instruments, retentissait dans l'armée entière. Il n'y avait pas que la légion qui eût ses *tubicines*, ses *cornicines* et ses *buccinatores*, en un seul mot ses *æneatores*; chaque cohorte, chaque escadron, avait les siens. Le *classicum* ne pouvait sonner qu'en présence du général. Ainsi, quand un soldat était mis à mort, le *classicum* se faisait entendre, parce qu'il n'y avait que le général qui pût faire exécuter une sentence capitale. Il y avait des sonneries particulières pour l'attaque, la marche en avant, la retraite et la halte.

Les sons de la trompette étaient des *signa semivocalia;* il y avait aussi des *signa muta*, donnés par les aigles des légions, les enseignes des turmes et des manipules. Un drapeau rouge, arboré sur la tente du général, annonçait le combat. Quand les divers corps de l'armée étaient éloignés, séparés, il y avait d'autres signaux, le jour la fumée, la nuit, des feux allumés sur des édifices ou sur des lieux élevés; quelquefois même on faisait des signaux avec des poutres élevées sur des tours, et dont les diverses inclinaisons offraient différents sens; prévision grossière de nos télégraphes.

FORTIFICATIONS ET ATTAQUE DES VILLES. — Les Romains eurent souvent à prendre des villes défendues par la nature ou par l'art. Les villes d'Italie avaient des remparts disposés comme aujourd'hui, de manière à ne pas présenter au dehors une ligne droite, mais des angles alternativement rentrants et saillants. Cette disposition était des plus nécessaires à cette époque, où il fallait attaquer les murs de près; elle ne permettait pas aux assiégeants d'approcher sans s'exposer à être écrasés de tous côtés. Devant le mur il y avait un large et profond fossé, le plus possible rempli d'eau; derrière, un parapet formé avec la terre retirée du fossé. Souvent, pour rendre l'enceinte inébranlable aux coups des béliers, on construisait en arrière du mur principal deux autres murs à vingt pieds de distance l'un de l'autre, le premier presque aussi haut que l'enceinte. Le second beaucoup plus bas; l'intervalle qui les séparait était rempli par la terre tirée du fossé, de sorte que le rempart s'élevait en pente douce de l'intérieur de la ville jusqu'à la crête du mur et des tours. Les portes étaient garnies de peaux ou de fer pour être à l'abri du feu. Le plus souvent elles étaient défendues par un ouvrage extérieur (*propugnaculum*), surmonté d'une haute herse (*cataracta*), qu'on tenait suspendue et qu'on laissait tomber au moyen de poulies et de chaînes de fer derrière les assiégeants, quand ils avaient forcé l'entrée de ce premier ouvrage. Des ouvertures étaient pratiquées au-dessus de la porte pour jeter de l'eau en cas d'incendie. Les soldats qui se tenaient sur les remparts étaient protégés contre les traits des assiégeants par des abris de peau de chèvre ou de grosse toile placés entre les creneaux. Quand les échelles étaient appliquées contre les murs on les brisait et on renversait les assiégeants au moyen de larges chaînes chargées de pierres, *crates*, *metalla*. Quand une ville n'avait pu être prise par une première attaque, les Romains l'entouraient de troupes, *corona cingebant*, soit pour la tenir seulement bloquée (*obsessio*), soit pour tâcher de la prendre d'assaut (*oppugnatio*).

On commençait par tirer autour de la ville deux murs de circonvallation, l'un contre les assiégés pour empêcher les sorties, l'autre contre les attaques ou les surprises qui pourraient venir du dehors. Ce double rempart était formé d'un talus en terre bordé d'un fossé, et garni souvent d'un parapet, d'un mur épais et de tours. C'était entre ces deux lignes que les assiégeants plaçaient leur camp. Le rempart de terre était soutenu du côté du parapet par de fortes palissades de bois (*cervi*). Outre le fossé principal, il y avait d'autres fossés, plus étroits et entourés de pieux aiguisés (*cippi*). Enfin l'on creusait encore en avant de ces derniers des fossés profonds de plusieurs pieds, où l'on enfonçait des pieux avec des pointes de fer et dont on cachait l'ouverture avec des branches entrelacées.

Pour pénétrer dans la ville assiégée on travaillait du côté de la ligne intérieure de circonvallation à élever avec des fascines, des pierres et de la terre une terrasse (*agger*) qui atteignît la ville et le haut des murs; ou bien on creusait des chemins souterrains (*cuniculi*) au moyen desquels on interceptait les conduits d'eau, et on renversait les murs en mettant le feu aux poutres employées à soutenir les galeries de la mine.

Les diverses machines de siége étaient: *la tortue*, sorte de toit formé de poutres et de planches recouvertes de chaume et de peaux. Sous cet abri on disposait une longue poutre armée d'un fort crochet (*falx*), ou d'une lourde tête de fer (*aries*). Le *bélier* servait à ébranler les murs et à faire brèche; *la faux* était ensuite employée à l'augmenter en arrachant les pierres. Ce qui avait fait donner le nom de tortue à cette machine, c'est une certaine analogie entre les mouvements de la poutre et ceux par lesquels la tête de cet animal sort de la carapace et y rentre. Contre le bélier et la tortue les assiégés avaient plusieurs moyens de défense : ou ils amortissaient la force des corps du bélier en lui opposant des sacs de laine, qu'ils faisaient glisser entre lui et le mur, ou ils enlevaient le bélier avec des cordes, ou bien encore ils le saisissaient dans d'énormes pinces de fer armées de dents et appelées loups, et l'arrachaient en renversant le toit qui le couvrait.

Les *vineæ* et les *plutei* étaient d'autres sortes de toits protecteurs. Les *vineæ*, appelés *causiæ* sous les empereurs, étaient formés de bois léger, recouverts d'un double toit de planches et de claies, et garantis sur les côtés contre les pierres et les flèches par des treillages d'osier, contre le feu par des peaux mouillées. Ils avaient huit pieds de haut, sept de large et seize de long. On en réunissait plusieurs ensemble, et on s'approchait à leur abri du pied des murailles.

Les *plutei* étaient des hangars ronds

portés sur trois roues et sous lesquels se plaçaient les archers et les frondeurs.

Les *musculi* étaient encore des toits de défense pour protéger les soldats occupés à creuser les fossés ou à élever les remparts.

En outre des *plutei* et des *vineæ*, les Romains employaient encore dans les siéges des tours mobiles portées sur des roues (*turres mobiles* ou *ambulatoriæ*). Ces tours, construites et garnies comme les précédentes, étaient beaucoup plus larges et plus hautes ; elles avaient souvent trois cents pieds carrés à la base. Leur hauteur n'était pas seulement celle des remparts, mais celle des plus hautes tours de la ville assiégée. Elles avaient plusieurs étages, le plus ordinairement trois. Dans l'étage inférieur il y avait un bélier pour ébranler les murs, dans celui du milieu, un pont pour jeter sur les murs ennemis, et dans celui d'en haut des soldats pour écarter avec des pierres, des javelots et des flèches les assiégés du rempart. Les ponts étaient ou dressés contre les tours, et on les faisait retomber sur le rempart au moyen de cordes, ou bien ils étaient comme à tiroir et placés juste au niveau des murs ; on n'avait qu'à les pousser en dehors.

Pour détruire ces machines d'attaque les assiégés avaient, outre les sorties, plusieurs ressources ; ils lançaient avec la main ou avec des balistes des flèches garnies de matières enflammées ; faisaient descendre pendant la nuit en dehors des murs des soldats qui allaient mettre le feu aux machines, minaient le sol sous les tours mobiles, ou ajoutaient à la hauteur de leurs murs. Aussi les assiégeants, pour tromper les assiégés, ne dressaient le dernier étage de leurs tours qu'au moment où ils touchaient les murs de la ville.

On donnait le nom de *tolleno* à une forte poutre fichée profondément en terre, et sur laquelle en était une autre, posée de manière à faire bascule. Des soldats se plaçaient à l'une des extrémités de cette dernière sur des planches disposées à cet effet. On faisait descendre l'autre extrémité, et ils étaient lancés sur les remparts des assiégés.

Il y avait plusieurs machines servant à lancer des traits sur les remparts ; c'étaient la baliste, l'onagre, et le scorpion. La baliste lançait des flèches, scorpion des traits de moindre dimensio et l'onagre des pierres.

Les Romains ne commençaient jama le siége d'une ville sans sommer solenne lement les dieux protecteurs de l'aba donner (*evocatio*). Dès que les assiég avaient laissé donner contre leurs mu le premier coup de bélier, il ne pouva plus y avoir de capitulation, et le siég ne se terminait que par la prise et par pillage de la ville.

PEINES ET RÉCOMPENSES. — La di cipline militaire des Romains était d'ur extrême rigueur. Les peines les plus s vères consistaient à être condamné l'amende par le tribun, frappé par le ce de vigne du centurion, condamné à bastonnade, *fustuarium*, battu de ver ges, *vergis cædi*, vendu comme e clave, jeté dans une rivière, couve d'une claie chargée de pierres, *sub cra necari*, décapité, *securi percuti*, décla infâme et mis en croix comme un es clave. Plus tard on fit écraser les coupa bles par les éléphants ou déchirer par de bêtes féroces. Polybe raconte commen s'exécutait le *fustuarium*. « Lorsqu'u ronde a trouvé une sentinelle endormie o éloignée de son poste, le conseil de guerr s'assemble, le tribun juge ; et, après avoi prononcé la sentence il prend un bâtor en touche le coupable. Aussitôt tous le légionnaires fondent sur lui à coups d bâton et de pierres, en sorte que le plu souvent il perd la vie dans ce supplice. S quelqu'un en échappe, il n'est pas pou cela sauvé. En vain il retournerait dan sa patrie ; ce retour lui est interdit, e personne de ses parents ou amis n'ose rait lui ouvrir sa maison. Il ne rest plus aucune ressource quand on est un fois tombé dans ce malheur. L'officier su balterne et le commandant d'une compagnie sont punis du même genre de sup plice s'ils manquent d'avertir à propos celui-là la ronde, celui-ci le chef de la turme suivante. Une punition si sé vère fait que la discipline à l'égard des gardes nocturnes est toujours exactement observée. Les soldats reçoivent les ordres des tribuns, et ceux-ci des consuls. Le tribun a un pouvoir absolu lorsqu'il y a des amendes à imposer ou des gages à prendre ou des punitions à ordonner. La bastonnade est encore le supplice de ceux qui volent dans le camp, qui rendent quelque faux témoignage, qui, dans leur jeunesse, abusent de leur corps et se prêtent à quelque infamie, qui ont été repris trois fois de la même faute. Tels sont les crimes punissables. Il en est d'autres qui sont pour les soldats un acte de lâcheté ou d'infamie : comme par exemple si par intérêt on se vante aux tribuns d'un exploit qui n'a pas été fait ; si par crainte on abandonne son poste, ou si on jette ses armes pendant le combat. Aussi voit-on des soldats qui, dans la crainte d'être punis ou déshonorés, bravent tous les périls, et qui, attaqués par un nombre beaucoup supérieur, demeurent inébranlables à leur poste. D'autres, après avoir perdu par hasard leur bouclier ou leur épée ou quelque autre arme dans le combat, se jettent au milieu des ennemis, ou pour recouvrer ce qu'ils ont perdu, ou pour éviter par la mort la honte attachée à la lâcheté et les reproches de leurs compagnons. S'il arrive que plusieurs soient en même temps coupables des mêmes fautes, et que des cohortes entières aient été chassées de leurs postes, alors, au lieu de faire mourir tous ces soldats, on se sert d'un moyen qui n'est pas moins avantageux que terrible. Le tribun assemble la légion. Il se fait présenter ses coupables, et, après une sévère réprimande, il les fait tirer au sort, et en sépare, cinq, huit, vingt, plus ou moins, selon le nombre de ceux qui par crainte ont commis quelque lâcheté, chaque dixième d'entre eux est destiné au supplice, et ceux sur qui le sort tombe sont bâtonnés sans rémission. Le reste est condamné à ne recevoir que de l'orge au lieu de pain et à camper hors du retranchement, au risque d'être attaqué par les ennemis. Or, comme le danger et la crainte de mourir sont égalés pour tous, à cause de l'incertitude du sort, et que la peine honteuse de ne vivre que d'orge s'étend également à tous ces lâches, on trouve dans cette discipline, et un préservatif contre les fautes à venir, et un remède contre les fautes passées. »

Il y avait une punition d'un caractère singulier : « L'usage, dit Aulu-Gelle (liv. X, chap. 8) d'ouvrir une veine et de tirer du sang aux soldats qu'on veut frapper d'une peine infamante remonte à la plus haute antiquité. Je n'en trouve pas la raison dans les anciens écrits que j'ai pu me procurer, mais je pense que ce fut d'abord moins un châtiment qu'un remède employé envers les soldats dont l'intelligence était troublée et l'activité engourdie. Dans la suite, la saignée devint un châtiment, et on prit l'habitude de punir ainsi différentes fautes, sans doute dans l'idée que celui qui commet une faute est malade. » Montesquieu ne fait pas tant de métaphysique, et avec la précision de son génie il va droit à la raison de cette coutume. « Aulu-Gelle, dit-il (*Grand. et décad. des Romains*, chap. 11), donne d'assez mauvaises raisons de la coutume des Romains de faire saigner les soldats qui avaient commis quelque faute : la vraie est que la force étant la principale qualité du soldat, c'était le dégrader que de l'affaiblir. » Ajoutons en preuve de cette assertion l'usage contraire de doubler la ration du soldat qui se distinguait par quelque exploit.

Les fautes légères étaient expiées par des peines moins graves. Ainsi, quand un soldat n'était pas rentré exactement à l'appel ou s'était écarté hors des limites prescrites, il pouvait être privé 1° d'une partie ou de la totalité de sa solde (*stipendio privari* ou *ære dirutus*) ; 2° de quelqu'une de ses armes (*censio hastaria*) ; 3° du droit de loger dans le camp et sous une tente ; 4° de celui de s'asseoir pour manger (*cibum stans capere*) ; 5° des heures de repos (*munerum indictio*). La dégradation consistait à faire passer le coupable d'une arme dans une autre, moins estimée (*militiæ mutatio*).

Polybe parle aussi des récompenses accordées à la valeur. « Les Romains, dit-il, ont un excellent moyen pour inspirer du courage à la jeunesse. Après un combat, si quelques soldats se sont distingués, bientôt le tribun assemble la légion, fait approcher de lui ceux qui se sont signalés par quelque action courageuse, donne d'abord de grandes louanges à cet exploit particulier, en y joignant tout ce qui s'est passé de mémorable dans leur vie, et ensuite il distribue de grandes récompenses. Il fait présent d'une lance à celui qui a blessé l'ennemi ; à celui qui l'a tué et dépouillé, si c'est un fantassin, on lui donne une coupe ; si c'est un cavalier, il reçoit un harnais, quoique autrefois on ne donnât qu'une lance. Ceci pourtant ne doit pas s'entendre d'un soldat qui aurait tué ou dépouillé un ennemi dans une bataille rangée ou dans l'attaque d'une place, mais de celui qui dans une escarmouche, ou en quelque occasion où il n'y a aucune nécessité de combattre en particulier, court de plein gré, et par pure valeur, insulter l'ennemi. Dans la prise d'une ville, ceux qui les premiers montent sur la muraille reçoivent une couronne d'or. Il y a aussi des récompenses pour ceux qui sauvent ou qui défendent des citoyens ou des alliés. Ce sont ceux qui ont été délivrés qui couronnent eux-mêmes leurs libérateurs ; s'ils refusent de le faire, le tribun les y contraint. Ils doivent outre cela, pendant toute leur vie, avoir pour lui le même respect que pour leur père ; et il faut qu'ils lui rendent tous les devoirs qu'ils rendraient à ceux qui leur ont donné la vie. Ce n'est pas seulement à ceux qui sont en campagne et qui servent actuellement que ces récompenses inspirent du courage et de l'émulation, c'est encore à ceux qui sont restés chez eux; car sans parler de la gloire qui accompagne à l'armée ces présents, et de la réputation qu'ils donnent dans la patrie, ceux qui les ont reçus ont droit au retour de la campagne de se présenter dans les jeux et dans les fêtes vêtus d'un habit qu'il n'est permis de porter qu'à ceux dont les consuls ont honoré la valeur. Ils suspendent encore aux endroits les plus apparents de leur maison les dépouilles qu'ils ont remportées sur les ennemis, pour être des monuments et des témoignages de leur courage. Tel est le soin et l'équité avec lesquels on dispense les peines et les honneurs militaires. Doit-on être surpris après cela que les guerres que les Romains entreprennent ont un heureux succès ? »

« Les exploits et les récompenses militaires de Sicinius Dentatus, dit Valère Maxime (liv. III chap. 2) pourraient passer pour incroyables, si des auteurs dignes de foi, entre autres M. Varron, ne les avaient désignés dans leurs ouvrages. Il se signala dans cent vingt batailles, et y déploya tant de courage et de vigueur, qu'il sembla toujours avoir contribué à la victoire. Il conquit sur l'ennemi trente dépouilles, dont huit enlevées en présence des deux armées, à des adversaires qui l'avaient défié au combat; il sauva d'une mort certaine quatorze citoyens; il reçut quarante-cinq blessures à la poitrine, et pas une seule par derrière. Neuf fois il suivit le char triomphal de ses généraux, attirant sur lui les regards de toute la ville, grâce au pompeux appareil de toutes ses récompenses. En effet on portait devant lui huit couronnes d'or, quatorze couronnes civiques, trois couronnes murales, une obsidionale, cent quatre-vingt-trois colliers, dix-huit lances, vingt-cinq caparaçons ; l'on eût dit les distinctions d'une légion plutôt que d'un soldat. »

Les principales récompenses militaires étaient : 1° la *corona civilis*, la couronne civique, faite avec le feuillage du chêne et décernée à celui qui avait sauvé un ou plusieurs citoyens ; c'était de toutes la plus honorable. Au théâtre tout le monde se levait devant celui qui la portait. Il était en outre exempt des charges publiques ainsi que son père et son aïeul. Ainsi, par un pieux usage, qui ne se retrouve plus qu'aux extrémités de l'Orient, Rome faisait remonter la noblesse du fils au père ; 2° la *corona vallaris* ou *castrensis*, donnée à celui qui avait pénétré le premier dans le camp ennemi ; 3° la couronne murale, *corona muralis*, donnée à celui qui avait le premier monté sur les murs d'une ville assiégée ; 4° la couronne navale, *corona navalis*, donnée à celui qui avait le premier sauté à l'abordage d'un vaisseau ennemi. Il ne faut pas confondre avec cette dernière la couronne rostrale, *corona rostralis* ou *classica*, couronne d'or qui fut obtenue pour la première fois par Pompée, après la défaite des pirates, ou, selon d'autres, par Agrippa, après sa victoire navale sur Sextus Pompée ; 5° la couronne obsidionale, *corona obsidionalis*, décernée par les villes au général qui les avait délivrées d'une attaque des ennemis : elle était faite avec l'herbe qui tapissait les murs de la ville.

Il y avait aussi, comme nous le dit Polybe, des armes d'honneur (*hastæ uræ*), soit une enseigne brodée d'or (*vexilla*), soit un collier ou une chaîne d'or (*aureus torques, catellæ, catenulæ*); soit des brassards d'or ou d'argent (*armillæ*), soit des ornements pour mettre sur la tête du cheval (*phaleræ*) ou sur le casque (*cornicula*), ou pour attacher le manteau (*fibulæ*). Les soldats qui avaient pris part au pillage d'une ville ou d'un camp avaient le droit d'orner leurs maisons avec les dépouilles qu'ils avaient prises. Quand le général tuait de sa main le chef des ennemis, il était dit avoir remporté les dépouilles opimes (*spolia opima*), exploit que Rome ne vit que trois fois. Romulus les remporta en tuant Acron roi des Céniniens; Cornelius Cossus en tuant le lars Tolumnius, roi des Véiens, et Marcellus en tuant Viridomare, roi des Gésates. Les dépouilles du chef vaincu étaient suspendues par le vainqueur dans le temple de Jupiter Férétrius. Un genre particulier de récompense militaire consistait à doubler la solde et la ration; les soldats auxquels elle était accordée s'appelaient *duplicarii*.

Le triomphe. — C'était au général qu'étaient réservés les honneurs les plus glorieux et les plus magnifiques. Quand il avait remporté quelque grande victoire, il était salué par ses soldats du titre d'*imperator*. Ce titre lui était confirmé par le sénat, et des actions de grâces solennelles étaient adressées aux dieux en son honneur, *supplicatio*. La supplication n'était d'abord que d'un jour, plus tard elle fut de quatre; et dans les derniers temps de la république elle fut décrétée par le sénat pour quarante, cinquante et soixante jours. La victoire qui avait été célébrée ainsi faisait toujours décerner le triomphe à celui qui l'avait remportée. (*supplicatio est prærogativa triumphi*). Le triomphe était le terme de l'ambition du général. L'origine de cette cérémonie était fort ancienne. Son nom indique qu'elle avait d'abord eu le caractère d'une fête de Bacchus, et c'est sans doute ainsi qu'elle fut célébrée par Romulus. C'était le sénat qui accordait le triomphe. Cependant le peuple le fit souvent célébrer malgré la volonté du sénat. Le triomphe qui s'était fait suivant toutes les règles s'appelait *justus triumphus*; mais on vit quelquefois des géné-

raux triompher malgré le peuple et malgré le sénat. Le triomphe était alors célébré sur le mont Albain. L'an 163, la *lex Porcia triumphalis* établit qu'un général n'aurait droit au triomphe qu'après une bataille dans laquelle il aurait tué au moins cinq mille hommes aux ennemis. Il fallait pour qu'un général obtînt le triomphe, qu'il eût un véritable *imperium* et la direction suprême de la guerre, *ductu et auspicio suo*; qu'il laissât la province où il avait fait la guerre pacifiée, et qu'il revînt à Rome avec son armée. Quand le général victorieux était arrivé sous les murs de la ville, il faisait inviter le sénat à se réunir dans le temple de Bellone ou dans celui d'Apollon, situé en dehors de l'enceinte de la ville. Il ne pouvait pas entrer dans Rome avec le costume de guerre; et s'il quittait les insignes de l'*imperium*, il perdait tous ses droits au triomphe. Si le sénat consentait à se réunir, le général se rendait au milieu des sénateurs, exposait les services qu'il avait rendus à la république, et demandait qu'on lui décernât le triomphe et qu'on rendît des actions de grâce aux dieux (*ut ob eas res gestas diis immortalibus honos haberetur sibique triumphanti urbem invehi liceret*). La demande était-elle accordée, le sénat votait une somme à prélever sur le trésor public pour les frais de la cérémonie; et il soumettait au peuple une *rogation* tendant à obtenir que le général conservât l'*imperium* dans la ville le jour de son triomphe, *ut ei quo die urbem triumphans inveheretur imperium esset*.

La marche triomphale partait du Champ de Mars, passait par la voie Triomphale, par le *campus* et le *circus Flaminius*, sous la porte Triomphale et arrivait au Capitole, en traversant le Forum. Toutes sortes de mets étaient préparés devant chaque maison, les rues étaient jonchées de fleurs et les autels fumaient du feu des sacrifices. En tête du cortège marchaient des musiciens et des chanteurs, derrière eux les victimes destinées à être immolées au Capitole. Elles devaient être blanches et avoir été lavées dans la fontaine *clitumnus*; leurs cornes étaient dorées et ornées de guirlandes et de bandelettes. L'on portait ensuite les trésors les plus précieux du butin, des statues, des tableaux, des vases, des armes, des objets d'or et d'argent artistement travaillés, les couronnes d'or envoyées au triomphateur par les villes alliées, des inscriptions rappelant les exploits les plus importants du général et indiquant le nom des peuples et des villes qu'il avait soumis, quelquefois des peintures représentant les principaux événements de la guerre. Puis venaient les prisonniers ; les chefs et les rois vaincus marchant enchaînés, avec tous leurs insignes et leur cortége. Les licteurs s'avançaient derrière, revêtus d'une tunique de pourpre, et portant les faisceaux couronnés de laurier ; une foule de baladins les suivait avec des couronnes sur la tête, jouant de la cithare et du chalumeau, dansant et chantant ; au milieu d'eux était un pantomime, portant une longue robe de pourpre, une chaîne d'or et des bracelets, qui insultait les prisonniers et excitait les rires de la multitude. Immédiatement devant le général étaient des hommes avec des encensoirs. Le triomphateur avait la *tunica palmata* et la toge brodée d'étoiles, *toga picta*, la couronne de laurier sur la tête, la branche de laurier dans la main droite, le sceptre d'ivoire surmonté de l'aigle dans la main gauche ; son visage, comme celui de la statue de Jupiter dans les grandes fêtes, était peint de vermillon ; un amulette était suspendu à son cou par une chaîne d'or pour le préserver de l'envie. Il était sur un char d'or et d'ivoire orné de pierres précieuses, traîné par quatre chevaux blancs. A certaine époque il le fut par des éléphants. Les fils les plus jeunes et les filles du triomphateur se tenaient sur le char à ses côtés. Ses fils aînés l'accompagnaient à cheval. Derrière le triomphateur était un esclave portant une couronne d'or, qui répétait sans cesse ces mots : *Souviens-toi que tu es homme*. Les parents et les amis du général, vêtus de blanc, ses lieutenants, ses officiers, toute sa suite, ses secrétaires et ses domestiques, puis les consuls, les magistrats et les sénateurs, et les Romains délivrés par le triomphateur de la captivité ou de l'esclavage, suivaient le char. Ces derniers avaient la tête couverte, *pileati*, ou rasée, *capitibus rasis*, comme marque du bienfait qu'ils avaient reçu ; l'armée entière fermait la marche, couronnée de lauriers et avec toutes ses armes et toutes les décorations militaires accordées à sa bravoure. Les soldats avaient le droit de prendre les mets placés devant les maisons, et ils chantaient, à la louange du triomphateur et des chefs, des chansons qui dégénéraient souvent en ironies sanglantes. Enfin un grand cri retentissait de toutes parts parmi les citoyens et les soldats : *Io triomphe!*

Quand le char de triomphe sortait du Forum pour se diriger vers le Capitole, le triomphateur donnait l'ordre que les rois vaincus fussent conduits à la prison pour y recevoir la mort ; il montait en suite au Capitole, où il attendait la nouvelle que l'ordre qu'il avait donné était exécuté. Alors il adressait à Jupiter une prière d'action de grâces ; on immolait les victimes, et il déposait sa couronne dans le sein de Jupiter, en lui consacrant une partie du butin. La cérémonie se terminait par un festin offert par le général au Capitole même, à ses amis et aux personnages principaux de la république. Les consuls s'y trouvaient invités ; mais ils était d'usage qu'ils n'y parussent pas, afin que le triomphateur restât le véritable président de la fête. Après le banquet, le triomphateur était ramené chez lui avec musique et flambeaux (1).

(1) Plutarque décrit ainsi le triomphe de Paul-Émile : « On avait dressé dans les théâtres où se font les courses des chevaux et qu'on appelle cirques, dans les places publiques et dans tous les lieux de la ville d'où l'on pouvait voir la pompe, des échafauds sur lesquels se placèrent des spectateurs vêtus de robes blanches. On ouvrit tous les temples, on les couronna de festons et on y brûla continuellement des parfums. Un grand nombre de licteurs et d'autres officiers publics écartaient ceux qui couraient sans ordre de côté et d'autre ou qui se jetaient trop en avant, et tenaient les rues libres et dégagées. La marche occupa trois jours ; le premier suffit à peine pour voir passer les statues, les tableaux et les figures colossales, qui, portés sur deux cent cinquante chariots, offraient un spectacle imposant. Le second jour on vit passer les armes les plus belles et les plus riches des Macédoniens, tant d'airain que d'acier, et qui, nouvellement fourbies, jetaient le plus grand éclat. Quoi-

La pompe des triomphes alla toujours croissant, à mesure que Rome soumit des royaumes plus puissants et plus riches; souvent il fallait plusieurs jours

que rassemblées avec beaucoup de soin et d'art, elles semblaient avoir été jetées au hasard par monceaux ; c'étaient des casques sur des boucliers, des cuirasses sur des bottines, des pavois de Crète, des targes de Thrace, des carquois entassés pêle-mêle avec des mors et des brides; des épées nues et de longues piques sortaient de tous les côtés, et présentaient leurs pointes menaçantes. Toutes ces armes étaient retenues par des liens un peu lâches, et le mouvement des chariots les faisant se froisser les unes contre les autres, elles rendaient un son aigu et effrayant : la vue seule des armes d'un peuple vaincu inspirait une sorte d'horreur. A la suite de ces chariots marchaient trois mille hommes, qui portaient l'argent monnayé dans sept cent cinquante vases, dont chacun contenait le poids de trente talents, et était soutenu par quatre hommes. D'autres étaient chargés de cratères d'argent, de coupes en forme de cornes, de gobelets et de flacons disposés de manière à être bien vus, et aussi remarquables par leur grandeur que par la beauté de leur ciselure. Le troisième jour, dès le matin, les trompettes se mirent en marche; ils firent entendre, non les airs qu'on a coutume de jouer dans les processions et dans les pompes religieuses, mais ceux que les Romains sonnent pour exciter les troupes au combat. A leur suite étaient cent vingt taureaux qu'on avait engraissés; leurs cornes étaient dorées et leurs corps ornés de bandelettes et de guirlandes. Leurs conducteurs, qui devaient les immoler, étaient de jeunes garçons ceints de tabliers richement brodés et suivis d'autres jeunes gens qui portaient les vases d'or et d'argent pour les sacrifices. On avait placé derrière eux ceux qui étaient chargés de l'or monnayé ; il était distribué comme la monnaie d'argent, dans des vases qui contenaient chacun trois talents; il y en avait soixante-dix-sept. Ils étaient suivis de ceux qui portaient la coupe sacrée, d'or massif, que Paul-Émile avait fait faire, et enrichie de pierres précieuses. On portait à la suite les vases que l'on appelait antigonide, séleucide, thériclée, et toute la vaisselle d'or de Persée. On voyait ensuite le char de Persée, et ses armes surmontées de son diadème.

« A peu de distance marchaient ses enfants captifs, avec leurs gouverneurs, leurs précepteurs et leurs officiers, qui, fondant tous en larmes, tendaient les mains aux spectateurs,

pour faire passer devant le peuple étonné toutes les richesses conquises. L'or et l'argent étaient déposés dans le trésor. Mais une partie en était distribuée aux soldats et montraient à ces enfants à intercéder auprès du peuple, et à lui demander grâce. Il y avait deux garçons et une fille; leur âge tendre les empêchait de sentir toute la grandeur de leurs maux, et un si grand changement de fortune les rendait d'autant plus dignes de pitié qu'ils y étaient moins sensibles.

« Peu s'en fallut même que Persée ne passât sans être remarqué, tant la compassion fixait les yeux des Romains sur ces tendres enfants et leur arrachait des larmes! Ce spectacle excitait un sentiment mêlé de plaisir et de douleur, qui ne cessa que lorsque cette troupe fut passée. Persée venait après ses enfants et leur suite; il était vêtu d'une robe noire, et portait des pantoufles à la macédonienne; on voyait à son air que la grandeur de ses maux lui en faisait craindre de plus grands encore et lui avait troublé l'esprit. Il était suivi de la foule de ses amis et de ses courtisans, qui, marchant accablés de douleur, baignés de larmes, et les regards toujours fixés sur Persée, faisaient juger à tous les spectateurs que, insensibles à leur propre malheur, ils ne déploraient que l'infortune de leur prince. On dit que Persée avait fait prier Paul-Émile de ne pas le donner en spectacle, et de lui épargner la honte d'être traîné au char du triomphateur. Ce général, méprisant sans doute sa lâcheté et son amour pour la vie, répondit : « Ce qu'il me demande était déjà en son pouvoir et l'est encore aujourd'hui, s'il le veut. » C'était lui faire entendre qu'il devait préférer la mort à la honte; mais trop lâche pour se la donner, et amolli par je ne sais quelles espérances, il devint une des dépouilles qui relevèrent le triomphe de son vainqueur. Après cette dernière troupe, on vit passer quatre cents couronnes d'or, que les villes avaient envoyées à Paul-Émile par des ambassadeurs, pour prix de sa victoire.

« Enfin paraissait le triomphateur, monté sur un char magnifiquement paré; mais il n'avait pas besoin de cette pompe majestueuse pour attirer tous les regards : vêtu d'une robe de pourpre brodée en or, il tenait dans sa main droite une branche d'olivier. Toute son armée en portait aussi, et suivait son char, rangée par compagnies, chantant ou des chansons usitées dans ces sortes de cérémonies et mêlées de traits satiriques, ou des chants de victoire pour célébrer les exploits de Paul-Émile. »

qui avaient pris part au triomphe. Souvent le triomphateur donnait un grand banquet au peuple entier, et y joignait même une distribution d'argent, de blé et d'huile. Le lendemain du triomphe le général se présentait devant l'assemblée du peuple pour affirmer par serment devant les questeurs de la ville l'exactitude des rapports faits sur le nombre des hommes tués du côté de l'ennemi et du côté des Romains.

OVATION. — Rarement accordait-on le triomphe au général qui n'avait fait que réparer une défaite par une victoire. Les Romains des derniers temps, qui laissèrent si souvent déchirer la république par les guerres civiles, eurent du moins la pudeur de ne pas décerner le triomphe pour les lauriers honteux qu'on y cueillait. Si la victoire remportée n'était pas assez considérable pour mériter le triomphe, ou si le nom des vaincus n'était pas assez glorieux, comme dans les guerres des Pirates et des Esclaves, on décernait au vainqueur l'*Ovation*, espèce de triomphe de second ordre. Le général avait la prétexte et une couronne de myrte; il était à pied ou à cheval, et, au lieu d'être accompagné de toute son armée, il n'était suivi que du sénat. Enfin il immolait au Capitole une brebis (*ovis*), d'où le nom d'ovation donné à cette pompe.

SOLDE. — Le service militaire fut dans les premiers temps une obligation qui ne donnait droit à aucune rétribution; seulement les cavaliers, bien que pris parmi les plus riches familles, recevaient un double traitement pour l'achat et pour l'entretien de leurs chevaux. Ce ne fut qu'à l'époque où les guerres devinrent plus longues et l'État plus riche que les soldats reçurent une solde régulière. Suivant Tite-Live, c'est au temps du siége de Véies qu'il faut en rapporter l'institution. La solde du soldat romain était de deux oboles par jour, ou de trois as un tiers, par conséquent d'un denier ou d'une drachme pour trois jours; celle du centurion était le double, et celle du cavalier le triple; César doubla la somme. L'État fournissait à l'équipement et à la nourriture du soldat, moyennant une retenue sur sa solde. Gracchus fit établir par une loi que le vêtement serait fourni aux soldats aux frais de l'État.

EXEMPTIONS DE SERVICE, VÉT RANCE. — Quand le soldat avait ache son temps de service (*legitima stipe dia*), qui était de vingt campagnes po l'infanterie, de dix pour la cavaleri il était libre de tout devoir militai (*missio honesta* ou *justa*). L'on pouv être affranchi du service pour cause maladie ou par suite d'une blessu (*missio causaria*). On pouvait en êt exempté par faveur (*missio gratiosa* Cependant les censeurs avaient le co trôle de ces exemptions accordées par général; et ils pouvaient les rendre n valables. Le soldat puni pour une fau grave était renvoyé comme indigne (*m sio ignominiosa*).

Au temps de l'empereur Auguste légionnaire ne fut plus obligé qu'à s vir durant seize campagnes. Mais bout de ce temps il n'était pas affranc du service militaire; il était dit *exauc ratus*, c'est-à-dire libre de toute au obligation que de celle de combattre s le champ de bataille. Il servait sous drapeau particulier, dans un corps part, celui des *vexillarii* ou *subsigna* plus connus sous le nom de vétérans (*terani*). Nous en parlerons tout à l'heur

ORGANISATION NOUVELLE DE L'A MÉE DEPUIS MARIUS. — Les révol tions et les guerres civiles qui mod fièrent la constitution romaine pr duisirent de nombreux et profon changements dans l'organisation mil taire. A l'origine le service militai avait été un droit et comme un priv lège fondé sur l'état de la fortune; ma à mesure que l'extension croissante la grande propriété eut multiplié nombre des citoyens pauvres, il devi nécessaire d'ouvrir les rangs de l'arm à la multitude des prolétaires. Ce ne fu d'abord que d'une manière insensib que les citoyens de la sixième classe e trèrent dans la légion. Au temps de P lybe, par exemple, on trouve que le ce nécessaire pour faire partie de la cin quième classe était de 1,000 deniers o 10,000 as; tous ceux qui possédaie 400 deniers ou 4,000 as jouissaient d droit de servir (*jus militiæ*). Tout qui détruisait la petite propriété comme l'abandon de l'agriculture et l'e tension des *latifundia*, tendait à abai ser les conditions de cens exigées pou ne service. Peu de temps après Polybe il suffit de 1500 as de fortune pour être légionnaire. C'est au temps de Marius que cette révolution s'acheva. Pendant que les citoyens riches ne songeaient qu'à jouir des richesses que leurs pères avaient gagnées dans les charges militaires, et repoussaient les fatigues du service, les pauvres, qui n'en voyaient que les profits, aspiraient à y trouver un refuge contre la misère. L'ambition de quelques hommes sut satisfaire ces doubles tendances et s'en servir. En 107, Marius, alors consul, et s'occupant à compléter ses légions pour la guerre contre Jugurtha, appela sous les drapeaux sans aucune distinction de cens tous ceux qui voudraient se présenter ; ce furent pour la plupart des prolétaires (*capite censi*) qui répondirent à son appel. L'exemple donné par Marius, et approuvé par d'heureux succès, fut suivi par tous les hommes appelés après lui au commandement. Les riches restèrent ainsi éloignés des armées, dont la principale force fut dans une multitude qui, ne possédant rien hors du camp, fut toujours prête à se livrer à l'*imperator* qui lui faisait les conditions les plus favorables. Peu à peu l'armée de l'État devint l'armée de l'*imperator*. Elle perdit ainsi son caractère propre : au lieu d'être composée de soldats citoyens, elle fut purement militaire. Étrangère à la cité, dans laquelle elle ne rentra plus, elle s'habitua à se créer des intérêts à part. Le service n'était plus une charge et un droit, mais une profession. Le titre de soldat fut exclusif de tout autre; et pour ceux qui le portaient, le nom de citoyens (*quirites*) parut un outrage.

CONDITIONS DU SERVICE MILITAIRE. — Toutes les conditions du service militaire étaient changées. Depuis que les lois Julia et Plautia Papiria avaient fait accorder le droit de cité à la plupart des Italiens, la levée ne se faisait plus dans Rome et dans sa campagne. C'étaient des légats ou des sénateurs nommés par l'imperator qui allaient la faire dans chaque municipe, sous le nom de *conquisitores*. Cette forme n'avait rien de nouveau, elle rappelait la *conjuratio* et l'*evocatio*; seulement, réservée autrefois aux époques de crise, elle fut désormais la seule forme légale. Elle donnait une carrière d'autant plus libre aux désordres et aux intrigues, qu'elle n'avait pas, comme l'*evocatio* antique, la sanction d'un sénatus-consulte. Des promesses, des récompenses particulières achetaient les services des soldats ; et l'armée n'était plus composée que de mercenaires. La plupart des conditions de l'engagement, autrefois réglées par l'État, étaient fixées par l'imperator. Ainsi, tandis que les anciennes lois autorisaient le retour dans leurs foyers à la fin de la guerre, on s'habitua à retenir les soldats dans les camps pendant la paix. L'usage de conserver sous les drapeaux les soldats qui avaient achevé leur temps de service, et dont l'expérience et la fidélité étaient éprouvées, devint en même temps plus général. Le nom d'*evocati* fut d'abord donné aux soldats émérites qui avaient quitté l'armée, et qui étaient rappelés par l'imperator, moyennant une solde plus forte; il servit ensuite à désigner les vétérans qui continuèrent à servir sans avoir quitté les drapeaux. Les vétérans formaient un corps privilégié. Ils combattaient dans la première cohorte, auprès de l'aigle de la légion, et avaient dans l'armée le même rang que les centurions. Du temps de Sylla on commence à les appeler *coloni*, parce qu'ils servent dans l'espoir d'obtenir des terres dans des colonies militaires. Au milieu des guerres civiles, la légion romaine se recrute d'étrangers. Pompée donne l'exemple, et César lève dans la Gaule transalpine une légion tout entière, la *legio Alauda*; Brutus en compose plusieurs de Macédoniens. En même temps les esclaves sont admis dans l'armée. Marius en forme le corps redoutable des *Bardyæi*. Pompée, Labienus et Brutus les arment également. Enfin les gladiateurs sont eux-mêmes plus d'une fois enrôlés.

L'ARMÉE SOUS CÉSAR. — Ce ne sont pas seulement les éléments de la légion qui se trouvent changés à cette époque, le cadre même se modifie. La cavalerie est entièrement séparée de la légion. Les chevaliers, devenus un corps puissant et occupé de fonctions judiciaires, renoncent au service militaire. On n'en trouve plus dans l'armée qu'à titre de compagnons volontaires du général, de tribuns militaires ou de *præfecti equitum*. Cette séparation de la cavalerie et de la légion doit remonter à l'époque où les Italiens furent admis au partage du droit de cité. Sous César les légionnaires ne sont plus distingués en *hastati, principes, triarii* et *vélites*. Nulle part ces noms ne se trouvent dans ses *commentaires*. Varron les rapporte comme des noms anciens. Il est probable que c'est au temps de Marius que la division en cohortes remplaça les autres divisions de la légion. Comme nous l'avons vu, les trois espèces de manipules se réunissent pour former la cohorte, et c'est ce qui fait qu'on ne voit plus les corps des *hastati*, des triaires et des *principes* combattre sur des lignes différentes, puisqu'ils se trouvent confondus dans la cohorte sur un même rang. Il n'y a plus dans la légion que des soldats pesamment armés. Les historiens désignent les légionnaires de cette époque par le nom d'*hoplites*. Quand César distingue les soldats qu'il nomme *expediti*, il désigne toujours les légionnaires débarrassés de leurs bagages; les troupes légères qu'il appelle *antesignani* forment un corps de trois cents hommes qui reste en dehors de la légion et qui ne sert qu'à soutenir la cavalerie. La cavalerie n'était plus composée que d'auxiliaires étrangers, et surtout de Numides. Pourtant son importance s'était accrue; et tandis qu'il n'y avait d'abord dans l'armée que mille deux cents cavaliers pour une double légion de citoyens et d'alliés, il y en eut mille pour chaque légion. Les commandants de la cavalerie étaient souvent des chefs indigènes, ayant sous leurs ordres des hommes de leur nation, qui combattaient suivant leurs propres usages. De même que la cavalerie, les troupes légères étaient fournies à l'armée romaine par les alliés. Elles se composaient principalement de frondeurs et d'archers. L'île de Crète et les Baléares en fournissaient le plus grand nombre. Tout en restant en dehors de la légion, ces différents corps étaient distribués dans le combat entre les cohortes.

Pour résumer l'état de l'armée romaine au commencement de l'empire, il faut reconnaître que les anciennes mœurs militaires étaient détruites, mais que l'esprit militaire avait survécu ainsi que la discipline à cette destruction. Tout en comblant leurs soldats de largesses et de priviléges, les Marius, les Sylla et les César étaient obligés d'imposer l'obéissance de la manière la plus sévère. Il leur fallait s'attacher l'armée, mais il leur fallait aussi pouvoir la conduire.

L'ARMÉE EST RENDUE PERMANENTE. — La plus grande réforme que les empereurs introduisent dans l'organisation militaire, c'est de rendre les armées permanentes. Préparée depuis longtemps par l'habitude que les légions avaient prise de s'attacher à un homme tant qu'il voulait les garder, cette réforme devenait nécessaire sous Auguste parce que la séparation du soldat et du citoyen était une des conditions du nouvel ordre de choses. En considérant l'étendue du territoire de l'empire, Auguste avait trouvé que le Rhin et le Danube étaient des frontières dignes de Rome. Il devenait dangereux de pénétrer au delà de ces limites et de tenter de nouvelles attaques. Le rôle de l'armée devait être désormais celui de la résistance; et dans ce système de défense les soldats devaient toujours se trouver en armes sur les frontières que l'invasion menaçait sans cesse. Avant Auguste la perpétuité seule des guerres rendait les armées permanentes, le retour de la paix les eût légalement fait licencier. Sous Auguste les armées restent permanentes en l'absence de toute guerre. C'est la paix armée, organisée. Auguste, revêtu du titre d'*imperator*, est le chef unique et suprême de l'armée; aussi dans le partage qu'il fait avec le sénat des provinces de l'empire, il s'attribue toutes celles qui ont besoin d'être défendues par des forces militaires. On compte à cette époque dans les provinces impériales vingt-cinq légions, auxquelles il faut joindre la cavalerie et l'infanterie auxiliaires. En admettant qu'il y eût six mille hommes dans chaque légion, et que le nombre des alliés fût égal à celui des soldats romains, il faut conclure qu'il y avait en tout trois cent mille hommes répandus sur les frontières.

LES GÉNÉRAUX SOUS LES EMPEREURS. — Ces troupes étaient commandées par les gouverneurs de province avec le titre de *legati propraetore con-*

sulari potestate. Le commandement militaire ne leur appartenait pas en propre; mais il leur était délégué par le prince. C'était sous ses auspices qu'ils conduisaient la guerre; ils n'avaient pas le titre d'*imperator*, et n'obtenaient plus le *triomphe*. Bien qu'Auguste eût fait décerner plus de trente fois le triomphe aux chefs d'armée, ceux-ci aimèrent mieux le refuser que d'exciter la jalousie du prince. C'est depuis que s'introduisit l'usage de porter les insignes de triomphateur; le sénat les accordait sur la proposition du prince. Claude surtout s'en montra prodigue. Le nom d'*imperator* fut cependant pris par quelques généraux après une victoire; mais Tibère l'interdit, et Blœsus fut, sous son règne, le dernier *legatus* qui en fut honoré. Ces *legati* étaient choisis par le prince parmi les consulaires ou les anciens préteurs; ils avaient le titre de *proprætores* ou de *legati consulares ;* ils étaient révocables par le prince, et ils ne pouvaient lever de soldats ni de contributions sans son ordre.

Nouveaux corps. — En même temps que les légions étaient employées à la défense des provinces, il y eut de nouveaux corps organisés pour la garde de Rome et du prince. Les premiers en nombre et en importance étaient les *cohortes prétoriennes* attachées à la personne du prince. Leur origine remonte à l'existence des corps d'élite qui suivaient autrefois le consul, et dont Scipion l'Africain s'était entouré le premier. Chacun des triumvirs avait eu sa cohorte prétorienne pendant les guerres civiles. Ces troupes n'étaient pas encore dissoutes quand Auguste arriva à l'empire, et les conserva en les rendant perpétuelles. Outre les neuf cohortes prétoriennes qui existaient à Rome à la fin du règne d'Auguste, il y avait trois cohortes urbaines, les vétérans et la cavalerie batave. Ces troupes, campées dans Rome et dans l'Italie, étaient commandées depuis l'an 2 avant J.-C. par deux préfets du prétoire. On craignait qu'un seul préfet n'acquît une influence dangereuse; cependant la loi qui prescrivait d'en nommer deux ne fut pas toujours observée. C'est à cette époque que le trésor de l'armée est distingué du trésor de l'État, mis sous la garde de magistrats particuliers, et des revenus spéciaux y sont affectés, tels que le *centesima rerum venalium*, le *vicesima hereditatum et legatorum*, le *quinquagesima mancipiorum venditorum*. Des fabriques d'armes, des arsenaux, des magasins sont établis dans les diverses parties de l'empire d'une manière fixe et non plus temporaire.

Serment militaire. — Le titre d'*imperator* donnait au prince toute l'administration militaire. Il ne choisissait pas seulement les principaux officiers de l'armée, il réglait jusqu'à la levée des moindres soldats. Loin de forcer tous les citoyens à servir, il travaillait à les éloigner du maniement des armes, il n'appelait sous les drapeaux que des hommes dont la fidélité lui était assurée. Aussi l'armée se recrute-t-elle dès cette époque principalement de volontaires sans position et sans fortune. Ce n'est plus à la république et à ses magistrats, c'est à l'empereur que les soldats s'engagent par le serment militaire. Voici quelle en était à peu près la formule : « Nous défendrons avant tout la personne de l'empereur et nous exécuterons tous ses ordres; nous ne quitterons le service qu'après avoir fini nos années de campagne, et nous ne combattrons jamais que pour la république romaine. » Il n'y était plus question du sénat ni du peuple. Chaque soldat prêtait ce serment à son entrée au service. L'armée entière le renouvelait à l'avènement de chaque nouvel empereur. Depuis Tibère elle fut appelée à le faire chaque année aux kalendes de janvier.

Durée du service. — Le temps du service varia souvent, sous les empereurs comme sous la république. Auguste l'avait d'abord fixé à douze années pour les prétoriens, à quatorze pour les légionnaires. Plus tard, en l'an 4 de notre ère, il l'augmenta pour les uns et pour les autres de quatre années. Pour les gens de mer le temps du service était de vingt-huit ans. Au delà de ce terme de seize ou de vingt années de service, le prince refusait souvent le congé définitif, et retenait les vétérans sous les drapeaux avec le nom d'*exauctorati*. Ceux-ci, exempts de tout service, n'étaient obligés qu'à combattre pour repousser l'ennemi. Ce n'était d'ailleurs que l'appât d'une solde et d'une retraite plus fortes qui les retenait.

AUGMENTATION DE LA SOLDE. — En général les conditions faites aux soldats étaient plus avantageuses que sous la république, par cela même que le service n'était plus obligatoire. César avait doublé la solde des légionnaires, il avait multiplié pour eux les largesses. Auguste, à son exemple, augmenta encore la solde. Seulement il établit une distinction dangereuse entre les soldats des légions et ceux de Rome. Les prétoriens avaient une solde trois fois plus considérable que les légionnaires. Dans le legs qu'il fait à l'armée par son testament il y a mille *nummi* pour les prétoriens, trois cents pour les légionnaires (le tiers de leur solde annuelle). Les cohortes urbaines avaient la moitié de la solde des prétoriens. Sous Domitien la solde changea une quatrième fois et fut augmentée d'un tiers. Elle fut portée à douze *aurei* par an. Autrefois la nourriture, les armes, le logement, étaient fournis aux soldats, moyennant une retenue faite sur la solde. A partir du règne d'Auguste le blé est donné gratuitement aux soldats; et cette charge retombe sur les provinces dans lesquelles ils sont campés. L'Italie étant exempte de ces redevances, l'État achetait lui-même le blé qui était fourni aux prétoriens. Les armes et le vêtement sont encore payés sous Auguste par les soldats, bien que ce soit l'empereur qui fasse fabriquer les vêtements et les armes; mais cette coutume ne tarde pas à être abolie sous les successeurs d'Auguste, sans qu'on puisse en préciser l'époque, et l'État fournit gratuitement tout l'équipement militaire.

LA VÉTÉRANCE. — Les soldats ont pour leur retraite de nombreux avantages, quelle que soit leur origine; ils jouissent à leur sortie du service de tous les priviléges attachés au droit de cité; et si l'État ne leur donne pas de terre dans quelque colonie, ils reçoivent une somme suffisante pour l'achat d'un terrain. Dès l'an 4 de notre ère il était alloué à cet effet aux prétoriens 5,000 deniers et 3,000 aux légionnaires. Pour diminuer les charges de l'État, le prince retenait la plupart des vétérans sous les drapeaux avec l'espoir d'une plus forte allocation; ou bien il licenciait les soldats avant que leur temps de service fût achevée. Caligula fut obligé de réduire de moitié ces concessions; mais on les voit pourtant subsister jusqu'au temps de Caracalla.

LEVÉE DES TROUPES. — Même sous l'empire le service militaire était resté de droit un privilége des citoyens romains. Mais nous avons déjà vu que le légionnaire ne recevait souvent le droit de cité qu'en quittant le service. Il n'est même plus nécessaire d'être de naissance libre pour entrer dans l'armée; la flotte est servie par des esclaves ou des affranchis. C'est l'empereur qui ordonne la levée; les gouverneurs de province et les préfets du prétoire y président; des *inquisitores*, nommés plus tard vicaires, font le recrutement. Moyennant une certaine somme on est exempté du service qui n'est imposé qu'aux plus pauvres; les citoyens des provinces servent dans les rangs des légionnaires, et ceux de l'Italie dans les cohortes prétoriennes. Cependant ce dernier corps n'est pas exclusivement réservé aux citoyens d'origine italienne. Au contraire, les empereurs ont grand soin de faire servir les soldats loin des lieux où ils demeuraient avant leur enrôlement. Moins il est tenu compte de l'origine dans la composition de l'armée, plus on a égard à la force et à la haute stature du corps. Enfin le service militaire devenant un métier, on n'est plus admis à le remplir qu'après avoir fait ses preuves de capacité. Ce n'est qu'après de longs exercices que les recrues reçoivent le titre de soldats et sont distribuées dans le corps de l'armée par les centurions.

NOMS DES LÉGIONS. — Depuis que les armées étaient permanentes les légions portaient des numéros d'ordre, et des surnoms empruntés aux dieux, aux déesses, à l'empereur, ou aux provinces, etc.

Voici, d'après Brothier et Burnouf, la liste des légions dont il est question dans les histoires de Tacite, par ordre numérique, avec leurs surnoms et leur résidence :

PREMIÈRE. Bas-Rhin ou Germanie inférieure.
PREMIÈRE ITALIQUE. Lyon.
PREMIÈRE (*Adjutrix classicorum*). Rome, Espagne.

- Deuxième (*Augusta*). Bretagne.
- Deuxième (*Adjutrix*). Formée par Vespasien.
- Troisième (*Cyrenaica*). Égypte.
- Troisième (*Gallica*). Syrie, Mésie.
- Troisième (*Augusta*). En Numidie au temps de Dion.
- Quatrième (*Macedonica*). Germanie supérieure ou Haut-Rhin.
- Quatrième (*Scythica*). Syrie.
- Cinquième. Germanie inférieure.
- Cinquième (*Macedonica*). Judée.
- Sixième (*Victrix*). Espagne, au temps de Dion en Bretagne.
- Sixième (*Ferrata*). Syrie.
- Septième (*Claudiana*). Mésie.
- Septième (*Galbiana*). Pannonie.
- Huitième. Mésie.
- Neuvième. Bretagne.
- Dixième (*Gemina?*). Espagne; elle était en Pannonie du temps de Dion.
- Dixième. Judée; Dion ne lui donne pas de surnom.
- Onzième (*Claudiana*). Dalmatie.
- Douzième (*Fulminifera*, Fulminea, la Foudroyante). Syrie.
- Treizième (*Gemina*). Pannonie. On appelait Gemina une légion formée de deux réunies.
- Quatorzième. Bretagne, Dalmatie, etc.
- Quinzième. Germanie inférieure.
- Quinzième. Judée. Dion nomme une quinzième *Apollinaris*, qu'il place en Cappadoce.
- Seizième. Germanie inférieure.
- Dix-septième. Nommée ni dans Tacite ni dans Dion. Brothier pense qu'elle avait péri tout entière avec Varus.
- Dix-huitième. Germanie supérieure.
- Dix-neuvième. Il n'en est parlé ni dans Dion ni dans les *Histoires* de Tacite, sans doute parce qu'elle avait péri avec Varus.
- Vingtième. Bretagne.
- Vingt et unième (*Rapax*, la Ravissante). Germanie supérieure.
- Légion de marine (*Legio e classicis*). Formée par Vitellius.
- Classici *in numeros legionis compositi*. Cadres d'une légion formés par Othon avec des soldats de marine.

Nombre des soldats compris dans la légion. — Le nombre des soldats que comprenait la légion varia plus d'une fois sous les empereurs. A la fin du quatrième siècle de notre ère elle renfermait, suivant Végèce, six mille cent fantassins et sept cent vingt-six cavaliers. Elle se divisait en dix cohortes : la première et la principale, toute de soldats d'élite, *cohors milliaria*, chargée de la garde de l'aigle et de l'image de l'empereur, était forte de onze cent cinq fantassins et de cent trente-deux cavaliers armés de cuirasses. Chacune des neuf autres cohortes était de cinq cent cinquante-cinq fantassins et de soixante-six cavaliers. Quelquefois, pour rendre la légion plus forte, on lui donnait plus d'une cohorte milliaire. En outre du corps des cavaliers qu'on voit reparaître dans la légion, après en avoir disparu sous César, il faut y joindre les cohortes des vexillaires ou troupes armées à la légère et qui servaient sur le champ de bataille à couvrir les ailes de la légion.

Des grades dans la légion. — Depuis Auguste l'armée était commandée par des lieutenants du prince (*legati imperatoris*). Chaque légion avait son chef particulier, *præfectus legionis*. En l'absence du légat, c'était un des préfets qui remplissait sa place. Les préfets, choisis parmi les anciens préteurs, rendaient chacun la justice dans leur légion. La connaissance des crimes qui entraînaient la peine de mort appartenait au légat consulaire. La première cohorte était toujours commandée par un *tribun militaire*; les autres étaient commandées quelquefois également par des tribuns, quelquefois par des *præpositi*. Le tribunat militaire était rempli presque tout entier par des chevaliers, auxquels il servait d'entrée dans la carrière des charges publiques : on distinguait cependant les tribuns de l'ordre équestre de ceux qui n'en étaient pas (*tribuni laticlavii, tribuni angusticlavii*). La durée du commandement tribunitien n'était que de six mois. Sous Claude il y eut comme un tribunat honoraire, qui ne conférait qu'un titre sans aucun pouvoir. Outre leur commandement direct de la cohorte, les tribuns étaient les assesseurs judiciaires des préfets ou du légat, et leur autorité s'étendait ainsi sur toute la légion.

Quand on avait accru le nombre des hommes de la première cohorte, appelée depuis cohorte milliaire, on avait nommé six nouveaux centurions, appelés *augustales* sous Auguste, et *flaviales* sous

Vespasien. Le *centurio primipili*, chargé de l'aigle de la légion, avait quatre cents hommes sous ses ordres; le *primus hastatus*, vraisemblablement le premier centurion de la sixième cohorte, commandait deux cents hommes. On pouvait arriver au grade de centurion sans passer par les grades inférieurs, mais le plus souvent il était le prix des années de service.

Il y avait bien des degrés entre le simple soldat et le centurion. Voici ces grades intermédiaires énumérés dans l'ordre :

1° De simple soldat (*miles gregarius*) on passait *codicillarius tribuni*; c'était une charge de scribe, qui mettait dans la dépendance du corniculaire; aussi le *codicillarius* avait-il dans les légions urbaines le titre d'*adjutor*.

2° Le grade immédiatement supérieur était celui du *secutor tribuni*. Il y avait un grand nombre de suivants du tribun, attachés à sa personne pour que l'exécution de ses ordres ne souffrît pas de retard. Le premier d'entre eux avait le titre de *singularis tribuni*.

3° Après avoir servi comme *secutor tribuni* on devenait *beneficiarius tribuni*. Celui-ci recevait certains avantages pécuniaires, et certaines immunités du tribun, qui avait le droit de leur imposer les travaux les plus considérables.

4° De bénéficiaire on passait *tesserarius centuriæ*. Il y avait un *tesserarius* dans chaque partie de la cohorte pour transmettre, au moyen d'une tablette (*tessera*), le mot d'ordre donné par le tribun.

5° Le *tesserarius* devenait *optio centurionis*. C'était comme un aide (*adjutor*) donné au centurion par le tribun, et dont le choix (*optio*) lui était laissé; d'où son nom.

6° D'*optio* on passait *signifer* ou *vexillarius*. Dans la milice urbaine il y en avait un par centurie, dans les légions il y en avait un par deux centuries. Plus tard il y en eut un pour chacune. Comme nous savons que la moitié du *donativum* était mis sous la garde des drapeaux et confiée au *signifer*, il est à croire que les *pisci curatores*, dont il est parlé dans plusieurs inscriptions militaires, étaient les signifers des premières centuries des cohortes. On choisissait parmi les *signifer* l'*aquilifer*, chargé de l'aigle de la légion; mais comme cette charge n'était accessible qu'à un petit nombre, elle ne comptait pas dans l'ordre de l'avancement.

7° De *vexillarius* on passait *cornicularius tribuni*. Ce nom lui venait de la forme du tribunal sur lequel le tribun rendait la justice. Il commandait tous les scribes et tous les officiers attachés au service particulier du tribun.

8° De *cornicularius* on passait *beneficiarius præfecti*. Ces bénéficiaires étaient attachés aux légats, aux préfets des légions, aux préfets du prétoire, à celui de la ville. Ils étaient dans la même dépendance que les bénéficiaires du tribun; seulement ils avaient des fonctions plus élevées.

9° De *beneficiarius præfecti* on passait *cornicularius præfecti*. Il y en avait un par légion; il commandait aux scribes attachés au tribunal du préfet. Le préfet des milices urbaines semble en avoir eu plusieurs.

Au-dessus de ce grade venait immédiatement celui de centurion. En outre de ces diverses charges à travers lesquelles l'ordre de l'avancement régulier faisait passer le soldat, il y en avait d'autres qu'il ne sera pas sans intérêt de rappeler. Dans chaque cohorte il y avait un *victimarius*, chargé de préparer les sacrifices. L'*horrearius* revisait les comptes des fournisseurs. L'*optio valetudinarii* était comme un infirmier militaire. Le *carcerarius* était le geôlier. On donnait le nom de *imaginiferii* ou *imaginarii* à ceux qui portaient l'image de l'empereur. Dans la légion, la première cohorte seule avait des porteurs d'image; mais on en trouve dans chacune des cohortes prétoriennes et urbaines.

Le tribun avait sous lui l'*exceptor tribuni*, sorte de secrétaire, qui recevait ses dictées; le *librarius tribuni*, supérieur en grade à l'*exceptor*, et qui tenait les registres où se conservaient les rôles des soldats de la cohorte. Le préfet avait également sous lui des *exceptores*, des *librarii*, et un *singularis*; il avait en outre un *tabularius*, un *optio ab actis*, chargé de la correspondance, de la tenue des registres, et le *questionarius* ou bourreau.

LE CAMP. — La nouvelle organisation de l'armée fit changer la forme et la distribution du camp romain. De carré il devint oblong. Au lieu de présenter seize cents pieds de longueur sur toutes les faces, il a seize cent vingt pieds en largeur et deux mille trois cent vingt pieds en longueur. Deux larges voies, la *via Principalis* et la *via Quintana*, le séparent transversalement en trois parties. La partie antérieure se distingue par le nom de *Prætentura* des deux autres, désignées par le nom commun de *Retentura*. La *via Principalis* était large de soixante pieds, la *via Quintana* de trente ou de quarante. Une autre voie coupait longitudinalement la partie antérieure du camp en deux parties égales, c'était la *via Prætoria*, large, comme la *via Principalis*, de soixante pieds. C'est à l'extrémité de cette dernière que s'élevait le *Prætorium*, long de sept cent vingt pieds et large de cent soixante ou de deux cents, qui séparait dans toute la longueur le milieu du camp depuis la *via Principalis* et la *via Prætoria* jusqu'à la *via Quintana* et à la *via Decumana*. Cette dernière avait seize pieds de large, et elle conduisait du *Prætorium* à la porte Décumane. Le camp s'ouvrait, comme autrefois, par quatre portes : *porta Prætoria*, à l'extrémité de la voie Prétorienne; *porta Decumana*, à l'extrémité de la voie Décumane, et deux portes latérales à chaque extrémité de la *via Principalis*. Il y avait un fossé creusé en avant de chaque porte à la distance de soixante pas. Au milieu de la voie principale, devant l'entrée du *Prætorium*, il y avait comme un forum militaire, qui avait le nom de *groma*. C'était le lieu où les soldats se réunissaient pour recevoir les ordres du général, ou pour assister aux sacrifices. Il y avait sur cette place trois autels, avec une enceinte réservée aux observations augurales à droite et le tribunal à gauche du *Prætorium*. La *statio*, ou garde du préteur, n'y occupait qu'un espace de vingt pas ou même de dix. A gauche du *Prætorium* étaient les tentes des *comites imperatores*, occupant, sur une largeur de soixante-dix pas, tout l'espace entre les deux voies *Principalis* et *Quintana*. Les tentes des *officiales imperatoris* occupaient le même espace à droite. Sur le côté de la voie Principale faisant face au *Prætorium* étaient les tentes des légats, dressées sur soixante pieds de profondeur dans toute la largeur du camp. Derrière elles étaient les tentes des tribuns militaires, dressées suivant les mêmes proportions. Le long de la voie Décumane, derrière le *Prætorium*, se trouvaient, d'un côté, à gauche, le *Quæstorium*, et de l'autre, à droite, les tentes des otages ou des envoyés qui pouvaient se trouver dans le camp.

Quant au partage du reste du camp entre les différents corps de la légion et des alliés, de l'infanterie et de la cavalerie, bien qu'on ait essayé de le tracer avec quelques données particulières, nous n'essayerons pas de le faire; la diversité des éléments qui entraient alors dans la composition de l'armée ne permettait pas qu'il se fît alors d'une manière simple et uniforme. On peut consulter à la fin le plan d'un camp romain à cette époque. Nous empruntons ce plan à l'ouvrage de M. L. Lange, intitulé *Historia mutationum Rei Militaris Romanorum, unde ab interitu reipublicæ usque ad Constantium Magnum*; Gottingue, 1846. Notre description ne diffère de ce plan qu'en ce que M. Lange supprime la *via Decumana*, qui allait du prétoire à la porte du même nom en traversant l'espace où M. Lange place le *Quæstorium*. Ce camp était celui de trois légions avec leurs auxiliaires.

ORDRE DE BATAILLE. — Sous les premiers empereurs nous voyons employer le même ordre de bataille que du temps de la république. L'armée combat encore sur trois lignes. Seulement les noms des corps qui les composent et leurs dispositions particulières sont changés. Au premier rang se trouvent les cinq premières cohortes, au second les cinq dernières. La cohorte milliaire occupe la droite, la troisième cohorte le milieu, la cinquième la gauche, la sixième cohorte se place derrière la première, la huitième derrière la troisième, et la dixième derrière la cinquième. A cause de l'importance de leur position dans le combat, ces cohortes devaient être composées des meilleurs soldats. La troisième ligne de bataille était formée par des corps de réserve; seulement ce n'étaient plus des triaires, mais des vétérans émérites, attachés à la légion pour ne servir qu'aux moments de danger.

Trajan, qui fit beaucoup pour l'organisation militaire, changea aussi l'ordre de bataille. Toute l'armée est disposée suivant une seule ligne; c'est comme un emprunt fait à la phalange macédonienne; cette nouvelle disposition convenait à une époque où la bravoure individuelle ne jouait plus le même rôle dans les combats, et elle se trouvait mieux appropriée à la lutte contre les barbares. Cependant les soldats ne combattent pas serrés les uns contre les autres comme dans la phalange antique. Quoique placés sur un même rang, ils sont séparés les uns des autres par trois pieds d'intervalle; et il y a six pieds entre chaque rang. Au premier et au deuxième rang étaient les soldats légionnaires pesamment armés; les premiers combattaient avec le javelot, les autres avec la lance. Chacune de ces deux lignes présentait trois, quatre, ordinairement six et quelquefois neuf rangs en profondeur. Quand elle en avait six, chaque soldat occupant trois pieds et étant séparé de celui qui combattait derrière lui par un intervalle de six pieds, chaque ligne avait quarante-deux pieds de profondeur. Après les soldats pesamment armés se plaçaient les soldats armés à la légère (*armaturæ velocissimæ*) et combattant avec l'arc ou la fronde; puis les alliés, qui ne portaient qu'un petit bouclier (*scutati expeditissimi*). Les archers et les frondeurs engageaient le combat en passant devant les deux premiers rangs; si au lieu de faire tourner le dos à l'ennemi, ils étaient repoussés, ils revenaient derrière les légionnaires. Au cinquième rang étaient les machines et les *carroballistæ*, les *manuballistarii*, les *fundibulatores* et les *funditores*. Le sixième et dernier rang était formé par les vétérans, qui composaient toujours une infanterie de réserve, pesamment armée. La cavalerie couvrait les ailes de l'armée, la plus lourde appuyée contre les légionnaires, la plus légère placée plus en dehors.

Quelles que fussent les raisons de cette disposition nouvelle de l'armée, il n'y faut pas voir un progrès de la tactique militaire. Cet emprunt de la phalange macédonienne n'eut quelquefois d'autre but que d'amuser la vanité d'empereurs jaloux d'imiter Alexandre. C'est ainsi qu'on voit Caracalla former une phalange de six mille Macédoniens, et Alexandre Sévère réunir six légions de trente mille hommes en une phalange. Ce dernier même s'entoura de corps particuliers, auxquels il donna les noms d'*argyraspides* et de *chrysaspides*.

PRÉTORIENS. — Bien que les cohortes prétoriennes et les cohortes urbaines fussent en dehors de l'armée, comme elles ont eu la plus grande influence sur les destinées de l'Empire, il n'est pas hors de propos de donner quelques détails sur leur histoire. Sous Auguste, qui avait institué, comme nous l'avons vu, ces corps particuliers, il y eut trois cohortes urbaines, neuf prétoriennes. Elles étaient dispersées dans Rome et dans l'Italie. Auguste ne souffrit jamais qu'il y en eût plus de trois dans la ville; et chacune à son tour était chargée de la garde du palais. Tibère, sous l'inspiration de Séjan, réunit les prétoriens dans un camp, sans appeler à Rome tous ceux qui étaient casernés dans les autres villes d'Italie. Ce camp, fortement retranché, servit d'abord à augmenter l'influence du préfet du prétoire sur ses soldats; plus tard il lui servit à opprimer le gouvernement. Tibère augmenta le nombre des prétoriens, mais sans augmenter celui des cohortes. Vitellius, après les avoir licenciés, les réunit de nouveau en seize cohortes prétoriennes et quatre cohortes urbaines de mille hommes chacune. Après avoir triomphé de Vitellius, Vespasien modifia encore les cadres des cohortes prétoriennes et urbaines. Celles-ci restèrent au nombre de quatre, mais chacune de quinze cents hommes; celles-là revinrent au nombre de dix, chacune de mille hommes. Septime Sévère, après avoir vaincu et tué Julianus, licencia les prétoriens, dont la tyrannie avait été portée aux derniers excès; puis il reconstitua un nouveau corps de prétoriens, quatre fois plus nombreux qu'il ne l'avait été d'abord, et où il fit entrer tous les légionnaires qui se seraient distingués. Dioclétien diminua beaucoup leur nombre et leur influence. Constantin leur porta le dernier coup, et prononça leur licenciement définitif. Auguste avait voulu qu'il y eût deux préfets du prétoire; Tibère en réduisit le nombre à un; Commode rétablit le nombre de deux. Malgré cette division, leur pouvoir eut toujours la plus grande influence pendant le second et le troisième siècle. A la fin de ce dernier, Dioclétien l'affaiblit en portant à quatre le nombre des préfets du prétoire.

Les tribuns des cohortes prétoriennes et urbaines étaient égaux en dignité aux légats des légions. Il y avait des corps particuliers de cavalerie (*equites prætoriani*) attachés à chaque centurie des cohortes prétoriennes; cependant ils étaient rangés dans des cadres différents. Les prétoriens avaient aussi leurs *evocati* ou corps de vétérans privilégiés.

CORRUPTION DE LA DISCIPLINE. — De toutes les causes de la désorganisation militaire dans l'empire romain l'une des plus considérables fut sans nul doute la rivalité des prétoriens et des légionnaires; car elle entretint ces longues guerres civiles au milieu desquelles périrent les derniers restes de discipline. Devenus tout-puissants, les soldats augmentèrent le prix de leurs services. Devenus riches à leur tour, ils participèrent à la corruption générale qu'avait produite la richesse publique. La mollesse s'introduisit dans les camps à la faveur de la paix et du luxe. Les princes qui voulurent corriger ces désordres succombèrent presque tous dans la lutte. La plupart, au contraire, se laissèrent entraîner à les servir. Ainsi Alexandre Sévère le premier permet aux soldats de se marier, de garder leurs femmes avec eux dans les camps et de les emmener dans leurs campagnes. Septime Sévère en mourant dit à ses enfants : Prenez soin d'enrichir vos soldats, et ne vous inquiétez pas du reste. Caracalla suivit si bien les conseils paternels, qu'il doubla la solde des soldats, leur prodigua des *donativum* immenses et ajouta aux privilèges des vétérans. La retraite des prétoriens fut portée de 5,000 deniers à 6,250, et celle des légionnaires de 3,000 à 5,000. La solde des troupes absorbait la plus grande partie des revenus de l'État, plus de *septingenties centena millia denarium* par an. Outre la solde, les dépenses de l'entretien des armées coûtaient chaque jour davantage. Peu de temps après Adrien, les soldats reçoivent un pain plus délicat (*panis buccellatus*) et du vin au lieu de vinaigre. Leurs armes, leurs vêtements, leurs ustensiles présentent plus de luxe. Enfin les exemptions de service sont très-fréquemment accordées par les empereurs à titre de gratification. En l'absence de toute discipline, on voit les généraux forcés de recourir sans cesse aux châtiments violents de la décimation, qui n'avaient été employés que rarement sous la république (*decimatio, vicesimatio, centesimatio*). Probus, qui cherche à rétablir la discipline, militaire contribue en même temps à la désorganisation de l'armée, en y faisant entrer des barbares. La classe des hommes libres ne suffisait plus à remplir les cadres des légions. Marc Aurèle avait employé les barbares comme auxiliaires, Probus leur ouvre la légion. Dès lors l'armée se fait de moins en moins romaine. Toute sa force avait été pendant plusieurs siècles dans son infanterie pesamment armée; elle est désormais dans sa cavalerie et ses troupes légères, et ce sont les barbares qui fournissent presque seuls ces corps. Il y eut cependant deux énergiques tentatives de réorganisation militaire à la fin du troisième siècle et au milieu du quatrième. Dioclétien limite le pouvoir de l'armée en augmentant le nombre des augustes et des césars, en divisant le commandement du prétoire, en établissant des inspecteurs généraux de la cavalerie et de l'infanterie. Cependant, après Dioclétien les légionnaires et les prétoriens sont restés encore redoutables. Constantin les soumet entièrement au pouvoir central. Il commence par casser les corps indisciplinables des prétoriens; puis il divise la légion, pour mieux la tenir dans sa main. Avant lui la légion formait un corps d'armée distinct et complet, renfermant infanterie, cavalerie et troupes de toute arme. Constantin sépare la cavalerie de l'infanterie, et réduit la légion à n'être plus que de quinze cents hommes. Ainsi réduite, elle n'est plus aussi dangereuse pour le prince, tandis que l'armée reste aussi forte contre l'ennemi. Sozime, qui reproche à Constantin d'avoir réformé la légion, ne voulut pas voir les résultats réels de cette réforme. A partir de Constantin le pouvoir militaire se trouve tout à fait distinct du pouvoir civil. Mais à côté de ces utiles changements subsistent d'anciens abus. Ainsi la distinction entre les défenseurs des frontières ceux des gouverneurs et ceux du prince laisse subsister des principes de guerre civile. Les *castriani*, plus exposés que les *comitatenses* et les *palatini*, n'ont que deux tiers de solde. L'esprit militaire achève de périr. Le recrutement devient un impôt. Les sénateurs, les fonctionnaires, les propriétaires sont redevables à l'État d'un ou de plusieurs soldats. Il y a des pays où au lieu de fournir des hommes on donne de l'argent. Il s'organise des compagnies de recrutement (*prototypia*), qui prennent à ferme de remplir les cadres des légions. Pour obvier au danger des désertions, les soldats sont marqués; et ils deviennent ainsi une chose, sans dignité, et qui n'a qu'une valeur pécuniaire.

Au moment où vont commencer les invasions et où l'empire romain est divisé en deux empires, d'Orient et d'Occident, voici quel était l'état de ses forces militaires. Dans les deux royaumes les troupes sont distinguées en *palatini*, *comitatenses* et *pseudo-comitatenses*. Les *palatini* avaient le premier rang, les *comitatenses* le deuxième. Dans l'Occident il y avait soixante-deux légions, dont douze de *palatini*, trente-deux de *comitatenses*, dix-huit de *pseudo-comitatenses* ; il faut y joindre soixante-cinq corps auxiliaires et quarante-deux escadrons de cavalerie. En Orient il y avait neuf légions de *palatini*, trente-deux de *comitatenses* et dix-sept flottes. Des garnisons répandues sur les frontières, où elles occupaient des terres concédées par l'État, complétaient la défense des deux empires. Dans chacun d'eux il y avait deux commandants supérieurs, l'un de la cavalerie, l'autre de l'infanterie. Le nombre de ces commandants ne tarda pas à être augmenté. Au milieu du cinquième siècle il y avait dans l'Occident deux *magistri militum* à la cour et un en Gaule ; dans l'Orient il y en avait deux à la cour et trois dans les provinces. La réforme de Constantin tourna ainsi contrairement à ses vues. En multipliant le nombre des légions, en divisant les attributions de ceux qui les commandent, il faut multiplier les officiers, les généraux. Le morcellement des forces et des pouvoirs va hâter la dissolution successive de l'armée et de l'empire.

MARINE. — Les Romains portèrent bien plus tôt qu'on ne le dit communément leur attention du côté de la mer Exposés à manquer de grains, à la suite d'une mauvaise récolte, des ravages de l'ennemi, ou d'une invasion qui avait empêché d'ensemencer les terres, ils durent songer à profiter d'un fleuve sur les bords duquel s'élevait leur ville et qui se jetait quelques lieues plus bas dans la mer, pour suivre l'exemple que leur donnaient la Grande-Grèce, l'Étrurie et dans le Latium même les Antiates. Le port d'Ostie fut bâti dès le sixième siècle par Ancus Marcius. Le traité conclu avec les Carthaginois en 509 montre toute l'importance qu'avait déjà à cette époque la marine romaine. Il y est dit que les Romains ne devaient pas dépasser le *Pulchrum promontorium*, à moins d'être poussés par la tempête ou pressés par des pirates. D'autres monuments attestent des rapports analogues avec la Sardaigne et la Sicile. Le traité avec les Carthaginois fut renouvelé à deux époques, en 347 et en 306. Cependant les Romains n'osèrent pas, pendant toute cette période, se hasarder contre les flottes des Grecs qui dévastaient les côtes. Le premier combat naval dont il est fait mention dans l'histoire de Rome est celui contre les Antiates. La victoire resta aux Romains, et les vaisseaux des vaincus furent en partie brûlés, en partie réunis à la flotte de Rome. Les éperons de ceux qui avaient été détruits servirent à orner la tribune aux harangues, sur la place publique, et lui firent donner le nom de *Rostra*. Les Romains avaient dès cette époque des chantiers de construction (*navalia*); leur victoire leur donna vingt-deux vaisseaux, dont six ayant cinq éperons, *rostratæ*. A l'époque de la guerre contre Pyrrhus il y eut renouvellement des traités avec Carthage, et une alliance défensive fut conclue (281). La guerre contre les Tarentins eut pour cause un débat maritime. Une petite escadre se tenait à Locres pour en soutenir la garnison. Quatre bâtiments romains dépassèrent le promontoire de Junon Lacinienne, contrairement à un traité antérieur, et pénétrèrent dans le port de Tarente. Un fut pris avec tout l'équipage, et le *duumvir navalis* qui le commandait fut mis à mort. Ces premiers rapports avec Tarente prouvent que Rome n'avait pas encore de flotte redoutable armée pour la guerre.

Ce ne fut qu'au commencement de la première guerre Punique que Rome fut amenée à avoir une grande force navale. La nécessité de combattre une puissance maritime lui en faisait une loi. Carthage ne pouvait être vaincue que sur mer. Les Romains appelés en Sicile par les Mamertins n'avaient pu opérer le passage que sur des vaisseaux empruntés aux cités voisines. Quelques années après, un navire carthaginois échoué sur la côte d'Italie leur fournit un modèle pour améliorer la construction de leurs grands vaisseaux de guerre. Cette heureuse capture fut mise à profit en toute hâte; et soixante jours suffirent pour construire la flotte de Duillius. Il ne manquait plus que des marins. La discipline romaine en eut bientôt formé. Pendant que les navires étaient encore dans les chantiers, les recrues qui devaient les monter (*socii navales*) s'habituaient sur terre à faire avec des rames tous les mouvements de la manœuvre. Aussi dès que les navires furent équipés ils n'eurent besoin que de s'exercer quelques jours sur mer le long des côtes de l'Italie avant de se diriger vers la Sicile, à la rencontre des Carthaginois. Duillius conduisait cette flotte (260). Mais ses vaisseaux, lourdement construits, et son équipage, trop inexpérimenté, ne pouvaient lutter avec la légèreté des vaisseaux ennemis et l'expérience de leurs marins. Le général romain n'obtint la victoire qu'en transformant le combat en un combat sur terre. Un énorme harpon de fer (corbeau, *corvus*) accrochait un vaisseau ennemi, et le tirait violemment contre le vaisseau romain. Aussitôt un pont était jeté, et les soldats romains pesamment armés attaquaient avec avantage les soldats armés à la légère. Cependant Rome apprit bientôt à perfectionner la construction de ses vaisseaux; et ses marins acquirent une rapide expérience. La marine romaine était déjà formée à la fin de la première guerre Punique et assez forte pour faire respecter les acquisitions de Rome hors de l'Italie. La guerre contre les Illyriens (230) et contre Démétrius de Paros (219) fut comme une nouvelle école pour la marine romaine, et dans la seconde guerre Punique ni Annibal ni Carthage n'osèrent lui disputer la mer. Maîtresse de toute l'Italie, Rome ne pouvait plus faire de conquêtes nouvelles qu'à condition de tenir la mer sous son empire. Pour attaquer Philippe ou Persée en Macédoine, Antiochus et Mithridate en Asie, Gentius en Illyrie, les Achéens en Grèce, il fallait des flottes nombreuses. Cependant Rome resta toujours puissance continentale, et ne s'occupa jamais d'avoir de vaisseaux que pour le transport de ses troupes et les nécessités du moment. La guerre finie, elle laissait ses flottes pourrir dans le port; contente de détruire les puissances maritimes, elle se souciait peu de les remplacer, sûre de vaincre, même sur mer, dès qu'elle le voudrait; car l'art nautique étant encore dans l'enfance, le plus habile sur mer en savait bien peu de plus que le moins expérimenté. Ainsi, après chaque défaite Carthage reçoit l'ordre de brûler ses vaisseaux; partout Rome suit la même politique: il semble qu'il lui suffise de posséder tous les rivages pour que la mer lui appartienne. De là cet agrandissement insensible de la puissance des pirates, qui finit par devenir si redoutable. Rome leur avait livré la mer en la rendant déserte. Plus tard, au milieu des guerres civiles, ce sera encore sur mer que se prolongera la résistance des Pompéiens. La marine prendra alors une importance toute nouvelle; et à Actium le sort de l'empire romain se décidera dans une bataille navale.

Sous l'empire la politique tendait plus à la défense qu'à l'attaque. Aussi les flottes furent multipliées sur les points menacés des rivages ou des fleuves, comme les camps avancés ou les forts sur les frontières de terre. A partir d'Auguste il y eut deux flottes en station, l'une à Ravenne, l'autre à Misène; une autre sur le Pont-Euxin, et une flottille sur le Danube.

Les vaisseaux de guerre (*naves longæ*) étaient mis en mouvement au moyen de rames. Les vaisseaux de transport (*naves onerariæ*), plus profonds, plus larges et plus lourds, allaient à voile. Ceux-ci n'avaient d'autre nom que celui de leur chargement; ceux-là recevaient diverses dénominations suivant le nombre des rangs de rameurs, *biremis* ou *dicrota, triremis, quadriremis, quinqueremis* ou *penteris*. Les quinquérèmes avaient, au dire de Pline, quatre cents rameurs. Pour s'expliquer la disposition de la chiourme, il faut admettre que les bancs étaient superposés et en ligne oblique. Au reste, c'est une des questions les plus difficiles de l'archéologie. M. Jal a soutenu dans son *Archéologie navale* que les anciens n'avaient eu ni trirèmes ni quadrirèmes, par la raison que pour la trirème seulement la longueur de la rame supérieure aurait dû être telle qu'il n'y a ni bois assez long pour la faire ni bras assez fort pour la mouvoir. « J'ai essayé, dit-il, toutes les combinaisons que l'art des constructions navales peut admettre, et aucune ne m'a donné un résultat qui ne répugnât pas à la raison. J'ai étudié tous les systèmes qu'imagina la savante critique des Baïf, des Scheffer, des Gyraldi, des Bechi, des La Cerda, des Méibonius, des Le Roi, des Howel, et je n'ai pu y trouver aucune véritable lumière sur la question de la superposition des rames. Chacun soumet les textes à une idée fixe, chacun fait dire aux mots ce qu'il a besoin qu'ils disent; tous arrivent à des impossibilités plus ou moins ingénieusement dissimulées. » Ces raisonnements ne font pas que toute l'antiquité ne parle de vaisseaux à plusieurs rangs de rames. Si les Ptolémées firent construire des vaisseaux à vingt, trente et quarante bancs de rameurs, mais qui restaient immobiles au port, c'est l'exagération ridicule d'une idée habituellement mise en pratique. D'ailleurs, les artistes romains ont eu soin de nous laisser des représentations de birèmes sur la colonne Trajane. M. Jal veut que ces figures soient des fantaisies d'artiste. En raisonnant ainsi, rien ne sera vrai, et l'antiquité ne sera plus admise à venir déposer dans sa propre cause (1).

Le service sur mer, à Rome comme à Sparte, était moins honorable que le service sur terre; il était abandonné aux affranchis ou aux citoyens de la dernière classe; quelquefois même, dans les cas de péril extrême, aux esclaves. C'étaient les alliés (*socii navales classici*) qui composaient la plus grande partie de l'équipage du navire. A côté des marins, tirés ainsi des peuples soumis ou des derniers rangs de la société romaine, étaient les soldats de marine. Dans le commencement on les prenait dans la légion pour les faire monter sur des vaisseaux. Plus tard, quand la marine fut mieux organisée, il y eut des corps de troupes spéciaux levés pour combattre sur mer, et appelés *classiarii*. Il semble que cette distinction existait dès le temps de la deuxième guerre Punique; car Tite-Live nous rapporte que lorsque Rome était menacée, M. Claudius Marcellus envoya d'Ostie pour protéger la ville quinze cents soldats inscrits sur les registres de l'armée de mer, et fit lever pour les remplacer une légion navale. Il arriva cependant qu'on fut souvent obligé de donner des armes aux matelots ou aux esclaves, et que ceux qui s'étaient le plus distingués dans le combat étaient appelés à servir comme soldats de marine. Il n'y avait qu'une arme pour les troupes de mer; sauf les archers et frondeurs, elles ne comprenaient pas de corps armés à la légère. Le commandement de la flotte appartenait au général qui conduisait la guerre, ou à un de ses lieutenants. Chaque vaisseau avait son commandant triérarche, navarche ou *magistri navium* et son pilote *gubernator*. Le vaisseau

---

(1) Contre l'opinion de M. Jal nous citerons le fait suivant : En 1773 le général Melvill fit exécuter à Londres une quinquérème, qui fonctionnait fort bien, les rameurs étant placés en quinconce et les flancs de la galère faisant avec la surface de l'eau un angle de 45 degrés. La question est tranchée par des inscriptions récemment découvertes à Athènes, qui prouvent que la trirème avait cent soixante-dix rameurs, divisés en trois bancs. Au rang supérieur soixante-deux *thranites*, au milieu cinquante-quatre *zygites*, au bas cinquante-quatre thalamites, ceux-ci ayant les rames les moins longues. Les thranites, ayant les plus longues, les plus difficiles à manier, étaient les mieux payés. Cf. Bœchh, *Seewesen der Athener*, ch. IX.

monté par le commandant en chef portait le nom de navire prétorien (*navis prætoria*).

Les arsenaux de construction et de réparation s'appelaient *navalia*. Il y en avait à Rome le long du Tibre. Les matériaux nécessaires à la construction des navires, qui consistaient ordinairement en bois de pin, de sapin, ou d'aune et aussi de cyprès, de cèdre, ou de chêne, étaient quelquefois mis en œuvre aussitôt après avoir été coupés, d'où il résultait que les navires étaient très-lourds et sans durée. Sur le chantier, on montait d'abord la membrure (*statumina*) sur la quille (*carina*), puis on la recouvrait de fortes planches, fixées avec des clous d'airain (*clavus æneus*), qui étaient peu sujets à la rouille. La coque ainsi construite (*alveus, uterus*), de fortes poutres (*sedilia*) étaient placées transversalement d'un côté à l'autre du navire pour porter les bancs des rameurs (*transtra sedilia*). Dans les flancs du vaisseau étaient pratiquées des ouvertures par où passaient les rames. (*remi*). Celles-ci étaient attachées à des chevilles de bois (*scalmus*), au moyen de lanières de cuir (*struppus*), afin qu'elles ne pussent s'échapper des mains des rameurs ni être facilement enlevées par les navires ennemis, et aussi pour leur donner un point d'appui solide qui augmentât la force d'impulsion. La partie large de l'aviron, celle qui frappait dans l'eau, s'appelait *palma*, ou *palmula*. La partie la plus basse du navire, dans laquelle l'eau qui pénétrait par les jointures se rassemblait, était la *sentina*; on enlevait cette eau (*nautea*) à l'aide de pompes (*antlia*), travail pénible, qu'on infligeait comme punition. L'avant du navire (*prora*) se terminait par une longue pièce de bois, qui dans les vaisseaux de guerre était assujettie par des crampons solides, et était garnie souvent à son extrémité de deux pointes en fer; on l'appelait *rostrum*. Le *rostrum* était destiné à percer le vaisseau ennemi qui s'en laissait frapper. La blessure faite par l'éperon au vaisseau causait une voie d'eau qui bientôt le faisait couler bas. Pour se défendre contre cette manœuvre, les navires doublaient leurs cordages sur les flancs de planches assez épaisses pour que l'éperon ne perçât pas toute la coque du navire. C'était aussi à l'avant du navire que son nom était écrit, ou indiqué par quelque symbole, comme par exemple l'image d'un dieu ou celle d'un animal; on y faisait aussi les signaux (*parasemon, insigne*). A l'arrière était le gouvernail (*gubernaculum, clavus*), que le pilote ou *magister navis* dirigeait; là se trouvait aussi le dieu protecteur du navire (*deus tutelaris, numen tutelare*), d'où l'endroit où était placé son image s'appelait *tutela*, et était regardé comme un lieu sacré; aussi c'était la place où se réfugiaient les suppliants et où les traités étaient conclus. Au-dessus flottait le pavillon (*fascia, tænia*), arboré à un mât. La carène était terminée par des ornements de bois, représentant une queue de poisson redressée en l'air ou la tête et le cou d'un cygne. Cette partie du navire était appelée *applustre*. Le pavillon servait à indiquer de quel côté le vent soufflait. Sur le vaisseau amiral le pavillon était de pourpre, et la nuit un fanal y brillait à l'arrière. On réservait dans l'intérieur une place particulière (*casteria*), pour déposer les rames quand on ne s'en servait pas. Quelques vaisseaux avaient deux gouvernails, un à l'avant et l'autre à l'arrière; de sorte qu'on n'avait pas besoin de virer de bord pour changer de direction. Ces vaisseaux étaient aussi disposés dans leur construction de telle sorte, que quand la mer était agitée on pouvait adapter aux bords des navires des planches qui le recouvraient de manière à former une espèce de toit (*donec in modum tecti claudantur*; Tacite, *Hist.*, III, 47), d'où leur nom de *cameræ*.

Les vaisseaux de guerre (*naves longæ*) portaient à distance égale de l'arrière et de l'avant un mât, que traversait une poutre fixée d'un bord à l'autre du navire, et où on l'arrêtait, quand on voulait déployer les voiles; mais on pouvait aussi le faire descendre jusqu'à la quille, quand le navire était au port. De là les expressions lever le mât (*attollere, erigere*) lorsqu'on voulait marcher à voiles. A ce mât étaient suspendues les vergues (*antennæ*), auxquelles on attachait les voiles, et que l'on hissait et abaissait par le moyen de câbles (*rudentes, funes*), *pandere vela, legere, immittere rudentes*). Les voiles étaient ordinairement en toile blanche. De fortes cordes attachées à l'extrémité inférieure des voiles (*pedes*) permettaient de les déployer rapidement, soit à droite, soit à gauche du mât, selon que le vent soufflait. Quand les deux voiles étaient déployées à la fois, c'est qu'alors soufflait de l'arrière un vent favorable ; de là les expressions *pedibus æquis*, qui signifiaient faire voile avec un vent favorable, et *lævo pede*, ou *dextro pede currere*, quand on ne livrait au vent qu'une des deux voiles. Les pointes extrêmes des vergues auxquelles les cordages étaient attachés s'appelaient *cornua*, et la voile unique qui était placée au-dessus des deux autres, *supparum velorum*. Le *dolon* des navires rhodiens était probablement la même chose que le *supparum* des vaisseaux romains. Les cordages au moyen desquels les vergues étaient attachées au grand mât par leurs deux bouts (*cornua*) étaient appelés *ceruchi* ; on nommait *protoni* celles qui tirant le mât lui-même en sens contraires le tenaient immobile ; les *mesuriæ* étaient celles qui servaient à le lever et à le descendre. Le gouvernail n'était point placé, comme il le fut plus tard, sous la poupe, au milieu de l'arrière, mais sur le côté ; les gros vaisseaux en avaient deux. La partie supérieure du gouvernail était l'*ansa*, la partie inférieure, et plus large, qui s'enfonçait dans l'eau, le *clavus*. Tout ce qui servait à l'équipement du navire, cordages, voiles, rames, etc., était désigné par le mot *arma*, ou *armamenta* ; les câbles qui servaient à donner la remorque étaient les *remulci*. A l'avant du vaisseau se trouvait aussi l'ancre, *ancora*, qui était descendue et levée par un câble (*ancorale*). En cas d'urgence on coupait le câble. Pour reconnaître un mouillage ou des bas-fonds on se servait de la sonde (*bolis*). Quand la profondeur était peu considérable, on sondait le fond avec une forte perche, armée de fer (*contus*), qu'on employait aussi pour mettre à flot un navire échoué sur les écueils ou les bas-fonds. Pour lest (*saburra*) on prenait du sable ou des pierres jetées dans la cale. Pour pouvoir monter sur le vaisseau on jetait du navire au rivage des planches, qui formaient un pont (*pontes*) ou une échelle (*scalæ*). Les navires du commerce et les bateaux de transport étaient découverts (*apertæ*) ; mais les vaisseaux de guerre avaient un pont qui s'étendait sur tout le navire, afin que les rameurs fussent à l'abri des flèches et des projectiles de l'ennemi. Les soldats se plaçaient sur ce pont, où étaient établies aussi les machines de guerre et même de petites tours. De là les termes *naves tectæ, constratæ, tabulatis instructæ* ; on trouve aussi pour désigner le pont le mot *stega*, dans Plaute ; peut-être ne désignait-il que la partie de l'avant et de l'arrière qui était couverte dans les navires du commerce. Dans l'intérieur du vaisseau se trouvaient aussi des *tabulata*, pour s'asseoir ou déposer les bagages, etc., des *fori*, ou passages d'une partie du navire à l'autre. Pour fermer tout passage à l'eau à travers les joints des planches, on se servait d'un mélange de cire, de poix et de fibres de roseaux. Quelquefois on enduisait tout le corps du bâtiment de ce mélange, auquel on donnait la couleur qu'on désirait avoir. Cette opération de calfatage (*ceratura*) devait être d'autant plus fréquemment répétée, que les Romains apportaient d'abord peu de soin dans le choix de leurs bois de construction, et qu'ils tiraient souvent leurs vaisseaux à terre. Plus tard ils firent couper les bois au mois d'août dans des forêts de l'État (*silvæ publicæ*), et les firent sécher avant que de les mettre en œuvre. Quand un navire était achevé et calfaté sur le chantier, on le mettait à l'eau (*in mare deduci*). Pour cela on le plaçait sur des cylindres (*ligni rotundi, cylindri, palangæ, scutulæ*), et on le faisait glisser avec des leviers (*vectes*), travail qui était très-pénible quand le sol était ou peu résistant ou accidenté. Les ports de mer dans lesquels les vaisseaux reposaient sur leurs ancres (*ancris tenere*) étaient protégés contre les attaques ennemies par des tours construites sur le rivage des mers qui formaient l'entrée du port (*ostium, fauces*). Quand on craignait que l'ennemi ne voulût en forcer l'entrée, on la barrait avec des chaînes ou on y coulait des vaisseaux. Les trois mois et demi qui s'étendent de la fin de mai à la mi-septembre, du 27 mai (VI *calend. jun.*) jusqu'au 14 septembre (XVIII *calend. octob.*), passaient pour le temps le plus favorable à la navigation, parce que les vents étaient moins violents. Du 14 septembre au 11 novembre (III *Id. novemb.*) la navigation passait pour dangereuse, à cause des ouragans de l'équinoxe; mais elle cessait tout à fait du 11 novembre au 10 mars (VI *Id. mart.*), à cause de la courte durée des jours, des brouillards, des pluies et des nuages, qui cachaient trop souvent le ciel et les étoiles, alors seuls guides des marins.

Quand la flotte était équipée (*classis instructa*), qu'elle avait tous ses cordages, ses voiles, ses rames (*armamenta*), et ses vivres (*cibaria*), le signal de l'embarquement était donné à l'équipage par la trompette : les rameurs et les matelots s'embarquaient d'abord, puis les soldats de marine. Alors la flotte était passée en revue par le commandant en chef pendant un sacrifice solennel (*lustrare classem*). Les auspices étaient consultés : s'ils étaient favorables, le signal du départ était donné (*tuba signum datur proficiscendi*). En marche les navires légers se plaçaient en tête; venaient ensuite les bâtiments de guerre, et après eux les vaisseaux de transport (*naves onerariæ*). Quand la flotte était arrivée à sa destination, ou même lorsqu'elle ne faisait que s'arrêter à un mouillage, on remerciait les dieux d'avoir échappé aux périls de la mer par un sacrifice. Si les troupes étaient mises à terre, elles s'enfermaient quelquefois dans un camp (*castra nautica*).

Dispositions pour une bataille navale. — Quand les flottes ennemies se rencontraient, comme on ne se battait point à la voile, la première opération était de serrer les voiles et d'abaisser les mâts; on ne conservait que la petite voile nommée dolon, qui pouvait aider à l'action des rameurs. Par la même raison, on débarrassait les navires de toute cargaison qui pouvait ralentir leur marche et leurs mouvements. Toutefois, on n'engageait l'action qu'autant que la mer était calme; car la houle eût empêché le navire d'obéir fidèlement aux rames et au gouvernail. On s'efforçait aussi de se maintenir en haute mer, parce qu'on y pouvait opérer avec plus de facilité toutes sortes de mouvements; et, par la raison contraire, on cherchait en même temps à pousser l'ennemi à la côte. Il fallait aussi faire grande attention à la direction des courants, que les rames ne pouvaient pas toujours maîtriser. Ces précautions prises, le commandant en chef rangeait sa flotte sur deux ou trois lignes (*acies*), quelquefois sur une seule. Dans le premier cas les bâtiments les plus forts étaient placés en tête, la seconde ligne formait la réserve (*subsidiaria classis*). Ces lignes avaient chacune un centre, occupé par les navires plus faibles, et deux ailes (*cornua*), où se plaçaient les plus gros et les plus forts. Quelquefois les vaisseaux étaient disposés en demi-cercle (*lunata acies*); et alors le *præfectus classis* avec sa *navis prætoria* se plaçait au milieu; mais quand l'ordre de bataille était la ligne droite, le vaisseau amiral était à l'aile droite. Les soldats étaient postés sur le pont des navires, le long des flancs; les soldats pesamment armés à l'avant, et à l'arrière les frondeurs et les archers.

Bataille navale. — La flotte ainsi rangée en bataille, le *præfectus classis* passait dans un bâtiment léger (*actuaria navis*) à travers les lignes, en excitant les capitaines des vaisseaux et leur troupe à bien faire leur devoir. Un pavillon de pourpre hissé sur le vaisseau amiral et les sons de la trompette (*buccina*) étaient le signal pour commencer l'attaque. La chiourme faisait alors force de rames, et chaque navire cherchait à percer avec le *rostrum* le vaisseau qui lui était opposé, à briser ses rames en rasant son flanc, à écraser les soldats qui en garnissaient le bord ou à percer le pont à l'aide d'une poutre armée de fer qu'on y laissait tomber (*asser*), ou enfin à le saisir à l'aide de crampons de fer (*manus ferreæ, corvus*), pour le forcer à recevoir l'abordage. Alors l'équipage sautait sur le pont du vaisseau ennemi et s'y battait comme à terre. Pour faciliter l'abordage on jetait un pont d'un navire à l'autre. L'attaque commençait à distance par les machines de jet, les *ballistes, catapultes, onagres*, placés sur le pont ou sur les tours. On lançait non-seulement des pierres et des flèches, mais des projectiles incendiaires. Les Romains employaient aussi les brûlots, qu'ils allaient attacher aux flancs des gros navires ennemis.

§ VIII. *Administration provinciale.*

Sous ce titre nous réunirons les principaux renseignements qu'il importe d'avoir d'abord sur les rapports que les traités établirent entre Rome et les peuples qu'elle avait vaincus, ensuite, quand ses guerres hors d'Italie lui donnèrent de vastes provinces à gouverner, sur les moyens qu'elle employa pour tenir ces pays dans sa dépendance. Nous avons déjà remarqué que Rome comprit autrement que nous la centralisation. Elle la voulut politique, non administrative. Elle laissa donc beaucoup d'indépendance locale, et se mêla peu des affaires intérieures des cités pourvu que celles-ci payassent l'impôt et ne montrassent point de dangereux regrets pour la liberté perdue. Mais elle eut soin de faire aux villes des conditions très-différentes, pour les empêcher de se réunir. De là pour nous la nécessité d'étudier les droits et les obligations attachés à ces noms de municipe avec ou sans droit de suffrage, de ville libre ou fédérée, de colonie romaine ou latine, de préfecture, etc. Ce système, qui prit naissance en Italie autour de Rome, fut ensuite étendu aux provinces, avec cette différence seulement que les privilégiés furent beaucoup moins nombreux dans les provinces qu'en Italie. Les droits publics diminuaient à mesure qu'on s'éloignait du centre de Rome et de la terre italique.

DU DROIT DES GENS CHEZ LES ROMAINS. — Dans sa politique extérieure Rome partagea une erreur commune à toute l'antiquité. Le droit des gens n'existait que pour les peuples plus ou moins étroitement unis à la cité. Ceux qui y restaient étrangers, qu'ils fussent en guerre ou non contre Rome, étaient confondus sous un même nom, celui d'*hostis*. Sans avoir ce sens, plus restreint, que nous attachons au mot d'ennemi, cette qualification, comme celle de barbare chez les Grecs, marquait la séparation la plus profonde et l'antagonisme le plus complet. Le Romain ne devait rien à l'*hostis*, l'*hostis* ne devait rien au Romain. Entre eux il n'y avait qu'un droit, celui du vainqueur, droit sans limites comme sans règles. Le droit des gens ne reposait pas sur des principes, il était tout entier dans un contrat qui établissait une réciprocité de droits et de garanties. Le seul hommage rendu au principe était le respect accordé de tout temps au caractère de député. Même en temps de guerre, même au milieu des combats, leur personne fut toujours regardée comme sacrée et inviolable. Aussi leur était-il interdit de combattre. Rome honora toujours les envoyés des autres nations. Seulement elle établissait une différence entre l'accueil fait aux envoyés d'un peuple allié et celui fait aux envoyés d'un peuple avec qui elle était en guerre. Les premiers étaient reçus, comme des hôtes, dans la demeure des principaux citoyens ou dans un palais de l'État; les derniers devaient s'arrêter devant les murs de la ville, et c'est là, dans une curie spéciale, le temple de Bellone, qu'ils conféraient avec le sénat. Si les négociations étaient stériles, et que la guerre recommençât, les envoyés restaient libres; seulement, ils devaient sortir du territoire dans un espace de temps déterminé. Si Rome savait respecter les envoyés étrangers, elle savait aussi faire respecter les siens. Chaque fois qu'elle fut outragée dans leur personne, elle en tira une vengeance éclatante.

Cependant la religion, si étroitement unie au droit public de Rome qu'elle est à la fois la base et le couronnement de sa législation, combla ce vide de droits et de garanties que l'antique civilisation laissait subsister dans les rapports des peuples. Les principes religieux apprirent à respecter vis-à-vis de l'ennemi des devoirs dont la violation faisait perdre la protection divine. Le formalisme romain régla ces devoirs, et un collége spécial de prêtres fut institué pour veiller à leur observation. Les *féciales* étaient des envoyés députés auprès des peuples alliés pour prévenir la guerre par des négociations ou pour la déclarer. Ils choisissaient parmi eux un *pater patratus*, qui se rendait seul ou avec une escorte auprès de la nation avec laquelle Rome avait des différents. Arrivé sur la frontière, celui-ci annonçait à haute voix son nom et sa mission, et témoignait de sa véracité par des formules de serment et d'exécration. Puis il répétait cette déclaration au premier homme qu'il rencontrait sur la route,

ITALIE.

à la porte ou dans l'enceinte de la ville. Il attendait trente-trois jours qu'on eût fait satisfaction à ses demandes. Si au bout de ce temps elles n'étaient pas accordées, il revenait déclarer au sénat que rien ne s'opposait plus à la guerre. Quand le sénat l'avait décidée, il fallait encore qu'elle fût solennellement annoncée par un fécial, qui lançait un javelot sur les frontières de l'ennemi. Ce n'était qu'à partir de ce moment que les hostilités commençaient. Plus tard, lorsque le théâtre des guerres que Rome eut à soutenir se trouva trop éloigné pour que cette formalité pût être remplie dans toute sa rigueur, l'antique usage se conserva par une sorte de fiction. Il y eut dans le voisinage de la ville, près du temple de Bellone un champ qui simulait le territoire ennemi. Une colonne y représentait la frontière, et le fécial pour déclarer la guerre la frappait de son javelot. L'ambition conquérante de Rome ayant enlevé toute signification à ces cérémonies, elles devinrent purement illusoires, et tombèrent dans l'abandon. Cependant les inscriptions attestent qu'il y avait encore des féciaux sous les empereurs au troisième siècle de notre ère (1).

La guerre donnait au vainqueur, comme prix de la victoire, tout ce qui avait appartenu à l'ennemi, jusqu'aux objets sacrés et au culte. Son droit était sans limites. S'il l'appliquait dans toute sa rigueur, tout bien mobilier était enlevé comme butin, les hommes tués ou réduits en esclavage, le sol réuni à l'*ager publicus*, les dieux même emmenés à Rome; en un mot, le peuple vaincu était anéanti. Il n'y avait qu'une soumission faite à temps qui pût soustraire les vaincus à cette destruction. Si l'ennemi se rendait sans conditions et à merci, son sort dépendait toujours du vainqueur; mais le plus souvent Rome lui laissait ses lois, ses usages, et le peuple vaincu conservait sous une domination plus ou moins lourde son existence politique. Une capitulation, dans quelque circonstance qu'elle eût lieu, conservait toujours au vaincu la vie et la liberté, même alors qu'il était forcé de passer sous le joug.

(1) *Voyez* ci-dessus p. 266, note 2.

Quand la guerre se terminait par un traité de paix, c'était un fécial qui était envoyé par le roi pour la conclure. Une cérémonie religieuse la sanctionnait, des serments, des exécrations appelaient la colère des dieux contre les violateurs des traités. Pour faire un traité de paix, comme pour une déclaration de guerre, le fécial emportait avec lui une motte de terre couverte d'herbe sacrée qu'il avait prise avec l'autorisation du roi sur le Capitole, afin que partout où il se trouvait il parût toujours agir sur le sol même de Rome. Sous la république le départ du fécial était réglé par un sénatus-consulte, et le consul était chargé de lui fournir toutes les choses nécessaires à l'accomplissement de sa mission. Nous trouvons souvent dans l'histoire de Rome des traités conclus sans autre sanction que la parole du général et sans autre garantie que quelques otages; mais souvent aussi nous voyons le peuple les déclarer nuls, en en faisant livrer l'auteur par le fécial.

S'il n'y eut pas dans l'antique droit des gens de règles précises pour réprimer les excès de la guerre, il comporta nécessairement de bonne heure des alliances et des traités pour la sauve-garde de la paix, entre les peuples qu'elle unissait. Ces traités étaient de quatre sortes: l'un établissait de simples rapports d'amitié, l'autre constituait des liens plus étroits d'hospitalité; le troisième consacrait de mutuelles garanties des droits civils; enfin le dernier reposait sur certaines conditions d'alliance (*amicitia, hospitium, municipium, fœdus*).

TRAITÉ D'AMITIÉ. — Les traités de simple amitié avaient pour objet le maintien de la paix et la protection du commerce. Tels furent d'abord le traité avec Albe, dont les conventions permettaient de terminer à l'amiable tout différend entre les deux cités; puis les deux traités avec Carthage, qui assuraient aux voyageurs et négociants des deux États libre entrée et protection sur le territoire de chacun d'eux.

Voici les deux traités faits avec Carthage, et que Polybe nous a heureusement conservés:

« Entre les Romains et leurs alliés et entre les Carthaginois et leurs alliés il y aura aliance à ces conditions, que ni les Romains ni leurs alliés ne navigueront au delà du Beau-Promontoire, s'ils n'y sont poussés par la tempête, ou contraints par leurs ennemis; qu'en cas qu'ils y aient été poussés par force, il ne leur sera permis d'y rien acheter ni d'y rien prendre, sinon ce qui sera nécessaire pour le radoubement de leurs vaisseaux ou le culte des dieux, et qu'ils en partiront au bout de cinq jours; que les marchands qui viendront à Carthage ne payeront aucun droit, à l'exception de ce qui se paye au crieur et au scribe; que tout sera vendu en présence de ces deux témoins : la foi publique en sera garant au vendeur; que tout ce qui se vendra en Afrique ou dans la Sardaigne....; que si quelques Romains abordent dans cette partie de la Sicile qui appartient aux Carthaginois, on leur fera bonne justice en tout; que les Carthaginois s'abstiendront de faire aucun ravage chez les Antiates, les Ardéates, les Laurentins, les Circéens, les Terraciniens, et chez quelque peuple des Latins que ce soit qui obéisse aux Romains; qu'ils ne feront aucun tort aux villes même qui ne seront pas sous la domination romaine; que s'ils en prennent quelqu'une, ils la rendront aux Romains en son entier; qu'ils ne bâtiront aucune forteresse dans le pays des Latins; que s'ils y entrent à main armée, ils n'y passeront pas la nuit. »

Second traité :

« Entre les Romains et leurs alliés et entre les Carthaginois, les Tyriens, les Uticéens et les alliés de tous ces peuples, il y aura alliance à ces conditions, que les Romains ne pilleront ni ne trafiqueront ni ne bâtiront de ville au delà du Beau-Promontoire, de Mastie et de Tarséion; que si les Carthaginois prennent dans le pays latin quelque ville qui ne soit pas de la domination romaine, ils garderont pour eux l'argent et les prisonniers, et remettront la ville aux Romains; que si les Carthaginois prennent quelques hommes faisant partie des peuples qui sont en paix avec les Romains par un traité écrit, sans pourtant leur être soumis, ils ne les feront pas entrer dans les ports des Romains; que s'ils y entrent et qu'ils soient pris par un Romain, on leur donnera liberté de se retirer; que cette condition sera aussi observée du côté des Romains : que si ceux-ci prennent dans un pays qui appartient aux Carthaginois de l'eau et du fourrage, ils ne s'en serviront pas pour faire tort à ceux qui ont paix et alliance avec les Carthaginois.... Que si cela ne s'observe pas, il ne sera pas permis de se faire justice à soi-même; que si quelqu'un le fait, cela sera regardé comme un crime public; que les Romains ne trafiqueront pas ni ne bâtiront pas de ville dans la Sardaigne ou l'Afrique; qu'il ne leur sera permis d'y aller que pour prendre des vivres et pour radouber leurs vaisseaux; que s'ils y sont portés par la tempête, ils ne pourront y rester que cinq jours; que dans la partie de la Sicile qui obéit aux Carthaginois et à Carthage, les Romains auront pour leur commerce et leurs actions la même liberté qu'un citoyen carthaginois aura à Rome. »

TRAITÉ D'HOSPITALITÉ. — L'hospitalité, que les Grecs appelaient proxénie pouvait unir entre eux soit de simples citoyens, soit des cités entières. L'hospitalité privée créait des rapports très-intimes; on était obligé de recevoir chez soi son hôte et de le défendre devant les tribunaux. — Des présents, des cérémonies religieuses consacraient ces rapports; des signes de reconnaissance transmis de génération en génération (*tessera hospitalis*) en garantissaient la durée, et Jupiter en était le protecteur (*Jupiter hospitalis*). Pour que ces liens fussent brisés il fallait une déclaration formelle des contractants. Les droits et les devoirs de l'hospitalité s'étendaient très-loin. On confiait à un hôte l'éducation de ses enfants; on l'employait pour défendre ses intérêts à l'étranger. La guerre ne détruisait pas ces liens, et l'hôte prisonnier devait être délivré par son hôte. Ces obligations n'étaient pas imposées par la loi; mais elles étaient si bien consacrées par les mœurs et par la religion, que l'on ne pouvait y manquer sans tomber dans le mépris.

Il faut distinguer deux sortes d'hospitalité publique, l'une qui liait toute une cité à un seul étranger, l'autre qui liait une cité avec une autre cité. La première assurait à l'étranger sur le territoire de la république honneur et protection, libre circulation, droit d'assister aux fêtes publiques, d'acheter et de vendre, de plaider en personne devant les tribunaux pour la defense de ses intérêts; la seconde accordait à tous les citoyens d'une cité ces mêmes droits. La possession en était toujours héréditaire, et le peuple romain honorait jusque dans les derniers descendants le souvenir de l'antique hospitalité.

TRAITÉ D'ISOPOLITIE. — Ces traités établissaient une sorte de communauté politique, en vertu de laquelle le Romain dans le municipe et le citoyen du municipe dans Rome jouissaient de tous les droits civils, ceux de voter et de briguer les charges exceptés, sans pourtant perdre les droits civils de sa patrie ni devenir citoyen réel de la cité où il exerçait momentanément les droits qu'on lui avait reconnus. Cette relation correspond à certains égards à l'isopolitie des Grecs; et même hors de l'Italie il y avait des villes attachées à Rome par cette condition. Très-souvent à cet échange réciproque des droits civils se joignaient encore les liens de l'hospitalité publique; tels étaient par exemple les doubles rapports qui existaient entre Rome et Cœré; de sorte que quand des Cœrites s'établissaient à Rome, ils étaient inscrits sur une liste particulière; et leur condition étant devenue celle de beaucoup d'autres, on disait qu'un homme était porté sur la table des Cœrites quand il obtenait la concession de tous les droits de la cité romaine, à l'exception du droit de voter et de celui d'arriver aux charges.

Cependant tous les municipes ne se trouvaient pas vis-à-vis de Rome sur le même pied; il leur fut fait, au contraire, des concessions bien diverses, que nous examinerons plus loin.

TRAITÉ D'ALLIANCE. — L'alliance reposait sur un contrat, qui n'obligeait pas seulement au maintien de la paix, mais qui imposait une assistance active dans la guerre.

Les rapports des alliés avec Rome, comme ceux des municipes, étaient loin d'être uniformes. Il est nécessaire d'ajouter quelques détails sur la diversité de leur condition.

L'une des premières et des plus célèbres alliances de Rome fut celle qu'elle conclut avec les trente cités de la confédération, après la destruction d'Albe, leur capitale, qu'elle aspira d'abord à remplacer. A la suite d'une lutte assez longue et des victoires d'Ancus Martius, un premier traité fut conclu entre les Latins et Tarquin l'Ancien. Sous le règne de Servius Tullius un temple fut bâti à frais communs par les Romains et les Latins, sur le mont Aventin. Ce monument consacré à Diane et élevé à Rome même témoignait que le premier rang dans la confédération appartenait à Rome. C'était le roi des Romains qui présidait aux sacrifices, au nom des deux peuples. Cependant jusqu'à Tarquin le Superbe des Latins conservaient sur la montagne d'Albe un temple où se célébraient les fêtes de la confédération, et où leur chef offrait les sacrifices au nom des Romains et des Latins comme le roi de Rome le faisait sur l'Aventin. La suprématie de Rome fut entièrement reconnue par les Latins le jour où Tarquin l'Ancien obtenait pour lui-même la présidence de ces assemblées solennelles, connues sous le nom de fériés latines. Dans la guerre contre Suessa Pométia chaque centurie latine réunie à une centurie romaine formait un manipule commandé par un centurion romain. Après l'expulsion de Tarquin les Latins, qui se croyaient engagés vis-à-vis du prince, rompirent l'alliance avec Rome. La défaite de leur armée à la bataille du lac Rhégille, en l'an 496, prépara le renouvellement de l'ancienne alliance. Elle fut rétablie (493) sur le pied de l'égalité : les armées des deux peuples marcheraient toujours ensemble; le chef serait tour à tour pris parmi les Latins et parmi les Romains; le pays conquis, le butin seraient partagés d'une manière égale. Tous les différents particuliers devaient être réglés dans l'espace de dix jours sur le lieu même où avait lieu le traité. Quant au *jus connubii* et au *jus commercii* entre les deux peuples, c'est-à-dire quant au droit de s'unir par des mariages et d'avoir des relations de commerce et d'échange, il existait entre les deux peuples depuis longtemps. Les Herniques furent admis en 486 au bénéfice de ce traité.

Cette union subsista, quoique profondément modifiée à l'avantage de Rome, jusqu'à l'invasion gauloise (390). Tant qu'elle dura sur le pied de l'égalité, le général latin célébra les victoires remportées pendant son commandement sur la montagne d'Albe; le général romain célébra les siennes au Capitole. Quand le pouvoir appartint d'une manière continue au général romain, la montagne d'Albe cessa d'être le théâtre des triomphes; seulement des sacrifices y furent toujours offerts par un magistrat romain. Ces faits expliquent pourquoi plus tard le général auquel le sénat décernait le triomphe au Capitole allait y préluder sur la montagne d'Albe. Au moment de la bataille de l'Allia et de l'incendie de Rome les Latins étaient moins les alliés que les sujets de Rome; aussi profitèrent-ils du malheur des Romains pour s'affranchir. La seconde invasion des Gaulois, qui semblait menacer les peuples voisins de Rome aussi bien qu'elle-même, lui rendit ses anciens alliés, mais bien moins dociles qu'ils ne l'étaient avant la catastrophe de l'Allia. La guerre des Samnites leur parut une occasion favorable pour obtenir l'entrée du sénat et du consulat; le fier refus de Rome entraîna une guerre (340), dont l'issue acheva la ruine de l'ancienne confédération latine.

Elle perdit jusqu'aux derniers restes de son indépendance. Les Latins furent forcés par les nouveaux traités de fournir à Rome leurs troupes, sans avoir aucune part, non-seulement au commandement, mais même à la conquête; et l'on établit entre eux des distinctions nombreuses, dont il sera parlé plus loin.

Nous venons de dire les conditions successivement faites aux alliés du nom latin, *nomen latinum;* mais il y avait d'autres alliés, auquel des conditions très-diverses étaient faites. Aussi le sénat imposait l'obligation aux Étoliens, pour leur accorder le titre d'alliés, de n'avoir d'autres amis ou d'autres ennemis que ceux du peuple romain. Avec les Camertins, les Héracléotes, Rhodes, les Juifs et les Étoliens, avant leur défection, etc., Rome traitait sur le pied d'une complète égalité (*æquo fœdere*); aux Apuliens, aux Lucaniens elle imposait un *fœdus iniquum*, c'est-à-dire une alliance dont elle dictait les termes, ou plutôt qu'elle laissait dans une incertitude menaçante, les obligeant seulement à reconnaître la majesté du peuple romain, *majestatem populi romani, comiter conservato;* obligation bien vague, mais que les événements et l'avenir devaient préciser. Le peuple ou le roi allié à ce titre conservait sa liberté, mais devait faire sans résistance tout ce que Rome commandait. Ce n'était plus qu'un client du peuple romain; les jurisconsultes eux-mêmes le disent : *quemadmodum clientes.* Le sénat, de son côté, comme un fidèle patron, prenait en tout temps sa défense. Que de rois décorés du nom d'amis et d'alliés peuple romain qui n'étaient que d vassaux couronnés! Les peuples q avaient avec les Romains un traité s pulant de la part de Rome une prote tion efficace, de la part des peuples l' bligation de fournir des troupes ou d subsides, étaient les *civitates fœderat*

Au-dessous des alliés, *socii*, sont l sujets, *dedititii*, ceux qui, au lieu de tr ter avec le peuple romain, s'étaient r mis à la discrétion du sénat, comme esclave est à la discrétion de son maît Tite-Live nous a conservé la formu d'une dédition (1). Les *dedititii* devai livrer leurs armes, des otages, recev garnison, souvent abattre leurs murs céder une partie de leur territoire, pay un tribut, fournir des auxiliaires et soumettre encore à quelques autres ob gations.

DIVERSES SORTES DE MUNICIPES. Nous avons dit qu'il y avait des mu cipes de diverses sortes. Il faut disti guer d'abord ceux qui faisaient cor avec l'État romain et ceux qui, aya gardé, en apparence du moins, leur i dépendance, n'avaient avec Rome qu' simple traité d'alliance.

MUNICIPES SINE SUFFRAGIO. — L villes incorporées à l'État romain étaie de deux sortes : 1° celles qui n'avaie pas le droit de suffrage, 2° celles dont l habitants, en outre des droits civil jouissaient des droits politiques, c'est- dire pouvaient voter à Rome et arriv aux charges. Dans la première catégo rie furent les Tusculans, en 379; les Can paniens et Fundi, Formies, Cumes Suessula, en 338; une partie des San

(1) Tarquin l'Ancien avait conquis sur l Sabins la ville de Collatie, qu'ils lui cédèren voici le texte du traité de cession : Le ro s'adressant aux députés, leur demanda
« Étes-vous les députés et les orateurs envoy
« par le peuple collatin pour vous mettr
« vous et le peuple de Collatie, en ma pui
« sance? — Oui. — Le peuple collatin est-
« libre de disposer de lui? — Oui. — Vo
« soumettez-vous à moi et au peuple romain
« vous le peuple de Collatie, la ville, la cam
« pagne, les eaux, les frontières, les temple
« les propriétés mobilières, enfin toutes l
« choses divines et humaines? — Oui. — E
« bien, j'accepte en mon nom et au nom d
« peuple romain. »

nites, en 334; Acerræ et Atella, vers 332; Priverne, en 329; les Herniques, en 306; Arpinum et Trebula, en 303; une partie des Sabins, en 290.

Municipes cum suffragio. — Après sa lutte contre la confédération latine, Rome, pour s'attacher les vaincus, convertit plusieurs cités latines en municipes jouissant du droit de suffrage. Les villes de Lanuvium, d'Arricie, de Nomentum, de Pedum obtinrent la totalité des droits que conférait la cité romaine. Ce fut pour ces nouveaux citoyens que furent établies les deux nouvelles tribus Mæcia et Scaptia; ce droit fut conféré ensuite aux Tusculans, à une époque incertaine; aux Privernates, en 319; aux Éques, en 306; aux Sabins, en 268; à Fundi, Formies, Arpinium, en 188.

Ces deux sortes de villes faisaient partie de l'État romain, mais les dernières y étaient entrées sur un pied de complète égalité; les autres, au contraire, étaient sujettes, puisqu'elles recevaient de Rome les lois toutes faites, sans prendre part au vote : mais on leur en épargnait le nom, on les appelait des alliées, *socii.*

Municipes alliés. — La troisième sorte de villes étaient celles qui avaient avec Rome un des traités dont nous avons parlé plus haut, surtout celui d'isopolitie.

Organisation intérieure des municipes. — Tout municipe, malgré la diversité de son titre, conservait la gestion de ses affaires intérieures (1). L'administration de la fortune publique du municipe, la police, le culte appartenaient à des magistrats élus parmi les citoyens. A la tête de l'administration municipale était un sénat, dont les membres avaient le nom de décurions. Leur nombre dépendait de la grandeur du municipe; leur élection était subordonnée à de certaines conditions de fortune; aussi formaient-ils un ordre dans la cité. L'exercice de certaines fonctions ouvrait aussi l'entrée de cette assemblée. Dans les derniers temps de la république, et sous l'empire, le titre de décurion était peu recherché; car il entraînait des dépenses considérables, par exemple pour la célébration des jeux, et une grande responsabilité pour la levée de l'impôt. Les noms des décurions étaient inscrits sur un registre particulier, *album decurionum,* suivant l'ordre de leur dignité et suivant celui de leur entrée dans la curie.

Le pouvoir exécutif appartenait à deux duumvirs, qui représentaient dans le municipe les consuls. La toge prétexte était l'insigne de leur dignité. Immédiatement au-dessous des duumvirs se plaçaient les édiles. Leurs attributions étaient les mêmes que celles des édiles dans Rome; cependant ils pouvaient prendre une part plus grande à l'administration. Le nombre des édiles variait dans les divers municipes. Une lettre de Cicéron nous apprend qu'il y en avait trois à Arpinum. Dans les inscriptions on trouve souvent IIII viri AP (*quatuorviri ædilitia potestate*). Parmi les magistrats du municipe il faut compter les *quinquennales;* leur nom et la durée de leur fonction donnent à croire qu'ils remplissaient dans les municipes et dans les colonies une charge analogue à celle des censeurs : c'étaient eux qui faisaient le dénombrement dont les registres étaient envoyés à Rome et qui servaient à la répartition du contingent militaire que le sénat exigeait; obligation qui n'était imposée qu'aux municipes *sine suffragio,* car pour les municipes *cum suffragio* leurs habitants devaient donner leurs noms à Rome même aux censeurs dans les tribus auxquelles ils appartenaient; les *curatores,* préposés à l'administration des biens et des revenus du municipe. Ces magistratures étaient annuelles et conférées par élection. Les *quinquennales* eux-mêmes, nommés tous les cinq ans, ne restaient en charge que pendant une année. Toutes ces magistratures n'existaient à la fois que dans les grands municipes. Les uns n'en possédaient que quelques-unes, les autres possédaient les plus considérables; quelques-uns en avaient une seule, telle qu'Arpinum, où il n'y avait que des édiles. Une assemblée générale des citoyens réglait les affaires intérieures du municipe. Les procès de peu d'impor-

---

(1) Sur la question des Municipes voyez : Roth, *De Re Municipali;* Stegerus, *Dissertatio ad Legem Municipalem Rom.;* Wasseau, *De Jure et jurisdictione Municipiorum;* et Savigny, Niebuhr, Gottling, Walter, Ruperti, etc.

tance étaient abandonnés à la juridiction des magistrats locaux. Pour les procès civils ou criminels plus considérables, ils ne pouvaient être jugés que par le préteur romain.

PRÉFECTURES. — A côté ou plutôt au-dessous du municipe se place *la préfecture*. Dans la seconde guerre Punique Capoue avait perdu son sénat, ses magistrats, la plupart de ses citoyens et le droit de se gouverner elle-même, qui fut remis à un préfet envoyé de Rome chaque année pour gérer ses affaires. C'était un châtiment de sa défection en faveur d'Annibal. Atella, Calatia eurent le même sort. D'autres villes encore reçurent de Rome un préfet, sans être tenues dans une dépendance aussi étroite. Comme les municipes, elles conservaient le droit d'élire des magistrats; mais la justice y était rendue par un préfet romain. Au reste, là aussi de grandes différences existaient. Certaines villes, comme Capoue, Cume, Casilinum, Volturnum, Liternum, Puteoli, Acerræ, Suessula, Atella, Calatia, relevaient pour l'administration de la justice des quatre préfets qui faisaient partie du collége des *sex et viginti viri*, élus par le peuple de Rome. D'autres recevaient leur préfet des mains du préteur, comme Fundi, Formies, Cœré, Venafrum, Allifæ, Atina, Privernum, Anagnie, Frusino, Reate, Nursia, Saturnia, Arpinum, Amiterrum, le Picenum, etc. Quelques-unes avaient même le droit de suffrage, leurs magistrats, leurs assemblées, leurs lois particulières. Le nom de préfecture fut encore donné à cette partie de la population vaincue qu'on laissait subsister sous la domination d'une colonie romaine, ainsi qu'à ces peuples transplantés sur un autre point de l'Italie et dépouillés de presque toures leurs droits. Ce nom disparut après la guerre Sociale; cependant on retrouve quelques préfectures mentionnées par Cicéron.

COLONIES. — Les habitants des premières villes que Rome avait soumises avaient été incorporés dans la cité romaine. Quand les conquêtes s'étendirent, et qu'il fut impossible d'appeler tous les vaincus dans son sein, elle porta au loin les limites de la cité. Elle déclara territoire de la république (*ager publicus*) une partie des terres conquises; et elle y transporta, sous le titre de colons, de citoyens romains. Les colonies étaient ainsi comme une extension de la cité; elles la représentaient d'une manière immédiate au milieu des pays soumis et elles furent comme des garnisons jetées à la frontière pour la défendre. Qu'on observe en effet sur une carte la position des colonies de Rome, on verra qu'elles marquent autour de l'*ager* primitif une vaste enceinte circulaire, qui va toujours s'élargissant. Cependant, même à l'origine, les colonies ne furent pas de simples garnisons; ce nom, tel que nous le définissons aujourd'hui, ne convient pas aux Romains. L'armée, c'était la cité sous les drapeaux. Les colons n'étaient donc pas seulement un poste avancé, toujours sous les armes, mais des citoyens ayant les mêmes intérêts que ceux de la métropole, prêts à les défendre comme les leurs; placés seulement plus loin du Forum et plus près du champ de bataille. L'établissement des colonies est une institution que Rome a perfectionnée, mais qui n'est pas d'origine romaine, et qui sort de la nature même des choses. Presque tous les anciens peuples eurent des colonies. Mais les Italiens donnèrent à celles qu'ils fondèrent un caractère particulier, que Rome précisa encore. Toute colonie à Rome a pour point de départ une loi agraire, qui donne aux citoyens inscrits pour la colonie ordinairement le tiers des habitations et du territoire de la cité conquise, dont les anciens habitants resteront placés dans la dépendance des nouveaux venus. Dès qu'un plébiscite ou un sénatus-consulte avait décrété la fondation d'une colonie, l'assemblée par centuries ou par tribus nommait immédiatement pour y présider des triumvirs. Une loi curiate donnait à ces magistrats l'*imperium* pour un certain nombre d'années. Leur charge consistait à choisir les colons, à les conduire dans la colonie dont ils prenaient possession en vertu de leur *imperium*, à faire la distribution des terres aux colons (le plus souvent c'était deux arpents par personne) à tracer la limite du pomœrium, à établir la constitution, les droits, les charges des colons, le nombre de soldats que la colonie devait fournir à Rome, le nombre de campagnes auxquelles chaque citoyen était obligé, enfin le temps et le lieu où expirait l'obligation du service militaire.

La condition des colonies était en tout analogue à celle des municipes. Mais il faut distinguer deux classes d'hommes dans la colonie : les colons, le peuple souverain (*populus*), sorte de patriciat d'où sortaient les magistrats, les décurions et les prêtres formaient la première ; dans la seconde se rangeaient les anciens habitants, la plèbe (*plebs*) soumise à de certaines charges et privée des droits politiques réservés aux colons. Dépossédés d'une partie du territoire, il leur fallait payer au prix de la dixième partie des fruits la possession des terres qui leur avaient été laissées. Dans les premiers temps le nombre des colons était d'ordinaire de trois cents chefs de famille ; plus tard le chiffre des colons s'élève à quinze cents, deux mille, trois mille et plus. On prenait ceux qui se présentaient volontairement en remplissant les conditions requises ; ou, si l'on manquait de volontaires, on tirait au sort les noms des soldats expérimentés. Du corps des colons on tirait un sénat de trente membres, partagés en trois décuries, et les magistrats et les prêtres de la nouvelle cité. La première décurie des sénateurs, *decem primi* ou *Veni principes*, avait une certaine puissance et était particulièrement chargée des affaires extérieures. Le nombre des décurions variait suivant le nombre des colons. La constitution des colonies était établie sur le modèle de celle de Rome. Le premier pouvoir était celui des duumvirs, à la fois juges et présidents du sénat ; leur autorité ne commençait que du jour où les triumvirs avaient déposé la leur. Les autres magistrats étaient les mêmes que dans les municipes.

La population des colonies n'était pas tirée de la dernière classe des citoyens de Rome, la constitution interdisant à ces derniers le service militaire ; elle ne comptait pas non plus de patriciens, ceux-ci ne devant pas sacrifier volontairement leur position et leur influence dans Rome à la condition inférieure de colons. Elle était formée de citoyens de la classe moyenne, trop peu riches pour avoir de l'aisance à Rome, mais assez pour s'établir dans la colonie sans s'endetter. Des habitants du pays conquis étaient quelquefois admis parmi les colons. Si, comme le veulent quelques érudits, le droit de suffrage et le droit de parvenir aux honneurs étaient laissés aux colons, leur éloignement de Rome rendait ces droits illusoires (1). Chaque année le sénat fixait le nombre d'hommes que les colonies devaient fournir. Après la bataille de Cannes, ces subsides sauvèrent Rome (*harum coloniarum subsidio tum imperium populi romani stetit*). Quand la domination romaine fut complétement assurée en Italie, les colonies qu'elle y avait établies ne servirent plus à assurer la conquête ; elles rendirent à la république des services d'un nouveau genre : elles la débarrassaient de citoyens pauvres et incommodes, et repeuplaient les solitudes de la Péninsule.

COLONIES MARITIMES. — Rome, qui envoyait au loin ses citoyens défendre les frontières de ses nouvelles conquêtes, dut aussi les protéger contre les invasions maritimes. La colonie d'Ostie fut fondée sous un de ses rois ; celle d'Antium à l'époque de son alliance avec la confédération latine. Les habitants de ces colonies étaient exempts du service sur terre. Cinq colonies établies pendant la deuxième guerre Punique obtinrent même privilége. Seulement ce privilége était suspendu tant que l'ennemi se trouvait sur le territoire de la république. La *vacatio militiæ* accordée aux villes d'Antium et d'Ostie était appelée *sacrosancta*, parce qu'elle avait été accordée à l'une et à l'autre par un décret du peuple. Les dernières colonies maritimes d'Anxur, Minturnes, Sinuesse, Castrum Novum, Sena, Alsium, Fregena, Pyrgi et, après 198, de Puteoli, Volturnum, Liternum, Salernum, Buxentum, Sipontum, Tempsa et Crotone, réclamèrent les mêmes droits qui

---

(1) La question de savoir si les colons conservaient le droit de voter à Rome a été fort débattue. Manutius, *De Civit. Romana* ; Sigonius, *De Jure Italic.* II, 3 ; Spanheim, *Orb. Rom.* I, 9 ; Otto, *De Ædilit.* I, 1 ; Heineccius, *Append.*, § 127, soutiennent la négative. Madvig, *De Jure Coloniarum* ; Ruperti, Walter, soutiennent l'affirmative.

avaient été accordés aux deux premières colonies maritimes. Il n'est pas vraisemblable qu'il leur ait été accordé; il paraît seulement qu'il fut établi dans ces villes une distinction entre les *juniores* et les *seniores* : ceux-ci étaient soumis au service sur terre, les derniers restaient attachés à la défense du port.

COLONIES LATINES. — Lorsque les Latins partageaient avec les Romains l'isopolitie, ils avaient comme eux le droit de fonder des colonies sur le territoire conquis. Des colonies latines s'établirent donc à côté des colonies romaines. Les Romains étaient admis dans les premières comme les Latins dans les secondes. Quelquefois une colonie était à la fois latine et romaine, telle fut Antium ; mais cette situation amenait des divisions intestines : aussi fut-elle rare. Le plus souvent on partageait le territoire conquis. Les colonies des Latins s'élevaient d'un côté, et celle de Rome de l'autre. C'est ainsi qu'après le traité entre Tarquin et la confédération latine, les Romains fondent Signia et les Latins Circeii, puis les premiers Vélitres et Norba, les seconds Pometia et Cora; Ardée est encore, comme Antium, une colonie à moitié romaine et à moitié latine. Comme puissance prépondérante dans la confédération, Rome présidait aux cérémonies religieuses et à l'organisation des colonies latines. Les colons latins comme les colons romains conservaient leurs droits privés. Ainsi vis-à-vis de Rome ils jouissaient du *commercium* et du *connubium*, en même temps qu'ils devaient le service militaire et des contributions de guerre.

Après leur entière soumission, les Latins n'ont plus le droit de fonder en leur nom des colonies. Mais les Romains leur ouvrent l'entrée de leurs colonies dans les cantons reculés de l'Italie. Ces nouvelles colonies, formées de citoyens romains et d'habitants du Latium ou du reste de l'Italie, se distinguent des anciennes colonies latines par le nom de *coloniæ Latinæ populi Romani*. Les colons n'y ont aucune part au droit de cité romaine ; seulement certaines espérances leur sont laissées, comme garantie de leur fidélité. Le Latin qui a rempli les plus hautes charges dans la colonie peut obtenir le droit de cité. Ce droit, héréditaire seulement pour les enfants nés depuis qu'il a été obtenu par le père, constitue le droit concédé aux municipes du Latium. C'est le *jus Latinum* ou *Latinitas*; les autres colons ne possédaient que le *commercium*. Rome avait usé de sa victoire pour restreindre les droits qu'elle avait été forcée d'accorder d'abord. Elle se ménageait la concession de plusieurs privilèges, tels que le *connubium*, avant de céder successivement le droit de cité sans suffrage et avec suffrage. Ces colonies latines furent tant multipliées, que sur cinquante-trois colonies que Rome avait fondées en Italie avant la seconde guerre Punique, il y en avait trente latines.

COLONIES MILITAIRES. — Vers la fin de la république, au moment où la guerre devient un métier, où les armées vont devenir permanentes, où les ambitieux ont besoin d'avoir à leur service des troupes nombreuses et dévouées, l'usage s'introduit de fonder des colonies militaires. Ce sont des lieux de retraite pour les vétérans, et comme une récompense de leurs services. Au milieu des luttes intestines qui déchirent l'Italie à cette époque, ces établissements ne se fondent le plus souvent qu'à la suite d'expropriations violentes. C'est en chassant les anciens habitants que Sylla donne des villes à ses vétérans. Ces colonies ne sont que des garnisons, des camps fortifiés. La facilité avec laquelle les soldats ont déplacé la propriété à leur profit prépare les révolutions militaires qui ensanglanteront les derniers jours de la république. Autour de ces nouvelles colonies l'agriculture est négligée, la campagne se dépeuple, et le temps approche où Rome et l'Italie ne se nourriront plus que des tributs des provinces.

César consacre l'établissement des colonies de Sylla en en fondant de semblables. Antoine et Octave, entraînés par les mêmes intérêts, suivent le même exemple. Ce dernier, pendant son triumvirat, transforme ainsi en colonies militaires dix-huit des cités les plus florissantes de l'Italie ; il en établit ensuite vingt-huit en Italie et d'autres dans les provinces.

Ces expropriations, d'abord uniquement fondées sur la violence, furent peu à peu légalisées par des indemnités en rgent ou en terre accordées aux habitants dépossédés. Les empereurs établirent aussi quelques colonies militaires. La dernière que l'on connaisse ut Vérone, fondée par Gallien. Les colonies fondées sous le gouvernement npérial le furent suivant les formes égales, avec les cérémonies religieuses onsacrées. Seulement les lots ne furent lus partagés d'une manière égale, omme pour les anciens colons; mais onformément aux rangs et aux grades, imples pour un légionnaire, doubles our un centurion, triples pour un chealier.

Si les anciens habitants obtenaient ar faveur de rentrer en possession d'une artie de leur propriété, ce n'était qu'à tre de fermiers. Il arrivait quelquefois ue pour former une seule colonie on unissait deux villes dans une même nceinte.

CITÉS DE TITRES DIVERS DANS LES ROVINCES. — La plupart des conditions ites aux villes italiennes se retrouvaient ans les provinces. Bien que le caractère ondamental de la province fût celui des euples sujets, *dediltitii*, il y avait dans hacune d'elles quelques communes qui taient soustraites à l'omnipotence du ouverneur. On y trouvait des *colonies* yant le droit de cité, d'autres qui à ce remier titre joignaient celui de *villes bres*, pour être moins gênées dans leur rganisation intérieure (1), les *municpes*, si multipliés dans les provinces de Occident et semblables par leur administration aux municipes italiens, mais lacés par l'opinion au-dessous des colonies, bien qu'ayant comme celles-ci le

(1) Patras avait le droit de cité parce qu'elle ait une colonie romaine. De plus, elle était bre, parce qu'ayant reçu un grand nombre 'indigènes, il avait paru dur et impolitique e les soumettre, comme l'était toute colonie, ax lois civiles de Rome; la *liberté* leur perıettait de s'organiser comme elles le désireıient. Elles étaient cependant soumises, de ıême que les municipes, à l'impôt foncier et la capitation (*Dig.*, L. 15, fr. 8 et 5, et surıut le § 7), à moins d'une dispense spéciale, *īmunitas* (Plin., III, 3, 4), ou de la concesion du *jus Italicum*, qui donnait au sol provincial de la colonie le caractère essentiel du ol italique, l'exemption de l'impôt foncier t le droit de la propriété quiritaire.

droit de cité (1). Les villes gratifiées du *jus Italicum*, qui exemptait de l'impôt foncier (2), ou du *jus Latii*, qui conduisait au droit de cité romaine (3); celles enfin, si nombreuses surtout dans l'Orient, qui avaient la liberté, souvent avec l'alliance de Rome, quelquefois avec l'immunité d'impôt (4). Ces villes auraient pu devenir, comme les communes au moyen âge, autant d'asiles où seraient accourus les habitants des lieux moins privilégiés; mais le gouvernement impérial veilla à ce qu'elles ne pussent recevoir trop d'étrangers. Auguste défendit aux Athéniens de vendre chez eux le titre de citoyen. Par une judicieuse dérogation au caractère essentiel de la loi romaine, qui est surtout territorial, le sénat avait déjà décrété que ceux qui s'établissaient sur le territoire d'une cité libre ou fédérée devaient la dîme, fussent-ils même citoyens.

Rome absorbait complétement en elle-même les villes italiennes auxquelles

(1) Aulug., XVI, 13. Pline (III, 4, 25) est le premier qui ait parlé de villes gratifiées du *jus Italicum*. Le *Digeste* en énumère d'autres (L. 15 de Cens.). Ce droit, qui transférait tous les priviléges des villes Italiennes à une ville provinciale, ne pouvait être accordé qu'à une commune étant déjà colonie ou municipe; ses habitants formaient alors parmi les citoyens établis dans les provinces une classe privilégiée. Aussi ces sortes de villes étaient-elles en très-petit nombre. Walther, *Gesch. der Rom. Rechts*, § 301, qui très-légitimement combat cette opinion de Savigny que le *jus Italicum* n'avait d'effets que pour les communautés, non pour les individus.

(2) Pas tout à fait cependant, puisque les immeubles étaient alors compris dans le cens avec la fortune mobilière pour que le tout fût soumis à l'impôt *ex censu*.

(3) Ainsi le *jus Latii*, qui ne donnait que des priviléges honorifiques, descendait au-dessous du *jus Italicum*, qui donnait des exemptions d'impôt. C'était le contraire sous la république, quand l'honneur passait avant le profit. (Ulp., XIX, 4; Strab., IV, 187.)

(4) *Populi liberi, fœderati, immunes*, Cf. Eckhel, IV, ch. III; Pline l'Ancien, *passim*. Savigny s'est gravement trompé en accordant l'*immunité* à tous les peuples libres. Les Romains n'étaient pas si généreux quand il s'agissait de droits utiles. Cf. Pausan., VIII, 43, X, 34; Bœckh, II, n. 3,595, 3,610, et vingt autres passages.

elle accordait le droit de cité avec celui de suffrage, ou bien elle leur donnait ses droits civils, ou elle se contentait de leur imposer son alliance ; mais, dans tous les cas, elle leur laissait leur organisation municipale, dans laquelle elle n'intervenait pas elle-même directement. Rome n'administrait donc pas l'Italie. Les préfectures seules font exception : là ce sont bien des agents romains qui ont entre les mains tout ou partie de l'administration municipale. Le sénat avait aussi en 267, pour exercer une surveillance générale sur la péninsule, partagé l'Italie en quatre départements, à chacun desquels était préposé un questeur, dont la résidence était à Ostie, à Cales, dans la Calabre, et dans l'Ombrie.

En résumé il y avait en Italie centralisation politique au profit de Rome, il n'y avait pas centralisation administrative.

PROVINCES. — Tout ce qui se trouvait en dehors des villes privilégiées formait le sol provincial soumis à la juridiction souveraine du gouverneur romain. Ce nom de province fut donné aux pays conquis hors des limites de l'Italie. A la suite de la victoire qui avait décidé de leur soumission le général prenait, en vertu de son *imperium*, les premières mesures militaires et civiles nécessitées par la conquête. Il pouvait maintenir les magistrats ou en créer de nouveaux. Mais c'était un sénatus-consulte qui réglait l'administration définitive de la province (*forma* ou *formula provinciæ*) ou qui décrétait l'envoi de dix sénateurs dans la province pour arrêter avec le général la nouvelle organisation. Le caractère fondamental de la province était que les habitants n'avaient plus la propriété, mais seulement la possession de leurs terres ; en conséquence, ils devaient en payer la dîme au propriétaire véritable, le peuple romain. Les terres royales, les biens de l'État faisaient aussi échute au domaine public du peuple romain, et en subissaient toutes les conditions.

LE GOUVERNEUR. — La politique du sénat vis-à-vis des provinces était d'ordinaire un mélange de fermeté et de douceur, qui enlevait à la fois le pouvoir et le désir de la révolte ; le plus souvent le sénat respectait l'ancienne constitution du pays conquis, et ne faisait que déplacer la souveraineté. Le sénat remplaçait le roi national, succédant à celui-ci, dans tous ses devoirs comme dans tous ses droits, sans oublier les uns ni trop se souvenir des autres. Des gouverneurs envoyés de Rome administraient la province au nom du sénat, vis-à-vis duquel ils étaient responsables. Ce commandement fut d'abord confié à des préteurs. En 228 on en nomma deux en outre des deux qui existaient déjà (*prætor urbanus* et *prætor peregrinus*), pour gouverner la Sardaigne et la Sicile. Chaque nouvelle conquête en Espagne, en Gaule, fit augmenter le nombre des préteurs. Nous avons dit déjà, en parlant des magistratures, comment les propréteurs et les proconsuls remplacèrent les préteurs dans l'administration des provinces. Une loi *Sempronia* établit pour les consuls qu'on désignerait avant leur nomination les provinces qu'ils auraient à se partager. Un sénatus-consulte de l'an 55 ordonna que les préteurs et les consuls ne pourraient exercer de commandement dans les provinces que cinq ans après leur sortie de charge. Ces ordonnances avaient pour but de sauvegarder les intérêts des provinces contre les exactions de leurs gouverneurs. La durée régulière du commandement des proconsuls et des propréteurs n'était que d'une année ; mais il pouvait leur être prorogé. Cependant cette mesure, souvent utile, entraîna dans d'autres circonstances bien des abus. Ce fut pour y remédier que la loi *Julia* interdit cette prorogation pour les propréteurs et la limita à deux ans pour les proconsuls. Les pouvoirs du gouverneur commençaient à sa sortie des portes de Rome ; ils expiraient à l'arrivée de son successeur, et trente jours après il devait avoir quitté la province.

Sous les ordres du gouverneur était un questeur, chargé spécialement des finances. Celui-ci levait tous les tributs imposés à la province, à l'exception de quelques impôts établis par les censeurs et affermés aux publicains. La désignation du questeur qui devait accompagner le gouverneur appartenait au sénat ; mais, bien qu'il eût en certaines affaires une juridiction propre, comme l'usage forçait à montrer une déférence filiale u préteur, il n'entravait jamais son ction. A son retour à Rome le quesur rendait ses comptes au sénat, et ersait dans le trésor l'argent qu'il avait apporté.

Les ménagements que la domination omaine gardait avec les provinces se montrent dans les concessions faites aux illes, auxquelles on laissait leurs lois et eurs magistratures, leur sénat, leurs ribunaux, leurs monnaies, en un mot oute leur administration intérieure. Nous avons vu tout à l'heure que ces concessions étaient ménagées de telle orte qu'elles ne pouvaient être dangeuses. Partout la domination romaine espectait le culte national. Rome adopait même les dieux vaincus; elle les reevait au Capitole. Tous les travaux pulics, tels que ceux pour l'entretien des outes, étaient laissés à la charge des illes; mais l'initiative, la direction et a suprême inspection appartenaient aux gouverneurs. La sûreté des provinces, grâce à cette habile administration, ne demandait pas à Rome de grandes fortes militaires. Quelques soldats suffisaient pour maintenir partout la tranquillité, parce que la force militaire des vaincus avait été brisée et que des défenses sévères et une surveillance active les empêchaient de la reformer.

Le gouverneur réunissait en ses mains les pouvoirs les plus absolus. Il commandait seul dans la province, sans collègue, comme à Rome, qui pût l'arrêter par un véto. Chef de l'autorité militaire, il l'était aussi du pouvoir civil; il avait le droit d'intervenir sans autre appel qu'auprès du sénat jusque dans les affaires intérieures des villes, et cet appel des provinciaux ne pouvait se former qu'avec le secours de quelque citoyen romain puissant qui se portait pour accusateur. Si la guerre l'avait occupé durant l'été, il devait au moins employer l'hiver à parcourir la province pour y surveiller l'administration et y rendre la justice; si la guerre le retenait durant toute l'année, il devait se faire remplacer dans cette inspection par un de ses légats, officiers que le sénat lui donnait, mais qui tenaient de lui tous leurs pouvoirs. De grandes assemblées publiques, *conventus juridici*, étaient tenues à cet effet dans certains lieux et à certaines époques, en Sicile par exemple, dans quatre villes, Syracuse, Agrigente, Lilybée et Panorme.. Le gouverneur présidait (*forum agebat*); les juges étaient des citoyens romains repandus dans la province, et dont le nom avait été inscrit sur la liste des décuries de juges. Le préteur seul connaissait des causes capitales; car il ne pouvait déléguer à personne son *jus gladii*; mais il ne prononçait la sentence qu'après avoir pris l'avis d'un conseil où il avait appelé les plus honorables des citoyens romains formant le *conventus*. Dans tous les autres cas il pouvait donner des juges. Les procès entre citoyens d'une même ville étaient vidés par les magistrats du lieu; entre des habitants de diverses villes, par des juges que nommait le gouverneur ou qu'il faisait désigner par le sort, et qui étaient pris ordinairement parmi les habitants de la province. Si le procès était entre un Romain et un citoyen de la province, le juge était choisi dans la nation du défendeur. De tous les arrêts rendus par ces divers tribunaux on pouvait appeler au préteur ou au proconsul. Ce dernier rendait la justice suivant les principes posés par lui dans l'édit qu'il avait publié à son entrée en charge. Les provinciaux et les soldats, seuls soumis à un *imperium* du préteur, étaient seuls aussi passibles d'une sentence capitale; les Romains et les provinciaux jouissant du droit de cité se trouvaient soustraits par leur titre de citoyen à son exécution. Pour les provinciaux il n'y avait aucun recours immédiat contre la juridiction du préteur. Aussi le mépris que les gouverneurs avaient pour les intérêts de la province, leur indulgence pour leur entourage, l'avarice, les entraînements du pouvoir absolu faisaient naître bien des abus, que réprimait rarement le sénat ou un successeur intègre. Souvent le préteur terminait une affaire civile par une décision personnelle, sans avoir établi de tribunal; souvent il faisait recommencer tout un procès, et le livrait à des juges qu'enchaînaient des instructions et des ordres arbitraires.

Lois pour réprimer les exactions des gouverneurs. — Afin d'empêcher les exactions, le sénat avait établi que le gouverneur recevrait de l'État tout ce qui serait nécessaire à son transport et à son entretien. La seule chose qu'il pût exiger des provinces, c'était le logement, les chariots et les fourrages. Une loi célèbre avait consacré ces garanties (*lex Julia de provinciis*, 63); mais l'existence même de cette loi et les détails minutieux des mesures qu'elle renferme indiquent combien il y avait de portes ouvertes à l'oppression. Les louanges que Cicéron croit devoir se donner pour n'avoir pas manqué à la loi *Julia* témoignent que les exemples d'obéissance étaient rares.

L'oppression des provinces était générale. Il était presque passé dans l'usage qu'un gouvernement était un moyen de fonder ou de réparer sa fortune. Les provinces payaient les folles dépenses dont quelques ambitieux avaient payé les plaisirs et les suffrages du peuple de Rome. L'éloignement des provinces, l'union des nobles, tous intéressés au maintien des abus, l'alliance des gouverneurs avec les publicains; les mille obstacles que les plaintes des provinciaux avaient à vaincre avant de se faire entendre du sénat perpétuaient les exactions du pouvoir et la misère des administrés. Le compte que le gouverneur rendait à son retour dans le sénat était entièrement illusoire. On ne s'en rapportait qu'au témoignage de ses registres et de ceux de son questeur. Pour qu'il y eût une sanction à ce témoignage, la loi *Julia*, que nous avons déjà citée, ordonna qu'il serait fait une copie de ce compte rendu pour être placée dans les deux principales villes de la province, tandis que l'original serait déposé à Rome dans le trésor. Quelque inexact que fût ce compte rendu, les réclamations étaient rares. Au lieu de se plaindre, les provinces envoyaient des députés à Rome pour louer la conduite du gouverneur sortant de charge. Cette démarche, qui fut d'abord volontaire et qui n'eut d'autre objet que d'engager le nouveau gouverneur à mériter des éloges semblables, devint bientôt un usage et presque une formalité obligatoire. Ces honneurs rendus par les provinces au gouverneur devinrent même si onéreux, que la loi *Cornelia* dut réprimer ces nouveaux abus. La mesure la plus efficace contre les exactions des gouverneurs fut l'établissement en 151 du tribunal permanent *de pecuniis repetundis*. Malheureusement encore les juges étaient pris dans un corps politique, et dans leur sentence faisaient plutôt de la politique que de la justice. Pris d'abord parmi les sénateurs, ils se montrèrent fort indulgents pour tous les accusés d'ordre sénatorial. Une loi ne change pas le mal. Les nouveaux juges commis les anciens savaient trop souvent pallier des fautes dont ils s'étaient eux-mêmes déjà rendus coupables ou qu'ils avaient intérêt à excuser. Plus tard une loi de Tibérius Gracchus les fit prendre parmi les chevaliers. Les publicains, en effet, était tous chevaliers, la loi les établissait juges dans leur propre cause : ils acquittaient ou condamnaient le gouverneur cité devant eux suivant qu'il leur avait été favorable ou contraire. La loi *Servilia* de 108 rétablit les sénateurs dans les tribunaux, en y maintenant aussi les chevaliers. Quatre cent cinquante chevaliers étaient inscrits sur le registre des juges. L'accusé et l'accusateur se proposaient l'un à l'autre cent noms choisis par eux sur ce registre. Chacun avait le droit de rejeter cinquante des noms présentés par son adversaire. Les cinquante noms restant des deux côtés constituaient la liste de juges appelés à décider du procès. Deux ans après le tribun Servilius Glaucia fit abroger cette loi. La loi de Livius Drusus ne reçut pas d'application. En 9 Plautius Silanus fit établir qu'il serait élu chaque année par le peuple quinze juges dans chaque tribu, et que les trois ordres, sénateurs, chevaliers et plébéiens seraient appelés à la fois à siéger dans les tribunaux. Sylla, qui ramena tout aux anciennes formes aristocratiques, rendit les jugements aux sénateurs; mais ceux-ci se laissèrent corrompre comme les chevaliers. En 74 L. Aurelius Cotta fit ordonner que les juges seraient choisis parmi les sénateurs, les chevaliers, les tribuns du trésor, et répartis en trois décuries. César en 48 retrancha la décurie des tribuns du trésor. Auguste la rétablit, et ajouta même une quatrième décurie.

LES PROVINCES SOUS L'EMPIRE. — Nous venons de rappeler quelques-un les efforts faits dans le dernier siècle de la république pour adoucir le sort des provinces. Toutes ces tentatives furent inutiles, parce qu'il n'y avait pas à Rome un pouvoir assez fort pour commander à ses propres agents le respect des lois. Mais ce pouvoir, Auguste le créa. Aussi les provinciaux saluèrent-ils d'unanimes acclamations son avénement. On ne changea point cependant leur condition légale. Les anciennes formules furent conservées. Ce que les provinces avaient été le lendemain de la conquête, elles l'étaient encore sous Trajan et les Antonins. Strabon, Appien, Pline, tous les témoignages l'attestent (1). Seulement il y avait de moins les pillages périodiques des gouverneurs et de plus une sécurité dont le commerce et l'industrie profitaient pour répandre partout un immense bien-être.

Sous la république, disions-nous, le fait et le droit étaient contraires, l'empire les rapprocha. Pour le gouvernement des provinces Auguste fit à peine autre chose; il ne voulut pas s'y montrer plus novateur qu'à Rome. Ce qui n'empêcha point qu'avec ces formes presque les mêmes il n'accomplît ici, comme là, une révolution tout entière.

Le sénat s'était réservé à l'exclusion du peuple la direction de toutes les affaires relatives aux pays conquis. Il désignait chaque année d'après les circonstances du moment les provinces qui seraient gouvernées par un propréteur et celles qui le seraient par un proconsul, c'est-à-dire par un magistrat de rang supérieur et ordinairement mis à la tête d'une ou de plusieurs légions (2). A la fin de la république il y avait habituellement sept provinces consulaires où les armées étaient cantonnées : les deux Gaules, les deux Espagnes, l'Illyrie avec la Dalmatie ou la Macédoine, la Cilicie et la Syrie. Les provinces prétoriennes étaient au nombre de huit : la Sicile, la Sardaigne avec la Corse, l'Afrique avec la Numidie, la Macédoine avec l'Achaïe, l'Asie ou le royaume de Pergame, la Bithynie, la Crète et Chypre. Il n'est pas nécessaire d'ajouter qu'il n'y avait rien d'absolu dans cette classification, et que d'une année à l'autre elle pouvait être changée suivant l'état de paix ou de guerre, suivant même les caprices des grands (1).

Auguste, toujours si habile à faire servir les vieilles choses à un nouvel usage, surtout à les tourner à son profit, conserva le principe de cette division. Il y eut donc deux sortes de provinces : celles que baigne la Méditerranée, contrées paisibles et industrieuses, depuis longtemps conquises et déjà romaines, où la vie était facile et douce, où pour être obéi il n'était pas même besoin d'une cohorte; et derrière cette zone, les barbares et belliqueuses régions des bords de l'Océan, du Rhin et du Danube, ou les pays sans cesse menacés par d'incommodes voisins, comme les rives de l'Euphrate et la vallée du Nil (2). Dans celle-ci les armées étaient indispensables; et pour les commander il fallait au gouverneur, les pouvoirs illimités de l'autorité militaire. Mais les armées et leurs chefs obéissaient au généralissime, à l'*imperator;* il y avait donc convenance et nécessité, pour éviter tout conflit, de laisser à l'empereur les provinces où stationnaient les légions et que les dispositions de leurs habitants ou les menaces de l'ennemi forçaient de mettre comme en état de siège permanent. Ici comme partout Auguste couvrait son usurpation du prétexte de l'utilité publique et d'une ancienne coutume du régime républicain. Il pouvait même parler de son patriotique dévouement; car dans ces provinces étaient les travaux, les périls (3). Mais là aussi étaient

---

(1) Strabon dit (XIV, p. 646) que le royaume de Pergame conservait de son temps l'organisation qu'Aquilius lui avait donnée, cent cinquante ans auparavant. Appien, *in præf.*, 12, dit aussi que les Romains après la défaite de Carthage, Λιβύην κατέστησαν ἐς τὰ νῦν ὄντα. Du temps de Pline une loi de Pompée était encore en vigueur dans la Bithynie (*Ep.*, X, 114).

(2) Onuphr. Panvinus., *Imp. Rom.*, p. 500. César établit que les provinces prétoriennes ne seraient gouvernées qu'un an, les provinces proconsulaires seulement deux ans par la même personne. (Id., *ibid.*, p. 502.)

(1) Cf. Manut., *ad. Cic. fam.*, I, 1, p. 11; Pighii, *Annales ad. ann.* 699.
(2) Strab., XVII, p. 840.
(3) Αὐτὸς δὲ τούς τε πόνους καὶ τούς κινδύνους ἔχοι. (Dion, LIII, 12.)

21.

la gloire et la force : Auguste les voulait toutes deux, pour que l'une servît à légitimer l'autre (27 av. J. C.).

Cette division en provinces de l'empereur et en provinces du sénat et du peuple ne fut pas immuable. Plus d'une fois les deux pouvoirs firent des échanges, mais en restant toujours fidèles au principe de ne donner au sénat que les contrées paisibles (1). Ainsi Chypre et la Narbonnaise, primitivement provinces impériales, revinrent au peuple, qui céda la Dalmatie, où des troubles avaient appelé les légions (2). Tibère prit de même au sénat la Macédoine et l'Achaïe, que Claude lui rendit. Au reste, ce partage n'était qu'une vaine formalité (3). Le sénat, qui à Rome, dans sa curie, restait muet devant le prince, pouvait-il dans ses provinces commander bien haut? Que la guerre ou une révolte y éclatât, l'autorité impériale intervenait aussitôt; même sans ce cas extrême, Auguste, en vertu de son pouvoir proconsulaire, promulguait des édits qui liaient tous les gouverneurs, les siens comme ceux du sénat (4); et dans ses nombreux voyages, il visitait, dit son biographe, toutes les provinces placées sur sa route, qu'elles fussent ou non de son gouvernement (5).

Les provinces du peuple, avons-nous dit, étaient les plus belles; leurs gouverneurs aussi étaient les plus considérés. Choisis par le sort, suivant l'usage, parmi les consulaires et les préteurs sortis de charge depuis cinq ans au moins (1), ils avaient tous le nom de proconsuls, n'eussent-ils été que préteurs; ils avaient douze licteurs avec les haches sur les faisceaux (2), la robe sénatoriale, un traitement qui leur permettait de déployer un faste royal (3), le droit enfin de prendre toutes les marques de leur dignité dès qu'ils avaient passé le *pomœrium* (4). Les gouverneurs impériaux n'étaient pas d'aussi grands personnages. Auguste allait les chercher jusque parmi les questeurs et les édiles. Eussent-ils été consuls, ils n'avaient que le titre de propréteur (5), et six licteurs seulement marchaient devant eux; encore ne pouvaient-ils les avoir que dans leur gouvernement. Le peuple de Rome voyait donc partir ses magistrats avec tous les dehors de la puissance, une nombreuse cohorte et l'ancienne pompe républicaine, ceux de l'empereur comme d'obscurs, agents d'un pouvoir inférieur et timide (6).

Le peuple et le sénat devaient être contents, mais cet agent obscur, qui part seul et sans bruit avec les instruc-

(1) Les onze provinces *senatus et populi* furent : 1° l'Afrique et la Numidie, l'Asie, la Hellade avec l'Épire, la Macédoine, la Sicile, la Crète avec la Cyrénaïque, la Bithynie avec le Pont, la Sardaigne, la Bétique, la Narbonnaise, Chypre. Les neuf provinces impériales furent : la Tarraconaise, la Lusitanie, l'Aquitaine, la Lyonnaise, la Belgique, la Dalmatie, la Célésyrie et la Phénicie, la Cilicie, l'Égypte. Le lot de l'empereur s'accrut de toutes les érections de provinces faites postérieurement par Auguste : Germanie inférieure, Germanie supérieure, Alpes maritimes, Rhétie, Mésie.

(2) Dion, LIII, 12, 14; LIV, 4; LX, 24. Suet., *Oct.* 47 : *Nonnullas commutavit interdum.* Id., *Claud.*, 25; Tac., *Ann.*, I, 76, 80; Capit., *M. Anton.*, 22.

(3) Dion, LIII, 14. Cf. *Dig.*, I, 8, fr. 8; I, 18, fr. 4, sur l'*Off. proc. et præs.*

(4) Dion, LIII, 15.

(5) Suet., *Oct.*, 47; Dion, LIV, 6, 7.

(1) Dion, LIII, 14. Le sort ayant mal choisi, ἐπειδή τινες αὐτῶν οὐ καλῶς ἦρχον, le prince eut soin de nommer d'avance ceux qui devaient être soumis aux chances du sort.

(2) Celui qui n'avait été que préteur n'en avait que six. (Spanh., *De Usu*, etc.; Diss. X, t. II, p. 106-114.)

(3) Le proconsul d'Asie et d'Afrique recevait au commencement du troisième siècle un million de sesterces (Dion., LXXVIII, 23); les procurateurs seulement 200,000, 100,000 et même 60,000 (Id., LIII, 15; Jul. Capit. ad. Pertin., 2; Tac., *Agr.*, 42).

(4) *Dig.*, I, 16, 1. — N'ayant pas l'*imperium militare*, ils ne portaient ni le *paludamentum* ni l'épée (Dion, LIII, 13). Cependant le proconsulat d'Afrique étant province frontière, celui qui y commandait pour le sénat eut sous Auguste et Tibère une légion et un corps d'auxiliaires, mais par délégation spéciale de l'empereur, qui les lui retira sous Caligula. (Tac., *Ann.*, IV, 48; Dion., LIX, 20.)

(5) Plus tard le nom de *præses* fut général pour désigner un gouverneur.

(6) *Voyez* sur ces différences, Chr. Gebauer, *in Programmate ad Heunischii disputationem*; Gotting., 1737.

ions (1) du prince, arrive dans sa province prend l'épée et le manteau de guerre (2). Tandis que le proconsul donne des jeux, écoute les rhéteurs, ou visite au bruit les fêtes son paisible gouvernement, le propréteur, à la tête de ses légions, combat ou négocie avec les rois. Tous deux ont une autorité absolue, au civil et au criminel, sur les provinciaux, et sur les citoyens, à moins d'un appel de ceux-ci à Rome (3). Mais l'un n'est soumis qu'à l'empereur, l'autre à la fois à l'empereur et au sénat. Celui-ci, à moins d'une délégation spéciale, n'a aucun pouvoir sur les soldats qui passent ou séjournent dans sa province; celui-là, investi de *l'imperium militare*, exerce à leur égard le droit de vie et de mort (4). Le premier enfin ne reste qu'une année dans sa province (5), le second y est laissé cinq ans, six ans et plus encore au gré de celui qui l'envoie (6). Que de soins pour relever à tous les yeux les officiers du sénat et pour laisser dans l'ombre ceux de l'empereur, pour donner aux uns le pouvoir sans les honneurs, aux autres la représentation et l'éclat qui consolent et satisfont les ambitions caduques. Mais c'est ainsi que les révolutions passent sans irriter une opposition qui les brise ou les fait chanceler dans le sang. La force renverse, la prudence seule et la modération édifient.

(1) Dion., LIII, 15; Pl., *Ep.* X, 64. La plupart des questions y étaient prévues. Les proconsuls en recevaient également du prince.
(2) Τήντε στρατιωτικὴν στόλην φοροῦντας καὶ ξίφος. (Dion.)
(3) *Plenissimam jurisdictionem proc. habet. Dig.*, I, 16, 17). Sur l'importance que conservait encore le titre de citoyen dans les provinces, *Voy.*, dans les *Actes des Apôtres*, l'hist. de saint Paul, emprisonné à Jérusalem. Encore sous Trajan renvoi à Rome d'un *civis romanus*, accusé de crime capital. (Plin., *Ep.* X, 97.)
(4) *Jus gladii.* (Dig., I, 17, 6, § 8.)
(5) Dion, LIII, 13; et Suet., *Oct.*, 47. A moins qu'ils n'eussent beaucoup d'enfants. Dion., *Ibid.*)
(6) En vingt et un ans il n'y eut sous Tibère que deux procurateurs en Judée, Gratus et Pilate. (Jos., *Ant. Jud.*, XVIII, 4 et 5.) Appien dit aussi, H., 112 : Στρατηγοὺς ἐπιπέμπειν ἐτησίους ἢ βουλή... βασιλεὺς ἐφ' ὅσον δοκιμάσειεν. Cf. Suet., *Oct.*, 23; Dion, LIII, 13.

Qu'ils relevassent du sénat ou de l'empereur, les gouverneurs étaient investis, avec les différences que nous avons indiquées, de tous les pouvoirs politiques militaires, judiciaires, de tous les droits enfin de l'administration supérieure. Ils confirmaient l'élection des magistrats locaux (1), veillaient au maintien de l'ordre et à la bonne gestion des affaires municipales; ils prévenaient, en imposant leur arbitrage ou leur autorité, les guerres particulières, et, sous leur responsabilité, dispersaient les rassemblements séditieux et des bandes armées. Représentants de l'intérêt public, ils provoquaient l'exécution des travaux d'utilité commune, et au besoin ils en assignaient les dépenses sur les trésors des villes (2); parfois même ils établissaient ou supprimaient de certains impôts (3). Juges suprêmes et sans appel, sauf le recours des citoyens à l'empereur (4), ils décidaient au civil et au criminel, d'après les règles publiquement posées par eux-mêmes dans leur édit; et ces sentences ils les faisaient immédiatement

(1) Plin., *Ep.*, X, 28, 35, 47, 50, 52, 53, 63, 85. Trajan lui répète plusieurs fois qu'un gouverneur étant le tuteur des villes, le gardien de leur fortune, son devoir est d'examiner sévèrement les comptes. Cicéron disait déjà que dans son édit pour la Cilicie : *Diligentissime scriptum caput est quod pertinet ad minuendos sumptus civitatum.* (Ep. fam., III, 8.) Ce mot de tuteur nous rappelle que la loi Julia et Titia de l'an 31 (?) donnait au gouverneur dans sa province des droits même plus étendus par rapport à la tutelle dative ou conférée par le magistrat que ceux qu'exerçait le préteur à Rome en vertu de la loi Atilia. Cf. Giraud, *Hist. du Dr. Rom.*, p. 253. Défense fut faite par Auguste aux cités provinciales de témoigner leur reconnaissance à leur gouverneur avant deux mois révolus à compter de leur départ. (Dion, LVI, 25 ou 26.)
(2) Ponce Pilate fait construire des aqueducs à Jérusalem, et pour ces travaux prend l'argent dans le trésor sacré. (Jos., *Ant. Jud.*, XVIII, 4.)
(3) Vitellius, à son entrée à Jérusalem comme gouverneur de Syrie, supprima un impôt perçu sur tous les fruits vendus dans la ville. (Jos., *Ant. Jud.*, XVIII, 4 : Τὰ τέλη τῶν ὠνουμένων καρπῶν.)
(4) Il y avait dans les provinces des citoyens, *pleno jure*, c'est-à-dire des Italiens.

exécuter (1). L'empereur ordonnait-il un dénombrement, c'était par eux que cette difficile opération était conduite (2). Dans le monde græco-romain le pouvoir religieux fut presque toujours subordonné au pouvoir politique. Celui-ci sans doute était fort tolérant à l'endroit des croyances, dont il ne s'inquiétait guère (3); mais il voulait tenir les prêtres dans une étroite dépendance, surtout les chefs, qui devaient répondre pour leurs subordonnés. En Judée, et ce droit était exercé partout ailleurs, les gouverneurs, héritiers des prérogatives des rois, disposaient à leur gré de la grande sacrificature (4).

Dans l'accomplissement de leurs fonctions les gouverneurs étaient aidés par un petit nombre d'agents secondaires. Les premiers en dignité étaient les légats, dont le nombre variait suivant l'importance de la province, et qui, choisis par le proconsul (1), devaient être cependant agréés et confirmés par l'empereur; de sorte qu'ils étaient considérés comme tenant leur charge de l'État. A ce titre ils étaient inviolables pendant toute la durée de leur mandat (2). Leurs attributions n'étaient pas rigoureusement déterminées; seulement ils devaient à leur chef l'appui de leurs bras et de leurs conseils (3). Ordinairement celui-ci par-

(1) Jos., *Ant. Jud.*, XX, 1; Pline, *Ep.*, X, 65, 77.
(2) Le dénombrement de la Judée fut fait par Quirinus, gouverneur de Syrie. (Jos., *Ant. Jud.*, XVIII, 1.)
(3) Voyez aux *Actes des Apôtres* le jugement de Gallien entre saint Paul et les Juifs : « Comme il n'y a que des contestations de doctrine, je ne veux pas m'en rendre juge. » (Cf. Fest. s. v. *Sacra munic.*) Le monothéisme même, qui condamnait si hautement le culte des idoles, était permis, *licita* (Tertul., *Apol.*, 21). Si le druidisme fut proscrit, c'est qu'il travaillait à réveiller le patriotisme gaulois. Si Tibère fit jeter au Tibre la statue d'Isis (Jos., *Ant. Jud.*), c'est qu'il fallait une réparation à la morale outragée. Les cultes venus de l'Orient furent d'ailleurs toujours suspects au sénat. Quant aux cultes inoffensifs, ils avaient pleine sécurité, et les gouverneurs dans les provinces devaient protéger les temples, leurs propriétés et leur droit d'asile. (Tac., *Ann.*, t. III, 60-3.)
(4) Jos., *Ant. Jud.*, XVIII, 3, et en vingt autres endroits. Un officier du gouverneur gardait même dans la tour Antonia l'Éphod et les vêtements sacerdotaux du grand prêtre. (*Ibid.*, 6.)
Il est dit encore au titre *De officio proc. et legati*, au Dig., lib. I, tit. 16, et tit. 18, *De offic.*: Præsidis nomen generale est. — Statim atque urbem egressus est, insignia habet et jurisdictionem non contentiosam sed voluntariam; potestatem autem non exercet nisi in provincia. — Ne in hospitiis præbendis oneret provinciam. — Proficisci cum uxore potest; si quid uxor deliquerit ab ipso, ratio et vindicta exigatur. — Annoncer d'avance le jour de son arrivée, mais éviter le trop grand concours du peuple. Venir par la route accoutumée, pour ne pas blesser les priviléges des villes. Le légat doit consulter le proconsul, et non le prince, et sans l'avis du prince le proconsul ne peut lui ôter la juridiction qu'il lui a donnée. — Mandatus continetur : Ne donum vel munus ipse proc. vel qui in alio officio erit, accipiat, ematve quid, nisi victus quotidiani causa. — Ædes sacras et opera publica circumire inspiciendi gratia, an sarta tectaque sint, vel an aliqua defectione indigeant : et si qua cæpta sunt, ut consummentur, prout vires ejus reipublicæ permittunt, curare debet; curatoresque operum diligentes solemniter præponere: ministeria quoque militaria, si opus fuerit, ad curatores adjuvandos dare. — Cum plenissimam autem jurisdictionem proconsul habeat, omnium partes, qui Romæ, vel quasi magistratus, vel extra ordinem jus dicunt, ad ipsum pertinent. — Ne potentiores viri humiliores injuriis adficiant, neve defensores eorum calumniosis criminibus insectentur innocentes, ad religionem præsidis provinciæ pertinet. — Illicita ministeria sub prætextu adjuvantium militares viros ad concutiendos homines procedentia prohibere, et deprehensa coercere præses provinciæ curet: et sub specie tributorum illicitas exactiones fieri prohibeat. — Sed licet is qui provinciæ præest, omnium Romæ magistratuum vice et officio fungi debeat, non tamen spectandum est quid Romæ factum est quam quid fieri debeat. — Une crainte seulement nous arrête, c'est que la plupart de ces textes sont d'une époque relativement récente, d'un temps où l'administration était bien mieux arrêtée qu'au siècle d'Auguste.

(1) Cic., *Ep. ad. fr. Q.*, I, 3.
(2) Adimere mandatam jurisdictionem licet proconsuli, non autem inconsulto principe. (*Dig.*, I, tit. 16, fr. 6, § 2.)
(3) Nuntios pacis ac belli, curatores, interpretes, bellici consilii auctores, ministros

geait avec eux l'administration de la ovince. Ils commandaient alors cha- n dans son district, sous la surveil- nce du gouverneur, auquel ils référaient ur tous les cas douteux, mais sans ercer le *jus necis*, qui n'appartenait 'au magistrat investi du *merum im- rium* (1). « Dans la Tarraconaise, dit Strabon, le consul a sous ses ordres trois légions et trois lieutenants. L'un avec deux légions veille sur les Gallaï- ques, les Astures et les Cantabres, l'au- tre avec la troisième sur tout le litto- ral jusqu'aux Pyrénées ; le dernier a dans son ressort les peuplades établies dans l'intérieur et sur les deux rives de l'Èbre. Le consul lui-même passe l'hiver soit à Tarragone, soit à Car- thagène, et il y rend la justice ; durant l'été il fait des tournées pour remédier aux abus qui peuvent se glisser dans l'administration (2). »

Au-dessous ou à côté du légat était questeur, particulièrement chargé tous les détails de l'administration ancière. Il recevait du trésor public *rarium*) l'argent nécessaire à la solde à l'entretien des troupes, aux trai- ments des fonctionnaires et aux ac- isitions à faire dans la province pour compte de l'administration romaine. uelques impôts, qu'on n'affermait pas ix publicains, étaient aussi levés par i. Les Romains ne connaissaient pas pratiquaient mal le principe de la divi- on des pouvoirs. Le questeur, principal

agent financier, pouvait être appelé à de tout autres fonctions ; son expérience et son zèle appartenaient au proconsul, qui faisait de lui au besoin un juge, un administrateur ou un général (1).

Dans les provinces impériales il n'y avait point de questeur (2). Ce vieux titre républicain, honoré par tant de grands hommes, était là remplacé par le nom plus modeste de *procurateur*. Ces fonctionnaires, pris, non pas dans le sé- nat, mais parmi les chevaliers, même dans la classe des affranchis ou des pro- vinciaux (3), allaient dans les provinces sénatoriales administrer les revenus de la caisse privée du prince (*fiscus*) et dans celles de l'empereur remplir toutes les fonctions attribuées par le sénat à ses questeurs, moins toutefois la juridic- tion, les procurateurs n'ayant action dans les premiers temps que sur les es- claves (4). Le prince, il est vrai, dont ils étaient les intendants, ne devait pas les laisser longtemps dans cette position inférieure. Claude voulut que leurs ju- gements dans les débats en matière de contributions eussent la même force que les siens mêmes (5). Il y avait un pro- curateur par canton ou par province ; quelquefois même un seul pour deux ou trois provinces contiguës ; car il n'y avait encore dans toutes ces divisions rien de fixe ni d'irrévocablement arrêté (6).

« L'empereur, dit Strabon, que nous ai-

---

uneris provincialis. (Cic., *in Vat.*, 15.) Ils de- ient *omnia agere ad præscriptum*. (Cæs., *Bel. al.*, III, 51.) Peut-on affranchir devant eux ? arcianus dit oui (*Dig.*, I, tit. 16, fr. 2, § 1), Paulus non (*Dig.*, XL. tit. 2, fr. 1, § 1).

(1) Dion, LIII, 14, et *Dig.*, I, tit. 16, *De off. oc. et legati*, 21 ; *De off. cui mandata est rad*. — Une fois la délégation faite au légat, le ne pouvait être retirée sans le consente- ent de l'empereur.

(2) III, p. 166. Il pouvait établir son tri- unal partout où bon lui semblait. (Jos., *Ant. ud.*, XX, 5.) Quadratus dresse son tribunal u bourg de Lydda. Pline dit aussi : *Publicis egotiis intra hospitium eodem die exiturus, acarem* (Ep. X, 85). Dans les cas graves et rsqu'il s'agissait de personnages de distinc- ion, le gouverneur renvoyait habituellement es accusés à Rome, devant l'empereur. (Id., bid., et *Bel. Jud.*, II, 7.)

(1) Consulis particeps omnium rerum con- siliorumque. (Cic., *in Verr.*, II, 1, 15.) Il avait deux licteurs avec les faisceaux, mais sans les haches. (Spanh., *de Numm.*, II, p. 164.)

(2) Gaius, *Just.*, I, 6.

(3) Gessius Florus, proc. de Judée, était de Clazomène. (Jos., *Ant. Jud.*, XX, 9.) Un autre Tibère Alexandre était juif apostat. (Id., *Ibid.*, 4.)

(4) Tac., *Ann.*, IV, 15 : Jus in servitia et in pecunias familiares.

(5) Sans doute seulement en matière fiscale. (Tac., *Ann.*, XII, 60 ; Suet., *Claud.*, 12 ; Ulp., au *Dig.*, I, 19, *Proc.*) Il est probable aussi que ce fut depuis ce temps que cette charge donna rang de chevalier. (Tac., *Agric.*, 4.)

(6) Gruter, *Ins.*, p. 446, n° 3. Dans l'ancien royaume de Judée, la Samarie et la Galilée eurent chacune, à un certain moment, un procurateur. (Jos., *Ant. Jud. et Bel. Jud.* ; Tac., *Ann.*, XII, 54.) Cf. Ernesti ad. Tac., *Agric.*, c. 9, p. 609, ed. Oberlin.

mons à citer parce qu'il était contemporain de la fondation de l'empire, l'empereur et le sénat divisent leurs provinces, tantôt d'une manière, et tantôt d'une autre : ils en modifient l'administration suivant les circonstances (1). » On connaissait, en effet, trop mal encore les principes d'une bonne administration, et surtout les besoins des pays à gouverner, pour établir des règles invariables, lesquelles d'ailleurs n'eussent été qu'une gêne pour un pouvoir qui n'en voulait pas connaître.

Les procurateurs des provinces impériales étaient parfois investis des pouvoirs politiques; l'administration romaine en Judée n'eut pas d'autres chefs. C'étaient de véritables gouverneurs, bien que la Judée ne fût qu'un démembrement de la province de Syrie. Ponce-Pilate, Cumanus, Félix et tous les autres prononçaient en dernier ressort. Cependant ils étaient subordonnés au gouverneur de Syrie, qui pouvait les destituer et les renvoyer devant l'empereur (2).

Au-dessous de ces magistrats venaient les officiers de tout grade et les agents inférieurs, préfets, tribuns, centurions, centeniers, scribes, huissiers, interprètes, crieurs, esclaves publics, et licteurs. N'oublions pas la cohorte prétorienne, les amis, les élèves du gouverneur, qui formaient son conseil ou sa cour de justice, et auxquels il donnait parfois les plus importantes commissions (1).

Si les Verrines nous montrent tout le mal que pouvait faire dans les provinces l'autorité proconsulaire confiée à un méchant homme, la lettre à Quintus nous dit tout le bien que faisait un gouverneur intègre et habile. « Les villes, écrit « Cicéron, ne contractent plus de dettes « Plusieurs se sont vues par vos soins « soulagées de l'énorme fardeau des an« ciennes; nombre de cités presque dé« sertes vous doivent leur renaissance « plus de séditions, plus de discordes « populaires. L'administration revient « aux mains de la classe éclairée. La « Mysie est purgée de brigands, par toute « la province les meurtres sont répri« més et la paix est affermie; la sécu« rité est ramenée sur les chemins et « dans les campagnes, et qui plus est « dans les villes et dans les temples, où « le vol et le pillage s'exercent avec plus « d'audace encore et de succès. Les « charges et les tributs sont plus équi« tablement répartis. Votre personne est « toujours accessible. Le pauvre et le « faible sont admis à votre tribunal et « dans votre demeure; rien enfin dans « vos actes n'est dur ou blessant (2). »

Dans ces éloges, qui n'étaient que des conseils déguisés, Cicéron traçait le portrait d'un gouverneur tel que la république en a bien peu connu, mais tel que l'empire en verra beaucoup. Toutes les conditions, en effet, sont changées (3).

(1) Cette phrase doit tenir en garde contre les écrivains qui, s'appuyant exclusivement sur Dion et le *Digeste*, ont montré l'organisation impériale s'établissant dès le premier jour avec une régularité parfaite. Ce que dit notre grand géographe serait confirmé au besoin par de nombreux passages tirés des historiens, surtout par les inscriptions et les médailles. Ainsi le proconsul Minucius Timianus étant mort, le procurateur Hilarianus le remplaça avec le *jus gladii*. (Norsii *Cenot. Pis.*, II, 16 *in Thes. Ital.*, VIII, p. 268); Galba ordonne au procur. d'Afrique d'attaquer le légat Clod. Macer (Tac., *Hist.*, I, 7). On multiplierait à l'infini ces exemples.

(2) Pour nier cette dépendance on a prétendu que Vitellius et Quadratus n'étaient intervenus dans les affaires de la Judée qu'en vertu de commissions spéciales des empereurs. Le récit de Josèphe s'oppose partout à cette explication. (*Ant. Jud.*, XVIII, 4 ; *Bel. Jud.*, II, 14, et notamment XX, 1, où il montre le gouverneur de Syrie venu à Jérusalem pour appuyer un ordre donné par le procurateur aux prêtres du Temple.) Le passage même de Tacite, *Ann.*, XII, 54, est positif.

(1) Vitellius ayant déposé Ponce-Pilate fit administrer la Judée par Marcellus, un de ses amis τῶν αὐτοῦ φίλων. (Jos., *Ant. Jud.*, XVIII, 4.) Il y avait aussi les assesseurs, gens ayant des connaissances spéciales et dont les gouverneurs s'entouraient pour s'éclairer de leurs conseils dans les cas difficiles. Alexandre Sévère leur donna un traitement. (Lampr., 45.) Ils exercèrent une grande influence. (Lact., *De Morte Pers.*, 22.)

(2) Cic., *Ep. ad. Q.*, I, 1, 8.

(3) Plus tard il fut défendu d'envoyer quelqu'un avec une charge dans la province où il était né, pour éviter les actes de partialité Défense était faite de rien lever, même dans l'intérêt du trésor, au delà du chiffre fixé. Dion, LIII, 15 ; LVII, 10 ; Tac., *Ann.*, IV, 6.)

sous la république les fonctions étaient gratuites, parce que l'honneur d'avoir été jugé digne de veiller aux intérêts publics suffisait (1), et que la classe dominante doit toujours payer le pouvoir qu'elle retient, au prix de son sang sur les champs de bataille, et par le sacrifice de ses loisirs, dans la vie publique. La fortune de chacun des membres de l'aristocratie souffre de ce désintéressement obligé, mais la classe y gagne le maintien de ses priviléges, en rendant les fonctions publiques inaccessibles aux pauvres. Et puis à Rome les sujets dédommageaient amplement. Mais la monarchie, déléguant des fonctions onéreuses où la responsabilité était grande, l'autorité restreinte par le contrôle du maître et les profits nuls ou peu certains, devait salarier ceux qu'elle employait. La démocratie va plus loin; elle soumet tout à l'élection, et elle salarie non-seulement les élus, mais quelquefois, comme à Athènes, les électeurs, ce qui n'est possible que quand au-dessous du peuple souverain il y a un peuple sujet, qui paye les frais de l'élection.

Les gouverneurs reçurent donc un traitement. Dès lors le prince choisit qui bon lui sembla, souvent le plus souple, parfois aussi le plus habile. Mais la main qui tirait les fonctionnaires de l'obscurité pouvait les y replonger; les Verrès et les Appius devinrent impossibles.

Autrefois chaque province voyait arriver tous les ans un nouveau maître, qui, pressé de retourner au milieu des plaisirs et des intrigues de Rome, se hâtait de faire sa fortune et de remonter sa maison aux dépens de ses administrés. Celui qui avait le plus indignement pillé revenait la tête haute s'asseoir au sénat, en face d'hommes qui, semblables à lui, ne lui demandaient compte que de l'obéissance des sujets. Pour les rapines et les violences, bien rarement en parlait-on. Les provinciaux n'étaient-ils pas des vaincus! Mais aujourd'hui que l'empire est devenu le domaine privé d'un homme, cette propriété sera mieux régie: par amour et esprit de justice? non sans

(1) C'est encore chez nous le privilége des fonctions électives.

doute, mais par intérêt; et après un choix habile, la meilleure chance d'une bonne gestion était dans la longue durée des fonctions. Aussi laisser vieillir dans les charges sera une des maximes le mieux suivies de l'administration impériale.

Les gouverneurs, tombés au rang de simples agents d'un pouvoir soupçonneux et redouté, voient donc maintenant la menace suspendue sur leur tête (1); et dans les rescrits du prince, ils lisent formulés en lois (2) ces conseils qu'un homme de bien donnait inutilement aux gouverneurs de la république. Le traitement fixe qui pourvoit à toutes leurs nécessités délivre les sujets des exactions dont ils étaient victimes sous prétexte d'approvisionnements à fournir au préteur (3); et, au lieu de passer quelques mois dans un gouvernement dont souvent ils connaissaient à peine de nom les principales villes, voici qu'ils y sont

(1) Voyez dans Tacite (*Ann.*, III, 66; XIII, 33; XIV, 18, etc.) le grand nombre de gouverneurs accusés et condamnés. Le plus célèbre fut Corn. Gallus, préfet d'Égypte, ami de Virgile et poëte lui-même, qui, accusé de rapines, fut condamné par le sénat, et se tua. Auguste le regretta longtemps. « Auguste fit casser les jambes à Thallus, son secrétaire, qui avait reçu 500 deniers pour communiquer une lettre. Il fit jeter dans le fleuve avec une pierre au cou le précepteur et les esclaves de son fils Caïus, lesquels avaient profité de sa maladie et de sa mort pour commettre dans son gouvernement des actes d'avarice et de tyrannie. » (Suét., *Oct.*, 67.) Cf. pour d'autres accusations de gouverneurs sous Auguste, Dion, LIV, 3 (le gouv. de Macéd.); LX, 24 (le gouvern. de la Bétique et un autre d'une province non désignée). Auguste exigea qu'il y eût toujours un intervalle entre deux commandements (Suétone, *Oct.*, 36), afin, dit Claude, que les gouverneurs, cessant d'être inviolables, pussent être assignés par ceux qui voudraient les poursuivre. (Cf. Curtius, *De Senatu Rom.*, p. 66.)

(2) Voyez au *Digeste* les titres *De Officio proc. et leg.* et *De Off. præsid.*

(3) Dion, LIII, 15; Suét., *Oct.*, 38. Ils ne pouvaient rien acquérir dans leur gouvernement sans ordre exprès du sénat ou de l'empereur, ni rien exiger au delà du tribut fixé. Dès qu'un nouveau gouverneur arrivait les pouvoirs de l'ancien cessaient, et il devait être rendu dans les trois mois à Rome.

retenus tout le temps nécessaire pour en étudier les besoins et y contracter des habitudes qui cessent de leur faire regarder leur province comme une terre d'exil (1). Les gouverneurs de la république laissaient leurs femmes à Rome (2); ceux de l'empire les emmènent avec eux. Auguste favorisa cet usage : Alexandre Sévère ira même plus loin. Il imposera une union temporaire à tout gouverneur non marié. C'est que les premiers allaient en quelque sorte en pays ennemis, et qu'il fallait éloigner la matrone des camps; les autres sont envoyés vers des concitoyens et pour un long séjour. Le gouverneur n'était donc plus campé dans sa province; il y avait ses affections, son foyer domestique et ses dieux pénates, apportés par sa femme, qui en partant les avait, comme Rachel, caché dans son sein (3).

Je ne veux pas dire que les gouverneurs se trouvèrent tout à coup transformés en d'habiles et probes personnages, mais seulement que les excès d'autrefois devinrent impossibles, parce que des crimes trop éclatants auraient attiré bien vite le châtiment (4), et qu'une fortune trop grande eût tenté l'avidité du prince. La modération et la prudence étaient donc conseillées aux gouverneurs par leur propre intérêt et par ce despotisme jaloux qui allait passer le niveau sur toutes les têtes en abattant les plus hautes (1).

Cette étroite dépendance était d'autant plus nécessaire qu'une part immense était encore laissée à l'arbitraire. Les villes gardaient bien et garderont encore pendant trois siècles (2) leur religion (3), leurs coutumes ou lois particulières (4), leurs magistrats (5), leur séna-

(1) Dion, LV, 28, Ἐπὶ πλείω χρόνον.... quum... plerique iisdem negotiis insenescerent. (Tac., Ann., IV, 6; cf. p. 67, n. 5.) Cela était reconnu si nécessaire, qu'en l'an 5 de J.-C. des troubles ayant éclaté en plusieurs lieux, on déclara que les gouverneurs des provinces sénatoriales élus, et non plus choisis par le sort, resteraient deux ans en charge. (Dion, ibid.)
(2) Bien des honnêtes gens sous la république refusaient les gouvernements, quand ils ne voulaient pas y piller. Atticus n'en accepta jamais, Cicéron n'alla en Cilicie que malgré lui, et Quintus se plaint très-vivement d'être retenu une troisième année en Asie.
(3) Tac., Ann., III, 33 4; Lampr., Alex., 42.
(4) Dion dit que la révolte des Pannoniens et des Dalmates en l'an 6 fut causée par les exactions des gouverneurs; c'est possible. Mais toute administration, quelque douce qu'elle fût, devait paraître insupportable à ces barbares, qui se pliaient difficilement à payer le tribut et à livrer leurs enfants pour le service militaire. Quant à Varus, que Velléius Paterculus accuse d'être entré pauvre en Syrie et d'en être sorti riche, remarquons que la pauvreté de ce personnage, qui avait été consul quelque temps auparavant et qui était apparenté à la famille impériale, ne devait pas être bien grande; qu'ensuite il resta neuf ans dans son gouvernement, tandis que sous l'ancien régime la Syrie, dans le même temps, eût été neuf fois pillée; qu'enfin Varus, depuis sa défaite put être impunément accusé par tout et de tout. Pour l'affranchi Licinius en Gaule, ses rapines montrent qu'Auguste ne pouvait tout empêcher; mais la confiscation dont il fut frappé prouve aussi qu'il était dangereux tout au moins inutile, d'en faire.

(1) L'Achaïe et la Macédoine se trouvant mal de l'administration du sénat, onera de precantes, on n'imagina rien de mieux que de les mettre dans le lot de l'empereur. (Tac. Ann., I, 76.)
(2) Spanheim., Orb. Rom., II, 16.
(3) Tac., Ann., III, 60-63; IV, 14, 43 Tertul., Apolog., 24; Ad nation., II, 8 Bœckh, III, n° 4474. Cf. surtout Godefroy Paratitl. ad. Th., XVI, 10. Les jurisconsultes reconnaissaient même en droit privé, sinon en droit politique, le caractère sacré des propriétés religieuses. (Gaius, II, 7, Pro sacris habetur.)
(4) Pline, Ep., X, 110. 114; Jos., Ant Jud., II, 19.
(5) Voyez les inscriptions et les médailles qui mentionnent en très-grand nombre des archontes, stratéges, éphores, cosmes, prytanes, etc. élus par leurs concitoyens. Pour l'Afrique, il est question de suffètes dans Orelli, II, n° 3056-57. — Au temps de Trajan on voit un magistrat nouveau qui deviendra plus tard le defensor civitatis. « Nous avons, à l'exemple de nos prédécesseurs, envoyé un centurion légionnaire à Byzance, pour veiller à la conservation des priviléges de ses habitants. » (Pline, Ep., X, 77.) A Amisus n'y avait un ecdicus, ou citoyen chargé de défendre les priviléges de la cité. (Ibid., 113. Les villes désiraient vivement que cette institution se multipliât. (Ibid., 82.) Aristide (Sacr. serm., IV) dit que de son temps (vers 169 de J.-C.) c'était la coutume que chaque

leurs assemblées publiques, leurs renus et leurs propriétés (1). Souvent même les laissait-on se réunir pour des tes religieuses ; de sorte qu'à les voir administrer elles-mêmes à leur guise renouer leurs liens d'autrefois, on les t prises pour de petits États auxquels ne manquait que le droit de troubler paix publique et de se déchirer par s guerres continuelles, comme au mps de leur liberté. Mais qu'était-ce ne ces franchises locales en face de utorité proconsulaire? Quelles garanes avaient-elles contre l'influence in- déterminée d'un maître tout-puissant? Quand on a la force, il est si facile de commander, sans donner un seul ordre (1). Le recours à l'empereur, coûteux sans doute et difficile, était cependant à peu près sûr, tant que l'empereur du moins fut lui-même juste et éclairé ; car c'est un des malheurs des États despotiques que tout y dépende, non des institutions, mais du caractère du prince, et qu'on n'y soit jamais certain que la justice d'aujourd'hui y sera la justice de demain.

Il y aurait eu un moyen peut-être de rendre plus difficile cet arbitraire des gouverneurs, et moins nécessaire ce recours à l'empereur, si souvent illusoire; c'eût été de constituer la province elle-même autrement que comme simple division géographique. Depuis que la féodalité, c'est-à-dire le règne des châteaux, a passé sur les sociétés modernes, les campagnes se sont séparées des villes : celles-ci n'ont plus autour d'elles qu'une étroite banlieue; autrefois elles avaient une province. Aujourd'hui la classe aisée vit et meurt dans la ville; la vie entière s'y écoule, parce que là se trouvent le commerce, l'industrie, l'activité intellectuelle, toutes les ressources et tous les plaisirs de la civilisation. Chez les anciens on vivait aux champs, dans les rudes labeurs de l'agriculture, dans l'isolement aussi que cette existence impose. Cependant il fallait un lieu où se réfugier en cas d'invasion, où se réunir pour discuter les affaires communes,

lle envoyât au proconsul d'Asie dix noms rmi lesquels celui-ci choisissait τὸν φύλακα ις εἰρήνης. C'était une sorte de préfet de la lle. (*Dig.*, L, 4, fr. 18, § 7.) Pour les assemées électorales cf. Aristide, Λόγος πανηγυρις ἐν Κυζίκῳ περὶ τοῦ ναοῦ, I, p. 382, éd. indorf, 1829; *Mém. de l'Acad. des Insc.*, XXVII, p. 401.)

(1) Consistant en octrois (Suét., *Vitel.*, 14), ages (Strab., XII, p. 58), impôts payés par s citoyens pour subvenir aux charges comunales (Plin., *Ep.*, X, 94), droit, comme icée l'obtint d'Auguste, de recueillir les biens leurs citoyens morts intestats (Plin., *Ep.*, , 88), capitaux, prêts à intérêt (*Dig.*, L, fr. 18, § 2), propriétés publiques, édifices, ens communaux, situés souvent très-loin. apoue en avait en Crète (Vell. Paterculs, II, 82), Emporiæ dans les Pyrénées cidentales, Byzance en Bithynie. Cette ême ville partageait avec les Romains les renus qu'elle tirait de la pêche du thon dans Euxin (Strab.); Arpinum et Atella avaient es biens en Gaule (Cic., *Fam.*, XIII, .7, I). Deux petites villes de Ligurie avaient es possessions sur les territoires de Bénévent, Nole et Plaisance. (*Instit. Archeol. Ann.*, 835, p. 149.) Les aqueducs, les égouts Cic., *Adv. Rull.* III, 2), les pâturages publics Hygin, *De Lim., const.*, p. 192) donnaient es revenus souvent levés par les publicains, ui les prenaient à ferme (*Dig.*, XIX, 2, . 53 ; XXXIX, 4, fr. 13, § 1 ; XLIX, 14, . 3, § 6, etc.). A leurs revenus il faut ajouter s donations, les legs faits par des particuers pour fondations d'édifices ou de jeux ublics perpétuels (Plin., *Ep.*, X, 79) : ces gs étaient défendus par la loi, peut-être ne loi locale, car on voit ailleurs des legs faits ux villes sans contestation, mais il y avait ille moyens de l'éluder (Id., v. 7); ventes le charges (*Ibid.*, 48, 114) ; enfin, elles vaient généralement une créance privilégiée, *rotopraxia* (*Ibid.*, X, 109).

(1) Le pouvoir central intervenait même dans les affaires des cités libres. Ainsi Auguste défendit aux Athéniens de vendre leur droit de cité. (Dion, LIV.) Ailleurs les corporations étaient interdites. (Pl., *Ap.*, 92, 94.) Enfin, presque partout il y eut dans la constitution, sous l'influence de Rome, des changements favorables à la classe riche ; de sorte qu'à la révolution qui faisait passer dans la capitale tout le pouvoir à l'empereur répondit dans l'empire une révolution qui fit passer tout le pouvoir aux sénats municipaux. Ainsi à Rome une concentration monarchique, dans les provinces une concentration aristocratique. Les magistrats étaient élus par la curie (Orelli, II, n° 3791), ou même par leurs prédécesseurs (*Dig.*, L, 1, fr. 11, 1 ; fr. 13 ; fr. 15, etc.). Cf. App. (*Mithr.*, 39), Athen. (V, 48, 51), et Thirlwall. (VIII, p. 450).

une forteresse et une place publique, le Capitole et le Forum, l'Acropole et l'Agora. C'était la ville ordinairement placée sur une hauteur de défense facile. Cette enceinte fortifiée (*urbs*) formait avec le territoire qui en dépendait une cité (*civitas*). Chez nous l'unité politique, si j'ose dire, est la commune, et il y en a trente-sept mille. Dans l'empire c'était la cité, et la Gaule entière, du Rhin aux Pyrénées, n'en comptait que soixante. C'étaient donc de petits États, ayant une administration étendue, compliquée, renfermant des villes secondaires « (Nîmes, dit Strabon, possède vingt-quatre bourgs), et ayant un budget de recettes et de dépenses, des magistrats pour faire le cens, rendre la justice, veiller aux travaux publics, à la police, à la salubrité, enfin à tous les intérêts municipaux. » Plutarque nous montre avec quel sérieux ces fonctions étaient encore remplies au deuxième siècle, et jusque dans les plus petites cités. — « Faisons tout nous-mêmes, dit-il à ses concitoyens, et ne mêlons pas par des appels le proconsul à nos affaires. » Mais si cette organisation municipale laissait peu de choses à faire au gouverneur, à moins qu'il n'eût le goût de se mêler à tout, elle faisait de l'empire une réunion de petits États, et non pas une seule société.

C'est en toute question un point fort grave à déterminer que celui où il faut arrêter la division pour éviter de descendre jusqu'à une molécule sans vie, ou de s'en tenir à un tout encore hétérogène et gênant par sa masse. Notre commune est souvent trop petite, mais la cité romaine était trop grande. Entre ces masses considérables, la fusion n'était pas possible ; aussi l'empire restera toujours moins un État homogène qu'une agrégation de petits États. Enveloppés par l'administration impériale, ces cités resteront unies tant que cette force de cohésion durera. Quand elle se sera affaiblie et brisée, tous les liens sembleront rompus, et les barbares, malgré leur petit nombre, conquerront l'une après l'autre ces villes, qui n'ayant jamais mis en commun leurs intérêts ni leurs sentiments n'y mettront pas davantage au moment décisif leurs ressources et leur courage.

Ainsi il n'y avait dans l'empire que des villes isolées (1), trop faibles par conséquent pour que leur opposition et leurs priviléges ne fussent pas impunément brisés par les proconsuls. Entre l'État et la commune, bien que celle-ne fût pas réduite aux insignifiantes proportions qu'elle a chez nous, il aurait fallu une division intermédiaire, une représentation politique de la province elle-même. Alors il se serait trouvé au-dessous du chef redouté de l'empire, mais au-dessus des magistrats humbles et timides de chaque cité, des hommes parlant au nom de la province, c'est-à-dire au nom d'un intérêt considérable et que le gouvernement eût été forcé de prendre en très-sérieuse considération. Ces assemblées sans doute eussent été quelquefois gênantes, mais on ne s'appuie sûrement que sur ce qui résiste, elles eussent sauvé le pouvoir de ses propres excès. L'institution eût été bonne ; était-elle possible ?

Les anciens n'étaient pas si ignorants qu'on l'a dit du gouvernement représentatif. Les Lyciens avaient un parlement véritable, « gens sages, dit Strabon, « dont les vingt-trois cités envoient des « députés à une assemblée qui se tient « dans une ville désignée à l'avance. Les « plus considérables de ces villes ont « chacune trois voix, les moyennes « deux, les autres une seule. Elles contribuent dans la même proportion aux « dépenses publiques. L'assemblée com« mence par nommer un chef de la con« fédération, ensuite on procède à l'é« lection des autres charges du corps « Lyciaque. On y nomme aussi les juges « de tous les tribunaux. Autrefois on « délibérait encore sur la guerre, sur la « paix et sur les alliances ; mais aujour« d'hui cela ne peut se faire que du con-

(1) La *formule* imposée à chaque province après la conquête, plaçait bien toutes les villes d'un gouvernement sous la même loi politique, mais n'établissait entre elles aucun lien. De plus, toutes les anciennes distinctions subsistaient (*voy.* ci-dessus). Cependant sous le rapport administratif (elle avait un seul chef), financier (elle payait un impôt déterminé), la province formait un tout. Elle existait encore comme division judiciaire ; car un homme pouvait n'être banni que de sa province (Suét., *Claud.*, 23).

entement des Romains, qui n'accordent un pareil droit qu'autant que les délibérations ont pour objet leur propre intérêt. Le nombre des juges et es magistrats nommés par chaque ille est en raison du nombre des oix (1). » N'est-ce pas quelque chose fort approchant de nos institutions dernes ? Le corps Lyciaque ne formait un exemple isolé. La Grèce, qui a la grande école politique du monde, it voulu, après avoir passé par tous régimes, et comme pour ne pas laisune seule épreuve qu'elle n'eût tenfaire aussi l'essai du gouvernement résentatif. Commencée trop tard et au lieu de circonstances contraires, cette érience échoua. Cependant l'éclat e jeta la ligue Achéenne sur les derrs jours de la Grèce valut à ce sysne une popularité durable. La conête achevée et affermie, les Romains k-mêmes laissèrent leurs nouveaux ets renouer l'un après l'autre ces liens ils avaient d'abord soigneusement bri. Partout les confédérations se reforrent; et si publiquement ces ligues uvelles n'eurent pas même l'ombre la liberté, du moins en conservaientes le souvenir, et la réalité pouvait renir un jour sous ces formes mensonres (2). La Bithynie, la Cappadoce, sie proconsulaire (3) eurent des assemblées générales, Κοινον Συνεδριον, qui se tenaient successivement dans les principales villes de la province. Dans les régions occidentales le même usage fut souvent pratiqué par les Romains euxmêmes. César convoqua ainsi en Espagne les députés de l'Ultérieure à Cordoue et ceux de la Citérieure dans Tarragone (1). En Gaule il réunissait régulièrement chaque année les états généraux du pays, et Auguste, à son exemple, appela plus d'une fois autour de lui les députés des provinces qu'il traversait (2). Plusieurs de ses successeurs l'imitèrent; et quand Honorius promulgua son fameux édit pour la convocation annuelle des députés des sept provinces gauloises, il présenta cette innovation tardive comme un vieil usage qu'il remettait en vigueur.

Nous ignorons les droits de ces assemblées. Dans l'Occident César et Auguste leur donnèrent un caractère politique, en les consultant sur les plus importantes affaires (3); en Orient elles ne paraissent avoir eu que des attributions religieuses. On voit celle de l'Asie proconsulaire, tenue en l'année 165 dans la haute Phrygie, voter sur chacun des asiarques élus par les villes, et former le collège de ces prêtres qui devaient présider aux jeux célébrés dans la pro-

(1) Strab., XIV, p. 665. La curie était ganisée de la même façon : « Les cantons i ont le plus de bourgs ont aussi dans l'asnblée générale le plus de voix. » (Id., ibid., 660.) « S'il fallait donner un modèle d'une lle république fédérative, je prendrais la publique de Lycie. » (Montesquieu, *Esp.* s *Lois*, IX, 3.) Je m'abrite derrière ce passe de Montesquieu; car la Lycie finit mal)ion, LX, 17, et Suét., *Claud.*, 25), et on en accusé ses institutions. *Voy.* aussi Strab., III, p. 631, la tétrapole de Phrygie.

(2) Les Ioniens se réunissaient toujours au inionium (Strab., XIV, 639), les Achéens à gium (Pausan., VII, 27), les Béotiens à Conée (Bœckh., *Corp. Insc.*, I, p. 5 de l'inod.). La ligue des Phocidiens subsistait (Paus., , 5), de même le conseil amphictyonique ?aus., X, 8).

(3) *Dig.*, XXVII, tit. 1, fr. 6; Modest., § 14, pd., V, 27, 1; Bœckh., II, n° 2741. Tittann en a cité beaucoup d'exemples (Seiner arstellung der Græchischen Staatsversasing). *Voyez* encore *Dig.*, V, 1, fr. 37; XLVIII,

6, fr. 5, § 1; XLIX, 1, fr. 1, § 1, et fr. 25. Les intendants des jeux sacrés de la province d'Asie, Ασιαρχαι, étaient élus chaque année (Strab., XIV, 649).

(1) Les assemblées des Turdetans, dit Strabon, III, p. 142, se tiennent dans la ville d'Asta.

(2) Ainsi à Narbonne l'assemblée générale des cités transalpines, en l'an 28. Drusus réunit à Lyon une assemblée générale des quatre provinces pour la consécration du temple d'Auguste. Walther dit (*Gesch. der Romisch. Rechts*, I, p. 363) : Les peuples italiens conservèrent non-seulement leur ancien nom, mais encore : *einem schcim von Bunderverfassung*. On trouve en effet dans les *Inscriptions* d'Orelli, II, n° 3149, un *Prætor Hetruriæ* XV *populorum*. Ailleurs, I, n° 2182, il est parlé des *sacra Etruriæ*, et les Féries Latines durèrent jusqu'au quatrième siècle (Lact., *Div. Inst.*, I, 21).

(3) *Voy.* Cæs., *Bel. Civ.* passim, et *Bel. Civ.*, 19; *Bel. His.*, 42. L'assemblée générale de Cordoue se saisit elle-même du droit de commander dans la place, de retenir pour sa défense les troupes qui passaient, etc.

vince. Un passage de Strabon prouve que cette coutume existait déjà du temps de Pompée (1).

Il y avait là certainement un germe qu'on aurait pu développer au grand profit des provinces et de l'empire. Mais, pour être juste, reconnaissons que si dans le monde grec et jusque parmi les barbares, surtout parmi ceux des Gaules, ces idées avaient cours, à Rome elles n'étaient ni dans les esprits ni dans les mœurs, les droits politiques y ayant toujours été directement et personnellement exercés, sans délégation. Le gouvernement provincial manqua donc d'un contre-poids utile; car Auguste ne vit point ou ne voulut point voir quel puissant instrument il négligeait en ne tirant point parti de ces assemblées, qui existaient à peu près partout, pour placer le conseil à côté de l'action, une assemblée délibérante à côté du pouvoir exécutif (2). Il est vrai qu'il était peu disposé à rallumer quelque part que ce fût la vie politique; on avait assez de la tribune, du Forum et de toutes ces libertés bavardes et querelleuses. On voulait de l'ordre, et cela Auguste se chargeait de le donner par une vigilance infatigable. Sur les dix-huit années qui suivirent la bataille d'Actium, il en passa onze au moins dans les provinces.

De grands changements dans la division des provinces furent introduits par Dioclétien et Constantin. Il en a été question ci-dessus, pages 49 et 110. Nous dirons seulement que les attributions des gouverneurs, vicaires, comtes et préfets, quoique différentes dans leur étendue, étaient les mêmes que celles des anciens gouverneurs. Le pouvoir mi(litaire) seul n'en faisait plus partie dep(uis) les réformes de Constantin. Les troup(es) étaient commandées par des chefs particu(liers), et ce n'était plus que par excepti(on) que les deux pouvoirs militaire et ci(vil) se trouvaient réunis dans une seule mai(n).

Le seul reste d'indépendance que l(es) provinces parussent conserver était (le) droit de réunir sans l'ordre du recte(ur) les députés des villes dans une des ci(tés) de la province pour formuler et fai(re) parvenir au prince les vœux du pays. (Il) y avait même des réunions de dépu(tés) de plusieurs provinces, comme cela e(ut) lieu dans le diocèse des Gaules pour l(es) *septem provinciæ*, dont l'assemblée g(é)nérale devait se réunir dans Arles. Il n(') avait plus dans les provinces aucun re(ste) de la législation nationale; le droit r(o)main avait prévalu partout, et les Va(n)dales eux-mêmes s'y soumirent en Af(ri)que, après la conquête. On ne trouv(ait) que sur les frontières quelques peupl(es) barbares, nouvellement entrés da(ns) l'empire, qui s'administraient suiva(nt) leurs lois nationales.

La condition des villes était deven(ue) uniforme sur tout le territoire de l'e(m)pire (1). Partout il y était établi une so(rte) de sénat, la curie ou ordre des déc(u)rions; seulement les unes avaient d(es) magistrats, les autres n'en avaient poi(nt). Au quatrième siècle il fut institué da(ns) la plupart des villes une magistratu(re) nouvelle, celle du *defensor*, chargé (de) défendre les intérêts des citoyens co(n)tre les exactions des gouverneurs et d(es) percepteurs. Le défenseur était élu p(ar) les habitants de la cité. Sa nominati(on) devait être ratifiée par le préfet du pr(é)toire. Il était nommé pour cinq a(ns) d'abord, puis pour deux. Dans les vill(es) où il n'y avait pas de magistrats il ré(u)nissait les plus hautes attributions. J(us)tinien étendit leur pouvoir en leur co(n)férant la juridiction. Ce titre souve(nt) donné aux évêques contribua beauco(up) à accroître leur influence.

(1) Cf. Masson, *De Aristid. Vita*, p. xcv; Aristide lui-même, Ἱερῶν λόγος, IV, p. 531, et Strab., XIV, p. 649, 651. Ces asiarques avaient un chef nommé ἀρχιερεύς τῆς Ἀσίας, dignité très-haute, dit Philostrate (*Sophist. Vita*, lib. I, § 21), mais très-coûteuse, ὑπὲρ πολλῶν χρημάτων. Ces assemblées sont très-probablement l'origine des synodes provinciaux des évêques; de sorte que si elles ne mirent pas le système représentatif dans l'État, elles le firent entrer au moins dans l'Église.

(2) J'insiste sur ce point parce que là est une des causes les plus certaines de la chute de l'empire, qui resta toujours une agrégation de cités étrangères les unes aux autres et tenues réunies seulement par la force.

(1) Chaque province avait une métropo(le) résidence du gouverneur et centre de tou(te) l'administration. L'étendue des provinces a(yant) été de beaucoup réduite, il n'y avait plus (en) effet besoin de désigner plusieurs villes pou(r) rendre la justice, *conventus juridici*.

Les décurions avaient la responsabilité des impôts que le fisc impérial levait sur la cité. Aussi leur position les condamnait-elle souvent à de grandes dépenses. Ce fut surtout vers la fin de l'empire, lorsque la dépopulation des provinces eut diminué le nombre des contribuables sans que le taux de la contribution eût changé, que la charge de décurion devint ruineuse et qu'on chercha à s'y soustraire. La loi multiplia les ordonnances pour retenir les curiales dans leur cité, en même temps qu'elle leur offrait de vains honneurs pour faire accepter aux plus riches la perte d'une partie de leur fortune. Le curiale qui avait rempli toutes les charges dans sa patrie pouvait arriver au rang de sénateur de Rome ou de gouverneur de province. Mais en obtenant ce titre de sénateur de Rome le curiale n'était pas affranchi de ses dernières obligations envers la curie; il fallait qu'il y laissât un successeur, soit son fils, soit quelque autre. Le décurionat était héréditaire en ligne masculine. Le fils du curiale entrait dans la curie à dix-huit ans. La loi lui défendait de se soustraire à ses devoirs en entrant dans l'année dans un monastère ou dans le clergé séculier. La loi pouvait l'arracher de l'Église, du moins tant qu'il ne s'était pas élevé au-dessus du sous-diaconat. Le curiale n'obtenait le droit de remplir d'autres charges qu'en laissant sa fortune à son fils, ou au moins une partie considérable à quelque parent ou à la curie. Il fallait au curiale une autorisation du gouvernement pour opérer la vente de ses biens héréditaires. Ceux qu'il avait reçus par héritage étaient soumis à un impôt annuel (le *denarismus*) au profit de la curie. En l'absence d'héritiers, c'était la curie qui héritait avant le fisc. A défaut de fils, elle héritait du quart. La curie avait aussi droit au quart de la fortune de la fille d'un curiale, lorsque celle-ci se mariait dans une autre ville. Malgré tous ces règlements, le trésor de la curie alla toujours s'appauvrissant, et le nombre des curiales diminua en proportion; il était très-restreint du temps de Justinien.

CHAPITRE VII.

DE LA RELIGION DES ROMAINS (1).

LE CALENDRIER ROMAIN. — On ne peut traiter de la religion d'un peuple sans parler de la disposition de son calendrier, car la série des fêtes religieuses étant renfermée tout entière dans les limites de l'année, se renouvelant périodiquement avec elle, et étant avec ses différentes phases dans un rapport harmonique, il faut connaître l'organisation de cette partie de la durée qui la contient.

L'année est un espace de temps périodique qui divise la durée indéfinie d'après des mesures observables, des signes visibles et certains, qui ont été, chez tous les peuples, empruntés à la marche uniforme des corps célestes (2). Renfermée dans les limites du temps régulier que les astres emploient à parcourir leur orbite, l'année entraîne toujours l'idée d'un mouvement circulaire (3). *An* est une ancienne préposition qui a le sens de *circum*, et qui le conserve dans *ambire* et d'autres mots. Ainsi l'étymologie du mot latin *annus* rappelle l'idée du cercle, et les langues du Nord ont des mots qui représentent aussi la même figure (4). Les notions générales sur l'année romaine sont exposées par Ovide dans deux passages (5) assez étendus de son poème des *Fastes* où il indique la composition de l'ancienne année, les réformes successives qu'elle subit sous Numa, les décemvirs et César, les noms des mois et la condition des jours. Ovide se contente de versifier avec sa facilité ordinaire la doctrine vulgaire sur l'organisation et le perfectionnement du calendrier. Il dit sur l'année primitive ce qu'on retrouve dans Censo-

(1) Ce chapitre a été rédigé par M. Louis LACROIX, professeur d'histoire au Lycée Louis le Grand.

(2) Daunou, *Cours d'Études historiques*, Chron. Tech., t. III, p. 35.

(3) Ut parvuli circuli, annuli, sic magni dicebantur circites anni. Varron, *De Ling. Lat.*, p. 45, l. XX. Caton avait écrit dans ses *Origines: an terminum* pour circum terminum. Voy. Macr., *Sat.*, I, XIV.

(4) Daunou, *Cours*, III, 198. — Lydus, *De Mens*. III, 3, p. 84, éd. Rœth.

(5) Ov. *Fast.*, I, 27, 62 ; III, 99, 194.

rinus et Macrobe (1), à savoir, que les Romains n'avaient d'abord qu'une année de dix mois, assertion bien invraisemblable et contredite par quelques antiquaires romains eux-mêmes. Selon Censorinus, Licinius Macer et Fenestella affirmaient que l'année romaine fut d'abord de douze mois. Néanmoins cet auteur préfère l'opinion de Junius Gracchanus, de Fulvius, Varron et Suétone, qui la composent seulement de dix mois (quatre *pleni*, six *cavi*), comprenant trois cent quatre jours (2). C'est aussi le sentiment exprimé par Ovide, liv. I, v. 27 :

Tempora digereret cum conditor Urbis, in anno
   Constituit menses quinque bis esse suo.

Mais il est choqué de cette disposition grossière de l'année romaine; il essaye de l'excuser par la vie guerrière de Romulus, par la barbarie du temps, par l'ignorance de la science et des arts de la Grèce, et il l'explique par les raisons les plus frivoles, comme la durée du deuil et celle du séjour de l'enfant dans le sein maternel.

Ici, comme en beaucoup d'autres points, le poëte s'en tient aux notions superficielles admises de son temps, et il expose sans étude sérieuse, sans critique, la science ou plutôt l'erreur de tout le monde. Mais cette ignorance des choses anciennes n'est pas particulière à Ovide. Au milieu des guerres continuelles par lesquelles ils soumettaient le monde et des dissensions intestines qui les déchiraient, les Romains perdaient le souvenir de leurs antiquités nationales. Dans leur dédain pour les peuples italiens qu'ils avaient vaincus, ils oubliaient que ceux-ci leur avaient communiqué les résultats de leur civilisation, et que l'antique sagesse italienne avait présidé à l'organisation sociale de leur république (3). Aussi les annalistes, les archéologues romains négligeaient de rattacher l'histoire des premiers siècles de Rome à celle du Latium, de la Sabine, de l'Étrurie, à qui elle avait tant emprunté. La Grèce subjuguait alors ses vainqueurs par le génie de ses artistes e de ses poëtes, et, dociles aux leçons d ces nouveaux maîtres, les Romains o bliaient qu'ils en avaient eu d'autres q leur avaient beaucoup appris.

Nondum tradiderat victas victoribus artes
   Græcia.
Fast., III, 101.

De là les difficultés que l'on renco tre quand on cherche dans les débris d passé la trace de ces influences prim tives dont les Romains sacrifièrent souvenir à leur enthousiasme pour Grèce. L'année de dix mois de trois cen quatre jours est le premier écueil. Peu on supporter l'idée qu'un peuple se so servi deux fois de suite d'une telle anné et qu'à deux pas de l'Étrurie, dans u cité qui contenait des Étrusques, u distribution du temps aussi grossière a pu être en vigueur? Il faut donc, ou ni l'existence de l'année de dix mois, ou s'e tirer par des hypothèses.

On pourrait prendre le premier par en s'autorisant des doutes de Plutar que, du témoignage de L. Macer et d Fenestella et de la discussion de Scal ger (1). Mais Niebuhr ne renonce pas l'année de dix mois, qui est si complè tement décrite par Ovide, Censorinus Macrobe, attestée par tant d'autre écrivains, et dont il prouve que l'usag s'était conservé dans les trêves entre le peuples du Latium et de l'Étrurie, don les années ne s'accordaient pas entre el les, et dans certains usages civils, tel que le deuil et l'emprunt (2). Il l'adme donc ; mais il en fait une année cycliqu usitée chez les Étrusques pour rétabli l'accord de l'année civile et de l'anné solaire, par des lustres de six ans d trois cent quatre jours, donnant un somme de dix-huit cent vingt-quatr jours, et formant au bout de vingt-deu lustres ainsi comptés, avec deux inter calations de trois nondines, ou deu mois de vingt-quatre jours après le on zième et le vingt-deuxième lustres, u total de quarante mille cent soixante seize jours, égal à celui du cycle séculair de cent dix années solaires. Ce cycle dit son inventeur, est plus exact que l

---

(1) Macrobe, *Sat.*, I, c. 12, 13.—Censor., *De Die Nat.*, c. xx, p. 147. éd. Lindenbrok.
(2) Cf. Ideler, *Lehrbuch der Chronologie*; Berlin, 1831, p. 264.
(3) Niebuhr, *Hist. Rom.*, t. I, p. 385. Trad. Golbéry.

(1) *De Emend. Temp.*, p. 173.
(2) Niebuhr, *Hist. Rom.*, t. I, p. 387 ; t, II p. 384, etc.

hronologie julienne, calculée par Scaiger à quarante mille cent soixante-ix-sept jours, car elle est moins au-desous de la vérité que la période julienne l'est au-dessus. Ces combinaisons sont e résultat de la science des Étrusques, dmirée, vantée par Niebuhr, admise à lome dans ses résultats sans être comrise dans ses procédés, et si méconnue ans les derniers temps de la république ue les antiquaires romains faisaient de ette année cyclique une année vulgaire. e fondement de cette conception de historien allemand est un passage de ensorinus (1) qui fait du lustre la grande nnée romaine, mais en en méconnaisant la nature et en le façonnant au ustre de son temps.

Il est curieux de voir Niebuhr, dans e chapitre intitulé *Cycle séculaire*, apuyé sur une si faible base, s'élancer harliment à ces ingénieuses combinaisons t invoquer la science égyptienne et celle es Aztèques pour réhabiliter l'intellience de l'antique Italie. Après tout, es brillantes inventions éblouissent plus u'elles ne persuadent, et on peut dire 'elles ce qu'Ideler dit d'une hypothèse nalogue de Pontedera : tout cela est lus ingénieux que solide (2).

Parce que le mois de mars avait été le remier de l'année, et que décembre (3) n était resté le dernier, on crut que janvier et février étaient d'institution récente. On accepta comme possible l'usage du calendrier de dix mois. Macrobe 'en dissimule nullement les inconvénients; mais rien ne l'arrête. « Comme cette division, dit-il, ne s'accordait ni avec le cours du soleil, ni avec les phases de la lune, il arrivait quelquefois que les plus grands froids se faisaient sentir dans les mois consacrés à l'été, et réciproquement. Dans ce cas on laissait écouler, sans les assigner à aucun mois, autant de jours qu'il était nécessaire pour arriver à celui de ces mois qui devait coïncider avec la saison (4). » Voilà

(1) Censor., *De Die Nat.*, c. XVIII.
(2) Idel., *Lehrb.*, 271.
(3) Décembre a-t-il toujours et uniquement porté ce nom? La postérité, dit Macrobe, a dédié décembre à Saturne et janvier à Janus. *Sat.* I, VII. Il est probable que décembre a été aussi appelé mois de Saturne.
(4) Macrobe, *Sat.* l. I, c. XII. — Daunou,

à quelles tristes ressources il fallait avoir recours pour expliquer l'impossible. Aussi, s'est-on hâté de faire cesser l'existence de cette grossière année, et l'on attribua à Numa, l'organisateur des choses religieuses, la création des mois de janvier et de février et leur emploi.

At Numa nec Janum nec cavitas præterit umbras,
Mensibus antiquis apposuitque duos.
Fast., liv. I, 43.

Varron, Censorinus et Macrobe s'accordent avec Ovide pour affirmer l'addition de ces deux mois à l'ancienne année (1). Mais Ovide s'écarte de tous les témoignages ordinaires quand il dit que dans l'origine le mois de janvier était le premier de l'année, le mois de février le dernier, et que les décemvirs, en transposant celui-ci, le rapprochèrent des kalendes de mars (II, 53).

Post modo creduntur spatio distantia longo
Tempora bis quini continuasse viri.

Nul doute que février n'ait été d'abord à la fin de l'ancienne année religieuse et civile des Romains (2); mais qu'il ait été séparé de mars par janvier, et que cette disposition ait duré jusqu'aux décemvirs, c'est une erreur qu'Ovide contredit lui-même dans le premier livre, où il énumère les mois dans l'ordre généralement accepté. Une seule observation suffira pour détruire cette intervention des décemvirs dans l'arrangement des mois. Varron, contrairement à l'opinion de Sempronius Tuditanus et de Cassius Hemina, qui at-

Cours d'Études, t. III, p. 165, admet cette année de dix mois, à cause de son absurdité même, et il raisonne fort sensément sur la grossièreté des anciens temps. Il est vrai qu'il n'y a pas sur ces choses d'opinion qu'on ne puisse rendre vraisemblable. Mais l'impossibilité pratique d'une telle année doit la faire rejeter absolument. Des chronologistes fort sérieux n'ont pu l'admettre. Petau n'y croit pas; des Vignoles et Court de Gébelin font l'année primitive des Romains de trois cent soixante jours. Daunou, t. III, p. 208; cf. Nieb., *Hist. Rom.*, t. III, 117.

(1) Cens., c. XXII.—Macr., *Sat.*, l. I, c. XIII. — Varro, *Ling. Lat.*, l. VI, c. XXXIV, p. 62 de l'édition Egger.
(2) V. Paul Diac. Ed. Müller, p. 85, ligne 13. s. v. Februarius. — Varr., *Ling. Lat.*, p. 46, l. XXVIII, et fragm. des Epistol. Quæst. de Varron cité par Servius, *ad Georg.*, I, 43.

tribuaient l'intercalation aux décemvirs, fait remonter cette pratique au consulat de L. Pinarius et de P. Furius, en 472 (av. J. C.), sous lesquels une colonne d'airain fut gravée, qui mentionnait l'intercalation (1) : or, on intercalait dans les derniers jours de février, avant les kalendes de mars, disent tous les textes. Il fallait donc que déjà, avant les décemvirs, février et mars fussent voisins l'un de l'autre.

Du reste, les anciens nous laissent bien voir que ces deux mois, regardés ordinairement comme d'institution récente, sont de la même date que tous les autres. Le mois de Janus devait être aussi vieux que le dieu Janus (2). Macrobe, parlant des deux mois consacrés à Saturne et à Janus, dit qu'ils se suivaient l'un l'autre (*menses continuos*), et que les Saturnales étaient de bien des siècles antérieures à la fondation de Rome (3). Censorinus nous apprend que les mois de janvier et de février existaient depuis longtemps dans le Latium (4). Peut-on admettre que les Romains n'aient pas eu ces deux mois aussi bien que les villes environnantes dont ils avaient reçu leur population. Il est impossible que décembre ait jamais été voisin de mars, dont les pratiques religieuses se rattachent étroitement à celles de février (5). Cette année de dix mois n'aurait été ni lunaire ni solaire; et chez quelle nation de la terre les variations si apparentes de la lune ou du soleil n'ont-elles pas été la base du calendrier ? Reconnaissons que l'année de dix mois n'a pu exister dans l'usage ordinaire, et que les Romains ont par ignorance adopté et répandu (1) de très-fausses notions sur ce point important de leurs antiquités. On est donc suffisamment autorisé à nier l'existence de l'année de dix mois et de trois cent quatre jours d'abord en s'appuyant sur la contradiction des témoignages anciens, ensuite en invoquant l'opinion de la plupart des savants qui ont examiné cette question. Parmi ces derniers, les uns n'acceptent pas l'année de dix mois, les autres en font une année cyclique (2), et compliquent la difficulté par leurs hypothèses; d'autres enfin, admettant que l'année des Albains et des Romains était divisée en dix mois seulement, en font une année solaire, et la composent de trois cent soixante-cinq jours et un quart, en quoi ils s'écartent encore des témoignages de l'antiquité. Cette opinion est celle d'Ideler (3). On voit que la question reste toujours bien obscure, et qu'on ne peut guère affirmer qu'une chose, à savoir que les anciens l'ont fort mal entendue et exposée.

Ainsi, ni Romulus n'a institué une année de dix mois, ni Numa n'a créé deux mois nouveaux, ni les décemvirs n'en ont transposé l'arrangement; mais la réforme opérée par César est un fait d'une entière certitude (*Fast.* liv. III, v. 155) :

Sed tamen errabant etiam nunc tempora, donec
Cæsaris in multis hæc quoque cura fuit.

Cette confusion venait du mauvais emploi du *mercedonius*, ou mois intercalaire, que l'on plaçait bizarrement entre le 23 et le 24 février, *inter terminalia et regifugium* (4), et dont la durée était prolongée ou diminuée arbitrairement. Le désordre était devenu si grand que l'année civile était en retard de

---

(1) Varron, cit. par Macr., *Sat.*, I, 13. L'établissement de l'intercalation remonte jusqu'à Numa. — Ideler, 281, 285.

(2) Varr., *Ling. Lat.*, p. 50, l. 39, éd. Dordrecht.

(3) *Sat.* l. I, c. VII.

(4) M. Creuzer (*Rel. de l'Antiq.*, t. II, 1re part., p. 465, trad. de M. Guigniaut) dit que Numa emprunta sa réforme du calendrier aux prêtres de l'Étrurie. Le texte de Censorinus (c. XXII), sed nominibus jam ex Latio sumptis, montre que Numa a pu tirer sa réforme des calendriers latins.

(5) Cette remarque est de Merkel, *De obsc.*, p. LXXVIII.

---

(1) Ovide ne peut s'accoutumer à l'idée d'une année de dix mois, et il se garde bien dans les détails poétiques de déroger aux habitudes ordinaires :

Quominus emeritis exiret cursibus annis,
Restabant nitido jam duo signa deo.
Sylvia fit mater.
Fast., liv. III, v. 45.

(2) Pontedera, *Antiquitatum Latinarum Græcarumque Enarrationes atque Emendationes.* Patav. 1740.

(3) Ideler, *Lehrbuch der Chronol.*, p. 27.

(4) Cens., XX. — Macr., *Sat.*, I, 13. — Ideler, *Lehr.*, p. 285.

soixante-sept jours sur le cours du soleil. En qualité de grand pontife, César ordonna, l'année de son troisième consulat, en 56 (av. J. C), la révision du calendrier. Sosigène d'Alexandrie et le scribe M. Flavius exécutèrent ce travail. Ils intercalèrent deux mois formant soixante-sept jours entre novembre et décembre de cette année, qui avait déjà eu son mercedonius. De sorte que l'année 56 compta quatre cent quarante-cinq jours (1). Il fut réglé qu'à l'avenir l'année serait composée de trois cent soixante-cinq jours, et que le quart de jour qui restait, pour compléter l'accord avec la révolution solaire, formerait tous les quatre ans un jour qui serait intercalé avant le 6 des calendes de mars, d'où chaque quatrième année était dite bissextile, dénomination usitée encore aujourd'hui, mais qui n'a plus de sens dans notre calendrier. César, ne voulant rien changer à la disposition des fêtes religieuses, plaça ses dix jours nouveaux après les féries de chaque mois, et l'on conserva l'ancienne manière de compter les jours. Il voulut que tous ces jours fussent fastes, pour donner plus de temps aux affaires et aux relations actives de la vie sociale (2). L'année ainsi réglée était à peu près parfaite; la dernière correction y fut faite, également à Rome, sous le pontificat de Grégoire XIII. Cependant, comme les Romains n'avaient pas bien compris l'usage de l'intercalation bissextile, il y avait trente-six ans après César douze jours intercalés au lieu de neuf. Auguste laissa écouler douze ans sans intercalation, et l'ordre fut rétabli (1).

Ovide, le chantre du calendrier romain, trouve dans les noms des mois de riches et abondantes matières à amplifications poétiques, soit qu'il invente ou raconte des fables relatives à ces dénominations, soit qu'il discute la valeur des explications qu'on en donnait. Nul doute pour le nom de *janvier*; tous s'accordent à lui donner le dieu Janus pour éponyme (2). *Février* était le mois des purifications, *februum* (3), soit la purification des Lupercales, soit celle des Férales. Varron et Festus accordent plus d'importance à la première; admettons-les toutes deux. *Mars* devait son nom à la divinité que les peuples de l'Italie centrale adoraient sous cette dénomination. Chaque cité avait son mois de mars. C'était le troisième chez les Albains, le cinquième chez les Falisques, le sixième chez les Herniques (4). C'est le temps de l'année où les guerriers entrent en campagne; Ovide ajoute encore à l'autorité de l'usage l'autorité de la légende qui faisait descendre Romulus de Mars, et qui suppose que le fondateur de Rome a consacré le premier mois à son père (5). Mais Varron, dit Censorinus, avait savamment démontré que les noms des mois vinrent du Latium à Rome, et que Romulus n'en est pas l'inventeur. Ceci est incontestable, et nous confirme dans l'opinion que l'année romaine ne pouvait pas manquer des deux mois de janvier et de février usités partout.

Avril a aussi une double étymologie mythologique et physique. C'est le mois de Vénus, le mois de la déesse de la reproduction et des amours; c'est aussi le temps où la terre ouvre son sein

---

(1) Censor., c. xx. Macrobe, *Sat.*, I, 14; ne donne à l'année 56 que quatre cent quarante-trois jours. La Nauze soutient que cette année n'avait pas eu de mois intercalaire. *Du Calendrier Romain*, par de la Nauze, *Acad. des Inscr.*, t. XXVI, p. 219.

(2) « A vrai dire les mois de l'année Julienne, ou de Jules César, ne sont guère que « ceux des anciens Perses, c'est-à-dire douze « séries de trente jours chacune, augmentées « de cinq jours épagomènes chaque année et « de six tous les quatre ans. » Daunou, t. III, p. 171. Ce n'est pas cependant un emprunt fait à la Perse; mais, en étudiant la nature, les hommes arrivent, sans se rien communiquer, à des résultats semblables. C'est par cette raison que le naturalisme des religions anciennes présente au fond tant de ressemblances, et que les cultes des peuples de l'antiquité paraissent engendrés les uns par les autres.

(1) Macrobe, *Sat.*, I, 14.
(2) Ov., *Fast.*, I, 43. — Cens., XXII. — Macr., I, 13. — Varr., *Ling. Lat.*, p. 50, l. 39.
(3) Februum Sabini purgamentum. Varr., p. 46, l. XX. — Suidas S. V. Φεβρουάριος. — Ov., *Fast.*, II, 21, 28. — Lydus, *De Mens.*, IV, 20, p. 170, édit. Roeth., donne une déesse Februa, présidant aux purifications.
(4) Ov., *Fast.*, l. III, 89.
(5) *Fast.*, III, 77, 78.

22.

pour en laisser échapper les germes de toutes choses. Ovide concilie ces deux étymologies en développant les rapports de Vénus et du printemps avec une facilité gracieuse, mais bien inférieure à l'étincelante énergie de Lucrèce. En réalité Vénus n'est pour rien dans le nom d'avril; sa parenté avec Romulus n'est qu'un détail de convention poétique (1). Le nom de cette divinité d'origine étrangère ne se rencontre nulle part, dit Varron, dans les anciens livres religieux, et Cincius, dans ses *Fastes*, avait remarqué que Vénus n'a aucune fête dans le mois d'avril, et que les chants saliens ne parlaient pas de cette déesse (2). Ce ne fut que plus tard qu'on lui consacra le premier jour de ce mois (3). Ce n'est pas à des fables poétiques, faites après coup, qu'il faut demander l'explication des vieilles institutions de Rome, mais aux antiquités nationales du Latium et des pays voisins, dont malheureusement nous n'avons que de bien faibles débris.

Le nom de *mai* peut être le sujet d'un examen semblable. Ovide rapporte avec complaisance des étymologies imaginaires. Il fait dériver mai d'abord de la majesté, puis de la vieillesse, *a majoribus*, et enfin de Maïa, l'une des Pléiades, fille de Pleione et d'Atlas, mère de Mercure (4). Macrobe résume toutes les opinions des antiquaires sur le nom de ce mois, lesquelles se réduisent à deux, celle qui l'explique par le mot *majores*, comme juin par *juniores*, et celle qui y retrouve un nom de divinité. Fulvius Nobilior et Varron tiennent pour la première; Cincius, Cornélius Labeo pour la seconde; Censorinus, Lydus les rapportent toutes deux, et, comme Ovide, sans se prononcer pour l'une ou pour l'autre (5). Si l'on remarque que l'explication de mai par *majores* est fondée sur la division du peuple romain, faite par Romulus ou plus tard, et que le mois de mai existait déjà dans le Latium, on préférera attribuer l'origine de ce nom à une divinité, soit à Jupiter Maïus, adoré chez les Tusculans, soit à cette Maïa ou Majesta, qui semble être le principe féminin associé à Maïus, et dont nous rechercherons plus loin le véritable caractère (1).

Nous arrivons pour le mois de *juin* au même résultat. Ovide raconte le débat de Junon et d'Hébé se disputant la possession de juin; la Concorde les apaise, et leur apprend que juin a été nommé ainsi à cause de la jonction de Romulus et de Tatius (2). Ovide laissa la question indécise entre Junon et la Jeunesse; mais pour nous elle ne saurait l'être. Junon est une des grandes divinités du Latium; le mois junius s'appelait aussi *junonius* et *junonalis*. Le nom de junonius fut longtemps conservé dans les calendriers d'Aricie et de Préneste, et même dans les fastes de Rome (3). Je ne doute nullement que beaucoup de villes n'aient eu leur mois de Junon. Le culte de cette déesse était fort répandu; on le retrouve en Italie, à Aricie, à Préneste, à Cures, chez les Falisques, à Lavinium, à Tibur, à Laurente, à Gabies, à Veies, à Pérouse et dans toute l'Étrurie. L'institution d'un mois de Junon n'est en rien particulière à Rome.

Les autres mois étaient désignés par les noms de nombre ordinaux, selon la place qu'ils occupaient quand mars commençait l'année.

Quæ sequitur numero turba notata fuit.
Fast., I, 42.

Ovide, n'ayant pas traité dans son poëme des mois *quintilis* et *sextilis*, n'a pas l'occasion d'indiquer le changement de nom qu'ils avaient subi et qui les fit appeler mois de *Jules* et d'*Auguste*. Cette nomenclature bizarre, formée d'éléments si hétérogènes, s'est conservée

---

(1) Ov., *Fast.*, l. IV, v. 57.
(2) Macr., *Sat.*, I, 12. — Varr., *Ling. Lat.*, p. 50, l. 34.
(3) Macrobe rapproche le mois d'avril du mois athénien correspondant ἀνθεστηριών. C'est le floréal de l'ingénieuse et harmonieuse nomenclature du calendrier républicain, imaginée par Fabre d'Églantine. — Daunou, *Cours d'Ét. hist.*, tome III, p. 177.
(4) Ov., *Fast.*, V, 47, 73, 103.
(5) Macrobe, *Sat.*, I, 12. — Varr., *Ling. Lat.*, p. 50, l. 36. — Censor., c. XXII. — Lydus, *De mens.*, IV, 52.

(1) Fest. Müll., p. 134. S. V. Maïus: Maius mensis in compluribus civitatibus latinis ante urbem conditam fuisse videtur.
(2) *Fast.*, VI, 1-100.
(3) Macrobe, *Sat.*, I, 12.

d'âge en âge jusqu'à notre époque. Telle est la force de l'usage que ces dénominations, inventées il y a trois mille ans par d'obscures cités des bords du Tibre, ont encore autorité aujourd'hui malgré tout ce qu'elles offrent de contraire à la raison, à nos mœurs et à nos idées religieuses.

Les mois se divisaient en kalendes, nones et ides. Ovide en indique brièvement le caractère religieux :

Vindicat ausonias Junonis cura kalendas :
Idibus alba Jovi grandior agna cadit :
Nonarum tutela deo caret.
Fast., liv. I, v. 54.

« Les calendes romaines sont consacrées au culte de Junon ; les ides voient couler devant les autels de Jupiter le sang d'une belle et blanche brebis ; aucune divinité ne préside aux nones. »

Le nom des kalendes rappelle l'ancienne coutume, usitée avant la divulgation des *Fastes* par le scribe C. Flavius, d'appeler le peuple pour lui apprendre la date des nones (1). Un pontife de rang inférieur montait à la Curia Calabra, édifice qui couvrait une partie de la roche Tarpéienne, à l'extrémité méridionale du mont Capitolin, et qui dominait tout le Forum (2). De là il appelait cinq ou sept fois le peuple assemblé, selon que les nones étaient le 5 ou le 7 du mois. Instruits du jour où tombaient les nones, les habitants de la campagne devaient alors se rendre à la ville, pour y apprendre la disposition des féries du mois. Ce jour des kalendes était consacré à Junon, surnommée *calendaire*; et comme Janus, principe de toute chose, présidait aussi à l'ouverture des mois, ce dieu était appelé *Junonius*. Les nones précédaient les ides de neuf jours, et quoiqu'elles ne fussent consacrées à aucun dieu, les mariages étaient aussi bien interdits en ce jour-là qu'aux ides et aux kalendes (3).

Le nom des ides s'explique moins facilement. Les Étrusques, dont les mois étaient divisés en nones, avaient aussi des ides, qu'ils appelaient *itis* ou *itus*, les Sabins disaient *eidus* (1). Les Romains ont emprunté leurs ides à l'un ou à l'autre de ces peuples. Les explications que Macrobe tire des mots *videre*, *idulis*, *iduare*, se détruisent les unes par les autres ; il est certain que les Romains entendaient par les ides le jour de la pleine lune (2). Les kalendes, les nones, les ides, séparées par des intervalles fort inégaux, étaient comme les trois ères du mois, tous les autres jours étant comptés d'après les rangs rétrogrades qu'ils occupaient avant chacun de ces trois termes. Cette division du mois, toute particulière à l'Italie, s'accorde peu avec la division purement numérique usitée chez les Grecs (ἀρχομένου, μεσοῦντος, φθίνομένου) ; elle doit sans doute son origine à l'observation des différentes phases de la lune, et le temps de son institution, sans pouvoir jamais être fixé d'une manière certaine, remonte bien au delà de l'époque où s'organisa la société romaine.

De même que les noms des mois et leurs divisions avaient été déterminés par des influences toutes religieuses, de même la condition des jours fut encore réglée primitivement par l'autorité sacerdotale. Il y avait les jours fastes et les jours néfastes, les jours consacrés aux dieux et ceux que se réservaient les hommes (3). Ovide, dans des vers d'une brièveté presque technique et cependant d'une rare élégance (4), présente un résumé assez complet de la doctrine du calendrier romain sur les jours. Le jour civil, ou νυχθήμερον, selon l'heureuse expression des Grecs (5), commençait chez les Romains à minuit, ainsi que chez les anciens Égyptiens (6). Primitivement, et

---

(1) Macrobe, *Sat.*, I, 15. — Varr., *Ling. Lat.*, p. 49, l. 23. Macrobe se trompe en lisant que le pontife se servait du mot grec καλῶ. C'était un mot devenu latin. Varron l'emploie à l'actif et au passif : *kalo*, *kalentur*. Voy. Lydus, *De Mens*, III, 7, p. 94, éd. Roeth.
(2) Canina, *Indicazione top. di Roma antica*, 1841, p. 188. — Bellorio, *Iconogr. Vet. Rom.* tab. IV.
(3) Macrobe, *Sat.*, I, 15. — Lydus *De Mens.*, III, 7, éd. Roeth, p. 98. Cependant on pouvait à ces féries, selon Varron et Verrius Flaccus, épouser une veuve.

(1) Varron, *Ling. Lat.*, p. 49, l. 38.
(2) Ideler, *Lehrbuch der Chron.*, p. 278.
(3) *Les Fastes*, par Couture, *Mém. de l'Acad. des Inscr.*, t. I, p. 60.
(4) *Fast.*, I, 45-62.
(5) Daunou, *Cours*, t. III, p. 41.
(6) Censor., *De Die Nat.*, XXIII. — Macr., *Sat.*, I, 3. Cf. Ideler, *Lehrbuch der Chron.*, 255.

avant l'usage des cadrans solaires et des horloges, l'intervalle compris *a media nocte ad mediam noctem* était divisé en seize ou dix-sept moments, désignés d'après la succession des occupations quotidiennes, ou par les variations de la lumière. Macrobe, Varron, Censorinus, donnent les noms de cette division du nychthimère (1). Plus tard il fut divisé en deux séries de douze heures chacune; mais les deux termes extrêmes restèrent toujours fixés au même temps (2).

Les jours avaient reçu dans le calendrier romain des qualifications différentes, selon l'usage religieux ou civil auquel ils étaient réservés. Dans le passage indiqué plus haut Ovide en distingue six espèces : *nefasti, fasti, nefasti ex parte priori, comitiales, nundinales, atri*. Les fastes publics, présentés sous forme d'inscription et en style lapidaire, désignent ces différentes conditions des jours par des abréviations dont il importe de déterminer rigoureusement le sens. Le hasard nous a précisément conservé, parmi d'autres tables kalendaires, celle qui était en usage du temps d'Ovide, et d'après laquelle le poëte a certainement travaillé. Il ne faut tenir aucun compte du tableau qui accompagne les plus anciens manuscrits des *Fastes* d'Ovide, lequel ne comprend que les six premiers mois, et qui, calqué sur le poëme, ne peut nullement servir à en vérifier l'exactitude (3). Il en est tout autrement du calendrier du palais Maffei. Ce marbre fut trouvé en 1547 dans le palais des Maffei à Rome : on ne sait ni l'époque ni la cause de sa disparition. Il est probable que, devenu la propriété des Farnèse, il fut perdu avec beaucoup d'autres objets d'antiquité dans le trajet des musées Farnèse à Naples, lorsque le roi Charles III fit transporter dans cette ville l'héritage de sa mère Élisabeth Farnèse. Pourtant il avait déjà été introuvable pour Bianchini, qui écrivit au commencement du dix-huitième siècle un traité sur le calendrier et le cycle de César (1); mais il avait été copié tant qu'il resta à la disposition des savants, et tous les grands recueils d'archéologie latine d'Alde, de Sigonius, de Gruter et de Grævius, et la collection des calendriers anciens de Foggini, l'ont reproduit à divers intervalles (2). Plus récemment encore, il a été réimprimé par Morcelli et par M. d'Orelli de Zurich (3). Mais toutes ces éditions de la table du palais Maffei contiennent des erreurs et des contradictions nombreuses que l'on ne peut plus corriger d'après l'original, et qui attestent que ce marbre a été trouvé dans un grand état de dégradation, de sorte que nous ne pouvons nous flatter de posséder une reproduction fidèle de cette pièce importante. Mais, outre les textes déjà cités, un savant éditeur des *Fastes* d'Ovide, M. Merkel a retrouvé et publié une copie de cette table, différente de toutes celles que nous avons énumérées, et d'une exactitude supérieure, comme on peut s'en convaincre par la critique de ce texte nouveau et sa comparaison avec les autres reproductions. Cette copie est de Vinand Pighius, et elle diffère de celle que Gruter avait publiée dans son recueil d'après le même érudit. Elle a été retrouvée dans les manuscrits de Pighius que possède aujourd'hui la bibliothèque royale de Berlin (4). Merkel prouve surabondamment que les Fastes de Maffei sont de l'époque d'Auguste, qu'ils représentent le calendrier romain tel qu'il fut constitué sous ce prince, devenu grand pontife. Il démontre avec la

(1) Censor., XXIV. — Macrobe, *loc. cit.* — Varron, *Ling. Lat.*, p. 44, l. 15 et suiv., accompagne l'énumération de ces mots de curieux détails sur leur origine, leur synonymie et leurs dérivés.
(2) Ideler, *Lehrbuch*, 261.
(3) Daunou, *Cours d'Études*, t. IV, p. 10. — Ov. *oper.*, t. VI, collect. Lemaire.

(1) Bianch., *De Cal. et Cycl. Cæs. Rom.*, 1703. — Merk., *De Obsc.*, p. XVI.
(2) Pighius, Sigonius, Arias Montanus l'ont vu et copié au seizième siècle. Voir dans Merk. l'histoire bibliographique de cette table, p. XVI.
(3) Morcel., *De styl. inscr. lat.*, p. 49. — Orell., *Inscr. Lat., amp. Collect.* Tur., 1828, t. II, p. 382.
(4) Ms. lat., fol. 96, avec ce titre : In fastos Romanorum pontificales Commentaria ex ordine et ductu tabulæ cujusdam marmoreæ antiquæ quæ hactenus Romæ servatur in ædibus Maffeorum, per Steph. Vinandum Pighium. Merk., *De Obsc.*, p. XVI.

même rigueur combien la copie inédite de Pighius est préférable à toutes celles qui ont été publiées par les érudits italiens (1). C'est donc avec ce monument qu'on peut reconstruire, avec le plus d'exactitude possible, l'année civile et religieuse des Romains au temps d'Auguste.

Les différentes espèces de jours, définies dans le poëme d'Ovide, sont ainsi représentées dans le calendrier Maffei :

F. Fasti.
N. Nefasti.
C. Comitiales.
NP. Nefasti parte.

Les jours funestes, *atri*, étaient désignés par la même lettre que les néfastes. La rubrique N dans les calendriers est donc capable de plusieurs sens. Dans son acception ordinaire le mot néfaste désigne la suspension de la justice, la vacance du tribunal; c'est le moment où l'homme, tout entier au culte des dieux, interrompt l'activité de la vie civile :

Per quem tria verba silentur.
Ov., *Fast.*, I. 47.

Mais tous les jours néfastes ne l'étaient pas au même titre. Aulu-Gelle avertit qu'il ne faut pas confondre avec les jours néfastes ceux qu'on appelle *religiosi*, confusion très-fréquente à Rome même, parmi la multitude et les ignorants (2). Non-seulement dans les jours *religiosi* la justice était interrompue, mais, dit Festus, on ne pouvait ni enrôler les soldats, ni rassembler les comices, ni prendre aucune mesure d'administration publique, si ce n'est dans le cas d'absolue nécessité (3). Ces jours religieux, qui étaient aussi les jours noirs (*atri*), étaient les jours des Férales en février, le temps des *Vestalia* en juin, les Lémurales jusqu'à l'ouverture du *Mundus*, les trente-six lendemains des kalendes, des nones et des ides, le jour de la défaite de l'Allia, et quelques autres jours signalés de même par une grande calamité publique. Dans les jours néfastes proprement dits, la société tout entière n'était pas comme paralysée par la religion ou la douleur ; mais le préteur ne siégeait pas et ne prononçait pas les trois paroles sacramentelles. Du reste, le nombre des jours *atri* et *religiosi*, multiplié autrefois par la superstition ou par d'anciens malheurs oubliés depuis, avait été considérablement diminué par Auguste, comme on le voit dans le calendrier de Maffei. La société, qui s'agrandissait de plus en plus, avait besoin de plus de temps pour ses affaires civiles, et elle en prenait aux dépens des dieux. Des anciens jours noirs ou religieux il n'y eut que ceux où s'accomplissaient des cérémonies d'expiation et de purification qui conservèrent la marque N dans le calendrier d'Auguste. On y voit aussi que la qualité de néfaste simple est enlevée à presque tous les jours consacrés aux jeux publics, excepté aux Mégalésies, aux Céréales et à la moitié des Apollinaires.

On trouve quelquefois dans le calendrier du palais Maffei, ainsi que dans les tables d'Amiterne, de Préneste, du Pincius, dont il nous est parvenu des fragments, une indication dont Ovide ne rend pas compte (1). Elle est représentée par les deux lettres EN. Verrius Flaccus en donnait la définition dans un passage mutilé de son commentaire sur la table de Préneste (2), auquel le texte de Varron supplée d'une manière satisfaisante (3). Ce sont les jours *intercisi*, dont le temps néfaste était interrompu par l'intervalle qui séparait l'immolation de la victime de l'offrande des entrailles, intervalle où la justice reprenait son cours. Le vers d'Ovide (*Fast.* I, 50)

Qui jam fastus erit mane nefastus erat

ne peut s'appliquer à cette espèce de jour, et désigne plutôt ceux que l'on voit marqués NP et NF dans un fragment inédit de calendrier, cité dans le manuscrit de Pighius (4). Presque toutes les féries

(1) Voy. cette longue discussion dans Merk., *De Obsc.*, p. xvi-xxxi.
(2) Aulu-Gell., *Noct. Att.*, IX, 9. Cf. dans Tite-Live, VI, 1, l'établissement des jours religieux après la retraite des Gaulois.
(3) Fest., p. 5, éd. Urs.

(1) Voy. Orelli, *Ins. Lat.*, t. II, p. 382 à 405.
(2) Orelli, *Ibid.*, t. II, p. 408.
(3) Varron, *Ling. Lat.*, p. 50, l. 16. Intercisi dies sunt per quos mane et vesperi est nefas, medio tempore inter hostiam cæsam et exta porrecta fas. Intercisus pour endotercisus. Voy. Orelli, t. II, p. 408.
(4) Merkel, *De Obsc.*, p. xxxv. On trouve

publiques portent cette note. Je suppose que ces jours avaient été autrefois entièrement néfastes, et que la seconde moitié en fut plus tard rendue aux affaires, par cette tendance de plus en plus croissante à restreindre le temps consacré aux choses religieuses.

Restent les lettres nondinales (1), dont la série de A à H est reproduite dans tous les calendriers romains d'un bout à l'autre de l'année :

Est quoque qui nono semper ab orbe redit.
Ov., *Fast.*, I, 54.

C'était l'usage des anciens Romains, propriétaires et agriculteurs, de donner sept jours aux travaux des champs et de venir à la ville *ad urbanas res* (2) seulement le huitième, qui était le jour des nondines. Malgré le changement survenu dans les mœurs, comme le remarque Varron, les nondines furent toujours le temps des marchés et le jour où les gens de la campagne affluaient dans la ville. Les calendriers continuèrent à les désigner par les huit premières lettres de l'alphabet (3). Selon Macrobe, on évitait que les nondines se rencontrassent avec le premier jour de l'année ou avec les nones, et les pontifes étaient chargés du soin d'empêcher cette coïncidence, regardée comme fâcheuse par la superstition et la politique (4). Ainsi, à Rome les nondines étaient nettement séparées des nones. Chez les Toscans les nones remplissaient l'office des nondines romaines ; elles revenaient tous les neuf jours ; les rois y siégeaient et donnaient leurs audiences publiques, on y traitait des transactions de toute espèce, et selon Niebuhr ces nones, au lieu d'être simplement un jour du mois, se trouvaient en rapport avec l'ensemble numérique des jours de l'année (1). Erycius Puteanus adapte la huitaine nondinale à l'ancienne année de dix mois, qui comprenait trente-huit nondines (2), et il rattache l'usage de cette ogdoade à une théorie pythagoricienne sur les nombres. Je préfère, sans hésiter, à ces hautes spéculations la simple assertion de Varron rapportée plus haut. On se passe volontiers de ces savants systèmes quand on trouve des explications toutes simples tirées de la pratique et des mœurs populaires. Gardons-nous aussi de confondre cette division du temps et du travail, usitée chez les Romains, avec la semaine que Philon le Juif, Josèphe, saint Clément d'Alexandrie, Eusèbe et Goguet parmi les modernes, ont prétendu retrouver chez toutes les nations, parce qu'ils regardaient comme prouvé que toutes avaient conservé le souvenir de la tradition de l'œuvre des six jours (3). Le chiffre de la période nondinale des Romains suffit pour réfuter cette assimilation systématique. Ni les Romains ni les Grecs n'ont fait usage de la semaine.

Bornons ici ces explications sur l'organisation du calendrier romain. L'étroite connexion qui unit la division du temps avec les institutions religieuses rendait cette étude préalable tout à fait nécessaire. Ces recherches n'auront pas été inutiles, puisqu'elles nous fourniront les moyens de fixer d'une manière claire et solide le moment des fêtes dans le cours de l'année.

FORMATION ET DÉVELOPPEMENT HISTORIQUE DE LA RELIGION DES ROMAINS.

Depuis que l'étude de l'antiquité exerce la curiosité des esprits, et que les savants interrogent laborieusement les monuments du passé pour arriver à le reconstruire et à le comprendre, on a écrit bien des traités sur la religion des

---

Nep. dans un passage mutilé de Festus, que Müller a restitué, p. 165, l. 17.

(1) Macrobe, *Sat.*, I, 16. L'institution des nondines est attribuée par les antiquaires romains soit à Romulus, soit à Servius Tullius, soit aux premiers consuls.

(2) Varr., *De Re Rust.*, l. II, p. 56, l. 25.

(3) Bianchini s'efforce de démontrer que ces lettres représentent une période de huit années ordinaires réglée par Sosigène, au temps de la réforme de Jules César. C'est aller chercher bien loin une vaine hypothèse, quand la réalité se présente d'elle-même. Orelli, *Inscr. Lat.*, t. II, p. 406.

(4) Macrobe, *Sat.*, I, 13. — Dion Cass., 48, 33.

(1) Macrobe, *Sat.*, I, 15. — Nieb., t. I, 389; trad. Golb.

(2) Daunou, t. III, p. 90. — *Traité sur les Nondines* de Henri Dupuy, Van Putte.

(3) Daunou, t. III, p. 65. — Goguet, *de l'Or. des Lois*, t. I.

Romains. Tous les éléments dont elle se composait ont été explorés avec soin, et cent fois exposés dans maint ouvrage sur ses parties ou sur son ensemble. Il ne reste plus, je pense, de texte inconnu à citer, et peu de documents d'autre genre à produire sur ces nombreuses classifications d'êtres surhumains, Génies, Démons, Mânes, Lémures, Lares, Larves, Pénates, Indigètes, dont les Romains avaient peuplé leur Olympe, rien de nouveau sur la science des signes divins qui se manifestaient dans les phénomènes naturels, rien sur l'organisation du sacerdoce, sur la vie religieuse, sur les traditions et les légendes, rien sur les dieux de tout ordre, de tout attribut, ni sur les fêtes, les sacrifices, les temples, par lesquels Rome témoignait à ses dieux sa vénération. Ce n'est donc que par une disposition différente que l'on peut construire un édifice nouveau avec ces matériaux antiques remués et tourmentés par tant de mains. En essayant de remonter aux sources d'où la religion romaine est sortie, en travaillant à distinguer les époques de sa formation et à en faire une exposition historique, j'emploie une méthode non encore usitée dans les recherches qui ont été faites sur ce point d'antiquité. Dans de savants livres consacrés à ce sujet les temps sont généralement confondus, les idées des diverses époques mêlées entre elles, et tout y est présenté sur le même plan. Cependant il y a dans l'histoire des idées religieuses d'un peuple qui a vécu de longs siècles des perspectives à découvrir et à signaler, un ordre de succession et de génération à déterminer à l'aide des traditions mythologiques et historiques et par l'étude des procédés naturels de l'esprit humain dans la formation de l'idée de Dieu. Aujourd'hui que la méthode historique est introduite dans toute espèce de recherches, que l'on veut savoir non-seulement où en est parvenue la science de l'humanité, mais comment chaque notion a été engendrée et acquise, il n'est pas sans intérêt de considérer de ce point de vue l'histoire d'une des religions de l'antiquité.

Ainsi donc il ne nous suffira pas de traiter en général de la nature des dieux, de l'organisation du sacerdoce, des formalités, des cérémonies du culte; nous voulons encore, s'il est possible, exposer l'histoire des institutions religieuses des Romains, et esquisser les traits principaux de l'origine, du développement et de la décadence de leur religion.

La population romaine s'est formée par la réunion successive de presque tous les peuples de l'Italie. Chacun d'eux apporta dans la nouvelle cité quelque chose de ses mœurs, de ses habitudes, de ses croyances religieuses. Tous donnèrent et reçurent à la fois, et de ce mélange se composa une société différente de toutes celles dont elle sortait, qui sut rester originale et dominante. Or, il est facile de suivre la trace de ce développement historique dans les légendes et traditions religieuses conservées par les anciens, et surtout dans le poëme des *Fastes* d'Ovide. Sans prendre à la lettre tous ces récits poétiques, et admettre comme des faits authentiques les voyages et les généalogies de ces personnages divins, je pense qu'on peut y trouver un fonds de vérité assez sûr pour en faire la base d'une exposition historique de la religion romaine. J'y vois l'indication d'un état de choses antérieur à la fondation de Rome, où figurent les noms de Janus, de Saturne, d'Évandre, d'Hercule, d'Énée, histoire merveilleuse, dont il faut bien tenir quelque compte, puisqu'elle renferme tout ce que nous pouvons connaître sur la condition des peuples de l'antique Latium. C'est l'époque où dominait la race pélasgique, dont la religion, déjà plus d'une fois modifiée et transformée, sans doute, était cependant assez développée et assez féconde pour contenir presque tous les types divins qui apparaîtront, sous d'autres formes, dans les temps postérieurs. Ensuite Rome est fondée, et la vie religieuse de cette société agricole, pastorale et guerrière, se constitue par la réunion simultanée ou successive des populations et des croyances du Latium, de la Sabine et de l'Étrurie; avec les rois le pontificat, l'augurat, les fêtes, les sacrifices sont déjà organisés. Mais de nouvelles fondations de temples et de fêtes, l'introduction des jeux du Cirque et de la scène, l'influence de la civilisation de la Grèce, qui s'est elle-même transformée, et qui de pélasgique qu'elle était est devenue le pays des Hellènes, font encore subir au culte et aux idées romaines des modifications considérables. Enfin, vers les derniers temps de la république, l'Orient commence à transmettre à l'Italie ses divinités sensuelles, ses fêtes désordonnées et bruyantes, ses prêtres dégradés. L'invasion des superstitions de l'Asie, favorisée par la corruption des mœurs, ne doit s'achever que sous le régime impérial, lorsque le caractère national de Rome et de l'Italie, affaibli par le mélange avec la masse énorme des peuples vaincus, cesse d'opposer une résistance efficace à des idées qui ne lui sont plus tout à fait étrangères. La république avait emprunté des dieux à l'Asie Mineure, mais pas au delà. Avec les empereurs originaires des provinces orientales les cultes de la Perse, de la Syrie, de l'Egypte sont introduits à Rome, qui devient alors le réceptacle de toutes les superstitions anciennes, et, on peut le dire au propre, le pandémonium du polythéisme. Mais dans le même temps la sublime doctrine du monothéisme, proclamée depuis si longtemps dans les livres de la loi juive, démontrée par les plus purs systèmes de la philosophie grecque, s'établissait aussi dans Rome en face de l'ennemi, pour disputer le monde aux idoles, par l'enseignement chrétien, qui devait accorder la croyance des peuples avec la raison des sages. Le triomphe définitif du christianisme, en transformant l'ancien état religieux de Rome et de l'Italie, marque le terme où nous devons borner cette étude. Nous nous arrêterons à la chute même du polythéisme romain, après en avoir reconnu l'origine et la constitution particulière, ouvrage du génie de la race pélasgique et des peuples purement italiens, ses modifications sous l'influence des idées helléniques, enfin son altération et sa ruine par l'invasion des religions orientales.

I.

EXAMEN DES TRADITIONS RELIGIEUSES ANTÉRIEURES A LA FONDATION DE ROME.

Ces traditions sont autant historiques que religieuses. Comme toutes les légendes, elles présentent une confusion continuelle du réel et de l'imaginaire, du naturel et du merveilleux. C'est avec ces légendes que nous avons raconté l'histoire du Latium avant la fondation de Rome. Nous ne reproduirons pas ici l'exposé rapide que nous avons présenté de ces traditions sur Janus, Saturne, Évandre, Carmenta, Hercule, Enée et tous les personnages moitié divins, moitié terrestres de la primitive histoire du Latium. Il nous suffira de renvoyer le lecteur à la première partie de cet ouvrage (1); mais comme ces récits intéressent tous la religion au plus haut degré, qu'ils nous donnent le fonds de la plus ancienne religion du Latium, ils vont devenir pour nous l'occasion d'un ample commentaire, dans lequel nous passerons en revue les personnages divins de ces légendes, pour en déterminer le caractère et la véritable nature.

JANUS. — Janus est évidemment le plus grand des dieux de l'antique Italie. Il conserva le privilége d'être invoqué dans toutes les prières, d'être fêté dans les premières cérémonies de l'année, quand Rome fut fondée et le calendrier romain définitivement établi. Ce dieu conserva toujours une physionomie originale; il résista mieux que tant d'autres à ces modifications que le temps apportait dans les noms et les caractères des dieux, et il échappa à l'influence des idées grecques. Aussi Ovide a pu dire (2) avec raison :

Nam tibi par nullum Græcia numen habet.

Sans doute la Grèce n'eut pas de Janus, ou si ce dieu y fut adoré dans le temps des Pelasges, dont il était le dieu suprême, il y fut complètement effacé par le Zeus, le Jupiter des siècles postérieurs. Mais peu importe la séparation de ces deux êtres célestes. Les idées qu'ils représentaient, les attributs dont on les avait doués étaient les mêmes. C'était pour l'un ou l'autre la direction du monde, l'empire suprême des choses, le temps, l'espace, l'air, le soleil, tout ce qu'il y a de grand dans l'univers. L'identité était telle que saint Augustin s'en indigne, et en tire bon parti contre le paganisme, qu'il combat (3).

(1) T. I, p. 39.
(2) *Fast.*, I, 90.
(3) *Civ. Dei*, VII, 10, 11.

et c'est un genre d'avantage dont il trouve plus d'une fois l'occasion; car les anciens ont à plaisir multiplié les représentations, sous diverses formes, les mêmes idées et des mêmes attributs. Il n'est pas difficile de les convaincre de double emploi et de redites inutiles. Au reste, il est probable que si Jupiter et Janus étaient distincts pour le vulgaire, ils étaient confondus (1) dans les théories sacerdotales, et particulièrement dans la doctrine des Étrusques.

Les notions, assez savantes, qui se rattachent à la conception du dieu Janus prouvent qu'elles avaient été élaborées par un ordre de prêtres et chez un peuple déjà avancés dans la civilisation. Les Étrusques avaient consigné dans leurs livres religieux une doctrine fort grave sur les dieux et sur le monde, dont les prêtres romains n'avaient accepté ou compris que quelques parties. On trouve dans un passage des *Questions naturelles* de Sénèque (2) les indications les plus étendues sur ce système. A la tête des douze dieux, dont six mâles et six féminins, que l'on appelait *consentes*, *complices*, et que l'on a assimilés avec raison aux Cabires de Samothrace (3), était le dieu Tina, Jupiter ou Janus. Ce dieu, régulateur et organisateur du monde, providence et arbitre de tous les êtres, joue un rôle important dans un système de cosmogonie qui présente des analogies frappantes avec les doctrines des Juifs, des Indous, des Perses et des Scandinaves (4). Suidas en indique les traits principaux : c'était une création de six mille ans, une production successive des différents êtres, dont le dernier était l'homme. Je sais qu'il ne reste aucune trace de ces notions dans les écrits des Romains, et qu'elles semblent avoir été entièrement oubliées dans leur religion. En faut-il conclure qu'elles sont des derniers temps du polythéisme, ou même les attribuer aux chrétiens, comme l'a fait le savant Heyne (1)? Suidas, écrivant au neuvième ou dixième siècle de l'ère chrétienne, aurait pu sans doute attribuer aux Étrusques une contrefaçon, faite par lui, de la cosmogonie de la Genèse; mais Ovide est à l'abri d'un pareil soupçon. Or, il représente Janus comme un demiurge. Ce dieu, quel qu'il fût,

Quisquis fuit ille deorum (2),

qui, dans les *Métamorphoses*, dispose, accorde et coordonne toutes les parties de la masse informe et inerte du chaos, c'est dans les *Fastes* le dieu Janus (3). Janus est d'abord le Chaos :

Me Chaos antiqui, nam res sum prisca, vocabant.

Les éléments se séparent, et le dieu prend une forme; il a deux visages pour rappeler l'ancienne confusion. Jusqu'ici Ovide ne fait aucune différence entre le dieu et le monde (4), et cette exposition de la naissance de l'univers est assez puérilement présentée, car rarement Ovide ennoblit les traditions qu'il rapporte; mais voici des idées qui sont d'un ordre plus élevé :

Quidquid ubique vides, cœlum, mare, nubila,
[terras,
Omnia sunt nostra clausa patentque manu.

Ces vers font entendre que le monde est sous la surveillance de Janus et qu'il est le gardien de l'univers. Il faut reconnaître dans ce passage l'exposition faiblement exprimée et mal comprise, il est vrai, d'un système de cosmogonie qui peut avoir appartenu à la plus haute antiquité. Mais si l'on dit qu'Ovide parut à la fin des temps du paganisme, et qu'il pouvait, profitant des

---

(1) Creuzer et Guigniaut, *Relig. de l'Ant.*, t. II, 1re part., p. 430. Voy. la note de M. Guigniaut, III, p. 431. Cf. Buttmann, *Mythologus*, p. 70.
(2) *Quæst. Nat.*, II, 45.
(3) Creuzer et Guigniaut, t. II, 1re part., p. 408.
(4) V. Suidas, S. V. Τυρρηνία. Mical., *Hist. gr. les R.*, c. XXVII, t. II, 241.

(1) Dans les *Mém. de l'Acad.* de Göttingue, VII, p. 35.
(2) *Met.*, I, 32.
(3) *Fast.*, I, 101.
(4) L'attribut de créateur est plus nettement donné à Janus par Marcus Messala, qui fut consul en 52, avant J.-C. et augure pendant cinquante-cinq ans, dans un curieux passage que cite Macrobe, *Sat.*, 1, l. IX. Ici Janus est véritablement cause du monde et séparé de la création. Mais cette autorité, quoique assez ancienne, ne peut remplacer ce qui est perdu pour toujours, l'opinion véritable des premiers temps sur Janus.

progrès accomplis par l'esprit humain, introduire dans ses chants des conceptions postérieures au temps où Janus régnait dans les croyances de l'Italie, il suffira, je pense, pour répondre, de renvoyer à Hésiode, qui huit siècles avant l'ère chrétienne montre dans sa *Théogonie* combien la pensée humaine avait déjà travaillé pour se rendre compte de l'origine du monde (1).

Dès que le spectacle de l'univers a été proposé à l'examen de l'homme, l'esprit, obéissant à sa loi propre et cherchant à satisfaire son besoin instinctif de connaître, s'est efforcé de pénétrer la nature des choses. Dans toutes les grandes familles de peuples il s'est formé des foyers d'instruction religieuse, d'où émanait la seule science possible de ces temps-là. Les prêtres se réunissaient autour d'un temple; ils proposaient à l'adoration du vulgaire des divinités dont ils enseignaient les noms, le culte et les attributs. Cependant, ils réservaient pour eux et un certain nombre d'adeptes quelques notions particulières, dont l'importance consistait surtout dans le mystère qui les enveloppait. C'était une doctrine secrète, avec laquelle ils imposaient à la multitude, qui révère toujours ce qui lui est inconnu. Toutefois, ce que les prêtres livraient au commun des hommes suffisait pour les mettre sous la dépendance du foyer principal des lumières religieuses et les y rattacher étroitement, sans gêner le développement de superstitions locales, qui se multiplièrent à l'infini, et qui l'emportèrent à la longue sur l'enseignement général. Il est constant que l'Asie occidentale, les îles de la mer Égée, la Grèce, l'Italie et d'autres contrées encore furent peuplées primitivement par la race des Pélasges. Les nombreuses nations répandues sur tous ces rivages avaient une commune origine, de même que les tribus de la Germanie ou celles de la Gaule, en apparence si diverses. C'était des sanctuaires pélasgiques de Dodone ou de Samothrace qu'était sorti le dieu Janus. L'Italie, plus fidèle que la Grèce à ses origines, ne l'oublia jamais, même

(1) *De la Théogonie d'Hésiode,* par M. Guigniaut. Voy. dans les *Relig. de l'Antiq.*, appendice du IIe vol., 2e partie, 1re section.

après que Jupiter eut hérité de l'empire céleste (1).

C'est en étendant son regard et en considérant à la fois la totalité des peuples pélasgiques, dont Janus était le dieu suprême, qu'on peut mesurer toute l'importance primitive de cette divinité, et donner l'explication la plus large et la plus vraisemblable de son origine. A ce point de vue nous sommes bien près de confondre Janus avec Jupiter, qui n'est que la même conception sous une autre figure, produite par l'imagination d'une autre époque ou de peuples différents. L'esprit se plaît à introduire par des rapprochements de ce genre une certaine unité dans la variété infinie des choses humaines. Il aime à chercher les analogies du fond sous les contrastes de la forme; car la science dont il se nourrit ne vit elle-même que de généralisation. Que si la conviction n'était pas suffisamment établie par les résultats de la critique historique, et ici le doute est bien permis, qu'on se rassure par des considérations d'un ordre plus élevé. Qu'importe en effet l'origine de Janus, et sa différence avec Jupiter, qu'importent les mille noms donnés aux mêmes êtres par tous les peuples de la terre, depuis l'Atlantique jusqu'à l'extrémité de l'Asie : il est toujours possible de saisir la loi générale qui a présidé à cette immense élaboration de l'idée de Dieu. C'est de voir l'homme, réduit à ses propres forces, cherchant partout à comprendre Dieu par le monde; le problème est le même chez tous les peuples; l'esprit, instrument de la solution, est le même aussi dans son fonds naturel. En faut-il davantage pour retrouver d'un bout de la terre à l'autre de perpétuelles analogies?

Mais pour rester plus près de Rome et du Latium, revenons aux doctrines des Étrusques sur la divinité suprême. Pour ce peuple Janus était le monde (2).

(1) Creuzer, t. II, 1re part., p. 431. Les auteurs grecs cités par Servius, *Æn.*, VIII, 357, Protarchon, Xénon, Dracon, Démophile, font de Janus un exilé de la Grèce, un premier Évandre, et le disent venu de la Perrhébie. Il y a quelque sens dans cette invention qui rattache Janus aux vieux Pélasges.

(2) Lyd., *De Mens.*, IV, 2. Rôth., 146.

ITALIE 349

les Étrusques appelaient le monde *Falandum*. Janus était *Pater Falacer* (1). Les Romains eurent un flamine du nom de Falacer. A Faléries Janus avait quatre faces, représentant, dit Servius, les quatre points cardinaux (2). Le Brahma des Indiens était aussi représenté avec la même image (3). A Rome, le Janus était plus souvent *Bifrons*, figure encore assez heureuse pour exprimer tant d'idées à deux faces (4) : le temps que Janus voyait dans le passé et l'avenir ; le mouvement, qui a toujours deux points extrêmes ; les limites de l'étendue, la borne des champs, le point de jonction de la terre et du ciel, tout cela dans le sens concret. Car l'adoration de ces dieux figurés prouve l'impuissance où l'homme était alors de dégager ses idées des sens et de la matière (5). Janus recevait de nombreux surnoms, dont chacun est une indication de sa nature, *Geminus*, *Junonius*, *Consivius*, *Paulcius*, *Clusivius* ou *Clusius*, *Quiri-*

nus, *Matutinus*. Quant au surnom de *Pater*, il n'était pas réservé exclusivement à Janus. Ce titre était donné ordinairement à beaucoup d'autres dieux, de même que presque toutes les déesses pouvaient être appelées du nom de mère (1) ; car il était impossible d'imaginer une divinité mâle ou femelle sans lui accorder à l'instant une force productrice, et, dans un sens plus ou moins étendu, l'attribut de la paternité. Seulement la valeur de ce mot, appliqué aux dieux, doit être appréciée d'après celle qu'il avait dans la famille. On sait ce qu'était le père dans la société romaine. Quand le Romain qualifiait ses dieux de l'épithète de père, il ne pouvait donner à ce mot l'expression compréhensive de tendresse et d'amour qu'il a dans la prière du chrétien. Ce nom, appliqué aux dieux, avait alors une acception fort vague, et le cœur y entrait pour bien peu de chose. Ainsi donc, comme toutes les idées religieuses des anciens tournaient en image, et tendaient à l'anthropomorphisme, chaque dieu, en qualité de père, était associé à une déesse qui était la mère, à l'imitation de la famille humaine ; ou bien, comme en Orient, les deux sexes étaient réunis dans le même être (2). Ainsi Janus avait pour compagne Jana, Djana, Dia ou Dea Jana, Diana (3), déesse préposée aux chemins, au mouvement du monde, confondue avec la lune comme Janus avec le soleil, et transformée plus tard par les poètes en la gracieuse et chaste déité de la nuit et des bois.

Quoiqu'il n'occupe pas dans les chants des poètes une place conforme à son importance première, Janus a cependant une histoire mythologique assez variée.

cite Varron, et dit que les Étrusques surnommaient Janus Ποπάνωνα, parce qu'ils lui offraient des gâteaux, πόπανα.

(1) Paul Diac. *Müller*, 88, 12. 91, 8. Varron, *Ling. Lat.*, V, 84 ; VII, 45.

(2) Serv. *Ad Æn.*, VII, 607 ; Saint Augustin, *Civ. Dei*, VII, 4 ; Macr., *Sat.*, I, 9.

(3) Creuz., t. I, l. I, p. 243. Les analogies entre Janus et le dieu indien sont assez nombreuses pour déterminer M. Creuzer à donner au dieu italien une origine asiatique. C'est, selon lui, un dieu éminemment oriental, qui pour s'être localisé et particularisé dans les cultes grecs et italiques, n'en a pas moins dans une foule de traits gardé la trace de son origine et de son caractère primitif. Voy. les notes de M. Guigniaut sur le livre V, sect. II, p. 1214. Pour d'autres critiques Janus est un dieu purement italien, soit étrusque, soit latin. C'était l'opinion des anciens. Il ne nous est pas encore bien démontré que les rapports de Janus avec le dieu suprême des Indous indiquent une importation de l'Asie ; il y a tant de raisons pour que des dieux se ressemblent.

(4) Eckhel, *Doctr. Num. Vet.*, t. V, p. 14, 216 et suiv. Lanzi, *Sagg.*, II, p. 94.

(5) Lydus, *de Mens.*, IV, 2. Janus est ἔφορος πάσης πράξεως, εἰ τοῦ παντὸς χρόνου. Le commencement de chaque entreprise lui était consacré. Hartung, *Rel. der Röm.*, t. II, p. 219 ; Hor., *Sat.* VI, 20. Ovid., *Fast.*, I, 125.

(1) Remarque de Marini sur ces mots IANO PATRI ARIETES II de la table xxxii des actes des frères Arvales. *Gli atti de' fratelli Arvali*. Roma, 1795, p. 366, t. II. Cf. les déesses mères, par l'abbé Banier. *Acad. des Inscr.*, t. VII, p. 34.

(2) Creuzer et Guigniaut, t. II, 1re part., p. 400.

(3) Macrobe, *Sat.*, I, 9 ; Varron, *Ling. Lat.*, 68 ; Cicér., *De Nat. Deor.*, II, 27. Ces auteurs donnent différentes explications du nom de Diane. Mais leur désaccord ne fait rien au sens général du mot. V. Zeiss. *Römisch. Alterthums-kunde*, p. 77.

Arnobe lui donne Juturne pour épouse; dans Ovide c'est Venilia. Il eut un fils appelé Fontus, dont l'autel était sur le Janicule (1), et dont le culte était confié à la famille plébéienne des Fonteius (2). Enfin Ovide, contredit en cela par saint Augustin, qui remarque que Janus n'a été le héros d'aucune aventure inconvenante (3), le compromet grandement dans le récit de ses amours avec Carna (4).

Cette anecdote, une des moins heureuses inventions d'Ovide, est tout à fait incompatible avec le caractère et les mœurs du dieu. Elle présente de plus la confusion grossière de Cardea, divinité d'ordre inférieur du genre de celles que les prêtres romains ont tant multipliées dans les *Indigitamenta* (5), et qu'ils préposaient aux gonds, avec Carna, déesse toute physiologique, à qui l'on consacrait les viscères du corps humain (6), et qui donnait la santé. Cette erreur nous avertit d'être en garde contre les fictions des poëtes, et nous met à l'aise avec plusieurs de leurs fantaisies de conteurs. Les poëtes anciens avaient en effet la liberté illimitée de tout dire sur les dieux. Ils variaient à plaisir leurs intrigues, leurs métamorphoses, leurs mésaventures; c'était le divertissement littéraire et le roman de ces temps-là, comme la légende, dans un ordre d'idées tout autrement pur, était le roman du moyen âge (7). Doit-on demander un sens sérieux à toutes ces fictions créées uniquement pour amuser et distraire? Je ne le crois pas, et les anciens s'étonneraient eux-mêmes des intentions graves qu'on leur prête quelquefois, quand ils ne songeaient qu'à se divertir par ces jeux d'imagination. Du reste,

(1) Arnob., *Adv. Gent.*, III, 29; Ov., *Mét.*, XIV, 333, 381; Cicer., *de Leg*, II, 22, 56.
(2) Creuzer et Guigniaut, t. II, 1re part., p. 446.
(3) *Civ. Dei*, VII, 4.
(4) *Fast.*, VI, 100-182.
(5) Saint Augustin, *Civ. Dei*, VII, 8. Cardeam cardini.
(6) Macrobe, *Sat.*, I, 12 : Vitalibus humanis. Hart., t. II, p. 228, établit nettement cette distinction.
(7) M. Guizot, *Hist. de la Civilisation en France*, XVIIe leçon; t. II, p. 175.

on peut apprendre ce qu'il faut en penser d'après l'usage qu'ils en ont fait souvent. Dans la grotte humide de Cyrène, la conteuse Clymène égaye ses compagnes par le récit des intrigues de l'Olympe:

Aque Chao densos divum numerabat amores (1).

Les filles de Minée abrégeaient leurs veilles avec les mêmes aventures, qu'elles commentaient d'une façon peu respectueuse (2). En lisant ces contes frivoles ne dirait-on pas des propos de jeunes filles réunies dans un ouvroir?

Le culte de Janus à Rome était fort simple, et se célébrait avec peu d'éclat. Le dieu n'avait plus la domination du ciel. Aux calendes de janvier (3) on lui offrait le *libum* composé de froment, de miel et d'huile, et les *farra*, gâteaux de seigle saupoudrés de sel. C'était le jour des étrennes (4). Nous avons conservé les étrennes (5), le dieu a disparu. *Entia non sunt multiplicanda præter necessitatem.* Mais les anciens ne connaissaient pas cette profonde maxime, dont l'application eût dissipé tout leur Olympe et ils n'auraient pu la comprendre. C'était à Janus qu'on offrait la victime des Agonales de janvier, quatre jours après les nones (6). Janus était le dieu Agonius; il présidait aux sacrifices (7). La victime s'appelait autrefois *agonia*. Celle des Agonales, offerte d'abord par

(1) Virg., *Géorg.*, IV, 347.
(2) Ovide, *Mét.*, l. IV, 53 et suiv. Dans d'autres auteurs l'incrédulité est plus impertinente. Voyez comme parle Pétrone des récits mythologiques et des dieux, *Satyr.*, c. XVII
(3) Ovide, *Fast.*, I, 127.
(4) Hart., t. II, p. 222; Fest. s. v. *Sirenam*, etc. Mül., p. 313-27. Il y avait un *lucus* de Strenia, dont on envoyait des rameaux comme présents de bon augure. Ce usage est rapporté à Tatius, ce qui en fait une coutume des Sabins. Symm. X, 28.
(5) Je vois dans Godescard, t. VII, p. 130 que saint Aunaire, évêque d'Auxerre, vers 570, assembla dans cette ville un synode où l'on dressa quarante-cinq statuts, dont l'un proscrivait les étrennes du premier jour de janvier. Cette coutume paraissait encore entachée de paganisme.
(6) Le calendrier Maffei marque les Agonales au même jour qu'Ovide: AGON.
(7) Festus, s. v. *Agonium*; Mül., 10, 5. Ovide, *Fast.*, l. I, 317-332, et Festus donnent de ce mot les mêmes étymologies.

ITALIE. 351

es rois, le fut plus tard par le roi des acrifices (1). La famille Aurelia, venue Rome de la Sabine, paraît avoir eu le oin du culte de Janus (2).

Ainsi, pour conclure sur ce sujet, Janus est le premier des dieux de l'antique talie (3). Chez les Romains il perdit de on importance primitive, mais il conerva encore de nombreux attributs et ne place considérable dans le calendrier. De tous les dieux italiens il est celui qui a e mieux conservé sa physionomie originale. Quant à l'interprétation qui fait n roi de ce dieu, c'est, dit Niebuhr, ne idée bien postérieure à ces vieux emps (4).

DIANE. — Si la tradition assigne pour éjour à Janus les collines des bords du Tibre, elle place Diane non loin de ce leuve, dans le site le plus ravissant du Latium. C'est au milieu du groupe du mont Albain, près du lac Nemorensis, que le mont Gentile sépare du lac d'Alano, et qu'un bois touffu entoure entore, c'est au milieu de la fraîcheur et du silence de cette délicieuse retraite que les abitants du Latium avaient placé le temple et le culte de Diane (5). Le temple que l'on appelait *Nemus* se trouvait à gauche quand on sortait d'Aricie, sur le bord supérieur du lac, qui est le cratère d'un volcan éteint et dont les eaux semblent dormir au fond d'une vaste coupe (6). On sent combien cette belle nature devait puissamment saisir et émouvoir l'esprit des hommes dans les premiers temps des sociétés, quand l'industrie n'avait pas encore dompté le monde, quand la science n'en avait pas encore dissipé les mystères. Le temple de Diane a tout à fait disparu ; la fontaine que l'on disait être la nymphe Égérie coule encore au pied du village de Nemi, limpide et intarissable (1). Ainsi l'aspect de ces lieux est toujours le même ; car la nature ne change pas, comme les idées et les sentiments de l'homme. Les générations passées ont compris autrement ce qui est encore aujourd'hui sous les yeux de celles qui les ont remplacées. Égérie n'est plus qu'un souvenir de savant. La déesse de Nemi et d'Aricie n'a plus de culte ; et qui se souvient de son prêtre Virbius (2) ?

Ce nom tout latin atteste une légende indigène, qui a été défigurée par la mythologie grecque. D'abord les poëtes grecs ont revendiqué la déesse elle-même. Ils ont dit que la Diane d'Aricie avait été transportée par Oreste du fond de la Tauride (3). Puis Hippolyte a été substitué à Virbius. Après avoir été ressuscité par Esculape, il ne voulut pas se réconcilier avec son père ; il alla habiter Aricie, où il consacra à Diane un sanctuaire dont le prêtre, dit Pausanias, n'était remplacé que par celui qui le tuait. Mais il n'y avait que les esclaves fugitifs qui prissent part a ces combats (4). Virgile et Ovide acceptent Hippolyte, sans se soucier de la légende locale. Mais nous trouvons dans Servius quelques traces de cette fable primitive (5). Virbius était un vieux roi d'Aricie, favori de Diane Nemorensis, qui après sa mort le ressuscita avec le secours de la nymphe Égérie. Telle est la donnée première qui a autorisé l'introduction de la fiction d'Hippolyte. Mais Virbius était un vieillard et Hippolyte un jeune homme ; peu importe : car c'est une difficulté pour la critique, dit Hartung, mais non pour la croyance (6). Les habitants d'Aricie accueillirent avec empressement cette fable célèbre chez les Grecs, et le culte de

---

(1) Varron, *Ling. Lat.*, p. 46, l. 13 ; éd. Dord.; Plut., *Quest. Rom.*, c. LXIII.; Fest. Müll., 318-29.

(2) Fest. s. v. *Aurel. Fam.* ; Müll., p. 23. Cf. Zeiss., p. 75, § 44.

(3) Hartung et Klausen réduisent trop l'importance de Janus. Il n'est pour eux que le dieu du commencement, de l'entrée et de la sortie. Ils se conforment trop à la lettre du culte dans les temps postérieurs. Tel est l'inconvénient de la méthode qui ne tient pas compte des transformations historiques. *Geschichte der Rel.*, t. II, p. 218-227. — *Æneas und die Penaten*, t. II, 710-717.

(4) Nieb., *Hist. Rom.*, t. I, p. 119.

(5) Nibby, *Anal. stor. top.*, t. II, p. 390.

(6) Strab., l. V, c. 3, p. 388, Tauchn.; Ov., *Fast.*, l. III, 361.

(1) Ovide, *Fast.*, III, 275 ; *Mét.*, XV, 550.

(2) Ovide, *Fast.*, VI, 748 ; *Mét.*, XV, 544.

(3) Servius, *Æn.*, VI, 136 ; Solin., I, 2.

(4) Pausan., II, 27, 4.

(5) *Æn.*, VII, 761, et Serv., *ibid.*, et VI, 136; Mical., *Ital. avant les Rom.*, c. XXII, t. II, p. 85, n. 2.

(6) Hart., *Rel. der Röm.*, II, 214.

la Diane Nemorensis dut en éprouver quelques modifications.

La mythologie a supposé de fréquentes associations de dieux et de déesses avec des créatures autrefois mortelles ; ainsi, la mère des dieux et Atys, Minerve et Érichthon, Vénus et Adonis, enfin Diane et Hippolyte ou Endymion en Grèce (1), ou Virbius dans le canton d'Aricie. En Grèce Diane Saronia avait un temple à l'endroit où l'on pensait qu'Hippolyte avait péri (2). Ce héros avait déjà élevé un autel à Trézène en l'honneur d'Artemis Lycea (3). A Hermione c'était Artemis Ἰφιγένεια qu'on adorait, et non loin d'elle était un asile de Cérès et un champ consacré à Clymènus ou Pluton (4), avec un marais appelé Acherusia. Tout cela s'accordait parfaitement avec l'asile, le bois, le lac d'Aricie, et Klausen pense que la fable d'Hippolyte a été apportée en Italie par des Trézéniens qui fondèrent Sybaris unis à des Achéens, et qui, chassés par ceux-ci, vinrent bâtir Pæstum, voisine de Naples et de Cumes, d'où toutes ces fables se répandirent dans le Latium (5). Mais a-t-il raison de représenter Diane Nemorensis comme une divinité souterraine, à cause de la résurrection d'Hippolyte ou de Virbius (6), lesquels ne sont dits nulle part avoir été rappelés à la vie par la puissance propre d'Égérie ou de Diane? Je sais qu'on trouve encore des arguments à l'appui de cette opinion dans le nom même de Manius, fondateur du culte de Nemorensis, selon Festus (7), et dans les rites qu'on y observait; mais les raisonnements de Klausen et surtout de Hartung me paraissent fondés sur un symbolisme hasardeux (1).

SATURNE. — Saturne demanderait aussi, pour être suffisamment expliqué, un bien long commentaire. Contentons-nous de rechercher la véritable nature de ce dieu avant toutes les altérations qu'elle a subies (2). Janus n'a jamais été un roi, et Saturne pas davantage. Cette croyance que les développements de l'anthropomorphisme accréditèrent dans les derniers siècles du paganisme, et qui fut appliquée à tous les dieux, prépara le succès de la doctrine destructive d'Évhémère, dont le progrès est le signe de la décadence des anciennes religions. Dieu, grossièrement compris et représenté sous des formes sensibles, va s'abaissant de plus en plus jusqu'au niveau de l'humanité et souvent plus bas. Cet excès d'absurdité devint du reste salutaire, en facilitant le triomphe d'un enseignement meilleur, et le polythéisme parvenu au terme de la déraison, céda la place à la religion chrétienne. Les Pères de l'Église battirent en brèche le paganisme en l'attaquant par le côté le plus faible, c'est-à-dire à l'endroit du système d'Évhémère. C'est le droit de la polémique (3). Ils prenaient les opinions de leurs adversaires telles qu'elles étaient de leur temps, et ils en avaient facilement raison. Les païens laissant de côté cette doctrine récente qui les affaiblissait au lieu de les fortifier, essayaient-ils de se retrancher derrière les explications physiques, le terrain n'était pas meilleur pour eux; le Pères les battaient sur tous les points.

Avant de prendre forme humaine, Saturne était pour les anciens habitants du Latium le dieu de l'agriculture, la personnification de la fécondité de la terre

---

(1) Servius, ad Æn., VII, 761.
(2) Pausan., II, 32.
(3) Pausan., II, 31, 4.
(4) Phot., Lex., p. 16, 5; Pors. Paus., II, 35, 10, ap. Merk., de Obsc., p. 212. Ainsi Oreste, Iphigénie, Hippolyte, sont groupés par diverses fables autour de Diane. Au temps des Antonins on lui donna à Rome un nouveau compagnon, le bel Antinoüs, comme l'atteste la curieuse inscription trouvée à Lanuvium, contenant les statuts de la confrérie du *Collegium salutare cultorum Dianæ et Antinoi*, dont le but était de veiller aux funérailles et aux tombeaux des membres de l'association.
(5) Klausen, Æn., t. II, p. 1163.
(6) Ibid., p. 169-956.
(7) Fest., *Müller*, 145, 17; Klausen, 956, not. 1920; Hart., t. II, 214.

---

(1) Ainsi, selon ce dernier, Manius représente les mânes; Virbius, de *viri-virus*, le vivants.
(2) Ov., *Fast.*, I, 234 et suiv. Cf. *Mythologus* von Phil. Buttmann. Berlin, 1829 p. 28.
(3) *Mém. de l'Académie des Inscr.*, quatre mémoires de l'abbé Foucher sur le système d'Évhémère, t. XXXIV, p. 435; t. XXXV p. 1.

Voilà sous quel aspect il apparaît dans la plus haute antiquité. Cependant ce dieu, né de l'expérience et des habitudes de la vie agricole, ne reste pas renfermé dans ces étroits attributs. Comme Janus il est aussi le Ciel (1); il est le premier des dieux; la déesse Ops, son épouse, est la Terre. Ce couple est placé par Varron à la tête des dieux du Latium. Mais n'avions-nous pas déjà Janus comme le premier des dieux ? n'aurons-nous pas bientôt Jupiter ? Où est le véritable maître parmi tous ces rois de la terre et du ciel ? Voilà comment argumentait saint Augustin. Mais nous, qui n'avons plus à réfuter le paganisme, essayons plutôt de le comprendre et de l'expliquer.

Tous les grands dieux des anciens naissaient de la conception produite sous forme concrète des puissances du ciel et de la terre. La différence des nations et des langages engendra les diverses figures et les termes variés qui exprimèrent ces conceptions, et donna une opposition apparente à ce qui dans le fond est tout à fait conforme. De sorte qu'on pourrait dire, pour parler comme la logique, que tous ces dieux sont réunis par le genre prochain et distingués seulement par la différence essentielle. A ne considérer que l'idée première, tous ces dieux se confondent; si l'on examine les noms, les formes, le culte, ils semblent autant de personnes distinctes. Au premier point de vue c'est une synthèse facile, au second une analyse infinie. Dans le genre, Janus et Saturne rentrent l'un dans l'autre, malgré leur diversité comme individus. Or, ce fut ainsi que raisonnèrent les païens quand, menacés par les progrès du christianisme, ils s'efforcèrent de revendiquer pour leur religion la conception de l'unité de dieu (2). Mais ils ne purent encore sortir de l'allégorie physique, et tout ce qu'ils vinrent à bout de démontrer, c'est que Janus, Saturne, Bacchus, Mars, Mercure, Esculape, Hercule, Hygie, Isis, Sérapis, Adonis, Attis, Osiris, Horus, Némésis, Pan, Jupiter et l'Adad des Assyriens, n'étaient tous que le dieu Soleil (1). Mais on sent combien ces théories sont raffinées. Elles n'ont pu présider à la formation des religions antiques, parce qu'elles supposent des observations nombreuses et variées, la comparaison des différents systèmes religieux et des notions générales qui sont le fruit d'un travail avancé de l'intelligence.

Dans les *Fastes* et les *Métamorphoses*, Ovide (2) répète les fables que les Grecs avaient imaginées sur leur Kronos, et les applique toutes au dieu Saturne. Ces emprunts sont postérieurs à la fondation de Rome. Au temps d'Ovide l'influence de la poésie grecque avait déjà défiguré les divinités latines, et on avait attribué à Saturne l'antique gloire et les malheurs de Kronos. Mais chez les anciens Italiens Saturne n'avait pas une histoire aussi brillante. Les Sabins, les Latins et d'autres peuples, à n'en pas douter, s'étaient donné ce dieu dès l'antiquité la plus reculée. Il portait le même nom dans la Sabine et le Latium (3), et la fondation des Saturnales remonte bien au delà des temps historiques.

On fait ordinairement dériver le mot

---

(1) Varron, *Ling. Lat.*, p. 17, lign. 3. Principes dei, Cœlum et Terra.... in Latio Saturnus et Ops. Varron permet encore de rattacher Saturne et Ops à la doctrine de Samothrace, source commune des croyances pélasgiques, en remarquant que les mystères de cette ile enseignaient que le Ciel et la Terre étaient les premiers des dieux.

(2) Bossuet, *Discours sur l'Hist. Univers.*, 11ᵉ part., ch. xxvi.

(1) Cf. Macr., *Sat.*, I, 17 à 23. J'ai gardé dans cette énumération l'ordre suivi par Macrobe. Il serait intéressant d'étudier comment les philosophes des premiers siècles de l'ère chrétienne essayèrent de ramener le polythéisme à la conception de l'unité de Dieu.

(2) *Fast.*, I, 233; VI, 19, 29, 280; *Métam.*, I, 113; Virg., *Æn.*, VIII, 319.

(3) Varron, *Ling. Lat.*, p. 20-35. « Nomina in utraque lingua habent radices; ut arbores quæ in confinio natæ, in utroque agro serpent. Potest enim esse Saturnus heic alia de caussa dictus atque in Sabineis. » Cette phrase ne manque pas de grâce; la comparaison qu'elle renferme est un des rares ornements que Varron ait daigné répandre dans son style. Varron avait aussi répété les fables grecques sur Saturne dévorant ses enfants. Saint Augustin, l. VII, c. xix. On peut y voir, si l'on veut, des allégories représentant les phénomènes de la végétation.

Saturne de *satur*, *a saturitate*, mais cette étymologie est insoutenable, prise au sens de la mythologie grecque. Il faut l'interpréter par quelques-uns des actes de l'industrie agricole. Saturne portait une faux. Il est appelé par Arnobe *pomorum detonsor*. Ailleurs, il préside à la greffe et à la tonte des arbres (1); aussi Merkel fait dériver Saturne de *sarpere* (2). Il appuie cette conjecture sur une explication très-subtile du nom de Lua, divinité que l'on peut regarder comme très-anciennement associée à Saturne (3), d'après les livres des pontifes, qui la lui donnaient pour épouse. Quoi qu'il en soit du sens de ce mot, il n'est peut-être qu'une épithète de la déesse Ops, envisagée sous un certain aspect. Saturne lui-même est désigné de mille façons différentes. On l'appelait aussi Stercus, Stercutius (4). Hartung n'hésite pas à regarder comme des qualifications du même dieu tous ces noms exprimant les forces et les moments divers de la végétation des plantes, ou les procédés de l'agriculture, noms que Varron et Servius avaient extraits des livres des prêtres ou *Indigitamenta* (5). Il pense que le dieu invoqué sous tant de titres par le pontife, dans la fête de Tellus et de Cérès, n'était autre que Saturne, dont on énumérait dans la prière toutes les qualités et tous les attributs (6).

(1) Pausan., VII, 23, 4; Arn., *Adv. Gent.*, VI. 12; Macr., *Sat.*, 1-7; Paul. Diac., 323, 9, Müll. Des manuscrits de Leipsick et de Berlin donnent Saturnus dans ce passage. Müller donne Sateurnus; Merkel voudrait Sarturnus.
(2) Merkel, *De Obsc.*, p 230.
(3) Aul. Gell., XIII, 22. « In iis scriptum est Luam Saturno, etc. » Merkel rapproche Lua de *lumecta, lumariæ falces*. (V. Varron, *Ling. Lat.*, p. 33, l. 35.) L'action d'émonder rappelle l'idée de carnage : aussi on consacrait ordinairement à Lua mater les dépouilles de l'ennemi. Tit.-Liv., VIII, 1; XLV, 33; Merkel, *De Obsc.*, p. 231; Hart., *Rel. der Röm.*, II, 130.
(4) Klausen, *Æn. und die Pen.*, t. II, p. 862, not. 1646.
(5) Hart., *Rel. der Röm.*, II, 129.
(6) Fab. Pict. dans Serv. *Georg.*, I, 21. Ce n'est qu'une conjecture; car ni Fabius ni Servius ne rapportent ces épithètes à Saturne. Cf. Ambrosch, *Uber die Religions Bücher der Röm.* Bonn, 1843, p. 21.

Rien n'est plus regrettable, dans le sujet qui nous occupe, que la perte de ces livres ou rituels appelés *Indigitamenta* dont il n'est resté qu'un petit nombre de fragments conservés surtout par les Pères de l'Église (1). Avec le secours de ces curieux inventaires, qui énuméraient plus de trente mille dieux et qui en indiquaient les fonctions et les fêtes, nous serait facile de connaître à fond l'organisation et l'esprit du vieux culte national des Romains. De plus ces livres devaient fidèlement représenter l'état de l'intelligence humaine à l'époque où ils furent composés. Car on peut considérer les *Indigitamenta* comme renfermant non-seulement toute la religion mais encore toute la science des anciens temps. La science et la religion sont nées ensemble avec les premiers développements de l'esprit humain, plus disposé dans son enfance à craindre et à adorer que capable de comprendre et de savoir. Tandis que la vraie science, en faisant connaître les lois et la cause divine de toute chose, peut seule s'allier à une religion éclairée et salutaire, la science incomplète des sociétés naissantes ne pouvait servir qu'à alimenter la superstition et à étendre son domaine. D'après les débris conservés des *Indigitamenta*, on voit à quels tristes et puérils résultats aboutissaient l'instruction et les connaissances des prêtres de l'Italie. Toute idée nouvelle, toute notion acquise par l'expérience venait se ranger parmi les faits religieux sous la forme concrète et vivante que le polythéisme donnait à tout. Que l'on groupe méthodiquement tous les petits dieux (*dii minuti*) des rituels romains, on retrouvera dans cette énumération, faite avec ordre (2), des conceptions élémentaires de presque toutes les sciences, un essai de classification des idées de l'esprit humain, une sorte d'encyclopédie dans l'enfance. L'observation des phénomènes de la vie physiologique des plantes et des êtres animés, de leur génération, de leur croissance, de leur conservation, produit

(1) Aug., *Civ. D.*, VI, 9; XVIII, 15, etc. Cf. le savant livre de M. Vict. Leclerc, *Des Journaux chez les Romains*, p. 137. Dans le Mémoire sur les annales des pontifes.
(2) Amb., *Religions-Bücher*, p. 11 et suiv.

cette nombreuse série de génies bizarres entre lesquels la tâche se distribue à l'infini. Le corps humain et ses organes, l'esprit et ses facultés, les qualités morales et les passions, les ouvrages de l'industrie humaine, les travaux de l'agriculture, toutes ces mille notions que nous rattachons aujourd'hui aux arts, aux métiers, aux sciences naturelles, à la psychologie, à la métaphysique, et que nous expliquons par des lois et les causes secondes, étaient expliquées alors par la supposition d'agents surnaturels et innombrables, dont plusieurs nous sont connus (1). Cette supposition ne fut pas dans l'origine un pur jeu d'esprit, mais une croyance générale et puissante, qui altérait et obscurcissait toutes les idées dès qu'elles se formaient dans l'intelligence. Ainsi la science et la religion des anciens Romains étaient inséparables l'une de l'autre, et la conservation entière de leurs *Indigitamenta* nous eût fourni de bien précieux renseignements sur tout ce qu'ils savaient et tout ce qu'ils croyaient.

Il n'est pas difficile de trouver la place du dieu Saturne dans cet élémentaire et vaste manuel de la science du temps. Saturne est le titre général du chapitre de l'agriculture. Les surnoms de *Vervactor, Reparator, Sator, Importitor, Obarator, Occator, Sarritor, Subruncinator, Nodotus, Lacturnus, Messor, Conditor, Promitor*, etc., en sont les subdivisions principales (2). Tel est donc le Saturne italien, la personnification de toutes les connaissances agricoles de l'époque primitive.

Ops. — Il est difficile de distinguer dans les auteurs anciens ce qui peut établir une différence bien tranchée entre les déesses qu'ils désignent par les noms de *Tellus, Terra, Magna Mater, Bona Dea, Mater Deum, Ops, Fauna, Fatua, Maia* (3). Ces mots se prennent souvent les uns pour les autres, et l'idée qu'ils représentent est au fond toujours la même : c'est le principe féminin de la fécondité, la force génératrice dont le siége est principalement la terre. En vain l'anthropomorphisme a-t-il compliqué l'histoire de cette idée en associant Ops, Terra, Tellus à Saturne, et Fauna, Fatua, Bona Dea au dieu Faune, en diversifiant les représentations et les attributs de ces types mythologiques, le fond est invariable et l'idée première est toujours la même. Les anciens avaient déjà reconnu cette permanence du fond sous la diversité de la forme. Varron, dans saint Augustin, assimile Magna Mater et Ops à Tellus et à Terra, et la preuve qu'il ne les distinguait pas, c'est que dans sa liste des dieux choisis, il ne nomme que Tellus (1). Macrobe dit que Maïa était désignée dans les livres des pontifes sous les noms de Bona Dea, de Fauna, Ops, Fatua (2). Aussi l'identité de tous ces types divins, admise déjà par les anciens, est certaine pour nous.

C'est que dans le polythéisme romain il n'y a en réalité que deux grands dieux : *Principes dei Cœlum et Terra*, dit Varron (3), et la plus haute doctrine de Samothrace n'enseignait pas autre chose. La terre et le ciel étaient pour les hommes les deux moitiés du grand tout qui est le monde; de là l'union d'Ops et de Saturne. La multitude ne considérait pas ce couple d'une manière abstraite et dans le sens métaphysique. Saturne était le dieu des semences, Ops était aussi surnommée *Consiva* (4). Adorée d'abord le VIII avant les calendes de septembre, Ops vit ensuite sa fête réunie à celle de Saturne, et, comme les Saturnales, les Opales se célébrèrent dès lors en décembre (5). Ops Consiva était le nom latin de la divinité tutélaire de Rome, nom qui devait être tenu

---

(1) Cf. saint Aug., *Cit. de D.*, V, 9; IV, 21, 8; VII, 2, 23; XVIII, 15; Arnob., *Adv. Gent.*, III, 23, 25; IV, 3, 7, 8, 9; Serv., *ad Georg.*, I, 315, 151; Aul. Gell., V, 12; Tert., *ad Nat.*, II, 11.
(2) Cf. Hart., II, 129.
(3) Ovide, *Fast.*, IV, 179.
Γαῖα πολλῶν ὀνομάτων μορφὴ μία.
    Æsch., *Prom.*, 210.

(1) Saint Aug., *Civ. D.*, VII, 23, 24, 28; VII, 2.
(2) Macrobe, *Sat.*, I, 12.
(3) *Ling. Lat.*, V, 57; Genès., c. 1, v. 1; In principio creavit Deus cœlum et terram. Il y a un abime entre le langage de Varron et celui de la Bible.
(4) Varron, *Ling. Lat*, VI, 21.
(5) Macrobe, *Sat.*, I, 10.

secret, ainsi que celui de la ville, pour que l'ennemi ne pût évoquer la divinité par ses conjurations (1). Cette déesse était la patrie elle-même, le sol sur lequel repose la cité avec les produits qu'il donne à ses habitants, c'était la terre et sa richesse, *Tellus*, *Ops*.

Cette terre, qui alimente dans son inépuisable fécondité, les nombreux enfants qu'elle porte, n'est-elle pas la bonne déesse par excellence, Bona, Fauna, car ces deux termes ont absolument le même sens (2) ? Ainsi Ops et Bona Dea sont la Terre, mère commune des hommes. Par analogie, les grandes déesses qui président à l'association humaine sous toutes ces formes, à la cité, à la famille, Junon, Vesta, celle qui assure la fertilité des moissons, Cérès, sont données par les poëtes comme filles d'Ops.

Ex Ope Junonem memorant Cereremque creatas
Semine Saturni (3) : tertia Vesta fuit.

Cependant sous les noms de Fauna, de Bona Dea, la majesté primitive d'Ops et de Tellus semble déchoir. Fauna devient ou la sœur, ou la femme, ou l'épouse de Faunus (4), Macrobe l'assimile à Maïa, et la fait épouse de Vulcain (5). Le flamine de ce dieu lui sacrifiait au 1er mai. Un rapport de ce genre dans le culte fait ordinairement supposer un mariage entre dieux et déesses. Le vrai motif de ce rapprochement de Vulcain et de Bona Dea, c'est que celle-ci était adorée dans le cas de tremblements de terre, et que le dieu du feu n'était pas étranger à ces agitations souterraines du sol (6). La Bonne Déesse avait un temple sur l'Aventin et une fête aux calendes de mai (1). Ce temple était interdit aux hommes, qui étaient aussi exclus de la fête secrète que les femmes célébraient en l'honneur de Bona Dea, dans la maison du préteur ou du consul (2).

PICUS ; FAUNUS. — La postérité de Saturne est assez bien imaginée, en ce sens qu'elle se compose de divinités indigènes comme lui, et unies à ce dieu par de nombreuses conformités. Cependant il entre dans la conception des types de Picus et de Faunus des éléments nouveaux, dont il importe de tenir compte. Chez les anciens chaque dieu, au rebours de la création, était fait à l'image de l'homme. C'était de son propre fonds et de la connaissance superficielle de la nature, que l'esprit humain tirait les vains fantômes qu'il appelait des dieux. Or, les adorateurs du père de l'agriculture, de Saturne, étaient à la fois laboureurs et bergers ; il leur fallait des dieux qui présidassent à ce genre de vie et à toutes les occupations qu'il comporte. Les Italiens en imaginèrent de plus d'une façon. Ils eurent, entre autres, Picus et Faunus, qui sont à Saturne ce que le pâturage est au labourage. Tout berger est devin, sorcier (3). Picus et Faunus sont très-savants dans la divination et la magie. Mais les pâtres aux temps barbares sont aussi des guerriers. Faunus et surtout Picus eurent donc des attributs belliqueux, qui les rapprochèrent beaucoup de Mars, de même que Mars leur ressemblait fort par d'autres côtés, secondaires chez lui,

---

(1) Macrobe, *Sat.*, III, 9.
(2) Dans les tables Eugubines on lit FONOS SEIS pour *propitius sis*. Les Éoliens disaient FONOS, d'où *bonus*. Lanzi, *Saggio*, III, p. 749; Creuz., *Rel. de l'Ant.*, t. II, 1re part., p. 447.
(3) Ovide, *Fast.*, VI, 270.
(4) Cf. Klaus., *Æn.*, 849, 852.
(5) *Sat.* I, 12.
(6) Lyd., IV, 52, p. 238 *de Mens. De Ost.*, c. xviii. Il est tout simple d'adorer la terre quand elle menace d'engloutir ses habitants. Mais faut-il pour cela faire dériver, comme Klausen, les noms de Fauna et Fatua de *fatiscere? Æneas und die Pen.*, t. II, p. 850.

(1) Ovide, *Fast.*, V, 148.
(2) Cette fête n'était pas celle du 1er mai. Plut., V, *de Ces.*, c. ix ; Cicér., *ad Att.*, I, 12; Hart., II, 195. Les Grecs l'appellent Ἡ Θεὸς γυναικεία. Voir sur son surnom de Dania, Hartung, t. II, 197; Klausen, II, 852, et Merkel, sur l'altération probable de Bona Dea par Satyra, *De Obsc.*, p. 204. Hartung considère surtout Bona Dea comme la déesse de la guérison, d'après le lait, le serpent, le myrte, usités dans les rites de ses sacrifices. Macr., *Sat.*, I, 12.
(3) On lit dans Voltaire cette même assertion, qui était vraie encore au dix-septième siècle. *Siècle de Louis XIV*, c. xxxi. Cette superstition n'a pas entièrement disparu de nos campagnes.

dominants chez eux. Dans les *Métamorphoses*, Ovide représente Picus comme le meilleur chasseur et le plus beau cavalier de l'Ausonie (1). Il aimait la nymphe Canente. Circé le vit, Circé l'aima; mais Picus resta fidèle à Canente, et Circé, furieuse de jalousie, le changea en pivert (2). Dans les *Fastes*, Picus révèle à Numa les conjurations secrètes qui peuvent attirer Jupiter (3).

La légende, le récit mythologique (μῦθος) n'est jamais autre chose que l'expression poétique d'un fait réel, positif, ou bien c'est une pure fantaisie, qui n'a pas la prétention de rien signifier. Dans le premier cas on ne pénètre le sens du mythe, on n'arrive au fait ou à l'idée vraie qu'en écartant le voile brillant qui les enveloppe. La fable de Picus n'a d'autre fondement que la disposition où l'homme ignorant a longtemps été et est encore à croire que certains oiseaux possèdent le don de révéler l'avenir. Le corbeau, la corneille, la pie et d'autres ont dû aussi je ne sais quelles allures particulières l'être considérés comme des oiseaux merveilleux; mais la superstition ne s'en est pas tenue là, et tous les oiseaux ont été regardés comme des messagers et des révélateurs de la volonté divine (4). Or, le pic était au nombre des plus mystérieux. C'était par lui que s'exprimaient les oracles de Mars. De plus, cet animal, ami et confident des dieux, était dieu lui-même, et quand le polythéisme en vint à cette phase qu'on appelle l'anthropomorphisme, on supposa que Picus comme tous les autres dieux, avait été homme sur la terre, et on fit de merveilleux récits sur sa métamorphose. Ceux qui pourraient croire encore que tous les dieux de l'antiquité sont des hommes divinisés, comme les anciens l'ont souvent dit, et comme les Pères de l'Église en étaient convaincus, comprendront ici le contraire, à moins qu'ils n'admettent que le pivert n'ait été réellement le roi Picus. C'est par le jeu de l'imagination que les légendes ont raconté que tous les animaux divins avaient été des hommes, de même qu'elles ont revêtu des attributs de l'espèce humaine tous les dieux nés de la connaissance des forces physiques et morales du monde. Autrement, il faudrait prendre à la lettre la métamorphose de Cycnus en cygne (1), celle de Cornix en corneille, celle de Nyctimène en hibou, celle de Clytie en héliotrope, et tant d'autres, ce qui serait absolument ridicule et absurde. La théorie des métamorphoses dut être fort anciennement répandue dans la Grèce et l'Italie, et se rattacher à celle de la métempsychose (2). Elle eut cela de bon qu'elle empêcha les peuples de se prosterner devant des animaux, comme faisaient les Égyptiens. Idole pour idole, je préfère encore, comme indice de goût et d'intelligence, les gracieuses et expressives statues de la Grèce au stupide bœuf Apis et aux divinités monstrueuses de l'Inde.

Faunus était un devin comme Picus, et Virgile nous montre Latinus consultant l'oracle de son père (3) dans les bois élevés d'Albunea. Les six derniers livres de l'Énéide sont remplis de la divinité de Picus et de Faunus. Tous deux appartiennent en propre à l'Italie, dit Ovide (4).

Romani numen uterque soli.

La tradition qui, d'après Cincius Alimentus et Cassius Hemina, fait venir Faunus de l'Arcadie par Évandre (5), n'altère en rien son originalité : elle ne fait que confirmer qu'il était primitivement un dieu pélasgique.

Sylvano fama est veteres sacrasse Pelasgos (6).

Sylvain est le même que Faune, que l'on peut identifier avec le Pan des Grecs. Et ici l'on voit par combien de conformités les idées de la Grèce et de l'Italie se rattachent entre elles, et comment la confusion de ces dieux était aisée. Aussi Ovide et Denys d'Halicarnasse disent

---

(1) *Mét.*, l. XIV, v. 320.
(2) Virg., *Æn.*, l. VII, 189; Plut., *Quest. Rom.*, 21.
(3) *Fast.*, III, 292.
(4) Ovide, *Fast.*, I, 446; VI, 765.

(1) *Mét.*, II, 367-569; IV, 256.
(2) *Mét.*, XV, 165.
(3) *Æn.*, VII, 81; Nibby, *Anal.*, t. III, p. 203. s. v. *Tibur*; Tert., *ad Nat.*, II, 9.
(4) *Fast.*, l. III, 292.
(5) Serv., *ad Georg.*, I, 10; *Fast.*, II, 277.
(6) Virg., *Æn.*, VIII, 600.

qu'Évandre apporta dans le Latium les divinités champêtres de l'Arcadie, et qu'il institua le culte de Pan (1). Faune et Pan ont tous deux la même physionomie : Ovide caractérise Faune par les épithètes de Bicornis, Cornipes, Pede duro, Semicaper, Lycæus, Mænalius (2); de sorte que Faune, *proprium numen* dans le principe, est devenu, par sa combinaison avec Pan, *numen commune*, pour me servir des termes employés par Varron dans sa classification des dieux (3). Faune est, comme Pan, l'auteur des premières terreurs paniques. Ces bruits étranges, qui épouvantent les pasteurs dans la solitude des bois, ne pouvaient être pour eux que la voix de ce dieu redoutable. C'est Faune qui, dans la bataille où périt le premier Brutus, effraya l'ennemi par un cri terrible (4). Dans Tite-Live c'est Sylvanus. On sait le stratagème de Pan, lieutenant de Bacchus. Rien n'est plus facile que de comprendre comment, avec les dispositions d'esprit des Grecs et des Romains, les faits les plus simples enfantaient ces bizarres imaginations. Que ne peuvent la crainte et l'ignorance? Pan protégeait les troupeaux contre les loups, mais il pouvait aussi donner aux hommes la figure de cet animal (5). Qui ne reconnaît ici la croyance aux loups-garous du moyen âge, croyance qui engendrait le mal véritable et qui faisait tomber dans la lycanthropie? C'est ici l'affaire des médecins (6). Ce qu'il y a de triste et d'humiliant pour l'espèce humaine, c'est qu'il ait fallu tant de siècles pour combattre et détruire ces folies consacrées d'abord par les religions. L'enseignement de la vérité a été le meilleur traitement de ces infirmités de l'esprit (7).

(1) Den. Hal., I, 31, 32, 33.
(2) *Fast.*, l. II, 265, 304, 359, 422; IV, 650, 663; V, 101.
(3) Serv., *ad Æn.*, VIII, 275; Tert., *ad Nat.*, II, 9.
(4) Den. Hal., V, 16; Tit.-Liv., II, 7; Polyen., *Strat.*, l. 1.
(5) Saint Augustin, *Cit. de D.*, XVIII, 17.
(6) Voir l'article de M. Littré, Les grandes Épidémies, *Revue des Deux Mondes*, 1834.
(7) Si Faunus Pici filius in jus agitabatur mente captus, curari cum magis quam consecrari oportebat Tert., *ad Nat.*, II, 9.

Le dieu des bois était aussi appelé Lupercus, nom qu'Hartung regarde comme un prédicat de Mars (1). Les Lupercales étaient célébrées en l'honneur de Faune. Comme générateur et fécondateur, Faune s'appelait Invus. Il avait un temple sous ce nom à Castrum Invi, au bord de la mer, entre Antium et Laurente (2). Remarquons que ces noms différents ne deviennent communs à un seul dieu que lorsque Rome réunit en elle toutes les croyances des peuples qu'elle fait entrer dans la cité. C'est la cause principale de cette riche synonymie.

Faune et Pan ne sont pas restés des individus; ils sont devenus des espèces (3). Les forêts furent peuplées de troupes sautillantes de Pans et de Faunes malicieux :

Panes et in venerem Satyrorum prona juventus (4).

Klausen a rassemblé tous les traits communs du Faune italien et du Pan des Grecs (5), et il conclut à leur identité; mais dans quelle proportion ce mélange a-t-il été fait, et à quelle époque? Ces choses-là ne peuvent s'apprécier ni se fixer dans le temps. « Comment, dit Niebuhr (6), mesurer les effets de l'élément pélasgique, qui chez les Romains, les Latins, les Étrusques, ouvrit un accès facile à la mythologie des Grecs, à leur religion, à leurs prédictions et à leurs oracles? Où retrouve-t-on la trace des fictions épiques et lyriques, imaginées dans les villes grecques de la côte d'Italie, plus ou moins éloignées de Rome, et pour lesquelles cette ville acquit de l'importance longtemps avant

(1) *Rel. der Röm.*, t. II, p.176.
(2) Près de Tor di San Lorenzo. Nibby, *Anal.*, t. I, p. 447; Serv., *ad Æn.*, VI, 775.
(3) Hart., t. II, p. 183 à 189.
(4) Ovide, *Fast.*, I, 397; Virg., *Georg.*, I, 11; Horace, *Od.* II, XVI, 4.
(5) Klaus. *Æn. und die Pen.*, p. 1141. Not. 2307. Cf. aussi p. 843, 845.
(6) Nieb., *Hist. Rom.*, t. I, p. 123. Cf. dans Creuzer et Guigniaut la distinction des Satyres et des Faunes., *Rel. de l'Ant.*, t. III, 1re part., p. 137. Voir les représentations de ces divinités dans Visconti, *Mus. Pio-Clem.*, t. III, p. 54, et dans Lanzi, *Vasi*, p. 98 et suiv.

que dans la Grèce primitive on s'aperçût de son existence? »

CARMENTA. — Laissons de côté Latinus (1), ancêtre éponyme des Latins, dont la divinité disparaît dans la religion romaine, et arrivons aux traditions relatives à Carmenta et à Évandre.

Par ses traits généraux, Carmenta pourra être identifiée avec toute divinité féminine qui prédira l'avenir, qui présidera aux enfantements, et qui connaîtra les secrets de l'art de guérir. Les déesses de cette espèce sont fort nombreuses; chaque peuple de l'Italie avait les siennes, de façon que les Carmentes et les Junons, comme les Faunes, ont été des genres aussi bien que des individus. Selon Servius, *Carmentis* était un vieux mot, employé pour *Vates* (2). C'était par les vers et le chant que s'exprimaient les prédictions. Carmenta était la déesse qui chante l'avenir. Comme Janus, comme le Temps, elle se dédoublait. Elle avait deux sœurs, deux autres Carmentes, Antevorta, Postvorta (3) ou Porrima, que l'on donnait aussi pour compagnes à Jupiter (4). Mais Antevorta et Postvorta désignaient encore autre chose que le futur et le passé. On les appliquait aux différentes postures où l'enfant peut se présenter au moment de la naissance (5). Assurément, c'était une vieille coutume à Rome de conjurer par des chants et des sacrifices le danger des enfantements extraordinaires. Tite-Live décrit les cérémonies accomplies pour expier la naissance d'un enfant monstrueux, à Sinuessa, en 202, et d'autres prodiges du même genre, remarqués à Privernum, à Lanuvium, en Sabine (6). Dans ces récits on voit l'étrange superstition des Romains en action, et l'on regrette de ne pouvoir citer en entier les deux passages de Tite-Live, où le génie des vieux temps est si religieusement conservé. A une époque de scepticisme et d'incrédulité Tite-Live avait compris, avec un sens admirable, que pour être vrai il devait parler avec respect des choses que les ancêtres avaient respectées. En accomplissant avec conscience ce devoir d'historien il a rendu ses récits plus fidèles et plus animés.

Les processions qu'on ordonnait dans ces fêtes expiatoires se rendaient au temple de Junon Regina en passant par la porte Carmentale (1). Comme l'avenir s'ouvre pour l'enfant dès le moment de sa naissance, il n'est pas étonnant de voir Carmenta assister, comme nos fées du moyen âge, aux travaux de l'enfantement. L'homme a plus de curiosité pour le lendemain que pour le présent, qu'il possède. Aussi comme l'enfant a devant lui tout l'avenir, le père s'en inquiète aussitôt, et le temps n'est pas loin encore où l'on tirait l'horoscope de tous les nouveaux nés ; vaine recherche, qui trouble plus qu'elle n'éclaire, et qui atteste à la fois la faiblesse et la témérité de l'esprit humain (2). Ovide est fidèle au caractère de Carmenta, en lui faisant prédire la grandeur de l'empire Romain, qui doit naître sur le Palatin, où la prophétesse s'établit avec son fils (3). Remarquons aussi qu'il assujettit sa fiction à l'usage de son temps, quand il fait débarquer Carmenta au marais de Térente (4), car le mythe, la fable poétique,

---

(1) Klaus., *Æn.*, t. II, p. 835-849.
(2) *Ad Æn.*, VIII, 339 ; Hart., *Rel. der Röm.*, II, 198 ; Klaus., t. II, 843 ; Strab., V, 5 ; Den. Hal., I, 31.
(3) Macrobe, *Sat.* I, VII. Divinitatis scilicet ptissimæ comites. Ovide, *Fast.*, I, 633.
(4) Sur un tombeau trouvé près des hermes d'Agrippa, devant l'église de Sainte-Marie in Monterona, est représenté le Jugement de Pâris, avec Jupiter siégeant entre les deux Carmentes du passé et de l'avenir. Ms. de Pighius, cité par Merkel, *de Obsc.*, p. 211.
(5) Aul. Gell., XVI, 16, d'après Varron.
(6) Tite-Live, XXVII, 37 ; XXXI, 12.

(1) Klausen, II, 884.
(2) Les Parques remplissaient le même rôle que Carmenta. Aul. Gell., III, 16. Cæsellius Vindex les appelait Nona, Decuma, Morta. Tertullien les appelle les Fata Scribunda, *de Anim.*, 39. Hart., II, 232.
(3) Ovide, *Fast.*, I, 530.
(4) Ce marais est placé par Festus dans le Champ de Mars, p. 351. Nardini le met à côté de la place Nicosia, laquelle est voisine de Ripetta, port de la partie supérieure de Rome. C'est là où aborda Pison revenant de Syrie, après la mort de Germanicus. Tac., *Ann.*, l. III, c IX. Il est tout simple qu'Ovide fasse aborder Carmenta au lieu destiné de son temps à cet usage. Du reste cette remarque n'a d'importance qu'autant qu'elle peut faire

loin d'expliquer la réalité, s'explique bien plutôt par elle. On aurait la clef de tous ces récits des poëtes si l'on savait à fond les idées et les coutumes des vieux temps.

Indépendamment des traditions, les rites des fêtes sont encore des indications précieuses sur la nature d'une divinité. On doit même leur accorder la préférence, car ils sont stables et indépendants du caprice de l'imagination qui travaillait à son gré les idées religieuses. Or, Carmenta était honorée par les femmes enceintes (1). Quant à l'histoire du Carpentum et des avortements qui ont causé l'établissement des Carmentales, c'est une fable ridicule, qui ne mérite pas qu'on s'y arrête. Les Carmentales se célébraient le 11 janvier. Les femmes qui allaient au temple ne devaient porter aucun vêtement fait avec la dépouille des animaux (2). Le prêtre invoquait Porrima et Postvorta, et Ovide avertit que ces prières étaient fort anciennes (3).

<small>Si quis amas veteres ritus, assiste precanti.</small>

Carmenta avait un temple sur la pente du Capitole, vers le Tibre, et deux autels auprès de la porte à laquelle on donne son nom, et qui était l'une des entrées de la première enceinte de la ville (4). Cette circonstance prouve que l'institution des fêtes de Carmenta doit être placée aux premiers temps de Rome, ou bien même avant sa fondation.

ÉVANDRE. — Les traditions, exprimant par des récits historiques les plus anciennes croyances religieuses, présentent comme contemporains Carmenta et Faunus, qui, par son assimilation avec Pan, serait venu aussi de l'Arcadie. Nous savons ce qu'il faut penser de ces origines. Évandre est fils de Carmenta, et également Arcadien, ce qui veut toujours dire antique et pélasge. Mais Évandre est à peine un dieu. Ovide ne le donne pas comme tel; cependant Denys d'Halicarnasse parle d'autels élevés à Évandre dans le voisinage de la Porta Trigemina (1), qui était entre l'Aventin et le Tibre, et il mentionne les sacrifices qu'on y faisait. Il ne peut pas attester la même chose sur Palante, fils d'Évandre. Si tous ces chapitres de Denys d'Halicarnasse pouvaient être de l'histoire, c'est-à-dire des faits réels, tout serait dit par ce qu'il y rapporte: mais il n'en est pas ainsi, et le champ reste ouvert aux conjectures. La tradition d'Évandre était déjà connue à Rome au sixième siècle de son existence. Le poëte Attius en avait parlé dans sa tragédie d'Atrée (2), ainsi que Polybe, cité par Denys d'Halicarnasse. Mais comment, du fond de l'Arcadie, cette tradition est-elle venue sur les bords du Tibre (3)? Niebuhr demande si, dans un pays rempli de villes sicules, c'est-à-dire pélasgiques, il ne pouvait pas, sur la colline où fut Rome, s'en trouver une du nom de Palatium, qui rappelât aux Grecs leur ville ménalienne. Assurément une rencontre de ce genre eût suffi pour établir la tradition dont il s'agit. Klausen cherche avec autant d'érudition que de sagacité la route que cette légende a dû suivre dans son émigration vers l'Italie. Voici le résultat de ses recherches: Évandre était révéré dans maintes villes de l'Arcadie et de l'Achaïe (4). Penthilus et les Éoliens, quittant l'Achaïe, ont pu emporter avec eux le culte d'Évandre en Asie Mineure, où ils fondèrent Cume. Cume d'Éolie fonda la Cume d'Italie, et, de proche en proche, par Aricie, peut-être, la tradition d'Évandre aura pénétré chez les Romains. Ou bien encore Catane reçut une colonie de Palantium d'Arcadie (5), et la tradition aura suivi cette voie. Du

---

<small>comprendre le procédé de la fiction mythologique. Les mieux faites sont celles qui se rapprochent le plus d'une idée, d'un sentiment, d'un usage.

(1) Ovide, Fast., I, 618.
(2) Creuzer et Guigniaut, Rel. de l'Ant., t. II, p. 442, 1re part., et les curieux éclaircissements de M. Guigniaut au t. III, p. 796.
(3) Fast., I, 631. Cette fête fut instituée ou plutôt renouvelée au temps de la prise de Fidènes par A. Servilius, en 431. Fait établi par Klausen, p. 884, d'après les Fastes de Préneste. Mais le motif qu'il donne à cette institution, p. 885, est insoutenable.
(4) Canina, Descr. di Roma, p. 182; Hart., t. II, p. 199.</small>

<small>(1) Den. Hal., I, 32; Strab., V, 3, 373, éd. de Tauch.
(2) Serv., ad. Æn., VIII, 130.
(3) Nieb., Hist. Rom., I, 122.
(4) Klaus., Æn. und die Penat., t. II, p. 1234, 1237, 1238.
(5) Idem, p. 1227.</small>

ITALIE.   361

reste, ces résultats sont bien incertains, et il est triste de s'être tant efforcé pour arriver à des assertions dont on doute. Bien souvent les érudits n'aboutissent qu'à constater savamment leur ignorance.

Quoi qu'il en soit, la tradition d'Évandre était solidement établie à Rome au siècle d'Auguste. Virgile l'a chantée au huitième livre de l'*Énéide*. Plus tard, Antonin le Pieux accorda de grandes immunités aux habitants de Palantium, par respect pour leur héros (1), ce qui ne prouve pas plus que les traités en faveur des habitants d'Ilion. Laissons donc en repos cette tradition inexplicable, et tirons seulement de toutes ces hypothèses une présomption de plus à l'appui de ce qui a été dit sur les étroites affinités des idées religieuses de l'Italie et de la Grèce.

HERCULE. — Parmi les civilisateurs que l'Italie doit à la Grèce, Hercule joue un rôle important. Selon Varron, c'est un dieu commun, comme Castor et Pollux, comme Liber (2). Mais le même auteur explique comment ce héros se retrouve partout : c'est qu'on donnait ce nom, dit-il, à tous ceux qui s'illustraient par des actions d'éclat, et il énumérait quarante-trois Hercules (3). Il y avait un Hercule dans chaque contrée de l'Italie, en Étrurie, en Corse, en Campanie (4), mais ils restèrent tous inconnus. Au contraire l'Hercule Tyrien avait rempli de ses exploits la Gaule et l'Espagne, comme l'Hercule Grec ; car les nations qui font au loin de grandes choses ont le privilège de s'approprier ce qu'il y a d'illustre chez les autres peuples, ou de leur imposer leur gloire ; aussi les Hercules italiens n'ont pas de nom, et l'Hercule Grec était connu de tout le monde ancien. Nous devons à Servius l'indication précieuse d'une légende locale, qui a dû faciliter l'introduction d'Hercule dans le Latium. Il parle d'un pasteur robuste, appelé Garanus, qui vainquit le brigand Cacus (1). Il ne doute point qu'on n'ait appliqué à Hercule, quand il vint de la Grèce en Italie, cette tradition indigène. Garanus était trop obscur, il était plus glorieux de s'approprier Hercule, et de le faire figurer dans les fables nationales. Car les poëtes romains ont fait bon marché de leurs propres antiquités, pour placer au berceau de leur histoire les brillantes fictions de la Grèce. Quant aux rites grecs (2) des fêtes d'Hercule, ils ne furent employés que plus tard, peut-être, comme le croit Niebuhr, au temps de la censure (3) d'Appius Claudius, en 314.

Virgile et Ovide ont chanté l'Hercule fils d'Amphitryon (4). C'est à sa victoire sur Cacus qu'ils rattachent l'institution des offrandes du triomphe et l'établissement du grand autel sur le forum Boarium, par où passaient toujours les pompes triomphales (5). Rien d'étonnant que ce héros ait été mêlé à l'origine des fêtes de la Victoire. Ses grandes actions en faisaient le patron de toutes les cérémonies de ce genre. Il devait aussi avoir sa part dans les offrandes ; on lui consacrait la dîme de tout butin (6). Les traditions relatives à Hercule sont fort étendues, car la matière était heureuse et prêtait beaucoup au développement : tous ces récits devaient être avidement accueillis des Romains ; ils les amusaient, les flattaient, s'adaptaient à leurs fêtes, et les modifiaient même quelquefois. Du reste, ce qui prouve combien leur composition était arbitraire, ce sont les nombreuses différences qu'on y trouve. Tantôt c'est Hercule qui épouse Lavinie, fille d'Évandre, tantôt c'est Énée ; ici c'est La-

(1) Pausan., VIII, 43, 44.
(2) Serv., ad Æn., VIII, 275.
(3) Id., VIII, 564. Tunc enim, sicut et Varro dicit, omnes qui fecerant fortiter Hercules vocabantur : licet eos primo XLIII enumeraverit.
(4) Ottfr. Müll., *die Etr.*, II, p. 279, not. 47 ; Strab., V, 2 ; Pausan., X, 17 ; Serv., ad Æn., VI, 107 ; VII, 662.

(1) Ad Æn., VIII, 203.
(2) Ἑλληνικοῖς νομίμοις. Den. Hal., I, 39.
(3) Nieb., *Hist. Rom.*, t. I, p. 123, 124.
(4) Ovide, *Fast.*, I, 543, 584.
(5) Ambrosch., *Forsch. über die Rel. der Röm.*, p. 78. Ce forum était à l'ouest du forum romain, sur le chemin qui de ce forum menait au grand cirque. Canina, *Descr.*, p. 180 ; Den. Hal., I, 39 ; Fest., Müll., 237, 24.
(6) Macrobe, *Sat.*, III, 6. Il donne, d'après Masurius Sabinius, une explication ingénieuse du surnom Hercule Victor.

tinus qui vole les bœufs d'Hercule à la place de Cacus (1); ailleurs Hercule est reçu, non plus par Évandre, mais par un Pinarius et un Cacius, qui dans cette version tient la place de Potitius. On essayait aussi de trouver dans les légendes l'explication du *sacrum gentilitium* des Pinariens et des Potitiens. Hartung a suffisamment traité ce sujet, mais avec la singulière préoccupation de faire de Garanus ou Recaranus, ce prototype d'Hercule dans le Latium, un surnom ou prédicat de Jupiter (2). Sans doute, à un certain point de vue, cela est soutenable. Si Recaranus est Hercule, Hercule Mars (3), tous deux le Soleil, ils sont également Jupiter. Rien n'est si facile, comme nous l'avons déjà dit, que de faire rentrer tous les personnages de la mythologie les uns dans les autres. Mais si les idées qui les engendrèrent se touchent par leur côté général, dans le détail les fêtes, les rites, les figures et les actions sont bien distincts.

MATUTA. — L'Hercule Thébain se rencontre sur les bords du Tibre, avec d'autres divinités nées du même sol que lui. La mythologie réunit encore Hercule, Carmenta et Évandre dans la légende d'Ino et de Mélicerte, qui deviennent en Italie Matuta et Portunus. Épouvantée par les fureurs d'Athamas, Ino s'était enfuie sur les bords du Tibre. Les nymphes ausoniennes, excitées par Junon, allaient la mettre en pièces dans le bois de Stimula, quand Hercule accourt et la délivre. Carmenta lui donne un asile, lui révèle l'avenir, conformément à son rôle habituel, et on consacre à Matuta la fête des Matralies. Des coutumes grecques avaient été introduites dans les fêtes de Matuta. C'en était assez pour suggérer aux poètes l'idée d'une rencontre de cette déesse romaine avec un dieu grec. Quoique violent contre les forts, Hercule est généreux et compatissant pour les faibles. C'est ainsi que son caractère est conçu, et il répond à tout ce que l'on peut imaginer de plus noble dans les temps à demi barbares. En Arcadie il protège et sauve l'enfant né de la fille d'Alcimédon (1); en Italie il défend Ino contre les fureurs des Ménades ausoniennes. Rien de plus vraisemblable, la fiction une fois admise.

L'idée dominante dans la légende de Matuta, c'est sinon la naissance, au moins l'éducation et la conservation de l'enfant. La fête des Matralies, qui se célébrait le 11 juin, trois jours avant les ides, appartenait tout entière aux femmes, comme les Carmentales. Dans celles-ci les courtisanes n'étaient pas admises; aux Matralies on excluait les servantes. Ces analogies réunissent étroitement Carmenta et Matuta, et expliquent pourquoi elles figurent dans les mêmes fables (2). Dans le culte de Mater Matuta, tout, excepté le nom de la déesse, était devenu grec. Mais le nom seul nous fait ressaisir l'originalité de Matuta, et l'on peut affirmer qu'elle est bien distincte de la déesse maritime appelée Leucothée, et que l'opinion qui l'associe à Portunus vient de la confusion d'idées postérieures. Quoi de plus facile que de tout altérer par la poésie dans une religion où les prêtres ne surveillaient que le maintien des cérémonies et l'accomplissement rigoureux du sacrifice. Ils n'écrivaient que des rituels. Peu leur importait le reste.

Il est malaisé de rétablir dans sa pureté primitive le caractère tant altéré de Matuta. Rien dans le culte romain n'autorise à en faire une déesse des mers, comme était Leucothée. Tout y rappelle plutôt le culte de Bacchus, dont les rites ont pu pénétrer dans la religion romaine au temps de ces furieuses Bacchanales que le sénat proscrivit avec tant de rigueur (3). Ni Satricum, ni Cora, où l'on sacrifiait à Mater Matuta, d'après Tite-Live et une inscription votive, n'étaient des villes maritimes (4). Cependant les critiques allemands sem-

---

(1) Nieb., *Hist. Rom.*, I, 126.
(2) Hart., *Rel. der Röm.*, II, 21, 32.
(3) Macrobe, *Sat.*, III, 12, prouve, d'après Varron, Octavius Herennius et Antonius Gnipho, que Mars et Hercule étaient le même dieu, et que Virgile a raison d'introduire les Saliens dans les fêtes d'Hercule.

(1) Pausan., VIII, 12; Hart., II, 243.
(2) Matuta, comme le remarque O. Müller (*die Etr.*, II, p. 55, not. 53), est prise par Pline et Strabon pour Εἰλείθυια.
(3) Tite-Live, XXXIX, 15.
(4) Tite-Live, VI, 33; Orell., *Inscr. Lat.*, t. I, p. 297, n° 1501.

lent s'accorder à représenter Matuta comme une divinité étrusque, adorée sur tout le littoral voisin de Rome. C'est l'opinion de Niebuhr (1), et il cite le temple de Pyrgi, dont la déesse est appelée Leucothée par plusieurs textes grecs. Müller et Klausen ne doutent pas que ce ne fut Matuta (2). Mais ce nom grec, qui nous embarrasse, pouvait être déjà donné à la déesse de Pyrgi, d'Agylla et d'autres villes étrusques, par les Grecs qui commerçaient avec elles, par les Phocéens, peut-être, qui adoraient Leucothée : ce qui n'empêchait pas que la déesse de Pyrgi ne fût en elle-même indigène et italienne. La déesse Cupra, la Junon des Étrusques, avait un temple dans toute ville étrusque. Elle doit nécessairement se retrouver dans les villes maritimes de cette contrée (3). Qui empêche que ce ne soit cette déesse de l'enfance, adorée à Rome sous le nom de Matuta ? L'étymologie n'y répugne pas. Matuta Mater signifie la Bonne Mère, car Festus explique ce mot par *manus*, synonyme de *bonus* (4). Le mot *cupra* devait avoir le même sens, s'il est permis de l'expliquer par le mot sabin *cyprum*, que Varron traduit par bon (5). Ces rapprochements ne sont pas stériles; ils nous font toucher du doigt les analogies et les différences des antiquités étrusques, sabines et romaines. Mais en même temps la fable qui fait naître Portunus de Matuta s'est évanouie.

(1) Nieb., *Röm. Gesch.*, t. II, p. 538 [allem.].
(2) Müller, *die Etr.*, II, p. 55 ; Klaus., II, p. 879.
(3) Elle est appelée Littorea Cupra par Silius Italicus, VIII, 433. O. Müller la confond avec la Junon du navire *Argo. Die Etr.*, 1, p. 169; Merkel, *de Obsc.*, p. 218.
(4) Fest., p. 158, 30, 161, 5 ; Lucr., V, 654.
(5) Varron, *Ling. Lat.*, V, 159. Vicus Cyprius a Cypro, quod ibi Sabini cives additi consederunt, qui a bono omine id appellarunt; *nam cyprum sabine bonum*. Merkel fait remarquer que Cornelius Cossus, en 198, dans une guerre contre les Insubres, voua un temple à Junon Sospita, lequel fut élevé, quatre ans après, à Junon Matuta. Matuta et Sospita étaient donc synonymes. Cela rentre parfaitement dans le sens de *manus*, bienfaisant. Voy. Tite-Live, XXXII, 30 ; XXXIV, 53.

Matuta reste une des bonnes déesses de l'Italie, une espèce de Junon, dont Hartung ne la distingue nullement (1).

Quant à Stimula et à son bois consacré, on comprend pourquoi Ovide les introduit dans sa fiction (2). Cette fable est empruntée aux légendes relatives à Bacchus. Stimula, qui fut une des divinités consignées dans les *Indigitamenta*, par l'observation psychologique des prêtres romains (3), remplace heureusement la Sémélé dans son égarement. Elle exprime avec vérité les emportements, les fureurs où entraînaient les excès des fêtes de Bacchus, que l'on célébrait, dit Tite-Live, dans le bois de Stimula (4).

PORTUNUS. — Plaçons maintenant en son vrai jour la physionomie du dieu Portunus. L'assimilation avec Palæmon et Mélicerte était accomplie du temps d'Ovide (5). Virgile oublie également le Portunus romain pour ne nommer que le dieu grec (6). Klausen affirme avec raison que ce point de vue est contraire à la conception primitive des Romains(7), dont il faut chercher les traces dans les auteurs nationaux. Les *Portunalia*, dit Varron, se célébraient en l'honneur de Portunus, au jour même où on lui éleva un temple sur le port du Tibre (8). C'était le 16 avant les calendes de septembre. Ailleurs il le représente comme président aux portes et aux ports (9). Dans un calendrier antique (10) Portunus a une fête commune avec Janus, et l'on voit la mention du dieu Janus-Portunus dans une inscription trouvée à Spolète (11). Dans la vieille langue la-

(1) Hart., *Rel. der Röm.*, t. II, p. 74.
(2) *Fast.*, VI, 497.
(3) Saint Augustin, *Cit. de D.*, IV, 11; VI, 9.
(4) XXXIX, 12.
(5) *Fast.*, VI, 537.
(6) *Georg.*, 1, 437; *Æn.*, V, 823. Cf. Arn., III, 23. Martianus Capella, I, 4, l'associe avec Jupiter et Dis à la place de Neptune. Ici, comme à l'ordinaire, saint Augustin se montre évhémérien déclaré. *Civ. D.*, XVIII, 14.
(7) Klaus., t. II, p. 878.
(8) Varron, *Ling. Lat.*, VI, 19.
(9) *Interp. Maii ad Æn.*, V, 241.
(10) *Fast. Capran.* ap. Orelli, *Inscr. Lat.*, t. II, p. 397.
(11) Orell., *Inscr. Lat.*, n° 1535. Un passage

tine le mot *portus* était employé avec le sens de *maison*, et Festus cité à l'appui de cette signification l'autorité de la loi des XII tables (1). Comme Janus, Portunus avait une clef pour attribut. C'est un Janus spécial, le gardien des ports, des stations maritimes et peut-être aussi des maisons. Ces considérations nous délivrent tout à fait de la fable grecque, et nous rendent ce dieu tel que les anciens Italiens l'avaient conçu (2).

ÉNÉE. — Dans ce Latium déjà peuplé de tant de personnages demi-grecs et demi-italiens, moitié hommes et moitié dieux, l'arrivée d'Énée ajoute encore aux nombreux éléments de cette histoire. Énée vient prendre sa place au milieu de Latinus, d'Évandre, de Carmenta, de Saturne, de Turnus et de tant d'autres personnages mythologiques. C'est une riche époque : jamais l'Italie n'a reçu tant de Grecs à la fois (3). Là se succèdent ou se rencontrent Alcide, Télégone, Tibur, Halesus, Anténor, Diomède, Ulysse, Énée, Solyme et tant d'autres. Car la fiction donnait à chaque ville un héros grec pour ancêtre ou pour civilisateur. Rome se fit la meilleure part, et s'attribua les plus célèbres, sinon directement, au moins par descendance (4).

Mais l'historien est peu disposé à se féliciter de l'abondance de ces récits, dans lesquels il ne peut reconnaître ce qui est l'objet constant de son étude, à savoir la vérité, la réalité. Il pense avec regret que la somme de vérités contenues dans ces fictions est presque inappréciable par suite de leur mélange avec l'erreur et la fiction. Que de fausses conclusions l'érudit le plus judicieux n'est-il pas exposé à produire à chaque pas sur ce terrain mobile et sans solidité? Les *Métamorphoses* d'Ovide ne peuvent tromper davantage. Là se trouve aussi l'histoire primitive de toute la Grèce dans chacune de ses contrées, dans toutes ses races de rois et de héros; la Béotie, l'Attique, l'Argolide, la Thessalie, l'Épire, l'Arcadie, y sont représentées tour à tour par les Labdacides, les Atrides, les Pélopides, les descendants de Danaüs, les Argonautes, Hercule et Thésée. Certes les noms ne manquent pas, ni les actions non plus. Mais tout cela n'a pas la vie véritable, qui fait la beauté de l'histoire et son utilité. Trompé par les dehors et l'apparence, on croit saisir des hommes, on ne touche que des ombres.

Toutefois, il n'est pas sans utilité de travailler à distinguer les faits douteux ou imaginaires des événements véritables. Or quand on a lu le savant ouvrage de Klausen sur Énée et les Pénates, on est complétement désabusé de l'espérance d'obtenir des résultats positifs et convaincants sur cette matière. Aucun voyage certain n'a été étudié avec une attention aussi minutieuse que les courses d'Énée à travers les mers de la Grèce et de l'Italie, sur les côtes de Samothrace, à OEnos, à Pydna, au mont Athos, à Cythère, dans le Péloponnèse, en Acarnanie, en Épire, chez les Chaoniens, en Daunie, en Sicile, et enfin dans le Latium (1). Et après toutes ces recherches on s'aperçoit que la vérité a été obscurcie au point qu'on ne sait pas sûrement si Énée a jamais voyagé. Mais peu importe : dans les traditions c'est l'histoire des idées et l'état des croyances plutôt que des faits qu'il faut chercher. Or, les Romains voulaient descendre des Troyens; ils opposaient la légende d'Énée à celle d'Ulysse, par laquelle les Grecs prétendaient faire de ce peuple une colonie de leur nation (2), et on ne doutait pas au temps d'Auguste que les Troyens ne fussent les ancêtres de Rome. Ovide touche de temps en temps à cette tradition, qui est le fonds de l'*Énéide*; il signale le départ de Troie, le séjour chez Didon (3), les guerres du Latium, la défaite de Mézence, la fon-

---

de Paul Diacre s'accorde avec toutes ces indications. Ed. Müll., 56, 5.

(1) Fest., 233, 28 : Portum in XII pro domo positum omnes fere consentiunt.

(2) Hart., *Rel. der Röm.*, t. II, p. 100.

(3) Ovide, *Fast.*, IV, 64.

(4) Il y avait des témoignages qui attribuaient la fondation de Rome à des fils d'Énée, d'Ulysse, d'Hercule (V. Den. Hal., I, 72; Plut., *Rom.*, I, 2), supprimant ainsi la longue distance admise par la tradition généralement reçue.

(1) Cf. *Æn. und die Pen.* Tout le IIIe livre, Æneas als Einwanderer.

(2) Nieb., *Hist. Rom.*, t. I, p. 259.

(3) Ovide, *Fast.*, III, 522, 863.

ation de Lavinium, et l'union des Latins et des Troyens.

VÉNUS. — Partout où Énée est conduit par les traditions, il porte avec lui les Pénates de sa patrie et le culte de la déesse dont il était descendu. Vénus, selon Ovide, vient dans le Latium à la suite d'Énée (1) : la généalogie flatteuse qui rattache la Gens Julia à Énée, et par conséquent à Vénus, a tourné au profit de cette déesse, en lui assurant une belle place dans les poëmes du siècle d'Auguste. Essayons, selon notre méthode, de rechercher l'origine de ces croyances, et de distinguer les conceptions primitives que les poëtes ont confondues avec les fictions étrangères.

Cincius et Varron (2) affirment que le nom de Vénus n'était connu des Romains, ni en latin, ni en grec, du temps des rois, qu'il n'y avait dans le mois d'avril ni fêtes ni sacrifices solennels en son honneur, et qu'elle n'était pas célébrée dans les anciens vers saliens comme le sont les autres grands dieux. Cependant cette déesse était adorée chez les Albains; et il est certain que les rites d'Albe avaient été transportés à Rome au temps de Tullus Hostilius, par les familles patriciennes de cette ville. César, dans l'oraison funèbre de sa grande-tante Julia, rappelle que les *Julii* descendent de Vénus, et son culte devait être commun à tous les *gentiles* de cette maison (3). Les Cluilius, les Cluentius, les Acilius, les Junius, les Memmius, les Geganius, les Sergius, les Nautius, les grand'Albe, prétendaient sortir de la noble lignée de Dardanus, et pouvaient aussi compter Vénus parmi leurs ancêtres (4). Une inscription trouvée à Zagarolo est dédiée à la Vénus de Gabies et d'Albe (1). Vénus avait chez les Albains, outre le culte particulier de la *gens Julia*, ses fêtes publiques (2), et c'est peut-être le sacerdoce général de cette déesse qui fut confié à Julius, fils d'Ascagne, lorsque la royauté revint à Sylvius, fils d'Énée et de Lavinia ; car le pouvoir politique passa, selon les traditions rapportées par Denys, au prince d'origine italienne ; mais le sacerdoce resta dans la branche issue du sang troyen. Il faut prendre pour ce qu'elles valent les prétentions d'une famille à faire remonter son origine jusqu'aux dieux : cette ambition prouve l'orgueil et la vanité des nobles races, et rien autre chose. Si les *Julii* avaient pu réussir à faire admettre le nom de Vénus à la tête de leur tableau généalogique, cela intéresse peu et n'explique nullement l'origine de la population romaine. Qu'Énée ait aussi, ou non, sa place dans cette liste d'ancêtres, c'est encore là un fait qui ne flatte que l'amour-propre d'une maison puissante. Si cette généalogie, que l'on ne peut discuter sans sourire, a quelque importance, c'est à cause de la grandeur où s'éleva la famille qui la revendiquait. Voilà pourquoi les poëtes d'Auguste en ont tant parlé; mais il est inutile de s'en occuper davantage.

Je reconnais qu'il est presque impossible de retrouver l'original romain, qui aura été défiguré par l'application des traits de l'Aphrodite des Grecs. Est-ce cette Venilia, déesse du vent et du flux de la mer, divinité née des eaux comme la Vénus des Grecs (3) et, selon Virgile, mère de Turnus, le rival d'Énée? Ou bien Vénus n'était-elle primitivement que cette déesse de la végétation des jardins, espèce de Flore primitive, mais restreinte à la protection des légumes (4)? Il est certain que Rome, avant

(1) *Fast.*, IV, 117.
(2) Cités par Macrobe, *Sat.*, I, 12. Klausen conjecture que les chants Saliens étaient pour patriciens, et qu'ils ne contenaient que les divinités des *Ramnes* et des *Titienses*. Aussi regarde-t-il Vénus et Anna Perenna comme deux divinités plébéiennes. *Æn. und die Pen.*, II, 732.
(3) Suet. *Cæs.*, 5. A Venere Julii, cujus gentis familia est nostra. Klausen, *Æn. und die Pen.*, t. II, p. 731, not. 1340; Nieb., *Hist. Rom.*, II, 15.
(4) Klausen, II, 969.

(1) Orelli, *Inscr. Lat.*, I, 281-1367. Cf. sur Zagarolo Nibby, *Analisi della Carta de' Dintorni di Roma*, t. III, p. 740.
(2) Den. Hal., I, 70.
(3) Serv., *ad Æn.*, X, 76. Cf. Klausen, II, 783, et les nombreuses citations de la note 1452.
(4) Paul. Diac., 58, 15, et la note d'Ott. Müller : Significat per Cererem panem, per Neptunum pisces, per Venerem olera. Varron,

d'admettre la Vénus étrangère à l'Italie, ne manquait pas de déesses produites par l'idée qui engendra aussi l'Aphrodite. Mais l'assertion de Cincius et de Varron, que cette déesse n'était pas connue des Romains au temps des rois, n'en reste pas moins certaine, à notre avis.

La véritable introduction de Vénus à Rome, il faut la chercher dans les temps historiques et en dehors des fables inventées sur l'origine de Rome. Ce fut sans doute des villes grecques et troyennes de la Sicile que Vénus vint à Rome, avec son entourage d'attributs et de fictions helléniques. Au temps de la première guerre Punique les Romains, qui se regardaient déjà comme issus de Troie, font alliance avec les Ségestains, chez lesquels la même croyance était aussi populaire (1). Peut-être l'emprunt du culte de Vénus avait-il précédé ces relations politiques qui favorisèrent si puissamment les progrès de la domination romaine en Sicile. Mais si l'on ne peut fixer la date précise de l'introduction de Vénus à Rome, on sait du moins où les Romains l'allèrent chercher. Ainsi, après la bataille du lac Trasimène, les livres sibyllins, dont les décrets, bien ou mal interprétés, produisirent sous la république tant de changements dans la religion primitive, ordonnèrent qu'on élevât un temple à Vénus Érycine et à l'Intelligence (2). Vénus devait servir à apaiser la colère du dieu Mars, et l'Intelligence pouvait donner de bonnes inspirations pour la défense nationale (3). Alors Vénus eut une place considérable dans le culte romain, et il lui arriva, comme à la plupart des autres dieux choisis (4), d'absorber en elle plusieurs divinités inférieures des anciens livres sacrés, qui en contenaient un si grand nombre; car il faut bien se garder de croire que l'antique religion romaine ait été simple, et plus voisine de l'unité qu'elle ne le fut après l'introduction du polythéisme grec. Les prêtres, au contraire, comme nous l'avons déjà remarqué, avaient transformé en dieux toutes leurs idées sur le monde et l'homme; et le culte de quelques divinités principales ne servit qu'à faire disparaître et oublier la foule de ces petits êtres divins, en les confondant avec les types supérieurs. De là aux efforts des philosophes et des théologiens païens pour tout réunir en un seul dieu, il n'y avait pas loin. Ce fut un progrès bien imparfait sans doute, mais qui préparait les esprits à recevoir une doctrine plus élevée et plus vraie.

C'est ainsi que l'ancienne déesse Murcia (1) devint la Vénus *Myrtea*, la Cloacina fut changée en Vénus *Cloacina*, la Diva Libentia devint Vénus *Libentina*, que l'on confondit avec Libitina à l'exemple des Grecs, qui avaient une Κυθήρα Πασιφάεσσα ou Περσεφάεσσα (2). Le surnom de Verticordia ne fut donné que plus tard à Vénus. Ovide, qui tient en réserve une histoire toute prête pour chaque institution, explique cette dernière épithète d'une manière peu vraisemblable que celle de Myrtea (3). La pudeur avait péri, dit-il, on éleva un temple à Vénus, qui la rappela dans le cœur des matrones. Du reste, les cérémonies accomplies par les femmes dans le temple de Verticordia, et décrites par Ovide (4), n'étaient point une fête publique, mais une dévotion particulière. César ajouta encore aux fondations faites en l'honneur de Vénus, en lui consacrant deux temples, où on l'invoquait sous les surnoms de *Victrix* et de *Genitrix*.

Ling. Lat., VI, 20, et *Re Rust.*, I. 1 : Veneri procuratio hortorum, etc.

(1) Cic., *Verr.*, IV, 33-72. Segesta est oppidum pervetus in Sicilia, quod ab Ænea fugiente a Troja atque in hæc loca veniente conditum esse demonstrant. Zonar., VIII, 9 ; Klausen, *Æneas*, II, 565.

(2) Klaus., I, 282 ; Tit.-Liv., XXII, 9 ; Plut., *Fab. Max.*, 4 ; Ov., *Fast.*, IV, 875.

(3) Merkel, *de Obscur.*, p. 245.

(4) Voy. Fragm. de Varron sur les *Dii Selecti* dans saint August., *Cit. de D.*, VII, 17, 2. Il en compte vingt. In quibus omnibus ferme viginti, duodecim sunt mares, octo feminæ.

(1) Saint Augustin, *Civ. D.*, IV, 16 ; Klaus., 733, not. 1343.

(2) Klausen, t. I, p. 499, et II, p. 752.

(3) Ovide, *Fast.*, IV, 142, 157. Valer Maxime, VIII, 15, 12, est plus précis. Hart., *Rel. der Röm.*, II, 152.

(4) Ovide, *Fast.*, IV, 133.

La table de Préneste contient, aux kalendes d'avril, quelques mots de commentaires sur la puissance de Vénus (1) vers la saison du printemps ; mais elle ne donne aucune indication de fête publique. Dans cette fête d'avril les femmes lavaient la statue de la déesse, et réparaient sa toilette, puis elles allaient offrir de l'encens à la Fortune virile,

Eo calida qui locus humet aqua (2).

On a pensé que ce vers désignait un temple de la Fortune virile, près des Lautules; mais il s'agit tout simplement des bains publics, où les femmes se rendaient après la toilette de la déesse. Les matrones allaient, dit Lydus, dans des bains réservés, construits à l'écart et dans un lieu tranquille. On les appelait Ματρωνίκια; les femmes du peuple se rendaient aux bains des hommes (3). Cet usage ne peut remonter à une haute antiquité, et ne contredit pas l'assertion de Cincius et de Varron.

LES VINALIA. — La légende attribue à Énée l'établissement des *Vinalia*, lorsque, dans la guerre avec Mézence, il consacra à Jupiter toutes les vignes du Latium. Au 23 avril, Ovide (4) réunit ensemble des sacrifices en l'honneur de Vénus et la cérémonie des Vinales, consacrée à Jupiter. En ce jour-là, dit-il, les courtisanes doivent offrir à Vénus de la menthe, des branches de myrte, des guirlandes de jonc et de roses, dans le temple d'Érycine, près la porte Colline. La fête est appelée Vinales parce que Énée voua alors à Jupiter la récolte des vendanges. Il y avait encore d'autres Vinales, le 14 avant les calendes de septembre. Les premières étaient fixées au temps de la floraison de la vigne ; les secondes, au temps de la récolte. La fête des *Meditrinalia*, en octobre, se rapportait encore aux vendanges. La consécration de la récolte à Jupiter est une espèce de *Ver sacrum* ; et Ovide

doit en avoir emprunté le récit au premier livre des *Origines* de Caton (1). Mais on comprend que des fêtes de ce genre s'expliquent assez d'elles-mêmes, sans aucune fiction poétique. Les Vinalia d'avril (2), les *Vinalia rustica* d'août (3), les *Meditrinalia* (4) d'octobre, formaient trois fêtes joyeuses, dont l'institution est aussi ancienne que la culture de la vigne. C'était à Jupiter qu'on offrait les prémices de la récolte, et la coupe contenant le *calpar* (5) ou vin nouveau, lequel ne pouvait être vendu qu'après cette libation. Varron s'applique à établir que les Vinales d'avril n'étaient consacrées qu'à Jupiter. Caton rapporte la prière qu'on adressait à Jupiter dans cette circonstance (6). Cependant Vénus pouvait n'être pas étrangère à cette fête. Elle présidait aussi à la végétation. Les *olitores*, les jardiniers célébraient en son honneur les *Vinalia rustica* (7). Enfin, Plutarque fait observer qu'aux *Vinalia* on versait, du temple de Vénus, une grande quantité de vin, et il regarde cette coutume comme une leçon de tempérance (8). Ainsi, les Vinales étaient des fêtes rustiques, fort anciennes sans doute. La consécration d'Énée est un embellissement de légende ; la confusion avec la fête de Vénus est bien postérieure à son institution, et dérive des analogies entre la fête et la déesse. Enfin, les calendriers ont tous des notes différentes pour ce jour, ce qui prouve que les prêtres eux-mêmes n'avaient plus d'opinion arrêtée sur la valeur de cette cérémonie.

ANNA PERENNA. — La fête d'Anna Perenna était une de ces réjouissances populaires où la gaieté se manifeste sans

---

(1) Ovide, *Ars Amat.*, I, 405, 406, fait allusion à l'importance des calendes de mars et d'avril pour les relations d'amour.
(2) Ovide, *Fast.*, IV, 145.
(3) Lyd. *de Mens.*, IV, 45, 218; IV, 24, 178; éd. Röth.
(4) *Fast.*, IV, 863, 900.

(1) Macrobe, *Sat.*, III, 5 ; Hart., II, 37 ; Klaus., 753.
(2) Varron, *Ling. Lat.*, VI, 16.
(3) Ibid., VI, 20.
(4) Ibid., 21.
(5) Fest., Müll., 65, 13.
(6) Cat., *R. R.*, 134.
(7) Varron mentionne la fête des *Olitores*, quoiqu'il ne tienne pas compte ordinairement des fêtes qui ne regardent pas tout le peuple. Ainsi il rejette après toutes les autres la fête du Septimontium. Feriæ non populi, sed montanorum modo, ut paganalia, qui sunt alicujus pagi. *Ling. Lat.*, VI, 24.
(8) Plutarque, *Quæst. Rom.*, 45.

contrainte, et il est singulier que le caprice de la légende ait associé le nom de cette déesse du plaisir et de la licence à celui du pieux Énée. Mais une ressemblance de nom suffit pour établir des rapprochements de ce genre, et cette ressemblance s'est rencontrée ici. Il était bien facile, en effet, de passer de cette Anna à la sœur de Didon, qui a sa place dans les aventures d'Énée (1). En réalité, Anna Perenna était une de ces divinités inventées en vue de la continuation du bien-être et de la durée des choses qui rendent la vie agréable (2). Sa fête, célébrée le 15 mars, aux ides de ce mois, s'accorde parfaitement avec le caractère donné à la déesse. On passait le Tibre; on se répandait dans la campagne; couchés sur l'herbe, abrités sous des tentes, les Romains mangeaient et buvaient en chantant. Des danses succédaient aux festins, et l'on revenait dans un état voisin de l'ivresse. Telle est la fête; quelle est la déesse? Selon Ovide, c'est Anna, sœur de Didon, réfugiée en Italie après la mort de sa sœur; c'est la Lune; c'est Thémis, ou la fille d'Inachus, ou une fille d'Atlas, ou la vieille Anna de Bovillæ, qui nourrit le peuple retiré sur le mont Sacré. Ainsi les réponses ne manquent pas, mais cette abondance même empêche la question d'être nettement résolue.

Pour bien comprendre la nature d'une divinité, il faut surtout considérer le culte qu'on lui rend, et les cérémonies de ses fêtes. La solennité d'Anna Perenna était tout entière consacrée au plaisir, et la signification de cette divinité paraît expliquée d'une manière satisfaisante par Macrobe, quand il dit qu'aux ides de mars on sacrifie à Anna Perenna pour obtenir de passer heureusement l'année et d'en voir plusieurs autres (3); ainsi que par Lydus, qui regarde cette fête comme instituée pour rendre l'année heureuse (4). Telle est l'idée générale et populaire attachée à la célébration de cette fête. Dans tou[t] cela on ne voit rien qui ait rapport à une divinité des eaux. Aussi toute l'érudition de Klausen ne peut me convaincr[e] qu'Anna Perenna appartienne à cett[e] classe de dieux (1). Klausen accommod[e] à son interprétation d'Anna Perenn[a] toutes les données poétiques d'Ovide, sans que rien l'embarrasse; qu'Ann[a] soit Thémis, la Lune, Io, elle n'en es[t] pas moins déesse des eaux. Il triomph[e] avec Anna épouse du Numicius, e[t] Anna de Bovillæ, qui est la même à se[s] yeux. Mais une fois que l'on admettai[t] qu'Anna était la sœur de Didon, et qu'on la rapprochait d'Énée, il devenai[t] nécessaire de la réunir au Numicius avec lequel Énée avait été confondu[.] C'est le développement naturel de la légende ainsi conçue; mais cette manière de la comprendre est contraire au caractère d'Anna Perenna. Qu'y a-t-il de commun entre cette personnification de l'année abondante et joyeuse, cett[e] femme indestructible (2) et inépuisable, et la nymphe du Numicius? Les autres raisonnements de Klausen ne supporteraient même pas l'examen, tant ils sont subtiles et faux.

Dans cette fête joyeuse on se livrait à tous ces excès qui soulevaient si justement l'indignation de saint Augustin (3); on y entendait des chansons obscènes; et Ovide explique cette licence par une scandaleuse histoire, où Anna Perenna joue un rôle honteux (4). La religion chez les Romains n'était que le reflet des mœurs publiques. Chaste et sévère d'abord, elle devint sensuelle et relâchée quand ce changement se fut accompli dans les cœurs. A la corruption que tout peuple qui se dégrade peut trouver en lui-même, les Romains ajoutèrent de funestes emprunts communiqués par les peuples abâtardis qu'ils soumettaient à leur empire. Klausen conjecture, cette fois heureusement, que les Romains introduisirent dans les fêtes de leur Anna

___

(1) Ovide, *Fast.*, III, 523, 696.
(2) Hartung, II, 227.
(3) Macrobe, *Sat.*, I, 12 : Eodem quoque mense et publice et privatim ad Annam Perennam sacrificatum itur, ut annare et perennare commode liceat.
(4) Lydus, IV, 36, p. 94. Roeth., ὑπὲρ τοῦ ὑγιεινὸν γενέσθαι τὸν ἐνιαυτόν.

(1) Klausen, *Æn.*, t. II, 717-728.
(2) Hartung, *Rel. der Röm.*, II, 230. Comme Petreia, à qui Hartung la compare.
(3) *Civ. Dei*, IV, 10.
(4) *Fast.*, III, 577. Voy. Mart., IV, 64, 16.

ITALIE. 369

les désordres qu'autorisaient celles de la Channa carthaginoise. La déesse céleste des Phéniciens, comme toute divinité qui représente les mouvements du cœur, et la force qui féconde, comme Vénus à Rome et en Grèce, avait deux manières d'être : l'une chaste et pure, l'autre corrompue et souillée. Didon et Channa, qui lui furent adjointes, répondirent chacune à l'un de ces deux caractères opposés (1). Tant que Carthage fut puissante en Sicile on respecta la mémoire de Didon, et ce fut sa sœur qui passait pour avoir été l'amante d'Énée (2). Or le culte de Channa déifiée doit se confondre avec celui de la Vénus carthaginoise (3), avec la Vesta phénicienne, pour laquelle, dit saint Augustin, les Phéniciens prostituaient leurs filles (4), et même avec Vénus Érycine, qui allait tous les ans, dit Élien, passer neuf jours à Carthage (5). Placée au centre de la Méditerranée, visitée par tous les peuples navigateurs, la Sicile, presque toujours assujettie à des colons étrangers, subit les superstitions de la Grèce, de la Phénicie, de Carthage (6), et les transmit aux Romains. Ce fut par elle que s'opéra le premier contact de Rome avec l'Orient. Dès le commencement de la république les Romains entretiennent des relations directes avec la Sicile (7), où ils ont pu voir ce qui se passait aux fêtes de la Channa punique, et apprendre à célébrer avec le même appareil de joie bruyante, et de plus en plus effrénée, les fêtes d'Anna, ou de l'année romaine (8).

LES FÉRALES. — La tradition qui rattache à l'histoire d'Énée les institutions les plus différentes nous amène maintenant à parler des Férales.

Est honor et tumulis; animas placate paternas (1).

Le culte des Mânes était fort simple; les mânes ne sont pas exigeants : ils ne veulent que le souvenir du cœur exprimé par de modestes offrandes, des couronnes, des fruits, quelques grains de sel, des gâteaux humectés de vin, placés dans des vases sur lesquels on jetait des violettes, et qu'on abandonnait aux bords des chemins. Les habitants du Latium virent Énée présenter ces offrandes au génie de son père, et ils imitèrent ce pieux exemple (2). C'est le procédé constant des légendes de faire venir les institutions d'un fait particulier connu de tous, mais qui, en réalité, ne peut être que la conséquence d'une pratique déjà consacrée par l'usage.

Je ne puis parler de cette partie de la religion romaine sans essayer de rendre compte de la doctrine généralement admise chez les Romains sur les Génies, Mânes, Larves, Lemures, Lares et Pénates, sortes de divinités qui peuplaient le ciel et les enfers, et dont la présence sur la terre, dans les villes, dans les demeures, auprès des hommes, était admise par tous, et formait un des éléments les plus considérables de la religion. Varron compte parmi les dieux choisis le Génie, *Genius* (3). Ici ce mot est pris dans un sens fort étendu : c'est le dieu qui préside à tout ce qui est engendré; ce serait le Créateur, si la force de ce terme n'était infirmée par l'énumération d'autres divinités dont la part diminue la sienne, et par l'emploi restreint qu'on en faisait le plus souvent. Employé dans cette signification générale, le Génie ne peut être que Jupiter, ou Saturne, ou Janus, ou tout autre dieu supérieur; et saint Augustin a démontré (4) surabon-

(1) Klausen, *Æn.*, t. I, p. 510.
(2) Cf. Serv., *ad Æn.*, V, 4; IV, 682, d'après Varron. Sane sciendum Varronem dicere Æneam ab Anna amatum. — Varro dicit non Didonem, sed Annam amore Æneæ, etc.
(3) Cf. Klaus., note 753 et la seconde planche des médailles.
(4) *Civ. D.*, IV, 10.
(5) Æl., *Var. Hist.*, I, 15.
(6) Cf. Wlad. Brunet, *Etabliss. des Grecs en Sicile*, 2ᵉ partie.
(7) Klausen, I, 487-506.
(8) Tite-Live, II, 34; Den. Hal., VII, 1.

(1) Ovide, *Fast.*, l. II, 531. Voy. la description des fêtes funèbres dans la lettre CIV de l'intéressant ouvrage de M. Dezobry, *Rome au siècle d'Auguste*, t. IV, p. 84.
(2) Virgile, *Æn.*, V, 58.
(3) Aug., *Civ. D.*, VII, 13, 2.
(4) *Civ. D.*, VII, 13; Hart., *Rel. der Röm.*, I, 82.

damment la synonymie de tous ces termes. Outre le Génius, Varron reconnaît les Génies, qu'il groupe, dans sa théologie naturelle, avec les Héros, les Lares, et qu'il place au-dessous des dieux célestes, dans les moyennes régions de l'air, là où se forment les orages et les tempêtes (1). On trouvait donc des génies à tous les degrés de la création. Rome avait emprunté à l'Étrurie (2) cette doctrine, qui était admise aussi à Samothrace, en Égypte, en Orient, et qui partout inspirait tour à tour de grandes pensées et des superstitions grossières.

L'intelligence, le mouvement, la vie résident en toute chose. Les anciens avaient senti que le monde est un être vivant, et ils appelaient Génie dans le plus chétif objet de la nature, comme dans son vaste ensemble, le principe vivifiant et fécondant qui anime et conserve, qui est la source même de l'existence. Mais quand on étudie les idées religieuses des anciens, il ne faut pas les dépouiller de l'immense poésie dont ils les avaient enveloppées. Ils animaient, ils personnifiaient cette âme universelle du monde et l'âme particulière de chaque chose. C'était un dédoublement général de tous les êtres, par lequel les anciens s'imaginaient atteindre et saisir en lui-même le principe de toute existence (3). Chaque dieu,

(1) *Civ. D.*, VII, 6.
(2) Ott. Müll., *die Etr.*, II, 89.
(3) IOVIS GENIO. Orelli, *Inscr. Lat.*, 2488, t. I, 432. GENIO ANTONINI AVGVSTI. *Atti de' frat. Arv.*, table xxxiv, etc. Nulle part la doctrine générale de l'âme du monde, du génie universel, n'est mieux exprimée que dans ces beaux vers de Virgile, *Georg.*, IV, 220 :

Esse apibus partem divinæ mentis, et haustus
Æthereos dixere : Deum namque ire per omnes
Terrasque tractusque maris cœlumque profondum.

Ces vers de Prudence reproduisent heureusement la croyance aux génies locaux :

Quanquam cur genium Romæ mihi fingitis unum
Cum portis, domibus, thermis, stabulis soleatis
Assignare suos genios, perque omnia membra
Urbis, perque locos geniorum millia multa
Fingere, ne propria vacet angulus ullus ab umbra.

Mart., VII, 1, per genium famæ. Serv., *Georg.*, 1, 302 : Genium autem dicebant antiqui naturalem deum uniuscujusque loci vel rei aut hominis.

chaque homme, chaque maison, chaque ville, avait son génie (1). Cette innombrable population, qui remplissait la terre et les cieux, se divisait en Lares et Pénates : les premiers tenant plus de la nature de l'homme, les seconds de la nature divine. Le génie survivait à la mort, car la mort n'est qu'une transformation; elle n'anéantit rien. Toute âme dégagée du corps devenait un dieu lare, ou, dans un sens plus général, un Lémure, selon la classification d'Apulée (2). De cette croyance, qui déifiait tous les morts, à l'apothéose des empereurs il n'y avait qu'un pas. Les Lémures devenaient des Lares bienfaisants et protecteurs, ou des Larves furieuses, selon la condition qu'ils subissaient dans l'autre vie. Mais, dans l'incertitude où l'on était du sort qui leur était réservé, on les désignait par la douce expression de *Dii manes*, les Dieux bons (3).

C'était en l'honneur des Mânes qu'on célébrait les *Feralia*, que la tradition attribuait à Énée, mais dont l'origine est aussi ancienne que la société elle-même (4). Les lois romaines réglaient

(1) Creuzer et Guigniaut, *Rel. de l'Ant.*, t. II, part. I, p. 410; Horace, *Epist.*, I, 144; II, 187.
(2) Creuzer, *ib.*, p. 417; Apul., *de Gen. Socrat.*
(3) Paul Diac., 122, 5. Et in carmine saliari *cerus manus* intelligitur creator bonus. On disait *manes* ou *mani*. Cf. id., p. 96, deorum manorum s. v. Genium. Hart., t. I, p. 43. Le chapitre des Lémures et des Mânes résume toute la doctrine populaire de la religion romaine sur les enfers et la vie future.
(4) Voyez dans Virgile, *Æn.*, V, 77, les Férales célébrées par Énée en l'honneur de son père Anchise. Un serpent vient goûter aux offrandes déposées sur le tombeau par Énée, et le héros ne sait s'il a vu le Génie tutélaire du lieu ou le génie familier de son père.

Incertus geniumne loci, famulumne parentis
Esse putet.

C'est que le serpent représentait à la fois ces deux choses. C'était un animal symbolique et sacré. Aussi, quand on voulait préserver un monument de toute espèce de souillure, on peignait des serpents sur la muraille. On voit encore aujourd'hui à Rome, au pied d'un pilastre des thermes de Titus, une peinture représentant deux serpents s'élevant au-dessus

le culte des dieux mânes (1). Les cérémonies par lesquelles on les honorait étaient expiatoires; elles faisaient partie de cette longue purification du mois de février, qui commençait par les Lupercales, et qui se terminait par les Férales, le 21 de ce mois (2). La cérémonie durait plusieurs jours; le dernier seul était appelé jour des Férales, parce que c'était celui où l'on offrait aux Mânes les présents destinés à les apaiser.

LES PÉNATES; LE PALLADIUM. — En montrant Énée en rapport avec Vénus, avec Anna Perenna, avec les Mânes, nous n'avons examiné les croyances qui associaient ce personnage avec ces parties du culte romain que pour les combattre et les détruire. Il nous reste encore à rendre compte de sa liaison avec les Pénates, et de la tradition qui lui attribue l'introduction en Italie du palladium de Troie, accepté par les Romains comme le talisman de leur cité. Rien ne peut subsister de cette prétendue histoire de la religion romaine, faite à plaisir par les prêtres ou par les poètes, admise sans examen par le peuple; mais en passant en revue cette histoire fictive nous touchons successivement à toutes les questions de notre sujet.

Ovide et Virgile racontent, conformément à la croyance admise de leur temps, qu'Énée sauva les Pénates de sa patrie et le palladium (3). L'idée des Pénates se rattachait à la doctrine générale des génies. Elle était admise par tous les peuples de la race pélasgique. Le centre de la maison, le foyer était un sanctuaire (*Penus*, *Penetralia*) (1). Là le père de famille exerçait les fonctions sacerdotales; là s'accomplissaient les mystères du culte domestique. Le feu était le symbole de cette divinité intérieure, et l'on regardait Vesta comme le plus grand des Pénates (2). La table autour de laquelle s'asseyait la famille était l'autel des Pénates, dont la présence invisible et continuelle dans la maison sanctifiait tous les actes de la vie domestique. L'État, la grande famille de tous les citoyens, avait aussi son foyer public, qui était le temple de Vesta (3), sanctuaire inaccessible, inviolable, contenant des gages précieux, que les yeux profanes ne devaient jamais voir. La protection des Pénates s'étendait à tout, à la cité comme à la maison, au peuple entier et à l'homme seul. C'était la source de toute sécurité, de tout bien-être (4). Le fonds de la religion romaine, qui reproduisait beaucoup mieux que celle des Grecs le culte pélasgique, est tout entier dans le culte des Pénates. Aussi les traditions rattachent les Pénates romains ou à Troie ou à Samothrace. En ce sens la croyance qui associe Énée aux Pénates, tout en restant une fiction pour nous, n'est pas une contre-vérité (5). L'étude des institutions religieuses des Romains prouve leur lien de parenté avec les anciens peuples de la Grèce et des îles de la Méditerranée. C'est en fixant son attention sur ce point que la critique moderne pourra arriver à quelques conclusions certaines sur l'ethnographie de l'antiquité. Cette science nouvelle, appliquée si heureusement à nos origines nationales et à celles de l'Angleterre, par deux

d'un trépied sacré et surmontés des douze grands dieux, avec cette inscription, que je reproduis telle qu'elle est :

DVODECI. DEOS ET DEANA ET IOVEM
OPTVMV. MAXIMV. HABEAT IRATOS
QVISQVIS HIC MIXERIT AVT CACARIT.

La même image se voit aussi à Pompéi, sur un mur, au coin de la rue dite *des Douze grands Dieux*. Cf. Jorio, *Plan de Pompéi*, p. 117. Rien n'explique mieux que ces représentations les vers suivants de Perse, dont elles sont un commentaire visible et palpable :

Hic iniquis, veto quisquam faxit oletum.
Pinge duos angues. PVERI, SACER EST LOCVS, EX-
[TRA MEJITE.
Sat, I, v, 112.

(1) Cicéron, *de Leg.*, II, 9.
(2) Ovide, *Fast.*, II, 567.
(3) Ovide, *Fast.*, VI, 434.

(1) Hartung, *Rel. der Röm.*, I, 72; Klaus., *Æn. und die Penat.*, II, 636.
(2) Klausen, II, 621. On trouvera dans ce livre tous les textes anciens.
(3) Hartung, *Rel. der Röm.*, I, 75.
(4) Denys d'Halicarnasse traduit en grec les différentes qualifications des pénates chez les Romains, qu'il appelle θεοὶ πατρῷοι, γενέθλιοι, κτήσιοι, μύχιοι, ἕρκιοι. I, 67.
(5) Servius, *ad Æn.*, III, 12. Les Samothraces étaient, ainsi que les habitants d'Ilion, reconnus comme parents du peuple romain. Cf. Nieb., *Hist. Rom.*, I, p. 267.

illustres historiens de nos jours, doit donner, quand elle sera mieux établie, la solution du problème historique de la civilisation ancienne, s'il est jamais possible de l'atteindre. A ce point de vue l'étude des religions est de la plus haute importance, car où trouver ailleurs que dans les religions tous les résultats de la pensée humaine (1) avant la naissance des sciences et de la philosophie.

La légende d'Énée est donc conforme aux conclusions de la critique, quoique celle-ci se plaise à en briser la forme et à en rejeter les ornements. Rome a reçu par Lavinium (2) et Albe le dépôt de l'antique foi des Pélasges, et les mêmes croyances avaient pénétré dans le reste de l'Italie par mille autres voies. Mais Rome étant devenue la cité dominante, tous les souvenirs étrangers à son origine se sont promptement effacés, et l'imagination des poètes n'a eu d'autre souci que de rattacher toutes les plus antiques légendes à l'histoire fictive de sa religion.

Les villes de l'antiquité ne se contentaient pas de posséder des Pénates, qui étaient comme leur âme religieuse; il leur fallait aussi des gages matériels d'une assistance supérieure, lesquels émanaient toujours d'une source divine, et dont la conservation garantissait l'existence de la communauté. A une époque où les hommes avaient des talismans, les États devaient avoir aussi les leurs. Rome en possédait sept, dont trois venaient d'Ilion : c'étaient le sceptre de Priam, le voile d'Ilionée et le Palladium (3). Les quatre autres étaient : l'aiguille de la Mère des dieux, le quadrige de Véies, les cendres d'Oreste, les *Ancilia*.

Il est difficile de se faire une idée nette et précise de ce que les Romains entendaient par leur Palladium, que personne ne devait voir, et qui eût perdu beaucoup de son importance s'il eût été entouré de moins de mystère (1). Ce gage sacré du salut de l'État, qui n'était sans doute dans le principe qu'une invention de la politique, fut ensuite confondu par l'opinion publique avec la statue de Pallas, tombée du ciel à Ilion sous le règne de Dardanus. C'était également du ciel que tomba l'*ancile*, dans la légende toute romaine qui se rapporte au règne de Numa. Ainsi l'origine de ces deux talismans est la même, car la crédulité des peuples n'est pas toujours très-variée dans ses inventions. La croyance de la transmission du Palladium de Troie à Rome est une conséquence de celle qui établissait l'origine troyenne des Romains. L'une et l'autre n'ont d'autre preuve que la conviction populaire, car on ne trouve nulle part aucune donnée certaine sur la translation du Palladium à Rome. Ovide place le Palladium tantôt dans le temple de Minerve, tantôt dans celui de Vesta (2). Il raconte comment Métellus se dévoua pour sauver ce gage fatal de Rome quand le temple de Vesta fut incendié (3). Ce dévouement du grand pontife Métellus montre quelle était l'autorité de cette croyance, puisqu'elle entraînait au sacrifice presque certain de sa vie l'un des plus éminents personnages de l'État. C'était une action belle et utile, car il est toujours louable de s'exposer à la mort pour une conviction profonde, et il est toujours bon d'empêcher la ruine des croyances salutaires qui entretiennent dans l'âme des peuples les sentiments patriotiques et religieux. Pour terminer sur ce point, le seul fait sur lequel tous les auteurs tombent d'accord, c'est que Rome possédait le Palladium. Peu importe le lieu où il était déposé, et le moyen de transmission, soit par Diomède, par Ulysse ou par Énée (4). Cependant la plupart des témoignages se déclarent

---

(1) Voy. l'article *Mythologie* de M. Guigniaut, dans l'*Encyclopédie des gens du monde*.
(2) Tacite, *Ann.*, XV, 41, place les pénates dans le temple de Vesta. Selon Denys, I, 67, leur temple était sur la colline Velia. On voit par la description de leurs statues qu'il ne parle que des Lares Præstides.
(3) Servius, *ad Æn.*, VII, 188. Cf. Dissertation de Franc. Cancellieri : *Le Sette cose fatali di Roma antica*. Roma, 1812.

(1) Cancellieri, p. 44. Voy. ce qu'il en dit dans sa dissertation, où il y a beaucoup plus de bibliographie que de critique.
(2) *Fast.*, III, 423; VI, 415-430.
(3) *Fast.*, VI, 447; *Klaus.*, II, 699.
(4) *Fast.*, VI, 427.

pour le dernier (1). Car plusieurs de eux qui disent que Diomède avait eu Palladium en sa possession le font venir dans des mains troyennes, en ajoutant que Diomède le remit à Nautès, un des fugitifs de Troie. A Rome, la *gens Nautia* était investie du sacerdoce de Minerve. Cette tradition atteste les ingénieux efforts des familles romaines pour illustrer leur origine. C'est la préoccupation générale des grandes maisons. La vanité de l'aristocratie romaine était du reste d'accord avec l'orgueil du peuple pour consolider la tradition qui rattachait les Romains à la glorieuse cité d'Ilion.

TIBÉRINUS, LE TIBRE. — Il n'entre pas dans le sujet de ce chapitre d'examiner au point de vue historique la liste de la dynastie des rois d'Albe, sur laquelle je m'en rapporte tout à fait au jugement rigoureux, mais fondé, de Niebuhr (2). Toutefois, je ne puis omettre quelques observations sur Tibérinus, dont le nom, associé à la divinité du Tibre, intéresse directement l'histoire de la religion romaine. Le Tibre était un fleuve toscan et latin. L'Étrurie et le Latium revendiquaient, pour leur langue et leur histoire, l'étymologie de son nom. Les uns, dit Varron, le faisaient dériver de Théris, roi des Véiens, les autres de Tibérinus, roi latin qui s'y noya (3). Cependant Servius affirme que le fleuve portait le nom de Tibre avant la fondation d'Albe (4). Virgile donne au fleuve, pour nom primitif, Albula. On l'appelait aussi Rumon (5), et, dans les sacrifices, Serra (6), car le Tibre était un dieu. Les poètes l'ont personnifié ; Ovide lui donne une famille ou un cortège dans la troupe des *Tibérinides* (7). Comme tous les dieux des fleuves, il avait une demeure, un palais, que les poètes ont décrit à leur gré, comme les attributs de sa personne, et qu'ils plaçaient tantôt à Rome, tantôt à Ostie (1). Toutefois, je n'ose affirmer que le Tibre ait conservé à Rome des autels et un culte. Nul doute que les anciens habitants du pays ne l'aient adoré comme un dieu ; car par toute la terre les hommes ont adressé des hommages aux choses où il paraissait quelque activité et quelque puissance (2). Mais je ne sais rien qui témoigne que le culte du Tibre soit demeuré chez les Romains autrement exprimé que par ce sentiment de vénération profonde qu'atteste assez l'invocation d'Horatius Coclès, quand il se précipite dans ses ondes (3).

II.

ÉTABLISSEMENTS RELIGIEUX DES ROIS DE ROME.

Tous les développements qui précèdent sont loin sans doute de faire connaître complétement ce qu'a pu être la religion de l'Italie centrale avant la fondation de Rome. Pour exécuter entièrement ce travail il faudrait se représenter la totalité des idées et des pratiques religieuses des anciens Italiens, soumettre cette immense quantité de détails à l'analyse la plus sévère, reconnaître et mettre en son temps tout ce qui attesterait soit une importation étrangère, soit un changement dans les idées, et établir comme point de départ tout ce qui ne supposerait aucun antécédent historique ou psychologique. C'est en appliquant cette méthode à l'histoire de toutes les institutions humaines que l'on arriverait à connaître tout à fait la marche et les progrès de la civilisation. Mais une telle étude demanderait autant de science que de philosophie. Contentons-nous ici de suivre l'ordre vulgaire où se présentent les croyances et les institutions religieuses, en essayant de

---

(1) Servius, *ad Æn.*, II, 166 ; III, 407 ; I, 704 ; Den. Hal., VI, 69 ; *Fest.*, p. 178. *Æn. und die Pen.*, p. 701-702.

(2) Nieb., *Hist. Rom.*, t. I, 287, trad. Golb.

(3) Varron, *Ling. Lat.*, V, 29-30 ; *Fast.*, II, 387.

(4) Servius, *ad Æn.*, VIII, 333.

(5) Servius, loc. cit. : Quasi ripas ruminans exedens.

(6) Fest. Müll., 250, 15 ; Amnem autem feminine antiqui enuntiabant.

(7) Ovide, *Fast.*, V, 635 ; *Æn.*, VIII, 65 ; *Fast.*, II, 595.

(1) Servius, *ad Æn.*, VIII, 65 : Alii Romani dicunt. Tiberini domicilium, alii Ostia dicunt. Ovide, *Fast.*, IV, 329.

(2) Bossuet, *Hist. Univ.*, 2ᵉ part., c. 11.

(3) Tite-Live, I, 10, et Ennius, par ce vers :

Teque pater Tiberine, tuo cum flumine sancto.

Cf. Nieb. *Hist. Rom.*, II, 57.

les présenter en leur véritable jour. Peut-être trouvera-t-on singulier et contradictoire qu'en respectant ainsi l'enchaînement des traditions, nous en ménagions si peu le sens positif. Mais qu'on observe que dans les fictions le sens littéral n'est rien. Un récit fidèle contient la réalité; une légende la déguise, la métamorphose, l'altère, et quelquefois la méconnaît et la contredit absolument. Cependant l'on voit assez que nous n'avons aucun dédain pour les légendes et les fictions mythologiques, puisque nous cherchons à en tirer toute la vérité qu'elles peuvent contenir, et que nous restons d'accord avec elles, en acceptant comme vrais et primitifs les éléments dont elles se composent.

Romulus.

L'histoire de Romulus est d'un bout à l'autre remplie d'inventions merveilleuses. Romulus est un de ces personnages entre ciel et terre que la poésie place au berceau de tous les peuples, qui viennent des dieux et qui y retournent. C'est un autre Énée, un autre Évandre, lesquels sont aussi des fondateurs de Rome. Mais la légende de Romulus touche directement à l'origine de la ville éternelle; elle y est parfaitement adaptée, et nous devons tenir pour certain qu'elle contient plus d'histoire que les autres.

Mars. — Romulus est fils de Mars (1). Ovide développe, dans le début du troisième livre des *Fastes*, le récit de l'enfantement d'Ilia, de la naissance et de l'éducation de Romulus, qui consacre à son père le premier mois de l'année. Ordinairement on ne conçoit le dieu Mars que d'une manière incomplète; ainsi Ovide le représente seulement comme le dieu de la guerre, et les épithètes qu'il lui donne ne rappellent pas une autre idée.

Mais Mars n'était pas seulement le dieu des combats (2), et différents surnoms exprimaient ses autres attributs. L'influence des idées grecques avait contribué, au temps d'Ovide, à restreindre ainsi le rôle de cette divinité qui n'était plus alors qu'une contrefaçon de l'Ἄρης des Hellènes. Hartung et Ambrosch ont restauré dans son intégrité cette vieille divinité des peuples italiens, si bien appropriée à leurs idées et à leurs mœurs (1). Mars était guerrier laboureur et pasteur, comme les habitants du Latium et de la Sabine, qui l'adoraient. Car les hommes en faisant le dieux ne pouvaient les composer qu'à leur image et pour leur usage (2). Mars répondait à tous les besoins religieux de ses adorateurs. A Mars *Sylvanus* divinité rurale, on offrait des fruits et on immolait des bestiaux. Les frères Arvales, collège de prêtres institué pour obtenir des dieux la fertilité des campagnes, l'invoquaient dans leurs chants sous l'antique nom de *Marmar* (3). Caton l'Ancien décrit la cérémonie du *Suovetaurilium*, qui se célébrait pour l'expiation des champs, et donne la prière qu'on adressait à Mars dans ce sacrifice (4), après que l'on avait offert le vin à Janus et à Jupiter. « Mars notre père, je te conjure d'être propice à moi, à ma maison, à mes gens. C'est dans cette intention que j'ai fait promener une triple victime autour de mes biens, afin que tu en écartes, éloignes et détournes les maladies visibles et invisibles, la stérilité, la dévastation, les cala

(1) Ovide, *Fast.*, III, 1 et suiv.
(2) Serv., *ad Æn.*, I, 292; III, 35 : Mars enim cum sævit Gradivus dicitur, cum tranquillus est Quirinus.

(1) *Rel. der Röm.*, II, 169; Ambrosch *Forsch.*, p. 153.
(2) Cic., *de Nat. Deor.*, II, 28 : Gener præterea, conjugia, cognationes, omniaque traducta ad similitudinem imbecillitatis humanæ.
(3) L'institution des frères Arvales appartient à la religion primitive du Latium. Elle apparaît dans l'histoire romaine avec Romulus. Les processions des Ambarvales avaient lieu le 11 mai, le v avant les ides. Varro, *Ling. Lat.*, V, 85; Fest., Müller, p. 5. Consulter sur ce sujet l'Introduction de l'ouvrage de Marini, t. I, p. 11. C'est dans la table 41, p. 160, que se trouve le précieux fragment du vieil hymne de ces prêtres : Il sacerdotes clusi, succincti, libellis accepti, carmen descindentes, tripodaverunt in verba hæc ENOS LASES IVVATE, etc. Cf. Egger., *Reliq. Serm. Lat.*, p. 68.
(4) Cat., *R. R.*, 141, ed. Schneider, 1795, I, p. 92; Hart., *Rel. der Röm.*, II, 169.

nités et les intempéries; afin que tu fasses grandir et prospérer mes fruits, mes grains, mes vignes et mes arbres; afin que tu accordes la vigueur à mes bergers, à mes troupeaux, et que tu donnes santé et prospérité à moi, à ma maison, à mes gens. Daigne agréer ces trois victimes à la mamelle, que je vais immoler pour purifier mes champs, mes terres et mes biens, et pour faire un sacrifice expiatoire. Mars, notre père, accepte ces trois jeunes victimes. » On voit par cette prière que ce Mars Pater n'a aucun rapport avec le dieu des combats.

Par ses oracles, Mars se rapproche encore beaucoup de Picus et de Faunus (1). On lui a donné une place dans la généalogie des dieux ou rois de Laurente. Il paraît donc, comme Picus et Faunus, appartenir en propre au Latium. Mais le nom de Quirinus est d'origine sabine. C'est sous ce titre qu'il était révéré comme protecteur de la cité. Son temple était dans la ville, sur le Quirinal, tandis que le temple de Gradivus s'élevait hors des murs, sur la voie Appienne, et que ses fêtes ne rappelaient que des idées de carnage et de triomphe. Les Sabins disaient aussi *Mamers*; les Osques, dont la langue touchait par tant de points au latin et au sabin, l'appelaient Mars ou Mamers tour à tour; les poëtes Mavors (2). Dans les prières, l'épithète de père accompagnait son nom, et lui devenait tellement adhérente qu'elle se confondait avec lui, et qu'on disait *Marspiter* ou *Maspiter*, comme Jupiter (3).

Tel était le dieu latin, èque, sabin, dont la tradition disait que Romulus était le fils. Une fiction du même genre se retrouve sous d'autres formes chez les Sabins. Denys d'Halicarnasse rapporte, d'après Varron, que le fondateur de Cures était né d'une jeune fille et du dieu Envale ou Quirinus (4). « Au pays « de Réate, dit Denys d'Halicarnasse, « dans le temps qu'il était habité par « les aborigènes, une jeune fille d'une

(1) Hartung, II, 175.
(2) Fest., p. 147, 6; 131, 12.
(3) Varron, *Ling. Lat.*, VIII, 33; Macr., Sat., I, 12; Aul. Gell., V, 12.
(4) Cf. Den. Hal., II, 48.

« famille considérable de cette contrée
« entra dans le temple d'Enyale pour
« danser. Les Sabins, et les Romains
« d'après eux, donnent à cet Ényale
« le nom de Kurinus, sans pouvoir
« dire au juste si c'est le dieu Mars, ou
« quelque autre, à qui on rend les mêmes
« honneurs qu'à Mars. Car les uns
« croient qu'on donne indifféremment
« l'un et l'autre nom à un seul et même
« dieu des combats; d'autres prétendent
« que ces deux noms conviennent à deux
« différents dieux de la guerre. Quoi
« qu'il en soit, cette jeune fille, dansant
« dans le temple du dieu, fut saisie tout
« d'un coup d'une fureur divine, de
« sorte, qu'ayant quitté la danse, elle se
« retira promptement dans le sanctuaire.
« Ensuite, ayant eu commerce, à ce
« qu'on croit, avec la divinité du lieu,
« elle devint enceinte, et eut un fils,
« nommé Modius, surnommé Fabidius.
« Parvenu à l'âge d'homme, cet enfant
« paraissait d'une taille et d'une figure
« plus qu'humaine, et il devint très-il-
« lustre par sa bravoure dans les com-
« bats. Ayant résolu ensuite de fonder
« une ville, il assembla beaucoup d'ha-
« bitants des campagnes voisines; et il
« eut bientôt bâti la ville de Cures,
« qu'il appela ainsi, selon quelques au-
« teurs, du nom du génie qui passait
« pour être son père, ou, selon d'au-
« tres, du nom d'une pique, car les
« piques s'appellent *cures* chez les Sa-
« bins. »

On voit combien ce récit offre de ressemblance avec celui de la naissance de Romulus et de l'origine de Rome. Ou bien ces fables naissaient spontanément dans chaque localité, ou elles se transmettaient de ville à ville; mais ce qui est certain, c'est qu'elles se trouvent partout. En général, la fiction est uniforme. Le goût du merveilleux se satisfait chez tous les peuples à peu près de la même manière.

FAUSTULUS; ACCA LARENTIA. — Préservés d'une mort certaine par le secours d'animaux divins, et élevés par Faustulus et sa femme Acca Larentia, Romulus et Rémus grandirent et se fortifièrent dans la vie sauvage de pâtres et de chasseurs. Chaque personnage, dans ces vieux récits, est le prototype d'une institution religieuse. Faustulus est assimilé à Faunus(1), et Acca Larentia est la mère des frères Arvales ; on célébrait en son honneur les Larentales, fête des Lares, placée en décembre (2). Les Romains, voulant préciser la naissance et la formation de leurs antiquités politiques et religieuses, distribuaient les rôles aux personnages de leurs légendes. C'est ainsi qu'ils recomposèrent leur histoire primitive. Toutefois, gardons-nous de crier à l'imposture : les anciens croyaient à leurs inventions en les créant ; ils ne les créèrent que parce qu'ils y crurent. Semblables au sculpteur qui se prosterna devant la statue taillée par son ciseau, ils adorèrent l'œuvre de leur propre imagination. Étonnante disposition des anciens âges, si opposée à celle de notre temps, que les plus assurés hésitent et se troublent dans l'explication de ce qu'elle a produit ! Les philosophes ne devraient-ils pas commencer l'histoire de l'esprit humain avant la naissance de la raison et des systèmes ?

LES FRÈRES ARVALES. — Acca Larentia avait douze fils (3) ; elle en perdit un ; mais Romulus le remplaça, et compléta ainsi le nombre des douze frères Arvales. Ainsi, selon la légende, non-seulement il institua le collége des Arvales, mais il en fit partie lui-même. Ces prêtres faisaient des sacrifices pour la prospérité des biens de la terre, et la déesse *Dia*, à laquelle ils adressaient leurs principaux hommages, ne peut être autre chose que Cérès. La principale solennité des Arvales se célébrait au mois de mai, et durait trois jours. Au premier jour ils offraient des sacrifices à Dia, et donnaient un festin en son honneur. Au second jour, qui était le surlendemain du premier, ils faisaient leurs processions pour la bénédiction des champs, et se rendaient ainsi dans un bois consacré à Dia, sur la voie Campanienne, à cinq milles de Rome. Là était un temple de la déesse, où les frères Arvales accomplissaient toutes les cérémonies de la fête selon les prescriptions de leur rituel et entonnaient en dansant ce chant célèbre ENOS LASES IVVATE : *O Lares, protégez-nous*, dont quelques fragments sont conservés, et qui est un des pl[us] antiques débris de la vieille langue [la]tine (1). Au troisième jour ils recomme[n]çaient leurs processions, leurs sacri[fi]ces et leurs festins. Ce sacerdoce et cet[te] fête tout agricoles sont de la plus a[n]cienne époque de la religion romain[e]. Nul doute que Romulus, s'il en est ré[el]lement le fondateur, n'ait fait qu'imit[er] par cette institution l'usage des vill[es] voisines du Latium.

LES LUPERCALES. — Romulus et R[é]mus célébraient les fêtes de leur temp[s] et la légende les met en scène dans cel[le] des Lupercales. Dans cette fête les L[u]perques couraient tout nus à trave[rs] les rues de la ville, frappant les femm[es] avec des lanières de bouc, conform[é]ment à l'oracle rendu par Junon Lucin[a] et interprété par un augure étrusqu[e]. Les Luperques étaient nus, dit Ovide (2[)] à cause de la nudité du dieu Faun[e] dans sa poursuite amoureuse aupr[ès] d'Omphale, ou parce que les Fabiens [et] les Quinctiliens, les compagnons d[e] Romulus et de Rémus, coururent tou[t] nus après les brigands qui leur avaie[nt] enlevé leurs troupeaux. Qu'on observ[e] ici combien la tradition est insuffisan[te] dans ses explications, et comme sa fa[i]blesse et son incohérence se trahissen[t] elles-mêmes. Les Lupercales existaien[t] certainement avant Romulus, avan[t] Rome ; et voilà que la cérémonie prin[ci]pale de cette solennité, c'est-à-dire l[a] course des Luperques à travers les rue[s] de la ville, est instituée à la suite d'u[n] oracle de Junon, rendu après l'enlève[ment] des Sabines, pour faire cesser leu[r] stérilité. Assurément les hommes qu[i] faisaient ces contes n'étaient pas de[s] imposteurs, ils auraient été plus habi[les] ; mais il fallait si peu de chos[e] pour les contenter, eux et leur crédul[e] public !

Les Lupercales étaient une fête d[e] purification et de fécondation qui s[e] célébrait en février, le 15 de ce mois (3[)]

---

(1) Hartung, *Rel. der Röm.*, II, 190.
(2) *Fast.*, III, 56 ; Aul. Gell., VI, 7.
(3) Aul. Gell., VI, 7.

(1) Voir pour tout ce qui a rapport a[u] collége des frères Arvales le savant ouvrag[e] de Marini : *Gli atti e monumenti degli Arvali*. Cf. Dezobry, *Rome au siècle d'Auguste*, t. II, p. 94.
(2) *Fast.*, II, 265.
(3) Varron, *Ling. Lat.*, p. 46, l. 21, éd.

Il y avait trois familles patriciennes où se recrutaient les trois sections de Luperques : les *Fabii* et les *Quintilii* et plus tard les *Julii* (1); mais les Juliens, venus plus tard à Rome, ne pouvaient pas figurer dans la fable primitive. Ceci confirme ce que Niebuhr conjecture dans ses hypothèses fécondes sur le dualisme des institutions romaines (2). Le lieu où la fête était célébrée s'appelait Lupercal (3). Là aussi s'élevait l'arbre nourricier, le figuier ruminal, relique chère aux Romains, qui ne se flétrit jamais tant qu'ils y crurent (4). Cette fête se rattachait par mille liens à l'histoire de leur origine. Elle était éminemment nationale; et quand toutes les superstitions du vieux culte tombaient en ruine, la foule païenne de Rome célébrait encore avec passion ses antiques Lupercales (5).

DES PRÉSAGES. — Le moment solennel de la fondation de Rome est raconté par tous les anciens historiens et poëtes avec un religieux recueillement (6). Aucune des saintes pratiques si scrupuleusement observées par les Romains dans l'installation de leurs colonies n'est omise dans ces récits. Romulus et Rémus consultent le vol des oiseaux, l'un sur le Palatin, l'autre sur l'Aventin. Romulus obtient le meilleur auspice; le ciel confirme ce premier présage par un éclair favorable qui luit à gauche, et l'enceinte de la ville est tracée par Romulus selon les rites étrusques.

Ici s'ouvre une nouvelle et vaste perspective sur les croyances et sur les pratiques religieuses de l'Italie (1). Tous les anciens peuples ont cru que la volonté des dieux se manifestait d'une manière visible dans les mouvements des êtres animés, et dans les grands phénomènes physiques qui frappaient leurs yeux. La nature, vivifiée par l'âme divine qui circulait dans toutes ses parties, leur parlait un langage qu'ils croyaient comprendre. La science suprême consistait à savoir l'interpréter. Aussi les prêtres étrusques, qui élaborèrent avec tant de soin cet art chimérique, furent acceptés par les Romains comme leurs maîtres, quoique, selon l'observation d'O. Müller, les Romains aient eu une science augurale qui leur fût propre, et que tous les peuples italiens aient été portés d'eux-mêmes à cette superstition, par un mouvement naturel et spontané (2). C'était sur le vol des oiseaux, les entrailles des victimes, l'apparition des éclairs et le bruit de la foudre, que la science augurale avait surtout dirigé son attention (3). Infinie dans ses détails, mystérieuse dans ses procédés, elle était inaccessible au vulgaire, et restait le privilége exclusif des augures proprement dits et des magistrats, qui dans l'origine étaient tous patriciens, tous prêtres, comme chez les peuples orientaux (4). Les rois de l'antiquité exercèrent longtemps les tri-

---

Dord.; Plutarque, *Quæst. Rom.*, 21. Voir dans Hartung la description complète des Lupercales, t. II, p. 176.
(1) Denys d'Halicarnasse les nomme toutes trois d'après Ælius Tubéron, I, 80.
(2) *Hist. Rom.*, I, p. 426.
(3) *Fast.*, II, 379, 410.
(4) Denys Hal., I, 79, le place au pied du mont Palatin, sur le chemin du grand Cirque; Varron au Germalus, pente occidentale de cette colline, *Ling. Lat.*, p. 16, l. 22; Servius, *ad Æn.*, VIII, 90, dans le Cirque même. Conon, dans Photius, *Cod.* 186, p. 455, dit que les branches du figuier sacré étaient entrelacées dans les grilles de la curie. Bunsen, *Ann.*, 8, p. 249, le met au Forum. Tout ce qu'on peut affirmer, c'est que le Lupercal et le figuier étaient sur les flancs du Palatin, soit vers la vallée du Forum, soit vers celle du Cirque.
(5) Beugnot, *Chute du Pag. en Occid.*, t. II, p. 275; Gibbon, *Décadence et Chute*, x. xxxvi.
(6) *Fast.*, IV, 810, 858; Cf. Tite-Live, I, 7; Varr., *Ling. Lat.*, V. 143 : Oppida condebant in Latio Etrusco ritu, etc.

(1) Creuzer et Guigniaut, t. II, 1re part., p. 465 et suiv. Je m'abstiens d'entrer dans les détails sur cette matière tant de fois traitée. Cf. Bouleng., *De Auguriis*, t. V de Græ- vius; tout le précieux ouvrage de Lydus, *de Ostentis*; l'important passage de Pline, *Hist. Nat.*, XXVIII, 3, traduit tout entier par Hartung, I, 103, etc.
(2) Ott. Müll., *Die Etrusk.*, II, 119.
(3) Libri haruspicini, Libri fulgurales. Les principes de l'art de la divination avaient été révélés par la nymphe Begoé ou Bygoïs, prophétesse et sibylle dont l'analogue se retrouve partout. Cf. Creuzer, l. c., p. 476, etc.
(4) Voy. le curieux passage de Lydus, *De mag. Rom.*, prœm., I.

ples fonctions de chefs d'armée, de juges et de pontifes. C'est avec ces attributs que la royauté nous apparaît dès la fondation de Rome. Plus tard, les empereurs conservèrent aussi l'autorité religieuse. Dans l'ancienne Rome, l'Église était subordonnée à l'État.

FÊTE DE PALÈS. — On ne doutait pas que Rome n'ait été fondée le 21 avril, le jour de la fête de Palès (1). Les *Palilia* ou *Parilia* étaient une fête pastorale, toute remplie des mœurs antiques. Les *Palilia* étaient pour les troupeaux ce que les Lupercales étaient pour les femmes : elles avaient pour objet de purifier et de féconder les troupeaux (2). L'expiation se faisait avec du sang de cheval, des cendres de veau, et des tiges sèches de fèves, qu'on allait chercher au temple de Vesta. Au point du jour on arrosait les brebis d'eau lustrale. Les bergeries devaient être ornées de rameaux et de guirlandes. La purification par l'eau ne suffisait pas ; aussi employait-on celle du feu, et l'on brûlait du soufre, des branches d'olivier mâle et de laurier, des torches, des herbes sabines. On offrait à Palès du millet dans des corbeilles tressées de paille de millet, et du lait encore tiède. Ensuite on invoquait la déesse en répétant trois fois, du côté de l'orient, la prière consacrée. Puis le chef du sacrifice plongeait ses mains dans l'eau vive, buvait dans un vase de bois le lait et le vin cuit (3), sautait à travers un feu de paille, et achevait la cérémonie en se purifiant lui-même (4). Chaque père de famille, chaque propriétaire de troupeau présidait à ces sacrifices. Ovide se vante d'avoir toujours pieusement observé les rites de la fête de Palès.

PALÈS. — La divinité de cette fête est très-imparfaitement connue. On peut la ranger au nombre des dieux incertains (1). Virgile fait de Palès une déesse

Te quoque, magna Pales, etc. (2) ;

et Servius remarque qu'on la confondait avec Vesta ou la Bonne Déesse. Varron en fait un dieu mâle, et il est d'accord en cela avec la doctrine religieuse des Étrusques, qui plaçaient Palès parmi les Pénates, et le représentaient comme une espèce de serviteur et de fermier de Jupiter (3). On ne peut nier l'étroite connexion de Palès avec les Pénates. C'était du temple de Vesta que sortaient les offrandes expiatoires destinées à Palès. Qu'on observe que l'objet de son culte se rapportait à une des parties les plus importantes de la richesse domestique, et on ne séparera pas cette divinité de Vesta et des Pénates. Alors ce Palladium, si mystérieux pour les Romains et pour nous (4), aura pu être imaginé d'après l'analogie que son nom présente avec celui de Palès. Je crois que ce rapprochement peut mettre sur la trace de l'origine de la fable du Palladium, et faire comprendre comment s'est opéré l'altération du culte original (5). Il ne fallait pas autre chose qu'une ressemblance de nom pour qu'un Grec subtil en vînt à confondre le pénate Palès avec le Palladium troyen. Du reste, qu'on n'accepte cette explication que pour ce qu'elle est, c'est-à-dire pour une hypothèse (6).

LES LÉMURALES. — La mort de Rémus, ce triste épisode de la fondation de la ville, est donnée par Ovide comme la cause de l'institution des Lémurales (7). Le procédé de la fiction ne se dément

---

(1) *Fast.*, IV, 721, 806. Dans le calendrier Maffei on lit PAR. NP. Le calendrier Farnèse ajoute OVES LVSTRANTVR.

(2) Fest., 222, 12 : Dicta Parilia, quod pro partu pecoris eidem sacra fiebant. Den. Hal., I, 88 ; Gottling, *Hist. Reip. Rom.*, p. 168, not. 4, rapproche *Parilia d'Aprilis*. Le scoliaste de Perse dit que le nom de ces fêtes *Palilia* a été changé en *Parilia*, parce que Rome fut fondée le jour de sa célébration, I, 72. C'est une interprétation faite après coup.

(3) On appelait cette boisson burranica potio. Paul Diac., *Müller*, 36, 12.

(4) Den. Hal., I.

(1) Cf. Varron, ap. S. Aug. *Civ. D.*, VII, 17.
(2) *Georg.*, III, 1 ; Serv., ibid.
(3) Arnob., *Adv. gent.*, III, 40 : Sed masculini nescio quem generis ministrum Jovi ac villicum. Cf. Müller, *Die Etr.*, t. II, p. 61. Sur les dieux androgynes de l'Italie, cf. Creuzer et Guigniaut, t. II, 1re partie, p. 400.
(4) Cf. Klausen, *Æn.*, II, 700, p. 888.
(5) Merkel, *De Obsc.*, p. ccviii.
(6) Ne peut-on pas rattacher à Palès le Palatuar de la confédération du Septimontium ? Fest., 348. Cf. Nieb., II, 114. C'est ce que fait Hartung, *Rel. der Röm.*, II, 150.
(7) Ovide, *Fast.*, V, 419, 492. Cf. le Commentaire de Carlo Neapoli.

pas. Elle retourne la vérité, et appuie toujours sur un fait particulier, réel ou faux, peu importe, l'institution générale dont l'origine est insaisissable. La cérémonie des Lémurales est fort curieuse pour la connaissance des mœurs antiques (1). A l'heure silencieuse de la nuit l'observateur des vieux rits se lève sans bruit ; il marche légèrement nu-pieds, et fait claquer ses doigts pour chasser les ombres. Il lave trois fois ses mains dans l'eau d'une fontaine, et, prenant de sa bouche des fèves noires, il les jette derrière lui en disant : « Avec ces fèves je rachète moi et les miens. » Il prononce ces paroles neuf fois sans se retourner. L'ombre qui le suit ramasse les fèves (2). Il se lave encore les mains, fait entendre de nouveau le frémissement d'une espèce de crécelle, et répète neuf fois ces mots : « Mânes paternels, sortez! » Alors le rit est accompli, et il se retourne.

Cette cérémonie diffère des Parentales ou Férales de février, comme les Lémures errants et inquiets diffèrent des Mânes paisibles. Rémus n'avait pas reçu les honneurs funèbres : son ombre affligée se plaignit ; une peste commençait à sévir (3), on l'apaisa par les Lémurales. C'est encore une peste qui fit remettre en honneur les Parentales négligées (4). Respectons ce pieux sentiment des anciens, qui attribuaient à l'oubli des devoirs envers les morts les grandes calamités dont ils étaient frappés. Le culte des tombeaux fait doublement honneur au cœur humain ; c'est l'accomplissement d'un devoir de piété et d'amour. Il est inspiré par la noble croyance que la mort rapproche l'homme de la divinité, et par un souvenir qui rend encore présents ceux qui ne sont plus. Aussi ce culte a été consacré par la morale et par la religion de tous les peuples de la terre.

L'ASYLE ; VÉJOVE. — En fondant la nouvelle cité, Romulus ouvrit un asyle :

Romulus ut saxo lucum circumdedit alto,
Quilibet huc, dixit, confuge, tutus eris (1).

Le temple du dieu d'Asyle était placé au centre du Capitolin, *inter duos lucos*, entre les deux sommets de cette colline, là où est aujourd'hui l'admirable statue équestre de Marc-Aurèle (2). Denys d'Halicarnasse ne sait à quel dieu Romulus avait consacré ce temple ; Ovide n'hésite pas à affirmer que c'était au dieu Véjove. Pour Ovide, Véjove est Jupiter enfant. Il n'est point armé de la foudre, une chèvre est auprès de lui.

Nunc vocor ad nomen : Vegrandia farra coloni
Quæ male creverunt, vescaque parva vocant (3).

Ainsi Ovide fait de ce Jupiter enfant le dieu de la protection et de l'asyle (4) ; mais on trouve des explications bien différentes concernant cette divinité. Aulu-Gelle dit que Jupiter vient de *juvare* (5), que la particule *ve* est employée dans le sens privatif κατὰ στέρησιν. Véjove est le Jupiter qui ne protège pas, le Jupiter menaçant. Il tient des flèches à la main ; c'est le symbole de son courroux, et à cause de cet attribut plusieurs l'ont confondu avec Apollon. Aulu-Gelle le range au nombre des *Numina Læva*, comme Averruncus et Robigus. Macrobe (6) l'associe aux dieux infernaux, à Dispiter et aux Mânes, avec qui il est nommé dans les invocations par lesquelles on dévouait les villes et les armées ennemies, et il rapporte ces formules

---

(1) Elle se célébrait en mai, pendant trois jours, séparés chacun par un jour d'intervalle. Le calendrier Maffei est d'accord avec Ovide. Il porte : LEM. N. du 9 au 13 mai.
(2) Paul Diac., 87, 13..... in flore ejus luctus litteræ apparere videntur.
(3) Servius, *ad Æn.*, 1, 276 : Remo scilicet interempto,.... natam constat pestilentiam, etc. Il en fut de même après la mort de Tatius.
(4) *Fast.*, II, 547 ; Hart., I, 55, 56 ; Plut., *Rom.*, 24.

(1) Ovide, *Fast.*, III, 431 ; Plut., *Rom.*, 9 ; Den. Hal., II, 15 ; Tite-Live, I, 8. Cf. *Du droit d'Asyle*, par M. Wallon, p. 34.
(2) Vitruv., IV, 7 ; Plin., *Hist. Nat.*, XVI, 40, § 215 ; Aul. Gell., V, 12.
(3) *Fast.*, III, 445 ; Fest., 379, 4 : Vesculi male curati et graciles homines, etc.; Virg., *Georg.*, III, 175 : Vescas salicum frondes. Les laboureurs, dit Servius, *ib.*, I, 120, conservent longtemps les mots du vieux langage.
(4) Cf. Les médailles de Vaillant, citées par Klausen, *Æn.*, p. 1038, notes 2172, 2182.
(5) *Noct. Att.*, V, 12, ainsi que de *Dies*, d'où Diespiter et Dijovis. Klaus., *Æn und die Pen.*, p. 801.
(6) *Sat.*, III, 9.

d'évocation telles qu'elles se trouvaient dans le V⁰ livre des *Choses secrètes* de Serenus Sammonicus. Klausen remarque que la statue de Véjove était de cyprès, bois lugubre, consacré aux morts (1). Martianus Capella assimile Véjove à Pluton. Les Étrusques en faisaient aussi un dieu infernal (2), et Ammien-Marcellin dit qu'il avait des foudres (3).

Comment expliquer toutes ces contradictions? Où est la vérité dans ces témoignages si différents? J'incline pour l'opinion qui assimile Véjove à Pluton. Les sacrifices de ce dieu s'accomplissaient *ritu humano*, selon Aulu-Gelle, c'est-à-dire qu'ils s'adressaient à un dieu des Enfers (4). Cette raison est décisive. On comprend à la rigueur que l'asyle ait pu être placé sous la protection du plus redoutable des dieux. Quant à Jupiter enfant, c'est la fable grecque qui avait toujours mille chemins pour venir à Rome. Véjove était commun aux Latins, aux Sabins, aux Étrusques. Merkel pense qu'il vint de l'Étrurie par la Sabine (5). Il est certain que Tatius lui éleva un temple. Mais pourquoi le faire aussi venir d'Albe, parce qu'on a trouvé à Bovillæ un autel dédié à Véjove, par la gens Julia (6)? L'inscription de cet autel ne peut être que des derniers temps de la république. Elle ne prouverait pas l'antiquité de ce culte chez les Latins, si la tradition qui montre Romulus lui élevant un temple n'établissait pas que Véjove était connu de tous les peuples voisins du Tibre (7).

CONSUS; LES CONSUALIA. — Le dieu Consus est encore moins connu que Véjove. La première mention de Consus est faite dans l'histoire romaine, à l'occasion des fêtes où furent enlevées les Sabines (1). Selon Varron, c'est le dieu du conseil (2); mais on le confond plus fréquemment avec Neptune équestre, que l'on adorait dans beaucoup de localités d'Arcadie (3), et l'on attribue à Evandre son introduction en Italie (4); mais Consus peut encore être considéré sous un autre point de vue. Selon quelques commentateurs, le mot Consus, remplacé plus tard par *Conditus*, vient de *condo*, comme *clausus*, mis au lieu de *clauditus*, venait de *claudo* (5). L'autel du dieu Consus était toujours caché, et on ne le découvrait que pendant les *Consualia*, qui se célébraient en son honneur, le 21 août. On n'employait que des mulets aux courses des jeux de Consus (6). Il se peut que le nom de Consus ait donné lieu à l'opinion qui en fait le dieu du conseil. Quant à l'assimilation avec Neptune Équestre, elle est sans contredit de l'époque où la religion romaine abdiquait son originalité pour se perdre dans la religion grecque, et elle peut dériver d'une idée antique, mal comprise. Il a été prouvé que le cheval peut être considéré comme un attribut du dieu de la mort (7). Le cheval et le mulet étaient consacrés au dieu souterrain Consus, et par cette raison ceux qui ne cherchaient qu'un rapport apparent le comparèrent à Neptune Équestre. Hartung se prononce formellement pour l'opinion qui fait de Consus un dieu infernal, et ne le distingue nullement du dieu Orcus (8).

(1) Klausen, *Æn.*, II, 1089, note 2175.
(2) Ott. Müller, *die Etr.*, II, p. 59, 131.
(3) XVII, 10,
(4) Paul Diac., *Müller*, 103, 4 : Humanum sacrificium dicebant, quod mortui causa fiebat.
(5) *De Obsc.*, p. CCXIII; Varron, *Ling. Lat.*, V, 74.
(6) Orelli, *Inscr.*, I, 1287; Klaus., p. 1086; Nibby., *Analisi della Carta de' dintorni di Roma*, I, 320. Bovillæ était, aussi bien qu'Albe, le berceau des Julii.
(7) Je ne parle pas du temple de Véjove dans l'île du Tibre : Klausen, p. 1091; Canina, p. 187; et ne comprends guère le rapprochement établi par Hartung entre Vedius et Laverna : *Rel. der Röm.*, II, 53.

(1) Ovide, *Fast.*, III, 199.
(2) Saint Aug., *Civ. D.*, IV, 11; Tertullien, *de Spec.*, V, rapporte l'inscription sur laquelle on lisait : CONSVS. CONSILIO....
(3) Pausan., VIII, 10, 14, 25, 36, 37.
(4) Den. Hal., I, 33. Au livre II, Denys assimile Consus à Neptune, σεισίχθων. Mais Aulu-Gelle nous apprend, II, 28, que chez les Romains le dieu des tremblements de terre était sans nom, et que dans les sacrifices que provoquaient ces phénomènes, ils employaient la célèbre formule SEI. DEO. SEI. DEIVAE, selon un décret des pontifes rapporté par Varron. Cf. Æsch., *Agam.*, 160.
(5) Ascon., *in Cic. Verr.*, II, 10.
(6) Plut., *Rom.*, 14; Fest., p. 148, 1.
(7) M. Lebas, *Monuments d'Antiquité figurée*, 2ᵉ cahier, p. 89.
(8) Hartung, *Rel. der Röm.*, II, 187 et suiv.

LES MATRONALES. — Aux calendes de mars on célébrait à Rome la fête des Matronales (1). C'est, dit la tradition, parce qu'en ce jour les femmes sabines, enlevées par les Romains, se jetèrent au milieu de leurs époux et de leurs pères, prêts à s'entr'égorger, et parvinrent à les réconcilier. En réalité la fête était instituée en l'honneur de Junon, la protectrice suprême des femmes, la grande divinité féminine, dont Carmenta, Matuta, la Bonne Déesse, et tant d'autres ne sont que des dérivés ou des synonymes. Le jour des calendes convenait à une fête de Junon, ou à la dédicace de ses temples. De plus, toutes les fêtes qui ont la fécondation pour objet sont groupées en ce mois et en avril (2). Les femmes enceintes se rendaient au temple de Junon Lucine, sur l'Esquilin, les cheveux épars; elles offraient des fleurs à la déesse, et la priaient de leur être propice au jour de l'enfantement. Les femmes de mauvaise vie ne devaient point approcher de ce temple (3). Faut-il rapporter à la fête même des Matronales la coutume pratiquée par les dames romaines de servir en ce jour leurs esclaves? En ce cas, cette fête serait les Saturnales des femmes (4)

Denys d'Halicarnasse, façonnant son histoire d'après une idée philosophique préconçue, fait de Romulus le modèle des législateurs, à peu près comme Xénophon, qui avait représenté dans Cyrus le type parfait du monarque absolu. L'historien grec, racontant les origines de Rome, ne dissimule pas sa préférence pour Romulus sur tous les législateurs de la Grèce. Il fait honneur à un seul homme de la sagesse pratique de tout un peuple. Ses règlements religieux lui paraissent admirables (1), et il donne comme un résultat de la haute raison du fondateur de Rome la pureté et la simplicité de l'antique religion italienne. « Romulus, dit-il, a banni les fables et les traditions qu'on débitait sur les dieux, et dont quelques-unes étaient de véritables blasphèmes. Il accoutuma son peuple à ne parler des dieux qu'avec bienséance, à ne s'en former que des idées sublimes, et ne leur attribuer aucune action indigne de leur nature bienheureuse et immortelle. En effet, on ne dit pas chez les Romains que Kronos ait été mutilé par ses fils, que Saturne ait dévoré ses propres enfants, que Jupiter ait privé son père du trône, ni qu'il l'ait précipité dans le Tartare. On n'y parle point des guerres, des blessures, de la captivité, de l'esclavage, auquel on a feint que les dieux aient été réduits parmi les hommes. Nul charlatanisme, aucune extravagance dans les fêtes. Tout ce qui concerne les dieux se dit et se fait à Rome avec plus de convenance et de piété que chez les Grecs ou chez les barbares. » Ainsi prévenu en faveur de Romulus, Denys d'Halicarnasse en vient à se figurer que le règne de ce prince avait été l'âge d'or de la religion. C'est l'erreur de tous ceux qui oublient la réalité, pour se livrer à des spéculations imaginaires sur les anciens temps. Ainsi, on a considéré la législation de Lycurgue, qui consacrait la rudesse et la grossièreté des Doriens de Sparte, au neuvième siècle, comme le résultat des combinaisons les plus profondes. Ainsi, des philosophes d'un âge récent ont cherché en dehors de la civilisation, et avant elle, la perfection prétendue de l'humanité, et ils ont exalté l'homme à l'état de nature. L'histoire juge différemment le passé. Elle n'enseigne pas que la société ait débuté par être parfaite, et que ses efforts n'aient produit que sa dégradation : si elle enseignait une telle doctrine, elle serait une science désespérante, et il vaudrait mieux y renoncer.

Tatius.

J'accepte comme un fait plutôt que comme un symbole l'union de Romulus

---

(1) Ovide, *Fast.*, III, 205, 258.
(2) Fest., p. 372 : Vernæ qui in villis vere nati, quod tempus, duce natura, feturæ est. Il attribue la fête des Matronales à Numa; Denys, comme Ovide, à Romulus, II, 67; Ovide, *Fast.*, III, 243.
(3) Selon la loi de Numa, rapportée par Aul. Gell., IV, 3 : PELLEX. ASAM. IVNONIS NE. TAGITO. SI. TAGET. IVNONI. CRINIBVS. DEMISSIS. ARNVM. FEMINAM. CAIDITO.
(4) Macrobe, I, 12; Lydus, *De Mens.*, III, 15, p. 114.

(1) Den. Hal., II, 18 et suiv.; Hart., t. I, p. 245; Micali, c. XXII; t. II, p. 54.

et de Tatius. Dès l'origine de Rome on voit se mélanger et se fondre dans cette ville les Latins et les Sabins, et c'est peut-être au génie de ce dernier peuple qu'il faut attribuer surtout le caractère mâle et rigide, les habitudes austères et graves, la vie simple, économe et active, la piété soutenue et minutieuse des anciens Romains.

VULCAIN. — Tatius et les siens s'établirent sur le mont Quirinal (1) et sur une partie du Capitolin, et il fut convenu qu'ils apporteraient à Rome leurs divinités et leurs fêtes. On bâtit au pied du Capitolin un temple consacré à Vulcain, que l'on destina aux délibérations et aux entrevues communes des deux rois (2). Dans ce temple dut être sanctionnée l'association politique des deux chefs, la communion civile des deux peuples *igni et aqua*, comme dit Servius (3). L'eau et le feu étaient employés dans les sacrifices expiatoires en l'honneur de Vulcain, à qui on offrait des poissons *pro animis humanis*, selon la coutume admise des substitutions de ce genre (4). Vulcain ne peut être séparé de Vesta, dans son principe; c'est le dieu mâle du feu. Son temple est aussi le foyer central de l'État (5). Il siégeait au sanctuaire de la famille, avec les Pénates et les Lares, et voilà pourquoi les auteurs, interprétant la tradition qui fait naître Servius du Lare domestique, lui donne Vulcain pour père (6).

La fête de Vulcain se célébrait, à Rome, le 27 mai (7). En ce jour on purifiait les trompettes sacrées; c'était le *Tubilustrium*. La preuve de l'antiquité de cette coutume, c'est que Festus la place au nombre des rites apportés de l'Arcadie (1). Aussi il nous est impossible de reconnaître ici quelque chose qui soit particulier aux Sabins. Il se pourrait faire qu'en cherchant à démêler ce qui revient à chaque peuple dans la composition de la religion romaine on trouvât que le fonds commun pélasgique l'emporte sur toutes les différences particulières. Comme nous cherchons la vérité sans système, nous nous accommoderions volontiers de ce résultat, qui procurerait la démonstration sans réplique de la fraternité des anciens peuples italiens.

On attribue à Tatius autant d'institutions religieuses et même plus de fondations de temples qu'à Romulus. Tatius, dit Denys (2), consacra des autels à la Lune, au Soleil, à Saturne, à Rhéa, à Vesta, à Vulcain, à Diane, à Enyale et à d'autres dieux, dont il n'est pas facile d'exprimer le nom en grec. Il fit ériger dans chaque curie des tables à Junon Quiritienne. Varron complète la liste des dieux introduits à Rome par Tatius (3) en ajoutant Summanus, Vortumnus, Quirinus, qui est le même qu'Enyale, les Lares, Larunda, Vedius, Terminus, Lucine, Ops, Flora; et il attribue aussi aux Sabins, sans nommer Tatius, Feronia, Minerve, les Novensides, Hercule, le Salut, la Fortune-Forte, la Bonne-Foi. Examinons rapidement en quoi les Sabins ont contribué à grossir le courant des idées religieuses des Romains.

SANCUS. — La tradition la plus respectable sur les antiquités des Sabins est celle qui reconnaît pour auteur de leur race le dieu Sabinus ou Sabus, fils de Sancus. Denys rapporte cette tradition d'après Caton l'Ancien (4). Les peuples n'ont jamais rien imaginé de mieux sur leurs origines, qu'ils ne connaissaient pas, que l'existence d'un ancêtre divin en qui ils se personnifient, et qui semble leur donner son nom. En réalité il ne faut pas distinguer entre Sabus et

(1) Den. Hal., II, 51; Varr., *Ling. Lat.*, V, 51; Ovide, *Fast.*, VI, 93. On montrait sur le Capitole le lieu où était la maison de Tatius, à l'endroit où l'on construisit depuis le temple de Moneta. Plut., *Rom.*, p. 30.
(2) Den., l. c.; Plut., *Quæst. Rom.*, 47. Ce dernier place le temple de Vulcain hors de la ville; il faut entendre seulement hors du premier pomœrium. Fest., 290, 18.
(3) *Ad Æn.*, XII, 119.
(4) Fest,, *Müller*, 238, 27; Klaus., II, 644.
(5) Hartung, II, p. 107.
(6) Den. Hal., IV, 2; Plut., *Fort. Rom.*, 10; Ov., *Fast.*, VI, 626.
(7) Ovide, *Fast.*, V, 725. Le jour, XI cal. jun., est marqué N dans la table Maffei, ainsi que le jour qui précède le *Tubilustrium* de mars. C'est la marque usitée pour désigner l'expiation et la purification.

(1) Fest., 352, 21; Varr., *Ling. Lat.*, VI, 14.
(2) Den. Hal., II, 51.
(3) Varron, *Ling. Lat.*, V, 74.
(4) Den. Hal., I, 38; II, 59.

ancus, et celui-ci étant le premier terme de la généalogie, il est le seul dont nous [av]ons à tenir compte. Sancus avait com[m]encé la civilisation de la race sabelli[n]e, et fait cesser les sacrifices sanglants. [O]n raconte la même chose d'Hercule [dan]s le Latium, et c'est une des raisons [qu]i ont fait passer le culte sabin de San[cu]s au fils d'Alcmène (1). Sancus avait [pl]usieurs noms :

Quærebam nonas *Sanco Fidione* referrem
An tibi, *Semo* pater... (2).

[O]n lui dédia un temple le 5 juin, jour [d]es nones, qui, selon Denys d'Halicar[na]sse (3), fut consacré par le consul Pos[tu]mius Regillensis. Tarquin le Superbe [en] avait commencé la construction. Mais [ce]la n'empêche pas que Tatius ait érigé [u]n temple à Sancus, comme on peut le [co]nclure d'un passage de Tertullien (4), [et] il fallait bien que ce temple existât, [pu]isque Tarquin y déposa le traité qui [co]nférait le droit de cité aux Gabiens (5).

Quand un dieu a plusieurs noms, cela [vi]ent de ce qu'on lui a reconnu divers [at]tributs, ou de ce qu'il est devenu com[m]un à deux peuples. Il est fort possible [q]ue le Sancus des Sabins et le Fidius [ro]main aient fait alliance comme leurs [ad]orateurs, de manière à ne pouvoir [p]lus être distingués l'un de l'autre. Le [no]m de *Semo* a un sens général, et est [sy]nonyme de Genius (6). Les Romains [av]aient oublié sa signification, et Var[r]on dit que les Semons étaient des demi[d]ieux. Mais le Semo Sancus Fidius, le [di]eu suprême de la bonne foi, est en [to]ut assimilé à Jupiter. Il est au premier [r]ang dans le ciel. Il faut donc que le [te]rme Semo soit compatible avec tant [d]'importance. Dans Semo on reconnaît [le] radical de semen, et ce dieu est peut-être le Genius sabin. Les frères Arvales [in]voquaient les Semons (7). Mais il n'est pas douteux que l'espèce entière des Semons ne soit inférieure au premier Semon, comme les Génies étaient inférieurs à Genius, les Faunes à Faunus. Quant aux noms de Sancus et de Fidius, ils s'expliquent d'eux-mêmes. Sancus est le dieu qui sanctionne (1). On disait souvent Sancus Sanctus, comme Faunus Fatuus, Anna Perenna, Aius Locutius, Mater Matuta, Fortuna Fors, soit par goût pour l'allitération, soit pour insister sur le rôle et l'attribut de ces dieux, par la répétition de la même idée. Dius Fidius traduit Semo Sancus, car *semo* signifie dieu (2), et *dius* n'est qu'une forme de *divus* ou de *deus*. Les anciens ont expliqué ces mots de la façon la plus bizarre (3). Hartung ne distingue pas Dius Fidius de Jupiter ; c'est le Jupiter de la bonne foi, comme Hercule est le Jupiter de la force et de la victoire (4). La meilleure raison qui fasse croire qu'Hercule ait succédé à Rome à une divinité sabine, c'est que les prêtres chez les Sabins s'appelaient *cupenci*, et qu'on désignait par ce nom les prêtres d'Hercule (5).

SUMMANUS. — Ovide mentionne la restauration du temple de Summanus (6), mais sans indiquer que Tatius avait introduit ce dieu à Rome. Summanus était le dieu des foudres nocturnes. D'abord on le révérait beaucoup plus que Jupiter, dit saint Augustin d'après Varron (7) ; mais quand on eut érigé le temple du Capitole, Summanus fut tellement négligé qu'on n'entendait ou qu'au moins on ne lisait plus son nom. L'attribut de ce dieu n'est pas douteux. Arnobe le confond avec Dis ; et Festus rapporte que les foudres du jour venaient de Jupiter et les foudres nocturnes de Summanus (8). Le nom qu'on avait

(1) Nieb., *Hist. R.*, t. I, p. 124.
(2) Ovide, *Fast.*, VI, 213.
(3) Den. Hal., IX, 60.
(4) Tert., *Adv. Nat.*, II, 9 : Est et Sancus [p]ropter hospitalitatem a rege Plotio (Tatio ?) [T]atium consecutus.
(5) Den. Hal., IV, 58 ; Nieb., *Hist. R.*, t. II, [p]. 288.
(6) Hartung, *Rel. der Röm.*, I, 41.
(7) Semunis alternei advocavit conctos. Hart., p. 42.

(1) Sancus qui sancit, comme Aius qui ait, Subigus qui subigit. Merk., *De Obsc.*, ccx. Voy. la définition de *sagmina* dans Fest., 321, 21.
(2) Varron, *Ling. lat.*, V, 52.
(3) Ainsi, Ælius Stilon disait : Dium filium Diovis filium, ut Græci Διόσκορον Castorem : hunc esse Sancum ab sabina lingua et Herculem a græca. Varr., *Ling. Lat.*, V, 52.
(4) Hartung, II, 44.
(5) Servius, *ad. Æn.*, XII, 538.
(6) *Fast.*, VI, 725.
(7) *Civ. D.*, IV, 23.
(8) Arn., VI, 3 ; Fest., 229, 4 ; cf. Ottfr.

donné à ce dieu était un euphémisme : car les Romains aimaient toujours à adoucir par l'expression les idées lugubres (1). Quant à l'origine de Summanus, elle est étrusque ou sabine, peut-être l'un et l'autre. Les Sabins avaient fait beaucoup d'emprunts à l'Étrurie, et on trouve plusieurs divinités communes et d'autres conformités dans la religion de ces deux peuples.

VERTUMNUS. — Vertumnus paraît avoir été dans la même condition. Varron le fait venir à Rome par Tatius, et ailleurs par Cœlius Vibennus, Étrusque, allié de Romulus dans la guerre contre les Sabins (2). Ce n'est point une contradiction. Les Etrusques et les Sabins étaient Pélasges. La religion étrusque devint plus savante parce que la nation fut plus civilisée : voilà toute la différence. Vertumne était le dieu du changement :

Nondum conveniens diversis iste figuris
Nomen ab averso ceperat amne deus (3).

Ovide lui attribue les changements du cours du Tibre. Il se fonde sur l'idée générale que réveille le nom du dieu. Mais sa puissance était bornée, en général, aux variations organiques des plantes. C'était un dieu des jardins; on le maria à Pomone, dans le temps des idées ingénieuses (4).

FLORE. — Il ne faut pas prendre de la *Flora* que les Sabins introduisirent à Rome l'idée que nous en donnent les fictions des poètes, qui façonnèrent cette déesse à la licence et à la corruption des temps postérieurs (1). Ovi[de] l'a transformée d'après les fables gre[c]ques. Pour lui Flore est la nymph[e] Chloris, que Zéphyre enleva pour imit[er] Borée ravissant Orithyie. Il en fit s[on] épouse, et lui donna pour dot un pri[n]temps et des fleurs éternels. C'est Chl[o]ris qui orna la terre de la brillante p[a]rure des fleurs. C'est elle qui fit naît[re] Mars sans père, pour que Junon pût r[i]valiser avec Jupiter, qui avait produ[it] Minerve sans mère (2); aussi Mars a[ssu]re à Flora une place dans la cité [de] Romulus.

La gracieuse et voluptueuse Flora [a] été violemment attaquée par les pèr[es] de l'Église. Minucius Felix, Arnob[e,] Lactance, en font une courtisane, q[ui] laissa ses biens au peuple. Le legs serv[it] à instituer des jeux, et le sénat en effa[ça] l'origine honteuse, en décidant q[ue] Flora serait la déesse des fleurs (3). C[es] témoignages viennent d'esprits prév[e]nus. N'oublions pas que les écrivai[ns] chrétiens faisaient de la polémique [,] qu'ils attaquaient le paganisme de le[ur] temps, et qu'ils se souciaient peu d[es] origines. Philosophiquement, l'inventi[on] d'une déesse Flora est aussi pitoyab[le] que son culte sous l'empire pouva[it] être condamnable selon les principes [de] la morale. Mais c'est là un procès d[e]puis longtemps décidé, et il est inuti[le] d'y revenir. Ce que nous voulons établi[r] c'est que le culte de Flore n'est pas [de] l'évhémérisme, mais une allégorie tran[s]parente, simple et sans art aux temp[s] primitifs, et raffinée depuis par l'espr[it] des Grecs (4).

Müller, *Die Etr.*, II, p. 60-61. Il donne tous les textes. Creuzer, t. II, 1re partie, p. 478 et 494. Les Étrusques distinguaient douze espèces de foudres; les Romains se contentaient de la division, moins savante, en foudres de jour et foudres de nuit.

(1) Ainsi les dieux infernaux étaient dits *aquilii* et non *nigri*. P. Diac., *Müller*, 22, 2. Submanus, qui précède le matin, comme substillum est le moment qui précède la pluie. Fest., 36, 26; Merkel, *De Obsc.*, p. CCVIII.

(2) *Ling. Lat.*, V, 74, 46 : Ab eis dictus vicus Tuscus, et ideo ibi Vortumnum stare, quod is deus Etruriae princeps.

(3) *Fast.*, VI, 409; Hart., *Rel. der Röm.*, t. II, p. 132.

(4) Ovide, *Mét.*, XIV, 623.

(1) Ovide, *Fast.*, V, 183, 379.

(2) Paul Diac., 97, 8 : Gradivus, quia gr[a]mine sit ortus.

(3) Octav., c. xxv; Arn., III, 23; Lact[.] c. xx. Le scoliaste de Juvénal est peut-êt[re] plus vrai quand il dit : Hi ludi a Flora m[e]retrice instituti sunt in honorem Floræ dea[e] quæ floribus præest.

(4) Servius, *ad Ecl.*, V, 48 : Veteres Z[e]phyro vento unam ex Horis conjugem ass[i]gnant, ex qua et Zephyro Carpon filium, pu[l]cherrimi corporis, editum dicunt. Ovide don[ne] les Heures pour compagnes de Flore; V, 2[ ]. Dans Pausanias, IX, 35, parmi les noms d[es] Heures et des Grâces, on trouve Καρπώ, Θαλλώ, Θάλεια. Cf. Fest.; Müller, p. 359, 2[ ]

LES LARES. — Le culte des Lares et le Larunda est aussi attribué aux Sabins. Ovide raconte la naissance des Lares, en mélangeant la mythologie grecque avec les fables du Latium (1). Naïs ou Lara, fille de l'Almo, avait informé Juturne des desseins amoureux de Jupiter sur elle, et Junon de l'infidélité que méditait son époux. Jupiter la punit de son indiscrétion en lui arrachant la langue, et la fit conduire par Mercure chez les Mânes (2). Sur le chemin, Mercure fit violence à la nymphe, qui enfanta les dieux Lares. Le temple des Lares, surnommés *Præstites*, fut dédié aux calendes de mai (3). Le poëte rapporte qu'il a cherché en vain les statues de ces dieux. Le temps les a détruites; mais la ville, ajoute-t-il, n'a-t-elle pas pour protecteurs mille dieux Lares et le génie de son chef (4)?

Dans cette fiction confuse nous reconnaissons la nature primitive des dieux Lares. Ce sont les âmes des morts veillant à la sûreté de ceux qui survivent. Leur temple est dédié dans le mois des Lémuries. La fête de Tacita ou Lara, leur mère, était placée à côté des Férales, en février. Ott. Müller ne laisse aucun doute sur le sens que nous devons attacher à cette superstition (5). Les cérémonies de la fête de Tacita et des Compitales sont conformes aux rites des fêtes funèbres. On y emploie les *oscilla* (6), les offrandes et substitutions expiatoires. Enfin, les Lares étaient adorés avec Mania Genita, que l'on donne comme la mère des Lares, aussi bien que des Mânes et des Larves (7). On immolait un chien à Mania (8). Le chien, symbole de la vigilance, habitué des carrefours, est le compagnon des Lares (1). Le culte des Lares existait dans la plus grande partie de l'Italie; il tenait au fond même de la religion pélasgique; mais il paraît que c'est par les Sabins qu'il fut introduit à Rome; Varron le dit. On rapporte aussi à Numa l'institution de la fête de Tacita ou Mania. C'est par Numa que se continue à Rome l'influence des Sabins. Il faut bien que les Sabins aient été en grande partie les instituteurs religieux de Rome, puisqu'on en vint à faire dériver leur nom ἀπὸ τοῦ σέβεσθαι (2). Autrement cette étymologie serait trop absurde.

LE SOLEIL, LA LUNE. — La religion des Sabins se ressentait du génie rude et sauvage de ce peuple. Les dieux y étaient encore adorés sous la forme la plus simple, la plus voisine du naturalisme primitif. Ainsi, Tatius éleva des temples au soleil et à la lune; et bien que ces deux astres aient été travaillés de mille façons par l'anthropomorphisme, ils agissent si puissamment sur les sens, qu'ils conservèrent toujours des hommages directs sous leurs noms vulgaires (3). Mais je ne crois pas que le soleil ait conservé des temples à Rome. Il restait dieu par sa grandeur et sa beauté si visibles, et on avait, je pense, pour lui, comme pour le Tibre, une vénération sans culte. Il n'eut de temples que sous les empereurs.

On trouve dans Ovide des traces de l'ancien culte de la lune (4). Elle eut un temple sur l'Aventin, qu'il ne faut pas confondre avec le temple de Diane, construit sous Servius Tullius, sur cette colline, à frais communs, par les villes du Latium (5). Mais de bonne

(1) *Fast.*, II, 569, 614.
(2) Mercure était le conducteur des âmes aux enfers. Sur Mercure psychopompe, voyez *Rel. de l'Antiq.*, t. II, 2ᵉ partie, p. 689.
(3) Ovide, *Fast.*, V, 129.
(4) Cependant Denys d'Halicarnasse décrit le temple et la statue des Lares qu'il prend pour les Dioscures.
(5) *Die Etr.*, p. 90, 92; Arn., III, 41 : Larvas esse Lares, quasi quosdam genios, defunctorum animas mortuorum.
(6) Macrobe, *Sat.*, I, 7; Fest., p. 194; Paul Diac., 121, 17.
(7) Varron, *Ling. lat.*, IX, 61; Fest., 129, 30; Paul. Diac., 128, 10.
(8) Plut., *Quæst. Rom.*, 52

(1) *Fast.*, V, 137. On connaît le CAVE CANEM de la maison du poëte tragique à Pompéi. Cf. Plan de Pompéi, par le chanoine de Jorio, p. 76; Naples, 1828.
(2) Fest., p. 343, 33.
(3) Cf. Klaus., *Æn.*, p. 1027. Le soleil était fréquemment invoqué; il est nommé dans le serment des alliés avant la guerre sociale. Mai., *Excerpt. Vat.*, XXXVII, 4; Ambr. *Forsch.*, p. 171.
(4) *Fast.*, III, 883.
(5) Den. Hal., IV, 26; Tacite les confond, *Ann.*, XV, 41; Cf. Ambr. *Forsch.*, p. 172, note 68.

heure la lune et le soleil prirent une forme humaine, et devinrent Diane et Janus et plus tard Phœbé, Phœbus ou Apollon. Saint Augustin essaye d'expliquer pourquoi la lune a été représentée par Diane (1). Le culte de la lune devait être oublié au temps d'Auguste. En effet, le calendrier Maffei ne fait nulle mention de sa fête au 31 mars, où la place Ovide.

Le Salut fut consacré aussi par les Sabins (2). Il est fréquemment invoqué dans les actes des Arvales (3). Enfin, dit saint Augustin, Tatius avait ajouté aux dieux de Rome la Lumière et une infinité d'autres, jusqu'à la déesse Cloacine (4). Le sommet du Capitole était couvert de temples et d'autels, parmi lesquels ceux de Terme et de la Jeunesse.

VAGONA. — Avec cette nuée de divinités dut pénétrer à Rome la déesse Vagona ou Vacuna, qui conserva toujours son caractère original (5), parce qu'elle tomba bientôt en désuétude. On ne connaît guère cette déesse que par ce vers d'Horace :

Hæc tibi dictabam post fanum putre Vacunæ.

Selon les indications des scoliastes, Vacuna était fort révérée des Sabins; et, prise sous ses divers aspects, elle correspondait à Minerve, à Diane, à Cérès, à Bellone, et surtout à la Victoire (6). D'autres la disent mère de Minerve, déesse de la victoire et des combats. Elle était, comme Hercule Victor, honorée debout par ses adorateurs (7). On sait maintenant où était placé ce temple vermoulu de Vacuna, qu'un mot d'Horace a éternisé. La découverte de l'inscription de Valeria Maxima, trouvée à Bardella (Mandella) (1), a mis les savants en état de fixer d'une manière certaine la place de ce temple, et de retrouver les ruines du Rus Sabinun d'Horace, et la fontaine Blandusia, et la Digentia, et le Lucrétile; de sorte que le voyageur qui visite ces âpres et pittoresques contrées de l'antique Sabine peut, sans craindre d'être la dupe d'une illusion, se livrer à tout le charme des souvenirs classiques.

NERIO. — Vagona nous conduit naturellement à la Minerve et au Mars des Sabins, Nerio et Quirinus. Nerio, Neria Neriene, car on trouve tous ces noms dans les auteurs (2), avait beaucoup moins de compréhension que la Minerve des Étrusques. Les vieux rituels la donnent seulement comme la compagne de Mars, *Nerienemque Martis*. Son nom qui appartenait à la langue sabine, désignait la force et la valeur (3). La famille Claudia, venue du pays des Sabins, se transmettait de génération en génération le nom de Néron, qui s'éteignit dans le plus lâche de ses descendants (4) Aulu-Gelle cite ce vers du *Truculentus*

Mars peregre adveniens salutat Nerienem uxo[rem suam

Dans les *Annales* de Cn. Gellius Hersilie, s'adressant à Tatius, implore la paix en invoquant Neria. Cette invocation, placée dans la prière adressée par une Sabine au chef de sa nation, est d'une grande vérité historique. Mars et Neria étaient associés dans le culte romain. On les honorait ensemble par le *Tubilustrium* du 23 mars, qui était le dernier jour des quinquatries (5). On avait inventé je ne sais quelle bizarre histoire sur la lutte de Mars et de Nérine, dont celle-ci sortit victorieuse en conservant sa virginité. Il y a des traces de ce conte dans Ovide, qui le mêle à l'histoire d'Anna Perenna (6). Enfin, ce

---

(1) Varron, *Ling. Lat.*, V, 68; Aug., *Civ. Dei*, VII, 16.
(2) Ovide, *Fast.*, III, 881.
(3) Cf. Marini, *Tab.*, XXXIII.
(4) *Civ. Dei*, IV, 23.
(5) Ovide, *Fast.*, VI, 307.
(6) Hor., *Epist.*, I, 10. Acron : Sed Varro in primo rerum divinarum, Victoriam ait, et ea maxime hi gaudent qui Sapientia vincunt. Nibby, *Anal.*, t. III, 717.
(7) Hart., t. II, 256; Den. Hal., I, 32. Cette coutume n'était pas grecque comme le veut Denys, puisqu'on la retrouve dans ce culte tout sabin.

(1) Nibby, *Anal.*, t. I, 294; Hor., *Ep.* I, 16.
(2) Aul. Gell., XIII, 22; Hart., *Rel. der Röm.*, II, 172.
(3) Ovide, III, 814, appelle Minerve Bellatrix dea armifera.
(4) Suét., *Tiber*, I.
(5) Ovide, *Fast.*, III, 809, 848.
(6) Ovide, *Fast.*, III, 677, 694; Porphyr. *ad Hor. epp.*, II, 2, 209.

qui est décisif pour établir l'union étroite de Mars et de Nerio, c'est que les Saliens dansaient sur le Forum aux quinquatries, comme l'atteste Verrius Flaccus (1). Voilà donc encore un des types originaux de l'ancienne religion des Italiens. Il est possible aussi que la déesse Nerio ne soit pas particulière aux Sabins; car on retrouve ce mot employé sous une autre forme dans l'inscription osque de Bantia (2); nouvelle confirmation des affinités de tous ces peuples.

Quirinus. — Quirinus était le dieu de la lance, *quir*, chez les Sabins de Cures ou Quirites, qui l'adoraient sous cet emblème (3). Ils apportèrent ce dieu à Rome et élevèrent son temple sur le Quirinal, où ils s'établirent, près de la porte Colline. Devant le temple on planta deux myrtes, représentant, l'un les patriciens, l'autre les plébéiens. Le premier se flétrit pendant la guerre sociale (4). Tous les citoyens de Rome étant guerriers, le dieu de la guerre devint le patron suprême de l'association politique et l'un des premiers Pénates. Quirinus des Sabins correspondait à Mars des Latins. Les deux peuples les confondirent; mais, pour rester sur le pied d'égalité vis-à-vis l'un de l'autre, ils firent desservir ce double dieu par deux flamines qui représentaient chaque nation, le flamen martialis et le quirinalis (5).

Nous trouvons dans le récit de la mort de Tatius et de Romulus les derniers traits qui achèvent de caractériser la fusion des Sabins et des Latins. Ainsi Tatius est assassiné à Lavinium, où il s'était rendu pour accomplir les sacrifices d'usage en l'honneur des Pénates de la patrie commune (6); et quand Romulus disparaît, il est divinisé sous le nom de Quirinus, et confondu par la crédulité populaire avec ce dieu apporté de la Sabine (1). La légende est trop connue pour que nous la rapportions ici. Les exemples ne sont pas rares de ces confusions de rois ou de héros avec des dieux adorés déjà depuis longtemps. Belus mort devient pour les Assyriens le dieu Baal ou Bel, dont le culte était antérieurement établi. Caligula voulait devenir Jupiter, même de son vivant. Quant à Romulus, déjà considéré sur la terre comme fils de Mars, il monta dans la hiérarchie céleste par le fait seul de sa mort, et il devint alors Mars ou Quirinus lui-même. Quant aux Quirinales, elles se célébraient le 13 avant les calendes de mars, le 17 février, et il est difficile de dire si c'était à l'intention du roi Romulus ou de l'ancien dieu Quirinus (2).

Numa Pompilius.

Numa était Sabin. Selon Plutarque, il était gendre de Tatius; et comme tout le pacifique et long règne de ce prince fut consacré au règlement des choses sacrées, l'influence des Sabins dans la religion romaine devint dominante, comme l'attestent les récits qui attribuent la plus grande partie des institutions religieuses à Tatius ou à Numa (3). Tous les anciens s'accordent à représenter Numa comme le législateur des Romains. Romulus avait fondé la cité par les armes; Numa, disent-ils, la fonda de nouveau par les lois (4).

Égérie. — Mais, quoiqu'il ait réuni toutes les conditions de l'apothéose comme roi célèbre et antique, il ne fut pas placé au rang des dieux : ainsi, déjà le niveau du merveilleux s'abaisse. Numa n'est plus le fils d'une grande divinité, et n'a pas place dans l'Olympe; il est seulement l'époux d'une nymphe, d'Égérie, déesse des eaux et des fontaines, une autre Juturne (5). Encore existe-t-il une

---

(1) Tab., *Præn.*, Orell. II, 385. Varron, *Ling. Lat.*, V, 85.

(2) Im. nervm. Ob ipsam strenuitatem, selon l'interprétation de Franchini, p. 12. C'est l'expression qui désigne la validité de l'acte.

(3) Creuzer et Guigniaut, t. II, 1re partie, p. 495.

(4) Pline, *Hist. Nat.*, XV, 29, 36; cf. Camin., *Descr.*, p. 116.

(5) Gottl., *Hist. Reip. Rom.*, p. 187; Hartung, t. I, p. 294.

(6) Den. Hal., II, 51.

(1) Ovide, *Fast.*, II, 473; *Mét.*, XIV, 823.

(2) Hartung, *Rel. der Röm.*, t. I, p. 300.

(3) Nieb., *Hist. Rom.*, I, p. 407; Gennarelli, *la Moneta primitiva*, p. 109.

(4) Tit.-Liv., I, 19; *Fast.*, III, 277; Den. Hal., II, 61.

(5) Ovide, *Fast.*, III, 275.

tradition qui le montre puisant sa sagesse à une source toute profane, et allant s'instruire aux leçons de Pythagore, sur la nature des choses divines et humaines (1). Mais les anciens, prenant pour certaine la chronologie de l'histoire romaine, ont établi la fausseté de ce rapprochement entre deux hommes qui vécurent à plus d'un siècle d'intervalle. La crédulité populaire s'est fort bien accommodée de la légende qui donne à Numa pour épouse et pour conseillère la nymphe Égérie (2). Tous les législateurs des temps les plus anciens ont été regardés comme ayant eu des rapports directs avec les dieux, soit qu'ils aient employé ce pieux artifice pour accréditer et autoriser leurs préceptes, soit que les peuples, frappés d'admiration pour la sagesse de ces hommes qui étaient leurs guides, aient eu besoin de croire qu'ils étaient eux-mêmes dirigés par la divinité (3). Toutefois, les historiens du siècle d'Auguste, Denys d'Halicarnasse, Diodore de Sicile, à une époque où l'on avait déjà assez appris et pensé pour soumettre les croyances de cette nature au raisonnement et à la critique, laissent entrevoir qu'ils doutent de la réalité de ce commerce des législateurs avec les dieux, et qu'ils n'y voient qu'une louable et salutaire invention. Mais assez de témoignages attestent la vénération superstitieuse des anciens Romains pour cette intimité de leur vieux roi avec Égérie. Ils ont cru que c'était elle qui expliquait à Numa les secrets des dieux, qui dissipait ses terreurs, et qui réglait sa conduite. La légende ajoutait que Numa devint son époux, et qu'après sa mo[rt] Égérie inconsolable fut changée en fo[n]taine et placée par Diane dans son bo[is] d'Aricie.

LIVRES DE NUMA; ORGANISATIO[N] DU SACERDOCE. — La collection de to[us] les rituels des différents colléges de pr[ê]tres formait un vaste code de lois et [de] pratiques religieuses, dont la rédactio[n] est attribuée par Denys d'Halicarnasse [à] Numa (1). Ce code était divisé en hu[it] parties, répondant aux huit classes d[e] choses sacrées, aux huit sacerdoces in[s]titués à Rome. La première appartena[it] aux trente curions qui faisaient les sa[crifices publics des trente curies; la s[econde, aux flamines; la troisième, au[x] chefs des célères, qui exerçaient aus[si] des fonctions religieuses; la quatrièm[e] aux interprètes des signes divins, au[x] augures; la cinquième, aux vestales ; [la] sixième, aux saliens; la septième, aux f[é]ciaux, et la huitième et dernière au[x] pontifes, dont le collége était le plus im[]portant de tous, et qui étaient les do[c]teurs, les administrateurs, les gardie[ns] et les interprètes des choses religieuse[s].

1° LES CURIONS. — L'institution de[s] curions doit remonter à Romulus. Ce f[ut] lui qui divisa en trente curies la popula[]tion de la ville de Rome et qui fit éleve[r] les trente édifices appelés aussi curie[s] dans lesquels le peuple devait se réun[ir] à certains jours pour faire des sacrifice[s] et prendre des repas en commun. C[es] curies étaient construites au bas du Pa[latin, vers le côté oriental, et les che[fs] de ces corporations reçurent le nom d[e] curion. « C'étaient, dit de Beaufort, comme autant de paroisses, qui avaie[nt] chacune leur curé, et à la tête de ce[s] trente était celui qu'on nommait gran[d] curion (2). » Cette comparaison, plusieu[rs] fois reproduite, manque de justesse. L[a] curie romaine n'a rien de commun ave[c] la paroisse, et ce n'est que par un pué[]ril jeu de mots que l'on a pu assimile[r] curion au curé de nos églises. En effet outre les différences que l'on pourrai[t]

(1) Voy. Ovide, Mét., XV, 1, 478. Il raconte que Numa voyage comme les philosophes de la Grèce, à la recherche de la science, et qu'il apprend de Pythagore le système de la métempsychose. Tite-Live, I, 18 ; Denys, II, 59, prouvent l'anachronisme et rejettent cette supposition. Mais voyez les réflexions de Niebuhr sur la possibilité de cette rencontre de Numa et de Pythagore, Hist. Rom., t. I, p. 335.

(2) Klausen, Æn. und die Pen., II, 956; note 1920.

(3) Aussi chercha-t-on à prouver l'intervention d'Égérie dans la vie de Numa, par ce miracle que Denys d'Halicarnasse raconte fort maladroitement, et Plutarque avec beaucoup plus de vraisemblance. Den. Hal., II, 60 ; Plut., Num., p. 70, B.

(1) Den. Hal., II, 63, 73 ; Hart., Rel. de Röm., t. I, p. 212.

(2) De Beaufort, la République Romaine I, c. III.

appeler canoniques, ces deux dignités sacerdotales sont profondément distinguées par celle de l'ordre hiérarchique. Numa en réglant les rapports des différents corps sacerdotaux avait assigné aux curions le premier rang. Comme tous les autres prêtres, ils ne pouvaient d'abord être choisis que parmi les patriciens ; et ce ne fut qu'en l'an 543 de la fondation de Rome (210 avant Jésus-Christ) que les plébéiens arrivèrent à cette dignité (1).

2° LES FLAMINES. — Après les curions, Numa régla ce qui concernait les flamines. Les trois principaux furent créés par ce prince. Ce furent : le flamine dial pour Jupiter, le flamine martial pour Mars, et le flamine quirinal pour Quirinus ou Romulus. On donnait aussi le nom de flamines aux potitiens et aux pinariens, aux confrères tatiens, aux luperques et aux saliens, à l'organisation desquels Numa consacra un livre spécial. Plus tard le nombre des flamines fut élevé à quinze, et on distingua les anciens des nouveaux flamines, que l'on pouvait choisir parmi les plébéiens, par la dénomination de *flamines majeurs* et par celle de *flamines mineurs*.

Le nombre des flamines mineurs était du reste fort variable. Il se réglait « sur les divinités et les nouveaux cultes dont le sénat ordonnait l'établissement. Ces prêtres sont élus par le peuple, dans les comices par curies. Mais ils n'entrent en fonctions qu'après avoir été installés par le grand pontife et les augures. Les flamines doivent leur nom à la coiffure qu'ils portent : cette coiffure, appelée *apex*, se compose d'un casque surmonté d'un petit cône allongé, entouré d'une houppe de laine. Mais ce casque était trop lourd en été ; et comme il leur était défendu de sortir tête nue, ils se la couvrirent d'un léger voile de fil, *filum*, d'où l'on a fait *filamine*, et par abréviation *flamine* (2). »

3° LES CHEFS DES CÉLÈRES. — Les célères formèrent la première cavalerie romaine. Ce fut le germe de l'ordre puissant des chevaliers. On voit par les règlements de Numa que les chefs de ce corps de cavalerie étaient tenus à accomplir quelques fonctions sacrées, qui leur étaient prescrites. Mais il est impossible de dire en quoi elles consistaient ; car il n'est fait mention que dans Denys d'Halicarnasse (1) de ces attributions religieuses des chefs des célères.

4° LES AUGURES. — Les augures avaient été institués par Romulus, qui en établit un dans chacune des trois tribus dont se composait son peuple (2). Numa porta à cinq ce nombre, qui dans la suite fut élevé à neuf membres, puis à quinze. Il n'y a dans ce collége d'autre hiérarchie que celle de l'âge. Jusqu'au milieu du cinquième siècle l'augurat demeura le partage exclusif des patriciens ; mais alors la loi Domitia ouvrit aussi le sacerdoce aux plébéiens consulaires et triomphateurs, et ils y furent admis par moitié, comme au pontificat. Les rois furent les premiers augures, et choisirent eux-mêmes les membres chargés de ces fonctions importantes. Après la chute des rois le collége des augures, comme celui des pontifes, se recruta par cooptation, c'est-à-dire que les augures en charge élisaient eux-mêmes ceux qui devaient occuper les places vacantes, et plus tard la loi Domitia et la loi Ogulnia attribuèrent aux comices le droit de renouveler par l'élection tous les colléges pontificaux. Les augures devaient résider à Rome ; ils étaient inamovibles, et leur intervention, nécessaire dans toutes les affaires politiques et respectée comme la volonté des dieux, les aurait rendus maîtres du gouvernement, s'il n'avait été établi en principe qu'ils ne pouvaient consulter que d'après l'ordre du sénat. L'observation constante de cette maxime assura la prépondérance de ce corps politique, et suffit pour empêcher le gouvernement de la république romaine de tourner à la théocratie.

Hors de Rome, les consuls ou autres chefs d'armée avaient le droit de prendre les auspices sans la présence d'un augure. Ils observaient eux-mêmes l'appétit des

---

(1) Tit.-Liv., XXVII, 8.
(2) Dezobry, *Rome au siècle d'Auguste*, t. II, p. 85.

(1) Den. Hal., I, 63.
(2) Nous transcrivons ici, en les abrégeant et en les modifiant, les principaux passages de la lettre XXX de l'ouvrage de M. Dezobry, *Rome au siècle d'Auguste*, t. II, p. 69.

poulets sacrés, et en tiraient des présages pour le combat. Mais à Rome il n'y avait que les augures qui pussent présider à l'accomplissement de ces rites religieux.

L'art augural se distinguait de *l'aruspication*. Les aruspices, inférieurs aux augures, avaient une double fonction. Ils prédisaient l'avenir d'après des événements humains ou des phénomènes célestes, comme la foudre et les éclairs ; ou bien ils allaient en chercher la révélation dans les entrailles des victimes. Les augures pouvaient observer, interpréter les foudres, aussi bien que les aruspices, et dans ce cas on les nommait *fulgurateurs*; mais les aruspices seuls prédisaient d'après l'inspection des entrailles des animaux. Ces deux sciences, aussi compliquées, aussi mystérieuses l'une que l'autre, étaient originaires de l'Étrurie, et il n'y a nul doute qu'elles n'ont commencé à se développer à Rome qu'après l'établissement de la dynastie étrusque des Tarquins.

5° LES VESTALES; VESTA.—Le culte de Vesta, dont Numa organisa le sacerdoce, doit être compté parmi les plus anciennes institutions de la religion des Italiens. Selon Tite-Live, Rome l'emprunta aux Albains; d'après Varron, il fut apporté par Tatius (1), d'où il faut conclure qu'il était commun aux Sabins et aux Latins. Ovide, Plutarque, Denys d'Halicarnasse, Festus, rapportent à Numa les règlements et la constitution du corps des Vestales, auquel rien ne fut changé jusqu'au temps d'Auguste (2). Sous le nom de Vesta les anciens révéraient la terre, séjour des hommes, et le feu du foyer de la famille ou de l'État. Vesta était le grand Pénate de la maison et de la patrie. Pour assurer le respect des institutions sociales, on entourait le culte de Vesta du plus profond mystère. Le *Penus*, ou sanctuaire de son temple, n'était ouvert qu'au temps des *Vestalia*, au 9 mai (3), et encore restait-il impénétrable aux hommes (4). La déesse n'était représentée par aucune image, parce que rien ne pouvait figurer le feu, qui était le véritable objet de ce culte. L'adoration du feu a commencé dans le temps où les hommes adressaient leurs' hommages aux éléments eux-mêmes. L'anthropomorphisme transforma ensuite le feu en une déesse, sur laquelle on a inventé bien des fables, dont quelques-unes étaient ridicules et scandaleuses (1). Mais si l'idée primitive perdait sa simplicité grossière, le culte la conserva, et le sanctuaire de Vesta resta fermé aux brillants chefs-d'œuvre de l'art païen. On supposa des statues de Vesta; elles n'existèrent jamais. Ainsi cette divinité résista à la transformation que le polythéisme avait fait subir à toutes les autres.

Ovide développe tour à tour les deux opinions admises sur Vesta, qui pour lui est tantôt le feu, tantôt la terre (2), ou plutôt tous les deux à la fois, par le motif exprimé dans ce vers, qui résume la vraie doctrine sur cette déesse :

Significant sedem terra focusque suam.

Ce vers contient toute la signification morale et religieuse du culte de Vesta, qui est la patrie et le foyer, et, dans sa plus vaste acception, la terre, séjour de tous les hommes. Aussi le temple de Vesta était de forme ronde, avec un toit en dôme, pour représenter la rotondité de la terre (3). Ce temple, construit d'abord par Numa, était près du Forum, au pied du mont Palatin (4), à côté de la

---

(1) Tite-Live, I, 20; Varron, *Ling. Lat.*, V, 74.
(2) Ovide, *Fast.*, VI, 260; Plut., *Num.*; Den. Hal., II, 66; Fest.; Müller, p. 262, 26.
(3) Fest., p. 250, 34.
(4) Lact., *Inst. Div.*, III, 20.

(1) Cf. Ovide, *Fast.*, VI, 313, Priape et Vesta, V, 375, Vesta contribuant à délivrer le Capitole des Gaulois. Le vers 279 ou 286 reproduit les fables de la mythologie grecque, et est la traduction du vers 453 de la *Théogonie* d'Hésiode.
(2) *Fast.*, VI, 267. Varron dit que Vesta est la terre. Saint Aug., *Civ. D.*, VII, 16, 28; Macrobe, *Sat.*, I, 23, trouve la même opinion dans le *Timée* de Platon et dans ces deux vers d'Euripide :

Καὶ Γαῖα μῆτερ· Ἑστίαν δέ σ'οἱ σοφοὶ
Βροτῶν καλοῦσιν ἡμένην ἐν αἰθέρι.

(3) Ovide, *Fast.*, VI, 281 : Terra pilæ similis. Cf. Fest., 262, 26; Denys Hal., II, 66 : Varron, *Ling. Lat.*, VII, 17, et le long développement de Lactance, *Inst. Div.*, III, 24.
(4) Den., l. c.; Hor., *Carm.*, I, 2, 16.

demeure du roi sabin, sur l'emplacement de laquelle s'éleva plus tard l'édifice appelé *Atrium Vestæ*.

Cet *Atrium Vestæ* servait d'habitation au collége des Vestales, qui sous Numa furent au nombre de quatre, et de six sous Tarquin Priscus ou Servius Tullius. Il serait inutile de répéter ici ce que tout le monde sait sur le choix des Vestales, leurs obligations, leurs priviléges et leurs vœux. Assez de livres ont traité abondamment de cette matière (1). Mais on ne lira peut-être pas sans intérêt le récit suivant, où sont réunies toutes les circonstances probables du supplice d'une vestale, condamnée à mort pour la violation du vœu de chasteté. « Le grand pontife dépouille l'infortunée jeune fille de ses bandelettes sacrées et de son costume de prêtresse. On la bat de verges; et au milieu des vives douleurs de ce supplice, on ne l'entend proférer que ces mots : « Moi incestueuse! Moi incestueuse! » Cependant les bourreaux sont las de frapper; ils quittent la victime, et on la pare pour subir le dernier acte de sa condamnation. Les ornements mortuaires remplacent les emblèmes de la pureté virginale, et courbent sous leurs effroyables enveloppes le corps délicat et gracieux de cette jeune vierge, qui pouvait compter encore tant de jours. Il faut partir, on la conduit, ou plutôt on la porte dans une litière réservée pour ces horribles cérémonies, et que l'on enveloppe extérieurement de coussins serrés avec des courroies, pour donner à cette bière des vivants toute la surdité d'un tombeau. Les cris du désespoir expirent contre ces parois, et les juges et les bourreaax n'ont à redouter ni de se sentir émus malgré eux, ou de voir exciter parmi les assistants une émotion qui pourrait leur ravir cette pauvre victime.

« L'affreux convoi s'avance par la ville, où règne la plus profonde consternation. Il traverse tout le Forum, ordinairement si bruyant, si animé, et qui ne présente plus dans sa vaste étendue que le tableau du deuil et de la désolation. Le comitium, le trésor public, les temples, les basiliques, la curie Julia, la Grécostase, les tavernes, tout est fermé, tout est muet. C'est le calme sinistre d'une ville abandonnée, et cependant la ville regorge de monde...... D'aussi loin qu'on voit venir la fatale litière, la foule s'ouvre avec une sorte d'horreur, et, morne, consternée, se range à sa suite pour l'accompagner. La lugubre procession arrive à l'extrémité septentrionale du Forum, rétrécit ses files, s'engage dans la voie du forum de Mars, gravit le mont Quirinal, et longe les murs de la ville, en observant toujours un sombre silence, interrompu seulement par les pleurs et les sanglots des parents et des amis de la condamnée, par le monotone et grave retentissement des pas de cette foule immense. Elle s'arrête devant la porte Colline, sur une éminence située à l'intérieur des murs, à droite de la voie publique derrière l'*ager* de Servilius; c'est le lieu ordinaire du supplice; sa destination lui a valu le nom de *champ scélérat*.

« Là se trouve creusé un caveau souterrain, dans lequel plonge une échelle pour y descendre. Un petit lit est dressé sous la voûte, et auprès de cette couche de la mort sont déposés une lampe ardente, un peu d'huile, un peu de pain et d'eau, un peu de lait, provisions d'un jour, pour une malheureuse condamnée éternellement à cette prison tumulaire; provisions que la plus horrible piété laisse auprès de la victime, pour ne pas avoir l'air de faire mourir de faim un corps qui a été consacré par les plus saintes cérémonies du monde.

« Cependant les licteurs dénouent les fermetures de la litière déposée devant le caveau; le grand pontife adresse aux dieux certaines prières secrètes, lève les mains au ciel, et s'avance vers la condamnée. Il la conduit sur l'échelle, puis se retire aussitôt avec tout le collége pontifical, laissant la victime entre les mains du bourreau.

« L'infortunée Minucia, avec une admirable fermeté, s'avance sur ces degrés, dont chacun était un pas de la mort. Un instant sa stole s'embarrassa sur le bord de l'abîme; et comme elle se retournait pour en réparer le désordre, le long voile qui la couvrait comme un linceul, dérangé par le zéphyr, laissa voir sa figure, à laquelle les lys de la

---

(1) Adam., *Antiq. Rom.*, II, 67; Hartung, II, 110, 122.

mort et le calme de l'innocence donnaient une expression sublime et céleste; elle semblait déjà ne plus appartenir à ce monde. Une émotion très-vive se manifesta dans la foule quand Minucia, avant de disparaître aux regards de tous, protesta une dernière fois de son innocence, en s'écriant d'une voix calme et résignée : « Moi incestueuse ! »

« Le bourreau lui présenta la main pour l'aider à descendre : elle le repoussa avec horreur, comme si elle eût craint de ternir la pureté dont elle faisait profession. Son front disparut avec une sorte de majesté sous la voûte exécrable, et elle se souvint jusqu'à la fin de ce qu'exigeait d'elle la plus sévère bienséance.

« Elle était à peine arrivée au fond de sa tombe, que le bourreau se hâta de tirer l'échelle; des esclaves, aussi impassibles que la mort, remplirent l'entrée du caveau jusqu'au niveau du sol, en égalisant bien le terrain, parce qu'il ne faut pas que la vestale incestueuse laisse de trace de sa présence ni parmi les vivants ni parmi les morts. La foule s'écoula lentement, en tournant ses regards vers cette terre, où était engloutie une vierge aussi pure que belle, aussi pieuse et aussi innocente que ses juges furent impitoyables et cruels (1). »

6° L'ANCILE ; LES SALIENS. — La tradition, qui cherche toujours à fixer le moment où naissent les plus anciennes institutions, avait attribué celle des Saliens à Numa et conservé à ce propos une légende merveilleuse qu'Ovide rapporte dans toute sa pureté (2). Épouvanté par l'apparition de nombreux éclairs et par la sécheresse du ciel embrasé, Numa consulte Égérie, qui lui apprend que Picus et Faunus lui révéleront les rites secrets qui peuvent apaiser Jupiter (3). Mais il faut leur arracher cette science mystérieuse, dont les dépositaires se montrent toujours (1) avares. Picus et Faunus habitaient un bois sacré au pied de l'Aventin. Numa pose des coupes pleines de vin au bord d'une fontaine où ces dieux se désaltéraient. Ils vidèrent ces coupes, et tombèrent dans un profond sommeil, dont Numa profita pour les charger de liens. Quand ils eurent juré par le Styx de le satisfaire, ils firent, par des chants magiques, descendre Jupiter des célestes demeures (2). Cependant Numa, pénétré d'une horreur religieuse, conserve assez de force pour demander à Jupiter les moyens de conjurer la foudre. Il promet pour offrande expiatoire l'âme d'un poisson; Jupiter s'en contente, et annonce l'apparition d'un gage certain du salut de l'empire. Le lendemain, le peuple, averti par son roi, s'assemble devant sa demeure. Numa monte sur un trône d'érable. Tous attendent avec incertitude et anxiété le lever de l'astre du jour. Mais à peine a-t-on vu ses premiers rayons, que le ciel s'entr'ouvre et qu'un bouclier, doucement balancé sur l'aile des vents, tombe au milieu de la foule religieusement prosternée. Pour garantir ce gage précieux contre toute surprise, Numa fait fabriquer d'autres boucliers semblables par l'habile Mamurius, et en confie la garde aux Saliens qui avaient déjà reçu de lui des armes et les hymnes de leurs cérémonies. Mamu-

(1) Dezobry, *Rome au siècle d'Auguste*, t. II, p. 111.

(2) Je renvoie aux principaux livres sur cette matière. Beauf., *De la Rép. Rom.*, t. I; Hart., *Rel. der Röm.*, t. I, p. 136; Zeiss., *Röm. Alt.*, p. 113; Ruperti, *Handbuch der Röm. Alt.*, t. II, p. 567 et suivantes; *Établissement de l'ordre des Vestales*, par l'abbé Nadal.; *Acad. des Inscr.*, IV, 161.

(3) *Fast.*, III, 289.

(1) Comme Protée, Virg., *Georg.*, IV, 398.
(2) Selon Tite-Live, I, 20, Numa éleva un temple à Jupiter Elicius. Varron, *Ling. lat.*, VI, 94, donne l'étymologie de cette épithète. Faut-il expliquer ce détail de la légende par les connaissances que les anciens, curieux observateurs des phénomènes de la foudre, avaient pu acquérir sur l'attraction du fluide électrique? Nous le pensons ainsi, et nous donnons le même sens aux passages connus de Pline, *Hist. Nat.*, II, 53; XXVIII, 4, et d'Arnobe citant Valerius d'Antium, *adv. Gent.*, V, 154, éd. Lugd. Batav., 1651. Le vers de Manilius, *Astr.*, I, 101,

Eripuitque Jovis fulmen viresque tonandi.

ne laisse point de doute à ce sujet. Mais il y a loin de ces observations superstitieuses aux déductions scientifiques qui ont produit la salutaire invention du paratonnerre, que M. Libri nie positivement avoir été connue des Étrusques, *Histoire des Sciences mathém. en Italie*, t. I, p. 21.

ITALIE.

us ne voulut pour récompense que l'honneur d'entendre son nom répété par les saliens à la fin de leurs chants (1).

Il faut distinguer entre la chute du bouclier sacré appelé *ancile* et l'institution des saliens, qu'Ovide lui-même donne comme un fait antérieur. L'ancile était un gage de protection et de sûreté, donné par le ciel aux Romains, et la légende était libre d'en placer l'origine sous le règne qu'il lui plaisait de choisir. Numa convenait bien à ce récit ; car s'il organisa le collége des saliens, il était vraisemblable de placer sous lui le fait merveilleux de la chute de l'ancile. Si l'on demande comment cette croyance a pu s'accréditer à Rome, la réponse est facile. Les saliens portaient tous des boucliers (2) ; il n'a pas fallu de grands efforts aux chefs de Rome pour persuader au peuple, et se persuader à eux-mêmes, que l'un de ces boucliers était le gage de l'empire. Tous le crurent, entraînés par une pente invincible à admettre le merveilleux ; car c'est, je pense, faire trop d'honneur à l'esprit des anciens rois et législateurs, et en même temps trop d'injure à leur caractère, que de supposer du stratagème dans tout ce qu'ils ont établi. Ils n'étaient ni des esprits forts ni des fourbes : or, ils n'auraient pu être ni l'un ni l'autre séparément. Où donc auraient-ils puisé cette hardiesse sans laquelle on ne peut entreprendre de jouer les hommes au moyen des dieux ? Beaucoup de déclamateurs ont répandu l'indignation à flots sur ce qu'ils ont appelé l'imposture des prêtres, dans les temps où les sociétés s'organisaient. Je repousse ce reproche, mais je laisse intact celui de crédulité et d'ignorance. D'ailleurs, comme je pense que la plupart de ces légendes sont sorties, après les institutions elles-mêmes, de l'imagination des croyants, il n'y a pas lieu à crier à l'imposture des inventeurs, ou à discuter la réalité et la possibilité des circonstances de leurs inventions.

Quant aux saliens, il faut en rechercher l'origine dans les plus antiques coutumes des religions pélasgiques. Festus, en leur donnant pour fondateurs, d'après Polémon, l'Arcadien Salius, compagnon d'Énée, ou d'après Critolaüs, Saon de Samothrace, nous autorise à les rattacher au tronc primitif de toute la civilisation italienne (1). D'autres villes, plus anciennes que Rome, Tibur, Tusculum, Albe, avaient déjà leurs saliens (2). A ce point de vue, l'institution des saliens n'est plus un fait particulier à Rome, une création de Numa, et il est permis de l'assimiler aux cérémonies analogues que pratiquaient en Asie et dans les îles de la Grèce les curètes (3), les corybantes et les dactyles Idéens. Quoi de plus généralement usité que la danse et le chant dans les fêtes religieuses (4) ? A Rome aucune pompe, aucun jeu public n'étaient célébrés sans les ludions, qui dansaient et chantaient, accompagnés par des joueurs de flûte, et dont le costume était à peu près le même que celui des saliens (5).

Les saliens étaient divisés en deux classes : les *Palatins*, que Numa avait institués, et les *Agonaux* ou *Collins*, qui furent voués par Tullus Hostilius, dans la guerre contre les Véiens et les Fidénates, en même temps que deux temples à la Pâleur et à la Peur (6). Les

---

(1) Ce récit ne se trouve ailleurs que dans Plutarque, *Num.*, 13. Quelle en peut-être la source ? Pline, *Hist. Nat.*, XVIII, 27, dit que Cassius Hemina avait traité dans ses *Annales* des institutions religieuses de Numa.

(2) La forme de l'ancile, qui était celle des boucliers des saliens, est décrite par Plutarque, l. c.; par Varron, *Ling. Lat.*, p. 73, 18, éd. Dordr.; par Paul Diac. ; Müller, 131, 7 ; Denys d'Hal., II, 67, 69.

(1) Fest., s. v. *Salii*, 326, 32. On nomme aussi Dardanus.

(2) Serv., *Æn.*, VIII, 285 ; Macr., *Sat.*, III, 12. Octavius Hersennius avait composé un livre ayant pour titre *Cérémonie des Saliens de Tibur*. Hart., *Rel. der Röm.*, II, 164.

(3) Denys, II, 68, compare le bouclier des saliens à celui des curètes, qui pour lui sont les mêmes que les saliens de Rome.

(4) Ovide, *Fast.*, III, 387.

(5) Tite-Live, I, 20, est le plus bref et le plus complet de ceux qui parlent des costumes et des rites des saliens. Voir les développements avec les sources dans Hartung, II, 166, 169.

(6) Tite-Live, I, 27 ; Saint-Aug., *Civ. D.*, IV, 23. On les appelait *Pavorii* et *Pallorii*. Hart., II, 164 ; cf. La Peur et la Pâleur, divinités représentées par les médailles romaines,

saliens sortaient en grand appareil, le 1ᵉʳ mars, aux calendes, et continuaient pendant plusieurs jours leurs processions cadencées (1). Le soir ils faisaient en commun des repas, qui devinrent fort somptueux, et dont Apulée fait souvent un sujet de raillerie (2). Aux cérémonies du jour appelé *Mamuralia*, qui était le 14 mars, on ajoutait des particularités singulières, qui rappelaient d'une manière grotesque le souvenir de Mamurius (3). Peut-être le jour du *Tubilustrium* (23 mars) terminait-il la durée des courses et sacrifices des saliens, et mettait fin à l'abstinence qui était alors imposée, à la prohibition du mariage et aux autres pratiques qu'observait plus particulièrement la femme du flamine de Jupiter (4).

7° LES FÉCIAUX. — Denys d'Halicarnasse attribue à Numa l'institution des féciaux, et Tite-Live à Ancus Martius. Mais tous deux s'accordent à dire que ces rois empruntèrent ce sacerdoce aux Équicoles ou aux Rutules; ce qui prouve que la connaissance du droit des gens existait depuis longtemps chez les peuples du Latium et de la Sabine. En effet, les féciaux étaient des hérauts d'armes chargés de présider aux déclarations de guerre, aux conclusions de paix, de légitimer les unes et de sanctionner les autres par l'accomplissement de toutes les formalités religieuses usitées dans ces circonstances. Il leur appartenait aussi de juger des insultes commises en la personne des ambassadeurs, de veiller à ce qu'on gardât religieusement les traités,

par Moreau de Mautour; *Acad. des Inscr.*, t. IX, p. 9.
(1) On voit par les auteurs qu'elles duraient plusieurs jours, mais aucun n'en marque précisément le terme. Tite-Live, XXXVII, 33.
(2) Apulée, *Met.*, l. IX : Saliares cœnas comparat,.... et alibi passim.
(3) Lyd., *De Mens.*, III, 29, 128; Röth. Varron explique les deux mots *Mamuri Veturi* par *Veterem memoriam*. Il est bien possible que ces mots du chant salien, mal compris, aient donné lieu à la fable de l'ouvrier Mamurius. Sur l'obscurité du *Carmen Saliare*, voy. Horace, *Epist.*, II, 1, 86; Cf. les fragments du chant des saliens ap. Egger., *Lat. Serm. Reliquiæ*, p. 72.
(4) Ovide, *Fast.*, III, 393-398.

de décider des cas où il fallait obtenir ou accorder des réparations publiques. Voici, d'après Tite-Live (1), les formalités observées par les féciaux quand ils déclaraient la guerre au nom du peuple romain : « Le fécial arrivé sur les frontières du peuple agresseur se couvre la tête d'un voile de laine, et dit : « Écoute, Jupiter, écoutez habitants des frontières (et il nomme le peuple auquel elles appartiennent), écoute aussi, Justice : Je suis le héraut du peuple romain : je viens chargé par lui d'une mission juste et pieuse, qu'on ajoute foi à mes paroles. » Il expose ensuite ses griefs. Puis, attestant Jupiter, il continue : « Si moi, le héraut du peuple romain, j'outrage les lois de la justice et de la religion, en demandant la restitution de ces hommes et de ces choses, ne permets pas que je puisse jamais revoir ma patrie. » .... S'il n'obtient pas satisfaction après trente-trois jours, délai prescrit solennellement, il déclare ainsi la guerre : « Écoute, Jupiter, et toi Junon, Quirinus, et vous tous dieux du ciel, de la terre, et de l'enfer, écoutez : Je vous prends à témoin de l'injustice de ce peuple (et il le nomme), et de son refus de restituer ce qui n'est point à lui. Au reste, les vieillards de ma patrie délibéreront sur les moyens de reconquérir nos droits. » Le héraut revenait aussitôt à Rome, pour qu'on en délibérât, et le roi communiquait immédiatement l'affaire aux sénateurs, à peu près en ces termes : « Les objets, griefs et procès que le *pèr patrat* (on appelait ainsi le fécial en fonction) du peuple romain des Quirites a redemandés, exposés, débattus auprès du père patrat du peuple ennemi, et desquels il attendait la restitution, la réparation et la solution n'ont été ni restitués, ni réparés, ni résolus; dis-moi donc, demandait-il au premier à qui il s'adressait, ce que tu en penses. » Celui-ci répondait : « Je pense que pour faire valoir nos droits la guerre est légitime; j'y donne mon plein et entier consentement. » On interrogeait aussi chacun à son tour; et si la majorité adoptait cet avis, la guerre était décidée. L'usage était alors que le fécial portât aux frontières du peuple ennemi un javelot ferré ou un pieu

(1) Tit.-Liv., I, 32.

lurci au feu et ensanglanté. Là, en présence de trois jeunes gens au moins, il disait : « Puisque le peuple (et il le nommait) a agi contre le peuple romain des Quirites et failli envers lui, le peuple romain des Quirites a ordonné la guerre contre ce peuple ; le sénat du peuple romain des Quirites l'a proposée, décrétée, arrêtée, et moi et le peuple romain nous la déclarons à l'ennemi, et je commence les hostilités. » En disant ces mots, il lançait son javelot sur le territoire ennemi. Le collège des féciaux devait se composer de vingt membres patriciens, élus dans les comices, après le temps des rois, et confirmés par le collège même. Leur dignité était conférée à perpétuité.

8° LES PONTIFES. — La dernière partie des lois religieuses de Numa, dit Denys d'Halicarnasse (1), regardait ceux qui avaient le souverain sacerdoce, et le pouvoir le plus étendu. Le collège des pontifes jugeait tous les différends des particuliers, des magistrats et des prêtres en ce qui concernait la religion. Ils décidaient quelles cérémonies devaient être observées, écrites dans la loi, ou laissées en désuétude ; ils avaient inspection sur tous les magistrats et sur toutes les dignités où l'on sacrifie aux dieux et où l'on accomplit quelque rit religieux ; ils enseignent au peuple les détails du culte. Ils ont le droit de châtier toute infraction à la vie religieuse.

Dans l'origine il n'y eut que quatre pontifes, tous patriciens. L'an 302 (avant Jésus-Christ) les plébéiens furent admis à cette dignité ; et le nombre des pontifes fut porté à huit. Sylla, dictateur, doubla encore ce nombre. Le chef du collège des pontifes s'appelle le grand pontife. Les membres patriciens sont appelés *pontifes majeurs*, et les membres plébéiens *pontifes mineurs*. La plus grande dignité religieuse à Rome était celle de grand pontife, *pontifex maximus* ; aussi le peuple se réserva-t-il le droit d'en disposer par ses suffrages : l'autorité du grand pontife s'étendait sur tous les autres ministres de la religion. Il était le gardien de tous les formulaires consacrés aux différentes cérémonies religieuses ; il faisait en personne les principaux et les plus grands sacrifices ; il présidait à tous les vœux religieux intéressant la république ; il inaugurait à tous les sacerdoces. Il habitait une maison que lui allouait le sénat, et qui restait continuellement ouverte au public. Elle était située en haut de la voie Sacrée, près de l'arc de Fabius, et on la nommait *Regia*. Quand Auguste fut nommé grand pontife, ne voulant pas quitter sa demeure du mont Palatin, il en donna une partie à la république, pour se conformer aux exigences de la dignité pontificale.

Non-seulement la tradition attribue à Numa l'organisation du sacerdoce, mais aussi l'établissement de fêtes nouvelles, ou non encore admises dans le culte romain. C'est à lui qu'on rapporte les Fornacales, les Fordicidia, les Hobigales, les Terminales, la fête de Tacita, les Argées.

LES FORNACALES. — Ne peut-on pas rattacher encore à Vesta la fête des Fornacales, qui se célébrait au mois de février, en même temps que la fête de Quirinus (1)? La déesse Fornax n'est nommée nulle part, si ce n'est dans Lactance, qui n'en parle que d'après Ovide (2). Peut-être ce nom se trouvait-il dans les *Indigitamenta* ; mais, comme tant d'autres dieux de ces recueils dont on ne tenait aucun compte dans le culte public, on l'avait confondu dans les attributs de quelque divinité considérable, qui était sans doute cette *Stata Mater* dont parle Festus, laquelle avait un autel sur le Forum, et qu'on invoquait pour garantir les pierres contre l'action dévorante du feu. Or, cette Stata Mater n'est peut-être autre chose que Vesta (3). La fête des Fornacales était célébrée par tout le peuple, comme les *Parilia*, les *Laralia*, et n'appartenait à aucune des familles

---

(1) Den. Hal., II, 73.

(1) Klausen pense que les femmes allaient aussi pieds nus au temple de Vesta, p. 628, t. II.

(2) Ovide, *Fast.*, II, 523 ; Varron, *Ling. Lat.*, VI, 13. Pline rapporte l'institution des Fornacales à Numa, *Hist. Nat.*, XVIII, 7-8.

(3) Fest., 317, 2 ; Hart., t. II, 110. Hartung assimile Stata Mater à Vesta. Cf. Ovide, VI, 299 :

Stat vi terra sua, vi stando Vesta vocatur.

patriciennes (1). Le grand curion proclamait selon la formule d'usage le jour de ce sacrifice, qui n'était point une férie fixe. On affichait au Forum le rang des curies, afin que chacun prît place dans la sienne; ceux qui ne tenaient pas compte de cet avertissement célébraient tous ensemble les Fornacales le 21 février, et ce jour était appelé la fête des Fous (2).

LES FORDICIDIA. — Sous le règne de Numa, dit Ovide (3), les animaux et la terre furent frappés de stérilité. Pour détourner ce malheur, le roi pénétra, au milieu du silence de la nuit, dans le bois antique de Faune; il immola deux brebis, l'une à Faunus, l'autre au Sommeil, et, couché sur les toisons de ces victimes, purifié par l'abstinence et les expiations d'usage, il attendit, en dormant, les révélations du dieu. Faune lui apparut, et lui ordonna d'apaiser Tellus par le sacrifice de deux vaches en une seule victime. Embarrassé par le sens obscur de cet oracle, il interroge Égérie, qui lui explique qu'on demande les entrailles d'une vache pleine. Ainsi sont instituées les Fordicidia (4). On voit comment la légende plaçait à une époque fixe, et expliquait par un fait précis, l'origine de cette fête agricole que les Italiens observaient sans doute longtemps avant Numa. La victime était immolée en l'honneur de Tellus ou de Cérès, qu'on ne peut ici séparer l'une de l'autre (5). Le but de la fête étant d'obtenir la fécondité de tout ce qui produit, la divinité devait être la Terre, sous quelque nom qu'on l'adorât. Mais c'est particulièrement à Cérès que le sacrifice des trente *fordæ boves* était destiné (1), car les *Fordicidia* tombaient au milieu des Céréales, le 15 avril. Varron range les *Fordicidia* parmi les grandes féries à jour fixe (2), qui toutes sont indiquées par des abréviations ou de simples initiales dans le calendrier Maffei. Les fêtes qu'il appelle *Majores statæ* (3) sont toutes fort anciennes; aucune n'a été ajoutée aux Fastes depuis que Cn. Flavius les eut publiés; elles tiennent par leur origine et leur caractère à la primitive religion de l'antique Italie. Les *Minores statæ* sont plus récentes, et résultent des sénatus-consultes qui les décrétaient à l'occasion des dédicaces de temple.

LES SEMENTINES. — On trouve encore Cérès et Tellus adorées ensemble dans la fête des Sementines, qui se rapproche par tous les points des *Fordicidia* (4). Quand les semences sont confiées à la terre, le laboureur se repose, le village est en fête, on purifie les maisons et on offre aux divinités rustiques, Tellus et Cérès (5), des gâteaux de froment et les entrailles d'une truie pleine. Les Sementines se célébraient tous les ans, mais à une époque non fixée d'avance et désignée en temps opportun par le pontife, du haut de la *Curia calabra* (6). Elles du-

(1) Fest., d'après Corn. Labeo, p. 253, 13.
(2) Fest.; Müller, p. 316, 7; Plut., *Quæst. Rom.*, 89. Cf. sur les curies et leurs sacrifices Den. Hal., II, 64; Fest., p. 49, 1, 62; 11.
(3) *Fast.*, IV, 639.
(4) Varron, *Ling. Lat.*, VI, 15 : Bos forda, quæ fert in ventre. Dans le livre *de Re Rust.*, II, 5, vacca prægnans, Horda, d'où Hordicalia. Paul Diac., 112, 15, Hordicidia. Ailleurs, 83, 13, fordicidis boves. On disait indifféremment l'un et l'autre.
(5) Lyd., *De Mens.*, IV, 49, p. 228. La distinction de Lydus est inutile. Ovide, 1, 671, mentionne un sacrifice commun à Cérès et à Tellus, auquel convient tout à fait le sacrifice de la *scrofa* dont parle Arnobe, *Adv. Gent.*, VII, 22; cf. Fab. pict. ap. Serv. *ad Georg.*, I, 21.

(1) Ovide, *Fast.*, IV, 629. Les veaux étaient brûlés et les cendres gardées par les Vestales pour les purifications des *Palilia*. Hart., II, 84.
(2) Les féries chez les Romains se divisaient en *feriæ legitimæ*. Serv., *ad. Æn.*, I, 652; Macr., *Sat.*, I, 16, et *indictivæ* ou *indictæ*; Varron, *Ling. Lat.*, VI, 25-26, partage les premières en *Feriæ statæ* et *Feriæ conceptivæ*, et ces dernières en *annales* et non *annales*. Cf. Merk, *De Obsc.*, p. CLVI; Hart., I, 154.
(3) Varron, *Ling. Lat.*, VI, 12, 23.
(4) Ovide, *Fast.*, I, 657, 704.
(5) On devait aussi invoquer en même temps Tellumon, Altor, Rusor, comme on le voit dans saint Aug., d'après Varron, *Civ. D.*, VII, 23.
(6) Cette fête était donc *Conceptiva annalis*. Lyd., *De Mens.*, III, 6; Varron, *R. Rust.*, p. 5, 27, montre les interlocuteurs de ce traité réunis dans le temple de Tellus pour la célébration des Sementines; *Ling. Lat.*, VI, 26. Neapoli, dans son commentaire, pense que

bient deux jours, séparés l'un de l'autre par toute une nondine. Quant à l'institution de cette fête, l'imagination des poëtes ou des prêtres ne s'est pas donné la peine d'en inventer l'origine, comme elle l'a fait pour tant d'autres.

Les Robigales. — A propos des Robigales, qui sont rangées parmi les institutions de Numa (1), Ovide raconte que revenant de Nomentum il aperçut une procession conduite par le flamine quirinal et se dirigeant vers le bois de Robigo (2). Il s'approche, assiste à la cérémonie, et voit le flamine prier Robigo d'épargner les moissons, puis répandre sur le feu le vin, l'encens et les entrailles d'une brebis et d'un chien. C'était le 25 avril (3). Robigo ou Robigus est cette maladie terrible qui brûle les blés. Les laboureurs italiens en firent une divinité dont il fallait conjurer le courroux (4). Cette fête venait des Sabins : c'est le flamine quirinal qui y préside, et c'est Numa qui l'enseigne aux Romains. Ceux qui faisaient partie de la procession étaient vêtus de blanc, comme aux fêtes de Cérès, qu'on invoquait peut-être aussi dans ce sacrifice institué pour le salut des moissons.

Toutes les fêtes qui précèdent sont autant de tableaux intéressants de la vie agricole des anciens Romains. Ainsi, chez les peuples primitifs, l'histoire de la religion est aussi celle des mœurs; car dans les temps anciens les hommes ignorants et simples, ne sachant pas que le nom de Dieu ne doit être réservé qu'à la cause suprême et unique, que rien ne précède et ne domine, voient des dieux dans tous les mille ressorts dont l'Auteur du monde a composé son admirable ouvrage; de sorte que toutes leurs pensées, toutes leurs actions, se produisent sous la forme religieuse, et que plus on pénètre celle-ci, plus on voit à fond l'état des sociétés primitives. Agriculteurs, pasteurs, guerriers, les habitants de l'Italie avaient puisé dans chacun de ces trois genres d'occupations des sentiments, des croyances et des pratiques religieuses, dont la connaissance nous donne tout ce qu'il est permis de savoir sur leur condition sociale.

Les Terminales. — Un peuple adonné à l'agriculture doit admettre en principe le respect de la propriété territoriale. L'inviolabilité du champ est placée sous la sauvegarde de la Divinité, et devient l'objet d'un culte. La pierre ou le tronc d'arbre qui séparent deux champs voisins s'appelle chez les Italiens le dieu Terme (1), qui est identique aux plus grands des dieux, à Janus, à Jupiter (2), car il n'est pas de majesté trop grande pour la conservation du principe de la propriété. Le dieu Terme est adoré en commun par ceux dont il limite les champs. Tous les membres des deux familles prennent part au sacrifice. Des deux côtés on dresse un autel. La femme apporte le feu, le père élève le bûcher, l'enfant jette le froment sur la flamme, la fille présente le miel; on fait des libations de vin. Tous assistent à la cérémonie, vêtus de blanc et en silence. Enfin, on immole un agneau ou une jeune truie (3), et la fête finit par un joyeux festin.

Tatius avait introduit à Rome le culte du dieu Terme; Numa acheva de le régler, et c'est encore aux Sabins que Rome emprunta les pratiques de cette fête (4), qui se célébrait le 23 février.

---

les Sementines ne sont autre chose que les Paganales instituées par Servius Tullius, qui s'en servit pour recenser la population des campagnes; Den. Hal., IV, 15 ; cf. M. Dureau de la Malle, *Écon. Pol.*, I, 186.

(1) Hartung, *Rel. der Röm.*, II, 148.
(2) Ovide, *Fast.*, IV, 905, 942.
(3) Le sacrifice du chien s'explique-t-il bien par la raison qu'en donne Ovide, V, 939 ? Il faudrait savoir si la fable astronomique de Sirius est antérieure à la fête des Robigales. Festus s'accorde avec Ovide, 285, 31.
(4) Voy. Varron, dans l'invocation du traité de *Re Rustica*, laquelle n'est rien moins que poétique, I, 2; *Ling. Lat.*, VI, 16; Serv., *ad Georg.*, I, 151; Aul. Gell., V, 12 : In istis autem diis quos placari oportet..... Averruncus quoque habetur et Robigus.

(1) Ovide, *Fast.*, II, 637.
(2) Hart., *Rel. der Röm.*, t. II, p. 52; Den., II, 74. Cf. le Dieu Terme et son culte chez les Romains, par de Boze; *Acad. des Inscr.*, t. I, p. 50.
(3) Denys, II, 74, dit qu'on n'immolait aucun animal. Plutarque, *Num.* c. 8, prétend qu'autrefois il n'y avait pas de sacrifice sanglant. Le rite de la fête avait pu changer.
(4) Varron, *Ling. Lat.*, V, 74; VI, 13;

dernier jour de l'antique année des Romains. Celui qui enlevait les bornes d'un champ était voué au dieu Terme. Quand les augures avaient limité un *templum* consacré au dieu Terme, on ne pouvait en changer les auspices : la place restait à ce dieu (1). Cette loi religieuse est interprétée poétiquement par la légende, qui raconte que Terme refusa de reculer devant Jupiter quand on construisit le Capitole (2). Terme resta enclavé dans le nouveau temple. Ce récit distingue Terme et Jupiter, mais la haute doctrine religieuse les confondait.

FÊTE DE TACITA. — Numa acheva encore de régler ce qui concernait le culte des morts, en instituant la fête de Tacita et le sacrifice des Argées. Tacita était la mère des Lares. On lui offrait de l'encens, des fèves noires, des têtes d'anchois (3). Tout porte à croire que des sacrifices humains étaient offerts primitivement aux divinités infernales. Mais l'adoucissement des mœurs fit préférer le système des substitutions de têtes ou d'âmes d'animaux et de végétaux à l'effusion du sang humain, qui cependant se conserva, par l'attrait du spectacle, dans les jeux funèbres ou combats de gladiateurs (4). Dans les Compitales ou *Laralia*, dit Macrobe, on immola d'abord des têtes d'enfant ; mais Brutus les remplaça par des têtes de pavot (5). Ovide ne parle pas des Larales, parce que cette fête se célébrait dans le mois de décembre, après les Saturnales (6).

LES ARGÉES. — Il y a quelque chose de semblable à ces offrandes des Compitales et de la fête de Tacita dans le sacrifice des Argées. Numa institua les Argées (1). Au 14 mai (*prid. idus*), dit Ovide (2), une vestale précipite, du pont de bois dans le Tibre, des simulacres de jonc, représentant des hommes. Selon l'antique tradition, un oracle avait ordonné des sacrifices humains en l'honneur de Saturne. Cette barbare coutume subsista jusqu'au passage d'Hercule, qui remplaça les hommes par des mannequins de paille. D'autres disent que les jeunes gens, voulant jouir seuls du droit de suffrage, précipitèrent les vieillards dans le Tibre (3). Enfin, Ovide rapporte aussi cette coutume à l'arrivée d'Hercule, qui laissa sur les bords du fleuve les Argiens qui l'avaient accompagné. A la mort de l'un deux, on l'ensevelit dans la terre d'Ausonie ; mais une figure de jonc fut jetée dans le Tibre, pour être reportée par les flots vers le rivage de la patrie. Il est difficile de tirer quelque chose de clair et de certain de ces traditions vagues et contradictoires. On ne trouve nulle part d'indication plus satisfaisante. Festus semble attribuer l'indication des Argées à l'inimitié des *juniores* contre les *seniores* (4). Varron donne l'autre explication, qui est celle qu'Ovide préfère (5). Plutarque attribue ce sacrifice à la barbarie des anciens habitants du Latium, qui faisaient périr, en les submergeant, tous les Grecs qui tombaient entre leurs mains (6), et ce fut encore Hercule qui fit cesser cette coutume meurtrière en laissant la superstition se satisfaire par le sacrifice des figures de jonc, qui conservèrent le nom d'Argiens. Il faut reconnaître que toutes ces traditions méritent peu qu'on s'y arrête et qu'on les reproduise. Les anciens ac-

---

Pline, *Hist. Nat.*, XVIII, 7, 8 ; saint Augustin, *Civ. D.*, IV, 31.

(1) Id nequitum exaugurari. Cat., *Orig.*, l. I, ap.; Fest., 162, 33.

(2) Saint Augustin, *Civ. D.*, IV, 23 ; Ovide, *Fast.*, II, 665.

(3) Voy. dans Ovide, *Fast.*, II, 569, les rites bizarres de ce sacrifice, qui s'accomplissait, en février, dans le temps des Férales. Plut., *Num.*

(4) Cf. Hart., t. I, p. 160 ; Serv., *ad Æn.*, II, 116.

(5) Macrobe, *Sat.*, I, 7 ; ou bien des poupées de laine, Fest., 121, 17 ; Den. Hal., IV, 14 ; Plut., *Quæst. Rom.*, 34.

(6) Den. Hal., IV, 14. C'était une *Feria conceptiva*. Paul Diac., 62, 15 ; Aul. Gell., X, 24.

(1) Tite-Live, I, 21 : Multa alia sacrificia locaque sacris faciendis, quæ Argeos pontifices vocant, dedicavit.

(2) *Fast.*, V, 621, 662.

(3) Klausen, *Æn. und die Pen.*, II, 944 ; Nonius, 523 : Sexagenarios per pontem, etc., éd. Gerlach et Roth ; Bâle, 1842, p. 358.

(4) Fest. ; Müller, 334, 16, d'après Sinnius Capito.

(5) Varron, *Ling. Lat.*, V, 45. Selon Macrobe, *Sat.*, I, 7, Hercule aurait aboli aussi les sacrifices sanglants dans les Saturnales.

(6) Plut., *Quæst. Rom.*, 32.

eptaient comme explications de leurs institutions religieuses des fables absurdes et contradictoires, sans se mettre en peine de les concilier entre elles et avec la raison. Nous devons renoncer à tirer des conclusions de ces insignifiants récits.

Le mot Argées signifiait deux choses : les figures de jonc jetées dans le Tibre, et les lieux de la ville consacrés par Numa pour des sacrifices en rapport avec les Argées. Selon Varron, on jetait vingt-quatre simulacres dans le fleuve, et Rome était divisée en vingt-sept sections, où s'accomplissaient les rites des Argées, dans des places désignées par les livres qui réglaient ces sacrifices, et dont Varron cite plusieurs passages (1). Denys d'Halicarnasse parle de trente figures précipitées en présence des pontifes, des vestales, des préteurs et autres magistrats ; c'était sans doute une par curie (2). Ce sacrifice, par sa solennité même, par son caractère, semble être une grande fête d'expiation funèbre. Toute la république y prend part ; on offre pour chaque curie une victime expiatoire, et il n'est pas invraisemblable que les Romains aient songé aussi par ces offrandes à apaiser la fureur destructive du Tibre, dont les inondations leur faisaient tant de mal (3). Évidemment ce sacrifice avait pour but de conjurer quelque force infernale et malfaisante. C'est peut-être à tort que les anciens ont pensé que les Argées avaient été d'abord des sacrifices sanglants.

LES CARISTIES. — C'est encore au législateur religieux des Romains, à Numa, ou du moins à l'influence sabine, qu'il faut rapporter l'établissement des Caristies (1), une de ces fêtes domestiques aussi nombreuses à Rome que les fêtes pastorales et agricoles. Les Caristies venaient après les cérémonies de la *Parentatio*, des Férales, qui sont aussi placées parmi les rites réglés par Numa (2). Les Caristies étaient les fêtes des vivants, et se plaçaient après celles des morts pour faire succéder la joie à de tristes souvenirs. Les membres de la famille se réunissaient, se comptaient, et cimentaient leur union. On brûlait de l'encens en l'honneur des dieux tutélaires de la maison. On offrait aux Lares des mets du festin, placés sur la *patella*, et le soir on leur faisait des libations de vin avec le *simpuvium* (3). Ovide est le seul auteur qui fasse connaître en détail les pratiques de cette fête, dont les calendriers ne font nulle mention.

LES AGONALES. — Pour finir de raconter le règne de Numa, qui est tout entier dans l'histoire de la religion romaine, ajoutons encore qu'on lui attribue l'institution des Agonales (4), sacrifices rappelés deux fois par Ovide, et placés dans son poëme ainsi que dans le calendrier du palais Maffei, au 9 janvier et au 21 mai (5). Les premières Agonales étaient célébrées en l'honneur de Janus ; les secondes, d'après le calendrier de Venouse, en l'honneur de Véjove, différence que le poëte n'a pas connue ; car il rapporte aussi à Janus les secondes Agonales. Il eût sans doute commis la même erreur aux Agonales du 11 décembre, qui n'étaient autre chose que le sacrifice du Septimon-

---

(1) Varron, *Ling. Lat.*, VII, 44 ; V, 45, sqq. ; Hart., *Rel. der Röm.*, t. II, p. 104. Ce sont probablement ces places qu'Ovide désigne, *Fast.*, III, 791, quand il dit qu'on se rendait aux Argées (Itur ad Argeos), les 16 et 17 mars. Le calendrier Maffei n'indique rien à ce sujet, ni en mars ni en mai. Cf. M. Egger., *Rel. Serm. Lat.*, p. 84.

(2) Den. Hal., I, 38. Mais il se trompe en plaçant les Argées au jour des ides. Ovide les met le lendemain des Lémurales. C'étaient peut-être les Lémurales de l'État.

(3) Comme le pensent Hartung, l. c., et Klausen, p. 942, 943.

(1) Ovide, *Fast.*, II, 615 ; Valer. Max., II, 1, 8. Hartung, t. II, p. 38, rattache les Caristies au culte de Jupiter et de Junon, dieux protecteurs de l'association de la famille.

(2) Par Ausone, *Praef. Parent.* Il est vrai que de Numa à Ausone il y a loin, et la seule autorité du poëte gaulois est insuffisante.

(3) Cf. sur la *Patella* (plateau), Klauser, note 1129. Sur le *simpuvium* (vase à libations) de Numa, précieuse relique de la religion romaine, cf. Juven., VI, v. 326 ; Prudent., *Hymn.*, II, str. 129.

(4) Valerius d'Antium, dans Macrobe, *Sat.*, I, 4.

(5) Ovide, *Fast.*, I, 317 ; V, 721.

tium (1). C'est qu'Ovide avait oublié le sens du mot *agonia*, qu'il définit cependant au livre premier (2), vieux terme employé dans les livres des pontifes pour désigner toute victime immolée aux autels des dieux. Tout sacrifice sanglant dut être appelé autrefois *Agonales*; et c'est, je pense, avec cette signification générale, qu'il faut entendre ce que les auteurs disent de l'institution des Agonales par le roi Numa.

Les rois Étrusques.

Les quatre premiers rois de Rome avaient été choisis tour à tour parmi les Latins et les Sabins, et jusqu'à la mort d'Ancus Marcius Rome était une ville latino-sabine, n'ayant eu avec l'Étrurie que des rapports hostiles; mais avec le cinquième roi l'influence étrusque devint toute-puissante à Rome. L'arrivée de la famille étrusco-grecque des Tarquins ouvre pour l'histoire politique et religieuse de Rome une ère nouvelle (3).

Nous n'ajouterons pas aux difficultés de notre sujet en soulevant les nombreuses questions de critique historique qui se rapportent à cette révolution. La connaissance du pour et du contre sur l'histoire primitive de Rome laisse un esprit non prévenu et étranger à tout système dans un état d'équilibre parfait, qui pourrait bien ressembler au doute absolu, s'il ne trouvait en dehors des points contestés des faits considérables qui fixent sa croyance, et qui procurent un fondement à ses affirmations. Or, indépendamment de ce qu'on peut rejeter ou admettre sur les personnages de Tarquin Priscus, de Servius Tullius, de Tarquin le Superbe, il est impossible de nier qu'à l'époque remplie par les règnes de ces trois princes, Rome n'ait subi une transformation remarquable, pris au dedans comme au dehors un aspect plus imposant et plus grandiose, et accompli tous les progrès d'une civilisation assez avancée (1). « A quelque cause que cela tienne, établissement pacifique ou à main armée d'un chef étrusque, ou longue période pour nous inconnue, e qui prépare lentement cette transformation, il n'est pas moins vrai que l cité latino-sabine du Palatin et du Qurinal, dont le territoire n'avait que si milles de long sur deux de large, est devenue une grande ville, qui couvre le sept collines, et fait des constructions comparables à celles des Pharaons égyptiens, qui compte par cent mille l nombre de ses habitants, et étend a loin sa puissance; qui, enfin, remplace l'antique simplicité par l'éclat des fête et la pompe extérieure, et les modeste autels de ses dieux par le Capitole au cent marches (2). » Telle est la révolution que nous avons à constater ici en ce qui regarde les choses religieuses

Quant au peuple, dont l'influence es alors incontestable à Rome, et à qui faut attribuer ces changements, son origine et les sources de sa civilisation on donné lieu aussi à de longues discussions que nous nous abstiendrons également de reproduire. Nous avons déjà exposé les principaux points de ces discussions et établi l'opinion qui nous paraissai le plus convenable d'adopter (3); arrivons immédiatement à constater quelle a pu être la part de l'influence étrusque dans la composition de la religion des Romains.

Aussi haut que remontent les renseignements des anciens sur les Étrusques. ce peuple a déjà acquis une physionomie particulière et une manière d'être qui le distingue. Toutefois, de nombreuses analogies permettent d'affirmer que les Étrusques sont aussi des membres de cette grande famille italienne ou pélasgique à laquelle se rattachent également les peuples latins, osques et sabelliens. Des circonstances particulières ont favorisé chez les Étrusques les développements de la civilisation; tandis que d'autres tribus italiennes ne sortaient

---

(1) Hart., *Rel. der Röm.*, II, 34.
(2) *Fast.*, I, 322; *agere*, dans la langue des prêtres, signifie frapper la victime. Hart., t. I, p. 33.
(3) Cf. le récit de Micali, *Italie avant les Romains*, t. III, 29, et les Critiques de Niebuhr, *Hist. Rom.*, t. II, 91.

(1) Gennarelli, *la Moneta prim.*, p. 90. L'auteur rend hommage aux travaux de Niebuhr, de Müller, de Gottling, sur les antiquités italiennes.
(2) M. Duruy, *Hist. des Rom.*, t. I, p. 128.
(3) Voy. t. I de cet ouvrage, p. 12 et suiv.

pas de la vie pastorale et agricole, les Étrusques devenaient un peuple commerçant, industrieux et artiste (1). Est-ce par l'exemple et les leçons des Grecs et des Phéniciens, ou par un effort originnal de ce peuple que ces progrès ont été accomplis? Nouvelles questions, qu'il n'est pas impossible de concilier en y répondant. Les Italiens anciens et modernes pensent que les arts ont été perfectionnés chez eux dès la plus haute antiquité, et sans aucun emprunt étranger (2). Pline parle de peintures fort belles et très-anciennes, non-seulement en Étrurie, à Cære par exemple, mais dans les villes latines, à Ardée, à Lanuvium (3). Cicéron ne croyait pas que les Romains de Romulus aient été plus barbares que les Grecs; et il pense que les Italiens ont tout inventé par eux-mêmes, ou perfectionné ce qu'ils ont reçu (4). Nul doute que les Étrusques n'aient appris beaucoup des peuples avec lesquels ils étaient en rapport par le commerce et la navigation. Mais avaient-ils attendu que les étrangers vinssent débarquer chez eux pour donner à leur activité tout son essor? N'avaient-ils pas tous les moyens naturels par lesquels les peuples sont portés à produire le beau et l'utile? N'habitaient-ils pas une heureuse contrée, où tout devait favoriser cette tendance (5)? Et si quelques objets, recueillis dans les musées modernes, attestent une imitation étrangère, faut-il croire que les Étrusques n'aient pu rien produire d'original, et qu'ils aient toujours copié des maîtres dans leur sculpture, dans leur industrie, dans leurs monuments, dans leurs tombeaux (6)?

Quoi qu'il en soit de ces questions, qui ne sont ici qu'accessoires, l'Étrurie était la première des nations italiennes au temps où Rome fut fondée, et elle n'était point encore déchue quand elle donna aux Romains ces rois dont les règnes effacèrent ceux des princes venus de la Sabine ou du Latium. Toutefois, l'influence des Étrusques fut impuissante à changer les mœurs des Romains. On donna plus d'éclat et de pompe aux cérémonies publiques, aux jeux, aux fêtes religieuses; on construisit de nobles édifices; l'art fit alliance avec la religion; la puissance des rois s'entoura de plus de majesté; l'art augural fut perfectionné. Mais le peuple romain ne fut pas modifié dans le fond de son caractère; il conserva toutes ses fêtes de famille; toutes ses rudes et simples divinités agricoles, pastorales, guerrières; et quand la royauté fut abolie, les Tarquins chassés, l'Étrurie repoussée par une violente réaction nationale, la cité se retrempa aux anciennes mœurs, resta rude et simple, et s'arrêta à temps dans cette voie de perfectionnement précoce, qui assurément ne l'aurait point conduite à la conquête de l'Italie et du monde.

LE CAPITOLE. — Le changement le plus considérable opéré par les rois étrusques dans la religion romaine fut la substitution du Capitole aux petits temples sabins élevés du temps de Tatius sur le sommet de la colline de ce nom. Chez les Étrusques toute cité régulièrement organisée devait élever un temple aux trois grandes divinités pélasgiques, Jupiter, Junon, Minerve (1). Tarquin Priscus voulut que la cité romaine eût aussi un sanctuaire pour ces trois divinités. L'ouvrage commencé par ce prince ne fut achevé que sous Tarquin le Superbe, et on ne dédia le temple que dans la première année de la république (2). Cet

---

(1) *Descrizione dei nuovi Musei Gregoriani Etrusco ed Egizio aggiunti al Vaticano*; Roma, 1839. *Intorno i vasi fittili dipinti rinvenuti ne' sepolcri dell' Etruria*. Diss. di Sec. Campanari; Roma, 1836.
(2) Gennarelli, *la Moneta prim.*, p. 112.
(3) Pline, *Hist. Nat.*, XXXV, 3.
(4) Cicer., *De Rep.*, I, 37; *Tusc. Quæst.*, I, 1 : Meum judicium semper fuit omnia nostros aut invenisse per se sapientius quam Græcos; aut accepta ab illis fecisse meliora, etc.
(5) On sait le passage où Denys vante tous les avantages de la terre italienne, 1, 37, 38.
(6) Comparez ce que dit Pline, *Hist. Nat.*, XXXVI, 13, d'après Varron, du tombeau de Porsenna avec ce qui reste du tombeau dit des Horaces et des Curiaces, près d'Albano. Cf. sur ce dernier tombeau le *Discorso* de Nibby; Roma, 1834, Cf. *il Sepolcro dei Volunni, scoperto in Perugia*, p. B. Vermiglioli.
(1) Creuzer et Guigniaut, *Rel. de l'Ant.*, t. II, 1re partie, p. 408.
(2) Nieb., *Hist. Rom.*, t. II, 258, 271. On sait la légende relative à l'origine du nom du Capitole. Arnobe, *Adv. Gent.*, VI. M. Orioli

édifice, qui dominait toute la ville, contenait dans son enceinte les trois sanctuaires de Jupiter, de Junon et de Minerve, séparés par des murailles communes. Il était situé sur la partie du Capitolin qui est opposée à la roche Tarpéienne, à l'endroit où est aujourd'hui l'église d'Ara-Celi (1). Ce furent les artistes appelés de l'Étrurie qui élevèrent et qui ornèrent le Capitole (2). La statuaire était encore inconnue à Rome, ou du moins elle y était restée imparfaite et grossière, comme Plutarque et saint Augustin l'affirment d'après l'autorité de Varron (3). Toutefois, il ne faut pas se méprendre sur la valeur de cette assertion et lui donner un sens absolu. Pline parle de statues placées dans les temples des dieux par Numa (4), et il est difficile d'imaginer qu'il en ait pu être autrement. Assurément les Romains de ces temps-là ont mis peu de goût dans ces premiers travaux d'art, et peu de luxe dans la matière. Mais il est invraisemblable de dire qu'ils n'adorèrent sous les premiers rois que de grossiers fétiches, ou qu'ils n'aient pu souffrir qu'on représentât la Divinité par des images. Sans doute, la statuaire devait être à Rome dans un état voisin de l'enfance, mais on ne peut pas dire qu'elle y fut tout à fait inconnue. Les Tarquins la perfectionnèrent plutôt qu'ils ne l'y introduisirent. Il faut apprécier de même tous les autres effets de l'influence étrusque. Les Romains avaient déjà des édifices publics, mais qui n'égalaient pas la grandeur et la beauté des constructions des rois étrusques, comme le Cirque, le portique du Forum et ces admirables égouts qui ont consolidé à jamais le terrain des vallées des sept collines.

Les Romains avaient aussi des jeux, des augures, avant les innovations considérables introduites par les derniers rois. Ils connaissaient Jupiter, Junon, Minerve, sans les adorer encore et sans les réunir dans un même temple à la manière des Étrusques. Les noms de Jupiter, de Junon étaient depuis longtemps usités à Rome et y avaient un sens général appellatif qui permettait de les appliquer à toute force divine de l'un ou de l'autre sexe (1). Mais la construction du Capitole donna à ce couple une majesté suprême, et on s'habitua à le placer à la tête des dieux.

JUPITER. — Partout dans les ouvrages de la littérature romaine Jupiter est représenté comme le premier des dieux; ses attributs sont innombrables; car il étend son action sur toutes les choses, et, comme dit Virgile, tout est plein de Jupiter. Aussi, avant que l'art eût donné une forme aux idées religieuses les Romains avaient déjà trois cents Jupiters. Car le polythéisme est antérieur à l'anthropomorphisme, et ce ne sont pas les statues qui ont altéré la notion de l'unité de Dieu (2), comme le croit Varron. Les surnoms de Jupiter étaient aussi nombreux dans la religion romaine que dans la mythologie des Grecs. Les principaux, ceux qui expriment ses plus importants attributs, sont ceux d'*Elicius, Stator, Invictus, Victor, Tonans, Pistor, Feretrius, Latiaris, Soter* et *Capitolinus*.

Jupiter Élicius descend du ciel, attiré par les prières et les cérémonies mystérieuses de Numa, pour le rassurer sur

---

essaye de rattacher cette tradition à l'histoire, et fait de ce Tolus, dont la tête fut trouvée dans la terre, un membre banni de la nombreuse et puissante famille des Tullius de Vulcia. Voy. *Conghietture sopra l'antica leggenda del capo trovato nelle fondamenta del Campidoglio*. Roma, 1832.

(1) C'est l'opinion des antiquaires italiens Nardini, Nibby, Canina, vainement combattue par Niebuhr, *Hist. Rom.*, t. II, p. 275. L'existence de l'église des Franciscains d'Ara-Celi suffit pour établir que cette partie de la colline était l'emplacement du Capitole. Ara-Celi est construite avec les débris du temple de Jupiter, qu'on n'a pas sans doute transportés de l'autre côté de la montagne. Cf. Nibby, *Rom. mod.*, t. I, 341. Le christianisme a toujours remplacé les temples païens par des églises, et cela dans toutes les contrées qu'il a conquises.

(2) Tite-Live, I, 56.

(3) Plut., *Num.*, 8, *Civ. D.*, IV, 31; Klaus., II, p. 609.

(4) Pline, *Hist. Nat.*, XXXIV, 7; Gennarelli, *Mon. ant.*, p. 159.

(1) Creuzer et Guigniaut, *Rel. de l'Ant.*, t. II, 1ʳᵉ part., p. 400.

(2) Cf. saint Aug., *Civ. D.*, VII, 9; IV, 9; Min. Felix, *Oct.*, c. xviii.

l'existence de Rome (1). Jupiter Stator reçut un temple de Romulus (2), dont il avait arrêté les soldats fuyant devant les Sabins. Ce temple fut construit au pied du Palatin, près de la maison du roi des sacrifices, qui était à l'extrémité de la voie Sacrée (3). Ce fut aux ides de juin, selon le poëte, que fut dédié le temple de Jupiter Invictus (4), mais les commentateurs n'ont pu trouver d'indication sur l'époque et le lieu où il fut fondé. On sait par Tite-Live (5) que Fabius Rullianus consacra, en 295, le temple de Jupiter Victor, et par Ovide que la dédicace eut lieu aux ides d'avril (6). Les ides appartenaient à Jupiter (7); et ce jour était choisi de préférence pour les dédicaces de ses temples. Jupiter Tonnant eut un temple l'an 21 avant Jésus-Christ (8); mais Ovide n'en parle pas; et il n'emploie ce mot que comme un synonyme du nom de Jupiter (9). C'est l'épithète qui exprime son attribut suprême; car, à ne juger que par les sens, rien n'annonce mieux la force divine que l'effet terrible et imposant du tonnerre.

Sous le nom de Pistor (10) Jupiter avait dans le Capitole un autel que l'on éleva après que Rome eut été délivrée des Gaulois. Jupiter, dans la légende rapportée par Ovide, est supplié par Mars, Vénus, Vesta et Quirinus, de sauver les Romains, vivement pressés par les Gaulois. D'après les conseils du dieu, Vesta fait préparer des pains avec tout ce que l'on conservait de farine, et les Romains jetèrent ces pains dans le camp des Gaulois, qui, perdant l'espoir de prendre la place par famine, abandonnèrent le siége. C'est encore aux ides, dans le mois de juin, que l'autel de Pistor fut consacré. Aucun auteur ne parle de cette dédicace (1); mais les faits dont Ovide a composé sa légende trouvent leur confirmation ailleurs. Florus et Dion Cassius mentionnent le fait des pains lancés dans le camp gaulois (2). Servius atteste que les défenseurs de la citadelle élevèrent dans le Capitole un autel à Jupiter *Soter*, en souvenir de leur détresse et de leur délivrance (3). Enfin, une inscription trouvée à Rome devant l'église de San-Lorenzo in Lucina permet de rattacher ensemble les deux récits de Servius et d'Ovide, puisqu'elle contient un vœu formé en l'honneur de Jupiter Conservateur par la confrérie des boulangers (*siliginiarii pistores*) pour le rétablissement de la santé d'Auguste (4). Il n'y a plus à douter que Jupiter Sauveur, invoqué par les boulangers, n'ait pu avoir aussi le surnom de Pistor et un autel dans le Capitole, dont la consécration peut très-bien se rapporter au siége de Rome par les Gaulois (5).

La tradition fait remonter l'invocation de Jupiter sous le surnom de Férétrien à Romulus. Ce prince construisit un temple sur le Capitole à Jupiter *Feretrius*, à la suite de la victoire qu'il remporta sur les Céniniens. Il tua leur roi Acron, rapporta les dépouilles de cet ennemi, en dressa un trophée sur le mont Capitolin, et plus tard érigea au même endroit un temple, où il ordonna que les

(1) *Fast.*, III, 328.
(2) *Fast.*, VI, 785.
(3) Selon Fest., p. 101, 1, Ur.; Cf. Den. Hal., II, 50; Tite-Live, X, 27; Varron, ap. Serv., *ad. Æn.*, II, 512; Macrobe, *Sat.*, III, 4, parle d'un autre temple de Stator, situé auprès du cirque de Flaminius.
(4) *Fast.*, VI, 644; Aug., *Civ. D.*, V, 11.
(5) Tite-Live, X, 29; Dion Cassius en parle deux fois, XLVII, 40; XL, 35. P. Victor le place dans la région X.
(6) *Fast.*, IV, 621.
(7) *Fast.*, I, 587; Macr. *Sat.*, I, 15.
(8) Dion Cassius, LIV, 4.
(9) *Fast.*, II, 69; IV, 585; VI, 33, 343.
(10) *Fast.*, VI, 349, 394.

(1) Si ce n'est Lactance, *Inst. div.*, I, 20, d'après Ovide.
(2) Flor., I, 13, 16; Dion Cass., ap. Suid., s. v. ὑπερμαζᾷ, p. 3700, éd. Gaisford.
(3) *Ad. Æn.*, VIII, 652 : In tantum autem cibi penuriam redacti erant in obsidione, ut coriis madefactis et postea frictis vescerentur; cujus rei argumentum est quod hodieque ara in Capitolio est Jovis Soteris, in qua liberati obsidione coria et sola vetera concremaverunt.
(4) Cf. Don. Class., note 11, p. 341. JOVI. CONSERVATORI......, etc. COLLEG. SILIGINIARIORVM DEDIT. Je dois toutes les indications sur ce point à Merkel, *De Obsc.*, p. CCXXIX.
(5) Hartung traite au long de tous les attributs et de tous les détails du culte de Jupiter chez les Romains, *Rel. der Röm.*, t. II, p. 8-62; Cf. Creuzer et Guigniaut, *Rel. de l'Ant.*, t. II, 2ᵉ part., p. 584.

26.

dépouilles des généraux ennemis (*spolia opima*) seraient désormais consacrées. Le Jupiter *Latiaris* était celui en l'honneur duquel on célébrait les Féeries Latines, et dont le temple occupait le sommet du mont Albain. Mais la majesté de tous ces surnoms le cédait à celle du Jupiter Capitolin, de même que le Capitole surpassait en grandeur et en beauté tous les temples où l'on adorait Jupiter. La colline sur laquelle il s'élevait, et d'où il dominait toute la ville, comme du haut de l'Acropole le Parthenon planait sur la cité de Cécrops, était le centre politique et religieux de la puissance romaine, *la citadelle de toutes les nations*, le *domicile terrestre de Jupiter, sa seconde demeure après le ciel* (1). Le Capitole était l'Olympe romain, et c'était là que Jupiter était compris et adoré comme principe du monde et maître de l'univers, et représenté avec une magnificence et une splendeur égales à celles qui entouraient en Grèce le roi de l'Olympe, le Jupiter d'Homère et de Phidias.

JUNON. — Junon, le grand génie féminin, la protectrice des mariages, des communautés, la déesse de l'enfantement, la reine du ciel, participait à tous les attributs souverains de Jupiter et siégeait avec lui dans le Capitole.

Junctaque Tarpeio sunt mea templa Jovi (2).

Elle était adorée sous une multitude de noms, dont nous indiquerons seulement les plus usités. Les calendes lui étaient consacrées, et on l'invoquait sous le nom de *Calendaris* (3), non-seulement à Rome, mais chez les Laurentins, et selon Ottfr. Müller chez les Étrusques (4). Comme Janus, elle ouvrait les portes et présidait au commencement des choses et de la vie des êtres (5). Pour l'expiation du meurtre de la sœur d'Horace les pontifes firent ériger deux autels, l'un à Junon *Sororia*, l'autre à Janus *Curiacius* (1). Ces rapports de Junon et de Janus, auquel elle semble tenir aussi étroitement qu'à Jupiter, prouvent l'identité fondamentale de Jupiter et de Janus. Junon était aussi la déesse *Sospita* (2), et sous ce nom elle avait un temple sur le Palatin, dont la dédicace eut lieu aux calendes de février. La fête de Junon *Lucina* se célébrait aux calendes de mars (3). Lucina n'est pas étrangère à la cérémonie des Lupercales, fête de la fécondité (4). C'est elle qui ordonne de livrer au bouc les femmes romaines. Aux nones de juillet Junon était surnommée *Caprotina*, et on lui sacrifiait au marais de la Chèvre (5). Le bouc et la chèvre étaient, à cause de leurs mœurs, les symboles de la fécondité. Junon *Regina* avait un temple sur l'Aventin, qui fut dédié par Camille, qui en traça lui-même l'enceinte. La statue de la déesse avait été transportée de Véies, après la chute de cette ville (6). C'est encore à l'Étrurie que Rome emprunte cette manière de désigner et d'adorer Junon, qui déjà était installée en souveraine dans le Capitole. Enfin, Ovide parle aussi du temple de Junon *Moneta*, dédié aux calendes de juin (7), l'an 313 avant J. C., pendant la guerre où Rome assujettit les Aurunces. Il occupait l'emplacement de la maison de Manlius Capitolinus, au-dessus du Forum, à côté du temple de la Concorde (8). Jupiter avait l'épithète de *Pecunia*. Il n'est pas étonnant que Jupiter et Junon aient présidé à ce qui était le signe représentatif de la richesse. Auprès du

---

(1) Cic., *de Leg. Agr.*, I, 6; *Verr.*, IV, 58; Sil. Ital., X, 432.
(2) Ovide, *Fast.*, VI, 34, 18, 73; *Rel. de l'Antiq.*, t. II, 2ᵉ part., p. 615.
(3) Ovide, *Fast.*, I, 55; Macr., *Sat.*, I, 15.
(4) *Die Etrusk.*, t. II, p. 234.
(5) Janus était appelé Junonius, Macr., *Sat.*, I, 9. Dans Virgile, c'est Junon qui ouvre les portes du temple de Janus, VII, 620; Cf. Serv., *ad. Æn.*, VII, 620 et II, 610.

(1) Den. Hal., III, 33.
(2) *Fast.*, II, 56.
(3) Ovide, *Fast.*, III, 247, 258; Cf., supra, les Matronales.
(4) *Fast.*, II, 433. Varron définit Lucina de la même manière qu'Ovide, *De Ling. Lat.*, V, 66.
(5) Varron, VI, 18 : sub Caprifico.
(6) Ovide, *Fast.*, VI, 37; Tite-Live, V, 23; XXII, 2; Varron, *Ling. Lat.*, V, 67.
(7) Il est évident qu'il y avait un règlement des *pontifices* qui fixait aux calendes et aux ides les dédicaces des temples de Junon et de Jupiter. Ovide, *Fast.*, VI, 183; Macr., *Sat.*, I, 12; Tite-Live, IV, 7, 20.
(8) *Fast.*, I, 638.

emple de Moneta étaient les ateliers de la monnaie (1). Cependant, d'après Cicéron, le surnom de Moneta aurait été donné primitivement à cause d'une voix qui se fit entendre du temple de Janus, et qui demandait le sacrifice d'un porc (2). Il importe peu que l'on change l'origine du mot. La Junon Moneta sera toujours la déesse qui avertit, et à cause de ce sens général la monnaie aura pu être rangée parmi ses attributions.

MINERVE. — Varron, cherchant à expliquer les mystères de Samothrace, et en général toute la doctrine secrète du paganisme, a créé une science à part, la théologie naturelle, dont il emprunte les idées fondamentales au platonisme et aux stoïciens (3). Ce fut une tentative de conciliation entre la religion et la philosophie, par laquelle on essaya d'interpréter l'une en l'accommodant aux progrès de l'autre. Mais cet effort fut impuissant à justifier le polythéisme aux yeux de la raison, et à prévenir sa défaite. C'est en parlant des mystères de Samothrace que Varron dit qu'il y a observé plusieurs choses, qui lui font connaître que de ces statues des dieux, révérées en cette île, l'une signifie le Ciel, l'autre la Terre, et une autre les types des choses que Platon nomme Idées, et il prétend que le Ciel est Jupiter; la Terre, Junon; et les Idées, Minerve. Il ajoute que le Ciel est ce qui fait les choses; la Terre, la matière dont elles sont faites, et les Idées, le modèle d'après lequel elles se font (4).

On reconnaît dans ce langage des idées philosophiques que le temps avait produites, mais qui n'ont pu présider à la naissance des mystères de l'antiquité. Il est certain que la troisième divinité de la trinité étrusque installée à Rome, sur le Capitole, pouvait être assimilée aux idées de Platon par ceux qui se prêtaient à ce rapprochement. En effet, dans la distribution des fonctions divines, Minerve a pour sa part l'intelligence, et préside au développement des travaux de l'esprit. En nous apprenant que le mot *promenervat* était employé dans les chants saliens pour *monet*, Festus nous révèle le sens et l'étymologie du nom de Minerve (1). Ovide lui attribue le patronage des arts, des sciences, des lettres et de l'industrie (2). Il énumère tous ceux qui doivent particulièrement l'honorer à la fête des *Quinquatrus*, et il nomme les tisserands, tous les ouvriers qui préparent la laine, ceux qui font les chaussures, les ciseleurs, les émailleurs, les sculpteurs, les médecins, les professeurs, les poètes. La liste pourrait être bien plus longue, car, dit Ovide,

Mille Dea est operum (3).

On comprend pourquoi la mythologie racontait que Minerve, cette ingénieuse déesse, était sortie du cerveau de Jupiter.

Les fêtes de Minerve s'appelaient *Quinquatrus*; on les célébrait le 19 mars, cinq jours après les ides. Ovide veut que ce nom désigne la durée de la fête, qui comprenait en effet cinq jours. Mais Varron en explique le véritable sens (4). Le premier jour de la fête se passait en sacrifices et en prières; les trois autres étaient remplis par des combats; au dernier on accomplissait le *Tubilustrium* (5), en l'honneur de Minerve et de Mars. Minerve était aussi la déesse des combats. La forte Nerio des Sabins, peuple sans arts et sans industrie, n'avait pas

---

(1) Tite-Live, VI, 20 : Ædes atque officina Monetæ. Hart., t. II, p. 69.
(2) Cicer., *De Divin.*, I, 45; II, 32.
(3) *Dissertatio litteraria exhibens fragmenta Varronis quæ inveniuntur in libris sanct. Aug. de Civitate Dei*, par Jos. Francken. Lugd. Batav., 1837, p. 11, 63.
(4) Saint Augustin, *Civ. D.*, VII, 28.

(1) Fest., Müller, 205, 12; Hart., *Rel. der Röm.*, II, 78. Minerve est appelée sur les miroirs étrusques *Mnerfa, Menerfa, Mnrca*; voy. Gerhard, *Etrusk. Spiegel*, I, 87-68; II, 140.
(2) *Fast.*, III, 815, 834.
(3) *Fast.*, III, 833; Cf. Festus, p. 333, 19, qui parle des offrandes que les *Scribæ*, c'est-à-dire les libraires et les poëtes, apportaient en l'honneur de Livius Andronicus, dans le temple de Minerve, sur l'Aventin.
(4) Varron, *Ling. Lat.*, p. 46, l. 37 : « Dictus, ut ab Tusculanis post diem sextum idus similiter vocantur *Sexatrus*, et post diem septimum, *Septimatrus*, sic hic, quod erat post diem quintum idus, *quinquatrus*. »
(5) Ottfr. Müller donne une origine étrusque aux combats de gladiateurs, *Die Etr.*, t. II, p. 84.

d'autre attribution ; car les dieux des anciens n'en savaient jamais plus que leurs adorateurs (1). Plus avancés dans la civilisation, les Étrusques avaient une Minerve mieux douée et plus savante. Les trompettes et les flûtes, c'est-à-dire les principaux instruments de leur musique, lui étaient consacrées. C'est plutôt aux Étrusques qu'aux colonies grecques que les Romains durent la connaissance de la musique (2). Toutefois Ovide, dominé par les idées de son temps, explique par une fable grecque l'invention de la flûte, et ne remonte pas aux vraies sources des antiquités italiennes (3).

Outre les Quinquatrus de mars, on célébrait en juin les *Quinquatrus Minusculæ* (4), au jour des ides. C'était la fête des joueurs de flûte, corporation fort importante, et dont la présence était indispensable dans les jeux, dans les sacrifices, dans les funérailles.

Cantabat fanis, cantabat tibia ludis,
Cantabat mœstis tibia funeribus (5).

Aussi quand, irrités des restrictions apportées aux avantages que Numa leur avait concédés, les joueurs de flûte se retirèrent à Tibur, l'embarras fut grand à Rome. On ne pouvait se passer des flûtes dans aucune cérémonie, et les fugitifs étaient intraitables. Il fallut toute l'adresse d'un habitant de Tibur pour ramener les musiciens dans la ville (6), aussi troublée de leur départ que d'une retraite sur le mont Sacré. Dans les petites Quinquatries les joueurs de flûte parcouraient la ville au son de leur instrument, et se rendaient au temple de Minerve.

Outre le sanctuaire du Capitole, on consacra deux autres édifices à cette déesse : le temple de l'Aventin, dédié en juin (1), et le *Sacellum* de Minerve Capta, sur le Célius (2), consacré en mars, monument de moindre importance, qui cependant avait ceci de commun avec les grands temples, que le sacrilége qui le violait était condamné à mort (3). Ovide donne quatre explications de l'épithète *Capta* : l'une, se conformant à la nature même de la Divinité, en fait la déesse ingénieuse ; l'autre, rappelant son origine étrusque, la donne comme la Minerve captive des Falisques (4).

Outre les fêtes et les sacrifices particuliers aux trois grandes divinités du Capitole, on célébrait en leur honneur les plus splendides de tous les jeux publics, ceux qu'on appelait les *jeux Romains* ou *grands jeux*. Ils revenaient annuellement, le 17 des calendes d'octobre et duraient cinq jours consécutifs. Ce fut pour la célébration de ces jeux que les Tarquins firent construire le grand cirque qui s'étendait au pied du mont Palatin (5).

Servius Tullius (6).

On sait que la crédulité populaire avait accueilli sur la naissance de Servius Tullius des récits aussi fabuleux que ceux qu'on avait inventés pour le fondateur de Rome. La légende faisait de sa mère Ocrésia une captive de Corniculum, employée au service de Tanaquil ; mais elle ne décidait pas si son père était le génie de la maison ou le

---

(1) Telle était peut-être la Minerve pélasgique dont parle Denys, l. 1, c. xiv, qui avait un temple à Orvinium.
(2) Gennarelli, *la Moneta prim.*, p. 133. Cf. ses nombreuses citations. Müller, *Die Etr.*, t. II, p. 200, 209 ; Klausen, p. 693, parle d'une Minerve Σάλπιγξ dans l'Italie méridionale. C'était toujours au son de la trompette qu'on renversait les murs des villes prises.
(3) *Fast.*, VI, 691, 704 ; au v. 656, graia ars ; Cf. Paus., I, 24, 1 ; II, 7, 10.
(4) Ovide, *Fast.*, VI, 644 ; Varron, *Ling. Lat.*, VI, 17.
(5) *Fast.*, VI, 653.
(6) Il y a quelques différences légères dans les récits de Plutarque, *Quest. Rom.*, 55 ; de Tite-Live, IX, 30, et d'Ovide, *Fast.*, VI, 659.

(1) XIII cal. jul., Ov., *Fast.*, VI, 722 ; Cf. Merk., *De Obscuris*, p. cxli.
(2) *Fast.*, III, 835.
(3) Digest., l. 48, tit. 13, 9 ; Festus, p. 157, 27, définit les *templa minora*.
(4) Cf. Creuzer et Guigniaut, t. II, 2ᵉ part., p. 816.
(5) Cf. M. Dezobry, *Rome au siècle d'Auguste*, t. II, p. 307.
(6) Nieb., *Hist. Rom.*, t. II, 78 ; Ovide dit de Servius :

Qui rex in nostra septimus urbe fuit.

Fast., VI, 624. Servius était le septième roi de Rome, en comptant Tatius.

dieu du feu (1). Ovide donne Servius comme fils de Vulcain. Mais le dieu du feu et le génie de la maison ne sont pas étrangers entre eux; tous deux étaient admis parmi les divinités domestiques. Aussi n'y a-t-il pas contradiction à mettre Servius en rapport avec l'un et avec l'autre. Ovide raconte que la statue de ce roi fut préservée dans un incendie par Vulcain; Denys ajoute qu'il institua les Compitales, ou fêtes des dieux Lares. Cœculus, fondateur de Préneste, était également né de Vulcain, par une étincelle qui avait jailli sur la sœur des Digitius (2). La même histoire circulait partout : à Préneste, à Rome, chez les Sabins. Tout fondateur de peuple était fils des dieux, de même que tout législateur était inspiré par les dieux.

LA FORTUNE. — Fils de Vulcain, Servius trouva son Égérie dans la Fortune, qui l'aima plus que tous les autres mortels. Elle le visitait en s'introduisant furtivement dans sa demeure par la porte *Fenestella* (3). Cœculus fut aussi le favori de cette déesse, qui avait un temple célèbre à Préneste, lequel échappa seul à la destruction de cette cité par Sylla (4). Il est évident que les traditions rapportées sur Servius furent empruntées aux Prénestins, ce qui n'empêche pas que ce prince n'ait pu venir d'Étrurie, ainsi que l'empereur Claude l'affirmait dans ce discours dont les fragments retrouvés après tant de siècles sont aujourd'hui conservés à Lyon, au musée Saint-Pierre. Comme la Fortune, dont il a l'inconstance, le peuple aima Servius Tullius,

(1) Ovide, *Fast.*, VI, 621; Fest., p. 174, 16 ; Den. Hal., IV, 2; Plut., *Fort. Rom.*, 10.
(2) *Interp.* Maii ad *Æneid.*, VII, 678, 681; Klausen, *Æneas und die Pen.*, t. II, p. 762, note 1405. Cacus, Cœculus, sont tous deux fils de Vulcain. Klaus., p. 767. La fable de Cacus est d'origine campanienne; elle passa à Rome par Aricie. Ambr., *Forsch.*, p. 184.
(3) Ovide, *Fast.*, VI, 563, 630; chez les Étrusques *Nortia* était la déesse du destin de la fortune du temps. Cf. Gerhard, *Uber die Gottheiten der Etrüsker.*
(4) Cf. Nibby, *Analisi,* t. II, p. 481, 497; Klaus., II, 766; Creuzer et Guigniaut, t. I, 1re part., p. 484, note 3. La Nortia ou Nursia de Vulsinii est comparée à la Fortune de Préneste et d'Antium.

qui l'avait tiré du néant par l'institution des centuries, et l'on rattacha ce roi populaire au Latium par les liens imaginaires, mais puissants, de traditions qui devinrent populaires.

Servius consacra un temple à la Fortune, le 11 juin, et on y plaça sa statue, qui devait toujours rester voilée. Ce temple et celui de Matuta, également dédié par Servius, devaient être sur le forum *Boarium*. Un incendie les détruisit en 212 (1). On les reconstruisit l'année suivante. Matuta et la Fortune, comme Carmenta, comme toutes les déesses de l'enfantement et de la destinée, présentent entre elles de grandes analogies (2). « L'idée originelle de Tyché, dit M. Creuzer (3), ou de la Fortune, se liait à l'adoration de la Lune; cette déesse présidait au mariage et à la naissance, à la position et à la direction de la nativité; aussi était-elle comparée soit à Illithyie, soit à Artémis-Lune, soit à Junon. Elle était censée assister aux noces chez les anciens, et c'est en un sens tout à fait analogue que les génies des femmes s'appelaient *Junons* dans l'antique Italie. Plus tard l'idée de la Fortune reçut de grands développements, des applications nouvelles, et les représentations figurées de cette déesse se multiplièrent sur toutes les espèces de monuments. » Ainsi, à Rome on donna à la Fortune les surnoms de *Publica*, de *Primigenia*, de *Fortis*. La Fortune publique avait un temple, dont Ovide place la dédicace au 25 mai, VIII cal. jun. (4). Le temple de la Fortune forte avait été consacré aussi par Servius Tullius; mais il était différent du temple situé sur le forum Boarium, où l'on voyait la statue de ce

(1) Ovide, *Fast.*, VI, 625; Tite-Live, XXIV, 47.
(2) Klausen, p. 876, réunit les fêtes de Matuta fatidica, et de Fortuna primigenia, dont il fait deux sœurs.
(3) Creuzer et Guigniaut, *Rel. de l'Antiq.*, t. II, 1re part., p. 506.
(4) Ovide, *Fast.*, V, 729. Dion Cassius en fait mention, l. XLII, c. 26. Cependant le 25 mai est marqué C dans le calendrier Maffei, et non NP, qui est la note des dédicaces. Le souvenir de cette dédicace était effacé au temps où ces Fastes furent dressés. Cf. sur la Fortuna primigenia, Tite-Live, XXXIV, 53; XLIII, 13.

roi. Il fut construit de l'autre côté du Tibre (1), en dehors de la ville, et la fête qui se célébrait le 24 juin (VIII cal. jul.), en l'honneur de la déesse, était pour le bas peuple l'occasion de bruyantes réjouissances, auxquelles le souvenir de Servius Tullius paraît n'avoir pas été étranger. On sait combien la mémoire de ce prince était demeurée populaire. Les grands avaient fait en sorte que les jours de marché ne tombassent pas aux nones, que l'on regardait comme le jour de sa naissance, pour éviter l'agitation de la multitude, toujours émue par le souvenir de Servius Tullius (2).

Tarquin le Superbe.

Sous Tarquin le Superbe nous voyons commencer les relations directes de Rome avec la Grèce, et se préparer par elles la fusion de la religion romaine avec la religion hellénique. Cette tendance à se rapprocher de la Grèce se manifeste dans les deux principaux faits de l'histoire religieuse du règne de Tarquin. Ainsi ce prince achète les livres Sibyllins, et envoie une ambassade consulter l'oracle de Delphes.

LIVRES SIBYLLINS. — On raconte qu'une femme inconnue vint offrir à Tarquin, pour le prix de trois cents pièces d'or, neuf livres d'oracles. Tarquin refusa de les payer si cher ; mais cette femme, après en avoir brûlé six, renouvela ses offres avec une mystérieuse obstination, et finit par lui faire acheter les trois derniers au même prix qu'il avait refusé pour le tout (3). Ces livres, qui étaient les livres Sibyllins, furent placés dans un souterrain, au-dessous du sanctuaire de Jupiter Capitolin, et la garde en fut confiée à des duumvirs, remplacés au temps de Licinius et de Sextius par des décemvirs, auxquels Sylla substitua des quindécemvirs ; et le nombre de ces gardiens des livres Sibyllins fut encore augmenté sous les empereurs. Si l'Italie avait eu des oracles dans la plus haute antiquité, ils avaient disparu vers le sixième siècle avant l'ère chrétienne. Au contraire, les oracles de la Grèce et de l'Asie Mineure étaient alors les conseillers tout-puissants des rois et des peuples, et les arbitres de toute destinée. On accourait en foule aux temples de Delphes, d'Abæ en Phocide, de Dodone, à l'antre de Trophonius, au sanctuaire d'Amphiaraüs ou à celui des Branchiades (1). Mais indépendamment de ces oracles, dont la parole vivante, écoutée avec respect par les peuples et les rois de l'Asie et de la Grèce, dirigeait leur politique et faisait l'histoire du temps, on acceptait encore, comme des arrêts du ciel, les prédictions écrites de nombreux poëtes et devins, qui formaient des collections permanentes, et que l'on consultait dans les circonstances graves et extraordinaires. Tels étaient les oracles de Musée, de Bacis, de Tellias d'Éléc (2), et les livres des Sibylles, composés primitivement en Asie Mineure, et répandus de proche en proche en Italie, où la pieuse crédulité des Romains s'empressa de les accueillir. Les Sibylles les plus célèbres avaient prophétisé en Asie Mineure, à Gergithe, ou plutôt au village de Marpessus (3), à Cumes, à Érythrée. Les recueils de leurs oracles se vendaient aux tyrans ou aux républiques, et il est tout à fait conforme à l'esprit des antiques institutions de la Grèce et de l'Italie de supposer que chaque ville avait ses collections d'ora-

(1) Ovide, *Fast.*, VI, 765 ; Varron, *Ling. Lat.*, VI, 17. Sous Tibère on dédia un temple à la Fortune forte sur l'emplacement des jardins de César, où avait été la naumachie d'Auguste. Tacite, *Ann.*, II, 41. C'était peut-être une restauration de l'ancien temple ; car la situation semble être la même. Cf. Hor., *Sat.*, I, 9, 18.

(2) Macrobe, *Sat.*, I, 13.

(3) Aulu-Gelle, I, 19 ; Pline, *Hist. Nat.*, XIII, 17 ; Solin, 8, et Denys d'Halicarnasse, IV, s'accordent à placer ce fait sous le second Tarquin. Varron, dans Lactance, I, 6 ; Isid., *Orig.*, VIII, c. VIII, le rapportent au règne de Tarquin Priscus. Le nombre des livres varie aussi de 9 à 3. Cf. Klausen, *Æneas und die Pen.*, p. 1245 ; Nieb., *Hist. Rom.*, t. II, p. 258. On pourrait, à ce sujet, multiplier les citations à l'infini. Renvoyons, comme fait Niebuhr, à Fabricius, *Bibl. Græc.*, édit. Harles, I, p. 248 et suivantes.

(1) Hérod., I, 46.

(2) Hérod., VII, 6 ; VIII, 20, 27.

(3) Cf. tout le second livre de Klausen, *Æneas und die Pen.*, p. 205, sqq. Je renvoie aussi à cet ouvrage pour les sources antiques.

les gardées avec ses gages sacrés, quels qu'ils fussent, dans le plus saint de ses temples (1). Les colonies emportaient avec elles, en même temps que les dieux, les livres fatals de leur métropole. C'est ainsi que les oracles de la Sibylle de Cumes d'Éolide vinrent à Dicéarchie et dans la Cumes campanienne, d'où les Romains les ont sans doute reçus sous leur dernier roi, qui entretint d'étroites relations avec le tyran Aristodème (2). Toutefois, il est vraisemblable que les *Libri fatales* des Romains ne se composaient pas seulement des livres inspirés par l'Apollon de l'Asie, mais que les duumvirs eurent aussi sous leur surveillance d'autres collections d'origine italienne, comme les prédictions étrusques de la nymphe Bygoé et les prédictions indigènes des Marcius, ainsi que celles d'Albunea de Tibur (3), et peut-être beaucoup d'autres du même genre. Cette supposition explique comment la consultation des livres Sibyllins imposa aux Romains l'accomplissement de sacrifices barbares, où le sang des Grecs était répandu, et que des livres d'origine grecque ne durent jamais prescrire. Quoi qu'il en soit de l'origine de ces livres, les récits de leur introduction à Rome sont toujours remplis de circonstances étranges et de détails merveilleux (4).

ORACLE DE DELPHES. — Mais le texte inanimé des livres Sibyllins ne suffisait pas aux besoins superstitieux des Italiens et du peuple de Rome. D'ailleurs, si l'on trouvait dans ces livres l'indication des rites propres à apaiser et à gagner les dieux, ou des préceptes à observer dans les temps de présages menaçants et de grandes calamités, il ne paraît pas que l'avenir y fût écrit, et qu'ils aient contenu des réponses pour toutes les occasions d'éclat. Alors on s'adressait aux oracles parlant sous l'inspiration du dieu de l'enthousiasme prophétique. Pendant le règne de Tarquin le Superbe, un serpent, sorti de l'autel de la maison royale, enleva les entrailles des victimes, et le feu sacré s'éteignit. Ce double prodige était un légitime sujet d'alarmes, et le roi se détermina à demander à la Pythie un oracle qui dissipât ou éclaircît les sombres et vagues pressentiments dont son âme était assiégée. Ses deux fils, Titus et Aruns, se rendirent à Delphes, chargés, selon la coutume, de riches présents, et accompagnés de Brutus, leur cousin. Était-ce la première fois qu'une députation de Romains allait consulter cet oracle? C'est au moins, je pense, la première mention qui en soit faite dans l'histoire.

Ainsi la route vers la Grèce est frayée; c'est par la religion que Rome entre en relation avec cette contrée, avant que la politique, les lettres, les arts, aient multiplié les occasions de contact. On peut remarquer ici que l'influence des Tarquins est doublement féconde; car cette famille, à la fois grecque et étrusque, met Rome en rapport avec les deux peuples les plus éclairés de l'Occident.

APOLLON. — Le dieu de Delphes (1) ne devait pas tarder à passer dans la religion romaine, dès qu'on eut pris à Rome l'habitude de consulter son oracle (2). Déjà les attributs de ce dieu n'étaient point inconnus à la religion des Romains, qui les avaient répartis entre un grand nombre de petites divinités. Mais quand Apollon s'introduisit à Rome aucun dieu ne posséda plus à un si haut degré la puissance de guérir et de donner l'inspiration divinatoire et poétique. Les poètes représentent fréquemment Apollon avec ces deux attributions de la divination et de la médecine (3). Apollon est le seul de tous les dieux choisis de la religion des Romains qui porte un nom grec, preuve certaine que les Romains l'ont adopté sans altérer sa physionomie grecque, en l'associant avec quelque divinité indigène, comme ils ont fait pour tant d'autres.

---

(1) Nieb., *Hist. Rom.*, II, 283.
(2) Klausen, t. I, p. 244.
(3) Nieb., *Hist. Rom.*, l. c.
(4) Hartuug, *Rel. der Röm.*, I, 134.

(1) Ovide, *Fast.*, II, 709; Ovide et Tite-Live, I, 56, ont tiré leur récit d'une autre source que Denys d'Halicarnasse, IV, 69.
(2) Klausen, *Æn.*, II, p. 616.
(3) Cf. les passages suivants des *Fastes*, I, 291; III, 826, où Apollon est représenté comme médecin et père d'Esculape; I, 474; II, 245, 259, 711; III, 856; IV, 263, comme devin. Ailleurs le poëte rapporte les fictions de la mythologie grecque (III, 139; VI, 111, 419, 701).

Cependant les archéologues ont travaillé ce nom de manière à l'amener à une certaine ressemblance avec la nomenclature des *Indigitamenta*, et ils donnent comme synonymes d'Apollon les mots *Aperta*, *Apello*, *Aspello* (1). Mais ce ne sont que des explications philologiques, et non des témoignages desquels on puisse conclure que ce dieu ait figuré dans les anciens rituels. Apollo est donc tout à fait emprunté à la Grèce.

C'est toujours quand il s'agit de conjurer un prodige effrayant (2), ou de faire cesser une maladie contagieuse, que les Romains s'adressent à lui, et les effets bienfaisants qu'on attribue à son intervention affermissent et étendent son culte (3). Ainsi, en 431 (avant Jésus-Christ), après la consultation des livres Sibyllins, on voue un temple à Apollon pour la guérison d'une peste (4). Plus tard on interroge son oracle pour apprendre les moyens d'expier le prodige de la crue subite du lac d'Albe (5). En 213, pour obtenir l'expulsion d'Annibal, on institue en l'honneur de ce dieu, qui détourne tous les maux, les jeux apollinaires, sur l'autorité des prédictions du devin Martius. Ces oracles étaient alors en grand crédit, à cause de la bataille de Cannes, qui réalisait une de leurs prophéties (6). Ainsi, comme le remarque Tite-Live, ce n'était pas seulement à l'occasion d'une épidémie, mais pour obtenir la retraite de l'ennemi et la victoire qu'on invoquait Apollon. Le cirque d'Apollon était construit dans les prés Flaminiens (1). Plus tard, on ajouta à ces jeux des représentations scéniques, et un théâtre fut élevé auprès du temple consacré à Apollon (2). Ainsi le culte des dieux s'enrichissait de toutes les nouveautés que les progrès de la civilisation introduisaient dans la société romaine. Quand les Romains devinrent un peuple lettré, Apollon fut le dieu de la littérature et des beaux-arts. La bibliothèque Palatine était placée sous son patronage (3); il présidait aux concours de musique institués par Auguste; et lorsque l'ancien triumvir eut terminé les guerres civiles, et fait fleurir les arts de la paix, Apollon devint comme le génie suprême de l'empire et du siècle d'Auguste (4).

Ce n'est que longtemps après l'expulsion des rois que le culte d'Apollon reçut tous ces développements. Mais on voit que dès les Tarquins Rome avait commencé à connaître ce dieu, et que la religion grecque exerçait déjà une influence directe sur la croyance des Romains.

FÉRIES LATINES. — « Après avoir traité avec les peuples du Latium, Tarquin, dit Denys d'Halicarnasse (5), crut qu'il était à propos d'avoir un temple qui fût commun aux Romains, aux Latins et aux Herniques, dans lequel ils s'assembleraient tous les ans pour célébrer des festins et participer ensemble aux mêmes sacrifices. Le projet fut accepté d'une commune voix par toutes ces nations. Tarquin choisit le lieu du rendez-vous général sur une haute montagne située presqu'au milieu de tous les peuples alliés, et qui domine sur la ville d'Albe. Il ordonna qu'on s'y

---

(1) P. Diacr. Müller, 22, 15 : Aperta idem Apello vocabatur. Macr., *Sat.*, I, 17. Aspello (subaudi mala). Dans ce dernier sens il répond à Ἐπικούριος et à Ἀλεξίκακος des Grecs. Cf. Pausan., VIII, 40 ; VII, 8 ; Nieb., *Hist. Rom.*, III, 359.

(2) On n'eut point encore l'idée de s'adresser au dieu de Delphes dans les deux premières pestes qui désolèrent Rome après les rois. Den. Hal., IX, 42, 67 ; X, 53 ; Tite-Live, III, 6, 7, 8, 32. On se borna à des expiations empruntées aux rites nationaux. Mais il se manifeste dans Denys un vif sentiment de leur insuffisance.

(3) Klausen, *Æneas und die Pen.*, p. 258-271, 1098 et suiv.

(4) Tite-Live, IV, 25. Les livres Sibyllins donnaient aussi de simples conseils d'hygiène. Lydus en cite un exemple, *de Mens.*, IV, 8. Je doute que ce précepte soit confirmé par la science et l'expérience.

(5) Tite-Live, V, 15.

(6) Macrobe, *Sat.*, I, 17 ; Tite-Live, XXV, 12 ; cf. M. Egger., *Reliq. Serm. lat.*, p. 110.

(1) Tite-Live, III, 63 ; IV, 54. C'est là que fut construit le cirque de Flaminius.

(2) Tite-Live, XL, 51. Il y avait une confrérie de *Mimi parasiti Apollinis*. Fest., Müller, 326 ; saint Augustin, *Civ. D.*, VI, 7.

(3) Dion. Cass., LI, 1 ; LIII, 1.

(4) Ovide, *Fast.*, VI, 91 ; cf. Klausen, p. 1102 et toutes les citations de la note 2210.

(5) Den. d'Halic., IV, 49.

ssemblerait chaque année, que toutes les nations de l'alliance ne feraient pendant ce temps-là aucun acte d'hostilité l'une envers l'autre; qu'on y offrirait un commun, et qu'on y célébrerait des festins en signe d'union. Il régla aussi ce que chaque ville devait fournir pour les sacrifices, et ce qu'elle y devait avoir. Quarante-sept peuples se trouvaient à cette solennité, et participaient aux sacrifices et aux oblations. Les Romains ont encore aujourd'hui cette fête sous le nom de Féries Latines. Les villes qui y ont part fournissent toutes quelque chose; les unes des agneaux, les autres des fromages; celles-ci une certaine quantité de lait; celles-là quelques autres denrées de cette espèce : et comme on y immole un taureau au nom de toutes les villes, chacune en a un morceau. Au reste, ce sont les Romains qui président à la solennité, et qui y offrent les sacrifices pour tous les autres peuples de l'alliance. » On voit que le but de cette institution était tout politique; et que les cérémonies religieuses qu'on y célébrait ont un caractère tout italien. Il est probable, du reste, que ces fêtes du mont Albain existaient bien longtemps avant Tarquin, et que ce prince n'en fit une fête romaine que parce qu'il s'empara de la présidence de cette solennité. L'institution des Féries Latines est tout à fait en dehors de cette influence de l'hellénisme dont nous signalons tout à l'heure les principaux effets.

REGIFUGIUM. — Il n'est point douteux que la chute de la royauté n'ait arrêté la société romaine dans la voie de perfectionnement où les Tarquins l'avaient engagée. Rendus à eux-mêmes par la révolution de l'an 509, absorbés par leurs dissensions intestines et par une lutte de deux siècles contre les peuples italiens, les Romains se rattachèrent fortement à leurs institutions nationales, et devinrent moins accessibles aux influences étrangères. Ce fut la cause de leur grandeur. S'ils avaient été prématurément envahis par l'Étrurie et la Grèce, il leur eût été impossible de fonder leur domination sur le monde. On peut dire qu'il y eut dans les deux premiers siècles de la république un retour vers la barbarie, ou plutôt vers la simplicité des institutions du La-

tium et de la Sabine. Le régime nouveau fit disparaître l'éclat superficiel répandu dans l'État par les règnes splendides des derniers rois. Mais grâce à ce changement Rome évita d'être confondue avec les autres cités italiennes. Elle resta une ville à part, et conserva les fortes vertus qui lui assujettirent tous les peuples.

L'expulsion des rois a laissé des traces dans les cérémonies religieuses de Rome. Au 24 février on célébrait le *Regifugium* (1). En ce jour le roi des sacrifices prenait la fuite après l'immolation de la victime, et le reste de la journée redevenait faste. C'est ce qu'exprime la note des calendriers Q. R. C. F. (*quando rex comitiavit fas*). Les réjouissances du Regifugium, altérées par la corruption des mœurs, dégénérèrent dans la suite en cérémonies licencieuses. Le peuple romain, dégradé, souillait toutes ses fêtes religieuses par des débauches et des plaisirs sans frein. Les rites anciens s'étaient conservés, mais les vieilles mœurs avaient disparu.

III.

CHANGEMENTS INTRODUITS DANS LA RELIGION ROMAINE DE L'EXPULSION DES ROIS AU TEMPS D'AUGUSTE.

Après les rois, l'histoire de la religion romaine s'abrège considérablement. A cette époque le sacerdoce est fondé, les dieux, trouvés pour la plupart, et les fêtes sont déjà d'un antique usage. Toutefois, pour quiconque étudierait à fond ce vaste sujet, la tâche serait encore longue et difficile. Les institutions humaines se modifient toujours avec le changement des idées et des mœurs. Or, de l'établissement de la république

(1) Ovide, *Fast.*, II, 683. Le Regifugium et le Poplifugium, célébrés au iv id. jul., s'appelaient *Fugalia*. Le chant joyeux des fêtes religieuses était dit *Vitulatio*. *Vitulari* équivaut à Παιανίζειν, Macr., *Sat.*, III, 2. Il paraît, d'après saint Augustin, que ces chants étaient devenus obscènes, *Civ. D.*, II, 6. Ovide ne parle nullement de cette licence du Regifugium; mais il raconte au long, d'après les anciennes traditions, la chute des Tarquins, déjà chantée par Ennius. Cf. *Ennii Fragmenta*, éd. Spangenberg.

à celui de l'empire il y a près de cinq siècles d'histoire. Que de générations se sont succédé dans cet intervalle de temps! Combien de nouveautés inconnues aux ancêtres furent acceptées par les descendants, qui, à leur tour, quittaient le monde sans connaître et sans comprendre les choses qui allaient leur survivre! On instituait de nouvelles cérémonies; on multipliait les temples et les surnoms des dieux; on altérait le sens de leurs anciens noms ou on les combinait avec les dénominations étrangères; on établissait des jeux, des théâtres; l'introduction de l'art grec transformait les temples et les statues, et rendait l'ancienne religion méconnaissable aux Romains austères (1); on adaptait les fictions de la mythologie grecque aux dieux italiens, qui perdaient peu à peu leur caractère primitif; il se formait entre les deux religions une alliance bizarre, dont tout l'avantage était pour le polythéisme grec; enfin, la philosophie grandissait pour la ruine de l'une et de l'autre croyance; on l'étudiait avec ardeur, et ses enseignements rendaient impossible la crédulité d'autrefois. Au siècle d'Auguste les dieux avaient encore leurs temples et tous les dehors de la majesté et de la puissance; mais la foi était blessée à mort par le doute, et le paganisme n'imposait plus aux esprits sérieux et éclairés.

Voilà les principaux changements introduits dans les idées religieuses des Romains pendant la période de cinq siècles qui commence à l'expulsion des rois. Bornons-nous à exposer les faits caractéristiques qui signalent cette époque de l'histoire de la religion romaine.

INFLUENCE DES LIVRES SIBYLLINS. — J'ai déjà fait remarquer que l'arrivée des livres Sibyllins à Rome coïncide avec la première consultation de l'oracle de Delphes. Ces deux faits eurent des conséquences fécondes. L'Apollon grec, auquel les Romains demandaient assistance contre les calamités qui les frappaient, devint un de leurs grands dieux. La Grèce fut dès lors la source des innovations, dont le flot, grossissant de jour en jour, devait couvrir tout l'ancien fond des idées religieuses de l'Italie. Quant aux livres Sibyllins, qui avaient été écrits par des oracles grecs, il faut les regarder comme les agents les plus actifs de cette propagation de la religion hellénique. Tous les sacrifices qu'ils ordonnaient étaient pratiqués selon le rite grec (1), et leur influence a puissamment contribué à effacer du culte romain les éléments sabins, latins et étrusques.

BACCHUS OU LIBER, LIBERA. — Cette influence se déclare dès les premiers temps de la république. Le dictateur Postumius, vainqueur des Latins en 498, fit consulter les livres Sibyllins pour conjurer la stérilité et la disette (2); et, d'après leur réponse, il voua des temples à Bacchus ou Liber, à Cérès et à Proserpine, et il institua en leur honneur des sacrifices et des jeux. Ainsi, les livres Sibyllins prescrivaient des sacrifices pour Apollon dans le cas d'épidémie, et pour Liber et Cérès dans les temps de famine. Dans la religion grecque Déméter et Bacchus sont adorés ensemble, et ont entre eux beaucoup d'analogie. Ils sont de même associés dans la religion romaine, soit sous les noms de Cérès et de Liber, soit, avec plus d'affinité encore, comme couple divin, désigné par les noms de *Liber* et de *Libera* (3). Il n'y a pas lieu de douter que Liber et Libera ou Cérès ne soient au nombre des plus anciennes divinités de l'Italie, et je n'ai retardé jusqu'ici le moment de traiter de leur culte et de leurs fêtes que pour montrer à la fois l'état ancien et le nouveau.

Liber et Cérès, qu'on ne peut distinguer ici de Libera, étaient les dieux des semences, les principes de la féconda-

---

(1) Infesta, mihi credite, signa ab Syracusis illata sunt huic urbi. Jam nimis multos audio Corinthi et Athenarum ornamenta laudantes mirantesque, et antefixa fictilia deorum Romanorum ridentes. Ego hos malo propitios deos; et ita spero futuros, et in suis manere sedibus patimur. Discours de Caton pour la loi Oppia. Tite-Live, XXXIV, 4.

(1) Nieb., *Hist. Rom.*, II, 182.
(2) Den. Hal., VI, 19; cf. Creuzer et Guigniaut, t. III, p. 1, 258.
(3) Tite-Live, III, 55; Ovide, *Fast.*, III, 785.

on. Liber, selon Varron (1), présidait aux semences liquides des animaux, des plantes, et particulièrement du vin. C'és travaillait avec lui à la reproduction, et fournissait les semences féminines (2). Liber aidait les hommes à engendrer et Libera assistait les femmes dans la même occasion (3). Ainsi ces deux étaient une des nombreuses personnifications de la force génératrice, de la cause de l'existence, idée que l'on retrouve toujours dans les dieux du polythéisme, quoique défigurée et rabaissée par de sensibles et grossières conceptions. Bacchus jouait le même rôle en Grèce, et Déméter y présidait aussi à la fécondité de la terre. Plus tard Liber a été confondu avec Apollon et le Soleil (4), et Libera avec Vénus, Junon Lucine, Cérès, Proserpine, Mena et toutes les autres déesses du même genre. Le dieu Liber peut encore être assimilé à Saturne, qui présidait aussi aux semences (5) ; son culte était fort en bonheur dans les campagnes et dans les villes de l'Italie (6). Le symbole qui représentait ce dieu, et qui dans les temps les plus anciens fut le dieu lui-même, ne laisse aucun doute sur ses attributs : c'était le phallus. On plaçait ce signe sur un chariot; et on le promenait dans les parties fréquentées de la ville et des campagnes. A Lavinium la fête de Liber durait un mois; après la procession du phallus, qui devait passer par le Forum, une matrone le couronnait en présence de tout le peuple. Tel était le culte déplorable que l'on rendait au dieu Liber, et qui excite avec tant de raison l'indignation de saint Augustin (1), culte grossier, qui asservissait l'esprit aux objets des sens, et qui était tout à fait incapable d'élever les hommes à de saines idées sur la nature de Dieu et à la pratique de la pure morale.

Plus tard tous ces anciens souvenirs étaient effacés par l'hellénisme. Ainsi, Ovide ne voit dans Liber que le Bacchus grec, dont il a raconté toutes les fables aux livres III et IV de ses *Métamorphoses*. Il nous avertit dans les *Fastes* qu'il ne veut pas reproduire toutes ces fictions poétiques (2); mais il se demande pourquoi, aux fêtes de Bacchus, une vieille femme invite le peuple à acheter des gâteaux (3). Il nous apprend que Bacchus offrit les premiers sacrifices aux dieux, et que le nom de Liber est dérivé des mots Liba et Libamina, qui servaient à désigner certaines offrandes usitées dans les sacrifices (4). Le miel entrait dans la composition de ces gâteaux ; et, selon le poëte, c'est à Bacchus que les hommes doivent la découverte du miel, car c'est lui qui rassembla sur les sommets du Rhodope et du Pangée les premiers essaims d'abeilles; et à ce propos Ovide raconte la plaisante aventure du vieux Silène, que les abeilles couvrirent de piqûres au moment qu'il voulait leur enlever leur miel, et il ajoute un conte de même valeur sur l'usage de se couronner de lierre dans les fêtes de Bacchus. Toutes ces fables ne méritent aucune attention en elles-mêmes, et on ne s'en occupe encore que parce qu'elles ont été des opinions longtemps répandues et qu'elles faisaient partie des croyances dominantes. Si l'on veut se rendre compte de leur origine, qu'on se rappelle tout ce que les anciens avaient pu observer sur les ressemblances et les différences du vin et du miel, de la vigne et du

(1) Ap. Aug., *Civ. D.*, VII, 21; Ovide, *Fast.*, III, 765.
(2) *Civ. D.*, VII, 16.
(3) *Civ. D.*, VI, 9. Liberum a liberamento adpellatum volunt, etc. On sait que les étymologies de Varron ont peu d'autorité. Quintilien, *Inst. Orat.*, I, 6, l'avait déjà fait observer.
(4) Arnob., *Adv. Gent.*, III, 33 ; Macr., *Sat.*, I, 18. Cf. la Dissertation de Francken déjà citée, p. 56 ; Cicer., *Académ.*, II, 41.
(5) Saint Aug., *Civ. D.*, VII, 19.
(6) Cf. dans Virg., *Georg.*, II, 380, la description des *Liberalia rustica.* Cf. Serv., *ad Eclog.*, V, 79. Bacchus et Cérès (id est Diana Luna) quæ numina maxime colunt rustici et quorum nomina communia sunt mortalibus cunctis..... Ovide, *Fast.*, III, 785.

(1) Saint Aug., *Civ. D.*, VII, 21 : In Italiæ compitis.... Aussi Otto place Liber au nombre des *Dii viales*. Ottonis *Dissertatio de Diis vialibus*, p. 12. Cf. Hérod., II, 48. Sur la procession du Phallus dans le culte de Bacchus en Égypte et en Grèce.
(2) Varron, *Ling. Lat.*, p. 46, 32, éd. Dordr.
(3) Ovide, *Fast.*, III, 715, 790.
(4) Sur le nom de Liber, cf. Plutarque, *Quest. Rom.*, 104 ; Klaus., p. 752.

lierre (1). Ils faisaient des mélanges de vin et de miel ; certains vins n'étaient buvables qu'après cette préparation. Ce sont là des remarques qu'il suffit de produire en passant et qu'il est inutile de développer, parce que chacun peut les compléter par sa sagacité et son érudition. Qui peut dire aussi pourquoi Ovide attribue à Bacchus l'invention des sacrifices (2)? C'est sans doute une histoire fondée sur les récits qui font de ce dieu un grand conquérant et un triomphateur, ce qui suppose nécessairement qu'il offrit des sacrifices.

C'était au jour des *Liberalia* (17 mars) que les jeunes gens étaient revêtus de la robe prétexte (3). Cette coïncidence n'est pas sans raison. Liber était le dieu jeune et vigoureux qui donne la force virile. A Naples on adorait Bacchus Ἡϐῶν (4). Mais cette cérémonie n'était point en rapport avec la fête du dieu, et les sacrifices qu'on y faisait étaient offerts à Jupiter.

Le culte de Liber était donc dans les vieilles mœurs de l'Italie. L'introduction des rites grecs, après la consultation des livres Sibyllins, au commencement de la république, produisit la confusion de Liber et de Bacchus, qui lui ressemblait en mille façons (5). Dès lors les *Liberalia* furent annuels (6). Un temple s'éleva en l'honneur du dieu à l'extrémité du grand Cirque auprès des *Carceres* (7).

On ne s'en tint pas là : en outre de c que l'État avait admis du culte de Bac chus, il se forma des associations secrè tes qui célébrèrent les honteux mystère des Bacchanales que le sénat et les cen seurs réprimèrent par le rigoureux séna tus-consulte de l'an 186.

CÉRÈS, PROSERPINE. — Il est cons tant que les Romains connaissaient Cé rès ainsi que Liber avant la constructio du temple de Postumius et l'introduc tion des cérémonies grecques de Démé ter. Il y a peu de chose à dire sur l'an tique Cérès italienne. Varron (1) expliqu son nom par une étymologie plus qu contestable. Ne vaut-il pas mieux rap procher Cérès de *Cerus*, que Verriu Flaccus (2) traduisait par *Creator* ? D sorte que dans ce sens Cérès serait l déesse créatrice, ce qui s'accorde par faitement avec son attribut principal. paraît que le culte de Cérès n'apparte nait en propre à aucune famille patri cienne; car cette déesse est essentielle ment en rapport avec l'ordre des plé béiens (3). Il en était de même de Libe et de Libera, qui sont invoqués avec Cérè comme gardiens et protecteurs de l'i violabilité du tribunat. Cérès, Liber e Libera se sont confondus avec Démétei Bacchus et Proserpine.

Nous avons déjà fait remarquer qu'a point de vue de l'idée abstraite, rie n'est si facile que l'assimilation des dieu du polythéisme. Ainsi Libera équiva à Cérès et à Vénus, et assiste les femme comme ces deux déesses (4). Les Ro mains avaient une Vénus Libentina o Libitina, qu'on n'est pas éloigné de co fondre avec Libera et Proserpine (5 Dans un certain sens la Libentina étai accouplée au dieu Liburnus, qui étai une divinité de l'empire souterrain (6

(1) Macrobe, *Sat.*, VII, 7. Les médecins anciens combattaient les effets du vin par l'usage du miel. Le vin et le miel étaient donc les deux contraires. Macrobe, *Sat.*, I, 12, dit qu'aux mystères de Bona Dea le *vinarium* était appelé *mellarium*.
(2) *Fast.*, III, 727. Sur le sens de θρίαμϐος cf. Lydus, *de Mens.*, 1, 2, p. 4, et la note de Rothe. Varron, *Ling. Lat.*, VI, 68.
(3) Ovide, *Fast.*, III, 771; cf. M. Walckenaer, *Hist. d'Horace*, I, p. 18.
(4) Macrobe, *Sat.*, I, 18; Merkel, *de Obsc.*, p. CCXXXVIII, rapproche le mot Ἡϐῶν du mot *hirquitalli*, expliqué par P. Diac. Müller, 101, 5.
(5) Serv., *ad Ecl.*, IV, 50. Bacchus avait aussi en Grèce le surnom de Ἐλευθέριος.
(6) Le mot *Liberalia* s'appliqua plus tard à tous les jeux scéniques. Paul Diac. Müller, 102, 16; Tertull., *De Spect.*, I, 6.
(7) Den. Hal., VI, 17, 44; Serv., *ad Ecl.*, V, 29.

(1) *Ling. Lat.*, V, 64 : Quæ quod ger fruges, Ceres; antiquis enim C quod nunc G
(2) Paul Diac. Müller, 122, 4, s. v. Matre matutam. Le radical de *creare* est dans Cerus
(3) Nieb., *Hist. Rom.*, II, 439; Hart., *Re der Röm.*, t. II, p. 138.
(4) Varron ap. Aug., *Civ. Dei*, VII, 3, 1 Quand Ovide, *Fast.*, III, 512, dit que Libera est Ariane, il mêle une fable grecque ave la mythologie romaine, selon son habitude
(5) Varron, *Ling. Lat.*, VI, 47.
(6) Selon Klausen, cf. p. 752, note 138:

insi, jamais on ne sait à quoi s'en tenir; c'est un mouvement perpétuel de noms et d'attributs qui produit la confusion la plus étrange, dans laquelle les anciens ne se démêlaient pas mieux que nous. En effet, voilà Libera donnée pour Cérès et Vénus en tant que déesse de la génération et de l'enfantement : c'est une Lucine, une Ilithye. Puis elle devient la déesse du plaisir des sens (1). Enfin, elle se transforme en puissance infernale (2), sous le nom de Libitina, et ne diffère plus de Proserpine. Je ne doute point que les croyances des Romains n'aient beaucoup varié à ce sujet, et que ce ne soit la cause de ces différences. Dans le sens primitif Proserpine n'était qu'une divinité rustique, comme on le voit dans les livres religieux (3), où elle est donnée comme la déesse du germe qui serpente dans le sein de la terre, ou même comme la partie inférieure de Tellus. Si telle est l'ancienne signification du nom de Proserpine, on comprend comment on en a fait, avec le secours des fables grecques, la reine du séjour souterrain et la fille de Cérès, qui était la surface de la terre. La mythologie anima ces idées dérivées du naturalisme primitif, et les transforma en fictions poétiques non dépourvues d'agrément, mais cela sans beaucoup de profit pour la vérité. C'était un progrès de l'esprit, mais seulement en ce qui concerne l'imagination; car la raison est loin d'y trouver son compte.

MYSTÈRES DE CÉRÈS. — Ovide a trouvé dans ces fables d'heureuses occasions d'exercer son fécond talent de versificateur. Le récit de l'enlèvement de Proserpine, déjà bien long dans les *Fastes* (4), n'est qu'un abrégé de celui des *Métamorphoses*. On voit, d'après deux passages du récit des *Fastes*, que cette fable était en harmonie avec les cérémonies et les rites des mystères de Cérès (5), et qu'elle en était comme le commentaire figuré. Ainsi on allumait des torches, parce que la déesse, cherchant sa fille, s'était éclairée la nuit en allumant deux pins au sommet de l'Etna; ainsi les initiés ne prenaient de nourriture que sur le soir, vers l'heure où Cérès avait rompu son jeûne en mangeant quelques grains de grenade. Les mystères d'Éleusis étaient les plus célèbres de l'antiquité. D'après Varron (1) ils ne concernaient que la découverte et la culture du blé. Si c'était là tout le mystère, il faut avouer que sa découverte est de nature à nous paraître une déception. Cependant, reconnaissons qu'il était sage et louable d'entourer de respect, de sanctionner par de graves institutions religieuses, un art aussi utile à la société que l'agriculture. Mais, avec les idées de notre temps, nous trouvons bien étrange qu'il ait paru nécessaire d'employer un tel appareil de sainteté et tant de stratagèmes et d'illusions pour établir la conviction et la pratique d'une vérité aussi simple. Toutefois, il n'est pas permis de douter, après les nombreux témoignages des anciens, que les mystères n'aient aussi donné un enseignement plus élevé sur Dieu, sur l'âme et sur le monde. Mais je suis loin de croire qu'ils aient contenu le fonds de la sagesse, et il me semble qu'on en parle souvent avec trop de complaisance et d'admiration. Car, selon la remarque de Lobeck (2), si tous les magnifiques témoignages sur les mystères étaient vrais, il faudrait que les prêtres et les initiateurs, malgré les ténèbres dont la superstition du polythéisme entourait l'intelligence, aient atteint par prodige les plus sublimes vérités, tandis que nous savons ce qu'il en a coûté à la raison dégagée, libre et sincère, pour les établir.

LES CEREALIA. — Chez les Romains la religion ne s'élevait jamais à de hautes spéculations, et restait une simple pratique. Aussi n'est-il pas étonnant que Varron n'ait vu dans les mystères d'Éleusis que ce qui concernait la culture du froment. On s'était contenté d'emprunter à la Grèce les cérémonies extérieures de cette fête de l'agriculture (3),

---

(1) Plut., *Numa*, 12.
(2) Den. Hal., IV, 15.
(3) Saint Aug., IV, 8 : Dea Seia, Segetia, Tutilina, Proserpina, Nodutus, etc.... Id., VII, 23.
(4) Ovide, *Fast.*, IV, 418-616; *Métam.*, V, 341, 663.
(5) Ovide, *Fast.*, IV, 494 et 556.

(1) Saint Aug., *Civ. D.*, VII, 20.
(2) *Aglaophamus*, t. I, p. 4.
(3) Paul Diacr. Müller, 94, 4.

en combinant ensemble les divinités grecques et romaines qui y étaient honorées. On institua alors des sacrifices et des jeux, qui commençaient le 12 avril, la veille des ides (1). Les jeux du Cirque étaient toujours précédés d'une procession solennelle : Ovide l'affirme pour les jeux de Cybèle et de Cérès; Varron, pour les *Cerealia* (2). Les courses des chevaux et des chars composaient la principale partie du spectacle (3). On représentait aussi des chasses, et aux jeux de Cérès on faisait courir des renards, traînant à leur queue des torches ardentes (4). C'était, dit Ovide, pour punir les ravages que cet animal avait causés dans les moissons. La truie était immolée, pour les mêmes raisons, dans d'autres circonstances. Mais on épargnait le bœuf, serviteur patient du laboureur. On n'assistait aux *Cerealia* qu'en robe blanche (5). Du temps de Cicéron ces jeux se célébraient en l'honneur de Cérès et de Liber à la fois. Les jeux de Cérès se terminaient, au temps d'Auguste, le XIII avant les calendes de mai, parce que César les prolongea de quatre jours (6). On fait aussi mention d'un *lectisternium* offert annuellement à Cérès, aux ides de ce mois, et du sacrifice d'une truie, parée d'or et d'argent (7); mais rien ne prouve que ce fût aux *Cerealia* d'avril, car il existait aussi dans le calendrier romain d'autres fêtes en l'honneur de Cérès. La fête de Cérès, qui se célébrait en août, quand on reçut à Rome la lettre du consul Varron annonçant la défaite de Cannes, n'a rien de commun avec les grands jeux de cette déesse (8).

(1) Cf. Merkel, *de Obsc.*, 44, qui discute contre Foggini sur le commencement de ces jeux, et sur leur rapport avec les Megalesia qui les précèdent.
(2) Ovide, *Fast.*, IV, 391; Varr., *R. R.*, I, 2; cf. aussi Den. Hal., VII, 72; App., *Bell. Civ.*, II, 101; Ovide, *Am.*, III, 2.
(3) Ovide, *Fast.*, IV, 680.
(4) Ovide, *Fast.*, IV, 681.
(5) Ovide, *Fast.*, IV, 619.
(6) Dion Cass., XLIII, 51.
(7) Arn., *Adv. Gent.*, VII, 32; Fest., Müller, p. 238, 11.
(8) Tite-Live, XXII, 56; XXXIV, 6. On sait par Aulu-Gelle que la bataille de Cannes se livra au mois d'août; V, 17. Dans le ré-

CASTOR ET POLLUX. — On attribu[e] encore au dictateur Postumius la cor[n]struction d'un temple en l'honneur d[e] Castor et Pollux, qui avaient, par un[e] protection toute spéciale, secondé l[es] Romains dans la bataille du lac Régill[e.] Le Grec Denys d'Halicarnasse n'om[et] aucune des circonstances merveilleuse[s] de leur intervention dans cette grand[e] journée (1). Tite-Live parle seulemen[t] du vœu du dictateur, et nullement d[e] l'apparition des deux héros. Son réc[it] est beaucoup plus vrai et plus simple q[ue] celui de Denys. Cependant il se peut q[ue] la crédulité populaire ait admis comm[e] réelle l'apparition de deux cavaliers d[i]vins, dans le combat du lac Régill[e.] C'est un fait trop naturel en semblab[le] circonstance, et Hérodote raconte [le] même prodige dans l'invasion du pa[ys] de Delphes par les soldats de Xerxès (2[).] Mais on croira difficilement que ces au[xi]liaires célestes aient été les deux fils [de] Léda, les héros spartiates Castor [et] Pollux. Rien n'empêche de croire q[ue] Postumius n'ait voué un temple à d[es] héros ou lares nationaux, que les ch[e]valiers qui avaient pris une part gl[o]rieuse à la bataille ne les aient consid[é]rés comme leurs patrons, et ne les aie[nt] depuis honorés annuellement par cet[te] procession dont parle Denys. Les hi[s]toriens grecs auront ensuite transform[é] ces deux cavaliers en Castor et Pollu[x] qu'ils mettaient partout, jusque ch[ez] les Perses, comme on le voit dans [la] *Cyropédie*, et les Romains n'y auro[nt] pas contredit. Le temple s'élevait pr[ès] du Forum (3); il avait été dédié aux id[es] de juillet de l'an 496; mais un incend[ie] l'ayant détruit, il fut refait sous Tibè[re] et dédié le VI avant les calendes de f[é]vrier, comme l'attestent Ovide et la T[a]ble de Préneste (4). Il touchait à l'extr[é]mité de la basilique Julia, était rapproc[hé]

cit des amours incestueuses de Myrrha et Cinyre, Ovide, *Mét.*, X, 431, place une fê[te] de Cérès dans une autre saison qu'avril. M[ais] ce sont là des *Cerealia* de fantaisie transport[és] en Arabie pour la façon du conte.
(1) Den. Hal., VI, 13; Plut., *Coriol.*; Tit[e]-Live, II, 20; Nieb., *Hist. Rom.*, t. II, p. 34[.]
(2) Hér., VIII, 38.
(3) Ovide, *Fast.*, I, 705.
(4) Dion Cass., LV, 8, 27.

lu Palatin, puisque Caligula en fit le vestibule de son palais (1).

JEUX SÉCULAIRES; PLUTON. — L'influence des livres Sibyllins se manifeste encore dans l'établissement des *Jeux séculaires*. Une ancienne légende, conservée par Valère Maxime et Zozime, rapportait qu'un Romain nommé Valesius, qui habitait dans la Sabine, craignant de voir ses deux fils emportés par la fièvre, adressa une prière fervente à ses dieux lares. Aussitôt il entendit une voix mystérieuse qui lui disait : « Tes enfants seront sauvés si tu les transportes à Tarente, et si là tu leur fais boire de l'eau du Tibre, chauffée sur un autel de Pluton ou de Proserpine. » La prédiction était obscure : néanmoins Valesius s'embarqua pour descendre le Tibre et gagner Tarente par mer. Mais le hasard abrégea son voyage et accomplit la prédiction. Arrivé à Rome, devant la plaine où fut le Champ de Mars, ses enfants, dévorés de soif, lui demandent à boire. Valesius n'avait pas de feu pour faire chauffer leur breuvage. Le pilote lui dit qu'il aperçoit de la fumée sur le bord du fleuve. Valesius descend à terre; il apprend d'un berger que ce lieu s'appelait *Tarente*, et il conclut que c'est là l'endroit désigné par l'oracle. Il puise de l'eau dans le Tibre, la fait chauffer à l'endroit d'où sortait la fumée : ses enfants boivent, guérissent, et Valesius, dans sa reconnaissance, élève des autels à Pluton et à Proserpine, immole des victimes noires, et célèbre pendant trois nuits consécutives des jeux et des *lectisterniums*. Ce Valesius vivait au temps de Tullus Hostilius; il changea son nom en celui de *Valerius*, du verbe *valere*, être en bonne santé, et fut l'ancêtre de la *gens Valeria*.

Ces jeux célébrés en l'honneur des divinités funèbres, pour obtenir la santé et la vie, ne devinrent séculaires qu'après l'expulsion des rois. Des prodiges inquiétants s'étaient manifestés. On consulta les livres Sibyllins, et on y lut cette réponse : « Que l'on célèbre des jeux en l'honneur de Pluton et de Proserpine à Tarente et dans le Champ de Mars; que l'on immole des victimes noires, et que ces jeux soient répétés tous les siècles (1). » Ces jeux furent célébrés, tous les cent dix ans, quatre fois pendant la durée de la république. Auguste les renouvela à une époque où l'on commençait à oublier les souvenirs de l'ancienne religion.

MERCURE. — A la même époque un temple fut dédié à Mercure. Létorius en fit la dédicace, choisi par le peuple, à l'exclusion des consuls, à qui cet honneur était ordinairement réservé (2). Quoique Tite-Live ne fasse en cette circonstance nulle mention des livres Sibyllins, il est probable qu'ils ne furent point étrangers à cette consécration. En effet, après la bataille du lac Trasimène, la récolte des blés ayant manqué, comme au temps de Postumius, on voua un *lectisternium* à Cérès et à Mercure (3), d'après l'ordre des livres Sibyllins. On est donc autorisé à conclure que les choses se passèrent de même dans des circonstances semblables, de 498 à 494. Les livres Sibyllins recommandaient le culte de Cérès pour conjurer la disette, et celui de Mercure pour favoriser l'arrivage des blés. Mercure était primitivement le dieu des marchands, et c'est ainsi qu'Ovide le représente (4). Le sénatus-consulte qui décréta la dédicace de son temple, en 494, confia aussi à celui que le peuple devait élire pour présider à cette cérémonie la surintendance des vivres et l'organisation du corps des marchands. Ces détails ne laissent aucun doute sur les attributions du dieu Mercure (5). Mais comme l'autorité des livres Sibyllins tendait toujours à propager les rites et les idées grecs, on arriva bientôt à confondre le Mercure latin avec l'Hermès grec, fils de l'Arcadienne Maïa.

---

(1) Mon. Ancyr., ap. Egger., *Examen des Historiens d'Auguste*, p. 449. Suet., *Calig.*, 22. Les trois colonnes corinthiennes qui s'élèvent à l'extrémité du Forum sont considérées, selon les antiquaires, comme les débris de la Curia Julia, ou de la Grécostase, ou du temple de Castor et de Pollux. Cf. Nardini, Nibby, Canina.

(1) Dezobry, *Rome au siècle d'Auguste*, II, 416.
(2) Tite-Live, II, 27.
(3) Klausen, p. 275 ; Tite-Live, XXII, 10.
(4) *Fast.*, V, 663, 692.
(5) Hart., *Rel. der Röm.*, II, 160 ; Macr., *Sat.*, I, 12 ; Lyd., *De Mens.*, IV, 53 ; Varr., ap. Cens., 22 ; Paul Diac., 148, 3.

Aussi Ovide met dans ses attributions la lyre, la palestre, l'éloquence et la correspondance des cieux avec les enfers (1), et c'est par ces divers attributs que les érudits latins expliquent son nom (2). Mais la fonction dominante de ce dieu est toujours le commerce et l'industrie. Aussi saint Augustin remarque que Mercure ne représente aucun élément; mais qu'il est la personnification de l'activité humaine. C'est le rôle de tous les Hermès de l'antiquité.

Le culte de Mercure regardait surtout les marchands. Ovide nous apprend que cette confrérie l'honorait particulièrement aux ides de mai. Elle lui offrait d'abord de l'encens dans son temple; puis on se rendait à la fontaine de Mercure (3), près de la porte Capène. Là, chaque marchand puisait de l'eau dans une urne parfumée, se purifiait et aspergeait ses marchandises avec une branche de laurier trempée dans la fontaine. Ensuite il adressait au dieu une prière de fripon, ou rendue telle par la malice du poëte (4). Le temple de Mercure était situé entre le grand Cirque et le mont Aventin (5), non loin de la porte Capène et de cette *Aqua Mercurii* dont la seule mention se trouve dans le poëme des *Fastes*.

ESCULAPE. — Cependant la peste continuait à sévir fréquemment contre la population de Rome, et l'intervention d'Apollon ne suffisait plus. Aussi les livres Sibyllins, consultés en 292, vers la fin des guerres du Samnium, ordonnèrent qu'on fît venir Esculape d'Épidaure (6). Dans les *Métamorphoses* Ovide raconte en détail l'arrivée de ce dieu à Rome, mais en attribuant sa translation à un ordre de l'oracle de Delphes, et non a livres Sibyllins. Dans ce récit, Escula vint à Rome sous la forme d'un gra serpent, et il choisit lui-même pour s jour l'île du Tibre, où on lui éleva temple, dont la dédicace fut faite aux c lendes de janvier (1). On choisit par les patriciens une famille à qui l'on co fia le soin du culte d'Esculape, et qui f à Rome ce qu'étaient les Asclépiades Épidaure. Ce furent les Acilius dont l médailles représentent un serpent (Ainsi Esculape devint un dieu comm à Rome et à la Grèce. Les rites grecs rent employés dans son culte, et tout les fables de la Grèce sur ce dieu fure admises par les Romains (3). Le temp d'Esculape fut placé dans un lieu isol parce qu'à Épidaure il était éloigné la ville (4), Conformément aux traditio argiennes, on employa des chiens à surveillance de l'édifice. A Rome comr en Grèce on offrait des coqs à Esc lape (5). On lui offrait aussi des chèvre ce qui ne paraît pas avoir été usité à É daure (6). Mais quant une divinité d vient commune à deux peuples, il e tout simple que celui qui l'emprunte n porte quelque modification dans les c rémonies et les sacrifices du culte no veau.

La puissance d'Esculape était grand puisqu'elle allait jusqu'à ressusciter l morts. Mais il lui en coûta cher d'avc ranimé Hippolyte. Jupiter, irrité Esculape, qui avait rendu la vie à un c davre, comme autrefois contre Prom thée, qui avait vivifié la matière, le frap] de ses foudres. Il mourut; mais Jupit laissa à Apollon la consolation de fai un dieu de son fils. Cette fable, que ra] porte Ovide (7), faisait sans doute part

---

(1) Ovide, *Fast.*, II, 606; IV, 605; V, 445, 496, 665.
(2) Varr., ap. Aug., *Civ. D.*, VII, 14 : Mercurius quasi medius currens. Serv., *ad Æn.*, VIII, 138 : Quod sermo currat inter homines medius. Mart., cap., II, 10, 1.
(3) Ovide, *Fast.*, V, 673.
(4) Cf. Pausanias, sur Mercure Ἀγοραῖος et Δόλιος des Grecs, VII, 22; II, 27, 1.
(5) Nardini, III, 245; Canina, *Descr.*, p. 272.
(6) Tite-Live, X, 47; *Epit.*, XI; cf. Klaus., p. 260, note 409; Ov., *Fast.*, I, 289; *Mét.*, XV, 626; Plut., *Quest. Rom.*, 94; Aug., *Civ. D.*, III, 17.

(1) On sait comment s'est formée l'île c Tibre; Nieb., t. II, p. 269; Tite-Live; II, C'est aujourd'hui l'île de Saint-Barthélemy il y a un hôpital sur l'ancien emplacement c temple d'Esculape. Canina, *Descr.*, p. 302.
(2) Creuzer et Guigniaut, *Rel. de l'An* t. II, p. I, p. 354.
(3) Cf. sur ces fables Pausan., II, 26; IV,
(4) Tite-Live, XLV, 28 : Quinque millibɯ passuum distabat.
(5) Paul Diac. Müller, 110, 11. Voy. *Phédon* de Platon.
(6) Serv., *ad Georg.*, II, 380.
(7) Ovide, *Fast.*, VI, 749.

des fictions grecques sur Esculape. Cependant Pausanias ne la mentionne pas.

JEUX FLORAUX. — Le retour des mêmes calamités provoquait toujours des pratiques semblables : sacrifices, dédicaces de temple, *lectisternium*, jeux, spectacles; tout cela en l'honneur des dieux, et pour le soulagement et le plaisir du peuple (1). En 237 le printemps avait été mauvais ; la floraison manqua. D'après la consultation des livres Sibyllins, on institua les Jeux Floraux, et l'on affecta aux frais qu'ils occasionnèrent le produit des amendes infligées par les édiles à ceux qui violaient la loi Licinia (2). Mais Flora était une divinité indigène, venue de la Sabine (3), et inconnue aux auteurs des livres Sibyllins; aussi Klausen pense que l'établissement de ces jeux n'y était pas formellement ordonné, et qu'il résulta de l'interprétation des décemvirs (4). Cependant, comme ces décemvirs avaient la garde d'autres livres d'origine italienne, il est possible qu'ils en aient tiré ce qui concerne l'institution des Jeux Floraux. Plus tard, ces jeux furent négligés. La sécheresse et la stérilité recommencèrent, et on les rétablit en les célébrant avec plus de solennité qu'auparavant.

J'ai déjà parlé de Flore ; il reste peu de chose à dire de ses jeux. Ils se célébraient dans le Cirque de Flore, que l'on place dans la vallée du Viminal et de la colline des Jardins, au lieu où se trouve aujourd'hui la place Barberini (5) ; ils commençaient le 28 avril et ne finissaient qu'après les calendes de mai. D'abord on représentait les pièces de théâtre (6), selon l'usage ; puis on se rendait au Cirque pour voir les chasses et les courses (1) ; le soir, on terminait la fête par de brillantes illuminations (2). Nulle part la licence n'était portée aussi loin que dans les Jeux Floraux. Ovide l'avoue (3) ; les Romains en ont rougi devant Caton d'Utique, et les Pères de l'Église ont énergiquement reproché au paganisme les désordres de cette fête (4).

MATER IDEA, CYBÈLE. — Ils ne sont pas moins sévères à l'égard du culte de la Grande Déesse, où l'on trouvait réunies tant de débauche et de dégradation (5). Ce fut encore l'autorité des livres Sibyllins qui décida l'introduction à Rome de cette nouvelle divinité, qui plus que toute autre devait contribuer à l'altération de l'antique religion des Romains (6). C'était le temps où Annibal effrayait encore l'Italie par sa présence, 204 avant J.-C. De plus, la contagion ravageait le camp du consul Licinius et celui d'Annibal; des pluies de pierres étaient tombées dans plusieurs contrées de l'Italie. Alors les décemvirs lurent dans les livres Sibyllins qu'il fallait transporter de Pessinonte à Rome la statue de la déesse *Idæa Mater* (7). L'oracle de Delphes confirma cette décision. Une députation fut envoyée à Attale, roi de Pergame ; ce prince conduisit les députés à Pessinunte, en Phrygie, et leur remit une pierre noire, que les habitants disaient être la Mère des dieux. La déesse vogue rapidement vers l'Italie ; Scipion Nasica la reçoit à Ostie ; le navire remonte le Tibre, puis la pierre est portée par les plus dignes matrones de la ville ; on la place dans le temple de la Victoire, sur le mont Palatin, et les cérémonies de sa réception sont complétées par un *lectisternium* et par l'institution des jeux Mégalésiens. Treize ans après eut lieu la dédicace du temple de la Grande

---

(1) On sait que les jeux scéniques furent empruntés à l'Étrurie pour expier la peste de 366, qui emporta Camille. Tite-Live, VII, 2 ; et la même année un débordement du Tibre fit décréter la cérémonie du Clou sacré. Ibid., 3 ; Cf. aussi V, 13.

(2) Ovide, *Fast.*, V, 291, 330 ; Pline, *Hist. Nat.*, XVIII, 29, 69, 3. Cf. sur ces amendes et leur produit M. Duruy, *Hist. des Rom.*, t. I, p. 253, note 2.

(3) Hart., II, 142.

(4) Klaus., *Æneas und die Penatem*, I, 276.

(5) Canina, *Descr. di Roma*, 114.

(6) Ovide, *Fast.*, V, 189.

(1) Cf. Buleng., *de Venat. Circ.*, in Græv. *Thes.* IX, p. 758.

(2) *Fast.*, V, 364 ; Dion Cass., LVIII, 19.

(3) *Fast.*, IV, 946 ; V, 183.

(4) Arn., III, 23 ; VII, 32 ; Lact., I, 20 ; Min. Fel., 25 ; saint Augustin, *Civ. D.*, II, 26.

(5) Saint Aug., *Civ. D.*, II, 4, 5.

(6) Ovide, *Fast.*, IV, 179-373.

(7) Ovide, *Fast.*, IV, 257 ; Tite-Live, XXIX, 10 : « Quandoque hostis alienigena terræ Italiæ bellum intulisset, eum pelli Italia vincique posse si mater Idæa a Pessinunte Romam advecta foret. »

Déesse (1). Tel est le récit de Tite-Live. Ovide traite le sujet en poëte. Ainsi la déesse déclare elle-même à Attale qu'elle veut aller à Rome (2). Car on nous montre toujours les dieux se trouvant fort honorés d'être recherchés par les Romains, et, dans une circonstance semblable, on voit le serpent d'Épidaure répondre avec beaucoup d'empressement à l'invitation de venir à Rome. Le poëte ne pouvait omettre le miracle de la vestale Claudia, qui à elle seule remorqua le navire embarrassé dans la vase. Outre ces circonstances merveilleuses, accessoires indispensables d'un événement de ce genre, Ovide rapporte aussi quelques-unes des cérémonies usitées dans la fête de Cybèle, comme la toilette de la déesse dans les eaux de l'Almo (3), la coutume de s'adresser en ce temps des invitations à dîner (4) (*mutitationes*), les quêtes faites par les prêtres (5), dont le produit paya la construction du temple de la déesse; le sens du nom de ses serviteurs, les *galli*, l'usage de manger le *moretum* (6), et toutes les pratiques extravagantes accomplies par ces prêtres orientaux (7), mutilés comme Atys, qui transportèrent à Rome les rites religieux de la Phrygie.

Quand on lit la description de cette fête, où des prêtres phrygiens parcouraient les rues de la ville en vociférant des hymnes grecs (8), on ne comprend pas comment Denys d'Halicarnasse a pu dire que les Romains n'ont jamais adopté les cérémonies des religions étrangères. Il est bien démontré, au contraire, que l'élément phrygien domina dans ce culte furibond et barbare (9); car la corruption des peuples vaincus pénétrait encore plus facilement chez les Romains que ceux-ci ne leur imposaient leur domination. Sur le théâtre on représentait des fables concernant la déesse et son histoire mythologique (1). Varron rapporte toutes les cérémonies des fêtes Mégalésiennes aux semences et à l'agriculture (2), et interprète dans ce sens tout le symbolisme des cérémonies des galles. Macrobe assimile Mater Idæa à la Terre et Atys au Soleil, et il attribue la célébration des Hilaries à la joie qu'inspire le retour de cet astre après l'hiver. Les fêtes d'Osiris chez les Égyptiens et d'Adonis chez les Phéniciens avaient été instituées pour les mêmes raisons (3). Telles sont les explications physiques que Macrobe se plaît surtout à rapporter. Il est vrai qu'on retrouve dans les superstitions anciennes, et notamment dans ces mystères, des traces d'idées de ce genre. Mais ce serait poursuivre une chimère que de prétendre rattacher à un ensemble d'idées justes et fondées toutes les institutions des religions de l'antiquité. Il faut y mettre beaucoup du sien quand on veut attribuer à de sages raisonnements des conceptions souvent fort absurdes, et retrouver la raison de croyances et de pratiques qui la plupart du temps sont nées du hasard, du caprice, de l'ignorance, de la crainte associés avec un sentiment bien faible et bien confus de la vérité. Il y a tant de pente dans l'esprit humain pour les inventions superstitieuses et les fictions frivoles, que c'est se tromper essentiellement sur l'origine des religions anciennes que de n'y voir que combinaison savante et théorie systématique.

A l'égard de *Magna Mater*, il est certain que c'était la Terre qu'on adorait sous ce nom. Mais il entrait dans la composition de son culte et de son histoire une foule de fables ridicules et de pratiques extravagantes, qui nous empêchent d'y reconnaître une sage conduite d'idées et une intelligente préméditation. Cependant quand les Romains allèrent chercher cette déesse en Asie Mineure, ils montrèrent qu'ils avaient le sentiment de sa véritable signification.

---

(1) Tite-Live, XXIX, 11, 14; XXXVI, 36; cf. Arnobe, VII, 46.
(2) *Fast.*, IV, 269.
(3) *Fast.*, IV, 339.
(4) Ibid., V, 353; cf. Aull. Gell., XVIII, 2 : Patricii Megalensibus mutitare soliti, plebes Cerealibus.
(5) *Fast.*, IV, 350; Den. Hal., II, 9, οὗτοι μητραγυρτοῦντες.
(6) Ovide, *Fast.*, IV, 365.
(7) Ovide, *Fast.*, V, 181, 246.
(8) Serv., *ad Georg.*, II, 394.
(9) Klausen, p. 359, 860.

(1) Ovide, *Fast.*, IV, 326; Arnobe, IV, 35.
(2) Ap. Aug., *Civ. D.*, VII, 24.
(3) Macrobe, *Sat.*, I, 21.

ls tenaient à faire un acte de dévotion tout spécial à l'égard de la Terre, du sol qu'ils habitaient, et que désolait depuis si longtemps leur plus terrible ennemi. Alors ils firent ce qu'ils avaient déjà pratiqué dans des circonstances analogues : ils ajoutèrent aux divinités qu'ils possédaient déjà, à leur Ops indigène, cette *Mater Idæa* qui, étant inconnue pour eux, leur paraissait avoir des vertus nouvelles. Dans cette indication de la déesse du mont Ida on peut reconnaître la véritable origine des livres Sibyllins. Ces oracles, qui recommandaient le culte des divinités asiatiques, avaient été évidemment fabriqués par les devins de la Mysie (1).

Qu'on ne s'étonne pas de voir que ce fut à Pessinonte que l'on alla chercher la déesse de l'Ida. Klausen a prouvé que la déesse Rhea, adorée en Troade, au mont Ida, et desservie par le collège des corybantes, était la même que la Phrygienne Agdistis, dont le temple, situé à Pessinonte, près du mont Dindyme, était sous la surveillance du collège des galles (2). De sorte qu'on ne distinguait nullement entre l'une et l'autre, comme on le voit dans Ovide, où cette confusion est continuelle (3). Cette déesse de Pessinonte était représentée par une pierre noire, ainsi que Vesta, que l'on trouve adorée sous cet emblème en Grèce aussi bien qu'en Troade, et cette pierre noire était un des palladiums de l'État troyen (4). Le temple de Pessinonte avait conservé son ancienne célébrité, et ce fut de ce sanctuaire vénéré que les Romains firent venir la *Mater Idæa* pour la mettre au nombre des dieux tutélaires de leur patrie. Cette nouvelle superstition alla si loin, qu'on en vint à placer parmi les sept gages fatals de Rome l'aiguille avec laquelle les galles attachaient les cheveux de leur déesse quand ils lui faisaient sa toilette (1).

FONDATIONS ET DÉDICACES DE TEMPLES. — J'ai réuni à dessein et présenté de suite toutes ces innovations considérables subies par la religion des Romains, afin qu'on pût en comprendre l'origine, les causes et les effets. Il ne me reste plus, pour arriver à l'époque d'Auguste, qu'à signaler la fondation de quelques temples dont la mention est faite dans les *Fastes* d'Ovide ou dans Tite-Live, ordinairement avec beaucoup de brièveté. Cette étude doit apporter peu de faits nouveaux dans l'histoire des institutions religieuses de Rome, car j'ai déjà parlé de la fondation des temples de toutes les divinités principales. Elle intéresserait davantage la topographie de l'ancienne Rome, et pour fixer la position de ces édifices, je présenterai les meilleurs résultats obtenus par les érudits qui ont traité spécialement cette matière, Nardini, Nibby, Canina et Bunsen.

Rome républicaine éleva un grand nombre de temples, dont la fondation était ordinairement le résultat d'un vœu formé dans de graves circonstances de l'histoire intérieure ou extérieure de cette cité. Tite-Live distingue ordinairement le vœu et la dédicace (2). Les guerres continuelles et toujours heureuses faites par l'État lui permettaient de supporter facilement les frais de ces constructions, auxquelles on affectait encore d'autres parties du revenu public, telles que les produits de certaines amendes. Rarement le trésor était obéré et pendant longtemps il ne connut pas la nécessité ni l'usage des emprunts. Avec les immenses ressources qu'elle se créait par la conquête, Rome remplit sa vaste

---

(1) Merkel conjecture que les noms de l'Italie et de Pessinonte ont pu être ajoutés à l'oracle par Tite-Live, XXIX, 10 ; l'interpolation est peut-être due aussi aux décemvirs sibyllins. Merkel, *De Obsc.*, p. CCXL. Il est probable que l'oracle présentait un sens moins net, et que nous n'en avons pas la rédaction originale, mais l'interprétation faite par les décemvirs.
(2) Klausen, *Æneas und die Penaten*, p. 29, 23, 28, et les notes.
(3) Ovide, *Fast.*, IV, 181, 191, 207, 214, 234, 249.
(4) Klausen, *ibid.*, p. 166, 167.

(1) Cf. la dissertation de Cancellieri déjà citée, *Le sette cose fatali di Roma*, p. 7, et la dissertation de Guasco, *Sopra un' antica iscrizione sepolcrale appartenente ad una ornatrice*, Roma, 1771, p. 40, et note, p. 89.
(2) *Voy.* le récit d'une dédicace de temple dans l'ouvrage de M. Dezobry : *Rome au siècle d'Auguste*, t. III, p. 63.

enceinte de nombreux édifices de tous genres. On les groupa avec profusion et même sans symétrie sur le Forum (1) et aux abords de cette place, qui était le centre religieux et politique de la république. Toutes les autres collines et vallées de la ville en renfermèrent aussi un grand nombre, mais plus dispersés dans un plus large espace. Du reste, parmi les ruines imposantes que l'on va contempler aujourd'hui sur le sol de l'ancienne Rome on n'en trouve guère qui remontent au temps de la république ; tandis qu'on rencontre à chaque pas les ruines des constructions de l'époque impériale (2) qui, presque seules, étaient debout lorsque les Barbares s'établirent en Italie ; en sorte qu'on ne peut qu'imparfaitement apprécier le caractère de l'ancienne architecture romaine (3). Il ne reste, je pense, des temps antérieurs à l'empire que les salles inférieures du *Tabularium*, lesquelles supportent le Capitole moderne, et le pont de Flaminius, et les voûtes de la *Cloaca Maxima*, et quelques vestiges de l'enceinte de Servius. Tous les anciens temples de la république étaient déjà refaits et transformés au siècle d'Auguste et de Tibère, et même à cette époque un Romain du temps de Marius eût à peine reconnu l'aspect de la ville éternelle.

Le temple de la Concorde dédié par Camille au milieu des dissensions intestines suscitées par les lois Licinia et Sextia, en 366, fut reconstruit en 43 avant Jésus-Christ (4). Ce temple avait sa façade tournée vers le Forum ; il était adossé au *Clivus Capitolinus* et au Tabularium, et il avait à gauche le *Carcer Mamertinus* (5). A l'époque de sa reconstruction il fut agrandi, et il devint contigu au temple de Saturne.

Dans une des campagnes de la grande guerre de l'indépendance italienne, en 297 avant Jésus-Christ, l'ancien censeur Appius Claudius, alors consul, fit vœu pendant une bataille livrée aux Samnites et aux Étrusques d'élever un temple à Bellone s'il obtenait la victoire (1). Cet édifice était situé près du cirque de Flaminius, et tourné vers la porte Carmentale. Devant son portique était une place où se dressait une colonne au pied de laquelle le fécial accomplissait la cérémonie de la déclaration de guerre, quand Rome n'eut plus que des ennemis éloignés (2). Quant à Bellone, c'était une ancienne divinité des livres religieux. Son nom ne subit aucun changement, et pour toute fiction mythologique on se contenta d'en faire la sœur de Mars. C'était la seule déesse exclusivement guerrière des Romains (3).

Le temple de Summanus fut dédié le 20 juin, au temps de la guerre de Pyrrhus (4). Selon Pline, il était voisin du temple de la Jeunesse (5). Or, cette déesse avait deux temples à Rome, l'un au Capitole, l'autre près du grand Cirque (6). Les *Fastes* de Venouse et d'Amiterne fixent la position du temple de Summanus en ce dernier endroit.

Quand les Romains eurent une marine et qu'ils éprouvèrent les terribles effets des tempêtes, ils adorèrent cette nouvelle force de la nature. Aussi, Lucius Scipion, fils de Barbatus, consacra un temple à la Tempête après son expédition en Corse (7), et l'inscription de son tombeau en a gardé le souvenir. Ce temple était dans la première région, dite la porte Capène.

Après le désastre de Trasimène on consulta les livres Sibyllins, et entre au-

---

(1) Simond, *Voyage en Italie et en Sicile*, t. I, p. 193.

(2) Cf. le chapitre LXXI et dernier de Gibbon. Ce tableau des ruines de Rome au quinzième siècle peut être encore consulté avec fruit.

(3) L'arc d'Orange en est le plus beau vestige et le mieux conservé. Les artistes n'hésitent pas à en regarder le style comme supérieur à celui des arcs de triomphe qui subsistent à Rome.

(4) Ovide, *Fast.*, I, 609 ; Tite-Live, VI, 42.

(5) Plut., *Cam.*, 42 ; Dion Cass., LVIII, 11 ; Canina, *Descr. stor. del foro Rom.*, p. 112.

(1) Ovide, *Fast.*, VI, 199 ; Tite-Live, X, 19. Le récit de Tite-Live rappelle le vœu de Clovis à Tolbiac.

(2) Publ. Vict., *Reg.*, IX ; Can., *Descr.*, p. 200 ; cf. P. Diac. Müll., 33, 7.

(3) Hartung, *Rel. der Röm.*, II, 270

(4) *Fast.*, VI, 725.

(5) Pline, *Hist. Nat.*, XXIX, 4.

(6) Tite-Live, XXXVI, 36.

(7) Ovide, *Fast.*, VI, 193 : DEDET TEMPESTATIBVS AIDE MERETO.

res prescriptions on y trouva qu'ils ordonnaient la construction de deux temples, l'un à Vénus Érycine, l'autre à l'Intelligence (1). Deux ans après eut lieu la double dédicace qui fut présidée par Octacilius et Fabius (2). Vénus Érycine était déjà connue à Rome. L'autre divinité fut sans doute tirée des *Indigitamenta,* où elle se trouvait parmi les dieux qu'avait fait inventer l'observation psychologique de ces temps-là, comme Catius Pater, Volumnus, Consus, Sentia et d'autres du même genre (3). Tite-Live place ces deux temples sur le Capitolin.

C'est peu de temps après, à l'année 211, qu'il faut rapporter la première mention faite dans l'histoire romaine d'un *Atrium Libertatis* (4). Mais on ne peut dire le moment précis où il fut fondé. Cet édifice était voisin de la *Villa publica,* et l'un et l'autre semblent avoir été réservés spécialement à l'usage des censeurs dans l'exercice de leurs fonctions, comme on peut le conclure des détails donnés par Tite-Live sur la célèbre censure de Claudius et de Sempr. Gracchus (5). La *Villa publica* était dans le Champ de Mars. Le temple de la Liberté ne pouvait en être bien éloigné (6). Du reste, il est certain qu'il y avait à Rome plusieurs édifices consacrés à la Liberté; l'un d'eux était derrière la basilique Ulpia (7); un autre derrière la basilique de Paulus Æmilius (8). Au moment où la liberté périssait, Asinius Pollion, sur les instances d'Auguste, édifia un nouvel *Atrium Libertatis,* qui est peut-être celui dont Ovide fait mention (9). On reconnaît ici les habiles artifices du fondateur de l'empire. On choisit avec discernement pour l'emplacement de ce temple le mont Aventin, l'ancien domicile de la liberté plébéienne (1).

Ovide rappelle aussi la dédicace du temple de l'Hercule des Muses, qui fut rapporté de la Grèce par Fulvius Nobilior, vainqueur des Étoliens (2), lequel consacra cet édifice l'année de sa censure, en 175. Marcus Philippus, beau-père d'Auguste, reconstruisit ce temple, qui se trouvait entre le portique de Livie et le théâtre de Balbus (3).

Il n'est parlé nulle part, si ce n'est dans le poëme d'Ovide, de ce temple d'Hercule *Custos* qui fut élevé par l'ordre des livres Sibyllins et avec l'approbation de Sylla (4). Ovide en indique aussi l'emplacement : il était près du cirque de Flaminius, au côté opposé à celui où se trouvait le temple de Bellone (5). Dans le dernier siècle de la république les fondations de temples et les dédicaces deviennent plus rares. Les agitations des guerres civiles, l'altération des croyances avaient affaibli ou suspendu le zèle religieux des Romains. Les temples tombaient en ruines, et on ne les réparait pas; on négligeait de remplir les sacerdoces les plus importants; ainsi la dignité de flamine dial resta vacante pendant soixante-seize ans. Elle ne fut rétablie que sous Auguste, qui, maître absolu de l'empire, rétablit l'ordre dans la religion comme dans le gouvernement.

AUGUSTE GRAND PONTIFE. — A peine ce prince eut-il réuni à ses autres dignités celle de grand pontife (6), treize ans avant Jésus-Christ, qu'il travailla activement à relever l'antique religion de son abaissement. Pendant les violentes tempêtes au milieu desquelles la république s'était abîmée, les progrès

---

(1) Tite-Live, XXII, 9.
(2) Tite-Live, XXIII, 31; Ovide, *Fast.,* IV, 871; VI, 241.
(3) Varron, ap. Aug., *Civ. D.,* IV, 11, 21; Hart., II, 262.
(4) Tite-Live, XXV, 7.
(5) Tite-Live, XLV, 15; cf. aussi IV, 22, et Cat., R. R., III, 2.
(6) Cf. Merkel, *De Obsc.,* p. cxxxi.
(7) Canina, *De foro,* p. 90; *Descr.,* p. 172.
(8) Cicer., *Ep. ad Att.,* IV, 16.
(9) *Fast.,* IV, 623.

(1) Canina, *Descr.,* p. 291; *plan de Rome* de Buffalini.
(2) *Fast.,* VI, 791; Nard., III, 27; Eumen. *Pro Rep.* Schol., c. 7 : Fulvius ille Nobilior, quod in Græcia cum esset imperator, acceperat Herculem Musagetem esse, id est comitem ducemque musarum..... Cf. un mémoire sur l'Hercule Musagète, par l'abbé de Fontenu. *Acad. des Inscr.,* VII, p. 51.
(3) Suét., *Aug.,* c. xxix; Macr., *Sat.,* I, 12.
(4) *Fast.,* VI, 209.
(5) Canina, *Descr.,* p. 201.
(6) Ovide, *Fast.,* III, 420.

toujours croissants de l'incrédulité et du scepticisme avaient porté une rude atteinte à l'esprit religieux. Les pratiques tombaient en désuétude et les temples en ruines. Pour raffermir les bases qui soutiennent l'édifice de la société, et sans lesquelles il n'est point d'empire durable, Auguste épura d'abord la source des institutions religieuses en faisant revoir et corriger la collection des livres Sibyllins (1). Il rétablit la dignité de flamine dial (2), et augmenta les priviléges des colléges sacerdotaux, notamment ceux des Vestales, dont il accrut le nombre. Il s'attacha surtout à relever le culte des divinités protectrices de la famille et de l'État, de Vesta et des Lares. Il transporta dans sa maison du Palatin le sanctuaire de Vesta (3), après y avoir déjà établi celui de Phœbus; et alors, dit Ovide, cette demeure renferma trois dieux. Il remit en honneur les fêtes des dieux Lares, institua de nouvelles Compitales, l'une au printemps, l'autre en été, et chaque quartier de Rome eut de nouveaux Lares à la place des vieilles statues que le temps avait détruites (4). Mais le Lare, le Pénate suprême était le génie du prince (5), dont la divinité fut associée aux Lares anciens, et à qui la flatterie plutôt que la superstition donnait la plus grande part des respects et des hommages publics. Cette restauration du culte des dieux Lares, qui se rattachait à la réorganisation du régime municipal d'après les traditions de la république, fut étendue à l'Italie et aux provinces. Les jeux séculaires étaient tombés en désuétude; Auguste les fit revivre l'an 17 avant l'ère chrétienne. Il déploya dans leur célébration une magnificence extraordinaire. C'est à l'occasion de ces jeux qu'Horace composa le *Carmen sæculare*.

(1) Suét., *Aug.*, 31.
(2) Tac., *Ann.*, III, 58; Ovide, *Fast.*, II, 280.
(3) Ovide, *Fast.*, IV, 949; VI, 449.
(4) Suét., l. l.; *Fast.*, V, 129; cf. M. Egger, *Historiens d'Auguste*, p. 367.
(5) Cf. les inscriptions citées dans l'ouvrage de M. Egger. Dès lors les Lares furent surnommés *Augusti*, comme on le voit dans de nombreuses inscriptions. Cf. les recueils de Gruter, Donius, Morcelli, Orelli. Virg., *Georg.*, I, 497.

Il faudrait interroger tous les historiens du siècle d'Auguste pour présenter au complet la série des institutions et des réformes religieuses de ce prince. Mais on ne trouverait nulle part plus d'indications que dans Ovide sur la reconstruction des anciens temples et la fondation de nouveaux. Quoique le poëme des *Fastes* soit resté inachevé, son auteur a su justifier par un assez grand nombre de faits l'éloge qu'il donne à Auguste quand il dit :

Cætera ne simili caderent labefacta ruina,
Cavit sacrati provida cura ducis,
Sub quo delubris sentitur nulla senectus :
Nec satis est homines, obligat ille Deos.
Templorum positor, templorum sancte repos
Sit superis, opto, mutua cura tui (1). [tor

Au nombre des temples et des autels construits par Auguste, Ovide mentionne ceux qu'il consacra à la Paix dans le but politique d'habituer les Romains au culte de cette divinité, et de faire comprendre au peuple et aux grands que le temps des guerres était passé. Ce fut après son second voyage dans les Gaules, en l'an 8 avant Jésus-Christ, qu'il éleva pour la première fois un autel à la Paix (2). L'autre autel consacré à la même divinité doit être rapporté à l'an 9 de l'ère chrétienne et après le voyage qu'Auguste fit à Ariminum pour surveiller les opérations de la guerre de Pannonie (3). La paix devait lui paraître bien désirable au milieu des fatigues et des dangers de cette terrible guerre, et en lui élevant un autel on semblait invoquer son rétablissement. On a remarqué qu'après chaque voyage dans les provinces Auguste signalait son retour à Rome par la construction d'un temple consacré à quelqu'une des divinités bienfaisantes et pacifiques dont il avait surtout à cœur de faire prévaloir l'influence (4). Il essayait par là d'agir

(1) *Fast.*, II, 59, sqq.
(2) Ovide, *Fast.*, I, 709; cf. *Fast. Prænest.*, III, cal. febr.
(3) Ovide, *Fast.*, III, 880; III, cal. apr.; Dion, LV, 34; cf. les raisons sur lesquelles Merkel appuie cette opinion, *De Obsc.* p. XLIII.
(4) C'est Foggini, dans ses remarques sur les calendriers anciens. Ainsi, après son retour d'Orient, 18 av. J.-C., il élève un autel à la Fortune Redux : Dion, LIV, 10, l'an 12.

sur les mœurs des Romains, et de les accommoder à un système politique qu'il avait adopté, mais que la force des choses rendit impossible.

Ce même prince, pour qui la paix était si précieuse, éleva aussi un temple à Mars Vengeur (1). C'était un vœu qu'il avait fait pendant la campagne où furent vaincus Brutus et Cassius. La dédicace n'en fut célébrée que quarante ans plus tard, 752 u. c. (2). Ce temple ornait le Forum d'Auguste, et fut un des plus splendides édifices de cette époque (3). Auguste ne se contenta pas de venger son père adoptif, il consacra son apothéose en lui dédiant un temple aux ides de mars (4), sur le Forum.

Au nombre des temples reconstruits par Auguste Ovide mentionne ceux de la Concorde, de Castor et de Pollux, de Junon Sospita, de Cybèle (5), et il remarque que Livie, se piquant d'émulation et voulant aussi bien mériter des dieux, répara le temple de la Bonne Déesse sur l'Aventin et en éleva un nouveau à la Concorde (6). On peut compléter cette liste avec les indications consignées par Auguste lui-même dans l'inscription d'Ancyre (7). A ces constructions ordonnées et dirigées par Auguste il faut ajouter, pour avoir une idée entière de la splendeur de ce règne, les vastes monuments religieux et profanes que construisirent les ministres et les courtisans du prince, à son exemple et par ses instigations.

Tout en favorisant le développement de la magnificence publique, Auguste blâmait l'excès du luxe dans les édifices particuliers. Ovide rappelle que, choqué du faste de la maison que son affranchi Védius Pollion s'était fait construire, il en ordonna la démolition, et que le portique de Livie s'éleva sur son vaste emplacement (1).

Sic agitur censura et sic exempla parantur,
   Cum vindex alios, quod monet, ipse facit (2).

Cette réflexion du poëte est juste, et, à se contenter des dehors, l'éloge peut paraître suffisamment mérité. Investi de la puissance censoriale par le titre de préfet des mœurs, Auguste prit à tâche de rétablir la régularité et la décence dans les mœurs publiques, d'arrêter les progrès de la corruption déjà bien grande, mais que l'affreux despotisme de ses successeurs allait accroître encore; et le zèle qu'il déployait pour relever la religion s'associait à cette tentative de réforme morale. Sa vie active, ses habitudes sobres, ses manières simples et modestes, son éloignement pour le faste (3), lui donnaient le droit d'exiger d'autrui les mêmes vertus, et son exemple apportait de l'autorité à ses censures.

Mais si l'on y regarde de plus près, et que l'on recueille toutes les révélations du biographe sur la vie privée d'Auguste, on peut apprécier à leur juste valeur ces apparences dignes et convenables qu'il étalait aux yeux dans l'intérêt de son pouvoir. On doit encore le louer beaucoup d'avoir été ce qu'il fut; mais on s'aperçoit qu'il y avait en lui plutôt une haute estime qu'un véritable amour de la vertu. Certains détails fâcheux, conservés par Suétone, nous montrent que ce réformateur des mœurs était plus décent, mais non plus chaste que ceux qu'il voulait corriger (4). Le peuple, qui ne l'ignorait pas, se sentait autorisé à garder ses vices et sa corruption. Quant à la religion, on savait à quoi s'en tenir sur les convictions d'Auguste à son égard. N'avait-il pas montré quel cas il

---

après un voyage en Gaule, un premier autel à la Paix : Fast. Amitern, iv non. Jul.; après son retour de Campanie, un temple de la Fortune Σώτειρα : Dion, LIV, 28; cf. Merkel, *De Obsc.*, p. xliii.

(1) Ovide, *Fast.*, IV, 549; iv a. id. Mart.; Suét., *Aug.*, 29; Monum. Ancyr. ap. Egger., *Hist. d'Aug.*, p. 449.

(2) Selon Dion, LIV, 8, la construction ne commença qu'en 19 av. J. C. Cf. sur les retards de ce travail dans Macr., *Sat.*, II, 4, le bon mot d'Auguste.

(3) Cf. la descr. dans Ovide et Suét., l. l.; Ovide, *Trist.*, II, 295; Bunsen, *Ann.*, p. 20; Canina, p. 170. Il reste de ce temple trois colonnes corinthiennes encore debout.

(4) Ovide, *Fast.*, III, 703; Canina, *Descr.*, p. 156.

(5) Ovide, *Fast.*, I, 645, 705; II, 56; IV, 348.

(6) Ovide, *Fast.*, V, 157; VI, 637.

(7) Tab. IV, ap. Egger., p. 448, sqq.

(1) Ovide, *Fast.*, VI, 735.
(2) Ovide, *Fast.*, VI, 647.
(3) Suét., *Aug.*, 72, 73, 77, et passim.
(4) Ibid., c. 68, 69, 71.

faisait des dieux en parodiant avec ses courtisans les festins de l'Olympe (1), et en chassant de son temple la statue de Neptune pour châtier le dieu de lui avoir enlevé une flotte par la tempête (2). De tels faits suffisent pour faire juger en quel abaissement le polythéisme était tombé aux yeux même de ceux qui le croyaient encore bon à quelque chose.

ÉTAT DES CROYANCES RELIGIEUSES AU TEMPS D'AUGUSTE. — Mais le succès d'une entreprise semblable à celle d'Auguste ne dépendait pas des qualités ou des défauts personnels de son auteur. Marc-Aurèle, avec toute sa vertu, n'a pu réformer son siècle ; et Julien, avec sa foi enthousiaste et rétrograde, n'a pu faire triompher l'hellénisme. Auguste eût-il été le plus vertueux des hommes, le plus sincère adorateur des dieux, eût-il réuni toute l'austérité de Brutus et toute la piété de Tite-Live, ses efforts pour ramener les Romains aux mœurs et aux croyances d'autrefois n'en seraient pas moins restés inefficaces. L'invasion toujours croissante du vice et le progrès de la raison opposaient à cette réforme un double et invincible obstacle. Les Romains, gorgés des dépouilles du monde, ne pouvaient renoncer à en jouir qu'après avoir tout dévoré. Quant aux dieux que la crédulité naïve des anciens temps avait enfantés, les fictions absurdes des poëtes et les raisonnements hardis des philosophes en avaient renversé l'empire. Depuis longtemps déjà les Romains avaient reçu les premières leçons du scepticisme. Leurs relations avec les Grecs n'étaient devenues fréquentes et suivies qu'au temps où ce peuple dégradé n'avait plus à leur communiquer que sa corruption et des doctrines dégénérées ou inapplicables. La beauté de l'ancien platonisme avait disparu dans les écoles de la nouvelle Académie. Les continuateurs d'Aristote étaient tombés dans le matérialisme. La doctrine d'Épicure, honnête pour son fondateur, avait été transformée en apologie du plaisir et de l'irréligion. Le stoïcisme, seul austère et vertueux, n'eut jamais qu'un petit nombre d'adeptes, et devait être stérile pour la multitude.

(1) Cœna δωδεκάθεος, ap. Suet., *Aug.*, 70.
(2) Ibid., c. xvi.

Formée par les leçons d'un peupl[e] critique et raffiné, la poésie romain[e] s'était faite de bonne heure satirique [et] incrédule. Elle était née de la cultur[e] de l'esprit, et non de l'enthousiasm[e] spontané et original qui avait produ[it] Homère et Hésiode, ces créateurs o[u] ces historiens d'une religion absurd[e] mais sincère. Ennius (1) avait tradui[t] en latin le livre d'Évhémère. Luciliu[s] faisait la satire des dieux en même temp[s] que celle des hommes. Les poëtes dra[-] matiques étalaient sur le théâtre le[s] scandales et les turpitudes des dieux aux grands applaudissements des spec[-] tateurs (2). Lucrèce fit plus que tous le[s]

(1) De nombreux témoignages prouven[t] qu'Ennius avait traduit Évhémère. Cic., *D[e] Nat. Deor.*, I, 42 ; Arnob., *Adv. Gent.*, IV éd. Leyde, 1651, p. 147 ; saint Aug., *D[e] Civ. Dei*, VII, 27. Ces autorités confirmen[t] les assertions de Varron, *R. R.*, I, 52, et de Lactance, *De Ira Dei*, XI, et *Inst. Div.*, I[.] C'est donc à tort que ce fait si bien établi [a] été révoqué en doute dans le savant livre de *Reliquiæ Latini sermonis vetustioris*, p. 151, note 1.

(2) Remarquons cependant, à cette occasion, ces beaux vers de Plaute, où l'action providentielle de Jupiter est si dignement exposée. C'est l'Arcturus qui parle dans le prologue du *Rudens* :

Qui est Imperator divum atque hominum Jupiter
Is nos per gentes alium alia disparat,
Hominum qui facta, mores pietatem et fidem,
Noscamus ; ut quemque adjuvet opulentia.
Qui falsas lites testimoni
Petunt, quique in jure abjurant pecuniam,
Eorum referimus nomina exscripta ad Jovem.
Cotidie ille scit quis hic quærat malum......
Iterum ille eam rem judicatam judicat......
Bonos in aliis tabulis exscriptos habet......, etc.

Cet appel au tribunal suprême de Jupiter comme au dieu de toute justice, est un trai[t] sublime de morale et de piété. Ce qui sui[t] sur l'efficacité de la prière des bons n'est pa[s] moins beau. On pourrait encore citer de l'auteur de la *Casina* et de l'*Asinaria* d'autre[s] maximes de la plus pure et la plus exquise morale. En recherchant tous les passages d[e] ce genre on trouverait une belle contre-partie aux reproches que nous adressons au[x] poëtes ; mais ce travail ne serait qu'une démonstration de sophiste, si on voulait l'appliquer à réfuter des résultats historiquemen[t] constatés et nier que la poésie ait exercé un[e] pernicieuse influence. On ne réussirait qu'à faire ressortir une contradiction qui attrist[e] et qui console à la fois.

autres, en dirigeant contre la religion une attaque systématique, et en employant son admirable génie à la démonstration de l'athéisme. Avant la chute de la république, le polythéisme romain était déjà ruiné entièrement. Le culte était conservé par nécessité politique, comme institution de l'État; mais ce n'était plus qu'une machine, dont les ressorts s'usaient de jour en jour, et dont la dislocation était inévitable, parce qu'elle était privée de l'esprit qui anime et qui conserve. Varron, dans son grand ouvrage *des Antiquités*, ne prenait au sérieux que la théologie civile, celle des pratiques et des cérémonies nécessaires aux fonctions régulières du gouvernement. Aucune voix ne s'élevait pour la défense de la vieille religion nationale, parce que personne, pas même les prêtres, n'avait conservé de conviction. César, grand pontife, niait l'immortalité de l'âme en plein sénat (1). Cicéron, augure, livrait au ridicule des pratiques auxquelles il présidait lui-même. Le traité *De la Divination*, celui *De la Nature des Dieux*, les *Tusculanes*, sont des écrits si forts contre le paganisme, qu'on a peine à comprendre comment il put durer encore cinq siècles après de telles attaques, sous les coups de la polémique des Pères de l'Église, et en face des hauts enseignements du christianisme.

Voilà le triste héritage que la république léguait à l'empire lorsque Auguste rassembla tous les débris religieux et politiques du monde ancien, pour en former un assemblage nouveau et prolonger leur existence. La monarchie vint à temps pour sauver le monde romain, que les convulsions de l'anarchie étaient sur le point d'emporter. Les hommes et les circonstances concoururent au succès du nouvel établissement. Mais la religion restaurée, dans cette reconstruction de l'édifice social, ne put reconquérir son ancienne domination. Les poëtes d'Auguste célébrèrent le rétablissement des fêtes et des temples, mais sans enthousiasme et sans sincérité. Et de tous les écrivains de ce siècle il n'y a que Tite-Live qui ait conservé pour les dieux les sentiments antiques et qui ait de bonne foi blâmé les innovations de la philosophie (1). Horace chantait les dieux avec incrédulité, et ne composait le *Carmen Sæculare* que pour flatter Auguste. Virgile, si versé dans le droit pontifical, altérait le sens des fictions mythologiques en les accommodant à la philosophie et à la bienséance, et, par ce travail ingénieux et relevé, il les discréditait autant que par le scepticisme et le dédain.

Enfin, Ovide, le poëte mythologique par excellence, n'a pas servi davantage la cause de la religion. Il emprunta à la mythologie les sujets de ses deux grands poëmes; il fit de ses *Métamorphoses* le recueil complet des fables que l'imagination des Grecs avait inventées; il essaya par les *Fastes* de retracer aux Romains les origines et les détails de leur culte national. Mais nulle part le poëte n'eut l'intention sérieuse de propager des croyances qu'il n'avait pas. Il écrivait pour son plaisir et pour celui des autres. Aussi le voit-on déployer toutes les ressources de son fécond génie pour amuser et pour plaire; mais jamais il ne songe à persuader, et, traitant toujours des sujets religieux, jamais il ne regarde son entreprise comme une prédication ou un apostolat.

Le premier et le plus considérable de ses poëmes « est à la fois le plus ingénieux « commentaire du paganisme et le signe « le plus marqué de sa décadence (2). » Dans les *Fastes* on remarque, à la place d'une inspiration sincère et recueillie, une verve ironique et frivole, et malgré quelques protestations de respect pour les dieux et de fidélité pour leur culte, une indifférence et une froideur qui laissent de tels poëmes beaucoup au-dessous de ceux que produisent les temps de ferveur religieuse. Quand Ovide évoque les divinités pour les mettre en scène dans ses récits, et leur attribuer des réponses qu'il leur dicte, on sent que ces fictions ne sont qu'un stra-

---

(1) Sallust., *Catil.*, c. LI : Mortem, ærumnarum requiem, non cruciatum esse; eam cuncta mortalium mala dissolvere, ultra neque curæ neque gaudio locum esse. Mais l'exclamation *Per deos immortales* se trouve deux fois dans le discours de César.

(1) X, 40 : Ante doctrinam deos spernentem.

(2) M. Villemain, *Du Polythéisme*.

tagème poétique, un artifice ingénieux; ce sont d'habiles ressources de l'esprit fertile du poëte, mais rien n'atteste la présence des dieux. Il y a de même plus d'esprit que de véritable inspiration dans ce vers des *Fastes*, dont l'idée est cependant fort belle :

Est Deus in nobis, agitante calescimus illo (1).

C'est que ce dieu n'est qu'une machine de théâtre, une pièce du bagage poétique qu'Ovide fait mouvoir avec beaucoup d'adresse, mais aussi avec beaucoup de sang-froid. Quand Ovide, prosterné aux pieds de Vénus, lui rappelle qu'il est son fervent adorateur (2), on comprend que ce tour spirituel n'est qu'une manière allégorique de se déclarer épicurien.

Sans doute, Ovide n'est point épicurien comme Lucrèce; il n'a point déclaré la guerre aux dieux, ni pris pour devise cet audacieux vers :

Relligionum animos nodis exsolvere pergo (3).

Mais s'il ne tente pas de briser ces liens de la superstition, c'est qu'ils sont si lâches pour lui qu'il les sent à peine. Ce ne sont point des chaînes dont il s'indigne, mais des guirlandes dont il se pare, qu'il ajuste à sa fantaisie, et dont il regarde l'effet le sourire sur les lèvres. Le ton ironique lui est familier à l'égard des dieux et des pratiques religieuses (4). Il ne croit pas aux vertus merveilleuses de la fontaine de Mercure, et déclare qu'aucune ablution ne peut effacer la souillure du crime (5). S'il est moins hardi à nier la réalité des présages, c'est qu'il n'a pu lui-même échapper à l'empire de cette croyance (6), qui a si longtemps subjugué la faiblesse humaine. Du fond de son exil, on le voit conseiller à sa femme de choisir un heureux jour et de bons auspices pour adresser à César une requête en sa faveur (7). Mais cette espèce de superstition est tout à fait étrangère à la piété et à la foi, et d'autres plus incrédules qu'Ovide y ont été assujettis.

(1) *Fast.*, VI, 5.
(2) *Fast.*, IV, 14.
(3) Lucr., I, 931.
(4) *Fast.*, I, 66, 392; II, 305, etc.
(5) *Fast.*, V, 674; II, 45.
(6) *Fast.*, I, 445; VI, 766.
(7) Ovide, *Pont.*, III, ép. 1.

Depuis qu'il était tombé en discrédit le polythéisme, dans lequel Pindare, Eschyle, Sophocle et les autres poëtes de temps convaincus avaient puisé de su blimes inspirations, était devenu impuis sant à maintenir et à diriger les mœurs Ovide rougit de sa morale, et fait le pro cès aux fictions poétiques avec autan de sévérité qu'un père de l'Église (1 Il déclare que les exemples des dieux sont funestes et propres à répandre la contagion du vice. Les anciens en étaient venus à un tel mépris de leurs dieux qu'ils reconnaissaient qu'on ne pouva leur demander la vertu.

Hæc satis est orare Jovem, quæ ponit et aufer
Det vitam, det opes : æquum mi animum ip
[paraho (2

Ainsi, Horace déclare que les affaire de l'âme et la direction de la conscienc ne regardent pas Jupiter. Il n'est pa étonnant que Cicéron exprime plus fo mellement encore la même pensée par l bouche de l'académicien Cotta (3). Horac et Cicéron n'étaient pas de zélés païen Mais le religieux Tite-Live ne fait pa une meilleure part à ses dieux (4), pou lesquels il a conservé une vénération grande, et Scipion parle dans son *Hi toire* comme Cotta dans le traité de Cic ron. Ainsi, chez les anciens rien de sen blable aux questions tant débattues plu tard sur la grâce et le libre arbitre, su leur limite et leur conciliation. Ils n'a vaient vu qu'un des éléments du pro blème, et s'étaient prononcés sans em barras pour la liberté. Il est vrai qu'O vide a dit dans les *Pontiques* :

Ipsa movent animos superorum numina no
Turpe nec est tali credulitate capi (5). [tro

(1) Ovide, *Trist.*, II, 263.
(2) Hor., *Epist.*, I, 18, 108.
(3) Cicer., *De Nat. Deor.* : Hoc quide omnes mortales sic habent externas comme ditates.... a diis se habere; virtutem autel nemo unquam acceptam Deo retulit..... Nun quis quod bonus vir esset, gratias diis eg unquam? etc.
(4) Tite-Live, XXXVII, 45 : Romani e iis quæ in Deum immortalium potestat erant, ea habemus quæ dii dederunt; ani mos qui nostræ mentis sunt, eosdem in omi fortuna gessimus, gerimusque... Je dois l rapprochement de ces trois passages à Rolli *Hist. Rom.*, l. XXIII.
(5) Ovide, *Pont.*, 1, ép. 1; cf. Eschyle

Mais il n'entend parler ici que des sentiments de compassion qu'il voudrait trouver dans le cœur d'Auguste et qu'en désespoir de cause il demande aux dieux de lui inspirer, et jamais il ne représente les dieux intervenant comme auxiliaires de la volonté humaine s'efforçant à la pratique du bien.

Autrefois le paganisme avait eu l'enseignement des mystères, dépassé et délaissé au temps d'Auguste. La religion romaine, bornée surtout aux pratiques du culte, ne s'était jamais appliquée à propager et à affermir aucune des grandes vérités morales que l'esprit humain avait reconnues. Il ne faut pas demander à Ovide plus d'idées sérieuses et élevées que n'en contenait la religion qu'il a chantée. On voit qu'il croit à peine à l'immortalité de l'âme, et s'il ne la nie pas il n'en parle, comme Tacite, qu'en termes dubitatifs (1). Son esprit, d'ailleurs, ne se plaisait guère avec les hautes pensées et les grandes conceptions, comme le prouve sa manière de traiter les sujets religieux. Après avoir reconnu au commencement de ses *Métamorphoses* un être suprême, une puissance supérieure qui a présidé à la formation du monde, il s'empresse de courir à ces fictions brillantes et frivoles qui allaient si bien à son imagination (2). Au XVe livre il entreprend d'expliquer le système de Pythagore ; mais cette exposition n'a pas de portée philosophique, et n'est qu'une nouvelle occasion de versifier. Tout le reste des *Métamorphoses* et des *Fastes* n'est rempli que de ces dieux qu'il reconnaît avoir été inventés ou façonnés par les poètes (1) et de ces fables auxquelles il déclare ne pas croire (2).

En revanche, Ovide est assez bon courtisan pour parler comme il convient de la divinité d'Auguste. Ici plus de scepticisme et d'ironie. Les dieux ne l'embarrassent pas, il est fort à l'aise avec eux. Mais en présence de la majesté de l'empereur, il succombe, la tâche est au-dessus de ses forces, il est en face de son véritable dieu.

Maximus hinc Fastis accumulatur honos ;
Deficit ingenium, majoraque viribus urgent (3).

Il trouve alors les accents de la prière ; il laisse encore le ciel à Jupiter, mais ce dieu lointain n'est rien auprès du maître divin de la terre. César, Tibère, Livie reçoivent les mêmes hommages (4). César était dieu, même avant d'avoir reçu le coup mortel ; l'apothéose était déjà faite, et les poignards des meurtriers n'ont frappé qu'une ombre (5). Ovide décerne aussi à Auguste les honneurs divins de son vivant, et dans l'affliction de l'exil il ne trouve dans sa religion d'autre consolation et d'autre refuge que l'autel de ce dieu de sa façon (6). Loin de moi l'intention d'exagérer ces reproches et de tomber dans la déclamation ; car je sais tout ce qu'on peut dire pour couvrir l'honneur et la dignité de ces poètes prosternés aux pieds d'un homme qui avait sauvé le monde. Mais ce n'en est pas moins un triste spectacle que cette abdication universelle de la raison, que cet abaissement des esprits supérieurs d'une grande époque de l'humanité, où le concours odieux du despotisme et de la superstition engendrait tant d'orgueil d'une part et tant d'humiliation de l'autre. Enfin ce qui achève de caractériser cette parodie impie et absurde de la religion, c'est que la plupart du temps il n'y avait aucune sincérité chez le dieu et ses adorateurs, et que tout cela n'était qu'un artifice politique et un mensonge officiel. Après avoir rendu à Claude les honneurs de l'apothéose, Sénèque lui décer-

---

Pers., V, 742 et suiv. ; Hérodote, VII, 10. On pourrait, je crois, établir par de nombreux passages que les dieux des anciens n'étaient point sans empire sur le cœur et les déterminations des hommes. Mais quelles étaient l'étendue et la mesure de cette action ? Il y aurait là d'intéressantes recherches à entreprendre sur la morale religieuse de l'antiquité.

(1) Ovide, *Trist.*, l. III, él. III, 60 ; Tacite, *Vit. Agric.*, c. XLVI.
(2) Kant dit sans façon : « Les Métamorphoses d'Ovide sont des sottises. » *Voy. du Sentiment du beau et du sublime*, traduit par M. J. Barni, à la suite de *la Critique du Jugement*, t. II, p. 250.

(1) Ovide, *Pont.*, l. IV, él. VIII, 2.
(2) Ovide, *Trist.*, l. IV, él. VII.
(3) *Fast.*, II, 123.
(4) *Fast.*, I, 533 ; IV, init. Dans les *Tristes*, IV, él. VIII, il tient un langage plus digne.
(5) *Fast.*, III, 157, 697.
(6) *Trist.*, l. V, él. II.

naît les ridicules de l'*Apocoloquinthose*; et il n'y a pas moins d'ironie et de scepticisme, quoique avec plus de finesse, dans ces paroles de Vespasien disant à ses amis, au moment où il cessait d'être homme : « Je sens que je deviens dieu (1). »

Voilà donc où avaient abouti ce long enfantement du polythéisme, cette accumulation des religions latine, sabine, étrusque, grecque, orientale. Loin de se fortifier par ces importations successives, le sentiment religieux était toujours allé s'affaiblissant. Les progrès de la raison avaient été assez grands pour démontrer la vanité et la fausseté des anciennes croyances, mais non assez efficaces pour fonder et affermir un ensemble de doctrines plus élevées et plus salutaires. Sans doute il n'y avait plus rien à découvrir dans l'ordre des idées morales; mais les plus pures et saines notions, déjà reconnues et proclamées par tant de sages, étaient inaccessibles au plus grand nombre des hommes, qui végétaient dans la superstition ou l'incrédulité. Les religions païennes n'enseignaient pas. La philosophie ne pouvait être populaire. Le christianisme allait seul donner aux âmes l'aliment spirituel dont elles avaient besoin. Mais en attendant son triomphe, le désordre intellectuel et moral devait arriver à son comble. Non pas qu'il faille regarder le siècle d'Auguste et des Antonins comme inférieur au temps où les superstitions du polythéisme avaient été imaginées; mais ces temps antiques et grossiers, où la religion était acceptée de tous, avaient sur l'époque de sa décadence l'avantage de présenter un accord et une harmonie qui, même quand il s'agit d'erreurs et de chimères, sont les garanties de l'ordre et des mœurs. Au siècle plus éclairé où nous nous arrêtons cet équilibre était rompu, et la société, dont la marche n'est jamais rétrograde, ne pouvant rentrer dans la vieille ornière qu'elle s'était tracée autrefois, alla au hasard, sans direction et sans autorité, jusqu'au moment où elle retrouva des croyances élevées et une discipline puissante, capables de la régler et de la contenir à jamais.

(1) Suet., *Vespas.*, c. 23.

IV.

DE LA RELIGION DES ROMAINS SOUS LES EMPEREURS.

CONTRASTE DE LA RELIGION [RO]MAINE SOUS LA RÉPUBLIQUE ET [AU] TEMPS DE L'EMPIRE. — Dans les bea[ux] temps de la république, alors que [les] mœurs étaient pures et austères, [les] croyances sincères et élevées, l'État [ro]main était fortement établi sur les f[on]dements solides de ses institutions p[oli]tiques et religieuses. Dans le cours [or]dinaire des affaires publiques, com[me] dans les moments de crise et de dang[er] le respect des lois et la confiance d[ans] les dieux conservaient l'ordre et la [li]berté et soutenaient le patriotisme [par] de salutaires pratiques et de puissan[tes] inspirations. Rien ne fait mieux co[m]prendre que le passage suivant de P[lu]tarque(1) quelle force et quelles resso[ur]ces Rome trouvait alors dans l'excelle[nce] de ses institutions et la vertu de ses [ci]toyens. C'était après le désastre de C[an]nes. Fabius venait d'être nommé dic[ta]teur pour arrêter Annibal. « Cependa[nt] Fabius, pour déployer aux yeux de tou[s la] majesté de la dictature dans toute sa p[uis]sance et rendre les citoyens plus sou[mis] et plus dociles, s'avança en public, p[ré]cédé d'un groupe de vingt-quatre licteu[rs] et voyant venir à lui l'autre consul, il [lui] envoya par ses licteurs l'ordre d'abando[n]ner les faisceaux, de quitter tous les [si]gnes du consulat et de paraître devant [lui] comme un simple citoyen. Après cela, [fai]sant remonter aux dieux le plus bel é[clat] dont une magistrature pût être ornée [il] fit comprendre au peuple qu'on devait [at]tribuer la défaite à la négligence du [gé]néral et à son mépris pour la divinité, [et] non pas à la lâcheté des troupes; il l'en[ga]gea à ne pas craindre l'ennemi, mais [à] apaiser par des témoignages de sa v[é]nération la divinité irritée. Non qu[il] cherchât à fortifier des sentiments s[u]perstitieux : son but était d'affermir [le] courage par la piété, de bannir la fraye[ur] qu'inspirait l'ennemi, et de la rempl[a]cer par la confiance dans la divini[té.] On recourut alors à quelques-uns [de] ces livres mystérieux si utiles à Rom[e] et qu'on appelle Sibyllins; et l'on [...]

(1) Plut., *Vie de Fabius*, 4.

que plusieurs des prédictions qu'ils contenaient se rapportèrent aux événements et aux faits qui s'accomplirent à cette époque ; mais ce qu'y voyait celui qui consultait ces livres, nul n'avait le droit de le lui demander. Le dictateur parut donc devant le peuple, et promit aux dieux, comme un vœu solennel, qu'en leur honneur serait immolé tout ce qui naîtrait au printemps prochain, des chèvres, truies, brebis, ou vaches, dans toutes les montagnes, plaines, et prairies de l'Italie ; qu'il serait consacré à la célébration de jeux scéniques et de concours de musique une somme de 333 grands sesterces, 333 deniers et 1/3, ce qui fait 83,083 drachmes et 2 oboles, en monnaie grecque..... Fabius, après avoir ainsi élevé la pensée du peuple vers la divinité et lui avoir inspiré une meilleure opinion de l'avenir, ne mettant qu'en lui-même l'espérance de vaincre, parce que Dieu accorde les succès à la vertu et à la prudence, marcha contre Annibal. »

Avant de présenter le tableau de la dégradation et de la chute du polythéisme romain, nous avons à dessein fixé l'attention du lecteur sur ce récit de Plutarque où respire la majestueuse simplicité des âges de vertu et de foi. Rome réduite à l'extrémité par un ennemi victorieux court sans désordre, sans confusion, se réfugier à l'abri d'une magistrature souveraine, absolue, dont les lois ont fait l'asile inviolable de la liberté. Elle sait se donner un chef unique, quand la nécessité de son salut exige qu'elle subisse la volonté d'un seul. Avec quelle autorité régulière et calme Fabius distribue ses ordres et pourvoit à tous les besoins du moment ! Avec quel empressement le consul, le premier magistrat de l'État en temps ordinaire, renonce au pouvoir et s'incline devant Fabius ! Montrant tous deux, consul et dictateur, par cet exemple combien alors les Romains étaient également capables du commandement et de l'obéissance. Enfin, ce retour à la divinité, cette élévation des âmes vers le principe suprême de tout bien et de toute force, ordonnée par Fabius comme la plus salutaire ressource dans une telle extrémité, voilà le dernier trait qui achève de caractériser cette noble époque où Rome possédait toutes ces vertus qui lui assurèrent l'empire du monde, et qu'elle perdit plus tard, lorsque l'empire du monde lui fut assuré.

Un mot de Suétone (1) nous fait comprendre toute l'altération subie par les idées religieuses, de la république à l'empire, et fait mesurer toute la profonde différence des temps. Dans la guerre qu'il soutint contre Sextus Pompée, Auguste ayant perdu une flotte détruite par la tempête ; s'écria : « Je saurai bien vaincre en dépit de Neptune ; » et aux jeux du Cirque il punit le dieu, qui l'avait frappé, en supprimant sa statue, qui figurait toujours dans ces solennités. Devenu le maître absolu du monde romain, Auguste pouvait se croire la même autorité sur les dieux. Le despotisme impérial avait deux causes morales, l'oubli des lois politiques à l'ombre desquelles la liberté romaine s'était maintenue pendant trois siècles, et l'oubli des lois et des croyances religieuses qui pendant le même temps avaient conservé les bonnes mœurs. La substitution du pouvoir impérial au régime républicain rétablit l'ordre civil et politique ; mais la religion ne put être relevée de son abaissement ; le despotisme en précipita plus activement la décadence ; et, au lieu de toutes les anciennes pratiques religieuses, liées à la liberté publique, on eut l'apothéose des empereurs. « Le culte, comme l'État, fut prostitué aux caprices de leur pouvoir (1). » Aussi, l'histoire de la religion des Romains sous les empereurs n'est que le récit de la décomposition, de l'agonie et de la mort du polythéisme. La réunion du sacerdoce et de l'empire entre les mains d'un seul et même homme ne replaçait pas les dogmes religieux et les pratiques du culte sous l'austère et active surveillance qu'avait exercée autrefois le sénat. Maîtres d'ouvrir ou de fermer à leur gré les portes du sanctuaire, les empereurs y prirent place au premier rang, et y appelèrent à côté d'eux les divinités sensuelles et dégradées de l'Asie, dont le culte absorba les hommages que les Romains adressaient autrefois à des divinités plus honorables. Ces recrues de dieux nouveaux et étrangers, dont l'in-

(1) Suét., *Auguste*, c. 16.
(2) M. Villemain, *Du Polythéisme*, p. 23.

troduction à Rome s'explique aussi bien par la superstition que par l'incrédulité, étaient loin de fortifier le polythéisme, à qui la doctrine chrétienne enlevait de jour en jour l'empire des âmes. En vain il appela à son secours, pour ranimer ses dogmes et relever ses pratiques, toutes les fictions, toutes les subtilités d'une philosophie ingénieuse, toutes les illusions de la théurgie, rien ne put le soutenir, parce qu'il n'avait pas la vérité. Sous Constantin il descendit du trône, où il était monté avec Auguste, et peu à peu la foi nouvelle fit disparaître de la surface de la terre comme du fond des cœurs les derniers vestiges de sa domination.

TIBÈRE; SES OPINIONS RELIGIEUSES. — Après Auguste le gouvernement politique et religieux du monde romain passa entre les mains de Tibère. Comme Auguste, Tibère ne croyait plus aux vieilles divinités d'autrefois, mais il croyait aux présages et à la divination. Il réunissait en lui deux choses, qui ne sont inconciliables qu'en apparence, la superstition et l'incrédulité. « De quelque opinion abstraite que l'homme se pénètre, il ne peut se dissimuler qu'une force invisible pèse sur lui. Il est contre sa nature de la croire aveugle; le raisonnement peut le conduire à ce résultat; mais le sentiment lutte contre une conclusion qui le révolte, et pour l'immense majorité, pour tous peut-être, c'est le sentiment qui triomphe. En conséquence, lorsque vous arrachez à l'homme la persuasion qu'il existe entre lui et cette force invisible des moyens de communication réguliers et salutaires, vous le privez d'une conviction qui est un besoin de son âme. Il ne peut se croire affranchi de cette force qui sans cesse l'entoure, le presse et le subjugue, mais il s'en croit abandonné; il tombe alors dans une sorte de désespoir, qui le précipite dans les superstitions les plus effroyables(1). » Telle était la situation morale et religieuse de la société païenne à cette époque, et la triste nécessité qui pesait fatalement sur tous depuis l'empereur, souverain pontife, jusqu'au dernier des esclaves. Tibère, dit Suétone (2), avait

(1) Benjamin Constant, *Du Polythéisme romain*, l. XII, c. 5.
(2) Suét., *Tiber.*, 69.

d'autant moins de zèle pour les dieu et pour la religion, qu'il était adonné l'astrologie et qu'il était persuadé qu tout se conduit par le destin. Toutefoi il avait singulièrement peur du tonnerre et quand le ciel était orageux, il porta sur sa tête une couronne de laurier l'opinion commune attribuant à cet a buste la vertu d'écarter la foudre. Pa tout, à Rhodes comme à Caprée, au pala des Césars comme dans ses honteuse retraites, Tibère vivait entouré d'astro logues, ministres de sa superstition, qu lui étaient aussi nécessaires que le comédiens et les femmes dont il faisa les ministres de ses débauches.

SA CONDUITE COMME GRAND PON TIFE. — Cette disposition générale l'incrédulité et à la superstition, qui es un des caractères de cette époque, ava contribué pour beaucoup à l'établisse ment du régime impérial et devait ser vir à sa conservation. Le despotisme plus à craindre d'un peuple croyant qu d'un peuple qui n'est que superstitieux Des empereurs athées montrèrent beau coup de zèle à entretenir un culte qu dépravait leurs sujets; et, profitant de leu facilité à obéir et à croire à tout, san tenir à rien, ils érigèrent en maxim d'État et de religion l'adoration de leu autorité et la déification de leur personne Il n'y a pas de vrai despotisme sans concentration entre les mêmes mains d pouvoir temporel et du pouvoir spirituel Quand le sacerdoce est indépendant ne relève que de lui-même, le temple de vient un lieu d'asile où l'homme trouv un abri contre les excès du souverai politique; mais quand le même homm tient le glaive à deux tranchants, rien n peut échapper à ses coups, et la tenta tion du mal grandissant en proportio du pouvoir qu'il a de le faire, il écras l'espèce humaine sous la plus effroyabl tyrannie.

Tibère exerça dans toute sa plénitud l'autorité que lui donnait son titre d grand pontife. On voit dans Tacite qu'i instruit, discute et décide toutes le questions religieuses; qu'il surveill la conduite des prêtres, règle leur droits et leurs attributions et décrète l fondation des temples. Cet historie nous a conservé d'intéressants détail sur l'administration religieuse de ce prince (1). Servius Maluginensis, flamine dial, prétendait au gouvernement de la province d'Asie. On lui alléguait, comme motif de refus, l'ancienne coutume qui défendait au prêtre de Jupiter de sortir de l'Italie. Mais, disait-il, les prêtres de Mars et de Quirinus peuvent posséder des gouvernements. Les droits du flamine dial sont les mêmes. Aucun plébiscite, aucun rituel n'ordonnent cette exclusion. Souvent les pontifes avaient remplacé les prêtres de Jupiter, lorsque des maladies ou des fonctions publiques éloignaient ceux-ci des autels. Après le meurtre de Cornélius Mérula, sa place était restée vacante pendant soixante-douze ans, sans que la religion en eût souffert. Si une si longue suppression n'avait pas nui aux sacrifices, l'absence d'une année de proconsulat serait encore moins nuisible. C'était les ressentiments des souverains pontifes qui jadis avaient interdit au flamine dial les gouvernements : maintenant, grâce aux dieux, le souverain pontife était aussi le chef de l'État; et sa place l'élevait au-dessus des rivalités, des haines et de toutes les affections des particuliers. L'augure Lentulus et d'autres membres du corps sacerdotal s'opposèrent aux prétentions de Servilius. Les avis étant partagés, on résolut de s'en rapporter à la décision du grand pontife lui-même, c'est-à-dire de l'empereur. Selon sa coutume, Tibère différa l'examen de cette question ; et, après le délai qui lui parut suffisant, il produisit un décret des pontifes (2) qui défendait au flamine de Jupiter de s'absenter de Rome pour cause de maladie, plus de deux jours de suite et plus de deux fois chaque année, et jamais les jours du sacrifice public, ni sans la permission du grand pontife. Ce règlement, publié sous Auguste, montrait assez que l'administration des provinces, qui exigeait un an d'absence, était interdite au flamine dial, et de plus on cite l'exemple du grand prêtre Métellus, qui avait retenu à Rome le flamine Postumius. Ainsi, l'Asie fut donnée au consulaire le plus ancien après Servius.

La mort de Servius Maluginensis fit naître des difficultés qui forcèrent Tibère à publier une loi nouvelle, et qui montre quels rapports il y avait entre l'altération des mœurs et la décadence de la religion. Autrefois on ne pouvait choisir le flamine que parmi trois patriciens nés de pères mariés par la cérémonie religieuse appelée *confarréation* (1). Or, l'usage de ces sortes d'union s'était tellement perdu dans toutes les familles, qu'on ne put trouver trois patriciens offrant les conditions nécessaires pour le sacerdoce. Tibère se plaignit hautement du refroidissement des deux sexes pour la religion; mais il était impossible de ranimer le zèle éteint dans les cœurs. Tout ce qu'on pouvait faire, c'était, à l'exemple d'Auguste, d'adoucir l'austérité, devenue trop rigide, des anciens règlements. Le sénat fut chargé de cette affaire. Il évita de promulguer une loi nouvelle sur les flamines, et se contenta d'accommoder l'ancienne législation aux mœurs nouvelles, en ce qui concernait les prêtresses. La femme du flamine dial continua à être assujettie à son mari dans tout ce qui concernait le culte; pour tout le reste elle rentrait dans le droit commun des femmes. On remplaça Servius en lui substituant son fils.

On trouvait la même difficulté à recruter le collége des vestales. Les familles nobles employaient tous les moyens possibles pour soustraire leurs filles aux honneurs assujettissants de ce sacerdoce. Déjà sous Auguste une loi avait été portée pour rendre les filles d'affranchis aptes à devenir prêtresses de Vesta. Néanmoins on trouvait toujours difficilement des familles disposées à consacrer leurs filles à ce culte rigoureux. Il fallut sous Tibère, pour exciter l'émulation et vaincre ces répugnances, ajouter aux avantages et aux honneurs de la vestalité. On donna deux millions de sesterces à Cornélie, qui entrait parmi les vestales ; et pour satisfaire l'amour-propre de ces prêtresses, plutôt que pour ajouter aux distinctions déjà accordées à Livie, on décida qu'elle siégerait désormais au théâtre sur le banc des vestales (2).

L'autorité du souverain pontife s'appliquait à tout, décidait directement les grandes comme les petites questions, et cela dans toute l'étendue de l'Italie,

---

(1) Tac., *Ann.*, III, 58.
(2) Id., l. III, c. 71.

(1) Tac., *Ann.*, IV, 16.
(2) Ibid., IV, 16.

28ᵉ *Livraison.* (ITALIE.)

où la centralisation administrative augmentait de jour en jour. Les chevaliers romains avaient voué une offrande à la Fortune équestre (1) pour la santé de Livie. Rome possédait plusieurs temples de la Fortune, mais dans aucun la déesse n'y était adorée sous ce nom. Or, dit Tacite, comme on trouva que le temple d'Antium était consacré à la Fortune équestre, et qu'en tout ce qui concernait le culte, les temples et les statues des dieux, toutes les villes de l'Italie relevaient de l'administration impériale, on porta l'offrande dans le temple d'Antium. Au reste, cette décision ne pouvait qu'être agréable aux habitants d'Antium, et le don fut certainement bien reçu par les prêtres du temple. Le gouvernement de Tibère, si terrible de près et pour les grands qui lui portaient ombrage, était salutaire au loin, attentif aux intérêts généraux des cités et plein d'égards pour les croyances et les superstitions locales. Ainsi, un projet avait été présenté au sénat pour diminuer les inondations du Tibre, en détournant les lacs et les rivières qui le grossissent. Les municipes et colonies situés sur les bords du Clanis, du Nar, et aux environs du lac Velino, envoyèrent des députés pour faire des réclamations contre ce projet, qui compromettait leurs intérêts (2). Entre autres raisons, ils alléguèrent qu'il fallait respecter la religion des alliés, qui avaient consacré des fêtes, des bois et des autels aux fleuves de leurs pays. On eut égard à leurs représentations, et on renonça à rien changer à l'ordre de choses établi par la nature.

Auguste avait reconstruit un grand nombre de temples. Tibère, moins magnifique que son prédécesseur, se contenta d'achever ceux dont la mort d'Auguste avait interrompu la construction, tels que les temples de Bacchus, de Cérès, de Proserpine près du grand Cirque, le temple de Flore, et le temple de Janus près du marché aux légumes (Forum olitorium). Ces temples achevés, il en fit la dédicace. Il laissa Germanicus consacrer un temple à l'Espérance (3). La conspiration, vraie ou supposée de Drusus Libo, à qui les promesses des astrologues et les pratiques des magicie[ns] avaient inspiré de folles espérances ( ) avertit Tibère des dangers de ces co[u]pables pratiques, auxquelles il était l[ui-] même adonné. Un sénatus-consulte [or]donna à tous les astrologues de sortir [de] l'Italie. L'un d'eux fut précipité de la r[o]che Tarpéienne, et un autre suppli[cié] hors de Rome, à la porte Esquiline ( ) plus tard il permit aux astrologues [de] revenir, sur la promesse qu'ils lui fire[nt] de ne pas exercer leur art (3). Mais [cet] engagement n'était ni donné ni re[çu] sérieusement; et l'usage de l'astrolog[ie] et de la magie pénétra de plus en pl[us] dans les mœurs.

PROHIBITION DES RELIGIONS ÉTRA[N]GÈRES. — Il n'est pas dans la natu[re] du polythéisme de repousser avec int[o]lérance l'introduction des divinités étra[n]gères, pourvu toutefois que les religio[ns] auxquelles elles appartiennent admette[nt] aussi le principe de la pluralité des dieu[x]. Mais l'admission des dieux étrange[rs] n'était pas laissée à l'arbitraire et caprice des individus. Le sénat, toujo[urs] attentif à veiller au maintien de la co[ns]titution religieuse, avait constamme[nt] repoussé avec soin les idées et les pra[ti]ques religieuses qui pouvaient altérer [le] caractère des croyances nationales. s'était réservé le pouvoir d'accorder [le] droit de cité aux dieux des nations étra[n]gères, qui devenaient romains dès qu'[un] sénatus-consulte les admettait dans [la] ville. La religion des Grecs avait pu sa[ns] peine, à la faveur de ses nombreus[es] analogies, faire alliance avec le pol[y]théisme romain; et au temps de l'e[m]pire la fusion des deux cultes était co[m]plète. Tout l'olympe grec était ent[ré] dans le panthéon romain. Cependant l[es] dieux de l'Asie accouraient en foule sollicitaient aussi leur introduction da[ns] la cité. La corruption des mœurs et progrès de l'incrédulité favorisaient leu[rs] prétentions. Le sénat, trop clairvoya[nt] pour ne pas prévoir les funestes cons[é]quences d'une telle invasion, luttait co[n]tre le torrent, et ne faisait que de rare[s] et difficiles concessions. Mais, s'il r[e]

---

(1) Tac., *Ann.*, III, 71.
(2) Ibid., I, 79.
(3) Ibid., II, 49.

(1) Tac., *Ann.*, II, 27.
(2) Id., 32.
(3) Suét., *Tibère*, XXXVI.

pousse ces dieux de la religion officielle, il ne peut garantir les esprits et les mœurs de l'influence funeste des superstitions asiatiques. « Dès le temps de Sylla, un collége de Pastophores, sur le modèle de ceux de Memphis ou de Thèbes, se place à côté du collége des augures. Les prêtres chaldéens s'emparent de l'esprit des grands, des consuls, des généraux. Encouragé par de tels exemples, le peuple rétablit violemment dans leurs sanctuaires les statues d'Anubis, de Sérapis, d'Isis et d'Harpocrate. Rome condescend à emprunter jusqu'à la religion des pirates dispersés par Pompée, et puise dans cette honteuse source le culte de Mithra, qui devait acquérir en peu de temps, par ses sanglants mystères, une célébrité déplorable. Les triumvirs, destructeurs de toutes les institutions comme de toutes les vertus antiques, consacrent solennellement toutes les superstitions repoussées. Ils ordonnent la construction d'un temple consacré particulièrement aux objets principaux de l'adoration des Égyptiens. Mais avant cette époque les prêtres de cette contrée étaient si nombreux à Rome, qu'un proscrit, Volusius, prit leurs vêtements pour se dérober aux bourreaux qui l'entouraient. Le judaïsme trouve aussi des prosélytes. Ovide place le sabbat des Juifs parmi les fêtes que les Romains célébraient (1). »

En travaillant à ranimer le sentiment religieux Auguste avait essayé, par son exemple, de le ramener à la pureté primitive. Quant aux dévotions étrangères, dit Suétone (2), autant il avait de respect pour celles qui étaient consacrées par le temps et par les lois, autant il méprisait les autres. Il s'était fait initier aux mystères d'Éleusis ; mais en Égypte il ne daigna même pas se détourner un peu de sa route pour voir le bœuf Apis ; et il loua beaucoup son petit-fils Caïus de ce que, en traversant la Judée, il n'avait fait dans Jérusalem aucun acte de piété. Tibère frappa de la même réprobation les rites des religions égyptienne et judaïque (3), et il obligea tous ceux qui en observaient les pratiques à brûler les vêtements et tous les objets qui servaient à leur culte. A l'égard des Juifs, il poussa la rigueur jusqu'à la persécution. Il répartit la jeunesse juive, sous prétexte de service militaire, dans les provinces les plus insalubres. Il chassa de Rome le reste de cette nation et tous ceux qui faisaient partie de pareilles sectes, sous peine d'un esclavage éternel, s'ils y reparaissaient. Ainsi la lutte du monothéisme et du polythéisme était déjà engagée, même avant la prédication de l'Évangile.

APOTHÉOSE DES PRINCES DE LA FAMILLE JULIA. — La principale innovation introduite dans la religion romaine par l'établissement du pouvoir impérial fut l'apothéose des empereurs et des membres de leur famille. Dans leur empressement à s'abaisser devant un seul homme, les Romains mirent à sa disposition non-seulement tous les pouvoirs politiques, mais encore tous les honneurs religieux. De son vivant même l'empereur était souvent proclamé dieu, et il l'était à coup sûr après sa mort. Ce genre de flatterie, bizarre mélange d'impiété et de superstition, avait commencé pour César, le premier en qui les Romains reconnurent un maître ; on le continua pour Auguste, qui fonda définivement l'empire. « Lui qui ne souffrait pas qu'on le nommât seigneur, il se laissa nommer dieu. La flatterie des rois alliés lui érigea partout des autels ; et dans Athènes un temple commencé pour Jupiter Olympien fut consacré au génie de César Auguste. Un collége de prêtres fut institué sous le nom d'*Augustales*. L'idolâtrie devint plus grande encore après la mort du prince. Les Romains, dans la sévérité de leur ancienne discipline, avaient admis le culte des aïeux, à peu près comme il se pratique de temps immémorial parmi les Chinois. Aucun des grands hommes de la république, ni les Scipion, ni les Camille, n'avait été divinisé publiquement ; mais le fils offrait des sacrifices aux mânes de son père. L'âme de son père était un dieu pour lui. Dans le temps de la vertu romaine, Cornélie cherchant à détourner son second fils de la route et des périls du premier, lui disait, suivant

---

(1) Benjamin Constant, *du Polythéisme romain*, t. I, 125.
(2) Suét., *Aug.*, 93.
(3) Id., *Tibér.*, 36.

cet usage du paganisme romain : « Lorsque je serai morte, tu m'offriras le culte des aïeux, et tu invoqueras le génie de ta mère : tu ne rougiras pas alors d'implorer par des prières ces divinités que, vivantes et présentes, tu auras délaissées et trahies. » L'empire des Césars envahit aussi cette illusion touchante de la piété domestique. Tibère offrait des sacrifices, immolait des victimes à la divinité d'Auguste. Ces apothéoses servaient à la tyrannie, en aggravant l'accusation de lèse-majesté, et en rendant sacriléges tous ceux qu'on voulait perdre. Cette circonstance seule peut expliquer des faits inconcevables pour nous (1) : comment un sénateur romain était accusé pour avoir vendu l'image du prince, pour avoir profané une bague qui portait cette effigie sacrée. Par une contradiction bizarre, les empereurs étaient à la fois dieux et hommes; on les adorait et on priait pour eux (2). » C'est ainsi que par la concentration en une seule main des pouvoirs politiques et religieux, par l'oubli des anciennes traditions d'où était sorti le paganisme primitif, et qui établissaient nettement la distinction de Dieu et de l'homme, la civilisation de la Grèce et de Rome était tombée, avec les peuples autrefois si libres de l'Occident, sous un despotisme tel qu'il dépassa par sa puissance et ses excès l'absolutisme des souverains de l'Asie, cette antique patrie de la servitude.

DESCRIPTION DE L'APOTHÉOSE. — Voici comment Hérodien, un historien du troisième siècle de l'ère chrétienne, représente les détails de cette cérémonie. « C'est la coutume chez les Romains de mettre solennellement au nombre des dieux les empereurs qui laissent leurs fils sur le trône. Cette cérémonie s'appelle apothéose. C'est une espèce de fête où il entre du deuil et de la tristesse. On brûle à l'ordinaire le corps avec beaucoup de pompe; mais on met dans le vestibule du palais, sur un lit d'ivoire couvert d'étoffe d'or, une image de cire qui représente parfaitement le défunt, avec un air pâle comme s'il était encore malade. Pendant le jour, au côté droit du lit,

(1) Suét., *Tibere*, 58; Tac., *Ann.*, IV, 64; 21, 50.
(2) M. Villemain, *du Polythéisme*, p. 23.

est rangé le sénat avec des robes de deu[il] et au côté gauche sont les femmes et [les] filles de qualité, avec de grandes rob[es] blanches toutes simples, sans colli[er] ni bracelets. On garde le même ord[re] sept jours de suite, pendant lesqu[els] les médecins s'approchent du lit [de] temps en temps pour considérer le m[a]lade, et trouvent toujours qu'il bais[se] jusqu'à ce qu'enfin ils prononcent qu[i] est mort; alors les chevaliers roma[ins] les plus distingués, avec les plus jeun[es] sénateurs, portent sur leurs épaules [le] lit de parade dans le vieux marché, [où] les magistrats ont coutume de se dém[et]tre de leurs charges. On dresse à l'e[n]tour deux espèces d'amphithéâtres, [dans] lesquels se placent d'un côté de jeun[es] garçons, et de l'autre de jeunes fil[les] des meilleures maisons de Rome, po[ur] chanter des hymnes et des airs lugubr[es] en l'honneur du mort. Quand ils o[nt] achevé, on porte le lit hors de la vi[lle] dans le Champ-de-Mars; on élève [au] milieu de la place une charpente carré[e] en forme de pavillon. Le dedans est re[m]pli de matières combustibles, et le deho[rs] revêtu de draps d'or, de compartime[nts] d'ivoire et de belles peintures. Au-d[es]sus de cet édifice on en élève un s[e]cond, tout semblable pour la forme [et] la décoration, mais plus petit, et do[nt] les portes sont ouvertes. Au-dessus [de] celui-ci il y en un troisième et un qu[a]trième, encore plus petits, et aussi pl[u]sieurs autres qui vont toujours en d[i]minuant. Cet ouvrage ressemble ass[ez] aux tours qu'on voit sur les ports [de] mer, et qu'on appelle phares. Dans [la] seconde séparation on place le lit [de] parade, autour duquel on entasse tout[es] sortes de parfums, de senteurs, [de] fruits, d'herbes odoriférantes; car il n'[y a] point de province, point de personne [de] distinction qui ne se fasse un plaisir et [un] honneur d'envoyer à son prince ces de[r]nières marques de ses hommages. Qua[nd] le lieu où repose le corps en est tout re[m]pli, on fait alentour une cavalcade. L[es] chevaliers, en cérémonie, font avec m[e]sure plusieurs tours et retours; ils so[nt] suivis de plusieurs chariots, dont [les] conducteurs ont des robes de pourpre[,] sur lesquelles sont les images des e[m]pereurs dont le règne a été heureux [et] des généraux d'armée de grande rép[utation]

tation. Lorsque toute cette pompe est passée, le nouvel empereur, tenant à la main une torche, va mettre le feu au bûcher : les aromates et les autres matières combustibles prennent en un moment. Alors on lâche au faîte de cet édifice un aigle, qui du milieu de la flamme et de la fumée s'envolant dans les airs, va, à ce que croit le peuple, porter au ciel l'âme du défunt empereur. Depuis ce jour il a son culte et ses autels comme les autres dieux (1). »

TEMPLES ÉLEVÉS EN L'HONNEUR DE TIBÈRE. — Ce cérémonial, décrit par Hérodien, à propos de l'apothéose de Septime-Sévère, n'était point encore observé dans tous ses détails pour la déification des premiers empereurs, César et Auguste. Mais ces deux grands hommes, déjà adorés de leur vivant, le furent encore plus solennellement après leur mort ; ils eurent des temples, des flamines pour leur culte (2), qui fut religieusement observé à Rome comme dans les principales villes de l'Italie (3) et dans les provinces. Rien n'égale l'empressement servile avec lequel les peuples sollicitaient l'honneur d'adorer leurs maîtres. Les villes d'Asie, dans leur reconnaissance pour Tibère, qui avait puni de mauvais gouverneurs, décernèrent un temple à l'empereur, à sa mère et au sénat (4). Onze villes se disputèrent l'honneur de construire ce temple. Les députés de ces onze villes furent entendus dans le sénat. Neuf d'entre elles furent écartées pour divers motifs. Sardes et Smyrne se partagèrent les suffrages des sénateurs ; et, après de longs plaidoyers, Smyrne l'emporta sur sa rivale. Vers le même temps (25 ap. J. C.) l'Espagne ultérieure envoya des députés au sénat pour demander la permission d'élever, à l'exemple de l'Asie, un temple à l'empereur et à sa mère (5). Tibère crut devoir refuser ces hommages, dont la bassesse des hommes le rassasiait, et qui lui inspiraient un si profond mépris pour l'espèce humaine. Il le fit dans des termes pleins d'habileté et de noblesse. « Comme Auguste, dit-il, n'avait point empêché Pergame de bâtir un temple pour lui et la ville de Rome, moi, pour qui ses actions et ses discours sont des lois sacrées, j'ai cru devoir suivre un exemple autorisé, d'autant plus qu'on associait le sénat au culte qui m'était rendu. Mais, s'il est excusable d'avoir accepté une fois, il y aurait aussi de l'affectation et de l'orgueil à se faire ériger en divinité dans toutes les provinces ; d'ailleurs, les honneurs d'Auguste s'aviliront si l'adulation les prodigue sans discernement. Oui, pères conscrits, je sais que je suis mortel, que je suis soumis aux devoirs des hommes, et que c'est assez pour moi si je puis remplir dignement les fonctions de votre chef. Tels sont mes sentiments ; j'en prends à témoin vous et la postérité. Elle ne fera que trop pour ma mémoire si elle me juge digne de mes ancêtres, prévoyant pour vos intérêts, ferme dans les dangers, ne craignant pas de braver la haine pour l'utilité publique. Voilà les temples, voilà les statues, voilà les autels que j'ambitionne dans vos cœurs. Ceux de pierre, si l'estime de la postérité se change en haine, ne sont plus regardés que comme de vils sépulcres... » Il ne manquait qu'une chose à cet homme capable de concevoir et d'exprimer de si belles pensées ; c'était le désir sincère de les pratiquer. Mais, l'eut-il voulu sérieusement, Tibère ne pouvait pas, dans l'intérêt de son autorité impériale, repousser absolument ces honneurs qu'on accordait à sa divinité. L'humanité, d'ailleurs, égarée de plus en plus par le polythéisme, ne pouvait redresser elle-même les superstitions grossières dans lesquelles elle s'était jetée. L'erreur était parvenue à son comble. Dans les temps antiques les hommes s'étaient contentés de diviniser sous toutes les formes les grands objets de la création, les forces de la nature : après de nouveaux progrès de l'orgueil et de la déraison, ils en vinrent à diviniser les grands pouvoirs de la société, et ils adorèrent le dieu empereur, le dieu sénat, la déesse Rome. Sans doute beaucoup d'esprits éminents du paganisme prenaient quelquefois en pitié cette su-

(1) Hérodien.
(2) Suét., *August.*, c. 100 ; Tacit., *Ann.*, II, 83, I, 11.
(3) Tac., *Ann.*, IV, 55, 57, et surtout I, 78 ; IV, 37.
(4) Ibid., IV, 15, 55.
(5) Ibid., IV, 37, 38.

perstition de la multitude, et Tibère lui-même, dans ses épanchements les plus intimes, marqua toujours un grand mépris pour le culte qu'il recevait (1); mais ni lui ni personne ne faisait rien pour combattre cette erreur : les empereurs en tiraient parti ; les philosophes s'y soumettaient volontiers ; et quand parut la religion chrétienne, qui entreprit de ramener les hommes au bon sens et à la vérité, ils la persécutèrent pendant plus de trois siècles.

HONNEURS DÉCERNÉS A GERMANICUS. — L'apothéose était réservée aux empereurs ; mais on accordait des honneurs presque divins aux membres de sa famille. Quand on apprit à Rome la mort de Germanicus, le peuple témoigna ses regrets par des hommages voisins de l'adoration. On arrêta que son nom serait chanté dans les hymnes des Saliens (2) ; qu'il y aurait toujours aux spectacles sa chaire curule à la place réservée pour les prêtres d'Auguste, et qu'au-dessus de cette chaire on placerait des couronnes de chêne ; qu'à l'ouverture des jeux du cirque on promènerait sa statue en ivoire ; que les flamines et les augures qui lui succéderaient ne seraient jamais pris que dans la maison des Jules. On lui érigea des monuments dans tous les lieux illustrés par sa mort et par ses exploits. L'ordre des chevaliers donna à l'un de ses escadrons le nom de Germanicus, et l'on porta sa statue à la tête de la cavalcade solennelle qui se fait aux ides de juillet. Pendant le procès de Pison, la douleur publique s'était ranimée, et l'on proposa de nouveaux honneurs : l'érection d'une statue d'or dans le temple de Mars-Vengeur, la consécration d'un autel à la Vengeance (3). Tibère, qui déjà avait réprimé les manifestations de ce zèle, qui l'importunait, repoussa ces propositions en disant qu'il fallait des monuments pour les victoires étrangères, et pour les maux domestiques la douleur et le silence. A l'égard des fils de Germanicus, Tibère garda beaucoup moins de ménagements.

(1) Tac., *Ann.*, IV, 38. Perstititque posthac, secretis etiam sermonibus, aspernari talem sui cultum.
(2) Ibid., II, 83.
(3) Ibid., III, 18.

« Sous le consulat de Céthégus et de Varron, dit Tacite (1), comme on offrait des vœux pour la conservation de l'empereur les pontifes, et à leur exemple les autres prêtres, recommandèrent aux mêmes dieux Néron et Drusus, moins par intérêt pour ces jeunes gens que pour flatter le prince même. Mais sous un gouvernement ombrageux il y a le même danger à ne pas flatter et à flatter avec excès Tibère, qui n'avait jamais aimé la famille de Germanicus, voyant que des enfants obtenaient les mêmes honneurs que sa vieillesse, en conçut un dépit violent. Il fait venir les pontifes ; il leur demande si c'était aux prières ou aux menaces d'Agrippine qu'ils avaient cédé. Ceux-ci, se défendant du motif, n'en furent pas moins repris, toutefois légèrement, parce qu'ils étaient tous ou le parents du prince ou les premiers de Rome ; mais dans le sénat Tibère recommanda expressément qu'à l'avenir on se gardât d'exalter par des honneurs précoces les esprits mobiles d'une jeunesse présomptueuse. »

Tels sont les principaux actes du grand pontificat de Tibère. Tel était à cette époque le gouvernement religieux du monde romain. L'oubli des antiques traditions, et le mépris des vieilles croyances avaient enlevé à la religion ses bases les plus sûres et ses appuis les plus naturels. Alors, comme toutes les autres libertés d'autrefois, la religion était livrée à l'arbitraire de l'autorité politique, et subordonnée à l'État, dont le chef après Tibère fut un monstre aussi extravagant que cruel.

FOLIES SACRILÉGES DE CALIGULA. — Caligula eut quelques mois d'une administration saine et bienfaisante. Pendant ce temps il fit achever le temple d'Auguste, que Tibère avait commencé ; il releva des temples ruinés à Syracuse, et il fit reprendre les travaux du temple d'Apollon à Milet (2). Mais en se voyant placé si haut au-dessus des autres hommes, il eut le vertige ; sa raison, qui n'était pas bien forte, s'altéra, et il devint un insensé. A force d'entendre dire aux flatteurs qu'il était au-dessus de tous les princes et de tous les rois

(1) Tac., *Ann.*, IV, 17.
(2) Suét., *Calig.*, c. 21.

de la terre, il commença dès lors à s'attribuer la majesté divine. Il fit venir de la Grèce, dit Suétone (1), les statues des dieux les plus fameuses par l'excellence du travail ou par le respect des peuples, entre autres celle de Jupiter Olympien, et, leur enlevant la tête, il y subtitua la sienne. Il fit prolonger jusqu'au Forum une aile de son palais, et transformer le temple de Castor et de Pollux en un vestibule, où il venait souvent s'asseoir entre les deux frères, et s'offrir aux adorations de la foule. Quelques-uns le saluèrent du titre de *Jupiter Latin*. Il eut aussi pour sa divinité un temple particulier, des prêtres et des victimes les plus rares. On voyait dans ce temple sa statue en or, qui lui ressemblait beaucoup, et que l'on habillait comme lui. Les plus riches citoyens se disputaient avec acharnement les fonctions de ce sacerdoce. Les victimes immolées à ce dieu étaient des phénicoptèbes, des paons, des coqs de bruyère, des poules de Numidie, des pintades, des faisans; et il y en avait pour chaque jour une espèce différente. La nuit, il invitait la lune, quand elle était dans son plein et dans tout son éclat, à venir recevoir ses embrassements et partager sa couche. Le jour il avait des entretiens secrets avec Jupiter Capitolin : il lui parlait tantôt à l'oreille, et ensuite lui présentait la sienne; tantôt à haute voix, et même d'un ton arrogant. On l'entendit une fois lui dire avec menace : « Prouve-moi « ta puissance, ou redoute la mienne; » mais s'étant, comme il disait, laissé fléchir, et ayant reçu de Jupiter l'invitation pressante d'aller demeurer près de lui, il fit construire un pont par-dessus le temple d'Auguste, entre le mont Palatin et le Capitole. Plus tard, afin d'en être encore plus voisin, il fit jeter sur la place même du Capitole le fondement d'un nouveau palais.

De Tibère à Caligula la distance n'est pas si grande qu'on pourrait le croire. En se laissant adorer par les hommes, ses semblables, par raison d'État et sans croire à sa divinité, Tibère jouait à l'impiété et se riait du sacrilége. Caligula, arrivé tout jeune au pouvoir, prit cette comédie religieuse au sérieux;

(1) Suét., *Calig.*, c. 22.

il se crut Dieu, et il en devint fou. Un jour il se plaça près de la statue de Jupiter, et demanda au tragédien Apelle lequel des deux lui paraissait le plus grand (1). Comme l'acteur hésitait à répondre, il le fit battre de verges. En public il paraissait le plus souvent avec une barbe d'or, tenant à la main la foudre, un trident ou un caducée; quelquefois il s'habillait comme Vénus (2). Toutes ces folies sacriléges étaient étalées aux regards des Romains, autrefois si graves, si sainement religieux, et assez dégradés alors pour ne pas s'indigner d'un pareil spectacle, et pour consentir à offrir de l'encens à cette divinité burlesque et révoltante.

CALIGULA VEUT SE FAIRE ADORER PAR LES JUIFS. — Mais voyons, dans l'historien Josèphe, cette prétention de Caligua à être adoré comme Dieu aux prises avec la conviction du seul peuple qui connût alors le Dieu qui a le droit d'exiger les hommages et l'adoration des hommes. Caligula avait envoyé Pétronius à Jérusalem avec une armée et l'ordre exprès de mettre ses statues dans le temple, de tuer tous les Juifs qui auraient la hardiesse de s'y opposer, et de réduire en servitude le reste du peuple. Mais Dieu, dit Josèphe (3), pouvait-il souffrir l'exécution d'un commandement si abominable ? L'arrivée de Pétrone et la nature de ses instructions surprirent tellement les Juifs de Jérusalem, qu'ils avaient peine à y ajouter foi. Quand on n'en put douter, la consternation fut grande; et une multitude de Juifs accourut à Ptolémaïs au-devant de Pétrone, pour le supplier de suspendre l'exécution des ordres de l'empereur. Pétrone, touché de leurs prières, laissa les statues à Ptolémaïs, et, s'avançant en Galilée, convoqua les principaux de la nation à Tibériade. « Là il leur représenta quelle était la puissance des Romains ; combien les menaces de l'empereur leur devaient être redoutables ; à quel point il se tiendrait offensé de la prière qu'ils lui faisaient, parce que de toutes les nations qui lui étaient soumises *eux seuls re-*

(1) Suét., *Calig.*, c. 32.
(2) Ibid., c. 52.
(3) Jos., *Guerre des Juifs*, l. II, c. XVII; Tacit., *Hist.*, V, 9.

fusaient de mettre ses statues au rang des dieux; ce qui était comme se révolter contre lui, et l'outrager aussi lui-même, puisque étant leur gouverneur il représentait la personne de l'empereur. » Les Juifs lui répondirent : « que leurs lois leur défendaient si expressément de rien faire de semblable, qu'ils ne pourraient sans les violer mettre dans le temple, ni même dans le lieu profane, non-seulement la figure d'un homme, mais celle de Dieu. — Si vous observez si religieusement vos lois, répliqua Pétrone, je ne suis pas moins obligé d'exécuter les commandements de l'empereur, *qui me tiennent lieu de lois*, puisqu'il est mon maître et que je ne pourrais lui désobéir pour vous épargner sans qu'il m'en coûtât la vie. C'est donc à lui, et non pas à moi, que vous devez vous adresser : je n'agis que par son ordre, et ne lui suis pas moins soumis que vous. » A ces paroles, toute cette grande multitude s'écria qu'il n'y avait point de périls auxquels ils ne fussent prêts à s'exposer avec joie pour l'observation de leurs lois. Lorsque ce tumulte fut apaisé, Pétrone leur dit : « Êtes-vous donc résolus de prendre les armes contre l'empereur? — Non, lui répondirent-ils; nous offrons, au contraire, des sacrifices à Dieu pour lui et pour le peuple romain. Mais si vous voulez mettre ses statues dans notre temple, il faut auparavant nous égorger tous avec nos femmes et nos enfants. » Un amour si ardent de tout ce peuple pour sa religion, et cette fermeté inébranlable qui le faisait exposer à la mort plutôt que de violer ses lois, donna tant d'admiration à Pétrone et tant de compassion tout ensemble, qu'il sépara l'assemblée sans rien résoudre (1). Les jours suivants, Pétrone renouvela ses instances; et ne pouvant les faire changer de résolution, il se sentit comme élevé au-dessus de lui-même au contact de ce grand courage. Il adressa aux Juifs ces nobles paroles : « Je suis résolu de m'exposer, pour l'amour de vous, aux mêmes périls dont vous êtes menacés. Ainsi, ou Dieu me fera la grâce d'adoucir l'esprit de l'empereur, et j'aurai la joie de me sauver en vous sauvant; ou si j'attire sur moi sa colère, je n'aurai point le regret d perdre la vie pour m'être efforcé de garantir de la mort un si grand peuple. »

Alors Pétrone écrivit à l'empereur pou lui faire agréer par différentes raisons le retard apporté à la consécration de sa statue. En lisant cette lettre Caligula entra dans une violente fureur, et s'écria en frappant des mains (1) : « Quoi Pétrone! vous n'avez pas encore appri à obéir à votre empereur!... Vous considérez donc plus les lois des Juifs, qui sont mes ennemis mortels (2), que le commandements de votre prince? » Mais craignant un soulèvement des gouverneurs de l'Asie, Caligula cacha sa hain dans son cœur, et répondit à Pétrone en louant sa prudence et sa prévoyance et lui ordonna seulement de ne point différer la consécration de sa statue quan il n'y aurait plus aucun sujet de retard Quelque temps après le roi Agrippa arrive auprès de l'empereur sans rien savoir de tout ce qui s'était passé. Dès qu'il l'aperçut, Caligula, l'apostropha rudement : « Ces gens de bien de votre nation, dit-il, sont les seuls de tous les hommes qui dédaignent de me reconnaître pour Dieu, et qui semblent couri volontairement à leur perte, par l refus qu'ils font d'obéir à l'ordre que j'a donné de mettre dans leur temple m statue et celle de Jupiter. Ils se son assemblés en grand nombre pour veni en apparence en suppliants, mais pou témoigner en réalité le mépris qu'il font de mes commandements. » Il voulait continuer à parler; mais Agrippa fu pénétré d'une si violente douleur, qu' s'évanouit. On le porta à sa demeure

(1) Josèphe, *loc. cit.*, traduct. d'Arnaud d'Andilly, t. IV, p. 197.

(1) Ambass. de Philon., c. xv.
(2) Les Juifs étaient alors chargés de tout la haine que les païens allaient bientôt vouer au christianisme. On peut ajouter ce qui su à ce qui a été dit plus haut sur ce sujet : « O s'occupa aussi de purger l'Italie des superstitions égyptiennes et judaïques. Quatre mil hommes de race d'affranchis, imbus de ce pratiques étrangères et en âge de servir, furent envoyés par un décret du sénat en Sardaigne, pour y être employés contre les brigands de l'île; et si l'insalubrité de l'île vena à les faire périr, on était consolé d'avance. (Tacit., *Ann.*, l. III, 85.)

et il demeura longtemps sans aucune connaissance.

Revenu à lui, Agrippa écrivit à l'empereur une lettre dans laquelle il essayait de le détourner de son dessein. « Le respect et la crainte m'empêchent, seigneur, de me présenter devant vous. L'éclat de votre majesté m'étonne, et vos menaces m'épouvantent. Une lettre vous exprimera mieux ma très-humble prière que je ne le pourrais faire de vive voix. » Puis Agrippa représentait à l'empereur la défense faite aux Juifs d'adorer des images, l'attachement de sa nation à ses lois, qu'avaient respectées le grand Agrippa, Auguste, et Tibère lui-même, qui sur ce point porta le respect jusqu'au scrupule. En effet, sous ce prince, Pilate lui consacra dans le palais d'Hérode, à Jérusalem, des boucliers dorés, non pas tant, dit Agrippa, par le désir de lui rendre hommage que par haine contre notre nation. Il n'y avait nulle figure gravée sur ces boucliers ni aucune autre inscription, sinon le nom de celui qui les consacrait et de celui à qui ils étaient consacrés. Néanmoins le peuple s'indigna de cette consécration, qu'il regardait comme un acte d'idolâtrie. Sur le refus de Pilate de faire disparaître ces offrandes, ils écrivirent à Tibère, qui répondit à l'instant en ordonnant à Pilate de faire porter ces boucliers dans le temple bâti à Césarée en l'honneur d'Auguste (1). Ces raisons, et surtout le ton humble et suppliant avec lequel elles étaient présentées, touchèrent d'abord Caligula, qui révoqua l'ordre qu'il avait donné à l'égard du temple de Jérusalem. Mais, incapable de persister dans une bonne résolution, il revint avec plus d'entêtement que jamais à sa première folie, persécuta les Juifs sur tous les points de l'empire, plaça ses statues dans leurs oratoires. Il ne restait plus que le temple de Jérusalem, asile inviolable réservé au culte du dieu unique. Mais il ne désespérait pas de le lui enlever et de se l'approprier avec ce titre : *le temple du nouveau Jupiter, l'illustre Caïus* (2).

(1) Ambass. de Philon, c. XVI.
(2) Voyez la relation de Philon à la suite de la traduction de Josèphe, t. V, p. 544. Il faut remarquer en quels termes Philon d'Alexandrie flétrit les prétentions impies de Caïus, et rap-

Il y avait alors à Rome une ambassade des Juifs d'Alexandrie, dont la relation nous a été conservée par Philon, qui en était le chef. Ils étaient venus réclamer le maintien de leurs immunités, et une protection contre la population grecque d'Alexandrie, qui les détestait. Ils furent reçus en audience par l'empereur quelques jours après les événements que nous venons d'exposer. Dès qu'ils furent introduits, Caligula, leur montrant un visage mécontent, leur dit avec un rire moqueur : « N'êtes-vous pas ces ennemis déclarés des dieux, qui, encore que tous les autres me reconnaissent pour Dieu, me méprisez et aimez mieux adorer un Dieu qu'on ne connaît point. » Il leva après les mains vers le ciel, et proféra des paroles que Philon trouva trop révoltantes pour être répétées. « Alors nos adversaires, dit-il, ne doutant point qu'ils n'eussent gagné leur cause, ne purent cacher l'excès de leur joie, et il n'y eut pas un seul de tous les noms et de tous les titres dont on honore les dieux qu'ils ne lui donnassent. Un nommé Isidore, qui était un très-grand et très-dangereux calomniateur, voyant que Caïus écoutait avec grand plaisir ces flatteries et ces louanges impies, lui dit : « Vous détesteriez, seigneur, encore davantage ces gens-là et ceux qui les ont envoyés, si vous saviez combien est grande la haine qu'ils vous portent. Ce sont les seuls de tous les hommes qui refusent d'offrir des victimes pour votre salut ; et généralement tous ceux de cette nation sont dans le même sentiment. » A ces paroles nous nous écriâmes : « On nous calomnie, seigneur : nous immolons des hécatombes..... Nous en avons usé trois fois diverses : la première, lorsque vous arrivâtes à l'empire ; la seconde, lorsque vous fûtes guéri de cette grande maladie qui affligea toute la terre ; et la troi-

procher ce langage de celui des auteurs païens, « A quoi pensez-vous, présomptueux et insensé prince ? Vous n'êtes qu'un homme, et vous prétendez usurper le ciel ! Vous ne vous contentez pas de régner sur tant de peuples !... Mais vous ne voulez pas seulement qu'il y ait en toute la terre un lieu particulièrement consacré à Dieu, où il soit permis de lui rendre avec une piété sincère les honneurs dus à son adorable majesté. »

sième, lorsque nous demandâmes à Dieu de vouloir vous rendre victorieux des Germains. — Il est vrai, nous répondit ce furieux empereur, vous avez offert des sacrifices, mais à un autre, et non pas à moi. Aussi, quel honneur en ai-je reçu ? » Nous sentîmes à ces mots notre sang se glacer dans nos veines. » Après les avoir quittés pour parcourir ses appartements, examiner les travaux des architectes, les peintures et les statues, l'empereur revint auprès des députés. Ils croyaient n'avoir plus qu'à se préparer à la mort. « Nous recourûmes, dit le narrateur, dans une telle extrémité au Dieu véritable, pour le prier de nous garantir de la prière de ce faux dieu. Il eut compassion de nous, et son infinie bonté modéra la colère de Caïus. Ce prince nous commanda de nous retirer, et s'en alla après avoir dit seulement : « Ces gens-là ne sont pas si méchants qu'ils sont malheureux et insensés de ne pas croire que je suis d'une nature divine. » Ce fut ainsi que nous sortîmes, non pas de ce jugement, mais de ce théâtre et de cette prison ; car n'était-ce pas être comme sur un théâtre que de nous voir moquer et mépriser ? Et les rigueurs d'une prison sont-elles comparables aux tourments que nous faisaient souffrir tant de blasphèmes contre Dieu et tant de menaces d'un si puissant empereur transporté de rage contre nous, parce que les Juifs étaient les seuls qui résistaient à sa folle passion d'être reconnu pour un Dieu ?... Ces pensées nous accablaient de douleur ; nous ne voyions point de ressources dans nos maux ; et ceux qui auparavant nous favorisaient, désespérant alors de notre salut, se retiraient sans plus oser nous assister, tant ils étaient persuadés de la bonté et de la justice de cet homme qui voulait passer pour un Dieu. » Jamais toutefois la statue de Caïus ne fut placée dans le temple de Jérusalem. Quant à Pétrone, l'empereur, selon Joséphe (1), cédant au mouvement de sa fureur, le menaça de le faire mourir pour avoir osé différer l'exécution de ses ordres. Mais les porteurs de cette dépêche, retardés par les vents contraires, restèrent trois mois en route ; et ils n'arrivèrent en Judée que vingt-sept jours après que d'autres eurent apporté à Pé[trone] la nouvelle de la mort de Caligula. On voit par toutes les circonstances d[e] ce récit, sur lequel nous avons insisté dessein, à quels excès pouvait se porte[r] un empereur romain, et quelle violence i[l] pouvait exercer non-seulement sur la vi[e] et les biens de ses sujets, mais encor[e] sur leur conscience. La première protestation de la liberté religieuse contre cett[e] théocratie militaire, que supportait si pa[tiemment] le monde païen, fut faite par le[s] Juifs, qui croyaient en Dieu seul. Mais l[a] religion juive, avec ses formes arrêtées e[t] traditionnelles, ne pouvait convenir au[x] autres nations. La foi en un seul Dieu rendue plus intelligible et plus convain[cante] par la prédiction du christianisme ne se répandit que par la connaissance de l'Évangile. Alors le polythéisme s[e] sentit non-seulement contredit par u[n] seul peuple, mais attaqué, ébranlé su[r] tous les points. Il lutta avec fureur. I[l] crut avoir exterminé son ennemi sous le[s] ruines de Jérusalem ; mais il le retrouv[a] partout multiplié et invisible. Il eu[t] recours aux persécutions, versa le san[g] pendant trois siècles, jusqu'au momen[t] où il fut forcé, par impuissance, de s[e] déclarer vaincu.

CLAUDE, SES RÈGLEMENTS RELIGIEUX. — L'insensé Caligula, le riva[l] de Jéhova et de Jupiter, n'eut même pa[s] les honneurs de la sépulture impériale. Claude, qui lui succéda, apporta plu[s] de douceur et moins de prétentions personnelles dans l'exercice du grand pontificat, et la revendication des honneurs divins. Consciencieux administrateur, Claude réforma, établit ou institua plusieurs usages relatifs aux cérémonies religieuses (1). Le collége des pontifes s[e] recrutait toujours par cooptation ; mais l'avis de l'empereur prévalait toujours. Après l'élection, le nouvel élu était proclamé par le souverain pontife, et Suétone remarque que jamais Claude n'accomplit cette formalité sans avoir prêté le serment d'usage. Il veillait scrupuleusemen[t] à l'accomplissement des cérémonies expiatoires, et en ordonnait toujours aprè[s]

(1) *Guerre des Juifs*, II, 17.

(1) Suét., *Claud.*, c. 22 ; Tac., *Ann.*, XI, 11. Claude présida à la célébration des jeux séculaires, soixante-quatre ans après ceux d'Auguste.

un tremblement de terre. Si un oiseau de mauvais augure se montrait dans la ville ou au Capitole, il ordonnait des prières publiques, et, en sa qualité de souverain pontife, il en prononçait le premier la formule du haut des Rostres, devant tout le peuple convoqué, après avoir fait écarter les esclaves et les ouvriers. A sa mort, on lui décerna sans contestation des funérailles aussi solennelles qu'à Auguste (1) et les honneurs de l'apothéose. Agrippine, jalouse d'égaler la reconnaissance de sa bisaïeule Livie, obtint ces décrets du sénat. Elle fut nommée prêtresse de Claude. Sénèque parodia cette apothéose dans son *Apocoloquinthose*. Mais plus on trouvait ces déifications ridicules, moins on était excusable de donner au monde de tels spectacles. Un tel dieu n'était pas adoré longtemps, mais il l'était quelque temps partout. Pline le jeune parle d'un temple élevé à Pruse en l'honneur de Claude; il était tombé en ruine cinquante ans après, au moment où Pline gouvernait la Bithynie. Pline demande à l'empereur Trajan la permission d'élever des thermes sur le terrain de ce temple. Mais Trajan s'y oppose parce que, quoique le temple soit ruiné, la place demeure toujours consacrée (2). Ainsi, sans tomber dans les excès et les folies de Caligula, les meilleurs, les plus sages empereurs, se montraient jaloux de maintenir leurs droits à l'adoration des hommes, qui consentaient volontiers à se laisser dégrader et abrutir.

IMPIÉTÉ ET SUPERSTITION DE NÉRON. — Avec Néron nous voyons reparaître les sacrilèges monstrueux de Caligula, et commencer l'engouement pour les religions orientales. Néron, au dire de Suétone, affectait pour tous les cultes un souverain mépris, excepté pour celui de la déesse de Syrie (3). Cette déesse syrienne, dont Lucien décrit les attributs et le culte dans un traité spécial (4), était adorée dans la ville d'Hiérapolis, près de l'Euphrate. C'était une personnification de la lune ou de la terre; et Lucien lui trouve des rapports avec toutes les grandes déesses de la mythologie grecque, avec Junon, Minerve, Vénus, la Lune, Rhéa, Diane, Némésis et les Parques. Le culte de cette divinité avait été répandu en Occident par des bandes de prêtres errants, qui colportaient de ville en ville, de bourgade en bourgade, la statue de leur déesse, en vivant des dons de ceux qu'ils trompaient par leurs prestiges ou qu'ils divertissaient par le spectacle de leurs bizarres cérémonies. Elle n'était point reçue dans la religion de l'État; mais elle était très-répandue dans les campagnes. Néron s'amusa quelque temps de ce culte bizarre et dégradé; mais il finit par s'en lasser, et il passa, pour la déesse syrienne, de la vénération au plus grand mépris (1). Alors il s'enticha d'une superstition plus ridicule encore. C'était une poupée (*icuncula puellaris*) dont un homme du peuple, qu'il ne connaissait pas, lui avait fait présent, comme d'un préservatif contre les embûches de ses ennemis. Il fit de cette poupée sa divinité suprême, l'honora de trois sacrifices par jour, et voulut qu'on pensât qu'elle lui révélait l'avenir. Quelle différence y a-t-il entre le culte de Néron pour sa poupée protectrice, et le culte du sauvage pour son fétiche. Telle était la religion de l'empereur grand-pontife des Romains.

Néron ne doutait pas non plus de sa propre divinité. Il institua des jeux pour lui, comme autrefois on en instituait en l'honneur des dieux, et il les appela les *Juvenales* (2). Les légions romaines, toujours redoutées, même sous ces ineptes princes, imposaient aux peuples vaincus et aux ennemis l'adoration du maître qui les faisait trembler elles-mêmes. Corbulon donnant au Parthe Tiridate l'investiture de son royaume, le força à s'humilier devant la statue de l'empereur, placée au centre des statues des autres dieux.

APOTHÉOSE DE POPPÉE. — Néron prodiguait les honneurs divins à l'indigne Poppée. Cette femme lui ayant donné une fille, Néron leur décerna à toutes deux le

(1) Tac., *Ann.*, XII, 69 ; XIII, 1, 2.
(2) Lettres de Pline, l. X, 75, 76.
(3) Suét., *Néron*, 56.
(4) Lucien, *De la Déesse Syrienne*, c. XXXII. Voy. aussi l'*Ane de Lucien*, 35, 15.

(1) Suét., *Néron*, 56 : Hanc ita sprevit, ut urina contaminaret.
(2) Tac., *Ann.*, XIV, 15 ; XV, 33.

surnom d'Augusta. Le sénat avait fait des vœux solennels pour la grossesse de Poppée et des prières publiques. On décerna un temple à la Fécondité, des combats religieux pareils à ceux d'Actium ; il fut convenu qu'on éleverait aux deux Fortunes des statues d'or, qui seraient placées sur le trône de Jupiter Capitolin ; qu'on célébrerait à Antium, pour les Claudes et pour les Domitius, des jeux du cirque, comme on en célébrait à Bovillæ pour les Jules : toutes choses qui restèrent sans exécution, l'enfant étant morte à quatre mois (1). Mais alors on fit plus : on lui décerna les honneurs d'une déesse, le pulvinar, un temple avec un prêtre. Depuis la répudiation d'Octavie, Poppée avait des statues dans les temples des dieux (2). A sa mort, Néron lui fit des funérailles publiques, prononça son éloge, et la loua surtout d'avoir donné le jour à une déesse (3). Elle-même fut réputée pour déesse, et une des accusations alléguées par les délateurs qui perdirent Thraséas fut d'avoir mis en doute la divinité de Poppée.

Agrippine avait été d'abord traitée par son fils avec la plus grande distinction. Elle obtint de monter au Capitole sur le char suspendu appelé *carpentum*, honneur réservé de tout temps aux pontifes et aux statues des dieux. Mais quand Néron eut tué sa mère, ce même culte public, si prostitué, servit à célébrer et à fêter ce parricide. Tacite ne peut retenir ici son indignation. « Toutefois, dit-il (4), par une bassesse inconcevable des grands, on décerna à l'envi des prières publiques dans tous les temples, des jeux annuels aux fêtes de Minerve, une statue d'or dans le sénat pour cette déesse, une autre à côté pour le prince, et le jour de la naissance d'Agrippine est mis au rang des jours néfastes. » C'est en entendant la lecture de ce honteux sénatus-consulte que Thraséas sortit du sénat ; ce qui exposa ses jours, dit Tacite, et ne corrigea personne. Après le meurtre d'Octavie on décerna aussi des offrandes pour tous les temples : « Ce que je rapporte exprès, afin qu'en lisant l'histoire de ces temps, dans mon ouvrage ou dans d'autres écrits, on sache d'avance que tous les exils, que tous les assassinats commandés par le prince furent suivis d'autant d'actions de grâces rendues aux dieux, et qu'alors ce qui jadis annonçait nos prospérités devint la marque infaillible des calamités publiques (1). »

PREMIÈRE PERSÉCUTION CONTRE LES CHRÉTIENS. — Au règne de Néron, qui vit commencer la guerre où s'abîma la nationalité juive, était aussi réservée l'initiative des persécutions contre les chrétiens. Un incendie avait dévoré la plus grande partie de Rome ; ce désastre ranima le zèle religieux des Romains. On recourut aux expiations pour apaiser les dieux ; on consulta les livres Sibyllins et, d'après leur réponse, on fit des prières publiques à Vulcain, à Cérès et à Proserpine. On arrosa avec de l'eau de mer le temple et la statue de Junon, les femmes veillèrent la nuit dans les temples des dieux. On soupçonnait Néron d'avoir ordonné cet incendie. « Alors, dit Tacite, pour détruire ces bruits, il chercha des coupables ; et il fit souffrir les plus cruelles tortures à des malheureux abhorrés pour leurs infamies, qu'on appelait vulgairement chrétiens. Christ, qui leur donna son nom, avait été condamné au supplice sous Tibère, par le procurateur Ponce-Pilate, ce qui réprima pour le moment cette exécrable superstition ; mais bientôt le torrent déborda de nouveau, non-seulement dans la Judée, où il avait pris sa source, mais jusque dans Rome même, où viennent enfin se rendre et se grossir tous les déréglements et tous les crimes. On commença par se saisir de ceux qui s'avouaient chrétiens, et ensuite, sur leur déposition, d'une multitude immense, qui fut moins convaincue d'avoir incendié Rome que de haïr le genre humain. A leur supplice on ajoutait la dérision : on les enveloppait de peaux de bêtes, pour les faire dévorer par des chiens ; on les attachait en croix, ou l'on enduisait leurs corps de résine, et l'on s'en servait la nuit comme de flambeaux pour s'éclairer. Néron avait cédé ses propres jardins pour ce spectacle, et

(1) Tac., *Ann.*, XV, 22.
(2) Ibid., XIV, 61.
(3) Ibid., XVI, 6, 22.
(4) Ibid., XII, 42 ; XIV, 12.

(1) Tac., *Ann.*, XIV, 64.

dans le même temps il donnait des jeux au cirque se mêlant parmi le peuple, en habit de cocher, ou conduisant des chars (1). » D'après ce jugement, si plein de préventions hostiles, d'un des écrivains les plus intelligents et les plus éclairés du paganisme, on peut se faire une idée de la haine féroce et aveugle de la multitude contre les chrétiens. Suétone n'en dit que deux mots, mais il n'est pas moins méprisant que Tacite. « Les chrétiens, espèce d'hommes infectés de superstitions nouvelles et dangereuses, furent livrés au supplice (2). » Nous connaissons la religion de ceux qui accusaient les chrétiens d'être adonnés à la superstition, et nous savons s'ils avaient bonne grâce à le faire.

GALBA, OTHON, VITELLIUS. — Les trois successeurs de Néron ne firent que passer sur le trône, et nous n'avons que peu de renseignements sur leurs habitudes religieuses et leurs actes, comme grands pontifes. Galba avait une vénération toute particulière pour la Fortune. Dans sa jeunesse il avait rêvé que la Fortune lui disait : « Je suis lasse d'attendre à ta porte; et si tu ne me reçois au plus tôt, je deviendrai la proie du premier qui se présentera. » A son réveil il ouvrit son vestibule, et trouva sur le seuil une statue d'airain de plus d'une coudée; c'était celle de cette déesse. Il l'emporta dans ses bras à Tusculum, où il avait coutume de passer l'été; il la consacra dans le sanctuaire de ses divinités domestiques, lui voua un sacrifice par mois et une veille par an (3). Devenu empereur, il choisit dans le trésor impérial un collier de perles et de pierres précieuses dont il voulait orner sa statue de Tusculum : mais le croyant digne d'une divinité plus auguste, il alla le dédier à la Vénus du Capitole. La nuit suivante la Fortune lui apparut en songe, se plaignant de l'affront qu'il lui avait fait, et le menaçant de lui retirer aussi ce qu'elle lui avait donné. Galba, effrayé de ce rêve, ordonna dès le point du jour de faire à Tusculum les apprêts d'un sacrifice expiatoire, et il y courut bientôt lui-même; mais il ne trouva sur l'autel que des charbons à moitié éteints, et il vit près de là un vieillard vêtu de noir, tenant de l'encens dans un bassin de verre et du vin dans un vase d'argile (1). Telle est la bizarre légende rapportée par Suétone. Othon se fit remarquer par son mépris pour les augures (2). Sa divinité de prédilection était Isis. On le vit souvent célébrer publiquement, en robe de lin et dans le costume sacerdotal, les cérémonies du culte d'Isis. Ainsi toutes ces superstitions qui venaient de l'Orient étaient acceptées, le christianisme seul était repoussé comme *la haine du genre humain;* et c'étaient les empereurs, les grands pontifes, qui donnaient l'exemple de ce choix judicieux. La gloutonnerie de Vitellius lui faisait commettre des actions d'une impiété grossière et scandaleuse. Toujours tourmenté du besoin de manger, il ne pouvait se contenir, même pendant les sacrifices, et mangeait sur les autels les viandes et les gâteaux qu'on y faisait cuire (3). Vitellius était grand pontife; mais il n'avait aucune idée des usages civils et religieux, et, après avoir pris possession de cette charge, il donna un édit pour la célébration d'une fête le 15 des calendes d'août, jour que les défaites de Crémère et de l'Allia avaient rendu depuis longtemps sinistre (4). On ne manqua pas d'interpréter cette maladresse et d'y voir un fâcheux présage pour l'avenir de Vitellius. Le même empereur osa élever des autels à Néron dans le Champ de Mars, et solenniser ses obsèques. On immola, on brûla publiquement des victimes, et le feu fut allumé par les augustaux, un collége de prêtres fondé d'abord pour le culte d'Auguste, et depuis employé pour le service de tous les princes de sa maison.

VESPASIEN; SON GOUT POUR LES RELIGIONS DE L'ASIE; SES MIRACLES. — Depuis la chute de Néron Rome recevait ses empereurs des provinces. Le déplacement de la souveraineté politique eut pour effet de rendre la religion italo-hellénique moins exclusive, et d'agrandir la place que les dieux de l'Orient occupaient déjà dans la religion romaine.

(1) Tac., *Ann.*, XV, 44.
(2) Suét., *Néron*, c. 16.
(3) Id., *Galba*, c. 4.

(1) Suét., *Galba*, c. 18.
(2) Id., *Othon*, c. 8, c. 11.
(3) Id., *Vitel.*, c. 13.
(4) Tac., *Hist.*, II, 91, 95.

Vespasien était arrivé à l'empire par l'appui des provinces d'Orient et par l'armée de Syrie. Ce qu'il y a d'étrange, c'est que les prophéties relatives au Messie et répandues dans le monde entier, surtout depuis la version des Septante, contribuèrent à l'élévation de Vespasien. « C'était une antique et ferme croyance répandue dans tout l'Orient, dit Suétone (1), que l'empire du monde appartiendrait vers ce temps à un homme parti de la Judée. » Cette attente générale, dont le monde païen ne comprit pas la réalisation, contribua au succès de Vespasien, qui partit de la Judée pour s'emparer du trône des Césars. Pendant son commandement de Judée et son séjour en Égypte, Vespasien s'était volontiers adonné à la pratique des religions étrangères. Il consultait et honorait d'un culte particulier l'oracle et le dieu invisible du mont Carmel, dont le prêtre Basilidès lui promettait les plus brillantes destinées (2). En Égypte il lui arriva des choses plus extraordinaires; et par l'intervention de Sérapis il fit des miracles attestés gravement et de bonne foi par Suétone et par Tacite. Étant à Alexandrie, dit Suétone, « et voulant consulter les oracles sur la durée de son règne, il entra seul dans le temple de Sérapis, dont il fit sortir tout le monde (3). Après s'être rendu le dieu propice, il se retourna, et crut voir l'affranchi Basilidès qui lui présentait, comme c'est l'usage dans ce temple, des branches de verveine, des couronnes et des gâteaux. Personne pourtant n'y avait introduit ce Basilidès, qu'une maladie de nerfs empêchait depuis fort longtemps de marcher, et que l'on savait être fort loin de là. » Mais voici le plus grand prodige. « Un homme d'Alexandrie, de la lie du peuple (4), connu pour aveugle, vint se jeter à ses genoux pour le supplier de le guérir. Cette démarche lui avait été inspirée, disait-il, par le dieu Sérapis, que ce peuple, livré aux superstitions, honore d'un culte particulier. Il conjurait le prince de vouloir bien lui humecter les joues et les yeux avec sa salive. Un autre, perclus d'une main, sur la foi du même

(1) Suét., *Vesp.*, 4.
(2) Tac., *Hist.*, II, 78; Suét., *Vesp.*, 5.
(3) Suét., *Vesp.*, 7.
(4) Tac., *Hist.*, IV, 81.

dieu, priait l'empereur de marcher sur cette main, et de la fouler aux pieds. Vespasien, d'abord, se met à rire; il rejette bien loin leur demande, puis comme ils redoublaient leurs instances, il hésite : tantôt il craint de se compromettre tantôt l'ardeur de leurs supplications et les flatteries des courtisans lui donnent de la confiance. Enfin, il ordonne aux médecins d'examiner s'il y avait des moyens humains de guérir un aveugle et un paralytique de cette espèce. Les médecins, après différentes discussions, répondent que la faculté de voir n'était pas entièrement détruite dans cet homme et qu'elle pourrait revenir si on levait les obstacles : que de même cette main dont les articulations étaient déplacées pourrait, par un heureux effort, se rétablir dans son premier état; que peut-être les dieux avaient ces guérisons à cœur, et qu'ils avaient destiné Vespasien à être l'instrument de leur puissance qu'enfin s'il réussissait, la gloire en serait pour lui, le ridicule pour ces malheureux s'il échouait. Vespasien, plein de l'idée que rien n'est impossible à sa fortune et ne voyant plus rien d'incroyable prend un air de confiance; et, au milieu d'une multitude attentive qui l'observait il fait ce qu'on lui demande. A l'instant le paralytique recouvra l'usage de sa main, et l'aveugle revit la lumière. Les témoins de ces deux faits les attestent encore aujourd'hui qu'ils n'ont plus d'intérêt à tromper. » A partir de ce règne, ce dieu Sérapis, dieu commun aux Égyptiens et aux Grecs, et composé à la suite d'un compromis entre les religions de ces deux peuples, eut un grand crédit à Rome, où l'on ne tarda pas à lui élever des temples.

RECONSTRUCTION DU CAPITOLE ET DE QUELQUES AUTRES TEMPLES. — Les incendies et les pillages des deux années d'anarchie qui venaient de désoler l'empire avaient couvert Rome de ruines. Vespasien chargea de la reconstruction du Capitole, citadelle politique et religieuse de l'empire romain, le chevalier Lucius Vestinus, qui, par sa considération personnelle plutôt que par son rang, occupait une place considérable dans l'État. Vestinus consulta les auspices et se conforma en tout aux anciens rites. Le 11 des calendes de juillet de l'année 71, par un jour serein, tout l'espace consacré pour le temple fut bordé de bandelettes et de couronnes. Les soldats qui avaient des noms heureux entrèrent dans l'enceinte (1), chacun avec des rameaux d'un arbre agréable aux dieux ; puis les vestales arrosèrent cette enceinte avec une eau puisée dans des sources vives et des rivières. Le préteur Helvidius, précédé du pontife Élianus, après avoir purifié le terrain par l'immolation des victimes qui constituaient le *suovetaurilium*, et placé les entrailles sur un autel de gazon, invoqua Jupiter, Junon, Minerve, tous les dieux tutélaires de l'empire pour l'heureux achèvement du travail que l'on commençait. Il toucha ensuite les bandelettes qui tenaient la première pierre, et auxquelles des cordes étaient attachées. Aussitôt, pontifes, sénateurs, chevaliers, tous les magistrats, une grande partie du peuple se joignent à lui : le zèle et la joie redoublant leurs efforts, ils entraînent la pierre qui était énorme. On jeta çà et là dans les fondements des pièces d'or et d'argent, avec les prémices des métaux que la fournaise n'avait point encore épurés et tels qu'on les trouve dans la mine. Les aruspices recommandèrent de n'employer ni or ni pierres qui eussent été profanés par une autre destination. Vespasien fit achever aussi le temple de Claude, sur le mont Célius, commencé par Agrippine (2). Il ordonna aussi des constructions nouvelles, notamment celle du temple de la Paix, dont on voit encore les ruines auprès du Forum, et le fameux amphithéâtre qui fut terminé et inauguré sous le règne de Titus.

TITUS, DOMITIEN GRANDS PONTIFES. — Comme son père, Titus avait montré la plus grande déférence pour les pratiques des religions orientales. A Memphis il avait assisté aux fêtes célébrées en l'honneur du bœuf Apis (3). Titus se montra dans toutes les circonstances scrupuleux observateur des cérémonies religieuses, et il accepta le souverain pontificat, dans le seul but, disait-il, de conserver ses mains pures de sang. La famille Flavia donna trois empereurs à Rome et autant de dieux ; elle devint, comme la *gens Julia*, une famille divine ; et plus tard Domitien lui dédia comme temple la maison où il était né, et qui était située dans le sixième quartier de Rome, près de l'endroit appelé la Grenade, *ad Malum Punicum* (1). Domitien veilla avec soin à ce que le respect dû aux dieux ne fût pas impunément violé. Un de ses affranchis ayant élevé un tombeau à son fils avec des pierres destinées au temple de Jupiter Capitolin, il fit détruire ce tombeau par ses soldats, et ordonna de jeter dans la mer les cendres et les ossements qui s'y trouvaient (2). Il fonda en l'honneur de Jupiter Capitolin un concours quinquennal de musique, des courses de chevaux et des exercices gymniques. On s'y disputait aussi le prix de la prose grecque et latine. Domitien présida lui-même à ces jeux, avec la chaussure militaire, une toge de pourpre à la grecque, et une couronne d'or sur laquelle étaient gravées les images de Jupiter, de Junon et de Minerve ; il avait à ses côtés le grand pontife de Jupiter et le collège des prêtres flaviens, tous vêtus comme lui, si ce n'est que sur leurs couronnes ils avaient de plus son portrait ; il célébrait tous les ans, sur le mont Albain, les fêtes de Minerve, divinité pour laquelle il avait institué un collège de prêtres. C'était le sort qui désignait le prêtre chargé de présider le collège, lequel était tenu aussi de donner de magnifiques combats de bêtes, des jeux scéniques, des prix d'éloquence et de poésie, pendant la célébration des *quinquatries* (3). Domitien termina en tyran sanguinaire un règne assez bien commencé. Livré à tous les mouvements de sa férocité, il ne sut mettre aucunes bornes à ceux de son orgueil. Il avait dicté pour le service de ses intendants une formule épistolaire ainsi conçue (4) : « Notre maître et notre dieu le veut et l'ordonne. » Mais ce dieu était agité par des terreurs continuelles ; il se savait détesté et menacé par tout le monde, et les présages les plus sinistres venaient souvent l'épouvanter. Il succomba enfin victime

---

(1) Tac., *Hist.*, IV, 54.
(2) Suét., *Vesp.*, 9.
(3) Id., *Titus*, c. 5, 8, 9.

(1) Suét., *Domit.*, 1, 5.
(2) Ibid., c. 8.
(3) Ibid., c. 4.
(4) Ibid., c. 13.

d'une conspiration de palais, et sa nourrice porta secrètement ses restes dans le temple de la famille Flavia. Les soldats firent son apothéose; les sénateurs brisèrent ses statues (1).

TRAJAN; LETTRE DE PLINE LE JEUNE SUR LES CHRÉTIENS. — Pendant une grande partie du second siècle de l'ère chrétienne l'empire romain eut le bonheur de rencontrer de bons maîtres, qui lui donnèrent toute la félicité dont il est possible de jouir sous le despotisme. Mais la bonté personnelle et toute relative de Trajan et de ses successeurs ne faisait qu'atténuer, sans en détruire la source, les tristes effets des principes sur lesquels reposait leur pouvoir religieux et politique. Le système de la société antique était faux et malfaisant; et les meilleurs étaient entraînés par l'erreur commune. L'empereur Trajan, qui voyait les hommes inclinés devant lui, comme devant la divinité, le supplier au nom de son éternité (2), ne pouvait pas s'empêcher de regarder comme rebelles ceux de ses sujets qui lui refusaient les mêmes hommages. Il les persécuta; et Pline le jeune, chargé dans sa province de Bithynie de l'exécution de la sentence, cherchait le crime, ne le trouvait pas, mais obéissait aveuglément aux ordres aveugles de son maître. « Je n'ai jamais assisté, écrit-il à l'empereur, à l'instruction et au jugement du procès d'aucun chrétien. Ainsi, je ne sais sur quoi tombe l'information que l'on fait contre eux, ni jusqu'où l'on doit porter leur punition. J'hésite beaucoup sur la différence des âges. Faut-il les assujettir tous à la peine, sans distinguer les plus jeunes des plus âgés? Doit-on pardonner à celui qui se repent? Ou est-il inutile de renoncer au christianisme quand une fois on l'a embrassé? Est-ce le nom seul que l'on punit en eux? Ou sont-ce les crimes attachés à ce nom? Cependant, voici la règle que j'ai suivie dans les accusations intentées devant moi contre les chrétiens. Je les ai interrogés s'ils étaient chrétiens. Ceux qui l'ont avoué, je les ai interrogés une seconde et une troisième fois, et je les ai menacés du supplice. Quand ils ont persisté, je les y ai envoyés; car de quelque nature que fût ce qu'ils confessaient, j'ai cru que l'on ne pouvait manquer à punir en eux leur désobéissance et leur invincible opiniâtreté. Il y en eu d'autres, entêtés de la même folie que j'ai réservés pour envoyer à Rome parce qu'ils sont citoyens romains... O m'a remis entre les mains un mémoir sans nom d'auteur, où l'on accuse d'être chrétiens différentes personnes qui nient de l'être et de l'avoir jamais été. Elle ont en ma présence, et dans les terme que je leur prescrivais, invoqué les dieu et offert de l'encens et du vin à votre image, que j'avais fait apporter exprès avec les statues de nos divinités; elle se sont même emportées en imprécations contre Christ. C'est à quoi l'on n peut jamais forcer ceux qui sont véritablement chrétiens. J'ai donc cru qu'il les fallait absoudre. D'autres ont déclaré qu'ils étaient chrétiens, mais qu'ils on cessé de l'être. Tous ces gens-là ont adoré votre image et les statues des dieux, tous ont chargé Christ de malédictions. Ils affirmaient que toute leur erreur et leur faute avait été renfermée dans ces points qu'à un jour marqué ils s'assemblaient avant le lever du soleil et chantaient tour à tour des vers à la louange d Christ, comme s'il eût été Dieu; qu'ils s'engageaient par serment, non à quelqu crime, mais à ne point commettre d vol ni d'adultère, à ne pas manquer leur promesse, à ne point nier un dépôt qu'après cela ils avaient coutume de s séparer, et ensuite de se rassemble pour manger en commun des mets innocents; qu'ils avaient cessé de le fair depuis mon édit, par lequel, selon vo ordres, j'avais défendu toutes sortes d'a semblées.... L'affaire m'a paru digne d vos réflexions, par la multitude de ceu qui sont enveloppés dans ce péril; ca un très-grand nombre de personnes d tout âge, de tout ordre, de tout sexe sont et seront tous les jours impliquée dans cette accusation. Ce mal contagieu n'a pas seulement infecté les villes, il gagné les villages et les campagnes. J crois cependant que l'on y peut reme dier, et qu'il peut être arrêté. Ce qu' y a de certain, c'est que les temples qui étaient presque déserts, sont fr quentés, et que les sacrifices, longtemp négligés, recommencent. On vend partou

(1) Suét., *Domit.*, 17-23.
(2) Lettres de Pline, X, 67.

ITALIE. 449

les victimes, qui trouvaient auparavant peu d'acheteurs (1). » Il est difficile de mieux faire, sans le vouloir, l'apologie de ceux que l'on condamne.

Voici la réponse de Trajan. « Vous avez, mon très-cher Pline, suivi la voie que vous deviez dans l'instruction du procès des chrétiens qui vous ont été déférés; car il n'est pas possible d'établir une forme certaine et générale dans cette sorte d'affaires. Il ne faut pas en faire perquisition : s'ils sont accusés et convaincus, il les faut punir. Si pourtant l'accusé nie qu'il soit chrétien, et qu'il le prouve par sa conduite, je veux dire en invoquant les dieux, il faut pardonner à son repentir, de quelque soupçon dont il ait été auparavant chargé. Au reste, dans nul genre de crime l'on ne doit recevoir les dénonciations qui ne soient souscrites de personne; car cela est d'un pernicieux exemple et très-éloigné de nos maximes. » Assurément, ce n'était pas un mauvais empereur que celui qui donnait de pareilles instructions à ceux qu'il chargeait de poursuivre des hommes qu'il croyait coupables. Aussi regrette-t-on d'autant plus qu'un tel prince ait été entraîné, par préjugé et par système, à persécuter une doctrine qui avait pour elle la raison et la vérité.

ADRIEN; SUPERSTITIONS LES PLUS USITÉES AU TEMPS DES EMPEREURS. — Ce n'était pas le besoin de croire qui manquait à l'humanité. Au contraire, jamais il n'y avait eu plus de crédulité dans le monde; et cette crédulité manquant d'objets, et, mal dirigée, tombait dans les plus étranges aberrations. On ne peut lire les écrivains de l'époque impériale sans y voir avec étonnement cette reprise de la superstition humaine. On ne trouve partout dans l'histoire des Césars que présages, prédictions astrologiques, événements merveilleux (2). Adrien, bel esprit et philosophe, inquiet sur les dispositions de Trajan à son égard, consulte les sorts virgiliens : le passage qui lui fut donné comme réponse était celui où le poëte prédit l'avénement de Numa au trône ;

Quis procul ille autem ramis insignis olivæ
Sacraferens. (*Æneid*., VI, 808.)

D'autres prétendent que sa destinée lui fut révélée par les livres Sibyllins. Il conçut aussi l'espoir de devenir empereur d'après une réponse qui lui fut donnée dans le temple de Jupiter Vainqueur, et dont le philosophe platonicien Apollonius de Syrie a fait mention dans ses livres (1). Ainsi le génie de Virgile était déifié : on allait chercher des prédictions de l'avenir dans ses poëmes ouverts au hasard; et cette étrange superstition survécut à la chute du polythéisme. Virgile fut un sorcier pendant le moyen âge. Les devins prenaient des vers de Virgile pour composer leurs réponses. Alexandre Sévère, étant encore enfant, ayant consulté un devin sur l'avenir, en reçut cette réponse :

Te manet imperium cœli terræque marisque.

Et lorsque, d'après les conseils de ses parents, il passa de l'étude de la philosophie et de la musique à d'autres enseignements, il obtint par les sorts virgiliens, la réponse suivante:

Excudent alii spirantia mollius æra,
Credo equidem..... [mento..... (2)
Tu regere imperio populos, Romane, me-

Gordien l'ancien ayant un jour consulté un astrologue sur la nativité de son fils, il lui fut, dit-on, répondu que cet enfant serait fils d'empereur et empereur lui-même. Le vieux Gordien s'étant mis à rire, on prétend que l'astrologue lui montra la constellation sous laquelle il était né, et lui prouva par des passages tirés des anciens livres la vérité de ce qu'il disait. Cet astrologue annonça encore à Gordien et à son fils leur genre de mort, ainsi que le jour et le lieu où ils devaient périr. Plus tard, le vieux Gordien raconta lui-même tous ces détails quand il fut devenu empereur. Et il appliquait souvent à son fils, comme une prédiction, ces vers de Virgile sur Marcellus.

Ostendent terris hunc tantum fata, neque ultra
Esse sinent : nimium vobis Romana propago
Visa potens, superi propria hæc si dona fuis-
[sent (3).

Il n'y avait personne qui n'allât demander des révélations de l'avenir à l'oracle de la Fortune de Préneste, qui

(1) Pline, *Lettres*, X, 97.
(2) M. Villemain, *Du Polythéisme*, p. 30.

(1) Spartien, *Adrien*, II.
(2) Lampride, *Alex. Sévère*, XIII.
(3) Jul. Capitol., *Gordien*, II, c. xx.

29ᵉ *Livraison* (ITALIE*).

répondait souvent aussi par des vers de Virgile. Menacé par Héliogabale, Alexandre Sévère était allé consulter les sorts à Préneste; il lui fut répondu par ces mots :

Si qua fata aspera rumpas,
Tu Marcellus eris (1).

L'empereur Claude II, avant d'arriver au pouvoir, avait consulté le sort de la fontaine d'Apone, près de Padoue, à laquelle Tibère avait aussi demandé un oracle (2). Il reçut cette réponse, encore empruntée à Virgile :

Tertia dum Latio regnantem viderit æstas;

et celle-ci pour ce qui regardait ses descendants :

His ego nec metas rerum nec tempora pono.

enfin, il lui fut répondu pour son frère Quintillius, qu'il voulait avoir pour collègue à l'empire :

Ostendent terris hunc tantum fata.

INFLUENCE DE LA MAGIE. — La fausse science de la magie, si féconde en vrais crimes, causait aussi dans la société de terribles ravages. Les premiers empereurs avaient proscrit les magiciens, tout en redoutant et en employant leur pouvoir. Les mauvais empereurs accréditèrent par leur exemple la propagation de ces affreuses pratiques. « Néron fit venir à Rome Tiridate et d'autres enchanteurs moins fameux, pour être initié dans tous leurs secrets, aspirant, dit Pline, à régner sur les dieux comme sur les hommes. Après son parricide, il se réfugia derrière la magie contre l'ombre d'Agrippine. Vespasien chassait les devins par ses édits et les rappelait par ses largesses. Le timide et cruel Domitien les consultait. Adrien, malgré son affectation de philosophie, leur accorda sa confiance; et, comme il luttait d'éloquence avec les rhéteurs et de sophisme avec les sophistes, il lutta de sorcellerie avec les sorciers, et voulut prédire lui-même ce qui devait lui arriver durant une année. Le stoïcien Marc-Aurèle ne fut pas garanti de cette faiblesse par la doctrine d'Épictète. Arnuphis l'Égyptien l'accompagnait en qualité d'astrologue. Septime Sévère poussa la crédulité jusqu'au point de se marier avec une femme à laquelle avait annoncé qu'elle épouserait le s verain du monde. Alexandre Sévè assez éclairé pour rendre justice au ractère de Jésus-Christ, institua né moins des chaires publiques d'astro gie. Dioclétien tua de sa propre ma sur la prédiction d'un druide, un hom dont le nom lui semblait réaliser la p phétie qui l'appelait au pouvoir; et Co tantin lui-même, avant sa conversi avait sacrifié suivant des rites magiq des lions amenés avec soin dans ce du fond de la Libye. Les villes étai remplies, les grands chemins étai couverts de sorciers qui se disputaient passants. Chaque bourg, chaque vill avait sa statue, son image, ou sa cave miraculeuse. Chaque individu possé un talisman. Ceux à qui on déro quelque objet précieux recouraient sorciers plutôt qu'aux magistrats. gouverneurs de province interrogea des devineresses sur le sort de l'emp Les empereurs appuyaient d'enchar ments les armées qu'ils envoyaient cor les barbares. Les philosophes faisai des miracles pour démontrer la justess leurs syllogismes. Les ouvrages roma ques qui prirent naissance à cette é que assignent à toutes les passions maines des causes surnaturelles. seuls écrivains qui ne s'abandonnèr pas sans réserve à cette impulsion fur Plutarque, Apulée et Lucien; enc les deux premiers la combattirent plu qu'ils ne lui échappèrent. Tel était d l'état de l'espèce humaine. L'incrédu s'applaudissait d'avoir délivré l'hom des préjugés, des erreurs et des crain et toutes les craintes, tous les préjug toutes les erreurs semblent déchaîn On a proclamé l'empire de la raiso et tout l'univers est frappé de déli tous les systèmes se fondent sur le c cul, s'adressent à l'intérêt, permett les plaisirs, commandent le repos, et mais les égarements ne furent plus h teux, les agitations plus désordonné les douleurs plus poignantes : jusqu enfin qu'une race misérable paraît v loir descendre aux enfers pour fuir t terre d'où l'on a banni la divinité (1).

(1) Lampride, *Alex.*, V.
(2) Suét., *Tibèr.*, 14 ; Trébellius Pollion, *Claude*, 10.

(1) Benj. Constant, *Du Polythéisme* main, l. XII, c. v.

APOTHÉOSES DE PLOTINE, D'ANTINOÜS, DE VÉRUS. — Sous Adrien, l'abus de l'apothéose fut poussé aux dernières limites. Nous passons sur la déification de Plotine, à qui l'empereur consacra un temple à Rome et une basilique à Nîmes (1); l'impératrice avait des droits légitimes à ces honneurs. Mais la plus scandaleuse de toutes les apothéoses fut celle d'Antinoüs, favori d'Adrien, qui se noya dans le Nil. Les Grecs, obéissant aux ordres d'Adrien, dit Spartien (2), le mirent au rang des dieux, et assurèrent qu'il rendait des oracles, lesquels étaient composés par Adrien lui-même. Et non-seulement les Grecs consentirent à l'adorer; mais il fut aussi accepté comme dieu, même en Italie, comme l'atteste l'inscription latine trouvée à Lanuvium, et contenant les statuts d'une confrérie, ou *Collegium salutare cultorum Dianæ et Antinoi*, dont le but était de veiller aux funérailles des membres de l'association. A la mort du voluptueux et dissolu Ælius Vérus, Adrien lui fit élever des statues colossales dans tout l'empire et des temples dans quelques villes (3). Quant à lui-même, Adrien se consacra plusieurs temples en Grèce et en Asie; et il avait ordonné la construction d'un temple dans toutes les villes, peut-être pour se les dédier à lui-même. Adrien étant mort avant que ces temples fussent terminés, ils restèrent inachevés, et l'on n'en fit pas la dédicace. De pareils édifices se voyaient encore dans la plupart des villes, dit Lampride (4), sans divinité, et sans simulacre. Il arriva que beaucoup pensèrent ou prétendirent qu'Adrien n'avait pas érigé ces temples pour lui, mais pour le Christ.

ANTONIN, MARC-AURÈLE; TENTATIVE DE RÉGÉNÉRATION MORALE. — « Au temps de la plus grande corruption romaine deux efforts furent tentés pour relever l'espèce humaine, deux réformes agirent à la fois, l'une sur le trône, l'autre dans l'univers. Un tel concours est une marque singulière de ce besoin de justice et de vérité que l'homme porte en soi. Le despotisme et l'esclavage se trouvèrent, pour ainsi dire, lassés d'eux-mêmes; et de toutes parts l'esprit humain essaya de remonter à quelque chose de mieux. On vit la vertu stoïque des Antonins et la charité de la primitive Église. Sans doute on ne peut comparer une influence passagère à un principe toujours vivant, et le gouvernement vertueux de quelques hommes à cette grande émancipation du genre humain que se proposait le Christianisme naissant. Antonin et Marc-Aurèle repoussèrent le culte des chrétiens, et le persécutèrent quelquefois. Cependant de grands rapports semblaient les rapprocher de la loi nouvelle : elle était, comme leur philosophie, fondée sur l'enthousiasme et la morale. On aperçoit même dans le caractère de ces princes un progrès étranger à la vertu stoïcienne, et qui doit peut-être s'expliquer par une influence qu'ils méconnurent eux-mêmes (1). » Les vertus chrétiennes, qui n'eurent jamais plus de pureté et de puissance qu'aux siècles des persécutions, répandaient la pitié dans l'univers par une action secrète et continue. Lucien raconte que le législateur des chrétiens leur a mis dans l'esprit qu'ils sont tous frères, et il expose à cette occasion les prodiges de leur générosité, leurs voyages lointains, leurs sacrifices sans mesure pour secourir celui d'entre eux qui tombe dans l'infortune. Le spectacle de ces nobles et bienfaisantes actions n'inspire à Lucien qu'un étonnement railleur : mais toutes les âmes n'étaient pas desséchées par l'égoïsme, tous les esprits n'étaient pas corrompus par l'athéisme : ces exemples de dévouement et de charité entraînaient les cœurs par la contagion de la pitié, et habituaient le monde païen à la pratique de la morale évangélique. De là cette transformation remarquable que le stoïcisme éprouve dans les écrits d'Épictète et de Marc-Aurèle. Cette doctrine autrefois si austère, niant la douleur pour soi-même, et refusant la pitié à autrui, se tempère, au temps des Antonins, de cette compassion bienveillante, de cet amour de l'humanité par lesquels le christianisme s'annonçait au monde. « Ainsi, dit Marc-Aurèle, tu

---

(1) Spartien, *Adrien*, XI.
(2) Ibid., XIII.
(3) Spart., *Æl. Vérus*, VII.
(4) Spart., *Adrien*, XII; Lampride, *Alex. Sévère*, XLII.

(1) M. Villemain, *De la Philosophie stoïque et du Christianisme*, p. 63.

29.

« aimeras les hommes, si tu viens à pen-
« ser que tu es leur frère; que c'est par
« ignorance et malgré eux qu'ils font
« des fautes, et que dans peu vous mour-
« rez tous. » « Le bon empereur Antonin, dit le chancelier l'Hôpital, prati-
qua tout le long de sa vie, bien qu'il fût
païen, les deux préceptes de notre Déca-
logue, qui sont d'aimer Dieu de tout
son cœur et son prochain comme soi-
même; et il y a grande apparence qu'il tenait cette instruction des chrétiens (1). »
Cet empereur, dont le nom devint pour
les Romains le symbole de la vertu et de
la piété (2), a pu subir, sans le savoir,
l'influence de l'esprit nouveau qui pénétrait et transformait la société; mais il
ne connaissait pas le christianisme. Il
resta un zélé païen, divinisant Adrien,
lui élevant un temple, sacrifiant avec
assiduité et dévotion à tous les dieux, au
nombre desquels il fut placé à sa mort
par l'acclamation unanime du sénat et
du peuple (3).

Il en fut de même de Marc-Aurèle;
ses principes, ses vertus, le rapprochaient du christianisme, qu'il ne connaissait pas et qu'il persécutait. Il reproche aux chrétiens de chercher la mort,
d'y courir avec la précipitation des troupes légères, et de ne pas l'attendre avec
la gravité des sages antiques. « Il est
choqué du courage trop empressé des
victimes. Ce courage était celui du stoïcisme exalté par un enthousiasme plus
puissant encore. Singulier spectacle dans
l'histoire du monde! Le juge et les victimes avaient presque le même langage.
En parcourant les pensées de Marc-Aurèle, on croirait souvent relire des chapitres détachés de la défense des premiers chrétiens : c'est le même amour
de l'humanité, la même obéissance à la
loi morale, le même mépris du plaisir
et de la mort. » Dans Marc-Aurèle les
actes étaient d'accord avec les paroles, et
il donna un bien rare et bien bel exemple de ce véritable amour d'un prince
pour ses sujets, qui se manifeste par des
sacrifices. Après une longue et sanglante

(1) L'Hôpital, *Traité de la Réformation de la Justice*, l. II, cité par M. Villemain, p. 68.
(2) Jul. Capitolin, *Antonin*, II; *Macrin*, III; Lampride, *Diadumène*, VII.
(3) Jul. Capitolin, *Antonin*, XI, XIII.

guerre contre les barbares, le trés[or]
était épuisé. L'empereur, ne pouvant s[e]
résoudre à frapper les provinces d'u[n]
impôt extraordinaire, fit vendre aux e[n]
chères, dans le Forum de Trajan, les o[r]
nements impériaux, les coupes d'or e[t]
de cristal, les coupes murrhines, les va[ses]
ses royaux, les vêtements tissus d'or e[t]
de soie; enfin toutes les pierres précieu[-]
ses qu'il avait trouvées dans le tréso[r]
privé d'Adrien. Cette vente dura deu[x]
mois, et produisit assez pour le mettr[e]
en état d'achever la guerre contre le[s]
Marcomans (1).

Mais par combien de côtés cette âm[e]
si noble, cette raison si haute, n'est[-]
elle pas soumise à l'influence supersti[-]
tieuse de son siècle? Marc-Aurèle croya[it]
aux présages, aux songes prophétiques[.]
Il ne dédaignait pas les pratiques de l[a]
magie. Il remerciait les dieux de lu[i]
avoir annoncé pendant son sommeil de[s]
remèdes pour les vertiges et les crache[-]
ments de sang dont il fut attaqué [à]
Gaète et à Chryse. Comme grand pon[-]
tife, comme païen, il lui fallait par[-]
tager les erreurs de son temps. Il fai[-]
sait l'apothéose du second Vérus, et lu[i]
donnait une flamine et des prêtres, ap[-]
pelés auréliens (2). L'indigne Faustin[e]
était aussi proposée, après sa mort, [à]
l'adoration des hommes; et l'humanité
toujours idolâtre d'elle-même, continua[it]
à garder une religion qui s'accommoda[it]
si bien avec ses vices.

« Marc-Aurèle calma quelques mo[-]
ments la fièvre de la corruption ro[-]
maine; il répara des maux, il suspendi[t]
des ruines. Mais il ne lui fut pas donn[é]
de remettre un principe de salut dan[s]
l'empire, et de renouveler la masse d[u]
sang romain, tandis qu'il était temps en[-]
core, tandis que les fibres n'étaient pa[s]
desséchées et que le cœur de la sociét[é]
conservait du mouvement et de la vie[.]
La décadence du paganisme et de l'em[-]
pire acheva son cours. Ils tombèrent e[n]
s'étayant l'un l'autre d'ignorance et d[e]
tyrannie. Les crimes, les folies, se suc[-]
cédèrent : Rome semblait moins vivr[e]
encore qu'achever de mourir, et il n'y
eut point de révolution salutaire. Laiss[é]
longtemps hors de la société, le christia[-]

(1) J. Capitolin, *M. Aurèle*, XVII.
(2) Ibid., VII, XXVI.

nisme y fut admis trop tard, et régna sur des ruines. Le jurisconsulte Ulpien, attaché aux anciennes lois et aux anciens rites de la patrie, écrivait, sous le règne de Dioclétien, que la religion chrétienne était l'innovation la plus pernicieuse et qu'elle renverserait l'empire. Ce Romain ne voyait pas que l'empire se détruisait de lui-même; que l'ancienne société avait fini sa tâche et qu'elle avait besoin d'être transformée pour renaître (1). »

FUSION DES CULTES DE L'ORIENT ET DE L'OCCIDENT; TENDANCE A L'UNITÉ. — Cette transformation religieuse, dont le monde païen sentait la nécessité, il entreprit de l'opérer avec les grossiers éléments qu'il avait à sa disposition. Tous se mirent à l'œuvre; les empereurs, en favorisant la fusion de tous les cultes étrangers avec l'ancienne religion nationale; les philosophes, en entreprenant un subtil travail d'interprétation, qui dans leur pensée devait avoir pour résultat de ramener le polythéisme à la croyance en l'unité de Dieu. Mais ces deux tentatives se détruisaient l'une par l'autre; la haute raison des apologistes chrétiens en fit facilement justice, et la mordante ironie de Lucien suffit à elle seule pour en constater l'impuissance. On voit dans l'un des traités du plus incrédule et du plus railleur des philosophes anciens Mercure, ne sachant plus où placer les dieux, qui arrivent en foule, et regardant de mauvais œil Atys, Sabazius, les Corybantes, parvenus insolents dont les titres sont encore douteux; Neptune se battant contre Anubis; Bacchus faisant entrer dans l'Olympe avec lui les satyres aux pieds de bouc, et jusqu'au petit chien d'Érigone; Mithras arrivant de Médie, la tête ceinte d'un turban, promenant un regard stupide sur ses collègues, et n'entendant pas ce qu'on veut lui dire, même quand on boit à sa santé.

Pline l'ancien avait dit (2) : « On ne peut assez apprécier quelle reconnaissance est due aux Romains pour avoir fait disparaître ces cultes monstrueux où tuer un homme était une œuvre sainte et le manger une chose salutaire. » Au second et au troisième siècle les Romains ne méritaient plus cet éloge, et le culte rétombait dans la férocité des temps barbares. Depuis longtemps la magie se souillait de sacrifices humains. L'on se servait dans ces rites affreux de membres encore palpitants, et dépecés avec art, suivant les règles prescrites. On enterrait vifs des enfants; on consultait les entrailles humaines. Mais la magie était la religion occulte, cherchant le mystère pour cacher ses horreurs. Sous le pontificat de Commode, le fils de Marc-Aurèle, les sacrifices, les fêtes de la religion publique devinrent des spectacles cruels, et les autels des dieux furent arrosés de sang humain comme l'arène de l'amphithéâtre. Commode ordonna aux adorateurs de Bellone de se faire aux bras de véritables blessures. Il rendait un culte particulier à Isis, et se rasait la tête comme un prêtre égyptien. Il força les prêtres d'Isis à se frapper jusqu'au sang la poitrine avec des pommes de pin. Lorsqu'il portait l'Anubis, il donnait de rudes coups sur les têtes nues des prêtres isiaques avec la bouche de l'idole. Armé d'une massue et couvert de vêtements de femme ou d'une peau de lion, il assommait non-seulement des lions, mais aussi des hommes. Il souilla par un homicide réel les mystères de Mithra, où ordinairement l'on ne faisait que dire et feindre des choses effrayantes (1).

Didius Julianus, menacé par Septime Sévère, demandait aux puissances infernales l'appui que ni les hommes ni les dieux ne pouvaient lui offrir, et se livrait à des opérations magiques dignes des sorcières d'Horace, de Pétrone et d'Apulée. Il ordonna, dit Spartien, des sacrifices contraires à la religion romaine, où l'on chantait des hymnes impies. Il eut aussi recours à cette espèce de divination qui se fait avec un miroir, derrière lequel des enfants dont la tête et les yeux ont été soumis à certains enchantements, lisent, dit-on, l'avenir : et dans cette épreuve l'enfant vit dans le miroir l'arrivée de Septime Sévère et la chute de Julianus (2).

LE CULTE DE MITHRA DANS L'EMPIRE ROMAIN. — C'est à partir de l'épo-

---

(1) M. Villemain, *Ibid*, p. 77.
(2) Pline, *Hist. Nat.*, XXX.

(1) Lampride, *Commode*, IX.
(2) Spartien, *D. Julianus*, VII.

que des Antonins que les Romains commencèrent à pratiquer publiquement le culte de Mithra, et à appeler au secours de leur polythéisme épuisé les doctrines de la religion de Zoroastre. « Nous possédons fort peu de documents sur la propagation du mithriacisme en Occident; et tout autorise à penser qu'il s'y répandit sous la forme d'une religion secrète, quoique les lois de l'empire fussent très-opposées à ce genre de culte. Cependant Mithra obtint l'entrée du Capitole. A quelle époque, par la faveur de quel prince ou de quel pontife? Il est impossible de répondre, même à l'aide des conjectures, à ces deux questions. L'obscurité qui environne les faits relatifs à l'influence ou à la direction de ce culte chez les Romains cesse quand on parvient au troisième siècle de notre ère. Alors le mithriacisme fut impliqué dans le grand débat religieux qui s'agitait, et devint une arme puissante entre les mains des ennemis de la nouvelle religion. Les chefs de l'Église, en le combattant, nous ont appris ce qu'il était au moins chez eux et de leur temps. Il existait entre les doctrines du christianisme et les croyances de la religion persane une sorte d'analogie plus apparente que réelle, mais suffisante pour fournir aux partisans du polythéisme le prétexte de contester le caractère original de la religion révélée. Le culte persan admettait d'une manière confuse le dogme d'un être divin périssant pour rendre la vie aux hommes et celui de sa résurrection. Dans ses rites il suivait des usages qui pouvaient jusqu'à un certain point rappeler le baptême, la communion et la purification des chrétiens. Il n'en fallait pas davantage pour faire concevoir à quelque rêveur païen la pensée d'opposer Mithra à Jésus. La résistance des Pères de l'Église ne put empêcher que ce travestissement ne fût accueilli avec enthousiasme par une classe de Romains qui, n'ayant plus aucune confiance dans la vitalité de la religion hellénique, cherchaient ailleurs, mais hors du christianisme, un aliment convenable aux derniers rayons du sentiment religieux qui échauffait encore leurs âmes. Sans doute le mithriacisme et le culte de Cybèle, en unissant leurs efforts, ranimèrent chez un grand nombre d'entre eux l'esprit de superstition. Sans doute ces deu[x] cultes affermirent dans les voies de l'e[r]reur des consciences qui, laissées à elle[s] mêmes, se seraient données au christia[]nisme; mais, il faut en faire l'aveu, ils n[e] grandirent qu'aux dépens du culte natio[]nal, de ce culte que les véritables païen[s] préféraient à la religion persane aus[si] bien qu'à celle du Christ.

« Différents degrés d'initiation exis[]taient dans le sacerdoce de Mithra. Le[s] inscriptions nous apprennent qu'à Rom[e] les chefs de cette superstition étaient le[s] *Patres Patrum*. Ils avaient au-dessou[s] d'eux les *Patres sacrorum* et les initié[s] d'un ordre inférieur (le corbeau, le gry[]phius, le soldat, le lion, le Persée, l'h[é]liodrome, et le père (1). Ces diverse[s] fonctions furent remplies pendant tou[t] le cours du quatrième siècle par des mem[]bres influents de l'aristocratie. Cependa[nt] les inscriptions tauroboliques ou criobol[i]ques, c'est-à-dire attestant le sacrifice de taureaux et de béliers faits en l'hon[]neur de Mithra, nous montrent raremen[t] les chefs véritables de la religion natio[]nale revêtus de pontificats mithriaques[.] Ce qui confirme l'idée qu'il existait entr[e] le culte national et le culte persan un[e] sorte d'éloignement, ou plutôt que l[e] premier affectait du dédain pour le se[]cond. Le principal temple ou antre (*sp[e]cus*, *spelæum*) de Mithra se trouvai[t] dans les souterrains du Capitole. O[n] célébrait également les mystères de c[e] culte et ceux de Cybèle sur le mont Va[]tican. Le choix de ce lieu fut, assure[-]t-on, déterminé par le désir de profane[r] un endroit que les chrétiens regardaien[t] comme sacré depuis que le prince de[s] apôtres y avait été enseveli (2). » L[e] culte de Mithra fut florissant à Rom[e] jusqu'à la fin du quatrième siècle. La des[]truction de l'antre de Mithra par le pré[]fet de Rome Gracchus, en 376 ou 377, n[e] fit pas cesser l'usage des tauroboles et de[s] crioboles en l'honneur de ce dieu et d[e] son associée la Grande Déesse; et ce n[e] fut qu'au commencement du cinquièm[e] siècle que ces deux cultes, que l'ignoranc[e] et la superstition avaient si longtemp[s] opposés au christianisme, disparuren[t.]

(1) *Mithriaques*, de M. Hammer, p. 50.
(2) M. Beugnot, *Histoire de la Destructio[n] du Paganisme en Occident*, t. I, p. 156.

et qu'on cesse d'en retrouver des monuments.

LES EMPEREURS SYRIENS ; PROGRÈS DE L'INFLUENCE ASIATIQUE ; HÉLIOGABALE. — Avec les princes syriens, les dieux de l'Asie, soutenus par la faveur impériale, prennent le pas dans Rome sur les divinités grecques et italiques. On n'entend plus parler de la religion nationale. Septime Sévère s'attacha au culte de Sérapis (1). Niger, son rival, soutenu par l'Orient, en avait aussi adopté les dieux. Dans une peinture en mosaïque du portique voûté des jardins de Commode, il était représenté tenant les attributs d'Isis et remplissant tous les devoirs de ce culte (2). Caracalla fut tué par Macrin au moment où il se rendait à Carres en Mésopotamie pour célébrer les fêtes du dieu Lunus (3). Il avait rempli Rome de temples magnifiques, consacrés à Isis, et célébré les mystères de cette déesse avec plus de solennité qu'on n'avait fait jusque là.

Mais les extravagances d'Héliogabale dépassent tout ce qu'on peut imaginer et tout ce qu'avaient fait ses prédécesseurs. Il prit son nom du dieu Héliogabale ou Elagabal, dont il était prêtre à Émèse. Ce dieu, qui représentait le soleil, consistait en une pierre noire, taillée en cône, qui était tombée du ciel sur une montagne d'Émèse. Héliogabale apporta son dieu de Syrie à Rome, où il lui bâtit un temple magnifique sur le mont Palatin (4). Il entreprit d'ériger son dieu Élagabal en dieu unique, de déclarer tous les autres serviteurs de celui-là, et de lui attribuer tout ce qui leur appartenait. Il transporta dans son temple l'image de la mère des dieux, le feu de Vesta, le Palladium, les boucliers sacrés, en un mot tous les objets du culte des Romains, afin qu'il n'y en eût plus d'autre dans Rome que celui d'Héliogabale. Il disait aussi qu'il fallait y transporter le culte des Juifs et des Samaritains, ainsi que les cérémonies de la religion chrétienne, afin que les prêtres d'Élagabal eussent le secret de toutes les religions. A aucune autre époque le polythéisme n'avait tenté avec tant de passion et de puissance de fondre tous les cultes dans une religion unitaire. Il y a encore une apparence de raison dans cet effort insensé pour arriver à cette unité religieuse, qu'on s'obstinait à demander au culte de la matière. Le paganisme restait fidèle à son principe, qui était de ne pas adorer Dieu, mais la matière, non pas le Créateur, mais la création dans l'homme et dans la nature ; et, sans renoncer à lui-même il prenait dans le monde l'objet qui peut le plus incontestablement passer pour Dieu, à savoir le soleil le premier, le plus éclatant de tous les dieux du naturalisme. Héliogabale aurait réussi s'il avait été possible de guérir les hommes de l'erreur par autre chose que la vérité.

Chez ce prince cette tentative n'était pas un système. Seulement sa démence frénétique obéissait à l'esprit du siècle, et l'on ne sait lequel domine en lui, de son fanatisme pour son dieu, ou de sa haine pour les dieux romains, dont il profanait le culte par d'extravagants et impurs sacriléges ; son intention était d'abolir tout autre culte que celui d'Élagabal. Il voulut éteindre le feu sacré des vestales. Tout souillé d'impuretés, dit Lampride (1), il osa pénétrer, avec des hommes aussi impurs que lui, dans le sanctuaire de Vesta, accessible aux seules vierges et aux seuls pontifes. Il essaya de dérober le palladium : il s'empara d'un vase qu'il crut être le véritable, et que la grande prêtresse lui avait faussement présenté comme tel. N'y ayant rien trouvé, il le brisa contre terre. Mais il ne fit en cela aucun tort à la religion, parce qu'on avait fait, dit-on, plusieurs vases pareils, afin qu'on ne pût pas dérober le véritable. Cependant il emporta une statue, qu'il prit pour le palladium ; il la fit dorer, et il la plaça dans le temple de son dieu. Il célébra aussi les mystères de la mère des dieux, et il fit un sacrifice de taureaux, afin d'enlever son image et d'autres objets sacrés que l'on gardait dans le sanctuaire. On le vit agiter sa tête parmi les prêtres mutilés

---

(1) Spartien., *Sept. Sévère*, XVII.
(2) Spartien, *Niger*, VI.
(3) Spartien, *Caracalla*, VI. Voyez sur l'identité de ce dieu avec Mithra une note de M. Guigniaut dans le t. II, deuxième partie, des *Religions de l'Antiquité*, p. 962.
(4) Lampride, *Héliogabale*, I, III.

(1) Lampride, *Héliogabale*, VI, VII. Voy. aussi *Xiphilin* et *Hérodien*.

de Cybèle, et exécuter tout ce que font les prêtres de ce culte. Il déroba l'image vénérée de cette déesse, et il la transporta dans le temple de son dieu. Il imita par des cris plaintifs les bruyantes cérémonies du culte des Syriens et la fable de Vénus pleurant Adonis. Il disait que tous les dieux étaient les ministres du sien : il lui composait une cour de dieux, et appelait ceux-ci ses chambellans, ceux-là ses esclaves. Il chercha une femme pour Élagabal, et, après avoir rejeté Pallas, comme trop guerrière, il fit venir la déesse Céleste ou Uranie de Carthage, la plaça dans le palais, et fit contribuer les principaux de l'empire aux présents des noces, comme ils auraient fait à celles d'une impératrice. Cette déesse était la Lune ; Héliogabale prétendait qu'il n'y avait point de parti plus sortable pour le dieu Soleil que la déesse Lune. Les noces furent célébrées en grande pompe, et il voulut qu'à Rome et dans toute l'Italie on passât plusieurs jours dans des réjouissances publiques pour honorer le mariage de ces deux divinités.

Veut-on savoir comment cet absurde régénérateur du polythéisme prétendait honorer le couple divin qu'il imposait à l'adoration du monde? Voici les détails donnés sur ce sujet par Lampride et Xiphilin. Tous les jours on égorgeait dans le temple des taureaux et des moutons. On y brûlait aussi toutes sortes de parfums; et on y faisait des libations si abondantes, que les ruisseaux du vin le plus exquis coulaient de toutes parts avec le sang des victimes. L'empereur dansait autour de l'autel, au son des instruments, avec des femmes de son pays, qui frappaient des cymbales ou de petits tambours; et cela en présence du sénat et des chevaliers, qui étaient rangés sur une espèce d'amphithéâtre. Les entrailles des victimes et les parfums étaient portés dans des bassins d'or par les généraux d'armée et par les premiers officiers de l'empire, qui avaient des robes traînantes à grandes manches, à la manière des Phéniciens, avec une bande de pourpre au milieu, et des chaussures de lin. Héliogabale prétendait faire un grand honneur à ceux qu'il voulait bien admettre dans ces sortes de cérémonies. Mais ce n'était pas tout; il alla jusqu'à offrir à son dieu des victimes humaines. Il choisit dans toute l'Italie, pour ces sacrifices, les enfants les plus beaux, appartenant à une noble famille et ayant leur père et leur mère, sans doute, afin que la douleur de leur perte fût ressentie par plus de monde. Entouré de ses astrologues et de ses magiciens, il interrogeait les entrailles de ces enfants, et fouillait dans les victimes selon le rit de sa nation. Il est impossible de pousser plus loin l'horreur et l'extravagance; mais heureusement nous sommes arrivés ici aux dernières limites du crime et de la folie, pour lesquels l'homme n'a, comme dans tout le reste, que des facultés finies et une puissance bornée. Vaincue enfin par l'excès du mal, l'humanité allait bientôt ouvrir les yeux sur l'erreur qu'elle avait tant aimée et qu'elle expiait si cruellement. Le temps du christianisme approchait.

ALEXANDRE SÉVÈRE; SES ACTES RELIGIEUX. — Son premier soulagement le monde le dut à un prince qui sans être chrétien subit puissamment, par son entourage, l'influence de la loi chrétienne. Alexandre Sévère rendit à tous la liberté de conscience, que son prédécesseur avait refusée même aux païens. Il rendit aux Juifs leurs priviléges, il toléra les chrétiens. Loin d'abuser de son pouvoir comme grand pontife, il montra la plus grande déférence pour les prêtres, les augures, les quindecemvirs, et il leur permit de revoir et de juger autrement que lui, après sa propre décision, quelques causes relatives au culte (1). Il plaça dans son oratoire, parmi les images des héros et des dieux, celle du Christ, pour le culte duquel il se sentait un penchant décidé. Il répétait souvent à haute voix, et lorsqu'il châtiait quelqu'un, il faisait crier par le héraut, la sentence suivante, qu'il avait apprise de quelque Juif ou de quelque chrétien : « *Ne faites pas à autrui ce que vous ne voudriez pas qui vous fût fait.* » Il aimait tant cette maxime, qu'il la fit inscrire dans le palais et sur les monuments publics. Il restaura les temples d'Isis et de Sérapis; mais il voulut aussi en bâtir un au Christ et le mettre au rang des dieux. Mais Alexandre fut détourné de son dessein par les mi-

---

(1) Lampride, *Alex. Sévère*, XXI.

istres de la religion, qui déclarèrent, sur la foi des livres sacrés, que tout l'empire deviendrait chrétien s'il accomplissait ce projet, et que les autres temples seraient abandonnés (1). Ces prêtres avaient raison, et savaient bien quels ennemis ils avaient en présence. Tout était perdu pour eux dès que le christianisme approcherait du trône; et déjà Mammée, la mère de l'empereur, inclinait vers la nouvelle doctrine; elle faisait venir Origène, et aux yeux du jeune empereur Jésus-Christ était au moins aussi grand qu'Apollonius de Tyane, qui avait également sa place dans le Lararium impérial.

GRANDE RÉPUTATION D'APOLLONIUS DE TYANE. — Ce thaumaturge célèbre avait étonné le monde ancien par ses miracles et sa vie extraordinaire; les païens en faisaient le rival du Christ et des apôtres, au temps desquels il vivait. Sa gloire, dit Crevier (2), a duré autant que le paganisme. L'impératrice Julie, épouse de Sévère, vénérait la mémoire d'Apollonius de Tyane; et ce fut par ses ordres que Philostrate composa la vie de ce philosophe. Antonin Caracalla lui consacra un temple. Vopiscus, dans la *Vie d'Aurélien*, le traite de dieu. Hiéroclès, sous Dioclétien, osa comparer Apollonius à Jésus-Christ; et il paraît par saint Augustin que les défenseurs de l'idolâtrie expirante faisaient de ce parallèle une de leurs principales ressources. Voici comment Vopiscus raconte que Tyane fut préservée par son intervention (3) : « Aurélien avait résolu et ordonné la destruction de cette ville; mais Apollonius de Tyane, ancien philosophe, d'une haute réputation de science et de sagesse, le véritable ami des dieux, et digne lui-même d'être vénéré comme une divinité, se présenta soudain à l'empereur, sous sa forme accoutumée, et au moment où celui-ci entrait dans sa tente. Alors, s'adressant à lui en latin, afin d'être entendu de ce prince, qui était Pannonien : « Aurélien, lui dit-il, si tu veux vaincre, garde-toi de songer au massacre de mes concitoyens. Aurélien, si tu veux régner, crains de verser le sang innocent. Aurélien, montre-toi clément si tu veux vaincre. » L'empereur connaissait les traits de l'illustre philosophe, dont il avait vu le portrait dans plusieurs temples. Étonné de cette apparition, il promit de lui consacrer un tableau; il lui promit aussi des statues et un temple, et il revint à de meilleurs sentiments. Ce fait, je l'ai appris des hommes les plus graves de notre temps, je l'ai trouvé dans les livres de la bibliothèque Ulpienne, et je le crois surtout par respect pour Apollonius. A-t-il jamais existé, en effet, un mortel plus saint, plus vénérable, plus sublime, plus divin? Il a rendu la vie aux morts; il a fait et dit une infinité de choses qui sont au-dessus des forces de l'homme. On peut en voir le récit dans ceux des auteurs grecs qui ont écrit son histoire. Pour moi, je veux, si je vis assez pour cela, je veux donner un abrégé de la vie de ce grand homme : non que ses actions aient besoin du secours de ma plume, mais parce que l'on ne saurait trop multiplier l'éloge de ce qui est admirable. » Le souvenir d'Apollonius était encore tout-puissant, comme on le voit, dans l'esprit des païens, et c'était beaucoup pour Jésus-Christ que d'être placé par un empereur romain à côté d'un homme qui, deux cents ans après sa mort, excitait encore un tel enthousiasme.

PLOTIN ET LE NÉOPLATONISME. — Le dernier effort de l'esprit humain pour régénérer la société avec la philosophie et le polythéisme fut tenté au troisième siècle, par Plotin, qui donna au néoplatonisme sa forme la plus régulière et la plus complète, et qui peut être regardé comme le vrai fondateur de cette école. Plotin était né en Égypte, cette terre féconde d'où étaient sortis tant de divinités et tant de systèmes. Après avoir fréquenté plusieurs écoles philosophiques, sans avoir été satisfait d'aucune, il tomba dans une mélancolie et dans un découragement absolu. C'était le mal dont se sentaient atteintes alors, comme à toutes les autres époques de scepticisme, les âmes élevées qui ne peuvent vivre sans croyance. « Cette tristesse, cet accablement, se reproduisirent à la même époque, chez presque tous les hommes qui conservaient encore quelque valeur morale

---
(1) Lampride, *Alex. Sévère*, XLII, L.
(2) Crevier, *Hist. des Empereurs*, l. XVII.
(3) Vopiscus, *Aurel.*, XXIV.

ou quelque force intellectuelle. Les uns veulent fuir dans le désert, les autres jettent loin d'eux le fardeau de la vie; et pourquoi la vie leur était-elle devenue insupportable? Plusieurs d'entre eux étaient dans l'opulence. Presque tous pouvaient compter sur des récompenses et même sur des honneurs : tous vivaient au milieu d'une civilisation raffinée, au sein du luxe, entourés des découvertes qui rendent l'existence plus facile et qui diversifient le plaisir. Mais ils avaient perdu les deux grands intérêts sans lesquels tout est vide, mort et sans charme, la religion et la liberté (1). » L'intelligence de Plotin trouva l'aliment qui lui manquait dans l'enseignement d'Ammonius Saccas, ancien porte-faix, devenu philosophe par l'enthousiasme, et qui au milieu de ses leçons tombait en extase et paraissait recevoir des inspirations surnaturelles. Ainsi, la philosophie, qui avait travaillé avec tant de zèle à détruire la religion, et qui s'était vantée d'y avoir réussi, était réduite à prendre les apparences de la religion pour être écoutée. Après avoir été pendant onze ans le disciple d'Ammonius, il partit à la suite de l'armée de Gordien qui marchait contre les Perses, pour pénétrer dans l'Asie et converser avec les mages et les brahmes. Au retour de ce voyage, qu'il fut forcé d'interrompre, Plotin vint à Rome, et commença à y enseigner en l'année 244. Le christianisme lui inspirait moins de haine que d'émulation, il entreprit de lutter avec les vertus chrétiennes; et pour donner au monde l'exemple d'une réforme sociale, il demanda à l'empereur Gallien la permission de rebâtir une petite ville de la Campanie pour y établir une colonie de néoplatoniciens et y mettre en pratique les maximes de son école. L'empereur, ses ministres et ses courtisans s'effrayèrent à l'idée de l'établissement d'une république philosophique, et la permission fut refusée : fait remarquable, et qui révèle à la fois le despotisme radical de l'empire étouffant jusqu'à l'essor d'une philosophie soumise à ses lois, et l'impuissance de cette philosophie, qui ne pouvait pas même obtenir pour ses adeptes la liberté de vivre conformément à ses maximes. Évidemment la régénération du monde ne pouvait s'acheter qu'au prix d'une révolution, et le christianisme seul voulait et pouvait l'accomplir.

Cependant jamais aucune doctrine philosophique n'excita plus d'enthousiasme que celle des néoplatoniciens. Les auditeurs de Plotin le regardaient comme un homme inspiré et le suivaient avec ardeur. Les familles riches le nommaient tuteur de leurs enfants : les plaideurs en appelaient à son arbitrage : on quittait les délices des villes pour le suivre dans la solitude. Ses disciples, prenant dans un sens littéral ses maximes de détachement des choses terrestres, abandonnaient leurs biens pour mener une vie purement contemplative. L'un d'eux, Rogatien, préteur à Rome, quitta sa maison, distribua sa fortune, affranchit ses esclaves, se démit de tous ses emplois, ne voulut plus avoir d'habitation fixe, demandant à ses amis un abri pour chaque jour. Ædésius, disciple de Jamblique, s'était retiré dans un désert de la Cappadoce. Une foule de jeunes gens l'y suivirent, et entreprirent de forcer sa retraite, menaçant de le déchirer s'il persistait à cacher ses lumières célestes dans la solitude. Ainsi, dans quelque direction que s'engageât l'esprit humain, il arrivait toujours à une contrefaçon maladroite et impuissante du christianisme. Le néoplatonisme n'eut qu'un succès incomplet et passager. « C'est que, malgré ses efforts, il ne satisfait qu'imparfaitement la tendance vers l'unité. Il offrait bien à l'esprit une unité philosophique; mais l'âme n'y trouvait point l'unité religieuse dont elle avait besoin. Par cela seul que Plotin partait d'une abstraction, il n'arrivait pas au théisme, qui aurait pu fonder une religion, mais au panthéisme, qui ne pouvait fonder qu'une philosophie. Lui-même le reconnaît en divers endroits. « Tout paraît, dit-il, n'être au fond qu'une seule substance, qui n'a de divisions et de différences que dans nos propres conceptions. Nous n'en apercevons que quelques parties, dont, par ignorance et faute de pouvoir embrasser l'ensemble, nous faisons des êtres réels. C'est bien là le panthéisme. Or, le pan-

---

(1) Benjamin Constant, *Du Polythéisme romain*, l. XV, c. vi; c'est à cet ouvrage que nous empruntons presque tout le développement de ce paragraphe.

théisme conduit toujours à l'incrédulité, et n'est compatible avec un culte public, avec une religion populaire, que lorsqu'il se glisse à la suite de cette religion et dans la doctrine secrète des prêtres, comme il est arrivé aux Indes. Il faut un dieu séparé de l'homme pour que celui-ci puisse l'invoquer avec confiance. Il faut un dieu séparé de l'univers, pour que l'esprit ne confonde pas ce Dieu avec les règles nécessaires et les forces mécaniques de la nature, et pour que le sentiment religieux trouve dans l'objet de son adoration les éléments qu'il réclame, l'espoir, le respect et l'amour. »

NOUVEAUX TEMPLES; DERNIÈRE PERSÉCUTION CONTRE LES CHRÉTIENS. — Si nous revenons de la religion métaphysique des néoplatoniciens au culte officiel dont l'empereur est le grand pontife, nous remarquons que la série des transformations du polythéisme est épuisée. Le naturalisme a parcouru son orbite et est revenu à son point de départ. Après l'installation triomphale du dieu Soleil d'Héliogabale, il n'y a plus à innover, et l'on s'en tient là. Aurélien, après avoir reconquis l'Orient (1), entra dans Émèse, se rendit dans le temple d'Hélagabal, et y reconnut le dieu par lequel il avait été assisté dans ses batailles. Aussi eut-il soin de lui ériger dans cette ville plusieurs temples. Il envoya au temple du Soleil à Rome les plus riches dépouilles enlevées aux Perses, des robes chargées de pierres précieuses, des tiares, et de la pourpre des Indes. Enfin, après son triomphe, il bâtit à Rome un temple au Soleil, qui surpassait tous les autres en magnificence. Il avait enlevé à Firmus, l'usurpateur de l'Égypte, deux dents d'éléphant longues de dix pieds. Son intention était, en ajoutant à celles-là deux autres dents de la même grandeur, de faire un siége, qu'il eût placé, avec les sorts d'Apone, dans le temple du Soleil et sur lequel il eût posé une statue de Jupiter en or tout couvert de pierreries et revêtu de la prétexte, auquel il voulait donner le nom de Jupiter Consul ou Conseiller. Quant au sénat romain, plus fidèle aux anciennes traditions, il avait conservé ses anciennes formules religieuses ; et on le voit, dans la *Vie de Probus*, adresser cette prière aux grandes divinités du Capitole (1) : « Très-grand Jupiter, Junon, reine du ciel, Minerve, protectrice des vertus, Concorde, et toi, Victoire romaine, accordez aux sénateurs et au peuple romain, accordez aux soldats, accordez à nos alliés et aux nations étrangères la faveur de voir Probus régner comme il a combattu. »

Au commencement du quatrième siècle éclata la dernière et la plus violente des persécutions, celle que décréta Dioclétien à l'instigation de Maximien et de Galérius. Elle fit couler des flots de sang, mais ne put empêcher le triomphe du christianisme. Galérius lui-même fut contraint de s'avouer vaincu. Voici les termes de l'édit de Nicomédie, publié en 311, par lequel il mettait fin à la persécution (2) : « Entre les autres dispositions dont nous nous sommes sans cesse occupé dans l'intérêt de l'État, nous nous étions proposé de réformer tous les abus contraires aux lois et à la discipline romaine et de mener à la raison les chrétiens qui ont abandonné les usages de leurs pères. Nous nous affligions de voir qu'ils étaient comme emportés par leur caprice et leur folie, qu'au lieu de suivre les pratiques anciennes, établies peut-être par leurs ancêtres mêmes, ils se faisaient des lois à leur fantaisie, et séduisaient les peuples par des assemblées. Pour remédier à ces discordes, nous leur ordonnâmes de revenir aux anciennes institutions. Plusieurs ont obéi par crainte; plusieurs aussi, ayant refusé d'obéir, ont été punis. Enfin, comme nous avons reconnu que la plupart, persévérant dans leur opiniâtreté, ne rendent pas aux dieux le culte qui leur est dû et n'adorent plus même le dieu des chrétiens, par un mouvement de notre très-grande clémence et selon notre coutume constante de donner à tous les hommes des marques de notre douceur, nous avons bien voulu étendre jusque sur eux les effets de notre indulgence, et leur permettre de reprendre les exercices du christianisme et de tenir leurs assemblées, sous la condition qu'il ne s'y pas-

---

(1) Vopiscus, *Aurélien*, XXV-XXVIII, XXXVIII.

(1) Vopiscus *Probus*, XII.
(2) Lactance, *De Mort. Pers.*, c. XXXIV.

sera rien de contraire à la discipline. Nous prescrirons aux magistrats par une autre lettre la conduite qu'ils doivent tenir. Les chrétiens, en reconnaissance de la bonté que nous avons pour eux, regarderont comme un devoir d'invoquer leur dieu pour notre conservation, pour le salut de l'État et pour le leur, afin que l'empire soit de toutes parts en sûreté, et qu'ils puissent eux-mêmes vivre sans péril et sans crainte. » Ainsi l'ennemi le plus acharné des chrétiens rendait un édit de tolérance, et rattachait même à l'État cette religion, autrefois si méprisée, en reconnaissant l'efficacité de ses prières pour la santé de l'empereur et le salut de l'empire.

CONSTANTIN; LE CHRISTIANISME RELIGION DE L'EMPEREUR; LE PAGANISME RELIGION D'ÉTAT. — Cet édit publié, Galère mourut, et l'empire passa aux mains de l'homme qui devait, par sa conversion, placer le christianisme sur le trône. Constantin régnait déjà dans les Gaules depuis l'an 306. Son père Constance Chlore avait montré à l'égard des chrétiens une tolérance qui a fait croire qu'il appartenait à leur religion. Constance avait rompu avec le paganisme, mais il n'était pas chrétien. Il s'en était tenu à un philosophisme élevé et pur, et il était arrivé au théisme (1). Mais le théisme n'est pas une religion, parce que ses vues sont fort incertaines et ses formes indéterminées. Constantin en arrivant au trône n'avait pas de religion. Eusèbe nous le représente, en 308, au moment où il allait combattre Maxence, délibérant sur le choix d'un dieu, et s'arrêtant, non pas au dieu des chrétiens, mais au dieu inconnu et sans nom pour lequel son père lui avait inspiré une vénération vague, mais profonde. Cependant ce culte indécis et personnel ne pouvait longtemps lui suffire. Constantin pria instamment le dieu vers lequel il aspirait, de se faire connaître à lui ; et Eusèbe rapporte ici, comme l'ayant entendu raconter à l'empereur lui-même, l'apparition de la croix lumineuse, et celle de Jésus Christ lui apportant le Labarum pendant son sommeil. Alors Constantin se tourna sérieusement vers le christianisme, et il se fit instruire par des docteurs chrétiens (1).

En 313 l'édit de Milan, publié en commun par Constantin et Licinius, assurait aux chrétiens la liberté de conscience (2). En 314 Constantin, quoique n'étant pas encore chrétien, ni décidé ni déclaré, négligea de célébrer les jeux séculaires, donnant par cette omission volontaire un légitime sujet de plainte aux païens, qui crièrent au sacrilége, et murmurèrent contre l'empereur déserteur de la religion dont il était grand pontife. Dans une autre circonstance solennelle, Constantin laissa percer son mépris pour les dieux devant l'armée et le sénat. Zosime frémit d'indignation en faisant le récit de ces faits. En 313 l'empereur établit l'égalité des cultes, conséquence inévitable de la liberté de conscience, et il exempta les prêtres catholiques ainsi que les prêtres païens de toutes les charges municipales. Après sa victoire sur Licinius (324), Constantin rompit définitivement avec la religion de l'État et bientôt après avec Rome, qui était le domicile des dieux et la capitale du paganisme. Là se trouvaient les restes de cette aristocratie romaine, ce sénat dont beaucoup de membres étaient dépositaires des traditions et du culte des ancêtres ; là s'agitait une populace immense, corrompue par la licence des fêtes païennes, et qui manifestait hautement sa répugnance pour un empereur déserteur du paganisme (3). La multitude des temples et des emblèmes du polythéisme, les pompes, les cérémonies, les sacrifices continuels aux dieux, toutes fêtes où l'empereur ne voulait point paraître, et où il était dangereux qu'il ne parût pas ; tout cela lui rendit le séjour de Rome insupportable, et le siége de l'empire passa de Rome à Constantinople.

TOLÉRANCE DE CONSTANTIN ET DE SES SUCCESSEURS. — Une fois établi en Orient, l'empereur ne se contint plus : il rendit sa religion souveraine à Constantinople ; il l'entoura d'honneurs et de

---

(1) Beugnot, *Histoire de la Destruction du Paganisme en Occident*, t. I, p. 43.

(1) Eusèbe, *Vie de Constantin*, I, 27, 30.
(2) « Hæc inter cætera... in primis ordinanda esse credidimus, ut daremus et christianis et omnibus liberam sequendi religionem quam quisque voluisset. » Lact., *De Mort. Pers.*, c. XLVIII.
(3) Beugnot, *Destr. du Paganisme*, I, 75.

richesses, lui faisant perdre ainsi cette simplicité primitive qui l'avait rendue si belle et si noble pendant les siècles de persécution. Sa munificence envers le clergé est sans bornes, et les éloges des écrivains ecclésiastiques sans mesure. Toutefois, ce qui fait infiniment d'honneur à la sagacité de Constantin, c'est qu'il sut, tout en gardant sa croyance particulière, observer les devoirs qui lui étaient imposés comme chef de l'empire, et remplir, autant que le lui permettait sa conscience, les fonctions de grand pontife. Constantin ne persécuta pas le paganisme, et ce ne fut que plus tard que le christianisme, bien affermi au pouvoir, put devenir intolérant à son tour. « Je consens, disait Constantin, que ceux qui sont encore engagés dans les erreurs du paganisme jouissent du même repos que les fidèles. L'équité qu'on gardera envers eux et l'égalité du traitement que l'on fera aux uns comme aux autres contribueront notablement à les mettre dans le droit chemin. Qu'aucun n'en inquiète un autre ; que chacun choisisse ce qu'il jugera le plus à propos ; que ceux qui se dérobent à votre obéissance aient des temples consacrés au mensonge, puisqu'ils veulent en avoir ; que personne ne tourmente ceux qui ne sont pas de son sentiment. Si quelqu'un jouit de la lumière, qu'il s'en serve autant que possible pour éclairer les autres, et s'il les laisse en repos. Autre chose est de livrer des combats pour acquérir la couronne de l'immortalité, et autre chose d'user de violence pour contraindre quelqu'un à embrasser une religion (1). » Nobles principes, que les partis politiques et religieux devraient toujours invoquer, et que Constantin sut confirmer par sa conduite. Ainsi le résultat du règne de Constantin fut de faire prévaloir deux grands faits nouveaux et salutaires ; la liberté de conscience et l'égalité des deux cultes en présence (2).

(1) Eusèbe, *Vie de Constantin*, II, 56; ap. Beugnot.
(2) La conversion de Constantin ne fut pas le résultat d'un entraînement général, mais une détermination libre et personnelle, qui eut une immense influence sur les dispositions des peuples. Le christianisme était très-répandu, mais les chrétiens n'étaient pas très-

Les successeurs de Constantin restèrent fidèles à cet esprit de tolérance, dont le premier empereur chrétien leur avait donné l'exemple, et dont la situation leur faisait une nécessité. Ils ne prohibèrent que les excès et les folies du paganisme, et principalement les pratiques de la magie. Certaines lois du code Théodosien sont rédigées dans un style violent et interdisent le culte des idoles. Mais ces lois ont été faussement attribuées à Constance, et tous les monuments historiques de son époque les contredisent (1). Symmaque reconnaît que Constance s'acquitta exactement de ses devoirs de grand pontife. La conduite de l'empereur paraissait même trop prudente et trop réservée à certains chrétiens, qui demandaient hautement la destruction du paganisme, oubliant qu'il avait encore la force pour lui, et ne s'inquiétant pas des dangers du combat (2).

JULIEN; LE PAGANISME REMONTE SUR LE TRÔNE. — Telle était la situa-

nombreux. Le plus grand nombre des habitants de l'empire étaient païens. Sans cela les persécutions eussent été impossibles. La citation suivante fait bien comprendre la situation des deux religions, et les motifs nécessaires de la tolérance de Constantin : « Lorsque Constantin se déclara en faveur des chrétiens, presque tout le sénat ne professait encore que le paganisme ; toutes les charges civiles et militaires étaient entre les mains des païens ; ils peuplaient la cour, les villes et les armées ; en un mot le paganisme était la religion dominante, et à peine les chrétiens, vivant inconnus ou cachés, *faisaient-ils le douzième ou peut-être la vingtième partie de l'empire*. Dans ces circonstances, l'empereur aurait-il pu, sans un danger évident de révolte, se déclarer d'abord ennemi du culte reçu ? Ses sujets n'auraient-ils pas craint qu'il voulût les forcer à changer de religion, et quels terribles effets cette crainte ne pouvait-elle pas produire ? Il est donc plus probable qu'en changeant lui-même de religion, Constantin n'a rien négligé pour rassurer ses peuples sur les conséquences qu'ils avaient lieu d'appréhender d'un tel changement. » Voy. La Bastie, *Quatrième Mémoire sur le souverain pontificat des empereurs romains*, Acad. des Inscript., XV, 77 ; ap. Beugnot, I, 116.
(1) Beugnot, t. I, p. 141.
(2) Voy. Firmicus Maternus, *De errore profanarum religionum*.

tion respective des deux religions : le christianisme avait beaucoup gagné à la conversion des princes de la famille Flavia ; mais le paganisme lui faisait encore équilibre. Rome surtout s'obstinait à garder ses dieux. Dans l'Orient l'exemple des empereurs avait entraîné plus de monde ; cependant cette partie de l'empire, dans laquelle s'était répandu et avait dominé l'esprit grec, produisait une foule d'esprits ingénieux et cultivés, à qui le goût littéraire tenait lieu de convictions, et qui restaient attachés à la religion des orateurs et des poëtes, objets constants de leurs études. Formé par les littérateurs et les sophistes, qui lui firent partager leurs regrets et leur enthousiasme, Julien s'engagea à faire revivre la religion nationale, à la relever de son abaissement. Devenu empereur, il tint parole, et les faveurs du pouvoir, détournées depuis peu au profit du christianisme, se reportèrent vers l'ancien culte. Nous n'examinerons pas la question de savoir si Julien a été un ennemi violent du christianisme, si c'est avec raison qu'on lui attribue une onzième persécution contre l'Église : ce qui est certain, c'est que Julien, plein d'éloignement pour une religion qu'il avait professée dans sa jeunesse et à laquelle il avait renoncé, se reporta avec ardeur vers le culte rival, dont il entreprit la restauration.

Julien réunit deux choses, qui avec nos habitudes d'esprit paraissent inconciliables, un vif amour de la philosophie et un sincère attachement pour sa religion. « Les auteurs païens sont d'accord pour accuser Julien de superstition (1). Il sacrifiait à tout propos, il portait le bois aux autels, il allumait, il soufflait le feu ; il plongeait ses mains dans les entrailles des victimes, et, chose étrange ! tous ces actes excitaient l'ironie et nullement l'admiration des païens d'Occident. Ils trouvaient ridicule qu'un empereur remplît avec dévotion et exactitude les devoirs imposés à un pontife ; ils ne lui demandaient que cette piété grave qui chez eux semblait l'apanage du conservateur de leurs lois et de leurs rites sacrés. La sévérité des païens envers le dernier empereur qui ait encensé les simulacres des dieux indi-

(1) M. Beugnot, t. I, p. 196.

que le degré d'affaiblissement où éta tombé l'ancien culte, puisqu'en présen même du christianisme menaçant ne comprenaient pas la nécessité de serrer autour de leurs autels, et de r pondre au moins par une apparence conviction aux sarcasmes de leurs a versaires. Julien pensait différemment. Mais la foi qu'il avait n'était point pa tagée, et ne trouvait pas d'écho parmi s contemporains. Les païens ne tenaie plus au paganisme que par leurs vice et non par leurs convictions. Ils n'avaie point de raisons contre le christianism mais uniquement des répugnances, Julien ne pouvait pas changer l'état d âmes.

Au fond il était impossible de fai une tentative efficace pour ressusciter vieille religion. Ses dogmes et ses prat ques, ne reposant que sur les préjug et la coutume, n'étant pas placés sous sauvegarde de l'autorité, ne pouvaie être purifiés et raffermis par une r forme. D'un autre côté, il était imposs ble de ranimer le goût blasé des Romai par l'introduction d'un nouveau die Toutes les religions du monde conn avaient été mises à contribution ; o avait emprunté à la Phrygie le culte la mère des dieux, à l'Égypte ceux Sérapis, d'Isis et d'Osiris, à la Perse c lui de Mithra. Le polythéisme avait u toutes ses ressources. Il ne pouvait se so tenir qu'à une condition : c'était d'êt salutaire, moral, bienfaisant comme christianisme ; or, pour être tout cela fallait être vrai, et le polythéisme n'éta qu'illusion et mensonge. Voilà pourquo il lui était impossible de se régénére lui-même. Aussi ce fut en vain que Ju lien exhorta par maintes lettres les pr tres païens à la piété, à la modération, la continence, leur opposant, pour les fai rougir et exciter leur émulation, la co duite des prêtres chrétiens : il ne corri gea personne ; l'ancienne religion, o l'hellénisme, comme il affectait de l'a peler, par préférence pour les tradition mythologiques de la Grèce, resta c qu'elle était, c'est-à-dire une mauvaise h bitude d'une société mourante et corrom pue. Il fut impossible à Julien de la r lever à la hauteur d'une institution na tionale, et la réforme commencée par christianisme, interrompue un instan par cette réaction païenne, reprit son œuvre avec une irrésistible activité.

TOPOGRAPHIE DE ROME PAÏENNE AU QUATRIÈME SIÈCLE. — Quoique profondément travaillée par la prédication de la religion du Christ, dont le premier apôtre avait établi dans son sein le siége de l'Église, Rome conservait toutes les apparences d'une ville païenne. On ne se doutait pas en examinant superficiellement cette ville de la religion puissante qu'elle cachait dans ses murs, et un voyageur qui la visita l'an 374 décrit ainsi la situation religieuse de cette capitale : « Il existe dans Rome sept vierges *ingenuæ* et *clarissimæ*, qui pour le salut de la ville accomplissent les cérémonies des dieux selon l'usage des anciens; on les nomme vierges de Vesta... Les Romains honorent les dieux, et particulièrement Jupiter, le Soleil et Cybèle. Nous savons de plus qu'il existe parmi eux des aruspices. » A la même époque, c'est-à-dire au temps de Valens et de Valentinien, empereurs chrétiens, deux écrivains peu connus, Publius Victor et Sextus Rufus Festus, nous donnent sur l'état extérieur de l'ancien culte à Rome les plus curieux renseignements. Ces auteurs, qui doivent au genre d'ouvrage qu'ils ont composé le nom de *régionnaires*, nous ont laissé une énumération aride, mais d'une minutieuse exactitude des édifices, des rues, des quartiers de Rome, qui était encore pleine de temples, de monuments consacrés aux dieux, et qui présentait toujours l'aspect d'une ville exclusivement païenne. On en jugera d'après le tableau suivant, extrait de la topographie de nos deux régionnaires (1) :

Première région, dite porte Capène.
Chapelle (*ædes*) de Mercure.
— des Camènes.
— de Mars.
— de Minerve.
— de la Tempête.
Temple d'Isis.
— de Sérapis.
— de la Fortune des voyageurs.
Autel de Mercure.
— d'Isis.
Neuf petites chapelles des Lares compitaux.

Deuxième région, dite Cælimontium.
Temple de Claudius.
— de Bacchus.

(1) Cf. Beugnot, I, p. 259.

Temple de Faune.
— de Tullus Hostilius.

Troisième région, dite Isis et Sérapis.
Temple de la Concorde virile.
Huit petites chapelles (*ædiculæ*) :
1° de la Bonne Espérance.
2° de Sérapis.
3° de Sancus Fidius.
4° de Minerve.
5° d'Isis.
6° de Vénus.
7° d'Esculape.
8° de Vulcain.

Quatrième région, dite Temple de la Paix.
Temple de Rémus.
— de la ville de Rome.
— de Vénus.
— de Faustine.
— de la Terre.
— du divin Nerva.
— du Soleil et de la Lune.
— de la Concorde.
Huit petites chapelles.

Cinquième région, dite Esquiline.
Chapelle (*ædis*) de Vénus Érycine.
Temple de Junon Lucine.
— de Sylvanus.
— d'Esculape.
— de Jupiter Viminal.
Minerve qui préside à la médecine ; Panthéon ; quinze petites chapelles : de Seja, de Vénus paisible, de Castor, de la Pâleur, de Sylvain, d'Apollon, de Cloacine, d'Hercule, de Mercure, de Mars, de la Lune, de Sérapis, de Vesta, de Cérès, de Proserpine.

Sixième région, dite le Haut Sentier.
L'ancien Capitole.
Chapelle de Divus Fidius.
Temple du Salut.
— de Sérapis.
— d'Apollon et de Clathra.
— de Flore.
— de la Vénus des Jardins.
— de Quirinus.
— de la famille Flavienne.
— de Minerve flavienne.
— de la Fortune Seja.
— de la Fortune du retour.
— de la Foi.
Seize petites chapelles : de la Fortune petite, du Génie des enfants, du Génie des Lares, de Diane Valérienne, de Junon Julie, de l'Espérance, de Sangus, de Sylvain, de Vénus, d'Hercule, de la Victoire, de Matuta, de Bacchus, de Saturne, de Jupiter, de Minerve.
Huit autres petites chapelles : des Muses, de l'Espérance, de Mercure, de la Jeunesse, de Lucine Valérienne, de Junon Lucine, de Mars, d'Isis.

Septième région, dite la Voie Large.

Temple neuf de l'Espérance.
— — de la Fortune.
— — de Quirinus.
— du Soleil.
Petite chapelle Capraria.
Sanctuaire de Genius Sancus.
Nymphée de Jupiter.
Douze petites chapelles.

Huitième région, dite le Forum Romain.

Deux chapelles d'Hercule Victor.
— — de Véjove (entre la citadelle et le Capitole).
— — de la Victoire.
— — de Matuta.
— — d'Ops et de Saturne.
Chapelle de la Victoire, avec une petite chapelle dédiée par Porcius Caton.
— de Véjove.
— de Mars Vengeur.
— de Jupiter Tonnant.
— de Vertumne.
Temple de Jules César.
— de Jupiter très-bon et très-grand.
— de Vénus Cluentine.
— de Junon Martiale.
— de Vespasien et de Titus.
— de Cloacine.
— de Castor et de Pollux.
— de la Concorde.
— de Vesta.
— des dieux Pénates.
— de Romulus.
— de Janus.
— de Trajan.
— de Carmenta.
— de Jupiter Tonnant.
— de Vénus Chauve.
— ancien de Vénus Chauve
— de Vénus et d'Anchise.
— de Némésis.
Oratoire (*delubrum*) de Minerve.
Sanctuaire (*sacellum*) des Lares.
— de la Pudeur patricienne.
Petite chapelle de Juventa.
— — de la Concorde.
— — de Rome Mère.
Atrium de Minerve.
Autel de Saturne.
— ancien de Saturne.
Antre de Cacus.
Douze petites chapelles.

Neuvième région, dite Cirque Flaminien.

Chapelle ancienne d'Apollon.
— de Juturne.
— de Vulcain.
— d'Hercule grand gardien.
— de Bellone.
— de Minerve.
— de Jupiter Stator.
Temple d'Apollon.

Temple de Neptune.
— du Bon Événement.
— du divin Antonin.
— de Brutus Callaïcus.
Panthéon de Jupiter Vengeur.
Oratoire de Jupiter Stator.
— de Cneus Domitius.
Iseum.
Minervium.
Serapeum.
Meleagricum.
L'*Iseum* et le *Serapeum* étaient les séminaires des prêtres égyptiens établis à Rome (1).

Dixième région, dite mont Palatin.

Chapelle de Jupiter Stator.
— de la Mère des dieux.
— d'Apollon.
— de la Déesse qui apaise les hommes.
— de la Fortune Voisine.
— de Jupiter Vainqueur.
— de Minerve.
— de Rhamnuse.
— de Consus.
Temple de la Foi.
Oratoire de Latone.
— de Minerve.
Sanctuaire des Lares.
Auguratoire.
Six petites chapelles.

Onzième région, dite le grand Cirque.

Chapelle d'Hercule aux oliviers.
— de Ditis père.
— de Cérès.
— de Proserpine.
— de Vénus.
— de Portumnus.
— de la Piété.
— de Junon Matuta.
— de Consus souterrain.
Temple de Mercure.
— ancien de Castor.
Sanctuaire de Saturne.
Grand autel.
Huit petites chapelles.

Douzième région, dite la Piscine publique.

Temple d'Isis.
— de la Bonne Déesse.
Douze petites chapelles.

Treizième région, dite le mont Aventin.

Chapelle de la Liberté.
— d'Hercule et de Sylvain.
— de Sylvain.
— de Tatius.
— de Consus.
— de Mercure
Temple de la Lune.
— commun de Diane.

(1) M. Beugnot, I, 263.

Temple de la Bonne Déesse.
— de la Liberté.
— de Junon reine.
— d'Isis.
Atrium de la Liberté.
Dix-sept petites chapelles.

Quatorzième région, dite Outre-Tibre.

Chapelle des Furies.
— de Jupiter, de Faune et d'Esculape.
— d'Isis.
Temple de la Fortune Forte.
Sanctuaire de Mania.
— de Marica.
Douze autels dédiés à Janus.
Vingt-deux petites chapelles

On voit indiqués dans cette énumération cent cinquante-deux temples de tout genre (*ædes, templum*) et cent quatre-vingt-onze petites chapelles (*ædiculæ*). Ces nombreux édifices étaient tous restés entre les mains du clergé païen, qui n'avait encore rien perdu de ses priviléges et de ses biens, et qui ne se laissa déposséder qu'après une résistance opiniâtre, poussée jusqu'à la guerre civile. Quand on songe que cette ville si pleine d'idoles était aussi la métropole du christianisme, on comprend les sentiments contradictoires de vénération et d'horreur qu'elle inspire aux auteurs chrétiens du quatrième siècle, et particulièrement à saint Jérome, qui, pour fuir le spectacle des jeux impurs des Lupercales et tous les scandales que Rome païenne étalait aux yeux, se retira dans la solitude de Bethléem, d'où il exhala avec âpreté son indignation contre cette ville, qu'il appelle, comme les dissidents du seizième siècle, la nouvelle Babylone, la prostituée couverte de pourpre (1).

SITUATION DU CULTE PAÏEN DANS L'ITALIE AU QUATRIÈME SIÈCLE. — De l'aveu même des historiens chrétiens, l'idolâtrie pendant le quatrième siècle régnait dans les campagnes de l'Italie. Les missionnaires chrétiens sortaient timidement des villes, et n'osaient pas étendre au loin leurs travaux. La vie monastique était importée depuis trop peu de temps en Occident, pour pouvoir favoriser d'une manière sensible la propagation des croyances chrétiennes. Saturne et Diane recevaient les hommages des populations grossières qui habitaient le pays des montagnes situées au nord de l'Italie, depuis le golfe Adriatique jusqu'aux Alpes maritimes. Les premiers prédicateurs qui se hasardèrent dans ces contrées reçurent la mort pour prix de leur courage. La Vénétie obéissait encore au culte ancien. On possède une inscription décernée par cette province DIVINIS FRATRIBUS, c'est-à-dire à Valens et à Valentinien. Les païens n'avaient pas renoncé à honorer de l'apothéose leurs empereurs, même chrétiens. Quand on voit les villes de Turin, de Brescello et de Castello Camponisco élever des statues à l'empereur Julien, il faut bien reconnaître dans cette manière d'honorer leur maître l'esprit de ces municipalités, si favorable à l'ancien culte. Le christianisme avait peu de partisans dans les pays qui s'étendaient depuis la Vénétie jusqu'au territoire de Milan. Il existait sans doute un grand nombre de païens dans cette ville, mais ils y avaient peu de puissance. Le séjour de la cour impériale et l'établissement d'un siége épiscopal très-important, même avant que saint Ambroise l'eût occupé, firent triompher le christianisme dans ses murs. Si l'on ouvre les histoires ecclésiastiques, on y lit que l'Étrurie fut entièrement convertie au christianisme par saint Romulus, sous le règne de Constantin. Cette assertion est bien peu d'accord avec ce que nous savons sur un pays qui resta jusque dans le cinquième siècle le séminaire de l'art augural. De nombreuses inscriptions nous fournissent des preuves du maintien du culte païen à Florence, à Pise, à Volterra, à Rimini, à Sestino. On honorait Jupiter et la Fortune publique à Spolète, Vesta à Albe, Castor et Pollux dans l'*Insula sacra*, près d'Ostie, et Neptune dans cette dernière ville. On consultait le destin à Antium et à Préneste. Velletri, Terracine, Narni donnaient des signes certains de leur attachement aux anciennes superstitions. Le culte de la mère des dieux était en plein exercice à Ardée. Il est difficile de donner des renseignements précis sur la situation du paganisme dans la Pouille, la Lucanie, le Brutium, et dans toutes les villes du midi de l'Italie; mais nous voyons au quatrième siècle plusieurs traditions païen-

---

(1) M. Villemain, *Tableau de l'Éloquence Chrétienne*, saint Jérome, p. 345.

nes restées dans ces lieux l'objet de la vénération publique ; et nous savons que les reliques païennes y étaient conservées avec une grande piété. Naples semble avoir été à cette époque le foyer du paganisme dans l'Italie méridionale : on peut donc dire que sous le règne de Valentinien l'esprit païen vivait au sein de ces provinces, dont l'accès était si difficile pour les missionnaires chrétiens (1).

Lois de Gratien et de Théodose le Grand contre le paganisme. — Jusqu'à la fin du quatrième siècle le paganisme était resté la religion de l'État. Les empereurs étaient devenus chrétiens; mais ils n'avaient pas encore attaqué l'ancien culte national. Aussi les païens, tout en déplorant les progrès de l'impiété, ne croyaient pas possible la ruine de leurs institutions, et vivaient en sécurité à l'ombre de leurs temples, encore debout. Le double avénement de Gratien et de Théodose aux trônes d'Occident et d'Orient changea la face des choses ; le paganisme, autrefois persécuteur, et encore dominant, fut à son tour frappé de réprobation, et devint un culte proscrit. Gratien lui porta les premiers coups. En 382 il donna l'ordre d'enlever du lieu des séances du sénat l'autel et la statue de la Victoire, ordre dont l'exécution donna lieu au célèbre démêlé de Symmaque et de saint Ambroise. Ensuite il saisit les domaines des temples, dont les produits servaient à l'entretien des pontifes et aux frais des sacrifices, et il attribua ces biens au fisc ; il révoqua les priviléges politiques et civils accordés aux pontifes. Il ne laissa au sacerdoce que le droit de recevoir des legs mobiliers (2). Enfin, les colléges des prêtres étant venus lui offrir la robe sacerdotale insigne du grand pontificat, Gratien refusa de s'en revêtir, disant qu'un tel ornement ne convenait point à un chrétien. Cette déclaration de guerre lui coûta la vie ; Gratien succomba victime des rancunes du parti païen, qui soutint les deux usurpateurs Maxime et Eugène, dans la lutte à la fois politique et religieuse qu'ils engagèrent avec Théodose (3).

La victoire de Théodose sur Arboga[ste] et Eugène, dont le premier acte avait é[té] le rétablissement de l'autel et de la st[a]tue de la Victoire, assura le triomphe d[é]finitif du christianisme. Vainqueur da[ns] deux grandes guerres civiles, assuré [du] dévouement des évêques et de tous l[es] orthodoxes des deux empires, respec[té] des païens et redouté des barbares, [à] cause de son génie et de l'éclat de s[es] victoires, Théodose pouvait consomm[er] l'œuvre commencée par Constantin, r[e]prise par Gratien avec plus de zèle que [de] force, et porter le coup de grâce à l'a[n]cienne religion du polythéisme. Il pro[s]crivit le culte des idoles, fit exécuter l[es] lois de Gratien, et obtint, par l'asce[n]dant persuasif que possédaient tous l[es] vainqueurs, la conversion presque géné[né]rale du sénat romain.

État du paganisme a Rome e[t] en Italie sous Honorius. — On sa[it] combien les événements humains osci[l]lent longtemps avant d'arriver à leur co[n]clusion définitive. Les païens, vaincu[s] n'avaient pas perdu l'espérance de s[e] relever. Le parti d'Eugène n'était pa[s] entièrement abattu, Théodose n'avait pa[s] eu le temps d'achever sa victoire. H[o]norius en montant sur le trône com[men]ça son règne par un acte d'amnisti[e] L'aristocratie païenne reparut aux affai[res], et, en dépit des lois de proscriptio[n] qui ne cessaient de le frapper, le cult[e] païen conservait une forte situation dan[s] Rome, où l'usurpateur Attale lui rendi[t] un instant le pouvoir, et où il se ranim[a] encore, en 467, avec Anthémius, qui, se[lon] l'expression de Châteaubriant, donn[a] une dernière palpitation au cœur de[s] vieux bellénistes (1). Un écrivain don[t] le nom ne nous est pas parvenu a com[posé] posé une description de Rome sembla[ble] ble pour la forme à celles de Sextu[s] Rufus et de P. Victor. Cette description composée, soit sous le règne d'Honorius soit sous celui de Valentinien III, et qu[i] énumère encore cinquante-trois temple[s] de tous genres consacrés aux dieux e[t] une grande quantité d'*ædiculæ* ou pe[ti]tites chapelles, prouve que l'ancien cult[e]

---

(1) Extrait de M. Beugnot, *Hist de la Destruction du Paganisme en Occident*, t. I, p. 284.
(2) Cod. Théod., l. XVI, t. X, l. 20.
(3) Voyez tous les détails de ces grands événements dans M. Beugnot, *ouv. cit.*, t. I, p. 396 et suiv.

(1) *Et. Hist.*, t. II, p. 233 ; Beugnot, t. II, p. 248.

dominait encore extérieurement dans la capitale de l'empire, en dépit de la victoire du christianisme (1).

En Italie les anciennes superstitions n'étaient point encore toutes déracinées. Pendant le siége de Rome par Alaric l'Étrurie envoyait des aruspices, qui offraient le secours de leur art pour la défense de la ville. En Vénétie on continuait à consulter les sorts de la fontaine d'Apone. Ostie était devenue chrétienne; mais dans l'île sacrée le temple de Castor et de Pollux était toujours fréquenté. Junon restait la déesse tutélaire de Laurentum. Le fanatisme des habitants des campagnes continuait à rendre dangereuse la prédication de l'Évangile. Sisinnus, Martyrus et Alexandre, envoyés par saint Vigile pour prêcher les paysans des environs de Trente, furent massacrés par eux le jour où se célébrait la procession des *ambarvalia*. Saint Vigile lui-même fut tué par des paysans des environs du lac de Garde, dont il avait renversé la statue de Saturne. Néanmoins les monuments païens sont de plus en plus rares au cinquième siècle, et les inscriptions chrétiennes croissent en proportion (2).

INTERDICTION DÉFINITIVE DU PAGANISME EN ITALIE. — La victoire du christianisme sur le paganisme n'était plus une question; mais l'idolâtrie avait laissé une empreinte si profonde dans les mœurs de la société romaine, que la religion chrétienne était quelquefois obligée d'en subir l'influence. C'est ainsi qu'à la fin du cinquième siècle le clergé romain introduisit dans la fête de la purification de la sainte Vierge la cérémonie de la Chandeleur, ou la procession des cierges, pour remplacer celles des Lupercales, que les Romains s'obstinaient à célébrer. Soit faiblesse, soit modération, le sénat gardait des ménagements pour des coutumes consacrées par tant de siècles, et laissait subsister des usages païens féconds en scandales. Mais les barbares, que le christianisme avait conquis au moment où ils s'emparaient de l'empire, n'ayant subi en aucune façon les préjugés et l'influence de la vieille civilisation, proscrivirent absolument le paganisme. L'édit de Théodoric contient un article ainsi conçu : « Si quelqu'un est surpris sacrifiant d'après le rite païen, si des devins ou des nécromanciens sont découverts, on les convaincra de leurs crimes, et ils seront justement condamnés à mort. Les auteurs des pratiques coupables appelés malfaisants (*malefici*), s'ils sont d'un rang distingué seront condamnés à un exil perpétuel; ceux d'une classe plus humble subiront la peine capitale. » On peut appeler cet édit de Théodoric la sentence de mort du paganisme; et cette sentence le temps se chargea de l'exécuter. Ce qui restait d'autels, de statues, de chapelles païennes encore debout ne tarda pas à disparaître; le dernier temple consacré aux idoles, celui d'Apollon sur le mont Cassin, fut renversé par saint Benoît, qui éleva en sa place ce célèbre monastère où fut le chef-lieu de l'ordre des Bénédictins. Ce qui restait de coutumes et de superstitions païennes dans les cœurs et dans les mœurs fut peu à peu effacé par l'action continue et bienfaisante du christianisme, qui avait forcé la société antique à dépouiller le vieil homme, et qui assistant l'humanité au milieu de sa corruption et de sa défaillance, l'avait régénérée en la purifiant et en lui rendant les principes, méconnus et oubliés, de la vie spirituelle et morale.

CHAPITRE VIII.

LES PRINCIPES GÉNÉRAUX DU DROIT ROMAIN (1).

I. *Sources du Droit Romain.*

LES DOUZE TABLES. — L'histoire du droit romain ne commence qu'à la loi des Douze Tables. Avant cette loi il y

---

(1) M. Beugnot, II, p. 134.
(2) Id., II, 149.

(1) Sur les sources du droit romain, voyez : Giraud, *Hist. du Droit Romain*, 1841; Mackeldey, *Hist. des Sources du Droit Romain*, traduit par Beving, 1841; Ortolan, *Histoire de la Législation Romaine*, 3ᵉ édit., 1846. Pour les sections suivantes: voyez Pellat, *Droit privé des Romains*, traduct. de Marezoll, 1840; le même, *Principes généraux du Droit Romain sur la Propriété*; la Ferrière, *Histoire du Droit Civil de Rome*, 1846; Zimmern, *Geschichte der Rœmischen Privatrechts*, 1829. Pour tout ce chapitre nous nous sommes beaucoup servi de Walter, *Geschichte der Rœmischen Rechts*, 2ᵉ édit., 1846.

avait bien des règles de droit civil consignées dans les registres pontificaux, des lois que les rois ou les consuls avaient fait rendre dans les comices, surtout des coutumes non écrites et traditionnellement observées; mais il n'y avait pas et il ne pouvait pas y avoir encore de science du droit civil.

L'œuvre accomplie par les décemvirs peut être comparée à la rédaction officielle des coutumes françaises entreprise au quinzième siècle par la royauté, ou mieux encore à la rédaction des lois barbares après l'invasion germanique. Il y a même plus d'analogie qu'on ne pense entre la loi salique et la loi des Douze Tables. Il se peut que les décemvirs aient envoyé des ambassadeurs à Athènes et dans les villes de la Grèce pour en étudier les lois; mais à coup sûr ils firent peu d'usage de ces leçons; ils se contentèrent, et c'était là leur véritable mission, de rédiger la coutume et les règles de droit existantes, en effaçant tout ce qui leur paraissait contraire au principe constitutionnel de l'égalité devant la loi. La loi nouvelle fut écrite, suivant l'usage, sur des tables. Dix de ces tables furent publiées en 450, les deux dernières en 449. Détruites lors de la prise de Rome par les Gaulois, elles furent ensuite rétablies, et restèrent la base du droit civil romain jusqu'à la fin de l'empire. Au temps de Cicéron on les faisait apprendre par cœur aux enfants dans les écoles; et de célèbres jurisconsultes, les deux Ælius, Atilius, Labéon, Gaïus lui-même, en publièrent des commentaires.

Les fragments du texte et des commentaires dont il fut l'objet ont été souvent recueillis; le cadre de ce travail ne nous permet pas de les reproduire, et d'ailleurs nous en indiquerons dans le chapitre suivant les principales dispositions. Un mot seulement sur la forme et le système de cette loi.

A en juger par ce qui nous en reste, c'était plutôt un code de procédure qu'un code civil. La description des actions de la loi et de tous leurs incidents y tenait sans aucun doute la plus grande place; le droit civil proprement dit n'y était traité qu'en passant, et à propos des actions on y trouvait seulement quelques dispositions indispensables sur l'ordre des successions *ab intestat*, et sur la délation des tutelles, ainsi que des p[res]criptions de police municipale. Dans [ces] textes brièvement impératifs la ju[ris]prudence romaine pouvait bien trou[ver] un point de départ, mais rien de pl[us] et Cicéron ne veut pas être pris à [la] lettre quand il voit dans les Douze Tab[les] un admirable monument de haute rai[son] et de philosophie.

JUS ÆLIANUM. — Le premier t[ra]vail de la jurisprudence sur cette [loi] consista dans la rédaction de formulai[res] de *styles*, comme on disait au moyen â[ge], et de gloses destinées à éclaircir le s[ens] de certains passages. Mais toute c[ette] science restait inaccessible aux plébéie[ns]; elle se concentra dans le sein du coll[ège] des pontifes. Tous les ans un pon[tife] était nommé par ses collègues pour [ré]soudre le cas douteux qu'on viend[rait] lui proposer. Enfin, et par la seule fo[rce] des choses, ce privilége échappa aux [pa]triciens. Appius Claudius réunit en [un] seul les divers formulaires, et les [fit] publier par son scribe Cn. Flavius; [en] même temps il fit afficher sur le For[um] la liste des jours fastes et néfastes. [Ti]berius Coruncanius, qui fut, en 251, [le] premier grand pontife plébéien, se [mit] à donner des consultations publique[s] de certaines heures, et au commen[ce]ment du second siècle avant J.-C. S[ex]tus Ælius réunit en un même livre [le] texte des Douze Tables, la glose et [les] formules. Ce livre s'appela *Jus Ælianu[m]*.

JUS GENTIUM. — Cependant, à c[ôté] de la loi des Douze Tables se développ[a] un droit nouveau, fondé sur des pr[in]cipes différents, et dont l'importance h[is]torique et philosophique est immens[e].

Les Romains se trouvaient souve[nt] en rapport avec des étrangers, et il [ar]rivait que ces étrangers comparaissai[ent] devant les tribunaux civils romains. [Ces] procès étaient jugés, soit d'après le dr[oit] civil romain, soit d'après le droit ci[vil] étranger, soit d'après les règles tracée[s à] cet effet dans l'édit du préteur. Les R[o]mains eurent ainsi l'occasion de com[pa]rer entre elles les diverses législations [des] peuples avec lesquels ils se trouvaient [en] relation; les dispositions qui se renco[n]traient partout prirent à leurs yeux u[ne] importance toute nouvelle, et en les é[tu]diant davantage ils comprirent que si [ces] dispositions se retrouvaient partout, c'[est] qu'elles avaient leur fondement dans la nature humaine. Leur ensemble constitue ce que les jurisconsultes romains ont appelé le droit des gens, *Jus Gentium*, c'est-à-dire le droit commun des nations civilisées, le droit naturel. L'étude de ce droit devint une des principales occupations des jurisconsultes, et n'a pas peu contribué à l'utilité et à la perfection de leurs immortels travaux.

Ce n'était pas seulement par la puissance des idées et en agissant sur l'opinion publique que les jurisconsultes romains ramenaient à l'équité les règles rigoureuses du droit civil. Pour accomplir cette révolution il n'était pas besoin d'abroger l'ancienne loi et de la remplacer par une loi nouvelle. La constitution romaine permettait au droit nouveau de se former non pas à la place, mais à côté de l'ancien.

Lex Annua. — Sur tout ce qui n'était pas formellement réglé par la loi ou l'usage, c'est-à-dire dans la plupart des cas, les magistrats romains avaient dans les limites de leurs attributions un pouvoir à peu près discrétionnaire. Pour éviter l'arbitraire on les astreignait à faire connaître avant leur entrée en charge, et sous la forme d'un édit, les règles d'après lesquelles ils se détermineraient dans tel ou tel cas. La plus grande partie de ce que nous appellerions aujourd'hui droit administratif n'avait pas d'autre base à Rome que ces sortes d'édits. Les préteurs, qui avaient pour principale fonction la juridiction, inséraient ainsi dans les leurs une foule de règles de droit privé. Ils proposaient des formules d'actions adaptées à certaines transactions, ils promettaient d'intervenir en certains cas pour relever de certaines déchéances ou pour accorder tel ou tel bénéfice, d'imposer des stipulations, de donner des envois en possession, des exceptions, des restitutions. Quand la lettre de la loi s'opposait au principe nouveau qu'il voulait introduire, le préteur se tirait de cette difficulté par des fictions. Ainsi l'édit du préteur s'appuyait toujours, au moins en apparence sur le droit civil, et empruntait ses prudentes innovations à la coutume et aux besoins nouveaux signalés par les jurisconsultes.

Il arriva un temps où l'édit du préteur, la loi annuelle, *lex annua*, comme l'appelle Cicéron, devint une législation considérable, plus considérable que la législation officielle, contenue dans les Douze Tables et les lois subséquentes ; la plus grande partie de l'édit, à la rédaction duquel prenaient part les jurisconsultes les plus expérimentés, devint traditionnelle, *edictum tralaticium;* les nouveaux préteurs respectaient l'œuvre de leurs devanciers, et se contentaient d'y ajouter ou d'en retrancher quelques articles. Une loi *Cornelia* (64) défendit aux magistrats ce qui déjà leur était depuis longtemps interdit par l'usage, de juger contrairement à leurs édits. Ainsi se forma le droit prétorien, droit souple et mobile à côté du droit immuable de la loi. L'édit du préteur était pour les jurisconsultes romains l'interprète ou plutôt la voix même du droit civil, *viva vox juris civilis*. Ils se mirent à le commenter, ainsi que celui du *prætor peregrinus*, ceux des magistrats envoyés dans les provinces, ceux des édiles curules, de préférence à la loi des Douze Tables, qui, toujours nominalement en vigueur, restait le type primitif mais de moins en moins compris du droit romain.

Lois et Plébiscites. — Contrairement à ce qui se passe dans la plupart des États modernes, la loi proprement dite n'intervenait que rarement pour modifier le droit civil. Les *leges* rendues dans les comices par curies, puis dans les comices par centuries, et les *plebiscita*, mis par la loi Hortensia sur le même rang que les *leges*, étaient cependant une des sources du droit romain. Parmi les lois civiles les plus importantes nous pouvons citer la loi *Aquilia de damno injuriæ*, la loi *Furia testamentaria*, la loi *Falcidia*, qui donna à l'héritier grevé de legs le droit de retenir le quart de l'hérédité, etc. Enfin pour toutes les questions de droit privé qui touchaient au droit administratif ou religieux, aux finances et au gouvernement en général, les sénatus-consultes étaient aussi considérés comme une source du droit.

Réponses des prudents. — Pour connaître dans tous leurs détails le droit civil et le droit prétorien il fallait de longues études. Ceux qui les avaient faites prenaient le nom de jurisconsultes ; ils donnaient des consultations sur les questions douteuses qui leur étaient soumises, rédigeaient des formules de contrats ou d'actions, et mettaient en garde contre les nullités, dont la procédure était hérissée. C'est ce que Cicéron exprime en trois mots : *respondebant, scribebant, cavebant.* Les opinions émises par les jurisconsultes dans leurs consultations, leurs livres ou leurs plaidoiries obtinrent une grande autorité, et finirent même par devenir une source du droit, aussi bien que les lois et les sénatus-consultes. Auguste en établissant l'empire n'eut garde de négliger un élément de force aussi considérable ; il créa des jurisconsultes officiels, donnant leurs consultations au nom de l'empereur, et dont l'opinion unanime était pour le juge une règle obligatoire. La faculté de faire le droit, *jura condere,* comme dit énergiquement Gaïus, fut restreinte aux seuls jurisconsultes officiels. Cet état de choses, confirmé par Hadrien, se perpétua jusque vers la fin de l'empire. On en trouve encore des traces sous Constantin.

Ainsi à la pratique des affaires les jurisconsultes romains joignaient le droit d'interpréter souverainement les règles du droit positif, et le droit, plus remarquable encore, de créer des règles nouvelles par une sorte d'interprétation extensive. L'étude du droit public et de la constitution ne leur était pas non plus étrangère. La profession de jurisconsulte devint par là une des professions les plus honorables et le plus sûr chemin des honneurs. Sous l'empire surtout, grâce au régime institué par Auguste, et aussi grâce aux circonstances, qui appelaient une modification profonde du vieux droit quiritaire, destiné à devenir le droit commun de l'Europe civilisée, tous les hommes distingués, toutes les intelligences d'élite embrassèrent cette profession. Ce fut dans leurs rangs que les empereurs choisirent leurs ministres ; Papinien, Paul, Ulpien, furent revêtus de l'éminente dignité de préfet du prétoire. La gravité de caractère, le respect pour l'antiquité, et l'expressive brièveté de style qui distinguaient les anciens jurisconsultes se transmirent traditionnellement de génération en génération jusqu'au temps d'Alexandre Sévère, temps après lequel la science du droit sem s'effacer et disparaître.

Combien il serait utile de pouvoir é dier de près ce grand mouvement qu échappé aux historiens, mais qui da sa durée de cinq siècles a produit de beaux et de si durables résultats ! M heureusement, à part le *Digeste* quelques lambeaux, cette littérature riche et si variée ne s'est pas conser jusqu'à nous. Essayons pourtant d' indiquer à grands traits le caractère les principaux monuments.

PRINCIPAUX JURISCONSULTES.
Avec Caton l'ancien, Drusus, Manili et Brutus la jurisprudence romaine co mença à prendre des allures plus lib et une méthode plus scientifique. M cius Scævola donna le premier en d huit livres une exposition détaillée droit civil, et son ouvrage, devenu cla sique, servit de texte à de nombre commentaires. Servius Sulpicius, co temporain de Cicéron, commenta l'é du préteur ; deux de ses disciples, Al nus Varus et Aulus Ofilius, rédigère le premier un *Digeste* en quarante livre l'autre une explication détaillée de l' dit. Sous Tibère, Nassurius Sabinus p blia sur le droit civil un ouvrage trois livres, sur lequel Pomponius, U pien et Paul composèrent plus tard volumineux commentaires. On pe ranger encore dans la classe des gran ouvrages systématiques les *Digestes* Juventius Celsus et de Cervidius Scæ vola. L'édit du préteur fut aussi l'obj de travaux considérables ; Pomponius second siècle, Gaïus sous les Antonin Ulpien et Paul sous Alexandre Sévèr Julien et Marcellus en commentère les dispositions. A côté de ces gran ouvrages, dont les fragments remplisse la plus grande partie du *Digeste,* on peu citer les commentaires proprement di ou simples explications de certains te tes. Ainsi Labéon sous Auguste et apr lui Gaïus commentèrent la loi des Dou Tables ; Sabinus, Gaïus, Ulpien et Pau l'édit des édiles ; Gaïus, l'édit provincia Les diverses lois importantes pour droit civil, les principaux sénatus-co sultes furent également commentés. O fit des recueils de questions, de con sultations, de lettres, de décisions, d difficultés, d'arrêts rendus dans le con

sistoire impérial. Enfin on écrivit des manuels (*regulæ*, *institutiones*), qui sont particulièrement remarquables par la méthode systématique et par l'inimitable précision du style. Par ce qui nous reste des *Institutes* de Gaïus, d'Ulpien, de Paul, de Marcien et de Florentinus on peut voir comment les jurisconsultes romains avaient su dominer les immenses matériaux du droit romain, les réduire en système et en faire une véritable science. La méthode et la disposition des Instituts de Gaïus, reproduite par les *Institutes* de Justinien, est encore à peu de chose près celle de nos codes modernes.

Il ne faut pas, au reste, chercher dans les ouvrages des jurisconsultes romains une forme philosophique, des systèmes construits *a priori*, des principes abstraits et formulés. On a souvent prétendu que la doctrine stoïcienne avait exercé une grande influence sur le développement de la jurisprudence romaine; mais les textes où cette influence se montre directement et d'une manière incontestable sont très-rares. Un examen attentif a même conduit à conjecturer avec assez de vraisemblance que si Gaïus était stoïcien, Ulpien aurait plutôt appartenu à l'école épicurienne. Les jurisconsultes romains sont avant tout pratiques. Ils prennent pour point de départ les textes, analysent et commentent toutes les expressions du législateur, montrent comment la disposition est applicable à tous les cas qui peuvent se présenter, et s'efforcent de la concilier avec les autres règles du droit positif. Leur principal mérite est une grande force de logique, une dialectique serrée, qui formule un principe et en tire rigoureusement toutes les conséquences, sans pourtant cesser jamais de rester pratique. Il leur arrive rarement de critiquer la loi, plus rarement encore d'en indiquer la portée politique ou économique. Leur style, surtout celui de Gaïus, est le véritable style des affaires, net, simple, précis, digne, et il s'est conservé pur plus longtemps que celui des autres écrivains.

ÉCOLES DE JURISCONSULTES. — Sous cette uniformité on découvre cependant quelques différences, on trouve même deux écoles rivales, dont Ateïus Capito et Antistius Labeo furent les chefs sous Auguste. A l'école de Capito appartiennent Sabinus et Cassius, Cœlius Sabinus, Priscus Javolenus, Aburnus Valens, Tuscianus, Salvius Julianus, Sextus Pomponius et Gaïus. A l'école de Labeo appartiennent Nerva, Proculus, Nerva le fils, Longinus, Pegasus, les deux Celsus et Neratius Priscus. Les jurisconsultes de la première école s'appelèrent sabiniens, ceux de la seconde proculéiens. Les premiers s'attachaient davantage à la lettre de la loi, les seconds en recherchaient plus librement l'esprit. Cette divergence, qui commença sous Auguste, alla toujours en s'effaçant, et finit par disparaître au temps de Septime Sévère.

Il n'y avait pas à proprement parler d'enseignement de la jurisprudence. L'assiduité aux consultations publiques des jurisconsultes officiels et aux audiences des tribunaux, jointe à la lecture des ouvrages de doctrine, tenait lieu d'enseignement. Cependant les jurisconsultes renommés donnaient des conseils et des explications aux jeunes gens qui se pressaient autour d'eux. Avec le temps des écoles se formèrent, *stationes jus publice docentium*, dit Aulu-Gelle; il y eut des professeurs rétribués par les étudiants. Les principales villes de province eurent leurs écoles de droit aussi bien que Rome; la plus célèbre de ces écoles provinciales fut celle de Béryte en Phénicie, dont les étudiants obtinrent d'importants privilèges sous Dioclétien et Maximien.

SÉNATUS-CONSULTES, ÉDITS. — L'importance relative des sources de droit romain subit sous les empereurs quelques modifications, commandées par la nature des choses. Ainsi, dans les derniers temps de la république et sous les premiers césars, nous trouvons un grand nombre de lois, particulièrement relatives à l'organisation judiciaire et au droit criminel : les fameuses lois *Julia* et *Papia Poppæa*, contre le célibat, la loi *Julia de adulteriis*, la loi *Ælia Sentia* sur les affranchissements. Mais ce mode de législation finit par tomber en désuétude, avec les assemblées du peuple; et il faut bien se garder de prendre au pied de la lettre cette phrase de Gaïus qui dit encore au présent : *Lex est quod po-*

pulus jubet atque constituit. Le sénat, qui remplaçait l'assemblée du peuple pour les élections, hérita en même temps des fonctions législatives de cette assemblée. Les sénatus-consultes délibérés sur la proposition de l'empereur (*oratio cæsaris*), ou même adoptés d'acclamation, remplacèrent les lois. Les magistrats, à Rome comme dans les provinces, gardèrent le droit de publier des édits. Toutefois sous Hadrien le jurisconsulte Salvius Julianus révisa tous les anciens édits du *prætor urbanus*, et en tira une rédaction qui devint définitive; de semblables travaux furent faits sur les édits des édiles et sur ceux des magistrats provinciaux, que l'on réduisit à un seul, sous le titre d'*edictum provinciale*. Grâce à ce travail, les magistrats firent de moins en moins usage du *jus edicendi*, qui finit par tomber lui-même en désuétude. L'édit du préteur devint un texte définitif, et les jurisconsultes s'en emparèrent pour le commenter comme une loi.

CONSTITUTIONS DES EMPEREURS. — A côté d'abord et ensuite à la place de toutes ces sources se placèrent les constitutions des empereurs. Ces constitutions avaient force de loi. *Nec unquam dubitatum est*, dit Gaïus, *quin id legis vicem obtineat, cum ipse imperator per legem imperium accipiat.* On en distinguait trois sortes : *edicta, rescripta, decreta.* Les édits étaient des ordonnances générales, rendues pour l'ordinaire avec l'approbation du sénat ; les rescrits étaient des réponses à des demandes faites par des magistrats, ou même par des particuliers ; les décrets étaient de véritables jugements, rendus par l'empereur dans les affaires soumises à sa juridiction. Bien que les rescrits et les décrets ne fussent que des décisions sur des cas isolés, ils fixaient la jurisprudence, et acquéraient par le fait force de loi. Il en était de même des instructions données par l'empereur aux fonctionnaires envoyés dans les provinces. Enfin on reconnaissait encore comme sources du droit la coutume et la jurisprudence constante des tribunaux.

LOI DES CITATIONS. — Au commencement du quatrième siècle il n'y avait plus guère en fait d'autre source du droit que les constitutions impériales. Les lois, les plébiscites, les édits des magistrats, les sénatus-consultes, même les écrits des jurisconsultes autorisés n'étaient plus que des souvenirs. Il y a plus, comme toutes ces anciennes sources avaient été depuis longtemps commentées, on laissait de côté les textes pour s'en tenir aux commentaires, dont l'usage était plus commode, en sorte que le droit romain tout entier se trouvait dans les ouvrages des jurisconsultes et dans les constitutions des empereurs. Mais les ouvrages des jurisconsultes étaient fort nombreux, et présentaient un grand nombre de controverses. Les juges n'avaient plus ni la science ni les moyens nécessaires pour résoudre ces questions ; il fallut les trancher par voie d'autorité. C'est ce qu'essaya de faire d'une manière définitive une constitution publiée en 426 sous le nom de Théodose II et de Valentinien III. Cette constitution confirmait l'autorité des jurisconsultes reçus dans la pratique et de leurs écrits, à l'exception des notes de Paul et d'Ulpien sur Papinien, qui continuèrent d'être proscrites comme elles l'avaient été par Constantin. Dans le cas de dissidence entre les auteurs, le juge devait suivre l'opinion de la pluralité, dans le cas de partage celle de Papinien. Il n'était libre de se former une opinion personnelle que dans le cas de silence de la part de Papinien. Par jurisconsultes reçus dans la pratique on entendait Papinien, Paul, Gaïus, Ulpien, et Modestin et tous ceux dont ces cinq auteurs citaient les opinions, pourvu que la citation fût conforme au texte original. C'est ce qu'on appelle la *loi des citations*. Elle montre à quel abaissement la jurisprudence romaine était tombée. « Ainsi, dit M. Ortolan [1], lorsque les consultations publiques avaient cessé, lorsqu'il n'existait plus de prudents qui, entourés d'une foule de plaideurs, pussent les diriger et résoudre les difficultés de la jurisprudence, ceux qui jadis avaient rempli ce noble ministère étaient comme vivant toujours pour le remplir encore, et par leurs écrits ils répondaient à leur postérité. Mais les magistrats, les juges,

[1] *Histoire de la Législation romaine*, p. 355.

dont l'office était ainsi réduit à une compilation, à un compte mécanique d'opinions, qu'étaient-ils ? quel usage avaient-ils à faire de leur raison, de leur propre science, s'ils en avaient? Aussi Justinien les rendit-il plus tard à leur libre arbitre, en défendant cette opération numérique qu'avait ordonnée la loi des citations. »

RECUEILS DE CONSTITUTIONS IMPÉRIALES. — Quant aux constitutions des empereurs, la même difficulté ne pouvait pas se présenter dans leur application, les plus récentes dérogeant nécessairement aux plus anciennes. Seulement il était difficile de se les procurer, surtout les rescrits qui n'étaient pas publiés. Aussi commença-t-on de bonne heure à en faire des recueils. Le plus ancien est celui des constitutions de Marc-Aurèle et de Vérus par Papinius Justus. On en trouve seize fragments dans le *Digeste;* ensuite vinrent, à une époque incertaine, les codes *Grégorien* et *Hermogénien*, et enfin le code *Théodosien*, publié officiellement en 438 par les soins de Théodose II. Ce recueil, dont nous avons une partie, réunit toutes les constitutions rendues depuis Constantin jusqu'à Théodose II, classées par ordre de matières, et dans chaque titre par ordre chronologique. Il fut reçu et publié dans l'empire d'Occident par les soins de Valentinien III, l'année même où il parut. Les empereurs suivants publièrent aussi des constitutions, qui furent jointes au code *Théodosien* en forme d'appendice, sous le titre de *Novelles*. Ainsi les écrits des jurisconsultes autorisés, les trois codes *Grégorien*, *Hermogénien*, *Théodosien* et les *Novelles* renfermaient tout le droit romain au moment de la chute de l'empire d'Occident, en 476. Les écrits des jurisconsultes étaient eux-mêmes soumis à ce procédé de réduction et de compilation. Herennius Modestinus, disciple d'Ulpien sous Alexandre Sévère, avait été le dernier des grands jurisconsultes romains. Hermogénien, qui vint quelques années plus tard, publia quelques livres d'extraits ; plus tard encore on se contenta de mettre bout à bout des passages découpés dans les anciens auteurs. Nous avons encore trois compilations de ce genre; elles sont connues sous le nom de *Fragmenta Vaticana*, *Collatio legum Romanarum et Mosaïcarum* et *Consultatio veteris Jurisconsulti*.

CODE DE JUSTINIEN. — Les trois codes Grégorien, Hermogénien et Théodosien renfermaient bien toutes les constitutions impériales de quelque importance; mais un grand nombre de ces constitutions s'abrégeaient les unes les autres. Quant aux écrits des jurisconsultes, même après la *loi des citations* il était encore difficile de se les procurer tous, et surtout d'en fixer le texte, souvent altéré par les copistes. D'ailleurs le droit romain se modifiait de plus en plus profondément sous l'influence du christianisme, devenu religion de l'État. Une nouvelle codification devint nécessaire; elle fut entreprise et achevée par Justinien, empereur d'Orient.

Elle commença par les constitutions impériales. En 528 une commission de dix membres fut nommée par l'empereur, et se réunit sous la présidence de Tribonien; dix mois après, en 529, elle publia son travail. Le nouveau code était un recueil de toutes les constitutions impériales encore en vigueur; ces constitutions étaient classées en titres par ordre de matières, et sous chaque titre par ordre chronologique. Pour mettre en harmonie tous ces éléments divers, les commissaires avaient reçu le pouvoir de retrancher, d'ajouter et même d'interpoler. Une constitution rendue lors de la publication du nouveau code donna force de loi à toutes les constitutions qu'il contenait, même aux simples rescrits, et abrogea toutes les autres.

Pour concilier les dispositions de ce code avec les ouvrages des auteurs il fallut que l'autorité impériale intervînt à plusieurs reprises par des décisions impératives. En peu de temps Justinien, sur le rapport de Tribonien, rendit cinquante de ces décisions, qui furent réunies et formèrent un recueil à part.

LE DIGESTE. — En 530 Justinien nomma, toujours sous la présidence de Tribonien, devenu questeur du palais, une commission nouvelle, qu'il chargea de réduire à sa plus simple expression toute la jurisprudence des auteurs. Les extraits seraient divisés en cinquante livres dans l'ordre de matières suivi par le code et bien antérieurement par l'édit du préteur ; les commissaires avaient, du reste, pleins pouvoirs pour supprimer, ajouter et interpoler; ils étaient au nombre de seize, et ils avaient environ deux mille ouvrages à dépouiller. Pour avoir fini plus vite, ils se partagèrent en trois sous-commissions, qui prirent chacune une partie du travail. L'une se chargea des commentaires sur Sabinus, la seconde des commentaires sur l'édit, la troisième des ouvrages de Papinien. Les autres ouvrages furent répartis entre les trois sous-commissions de manière à ce que les parts fussent égales. Chaque sous-commission se mit à dépouiller les ouvrages qui lui étaient assignés. Les passages qui parurent bons à prendre furent copiés avec l'indication de l'auteur et du livre auquel on les empruntait et classés sous des rubriques. Ce premier travail fait, on reprit tous ces fragments, et on les compara soit au code, soit entre eux, de manière à ne laisser échapper aucune contradiction. Après ce travail de révision les trois sous-commissions se réunirent, et après une révision nouvelle on composa définitivement chaque titre avec les trois classes de fragments qui sont le plus souvent juxtaposées l'une à l'autre, sans qu'on ait songé à reclasser les divers fragments d'après un ordre logique. Ce travail fut achevé rapidement, et parut le 16 décembre 533, sous le titre de *Digeste* ou *Pandectes*. Tous les passages reçus dans le *Digeste* eurent force de loi, tous les passages exclus furent condamnés à l'oubli; et pour éviter toute controverse à l'avenir une constitution impériale proscrivit d'avance tout commentaire sur le *Digeste*, et interdit aux copistes l'usage des sigles ou abréviations.

LES INSTITUTES. — En même temps Justinien avait donné à Tribonien et à deux professeurs de droit, Dorothée et Théophile, la mission de rédiger un nouvel ouvrage élémentaire sur le plan des *Institutes* de Gaïus, de Paul, d'Ulpien, de Marcien, etc. Tribonien et ses collaborateurs prirent pour base de leur travail les *Institutes* de Gaïus, le complétèrent par les ouvrages élémentaires des jurisconsultes postérieurs, marquèrent avec soin les innovations introduites par la législation impériale, et publièrent le tout le 23 novembre 533, avec une dédicace *studiosæ legum juventuti*. Les *Institutes*

et le *Digeste* furent déclarés exécutoires à partir du 30 décembre suivant, et il fu expressément défendu sous des peine sévères de citer devant les tribunau d'autre texte que celui des *Institutes* du *Digeste* et du *Code*.

Pour éviter toute difficulté relative ment aux cinquante décisions et au constitutions nouvelles promulguées de puis la publication du *Code*, Justinie se décida à faire une nouvelle éditio de ce recueil. Tribonien et quatre autre personnes furent chargées de ce travail qui parut le 16 novembre 534 sous l titre de *Codex repetitæ prælectionis* Justinien se réserva expressément l droit de publier de nouvelles constitu tions toutes les fois qu'il le jugerait né cessaire, et il en publia en effet un cer tain nombre, dont quelques-unes sor de la plus haute importance pour l droit privé, notamment celles qui ré glent l'ordre des successions *ab intesta*

L'explication des *Institutes*, du *Di geste* et du *Code* fut substituée dans le écoles de droit à l'explication de Gaïus des commentaires sur Sabinus et sur l' dit et des ouvrages de Papinien. La du rée de l'enseignement fut fixée à cin ans, et une constitution spéciale déter mina les matières qui seraient enseignée dans chacune de ces cinq années. Il fu défendu d'enseigner le droit ailleur qu'à Rome, Constantinople et Béryte l'école de Constantinople devint bientô la seule.

L'histoire du droit romain s'arrêt pour nous à Justinien; après lui on n trouve plus que des scolies sur le *D geste* et les *Institutes* et des recueils Novelles. Les *Institutes*, les *Pandecte* et le *Code* ont été longtemps l'uniqu et sont encore aujourd'hui la principa source de toutes nos connaissances droit romain. Il serait intéressant à titre de suivre à travers le moyen âge les temps modernes l'histoire des livre de Justinien, de montrer comment l'e prit des sociétés modernes s'est empar de ces livres, comment ils sont devenu l'école des jurisconsultes et la base d toutes nos législations. Mais cette his toire sortirait du cadre de notre travail Un mot seulement sur la valeur de c legs, un des plus beaux que nous a faits l'antiquité romaine.

Ce qui fait aujourd'hui l'intérêt de l'étude du droit romain, ce n'est pas seulement l'influence exercée par ce droit sur le développement historique de nos institutions, ce n'est pas non plus la perfection absolue de ce droit, considéré, comme l'expression la plus pure de l'idéal aperçu par la raison, mais c'est surtout la méthode, la logique et le style des jurisconsultes qui ont écrit sur ce droit et qui en ont fait une science. Si le *Digeste* n'apprend pas à faire des lois, il apprend du moins, et mieux que tout autre livre, à les comprendre et à les interpréter.

PRINCIPALES DIVISIONS DU DROIT ROMAIN. — L'édit du préteur n'était pas, comme nos codes modernes, divisé d'une manière systématique. C'était une suite de titres, dont chacun était consacré à l'explication de l'action, de l'exception, du bénéfice ou autre moyen de droit créé par le préteur. Ces titres se suivaient entre eux dans le même ordre que les actions de la loi dans les *Institutes* de Gaïus; ainsi on avait mis en première ligne tout ce qui pouvait se rattacher à la *legis actio sacramento*, puis tout ce qui pouvait être considéré comme un développement de la *judicis postulatio*, de la *condictio*, de la *manus injectio* et de la *pignoris capio*. Toutes les autres matières avaient été classées d'après leur plus ou moins d'analogie avec l'une de ces cinq actions.

Bien qu'il n'eût pas de valeur logique et systématique, l'ordre des matières de l'édit fut suivi dans presque tous les ouvrages des jurisconsultes, et même dans les *Pandectes*. C'est seulement dans les ouvrages élémentaires connus sous le nom de *regulæ*, d'*institutiones*, que l'on trouve de véritables systèmes.

Le plus généralement suivi, et en même temps le mieux connu, est celui de Gaïus, auquel Justinien s'est conformé dans ses *Institutes*. Gaïus divise le droit en trois parties, relatives aux personnes, aux choses, aux actions, ce qui revient à dire que tout droit suppose un sujet, un objet et un moyen d'exercice. A la classe des choses il rattache les obligations.

Reprenant ensuite chacune de ces trois classes, Gaïus énumère les diverses espèces qu'elles renferment. Son ouvrage n'est pas autre chose qu'une grande classification accompagnée de définitions et d'introductions historiques. C'était seulement une préparation à l'étude de l'édit et de ses commentaires. Nous ne nous astreindrons donc pas à suivre servilement la méthode de Gaïus; elle nous conduirait mal au but que nous nous proposons, qui est de faire connaître sur chaque matière les principales dispositions du droit romain.

§ II. *Droit des personnes.*

TRIPLE CONDITION DES PERSONNES. — *Tria sunt quæ habemus*, dit Paul (L.11.D., *de capite minutis*): *libertatem, civitatem, familiam*. Tous les droits qu'un homme peut avoir reposaient sur cette triple supposition qu'il est libre, citoyen, et membre d'une famille. La possession de ces trois qualités, reconnue et protégée par le droit civil, constitue le *caput* de chaque citoyen. Ce *caput* peut être diminué, modifié de trois manières : la perte de la liberté, qui entraîne l'incapacité civile la plus complète, constitue la *capitis diminutio maxima*; une diminution moins étendue consiste dans la perte de la cité : *capitis diminutio media*; une moins étendue encore, *minima*, consiste dans le changement de famille.

La liberté s'acquiert par la naissance ou par l'affranchissement dans les formes légales; elle se perd par l'effet de certaines condamnations judiciaires et par la captivité en pays ennemi. Mais dans ce dernier cas la perte n'était pas définitive : le captif pouvait revenir. S'il revenait en effet, il était censé n'avoir jamais été esclave. Cette fiction de droit s'appelait *postliminium*. Si le Romain captif avait été racheté par un Romain, il restait en servitude de fait chez celui qui l'avait racheté, jusqu'à ce que ce dernier fût désintéressé. La liberté était protégée par un interdit prétorien *de libero homine exhibendo*, qui interdisait les détentions arbitraires. La cité s'acquiert de trois manières : par la naissance, par la naturalisation et par l'affranchissement. Nous reviendrons plus tard sur ce dernier mode en parlant des effets de l'affranchissement. Pour que l'enfant naquît citoyen il fallait que le père fût citoyen au moment de la conception et qu'il eût le *connubium* avec sa femme. En dehors du *connubium* il n'y avait pas *justæ nuptiæ*, et les enfants suivaient la condition de leur mère, qui s'appréciait alors au moment de la naissance. Un sénatus-consulte rendu sous Hadrien rétablit ce principe, que des lois d'exception, inspirées par un patriotisme jaloux, avaient souvent méconnu, mais déclara en même temps que les enfants nés d'un *peregrinus* et d'une citoyenne romaine seraient traités comme s'il y avait eu *connubium* entre leurs parents. Un siècle après Hadrien, une constitution de Caracalla donna le droit de cité à tous les habitants de l'empire. Toutefois, comme cette constitution ne s'appliquait ni aux Latins juniens ni aux déditices, les règles que nous venons de tracer reçurent encore une application. La naturalisation s'accordait par une loi, plus tard par une constitution impériale, tantôt à des particuliers, tantôt à des villes ou à des peuples. Les Latins et les Latins juniens pouvaient l'acquérir du moment qu'ils remplissaient certaines conditions voulues par la loi, et dont nous parlerons plus tard. Dans le cas où un *peregrinus* avait épousé une citoyenne romaine, et acquérait lui-même le droit de cité depuis la conception, mais avant la naissance de son enfant, ce dernier naissait citoyen, par dérogation au principe établi par Hadrien.

Le droit de cité se perdait par la relégation ou la déportation, et par la naturalisation dans un État étranger; et par étrangers les Romains entendaient tous les peuples qui, bien que faisant partie de l'empire, n'avaient pas le droit de cité. Ainsi les Romains qui allaient fonder une colonie subissaient la *media diminutio capitis*. On trouve bien encore dans les textes quelques autres cas de perte du droit de cité, mais ce sont des subtilités sans intérêt pratique.

Les détails que nous donnerons plus loin sur la constitution de la famille romaine feront comprendre ce que les Romains entendaient par *capitis diminutio minima*.

L'état civil était constaté par les registres du cens, plus tard par les rôles de l'impôt, mais surtout par la preuve testimoniale. Les registres des gentes et des tribus, et les registres de naissance dont les empereurs ordonnèrent la tenue dans les diverses localités, ne paraissent pas avoir sensiblement modifié cet état de choses.

Toute cette théorie du *caput* et de la *capitis diminutio* ne nous est qu'imparfaitement connue, et n'a qu'un médiocre intérêt pratique. Toutefois il était nécessaire d'expliquer en peu de mots la terminologie des Romains sur cette matière avant d'exposer le droit des personnes.

Nous diviserons ce que nous avons à dire du droit des personnes en deux parties. Dans l'une nous traiterons du droit des esclaves, des affranchis et du patronat; dans l'autre nous essayerons de montrer comment était constituée la famille romaine.

DES ESCLAVES (1). Tous les peuples de l'antiquité avaient des esclaves. Aussi les jurisconsultes romains plaçaient-ils l'esclavage parmi les institutions du droit des gens; et, tout en reconnaissant que cette institution était contraire à la nature, *contra naturam*, ils essayaient cependant de la justifier en la présentant comme un adoucissement au droit strict de la guerre, d'après lequel le vaincu pouvait être tué par le vainqueur. L'esclave appartenait donc à son maître comme une chose; il n'avait pas de volonté; et, entièrement soumis à la volonté d'un autre, il n'était pas même considéré comme une personne. Le maître pouvait vendre ses esclaves, les punir arbitrairement, même de mort. L'esclave ne pouvait intenter une action en son nom; la protection du droit civil ne s'étendait pas jusqu'à lui. Il ne pouvait même pas contracter mariage. L'union qu'il formait était considérée comme une simple relation de fait, et désignée sous le nom de *contubernium*.

Telle était la rigueur du droit; mais les mœurs et les idées religieuses concoururent à adoucir en fait la position des esclaves. Dans les premiers temps de Rome ils étaient considérés comme des membres de la famille, et au besoin les censeurs, dans un intérêt de police

(1) Pour cette section voir l'*Histoire de l'Esclavage dans l'antiquité* de M. Wallon, 1847.

et de sûreté publique, intervenaient pour les protéger contre leurs maîtres. Pendant la fête des Saturnales les esclaves jouissaient de quelques moments de liberté, et partageaient la table de leurs maîtres ; à celle des Compitales ils pouvaient offrir des sacrifices comme les hommes libres, et leurs sépultures étaient protégées au même titre par la religion.

Des adoucissements progressifs furent apportés à leur condition par la législation impériale. Une loi *Petronia*, qu'on place sous Auguste, et plusieurs sénatus-consultes défendirent sous des peines sévères de vendre les esclaves pour les faire combattre contre les animaux féroces. Il fut également défendu de punir de mort un esclave sans la permission des magistrats, et la violation de cette loi fut considérée comme un *crimen publicum*. On alla même jusqu'à donner aux esclaves une plainte contre leurs maîtres pour mauvais traitements, privation de nourriture et attentats à la pudeur. On prit soin que dans le cas de vente les proches parents ne fussent pas séparés. Une constitution impériale ordonna que les esclaves attachés à la culture des fonds de terre et inscrits sur les rôles de la contribution foncière ne pussent être séparés du fonds. On ne leur accorda pas le droit de contracter mariage ; mais la parenté naturelle qui résultait de leurs unions était prise en considération après l'affranchissement, et constituait alors un empêchement civil au mariage.

A l'égard des tiers l'esclave n'était que la chose, l'instrument de son maître. Tout dommage causé à l'esclave par un tiers était considéré comme un dommage fait au maître, et ce dernier pouvait en poursuivre la réparation par des actions spéciales. Ainsi la loi *Aquilia* donnait au maître dont l'esclave avait été tué le droit de demander à l'auteur du dommage la plus haute valeur que l'esclave tué avait eue pendant la dernière année ; dans le cas de simple blessure faite à l'esclave, la même loi *Aquilia* condamnait l'auteur du dommage à payer au maître la plus haute valeur que l'esclave blessé avait eue pendant les trente derniers jours. Des actions pénales analogues avaient été introduites par l'édit ou même par la loi des Douze Tables pour mauvais traitements, injures, corruption, séduction. Mais ici, comme dans les rapports entre l'esclave et son maître, la logique absolue avait fléchi devant l'humanité. Le meurtre d'un esclave put être poursuivi criminellement, comme celui d'un homme libre, et le préteur donna l'action d'injure, non-seulement dans le cas où le maître avait été outragé dans la personne de son esclave, mais dans le cas même où l'outrage s'adressait seulement à l'esclave et non au maître. *Ipsi servo facta injuria inulta a prætore reliqui non debuit*, dit Ulpien. Il fallait seulement que l'outrage fût grave. La jurisprudence reconnaissait bien que l'esclave était un homme ; mais elle ne pouvait effacer sa qualité d'esclave et le considérer à l'égal d'un homme libre.

Toujours conséquents avec leur principe, les jurisconsultes romains décidaient que l'esclave ne peut rien avoir en propre. Tout ce qu'il acquiert, il l'acquiert pour son maître, et comme un instrument. C'était là la règle, mais elle fléchissait dans la pratique. Une grande partie de la population industrielle étant esclave, les maîtres trouvaient utile d'intéresser leurs esclaves aux profits de leur industrie, de leur laisser la libre disposition d'un pécule. Ce pécule était le capital destiné à alimenter le travail de l'esclave. En droit il appartenait au maître, qui pouvait arbitrairement le reprendre ; mais il en arrivait rarement ainsi. Il était même d'usage de promettre à l'esclave la liberté pour le jour où il aurait porté à une certaine somme le chiffre de son pécule. L'esclave et le maître y trouvaient également leur compte. On décidait même qu'à défaut de réserve expresse le don de la liberté entraînait le don du pécule. Le maître se trouvait ainsi de fait, sinon de droit, en compte et en relation d'affaires avec ses propres esclaves, et les obligations ainsi contractées, bien qu'elles ne fussent pas protégées par des actions, étaient considérées comme obligations naturelles. Une caution civile pouvait s'adjoindre à cette obligation naturelle, et la somme payée au maître par l'esclave affranchi ou réciproquement ne pouvait être répétée par la *condictio indebiti*.

Pour administrer un pécule il fallait

contracter des obligations actives et passives. Mais comme l'esclave ne pouvait ni s'obliger personnellement ni obliger son maître, le préteur créa l'action *de peculio* par laquelle les tiers pouvaient se faire payer par le maître jusqu'à concurrence du pécule. Si l'esclave mourait, était affranchi ou changeait de maître, l'action devait être intentée dans le délai d'un an à peine de déchéance. Seulement le maître prélevait d'abord sur ce pécule ce qui lui était dû; le reste était partagé entre les créanciers. Ce privilége du maître cessait dans le cas où l'esclave exerçait une industrie avec l'autorisation de son maître. Ce dernier devait alors partager le pécule au marc le franc des créances entre tous les créanciers, lui compris, et dans le cas de fraude il pouvait être poursuivi par l'*actio tributoria*.

Dans ces derniers cas l'esclave agissait en quelque sorte en son nom; mais quand il était mandataire de son maître, le maître était obligé comme par tout autre mandataire. L'esclave préposé à un commerce ou à une expédition maritime obligeait aussi son maître par tous les actes qu'il passait dans l'exercice de ses fonctions (*actiones exercitoriæ, institoriæ*). Enfin si le maître n'avait pas autorisé le commerce ou l'entreprise industrielle de son esclave, il pouvait du moins être actionné jusqu'à concurrence de ce qui avait tourné à son profit (*de in rem verso*).

Si dans tous ces cas le maître se trouvait obligé par le fait de son esclave, c'est qu'il avait expressément ou tacitement consenti à ce que son esclave agît pour lui et comme son instrument. Mais en toute autre circonstance l'esclave ne pouvait obliger son maître. C'était un principe qu'un homme libre ne pouvait s'obliger que par un acte de sa propre volonté. L'esclave pouvait seulement contracter en son nom envers des tiers des obligations naturelles, dépourvues d'action.

Le maître avait seul le droit de punir ses esclaves; il pouvait même dans les premiers temps les punir de mort et faire exécuter la sentence par ses autres esclaves. Plus tard on exigea que la peine capitale fût sanctionnée par les magistrats. Les crimes commis par des esclaves contre des tiers ou contre la vi de leurs maîtres pouvaient être pour suivis criminellement devant les tribu naux ordinaires, mais l'exécution de l sentence capitale était toujours remis au maître. Quant aux réparations ci viles, le maître ne pouvait en demande à son esclave; mais le délit de l'esclav envers un tiers créait une véritable obli gation civile; seulement cette obligatio ne pouvait devenir le fondement d'un action que dans le cas où l'esclave sera affranchi. Contre le maître, le tiers lés avait une action noxale; le maître ains actionné devait réparer le dommage o abandonner l'esclave en toute propriét au demandeur; s'il faisait défaut, le de mandeur pouvait emmener l'esclave au teur du délit, avec l'autorisation du pré teur. Quand l'esclave auteur du déli avait indemnisé par son travail la per sonne lésée, il pouvait demander son a franchissement en justice.

De nombreuses mesures de polic avaient été prises contre les esclaves dans l'intérêt de la sécurité publique Ainsi, quand le maître vendait un esclav à charge pour l'acheteur de l'exporte ou de l'éloigner de certain lieu, on te nait la main à l'exécution de cette con dition; et si l'esclave reparaissait, retombait sous la puissance de son an cien maître si ce dernier avait réserv ses droits, ou devenait esclave du fisc Revenait-il comme affranchi, l'État l faisait vendre. L'interdiction du séjour d l'Italie, et surtout de Rome, était fré quente. D'autres mesures avaient pou but d'empêcher l'évasion des esclaves Les recéleurs étaient sévèrement punis et les magistrats avaient ordre de prête main-forte aux poursuites dirigées pa le maître. Pour forcer le maître à pour suivre, on lui défendit de vendre se esclaves fugitifs avant qu'ils ne fusser retrouvés. Du reste, l'esclave fugitif éta considéré comme se volant lui-même son maître. Il était *res furtiva*, et n pouvait en conséquence être acquis pa usucapion. Son maître en restait tou jours possesseur.

Il y avait plusieurs manières de de venir esclave. On le devenait par nais sance, quand la mère était esclave a moment de l'accouchement; mais, pa une interprétation favorable à la liberté es jurisconsultes admirent, contrairement à cette règle, que l'enfant né d'une mère esclave serait libre si la mère avait été libre à un moment quelconque de la grossesse. Le sénatus-consulte Claudien relatif aux unions entre personnes libres et esclaves avait introduit de nouvelles exceptions à ce principe; mais Hadrien et Vespasien, *inelegantia juris moti*, dit Gaïus, firent disparaître ces exceptions arbitraires, et rétablirent la règle générale. Devenaient encore esclaves : les prisonniers de guerre, d'après un usage commun à toute l'antiquité; les citoyens qui ne se présentaient pas lors de la confection du cens, ou d'une levée de troupes; la personne libre qui se laissait vendre comme esclave par fraude, et pour revendiquer ensuite sa liberté; enfin, d'après le sénatus-consulte Claudien, la femme libre qui vivait en concubinage avec l'esclave d'un tiers et refusait de s'en séparer, malgré les avertissements du maître. Cette dernière disposition fut abolie par Justinien. L'abus des confiscations introduisit sous les empereurs une nouvelle cause de servitude. Les condamnés à mort, aux mines, aux bêtes et au cirque devinrent *servi pœnæ*, esclaves de la peine. De la sorte les legs et les institutions d'héritier faites au profit des condamnés furent considérées comme non écrites, et échappèrent ainsi au fisc. Justinien adoucit l'état des condamnés aux mines en décidant que leur mariage antérieur continuerait à subsister. Du reste, la liberté était inaliénable et imprescriptible. L'ingénu qui par erreur avait été traité comme esclave et affranchi n'en restait pas moins ingénu.

Indépendamment de l'affranchissement, on cessait d'être esclave de plusieurs manières. Ainsi, la loi donnait la liberté à l'esclave qui indiquait le meurtrier de son maître, un ravisseur, un faux monnayeur ou un déserteur; à celui que son maître abandonnait lorsqu'il était vieux et infirme, ou à la femme que son maître voulait prostituer. Signalons encore comme moyens d'acquérir la liberté la prescription, et plus tard l'entrée dans les ordres monastiques.

AFFRANCHISSEMENTS. — Dans l'ancien droit romain l'affranchissement fait dans les formes légales conférait toujours la liberté et le droit de citoyen. Si les formes légales n'étaient pas remplies, l'affranchissement était nul. Deux lois des premières années de l'empire, la loi Ælia Sentia (4 ap. J.-C.) et la loi Junia Norbana (19 ap. J.-C.) créèrent une sorte de demi-liberté pour les esclaves affranchis sans observation des formes légales, et les dispositions combinées de ces deux lois réglèrent toute la matière des affranchissements.

Avant ces deux lois il y avait trois manières d'affranchir un esclave, *vindicta, censu, testamento*. L'affranchissement par la vindicte était une revendication simulée de l'esclave, que le préteur abandonnait à l'*assertor in libertatem*, le maître renonçant à soutenir son droit. — Les deux autres manières consistaient à déclarer l'esclave comme affranchi lors de la confection du cens, ou à lui léguer la liberté par testament. De ces trois modes d'affranchissement, le second cessa de bonne heure d'être mis en usage. En revanche, les affranchissements par la vindicte et par testament devinrent de plus en plus fréquents. On décida que les premiers pouvaient avoir lieu devant les magistrats municipaux investis de la *legis actio*, et que le magistrat compétent pouvait les faire *de plano*, même en passant. Quant aux affranchissements testamentaires, on prit des mesures pour que les fidéicommis relatifs à la liberté des esclaves fussent fidèlement exécutés. L'héritier pouvait être condamné en justice à remplir sur ce point la volonté du testateur, et divers sénatus-consultes (*Rubrianum, Dasumianum, Vitrasianum, Juncianum*) réglèrent avec soin la forme et les effets de cette obligation. Mais dans ce cas l'affranchissement ne provenait pas directement du fidéicommis; seulement l'héritier était tenu d'affranchir *vindicta* ou *testamento* les esclaves auxquels le testateur l'avait prié de donner la liberté. Justinien ordonna que dans le cas où l'héritier se refuserait à remplir cette obligation, la sentence du juge vaudrait affranchissement.

Outre ces modes solennels d'affranchissements, il y avait des modes plus simples, que le droit ne reconnaissait pas et qui ne conféraient en conséquence qu'une liberté de fait, comme une déclaration en présence d'amis, l'admission à la table du maître, ou une lettre. Cette liberté de fait fut d'abord protégée par le préteur contre l'arbitraire du maître, puis consacrée et réglementée par la loi Junia Norbana, qui donna la latinité aux affranchis par des modes non solennels. Mais cette distinction entre deux sortes d'affranchissements devait tendre à s'effacer de jour en jour. Constantin attacha les effets de la manumission solennelle à celle qui avait lieu dans l'église, pardevant l'assemblée des fidèles; ce dont il était rédigé un procès-verbal. Il établit même que quand le manumisseur serait un membre du clergé, une simple déclaration de volonté de sa part vaudrait comme affranchissement solennel. Justinien supprima la latinité, spécifia ceux des modes non solennels qui conféraient la liberté pleine et entière, et enleva aux autres tout effet.

Une autre condition de la validité de l'affranchissement était que l'affranchisseur fût bien réellement propriétaire de l'esclave affranchi. S'il en était seulement propriétaire quiritaire, l'affranchissement restait sans effet; s'il en était seulement propriétaire *bonitaire*, il lui conférait par l'affranchissement une liberté de fait que le préteur protégeait et que la loi Junia Norbana changea en un droit de latinité, mais en laissant subsister le *nudum jus quiritium* du propriétaire quiritaire; ce *nudum jus quiritium* fut supprimé par Justinien.

Un des premiers efforts de la législation impériale tendit à restreindre le nombre des affranchissements que la vanité et la spéculation multipliaient outre mesure. La loi Ælia Sentia déclara que les esclaves marqués ou punis pour crimes ne deviendraient pas citoyens romains, mais seraient assimilés aux peuples déditices, c'est-à-dire vaincus et rendus à discrétion. Cette classe d'affranchis subsista jusqu'à Justinien, qui l'abolit. La même loi Ælia Sentia ne permit d'affranchir que les esclaves âgés de trente ans au moins. Les esclaves âgés de moins de trente ans ne purent être valablement affranchis que par la vindicte et avec l'approbation d'un conseil composé d'un certain nombre de citoyens romains. Tout autre mode d'affranchissement d'un esclave au-dessous de trente ans était nul en droit. Mais loi Junia y attacha la latinité. Il fu réglé de plus, toujours par la loi Ælia Sentia, que le maître ne pourrait pas a franchir avant d'avoir atteint l'âge d vingt ans, à moins d'avoir l'approbatio du conseil précité. Les affranchissemen faits au préjudice des créanciers furen déclarés nuls. Enfin une loi Furia Caninia (8 ans après J.-C.) établit le max mum d'affranchissements que le maît pourrait faire par testament, maximu qui variait suivant le nombre des escla ves. Justinien abolit cette dernière loi ainsi que les dispositions relatives à l'âg de trente ans exigé des affranchis; ma il conserva celles qui exigeaient l'âge d vingt ans dans le manumisseur.

La simple application des princip généraux du droit suffisait dans bien d cas pour réduire le nombre des affran chissements. Ainsi, quand un esclav commun était affranchi par un de se maîtres, il ne pouvait devenir libre pa là, mais l'affranchissant était regard comme ayant abandonné sa part de pr priété qui accroissait aux autres maîtres Ainsi le refus d'un seul des maître pouvait empêcher l'affranchissement d l'esclave commun. Justinien décida qu'e pareil cas les maîtres refusant seraien forcés d'abandonner leurs droits contr le payement d'une somme fixée par l loi. L'esclave sur lequel un tiers avai un droit d'usufruit ne profitait de l'af franchissement fait en sa faveur par l nu-propriétaire, qu'à l'expiration de l'u sufruit; jusque là il était esclave san maître, *servus sine domino*. Justinie décida qu'il serait affranchi tenu au mêmes services qu'un esclave. L'affran chissement fait par l'usufruitier ne pou vait préjudicier aux droits du nu-proprié taire; seulement il donnait à l'esclave liberté de fait pendant la durée de l'u sufruit. L'esclave qui était l'objet d'un hypothèque spéciale ne pouvait être af franchi sans le consentement du créan cier hypothécaire. Il en était autremen dans le cas où l'esclave se trouvait hy pothéqué avec les autres biens de so maître, d'une manière générale. Les ma gistrats chargés de la police pouvaien interdire l'affranchissement de tel ou te esclave; le vendeur pouvait aussi im poser à l'acheteur la charge de ne pas affranchir. Il y avait encore quelques autres restrictions de peu d'importance, qui furent supprimées par Justinien.

Mais malgré ces précautions nécessaires les affranchissements étaient favorisés par le droit. Ainsi une constitution de Marc-Aurèle permit à l'esclave de réclamer son affranchissement dans le cas où son maître refuserait de l'affranchir après avoir reçu de l'argent pour le faire. Une autre constitution de Marc-Aurèle déclara libre de plein droit l'esclave que son maître en l'achetant se serait engagé à affranchir, lorsque le maître refuserait d'accomplir son obligation. La jurisprudence interpréta largement ces deux constitutions. Enfin, Marc-Aurèle permit à l'esclave d'attaquer en justice le maître qui aurait supprimé un testament contenant des affranchissements.

L'affranchi devenait, suivant les cas, citoyen, Latin ou pérégrin. Il devenait citoyen quand il était affranchi par un citoyen romain dans les formes légales, ou par l'État, et en cela on suivait l'analogie de la paternité; l'affranchi devait suivre la condition de son patron, comme l'enfant suit la condition du père. Il y avait toutefois quelques différences, surtout au point de vue politique, entre l'affranchi et l'ingénu. Cette distinction s'étendait même jusqu'aux fils d'affranchis. Mais elle s'effaça de bonne heure pour ces derniers. Elle pouvait d'ailleurs cesser quand l'empereur donnait à l'affranchi le droit de porter un anneau d'or; c'est ce qu'on appelait *natalium restitutio*. Justinien décida que tout affranchissement entraînerait de plein droit la *restitutio natalium*.

L'affranchi devenait Latin quand il était affranchi par un mode non solennel, ou par le propriétaire bonitaire, ou quand il était affranchi avant d'avoir atteint trente ans sans l'avis du conseil. Cette latinité, créée par la loi Junia Norbana, conférait à l'affranchi le *commercium*, mais non le *connubium*. On disait du Latin Junien qu'il vivait libre et qu'il mourait esclave. A sa mort tous ses biens appartenaient à son patron, comme le pécule de l'esclave. Mais ses enfants étaient libres.

Enfin il devenait pérégrin, en vertu de la loi *Ælia Sentia*, quand il avait déjà été marqué ou puni pour crime. Cette classe d'affranchis portait le nom de *déditices*; nous en avons déjà parlé. Le *déditice* ne pouvait jamais devenir citoyen romain ni même entrer dans Rome; ses enfants restaient pérégrins, mais n'étaient pas soumis aux mêmes mesures de police.

Les Latins pouvaient devenir citoyens romains dans certains cas prévus par la loi; ainsi, d'après la loi *Ælia Sentia*, l'affranchi au-dessous de trente ans quand il avait contracté par-devant sept témoins citoyens romains un mariage avec une femme citoyenne ou latine, et qu'il pouvait présenter aux magistrats un enfant d'un an né de ce mariage. C'est ce qu'on appelait *causæ probatio*. Cette disposition fut étendue par Vespasien à tous les Latins, sans distinction de la cause qui les avait empêchés de devenir citoyens lors de leur affranchissement. Dans le cas où une personne de condition latine aurait été épousée par erreur par une personne jouissant du droit de cité, un sénatus-consulte antérieur à Hadrien déclara que les enfants issus du mariage seraient citoyens romains, ainsi que l'époux sur la condition duquel il y aurait eu erreur. Un Latin devenait encore citoyen romain quand il avait servi trois ans dans les *vigiles*; quand pendant six ans il avait employé un navire construit par lui à transporter du blé à Rome; quand il avait bâti à Rome une maison ou un four. Une femme latine devenait citoyenne quand elle avait donné le jour à trois enfants. Il pouvait encore y avoir *itération*, c'est-à-dire que l'affranchissement incomplet pouvait être complété après coup. Enfin, il va sans dire que l'empereur pouvait conférer le droit de cité à un Latin Junien.

La liberté donnée sous condition ou à terme se rencontrait assez fréquemment. L'esclave ainsi affranchi restait provisoirement esclave; mais il était en même temps libre en espérance. Cette espérance le suivait toujours et se réalisait de plein droit au moment de l'échéance du terme ou de l'événement de la condition. Ces sortes d'affranchis s'appelaient *statuliberi*. Tout ce qu'ils acquéraient appartenait à leur maître, à moins qu'en leur léguant la liberté leur ancien maître ne leur eût aussi légué leur pécule, auquel cas ce qu'ils acquéraient venait grossir leur pécule. Si la liberté à terme ou sous condition était donnée à l'esclave non dans un legs, mais dans un fidéicommis, on appliquait les mêmes règles; seulement il ne pouvait être question de mise en liberté de plein droit, et le patron de l'affranchi n'était pas le testateur, mais l'héritier.

Du patronat. — L'affranchi était tenu envers son ancien maître à la plus grande reconnaissance. Il le considérait comme un père et un protecteur, prenait son nom et restait presque toujours attaché à la maison et à la famille. Ces rapports introduits par les mœurs se traduisaient en un certain nombre d'obligations légales. La première de toutes était le respect et la déférence envers le patron; ce dernier était armé à cet effet d'un droit de correction que les empereurs adoucirent, et pour l'exercice duquel ils exigèrent seulement l'intervention du magistrat. L'ingratitude de l'affranchi pouvait même amener dans des cas graves la révocation de l'affranchissement. Cette obligation de respect était imposée à l'affranchi et à ses enfants envers le patron et les enfants ou héritiers du patron.

Par une application de ce principe l'affranchi avait besoin de la permission du préteur pour appeler en justice le patron et les ascendants ou descendants du patron. Il ne pouvait intenter contre eux d'action infamante que pour de très-graves motifs, et jamais d'accusation capitale. Il leur devait des aliments, des secours dans leurs besoins, et ne pouvait refuser à l'occasion l'administration de leurs biens ni la tutelle de leurs enfants. Nous parlerons plus tard du droit de succession et de tutelle qui appartenait au patron et à ses descendants sur les biens et la personne de l'affranchi. Ces droits appartenaient aux enfants du patron indépendamment de leur qualité d'héritiers de leur père.

Lors de l'affranchissement le patron pouvait imposer à l'affranchi certaines charges. Souvent ce dernier s'engageait par serment ou dans la forme d'une stipulation à faire des présents à certaines époques et à rendre certains services. Ces services étaient de deux sortes; il y en avait d'honorifiques (*officiales*) qui cessaient à la mort du patron, à mo qu'ils n'eussent été expressément pulés pour les enfants; il y en a d'utiles (*fabriles*) qui passaient aux ritiers du patron avec la succession. interdit spécial, *de liberto homine ex bendo,* servait de sanction à cette o gation. Du reste, les services de l'affr chi n'étaient pas considérés comme chose dans le commerce, et la loi Æ *Sentia* défendait même de les appré en argent. L'ancien droit romain mettait une autre condition mise à l franchissement, et par laquelle l'affr chi s'engageait à certaines obligati pour le cas où il commettrait telle telle faute envers son patron. Ce dr très-désavantageux pour les affranch fut supprimé par le préteur, qui p dédommager les patrons leur acco une sorte de réserve sur la success de leurs affranchis. Toutefois cette serve ne put jamais être cumulée a la stipulation de présents ou de servic

Dans le cas d'affranchissement t tamentaire le patron de l'affranchi é le défunt; l'affranchi s'appelait al *libertus orcinus;* les droits attachés à qualité de patron étaient exercés par famille.

Quand l'affranchissement n'était entièrement libre et spontané, les dro de patronage étaient considérablem diminués. Ainsi l'héritier qui affranc sait un esclave pour s'acquitter d' fidéicommis était bien patron de l'affr chi, mais il ne pouvait ni l'accuser d' gratitude, ni lui demander des alimen ni lui imposer une obligation de servic Il perdait même son droit de patrona quand il n'affranchissait que contrain forcé par une action en justice. On i posait des restrictions analogues au dr du patron dans d'autres cas encore, qu serait trop long d'énumérer.

Le refus d'aliments ou l'abus d'a torité de la part du patron entraînait perte du droit de patronage. La *na lium restitutio* avait le même effet; au les empereurs ne l'accordaient-ils jam sans que le patron y consentît.

Constitution de la famille r maine. — Avant de passer à l'expo tion des règles constitutives de la 1 mille romaine, il est nécessaire d'exp quer ce que les Romains entendaie par les mots de *potestas*, *manus*, et *mancipium*.

Gaïus divise les personnes en deux grandes classes, suivant qu'elles sont *sui* ou *alieni juris*. Sont *alieni juris* celles qui se trouvent *in potestate*, *in manu*, *in mancipio*. Par le mot *potestas* les Romains entendaient la puissance du maître sur l'esclave et celle du père sur ses enfants; par le mot *manus* ils entendaient la puissance à laquelle les femmes étaient soumises en certains cas ; enfin par le mot *mancipium* un droit d'une nature particulière, et qu'il est difficile de définir d'une manière générale. Revenons en quelques mots sur ces trois droits.

Nous avons suffisamment expliqué en quoi consistait le pouvoir du maître sur ses esclaves. Celui du père sur ses enfants était presque aussi étendu. Au point de vue du droit public l'enfant était bien libre et indépendant : il pouvait être magistrat, tuteur, etc. ; il votait dans la tribu et dans la classe de son père : mais au point de vue du droit privé l'enfant, quel que fût son âge, restait sous la puissance de son père. Le père était maître de l'enfant auquel il avait donné la vie, comme de ses esclaves, comme de ses autres biens; c'était un droit de propriété bien plus qu'une magistrature domestique. C'est un point que les recherches modernes ont mis hors de doute et que les explications subséquentes rendront évident.

La *manus* était la puissance sur les femmes. La femme *in manu* était considérée comme la fille de son mari, partant comme la sœur de ses enfants. Si le mari était lui-même fils de famille, sa femme *in manu* était considérée comme la petite-fille du père de famille. La femme *in manu* entrait donc complètement dans la famille de son mari; elle devenait *mater familias*, et abandonnait ainsi sa famille d'origine. La *conventio in manum* emportait donc pour elle une *minima capitis diminutio*, et pour tous ceux qui avaient eu sur elle un droit, pour son père, son tuteur, son patron l'extinction de la puissance paternelle, de la tutelle, du patronat. Les droits d'agnation ou de parenté civile cessaient également d'exister entre elle et son ancienne famille.

La *manus* n'était pas une conséquence nécessaire du mariage. Elle s'acquérait par des moyens spéciaux, au nombre de trois : la confarréation, l'usage et la coemption. La confarréation, réservée aux seuls patriciens, à la différence des deux autres modes, consistait en un sacrifice solennel auquel assistaient le grand pontife, le *flamen dialis* et dix témoins citoyens romains, représentant sans doute les dix curies d'une ancienne tribu. Les mariages accompagnés de cette cérémonie étaient tenus pour sacrés. Aussi, pour devenir flamine de Jupiter, de Mars ou de Quirinus fallait-il être né *ex confarreatis nuptiis*. Le mariage de ces prêtres eux-mêmes devait être célébré avec confarréation. Cette circonstance explique comment la confarréation subsista même sous les empereurs, à une époque où les mœurs et les lois avaient changé et où la *manus* avait presque disparu en fait. Elle disparut elle-même avec l'ancienne religion.

Le mari acquérait la *manus* par l'usage (*usu*), quand sa femme avait habité avec lui pendant une année sans interruption. Mais d'abord cette manière d'acquérir la *manus* ne s'appliquait qu'aux femmes soumises à la puissance paternelle, et non aux femmes en tutelle. De plus, il y avait pour la femme un moyen bien simple d'éviter la *conventio in manum*, c'était de passer tous les ans trois nuits hors du domicile conjugal (*trinoctium usurpatio*). L'usucapion commencée par le mari se trouvait par là interrompue, et la *conventio in manum* ne pouvait avoir lieu. A une époque où la femme ne pouvait pas divorcer, tandis qu'elle pouvait être répudiée par son mari, la femme en évitant la *conventio in manum*, et en se faisant revendiquer par son père ou son tuteur, se donnait en fait la liberté que le droit attribuait exclusivement au mari. Mais l'*usus*, comme la *confarreatio*, disparut de bonne heure, et n'était déjà plus qu'un souvenir au temps de Gaïus.

La coemption était une sorte de vente, une *mancipation* dans laquelle la femme autorisée par son père ou par son tuteur se vendait à son mari. C'était un souvenir des anciens temps. A Rome, comme chez tous les peuples, on trouve que l'achat des femmes a été la première forme du mariage. Dans la *coemptio* telle que la décrit Gaïus la femme n'est plus seulement l'objet de la vente, elle se vend elle-même, et la vente n'est plus qu'une cérémonie destinée à satisfaire à la lettre de la loi; il n'y a plus de prix payé, mais un simulacre de prix. Toutefois, cette forme se conserva plus longtemps que les deux autres, d'abord parce qu'elle était plus simple, et ensuite parce que des jurisconsultes la faisaient servir à des combinaisons fort utiles. Ainsi la femme pouvait avoir besoin d'entrer *in mancipio* d'un tiers pour être ensuite affranchie par lui. Pour la femme soumise à la puissance paternelle le moyen était simple; le père donnait sa fille *in mancipium* à un tiers, qui l'affranchissait; mais pour la femme *sui juris* il fallait qu'elle se donnât d'abord *in manum* par une coemption. Le *coemptionator* la donnait à son tour à un autre *in mancipium;* ce dernier l'affranchissait. La femme pouvait en effet se donner elle-même *in manum,* mais non *in mancipium.* Ce n'étaient là, on le comprend, que des formalités, dont le sens se perdait de jour en jour, et qui finirent par disparaître avec la *manus* elle-même; nous reviendrons sur ce point au chapitre du mariage.

Le père investi de la *potestas*, le mari investi de la *manus* pouvaient vendre leur enfant ou leur femme à un tiers. Cette vente, qui avait lieu par la mancipation, donnait à l'acheteur un droit appelé *mancipium.* La personne *in mancipio* était considérée comme un esclave, *servi loco*, et le *mancipium* était à peu près l'équivalent du droit de propriété. Ainsi, tandis que la *patria potestas* et la *manus* cessaient à la mort du père ou du mari, le *mancipium* passait aux héritiers de l'acheteur. La personne *in mancipio* ne pouvait pas non plus exercer les droits politiques, mais elle ne perdait pas son ingénuité. Elle différait aussi de l'esclave à certains points de vue. Ainsi elle n'était pas l'objet d'une possession, elle pouvait intenter l'action d'injures contre son maître, son mariage était légitime et ses enfants n'étaient pas soumis à son maître. Comme l'esclave, la personne *in mancipio* acquérait pour son maître; mais les obligations contractées par elle *in mancipio* ne pouvaient être poursuivies que sur les biens qu'elle rait possédés si elle n'eût pas été *mancipio*. Au reste, l'usage du *mar pium*, comme celui de la *manus*, de de moins en moins fréquent. Il se treignit presque exclusivement au cas le fils ayant causé un dommage, le le donnait *in mancipium* à la perso lésée, à titre d'indemnité. L'affranc sement se faisait comme pour les esves, mais sans être soumis aux restions des lois *Ælia Sentia* et *Furia Co nia.* L'affranchi redevenait ingénu; n l'affranchissant conservait sur lui sorte de droit de patronat, qui produi certains effets importants en matière tutelle et de succession.

On rencontre encore en droit rom différents rapports de dépendance p faitement analogues au *mancipiu* Ainsi le débiteur insolvable était adj à son créancier, et travaillait comme clave pour le compte de ce dernier j qu'à ce qu'il fût désintéressé. Le *ne* dont nous parlerons plus loin, l'*auc ratus*, c'est-à-dire celui qui se vend comme gladiateur, le Romain pris nier de guerre racheté par un autre main se trouvaient dans la même p tion que la personne *in mancipio*. Qu au voleur pris en flagrant délit et tribué par addiction à la personne vol les jurisconsultes romains agitaient question de savoir s'il devait être as milé à l'esclave ou au débiteur adjugé

Enfin, on peut encore rattacher à rapports de dépendance l'institution colonat, qui se montre à l'époque im riale. Les *coloni*, qui formaient sous derniers empereurs la plus grande par de la population rurale, étaient libres pouvaient contracter des mariages va bles; mais ils étaient attachés au sol. propriétaire foncier avait sur eux u sorte de puissance et un droit de co rection, et ne pouvait être actionné p eux; et les colons fugitifs étaient trai comme des esclaves fugitifs. Le col était propriétaire de ses acquêts, mais ne pouvait aliéner ses fonds de terre. devenait colon par la naissance, et *Constitutions impériales* avaient pré tous les cas de mariages mixtes et partage des enfants dans le cas où appartiendraient à des parents attach à divers domaines. On devenait enco colon par la prescription de trente ans, par une simple déclaration de volonté. Enfin les mendiants valides étaient donnés comme colons à celui qui les dénonçait. La qualité de colon était ineffaçable même par affranchissement. Justinien la rendit imprescriptible.

La famille romaine se composait de toutes les personnes descendues par les mâles d'un auteur commun, ou entrées dans la famille par l'adoption ou la *manus*, qui créaient de véritables rapports de filiation. Les divers membres de la famille s'appelaient *agnati*. Les agnats en ligne directe, c'est-à-dire les enfants et autres descendants, s'appelaient *sui heredes*; les frères et sœurs, *consanguinei*. Les descendants de l'auteur commun, sur lesquels ce dernier, s'il eût vécu, n'eût pas exercé la puissance paternelle, n'étaient pas agnats. Ainsi, les enfants de la fille n'étaient pas les agnats de leur aïeul maternel, mais de leur père ou de leur aïeul paternel. Les émancipés cessaient également de faire partie de la famille et perdaient leurs droits d'agnation. L'agnation était la parenté du droit civil. Elle n'appartenait donc ni aux latins ni aux pérégrins. L'esclave affranchi n'avait pas d'agnats. Ses enfants nés avant son affranchissement et affranchis en même temps que lui ne faisaient pas non plus partie de sa famille. Il en était de même de la personne *in mancipio* affranchie par son maître. Toute *capitis diminutio* entraînait la perte de l'agnation.

A côté de la parenté civile, les Romains reconnaissaient la parenté naturelle, ou *cognatio*. Elle s'étendait jusqu'au sixième et même jusqu'au septième degré, et durait toujours. La plus grande des innovations du préteur en matière de succession consista précisément à appeler à la succession la famille naturelle de préférence à la famille civile.

Enfin, à côté de l'agnation et de la cognation il faut mentionner l'affinité, qui produisait elle-même certains droits. On appelait ainsi le rapport existant entre un époux et les parents de l'autre époux.

Ces divers liens étaient consacrés par la religion; des sacrifices et des cérémonies communes réunissaient à certaines époques les *agnati* et même les *cognati* et *affines*.

La *capitis diminutio minima*, dont nous avons déjà dit un mot, avait lieu dans le cas suivant. Quand un homme *sui juris* entrait par adrogation sous la puissance paternelle d'un autre, ou quand une femme *sui juris* se soumettait à la *manus*, les personnes *alieni juris* subissaient cette *minima capitis diminutio* quand elles étaient données en adoption, *in manum, in mancipium*. Les enfants de l'adrogé la subissaient également, parce qu'ils passaient avec leur père sous la puissance de l'adrogeant. Le fils émancipé la subissait, non par l'affranchissement, mais par la dation *in mancipium*, qui l'avait fait sortir de la puissance paternelle.

La *minima capitis diminutio* entraînait la perte des droits d'agnation et de succession ab intestat; elle faisait cesser le patronat, la tutelle, l'usufruit, éteignait les dettes et les créances. Pourquoi? C'est ce qui est difficile de comprendre. Il paraît cependant probable que les Romains regardaient le changement de famille comme une sorte de régénération produisant une personne nouvelle, une existence nouvelle. Quoi qu'il en soit, la rigueur du principe ne tarda pas à être tempérée. On décida que les droits de succession créés par des lois et des sénatus-consultes postérieurs ne seraient pas détruits par la *minima capitis diminutio*. Pour la tutelle, on décida que le *capite minutus* n'aurait pas celle déférée par la loi des Douze Tables, mais qu'il aurait toutes les autres. On reconnut enfin que la *minima capitis diminutio* laissait subsister la cognation et même les obligations qui avaient une cause naturelle. Pour garantir les droits des tiers, on maintint les obligations fondées sur des délits; et quant aux obligations contractuelles, bien que dépourvues d'action, elles subsistèrent néanmoins comme obligations naturelles. La perte même de l'action put être réparée au besoin par une *restitutio in integrum*. Cependant les services promis par l'affranchi, l'usufruit et l'usage restèrent longtemps soumis à l'empire de la règle générale. Justinien innova en décidant que l'usufruit et l'usage ne s'éteindraient plus par la *minima capitis diminutio*.

Du Mariage.— Le mariage était pour

les jurisconsultes romains une institution du droit des gens, en ce sens qu'il avait son fondement dans la nature humaine et se rencontrait chez tous les peuples. Mais en même temps le mariage était une institution de droit civil, c'est-à-dire que le droit romain en déterminait les conditions et les effets par des règles positives. Le mariage accompli suivant ces conditions, et capable de produire ces effets, s'appelait *legitimum matrimonium, justæ nuptiæ*. La capacité de contracter un pareil mariage s'appelait *connubium*. En règle générale il n'y avait de *connubium* qu'entre citoyens romains; mais le *connubium* pouvait être concédé à des *peregrini* par le pouvoir législatif.

Tout en admettant le divorce, les jurisconsultes romains étaient arrivés à définir le mariage l'union complète et indivisible de l'homme et de la femme, *consortium omnis vitæ*, disait Modestin, *divini humanique juris communicatio*; et Justinien ajoutait, sans doute en copiant quelque autre jurisconsulte, *individuam vitæ consuetudinem continens*.

La condition de la femme était bien différente suivant qu'elle se mariait avec ou sans *manus*. Dans ce dernier cas elle restait soumise à la puissance de son père, qui pouvait se la faire rendre par un interdit spécial. Mais les mariages sans *manus* paraissent avoir été fort rares dans les anciens temps; et quand ils devinrent plus fréquents, on accorda au mari une exception contre l'interdit du père, et même une action pour se faire rendre sa femme par celui-ci.

Le mariage était contracté quand il y avait d'une et d'autre part intention de se considérer réciproquement comme époux. Des cérémonies réglées par la religion accompagnaient d'ordinaire la célébration du mariage, mais elles n'étaient nullement essentielles; et cela est si vrai que dans le doute on considérait comme un mariage l'union de fait entre deux personnes ingénues. Mais ordinairement le mariage était accompagné dans l'ancien droit des actes destinés à donner au mari la *manus* dans le droit nouveau des actes destinés à constituer la dot. Justinien fit même de la rédaction d'un *instrumentum dotale* la condition de l'existence du mariage pour les pe[rsonnes] sonnes d'un rang élevé.

Le mariage était ordinairement pr[é]cédé de fiançailles. Celles-ci consistaie[nt] dans une stipulation intervenant ent[re] le futur mari et le père de la futu[re] épouse. Il y avait alors de la part [du] père une obligation civile, sanctionn[ée] par une action en dommages-intérê[ts] dans le cas de non-exécution. Mais c'[é]tait là un souvenir des temps barbare[s] où les femmes s'achetaient; l'actio[n] en dommages-intérêts disparut de bon[ne] heure; on se borna à frapper d'infam[ie] celui qui, malgré une promesse subsi[s]tante, contractait des fiançailles no[u]velles.

L'âge requis pour contracter maria[ge] était de douze ans chez les femmes, [et] quatorze ans chez les hommes. U[ne] autre condition imposée aux personn[es] *alieni juris* était le consentement d[es] personnes sous la puissance desquell[es] elles se trouvaient; on exigeait mêm[e] pour les filles *sui juris* le consenteme[nt] de leurs parents et tuteurs. La bigam[ie] était défendue sous des peines sévère[s]. Le principal empêchement de mariag[e] consistait dans la parenté et l'affinit[é] mais le degré auquel s'arrêtait l'emp[ê]chement ne resta pas toujours le mêm[e] Ainsi, il y avait autrefois empêcheme[nt] au mariage entre les cousins germai[ns] et issus de germains. Cet empêcheme[nt] fut supprimé puis rétabli par les empe[re]reurs chrétiens pour les cousins ge[r]mains seulement. La prohibition de ma[]riage entre beaux-frères et belles-sœur[s] ne fut introduite que sous Théodos[e] On prohibait aussi les mariages ent[re] libres et esclaves, et même dans l'ancie[n] droit entre libres et affranchis; mais l[a] prohibition d'épouser des affranchis f[ut] restreinte par la loi Julia aux sénateurs [et] à leurs descendants, et supprimée pa[r] Justinien; enfin Justinien supprim[a] aussi la prohibition de mariage qui exis[]tait entre les hommes libres et les femm[es] qui exerçaient un métier infâme. Il y ava[it] encore diverses prohibitions de mariage par exemple entre une patronne et so[n] affranchi, entre une femme libre et l[e] colon d'un tiers, entre le tuteur et s[a] pupille, entre la femme adultère et so[n] complice, entre le ravisseur et la femm[e] enlevée, entre les chrétiens et les Juif[s] et entre les Romains et les barbares. Un gouverneur de province ne pouvait épouser une femme de sa province. Le sénat et plus tard l'empereur pouvaient accorder des dispenses.

Bien que l'indissolubilité fût reconnue pour être de la nature du mariage, le mari avait le droit de renvoyer sa femme dans certains cas, dont la famille assemblée était juge. Quand il y avait eu *confarreatio*, la séparation se faisait par une cérémonie appelée *diffarreatio*. Dans les premiers temps ces sortes de séparations étaient très-rares. Mais le divorce ne tarda pas à s'introduire, sans autre barrière que l'opinion publique et l'intervention des censeurs, faible obstacle que la corruption des mœurs fit bientôt tomber. Le consentement mutuel ne fut même plus exigé, et chacun des deux époux put à sa volonté faire cesser le mariage; on frappait seulement de certains désavantages pécuniaires l'époux par la faute duquel le divorce avait eu lieu. Il n'y avait pas de forme prescrite; mais l'usage avait introduit certaines formules, dont on se servait ordinairement en pareil cas, comme : *Res tuas tibi habeto*. La femme soumise à la *manus* n'en était pas moins libre de divorcer. Après avoir envoyé le *repudium* à son mari, elle pouvait le forcer à l'affranchir de la *manus*. Les époux divorcés pouvaient toujours se réunir.

Constantin et les empereurs suivants cherchèrent à arrêter cette licence. Les cas dans lesquels le divorce serait permis furent déterminés limitativement; mais on continua d'admettre le divorce par consentement mutuel.

Le mari investi de la *manus* avait sur sa femme le droit de correction le plus étendu; seulement, dans les cas graves il devait prendre l'avis des parents jusqu'au degré de cousin issu de germain; il pouvait tuer sa femme prise en flagrant délit d'adultère. Si le mari n'avait pas la *manus*, il devait se contenter de répudier sa femme; celle-ci ne pouvait être corrigée que par son père ou ses parents. Ces tribunaux de famille, qui connaissaient même du meurtre commis par la femme sur son mari, étaient encore en usage sous les empereurs. Ils tombèrent peu à peu en désuétude.

Pour soutenir les charges du mariage, la femme apportait une dot au mari. Les lois *Julia* et *Papia Poppæa* imposèrent même au père l'obligation de doter sa fille; la dot pouvait aussi être constituée par des tiers, et même par la femme quand elle était *sui juris*. La constitution de dot se faisait de trois manières : par *diction,* par *stipulation,* ou par *dation,* c'est-à-dire par un payement réel. Sous les empereurs on décida que la constitution de dot serait obligatoire, dans quelques termes qu'elle fût faite. Le payement de la dot devait avoir lieu pour les meubles corporels dans l'espace de dix mois, pour l'argent en trois termes de un, deux et trois ans.

Dans le mariage avec *manus* le mari devenait propriétaire de tous les apports de la femme; mais le père de la femme pouvait stipuler que la dot lui ferait retour dans le cas où la femme mourrait sans enfants avant son mari, ou dans le cas de divorce. La femme *sui juris* pouvait faire des réserves analogues. Les dettes de la femme antérieures au mariage se trouvaient anéanties par la *minima capitis diminutio* qu'elle subissait en se soumettant à la *manus*; mais le préteur accordait aux créanciers une action contre le mari jusqu'à concurrence des apports de la femme. Une action semblable était accordée aux créanciers de la femme postérieurs au mariage, et en cas de délit le mari ne pouvait abandonner sa femme *in noxam* à la personne lésée. Quant aux droits successifs, la femme était traitée comme un fils de famille. Si elle mourait avant son mari, elle ne laissait pas de succession, puisqu'elle n'avait rien à elle; mais si elle survivait à son mari, elle prenait une part d'enfant dans la succession de ce dernier. Elle était considérée comme la sœur de ses enfants, et leur succession réciproque se réglait d'après ce principe.

Dans le mariage sans *manus* il en était autrement. La dot appartenait toujours au mari, qui pouvait en disposer à son gré; toutefois la loi *Julia de adulteriis* défendit au mari d'aliéner le fonds dotal situé en Italie; et Justinien étendit la prohibition aux immeubles dotaux situés dans les provinces. Mais le droit du mari sur la dot se résolvait à la dissolution du mariage, et à ce titre la femme pouvait être dite propriétaire de sa dot.

Les biens propres de la femme et non compris dans la constitution de dot s'appelaient paraphernaux; la femme pouvait en garder l'administration, mais d'ordinaire elle les remettait au mari après que celui-ci en avait fait inventaire et s'était engagé à les restituer.

Pour rendre la condition du mari et de la femme plus égale, on imagina en droit romain la *donatio propter nuptias*. C'était une somme apportée par le mari, confondue avec la dot, et qui à la dissolution du mariage était assurée à la femme et aux enfants.

Pendant le mariage les donations entre époux étaient nulles, ou du moins, d'après un sénatus-consulte de l'an 206, révocables jusqu'à la mort du donateur. Dans le cas de détournement frauduleux fait par un époux au préjudice de l'autre, ce dernier ne pouvait intenter contre l'époux coupable l'action de vol, qui entraînait l'infamie, mais une simple condiction à fin de restitution.

A la mort de la femme, on s'en référait pour la dot aux stipulations contenues dans l'acte de constitution. A défaut de cet acte la dot constituée par le père lui faisait retour, s'il vivait encore, sous la déduction d'un cinquième pour chaque enfant. Au contraire, la dot fournie par la femme ou par un tiers restait au mari, à moins que le droit de retour n'eût été expressément stipulé; mais Justinien donna aux héritiers de la femme le droit de revendiquer la dot. La femme elle-même avait toujours ce droit dans le cas de divorce. Les actions par lesquelles s'exerçait la répétition de la dot étaient, dans le cas de stipulation, la *condictio*, dans le cas de pacte, l'action *præscriptis verbis*, dans tous les autres cas une action particulière appelée *rei uxoriæ*. Justinien réduisit toutes ces diverses actions à une seule, mais ajouta au profit de la femme une action réelle et une action hypothécaire. La restitution de la dot se faisait, comme le payement, en divers termes, et le mari pouvait faire des retenues à divers titres. Ces termes et ces retenues furent supprimés par Justinien.

D'autres retenues établies pour le cas de divorce avaient pour but de punir l'époux coupable. Ainsi quand la femme avait divorcé sans motif, le mari retenait un sixième de la dot par chaque enfant jusqu'à concurrence de trois sixièmes. Si un crime de la femme avait amené le divorce, celle-ci dans l'ancien droit perdait toute sa dot. Plus tard on se contenta de lui retenir un sixième pour l'adultère, un huitième pour tout autre crime. Le mari adultère perdait en revanche les termes que l'usage lui accordait pour la restitution de la dot. Il était défendu de stipuler des peines et de retenues plus fortes, ce qui aurait diminué la facilité du divorce. Dans le dernier état du droit l'époux coupable était puni par la perte de la dot ou de la *donatio propter nuptias*. Justinien abolit complétement les rétentions usitées dans l'ancien droit.

Un ancien usage interdisait à la veuve de se remarier avant l'espace de dix mois, à peine d'infamie pour son père et son mari, et pour elle quand l'infamie s'appliqua aux femmes. Les empereurs étendirent ce délai jusqu'à douze mois, et ajoutèrent de nouvelles peines à celle de l'infamie. Les veuves qui ne se remariaient pas étaient entourées d'une estime toute particulière; les lois *Julia* et *Papia Poppæa* encouragèrent quelque temps les seconds mariages; mais Constantin revint aux anciennes idées, et édicta dans le cas de secondes noces un certain nombre de peines pécuniaires au profit des enfants du premier lit.

Le *concubinat* existait à côté du mariage comme union autorisée par la loi. Il avait lieu d'ordinaire entre personnes auxquelles la loi ne permettait pas de s'épouser; ainsi la concubine était ordinairement une personne de mauvaise réputation, une affranchie, une esclave. Les lois *Julia* et *Papia Poppæa* autorisèrent expressément le concubinat. L'intention des parties, révélée soit par une déclaration formelle, soit par l'inégalité de condition, déterminait la différence entre le mariage et le concubinat. Le concubinat entre le patron et l'affranchie paraît avoir été le plus fréquent et le plus protégé par les lois. Cet usage se perpétua même après Justinien, jusqu'au neuvième siècle, et ne fut aboli que par l'empereur Léon.

DROITS DU PÈRE SUR LES ENFANTS. — L'idée même que les jurisconsultes romains s'étaient formée du mariage faisait de la légitimité des enfants nés pendant le mariage une certitude, ou du moins une présomption légale; *Pater is est quem nuptiæ demonstrant.* Hors du mariage l'enfant peut invoquer sa filiation maternelle, mais non sa filiation paternelle; par suite, l'enfant né hors mariage, ou d'une union défendue par la loi, n'a pas de père, et un homme ne peut avoir d'enfant que de sa femme légitime.

Lorsqu'il y avait *connubium* entre le père et la mère, l'enfant suivait la condition du père; dans tous les autres cas celle de la mère.

Lorsqu'il y avait *connubium* entre le père et la mère au moment de la conception, l'enfant était soumis à la puissance paternelle du père. Ainsi, quand le père et la mère devenaient citoyens après la conception, et même avant la naissance, l'enfant en naissant n'était pas soumis à la puissance paternelle, à moins d'une concession expresse faite au père, à moins que ce dernier ne fût un Latin et dans le cas où il y avait *causæ probatio.* Il fallait de plus pour que la puissance paternelle pût avoir lieu que le père et le fils fussent et restassent citoyens romains. La puissance paternelle durait jusqu'à la mort de celui qui en était investi, et s'étendait à tous les descendants en ligne directe, sans distinction de degré. Elle donnait au père le droit de vie et de mort sur ses enfants. En cas de crime il pouvait les juger et les condamner, à l'exclusion des tribunaux publics, et la sévérité des mœurs garantissait suffisamment que le coupable ne resterait pas impuni. Il fallut même prendre des précautions contre un excès de rigueur. Le meurtre des enfants nouveau-nés fut défendu; plus tard on imposa à l'autorité paternelle le concours des magistrats dans les cas graves, et Constantin punit de la peine des parricides le père meurtrier de son fils. Mais le droit de correction subsista toujours, et l'enfant soumis à la puissance paternelle n'obtint jamais l'action d'injures contre son père. Des interdits spéciaux, *de libertis exhibendis vel ducendis,* donnaient au père le droit de revendiquer son fils comme une chose envers tout tiers détenteur.

Le père avait, en vertu de la puissance paternelle, le droit de vendre son enfant. Pour les fils la puissance paternelle n'était épuisée que par trois ventes successives; pour les filles une seule vente suffisait. Toutefois, le père qui avait consenti au mariage de son fils était regardé comme ayant renoncé sur lui à son droit de vente. Ce droit d'ailleurs ne pouvait être exercé que dans le cas de nécessité absolue, et c'était peut-être un moyen d'éviter l'exposition des enfants. Les empereurs cherchèrent à le restreindre. Constantin ne le laissa subsister qu'à l'égard des enfants nouveaunés, pour lesquels l'exposition était le plus à craindre, et toujours avec réserve de rachat; mais cette loi ne fut pas régulièrement exécutée, et ne fut définitivement sanctionnée que par Justinien. Constantin ordonna que le père qui aurait exposé son enfant perdrait par là même le droit de le réclamer; l'exposition fut même plus tard punie comme un crime; l'enfant vendu gardait toujours sa qualité d'*ingenuus*.

Comme instrument d'acquisition, l'enfant en puissance était assimilé à l'esclave. Il acquérait pour son père, et ne pouvait rien avoir en propre. Mais quand il vivait à part et exerçait un métier différent de celui de son père, celui-ci lui abandonnait ordinairement un pécule. Ce pécule restait la propriété du père, mais le fils en avait la libre disposition; seulement il ne pouvait pas l'aliéner à titre gratuit sans la permission de son père, ni en disposer par testament en aucun cas.

Sous les empereurs les règles relatives au pécule subirent de graves modifications. On distingua d'abord le pécule gagné à l'armée (*peculium castrense*). Auguste permit aux fils de famille d'en disposer par testament, d'affranchir un esclave compris dans ce pécule; plus tard on leur permit de disposer librement de ce pécule entre vifs ou à cause de mort; et le droit du père ne put désormais s'exercer à la mort du fils qu'à défaut de semblables dispositions. Après Constantin on appliqua les mêmes règles du pécule gagné dans les fonctions publiques (*peculium quasi-castrense*). Constantin régla aussi que la succession maternelle échue à l'enfant n'appartiendrait au père qu'en usufruit, par exception à la règle générale que le fils acquiert pour son père. Jusque là pour empêcher cette succession de revenir au père, la mère n'avait d'autre moyen que d'instituer son fils héritier à condition qu'il serait émancipé par son père. Justinien, sans rien changer aux règles reçues pour les pécules gagnés au service militaire ou dans les fonctions publiques, décida que toutes les acquisitions personnelles du fils qui ne proviendraient pas des biens du père appartiendraient au premier en propriété, au second en usufruit, sans que cependant il fût permis au fils en puissance d'en disposer par testament.

Quant aux obligations la règle générale était que le fils de famille acquérait toutes ses créances pour son père. Mais la jurisprudence introduisit des exceptions, et permit au fils d'agir en certains cas en son propre nom; pour les dettes, elles ne passaient pas au père, pas plus que les dettes de l'esclave n'obligeaient le maître; le fils de famille, capable de contracter par son âge était personnellement obligé, et non pas seulement d'une obligation naturelle, comme l'esclave, mais d'une obligation civile; seulement l'action était suspendue de fait jusqu'à ce qu'il eût quelque bien en propre. Cette règle ne souffrit d'exception que pour le prêt d'argent. Sous Claude une loi annula les prêts d'argent faits aux fils de famille et remboursables à la mort de leur père. Sous Vespasien le sénatus-consulte Macédonien annula sans exception tous les prêts d'argent faits aux fils de famille. Entre le père et le fils il pouvait y avoir des rapports d'obligation, mais l'obligation restait seulement naturelle, à moins qu'il ne s'agît du pécule gagné à la guerre. Le père ne pouvait même pas faire valablement une donation à son fils. On décida cependant que quand le père mourrait sans avoir révoqué sa donation, celle-ci vaudrait comme donation à cause de mort.

Les délits du fils de famille l'obligeaient personnellement envers les tiers lésés par ces délits. Ceux-ci avaient le choix d'agir directement contre le fils lorsqu'il avait un pécule ou qu'il était devenu *sui juris*, ou d'exercer contre le père l'action noxale. La *noxæ datio* se faisait sous la forme d'une mancipation;

mais quand la personne lésée se tro vait indemnisée par le travail du *no datus*, ce dernier pouvait demander préteur son affranchissement. Mais emploi de la *noxæ datio* tomba peu peu en désuétude, et Justinien finit l'abolir complétement.

La puissance paternelle pouvait au résulter de l'adoption. Celle-ci était deux sortes, suivant que l'adopté ét *sui juris* ou *alieni juris*. Dans le p mier cas l'adoption ne pouvait av lieu qu'en vertu d'un décret du peu assemblé dans les comices par cur (*lege curiata*), et sur la proposition d pontifes. Elle s'appelait *adrogat*. Depuis longtemps ces conditions n taient plus que des formalités vides sens quand les empereurs substituère à la *lex curiata* un simple rescrit i périal.

Pour que l'adrogation fût valable il f lait que l'adrogeant eût au moins dix-h ans de plus que l'adrogé, et en génér on exigeait qu'il eût soixante ans d'âg Les femmes ne pouvaient ni adroger adopter, parce qu'elles ne pouvaient a quérir la puissance paternelle. Toutef les empereurs leur permirent d'adopt un enfant comme consolation lorsqu'ell auraient perdu les leurs. Les femm et les pupilles ne pouvaient pas être adr gés d'après l'ancienne forme; mais i purent l'être sous les empereurs. L'adr gation d'un affranchi ne pouvait port préjudice aux droits du patron.

L'adrogation avait pour effet de fai passer l'adrogé et toutes les personn soumises à sa puissance sous la pui sance de l'adrogeant. Toutes ces pe sonnes changeaient de famille comn l'adrogé, et éprouvaient comme lui u *minima capitis diminutio*. La fortur de l'adrogé passait entre les mains (l'adrogeant; toutefois les dettes ant rieures à la *capitis diminutio* se trou vaient éteintes par celle-ci; et le prêter ne donnait aux créanciers qu'une actio fictice contre l'adrogé jusqu'à concu rence de ses biens. Justinien décida qu l'adrogé conserverait la propriété de s biens, dont l'usufruit seulement appa tiendrait à l'adrogeant. Pour éviter qu l'adrogeant ne dépouillât l'adrogé a profit de sa propre famille, on décid que si l'adrogé mourait ou était émar cipé avant d'avoir atteint sa majorité, l'adrogeant serait tenu de rendre les biens apportés par l'adrogé, et que l'adrogé déshérité ou émancipé sans motif aurait droit en outre à un quart des biens de l'adrogeant. C'est ce qu'on appela la *quarte Antonine*.

Pour que l'adoption d'un enfant encore soumis à la puissance paternelle eût lieu, il fallait que le père se dépouillât de sa puissance et que l'adoptant s'en emparât. Trois mancipations, les deux premières suivies d'affranchissement et la troisième d'une remancipation au père ou à un tiers, épuisaient la puissance paternelle sur le fils; une seule mancipation suffisait pour la fille. L'adoptant revendiquait alors comme son fils l'enfant qui se trouvait *in mancipio*. Cette forme pouvait être suivie dans les provinces aussi bien qu'à Rome; elle s'appliquait aux filles comme aux garçons, aux mineurs comme aux majeurs. Justinien remplaça ces formes par une simple déclaration faite devant le magistrat et constatée sur un procès-verbal. Du reste l'adoption était soumise aux mêmes conditions et produisait les mêmes effets que l'adrogation. Mais Justinien, par une innovation profonde, décida que l'adoption ne ferait plus sortir l'adopté de sa famille naturelle, si ce n'est dans le cas où elle serait faite par l'aïeul ou le bisaïeul. A la différence de l'adrogation, l'adoption ne s'appliquait qu'à la personne de l'adopté. Ainsi, même avant la constitution de Justinien les enfants de l'adopté n'étaient pas nécessairement adoptés avec lui.

La puissance paternelle s'acquérait sur les enfants issus d'un concubinat par légitimation. Cette légitimation avait lieu quand le père prenait sa concubine pour épouse légitime, quand il faisait inscrire l'enfant sur la liste des curiales; et enfin d'après une constitution de Justinien l'empereur pouvait accorder la légitimation par rescrit.

Le père restait pendant toute sa vie investi de la puissance paternelle. A sa mort le fils devenait *sui juris*, et les petits enfants retombaient sous la puissance du fils, devenu chef de la famille. La puissance paternelle s'éteignait encore quand le père ou l'enfant cessaient d'être citoyens, quand l'enfant passait sous la puissance, la *manus* ou le *mancipium* d'un tiers, enfin quand il était émancipé. Trois mancipations suivies d'affranchissement épuisaient la puissance paternelle, et rendaient le fils *sui juris*. Toutefois, pour assurer au père le droit de patronage sur son fils affranchi, on stipulait d'ordinaire qu'après la troisième mancipation l'acheteur remanciperait le fils au père, afin que l'affranchissement définitif pût être fait par ce dernier. L'empereur Anastase introduisit l'émancipation par rescrit du prince; Justinien abolit l'ancienne forme, et la remplaça par une simple déclaration faite devant le magistrat. Comme l'émancipation faisait perdre à l'enfant ses droits de succession son consentement était nécessaire, à moins qu'il ne s'agît d'un enfant adoptif. L'émancipation entraînait pour l'émancipé une *minima capitis diminutio*, mais pour lui seul; car tous ses descendants nés ou même conçus avant l'émancipation restaient sous la puissance du chef de la famille, et il fallait une adoption pour les faire passer sous la puissance de leur père émancipé. Quant aux biens, on décida qu'à moins de réserve expresse l'émancipé garderait son pécule; le père émancipateur était censé renoncer par l'émancipation à son usufruit sur les biens maternels du fils émancipé; on lui permettait seulement de retenir sur ces biens un tiers en toute propriété ou une moitié en usufruit.

DE LA TUTELLE. Les personnes *sui juris* qui se trouvaient par leur âge incapables d'exercer leurs droits recevaient un tuteur. Le père désignait d'ordinaire par son testament le tuteur de ses enfants mineurs; la mère pouvait aussi désigner un tuteur par testament, mais il fallait que le tuteur ainsi désigné fût confirmé par le magistrat. A défaut de tuteur testamentaire, la tutelle passait comme la succession aux agnats, et après eux aux gentils. A la place des agnats et des gentils, Justinien appela à la tutelle tous les parents, et donna une tutelle légale à la mère et à la grand'mère. La tutelle des affranchis appartenait au patron et à ses descendants. Dans le cas d'émancipation, celui qui avait fait le troisième affranchissement était tuteur fiduciaire; si c'était le père lui-même, il avait sur son fils émancipé le même droit de tutelle que le patron sur l'affranchi. Enfin à défaut de tuteurs testamentaires ou légaux les magistrats compétents, sur la demande des parties intéressées, pouvaient donner un tuteur. La loi Atilia avait investi de la *tutoris datio* à Rome le préteur de la ville et les tribuns ; les lois Julia et Titia donnèrent le même pouvoir aux gouverneurs des provinces. Sous les empereurs la *tutoris datio* fut confiée aux consuls, puis à un préteur spécial et aux gouverneurs des provinces, enfin aux magistrats municipaux et aux défenseurs des cités, et entourée de garanties plus sérieuses. Le droit de provoquer la dation d'un tuteur appartenait à tous les parents et amis du pupille ; c'était un devoir pour la mère et les affranchis.

A l'exception de la mère et de la grand'mère, les femmes étaient incapables de remplir les fonctions de tuteur ; la même incapacité frappait les pupilles, et même depuis Justinien les mineurs de vingt-cinq ans. Mais le tuteur pouvait être fils de famille, et s'il s'agissait d'une tutelle légale ou dative, Latin junien. L'esclave ne pouvait pas être tuteur ; mais si une tutelle lui était déférée par testament, cette disposition était interprétée comme renfermant un affranchissement implicite. Indépendamment de ces incapacités, on pouvait s'excuser de la tutelle dans un grand nombre de cas.

Les fonctions de tuteur étaient de deux sortes. Il administrait les biens du pupille, et complétait par son intervention ce qui manquait à ce dernier pour accomplir valablement les divers actes de la vie civile. Cette intervention s'appelait *auctoritas*. Le pupille prononçait la formule, et le tuteur présent confirmait l'acte. Pour les enfants au-dessous de sept ans on laissait le tuteur agir seul au nom de son pupille ; mais cette représentation légale avait eu de la peine à s'introduire dans le droit romain, et en se fondant sur l'ancienne définition de la tutelle donnée par le jurisconsulte Servius (*vis ac potestas in capite libero ad tuendum eum qui propter ætatem se defendere nequit jure civili data ac permissa*), on peut croire que dans l'origine le tuteur avait sur le pupille une sorte de *puissance*. Une clause de fiducie stipulée au nom du pupille par un de ses esclaves garantissait suffisamment les intérêts de ce dernier. Quant à l'administration, elle était réglée par de nombreuses dispositions. Du reste, le tuteur pouvait aliéner tous les biens de son pupille, quand il le trouvait à propos ; c'est seulement sous Septime-Sévère qu'on défendit au tuteur d'aliéner les immeubles hors le cas de nécessité urgente et sans l'approbation du magistrat. Constantin étendit cette règle à tous les biens du pupille. Justinien voulut également que les payements faits au tuteur fussent faits devant le magistrat.

C'est un point très-controversé en droit romain que de savoir si les actes faits par le pupille sans autorisation de son tuteur étaient ou non valables. Voici les résultats qui paraissent le plus probables. Jusqu'à sept ans on considérait le pupille comme absolument incapable. Au-dessus de sept ans il pouvait acquérir des créances, et s'obliger lui-même. L'obligation du pupille était purement naturelle ; mais elle devenait une obligation civile jusqu'à concurrence de ce dont le pupille s'était enrichi. Du reste, le pupille ne pouvait ni aliéner ni donner de quittance sans son tuteur.

Il pouvait arriver que la tutelle fût commune entre plusieurs personnes, par exemple entre plusieurs agnats du même degré. Il fallait alors que tous concourussent à l'autorisation ; mais cela fut modifié par Justinien.

Quant à l'éducation du pupille, elle ne regardait nullement le tuteur.

Le tuteur n'était pas soumis à une surveillance spéciale ; mais, d'après la loi des Douze Tables, il pouvait être mis en suspicion (*suspecti accusatus*) par toute personne, et, s'il y avait lieu, destitué par le magistrat. A la fin de la tutelle il devait rendre ses comptes ; et s'il restait débiteur du pupille, ce dernier avait l'action de tutelle pour se faire payer. En cas de fraude, la même loi des Douze Tables donnait contre le préteur une action au double appelée *rationibus distrahendis*. Ajoutons qu'on prenait ordinairement soin de faire donner caution au tuteur avant son entrée en charge.

Dans l'ancien droit romain, les femmes étaient soumises à la tutelle comme les impubères ; la tutelle d'une femme appartenait d'abord à celui que le père de la femme ou celui à la *manus* duquel elle était soumise avait désigné par testament; souvent le testateur laissait à la femme le choix de son propre tuteur. A défaut de testament, la tutelle était déférée dans le même ordre et aux mêmes personnes que celle des impubères. Comme la tutelle légitime était pour le tuteur une garantie fort importante de ses droits éventuels de succession, on la lui laissait, même quand il était incapable, absent, impubère, insensé, etc. Seulement la femme avait au besoin le droit de demander au magistrat un tuteur capable. A défaut de tutelle légitime, il y avait pour les femmes comme pour les impubères une tutelle dative.

La tutelle des femmes, d'une durée indéterminée, était pour le tuteur un fardeau plus lourd que la tutelle des impubères. Aussi permettait-on au tuteur testamentaire de renoncer à la tutelle, et au tuteur légal de la céder à un autre *in jure*. D'après la loi des Douze Tables les vestales étaient affranchies de la tutelle ; le même privilège fut accordé plus tard aux femmes qui auraient donné le jour à un certain nombre d'enfants.

La femme soumise à la tutelle gardait l'administration de ses biens ; le tuteur n'avait d'autre fonction que celle d'autoriser la femme dans certains cas déterminés. Ainsi la femme n'avait besoin de l'autorisation de son tuteur pour recevoir un payement ni pour faire un prêt. Mais si restreint qu'il fût, le pouvoir du tuteur ne put résister au besoin de liberté qui battait en brèche les vieilles institutions. On commença par donner au préteur le droit de forcer le tuteur à autoriser la femme sur la demande de celle-ci. Claude abolit la tutelle légitime des agnats. Il n'y eut plus tard d'autre tutelle sérieuse que celle du patron et du père manumisseur. Enfin, à une époque indéterminée la tutelle des femmes disparut complétement.

A côté de la tutelle vient se placer dans le système du droit romain la curatelle. D'après la loi des Douze Tables, le fou était placé sous la curatelle de ses agnats, et à leur défaut des gentils.

A défaut des uns et des autres le préteur lui donnait un curateur. D'après un rescrit de Marc-Aurèle, le préteur était tenu de donner celui que le père avait désigné dans son testament. Quant au prodigue, la loi des Douze Tables portait qu'il serait interdit et mis sous la curatelle de ses agnats dans le cas où il serait héritier ab intestat de son père. Dans les autres cas, et à défaut d'agnats, le préteur donnait un curateur ; et si le père en avait désigné un dans son testament, c'était celui-là que le préteur devait donner. Le fou et le prodigue étaient incapables de faire aucun acte de la vie civile, l'un à cause de sa folie, l'autre en vertu de son interdiction ; leurs curateurs n'avaient donc pas d'autorisation à leur donner, car pour qu'il y eût lieu à compléter la capacité d'une personne par autorisation il fallait que cette personne eût au moins un commencement de capacité.

La tutelle finissait avec la puberté, fixée à quatorze ans pour les hommes, à douze ans pour les femmes ; mais il y avait du danger à laisser des jeunes gens de cet âge absolument maîtres de leurs droits. Aussi la loi Plœtoria, qui existait déjà du temps de Plaute, donna une action pénale et infamante contre ceux qui abuseraient de l'inexpérience des mineurs de vingt-cinq ans, et porta que pour s'obliger valablement par stipulation ou par *mutuum* les mineurs de vingt-cinq ans auraient besoin de l'autorisation d'un curateur nommé par le magistrat. Plus tard le préteur introduisit dans son édit les restitutions *in integrum*, qui permirent au mineur de faire annuler ses obligations en cas de lésion. Enfin, Marc-Aurèle voulut que tous les mineurs de vingt-cinq ans eussent un curateur. Toutefois, ce curateur n'était nommé d'office que dans le cas où le mineur voulait comparaître en justice, soit en demandant soit en défendant ; dans tous les autres cas il fallait que le mineur réclamât lui-même la nomination d'un curateur. Mais par la force des choses le mineur se trouvait presque toujours forcé de la réclamer, ne fût-ce que pour trouver du crédit. De plus, le tuteur en sortant de charge devait engager le mineur à demander un curateur, et n'était tenu de rendre ses comptes et de payer le reliquat qu'en présence de ce dernier. Il pouvait donc y avoir des mineurs sans curateur, mais c'était le plus petit nombre ; et pour parer à tous les inconvénients possibles, un sénatus-consulte, rendu sous Sévère, défendit aux mineurs d'aliéner leurs immeubles sans l'autorisation du magistrat.

Les fonctions du curateur consistaient à administrer la fortune du mineur. Du reste, il n'avait pas à proprement parler d'autorisation à donner ; la loi ne lui demandait que son consentement, qui pouvait intervenir après coup. Son droit d'administration n'était limité que par le sénatus-consulte rendu sous Sévère, et qui lui défendait comme au tuteur d'aliéner les immeubles sans l'autorisation du magistrat. Le mineur soumis à un curateur était incapable de rien aliéner ; mais il restait capable de contracter et même de s'obliger civilement. L'intérêt du mineur était du reste garanti de la même manière que celui du pupille ; seulement la curatelle ne donnait pas lieu, comme la tutelle, à une action spéciale ; c'était par l'action de gestion d'affaires que le mineur devenu majeur pouvait attaquer son curateur.

DE LA PROPRIÉTÉ. — Après avoir parlé des personnes et du droit qui les régit, nous arrivons aux choses. Les choses peuvent être l'objet d'un droit de deux manières ; ou bien nous avons sur elles un droit direct, également opposable à tous, ou bien nous n'avons sur elles qu'un droit indirect, qui a besoin pour s'exercer du fait d'un tiers. Dans le premier cas il y a un droit réel, dans le second cas une obligation. Nulle part la distinction des droits réels et des obligations n'a été plus logiquement poursuivie, plus rigoureusement conduite à ses dernières conséquences que dans le droit romain.

Le premier de tous les droits réels est le droit de propriété ; la propriété, énergiquement protégée par la *vindicatio*, était regardée comme une institution du droit civil.

Elle s'acquérait de diverses manières, et par exemple on divisait les choses en deux classes, appelées *res mancipi* ou *res nec mancipi*, suivant qu'elles pouvaient s'acquérir ou non par mancipation. Les choses *mancipi* étaient les immeubles situés en Italie, les servitudes rurales, les esclaves, les bœufs, les chevaux, les mulets et les ânes. La simple tradition ne suffisait pas pour transférer la propriété quiritaire des choses *mancipi* ; cette translation ne pouvait s'opérer que par la mancipation ou la *cessio in jure*. La tradition appliquée à une chose *mancipi* avait pour effet de mettre cette chose dans les biens de l'acquéreur, *in bonis* ; mais la propriété quiritaire, le *dominium ex jure quiritium*, ne changeait pas de main. Quant aux choses *nec mancipi*, elles pouvaient être aliénées par tradition. On pouvait les aliéner par la cession *in jure*, mais non par la mancipation, exclusivement applicable aux choses *mancipi*.

La mancipation était une ancienne cérémonie empruntée aux premiers temps de Rome, à une époque où la monnaie proprement dite n'était pas connue, et où l'on pesait le métal qui servait aux transactions. Cinq témoins citoyens romains représentant sans doute les cinq classes établies par la constitution de Servius Tullius, assistaient au pesage du métal. Un sixième, appelé *libripens*, tenait la balance, un septième, nommé *antestatus*, paraît avoir été le représentant de la religion dans l'acte de la mancipation. En leur présence l'acheteur prenait possession de la chose vendue. Cette cérémonie, appelée *mancipium* et quelquefois aussi *nexum*, était antérieure à la loi des Douze Tables ; il semble qu'elle n'aurait pas dû survivre à l'introduction de la monnaie, mais comme la loi des Douze Tables l'avait consacrée, on continua à l'observer, bien qu'elle n'eût plus de sens. Un as ou un petit morceau de cuivre mis pour la forme dans un plateau de la balance remplacèrent le pesage réel du métal.

La cession *in jure* était une revendication simulée. L'acheteur réclamait devant le préteur la chose comme sienne ; le vendeur ne répondait pas, et laissait attribuer la chose à l'acheteur. Ce mode de transférer la propriété était, comme la mancipation, antérieur à la loi des Douze Tables. Il servait surtout à l'aliénation des servitudes autres que les servitudes rurales, lesquelles étaient *nec mancipi* et n'étaient pas susceptibles de tradition.

Un troisième mode d'acquérir la propriété était l'usucapion. Quand, au lieu d'être mancipée, une chose *mancipi* avait été seulement livrée par tradition, elle passait dans les biens de l'acquéreur; mais ce dernier n'en devenait propriétaire *ex jure quiritium* qu'après un délai d'un an pour les meubles et de deux ans pour les immeubles. Ce délai passé, il n'avait plus besoin d'appeler son auteur en garantie; l'usage qu'il avait fait de la chose pendant un certain temps lui servait de garantie : aussi les anciens auteurs appelaient-ils l'usucapion *usus auctoritas*.

Nous n'essayerons pas d'expliquer par des hypothèses l'origine de cette théorie assez compliquée. La raison de la distinction entre les choses *mancipi* et *nec mancipi* nous échappe. Peut-être qu'au moment où l'introduction de la monnaie rendit la mancipation inutile, on ne conserva cette cérémonie que pour les choses auxquelles le texte de la loi l'appliquait expressément.

Outre la mancipation, la *cessio in jure* et l'usucapion, il y avait encore plusieurs modes civils d'acquérir la propriété, tels que l'*emptio sub corona*, ou achat de butin fait à la guerre, l'*adjudicatio* dans les actions divisoires où le juge était autorisé par la formule à transférer la propriété de l'une des parties à l'autre, la loi, et enfin les legs. La propriété des universalités de biens s'acquérait encore par la succession, l'adrogation, la *manus*, et la *sectio bonorum* dont il a été parlé au chapitre de la *Procédure*. Enfin, à côté de ces modes civils d'acquérir la propriété il y avait des modes naturels, analogues à la tradition, et que le droit civil avait empruntés au droit naturel, par exemple l'occupation, le droit des riverains aux alluvions, aux îles nées dans les fleuves, etc.

Le système que nous venons d'exposer subit avec le temps de nombreuses modifications. Comme en fait on se contentait souvent de la tradition pour l'aliénation des choses *mancipi*, il était urgent de protéger contre les tiers l'acquéreur en voie d'usucapion. On lui reconnut la propriété utile de la chose, tandis que la propriété quiritaire restait jusqu'à ce que l'usucapion fût consommée dans les mains de celui qui avait fait la tradition. Ce *nudum jus quiritium* n'était guère plus qu'un mot, et l'action publicienne inventée par le préteur Publicius attacha à l'usucapion commencée les mêmes effets à l'égard des tiers qu'à l'usucapion consommée. Cette action permettait à la personne qui avait une chose *in bonis* de revendiquer cette chose contre tout tiers détenteur, comme si elle en eût été propriétaire. Le vendeur, qui avait gardé sur la chose vendue le *nudum jus quiritium*, pouvait opposer à l'acheteur agissant contre lui par l'action publicienne l'exception *justi domini*; mais ce dernier détruisait l'exception par la réplique *rei venditæ et traditæ*.

Les envois en possession donnés par les préteurs en un grand nombre de cas, et notamment en matière de succession, devinrent de fait de nouveaux moyens d'acquérir, et la possession qu'ils conféraient ne tarda pas à se confondre avec la propriété.

La propriété étant un droit civil ne pouvait appartenir qu'à des citoyens romains, et les immeubles situés en Italie étaient seuls susceptibles de propriété quiritaire. La soumission des provinces rendit de nouvelles règles nécessaires. La tradition faite à un *peregrinus* à Rome ou dans l'Italie fut consacrée par le préteur, et l'acquéreur fut protégé par une action fictice. Quant aux immeubles situés hors de l'Italie, dans les provinces, le domaine éminent appartenait dans les idées romaines au peuple romain et plus tard à l'empereur; les particuliers n'avaient sur ces immeubles qu'un droit de possession et d'usufruit; mais au fond ce droit de possession et d'usufruit équivalait au droit de propriété, et si l'on attribuait en théorie le domaine éminent au peuple romain, c'est parce que le peuple romain percevait sur ces immeubles un impôt dont le sol italien était exempt.

Au temps de Justinien toutes ces distinctions n'avaient pour ainsi dire plus de sens. Quiritaire ou bonitaire, italienne ou provinciale, la propriété sous quelque nom qu'on la désignât était partout protégée par une action réelle, également efficace. Justinien abolit toute distinction des choses *mancipi* et *nec mancipi*, et de la propriété quiritaire ou bonitaire; le sol provincial fut assimilé au sol italien. La mancipation et la cession *in jure* furent abolies, comme inutiles et remplacées par la tradition; enfin, la *rei vindicatio per formulam petitoriam* devint applicable à toute espèce de propriété, et remplaça les garanties imaginées par le préteur.

A côté des garanties accordées à la propriété véritable toute société bien organisée doit avoir des garanties pour la propriété présumée; les jurisconsultes romains n'ont pas négligé cette matière. Dans le système du droit romain, celui qui acquérait une chose d'une personne autre que le propriétaire, mais avec juste titre et bonne foi, pouvait acquérir la propriété de cette chose par l'usucapion. L'action publicienne lui donna même un moyen de défendre son droit contre les tiers avant que l'usucapion ne fût accomplie; mais le véritable propriétaire de la chose pouvait toujours revendiquer tant que l'usucapion n'était pas accomplie, ou opposer une exception péremptoire à l'action publicienne dirigée contre lui.

Nous avons dit que les *peregrini* ne pouvaient avoir le droit de propriété quiritaire, et que les fonds provinciaux ne pouvaient en être l'objet. L'usucapion ne pouvait donc avoir lieu au profit des *peregrini*, ni à l'occasion de fonds provinciaux. Mais à la place de l'usucapion on donna en pareil cas une prescription, qui permettait au possesseur d'un immeuble avec juste titre et de bonne foi de repousser au bout d'un certain temps la revendication intentée par le propriétaire. Ce laps de temps fut fixé par les empereurs à dix ans entre présents, c'est-à-dire entre habitants de la même province, et vingt ans entre absents. Une prescription analogue fut introduite pour les meubles. Ici encore une réforme était nécessaire au temps de Justinien; l'Italie se trouvait en effet entre les mains des barbares, et il n'y avait plus dans l'empire que des citoyens romains et des terres provinciales, à l'exception toutefois du territoire des villes auxquelles le *jus italicum* avait été accordé. Aussi, après un premier essai de réforme en 528, Justinien en 531 établit pour tout l'empire une règle uniforme, et fixa les délais de l'usucapion à dix ou vingt ans pour les immeubles; à trois ans pour les meubles.

Pour compléter ce que nous avons di des manières d'acquérir la propriété, i convient d'ajouter qu'une personne n pouvait pas acquérir par l'intermédiair d'une autre, à moins que cette derniér ne fût soumise à sa puissance. Nous avon déjà dit que les esclaves acquéraient pou leur maître. Cette règle générale rest toujours fondamentale en droit romain On admit cependant qu'une personn pourrait acquérir la possession par l'in termédiaire d'une autre, et la possessio conduisait facilement à la propriété.

Dans les idées romaines la propriété était considérée comme un droit exclusi et absolu sur une chose. Il y avait ce pendant des limites imposées par la lo à l'exercice de ce droit, afin de préveni des abus. Nous citerons pour mémoir diverses mesures de police relatives a voisinage, à l'entretien des édifices, l'élagage des arbres limitrophes, à l voirie, etc.

La théorie de la propriété avait été d la part des jurisconsultes romains l'obje d'une étude approfondie. Se plaçant à u point de vue élevé, ils ont établi diverses distinctions, qui se rencontrent encor aujourd'hui dans toutes les législations Ainsi ils ont énuméré en face des choses susceptibles d'appropriation privée : celle dont l'usage est commun à tous, comm l'air et la mer; celles qui appartiennen à l'État, comme les monuments publics les places, les rues, les rivières naviga bles, les choses consacrées aux dieux ces dernières se divisaient en *sacræ, sanctæ* et *religiosæ*.

DES DROITS RÉELS. — Après la propriété, qui est le droit réel par excellence, les Romains reconnaissaient quatre sortes de droits réels, moins étendus, e qui peuvent être considérés comme des démembrements du droit de propriété. Ce sont les servitudes, l'emphytéose, le droit de superficie et le droit de gage. Nous ne parlerons ici que des trois premières classes de droits réels, et nous renverrons la théorie du gage à la matière des obligations, à laquelle elle se rattache plus naturellement.

La jurisprudence romaine distinguait deux classes de servitudes; les servitudes prédiales imposées à un fonds au profit d'un autre fonds, et qui astreignaient le propriétaire du fonds servant à souffrir ou à ne pas faire ce que son droit de propriété lui eût d'ailleurs permis d'empêcher ou de faire; et les servitudes personnelles, imposées à un fonds au profit d'une personne. Les premières se subdivisaient en *servitutes prædiorum urbanorum* et *rusticorum*, suivant que le fonds dominant était un bâtiment ou un terrain. Les plus importantes étaient le droit de passage à tous ses degrés (*iter, actus, via*), le droit d'acqueduc, le droit de vue, etc. Quant aux servitudes personnelles, on en comptait quatre : l'usufruit, l'usage, l'habitation et le droit aux services d'un esclave appartenant à autrui. L'action réelle appliquée à la réclamation ou à la contestation d'une servitude s'appelait action confessoire ou négatoire.

Comme choses incorporelles, les servitudes n'étaient pas susceptibles de tradition. Les servitudes rurales qui étaient choses *mancipi* se transféraient par mancipation, les servitudes urbaines par cession *in jure*. Un moyen de translation plus commode ne tarda pas à s'établir. Ainsi, quand en exécution d'une convention un propriétaire laissait le propriétaire voisin user en fait d'un droit de servitude, cette tolérance était considérée comme valant tradition, et le préteur protégeait la jouissance ainsi accordée par l'action publicienne et les interdits. Quant aux fonds provinciaux, comme on ne pouvait leur appliquer ni la mancipation ni la cession *in jure*, on admettait qu'on pourrait y constituer des servitudes par de simples pactes ou par des stipulations, dérogation remarquable au principe dont nous avons déjà signalé l'existence en droit romain et d'après lequel les conventions ne pouvaient produire que des obligations personnelles, jamais des droits réels. Cette constitution des servitudes *pactis et stipulationibus* devint le droit commun sous Justinien.

Les servitudes pouvaient se constituer encore par déduction, quand le propriétaire aliénant sa chose par mancipation ou par cession *in jure* retenait sur elle un droit réel, un droit d'usufruit par exemple. Les legs, l'adjudication dans les actions divisoires étaient encore des moyens de constituer des servitudes; mais l'usucapion n'en était pas un, et une loi *scribonia* avait même formellement interdit l'usucapion des servitudes. La jurisprudence admettait toutefois que pour les servitudes prédiales la jouissance continuée pendant un long temps valait titre.

Le droit du fermier sur la chose louée, bien qu'essentiellement personnel, a reçu cependant un caractère réel dans un grand nombre de législations; les Romains eux-mêmes ont reconnu l'existence d'un droit réel en certains cas et à certaines personnes, par exemple aux fermiers de l'*ager publicus*, à ceux des colléges de prêtres et des communes, enfin aux fermiers à bail héréditaire. Ces diverses amodiations étaient plutôt des partages de la propriété que des baux proprement dits. Le *jus in agro vectigali* (c'est ainsi que les Romains appelaient ce droit réel) pouvait être vendu, hypothéqué, légué. Il pouvait se comporter comme propriétaire tant qu'il payait la rente, et à charge de ne pas compromettre le service de la rente. Ce droit attribué par Constantin aux fermiers des terres fiscales prit désormais le nom d'emphytéose.

Enfin, sous le nom de droit de superficie les jurisconsultes romains accordaient un droit réel à celui qui avait pris à long bail, moyennant une rente annuelle appelée *solarium*, la superficie d'un terrain, afin d'y construire un édifice. Ce droit était protégé dans l'édit par un interdit spécial et une action réelle.

DES OBLIGATIONS. — Après les droits réels, qui sont attachés à une chose et la suivent entre quelques mains qu'elles passent, viennent se ranger dans le système du droit romain les obligations, ou droits personnels. Les jurisconsultes romains définissent l'obligation un lien de droit par lequel une personne s'engage envers une autre à donner à faire ou à ne pas faire quelque chose. L'accomplissement de l'obligation ou le payement est garanti par la loi, qui donne au créancier le moyen de contraindre son débiteur par une action. L'existence d'une action est donc le complément nécessaire de l'obligation. Sans action l'obligation est imparfaite, elle n'a plus de sanction que dans la conscience du débiteur; cependant ces obligations imparfaites exis-

32ᵉ *Livraison.* (ITALIE. *)

taient en droit romain, sous le nom d'obligations naturelles; et le préteur les garantissait au besoin par des exceptions. Telles étaient les obligations des esclaves, des fils de famille et des pupilles.

L'obligation de ne pas faire n'est pas à proprement parler une obligation. Celle-ci ne prend naissance qu'au moment où le débiteur fait la chose qu'il s'est engagé à ne pas faire alors; mais alors seulement le créancier a une action en indemnité. Quant aux obligations de donner ou de faire, elles diffèrent en ce que la première a pour objet une *dation*, c'est-à-dire une translation de propriété, l'autre a pour objet toute autre espèce de prestation.

D'après la classification suivie par tous les jurisconsultes romains, les obligations naissent des contrats, des délits ou de causes diverses que l'on rattachait suivant l'analogie aux contrats ou aux délits. Mais il ne faut pas croire qu'une analyse philosophique des relations des hommes entre eux ait présidé à la formation de la théorie des obligations en droit romain. Ici, comme dans toutes les autres parties du droit romain, tout doit s'expliquer par l'histoire. Dans les premiers temps de Rome l'obligation ne pouvait naître qu'au moyen de certaines formes prescrites par le droit civil. Plus tard le préteur introduisit des obligations nouvelles, où l'on s'attachait moins à la forme qu'au fond et à l'intention des parties. Enfin les jurisconsultes, par une interprétation extensive, arrivèrent à poser ce grand principe, que tout ce qui a été payé ou donné par erreur, sans cause ou en vue d'une prestation équivalente qui n'a pas été faite, peut être répété. L'action en répétition s'appelait *condictio indebiti*, ou *condictio sine causa*, ou encore *condictio causa data, causa non secuta*. Ce mot de condiction, emprunté par le système formulaire au système des actions de la loi, signifiait une action dont la formule se terminait par un *dare oportere*, ce qui excluait toutes les actions dont la formule se terminait par un *facere* ou *præstare oportere*. Quand l'objet qu'il s'agissait *de donner*, c'est-à-dire de transférer en propriété, était une chose corporelle, la condition s'appelait *condictio certi*; quand c'était, au contraire, une chose incorporelle, comme une servitude, une créance, la *condictio* s'appelait *condictio incerti*. En se plaçant à un autre point de vue on réunissait sous le nom de *condictio tri[ti]caria* toutes les condictions qui n'avaient pas pour objet une somme d'argent. La formule même de la condiction supposait que le demandeur n'avait pas la propriété de la chose réclamée; car il eût été absurde de conclure à ce qu'on lui transférât la propriété d'une chose dont il était déjà propriétaire. On admit toutefois cette anomalie dans le cas de vol, et l'on permit à la personne volée d'agir à son choix par revendication ou par condiction. La jurisprudence étendit peu à peu cette exception à tous les cas où une personne réclame un objet qui lui a été enlevé par l'effet d'un délit.

Les actions dont la conclusion était *facere* ou *præstare oportere* n'avaient pas de nom commun. Seulement, dans cette classe, comme dans celle des condictions, on distinguait une *formula certa* et une *formula incerta*. Cette dernière était ainsi conçue : *Quidquid o[portet] eam rem dare facere oportet*. Cette formule large et compréhensive permettait au préteur de donner des actions dans un grand nombre de cas où le droit civil ne fournissait aucune garantie de conventions. Une des plus remarquables applications de cette formule était l'action *præscriptis verbis*, par laquelle dans toute convention synallagmatique, quels qu'en fussent la forme et l'objet, celle des deux parties qui avait accompli son obligation pouvait forcer l'autre à accomplir également la sienne.

Nos législations modernes en traitant la matière des obligations contractuelles commencent par poser en principe que les conventions légalement formées tiennent lieu de loi à ceux qui les ont faites. Il n'en était pas ainsi en droit romain, et les conventions ne produisaient d'action, partant d'obligation véritable que dans certains cas déterminés. Se contrats vraiment productifs d'obligations étaient d'abord ceux pour lesquels on avait employé une des formes obligatoires reconnues par le droit civil ; le *nexum*, la stipulation, ou l'écriture sur les registres domestiques, puis les contrats auxquels l'usage avait attaché un nom et une action spéciale, le *mutuum* le *commodatum*, le dépôt, le gage, la fiducie, la vente, le louage, le mandat, la société. Les cinq premiers s'appelaient contrats réels, parce qu'ils supposent, outre le consentement des parties, la livraison faite par le créancier d'une chose qui doit être rendue par le débiteur. Les quatre derniers, au contraire, se forment par le seul consentement.

A côté des contrats nommés viennent se placer les contrats innommés. La théorie romaine sur cette matière se développa progressivement d'une manière remarquable. Ainsi le préteur commença par donner au besoin une action *in factum*. Labéon appliqua aux cas de ce genre qui se présentaient à lui la *civilis in factum actio*. Enfin Ariston, sous Trajan, posa le principe de l'action *præscriptis verbis*, par laquelle tous ceux qui ont fait ou donné quelque chose en vue d'une prestation équivalente peuvent exiger cette prestation. La classe des contrats réels s'accrut ainsi d'une foule de contrats que les jurisconsultes romains ramenaient à quatre types : *Do ut des, do ut facias, facio ut des, facio ut facias*. Mais là s'arrêta le développement de la jurisprudence romaine : jamais il n'y fut reconnu en principe que le consentement des parties suffisait pour produire des obligations; et pour prendre un exemple, l'échange, que l'on avait quelque temps confondu avec la vente, fut toujours considéré en droit romain comme un contrat innommé, une des formes du type *do ut des*, produisant l'action *præscriptis verbis* quand il avait reçu de l'une des parties un commencement d'exécution.

La division des contrats en synallagmatiques et unilatéraux est fondée dans la nature des choses, et se retrouve dans toutes les législations; mais les Romains avaient plus soigneusement distingué qu'on ne le fait aujourd'hui la nature des diverses actions qui peuvent naître d'un même contrat. Ainsi dans certaines obligations synallagmatiques, telles que le mandat, le commodat, le dépôt et le gage, l'obligation principale est celle du mandataire, du commodataire, du dépositaire, ou du créancier gagiste; l'obligation de l'autre partie n'est qu'accidentelle et éventuelle. Aussi la première obligation était-elle garantie par une action *directe*, la seconde par une action *contraire*.

Toutes les conventions non productives d'obligations restaient désignées sous le nom de *pactes*. En principe les pactes ne produisaient ni obligation ni action; mais il était facile de leur faire produire cet effet en se servant des formes de la stipulation ou du contrat littéral. Les pactes avaient cependant une utilité, en ce qu'ils produisaient une obligation naturelle, une exception, et même en certains cas une action prétorienne; tels étaient le pacte constitutif d'hypothèque; le pacte de constitut, par lequel une personne promettait de payer à jour fixe une dette; et dans le droit impérial la promesse d'une dot ou d'une donation. Enfin les pactes ajoutés *in continenti* à un contrat, par exemple à une vente, étaient censés faire partie de ce contrat.

Si maintenant nous passons en revue les divers contrats nommés, nous rencontrons d'abord la vente (*emptio, venditio*). L'obligation du vendeur consistait à mettre la chose vendue à la disposition de l'acheteur : *Præstare emptori rem habere licere*. En conséquence la vente de la chose d'autrui n'était pas nulle, seulement le vendeur se trouvait obligé à indemniser l'acheteur dans le cas où le propriétaire de la chose vendue refusait de s'en dessaisir. Dans l'usage on stipulait en pareil cas que l'indemnité serait du double de la valeur de la chose vendue. Une indemnité semblable était ordinairement stipulée pour le cas d'éviction, c'est-à-dire pour le cas où le propriétaire de la chose vendue par un tiers viendrait à la revendiquer entre les mains de l'acheteur. Du reste, et même à défaut de stipulation, l'obligation du vendeur entraînait de sa part obligation de garantie. Cette obligation de garantie portait également sur les vices cachés de la chose vendue, et l'édit des édiles curules avait déterminé en détail les vices rédhibitoires dans les ventes d'esclaves ou d'animaux domestiques. D'après cet édit, l'acheteur avait le droit de demander la résolution de la vente ou une diminution de prix (*actio redhibitoria* ou *quanti minoris*). Quant aux autres contrats consensuels, à savoir le louage, le mandat et la société, leur his-

32.

toire n'offre aucune particularité intéressante.

Les contrats réels étaient, comme nous l'avons déjà dit, le *mutuum*, ou prêt de consommation, la *commodatum*, ou prêt d'usage, le dépôt, le gage et la fiducie. Ce dernier contrat mérite seul quelques explications. Dans le contrat de fiducie une personne transférait à une autre personne la propriété d'une chose, et l'acquéreur s'engageait à la rendre après l'avoir employée dans un but convenu. Ç'avait été probablement la première forme du contrat de dépôt et d'hypothèque. La translation de propriété avait lieu par mancipation ou par cession *in jure*, et en même temps le futur créancier employait la formule fiduciaire ; la fiducie était garantie par une action de bonne foi, et le débiteur condamné par l'action *fiduciæ* était frappé d'infamie. La restitution avait lieu comme la première translation, par la mancipation ou la cession *in jure*. Toutefois le créancier pouvait rentrer dans la propriété de sa chose par une usucapion particulière, appelée *usureceptio*.

La forme de l'obligation verbale consistait dans une question et une réponse dont les termes étaient sacramentels. *Spondesne te daturum?* disait le stipulant : *spondeo* répondait le promettant. D'autres formules avaient été admises ; mais celle où l'on employait le verbe *spondere* était regardée comme de droit civil, et ne pouvait créer d'obligation qu'entre citoyens romains. Ce respect formaliste de la lettre dura jusqu'à l'empereur Léon, qui abolit toutes les formules et déclara toutes stipulations valables, quels qu'en fussent les termes. La seule condition d'existence de stipulations fut dès lors le concours de deux volontés exprimées par une question et une réponse conformes. Il fallait que les parties fussent présentes, mais elles pouvaient faire stipuler leurs esclaves pour elles. L'action résultant de la stipulation était la condiction quand il s'agissait d'une obligation de donner, l'action *incerti* quand il s'agissait d'une obligation de faire. Appliquant rigoureusement le principe que pour être recueillie dans une succession une obligation active ou passive doit avoir existé dans le patrimoine du défunt, les jurisconsultes romains concluaient qu'on ne peut stipuler ni promettre pour le moment de sa mort. Pour arriver à ce résultat sans blesser le principe, on faisait intervenir une ou plusieurs personnes qui stipulaient ou promettaient avec les parties principales, et prenaient les noms d'*adstipulatores* ou *adpromissores*. Justinien supprima cette subtilité, et permit aux parties de stipuler ou de promettre pour le moment de leur mort. La promesse de donner une dot et celle de payer faite par un banquier (*argentarius*) étaient considérées comme obligation verbale.

La forme de l'obligation littérale nous est malheureusement peu connue ; elle se rattachait vraisemblablement à l'institution des livres domestiques en usage chez les Romains. Tout père de famille relatait jour par jour sa dépense et sa recette sur un brouillon appelé *adversaria*, et tous les mois rédigeait sur ses *adversaria* le registre exact de ses opérations. Ce registre s'appelait *codex* ou *tabulæ accepti et expensi*. Tout l'actif était porté en dépense sur ce livre (*expensum latum*) ; tout le passif figurait au contraire en recette (*acceptum latum*). L'inscription faite sur ce livre d'une dette préexistante, en changeant ou la cause de la dette ou le nom du créancier ou du débiteur, emportait novation de l'obligation (*transcriptio a re in personam, a persona in personam*). Pour que l'inscription sur le livre produisît une obligation par sa seule force il fallait sans doute que les parties fussent d'accord et que ce consentement pût être prouvé en cas de dénégation. Mais on ne sait pas précisément comment se passaient les choses. Tout ce qu'on sait, c'est que dans l'obligation littérale la cause obligatoire était simplement l'inscription faite sur le registre d'une avance fictive ou réelle. Cette forme d'obligation, protégée par la *condictio certi*, était encore en usage au temps de Gaïus. Comme elle était de droit civil, et par conséquent réservée aux citoyens romains, on avait imaginé pour les *peregrini* les *syngrapha* et les *chirographa*, sortes de reconnaissances écrites dont les règles, fixées par l'usage, nous sont imparfaitement connues, et auxquelles on attachait le même effet qu'à l'obligation littérale proprement dite.

Dans l'usage les stipulations se constituaient par écrit. Cet écrit (*cautio*, *chirographum*) n'était pas une condition de l'obligation, mais lui servait de preuve ; même en présence de cet écrit, l'adversaire pouvait soutenir par tous les moyens possibles que la stipulation n'avait pas eu lieu dans les formes prescrites. On admit cependant que l'écrit ferait foi de son contenu jusqu'à preuve contraire. Quand l'obligation verbale avait pour cause une prestation du créancier au débiteur, ce dernier pouvait soutenir par une exception de dol que la prestation n'avait pas eu lieu, et c'était alors au demandeur à prouver le contraire. Quand il s'agissait d'un prêt d'argent, cette exception s'appelait *exceptio non numeratæ pecuniæ*; mais elle ne pouvait être opposée que dans l'année du contrat. Dioclétien étendit ce délai à cinq ans ; Justinien le réduisit à deux. Passé ce délai, l'écrit constatant l'obligation ne pouvait plus être attaqué ; et il était vrai de dire alors que l'obligation du débiteur résultait non du prêt à lui fait, mais de l'écrit même.

Quand un *chirographum* constatait un prêt d'argent fait sans stipulation, le défendeur n'avait même pas besoin d'opposer d'exception. C'était toujours au demandeur à prouver qu'il avait réellement fourni la somme dont il demandait le payement ; toutefois, et par analogie avec le cas précédent, on admit qu'après les délais dans lesquels se prescrivait l'exception *non numeratæ pecuniæ*, l'écrit ferait pleine foi de la réalité de la prestation faite par le créancier.

L'obligation contractée par *mutuum* ne tendait qu'à la restitution du capital prêté. Pour que le débiteur fût tenu à payer des intérêts, il fallait une stipulation spéciale. Le taux de l'intérêt était fixé par la loi des Douze Tables. C'est ce qu'on appelait *fœnus unciarium*, du mot *uncia*, qui signifie un douzième. Le *fœnus unciarium* représentait un douzième du capital par an, soit huit un tiers pour cent. Ce taux légal fut souvent changé, plusieurs fois rétabli. Un instant même la stipulation d'intérêt fut absolument prohibée par un plébiscite rendu sur la proposition du tribun Genucius (341). Dans les derniers temps de la république le *maximum* de l'intérêt fut fixé par l'usage à un pour cent par mois, soit douze pour cent par an (*centesima usura*). Justinien le réduisit à six pour cent par an, sauf quelques exceptions de peu d'importance. L'anatocisme (intérêts composés) était défendu, Justinien alla même jusqu'à défendre la capitalisation des intérêts d'année en année.

La matière des donations avait donné lieu en droit romain à de nombreuses prescriptions. L'obligation de donner se contractait dans la forme d'une stipulation ; elle s'accomplissait par une translation de propriété, c'est-à-dire par mancipation ou cession *in jure* pour les choses *mancipi*, par tradition pour les choses *nec mancipi*. Antonin le Pieux établit le premier que dans les donations faites par des ascendants à leurs descendants la mancipation ou la tradition ne seraient plus nécessaires, et qu'il suffirait d'une simple déclaration de volonté. Sous les empereurs l'usage s'introduisit de faire inscrire les donations sur des registres tenus par les tribunaux ou par les officiers municipaux. Une constitution de Constance Chlore fit de cette *insinuation* une condition d'existence de la donation. En 428 les donations à cause de mariage au-dessous de 200 *aurei* furent dispensées de l'insinuation. Justinien étendit cette exemption à toutes les donations au-dessous de 500 *aurei*, et déclara la simple promesse de donation obligatoire. Le contrat de donation devint ainsi un véritable contrat consensuel. La loi *Cincia*, rendue en 203 av. J.-C. sur la proposition du tribun M. Cincius Alimentus, avait prohibé les donations au delà de certaines limites. Mais cette loi, qui tomba en désuétude sous les derniers empereurs, ne nous est que très-imparfaitement connue ; et les différents systèmes proposés sur ce sujet par l'érudition moderne n'ont pour nous qu'un médiocre intérêt.

Le donation de tous biens était permise, et se présentait quelquefois dans la pratique. Mais la translation de propriété ne pouvait se faire d'une manière générale et n'avait lieu que par la mancipation ou la tradition de tous les objets individuels composant le patrimoine.

En principe, les donations étaient irrévocables ; le patron seul pouvait révoquer les donations par lui faites à son affranchi. Cette exception fut même restreinte plus tard au cas d'ingratitude de l'affranchi ou de survenance d'enfant au patron; mais en même temps la révocabilité pour ingratitude fut étendue d'abord aux donations faites par des ascendants à leurs descendants, puis à toutes les donations.

La dureté des voies d'exécution contre les débiteurs a déjà été montrée dans l'exposé que nous avons fait de la procédure romaine. Le débiteur insolvable pouvait être *addictus*, c'est-à-dire que le préteur pouvait permettre au créancier de l'emmener comme esclave et de le faire travailler pour son compte jusqu'à l'entier acquittement de la dette. Le créancier pouvait même stipuler lors du contrat que l'addiction aurait lieu sans condamnation préalable par un *judex*, et sur un simple ordre du préteur. Dans ce cas le débiteur s'appelait *nexus*. Le droit du créancier s'étendait alors à toutes les personnes soumises à la puissance du débiteur; mais il supposait un prêt d'argent contracté *per æs et libram*. Le *nexum* fut aboli en 325, par la loi *Pætelia*, après avoir été l'occasion de nombreuses émeutes. La même loi défendit de charger de chaînes les *addicti*, mais l'addiction subsista encore jusque dans les derniers temps de l'empire.

La promesse de payer faite par le débiteur postérieurement au contrat donnait en certains cas une force nouvelle à l'obligation; tel était par exemple l'effet du pacte *constitutæ pecuniæ*. Quant au serment promissoire, il n'était employé que pour les obligations de services contractées par des affranchis envers leur patron.

Les contrats accessoires de cautionnement et de gage étaient la garantie la plus fréquemment employée. Le cautionnement se contractait par une stipulation, et suivant la formule employée la caution s'appelait *sponsor, fidepromissor,* ou *fidejussor*. Les deux premières sortes de cautions ne pouvaient intervenir que dans un contrat *verbis*; le *fidejussor*, au contraire, pouvait intervenir dans toute espèce de contrats. Une loi *Cornelia* disposait d'une manière générale que nul ne pourrait dans la même année cautionner le même débiteur envers le même créancier pour une somme supérieure à 20,000 sesterces.

Dans l'ancien droit la caution était solidaire du débiteur; le créancier pouvait poursuivre à son choix le débiteur ou la caution : mais la poursuite dirigée contre l'un des deux libérait l'autre. Cette rigueur fut tempérée sous l'empire, et le bénéfice de discussion accordé à la caution força le créancier de s'adresser d'abord au débiteur principal. La caution qui avait payé la dette avait contre le débiteur un recours par l'action *mandati*; une loi *Publilia* avait, en outre, donné aux *sponsores* une action appelée *depensi*, qui pouvait entraîner, comme l'action *judicati*, l'addiction du condamné. Dans le cas de plusieurs cautions, l'ancien droit permettait au créancier de s'adresser pour le tout à l'une d'elles à son choix; la caution poursuivie payait, et n'avait de recours que contre le débiteur. Une loi *Furia* disposa que le créancier serait obligé de demander une part égale à chacun des *sponsores* ou *fidepromissores* solvables; et Hadrien étendit ce bénéfice de division aux cofidéjusseurs. Il y avait encore entre les trois sortes de cautions quelques différences peu importantes, et qui disparurent peu à peu. Sous Justinien il n'est plus question que de fidéjusseurs. Quant aux femmes, Auguste leur avait interdit de cautionner leurs maris, et sous Claude le sénatus-consulte Velléien leur défendit d'une manière générale d'intervenir pour des tiers.

Le contrat de gage se présentait sous trois formes : La fiducie, le gage proprement dit, l'hypothèque.

La fiducie consistait dans une translation de propriété quiritaire d'un objet quelconque faite par le débiteur au créancier, avec réserve pour le débiteur de dégager la chose dans un certain délai. Ordinairement le débiteur restait détenteur de l'objet engagé à titre de bail ou de précaire, et une *usureceptio* particulière lui facilitait le moyen de rentrer dans sa propriété. La fiducie s'employait surtout pour sûreté des contrats passés avec l'État, et l'ensemble des règles applicables à cette matière s'appelait *jus prædiatorium*.

Le gage consiste dans une translation de possession faite par le débiteur au créancier. L'objet engagé restait la propriété du débiteur ; mais il était grevé d'un droit réel au profit du créancier gagiste.

Enfin l'hypothèque est le droit réel réduit à sa plus simple expression, sans qu'il soit besoin de translation de propriété ni même de possession.

Pour que l'hypothèque fût réellement utile il fallait que le créancier hypothécaire eût un droit de suite contre les tiers acquéreurs. Ce droit de suite fut admis dans un cas d'abord par le préteur Servius, puis bientôt dans tous les cas. L'interdit Salvien ajouta bientôt à ce droit de création moderne une garantie possessoire. Enfin l'action servienne fut appliquée même au gage sous le nom d'action *quasi Servienne*, bien que la possession transférée au créancier fût dans la plupart des cas une garantie suffisante.

Dans le gage comme dans l'hypothèque l'objet engagé est affecté au payement d'une dette; de là pour le créancier le droit de faire vendre la chose et de se payer sur le prix. Les formes de la vente furent réglées avec soin dans l'intérêt du débiteur, et le pacte commissoire, qui à l'expiration du terme adjugeait le gage au créancier, fut interdit par Constantin.

Il y avait en droit romain des hypothèques légales, c'est-à-dire indépendantes de toute convention, et le nombre en fut augmenté par Justinien. L'hypothèque pouvait porter sur une partie des biens du débiteur, ou sur tous ses biens présents ou même à venir. Cependant l'hypothèque n'était soumise à aucune condition de publicité; la seule garantie que les Romains eussent imaginée pour assurer le crédit était de prononcer des peines contre les vendeurs de mauvaise foi qui dissimuleraient, lors de la vente, les charges existantes sur l'immeuble vendu. L'ordre des créanciers hypothécaires entre eux était réglé par la date de leurs créances : *Prior tempore potior jure;* il n'y avait d'exception que pour un petit nombre d'hypothèques privilégiées. Pour prévenir les fraudes et les antidates, l'empereur Léon décida que les hypothèques conventionnelles attestées par un acte authentique ou signées de trois témoins passeraient avant toutes autres hypothèques.

En droit romain les obligations s'éteignaient d'abord par le payement ou accomplissement de l'obligation de la part du débiteur. Si le créancier refusait de recevoir, le débiteur était autorisé à déposer dans un temple l'objet ou la somme due. Une obligation contractuelle peut encore être éteinte par un contrat exprimant un concours de volontés contraire; mais il faut que le nouveau contrat soit de même nature que le premier. Ainsi l'obligation formée *consensu* peut s'éteindre *consensu*, mais la stipulation ne peut être éteinte que par *acceptilation*, et le *nexum* ne peut s'éteindre que *per æs et libram*. Quant aux obligations résultant de contrats réels ou de délits, elles ne pouvaient s'éteindre dans la même forme; mais on arrivait au même résultat par des pactes d'où résultait une exception pour le débiteur. L'obligation s'éteignait encore par novation. La novation remplaçait une obligation par une autre, ou substituait une personne nouvelle à la place du créancier ou du débiteur ; elle jouait un rôle important en droit romain, en permettant la translation des créances et en facilitant leur extinction. Il était facile en effet de remplacer une obligation formée *re* ou *delicto* par un *nexum* ou une obligation *verbis* ou *litteris*. On pouvait même nover d'un seul coup et transformer en une seule obligation *verbis* plusieurs obligations dérivant de sources différentes. Aquilius, contemporain de Cicéron, avait rédigé à cet effet une formule curieuse, qui s'est conservée jusque dans les livres de Justinien, sous le nom de *stipulation Aquilienne*.

A côté des moyens d'éteindre et de détruire les obligations, il y avait des moyens d'en paralyser entièrement l'effet. C'étaient les exceptions. Quand l'exception était prouvée, l'obligation subsistait bien dans la rigueur du droit, mais le juge ne pouvait pas condamner. Le débiteur restait cependant au moins dans la plupart des cas obligé naturellement. Les diverses exceptions avaient été successivement introduites tant par le droit civil que par le droit prétorien.

La compensation n'était admise dans l'ancien droit que pour les actions *bonæ fidei*. Dans ces sortes d'actions le juge, investi de pouvoirs plus étendus qu'à l'ordinaire, pouvait compenser jusqu'à due concurrence les prétentions respectives des parties, mais il n'avait pas le même pouvoir dans les actions *stricti juris*. Marc-Aurèle introduisit le premier la compensation en pareil cas, sous la forme d'une exception de dol. Enfin Justinien l'admit dans tous les cas, même dans les actions réelles. La compensation était depuis très-longtemps admise sous le nom de déduction dans les actions en règlement de compte entre les *argentarii* et leurs clients et dans quelques autres cas spéciaux.

SUCCESSIONS. — *Uti pater familias legassit, ita jus esto* disait la loi des Douze Tables. Tout citoyen romain était libre de disposer de sa succession en faveur d'un autre citoyen romain, et sa volonté était exactement respectée. Seulement cette volonté devait être exprimée dans la forme d'un testament. A défaut de testament, la loi réglait un ordre de succéder. Mais en cette matière plus qu'en toute autre le droit civil fut profondément modifié par l'édit du préteur et les constitutions impériales. Ainsi, à côté de l'ordre légal de succession établi par le droit civil, le préteur avait institué un ordre nouveau, fondé sur des principes tout différents, et qui s'appelait *bonorum possessio*. C'est donc surtout ici qu'il importe de bien distinguer ces trois sources différentes du droit romain.

L'ancien droit romain admettait deux sortes de testaments : l'un, réservé aux seuls patriciens, se faisait, comme l'adrogation, dans les comices par curies, assemblées à cet effet deux fois par an ; l'autre se faisait *in procinctu*, au moment où l'armée romaine était rangée en bataille et où l'on prenait les auspices. C'était le testament militaire. L'usage du *nexum* fournit bientôt une forme de testament plus commode et plus générale. On conserva la mancipation, les cinq témoins, le *libripens*, le *familiæ emptor*; on remplaça seulement la translation de propriété par une déclaration solennelle de dernière volonté ; l'écrit qui constatait cette déclaration était signé par les témoins.

A côté de ces formes du droit civil il faut placer la forme prétorienne. Le préteur déclarait dans l'édit qu'il accorderait la *bonorum possessio* en vertu de tout testament signé par sept témoins citoyens romains. Cette *missio in possessionem* n'avait cependant lieu d'abord qu'à défaut d'héritiers institués par le droit civil ; mais cette restriction cessa sous les empereurs, et une exception de dol permit à l'héritier prétorien de repousser les attaques des héritiers appelés *ab intestat* par la loi. Le testament prétorien devint la forme la plus généralement usitée, elle devint même dans l'empire d'Orient la seule reconnue. Une constitution de Valentinien III en 446 introduisit une forme nouvelle, celle du testament olographe.

Dans le testament *per æs et libram* l'écriture pouvait être remplacée par une déclaration verbale appelée *nuncupatio*. Les sept personnes dont le concours était nécessaire pour qu'il y eût mancipation devinrent sept témoins, et le testament fait dans cette forme s'appela testament nuncupatif. Sous les empereurs la déclaration de volonté put être faite devant un magistrat ou devant la curie municipale avec inscription sur les registres de la ville ; c'est l'origine du testament authentique.

Enfin de nombreuses constitutions impériales déterminèrent la forme privilégiée des testaments militaires.

Étaient incapables de tester les personnes soumises à la puissance d'une autre, les mineurs, les fous, les prodigues interdits. Le droit prétorien avait déterminé les formes dans lesquelles pourraient tester les sourds-muets et les aveugles. Pour les femmes, il fallait qu'elles fussent sorties de leur famille par une coemption au moins imaginaire ; sous Hadrien la coemption cessa d'être nécessaire, mais l'autorisation du tuteur fut toujours exigée : cependant le droit prétorien accordait la *bonorum possessio secundum tabulas* en vertu du testament d'une femme non autorisée, et cette *bonorum possessio* excluait tous héritiers autres que le patron et le père. Ces restrictions, dont les vestales étaient affranchies, disparurent dans le droit postérieur. — Étaient encore incapables de tester les *peregrini* et les *Latini Juniani*, les condamnés à la déportation ou à la relégation. En vertu d'une fiction légale introduite par la loi *Cornelia*, le estament du Romain mort prisonnier chez l'ennemi restait valable, et le testateur était réputé mort au moment où avait commencé sa captivité. Enfin, par un privilége tout spécial, les esclaves de la république pouvaient tester de la moitié de leur pécule.

Le point essentiel de tout testament était l'institution d'un héritier. Elle ne pouvait avoir lieu qu'en termes impératifs; mais les fils de Constantin supprimèrent la nécessité des formules, pour s'en tenir à la simple expression de volonté. L'héritier institué valablement excluait complétement les héritiers appelés par la loi *ab intestat*; le testateur pouvait instituer plusieurs héritiers; il pouvait même substituer un héritier à un autre, pour le cas où ce dernier ne recueillerait pas la succession. Il pouvait même substituer un héritier à son fils impubère, pour le cas où ce dernier mourrait avant d'avoir atteint l'âge de tester. L'institution pouvait être conditionnelle; seulement la condition de ne pas se marier était déclarée nulle par la loi *Julia et Papia Poppœa*.

La capacité de recevoir par testament était beaucoup plus étendue que la capacité de disposer. Ainsi les personnes soumises à la puissance d'une autre pouvaient être instituées, sauf à n'acquérir que pour leur maître. On décidait seulement que pour instituer valablement son esclave le testateur devait l'affranchir. Justinien établit que l'institution vaudrait affranchissement. Les *Peregrini* et les *Latini Juniani* étaient en général incapables de recevoir par testament; mais l'institution n'était pas nulle, et le Latin Junien pouvait recueillir l'hérédité quand il était devenu citoyen romain. L'héritier institué devait être une personne individuellement déterminée; les villes et les corporations étaient donc incapables de recevoir; les divinités païennes elles-mêmes, ou du moins leurs temples, n'avaient le droit de recevoir que par exception. L'exclusion des *incertæ personæ* semble cependant avoir disparu dans le nouveau droit. Pour être capable de recevoir, il fallait de plus être né au moment de la mort du testateur; toutefois, on admit de bonne heure une exception à ce principe pour les enfants du testateur simplement conçus au moment de sa mort. Aquilius Gallus étendit cette exception aux petits-enfants. L'institution d'un enfant simplement conçu devait tomber d'elle-même si le testateur ne mourait pas avant la naissance de l'enfant; mais la loi *Junia Velleia* et la jurisprudence reconnurent la validité du testament et déclarèrent que le testament n'aurait pas besoin d'être refait. Quant au *posthume* étranger, il ne pouvait être institué d'après le droit civil, mais le droit prétorien lui accordait la *bonorum possessio secundum tabulas*, et Justinien l'assimila entièrement au *posthumus suus*. Quant aux femmes, la loi *Voconia*, rendue en 168 av. J. C., fixait le maximum de ce qu'elles pourraient recueillir par testament à titre d'héritières. Cette loi, dont les dispositions ne nous sont qu'imparfaitement connues, fut abrogée par la loi *Julia et Papia Poppœa*.

La loi *Julia* (17 av. J. C.) et la loi *Papia Poppœa* (9 apr. J. C.) apportèrent de nombreuses modifications aux règles sur la capacité de recevoir. Ainsi, passé un certain âge les célibataires ne pouvaient plus recueillir ni hérédité ni legs, à moins de se marier dans les cent jours. Les femmes veuves ou divorcées étaient seules affranchies de cette incapacité pendant un court délai à partir de la dissolution du mariage. L'incapacité cessait aussi pour les fiancés, pourvu que le mariage eût lieu dans les deux ans; elle durait jusqu'à soixante ans pour les hommes, jusqu'à cinquante ans pour les femmes. Cette rigueur fut encore augmentée par des sénatus-consultes postérieurs. D'après la loi *Papia*, les mariés sans enfants ne pouvaient recueillir que la moitié des hérédités ou des legs qui leur étaient déférés, et les enfants adoptifs ne comptaient pas. Enfin un époux ne pouvait laisser à l'autre que le dixième de sa fortune; mais cette quotité s'augmentait d'un dixième par chaque enfant. Les empereurs dispensaient quelquefois, par grâce singulière, de l'application de cette restriction, et ce privilége s'appelait *Jus liberorum*. Les derniers vestiges de ces lois, devenues inutiles à la société chrétienne, furent abolis par Constantin et Théodose II.

SUCCESSION AB INTESTAT. — A défaut de testament, l'ordre des héritiers était déterminé par la loi. La succession *ab intestat* supposait toujours que le défunt était *sui juris*; mais les règles variaient suivant que le défunt était ingénu ou affranchi.

Au premier rang venaient les héritiers siens (*sui*), c'est-à-dire les enfants du défunt, l'enfant adoptif, la femme *in manu*; les descendants des enfants prédécédés arrivaient par représentation de leur père. A défaut d'héritiers siens la loi des Douze Tables appelait le plus prochain agnat, c'est-à dire au premier degré le frère et la sœur. La représentation n'avait pas lieu pour les aguats; il n'y avait même pas délation de la succession d'un degré à un autre. A défaut du plus prochain agnat, la succession était déférée non pas à l'agnat du degré subséquent, mais à la *gens*. La succession *ab intestat* des vestales était déférée à l'État.

Ainsi les fils émancipés et ceux qui ayant obtenu le droit de cité en même temps que leur père n'étaient pas soumis à sa puissance, n'héritaient pas de leur père. La mère et les enfants n'avaient aucun droit sur leur succession réciproque. A côté de ce système rigoureux et peu naturel du droit civil, le droit prétorien créa pour les possessions de biens un système nouveau. En premier lieu venaient les enfants même émancipés (*bonorum possessio unde liberi*); il n'y avait d'exception que pour les enfants adoptifs émancipés et pour les enfants donnés en adoption. Le partage se faisait comme en droit civil pour les *sui heredes*; toutefois, l'enfant émancipé en concours avec des enfants non émancipés devait abandonner la moitié de sa part, d'après une formule insérée par Julien dans l'édit. En second lieu venaient les personnes appelées par la loi (*bonorum possessio unde legitimi*). En troisième lieu les cognats ou parents naturels jusqu'au sixième degré, et en certain cas jusqu'au septième (*unde cognati*). Chaque degré arrivait à son tour, à défaut des précédents; et tous les cognats du même degré partageaient par tête. Après les cognats le préteur appelait l'époux survivant : *unde vir et uxor*. Si les appelés ne demandaient pas l'envoi en possession dans un certain délai, leur droit était périmé. Ceux qui étaient appelés par le droit civil pouvaient recueillir eux-mêmes l'hérédité ou se faire envoyer en possession. La *bonorum possessio* était efficacement protégée par le préteur contre les attaques des héritiers appelés par le droit civil, mais non quand ces héritiers étaient, d'après le droit prétorien, préférables à l'envoyé en possession. C'est ce qu'on appelait *bonorum possessiones cum re* ou *sine re*.

Le droit civil se modifia lui-même sous l'empire des idées nouvelles. Ainsi la mère, qui dans l'ancien droit ne succédait pas, et qui dans le droit prétorien n'arrivait qu'en troisième rang parmi les cognats, obtint des droits plus étendus par le sénatus-consulte Tertullien, rendu sous Hadrien. Elle ne fut plus dès lors primée que par les *sui hæredes* et les personnes assimilées aux *sui hæredes* dans la législation prétorienne, le père et le frère consanguin du défunt; elle arrive en concours avec les sœurs consanguines. Le sénatus-consulte Orphitien sous Marc-Aurèle, appela réciproquement les enfants à la succession de leur mère.

Ces diverses dispositions du droit civil et du droit prétorien, fondues ensemble et complétées par les constitutions impériales, produisirent le système suivant, en vigueur sous Justinien : En premier rang venaient les enfants même légitimés ou donnés en adoption. S'il s'agissait de la succession d'une femme, la règle était la même; seulement le mari retenait l'usufruit de tout ou de partie des biens, suivant que les enfants étaient ou non en puissance. Les enfants du fils arrivaient par représentation à la succession de leur aïeule; les enfants de la fille arrivaient également par représentation à la succession de leur grand-père et de leur grand'mère maternels. Les retenues du tiers ou du quart qui leur étaient imposées au profit des frères et des autres agnats furent supprimées par Justinien.

Au second rang, et à défaut de descendants, venait la mère; de nombreuses constitutions, dont le détail nous mènerait trop loin, avaient modifié son droit à plusieurs reprises, notamment en la faisant concourir avec l'oncle paternel. Dans le droit de Justinien la mère arrive en concours avec les frères et sœurs.

Au troisième rang venaient les agnats

t d'abord les frères et sœurs, même
mancipés, ces derniers en vertu d'une
onstitution d'Anastase. Justinien assi-
1ila plus complétement encore les
mancipés aux non-émancipés en les af-
ranchissant de toute retenue, et appela
nême parmi les agnats les frères utérins.
ustinien décida encore, entre autres in-
ovations, que dans l'ordre des agnats
a succession serait déférée de degré en
egré, et qu'à tous les degrés elle appar-
endrait aux femmes aussi bien qu'aux
ommes.
Enfin au quatrième et dernier rang
enaient les cognats.
Les novelles 118 et 127, promulguées
h 543 et 547, renversèrent tout ce sys-
ème, devenu à la fois très-compliqué et
ès-impopulaire, et le remplacèrent par
n système nouveau, fondé sur la parenté
aturelle. Au premier rang viennent les
escendants, au second les ascendants et
s frères et sœurs ou leurs descendants,
u troisième rang les collatéraux suivant
ur degré, enfin l'époux survivant.
Le pécule du fils de famille ne pouvait
tre l'objet d'une succession; à la mort
u fils il retournait au père, auquel il ap-
artenait. Les derniers empereurs accor-
èrent cependant aux descendants, aux
ères et sœurs, et même à la mère, un
roit de succession sur les biens mater-
els du fils. Le père n'eut plus sur ces
iens qu'un usufruit viager. Une règle
halogue fut introduite pour le *castrense
eculium*, et pour les biens d'un adrogé
ort avant la puberté, biens qui, d'après
ancien droit, devaient alors être resti-
és aux héritiers naturels de l'adrogé.
outes ces successions furent également
odifiées par les novelles 118 et 127.
A défaut de successeur la succession
ans l'ancien droit était déclarée vacante,
t les divers objets dont elle se compo-
it pouvaient être occupés ou usucapés
omme choses *nullius*. D'après la loi *Ju-
a* et *Papia* les successions vacantes fu-
ent dévolues au fisc; seulement quand
y avait plus de dettes que de biens, le
sc abandonnait tout aux créanciers.
uand le défunt avait légué la liberté à
n ou plusieurs de ses esclaves, et que
ersonne ne voulait être héritier, alors,
our sauver les legs d'affranchissement,
n permettait à un des esclaves légataires,
u même à toute personne, de prendre

l'hérédité en donnant caution de remplir
les volontés du défunt. Enfin, certaines
corporations obtinrent par privilége spécial un droit de succession sur les biens
de leurs membres décédés sans héritiers.
Ainsi les biens du soldat étaient dévolus
à sa légion, ceux du décurion municipal
à la curie, ceux du moine à son couvent.

D'après la loi des Douze Tables la liberté de tester donnée au père de famille
était illimitée. Il pouvait à son choix instituer ses enfants ou les déshériter ou les
passer sous silence. Mais une première
difficulté s'éleva dans la jurisprudence au
sujet des enfants nés depuis la conception du testament. En effet, le testateur
n'avait pu ni les instituer ni les exhéréder valablement, et son silence ne pouvait plus être interprété comme valant
exhérédation. Il devenait probable au
contraire que le testament n'exprimait
plus la volonté du testateur. De là le
principe: *Agnatio posthumi rumpit testamentum*. Toutefois, ces règles furent
modifiées en ce sens que l'on permit
d'instituer ou d'exhéréder les enfants à
naître; mais la prétérition annula toujours le testament, même pour les enfants déjà nés. Dans ce système les héritiers siens devaient être institués ou
exhérédés; la prétérition du fils rendait
le testament nul, même quand le fils
était mort avant le testateur; la prétérition des filles et des petits-fils ne rendait
pas le testament nul, mais les filles et
petits-fils, malgré le silence du testateur,
arrivaient à la succession en concours
avec les héritiers institués, et prenaient
une part virile s'ils concouraient avec des
héritiers siens: la moitié de la succession,
s'ils concouraient avec des étrangers. De
plus l'exhérédation du fils devait être
spéciale. Une formule générale suffisait
au contraire pour l'exhérédation des
filles et des petits-fils. Quant aux enfants
nés depuis la confection du testament,
le fait seul de leur naissance rendait le
testament nul, s'ils s'y trouvaient passés sous silence. On assimilait à l'*agnatio posthumi* tous les cas dans lesquels
le testateur se trouvait avoir postérieurement à la confection du testament un
nouveau *suus hæres*. Ainsi le testament
était *rompu* quand le fils du testateur
mourait avant son père, laissant des enfants à sa place. L'entrée dans la famille

d'un fils adoptif ou d'une femme *in manu* produisaient le même résultat.

Le droit prétorien alla plus loin, et donna la succession aux enfants non institués ni exhérédés valablement; tous les enfants étaient alors appelés sans distinction, même ceux qui étaient sortis de la famille par adoption ou *conventio in manum*. Du reste, le testament n'était pas nul. Ainsi l'héritier institué recueillait la succession à défaut des enfants, et dans tous les cas on laissait subsister les exhérédations, les legs faits à des ascendants, ou à des descendants, jusqu'à concurrence d'une certaine somme, et diverses autres dispositions. Un rescrit d'Antonin décida même que les femmes n'obtiendraient par la *bonorum possessio* à titre de prétérition que ce qu'elles auraient reçu d'après le droit civil si elles n'eussent pas été émancipées.

Du reste, le père ni la mère n'étaient en aucune façon obligés de laisser une partie de leur succession à leurs enfants. Mais l'exhérédation légalement faite pouvait être attaquée comme dictée par un sentiment de haine ou de colère, qui n'aurait pas laissé au testateur toute la liberté de réflexion que réclame la confection d'un testament. La jurisprudence créa en vertu de cette fiction une action appelée *querela inofficiosi*, qui servait à poursuivre la cassation du testament devant le tribunal des centumvirs. Elle pouvait être intentée par les descendants, les ascendants, et même les collatéraux; toutefois, la jurisprudence n'admit parmi ces derniers que les frères et sœurs, et Constantin limita même leur action au cas où le testateur aurait institué une *turpis persona*. Les personnes qui avaient reçu une partie de la succession ne pouvaient plus intenter la *querela inofficiosi*; le minimum était pour chaque personne le quart de ce qu'elle aurait eu si la succession se fût ouverte *ab intestat*. Si la portion réellement laissée était au-dessous du minimum, la personne lésée pouvait intenter une action en complément de légitime, et on la satisfaisait en réduisant les libéralités.

Justinien introduisit dans ce système quelques modifications. Il décida que quand un héritier légitimaire aurait reçu quelque chose, il ne pourrait jamais demander que le complément de sa légitime.

Il exigea pour tous les descendants, sans distinction de sexe ou de degré, que l'exhérédation fût nominale. Il éleva la quotité de la légitime au tiers de la portion *ab intestat* pour le cas où il y aurait a plus quatre descendants, et à la moitié quand les descendants seraient plus de quatre. Enfin en 542 il ne permit l'exhérédation des descendants ou ascendants qu'à charge d'en donner le motif dans le testament. Ce motif devait être un de ceux prévus et approuvés par la loi et l'héritier institué devait en prouver l'existence; autrement, l'institution d'héritier était nulle et la succession *ab intestat* s'ouvrait.

La succession des affranchis était naturellement soumise à des règles particulières. A défaut de testament la succession d'un affranchi appartenait aux *sui hæredes*, dont ne faisaient point partie les enfants nés avant l'affranchissement. En second lieu venaient le patron la patrone et les enfants ou descendants du patron dans la ligne masculine; et troisième lieu la *gens*. L'affranchie ne pouvant avoir de *sui hæredes*, avait toujours son patron pour héritier de premier degré, mais le sénatus-consulte Orphitien permit aux enfants de l'affranchie de lui succéder.

Ici encore l'édit du préteur introduisit un nouveau système. Il appliqua aux successions des affranchis les *bonorum possessiones unde liberi*, *unde legitimi* *unde cognati*. Ces derniers ne pouvaient être que des descendants, car l'esclave n'avait pas de cognats. A ces possessions de biens du droit commun le préteur en ajoutait quatre autres, par lesquelles appelait la famille du patron; le patron la patronne et leurs ascendants ou descendants, pour le cas sans doute où ces personnes déjà appelées au second rang (*unde legitimi*) auraient perdu leur droit par une *capitis diminutio*, le conjoint survivant, enfin les cognats du patron.

Ce système subit par la suite trois modifications importantes.

D'après l'édit lui-même l'affranchi ne pouvait instituer héritier au préjudice de son patron que son enfant. Contre tout autre héritier institué le patron pouvait demander la *bonorum possessio* jusqu'à concurrence de la moitié des biens de l'affranchi. La loi *Papia Pop* æa donna le même droit aux filles du patron ainsi qu'à la patronne et à ses enfants. Ce droit n'appartenait pas au patron d'une affranchie, parce qu'en vertu de sa tutelle il pouvait l'empêcher de faire un testament; mais la loi *Papia Poppæa* ayant permis à l'affranchie de tester librement quand elle aurait quatre enfants, donna par compensation au patron un droit de réserve, et l'étendit même à la patronne de l'affranchie, à condition toutefois qu'elle aurait eu des enfants.

D'après une autre disposition de l'édit, le patron ne put être exclu de la succession de l'affranchi que par les enfants du sang, et non par les enfants adoptifs ni par la femme *in manu*. Contre ces derniers il avait droit à la moitié de la succession, et la loi *Papia Poppæa* étendit ce droit aux filles du patron, à la patronne et à ses enfants. Les aliénations entre vifs faites en fraude de la loi par l'affranchi pouvaient être annulées par action Favienne et l'action Calvisienne.

Enfin, quand un affranchi laissait plus de cent mille sesterces et moins de trois enfants, le patron ou la patronne mère de trois enfants avait droit à une part d'enfant, en vertu de la loi *Papia Poppæa*.

Valentinien III (447) admit à la succession d'un affranchi les enfants de ce dernier nés avant son affranchissement; il restreignit au tiers la réserve de moitié accordée aux enfants du patron, et ne donna même cette réserve qu'aux fils, à l'exclusion des filles. Il admit à la succession en concours pour moitié avec les héritiers du patron : le père, la mère, le frère ou la sœur de l'affranchi, pourvu qu'ils fussent libres eux-mêmes; enfin il fit passer les enfants de l'affranchie avant ceux du patron.

Justinien simplifia tout ce système. En première ligne viennent les enfants de l'affranchi sans distinction, puis le patron et la patronne ou leurs descendants ou leurs collatéraux jusqu'au cinquième degré, enfin le conjoint survivant. Dans le cas où l'affranchi fait un testament et laisse plus de cent *aurei*, le patron, la patronne et leurs descendants ont sur la succession une réserve du tiers.

Des règles analogues s'appliquaient à la succession des personnes affranchies du *mancipium* ou émancipées. Seulement l'*extraneus manumissor*, quand l'affranchissement avait été fait par un autre que par le père, n'avait pas les mêmes droits que ce dernier. L'édit faisait passer avant lui après les enfants de l'émancipé dix personnes prises parmi les cognats les plus proches (*bonorum possessio unde decem personæ*). Justinien appela à la succession de l'émancipé les frères et sœurs de préférence aux parents, auxquels il laissa seulement l'usufruit. Le patron n'avait la réserve de moitié que quand il était le père ou l'ascendant de l'affranchi. Enfin la novelle 118 soumit ces successions à l'empire du droit commun.

Quant aux successions des *Latini Juniani*, elles étaient régies par le principe *liber vivit, servus moritur*. A la mort d'un affranchi latin tous ses biens revenaient *jure peculii* au patron, à ses héritiers, ou même, d'après un sénatus-consulte, rendu sous Claude, aux enfants du patron, quoique ce dernier eût institué d'autres héritiers. Il en était de même de la succession des affranchis déditices.

ACQUISITION DES SUCCESSIONS. — En cas de succession testamentaire, le testament devait être dans les cinq jours du décès présenté au magistrat, c'est-à-dire au préteur, au gouverneur de la province ou au magistrat municipal; le testament était ouvert en présence des témoins, lu, copié et déposé dans les archives.

Au point de vue de l'acquisition des successions on distinguait les *sui* et les *extranei*. Les *sui*, c'est-à-dire les personnes qui avaient été au moment du décès soumises à la puissance du défunt se trouvaient par le fait même du décès en possession de l'hérédité. Il en était de même des esclaves affranchis et institués par le testament. Ces derniers s'appelaient *heredes necessarii*. Toutefois, le préteur permit aux uns comme aux autres de s'abstenir de l'hérédité quand elle serait onéreuse.

Les autres héritiers s'appelaient *extranei*. Ils pouvaient accepter ou refuser l'hérédité. L'acceptation avait lieu de trois manières, par une déclaration solennelle devant témoins (*cretio*), par une simple expression de volonté, ou même en faisant acte d'héritier (*pro hærede gerendo*). La crétion disparut sous les derniers empereurs. L'acceptation, sous quelque forme qu'elle eût lieu, n'était soumise à aucun délai; seulement les créanciers de la succession pouvaient en faire fixer un par le préteur; le testateur pouvait aussi prescrire dans son testament que l'héritier institué serait tenu, à peine de déchéance, de faire la crétion dans les cent jours. Cette dernière disposition était souvent usitée et interprétée à la rigueur; mais pour que l'héritier institué à charge de crétion fût déchu par défaut de cette formalité il fallait que le testament contînt une exhérédation éventuelle. Autrement, l'héritier institué pouvait partager avec celui qui lui était substitué. L'acceptation (*aditio*) pouvait d'ailleurs avoir lieu avant l'ouverture du testament. La loi *Papia Poppæa* la rejeta après l'ouverture du testament, pour faire profiter le fisc des déshérences survenues dans l'intervalle; mais Justinien rétablit l'ancienne règle.

La *bonorum possessio*, au contraire, n'était jamais acquise de plein droit. Il fallait la demander à un magistrat revêtu de l'*imperium*. Les descendants ou ascendants avaient un an pour former leur demande; toute autre personne avait seulement cent jours.

Tant qu'il n'y avait pas eu adition d'hérédité ou envoi en possession, le droit de l'héritier lui était personnel, et ne passait pas à ses héritiers. On permettait seulement à l'héritier *ab intestat* de céder *in jure* une succession dont il n'avait pas encore pris possession. Dans le cas de succession déférée à un enfant dans le sein de sa mère, celle-ci était envoyée en possession provisoire, avec assistance d'un curateur; et, d'après l'édit du préteur Carbon, l'enfant mineur dont la filiation était contestée était envoyé en possession moyennant caution jusqu'à ce que sa majorité lui permît de défendre à l'action en contestation d'État.

L'effet de l'acceptation était de mettre l'héritier entièrement au lieu et place du défunt. Les droits réels, les créances, les dettes, les actions passaient sur sa tête. La succession prétorienne produisait le même résultat par des actions fictices, mais ne faisait passer sur la tête du *bonorum possessor* qu'une propriété naturelle; cette propriété ne devenait quiritaire que par l'usucapion. Comme la succession pouvait être onéreuse, l'héritier avait droit à un délai pour délibérer; Justinien imagina le bénéfice d'inventaire, en vertu duquel l'héritier qui ferait inventaire ne serait tenu des dettes que *intra vires successionis*.

Pour faire valoir son droit contre les tiers, l'héritier du droit civil avait une action appelée *petitio hæreditatis*; le successeur prétorien avait l'interdit *quorum bonorum* et même une action prétorienne appelée *hæreditatis petitio possessoria*. Un édit d'Hadrien permit à l'héritier testamentaire de se faire mettre en possession par le magistrat immédiatement après l'ouverture du testament.

S'il y avait plusieurs héritiers, les créances et les dettes se partageaient de plein droit entre eux tous. Le reste de la succession demeurait en commun; mais chaque cohéritier pouvait demander le partage en vertu de la loi des Douze Tables par l'action *familiæ erciscundæ*. Avant tout partage les héritiers siens devaient rapporter à la masse leur pécule quand il ne leur avait pas été légué par préciput et hors part. De même le fils émancipé devait rapporter à la masse ce qu'il avait acquis depuis son émancipation, c'est-à-dire ce qui aurait formé son pécule s'il était resté sous la puissance de son père. La fille devait aussi rapporter la dot qui lui avait été constituée.

Dans l'ancien droit les successions vacantes pouvaient, comme tout autre objet sans maître, être acquises par usucapion dans le délai d'un an. Cette usucapion disparut sous les empereurs, mais elle subsista pour les divers objets particuliers compris dans la succession tant que l'héritier n'en avait pas pris possession. Par application du même principe, le détournement de ces objets dans le même délai n'était pas considéré comme un vol. Toutefois, sous Hadrien un sénatus-consulte permit à l'héritier civil de revendiquer les objets de la succession, nonobstant l'usucapion, et ce droit fut étendu même au successeur prétorien. L'usucapion *pro herede* n'eut donc d'effet désormais qu'à l'égard des tiers autres que l'héritier. La bonne foi n'était

…as requise pour cette sorte d'usucapion, mais sous Marc-Aurèle une poursuite extraordinaire fut instituée contre ceux qui s'empareraient de mauvaise foi d'une hérédité déférée à autrui.

Les sacrifices auxquels le défunt était tenu d'après les anciennes coutumes religieuses passaient avec la succession sur la tête de l'héritier; cette obligation passait également au successeur prétorien, et en partie aux légataires ou donataires à cause de mort lorsqu'ils prenaient la moitié de la succession; elle s'étendait même à celui qui acquérait par usucapion la plus grande partie des biens héréditaires, à l'*emptor bonorum* dans le cas où les biens étaient vendus pour satisfaire les créanciers, et enfin au débiteur de la succession restée vacante, qui se trouvait par là même libéré.

LEGS ET FIDÉICOMMIS. — Outre l'institution d'héritier, un testament pouvait contenir des legs. Dans l'ancien droit les legs ne pouvaient venir qu'après l'institution d'héritier; mais Justinien supprima cette formalité. L'obligation d'acquitter un legs ne pouvait être imposée qu'à un héritier, et non à un légataire. Enfin, il fallait que le legs fût fait en latin, et conçu en termes impératifs, formalité qui fut abrogée par les fils de Constantin. Les legs imposés à l'héritier à titre de peine ou pour le moment de sa mort étaient nuls dans l'ancien droit. Justinien les valida. La capacité demandée aux légataires était la même que pour les héritiers institués; toutefois, la loi *Voconia*, qui restreignait la capacité des femmes héritières, ne s'appliquait pas aux legs, et les empereurs introduisirent une nouvelle exception en faveur des villes et des corporations.

On distinguait quatre sortes de legs : le legs *per vindicationem*, ou legs de propriété, transférait au légataire la propriété quiritaire de l'objet légué, et le légataire pouvait faire valoir son droit par revendication sans avoir besoin du concours de l'héritier; le legs *per damnationem*, ou legs de créance, donnait au légataire une créance contre l'héritier, créance garantie par une action personnelle, qui était la *condictio* s'il s'agissait d'une obligation de donner, l'*actio in-certi* s'il s'agissait d'une obligation de faire; le testateur pouvait léguer sous cette forme les choses dont il n'avait pas la propriété quiritaire, et même la chose d'autrui ou la chose à venir; le legs *sinendi modo* imposait à l'héritier l'obligation de laisser le légataire prendre possession de la chose léguée : celle-ci pouvait être une chose de la succession ou bien encore une chose appartenant à l'héritier; enfin le legs *per præceptionem* donnait à un d'entre plusieurs cohéritiers le droit de prendre hors part l'objet légué : ce legs, qui ne pouvait porter que sur un objet compris dans la succession, était garanti par l'action *familiæ erciscundæ*. Un sénatus-consulte, sous Néron, décida que tout legs qui ne serait pas valable pour défaut d'observation de ces règles vaudrait du moins comme legs *per damnationem*. Enfin Justinien supprima toutes ces différences, et attacha à tous les legs, sous quelque forme qu'ils fussent faits, une action réelle et une action personnelle.

Pour tourner la règle civile qui déclarait les pérégrins incapables de recueillir des legs ou des successions, on imagina d'insérer dans le testament une prière faite à l'héritier institué de remettre une chose ou même la succession à une personne incapable. L'obligation de l'héritier n'avait d'abord d'autre garantie que sa conscience; mais Auguste investit les consuls d'une juridiction en cette matière, et sous Claude cette juridiction fut attribuée à Rome à deux préteurs, dans les provinces aux gouverneurs. Ces sortes de dispositions prirent le nom de fidéicommis. Pour recevoir un fidéicommis aucune condition de capacité n'était exigée; ainsi ce droit appartenait aux femmes, malgré la loi *Voconia*, et aux Latins Juniens. Toutefois divers sénatus-consultes enlevèrent ce droit aux pérégrins, aux célibataires, aux personnes sans enfants et aux personnes incertaines. Les fidéicommis à titre de peine furent aussi prohibés, comme l'étaient les legs.

En matière de fidéicommis il n'y avait pas de formule d'action ni de *judicium*; le préteur jugeait *extra ordinem*. La condamnation contre l'héritier tendait à la restitution de l'objet du fidéicommis; mais la propriété de cet objet n'était transférée que par les moyens ordinaires (mancipation, tradition, usucapion).

Cette différence entre les legs et les fidéicommis au point de vue de la procédure disparut avec le système formulaire. Justinien assimila complétement ces deux manières de disposer, en accordant dans l'un et l'autre cas à la fois l'action réelle et l'action personnelle, et même une action hypothécaire sur les biens de la succession.

De même qu'on avait validé les fidéicommis, on valida aussi les legs faits non par testament, mais par simples codicilles. On exigea cependant que le codicille qui contenait les legs fût validé par le testament; mais cette condition ne fut pas exigée pour les codicilles qui ne contenaient que des fidéicommis. Quant aux institutions d'héritier, elles ne pouvaient se faire que par testament. Les codicilles n'étaient soumis à aucune forme. Justinien permit même à celui qui prétendrait avoir droit à un fidéicommis, et qui ne pourrait prouver l'existence de ce fidéicommis ni par écrit ni par témoins, de déférer le serment à l'héritier.

Dans l'ancien droit aucune limite n'était apportée à la faculté de léguer. Il en résultait que l'héritier institué pouvait refuser une hérédité grevée de legs considérables et priver ainsi les légataires de tout leur émolument. Une première loi, la loi *Furia*, établit pour les legs faits à d'autres qu'aux *cognati* jusqu'au sixième degré un maximum de mille as; mais cette loi ne remédiait qu'imparfaitement à l'inconvénient auquel on avait voulu parer. La loi *Voconia* permit aux citoyens de la première classe de léguer, soit à des femmes, soit à des hommes, une part de leurs biens égale à celle qui restait à leur héritier. Enfin la loi *Falcidia* rétablit la liberté de tester, mais à condition de laisser à l'héritier institué un quart de la succession. Le sénatus-consulte Pégasien, rendu sous Vespasien, étendit la loi *Falcidia* aux fidéicommis, et Antonin le Pieux l'appliqua même aux fidéicommis imposés à un héritier *ab intestat*.

Le legs pouvait être d'un objet particulier ou d'une partie aliquote de la succession. Dans l'un comme dans l'autre cas le légataire n'était pas personnellement tenu des dettes héréditaires. Toutefois, comme il était juste que le légataire d'une part des biens supportât une part proportionnelle dans les dettes, il éta d'usage que lors du partage l'héritier réservât son recours contre le légatai par certaines stipulations. La même pre caution était ordinairement employ par l'héritier institué chargé de restitu tout ou partie de la succession à d héritiers fidéicommissaires. Sous Néro cette difficulté fut levée pour les fidé commis par le sénatus-consulte Trébe lien, qui décida que l'héritier fidéicom missaire supporterait dans les dett une part égale à celle qu'il prendra dans les biens de la succession.

Le sénatus-consulte Pégasien, don nous avons déjà parlé, et qui appliqua aux fidéicommis la loi *Falcidia*, oblige en même temps l'héritier institué à fai adition, en sorte qu'il pouvait y êt forcé, de même qu'à restituer, par l préteur. S'il restituait l'hérédité tou entière, alors les dettes et les créance passaient au fidéicommissaire en vert du sénatus-consulte Trébellien; ma s'il avait volontairement fait aditio d'hérédité, alors il devait avoir recou à des stipulations.

Ce système n'était pas suffisant; ca il fallait toujours en certains cas avoi recours à des stipulations, et d'un autr côté l'héritier institué ne pouvait pas êtr forcé de faire adition quand les fidéi commis n'absorbaient pas plus des troi quarts de la succession. Justinien com bla ces deux lacunes en décidant qu dans tous les cas les dettes et les créan ces se partageraient entre l'héritier e le fidéicommissaire dans la proportio de ce qu'ils prendraient.

En cas de legs d'une quote part de l succession, comme en cas de fidéicommis la propriété de l'objet n'était tempéré que par l'emploi d'un des moyens ordi naires. On donna cependant à l'héritie fidéicommissaire une action contre le tiers, appelée *fideicommissaria hæredi talis petitio*, et contre les autres héritier en concours avec lui l'action ordinair *familiæ erciscundæ*.

Les donations à cause de mort, n'ayan d'effet qu'au moment de la mort du do nateur, présentaient une grande ressem blance avec les legs. On leur appliqua les dispositions de lois *Papia Poppæa* et *Falcidia*, et Justinien compléta l'as similation.

Un testament pouvait être nul dès le principe et pour défaut de forme ; il pouvait encore cesser d'être valable par suite d'un événement postérieur (*testamentum ruptum, irritum*). Nous avons déjà montré comment en plusieurs cas le droit prétorien validait des testaments qui n'auraient pas eu d'effet d'après le droit civil. Le sénatus-consulte Libonien (16 ap. J. C.) créa une nullité nouvelle en décidant que quand un testateur aurait fait écrire ses dernières volontés par une autre personne, toutes les dispositions faites en faveur de cette dernière seraient considérées comme non écrites.

Si de plusieurs héritiers institués un ne voulait ou ne pouvait faire adition, sa part accroissait à celle de ses cohéritiers, ou, le cas échéant, à celui de ses cohéritiers avec lequel il se trouvait conjoint par une seule disposition, de telle sorte que les deux personnes ne comptassent que pour une. Les legs qui n'étaient pas réclamés demeuraient à la personne chargée de les acquitter. L'accroissement entre légataires n'avait lieu que pour les legs *per vindicationem*. Pour les legs *per damnationem*, comme pour les fidéicommis, les déchéances profitaient à l'héritier.

La loi *Papia Poppæa*, conçue tout entière dans le double but d'enrichir le fisc et d'encourager le mariage et la paternité, créa en cette matière des règles nouvelles. Elle déclara caduques toutes les dispositions dont le légataire ne pouvait pas profiter, parce qu'il était célibataire ou sans enfants ; toutes celles que le légataire refusait de recueillir ou qu'il ne pouvait recueillir pour incapacité survenue entre le décès du testateur et l'ouverture du testament. Elle décida enfin qu'un legs serait caduc quand le légataire serait décédé avant le testateur, ou que la condition sous laquelle il était fait n'aurait pu s'accomplir. Mais la caducité ne pouvait s'appliquer à toutes les dispositions du testament ; autrement, on aurait ouvert la succession *ab intestat*. Quant aux dispositions nulles pour défaut de forme, elles étaient considérées comme non écrites.

Les caduques appartenaient d'abord à l'héritier ou au légataire substitués pour le cas de caducité. La loi *Julia* avait permis aux enfants et ascendants du testateur jusqu'au troisième degré, lorsqu'ils étaient héritiers, de garder l'ancien droit sur les caduques. Dans tous les autres cas, les caduques pouvaient être revendiquées par tous les pères de famille nommés dans le testament, à savoir d'abord par les héritiers, puis par les légataires. Seulement, quand une chose était léguée conjointement à deux légataires, la caducité d'un des deux legs profitait au colégataire père de famille. La jurisprudence appliquait cette règle même au cas où les deux légataires étaient conjoints *verbis tantum*. A défaut de père de famille, les caduques appartenaient au fisc. Le droit aux caduques était garanti par une revendication dans le cas où l'objet avait été la propriété du testateur, et dans tout autre cas par une *condictio ex lege*.

Il paraît que Caracalla supprima la dévolution des caduques aux pères de famille ; mais cette dévolution fut rétablie, bien qu'avec quelques restrictions. Justinien abolit tout ce système, et rétablit l'ancien droit antérieur à la loi *Papia Poppæa*.

Les cas d'indignité avaient été définis par les lois, les sénatus-consultes et les constitutions impériales. D'après le sénatus-consulte Silanien (10 ap. J. C.), lorsque le défunt paraissait avoir été assassiné par des personnes de sa maison, l'héritier qui faisait adition avant que les esclaves de la succession n'eussent été mis à la question était déclaré indigne. Tout fidéicommis que le légataire ou l'héritier s'était engagé à remettre à une personne incapable, afin d'éluder la loi, était confisqué ; le légataire ou l'héritier perdait même alors tout droit à la quarte falcidienne et aux caduques. L'indignité n'avait du reste pour effet qu'une privation de l'émolument de la succession. L'adition faite par l'indigne n'était donc pas rétroactivement annulée, et les obligations réciproques de la succession et de l'héritier indigne s'éteignaient par confusion au moment de l'adition, sans revivre au moment de la déclaration d'indignité.

CHAPITRE IX.

MŒURS ET COUTUMES (1).

NAISSANCE. — La tyrannique toute-puissance du père de famille, *patria majestas*, dit Tite-Live, saisit l'enfant au sortir même du sein maternel : c'est elle qui le rejette ou l'accepte; elle a droit de vie et de mort. Le nouveau-né est étendu aux pieds de son juge : s'il le relève, il déclare par là le reconnaître; il vivra. S'il le laisse à terre, l'enfant est déposé à quelque carrefour, où il ne tarde pas à mourir. Il arrive pourtant que des passants charitables ou des marchands d'esclaves recueillent ces pauvres délaissés et les élèvent. Plus d'un dénoûment de comédie est fondé sur la reconnaissance soudaine d'une fille abandonnée ainsi à sa naissance. Divers motifs peuvent porter le père de famille à cet acte de cruauté : d'abord et surtout les inquiétudes d'une légitimité douteuse; parfois aussi sa pauvreté, la gêne, le *res angusta domi* d'Horace, et une famille déjà nombreuse. Pourquoi laisser vivre des êtres qui ne doivent connaître que le malheur? La misère est mauvaise conseillère. Quelques pères, comme le rude Chrémès de l'*Heautontimorumenos*, aimaient mieux tuer la fille nouvellement née, surcroît de charges pour une pauvre famille, que de l'exposer sur un carrefour. Quelque vieille avide pouvait l'y recueillir, puis la vendre dix ou douze ans après à un marchand d'esclaves. Mieux valait la mort que la honte. La faiblesse de constitution ou la difformité entraînait l'arrêt fatal : l'enfant était étouffé ou noyé. Rome voulait de vigoureux soldats, de robustes cultivateurs. En l'absence du père de famille, le jugement est suspendu jusqu'à son retour; on nourrit provisoirement le nouveau-né. Quelquefois le père a donné son consentement avant de quitter ses pénates : *Quod erit gnatum me absente tollito*, Élève ce qui sera né en mon absence. Sombre et sévère formule, *ce qui sera né!* Parlerait-on autrement des produits d'un troupeau ? Pour le Romain la paternité est un titre qu'il exploite. *Jura parentis habes*, dit Juvénal, c'est-à-dire : Te voilà inscrit sur les registres du trésor public; le nom de ton fils y est marqué avec le jour de sa naissance et le nom du consul; désormais tu seras admis au partage des héritages caducs; désormais, si tu brigues quelque magistrature, tu seras préféré à tes compétiteurs; magistrat tu auras le droit de précéder tes collègues. Que sera-ce donc si un troisième fils s'ajoute à ta famille? Les privilèges, les immunités descendront sur ta demeure.

La paternité est donc à Rome un titre à la fois honorable et, à partir d'Auguste et de la loi *Papia Poppæa*, lucratif. Anciennement c'était un travailleur de plus pour la famille, un soldat de plus pour la cité et, en outre, une garantie pour la perpétuité de la race, un gage que le culte des aïeux ne s'éteindrait pas, que les *sacra gentilitia* ne manqueraient point de victimes. De là l'expression *auctus filio*, augmenté d'un fils. La naissance d'un enfant est une bonne fortune, qu'on célèbre joyeusement. C'est un jour heureux, qu'il faut marquer avec de la craie. Toute la maison s'anime, se pare, et prend un air de fête. La porte se charge de feuilles et de fleurs; ce ne sont que couronnes, que guirlandes; *c'est le printemps* (1). La famille est-elle en deuil, elle quitte ses noirs et tristes vêtements; la joie présente fait oublier la douleur passée. De tous côtés accourent les parents et les amis, qui viennent complimenter le père, surtout si le nouveau-né lui ressemble; *laudantur simili prole puerperæ*, nous apprend

---

(1) Pour cette section voir : Couture, *De la vie privée des Romains*, dans les *Mémoires de l'Académie des Inscriptions*, t. I, p. 303 sq. — Meiners, *Geschichte des Verfalls der Sitten und der Staatsverfassung der Römer*; Meierotto, *Uber Sitten und Lebensart der Römer in Verschiedenen Zeiten der Republik*; Mongez, *Recueil d'Antiquités*; Mazois, *Le Palais de Scaurus* et *Ruines de Pompéi*; Érasme Muller, *De Genio Ævi Theodosiani*; Dezobry, *Rome au siècle d'Auguste*; la collection des *Mémoires de l'Académie des Inscriptions*, *passim*, et les nombreux ouvrages d'antiquités romaines, dictionnaires ou manuels, Adam, Zeiss, Becker, Ruperti, etc. Nous nous sommes beaucoup servi de celui-ci dans la seconde partie de ce travail.

(1) Plaute, *Truculentus*.

Horace. Une table est dressée en l'honneur de Junon, pour qu'elle protège et rende promptement à la santé la nouvelle accouchée, dont le sein est paré de bandelettes brodées dans les temples et dans les lieux sacrés.

L'enfant est enveloppé de langes, et le plus souvent confié à une nourrice. On a beaucoup déclamé contre les mères qui abandonnent ainsi leurs fils à des mains mercenaires; les dames romaines ont une excuse dans leur âge: on les marie bien jeunes et bien délicates; la race a perdu sa vigueur première. Ce ne sont plus, dit Juvénal, ces vigoureuses femmes qui dressaient le lit de leurs époux sur la montagne avec du feuillage, les joncs et des dépouilles de bêtes fauves; c'est la molle et faible Penthée, et la sensible Lesbie, que la mort d'un moineau abat et désole. Plus d'une Romaine même tarit le lait qui gonfle son sein, pour ne rien perdre de ses attraits. On conçoit dès lors la nécessité d'une nourrice. C'est quelque esclave robuste, aux fortes mamelles, achetée pour cet usage. Le plus souvent elle s'attache à son nourrisson, elle fait pour lui des vœux désintéressés, le protège des mauvais regards et des maléfices en plaçant le berceau sous l'image du dieu *Fascinus*. Quelque parole funeste, quelque présage fâcheux se fait-il entendre, elle se hâte de cracher trois fois dans la poitrine de l'enfant pour le soustraire aux malignes influences. Quelquefois par malheur la passion vient empiéter sur ces pures et légitimes affections; le nourrisson en souffre. Qu'arrive-t-il, dit Aulu-Gelle, si la nourrice sort d'une nation étrangère et barbare, si elle est méchante et contrefaite, impudique et adonnée au vin!

Le huitième jour est le jour de purification pour les filles; pour les fils, c'est le neuvième. On l'appelle lustrique; les précédents sont nommés primordiaux. Cette solennité donne lieu à une réunion de famille suivie de fêtes et de repas. La plus âgée d'entre les parentes fait à haute voix des vœux pour le nouveau-né.
« C'est, dit Perse, quelque grand'mère,
« quelque tante maternelle, femme crai-
« gnant les dieux, qui tire l'enfant de
« son berceau: et d'abord avec le doigt
« du milieu elle frotte de salive le front
« et les lèvres humides du nouveau-né
« pour le purifier; puis, elle le frappe
« légèrement des deux mains, et déjà,
« dans ses vœux suppliants, elle envoie
« ce débile objet de ses espérances en
« possession des riches domaines de Li-
« cinius. » Cette cérémonie terminée, le nom du purifié est inscrit sur le livre des actes publics.

Qu'il aille ou non dans les domaines de l'opulent Licinius, heureux ou malheureux, cet enfant conservera toujours un respect religieux pour le jour de sa naissance, et toute sa vie en célébrera pieusement l'anniversaire. Il invitera à cette fête périodique tous les membres de sa famille; et, entouré de cette couronne respectable, il présentera ses offrandes aux dieux lares et à son génie. « Attends-tu, dit douloureusement Ovide
« exilé à son jour natal, qu'une robe
« blanche couvre mes épaules; attends-
« tu que l'autel enflammé soit orné de
« guirlandes de fleurs? Attends-tu que
« l'encens y brûle, et que je fasse re-
« tentir des vœux et des prières? » Point de victimes immolées; l'image de la mort ne doit pas assombrir le pur horizon du jour natal. Ceux à qui leur fortune ne permet pas de revêtir une robe blanche en mettent cependant une qui sort de chez le foulon, et qui est pure. On dit d'un homme paré et soigné dans sa toilette, il est vêtu comme au jour natal.

C'est aussi le jour des cadeaux. Au poëte aimable et qui chante l'amour les jeunes filles font porter des présents. Mais généralement ce sont les parents, les amis, les clients et les patrons qui se font ces petits dons mutuels. Une négligence en cette occasion passe pour une impolitesse, et peut amener une rupture. Demandez à Martial: le voilà brouillé avec Sextus pour un oubli de ce genre. Il n'a rien donné à son ami, celui-ci ne l'invite pas au festin. C'est le jour où les jeunes filles peuvent envoyer sans rougir un souvenir à leur amant; où elles demandent et reçoivent des présents à leur tour. Tibulle ou Properce acquittera sa dette annuelle avec une élégie ou quelque poésie fugitive. C'est le privilége du poëte. Les amants vulgaires donnent un bijou, un écrin, un voile, une ombrelle; quelquefois de riches étoffes. La coquetterie féminine emploie toutes ses ressources à stimuler leur générosité paresseuse. Le marchand est là qui a déployé ses étoffes, il faut acheter cette robe, ce manteau. Hésitez-vous, on persuade avec un baiser ; on ne demandera plus rien de longtemps. Refuserez-vous de faire un sacrifice en faveur de l'objet aimé ! cédez donc à ses tendres et séduisantes prières, trop heureux si le jour natal de votre maîtresse ne revient pas cinq ou six fois dans la même année. Aucun présent n'est refusé ; l'empereur lui-même donne l'exemple, et les reçoit tous : l'anniversaire de sa naissance est une fête publique.

La journée se termine invariablement par un festin, qui réunit toute la famille ; les avares eux-mêmes se mettent en frais. Lorsqu'un parasite peut se glisser dans un repas de jour natal, c'est une bonne fortune dont il garde le souvenir.

ADOPTION. — Chaque famille romaine conserve comme un dépôt sacré ses traditions, son nom, ses richesses et ses sacrifices domestiques. Ce legs précieux, chaque génération le transmet pieusement à la génération suivante. Aussi, les enfants viennent-ils à manquer, la loi autorise le chef de famille à se choisir un héritier, un fils d'adoption, préférable selon l'empereur Adrien au fils né du mariage, parce que, disait-il, l'un est pris librement, l'autre est donné par le hasard. L'adoptant doit n'avoir point de fils, être âgé de soixante ans au moins, ou bien être dans un état de santé tel que son union légitime semble devoir demeurer inféconde. Il serait injuste, en effet, qu'un étranger vînt empiéter sur les droits des enfants, ou que lui-même fût exposé à ne trouver dans cette admission aucun avantage. Le fils adoptif succède au nom, aux biens, aux sacrifices domestiques. Il ne s'allie pas à la famille entière, mais au chef seul, et à ce qui lui tient par le sang, sa fille par exemple, qui devient la sœur du nouveau-venu, et ne peut se marier avec lui.

Il y a deux sortes d'adoptions : l'adoption proprement dite, et l'adrogation. La première forme est employée pour les enfants qui sont tenus encore sous la puissance paternelle, la seconde pour les citoyens affranchis de toute tutelle, maîtres d'eux-mêmes, et qui peuvent en pleine liberté disposer de leur personne. Dans le premier cas le contrat est stipulé à l'amiable entre le père naturel et le père adoptif ; il n'est pas même besoin du consentement de l'enfant. Le père seul a le droit de le faire passer ainsi dans une famille étrangère ; la puissance d'un tuteur par exemple ne s'étend pas aussi loin. Cet abandon qui peut nous sembler étrange était chose fréquente à Rome. Toutefois l'adoption n'est jamais définitive ; ainsi le fils dont le père légitime se trouve par suite privé d'héritier peut rentrer dans sa famille naturelle.

Lorsque deux chefs de famille se sont accordés sur les conditions d'une adoption, ils se rendent chez le préteur urbain s'ils sont à Rome, en province devant le gouverneur. On fait venir le *libripens*, sorte d'officier public chargé de présider à la conclusion de tout contrat de vente : il arrive, portant sa balance, escorté de plusieurs scribes. Le futur père adoptif annonce son intention, et le nom qu'il fera prendre à l'adopté. Le père naturel déclare y consentir, et céder ses droits sur son fils à la partie contractante. L'enfant est acheté fictivement par son nouveau père, qui frappe sur la balance, et donne un sesterce comme prix de ce qui lui est vendu. Aussitôt acheté, il est affranchi, et retombe par cela même sous la puissance paternelle. La vente recommence donc jusqu'à trois fois, terme fixé par la loi romaine ; car ce n'est qu'alors que le père a perdu sur lui tous ses droits, et qu'avait lieu l'*in jure cessio*, forme ordinaire et la plus générale de translation de la propriété. La propriété ici transmise était la *patria potestas*. L'acte était dressé par les scribes, inscrit sur les livres publics ; cinq témoins parvenus à l'âge de puberté devaient le signer. Ces formalités remplies, l'enfant faisait partie d'une nouvelle famille.

La cérémonie de l'adrogation consiste à demander le consentement du peuple aux comices, sous la présidence d'un membre du collège sacré des pontifes. Les femmes n'ayant pas le droit d'assister aux comices ne peuvent naturellement pas être ainsi adoptées. Les oisifs et les curieux se rendent en foule à cette petite solennité ; les publications en ont été affichées pendant trois nundines, c'est-à-dire durant au moins vingt-sept jours. L'adopté est quelquefois père de famille; alors ses biens et ses enfants passent avec lui au pouvoir du père adoptif. Celui-ci se trouve ainsi du même coup père et grand-père. On lui demande si le désir de s'emparer de ces biens qu'on lui apporte ne le détermine pas à conclure le contrat; lui, de jurer qu'il agit avec un désintéressement parfait. On s'assure que le futur adopté est en âge de puberté et qu'il est plus jeune de dix-huit ans au moins que son nouveau père: il faut que la supposition d'une paternité réelle puisse être admise, et ne soit pas hautement démentie par l'âge même du père et du fils adoptifs. Les deux contractants affirment solennellement, et en présence de la foule qui les entoure, qu'ils veulent, l'un prendre les droits du père, l'autre accepter les devoirs du fils; alors le pontife: Consentez-vous, Romains, à ce que ce contrat soit ratifié, et à ce que le plus âgé ait sur le plus jeune le pouvoir de vie et de mort, comme un père doit avoir sur ses fils? — Le peuple romain consent par la bouche de ses trente licteurs; l'adoption est consommée. Encore une famille dont le nom ne s'éteindra pas, et qui perpétuera ses sacrifices domestiques.

Prise de la robe virile. — Le plus beau jour de l'existence d'un Romain, celui qu'il se rappelle et qu'il cite le plus volontiers, c'est le jour où il a pris la toge virile. En effet, cette toge a comme une vertu magique: elle métamorphose l'enfant en homme; elle l'initie à la vie civile, elle l'élève au rang des citoyens actifs. La prise de la robe virile est pour lui en quelque sorte une seconde naissance. C'est le jour où il renonce à ses amusements juvéniles, au jeu de noix, au sabot, au bâton qui lui a servi quinze ans de coursier; c'est le jour où il dépose la prétexte bordée de pourpre qui protégeait sa timide enfance, et suspend sa bulle d'or ou de cuir au cou de ses dieux Lares. De ce jour, Perse, Ovide, Properce, Sénèque datent leur existence; ils ont commencé alors à vivre, à être hommes, à marcher librement et la tête haute; ils ont pu lever les yeux partout, « même au quartier de Suburre »; ils sont arrivés à ce carrefour de la vie, comme dit le disciple de Cornutus, où toutes les routes se présentent séduisantes et pleines de promesses; ils s'y sont arrêtés un instant, et ils ont choisi. Cette transformation soudaine a laissé en eux une impression durable et de longs souvenirs. Tous font vers cette époque de joyeux ou de mélancoliques retours; et comme tous aiment à reparler des cérémonies de ce jour solennel, l'historien peut puiser à pleines mains les détails parmi ces narrations qu'anime une émotion encore vivante.

La prise de la toge virile a lieu tous les ans, le 16 des kalendes de mars, au moment des *Liberalia*, ou fêtes de Bacchus. Pourquoi cette époque, se demande Ovide? « C'est peut-être, Bacchus, « parce que tu es toujours jeune, et que « ton âge tient le milieu entre la matu- « rité et l'enfance; ou bien c'est parce « que tu es père, et que nos pères veu- « lent nous confier, tendres gages de « leur amour, à tes soins et à ta vigi- « lance; ou bien, c'est parce que ton nom « est Liber, et que c'est sous tes auspi- « ces que doit se prendre la toge libre « et la route d'une vie libre. » — Quoi qu'il en soit, on comprend que la loi ait voulu mettre une cérémonie si importante sous la protection d'une puissante divinité. Au prestige de la religion se joint encore l'autorité et la gravité imposante de la réunion des familles entières. Elles se rassemblent autour du père ou du plus proche parent qui remet à l'adolescent la *toge virile*, ou, comme elle est aussi appelée, la *toge libre*, ou la *toge pure*. Ces trois noms seuls la définissent: pure, parce qu'elle est blanche, sans bordure de pourpre comme la prétexte; libre, parce qu'elle le soustrait au joug sévère et à la contrainte de l'éducation première; virile, parce qu'elle fait homme et citoyen. Cette robe est remise et revêtue en présence des dieux que l'on invoque:

Ante Deos Libera sumpta toga.

dit Properce. Déjà la veille, pour se les rendre propices et en signe de bon présage, le jeune homme a passé la nuit couvert d'une régille, d'une tunique blanche et de réseaux couleur de safran.

La famille entière conduit le jeune homme au Capitole, et quelquefois dans un temple où l'on offre des sacrifices. De là le cortége revient au Forum avec l'adolescent, rayonnant de joie et de bonheur. « Tu n'as pas oublié, écrit Sénèque à Lucilius, quelle a été ton allégresse lorsque ayant déposé la prétexte, tu as pris la toge virile et tu as été conduit au Forum. » Suétone rapporte comme un fait remarquable que Claude en cette occasion fut porté la nuit en litière au Capitole sans pompe et sans escorte. Du reste, cette formalité n'est pas de rigueur? On conçoit qu'il serait difficile de la remplir à la campagne et en pays étranger, où l'adolescent peut prendre la toge virile s'il est parvenu à sa seizième année. Mais partout et toujours il doit attacher sa bulle au cou de ses dieux lares, accomplir les cérémonies d'usage dans un temple voisin, et se mettre en présence des divinités tutélaires, dont le secours lui sera nécessaire dans le rude chemin de la vie; partout il doit offrir à Bacchus le gâteau de miel, le seul présent qu'il reçoive. A Rome, au jour des *Liberalia*, les rues sont pleines de vieilles femmes couronnées de lierre, qui vendent ces gâteaux sacrés qu'elles ont préparés elles-mêmes, prêtresses agréables à Bacchus. « Pourquoi « des gâteaux de miel? se demande en-« core Ovide. C'est que le miel a été « trouvé par Bacchus. Pourquoi pré-« parés par des femmes? C'est que « Bacchus conduit avec son thyrse des « chœurs de femmes. Pourquoi de vieil-« les femmes? C'est que la vieillesse est « amie du vin et des présents de la « grappe pesante. Pourquoi couronnées « de lierre? C'est que cette plante pro-« tégea Bacchus contre les recherches « d'une cruelle marâtre. » Aussi chaque famille s'empresse-t-elle d'acheter ces gâteaux sacrés, et le jeune homme en porte lui-même plusieurs sur l'autel du Dieu qui a donné aux hommes le miel et la vigne. C'est peut-être encore pour honorer Bacchus que cette fête se termine toujours par de longs festins où les coupes ne demeurent pas oisives. Au lendemain les affaires sérieuses. Demain, en effet, l'enfant, devenu homme, va commencer sa nouvelle carrière; il s'attachera à un jurisconsulte, ou à un orateur, ou bien il ira chez quelque gouverneur de province faire l'apprentissage des armes; ou bien, protégé par quelque sénateur, il assistera aux délibérations publiques pour s'initier à la science du gouvernement et de la politique; demain il commencera à vivre de la vie active et pratique du citoyen romain.

« MARIAGE. — Je me plains de ma « pauvreté, s'écrie tristement l'avare de « Plaute; me voilà avec une grande fille « sur les bras, sans dot; et je ne puis la « placer à personne. » Cette lamentation, on peut l'entendre fréquemment à Rome : l'argent, en effet, y décide de toutes les unions; une fille sans fortune peut demeurer longtemps ainsi, à moins que sa beauté ne frappe quelque jeune homme désintéressé. Cela est rare, mais non sans exemple. Aussi, « voyez les mères, « nous dit Térence, elles sont toujours à « rabaisser les épaules de leurs filles, à « serrer leur poitrine pour les rendre « élancées. En est-il une qui tourne à « l'embonpoint, aussitôt la mère : C'est « un athlète; et de lui retrancher les vi-« vres jusqu'à ce qu'elle l'ait rendue, en « dépit de son tempérament, mince et « flexible comme un jonc. » Que l'époux tarde à se présenter, la famille est dans les transes; tous les amis de la maison sont mis en campagne et envoyés à la recherche, avec cette phrase, vieille comme le monde et qui durera autant que lui : Trouvez-moi donc un mari pour ma fille. Et pourtant cette fille touche à peine à sa treizième année; mais comme les institutions romaines autorisent le mariage à douze ans révolus, les inquiétudes maternelles se sont éveillées dès le terme légal. Enfin un époux se présente, qui n'est ni cousin ni étranger, deux obstacles péremptoires, bien que le premier n'ait pas empêché l'union de Claude avec sa nièce Agrippine. Du reste, que l'étranger se fasse donner les droits de cité romaine, il rentre dans les conditions communes : *Justæ sunt nuptiæ quas cives Romani contrahunt*. Mais notre futur n'est, avons-nous dit, ni cousin ni étranger; en outre il plaît, et lui-même est épris de la jeune fille ou de sa fortune. « Je vous accorde ma chère fille, dit le père, et cela puisse-t-il être heureux à moi, à vous et à elle. » Ce conentement n'a que la valeur d'une simple promesse : pour revêtir un caractère de légalité il lui faut la consécration des fiançailles, qui le suivent toujours de fort près, et qui sont indispensables à la régularité du mariage. Si le futur époux est éloigné, des lettres ou une procuration suffisent.

L'heure la plus favorable pour les fiançailles, ou du moins regardée comme telle, est la première ou la seconde du jour. La famille et les amis se sont assemblés dès le matin dans la maison paternelle; et c'est en présence de cette imposante réunion que le futur, vêtu de ses plus beaux habits, coiffé et rasé par le maître barbier en personne

...... rasus tonsore magistro,

vient renouveler sa demande au père, déclarant qu'il désire épouser sa fille en légitime mariage. Le père accorde son consentement; et ainsi donné en présence de ces nombreux témoins, ce consentement a force d'acte. Le futur qui voudrait se dédire ensuite pourrait être poursuivi en justice par les parents de la jeune fille. Toutefois, on dresse le plus souvent un contrat, que signent les personnes présentes. Dès lors l'union est assurée, et l'on se sert déjà des noms de gendre et de beau-père. En effet, toutes les parties intéressées ont consenti : on a demandé à la jeune fille si elle ne trouvait pas quelque obstacle, et si elle ne mettait point empêchement au contrat, et son silence a été regardé comme un assentiment. Les deux futurs époux sont donc fiancés. Comme gage d'amour et de fidélité, le jeune homme offre à la jeune fille un anneau de fer sans ornement ni pierreries, symbole de l'austère vertu conjugale. La fiancée le passe à l'avant-dernier doigt de la main gauche, doigt que l'on assure correspondre directement avec le cœur.

Le contrat préalable signé, les conventions provisoires une fois établies, on fixe le jour du mariage afin d'envoyer aussitôt les invitations aux parents et aux amis des deux familles. L'intervalle entre les fiançailles et les noces est ordinairement d'une année; mais on n'attend pas toujours un terme aussi éloigné. Nous voyons même dans l'*Aulularia* de Plaute un mariage entrepris, conclu et terminé dans la même journée. Cependant tous les temps ne sont pas propices, et il faut choisir avant de fixer le jour de la solennité nuptiale. Ainsi le mois de mai est un mois fatal, à cause des *lémurales* :

Nec viduæ tædis eadem, nec virginis apta
Tempora; quæ nupsit non diuturna fuit.

dit Ovide. « Ce sont des jours où la veuve « ni la vierge ne peuvent allumer le flambeau de l'hyménée; celle qui se maria « alors ne survécut jamais longtemps. » Il y a un proverbe à ce sujet : les mauvaises femmes seules se marient au mois de mai :

Mense malas maio nubere vulgus ait.

Le mois de juin est propice, mais seulement à partir des ides, c'est-à-dire du 13; les douze premiers jours sont funestes. C'est encore Ovide qui nous l'apprend; il l'a su de la bouche de la femme même du *flamen dialis* : « Il faut attendre que le Tibre ait emporté dans la mer toutes les immondices du temple de Vesta. » Or il paraît que le Tibre attend lui-même jusqu'au 13 juin pour accomplir ce travail. Les kalendes de juillet ne sont pas moins fatales aux unions : ce sont des jours fériés, où il n'est permis de faire violence à personne. Les veuves seules peuvent se marier à cette époque; elles se marient, en effet, de leur plein gré, savent ce qu'elles font, et ne sont pas censées subir une violence. De même encore tous les lendemains des kalendes, des nones, des ides sont des jours funestes : *tædis aliena tempora*.

Avant les noces on a soin d'offrir des sacrifices à Junon, à Vénus, et aux Grâces. Le père apporte des présents à sa fille; ce sont en général des étoffes et des diamants. Mais la libéralité des futurs époux est enchaînée par une loi née de l'usage, qui ne veut pas que la pureté de l'affection conjugale soit altérée par un mélange d'intérêt; une femme doit aimer son mari pour lui-même.

La veille du mariage on dresse le contrat définitif; la dot, les échéances du payement y sont consignées. Généralement les filles de bonne famille reçoivent un million de sesterces. Le contrat est terminé par cette formule : Que tout se passe en tout bien et en toute justice. Dans les premiers temps la future mariée allait la nuit qui précède le jour des noces, conduite par quelque parente âgée, prendre les auspices dans le temple voisin, et écouter les oracles, pour se concilier les bonnes grâces des dieux *Pilumnus* et *Picumnus*. Par suite cet usage se perdit, et ce furent les devins eux-mêmes qui vinrent le matin apporter les auspices. La jeune fille couche cette dernière nuit dans son lit virginal, vêtue d'une régille blanche, d'une tunique et de réseaux couleur de safran. C'est le costume que porte l'adolescent la veille de la prise de la robe virile.

Une fois le contrat de mariage ou *l'instrument dotal* accepté, le consentement des époux et de ceux dont ils peuvent dépendre donné, le mariage est légalement conclu. Les pompes et les cérémonies qui l'accompagnent, les noces en un mot, ne sont nullement nécessaires à sa validité. Une femme passait sous la puissance d'un mari, et venait faire partie de sa famille, *in manum conveniebat*, de trois manières : par l'*usage*, la *coemption* et la *confarréation*. L'usage est proprement la propriété par *usucapion*. Lorsqu'une femme a passé une année entière dans la maison d'un homme sans s'absenter trois nuits, elle tombe sous la puissance de cet homme; son père lui-même ne peut pas la faire sortir de sa demeure, devenue demeure conjugale; il y a prescription. Ce mariage se trouve accompli sans noces et sans cérémonies religieuses. L'époux par usage ne prend pas les droits et la puissance d'un père de famille, priviléges que les *justæ nuptiæ* seules peuvent conférer au mari. La femme tombe réellement au pouvoir de l'époux par la cérémonie de la coemption ou par la solennité plus imposante de la confarréation. La coemption est une vente simulée et fictive que deux époux se font l'un à l'autre de leur personne. Elle s'accomplit avec les cérémonies ordinaires de la mancipation. La femme vient au temple apportant trois as, dont l'un est placé dans sa chaussure. Celui-ci lui sert à acheter des dieux Pénates, et le droit de prendre part au culte religieux et domestique de la famille dont elle va faire partie. De l'autre elle achète son mari; enfin, avec le troisième, qu'elle dépose dans un simulacre de maison construit à la hâte, le droit d'entrer dans sa nouvelle demeure. « Femme, veux-tu être ma mère de famille? — Je le veux. — Homme, veux-tu être mon père de famille? — Je le veux. » Telles sont les formules à prononcer, et la cérémonie est terminée. L'effet ne pourra en être annulé que par la rémancipation.

Le mariage par la confarréation est le plus imposant et le plus saint. Cet acte religieux s'accomplit en présence de dix témoins, par les mains du souverain pontife et du flamine de Jupiter, avec des formules consacrées et des paroles solennelles. C'est l'hymen selon les lois sacrées, γάμος κατὰ τοὺς ἱεροὺς νόμους, dit Denys d'Halicarnasse. On offre un sacrifice où l'on présente un gâteau fait de l'espèce de blé nommé *far*. Cette cérémonie fort longue pouvait être interrompue par un coup de tonnerre; force était alors de la recommencer. L'union par confarréation ne peut être détruite que par le sacrifice de la diffarréation.

Le mariage sans la consécration des noces n'est qu'une union acceptée d'un consentement mutuel, et que l'on peut rompre de même; la puissance paternelle trouve des limites; la femme n'est pas au pouvoir de son mari. Plus la cérémonie est solennelle et religieuse, plus les liens du mariage se resserrent, plus la famille se constitue fortement. C'est pour cela sans doute que ces cérémonies tendent peu à peu à disparaître. « A me-
« sure, dit Bouchaud, dans son *Commen-*
« *taire sur la loi des Douze Tables*, à me-
« sure que le luxe augmenta et que les
« femmes devinrent plus riches, rien ne
« fut plus fréquent que des unions con-
« tractées sans un de ces trois rites. Les
« femmes ne voulurent plus remettre
« leurs personnes et leurs biens à la dis-
« crétion d'un époux; elles préférèrent
« conserver la propriété naturelle de leurs
« dots, et avoir les biens paraphernaux :
« on vit même, sous les empereurs, les
« notions de noces et de simple mariage
« se confondre insensiblement. »

Le jour des noces est un jour de joie pour Pilumnus et Picumnus; celui-ci, le roi des génies, le génie κατ' ἐξοχὴν, le Pluton des Mânes, le Jupiter des dieux comme on l'appelle, le protecteur des unions pieuses; Pilumnus, le défenseur es maris. On leur envoie des vœux, et on leur dresse des lits. Les divinités ennemies du mariage sont aussi comblées d'honneurs : c'est ainsi qu'on offre une brebis noire à l'Hiver; on s'efforce de désarmer leur courroux. Cérès, Apollon et Bacchus, irrités, chacun pour des motifs différents, contre le dieu Hymen, voient leurs autels fumer tout le jour. On leur offre le vin et le miel, dans des vases nettoyés et purifiés la veille. Le génie de la maison n'est pas oublié non plus ; lui aussi prend part à la fête : le premier soin d'Eucléon, lorsqu'il marie sa fille, est d'acheter un peu d'encens et des couronnes de fleurs pour le génie domestique. La porte de la demeure nuptiale s'est parée pour la circonstance : des tentures blanches, couvertes de guirlandes de fleurs, la tapissent tout entière. Tout est symbolique dans ces cérémonies. Ainsi l'on jette le fiel de la victime loin de l'autel pour montrer qu'il ne doit y avoir que douceur dans l'union conjugale. Le costume de la mariée est une véritable allégorie. Voyez ce voile rouge-orange, ce *flammeum* couleur de safran : c'est l'ornement habituel de la femme du flamine, à laquelle est interdit le divorce ; cette tunique blanche représente la virginité ; cette coiffure élevée en forme de tour est à peu près semblable à celle des vestales ; ce javelot qui la traverse rappelle l'enlèvement des Sabines, ou indique que la femme se soumet à son mari ; cette couronne de verveine est le symbole de la fécondité ; cette ceinture de laine qui entoure sa taille semble témoigner de sa chaste pudeur.

Ainsi parée, la mariée est placée sur un siége que recouvre la peau d'une brebis immolée dans un sacrifice, son mari à côté d'elle sur un siége semblable ; tous deux se voilent la tête. Après avoir offert le lait et le vin miellé aux dieux, le grand pontife fait manger aux époux le gâteau sacré (*far*), leur unit les mains, confiant la femme à la bonne foi de son mari, qui sera pour elle un ami, un tuteur, un père.

Bientôt, à la chute du jour, on conduit les nouveaux époux au domicile conjugal, dans la demeure du mari. Avant que la jeune femme ne quitte la maison qui abrita son enfance, le père prend les auspices. On feint de l'en arracher, en commémoration de l'enlèvement des Sabines : des enfants qui ont encore leurs parents l'escortent, deux la tenant par la main, le troisième marchant devant elle et chassant les maléfices avec une torche d'épine blanche. Deux enfants la suivent, portant une quenouille, un fuseau, et dans une corbeille d'osier tous les instruments du travail féminin. Quatre femmes mariées, une torche en bois de pin à la main, font partie de ce petit cortége ; et c'est à la lueur de ces flambeaux que la mariée gagne sa nouvelle demeure. De tous côtés, tant que dure la marche, les jeunes gens s'efforcent d'égayer la cérémonie par des plaisanteries et des allusions obscènes ; aussi devons-nous croire les poëtes lorsqu'ils nous représentent la jeune mariée la rougeur sur le front et les larmes dans les yeux.

Avant qu'elle ne pénètre dans la maison conjugale, le mari, placé sur le seuil, lui demande qui elle est ; et elle : « Où tu seras Caïus, là je serai Caïa (*ubi tu Caius, ego Caia*). On lui présente de l'eau et une torche enflammée : elle touche cette torche, et jette sur elle-même quelques gouttes de cette eau, sorte de purification, ou plutôt indice et symbole de pureté. Ses compagnes la soulèvent dans leurs bras pour lui faire passer la porte : il faut en effet éviter surtout qu'elle ne touche du pied le seuil consacré à Vesta, déesse de la virginité. Pendant ce temps le mari jette aux enfants quelques noix, déclarant ainsi qu'il dit adieu à leurs jeux. Un chœur de musiciens chante les vers fescennins ; la mariée écoute assise sur une toison de laine, qui lui rappelle qu'elle doit se servir de la quenouille et du fuseau ; après on lui offre une clef, symbole du gouvernement domestique et de l'administration de la demeure, qui va devenir son rôle et son partage. Au moment même où elle entre dans la nouvelle maison, on prend et on met en lieu sûr la torche qui a éclairé le cortége, de peur que l'on ne s'en serve pour quelques maléfices. Un souper est préparé, repas pompeux, auquel assiste la famille entière : vers la fin, on donne aux convives les *mustacea*, gâteaux pétris au vin doux et cuits avec des feuilles de laurier, pour emporter en leurs demeures. C'est au moins un souvenir de la noce, souvenir éphémère et peu durable lui-même.

Enfin, le soir venu, quelques dames âgées conduisent la mariée au lit nuptial, qu'entourent six statues de dieux et de déesses. Ce lit, couvert de pourpre et d'étoffes brochées d'or, est élevé sur une estrade d'ivoire : c'est l'*adversus seu genialis lectus*. Le lendemain des noces est encore un jour de fête. Un repas nommé *repotia* réunit de nouveau toute la famille. On abandonne dès lors les deux époux aux hasards de la vie intime. Seront-ils heureux ? on l'espère ; mais le croire par avance serait présumer beaucoup pour qui a entrevu l'intérieur de la famille romaine.

DIVORCE OU RÉPUDIATION. — Toutes ces cérémonies pieuses, ces rites solennels dont le mariage est entouré donnent d'abord une haute idée de la pureté austère de la vie de famille à Rome ; mais, il faut le dire, tout se borne au culte extérieur. Les formules et les formalités ont subsisté, parce que le peuple Romain est conservateur scrupuleux des formalités et des formules ; mais elles ne répondent plus à aucun sentiment, à aucun désir, elles ne sont plus l'expression symbolique de la réalité ; elles sont devenues lettre morte, coutume banale. Jetons un coup d'œil sur la vie domestique des Romains du temps même de Plaute ; que voyons-nous ? Ici c'est une jeune femme qui se plaint à son père d'être méprisée et délaissée pour des courtisanes ; et le père de répondre : « Ne t'ai-je pas exhortée à
« te montrer soumise à ton mari, à ne
« pas épier ses démarches, ce qu'il fait,
« où il va ? — Mais il est l'amant d'une
« courtisane qui demeure ici près. — Il
« a raison ; et je voudrais que pour te
« punir il l'aimât davantage. » Voilà le soutien que cette femme trouve dans son propre père. Ailleurs ce sont deux matrones dont l'une se plaint, l'autre console et exhorte : « Écoute-moi, dit la
« conseillère, ne lutte pas avec ton mari ;
« laisse-le aimer, faire ce qui lui plaira,
« puisque rien ne te manque chez toi ;
« prends garde au mot redoutable : de-
« hors, femme. » C'est la formule terrible *I foras, mulier*, formule du divorce, qui force toute femme pauvre à dévorer ses affronts et sa douleur. Elle mettra au monde un fils, source de consolation et d'espérance ; l'époux refusera de l'accepter : l'enfant sera exposé. Que ce mari lui soit odieux ou non, il faut qu'elle aille à sa rencontre lorsqu'il approche : elle n'a pas même le droit de l'interroger. Qu'elle amasse un pécule sans l'aveu de son mari, on la méprisera ; qu'elle sorte secrètement, elle sera répudiée. C'est ainsi que Sempronius Sophus répudia sa femme, nous apprend Valère-Maxime, parce qu'elle avait assisté aux jeux du Cirque sans le prévenir. L'adultère est puni de mort. Tandis que la femme vit dans cette servitude, le mari lui dérobe son manteau pour en parer sa maîtresse. Vous vous étonnez, le poëte vous répond : Il a fait comme les autres. Les fils et le père se disputent la même prostituée ou se la partagent ; voilà la vie de famille : partout la débauche, et la débauche lourde, épaisse, avinée épuisée par l'ivresse et les excès. « Nous ne vous donnerions pas ce spectacle, dit l'acteur, si nous n'avions vu des exemples. »

A côté de ce ménage en voici un autre : ici les rôles sont changés ; la femme domine, règne, gouverne. Altière et impérieuse, elle fait tout plier sous son autorité ; prodigue et somptueuse, elle se promène en char, remplit sa demeure de marchands et de créanciers. Que l'époux paye, et se taise. S'il parle : Eh quoi ! n'est-ce pas moi qui vous ai enrichi ? n'est-ce pas, ma dot qui fait votre fortune ? N'est-il donc pas juste que j'aie quelques fantaisies ? Encore, si elle donnait un prétexte à soupçonner sa fidélité, l'époux la répudierait, et la dot entière lui serait acquise ; mais elle est rigide dans ses mœurs : que fera donc le mari ? Ira-t-il demander le divorce sous prétexte d'incompatibilité de goût et d'humeur ? Hélas ! il le voudrait ; mais la loi des Douze Tables est là, et le texte est formel : Si le divorce est provoqué par le mari, la femme, quoique y consentant, retirera sa dot, et les enfants resteront à la charge du père. Il n'a donc qu'à prendre son mal en patience. C'est ce qu'il fait d'ordinaire, cherchant au dehors des consolations qui lui fassent oublier les tourments domestiques. Ainsi, d'un côté, une femme tyrannisée, subissant tous les affronts patiemment, de peur d'entendre retentir à ses oreilles ces mots terribles : « *I foras, mulier* » ;

e l'autre une femme acariâtre, grondeuse, dépensière, qui tourmente son mari en toute sécurité, à l'abri de sa dot et de sa fortune. Le divorce laissé à la volonté de l'époux n'est donc presque toujours qu'une question d'intérêt. Or, comme le plus souvent on se marie pour avoir la dot d'une femme, on reste marié pour conserver cette même dot. De là un malheureux dans chaque ménage ;

> Quæ indota est, ea in potestate est viri;
> dotatæ mactant malo et damno viros.

« La femme sans dot est au pouvoir de son mari ; les femmes dotées sont des fléaux et des bourreaux pour leurs époux. »

Voilà pour l'âge moyen de Rome, et même jusqu'au temps de Cicéron ; mais quand la cérémonie des noces commença à être négligée, lorsqu'il fut permis à la femme de répudier son mari même absent, dès lors le divorce devint chose banale et commune, l'incompatibilité d'humeur fut le motif ou le prétexte allégué de part et d'autre. Du reste, point de haine, point d'animosité : on est las de vivre unis, on se sépare ; quoi de plus simple et de plus naturel ? Chacun reprend sa fortune, et va vivre à sa fantaisie. Qu'est devenue la vieille loi qui ne permettait au mari de répudier sa femme qu'au cas où elle aurait empoisonné ses enfants, fabriqué de fausses clefs, ou se serait rendue coupable d'adultère. « Maintenant, dit Sénèque, il est des femmes qui ne comptent plus les années par les consuls, mais par leurs maris. »

Du temps que l'incompatibilité d'humeur ne suffisait point à motiver le divorce, un petit temple dédié à *Viri placa*, déesse conciliatrice des mariages, réunissait les deux époux que quelque différend avait animés l'un contre l'autre. Là ils s'expliquaient et se réconciliaient le plus souvent. *Viri placa* est oubliée aujourd'hui, son temple est devenu désert, depuis que l'on va chez le préteur faire rompre son union, aussi joyeux et quelquefois plus qu'on ne l'était au jour du mariage. Quelquefois cependant, au moment de faire prononcer le divorce, il arrive que le mari, ébloui de la beauté de sa femme, laisse échapper de ses mains les tablettes du mariage qu'il allait briser, et s'avoue vaincu. Ainsi ce jeune homme dont parle Ovide, qui voyant sa femme sortir de sa litière pour entrer chez le préteur, où il l'a fait venir, court à elle, l'embrasse, et s'écrie : « Ta beauté l'emporte ! » Ainsi Mécène qui répudie sa femme chaque jour, puis lui fait aussitôt la cour pour renouer leur union, à demi brisée ; aussi dit-on qu'il s'est marié mille fois, bien qu'il n'ait eu jamais qu'une seule femme.

Le divorce ne peut s'accomplir qu'en présence du magistrat : il faut que sept témoins, tous citoyens romains, tous en âge de puberté, aient été réunis ; on brise devant eux les tablettes du contrat de mariage.

La répudiation est un acte moins solennel. Les choses se passent en famille et paisiblement. Le mari assemble ses amis, leur expose ses griefs, qu'ils approuvent. Cela fait, il annonce son intention aux censeurs, et affirme par serment que ses motifs sont purs et légitimes. Alors il fait comparaître sa femme devant ses amis ; et, après lui avoir redemandé les clefs de la maison, lui dit devant tous ces témoins : « Adieu, emporte ta fortune ; rends-moi la mienne. » Est-elle absente, il lui fait signifier par un affranchi le libelle de répudiation. Parfois aussi c'est la femme qui répudie son mari ; la formule est la même : « Reprends ta fortune ; rends-moi la mienne. » « Pour« quoi, Proculéia, abandonner ainsi un « ancien mari au mois de Janus ? Pour« quoi lui ordonner de reprendre ses « biens ? » écrit Martial contre une femme avare, qui répudie son mari, pour n'être pas forcée de lui payer un manteau. « Ce n'est pas un divorce pour toi, dit-il en finissant, c'est une bonne affaire : »

> Discidium non est hoc, Proculeia, lucrum est.

Ne pourrait-on pas en dire autant de presque tous les divorces romains de ce temps ?

MORT, FUNÉRAILLES. — Diagoras se trouvant un jour dans un temple de Neptune, on lui montra plusieurs tableaux offerts par des personnes échappées du naufrage. « Doutez-vous après « cela, lui disait-on, de la puissance de « ce Dieu ? — Je ne vois point ici, reprit« il, les tableaux de ceux qui ont péri,

« malgré toutes leurs promesses. » Diagoras avait raison. Mais les temples d'Isis, d'Esculape et de Neptune ne continuèrent pas moins à se remplir d'*ex-voto*. Aucun acte de piété n'était accompli plus religieusement, aucune dette plus scrupuleusement payée. C'est qu'aucun genre de mort ne paraissait plus redoutable aux anciens que le naufrage, persuadés comme ils l'étaient que les âmes dont les corps demeuraient sans sépulture n'étaient point admises dans le séjour des bienheureux, ou du moins devaient errer mille années sur les rivages du Styx. Aussi, pendant leur vie même, la plupart des Romains avaient-ils soin de désigner le lieu de leur sépulture; souvent ils réglaient d'avance et ordonnaient leurs propres funérailles. Voyez Néron : il va mourir dans une chaumière isolée, proscrit, errant, fugitif; une chose le préoccupe : que deviendra son corps ? Avant de se frapper, il fait apporter de l'eau, du bois, des morceaux de marbre pour qu'on rende tout à l'heure les derniers devoirs à son cadavre, *curando mox cadaveri*, dit énergiquement Suétone. Ceux qui ne craignaient pas le rivage du Styx du moins souhaitaient de mourir au sein de leur famille, d'avoir une main amie qui leur fermât les yeux; ils voulaient qu'on recueillît leur dernier soupir. C'était encore un sujet d'orgueil au sein de la mort même, qu'une famille nombreuse pleurant autour du lit de douleur, et rendant les derniers devoirs. On mettait sur les tombeaux des inscriptions semblables à celle-ci : « J'ai eu cinq fils et cinq filles, tous m'ont fermé les yeux. »

C'était en effet la coutume à Rome que les proches parents se réunissent autour du mourant, comme autour d'un homme qui part pour un long voyage. Aux derniers instants, on lui fermait les yeux, sans doute pour lui rendre les approches de la mort moins effrayantes; puis son fils, ou à défaut d'un fils quelque parent, collant ses lèvres sur les siennes, recueillait pieusement son dernier soupir. On appelait par trois fois le mort à voix haute et par intervalles. Cela se nommait *conclamare*, d'où est venue l'expression *conclamatum est* pour marquer qu'une chose n'existe plus. Aussitôt on va au temple de Libitine annoncer le décès et prévenir les libitinaires, les entrepreneurs des pompes funèbres à Rome. Ce temple, fondé par Numa, contient tout ce qui est nécessaire aux funérailles : comme l'Achéron, il s'enrichit de pleurs, l'automne accroît ses revenus;

Autumnus... Libitinæ quæstus acerbæ,

dit Horace. Le plus souvent on traite à forfait avec les libitinaires; et pour un prix convenu ils se chargent de toute la cérémonie. Et d'abord arrivent du temple les esclaves pollincteurs, ainsi appelés, dit Servius, parce qu'ils frottaient la figure du mort avec du pollen, sorte de fleur de farine. Ils embaumaient aussi le corps, et l'enduisaient d'aromates, après que des femmes l'avaient lavé avec de l'eau chaude. Quand le mort était embaumé, on le couvrait d'un linceul blanc; puis on le revêtait de l'habit qu'il avait coutume de porter de son vivant et des insignes honorifiques qu'il avait pu mériter : un simple citoyen, d'une toge blanche; les magistrats, de la prétexte; les censeurs, de la pourpre. Les habitants de la campagne et des municipes, et les plébéiens porteurs de tuniques, « *tunicatus popellus* », avaient rarement les honneurs de la toge, ou bien c'était une toge déjà usée, passée et pâlie à force d'être portée, *pallens toga*, comme l'appelle Martial; le plus souvent on les couvrait d'une simple tunique. Le mort ainsi vêtu, on le couronnait, et on l'exposait sur un lit de parade dans le vestibule, les pieds tournés vers la porte, comme pour indiquer le départ. Si le défunt était riche, le lit était d'ivoire, et recouvert d'étoffes précieuses, la maison était tendue de noir, et l'on plantait devant la porte un cyprès consacré à Pluton, parce que cet arbre ne repousse jamais une fois coupé. Cette coutume s'observait de peur que le pontife n'entrât dans quelque maison qui pût le souiller; de même ceux qui se préparaient à offrir un sacrifice se trouvaient avertis, et évitaient ce contact impur qui ne leur eût plus permis de s'approcher des autels.

Le mort restait ainsi exposé durant sept jours, afin qu'il eût le temps de revenir, s'il n'était qu'en léthargie; un esclave de la maison le gardait. Le huième jour un crieur public convoquait peuple pour célébrer les funérailles. s'y rend d'ordinaire en assez grand ombre ; mais les funérailles du censeur ont celles qui attirent le plus de foule ; ar ce sont les plus magnifiques. La aison a été souillée par la présence d'un ort, on la purifie en la balayant avec un alai de verveine. Le cadavre est placé ans un lit ou sur une litière que couvre n riche tapis. Cette litière est soutenue ar les plus proches parents ou par les mis. Quelquefois c'étaient les esclaves ffranchis par le testament qui portaient lit funèbre, tous le chapeau en tête, igne de leur récente liberté. Les personages d'un rang illustre étaient portés ar les dignitaires ou les fonctionnaires e l'État : c'est ainsi que Jules César fut orté sur les épaules des magistrats, ésar Auguste sur celles des sénateurs, et que l'urne de l'empereur Sévère fut ortée par des consuls.

Lorsque le héraut a fait sa dernière conlamation, le convoi se met en marche à a lueur des torches, bien que la cérémonie s'accomplisse dans le jour ; c'est n souvenir de l'ancienne coutume de aire les funérailles pendant la nuit. Le ésignateur (à peu près le maître des cérémonies modernes), assisté de ses liceurs, mettait en ordre les assistants. A a tête du convoi marchait un joueur de lûte, qui chantait un air lugubre à la ouange du mort. Les convois des grands et des personnes âgées étaient en outre accompagnés de trompettes qui annonçaient que le défunt n'avait été enlevé à a vie ni par le fer ni par le poison. La trompette ne retentissait jamais aux funérailles où le peuple n'était pas convoqué. Derrière les musiciens venaient les pleureuses, *præficæ*, esclaves du libitinaire, qui, moyennant salaire, se frappaient la poitrine, poussaient des cris déchirants et s'arrachaient quelques cheveux. Elles chantaient aussi les louanges du mort : « Ce sont elles, dit Festus, qui sont « payées pour louer le mort, et qui don- « nent le ton au reste du cortège. » Quelquefois elles rapportaient les passages des poëtes les plus célèbres, qui se trouvaient avoir quelque analogie avec les circonstances présentes. Coutume singulière de faire louer ainsi les morts pour de l'argent ! surtout lorsque personne ne s'abusait sur la valeur de ces éloges. Le mot *nænia*, chant funèbre, est devenu le synonyme de *nugæ*, bagatelle. Tu récites une chanson funèbre, se disait familièrement dans le sens de peine perdue.

On portait dans le convoi les insignes honorifiques du mort, comme les dépouilles qu'il avait prises à l'ennemi, les ornements des charges par lui remplies, les présents qu'il avait mérités par son courage. Toutes ces marques d'honneur étaient tenues renversées en signe de deuil. Venaient ensuite les images des ancêtres, rangées par ordre chronologique et portées sur des chars. Les insignes des magistratures et des dignités par eux remplies jadis les précédaient toujours. Les hommes et les femmes ont un droit égal à honorer leurs funérailles de la présence de ces images, lorsque quelqu'un de leurs ancêtres a rempli une magistrature curule.

Suivaient les parents du mort : les fils allaient la tête couverte, et les filles la tête nue ; la femme, les filles et la mère étaient vêtues de brun, les autres parents et les amis étaient en noir, les cheveux épars et sans aucun ornement ; les chevaliers, par exemple, déposaient leurs anneaux d'or et leurs colliers comme dans un deuil public. Femmes, mères, enfants, parents, amis : tel était l'ordre régulier du cortège. Les femmes surtout montraient une vive douleur, frappant sur leur poitrine nue, se déchirant le visage et s'arrachant les cheveux. « Toi, tu me « suivras, écrit un poëte à sa maîtresse, tu « me suivras la poitrine nue, et tu ne te « lasseras pas de m'appeler à haute « voix. » Les femmes se déchiraient ainsi la poitrine et le visage non par une vaine ostentation de douleur et de regrets, mais pour satisfaire les mânes qui aiment le lait et le sang.

Les convois des riches s'arrêtaient un instant au Forum ; quelque proche parent y prononçait l'oraison funèbre du mort, au milieu du bruit lugubre d'une musique funèbre. Du temps de Plaute le cortège passait presque toujours par la voie Metia, non loin de l'endroit où l'on exécutait les criminels ; plus tard, il prit indifféremment la route qui le menait le plus directement au bûcher. Arrivé près de cet autel de bois résineux, orné de guirlandes, de rameaux funèbres, et entouré de eyprès, le convoi s'arrêtait. Le corps, enveloppé d'un linceul d'amiante et arrosé de liqueurs précieuses, était déposé au son lamentable des trompettes sur le bûcher funéraire. Les plus proches parents y mettaient le feu avec une torche, en détournant les yeux et la tête;

Aversi tenuere faces,

dit Virgile. Mais avant on avait eu soin d'ouvrir les yeux du mort, afin de ne pas le priver de la lumière; on lui avait remis son anneau, et sa mère, sa femme ou son fils avait déposé un dernier baiser sur ses lèvres glacées :

Osculaque in gelidis pones suprema labellis,

écrit Properce à son amante.

Tandis que le bûcher brûle, chacun y jette ses présents : qui de l'encens, qui des parfums, qui des cheveux. On adresse des prières aux vents pour qu'ils animent la flamme dévorante. « Pourquoi, dit « l'ombre de Cynthie à son amant ingrat, « pourquoi n'as-tu pas demandé aux « vents de souffler sur mon bûcher? « Pourquoi la flamme ne s'est-elle pas « embaumée de parfums? Il te coûtait « donc beaucoup de jeter au moins quel- « ques jacinthes et de répandre quelques « libations de vin? » On jetait aussi dans les flammes les armes et les habits précieux du mort, les objets, les animaux même qu'il avait aimés. « Cet enfant, écrit « Pline en parlant de la mort d'un jeune « homme, avait plusieurs chevaux de « main et plusieurs attelages; des chiens « de toute taille, des rossignols, des per- « roquets et des merles; le père a tout « fait sacrifier sur le bûcher. » Des esclaves se précipitaient parfois dans les flammes, comme pour accompagner le mort dans l'autre vie. Pendant que le corps brûlait, on faisait des libations de lait, de vin et de sang. Le sang avait la réputation d'apaiser les mânes des morts. C'était celui des victimes immolées, ou bien celui de prisonniers et d'esclaves, ou bien celui des gladiateurs qui s'égorgeaient devant le bûcher, et étaient pour cela même nommés *bustuarii*.

Lorsque le corps était consumé, on éteignait les flammes avec du vin (dans la suite ce fut avec de l'eau). Le plus proche parent recueillait les os encore brûlants, les lavait « dans un vin vieux, « dans du lait blanc comme de la neige « un voile de lin séchait ces restes hu « mides; » puis on les déposait dans un urne d'airain avec des roses et des plante aromatiques. Un prêtre jetait par troi fois de l'eau sur l'assemblée pour la pu rifier, à moins qu'elle ne traversât le restes du bûcher, autre genre de purifi cation; et tout le cortége étant sur l point de se retirer, un dernier adieu étai adressé au mort : « Adieu pour toujours nous te suivrons tous dans l'ordre que l nature voudra. » Enfin une des pleu reuses, ou quelque autre, congédiait l foule par cette formule : « *I, licet;* » o peut s'en aller. L'urne était renfermé dans un tombeau sur lequel on gravai une inscription avec une prière, afin qu les os du mort reposassent paisiblement

« L'usage de brûler les morts, di Pline, n'est pas fort ancien dans la ville « il doit son origine aux guerres que nou « avons faites dans les contrées éloignées « Comme on y déterrait les morts, nou « prîmes le parti de les brûler. » Cett coutume dura jusqu'au temps de Théo dose. Les Romains croyant en outre qu l'âme est de la nature du feu, pensaien peut-être que, par une sorte d'alliance mystérieuse, la flamme du bûcher lui fa ciliterait la sortie du corps. Aussi n'a cordent-ils l'honneur du bûcher qu'au créatures qui peuvent avoir un certai degré de raison ou au moins de sent ment. « Il n'est pas d'usage, dit Pline, d « brûler les enfants à qui il n'a point encor « percé de dents; » et il ajoute : « C'est un « impiété qui souillerait une maison. O « les inhume la nuit, à la lueur des flam « beaux. »

Telle était l'ostentation de luxe et d magnificence déployée dans les funé railles dès les premiers temps de la répu blique, que la législation des Douze Ta bles la réprima. Ainsi, l'on rendait plu sieurs fois les honneurs funèbres à l même personne, soit en gardant les os après la première cérémonie, soit en ré servant un de ses membres avant de l brûler, un doigt par exemple. Ces dou bles funérailles ne demeurèrent autori sées que pour les citoyens morts en pay étranger. « Fais en sorte que mes cendre « soient rapportées à Rome dans un « urne modeste; cela du moins per « sonne ne le défend, » écrit Ovide; tou hant et légitime désir du pauvre exilé! La magnificence est portée à son comble dans les funérailles publiques, et encore dans les funérailles collectives, ainsi nommées parce que les unes sont payées par l'État, les autres par une collecte que font entre eux les citoyens.

Le lendemain les parents et les amis du mort étaient invités à un repas qu'on appelait festin funèbre. Avant de se mettre à table, ils se lavaient pour se purifier. Quand le mort était un homme riche, on donnait un festin au peuple, ou bien on lui distribuait de la viande crue (*silicernium ou visceratio*). Le neuvième jour était célébrée la fête des *Novemdialia;* un festin réunissait encore toute la famille. Enfin, le dixième jour, qu'on appelait *denicales feriæ*, on purifiait la maison que la présence du mort avait souillée.

L'honneur de semblables furailles est encore réservé aux citoyens qui jouissent d'une certaine fortune. Le pauvre meurt, personne ne le sait. Aucun cyprès n'en avertit les passants. Trois jours après la mort, quatre nécrophores l'emportent, à la tombée de la nuit, dans un coffre de louage nommé *sandapila* ou *arca*. Ils vont dehors la ville le jeter dans une sorte de fosse commune où sont entassés les cadavres plébéiens. C'est sur un ancien cimetière banal qu'est placé le Priape d'Horace, ancien tronc de figuier devenu dieu. « Là, dit-il, était le tombeau com-
« mun de la plèbe misérable, de Panto-
« labus le Bouffon, et de Nomentanus le
« Débauché. » Ces lieux de sépulture s'appelaient *putiluci;* sans doute, dit le docte Turnebius, à cause de la profondeur des fosses, où la lumière descendait comme dans un puits. Ceux qui ont laissé quelque argent pour leurs funérailles sont au moins brûlés. On dresse un bûcher rempli de papier prompt à s'enflammer, et les vespillons y entassent les cadavres, en mettant toujours un corps de femme pour dix corps d'homme. « Nous appre-
« nons, dit Macrobe, que c'était une cou-
« tume fréquente, comme si, grâce à ce
« corps plus chaud par sa nature, la com-
« bustion des autres dût s'accélérer. »

On conçoit que dans de si pauvres funérailles il n'y a ni repas pour les parents, ni festin pour le peuple. Personne ne se déchire la poitrine au convoi du pauvre; mais personne, en retour, n'y trouve un sujet de joie.

SUCCESSION. — « Apprends-moi, Ti-
« résias, demande à l'ombre du grand
« devin le sage Ulysse, quel est le moyen
« de réparer ma fortune; car tu me vois
« pauvre et manquant de tout. — Veux-
« tu le savoir? Dès que tu auras reçu
« un faisan ou quelque autre cadeau,
« qu'il émigre dans la maison de quel-
« que riche vieillard, et de même les
« meilleurs fruits de ton verger. Quand
« ce vieillard serait un homme sans fa-
« mille, un esclave fugitif couvert du sang
« de son frère, sors à ses côtés s'il le de-
« mande. Le plus sûr moyen de s'enrichir
« est de se mettre à la piste des testa-
« ments : méprise ceux qui ont un fils dans
« leur demeure ou une épouse féconde. »
Il serait long d'énumérer ici toutes les inventions de flatterie et de bassesse qu'imagine Tirésias ou plutôt qu'il raconte; car c'est l'histoire de ce qui se voit à Rome chaque jour. Tout vieillard riche et sans enfants est entouré d'un cortège de courtisans assidus, « vautours, dit Martial, qui ont sans cesse les yeux fixés sur leur proie ». Cependant les vautours ont rentré leurs serres, ils se sont faits doux, bénins, empressés, prévenants, pleins d'une sollicitude touchante. Ils s'arrachent leur vieillard bien aimé jusqu'à ce qu'il meure : c'est à qui le logera gratis, loyer bien coûteux, dit encore le poëte satirique; c'est à qui lui livrera sa femme, s'il est débauché. Le capteur de testaments porte sur lui la liste alphabétique de tous les vieillards sans famille, de toutes les riches matrones qui vivent seules. Sont-ils malades, il couvre les portiques des temples de petits tableaux chargés de vœux; ont-ils une affaire au tribunal, il se constitue d'autorité leur défenseur officieux : c'est lui qui les protégera, qui fera valoir leurs droits; on lui arracherait l'âme plutôt que de les frustrer d'une noix. Quelques-uns même poussent le courage de l'avidité jusqu'à épouser les vieilles matrones. Ainsi fait Gémellus, « qui a se marier avec Ma-
« ronilla; il presse, prie, fait des lar-
« gesses, et pourtant il n'est rien de plus
« laid qu'elle au monde. — Quel est donc
« l'attrait qui le séduit? — Elle a une
« mauvaise toux. »

Personne donc n'est entouré de plus

de soins, n'est plus choyé, surveillé, aimé en apparence, que ces célibataires goutteux ou pulmoniques. Ceux-là surtout coulent des jours heureux qui savent exploiter la bienveillance intéressée de leurs héritiers en espérance. Tongilianus a soin d'être malade dix fois par année; autant de convalescences, autant de présents qu'il reçoit. La maison de Tongilianus a été consumée par un incendie; on vient de lui en faire rebâtir une plus belle. Les méchantes langues assurent que Tongilianus ne s'était pas empressé d'éteindre le feu. Six mois après, il meurt; on s'assemble, on lit le testament : il ne laisse à son avide entourage que le soin de pleurer. Torrentius rapporte qu'il a vu sur un ancien marbre une inscription testamentaire par laquelle le vieillard léguait à ses adulateurs une corde pour se pendre. Grand mécompte pour ceux-ci, grand désespoir; mais il faut çà et là quelques échecs; autrement, le métier serait trop beau.

Le malheur est que grâce à ces soins, à ces prévenances dont on l'entoure, le célibat se pare de nouvelles séductions. « Qu'ai-je besoin d'enfants, dit un vieil- « lard dans *le Soldat fanfaron* de Plaute; « je vis bien, heureux, tranquille, agis- « sant à ma guise. Ma fortune, je la par- « tagerai entre mes amis : ils sont aux « petits soins pour moi, viennent voir « ce que je fais, ce que je veux. Il n'est « pas jour, qu'ils sont à ma porte, de- « mandant des nouvelles de ma nuit; ce « sont pour moi des enfants, et des en- « fants qui m'envoient des présents. » Cette demi-paternité lucrative semble préférable à la véritable paternité avec ses joies, plus pures mais aussi plus dispendieuses : une épouse stérile est regardée comme un présent du ciel; quelques pères vont, dans leur avidité, jusqu'à renier leur fils, pour se procurer les avantages du célibat.

Ainsi les fortunes se dispersent, au lieu de se perpétuer dans une même famille. Bien différents étaient les effets de la législation primitive, qui assurait les biens du père aux enfants, mais qui ne leur permettait pas d'hériter même de leur mère. Le mari et la femme étaient considérés comme membres de deux familles différentes. La stabilité des fortunes était ainsi certaine; mais, en revanche, aucune liberté pour le testateur; le mourant ne pouvait disposer des biens acquis par son travail. Cette loi, trop dure et trop exclusive, dut être adoucie ; il fut permis aux citoyens de faire leurs testaments dans les comices des curies : le peuple était juge et décidait. Cette formalité ne pouvant être remplie par les citoyens rangés sous les drapeaux, on admit comme valable la déclaration de leurs suprêmes volontés faite au moment du combat en présence de quatre témoins. C'était le testament *in procinctu*, sous le harnais ; vers la fin de la république il était tombé en désuétude, à ce que dit Cicéron.

La loi des Douze Tables permit à tout citoyen père de famille de disposer de ses biens ainsi qu'il l'entendrait; puis la formalité des comices, devenue une gêne inutile, fut supprimée : on faisait représenter les cinq classes actives du peuple romain par cinq témoins parvenus à l'âge de puberté et jouissant du droit de cité; on les appelait *classici*. C'est le testament par mancipation : il est soumis aux mêmes cérémonies et aux mêmes formalités que l'adoption. Le testateur vend en quelque sorte sa famille et son bien à son héritier, *familiæ emptor* Voici venir le *libripens* avec sa balance pour peser le prix de la vente ; puis les cinq témoins, plus tard sept, qui écouteront la lecture du testament, le signeront et mettront leur cachet sur le fil de lin qui doit le fermer.

Les femmes, de tout temps inhabiles à être héritières hors de leur famille, ne peuvent même depuis la loi *Voconia* être légataires de plus de dix mille sesterces. L'usage d'inscrire ses amis sur son testament devint général sous l'empire; l'empereur lui-même y était inscrit. On tenait beaucoup à être ainsi *héritier second*. Le souvenir du mourant était une marque d'estime ou de reconnaissance. Dès les temps même de Cicéron cette coutume s'établissait; il se vante quelque part d'avoir ainsi hérité de plus de vingt millions de sesterces. Le peuple était quelquefois l'héritier second des grands personnages. Jules César, par exemple, légua des jardins au public et trois cents sesterces à chaque citoyen.

A la première ligne du testament était écrit en grosses lettres le nom du testaleur; à la seconde, le nom de l'héritier. « Lorsque le vieillard ouvrira son testament devant toi, refuse de le lire; mais aie soin de regarder adroitement la seconde ligne de la première page, »

..., quid prima secundo
Cera velit versu,

dit encore Tirésias à Ulysse. Du temps de Cicéron on dut prendre des précautions contre les faussaires qui pouvaient substituer ou inscrire furtivement leur nom sur un testament; les deux premières pages furent réservées au nom du testateur et aux signatures des témoins.

La formule testamentaire était impérative, conservant ainsi, par une sorte de fiction convenue, le caractère d'une loi émanée du peuple :

Titius mihi hæres esto,

que Titius soit mon héritier. Suivaient les dispositions secondaires, en faveur des légataires et des héritiers seconds. L'héritier principal était d'ordinaire chargé de continuer le culte du mourant, d'honorer ses dieux domestiques et de faire les mêmes sacrifices. C'était *l'hæreditas cum sacris*. Ceux qui en étaient dispensés (*l'hæreditas sine sacris*) se trouvaient allégés d'un grand fardeau; car les frais de ce culte entraînaient des dépenses considérables. Heureux celui à qui est échu un héritage sans sacrifices, il n'aura qu'à verser des larmes, à louer le mort devant les rostres et à faire élever le sépulcre. Le testateur en indiquait souvent la forme, ou quelquefois la laissait au gré de son héritier. De là les inscriptions : *ex testamento posuit*, ou simplement *posuit*, ou *de suo posuit;* inscriptions que l'on retrouve sur beaucoup d'anciens tombeaux.

LE RICHE ET LE PAUVRE. — « Trimalcion a des terres à lasser le vol d'un « milan; son argent fait des petits : et ses « esclaves, grands dieux ! il n'y en a pas « la dixième partie qui connaisse son « maître. Il n'achète rien, tout naît dans « sa demeure : la laine, la cire, le poivre : « vous demanderiez du lait de poule qu'on « vous en trouverait ; la laine de ses trou-« peaux ne lui semblait pas assez fine, il a « fait venir des béliers de Tarente. » Heureux homme que ce Trimalcion ! il dort sur un lit d'ivoire sa grasse matinée, tandis que la foule empressée de ses clients se morfond à sa porte. Enfin, il daigne se montrer, adresse quelques mots de côté et d'autre, favorise quelques privilégiés d'un signe de tête. La litière! les esclaves ! Trimalcion veut aller au Forum. Si le temps est beau, il s'y rendra monté sur une mule de prix. Chemin faisant il s'arrête pour faire quelques visites; le cortège des clients s'arrête aussi, l'attend dans la rue, puis se remet en marche avec lui. Et pourtant ce Trimalcion est un affranchi ; naguère encore il portait du bois sur ses épaules. D'où vient cette considération, ce respect, ce culte dont on semble l'entourer ? Il possède dix-huit cent mille sesterces. Comment les a-t-il acquis? on ne sait ; mais il les a, c'est là l'important. Rangez-vous quand il passe, et gagnez ses bonnes grâces, si vous pouvez :

Unde habeas quærit nemo, sed oportet habere.

Personne ne demande d'où vous avez de l'argent, mais il faut en avoir.

Trimalcion en a donc, et il ne l'ignore pas : aussi voyez comme il s'admire, drapé dans sa longue toge flottante. Ses larges manches sont soigneusement ramenées sur ses mains, durcies par les travaux serviles. Métamorphose soudaine! hier les coups pleuvaient sur ses épaules, on le chargeait d'injures; aujourd'hui, il est aimé, considéré, honoré; il parle haut, avec audace, et on l'écoute :

Stultitiam patiuntur opes.....

Son témoignage est réclamé dans les procès, l'édile le consulte et le croit, les mères le désirent pour gendre : hier il était pauvre, et vivait de lupins; aujourd'hui il est riche, et dépense un certain nombre de sesterces pour son dîner. Et cependant de nouveaux tourments viennent l'assiéger : il s'ennuie à force de trouver ses désirs satisfaits et comblés, *fit et hujus quoque rei nausea*, dit Sénèque; il voyage, puis en vient à jouer au pauvre pour se distraire.

Cette vérité devenue banale, que l'or ne fait point le bonheur, les poëtes latins l'ont répétée sur tous les tons. La richesse ne délivre pas des soucis, elle en apporte : ce sont les incendies, les fuites d'esclaves, les tourments de toute sorte. Rien de plus triste que d'être le gardien d'une grande fortune

... Misera est magni custodia census.

Toujours des angoisses, toujours des craintes : c'est pour cela peut-être, dit un ancien, que l'on a donné à l'or l'épithète de pâle, *pallens aurum*. Du reste, il faut rendre justice à ces poëtes : ce qu'ils louent, c'est l'honnête médiocrité; mais la pauvreté ne trouve pas de panégyristes. « Triste pauvreté, s'écrie Juvé-
« nal, tu rends les hommes ridicules,
« de tes rigueurs c'est la plus insuppor-
« table. »

Chérestrate se lève avant l'aurore, sort précipitamment de chez lui après avoir jeté une toge usée sur ses épaules, et achève de s'habiller dans la rue tout en courant. Où va-t-il ainsi ? Il va au lever de Trimalcion. C'est un client exact, assidu ; il veut que son zèle soit remarqué. Du matin jusqu'au soir il est à la suite de son riche patron, heureux si dans une semaine il en a obtenu un regard ou un signe de tête. Quoi ! Chérestrate escorte un esclave affranchi ! Ne vous indignez pas, il n'est point le seul ; autour de lui sont des fils de patriciens. A midi il remporte son panier d'osier, sa sportule, pleine des restes de la table de son patron. Si son estomac n'est point satisfait, ou s'il a reçu de l'argent au lieu d'être payé en nature, il ira le soir manger à la Popina, taverne fétide et grasse, où cuisent dans une même chaudière, grâce aux soins d'une vieille appelée *focaria*, des têtes de mouton, des débris de porc, assaisonnés d'ail et de ciboule, ingrédients qui ont su se gagner l'affection du menu peuple ; ou bien encore, si Chérestrate a peur de se commettre avec une compagnie un peu suspecte, il se rendra aux Thermopoles, sorte de café romain. Là il se trouvera en société d'affranchis, de citoyens pauvres comme lui, et surtout de Grecs, qui y viennent râpés, crottés et chargés de livres. Chérestrate n'a rien chez lui : il loge dans une mansarde louée, où il trouve à peine la place de son lit. S'il veut du vin, il lui faut en acheter au détail à la *taberna vinaria*. Tout au plus trouveriez-vous dans son réduit un morceau de pain, et encore quel pain ! beaucoup d'orge mêlée à peu de froment,

le pain du peuple, *panis plebeius*. M heureux Chérestrate ! il ne trouve pas dehors les consolations de ses souffra ces domestiques : tout lui rappelle et fait sentir sa pauvreté. Entre-t-il théâtre, et se place-t-il par mégarde s les bancs couverts de tapisseries : Sorte s'écrie-t-on, sortez des rangs des chev liers :

Quadringenta tibi non sunt; Chérestrate, sur
Lectius ecce venit..

« Vous n'avez pas quatre cent mil sesterces, Chérestrate ; levez-vous, vo venir le préposé Lectius. » Vit-on jama dit Juvénal, un père agréer pour gend un homme moins riche que sa fille ? citoyen opulent choisir le pauvre po héritier ? quand vit-on l'édile consult l'indigent ! En vain attesterait-il les a tels de Samothrace et nos propres autel on croit toujours que le pauvre mépri la foudre et les dieux, et que les dieu dédaignent de le punir.

Ainsi s'explique cette âpreté au gai cette avidité de posséder qui distingue caractère romain à toutes les époque Ennius l'a dit, Juvénal le répète : *opo tet habere*, il faut avoir, il faut avoi Par quels moyens, peu importe, l'a gent sent toujours bon d'où qu'il vienne

..... Lucri bonus est odor ex re
Quâlibet.

« Voilà ce que les grand's-mères rép
« tent à leurs petits-fils, voilà les leço
« qu'on reçoit avant d'apprendre l'a
« phabet. »

LA VESTALE. — Dans cette antiqu religion romaine, toute de formes ex térieures et de rites consacrés, il s trouve quelques institutions aussi rema quables par leur nature que par le sent ment moral et l'intention élevée qu'elle expriment. De ce nombre était celle d vestales, exagération d'un sentiment q les anciens aimèrent surtout en théorie la chasteté. Les vestales formaient u collége de jeunes filles attachées au cult de l'antique Vesta, déesse du feu, déjà c pendant honorée par les Albains. D'aprè l'affirmation de Tite-Live, elles furent ins tituées par Numa. *Virgines Vestæ legit Albâ oriundum sacerdotium, et gent conditoris haud alienum*. C'était à elle qu'était confiée la garde du feu sacré que des vierges seules pouvaient entre tenir, parce que, dit Plutarque, il y a grande similitude entre la virginité et le feu, dont la stérile nature ne produit rien. Quel que fût le motif, le fait existait : ce feu, considéré par les Romains comme un flambeau tutélaire, et comme un gage du salut de l'empire, était renouvelé tous les ans aux kalendes de mars. Plutarque nous apprend qu'on ne pouvait le rallumer, une fois éteint, qu'aux seuls rayons du soleil concentrés à l'aide d'un vase conique. Mais alors malheur à la vestale dont on accusait la négligence !

Toute vestale devait être chaste et d'esprit et de corps : il ne devait y avoir de souillure ni dans ses mœurs ni dans son origine. La loi sacrée voulait qu'on la choisît dans l'âge le plus tendre, entre six et dix ans, jamais au-dessus, quand elle avait encore son père et sa mère, pourvu toutefois que ni l'un ni l'autre n'eussent été esclaves ou affranchis. On exigeait d'elle une intelligence vive, un corps d'une irréprochable beauté. La moindre difformité physique la préservait de l'honneur, quelquefois fatal, de garder le feu sacré.

Le collège des vestales se composait d'abord de quatre, puis de six vierges, désignées par une loi inflexible, à laquelle devait céder même l'autorité paternelle. Le grand pontife choisissait arbitrairement vingt jeunes filles ; puis le sort décidait, en présence des comices assemblés, celles qui devaient être consacrées à Vesta. Le pontife alors s'en empare d'autorité, et mettant la main sur l'une d'elles, il prononçait la formule suivante :

« Amata, je te prends pour être vestale, « pour avoir soin des choses sacrées, et, « en ta qualité et ton droit de vestale, « veiller pour le peuple romain et les Qui-« rites. Que cela s'accomplisse suivant les « lois divines, et que tout soit dans la pros-« périté. »

La jeune fille alors disait adieu à ses compagnes ; elle suspendait sa chevelure au lotos qui ombrage l'entrée du temple de Vesta ; puis, vêtue d'une longue stole du lin le plus fin, les cheveux retenus par des bandelettes, elle franchissait le redoutable seuil. Elle était consacrée pendant trente années à une virginité perpétuelle : *Illas Numa virginitate, aliisque cærimoniis, sanctas et venerabiles fecit*, dit Tite-Live. Elle habitait un bâtiment particulier auprès du temple de Vesta, et n'en sortait qu'en cas de maladie, sous la surveillance d'une femme âgée. Elle commençait par faire dix années de noviciat, puis exerçait pendant dix ans, et consacrait ses dix dernières années à l'éducation des jeunes vestales. Alors elle redevenait libre, et pouvait se marier, permission dont elle n'usait presque jamais, aimant mieux, dans un âge avancé, rester au service de Vesta jusqu'à la fin de ses jours.

Comme dédommagement d'une servitude si lourde et si longue, la vestale avait quelques priviléges. Et d'abord elle est entretenue aux frais de l'État ; elle est indépendante de son curateur, et peut tester du vivant de son père. Sa personne est vénérable et sacrée ; elle ne sort qu'en litière, précédée de licteurs ; devant elle les magistrats se rangent et font abaisser leurs faisceaux. Un criminel se trouve-t-il sur son passage, il est gracié, pourvu qu'elle jure que la rencontre est fortuite. La vénération qui entoure les vestales est si grande, qu'elles peuvent déposer sans prêter serment.

Elles ont au milieu d'elles une supérieure, qu'on appelle la grande vestale, qui préside à tous les sacrifices, et qui seule a le droit de voir le Palladium. La vestale ne peut se soustraire à la rigoureuse surveillance du grand pontife. En cas de faute, c'est lui qui la juge, assisté du collège pontifical. Elle encourt la peine de la flagellation si elle laisse éteindre le feu sacré ; si elle viole ses vœux de chasteté, elle est condamnée à être enterrée vive. Alors on la renfermait dans une litière de cuir, entourée de coussins serrés avec des courroies, et on la transportait jusqu'au *campus seeleratus*, situé dans l'intérieur des murs, à droite de la voie *Salaria*. Là se trouvait un caveau, où la victime était ensevelie pour toujours : coutume atroce, dont l'intention morale est effacée par l'horreur d'un si cruel supplice.

Les annales de Rome font mention de plusieurs vestales arrachées par l'intervention des dieux à cette affreuse mort. Ainsi le feu de l'autel de Vesta s'étant éteint, la vestale Émilia déposa sur ce même autel, en invoquant la déesse, un pan de sa toge de lin, qui aussitôt s'enflamma. — Tucceia, autre vestale, accusée d'inceste, transporta en présence de tout le peuple un crible plein d'eau depuis le temple de Vesta jusqu'au Tibre. Tout le monde connaît l'histoire de Claudia, qui, pour se disculper d'une accusation calomnieuse, attacha sa ceinture à la proue du vaisseau qui transportait à Rome la statue de la mère des dieux, et lui fit ainsi remonter le Tibre.

Telle fut l'institution des Vestales, institution belle et sainte à certains égards, et qui cependant inspire une secrète tristesse, un secret éloignement. On ne peut sans effroi songer à ces peines terribles suspendues sur la tête de jeunes filles dévouées sans avoir été consultées à un ministère saint, mais rigide et d'une austérité effrayante. Quelquefois même on les enlevait à leurs familles, malgré la résistance du père; seule occasion où la loi combattît l'autorité paternelle. On raconte que sous Auguste les parents refusaient obstinément leurs enfants. L'empereur fut obligé de dire, pour les décider, que si ses petites-filles étaient en âge, il n'hésiterait pas à les consacrer à Vesta. Il est en effet facile de concevoir comment les stériles honneurs dont on les gratifiait ne faisaient qu'une faible compensation aux privations qui leur étaient imposées.

LES SÉNATEURS. — Nous avons parlé bien souvent du sénat, parlons des sénateurs, en quelques mots toutefois, puisque le sénat a déjà un long article dans ce volume. L'institution du sénat remontait aux premières années de Rome. Composé d'abord de cent membres, puis de deux cents, plus tard de trois cents, sous les empereurs le nombre alla jusqu'à mille; du temps de Cicéron il y en avait plus de quatre cents : il nous parle d'une séance où il y en avait quatre cent dix-sept présents. Les rois, puis les consuls, puis les principaux magistrats et les tribuns eurent le droit de convoquer le sénat. Un héraut *viator* allait par les rues de Rome, et même dans les villes situées loin de la ville, criant une proclamation qui invitait les sénateurs à se rendre dans le temple où devait avoir lieu la séance. Tous les sénateurs au-dessous de soixante ans étaient tenus d'assister aux séances, sous peine d'amende; plus tard on étendit cette peine aux retardataires qui ne pouvaient fournir une excuse valable. Il était défendu aux sénateurs de quitter Rom si ce n'est à certaines époques, où le sén ne vaquait pas aux affaires, et enco fallait-il qu'ils demeurassent à portée s'y rendre en peu de temps, s'il arriva quelque chose d'extraordinaire. Lorsqu quelque affaire particulière les appela hors de l'Italie, ils étaient obligés prendre une permission expresse du séna A partir du règne de Claude, l'empere seul pouvait accorder ces permissions.

Nous voyons par les *lettres de Cicér* que sous la république les sénateurs q leurs affaires particulières appelaie dans les provinces se faisaient ordinair ment accorder par le sénat une commi sion de député du sénat, ce que l'on a pelait une députation libre. Grâce à cet députation, ils n'étaient pas traités simples particuliers; souvent même marchaient précédés de deux licteurs q leur donnaient les gouverneurs des pr vinces. Le sénat ne refusait à personn ces commissions : quelques-uns en abus rent, pour se faire entretenir, eux et leu suite, aux frais des provinces qu'ils tr versaient. Les sénateurs venaient sénat en litière, ou sur des chars qui po taient leur chaise curule, ou à pied accompagnés de jeunes gens de leur f mille ou de leurs amis. Dans l'origi les sénateurs venaient tous à pied, o s'ils étaient malades, en litière. Le pr mier auquel le peuple donna le droit venir au sénat sur un char fut L. Metellu devenu aveugle en sauvant le palladiu de Rome d'un incendie qui détruisit temple de Vesta, au temps de la premiè guerre Punique. Mais depuis, tous l sénateurs prirent le droit de venir sur d chars, et personne ne songea à s'y o poser.

Grâce aux renseignements que nou ont laissés Juvénal, Horace, Ovide Suétone, nous connaissons parfaiteme quel était le costume des sénateurs. Il se distinguaient des autres citoyens par laticlave; c'était une large bande d pourpre qui bordait leur robe. Autrefo le galon de pourpre se portait très-com munément; quiconque pouvait l'achete en décorait sa toge. Pline dit positive ment que c'est seulement sous August qu'il servit de distinction aux sénateurs Horace nous parle d'une espèce de chaus sure particulière aux sénateurs : « Dè qu'un homme, dit-il, est assez fou pour couvrir du brodequin noir la moitié de sa jambe... » Ils portaient encore sur leurs souliers une boucle ou agrafe en argent, qu'on appelait lunule, et qui avait le forme d'un C. Plutarque explique cette lettre d'une manière allégorique; mais Isidore de Séville prétend qu'elle indiquait seulement le nombre de sénateurs créés par Romulus, *centum*.

Les sénateurs jouissaient à Rome de certaines prérogatives : dans l'amphithéâtre ils avaient des places séparées de celles qu'occupait le peuple ; au théâtre ils occupaient les places les plus rapprochées des comédiens à l'orchestre. Les jours de fête, quand les magistrats faisaient des sacrifices, tous les sénateurs avaient le droit de se trouver au festin qui suivait le sacrifice et se faisait au Capitole. Ceux qui avaient exercé de hautes magistratures, telles que le consulat, la préture, ou l'édilité curule, y paraissaient avec la robe prétexte, qu'ils portaient pendant leurs magistratures, et qu'ils reprenaient dans ces occasions solennelles, ou seulement pour assister aux jeux du cirque.

Il était interdit aux sénateurs d'exercer aucune sorte de commerce, et même d'équiper des vaisseaux pour le trafic de mer : cela se comprend, si l'on songe au peu d'estime que les Romains avaient pour le commerce. Mais cette défense était trop défavorable aux sénateurs pour qu'elle fût bien rigoureusement observée. Aussi Cicéron nous apprend-il qu'elle était violée chaque jour. Les sénateurs se livraient au trafic et à l'usure ; mais ils se cachaient. Leurs esclaves ou leurs affranchis travaillaient pour eux. Il était défendu de donner entrée au sénat à quiconque avait exercé des emplois bas ou flétrissants : nous voyons pourtant un Appius Claudius y faire entrer des affranchis.

Enfin, les sénateurs ne pouvaient se mésallier en épousant des femmes de basse extraction, des affranchies, des comédiennes ou filles de comédiens ; et on étendit même cette défense jusqu'aux fils et petit-fils de sénateurs. Dans les derniers temps ils étaient appelés *clarissimi*.

LES CHEVALIERS. — Les chevaliers furent dans l'origine des cavaliers ; ils se distinguaient dans les combats par leur courage, et faisaient honneur au cheval dont les avait gratifiés l'État. Avant de s'appeler *equites*, ils portèrent tour à tour le nom de *celeres*, de *flexumines*, de *trossuli*. Grande était leur renommée chez les ennemis. « Vous avez vaincu', « dit Persée à ses soldats, la partie la plus « considérable des Romains, leur cava- « lerie, par laquelle ils se vantaient « d'être insurmontables ; les cavaliers « sont les premiers de leur jeunesse, la « pépinière de leur conseil public ; c'est « de ce corps qu'ils tirent les sénateurs « pour en faire plus tard des consuls et des « généraux. » D'abord l'État nourrit le cheval qu'il donnait ; puis il augmenta la paye, et laissa ce soin à la charge du cavalier. Et c'était véritablement une charge onéreuse, puisque l'an 177 Æbutius, qui a découvert une conjuration redoutable, obtient du sénat, comme une faveur, de ne pas avoir de cheval : « *Ne censor ei publicum equum assignaret.* »

Les Gracques furent les premiers qui firent de l'ordre équestre un ordre séparé en leur donnant les jugements. Cicéron fut leur grand ami ; il se faisait honneur d'avoir pris naissance dans cet ordre, qui forma depuis les Gracques un troisième corps dans l'État. Les chevaliers portaient un anneau d'or, la phalère et la trabée. La phalère est un ornement guerrier d'une haute antiquité ; Euryale ajuste à ses épaules les phalères qu'il a prises à Ramsès : la trabée est une robe de cérémonie que les chevaliers portaient dans les revues appelées *equitum transvectio*, et *equitum probatio*, solennités imposantes, conservées parmi les traditions de l'ancienne Rome.

Deux fois chaque année dans l'ancienne Rome les chevaliers étaient passés en revue, *equitum transvectio*. C'était comme un défilé, où chacun subissait une inspection sévère. Le jugement des chevaliers (*equitum probatio*) avait lieu une fois l'an. Les censeurs étaient assis au milieu du Champ de Mars ; chaque chevalier passait à son tour devant ce tribunal, tenant son cheval à la bride. Alors le premier venu pouvait l'accuser ; s'il était convaincu de quelque mauvaise action, il était dégradé à l'instant même. Vends ton cheval, lui disaient les censeurs, *vende equum;* cette courte mais significative formule le rayait de la liste de l'ordre équestre. S'il se lavait de l'accusation, ou s'il ne s'en produisait pas contre lui : Fais passer ton cheval, *traduc equum*, lui disaient les censeurs. A défaut d'accusateurs, ces magistrats pouvaient dégrader le chevalier de leur propre autorité. On connaît l'anecdote de ce chevalier qui fut exclu de son ordre parce qu'il était plus gras que son cheval. On le lui reprochait : « C'est, dit-il, que mon cheval est soigné par mon esclave, et moi que je me soigne moi-même; » les censeurs goûtèrent peu cette plaisanterie.

Quand l'ordre équestre fut devenu un corps civil, l'État ne donna plus un cheval à chacun de ses membres : ce fut une distinction réservée pour le petit nombre, pour ceux qui méritaient une récompense. Elle était décernée solennellement le 15 juillet, à la cérémonie du jugement des chevaliers, qui subsista toujours. Sous l'empire, l'empereur remplaça les censeurs au tribunal. On a conservé une médaille d'or du temps de Claude : l'empereur est assis sur une chaise curule; un chevalier est à côté, tenant son cheval par la bride; sur l'exergue sont gravés ces mots : *equitum probatio*. C'est l'empereur qui juge; c'est lui aussi qui donne le cheval à ceux qu'il veut honorer. Ovide écrit à Auguste de son exil, et lui rappelle cette cérémonie, où une première fois il avait reçu de ses mains la distinction enviée de tous les chevaliers, et où dans la suite l'empereur avait été toujours pour lui un approbateur plutôt qu'un juge :

Et memini, vitamque meam moresque proba-
Illo quem dederas præterentis equo. [bas.

Auguste avait retranché de ce jugement le droit d'accusation publique, et s'était réservé à lui-même le soin d'incriminer et de condamner. Caïus Caligula poussa même l'indulgence plus loin : il appelait à haute voix les chevaliers dont il voulait louer la conduite, et se contentait de passer sous silence les noms de ceux qui jadis eussent été publiquement dégradés. Cependant à ceux qui s'étaient déshonorés ouvertement il retirait encore le cheval.

Ainsi, au temps de Tibère un chevalier est un simple citoyen à qui 400,000 sesterces de patrimoine, possédés aussi par son père et son aïeul, donnent droit d'entrer dans une classe qui se distingue du peuple, et de porter l'anneau d'or et la trabée aux jours de grande cérémonie. Sous Auguste il suffisait d'avoir acquis sa richesse soi-même, il n'était pas nécessaire qu'elle fût demeurée deux générations dans la famille. Toutefois, le chevalier de naissance se croyait beaucoup supérieur au chevalier de fortune. Ovide se plaint avec amertume à sa maîtresse de ce qu'elle lui préfère un rival qui a mérité par ses services militaires la fortune et le titre de chevalier :

Ecce recens dives, parto per vulnera censu
Præfertur nobis, sanguine factus eques.

le chevalier ancien soldat est sans doute celui qui est désigné par cette expression qu'on trouve assez fréquemment dans les auteurs : *eques romanus militaris*. Du reste, il faisait exception. L'ordre équestre était composé d'hommes très-pacifiques de poëtes par exemple. Ainsi Ovide, qui était chevalier, nous apprend qu'il n'avait jamais touché une arme, si ce n'est en jouant.

Aspera militiæ juvenis certamina fugi,
Nec nisi lusura movimus arma manu.

Le cheval public donné par l'empereur continua à être la récompense des services ou des vertus; il fut aussi quelquefois une faveur gratuite et même dérisoire. On a conservé une épitaphe antique d'un citoyen nommé Velléius; on y rappelle qu'il reçut le cheval public des mains d'Antonin; l'épitaphe se termine ainsi : « Il était dans sa cinquième année *quintum annum agebat.* »

Il paraît que cet usage d'accorder aux frais de l'État un cheval aux membres les plus distingués de l'ordre équestre se perdit peu à peu : au temps d'Elagabal, *eques publicus* n'a plus le sens de cheval donné par l'État, il signifie cheval de poste. *Vocari in jus non potest qui equo publico in causa publica transvehatur*, dit Ulpien : « on ne peut citer en justice celui qui se sera servi d'un cheval de poste pour l'intérêt général. »

LES JURISCONSULTES. — Le jurisconsulte est un homme d'une bonne naissance, qui n'a pas pu ou n'a pas voulu être orateur. L'étude du droit, des lois, est l'étude romaine par excellence : celui qui s'y est livré avec succès, et qui n'aborde pas le barreau, utilise sa science en la mettant à la disposition d'une foule empressée de clients. Ses soins et son travail sont récompensés largement par l'estime générale dont il est environnné. Dès l'aurore sa porte est assiégée de clients qui viennent demander un avis, honneur peu agréable selon Horace :

Agricolam laudat, juris legumque peritus,
Sub galli cantum consultor ubi ostia pulsat.

Mais ces conseils il les donne avec autorité; on les reçoit avec respect : ce sont de véritables oracles qu'ils rendent du haut de leur trône. C'est ainsi qu'on appelle le siége sur lequel ils donnent leurs consultations. En justice leur suffrage est du plus grand poids; leur opinion décide presque toujours du résultat d'un procès. « Quoi de plus beau pour un vieillard, « s'écrie Cicéron, après avoir parcouru « la carrière des honneurs et des dignités « publiques, que de pouvoir, comme « Apollon, dans Ennius, se glorifier au « terme de la vie de diriger par ses conseils, « sinon les peuples et les rois, du moins « tous ses concitoyens, et de dire avec le « dieu : « Les hommes sont-ils dans l'in« certitude, je dissipe ce nuage, j'éclaire « et fortifie leurs âmes, et ils ne vont plus « à l'aventure dans les sombres sentiers de « la vie. » Ailleurs il donne à cette vie si occupée et si laborieuse le nom de milice civile, *cedant arma togæ!*

Les jurisconsultes ne se bornent pas à donner les consultations; ils travaillent aussi pour la science. Ils se réunissent pour les questions difficiles, et le jugement qui sort de ce sénat improvisé a force de loi. Ils professent le droit et la jurisprudence; et leurs écoles sont fréquentées par les fils des plus nobles familles de Rome. D'autres travaillent à la rédaction des lois, passent en revue les anciennes, et leur donnent des formules plus claires. Telle est l'ardeur avec laquelle ils travaillèrent de tout temps, que lorsque Justinien ordonna de rédiger le *Digeste*, le recueil des lois, des notes et des commentaires des jurisconsultes formait un total de deux mille volumes et de trois millions de paragraphes. — Voyez pour plus de détails ci-dessus p. 469.

Les Littérateurs. — Le siècle littéraire par excellence à Rome fut le siècle d'Auguste. La liberté du Forum et de la tribune n'étant plus qu'un vain nom, les hommes de génie se tournèrent d'un autre côté; la méditation, le travail du cabinet remplaça les luttes de la place publique. Les auteurs d'alors sont à peu de chose près dans la même situation que les écrivains du dix-septième siècle. Leur pauvreté les met en général dans la dépendance des grands ou de l'empereur. Mécène avait fait la fortune d'Horace, comme Louis XIV fit celle de Racine et de Boileau. Octavie faisait compter une somme immense à Virgile pour le récompenser de ses admirables vers sur Marcellus, comme Richelieu, moins connaisseur en fait de poésie, donnait 600 livres à Colletet pour six mauvais vers sur le bassin des Tuileries. Heureusement pour la dignité des lettres, l'argent n'était pas alors la seule récompense des grands poëtes. Horace était l'ami de Mécène, et savait conserver avec lui son indépendance. Si le favori de l'empereur se plaint du peu d'assiduité du poëte auprès de lui, de ses longs séjours à la campagne, Horace lui répond par l'apologue de la belette, qui ne peut plus sortir du grenier où elle s'est engraissée. Comme elle, il est tout prêt à abandonner tout ce qu'il a reçu pour recouvrer sa liberté; et le protecteur sait comprendre la noble susceptibilité de son protégé. Avant la révolution qui mit fin à la république, nous voyons Théophane de Mitylène recevoir de Pompée, dont il avait célébré les exploits, le titre de citoyen romain. Le farouche Marius se crut honoré par l'amitié des poëtes Archias et Plotius. On sait combien les affranchis étaient méprisés jusqu'aux mauvais empereurs, qui leur livrèrent le pouvoir; mais quand le talent littéraire se révélait dans un de ces rebuts de la société romaine, il effaçait la souillure de l'esclavage. L'ami des Scipions, Térence, avait été esclave. Horace répète souvent que son père, dont il fait un si bel éloge, était un simple affranchi. L'obscurité de sa naissance n'empêchait cependant pas l'empereur de lui écrire : « Je suis irrité contre vous, sa« chez-le bien : vous ne parlez point de « moi dans vos épîtres; craindriez-vous « d'être diffamé auprès de la postérité, « si vous paraissiez avoir été mon ami ? »

Toutefois, si les princes de la littérature latine, Horace et Virgile, surent conserver leur dignité et leur indépendance, on doit bien penser que ce noble exemple ne fut pas suivi par tous les auteurs du second ordre. On connaît les flatteries et les adulations d'Ovide exilé; l'emphase insupportable des louanges prodiguées à Néron par Lucain au début de ce poëme qui devait un jour lui coûter la vie; Velléius Paterculus, dans son *Abrégé d'Histoire Romaine*, comble Tibère d'éloges; Valère-Maxime va plus loin, et ne croirait pas avoir encore fait assez s'il n'avait adulé Séjan.

Il y a pourtant quelqu'un que le poëte romain, comme tous les poëtes du monde, admire plus volontiers que l'empereur et ses ministres, c'est lui-même. Tous les mauvais versificateurs dont se raille Horace ont l'oreille aussi chatouilleuse qu'Oronte et Trissotin. Le *genus irritabile vatum* ne date pas de Molière. La littérature romaine a connu, comme la nôtre, la race des incompris, gens sombres, mais inoffensifs, qui se contentent de nourrir au fond de leur cœur une profonde admiration pour leur propre talent, et un profond mépris pour le public, qui ne s'élève pas jusqu'à leur hauteur. Elle a connu aussi le fléau de ces eunuques de la littérature qui se consolent de leur nullité en décriant tous les bons livres, à moins que les auteurs n'achètent leurs éloges, ou, ce qui serait moins compromettant, leur silence. Seulement cette race famélique était plus facile à gagner que dans les temps modernes. Un ou deux dîners, quelques toges usées suffisaient à l'écrivain pour se concilier la bienveillance de ses critiques. C'étaient surtout les grammairiens qui exerçaient cette honnête industrie. Horace se vante quelque part d'avoir toujours dédaigné leurs cris, et de n'avoir rien fait pour les apaiser.

Quand un auteur avait achevé un ouvrage, il avait deux manières de le faire connaître : la récitation ou lecture publique, et la publication par un libraire. La récitation n'a plus d'analogue de nos jours. L'auteur louait quelque vaste salle où il faisait disposer des banquettes pour le public, et un siége plus élevé sur une estrade pour lui-même. Alors il se mettait en quête d'auditeurs, courait toute la ville, pour inviter ses amis, ses protecteurs, les hommes de goût et quelquefois l'empereur lui-même à venir entendre son ouvrage. Il faisait porter des lettres d'invitation chez les grands personnages qu'il ne connaissait pas, et enfin conviait toute la foule par des affiches. Malheureusement, s'il y avait beaucoup d'appelés, il y avait en général fort peu d'hommes de bonne volonté qui répondissent à l'appel. Le grand jour du jugement venu, il arrivait souvent que le pauvre auteur vît ses banquettes presque entièrement vides. A peine quelques désœuvrés ou quelques amis qui n'avaient pu se dispenser de la corvée, apparaissaient çà et là sur ces bancs loués à grands frais. A la porte ou sous les portiques voisins stationnaient ou se promenaient quelques autres invités qui, ne voulant que se montrer un instant dans la salle, afin que leur politesse fût faite, attendaient pour entrer que la lecture tirât vers la fin. Quand les banquettes commençaient à se garnir, l'auteur déroulait son manuscrit, et le lisait avec toute l'habileté dont il était capable, forçant les intonations sur les passages énergiques, et faisant une pause aux beaux endroits. Le classique verre d'eau sucrée de nos orateurs ou de nos lecteurs modernes y était représenté par un vase d'eau tiède, dont le lecteur avalait de temps en temps quelques gorgées. Quelquefois il était interrompu par des cris d'encouragement ou d'admiration, poussés, hélas! trop souvent par des poitrines mercenaires. On appostait et on payait des esclaves et des affranchis, comme s'il se fût agi d'applaudir un histrion ou de saluer un empereur.

Ces récitations ou lectures publiques ne se faisaient guère qu'aux mois d'avril et d'août. C'était en quelque sorte une exposition périodique de littérature. On voit par les satires de Juvénal et quelques lettres de Pline le jeune combien ces séances étaient le plus souvent fastidieuses et quelle était la répugnance des beaux esprits de Rome à s'y rendre. Ils ne faisaient acte de présence que lorsqu'il leur était impossible de s'en dispenser, ou bien lorsque Pline lui-même était le lecteur. Quelques auteurs avaient le privilége d'attirer la foule; mais c'était l'exception. Auguste, dans son ardeur à favoriser les progrès des arts et des lettres bravait l'ennui de ces solennités et y assistait courageusement, quoique ses poëtes de prédilection n'en aient jamais fait les frais. Ce n'étaient pas seulement des poëmes ou des histoires que l'on y lisait, mais quelquefois aussi des ouvrages dramatiques. Ainsi, dans la scène charmante intitulée : *Dialogue des Orateurs*, nous trouvons Maternus corrigeant une tragédie qu'il a lue la veille en public devant une assemblée nombreuse. Il est vrai que la censure du temps n'en eût jamais permis la représentation, et que la police romaine n'avait pas besoin d'un esprit bien subtil et bien inventif pour saisir des allusions séditieuses dans ce Caton dont la lecture seule fut reprochée au poëte par ses amis comme une grave imprudence.

En général les jeunes gens seuls et les débutants avaient recours aux récitations pour se faire connaître. Tout littérateur déjà renommé dédaignait ces lectures ennuyeuses pour ses amis et pour lui-même ; il se contentait de faire éditer son livre, et d'en annoncer la publication par des affiches placardées à la porte des librairies. Quant aux malheureux écrivains sans talent, sans protecteurs, et sans argent pour faire les frais de la location d'une salle, ils allaient, s'il faut en croire Horace et Martial, déclamer leur poésie incomprise et leurs chefs-d'œuvre inédits sur le Forum et dans les bains publics. Ne pouvant faire venir les auditeurs, ils vont les trouver eux-mêmes : c'est l'histoire de Mahomet et de sa montagne.

Les Libraires. — La librairie est une industrie qui ne se développa que fort tard dans la civilisation romaine. Longtemps les particuliers eurent des esclaves qui leur copiaient des ouvrages entiers. On avait recours à la bibliothèque d'un ami ; on lui empruntait un auteur, que l'on faisait transcrire. C'était une sorte de librairie privée ; plus tard le commerce vit dans cette transcription d'ouvrages une nouvelle branche d'industrie, il s'en empara. Les livres demeurèrent toujours d'un prix exorbitant, parce qu'il fallait que ce fût le libraire qui fît préparer le papyrus et eût des copistes et des relieurs. On ne soupçonnait pas encore les merveilles de perfection et d'économie auxquelles l'industrie moderne est arrivée, grâce à la division du travail.

Entrons chez un libraire romain ; nous trouvons d'abord sa taverne, l'endroit où il expose ses livres et les vend. Mais traversons-la rapidement, sauf à y revenir plus tard ; nous nous trouvons dans l'atelier, l'*officina*.

Voici une salle encombrée de monceaux de papyrus et de peaux. C'est là que viennent chercher ces matières les ouvriers chargés de les préparer pour l'écriture. Le papyrus est un roseau qui croît dans les marais d'Égypte ou dans les eaux stagnantes laissées par le Nil en se retirant. La racine en est tortueuse, grosse comme un bras d'homme ; la tige, triangulaire comme celle d'un grand nombre de roseaux de nos marais et de nos fleuves. Ce n'était pas l'écorce, comme le croient beaucoup de personnes, mais bien la tige même qui, divisée en lames très-minces et collées transversalement les unes sur les autres, formait les feuilles sur lesquelles on écrivait. Les meilleures lames pour la facilité de l'écriture étaient celles du cœur de la tige. On en distinguait sept espèces, dont voici les noms rangés par ordre de qualité : la *hiératique*, qui n'arrivait d'Égypte que couverte d'écriture : mais on faisait disparaître ces caractères à Rome, et la feuille, grâce à des lavages multipliés, devenait d'une finesse et d'une blancheur incomparables ; ainsi transformée elle prenait le nom d'*augustale* ; la *livienne* ; la *fannienne*, ainsi nommée d'un certain Fannius, qui avait trouvé le moyen de la préparer en amincissant les feuilles de l'ordre suivant ; l'*amphithéâtrique*, ainsi appelée du quartier d'Alexandrie où on la préparait ; la *ténéotique* ; la *saïtique*, de Saïs, ville près de laquelle le papyrus croît en abondance ; l'*emporétique*, du mot grec ἐμπορία, commerce, parce que sa qualité inférieure ne la rendait propre qu'à l'emballage des marchandises.

Pline, qui nous donne tous ces détails, nous apprend aussi que pour faire les feuilles d'une longueur suffisante on réunissait les différentes bandes de papyrus au moyen de l'eau du Nil chargée d'un limon qui tenait lieu de colle. On ne mettait jamais plus de vingt feuilles par rouleau. Pour donner aux feuilles ainsi préparées un vernis agréable à l'œil, on y étendait un enduit composé à peu près comme notre colle de pâte, de fleur de farine bouillie dans de l'eau avec quelques gouttes de vinaigre, ou bien de mie de pain détrempée dans de l'eau bouillante et passée ensuite au tamis. Les feuilles après ces préparations étaient encore battues au marteau, recollées, mises sous presse, et battues de nouveau. Pour les livres de luxe on n'employait pas le papyrus, mais des peaux d'animaux, dont la préparation avait été inventée à Pergame, et qui prenaient le nom de parchemin.

Dans une autre salle sont les copistes. Un lecteur tient le manuscrit, et dicte à un assez grand nombre d'ouvriers qui ont une tablette sur leurs genoux pour écrire. A côté de chacun d'eux est une boîte contenant les rouleaux blancs qu'ils doivent remplir dans la journée et les rouleaux déjà remplis. Ils écrivent avec des roseaux taillés à peu près comme nos plumes. Leur encre s'appelle *atramentum*: c'est une liqueur noire composée de suie et de résine brûlée qu'on délaye dans de l'eau de gomme.

Les feuilles écrites sont revues par des correcteurs et comparées avec le manuscrit de l'auteur; mais chaque correction oblige à des ratures qui altèrent la netteté du texte. Chaque feuille n'est écrite que d'un côté, et les titres sont en rouge. Malgré ces difficultés et ces complications, l'art de la librairie était parvenu à des résultats surprenants. Pline nous parle d'un exemplaire complet de l'*Iliade* écrit sur une seule bande de parchemin qu'on pouvait renfermer dans une coquille de noix.

Les rouleaux achevés étaient fixés par leur extrémité à un petit bâton cylindrique, autour duquel on roulait ces immenses feuilles. Les deux bouts du cylindre étaient ornés de petits disques de corne, d'ébène ou d'or, qui recouvraient complétement la tranche du rouleau et servaient à le protéger. Une enveloppe de peau tenait le livre fermé; on y collait une bande de parchemin ou d'étoffe écarlate sur laquelle on écrivait le titre de l'ouvrage. Les volumes qu'on tenait à préserver contre l'humidité ou les vers étaient enduits d'une couche d'huile de safran ou de cèdre. La forme ordinaire des livres était donc celle d'un rouleau;

mais souvent les ouvrages très-cour[ts] étaient mis sous la même forme que no[s] livres actuels : on les reliait avec d[es] planches de bois de hêtre recouvertes [de] parchemin blanc ou jaune. Les œuvr[es] de Martial, de Catulle, d'Horace par[u-] rent dans ce format.

Après avoir vu faire les livres, rentro[ns] dans la salle où on les vend. Elle est ga[r-] nie de tablettes divisées par cases app[e-] lées *nids* (nidi). Chacune de ces cas[es] contient un manuscrit. Les boutiqu[es] de libraires sont le rendez-vous des a[u-] teurs, des beaux esprits, des nouve[l-] listes littéraires. On y trouve toujou[rs] nombreuse et brillante compagnie. L[es] grammairiens y viennent discuter sur [le] sens de tel ou tel mot de Salluste et d'E[n-] nius; les vanités s'y froissent, les orgue[ils] s'y heurtent. Nous sommes par exemp[le] chez les frères Sosie, les libraires d'H[o-] race, les Barbin du siècle d'Auguste [;] plus d'une fois s'y renouvelle la scèr[e] de Trissotin et de Vadius. Nous l'avo[ns] lue chez Molière, inutile d'y assister ic[i.] Sortons, et lisons les affiches qui cou[-] vrent les jambages de la porte. La d[e-] vanture extérieure est occupée par d[es] *scrinia* remplis de rouleaux. Hélas [!] beaucoup sont là depuis longtemps, et [y] resteront longtemps encore sans tente[r] personne

....Sedet æternumque sedebit
Infelix Thoseus...

Mais le libraire ne veut pas les garde[r] éternellement : il les vend à vil prix [à] des colporteurs. Les pauvres gens le[s] achètent pour apprendre aux enfants [à] lire sur le recto, et à écrire sur le vers[o] laissé en blanc, comme nous l'avons fai[t] remarquer. D'autres, plus malheureu[x] encore, vont envelopper les parfums, l'en[-] cens, le poivre

....Et quidquid chartis amicitur ineptis;

enfin ils terminent leur existence dan[s] le feu de quelque cuisine.

LES MÉDECINS. — Comme partout[,] à Rome la médecine fut accablée d'épi[-] grammes, accueillie, fêtée et bien payée[.] « Toutes les fois, écrivait le vieux Cato[n,] « à son fils, que la nation grecque nou[s] « communiquera ses arts, elle enverra i[ci] « sa corruption; plus de remède si ell[e] « envoie ses médecins. Ils ont juré ent[re] ceux d'exterminer tous les barbares, c'est-à-dire tous les étrangers, par la médecine. Le salaire même qu'ils demandent est un artifice de plus pour s'emparer de la confiance et pour tuer à leur aise. » Et il finit sa lettre par cet ordre positif : Je t'interdis de voir les médecins, *interdico tibi a medicis*. La médecine est donc à Rome d'importation étrangère, c'est un présent de la Grèce. Jusque là l'expérience avait tenu lieu de science ; il était d'usage que les convalescents allassent eux-mêmes au temple de la Fièvre dans le haut du *vicus longus* écrire les remèdes auxquels ils avaient dû leur guérison. Le premier médecin qui arriva du Péloponnèse reçut le droit de cité romaine ; et on lui fit don d'une taverne dans le carrefour *Acilius*. Au temps de Plaute le nombre des médecins est déjà bien augmenté ; ces tavernes où chacun d'eux prépare et vend les remèdes se partagent avec les boutiques de barbiers l'honneur de recevoir les oisifs et les bavards de la cité. « Il y a une heure, dit Amphitryon, que je cherche Naucratès ; j'ai couru le Forum, le marché, les tavernes de médecins et de barbiers, peine inutile. » Un passage des *Ménechmes* nous montre aussi que les médecins étaient en même temps chirurgiens. Plaute introduit sur la scène un médecin fanfaron, qui se vante d'avoir remis la jambe cassée d'Esculape et le bras d'Apollon, les deux pères de la médecine.

Plus tard ces trois branches se séparèrent : la pharmacie devint un art spécial, art plein de fourberies et de mensonges, s'il faut en croire Pline. Le chirurgien et le médecin ne furent plus un seul et même homme, bien qu'on les appelât souvent tous les deux du nom générique de médecins. Les chirurgiens sont en général ceux qui gagnent le plus, et ils le méritent. Quant aux médecins, Pline les traite bien mal : il en fait des ignorants avides et intéressés, exploitant la crédulité publique, aggravant les maladies pour augmenter les profits de la cure ; faisant à demi les opérations, afin d'avoir occasion de les recommencer ensuite. Ces critiques amères sont-elles bien fondées ? Il est permis d'en douter, lorsqu'on voit Jules César s'efforcer de fixer les médecins à Rome en leur accordant de lui-même le droit de cité, et ensuite Auguste, tandis qu'il chasse pendant une grande famine tous les étrangers de la ville, faire une exception en faveur des médecins, et plus tard leur donner le droit de porter l'anneau d'or.

Les médecins, il est vrai, furent toujours des Grecs ou bien des esclaves ; « jamais, dit fièrement Pline, la majesté « romaine n'a daigné s'abaisser à l'art de « la médecine. » Mais elle ne daigna jamais non plus s'abaisser au commerce ou à l'enseignement des lettres. Pour maîtres à leurs enfants ils donnaient des esclaves. C'étaient des esclaves qu'ils prenaient pour porter au loin les relations commerciales. Que faut-il en conclure ? Que ces professions étaient vraiment déshonorantes ? Non, mais que les citoyens romains étaient jaloux à l'excès de leur oisiveté et d'un simulacre d'indépendance. Ils auraient cru compromettre leur majesté et leur liberté en mettant leur science à la disposition d'un enfant ou d'un malade ; ils laissèrent donc la science aux étrangers et aux esclaves.

Ce qu'on doit regretter peut-être, c'est que l'exercice de la médecine n'ait été soumis à aucun contrôle. Médicamentait, saignait, purgeait qui voulait, pourvu qu'il parlât grec. En vain Sylla institua-t-il une loi qui condamnait à la déportation ou à la mort les médecins négligents ou inhabiles, cette loi tomba d'elle-même. Comment, en effet, apprécier la culpabilité d'un médecin ? N'avait-il pas toujours quelque raison à alléguer pour sa défense : ses ordonnances violées ou mal exécutées, les excès, l'intempérance du malade ? Le plus sûr est de prendre pour médecin un ancien esclave, qui par son talent et ses services ait mérité l'affranchissement et exerce pour son propre compte. Le meilleur moyen de faire fortune pour un médecin est d'inventer quelque nouveau remède et une méthode inconnue. Ainsi fit le célèbre Asclépiade, dont la réputation fut telle que Mithridate le fit inviter à venir dans son royaume. Pline parle de deux frères médecins, les deux Stertinius, qui, après avoir prodigué des sommes énormes pour l'embellissement de leur ville natale, laissèrent une succession de trente millions de sesterces. A côté de ces grands médecins, d'autres ont bien de la peine à se soutenir, et succombent sous la concurrence. C'est l'histoire de tous les temps. Nous retrouvons encore à Rome les consultations modernes avec leurs discussions interminables, pendant lesquelles meurt le malade ; et aussi le remède désespéré des eaux. Quand un médecin ne sait plus de ressources, il envoie son malade à *Cutilia* ou à *Aquæ-Sextiæ*.

Les Devins. La politique constante du sénat fut de conserver comme un dépôt précieux la crédulité du peuple dans toute sa naïveté primitive. Tenant en main les fils de la religion, et l'exploitant à son gré, il aimait les esprits disposés à croire et à se soumettre sans raisonner. Ceux-là il les entretint constamment dans la crainte de la foudre et des poulets sacrés. Cicéron, qui dit quelque part n'avoir jamais pu rencontrer un augure sans rire, écrit deux volumes sérieux, ou prétendus tels, sur la divination. C'est quelque chose d'incroyable que le nombre des superstitions populaires à Rome. Un éternument est chose terrible ; un faux pas présage des malheurs effroyables ; la sécheresse est-elle trop grande, on roule une grosse pierre dans les rues de Rome, et la pluie ne manque pas de tomber quelque temps après ; une femme accouche-t-elle difficilement, qu'on fasse passer par-dessus sa maison une pierre ou un trait qui ait tué en trois coups un homme, un sanglier et un ours, elle sera délivrée à l'instant même. La salive joue encore un grand rôle dans le bonheur de l'homme. À-t-on entendu une parole de mauvais augure, qu'on crache trois fois, l'influence fatale sera conjurée : il faut cracher aussi sur l'épileptique ; cracher sur la main dont on a blessé quelqu'un, et la blessure faite est guérie, du moins Pline l'assure.

Chez un peuple imbu de tels préjugés, et à cause même de sa superstition, toujours inquiet de l'avenir et prêt à le conjurer, on conçoit que toutes les espèces de devins ou d'illuminés devaient réussir. Aussi les variétés du genre sont-elles nombreuses. Ce sont d'abord les Chaldéens, qui prédisent le bonheur et le malheur futur, d'après l'observation des astres. Ils sont surtout, ou du moins se disent, guidés dans leurs recherches par la situation de quelques étoiles au moment de la naissance de la personne pour qui on les consulte. De là leur autre nom de généthliaques. Grâce à d calculs positifs d'après l'âge d'une pe sonne, ils remontent au jour de sa nai sance, aux astres qui y ont présidé et leur disposition, et de là font leur pr nostics pour le reste de la vie. C'est que l'on appelle faire la génésie ou thème natal de quelqu'un. On lit mêi dans Plutarque un fait plus surprena encore : M. Varron proposa à un phil sophe célèbre, grand mathématicien même temps et s'occupant avec gra succès des calculs astrologiques, Tarr tius, de retrouver l'heure de la na sance de Romulus d'après les événemei de sa vie : le philosophe résolut heure sement le problème. Malheur à qui e né sous l'influence funeste du Scorpio: « soit que le signe de la Balance, soit q « le Scorpion m'ait regardé à mon het « natale, ou bien le Capricorne, ce tyr « qui inonde l'Italie, » écrit Horace Mécène malade. La Balance est un a tre favorable ; tout au contraire, il fa redouter le Capricorne, tyran et enne de l'Italie ; car c'est lui qui y fait toml les pluies les plus abondantes et les pl dangereuses pour la culture. De même conjonction de Jupiter et de Vénus a nonce une heureuse destinée, celle Mars ou de Saturne une vie pleine de t verses et d'infortunes. Toutefois, le (pricorne ne fut pas fatal à Auguste ; fut tellement assuré de l'avenir p les prédictions d'un certain astrologu nommé Théogène, dit Suétone, qu'il re dit public son thème natal, et fit frap; sur une médaille d'argent le signe du (pricorne qui avait présidé à sa naissan(

Et il ne faut pas seulement redout l'influence des astres du jour de la na sance, mais encore celle des astres jour présent. On a imaginé de publier certains livres, nommés Éphémérides, c contiennent des tables astrologiques c culées par des mathématiciens. A in avant de se hasarder dans quelque enti prise, de se mettre en voyage, on consu les éphémérides de Pétosiris, astronoi égyptien qui a su se gagner la confian générale : si les nombres sont favorabl(nulle crainte ; sinon on s'arrête et on a tend. Les femmes surtout poussent dernier degré cette superstition : leu éphémérides à force d'être feuilleté deviennent bientôt, dit Juvénal, pl mes que l'ambre. « Les Chaldéens, ajoute-t-il, leur inspirent une confiance sans limites. Tout ce qu'ils prédisent leur semble émané du temple de Jupiter Ammon. Au reste, le plus fameux parmi ces imposteurs c'est le plus souvent exilé. A-t-il été chargé de fers et longtemps resserré dans les prisons d'un camp, la crédulité n'a plus de bornes. S'il n'a jamais été condamné, c'est un homme ordinaire. Mais s'il a vu la mort de près, s'il a obtenu la faveur d'être seulement relégué dans les Cyclades; s'il est à peine arraché des rochers de l'étroite Sériphe, on se l'arrache. Alors ton épouse, nouvelle Tanaquil, consulte ce grand homme sur la jaunisse de sa mère et son trépas trop lent, après s'être informée du tien. Son amant lui survivra-t-il? quelle faveur plus signalée peut-elle en effet espérer de la bonté des immortels? » On voit que l'astrologie laterait du temps de Tarquin l'Ancien, puisque Juvénal reproche à Tanaquil de s'y être livrée, sans doute se fondant sur ce qu'elle avait prédit que son mari viendrait un jour au trône. Heureuses encore les femmes qui ne sont que trompées sur l'avenir, et qui ne payent pas plus cher leur curiosité téméraire, comme la fille de Baréas Soranus, par exemple, que le philosophe Egnatius entraîna dans des opérations magiques, et dénonça ensuite lui-même à Néron. L'infortunée périt avec son père.

Le malheur est que les Chaldéens ne prodiguent pas leur science et mettent à un taux fort élevé la faveur de leurs présages : tout le monde n'en peut donc pas jouir. Pour les petites fortunes il y a des devins à meilleur marché; on trouve à Rome des prédictions à tout prix. « Voici, « dit encore Juvénal, une Juive qui vient « de quitter sa corbeille et son foin. « Tremblante, elle s'approche et mendie « à l'oreille; c'est néanmoins l'interprète des lois de Solyme, la grande « prêtresse de la forêt d'Aricie, en un « mot la fidèle messagère des décrets célestes. On les paye, mais peu généreusement, car les Juifs vendent leurs visions à bon marché. » Pauvres Juifs, il leur fallait arracher ainsi denier par denier la somme nécessaire pour satisfaire l'avarice romaine, qui, après les avoir réduits à une profonde misère, les contraignait à payer jusqu'à l'ombre que leur fournissait chaque arbre de la forêt d'Aricie, leur séjour ordinaire.

Le petit peuple a pour une pièce de monnaie les prédictions les plus belles et les plus rassurantes. Le Vélabre, le Forum, le Champ de Mars et le grand Cirque sont pleins de ces pauvres prophètes à tant le présage. Horace avoue qu'il allait souvent faire cercle autour d'eux avec les badauds de la ville. Tandis que les riches interrogent à grands frais l'augure qu'ils ont appelé de l'Inde ou de la Phrygie ou bien les habiles aruspices, « c'est au milieu du cirque, nous « apprend Juvénal, que les devins popu« laires rendent leurs oracles; c'est là, « auprès des tours de bois et des colonnes « terminées en dauphin, que la plé« béienne vient apprendre si elle ne doit « pas quitter le cabaretier pour épouser « le fripier. » Là se rencontrent les *sortilegi*, prédisant l'avenir au moyen de petits dés en buis chargés de figures symboliques, dont ils disent avoir le sens et donnent l'explication. Pour la plupart des devins il est nécessaire que quelques cérémonies, quelques formules préalables précèdent la prédiction. Un aruspice d'Arménie consultera le poumon palpitant d'une colombe avant de promettre à la jeune fille un amant fidèle; un mage posera un œuf sur de la cendre chaude, observera de quel côté il sue d'abord avant de rendre sa réponse. D'autres, moins charlatans ou moins artistes, n'emploient aucune formalité, et prédisent immédiatement l'avenir comme par une révélation soudaine et une intuition instantanée; ce sont les *harioli*. Ils réussissent à se donner un air frénétiquement inspiré en prenant une décoction de la racine d'une plante vénéneuse, nommée halicacabon, dont parle Pline l'Ancien.

La plus triste espèce des devins est celle des *conjectores*, devins qui expliquent les songes. Ce genre de divination ne paraît pas plus raisonnable à Cicéron que les autres : il ne lui semble nullement probable que les dieux aillent au chevet de chaque dormeur, puis courent raconter et expliquer chaque songe au conjecteur. Horace raconte pourtant comment il obéit à un conseil que lui donna Quirinus, après le milieu de la nuit, à l'instant où les songes sont véritables :

Post mediam noctem visus cum somnia vera.

Mais ce n'est pas tout d'être informé de l'avenir, il faut encore savoir conjurer les mauvais destins. Et d'abord pour les songes, on en détournait l'effet en offrant un gâteau salé, de l'encens et toutes sortes de sacrifices expiatoires, sur l'autel de Jupiter *Progidialis* et des Dieux Préservateurs (*Dii Averruncii*). Les mages surtout ont pour spécialité de donner aux hommes, ou plutôt de leur vendre, ces dérivatifs de la destinée, au moyen d'enchantements, de longs sortiléges et de conjurations solennelles et mystérieuses.

Les magiciennes, *sagæ*, possèdent aussi le secret de ces enchantements ; elles peuvent vous procurer des vertus surhumaines, vous faire réussir dans les entreprises, rendre heureux l'objet de vos amours, servir et assouvir vos haines. Elles sont les protectrices des amants aux dépens des maris. « Une femme, dit « Juvénal, veut-elle troubler le cerveau « de son époux, pour l'accabler impuné- « ment du dernier outrage, elle achète à « l'un des formules magiques, à l'autre « des philtres de Thessalie. De là ce désor- « dre de ton esprit, ces nuages qui l'obscur- « cissent, et ce profond oubli de tes actions « les plus récentes. » Tibulle a vu une magicienne faire remonter les fleuves vers leur source, évoquer les mânes de leurs sépulcres, arracher du Styx les cohortes infernales, puis les faire rentrer dans leur sombre séjour. Du moins il l'écrit à son amante : grâce aux conjurations de sa Médée mercenaire, sa bien-aimée n'aura qu'à prononcer trois fois la formule de l'enchantement et à cracher trois fois, leurs amours pourront suivre leur cours sans inquiétude. « Que l'on nous dénonce « à ton époux, chère Bélis, qu'il nous « surprenne lui-même, il ne le croira « pas ; une magicienne me l'a promis, et « son art n'a jamais trompé. » Il est permis de suspecter un peu cette pleine confiance de Tibulle : elle est trop intéressée pour être bien sincère. Ovide, qui a moins besoin d'y croire au moment où il écrit ses remèdes d'amour, se montre un peu sceptique sur la vertu et l'efficacité des enchantements, des sortiléges et des philtres ; il préfère ses recettes plus innocentes et moins dangereuses

Ista veneficii vetus est via : noster Apollo
Innocuam sacro carmine monstrat opem.

Les magiciennes sortent le soir de leur retraite, lorsque la lune brille au ciel car elles l'invoquent toujours et l'associent à leurs travaux impies. Plus le temps de la pleine lune est proche, mieux les enchantements réussissent. Écoutez le Priape d'Horace : il se plaint d'avoir plus à faire à préserver son jardin de l'invasion des magiciennes qu'à écarter les voleurs de nuit. Dès que la lune paru, elles viennent recueillir des ossements et des herbes nuisibles. « J'ai vu « dit-il, errer Canidie, les pieds nus, sa « robe noire retroussée ; hurlant avec « la puissante Sagana : la pâleur les ren- « dait horribles à voir. Elles se mirent « gratter la terre avec leurs ongles et « déchirer avec les dents une brebis « noire. Le sang coulait dans une fosse « d'où devaient sortir les mânes et les « âmes apportant des réponses du fond « des enfers. Elles avaient deux figures « l'une de laine, l'autre de cire. La figure « de laine était la plus grande ; elle châ- « tiait l'autre qui avait la posture d'une « suppliante, semblable à une esclave « qui va périr. L'une des magiciennes « invoqua Tisiphone, l'autre la cruelle « Hécate : les chiens infernaux et les « serpents les entourèrent alors : tout à « coup l'image de cire s'enflamma, e « jeta une vive lueur ; mais un bruit que « je fis alors les épouvanta toutes deux « elles s'enfuirent au plus vite, laissan « tomber leurs dents, leurs cheveux « leurs herbes, et les liens enchantés « dont leurs bras étaient entourés. » Ces liens étaient des rubans de trois couleurs, qui enchaînaient les cœurs des hommes, et les retenaient dans une seule passion. « Avant tout, dit une amante « dans Virgile, je l'entoure de trois ru- « bans aux trois diverses couleurs. » Ailleurs, il appelle ses rubans liens de Vénus. Si l'on veut assister à une scène plus horrible encore, qu'on lise dans Horace l'épode cinquième, celle des imprécations de l'enfant enterré par Canidie.

Dans ces simulacres de cire qui rerésentent l'ennemi à dompter, souvent la magicienne enfonce une aiguille, symbole de l'épée qui donne la mort. Il arrive aussi que deux magiciennes se font tort entre elles et se nuisent l'une l'autre; celle-ci persécutera Varus, celle-là le protégera; il faudra donc que l'art de la moins puissante demeure sans effet. « Que vois-je! s'écrie Canidie; ces préparations n'ont pas de vertu sur l'ingrat : sans doute une enchanteresse plus savante aura brisé ses fers. »

Ajoutez à ces devins, à ces magiciennes, les prêtres d'Isis et de Bellone, qui parourent les campagnes en exploitant la crédulité rustique, et vous aurez une idée de l'étendue de cette lèpre qui afflige l'Italie. On a tenté plusieurs fois d'exiler toute cette race de mendiants imposteurs; toujours l'entreprise a été vaine. La superstition est profondément enracinée dans les esprits romains, il lui faut un aliment, une pâture; les sortiléges et les enchantements sont presque devenus des fléaux nécessaires. La terre et le climat de l'Italie semblent leur être favorables; ils y ont germé dès le premier jour. Voyez Tanaquil accusée de magie par Juvénal. Écoutez cette prescription de la législation sérieuse des Douze Tables : « Il est défendu d'enchanter les terres d'autrui, de jeter un sort sur les blés, de faire par de certains charmes passer la moisson d'un champ dans un autre. »

LE LABOUREUR. Les Romains, qui méprisaient le commerce et tout ce qui n'avait pas rapport à la guerre, avaient la plus grande estime pour l'agriculture. Au commencement surtout de la république, dans ces beaux jours de Rome où le luxe et la débauche étaient encore inconnus, l'agriculture était en honneur : Varron et Pline nous apprennent que tous les citoyens cultivaient eux-mêmes leurs champs avec leur famille, et que les censeurs punissaient ceux qui laissaient leur terre inculte. Le titre de bon laboureur était presque aussi recherché que celui de bon général. Nous savons, du reste, que beaucoup de grands généraux de Rome cultivaient eux-mêmes leurs champs : témoins Cincinnatus, que l'on arracha deux fois à sa charrue pour le mettre à la tête de l'armée romaine : les plus célèbres familles de Rome, les Fabius, les Lentulus, les Serranus, les Pison, les Stolon, tiraient leur nom de certains instruments d'agriculture, ou de productions de la terre. Au temps de Cicéron le respect pour l'agriculture avait bien diminué, et cette profession, qu'avaient exercée les Cincinnatus, les Serranus, les Régulus, était entièrement abandonnée aux esclaves. Pour en arriver là il avait fallu du temps. Dès l'origine les nobles qui avaient beaucoup de terres les faisaient cultiver par leurs esclaves; mais ils étaient toujours là; ils présidaient à la culture, la surveillaient et y mettaient la main; la population des campagnes était beaucoup plus estimée que celle de la ville; aussi la république cherchait-elle à la multiplier sans cesse en donnant les terres conquises en Italie à des laboureurs qui les cultivaient, moyennant une redevance égale au dixième du produit. C'était dans cette population des campagnes que Rome trouvait ses soldats les plus braves, les plus actifs, les mieux disciplinés, les plus propres à supporter les travaux pénibles de la guerre. Mais avec le temps les riches finirent par accaparer toutes les terres; toute l'Italie se trouva réunie entre les mains de quelques grands propriétaires, qui, ne pouvant surveiller eux-mêmes la culture d'aussi vastes domaines, se faisaient remplacer par des intendants. Ils réunissaient dans leurs villas, ou maisons de campagnes, toutes les raffineries de ce luxe effréné qui s'était emparé de Rome. Les Romains, Horace nous le dit à chaque page, aimaient à se soustraire aux embarras et au tumulte de la ville pour vivre à la campagne. A la tête des esclaves, et chargé de surveiller la culture, était le *villicus*, qui avait la surveillance et la conduite de tout ce que renfermait la villa. Il commandait aux autres esclaves, dirigeait la culture et l'élève des bestiaux; mais en général cette exploitation des terres par les esclaves était plutôt onéreuse que fructueuse : aussi l'agriculture dépérit, le rendement des terres devint plus faible, et peu à peu les grands propriétaires préférèrent les prairies aux terres à labour, l'élève des troupeaux à la production des céréales.

Dès le matin le *villicus*, ou le colon,

conduisait les esclaves aux champs. Columelle nous apprend comment on labourait. « On se servait de bœufs, unis étroitement par un joug, et attachés par le col. Les laboureurs étaient choisis d'habitude parmi les esclaves les plus grands, pour pouvoir mieux appuyer sur le manche de la charrue. Les bœufs étaient assortis par paires d'égale force et d'égale grandeur. Les laboureurs leur faisaient tracer tout d'une haleine un sillon de cent pieds de long; puis ils les laissaient reposer quelques instants; en ayant soin de repousser le joug sur le devant de la tête des bœufs pour laisser rafraîchir leur cou; sans cette précaution, ils s'échauffaient et contractaient une enflure qui souvent dégénérait en ulcère. » En Campanie le sol était si léger, qu'on y labourait avec des ânes. Les esclaves travaillaient avec des chaînes aux pieds et aux mains.

Il y avait à Rome plusieurs fêtes religieuses destinées à appeler sur les campagnes la bénédiction des dieux. Les *Sementines*, en l'honneur de Cérès, se célébraient à la suite des semailles. Les laboureurs purifiaient leurs maisons, offraient des gâteaux aux dieux de leurs foyers, et priaient Cérès et Tellus de féconder les semences qu'ils venaient de confier à la terre.

Les *Robigales* se célébraient en l'honneur de Robigus, dieu de la rouille, pour qu'il préservât les moissons de cette maladie : elles se faisaient autour des champs, vers le mois d'avril.

La plus grande fête des campagnes était celle des *Ambarvales*, qui se célébraient deux fois par an, au commencement du printemps et avant de commencer la moisson. Virgile, Pline, Caton, etc., nous ont laissé des détails sur cette fête. Un collège de douze prêtres, surnommés les frères Arvales, était chargé de ces sacrifices champêtres, qui avaient pour but la lustration des champs et la prospérité des biens de la terre. Les douze frères, couronnés d'épis et la tête couverte d'une mitre blanche, sortaient de la ville, et suivis de tous les laboureurs ils se rendaient processionnellement à certains endroits marqués d'avance, et là ils promenaient trois fois autour d'un champ où était dressé un autel de gazon une victime d'heureux présage, en chantant de hymnes à Cérès; puis après des liba tions de vin, de miel et de lait, ils in molaient la victime : c'était toujou une truie pleine.

A côté de ces fêtes publiques, il y ava les Ambarvales que les particuliers c lébraient dans leurs propriétés : c'e grande fête le jour où l'on célèbre c sacrifices. Le maître marche lui-mêm en tête de la procession, composée d toute sa famille, c'est-à-dire de tous s esclaves et de toutes les personnes de maison : tout le monde est couron de branches de chêne. Après trois pr cessions, on se réunit autour d'un h tel de gazon; et après les libations les invocations on immole les victime qui sont un porc, un agneau et un vea

Lorsque les terres, bien cultivées pa leurs propriétaires, donnaient tout qu'elles devaient donner, Rome n'ava pas besoin de s'adresser aux étrange pour leur demander du blé. L'Italie l en fournissait assez : mais quand culture des terres fut abandonnée au esclaves et l'espace réservé aux céréale de jour en jour plus petit, Rome fu forcée de s'adresser aux provinces les Gaules, l'Égypte, la Sicile, etc. étaient chargées de lui fournir du bl Une commission était chargée, sou direction d'un préfet spécial, de veill à l'approvisionnement de la ville. Ce fu là un des plus graves inconvénients qu résulta pour Rome de cet abandon o elle avait laissé tomber l'agriculture; s vie fut alors, comme dit énergiquemen un ancien, à la merci des vents et de flots.

LE MARCHAND. — Rome, vill éminemment guerrière, eut longtem le mépris le plus profond pour le com merce, et il n'en pouvait être autre ment : tant qu'elle vécut pauvre, à quo lui eût servi le commerce ? Les objets d luxe lui étaient inconnus et inutiles quant aux objets de nécessité, l'agricul ture, le travail de la femme et des escla ves ou la guerre les lui fournissait; cha que jour ses armées victorieuses lui ra menaient des troupeaux, des armes, de esclaves. Rome garda toujours de se mœurs militaires quelque peu de c mépris que les peuples guerriers on pour les hommes qui acquièrent pacifi quement par l'adresse, la ruse, ces richesses qu'eux ils saisissent par la force.

Cicéron disait encore : « Nous devons mépriser les commerçants qui excitent contre eux la haine : il est bas aussi et peu estimable le métier de ces mercenaires qui louent leurs bras et non leur talent; pour eux le gain n'est que le salaire de leur esclavage : mettons au même rang l'industrie de ceux qui achètent pour revendre, car pour gagner il faut qu'ils mentent : quoi de noble dans une boutique? Quelle estime accorderons-nous à ces gens dont tout le commerce n'a pour objet que le plaisir ; tels que les marchands de poissons, les bouchers, les charcutiers, les cuisiniers, les parfumeurs, etc. Accordons notre estime à la médecine, à l'architecture : en résumé, le petit commerce est toujours bas; le grand commerce n'est pas aussi méprisable. » Voilà ce que Cicéron pensait du commerce, et c'était là ce que pensait Rome. Aussi très-peu de Romains pouvant vivre autrement s'occupaient-ils du commerce à Rome.

Dans les provinces et en face de gros profits le citoyen oubliait quelque peu ses préjugés. Le grand commerce d'importation et d'exportation était en effet si avantageux, que beaucoup de chevaliers n'hésitaient pas à s'y livrer, surtout les publicains, qui, réunissant le commerce au fermage des impôts, s'aidaient de l'un pour l'autre : mieux placés pour connaître le pays, ils pouvaient saisir toutes les chances de gain, et les compagnies qu'ils formaient remplaçaient nos banques. Mais il arrivait souvent que les chevaliers, ne voulant pas exercer par eux-mêmes un métier qui les exposait à être déconsidérés, se contentaient de faire valoir leur argent, qu'ils confiaient à des agents, ordinairement leurs affranchis, et qu'on nommait *mensarii* et *argentarii* : ceux-ci travaillaient en même temps pour leur compte : c'est ainsi que du commerce naissait l'usure.

Quant au commerce de détail, il y avait à Rome, comme chez nous, celui des boutiques et celui de la rue.

Les boutiques ou tavernes étaient de simples baraques en bois, couvertes en planches et adossées à une maison. Ces boutiques, étroites, mal aérées, mal éclairées, se louaient tellement cher, que Cicéron nous apprend que beaucoup de riches propriétaires en faisaient bâtir tout autour de leurs magnifiques demeures, et en tiraient des sommes énormes. Ces tavernes étaient placées dans toutes les rues, mais on en voyait principalement sur les places et sous les portiques. Les marchands étaient séparés et classés selon la nature de leurs marchandises. Ainsi dans Horace on voit Nomentanus, un jeune noble fort riche, « faire dire au pêcheur, au fruitier, à l'oiseleur, au parfumeur, à la canaille de la rue de Toscane, au charcutier, aux bouffons, à tout le Vélabre, à toute la halle de se rendre près de lui. » Dans ces mots du poëte, le mépris perce partout. Martial nous apprend que les marchands de riches habits habitaient le portique d'Agrippa; la voie Sacrée était pour les riches boutiques de cristaux, d'ivoire, de coffrets en bois précieux, etc. Auprès de tous les lieux publics, comme les bains, les théâtres, les cirques, se trouvaient les marchands de vin, les débitants d'aliments cuits, les vendeurs de chair de porc salé, etc.

Au-dessus de sa boutique, chaque marchand plaçait, pour attirer les regards, un tableau peint. De plus, ils mettaient en dehors de leur porte un étalage de leur marchandise. Les plus riches tavernes de Rome étaient celles des Septa Julia. C'est là qu'on exposait les objets d'arts et de luxe, qui attiraient sans cesse un grand nombre d'amateurs et de visiteurs.

Les boutiques avaient différents noms, suivant la nature des marchandises qu'on y vendait. Ainsi les tavernes où l'on débitait des aliments cuits s'appelaient *popinæ* : c'était là que pour une somme très-modique les ouvriers, les pauvres, les voleurs, les esclaves fugitifs, etc., allaient prendre un maigre repas. On appelait *thermopoles* les tavernes où se vendaient des boissons chaudes. Les boutiques des marchands de vin s'appelaient *tabernæ vinariæ*.

Tous ces petits marchands étaient, comme nous l'avons dit, méprisés à Rome et relégués dans la classe la plus basse du peuple. Cicéron, dans son plai-

35ᵉ *Livraison.* (ITALIE. *)

doyer pour Milon, s'étonne qu'on ait osé appeler en témoignage contre son client des gens de cet état. Catulle et Horace s'accordent à représenter les taverniers comme « des gens calomniateurs par penchant et par habitude, des fripons dont le caractère est dégradé par leur misérable commerce. »

Outre les marchands en boutique ou taverniers, il y avait les marchands ambulants, qui criaient leurs denrées dans les rues. Écoutons Martial : Ce sont des vendeurs d'allumettes soufrées, qui échangent leur marchandise contre des débris de verre cassé; des marchands de menus aliments, qu'ils débitent à la foule; des *circulateurs*, qui montrent des serpents et des vipères; ce sont nos charlatans d'aujourd'hui, le degré le plus bas du petit commerce; ils avaient, comme leurs descendants, une étonnante volubilité de langage, et une grande impudence de paroles.

A côté de ce commerce régulier et journalier, il y avait les nundines. Tous les neuf jours les habitants de la campagne venaient à Rome vendre leurs denrées et acheter ce dont ils avaient besoin : ce sont nos marchés. Le *macellum* était l'ensemble de tous les marchés qui se tenaient sur le Forum-Romanum, le Vélabre, les voies Sacrée et Suburane; mais chaque espèce de denrée avait son marché particulier. Comme on le voit, la ressemblance continue. Si nous lisons dans Martial, dans Horace, dans Sénèque, la description de ces marchés, nous y retrouverons les nôtres : ainsi la marée arrive sur des chariots ou portée à dos dans des paniers par des gens qui la crient dans les rues. Des chevaux ou des ânes arrivent chargés de fruits, de légumes, ou de grives et de lièvres. C'est sur la place même du marché que les agents du trésor viennent percevoir le *portorium* pour toutes les marchandises que l'on apporte : puis l'édile examine les denrées et fait jeter celles qui lui paraissent mauvaises et nuisibles à la santé.

LES PUBLICAINS. — Rome n'avait pas voulu se donner l'embarras de créer toute une armée de fonctionnaires pour l'administration financière de son empire. Elle trouvait plus commode de mettre aux enchères les impôts, com les fournitures à faire aux armées, com les grands travaux d'utilité publiq ceux qui venaient couvrir ces enchèr et qui, moyennant une certaine som versée par eux dans le trésor pub achetaient aussi le droit d'être fo nisseurs de l'État, les entrepreneurs travaux et les percepteurs, étaient *publicains*. Ce sont nos anciens miers généraux et leurs nombr agents.

Les impôts et revenus de Rome se visaient en *tributa* et *vectigalia* : *tributa* étaient les taxes fixes que Ro levait sur les peuples vaincus, ou Rome et en Italie, comme les contri tions personnelle, mobilière, etc. tributs se payaient en argent. Les *ve galia* comprenaient : 1° les *dîmes* : champs publics étaient loués par l'Éta des laboureurs, qui donnaient tous ans la dixième partie de leurs récolt 2° les *scripturæ*, ou droit que les b gers payaient pour la location des pâ rages publics ; 3° le *portorium*, ou di d'importation et d'exportation : be coup de marchandises étaient taxées Rome et dans les provinces, soit à l entrée, soit à leur sortie.

Tous ces impôts étaient pris à fer par les publicains. Ces publicains se visaient en plusieurs classes, et ch geaient de nom selon la nature de l'i pôt dont ils se rendaient adjudicataire les percepteurs des dîmes s'appelaie *decumani*; ceux des *scripturæ* s'ap laient *scripturarii* ou *pecuarii*; ceux *portorium* s'appelaient *portitores*.

Comment se faisait cette adjudicati des impôts? C'était en plein Forum, présence de tout le peuple. Ovide no dit que le consul ou le préteur mettai l'enchère les impôts à adjuger : un héra proclamait la mise à prix et baissait prix jusqu'à ce qu'un des assistants le la main. Mais pour être déclaré adju cataire il fallait présenter quelqu'un consentît à se porter caution. Cette fo malité remplie, l'adjudication était d clarée. Celui qui la prenait s'appel *manceps*, celui qui se portait cauti s'appelait *præs*.

L'adjudication était d'un lust comme nous l'apprend Ovide. Si bout de ce temps les engagements n'étaient pas remplis, les biens de l'adjudicataire et de la caution étaient vendus au profit de l'État : le sénat avait même le droit de rompre le marché, si le publicain, dans le courant du lustre manquait aux conditions fixées. L'envahissement, par l'ennemi, des pays affermés était le seul cas qui déliât les adjudicataires de leurs engagements.

Bien que tous les publicains fussent fort riches, cependant les fermes de la république étaient trop considérables pour qu'un seul citoyen pût s'en charger, quelle que fût sa fortune. Aussi ils s'organisaient en compagnie, et se partageaient la perception des divers impôts, même des diverses provinces. Chaque compagnie avait son siége à Rome : à sa tête était un de ses membres, appelé maître de la société, dont les fonctions duraient un an : au bout d'un an, il rendait ses comptes à son successeur et lui remettait les registres. Mais au-dessus de tous les maîtres il y avait toujours le manceps, le premier adjudicataire, seul chef reconnu par l'État, qui ne traitait qu'avec lui.

Dans les provinces étaient les membres de chaque société, qui, au moyen de courriers que Cicéron appelle *tabellarii*, communiquaient directement et sans cesse avec le maître qui résidait à Rome. C'était une organisation puissante, qui souvent domina les gouverneurs de provinces, les tribunaux de Rome et le sénat lui-même, en achetant au besoin la conscience des juges ou le silence des accusateurs. Forts de leur association, de leurs richesses, de l'appui intéressé de l'ordre équestre, auquel par leur fortune ils appartenaient, les publicains d'un côté fraudaient l'État, de l'autre ils pillaient, opprimaient les provinces et y rendaient odieuse l'administration romaine. Écoutez Tite-Live, qui raconte les fraudes d'un certain Posthumius, publicain. « Chargé du transport des marchandises envoyées de Rome aux armées pendant la seconde guerre Punique, il avait mis comme condition du marché qu'il ne répondait pas des pertes causées par les tempêtes. Le marché ainsi conclu, il supposa d'abord de faux naufrages ; puis, embarquant de mauvaises marchandises et en petite quantité sur des vaisseaux usés, il les faisait couler en mer, en ayant soin de faire sauver les matelots sur des barques préparées d'avance ; puis il produisait des états de marchandises nombreuses et de grande valeur. La fraude fut dénoncée au sénat, qui, par égard pour l'ordre des publicains, ne le poursuivit pas ; mais deux tribuns l'accusèrent, et il fut condamné au bannissement. »

Quand l'État était si impudemment spolié, qu'est-ce que les sujets n'avaient pas à souffrir ? Une fois au lieu de 20,000 talents qu'ils devaient lever en Asie, ils en arrachèrent jusqu'à 120,000. Le gouverneur de la province voulait-il intervenir, on achetait son silence : plus tard on l'intimidera. Depuis surtout que les chevaliers eurent à Rome les jugements, les gouverneurs de province furent constamment placés entre leur devoir, qui leur commandait de protéger leurs administrés contre les rapines des publicains, et la menace d'une accusation à Rome s'ils leur résistaient. En l'année 92 le stoïcien Rutilius, ancien consul et l'un des plus vertueux citoyens de ce temps, osa prendre contre les publicains la défense de la province d'Asie, où il avait été questeur, sous Mucius Scævola. Son administration et celle de son général y avaient laissé de tels souvenirs, que tous les ans on célébrait en leur honneur une fête *Mucia*, la fête de l'intégrité et de la sagesse. Les publicains, offensés de cette ostentation, lui intentèrent aussitôt une action de péculat, et furent à la fois accusateurs, témoins et juges. Malgré Mucius Scævola, malgré Crassus et Antoine, malgré tout ce qu'il y avait encore de citoyens honnêtes, il fut condamné, et mourut à Smyrne en exil. On comprend qu'après un tel exemple les gouverneurs se tinrent pour avertis et n'osèrent plus arrêter ces brigandages. Plutarque dit, dans la *Vie de Lucullus* : « Les pères étaient obligés de vendre comme esclaves leurs fils et leurs filles encore vierges ; les villes vendaient les offrandes de leurs temples, les tableaux, les statues de leurs dieux ; et souvent encore les habitants étaient réduits en esclavage pour satisfaire l'insatiable avidité des publicains. Et avant cela, que de tortures ! en été, brûlés du soleil; en hiver, enfoncés dans la glace : aussi la servitude leur semblait-elle un soulagement et un repos. » Lucullus voulut arrêter ces pillages; il s'en trouva mal : les publicains lui firent ôter son commandement au moment où il allait recueillir le fruit de ses victoires. D'autres gouverneurs comprirent mieux leurs intérêts : ils s'associèrent aux rapines des publicains, ou les associèrent aux leurs pour s'assurer mutuellement l'impunité.

Nous avons déjà parlé de ces exactions, des suites qu'elles eurent, et comment les provinces en furent en très-grande partie débarrassées par l'empire. Cependant Cicéron ne craint pas de dire : « L'ordre des publicains est la fleur des chevaliers romains, l'ornement de la cité, le soutien de la république. » Mais il ne faut pas, d'après ce témoignage intéressé, s'exagérer la considération dont les publicains jouissaient à Rome. Cicéron était chevalier, il avait été porté par eux au pouvoir : il ne pouvait en dire publiquement du mal. Mais lisons une lettre qu'il écrit à son frère Quintus, propréteur d'Asie, et dans laquelle il exprime plus franchement ses sentiments véritables : « Pourquoi ne réprimeriez-vous pas la cupidité trop grande des publicains?.... Je sais quelle oppression ils exercent sur les provinces; car lorsque dernièrement on supprima les *portoria* d'Italie, les citoyens se plaignaient moins de l'impôt que des exactions des percepteurs.... »

Les publicains conservaient donc encore à Rome cette espèce de considération que la fortune traîne toujours après elle. Et cela se comprend facilement : à Rome ils ne pouvaient commettre d'exactions; ils étaient surveillés de près, et eussent eu des comptes sévères à rendre. On n'y savait qu'indirectement et par ouï-dire les actes commis dans les provinces; et ces actes, vus de loin, perdaient beaucoup de leur atrocité. Puis, c'était dans la ville que les publicains venaient dépenser ces fortunes mal acquises, et le peuple en profitait. Il y avait bien quelques honnêtes gens qui s'en indignaient, Tite-Live, par exemple, qui écrivait avec l'accent de l'indignation : « Partout où il y a des publicains,

ou le droit public est détruit, ou la liber[té] des citoyens n'existe plus. »

L'USURIER. — *Patrem familias v[en-]dacem esse oportet non emacem*, écri[vait] le vieux Caton; il faut que le père de [fa-]mille soit vendeur et non acheteur. I[l au-]rait pu ajouter : Il faut qu'il sache fa[ire] l'usure. Lui-même, en effet, prêch[ait] d'exemple : il faisait l'usure maritim[e,] la plus dure de toutes. Plus la civili[sa-]tion se répandit, plus le luxe eut bes[oin] de ressources, et il les paya chèreme[nt.] Le métier d'usurier alla donc toujo[urs] s'améliorant. Des lois sévères devai[ent] l'effrayer sans doute; mais il savait [les] éluder, et en toute occasion se mett[re] prudemment sur ses gardes. Au ten[ps] d'Horace l'usurier n'est plus, comme [le] vieux Caton, un père de famille riche [en] fermes, en bestiaux, en pâturages, [qui] prête par hasard à intérêts si une bo[nne] occasion se présente; c'est un hom[me] spécial, exerçant son industrie ouver[te-]ment, en plein soleil, et l'exerçant [elle] seule. Un usurier a la liste raisonnée [de] tous les jeunes gens qui viennent de pr[en-]dre ou qui vont prendre la robe viri[le;] ceux qui ont un père dur et riche s[ont] surtout l'objet de ses sollicitudes. Il gag[ne] au besoin quelque esclave, et celui-[ci] dans un moment de colère ou de dés[es-]poir du jeune homme, lui glisse à l'ore[ille] le nom d'Atérius le *fénérateur*, hom[me] obligeant, serviable, plein de bon voul[oir] pour les fils de famille : moyennant [un] léger droit d'usure, il prêtera les sec[our-]ces dont on a tant besoin. Aussitôt v[oilà] le jeune homme chez Atérius; il a [be-]soin d'argent, il acceptera toutes les co[n-]ditions. Atérius se reporte à son ca[ta-]logue, s'assure que le père a ses coff[res] remplis; et une fois certain du rembo[ur-]sement, il emmène le jeune prodig[ue] chez son banquier (*mensarius*) au [Me-]dius Janus. C'est là, autour du Foru[m,] que tous les *mensarii* ou *argentarii* [ont] leurs tavernes. De part et d'autre [on] amène des *pararii*, officiers publics s[er-]vant de témoins : la somme est comp[tée] et payée en leur présence. L'emprunt[eur] écrit sur le livre du *mensarius* qu'i[l a] reçu telle somme du banquier prise s[ur] les fonds de telle personne; puis il sig[ne] un engagement formel par lequel [il] s'oblige à payer dans tel délai l'inté[rêt] et le capital. Les témoins signent de leur côté et apposent leurs sceaux sur le contrat.

Pour plus de sûreté encore, l'acte est transcrit et enregistré sur des tables publiques conservées par l'État ; c'est pour cela que le peuple, lorsqu'il réclamait l'abolition des dettes, demandait de nouvelles tables. L'acte ainsi consigné sur les livres publics devient inattaquable. Ces précautions ne sont pas inutiles, s'il faut en croire Plaute : « La bonne foi, dit un de ses personnages, n'est pas ce qui abonde dans notre siècle : on écrit des actes, on appelle des douzaines de témoins ; le notaire consigne la date, le lieu ; après cela on trouve encore un habile qui nie le tout avec sa rhétorique. » Atérius le sait bien, aussi est-il toujours prêt à porter les livres de son banquier chez le préteur urbain ; car ces livres font preuve en justice. Il a en outre chez lui un registre particulier, un compte personnel, un kalendaire, sorte d'agenda, où il prend une note exacte des prêts qu'il a faits, de l'intérêt stipulé, et de l'époque convenue des remboursements. Il le consulte souvent, afin de ne pas réclamer trop tard ce qui lui est dû, et surtout afin de ne pas le réclamer trop tôt ; car toute demande de payement faite en justice avant le terme entraîne pour le créancier la perte de son privilége et en outre une assez forte amende.

Une autre sorte de trafic usuraire, une variété de l'espèce, consistait à emprunter à petits intérêts de l'argent que l'on replaçait ensuite à un taux énorme. Des chevaliers même, sous Auguste, se livraient à cette industrie, plus lucrative qu'honorable. L'empereur, à ce que rapporte Suétone, les nota d'infamie. Le taux légal de l'usure fut fixé dans l'origine à un centième par mois, c'est-à-dire à douze pour cent par année. L'intérêt était payé à la fin de chaque mois, à moins que le créancier ne préférât recevoir au bout de l'année l'intérêt des intérêts. Mais ce taux légal devint bientôt une fiction. Horace nous montre un vieux usurier demandant soixante pour cent :

Virtus post nummos.

On le méprisait sans doute alors ; mais une fois qu'il était devenu riche et qu'il s'était retiré, c'était à qui aurait une invitation à sa table et une place sur son testament.

LE DÉLATEUR. — Le nom seul de délateur indique assez que nous abordons un des côtés les plus tristes et les plus honteux de l'histoire romaine. Cependant il faut se souvenir qu'il n'y avait pas à Rome de ministère public qui poursuivît les délits et les crimes au nom de la société et de l'intérêt général, que ce soin était laissé aux citoyens, et que tous les grands orateurs de Rome commencèrent ainsi, tels que Hortentius, Lucullus, Cicéron, Cæsar, les deux Caton. D'ordinaire on débutait par une accusation ; c'était pour les jeunes nobles un moyen de se faire promptement connaître que d'attaquer un gouverneur concussionnaire. Mais quand l'État devint le patrimoine d'un seul, et que l'empereur se débarrassa de ses ennemis en faisant servir la justice à ses passions, les délateurs furent les instruments ordinaires des vengeances impériales. Écoutons Suétone énumérer quelques-unes de ces accusations de majesté que les délateurs venaient apporter en foule au prince et au sénat. On était accusé de lèse-majesté pour avoir battu un esclave près de la statue de Pompée, pour y avoir changé d'habits, pour avoir été dans des latrines ou dans des lieux de prostitution avec de la monnaie ou un anneau marqué à l'effigie de l'empereur, pour avoir blâmé quelque parole ou action de l'empereur. On mit à mort (c'est toujours Suétone qui parle) un homme qui s'était laissé décerner des honneurs dans sa province le même jour qu'on en avait autrefois décerné à Auguste. » La délation n'est plus une œuvre obscure : elle grandit, elle s'élève. Le premier qui se fit un nom par ses délations fut un certain Cépion Crispinus. « Il créa, dit Tacite, cette profession que plus tard rendirent célèbre la misère des temps et l'audace des hommes. Pauvre, obscur, intrigant, il flatte avec ses libelles la cruauté du prince, puis bientôt il s'attaque aux plus puissants de Rome, se faisant haïr de tous pour gagner l'affection du prince. » Cépion devait avoir et eut bientôt de nombreux imitateurs : c'est qu'en effet le métier était bon, Tibère payait bien. En peu de temps Cépion fut riche, redouté, haï, c'est-à-dire qu'il devint un homme important. Du reste, il gagnait bien son argent : il ne se passait pas de jours qu'il ne trouvât moyen de porter plusieurs accusations contre les citoyens les plus recommandables : toujours l'œil aux aguets et l'oreille tendue, un mot, un geste lui suffisaient, son imagination ou le caprice du prince faisaient le reste. L'accusation bâtie, il la portait à l'empereur, touchait son salaire, et s'en allait en quête d'une autre victime. Ses émules l'imitèrent; la fortune, la vie, la liberté, l'honneur des citoyens se trouvèrent à la merci de quelques misérables, encouragés, payés, protégés par l'empereur. Les accusations les plus futiles portées par des gens inconnus et méprisables contre les plus beaux noms et les plus nobles caractères suffisaient pour attirer sur ceux qui en étaient l'objet la confiscation, l'exil ou la mort. Un chevalier romain, Titus Sabinus, homme aussi recommandable par son caractère que par sa naissance, fut accusé : son crime était d'être resté seul fidèle à la veuve et aux enfants de Germanicus, dont il avait été l'ami. Il n'y avait contre lui qu'une conversation surprise dans l'intimité. Il fut condamné et exécuté.

Si nous n'avions pas l'autorité de Suétone et le récit plus véridique encore de Tacite, il nous serait difficile de croire à de pareilles horreurs et à tout le ridicule odieux de ces règnes de Tibère, de Caligula, de Néron : tant le vice est hardi, la cruauté insensée, la débauche effrénée! Malheur à qui eût osé porter une loi contre ces saturnales de la délation ! l'empereur était là pour prendre en main la défense de ses pourvoyeurs de victimes : ceux-ci recevaient un quart des biens des condamnés. Un sénateur proposa un jour d'abolir cette récompense dans le cas où un homme accusé de lèse-majesté s'ôterait la vie avant le jugement. Tibère prit ouvertement la défense des accusateurs : avec un cynisme étrange, il se plaignit durement et amèrement que l'on perdait la république; que l'on détruisait les lois, en voulant leur ôter leurs gardiens. Voilà donc les délateurs érigés en défenseurs des lois ; la délation est publiquement déclarée par le prince la sauvegarde de la république. Devons-nous donc nous étonn de la voir prendre des développemer effrayants, et se recruter dans toutes classes de l'État? Sénateurs, chevalie patriciens ; tout le monde se fait dé teur : c'est si peu honteux dans la Ror nouvelle! Et d'ailleurs c'est un si b moyen de faire fortune !

Un délateur était-il lui-même app en justice, il avait un moyen de se sa ver, c'était de se défendre en accusar. témoin Sextius Paconianus. Tibère dénonce lui-même au sénat, comme homme ne vivant que pour le crim cherchant à nuire à tout le mond fouillant incessamment dans le sec des familles : on va prononcer sa co damnation, quand il se sauve par u délation.

Par un reste de pudeur il n'était p permis à tout le monde d'accuser ? I cepté dans les cas de sacrilége, la loi recevait pas les accusations de l'escla contre son maître; et pourtant c'eût une mine féconde que celle-là. La hai naturelle et inévitable de l'esclave po son maître l'eût porté bien souvent à venger par une délation des mauva traitements qu'il recevait ; et comme vivaient sous le même toit, il eût fal que le maître fût bien adroit pour ne p donner vingt fois par jour à son escla matière à délation. La loi avait pré cela, et elle déclara nulles les délatio des esclaves. Les empereurs ne touch rent pas à cette loi; elle subsista, quo qu'on ait plus d'un exemple de délatio faite par un esclave contre son maîtr et suivie de la condamnation de celui-c La loi n'avait pas stipulé qu'un fils n'a rait pas le droit d'accuser un père ; c'e que sans doute on n'eût jamais suppo qu'un pareil cas pût se présenter; c même que Solon, dans sa constitutio ne porta pas de peine contre le parricid ne pouvant croire qu'un pareil crime d jamais se commettre. Et pourtant d mandons à Tacite : Il nous répondi qu'un certain Vibius Sérénus fut accu par son fils d'avoir conspiré contre vie de Tibère et d'avoir fomenté un révolte dans les Gaules. Et quand, e frayé de son crime, voyant d'ailleurs l'a faire tourner mal pour lui, cet affreu délateur s'enfuit à Ravenne, l'empereu n'eut pas honte de le faire revenir et c le forcer à poursuivre l'accusation : c'était assez lui dire qu'il n'avait rien à craindre et que Sérénus serait condamné : il le fut en effet.

Rome ainsi livrée aux délateurs vivait dans un perpétuel état de crainte et de méfiance; parents, amis, tous se redoutaient, car la parole la plus innocente pouvait devenir un arrêt de mort.

Vespasien, Trajan et quelques bons empereurs punirent et chassèrent les délateurs; mais ils revinrent toujours plus nombreux et plus audacieux : ils tenaient leur place dans l'État. En effet, bien qu'un pareil métier fût le dernier degré de l'abaissement et de la dégradation, il n'y avait plus personne à Rome pour les mépriser. Quelques citoyens restés vertueux au milieu de la corruption générale ne suffisaient pas pour infliger à une pareille infamie le déshonneur public; d'ailleurs, le pouvoir des délateurs était si grand, que l'on hésitait à s'attaquer à eux : aussi, sûrs de l'impunité, ils exerçaient sans crainte : Rome leur appartenait; ils n'avaient qu'à choisir et à désigner au supplice la tête qu'ils désiraient. Cette licence donnée aux délateurs fut une des mille plaies qui minaient l'empire.

Le Parasite. — Le délateur prenait la fortune, le parasite n'aidait qu'à la manger.

« Faire consister le souverain bien à
« vivre aux dépens d'autrui, souffrir les
« affronts que Sarmentus et le vil Galba
« n'eussent point endurés, » tel est le métier du parasite. Le plus souvent, prodigue ruiné, il se console en aidant les autres à dévorer leur patrimoine, il est le gouffre où s'engloutit le marché. La race des parasites peut se subdiviser en trois espèces : les adulateurs, les plagipatides et les diseurs de bons mots. Ce sont les trois variétés du genre.

Les plagipatides sont les premiers chronologiquement. Par eux a été inaugurée la profession, vers l'époque du vieux Caton. C'était le bon temps : on était le parasite attitré de quelque jeune prodigue : tous les soirs, table bien servie; le matin, les profits du marché, car le parasite remplissait les fonctions de pourvoyeur. Quelques soufflets, il est vrai, çà et là, quelques pots cassés sur la tête; mais ce sont des bagatelles qu'il faut savoir supporter sans mot dire, lorsque l'on porte le nom de Laconien et de Duricapiton. Honte au plagipatide qui se plaindrait d'être battu ! N'est-ce pas sa spécialité; ses épaules ou sa tête payent pour son estomac. Les gains faits sur le marché et une place au souper, voilà ses honoraires. Bientôt, hélas ! il s'en vit retrancher une partie. Le panier aux provisions lui fut retiré; le maître de la maison se chargea lui-même du marché. Ce n'était rien encore : le jour vint où on se lassa de battre ces malheureux affamés, où l'on se blasa sur le plaisir de leur briser des pots sur la tête. On préféra au duricapiton le diseur de bons mots ou l'adulateur; on préféra être réjoui ou flatté. Dès l'époque de Plaute le règne des plagipatides est passé. A peine leur accorde-t-on dans quelques maisons une place sur un escabeau; encore l'ont-ils bien gagnée par leur empressement. Voyez Pœniculus, ainsi appelée du nom de l'éponge qui sert à laver la table, après chaque service. Voyez-le, comme il se hâte, comme il court tout ensoufflé, muni d'une fiole d'huile et d'une étrille. C'est qu'il se rend chez son hôte, son roi, comme il l'appelle. Dès le milieu du jour il se presse d'aller le frotter l'huile, et l'étriller au sortir du bain; si un autre l'avait prévenu, adieu le souper. Trop heureux encore le duricapiton pour qui le repas n'est pas une mystification, et qui ne voit pas tous les plats passer devant lui, sans qu'il puisse y porter la main. « Quelle chère cependant! dit Juvénal
« s'adressant aux parasites; on vous
« donne du vin qui ne serait pas bon à
« dégraisser la laine. Les serviteurs sont
« indignés que vous osiez leur demander
« quelque chose, et que vous soyez couchés tandis qu'ils sont debout. Les
« maisons des riches ne sont remplies
« que d'esclaves insolents. Ne voyez-
« vous pas cet autre qui vous jette en
« murmurant un morceau de pain, ou
« plutôt de farine moisie. On apporte
« fastueusement à l'amphitryon un poisson qui remplit à lui seul un immense
« bassin; mais on vous glisse à vous,
« sur un plat mesquin, un misérable
« coquillage farci avec la moitié d'un
« œuf, offrande usitée pour les morts.
« On prélude par les injures; mais bien-

« tôt les coupes volent et les serviettes
« se rougissent du sang qu'elles étan-
« chent. Un vase plein de cendre est
« cassé sur votre front, et la cendre qui
« vous couvre redouble l'hilarité des con-
« vives. » Ainsi traitée, fort battue et peu
nourrie, la race des duricapitons va s'é-
teignant peu à peu ; on le conçoit. Les
adulateurs la remplacent. « Mais moi,
« dit un dissipateur ruiné et à jeun à un
« parasite en vogue, je ne puis ni servir
« de risée ni souffrir les coups. — Eh
« quoi ! vous imaginez-vous par hasard
« que c'est ainsi que l'on arrive ? Erreur
« complète. Il y a eu autrefois une es-
« pèce de parasites qui vivait ainsi ; mais
« nous, nous tendons d'autres filets. Je
« suis l'inventeur de cette nouvelle
« chasse. Il y a des gens qui veulent
« être les premiers en tout, en dépit de
« leur triste nature ; je m'attache à eux :
« je souris lorsqu'ils plaisantent ; ils
« disent oui, je dis oui ; ils disent non,
« je dis non. Aujourd'hui, voilà de
« beaucoup le meilleur moyen de gagner
« sa vie. »

Martial a tracé de main de maître le portrait du parasite adulateur : « Em-
« ployez tous les moyens pour éviter Mé-
« nogène aux environs des bains, peine
« perdue ; il court après la balle, la re-
« çoit, afin qu'elle vous compte comme
« reprise, la ramasse dans la poussière,
« bien que lavé et peigné ; prenez-vous
« du linge, fût-ce du linge plus sale que
« les langes d'un enfant, il sera, au dire
« de Ménogène, plus blanc que la neige ;
« vos cheveux courts et rares, ce sera la
« chevelure d'Achille ; toujours des ex-
« clamations, des louanges, jusqu'à ce
« qu'importuné vous lui disiez : Allons,
« viens souper. » S'il n'a pas réussi aux bains de Fortunatus, il ira se laver de nouveau aux bains de Festus ; nouvel échec, il court aux portiques de Pompée : peut-être y rencontrera-t-il quelque ami attardé.

L'adulateur au temps de Martial n'a donc plus déjà la même vogue que celui de Plaute. On s'est lassé de ses éloges intéressés quand ils se sont prodigués à tout le monde. Plus le nombre des adulateurs augmentait, plus la profession perdait de valeur. L'espèce des parasites qui se soutint le plus longtemps fut celle des diseurs de bons mots ; il y eut de tout temps des ennuyés qui recherchè-
rent un bouffon comme une distraction ; pour jouir de ses facéties, il fallait le garder à souper : ils en firent leur commensal.

C'est un rude métier que d'amuser une compagnie, de faire rire un homme ennuyé, et d'avoir toujours de l'esprit. Le *derisor* a fini par renoncer à l'art pour le métier. Il ne se fie plus à sa vivacité, à sa verve ; il a des recueils de bons mots, des collections de contes bouffons ; il prend, choisit, fait ses provisions dans cette réserve. Comme il lui faut penser au lendemain, il est avare de ses trésors, et ne les prodigue qu'à bon escient. La valeur de ses bons mots est proportionnée à celle du souper qu'il espère. Écoutez l'un d'eux : « On est de-
« meuré sourd, en vain j'ai dit un de
« mes meilleurs contes, un de ceux qui
« m'ont valu cent bons repas, point d'in-
« vitation. » Le *derisor* est le premier informé de toutes les nouvelles intéressantes. « Il sait, dit Martial, ce que
« le roi Pacorus délibère dans son con-
« seil, le nombre des vaisseaux qui ont
« quitté le rivage de l'Afrique. Il sait ce
« qui est arrivé, et ce qui n'arrivera ja-
« mais, et même ce que Junon a dit en
« confidence à Jupiter. »

Il y a par malheur une morte-saison pour les parasites, c'est l'été ; tous les riches s'enfuient à la campagne. « Comme
« les limaçons, dit l'un d'entre eux,
« rentrent pendant les sécheresses dans
« leurs coquilles, et y vivent de leur
« propre suc ; ainsi les parasites vivent
« de leur propre substance lorsque ceux
« qu'ils mangent sont à la campagne. »
Heureux le parasite qui a pu amasser quelque chose pour la mauvaise saison, encore sera-t-il méprisé de ses collègues : « C'est un parasite de rien, celui
« qui a de l'argent dans sa demeure. »
Telle est leur devise :

Nihili Parasitus est cui argentum domi est.

LES ACTEURS. — « Voyez, dit Séné-
« que, ce monarque qui s'avance la tête
« haute sur la scène, et qui s'écrie fière-
« ment : Je suis le roi d'Argos ; Pélops
« m'a laissé cet empire depuis le détroit
« d'Hellé jusqu'à la mer Ionienne ; c'est
« un esclave, il reçoit cinq mesures de
« froment et cinq deniers par jour. » Le

tonnerre retentit, grâce à des vases d'airain que l'on roule sur le plancher de la scène. Voici Jupiter qui descend de l'Olympe, la foudre en main, environné des attributs de sa souveraine puissance : Aujourd'hui, dit-il, je suis Jupiter, celui qui habite l'étage le plus élevé du monde. Et les spectateurs de rire. En effet, esclave ou pauvre affranchi, Jupiter rentrera le soir dans sa triste mansarde, et habitera réellement le dernier étage, *cænacula maxima mundi*. Ce contraste d'une grandeur factice et d'une misère positive brusquement rappelée par un mot ou une allusion soudaine provoquait toujours l'hilarité des spectateurs. Le peuple romain aimait à reconnaître sous le costume splendide d'un dieu ou d'un monarque le pauvre histrion soumis à ses caprices, esclave payé et nourri pour lui plaire.

De tout temps les acteurs ont été réputés infâmes et privés du droit de cité romaine : tout citoyen qui mettait le pied sur la scène était noté d'infamie, dégradé par les censeurs et exclu de sa tribu. Plus tard, il est vrai, cette rigueur alla s'adoucissant; les idées sur le théâtre se modifièrent; les chevaliers eux-mêmes ne crurent pas déroger à leur dignité en dansant dans l'orchestre, et force fut à Auguste de leur défendre cet exercice par un sénatus-consulte formel. Le théâtre se recruta donc toujours parmi les esclaves ou les malheureux affranchis choisis et enrôlés par l'édile. L'acteur n'apporte que sa mémoire et son talent; l'édile et le chorége doivent lui fournir le costume scénique en entier. Les personnages riches se font un honneur de mettre des chlamydes, des tuniques à la disposition des entrepreneurs de jeux; cette libéralité distinguait surtout Lucullus.

« ..... Chlamydes Lucullus, ut aiunt,
Qui posset centum scenæ præbere rogatus. »

Les vêtements de théâtre sont scrupuleusement conformes à la réalité; la richesse en est proportionnée à la qualité du personnage représenté; ils diffèrent par la dimension seule des costumes ordinaires. Ils sont d'une largeur extraordinaire; mais cette ampleur est remplie par des formes qui s'adaptent exactement sur toutes les parties du corps. Ce que gagne l'histrion en largeur, il le gagne aussi en hauteur, grâce aux brodequins ou aux cothurnes qui l'exhaussent et lui donnent une taille surhumaine. Comme la tête ne serait plus proportionnée au reste du corps, on a imaginé de la revêtir d'un masque, qui grossit les traits et les rend ainsi plus visibles. Le jeu de la physionomie eût été perdu pour les spectateurs; on le remplace par la forme même et la disposition du masque. Chacune de ces figures a son caractère spécial, qui varie selon les rôles. Ainsi, le même acteur revêtira tour à tour le masque du villageois, du parasite, du père indulgent ou trompé. Souvent aussi le même masque est peint différemment des deux côtés, et selon que l'acteur doit être triste ou gai, calme ou colère il se tourne du côté droit ou du côté gauche. Dans la comédie, les vieillards ont huit masques, les esclaves de même, les jeunes gens dix et les femmes dix-huit. Dans la tragédie, il y en a six pour les vieillards, sept pour les jeunes gens, trois pour les esclaves, et dix pour les femmes. Dans les Atellanes ou fables Atellanes, sorte de satires locales, composées pour le théâtre en langue osque, et que les jeunes nobles pouvaient représenter eux-mêmes sans perdre pour cela le titre et les droits de citoyen romain, il y avait un nombre fixe et limité de personnages, auquel on n'osait pas toucher pour l'augmenter et le réduire. C'étaient le *macchus*, paysan, gourmand, sot, dupe, plastron, répondant au personnage italien de polichinelle; le *bucco*, ainsi nommé à cause de l'énormité de ses joues gonflées, sot et stupide tout autant que le macchus, mais de plus bavard, content de lui : « *Garrulus, et cæteros oris loquacitate, non sensu superans;* » puis, le *pappus*, vieillard ambitieux, trompé par tout le monde, le type du Cassandre moderne; vient encore le *panniculus*, personnage habillé de pièces et de morceaux comme notre arlequin; enfin le *dorsellus*, bossu, savant, astronome et fort avare, le docteur pédant des farces italiennes. Ajoutez à ces types deux spectres, le *mancutus* et le *mania*, fantômes redoutables, dont on avait coutume de menacer les enfants.

Autant de caractères, autant de masques; au simple aspect d'un personnage on prévoyait son rôle et son emploi. Grâce à ce déguisement complet, les vieillards pouvaient jouer les jeunes gens, et les jeunes gens représenter les vieillards, les rôles de femmes étaient remplis par des hommes. Cet usage subsistait encore au temps de saint Jérôme : « De même, dit-il, qu'un comédien est tantôt un Hercule nerveux et tantôt une Vénus pleine de mollesse; de même nous portons autant de masques que nous avons de péchés. » L'invention des masques est due à un comédien nommé Roscius Gallus, qui voulait dissimuler la laideur de son visage sous une figure d'emprunt. « Cependant, sous le masque, on voyait encore les yeux d'un acteur et la passion qui les animait, » dit Cicéron. Un autre avantage de ces masques est de porter au loin la voix de l'acteur, et de la faire parvenir aux extrémités du théâtre, au moyen d'une espèce d'entonnoir ou de cornet qui est placé dans la bouche et que l'on garnit de lames de calcophone ou de feuilles d'airain propres à augmenter et à propager le son. La précaution n'était pas inutile dans un théâtre immense où le silence parfait était loin d'exister, et où étaient assis des spectateurs trop gais ou trop ivres « *potus et exlex* » dit Horace.

Pauvre acteur, il est soumis aux moindres caprices de cette foule grossière et bruyante. Pendant quatre ou cinq années il se sera péniblement exercé, assouplissant sa voix et lui faisant prendre toutes les inflexions et les intonations les plus opposées ; il se sera habitué à parler la poitrine chargée de lames de plomb, à déclamer assis ou couché sur le dos; il se sera soumis cinq années à un régime sévère de vie et de nourriture; puis, le grand jour venu, à peine aura-t-il paru sur la scène que le peuple, ennuyé de choses sérieuses, demandera les ours et les athlètes ou les funambules. Ou bien encore son costume déplaira, il sera sifflé. Que sera-ce donc si, le trouble s'emparant de lui, il commet quelque erreur de mémoire, ou fait un faux pas sur la scène, ou fait même un faux geste? Il sera couvert de huées et de sifflets; on le forcera à quitter son masque; il sera chassé du théâtre. Cicéron nous apprend que les acteurs, même le plus généraleme[nt] aimés, pouvaient subir le même trait[e]ment s'ils venaient à laisser échapp[er] quelque son moins clair que de co[u]tume.

Cependant ce malheur était bien rar[e.] D'ordinaire un acteur de mérite s'e[n] parait si bien de la faveur populair[e] qu'il s'en servait ensuite jusqu'à l'abu[s.] Le talent valait d'abord la liberté, pu[is] la considération. Cicéron se déclar[a] hautement l'ami de Roscius. Æsopu[s] de même, était fort estimé; il jouait s[es] rôles avec une vérité de passion tell[e] que l'orateur romain n'en parle jama[is] sans enthousiasme : il laissa à son fi[ls] vingt millions de sesterces. La fave[ur] populaire, avons-nous dit, leur faisa[it] pousser la liberté jusqu'à la licenc[e.] Nous en trouvons plusieurs exempl[es] frappants dans la correspondance de C[i]céron, celui-ci entre autres. « Aux jeu[x] « Apollinaires, écrit Cicéron à son a[mi] « Atticus, Diphisus le tragédien désign[a] « votre cher Pompée d'une façon fo[rt] « insolente, en étendant la main ve[rs] « lui. On lui fit répéter mille fois c[es] « mots : « Tu n'es grand que pour not[re] « malheur ! » Le théâtre tout entier « récria encore à ces paroles : « Tu te r[e]- « pentiras d'avoir été trop puissant ! » « Tout ce rôle semble avoir été écrit « dessein contre Pompée par quelqu'u[n] « de ses ennemis. » Ils abusent aussi [de] cette faveur indulgente pour servir leu[rs] intérêts, leurs passions et leurs hain[es] ou leurs rivalités personnelles. Ces riv[a]lités dégénérèrent même quelquefois e[n] luttes sanglantes, surtout pour les pa[n]tomimes, que le sénat, sur la deman[de] de Tibère, finit par chasser de l'Itali[e.]

Un bon acteur est la providence de[s] méchants auteurs : il fait valoir leu[rs] pièces et les fait demeurer au théâtre[.] dans l'*Hécyre* un vieux comédien s'e[n] vante au prologue devant les spectateur[s.] Ils pouvaient, du reste, vieillir presqu[e] impunément; leurs rides étaient caché[es] par le masque, leur voix soutenue pa[r] la flûte qui les accompagnait et leur don[]nait le ton. Les orateurs, qui étu[]diaient souvent la méthode des acteurs[,] prenaient quelquefois ce même secours[.] Ainsi Gracchus à la tribune avait tou[]jours derrière lui un joueur de flûte[.] Cette musique était en rapport avec l[a] voix de l'acteur et en même temps avec le genre de la pièce. Ainsi Cicéron avoue qu'il ne possède pas une science déjà assez répandue ; c'est de reconnaître au premier son de la flûte si l'on joue *Antiope* ou *Andromaque*.

L'acteur débite seulement les dialogues ; les monologues sont exécutés par quelque chanteur placé dans la coulisse, tandis que lui fait les gestes et la pantomime. Livius Andronicus, qui jouait lui-même ses pièces, introduisit le premier cet usage à Rome, afin de ménager sa poitrine ; il s'y est conservé depuis. Le masque empêche les spectateurs d'être choqués de cette substitution. L'acteur est encore assisté d'un danseur, dont jadis, au dire de Lucien, il remplissait aussi l'emploi. Le peuple ne demande plus qu'un seul homme cumule ces fonctions ; seulement il lui faut à la fois la déclamation, le chant et la danse. C'est à cause de cette société intime de ces trois spectacles qu'Ovide se félicite de ce que ses pièces sont dansées sur le théâtre :

Carmina cum pleno saltari nostra theatro.

DES GLADIATEURS. — Les Romains avaient pris des Étrusques l'usage barbare d'immoler sur le tombeau des guerriers morts des prisonniers de guerre ou des esclaves. Cet usage se maintint à Rome jusqu'à l'époque de la première guerre Punique. Mais l'an 264 avant J.-C., aux funérailles de Junius Brutus, ses fils, Marcus et Décimus, révoltés de la cruauté de ces sacrifices humains, et craignant néanmoins de manquer aux mânes de leur père, imaginèrent d'en adoucir un peu l'atrocité, en appareillant les captifs par couples, et en les faisant combattre entre eux autour du bûcher de Junius. Telle fut l'origine des combats de gladiateurs. Ils servirent d'abord exclusivement aux cérémonies funèbres ; mais bientôt les magistrats, pour gagner la faveur du peuple très-passionné pour ce genre de spectacle, donnèrent à leurs frais des combats de gladiateurs. Ces combats se multiplièrent avec une telle profusion, que l'empereur Auguste, et après lui Tibère, furent obligés de régler par des lois sévères la durée des jeux, et le nombre des malheureux acteurs de ces fêtes sanglantes. De plus,

comme on avait fait de ces combats un puissant moyen de corruption, on les interdit aux candidats pendant les deux années qui précédaient l'élection. Cependant, sous les empereurs les combats de gladiateurs devinrent plus fréquents et plus sanglants qu'il ne l'avaient jamais été. Abolis par Constantin, rétablis par Constance, ils furent définitivement abolis sous Honorius.

On est effrayé lorsqu'on lit dans les historiens romains le nombre d'hommes que l'on sacrifiait ainsi aux plaisirs du peuple ; lorsqu'on voit, par exemple, César donner un présent de six cent quarante gladiateurs ; Trajan faire paraître dans le cirque jusqu'à dix mille prisonniers de guerre. Et de pareilles luttes se renouvelaient fréquemment, et souvent pendant huit ou dix jours de suite. Or, où pouvait se recruter cette milice de l'arène ? Partout, la guerre, la misère, le crime, la débauche, l'infamie approvisionnaient sans relâche les écoles (*ludi*), et tout l'univers romain fournissait les victimes. Dans l'origine nous ne voyons que des esclaves ou des prisonniers de guerre ; bientôt les magistrats firent combattre les malfaiteurs. Avançons dans l'histoire de Rome, et déjà nous trouvons dans l'arène des hommes libres, qui, ruinés, criblés de dettes, perdus d'honneur, venaient vendre aux lanistes, pour un modique salaire, les restes d'une vie de débauche et d'infamie. Mais ce n'est rien encore, nous voici sous l'empire ; voici venir les Néron, les Domitien, et avec eux tous les scandales. Des sénateurs, des chevaliers, des hommes d'un grand et beau nom, allaient, dans le costume de gladiateurs, exposer leur honte aux yeux de tout le peuple ; d'obscurs et vils adversaires faisaient couler dans l'arène le sang que leurs aïeux avaient tant de fois versé pour la gloire et le salut de Rome ; et le peuple battait des mains ! et l'empereur souffrait un pareil scandale ! Bien plus, c'était la meilleure manière de faire sa cour au prince ? Néron pouvait-il trouver mauvais que les sénateurs parussent dans le cirque, quand lui-même, quittant la pourpre impériale pour la tunique de gladiateur, descendait dans l'arène, et disputait à un esclave thrace la palme et l'épée de bois, prix du combat ? Mais le peuple? Nous l'avons dit, le peuple battait des mains, et saluait de ses acclamations cette prostitution des plus beaux noms de Rome. C'est que nous sommes au temps où le peuple quittait le théâtre et l'*Hécyre* de Térence pour courir aux jeux du cirque. C'est que, comme le dit Juvénal, « ces Romains qui distribuaient naguère les faisceaux, les légions, tous les honneurs enfin, languissent aujourd'hui dans un honteux repos : du pain et les jeux du Cirque, voilà l'objet unique de leurs désirs inquiets. » Veut-on des noms? Suétone nous en donne, et des plus beaux de Rome : C'est Leptinus, fils d'un préteur ; c'est Calpénus, sénateur ; c'est Labérius, chevalier romain ; c'est un Gracchus. Pour celui-là, c'est Juvénal qui nous le nomme : écoutons-le : « Un Gracchus surpassa ces horreurs, lorsque, le trident en main, et revêtu de la tunique des gladiateurs, il parcourut l'arène en fuyant, lui qui l'emportait, par l'éclat de sa naissance, sur les Capitolinus, les Marcellus, les Fabius, les Catules, les Emiles, sur tous les spectateurs assis aux premières places, sans excepter celui même qui payait sa bassesse. » Et plus loin encore : « Gracchus se montre dans l'arène ; il balance le trident, il lance le filet. A-t-il manqué son coup, il prend la fuite, et s'offre, la tête haute, aux regards des spectateurs : cependant le mirmillon forcé de le combattre est plus sensible à cet affront qu'aux plus cruelles blessures. » Des femmes, des patriciennes osèrent même descendre dans l'arène et disputer la palme. « Voyez, s'écrie Juvénal, voyez avec quels élans elles assènent leurs coups ; voyez le casque pesant qui courbe leurs têtes. Dites-moi, descendantes des Fabius, des Métellus et des Lépides, quand la femme d'un gladiateur s'est-elle ainsi travestie ? » Après Juvénal, écoutons la grande et sévère voix de Tacite : « Alors on vit des femmes illustres de Rome étendues, souillées de sang, dans l'arène. » Il faut bien le croire ; et après tout Rome en était venue à un tel point de corruption qu'il ne fallait plus s'étonner de rien. Que nous sommes loin de ces temps où, une citoyenne ayant elle-même plaidé sa cause devant les juges, le sénat envoya consulter l'oracle d'Apollon pour savoir ce qu'une telle impudeur présageait à la ville ! A ces nobles histrions combien je préfère ce captif gaulois qui, forcé de paraître dans le cirque, préféra la mort sous sa forme la plus hideuse à la honte d'avilir son courage dans une lutte dégradante. Ainsi, des esclaves d'abord, des prisonniers de guerre, des malfaiteurs, des enfants, exposés dans les rues, et recueillis par les lanistes : plus tard, des hommes libres, et même quelquefois des nobles, des patriciens se mêlant à la troupe servile ; tels furent les acteurs de ces luttes barbares qui ensanglantèrent si souvent le Cirque, le Forum et le Champ de Mars.

C'était grande fête à Rome quand il y avait un combat de gladiateurs. Quelques jours avant, celui qui en faisait les frais faisait afficher dans la ville et envoyait dans les provinces le programme des jeux, le nombre des gladiateurs, et les noms de ceux d'entre eux qui étaient déjà célèbres par d'anciennes victoires. C'était ordinairement pendant les Saturnales, et dans les fêtes de Minerve appelées *Quinquatria*, que se célébraient ces jeux, dont la durée, laissée d'abord à l'arbitraire de celui qui les offrait au peuple, fut plus tard déterminée par une loi.

Le lieu du combat était quelquefois près du bûcher, lorsque le spectacle se donnait en l'honneur des morts. Quelquefois aussi c'était dans la place publique, qui était alors ornée de statues et de tableaux ; mais ordinairement c'était dans un amphithéâtre. D'abord les amphithéâtres furent de bois et construits seulement pour le temps que devait durer le spectacle ; mais dans la suite on en fit de pierre. Le plus grand et le plus magnifique fut celui de Vespasien, dont les ruines existent encore à Rome sous le nom de Colysée. Il pouvait contenir quatre-vingt mille spectateurs, assis, s compter la plate forme, d'où vingt mille personnes pouvaient voir les jeux. Qu'on se figure cette immense enceinte envahie par le peuple, et garnie de spectateurs qui se précipitent par les portes ou *vomitoria* : le premier gradin, appelé *podium*, est occupé par les sénateurs ; derrière sont les chevaliers, au-dessus est le peuple. Sur le *podium* est la loge de l'empereur, le siége de l'édile, et les places des vestales. On s'étonne de trouver des femmes dans un spectacle de ce genre : dans l'origine une loi les bannissait de l'amphithéâtre; mais cette loi tomba en désuétude, et Auguste, qui n'osa pas la relever, se contenta de reléguer les femmes, à l'exception des vestales, aux places les plus élevées. Sur un autel, élevé au milieu de l'arène, on offrait un sacrifice, puis le spectacle commençait, aux acclamations du peuple.

Montés sur des chars brillamment peints de diverses couleurs, les gladiateurs arrivaient par des portes disposées sous le *podium*; et, après avoir fait le tour de l'amphithéâtre, ils mettaient pied à terre, attendant tranquillement que le maître du combat vînt leur donner leurs armes, et les appareiller par couples, selon leur force et leur habileté.

Il y avait plusieurs sortes de gladiateurs : les rétiaires, les mirmillons, les laquéateurs, les *hoplomachi*, les dimachaires, les essédaires, les andabates, les vélites; il y avait aussi deux sortes de combats, les combats par couples et les combats par troupes.

Les jeux s'ouvraient d'ordinaire par la lutte d'un mirmillon et d'un rétiaire. Juvénal nous apprend quelles étaient leurs armes et leur costume. Le rétiaire, vêtu d'une tunique, et la tête couverte d'une mitre d'où pendaient des réseaux d'or et des bandelettes flottantes, était armé d'un long trident et d'un filet. Le mirmillon, vêtu de même, était armé d'une courte faux; sa tête et son visage étaient couverts d'un casque ayant un poisson pour cimier. Une fois qu'ils sont en présence, la lutte s'engage. Au moment où le mirmillon, la faux levée, va frapper le rétiaire, celui-ci déploie rapidement son filet et le lance sur son adversaire; s'il parvient à lui envelopper la tête, le combat est fini : il l'attire à lui, et le tue avec son trident. Mais le mirmillon, qui s'attend à cette manœuvre, se jette de côté; le rétiaire s'enfuit pour se remettre en garde, et reprendre son filet de la main droite; le mirmillon le poursuit, et ils passent ainsi tour à tour de l'attaque à la défense. Pendant ce temps, le peuple, qui a pris parti pour l'un ou l'autre des deux champions, les anime par des cris et des applaudissements, et les avertit des ruses ou des attaques de leur adversaire. Enfin, la lutte se termine, et le vaincu est à la merci du peuple. S'il s'était conduit avec adresse et courage, la grâce lui était accordée; mais s'il s'était comporté lâchement, son arrêt de mort était rarement douteux. Pour absoudre, le peuple levait la main, en pliant le pouce sous les doigts. Pour condamner, les spectateurs étendaient le pouce et le tournaient vers les combattants. Ces arrêts de mort, qu'accompagnaient de grands cris de joie, partaient de tous les rangs, même de ceux des femmes et des loges des vestales. « Oui, s'écrie Prudence, une vierge modeste renverse le pouce, et ordonne de percer le sein du vaincu. » Les malheureux ainsi condamnés tendaient la gorge, et mouraient sans laisser échapper une plainte.

Venaient ensuite deux gladiateurs, vêtus et armés de même; tous deux avaient une épée, un bouclier, un casque. C'étaient les plus célèbres et les moins infâmes, s'il est possible de marquer des degrés dans de pareilles horreurs. Quelquefois cependant ces malheureux montraient dans la lutte peu de résolution et d'ardeur; alors, les maîtres, armés de lanières et de verges, les frappaient sans pitié, et employaient même le feu pour les exciter au combat. Aussi, malheur aux vaincus : le peuple les condamnait tous. Et il tenait à ce droit de vie et de mort, car un gladiateur encourait sa disgrâce s'il frappait son adversaire à la tête. Tuer un gladiateur du premier coup, n'était-ce pas empiéter sur les plaisirs du peuple! Une seule circonstance sauvait nécessairement la vie au vaincu, c'était l'arrivée de l'empereur : Auguste ordonna que le combat cesserait au premier sang; mais cet édit fut bientôt négligé, et les luttes reprirent toute leur barbarie.

Les laquéateurs étaient armés d'un lacet avec lequel ils cherchaient à s'étrangler; pour arme défensive ils n'avaient qu'un bouclier de cuir.

Les *hoplomachi* combattaient armés de toutes pièces.

Les gladiateurs équestres combattaient à cheval, comme leur nom l'indique : ils s'élançaient des deux extrémités de l'arène, et le combat ne finissait qu'à la mort d'un des deux champions.

Les dimachaires n'avaient aucune arme défensive, et tenaient une épée de chaque main.

Les essédaires combattaient sur un char militaire, conduit par un esclave.

Les andabates avaient la tête et la figure complétement enveloppées dans un casque : c'était une espèce d'intermède grotesque, qui avait bien encore sa part de cruauté, et dont les malheureux acteurs, après avoir longtemps frappé l'air ou l'arène de coups inutiles, se faisaient souvent, de terribles blessures.

Quand les combats singuliers étaient terminés, un héraut annonçait la suspension des jeux, et chacun s'en allait dîner ; mais la fureur des Romains pour ces spectacles était telle, que souvent ils se privaient de manger ou apportaient leur dîner dans le cirque. Suétone nous dit que l'empereur Auguste lui-même passait souvent des journées entières au Cirque, avec sa femme et ses enfants, et Domitien, comme nous l'apprend Martial, pour ne pas interrompre les jeux, fit souvent distribuer des vivres au peuple, au lieu de le renvoyer dîner.

Il y avait deux sortes de combats par troupes. Les vélites combattaient de loin et seulement avec des armes de jet, puis venaient de petites troupes de cinq contre cinq, et enfin des bandes très-nombreuses : c'était une véritable bataille, avec toutes ses horreurs : le Cirque était jonché de morts, de mourants, de blessés, et le peuple applaudissait toujours ; à chaque homme qui tombait, il criait en battant des mains : « Il en tient, *hoc habet!* »

Cependant tout le monde ne mourait pas dans ces luttes meurtrières : le peuple faisait souvent grâce ; et souvent aussi le courage que montrait un gladiateur lui valait sa liberté. On lui remettait une baguette en bois, appelée *rudis;* il sortait de l'amphithéâtre par une porte appelée *sana vivaria*, et allait suspendre ses armes dans le temple d'Hercule, qui était le Dieu particulier des gladiateurs. Martial nous apprend que Domitien accorda un jour la baguette de liberté à deux gladiateurs qui dans un combat singulier avaient montré le même courage et la même habileté. Que faisai on de tous ces corps qui encombraien l'arène? Sénèque va nous le dire. Sou les gradins de l'amphithéâtre était un espèce de caverne, appelée le *spoliair* C'est là que l'on jetait par monceaux le corps des gladiateurs tués. Des esclav armés de crocs les tiraient de l'arène et les entassaient dans cette caverne o les attendaient deux hommes : l'un, a pelé Mercure, touchait les corps avec u fer rouge, et livrait aux médecins ceu qui n'avaient point de blessures mo telles ; l'autre, nommé Pluton, asson mait avec un maillet ceux que l'on n pouvait pas guérir.

Voilà quels étaient les jeux du peupl romain et ses plaisirs les plus cher Sous les Néron, les Domitien, alor qu'il n'avait plus assez de courage pou combattre, il venait repaître ses yeux d l'affreux spectacle de cette guerre san dangers pour lui. Avant Constantin per sonne ne songea à y mettre fin. Nou avons vu qu'Auguste et Tibère y appor tèrent quelques restrictions ; mais eux mêmes et tous leurs successeurs y assis taient en les autorisaient par leur pr sence. César, qui trouvait bons tous le moyens de conquérir la faveur du peuple entretint à ses frais une troupe de gla diateurs ; Auguste l'imita ; il posséda une école où l'on entretenait des gladia teurs qui étaient toujours prêts à com battre à la demande du peuple. Suéton nous apprend que César chargea des che valiers et des sénateurs, habiles dans l maniement des armes, de dresser eux mêmes dans leurs propres maisons le gladiateurs qu'il fit paraître aux funé railles de sa fille.

Cicéron consent à ne pas trouver ce jeux blâmables si on n'y fait paraître qu des criminels ; à cette condition, il le regarde comme une excellente école pou apprendre à mépriser la douleur et l mort. Et cependant Cicéron et Sénèqu s'accordent à dire que les Romains esti maient le métier de gladiateur comm le plus bas et le plus méprisable de tous et qu'ils eussent cru avilir le mot de cou rage en l'accordant même aux plus i trépides d'entre eux ; un bestiaire étai légalement noté d'infamie ; un homm libre se dégradait en paraissant dan l'arène. Singulière contradiction ; ils a maient, ils approuvaient ces combats; ils en méprisaient les acteurs! Tels étaient les délassements et les jeux du peuple-roi. Des particuliers, s'il en faut croire un poëte, faisaient de ces luttes meurtrières un ornement des fêtes qu'ils se donnaient comme un intermède pour aviver le plaisir. Du moins nous trouvons dans Silius Italicus la description d'un repas ensanglanté par un combat de gladiateurs, que l'amphitryon offrait à ses hôtes dans la salle même du festin.

Esclaves (1). — *Des sources de l'esclavage.* A Rome on naissait ou on devenait esclave. D'une part l'esclavage se renouvelait par la génération; d'une autre part, il avait pour sources soit le droit du père sur ses enfants, le droit du créancier sur ses débiteurs, et l'action de la loi dans certains cas, soit la guerre ou la piraterie.

Le père de famille avait sur ses enfants un pouvoir sans bornes : maître absolu de leur vie, il pouvait les mettre à mort, et n'était obligé de rendre compte de sa conduite à personne. Sa puissance sur eux s'étendait même encore plus loin que celle qu'il avait sur ses esclaves : en effet, du moment qu'il avait vendu ces derniers, il n'avait plus aucun droit sur eux; il pouvait, au contraire, vendre son fils jusqu'à trois fois; et si deux fois le fils recouvrait sa liberté, il retombait sous la puissance paternelle, dont il n'était entièrement affranchi qu'à la troisième fois.

Le créancier avait sur son débiteur un pouvoir non moins absolu que celui du père sur ses enfants. La loi livrait au créancier la liberté et la vie du débiteur insolvable. Au terme de l'échéance, si le débiteur ne satisfaisait pas à ses obligations, il était adjugé, et pendant soixante jours encore son nouveau maître le tenait à la chaîne, à la condition de le nourrir : la loi fixait même la mesure de farine et le poids des fers. A trois *nundines* consécutives (c'étaient des marchés qui se tenaient tous les neuf jours), on le conduisait devant le préteur, et on publiait pour quelle somme il était adjugé; dans le cas où personne ne répondait pour lui, la loi donnait au créancier le droit de le mettre à mort ou de le vendre hors du territoire romain; le créancier préférait toujours ce dernier parti, parce qu'il y trouvait son intérêt : les enfants mêmes du débiteur, si leur père ne les avait auparavant émancipés, partageaient son sort; car ils étaient sa propriété, et sa propriété, comme sa personne, appartenait à son créancier. Toutefois, leur caractère originel n'était pas complétement effacé : ils étaient en servitude, *in servitute,* mais ils restaient *ingénus* et pouvaient par l'affranchissement recouvrer tous les droits du citoyen romain, ce qui n'avait pas lieu pour l'esclave affranchi. Cependant la loi avait dans certains cas supprimé cette différence. Aussi, dès le temps de Servius Tullius quiconque s'était soustrait au recensement ou avait refusé de se faire inscrire sur les rôles de la légion devenait esclave avec la *maxima capitis diminutio.*

Mais l'esclavage se recrutait surtout parmi les prisonniers de guerre. Les Romains pratiquaient le droit de la guerre avec la plus grande rigueur. Les vaincus étaient faits prisonniers; quand on ne les mettait pas à mort après le triomphe, quand on ne les égorgeait pas dans le camp, quand on ne les faisait pas s'entre-tuer eux-mêmes dans des luttes qui servaient à l'amusement du vainqueur, enfin, quand on ne pouvait les échanger, on les vendait. Dans les guerres que la république eut à soutenir contre les tribus italiennes, chaque victoire donnant des prisonniers donnait des esclaves. La guerre contre Carthage, contre la Macédoine, l'Asie, l'Espagne, agrandirent le champ de recrutement de l'esclavage. La Gaule transalpine, s'il en faut croire Plutarque et Appien, donna à elle seule à César un million d'esclaves. En Épire on vendit en une seule fois cent cinquante mille hommes : dans le Pont Lucullus fit tant de prisonniers, qu'un esclave se vendait quatre drachmes (environ 3 fr. 50 cent.). Auguste fit dans les montagnes des Salasses quarante-quatre mille prisonniers. La soumission de la Judée valut à Rome quatre-vingt-dix-sept mille esclaves. Les peuples de la Syrie, de la Cilicie, de la Cappadoce qui ne furent pas frappés par la guerre, le furent par la paix. Les che-

---

(1) M. Wallon, *Hist. de l'Esclavage dans l'Antiquité,* t. II et III.

valiers qui prenaient à fermage l'impôt des provinces y pratiquaient en même temps l'usure, et vendaient comme esclaves les débiteurs insolvables : car la loi sur les dettes n'avait point été abolie pour les provinces. On sait que Nicomède ne put fournir à Marius son contingent de troupes auxiliaires parce que les publicains avaient vendu et envoyé au loin tous les hommes valides de la Bithynie. Les chevaliers cherchaient encore dans la piraterie le moyen de se procurer des esclaves, et ils ne respectaient pas même toujours la personne du citoyen romain.

Le commerce des esclaves se faisait à la suite de l'armée, dans les camps, et dans les pays étrangers. Quand les marchands en avaient recruté un grand nombre, ils venaient à Rome, et les amenaient au marché. Les captifs avaient les pieds marqués de craie blanche et une couronne sur la tête. Ordinairement on les exposait en public sur un échafaudage : le vendeur leur attachait au cou des écriteaux où étaient leurs métiers, leurs qualités et même leurs défauts. Dans ce cas il était garant de ce qu'il avait déclaré dans ses écriteaux ; et si les esclaves ne se trouvaient point tels qu'ils les avait dits, il était obligé de les reprendre et d'en rendre le prix à l'acheteur. Quand il ne voulait répondre de rien, il les mettait en vente, la tête couverte d'un bonnet appelé *pileus*. Souvent on les exposait nus, comme on le voit par ce passage d'une lettre de Sénèque : « Vous faites quitter les habits « à un esclave pour connaître s'il n'a « point de défaut... Il y a des marchands « d'esclaves qui ont accoutumé de ca- « cher en eux tout ce qui peut choquer « la vue ; aussi se défie-t-on quand ils « sont ajustés : n'est-il pas vrai que si « vous leur voyiez une jambe ou un bras « bandé, vous le feriez aussitôt délier, « et vous voudriez voir tout le corps à « découvert. » Ce même passage montre que les vendeurs avaient recours à la ruse pour dissimuler les défauts de leurs esclaves ou pour exagérer leurs perfections : ils savaient donner aux membres plus de poli, de rondeur et d'éclat. Mais quand leurs éloges ne se trouvaient pas justifiés, et que leurs ruses étaient découvertes, l'acheteur avait action contre eux, et pouvait faire annuler la vent[e] par les édiles. Quelquefois on retena[it] dans une sorte de cage les esclaves d'u[n] grand prix.

L'autre source principale de l'escla[-] vage était moins abondante que [la] source primitive, la guerre et la pirate[-] rie. L'esclave étant la *chose* du maître sa postérité appartenait au maître ; o[n] donnait le nom de *verna* aux enfan[ts] des esclaves. Columelle engage le pè[re] de famille à encourager la fécondité d[es] femmes esclaves. Dans les premier[s] temps cette origine fut la plus chère [à] la famille : le maître avait vu grandi[r] le *verna* sous ses yeux, ou avait mêm[e] grandi avec lui ; il était donc nature[l] que des relations plus familières s'éta[-] blissent entre eux. Mais à mesure qu[e] l'esclavage se développa, le *verna* cess[a] d'être un serviteur privilégié, et il ne s[e] distingua plus guère de la foule des se[r-] viteurs achetés.

Du nombre et de l'emploi des escla[-] ves. Depuis la fondation de Rom[e] jusqu'à la fin de la deuxième guerre p[u-] nique, la population servile fut peu no[m-] breuse : au commencement de la répu[-] blique, elle ne faisait guère que [la] dixième partie de la population de l'Ét[at] romain. Le père de famille avait e[n] général une petite possession territ[o-] riale qui lui permettait tout au pl[us] deux aides dans ses travaux. Mais l[e] nombre des esclaves s'accrut avec l'éte[n-] due de la propriété, avec le goût d[u] luxe, avec les habitudes de loisir, enfi[n] avec les besoins que créa aux Romain[s] une nouvelle civilisation. A l'époqu[e] où toute l'Italie, dans les limites du R[u-] bicon et de la Macra, était soumise [à] Rome, la population servile était cer[-] tainement loin d'égaler encore la popu[-] lation libre ; mais les renseignement[s] que nous donnent sur ce point les écr[i-] vains anciens sont trop rares, trop pe[u] précis, pour qu'on puisse se permettr[e] sans témérité d'exprimer, même en u[n] chiffre approximatif, le nombre des es[-] claves.

Il y avait deux classes d'esclaves, l[es] *esclaves publics* et les *esclaves privés*.

Les premiers appartenaient à l'État qui les employait aux travaux ou au[x] services publics. La plupart étaient, se[-] lon toute vraisemblance, des prisonnier[s] de guerre. Scipion l'Africain, après la prise de Carthagène en Espagne, réduisit deux mille artisans de cette ville à la condition d'esclaves publics, leur donnant espérance que si l'on était content de leur conduite et de leur travail, ils seraient bientôt remis en liberté. Il y en avait quelques-uns aussi qui avaient été réduits à cette condition pour avoir commis un crime. Au reste, leur situation était à divers égards plus supportable que celle des esclaves privés. Ils avaient pour leur entretien une paye annuelle sur les deniers de la ville à laquelle ils appartenaient. Les uns étaient chargés de la construction ou de l'entretien des forts, des routes et des aqueducs, du service des bains et du nettoyage des égouts, enfin des soins les plus rebutants comme des plus durs travaux; on leur imposait, par exemple, les travaux des carrières et des mines. Les autres étaient attachés à la personne des généraux ou des magistrats, qu'ils servaient dans l'exercice de leur charge, soit à Rome, soit dans les provinces : on nomme parmi eux les courriers ou porteurs de dépêches, les appariteurs dans les tribunaux, les gardiens dans les prisons, les exécuteurs des sentences, etc. Enfin d'autres, en moins grand nombre, étaient affectés au service des assemblées, à la police des jeux, aux distributions publiques, ou à tout autre service analogue.

La classe des esclaves privés était la plus considérable. Le tableau de ces esclaves montre à quel point étaient étendues et multipliées les branches diverses du service privé. Il n'en faut pas chercher l'explication dans la seule influence de la richesse. L'influence particulière de la Grèce eut aussi sa part dans le développement des esclaves privés : elle suscita parmi les Romains des fantaisies et des besoins que la richesse seule eût été impuissante à créer. On voulut cultiver les beaux-arts, il fallut des esclaves artistes; on voulut être lettré, il fallut des secrétaires, et pour le service des bibliothèques un personnel nombreux. Joignez-y les esclaves qu'on dressait pour les principaux rôles dans les représentations de la tragédie et de la comédie; ceux qui servaient, dans les combats meurtriers des gladiateurs, à l'amusement des Romains. On ne s'étonnera pas que tous ces esclaves, réunis avec le nombreux domestique des maisons de ville et des maisons de campagne, aient formé de vraies légions de serviteurs, *plus considérables*, dit Sénèque, *que des nations belliqueuses*. Pline rapporte que C. Cl. Isidore laissa en mourant quatre mille cent seize esclaves : encore en avait-il perdu beaucoup d'autres par les guerres civiles. Athénée nous dit que certains Romains avaient jusqu'à dix mille et même jusqu'à vingt mille esclaves; il ajoute que c'était moins pour les faire travailler, et pour en tirer du profit, que pour se faire accompagner par une nombreuse suite. Il est certain que le luxe avait rendu le grand nombre de domestiques nécessaire aux Romains de distinction. Au reste, le tableau suivant fera comprendre jusqu'à un certain point la quantité de ces serviteurs.

L'ensemble des esclaves constituait la *famille*, qui, selon qu'elle travaillait à la ville ou aux champs, se divisait en *famille urbaine* et en *famille rustique*.

Parmi les esclaves, les uns s'occupaient de sciences, d'arts, et de travaux manuels; d'autres avaient dans le ménage des fonctions déterminées; d'autres enfin étaient affectés au service direct du maître ou de la maîtresse de la maison.

Les esclaves qui s'occupaient de sciences et d'arts étaient les *medici*, ou médecins, les *ocularii*, ou oculistes, les *iatroliptæ*, aides du médecin et chargés de frotter avec les onguents; la sage-femme s'appelait *iatromæa*. Les esclaves lettrés étaient les *pædagogi*, ou pédagogues, les *anagnostæ*, ou lecteurs, les *librarii*, ou copistes, les *amanuenses*, ou secrétaires. Les pédagogues n'étaient pas, à proprement parler, les instituteurs des enfants; ils ne devaient que les surveiller, les conduire à l'école, et porter leurs livres; les lecteurs, par lesquels on se faisait lire tel ou tel ouvrage, soit quand on reposait, soit à table, soit même au bain, devaient connaître différentes langues et être assez exercés pour trouver le ton qui convenait au sujet de leur lecture; les copistes étaient employés à transcrire et à arranger les livres; les secrétaires

36ᵉ *Livraison*. (ITALIE.*)

étaient des esclaves plus affidés, auxquels on dictait les lettres; c'étaient souvent des affranchis; les femmes employaient, pour ce service, des esclaves de leur sexe.

Parmi les esclaves artistes (*artifices*), les architectes étaient particulièrement estimés; Crassus avait parmi ses esclaves cinq cents de ces architectes, qu'il louait pour la direction des constructions. Du reste, on n'employait ces esclaves que pour les constructions ordinaires. Le *statuarius* coulait des statues de métal, et travaillait aussi des statues de bois, de marbre, d'ivoire. Les *cælatores* étaient les artistes qui travaillaient en relief; les *pictores* étaient employés surtout à la décoration des demeures; les *topiarii* et les *viridarii*, à la décoration des jardins. D'autres artistes étaient chargés de divertir pendant les festins; les comédiens, *histrions*, qui ne représentaient proprement pas des pièces, mais dansaient au son de la flûte; les *mimes* et les *pantomimes*, qui imitaient dans leur attitude et dans leurs gestes tel ou tel individu, et cherchaient par là à exciter le rire; les *psaltriæ*, femmes qui jouaient sur des instruments à cordes, et dansaient en même temps; les *romeristæ*, qui paraissaient tout armés pendant le festin, et représentaient un passage de l'*Iliade* ou de l'*Énéide;* les *gladiateurs;* les *funambules*, ou sauteurs de corde. Enfin, on avait des avortons, des nains et des individus contrefaits et idiots, qui excitaient les rires.

Les esclaves chargés des soins du ménage étaient subdivisés en deux classes; les *ordinarii*, qui avaient la surveillance sur certaines parties du ménage, et, par suite, sur les esclaves qui s'en occupaient; les *vulgares*, qui remplissaient dans le ménage les fonctions subalternes, ou faisaient le service personnel. Parmi les *ordinarii* étaient les *actores*, ou comptables, qui occupaient le premier rang; le *dispensator* chargé des achats à faire pour le ménage; l'*institor*, commis qui vendait en détail; l'*insularius*, préposé à la location; le *cellarius*, auquel étaient confiés la cave et le garde-manger; l'*atriensis*, surveillant des esclaves qui balayaient et nettoyaient la maison, lavaient le plancher, les murs, avec des éponges, etc. Ces e claves privilégiés étaient même aut risés à garder à leur service un escla qu'on appelait *vicarius*. Les *vulgar* étaient souvent accumulés en si gra nombre dans une maison qu'on les pa tageait, d'après leur service, en *déc ries*, et qu'il fallait même des *nome clateurs* pour noter leurs fonctions leurs noms. Les uns nettoyaient la ma son et enlevaient la poussière; les a tres ciraient et polissaient le planche les murs, les meubles; d'autres répa daient de la sciure et des parfums, sp cialement dans la salle à manger; *janitor*, qui remplissait à l'entrée de maison l'office de portier : cet esclav ordinairement enchaîné, était mu d'une baguette ou d'un bâton, et ava près de lui un chien également encha né; les *admissionales* annonçaient l visiteurs. Les *cursores* et les *anteamb lones*, quand leur maître sortait ou : faisait porter en litière, couraient d vant lui, en criant à la foule : *Date l cum*, faites place; les *lecticarii* po taient leur maître ou leur maîtresse e litière; d'autres esclaves étaient affe tés au service du bain, etc.

La *familia rustica* habitait la maiso de campagne (*villa rustica*); elle éta chargée de tous les travaux de la terr de l'élève des bestiaux, de la cultu des vignes et du jardinage; aussi nombre des esclaves dans les propri tés territoriales des riches était-il trè considérable.

A la tête de tout le personnel de maison de campagne se trouvait le *vil cus*, ou régisseur, qui dirigeait le labou rage et tout ce qui s'y rapportait, maintenait parmi les esclaves l'ordre la discipline, l'obéissance. Le maît choisissait de préférence pour cett fonction un esclave habitué dès sa jeu nesse au travail des champs, et sachai lire et écrire. Il devait avoir soin que nombre des instruments d'agricultur fût suffisant, les conserver en bon éta et remplacer ceux qui étaient brisé Après le *villicus* venait un *actor*, comp table qui veillait à la vente des produits on accordait un *peculium* à ces deux e claves, pour les intéresser à la prospérit de la maison. Les différentes catégorie d'ouvriers avaient encore des surveil lants, *operum magistri*, entre autres l'*ergastularius*, chargé de surveiller les esclaves enfermés dans l'*ergastulum*. Les *bubulci* nourrissaient et soignaient les bœufs, et étaient chargés du labourage. L'ânier, *asinarius*, conduisait l'âne dans le moulin, ou lui faisait emporter le fumier de l'écurie. L'*opilio* était un berger, le *porculator* un porcher. Le vigneron, *vinitor*, plantait et taillait les ceps, et surveillait tout le vignoble; il était aidé dans son travail par plusieurs ouvriers. Le *topiarius* et le *viridarius* étaient chargés du jardinage; les *venatores* étaient des chasseurs; le *veterinarius*, un vétérinaire; les *molitores*, meuniers; les *pistores*, boulangers. Pour habiller la *famille rustique* il y avait des *textores*, tisserands, des *sutores*, ou cordonniers, des *sarcinatores*, qui faisaient ou réparaient les vêtements; pour l'entretien des bâtiments et des instruments d'agriculture on avait des *fabri*, c'est-à-dire des forgerons (*ferrarii*), des charpentiers et des charrons (*lignarii*). Le terme *operarii* désignait tous les esclaves qui n'avaient pas dans la maison de travail déterminé; on les employait comme sarcleurs (*runcatores, sarritores*), comme herseurs (*occatores*), comme moissonneurs (*messores*).

A côté de ces esclaves il y avait aussi à la campagne des hommes libres qui travaillaient pour un salaire, comme parmi nous; on les nommait *mercenarii*, mercenaires.

Ce tableau, quoique encore incomplet, nous paraît assez significatif. Comme le constate Tacite, Rome sous Tibère commençait à s'effrayer de l'augmentation croissante des esclaves, à laquelle correspondait la diminution progressive de la race libre. « Une sentence « du sénat, dit Sénèque, avait jadis or- « donné qu'un costume particulier dis- « tinguerait les esclaves des hommes « libres; mais on comprit bientôt quels « dangers nous menaceraient si nos « esclaves venaient à nous compter. »

DU PRIX DES ESCLAVES A ROME. — Ainsi qu'il est facile de le concevoir, le prix des esclaves dut varier selon le temps, selon leur nombre, leur usage, leur mérite et diverses autres circonstances.

Les douze cents captifs vendus en Achaïe par Annibal furent rachetés cent talents, ce qui faisait par tête environ 435 fr. Annibal, embarrassé du nombre des prisonniers que lui avait valus sa victoire à Cannes, leur offrait la liberté moyennant 500 écus au quadrige (388 fr.) pour chaque chevalier, 300 (233 fr.) pour le légionnaire, et 100 (78 fr.) pour l'esclave. La rançon qu'il exigeait des hommes libres était évidemment inférieure au prix commun des esclaves; car Tite-Live rapporte que le sénat, dédaignant ces captifs, aima mieux acheter, pour en faire des soldats, huit mille esclaves plus cher que les autres ne lui auraient coûté. Selon Plutarque, Caton n'acheta jamais d'esclaves au-dessus de 1,500 drachmes (1,304 fr. 16 cent.). On trouve dans Plaute divers renseignements sur le prix des esclaves vers le même temps. Dans les *Captifs*, un enfant ravi a été vendu 6 mines (environ 520 fr.); deux petites filles ont été données, avec leur nourrice, pour 18 mines (1,565 fr.), mais sans garantie. Une jeune fille est achetée 20 mines (environ 1,740 fr.); une autre, payée 20 mines, est revendue 30 (2,600 fr.). Dans l'*Épidicus*, un jeune homme achète pour 50 mines (environ 4,350 fr.) une joueuse de lyre, sa maîtresse. Ce sont là des prix élevés, mais ils furent bientôt dépassés. On vit même l'achat d'un cuisinier égaler les frais d'un triomphe; ce qui n'est pas surprenant, si l'on songe que des Romains allaient jusqu'à dépenser trois millions de sesterces (551,429 fr. 40 cent.) pour un repas de réception. Martial parle de femmes, de jeunes enfants payés cent mille sesterces (environ 25,000 fr.). Toranius, au rapport de Pline, vendit à Antoine un esclave gaulois et un esclave asiatique pour deux cent mille sesterces (environ 50,000 fr.).

C'étaient surtout les esclaves lettrés que l'on payait cher; et Pline rapporte que Marcus Scaurus, prince du sénat, acheta le grammairien Daphnis huit cent mille sesterces; il ajoute que c'était le plus haut prix qu'on eût payé d'un esclave jusqu'à son temps. Suétone parle cependant d'un autre grammairien, que Catulus acheta au même prix, et qu'il affranchit peu de temps après. L'anecdote suivante, racontée par Sénèque, montre qu'on faisait provision non de science, mais de savants. « Calvisius Sabinus, qui vivait de notre temps, dit Sénèque, était un homme fort riche. Je ne vis jamais une personne puissante plus inerte : il avait la mémoire si malheureuse, qu'il oubliait tantôt le nom d'Ulysse, tantôt celui d'Achille et tantôt celui de Priam, quoiqu'il les connût, comme nous connaissons les maîtres qui nous enseignent; jamais truchement ne déchira plus cruellement les noms qu'il faisait ceux des Troyens et des Grecs. Il voulait néanmoins passer pour savant, et voici l'expédient dont il s'avisa. Il acheta bien cher deux esclaves, l'un pour apprendre Homère par cœur, et l'autre pour apprendre Hésiode, et neuf autres, qui se partageaient les neuf poëtes lyriques. Ils lui coûtèrent beaucoup, et cela n'a rien d'étonnant : il ne s'en trouvait pas de rencontre, on dut les faire sur commande. Après qu'il eut composé cette troupe, il commença à persécuter les gens qui mangeaient à sa table; il avait à ses pieds les esclaves qui lui soufflaient des vers quand il le désirait, et ces vers il les jetait à tout propos à ses convives, fort maladroitement, et le plus souvent estropiés. Enfin Satellius Quadratus, aussi grand railleur qu'il était grand écornifleur, lui conseilla d'avoir aussi des grammairiens *analectes* (qui recueillent les fragments); et Calvisius lui ayant répondu que chacun de ses esclaves lettrés lui coûtait cent mille sesterces (environ 25,000 fr.), l'autre répliqua : Vous auriez eu autant de bibliothèques à meilleur marché. Calvisius pourtant avait la fantaisie de croire qu'il savait réellement tout ce que ses serviteurs savaient. Le même Satellius lui proposa un jour de s'exercer à la lutte, quoiqu'il le vît pâle, maigre et languissant? Eh! le puis-je? répondit Calvisius. A peine ai-je un souffle de vie. Ne dites pas cela, je vous prie, repartit Satellius; n'avez-vous pas là une foule d'esclaves robustes ? »

Le prix des esclaves qu'on employait au travail était certainement beaucoup moins élevé; à l'époque des Antonins, ou dans les temps rapprochés, le prix moyen d'un esclave allait de 500 à 625 fr.

DE LA CONDITION DES ESCLAVES DANS LA FAMILLE. — La condition des esclaves dans la famille sous la république était plus ou moins dure, selo que les maîtres rejetaient ou écoutaier les conseils de l'humanité; car les loi ne remédiaient point aux abus qui s commettaient à cet égard; et il n'y ava point de magistrat pour écouter le plaintes que les esclaves pouvaient po ter contre leurs maîtres. Néanmoins existait certaines règles générales, au quelles se conformaient la plupart de maîtres. On donnait une certaine po tion, soit par jour, soit par mois, chaque esclave; il tâchait d'épargne là-dessus et de se former une peti bourse, qu'on appelait *pécule*, et que par la concession de son maître, il po sédait en propre. Caton veut que pe dant l'hiver on donne aux esclave qu'on tient aux fers et qu'on fait tra vailler quatre (livres?) de pain p jour, et cinq lorsqu'on les occupe fouir la vigne ou à des travaux rudes et jusqu'à la saison des figues. Il assign par mois aux autres esclaves quatı boisseaux de blé (34 litres) pendan l'hiver, et quatre et demi (38 litres) pendant l'été; pour le jeune pâtre, tro boisseaux (25 litres). Pour le vêtement Caton veut qu'on leur donne tous le deux ans de bons sabots, garnis c clous de fer, et une tunique sans ma ches, de trois pieds et demi, avec de sayes. Le mariage s'accordait aux e claves comme une faveur; mais cett union entre deux esclaves était moi un mariage qu'une cohabitation (*co tubernium*), et elle n'avait de dur qu'autant que le maître voulait.

Les maîtres, pour intéresser l'hab leté et le zèle du serviteur, lui perme taient souvent de se faire un pécule do ils lui abandonnaient la propriété, quo que tout ce que possédait l'esclave f de droit la propriété du maître. La se vitude pesait à l'esclave; il retrancha même sur son nécessaire pour arriv plus tôt à une somme qui le mît en ét de racheter sa liberté : « Que pouve « vous vouloir de meilleur, dit Sénèqu « que de vous affranchir de la servitud « qui est insupportable à tout le mond « et dont les malheureux esclaves q « sont nés dans cette condition raval « tâchent de se défaire par toutes sort « de moyens ? » Il est rare, affirme C céron, que des esclaves sobres et laborieux restent plus de six ans dans la servitude. Parfois on les autorisait à faire valoir la petite somme qu'ils avaient amassée, et à faire quelque trafic. Plusieurs d'entre eux parvenaient même à s'acheter un esclave, appelé *vicarius*, qui remplissait leurs fonctions auprès du maître, pendant qu'eux-mêmes étaient occupés à leurs propres affaires. Certains maîtres étaient assez généreux pour faire à un esclave quelques avances qui lui permettaient d'entreprendre un petit négoce. Quoiqu'un esclave ne pût faire de testament, Pline le jeune permettait aux siens de disposer de leur pécule en faveur de leurs compagnons, et il ratifiait leurs dernières volontés.

Si l'on n'appréciait la condition des esclaves dans la famille que par ces données, on la trouverait assez douce; et l'on comprendrait moins les nombreuses et redoutables révoltes des esclaves, qui plus d'une fois mirent Rome en danger. Mais n'oublions pas que les avantages précédents étaient eux-mêmes limités, que le maître pouvait reprendre à l'esclave la femme et le pécule qu'il lui avait abandonnés, que les enfants de l'esclave n'appartenaient pas à leur père, et qu'ils étaient la propriété de son maître; enfin que les esclaves n'étaient pas toujours assurés d'avoir même le nécessaire, et qu'ils pouvaient rencontrer des maîtres encore plus économes que l'économe Caton. Et d'ailleurs n'étaient-ils pas obligés, en diverses occasions, de contribuer à leur maître du fruit de leurs épargnes, soit à la naissance ou à l'anniversaire de la naissance de quelqu'un de ses enfants, soit lorsqu'il les mariait. En toutes choses la condition des esclaves dépendait de l'humanité des maîtres; car la loi accordait à ceux-ci un pouvoir discrétionnaire.

Et d'abord voyons les esclaves de la famille rustique. Pour eux point de perte de temps, point de repos : les jours de fête il faut nettoyer les anciennes fosses, paver le grand chemin, couper les ronces, bêcher le jardin, ôter des prés les mauvaises herbes, arracher les épines, broyer les blés, curer les réservoirs, etc. La fête des Saturnales est la seule qui leur donne chaque année quelques jours de chômage. L'extension des domaines exigeait que les esclaves fussent disséminés sur les terres et sur les vignes; comme alors la surveillance était plus difficile, et que les serviteurs eussent pu en profiter pour échapper par la fuite à l'accablement de leurs travaux, on les enchaînait. Pline proteste, pour l'honneur de l'agriculture, contre ces pieds enchaînés, ces fronts marqués, ces mains flétries. Ils avaient un maître constamment occupé à surveiller leurs travaux, à punir les malheureux qui mettaient de la lenteur ou de la négligence dans leur ouvrage : esclave lui-même, le fermier ou *villicus*, traitait ses subordonnés comme s'ils eussent été ses propres esclaves, et il ne se faisait pas faute d'user, d'abuser même du pouvoir absolu que lui laissait l'absence du véritable maître. Aussi, les serviteurs regardaient-ils comme une faveur d'être admis à passer de la famille rustique dans la famille urbaine; et les serviteurs de la famille urbaine redoutaient sans cesse d'être exilés, pour quelque faute, à la campagne, dont le séjour était pour eux un châtiment.

Et pourtant le séjour de la ville était loin d'offrir à l'esclave repos ou plaisirs. Les uns, retenus dans les forges, dans les boulangeries, dans un atelier quelconque, subissaient toutes les rigueurs du travail, et ne connaissaient ni l'air libre ni le soleil. Les autres étaient livrés par spéculation à l'infamie, aux mutilations, à la mort même : la loi lâchait la bride à l'incontinence des maîtres; et il n'y en avait aucune qui tendît à protéger la personne des femmes esclaves contre la luxure du maître. D'autres étaient dressés au meurtre; on en faisait des gladiateurs. Et dans le service d'une grande maison, que de misère encore! le portier enchaîné à son poste; la foule des serviteurs tremblant devant le maître, devant l'intendant et les familiers du maître, autres esclaves qui semblaient prendre à tâche de se venger sur leurs subalternes des rigueurs, des caprices et des exigences du maître.

Comme on n'a pas de peine à le concevoir, plus les esclaves étaient nombreux dans une maison, plus il se trouvait facilement parmi eux quelques individus pervers, toujours prêts à entraîner les autres au mal : aussi fallait-il des peines sévères pour les retenir dans l'ordre. Une des plus ordinaires consistait à transporter l'esclave de la famille urbaine dans la famille rustique, où l'attendaient un travail plus pénible, des traitements plus durs. Les fautes moins graves étaient punies par des coups de verge, ou de bâton, ou d'un fouet composé de courroies de cuir, par l'aiguillon, par les menottes aux mains, les entraves aux pieds, la fourche au cou, les chaînes aux reins, la fatigue, la faim et le froid. La plus terrible des peines était le supplice de la croix, qui entraînait une mort lente et pleine de tourments.

La dureté de certains maîtres inventait, et appliquait des châtiments aussi cruels qu'arbitraires. Sénèque raconte qu'un jour où Auguste soupait chez Védius Pollion, un esclave cassa un verre de cristal ; Védius ordonne de saisir le malheureux et de le jeter aux énormes murènes qui peuplaient son vivier. L'esclave s'échappe, se réfugie aux pieds de l'empereur, et demande pour toute grâce de périr d'une autre mort, et *de ne pas devenir un morceau à manger*. Auguste s'émut de cette cruelle nouveauté : il fit relâcher l'esclave, ordonna que tous les cristaux fussent brisés, et que le vivier fût comblé.

Il est vrai que la philosophie protestait quelquefois contre ces atrocités, et revendiquait pour les esclaves le titre d'homme : « Ne sais-tu pas, disait Sé-
« nèque au maître, que celui que tu ap-
« pelles ton esclave tire son origine
« d'une semblable semence, qu'il jouit
« du même ciel, qu'il respire le même
« air, qu'il vit et meurt de même que
« toi. » Ailleurs, il écrivait à Lucilius :
« J'ai été bien aise d'apprendre que vous
« vivez familièrement avec vos servi-
« teurs ; cela est digne d'un homme sage
« et savant comme vous êtes. On dira :
« Quoi ! ce sont des esclaves. Mais ils
« sont hommes, ils habitent avec nous.
« Ce sont des esclaves ! non, ce sont des
« amis respectueux, nos compagnons
« de servitude, si vous considérez que
« nous sommes également sujets au pou-
« voir de la fortune... Pourquoi ce pro-
« verbe : Autant de serviteurs, autant
« d'ennemis ? Ils ne sont pas nos enne-
« mis, mais nous faisons qu'ils le devien-
« nent : oublie-t-on que nous les trai-
« tons, non comme des êtres humains,
« mais comme des bêtes de somme ? »
Mais que pouvait la philosophie quand la loi disait au maître : Ton esclave est ta propriété, ta *chose!* Le maître daignait quelquefois admirer l'éloquence de la philosophie, mais il écoutait la loi.

L'esclave, ce qui n'est pas surprenant, répondait aux mauvais traitements du maître par une haine d'autant plus furieuse qu'elle était inutile et forcée à se dissimuler. « Les esclaves, disait Sénèque, n'osant parler en la présence du maître, s'en vengent en parlant mal de lui, quand il ne peut les entendre. » Mais leur haine ne fut pas toujours passive, et ne s'arrêta pas toujours devant la crainte des plus cruels supplices. On la vit céder aux entraînements des proscriptions, à l'impunité du meurtre, au profit des délations. Dans ces circonstances elle pouvait se manifester sans danger, sans crainte d'un châtiment. Mais parfois elle fut plus hardie ; elle osa se manifester par le meurtre du maître : aussi quand un maître était assassiné, on mettait à la torture la plus cruelle tous ses esclaves qui s'étaient trouvés sous le même toit, et souvent on les enveloppait tous dans le même supplice. Tous devenaient en quelque sorte solidaires du crime : on supposait que toute pensée de vengeance qui naissait dans l'âme d'un esclave était commune à ses compagnons. Ce fut ainsi que sous le règne de Néron on vit mener à la mort quatre cents esclaves coupables de s'être trouvés sous le même toit que leur maître Pédanius, assassiné par une main inconnue.

Plus d'une fois aussi les esclaves organisèrent des révoltes ouvertes. Dès l'an 499 avant Jésus-Christ, on les voit former une conjuration dont le but était d'incendier la ville et de surprendre le Capitole : la conspiration fut découverte, et les esclaves mis en croix. En 198 une guerre servile fut sur le point d'éclater aux portes de Rome : les conjurés, dénoncés par deux des leurs, furent dispersés ou exterminés.

Ce fut en Sicile que s'organisa la première guerre servile importante. Dans ce pays le joug de la servitude était plus dur et le nombre des esclaves plus considérable, en même temps que la situation était plus isolée et la surveillance moins forte. De plus, les maîtres, ne pouvant suffire à la nourriture et à l'entretien de leurs nombreux esclaves, leur permettaient, leur imposaient même de se nourrir et de s'habiller par la violence et le brigandage : l'audace des esclaves, favorisée d'abord par la connivence des maîtres, alla bientôt jusqu'à vouloir briser le joug de la servitude. Le Syrien Eunus se mit à leur tête, prit le titre de roi et le nom d'Antiochus, et compta bientôt sous ses ordres deux cent mille hommes armés. Rome n'eut point assez de sa force pour réduire les révoltés ; ses généraux durent recourir à la ruse et à la trahison. Nous ne citerons pas une foule d'autres révoltes partielles, aussitôt réprimées que suscitées. La guerre des gladiateurs a eu un retentissement si terrible, a menacé si dangereusement la puissance romaine, que toutes les révoltes partielles ont passé presque inaperçues. On sait que Spartacus vit soixante-dix mille esclaves s'unir à lui contre Rome : si ses compagnons avaient consenti à seconder ses vues, il eût cherché à s'ouvrir un chemin vers les forêts du Nord et à y former un vaste établissement qui se fût accru chaque jour en recevant les esclaves fugitifs. Ses compagnons ne lui permirent pas de réaliser son plan ; mais il put du moins avant de succomber faire trembler Rome.

MŒURS DES ESCLAVES. — Caton, Varron et Columelle exigent de l'esclave la docilité, la vigilance, l'application et l'économie, de même que dans les comédies de Plaute le maître réclame de son serviteur l'obéissance, la discrétion, le zèle et le dévouement. Mais l'esclave devait avant tout satisfaire son maître : ce dernier était-il pervers, le naturel de l'autre devait presque nécessairement se corrompre, puisqu'il lui fallait exécuter, prévenir même les ordres de son maître, justes ou injustes, honnêtes ou infâmes : la voix de la conscience ne pouvait venir contrarier en lui la volonté du maître.

Aussi l'esclave grandissait dans l'ignorance du bien, et trop souvent dans l'habitude du mal, dans l'usage de la fraude, des intrigues, du mensonge et du vol. Victime de la sensualité, avant l'âge même où s'éveillent les passions, il laissait peu à peu les sens dominer en lui l'intelligence ; dégradé par des faveurs funestes ou par de mauvais traitements, abruti par des vices précoces ou par d'excessifs travaux, il ne connaissait point de frein moral : son seul frein, c'était la crainte du maître ; et combien de fois ce frein même le jeta dans le libertinage et la dépravation ! Écoutons la morale de l'esclave ; Plaute (dans sa comédie intitulée *Mostellaria*) la met dans la bouche de Phanisque, esclave du débauché Callidamate : « L'esclave qui sans être en faute redoute néanmoins le châtiment est le seul qui serve bien son maître. Ceux qui ne redoutent rien une fois qu'ils ont mérité d'être châtiés ont recours à de sots expédients. Ils s'exercent à la course, ils fuient ; mais lorsqu'ils viennent à être arrêtés, ils ont amassé un pécule de douleurs, ne sachant pas en amasser d'autre par leurs économies. Ils le grossissent peu à peu, et ils se font en ce genre un trésor. Mais moi, qui ai du bon sens, j'aime mieux me garder du mal à l'avance que d'exposer mon dos à être barbouillé. Ma peau s'est conservée pure et nette jusqu'aujourd'hui ; il faut la garantir encore des étrivières. Tant que je saurai me gouverner, elle sera parfaitement à l'abri des coups qui pleuvent sur les autres, sans pleuvoir sur moi. En effet, le maître est ce que les esclaves veulent qu'il soit : bon avec les bons, méchant avec les méchants. Voyez chez nous : ce ne sont que de mauvais garnements, prodigues de leur pécule, porteurs de bastonnade. Quand on les demande pour aller chercher le maître en ville : « Je ne veux pas, « tu m'ennuies, je sais ce qui te presse : « il te tarde de faire un tour en certain « lieu. Par Hercule ! tu peux sortir, bonne « mule, pour aller pâturer. » Voilà ce que j'ai remboursé pour mon zèle, et je suis parti avec cela. Maintenant, je suis seul, d'une foule d'esclaves, qui vienne chercher le maître. Demain, lorsqu'il apprendra ce qui s'est passé, il les corrigera, dès le matin, avec la dépouille des bœufs. En somme, je ne donnerais pas autant de leur dos que du mien. Ils deviendront tailleurs de cuir avant que je sois cordier. »

La peur des coups, voilà le mobile de l'esclave; il met toute sa politique, tout son calcul à les éviter. « L'esclave, dit encore Messénion dans les *Ménechmes*, songera plutôt à son dos qu'à sa bouche, à ses jambes qu'à son ventre, s'il est d'un tempérament tant soit peu raisonnable. Il doit considérer quelles récompenses les maîtres donnent aux vauriens, aux mauvais sujets, aux fripons : les étrivières, les fers aux pieds, les travaux du moulin, les excès de fatigue, les douleurs de la faim et du froid, voilà le salaire de la mauvaise conduite. J'ai grande peur de pareils maux, et cette peur salutaire me met à l'abri du mal et sur la voie du bien. Mieux vaut recevoir des ordres que des coups : l'un est trop dur; pour l'autre, la patience est plus facile. J'aime beaucoup mieux manger la mouture que de suer au moulin ; aussi mon maître a-t-il en moi un serviteur exact et sage, et je m'en trouve bien. Que d'autres fassent ce qui leur semble bon; moi, je fais mon devoir. Je suis toujours en crainte pour n'être jamais en faute, et mon maître me voit toujours prêt à obéir. Un esclave ne vaut quelque chose qu'autant qu'il craint son maître et qu'il évite les fautes. Ceux que ne retient pas la crainte commencent par mal faire, et craignent ensuite le mal. Pour moi, je n'aurai pas longtemps à craindre : le temps approche où mon maître me donnera le prix de mon zèle. Je m'acquitte de mon service de manière à prouver que mon dos m'est cher. » Cette idée revient sans cesse dans les comédies de Plaute.

L'influence de l'esclavage se manifesta, de son côté, par des effets directs et indirects, sur la classe libre. D'une part l'esclave régna sur la jeunesse par l'éducation. Pour que les enfants pussent posséder de bonne heure la langue grecque, les parents leur donnaient des nourrices et des pédagogues ou gouverneurs de cette nation, sans examiner sévèrement si leur moralité et leur mérite les rendaient propres à une fonction aussi importante; en même temps on donnait raison aux enfants contre les précepteurs, quand ceux-ci étaient mécontents de leurs élèves. Qu'arrivait-il de là? D'abord, en confiant à un esclave la direction des enfants, on affaiblissait beaucoup l'autorité morale de cette direction. Ensuite les précepteurs, ne se souciant pas de porter au père contre ses enfants des plaintes qui eussent pu être mal accueillies de leur maître actuel, ou indisposer contre eux leur maître futur, fermaient les yeux sur les fautes de leurs élèves, se rendaient complices de leurs désordres, cherchaient même à les corrompre davantage pour maintenir sur eux leur vicieuse influence. Quand l'élève avait atteint l'âge mûr, il sortait des mains de son précepteur, énervé, insolent et lâche.

L'esclavage ne contribua-t-il pas d'ailleurs à étendre la corruption des mœurs? Les courtisanes, c'est-à-dire les femmes esclaves, donnaient partout, dans les bains, dans les théâtres, les exemples de l'impudicité la plus révoltante. D'un autre côté, il servait à endurcir les mœurs, en offrant aux yeux des Romains les combats des gladiateurs, dans les amphithéâtres et jusque dans les salles de festin : le peuple avili laissait toute licence à la cruauté et à la tyrannie des empereurs, pourvu qu'ils lui donnassent du pain et les représentations du Cirque.

Enfin l'homme libre, regardant le travail comme honteux et comme indigne de sa condition, se reposait sur les esclaves du soin de tout faire, ne daignant pas même surveiller leur ouvrage : autre cause de démoralisation : « Malheur, « s'écrie Sénèque, malheur à celui qui « se réjouit en voyant le registre im- « mense de ses domaines, et les vastes « plaines cultivées par des esclaves, et « ces hordes de troupeaux qui ont pour « pâturages des provinces et des royau- « mes, et tout ce domestique plus nom- « breux que des nations belliqueuses, « et ces édifices particuliers qui surpas- « sent l'étendue des grandes villes ! »

DE L'AFFRANCHISSEMENT. — L'espoir de l'affranchissement, voilà le plus grand allégement que les esclaves pussent avoir dans leur misérable condition. Or, la libération ne se faisait pas tou-

ITALIE.

jours attendre longtemps, et n'était pas rare. Tantôt c'était la vanité qui entraînait le maître à affranchir ses esclaves par son testament, afin que le cortége de ses funérailles fût plus nombreux, car tous ceux qui étaient ainsi affranchis suivaient le corps de leur maître la tête rasée et couverte d'un bonnet; tantôt c'était l'esclave qui, ayant amassé un pécule suffisant, rachetait sa liberté du vivant de son maître. Cicéron dit qu'un esclave frugal et laborieux peut en moins de six ans se faire un pécule assez fort pour la payer. Nous avons exposé plus haut (p. 479.) les principes généraux de l'affranchissement. Rappelons seulement une forme dont nous n'avons pas parlé, parce qu'elle fut très-rare, l'adoption. On trouve dans les *Inscriptions* un exemple de l'adoption d'un *verna*.

La forme la plus ancienne et la plus commune de l'affranchissement, comme elle fut aussi la plus durable, était celle par la *vindicte* ou baguette. Le maître conduisait devant le préteur, ou devant tout autre magistrat ayant juridiction et autorité, l'esclave qu'il voulait affranchir; et en lui posant la main sur la tête, qu'il avait fait préalablement raser, ou sur quelque autre partie du corps, il prononçait les paroles sacramentelles : *Je veux que cet homme soit libre, et jouisse des droits de cité romaine;* en même temps il le faisait tourner, comme pour le lâcher de la main, et le magistrat ou, en son nom, le licteur touchait trois ou quatre fois avec la baguette, signe de la puissance, la tête de l'esclave présenté à l'affranchissement : alors l'acte du maître était ratifié, et l'esclave libre.

L'affranchissement légal libérait définitivement l'esclave, et lui conférait les droits de citoyen d'une manière irrévocable, sauf les cas graves d'indignité, dont le magistrat était seul juge. Mais l'affranchissement extralégal était incomplet et précaire : l'affranchi restait toujours soumis au bon plaisir du maître, et sa fortune n'était qu'un pécule qui après sa mort revenait à son ancien maître. L'affranchissement légal même était loin de le mettre en pleine liberté : était-on affranchi en vertu de la loi, on restait citoyen, avec des priviléges inférieurs, sous le patronage de la loi, enfermé dans l'une des quatre tribus urbaines, ne pouvant porter la prétexte, ni la *bulla*, épouser une fille de sénateur, aspirer aux hautes charges ni même quelquefois à la milice; était-on libéré par la simple autorité du maître, on demeurait sous son patronage. Si le patron devait défendre ses affranchis en justice ou les protéger contre tout abus de pouvoir, tout affranchi devait personnellement à son patron déférence et assistance; il ne pouvait intenter contre lui l'action diffamatoire; il était obligé de lui venir en aide de son argent, si le patron était appauvri par quelque désastre; l'exil frappait l'affranchi qui avait injurié son patron; la peine des mines l'attendait s'il s'était porté envers lui à quelque acte de violence; des fautes plus graves le faisaient retomber de nouveau sous le joug de la servitude. L'autorité du patron pesait d'ailleurs si lourdement sur la liberté de l'affranchi, que plus d'une fois la législation impériale dut ajouter, par les interprétations des jurisconsultes, aux mesures trop souvent impuissantes de l'édit du préteur.

Quoi qu'il en soit, vers le commencement de l'empire on vit l'excédant d'une époque trop abondante en esclaves se déverser par l'affranchissement, sans que le dépérissement des citoyens s'arrêtât, sans même que la condition des esclaves devînt meilleure : l'affranchi oubliait ce qu'il avait été, et se joignait aux maîtres pour mépriser et pour accabler son ancien état.

Enfin, pour apprécier rapidement l'influence de l'esclavage sur la société romaine, rappelons que l'enseignement, les sciences et les arts étant livrés aux esclaves ne purent porter d'heureux fruits; qu'introduit dans la famille, l'esclave grec y apporta plutôt la corruption que la civilisation; qu'admis dans l'industrie, l'esclave empêcha ou étouffa le développement du travail libre, et produisit parmi les citoyens l'oisiveté, la misère, l'immoralité. Ainsi, dépérissement des races, corruption des mœurs, dépravation de la famille, mépris de l'industrie et du travail, voilà ce que la société romaine a gagné à l'esclavage.

DOMUS OU MAISON DE VILLE. — Si l'on n'avait pour connaître le plan d'une maison romaine que les renseignements isolés et les descriptions partielles que nous trouvons dans les auteurs classiques, il serait difficile, pour ne pas dire impossible, de s'en former une idée complète : l'ouvrage même de Vitruve sur l'architecture serait insuffisant. Heureusement les fouilles faites à Herculanum et à Pompéi ont jeté un grand jour sur cette question. Même en s'aidant de ces découvertes, on ne doit pas perdre de vue les différences qui devaient nécessairement exister entre les maisons et les palais d'une grande capitale et les habitations d'une petite ville.

Dans les premiers temps Rome n'eut que des maisons très-simples; car les écrivains parlent de la *cabane de Romulus* et de *toits en chaume*. Quand l'architecture étrusque s'introduisit à Rome, sous Tarquin l'Ancien, on construisit sans doute de belles maisons; mais elles furent ruinées par l'invasion des Gaulois. La rapidité avec laquelle on les releva et la disette d'argent qui régnait alors ne furent pas favorables à l'embellissement de Rome; beaucoup d'habitations furent couvertes de bardeau. Cet état de choses dura jusqu'après la deuxième guerre punique et la défaite de Philippe et d'Antiochus; les Romains, alors enrichis et familiarisés avec l'art grec, l'employèrent à la construction et à l'embellissement de leurs demeures. Ce que nous savons des maisons des riches se rapporte au temps qui suivit la dictature de Sylla et à l'époque impériale.

Le *vestibule* était un portique, que plusieurs écrivains placent entre la façade de l'édifice et la rue, mais qui était situé entre la façade et la porte de la maison; c'était l'espace libre qui en séparait les deux ailes. Le vestibule était souvent orné de statues. On entrait du vestibule dans l'*atrium* par une porte, dont le double battant, encadré entre deux pilastres, surmontés d'un entablement, était revêtu d'airain et orné de *bulles*, ou gros clous à tête dorée. La porte était souvent plaquée d'or, d'ivoire et d'écaille; dans presque toutes les maisons particulières elle s'ouvrait en dedans; du moins on ne jouissait que par une faveur spéciale du privilège d'avoir une porte qui s'ouvrît sur la voie publique; cette distinction fut accordée à P. Valérius Publicola, en reconnaissance des services qu'il avait rendus à la république dans la guerre contre les Sabins. Pendant la nuit la porte était fermée par des barres de bois transversales ou par des targettes de fer que l'on assujettissait sur les deux battants au moyen d'une espèce de cadenas. Quand on voulait entrer on frappait à la porte pour avertir l'*ostiarius* ou portier; à cet effet un marteau était fixé à la porte; souvent il était remplacé par une sonnette. Le portier demandait au visiteur son nom, et, selon l'ordre de son maître, le laissait passer ou l'éconduisait.

On arrivait par la porte dans l'*atrium* salle d'entrée qui était une des principales pièces des habitations romaines soit parce qu'elle communiquait avec les autres parties de la maison, soit parce qu'elle recevait la famille et les clients, et que dans les premiers temps la maîtresse de la maison y travaillait avec ses esclaves. Non loin de la porte et dans l'atrium se trouvait l'autel des Lares. On a souvent confondu l'atrium avec le *cavædium*, qui pourtant était situé au milieu de la maison, et qui d'ailleurs n'avait pas de toit. L'atrium renfermait le lit nuptial (*lectus genialis*) et les métiers de tisserand dont se servaient les femmes des esclaves; on y voyait aussi les portraits de famille, rangés chacun dans une petite niche, au bas de laquelle une inscription rappelait les titres, les honneurs, les belles actions de celui dont elle contenait l'image. Les temples avaient aussi sur le devant un atrium, où se rassemblaient, soit les sénateurs, soit certains magistrats. Les *Atria Licinia* étaient la demeure des hérauts.

Le *cavædium* était une cour, dont le milieu restait exposé au grand air, et où la pluie tombait des toits environnants. La cour était entourée des quatre côtés par des bâtiments, et l'espace ouvert par des galeries dont la toiture reposait soit sur des murs, soit sur des colonnes. Vitruve compte cinq espèces de ces galeries : L'*atrium toscan*, qui se composait de quatre poutres placées dans la largeur de l'atrium, et se croisant à angles droits, en fixant leurs extrémités dans les murs de l'édifice : il versait ses eaux dans le *compluvium*, bassin qui occupait le centre de la cour ; — le *corinthien*, dont les poutres, les esparts et les goulettes étaient supportés par de nombreuses colonnes ; — le *tétrastyle* était, ainsi que l'indique son nom, orné de quatre colonnes placées chacune aux quatre points où les poutres se croisaient ; du reste il offrait la même disposition que le toscan ; — le *displuviatum* avait l'avantage de laisser entrer plus de jour dans les pièces qui l'entouraient ; mais l'eau ne coulait pas directement des noues dans la cour, elle tombait dans une sorte de chéneau d'où elle suintait sur les murs ; — le *testudinatum*, qui regardé d'en haut ressemblait à la carapace d'une tortue. Telle était la disposition du *cavædium*. Les portiques qui entouraient l'*impluvium* (la partie vide, la cour), étaient ornés de statues ; les colonnes même étaient splendides et dispendieuses : elles étaient souvent en marbre de Luna, et d'un seul bloc. Les murs, revêtus du même marbre jusqu'à hauteur d'appui, et le reste enrichi de peintures ; le plafond des portiques, incrusté de figures moulées par des artistes grecs. — Autour du *cavædium* se trouvaient les pièces où l'on conservait le vin, le blé, les fruits ; là aussi les logements des esclaves, les chambres à coucher et les salles à manger.

Parmi les pièces qui s'ouvraient sur le *cavædium*, il faut compter le *tablinum* qui dans les maisons particulières correspondait au dépôt d'archives des édifices publics ; il contenait les archives de la famille ; on s'y occupait aussi de littérature. Dans le tablinum d'une maison de Pompéi on voit sur un tableau un homme, soit philosophe, soit orateur, soit poëte, qui tient à la main un rouleau de papier, et en récite le contenu à deux autres personnes ; Apollon et une Muse se tiennent près de lui. Toute cette pièce est splendidement décorée ; le pavé est orné d'ouvrages de mosaïque, et représente quatre personnes masquées, environnant une cinquième personne, qui déclame et dont les paroles sont accompagnées par un joueur de flûte. — Des corridors, ménagés de chaque côté du tablinum, conduisaient dans le *péristyle*, portique plus long que large et supporté par des colonnes.

Outre ces parties d'une maison romaine, il en est d'autres dont la situation n'est pas déterminée : les chambres *de jour* et celles *de nuit*, les chambres *d'été* et les chambres *d'hiver*. Les *triclinia* étaient des salles de festin ; il y avait des *triclinia* d'hiver, exposés à l'occident ; de printemps et d'automne, à l'orient ; d'été, au septentrion : ils étaient presque toujours deux fois aussi longs que larges. L'*œcus*, grande salle de travail, sorte de parloir, où se tenaient les femmes, servait aussi de salle à manger. Les colonnes de l'*œcus* corinthien étaient en marbre de Luna ou en marbre de Caryste, et la voûte en stuc. Dans l'*œcus* égyptien les colonnes étaient détachées des murs latéraux. L'architrave de ces colonnes et les murs d'enceinte formaient une terrasse extérieure, qui faisait le tour de la pièce. Les entre-colonnements supérieurs étaient remplis par des fenêtres qui éclairaient la salle. L'*exèdre*, situé au couchant, était une grande galerie, où l'on se rassemblait pour parler d'arts ou de sciences ou d'affaires ; le pourtour de l'exèdre était garni de siéges, sur lesquels on prenait place. La *diæta* était un salon où l'on recevait les visiteurs ; le *solarium*, une terrasse qui couvrait toute la maison et servait de promenoir ; la *zotheca*, un cabinet qui communiquait souvent avec la chambre à coucher par une porte vitrée. Vitruve désigne encore comme se trouvant dans les maisons des riches une galerie de tableaux, appelée *pinacothèque* : l'exposition en était tout à fait septentrionale, soit pour que l'orient procurât un jour plus égal, soit pour que les peintures ne fussent pas endommagées par l'ardeur du soleil ; on voyait aussi dans cette galerie des statues et des vases de métal ou de pierre, travaillés avec art.

Dans l'intérieur des maisons le sol était rarement en bois ; ordinairement il était pavé en blocage, ou se composait de pierres de différentes couleurs qui représentaient diverses figures. Quant aux fenêtres, elles consistaient en minces carreaux de verre ou de pierres spéculaires, dont l'usage ne s'introduisit d'ailleurs que très-tard. Comme très-peu de fenêtres dans les maisons particulières donnaient sur la rue, le verre n'était nécessaire que dans les chambres d'hiver, dans les *triclinia* et dans les *œci;* des voiles étendus devant les fenêtres interceptaient le froid en hiver, et garantissaient des rayons du soleil en été. Les toits étaient couverts en larges tuiles; quelquefois ils étaient plats, et l'on y cultivait des fleurs et des arbres. — Quand la rigueur de l'hiver exigeait que les appartements fussent chauffés, on allumait du feu sur un foyer mobile, avec du bois très-sec et très-combustible; dans les maisons où il y avait des bains, une série de tuyaux conduisait la chaleur de l'hypocauste (foyer souterrain) dans les pièces situées au-dessus. On ne connaît pas d'une manière précise la position de la cuisine et de la boulangerie dans les maisons romaines; toutefois, il est probable que, comme les magasins de provisions, elles étaient situées aux environs du cavædium. Il ne s'y trouvait point de cheminées : la fumée s'échappait par une ouverture du toit ou par les fenêtres disposées à la partie supérieure des murs. Aussi, quoiqu'on ne brûlât que du bois très-sec, on souffrait de la fumée, qui endommageait même les images des ancêtres placées dans l'atrium.

Les maisons proprement dites, les *domus*, étaient rangées par files contiguës. D'autres maisons, libres de tous côtés, devaient à leur isolement le nom d'*îles* (*insulæ*); c'étaient ordinairement les plus considérables. Outre la différence de position, elles se distinguaient encore des *domus* en ce qu'elles étaient données à louage et habitées chacune par plusieurs familles. Après l'incendie qui dévora Rome sous le règne de Néron, les *îles* ne purent plus dépasser la hauteur de soixante-dix pieds : elles avaient des escaliers qui conduisaient directement des divers étages sur la voie publique. Elles étaient ordinairement entourées, ainsi que leurs dépendances, par des murs d'enceinte. Les augures avaient le droit de faire démolir celles dont la hauteur gênait leurs observations. — On appelait *area* la place sur laquelle elles s'élevaient, et *angiportus*, ou ruelles, les chemins qui s'ouvraient autour des îles et servaient à mener d'une rue dans une autre; ces chemins étaient souvent si étroits, qu'on pouvait difficilement y passer.

Selon un dénombrement que nous devons à Pub. Victor, il y avait à Rome sous Valens et Valentinien quarante-six mille six cent deux maisons, dont quarante-quatre mille sept cent quatre-vingt-douze îles, ou maisons à loyer : on ne doit pas s'étonner que dans une grande ville elles aient été beaucoup plus nombreuses que les maisons particulières.

AMEUBLEMENT DES MAISONS. — Parmi les meubles indispensables des chambres, il faut compter d'abord les sièges; ils étaient ou simplement en bois, ou incrustés d'ivoire et d'argent, ou encore en bronze; les uns n'avaient pas de dossier et ressemblaient à nos tabourets; les autres avaient un dossier de forme demi-circulaire. Ils étaient rembourrés de laine ou de plumes de cygne, ou encore recouverts de tapis moelleux. Le *solium* était un siège d'honneur, dont se servaient les patrons quand ils recevaient leurs clients, soit pour leur donner des conseils dans certaines affaires judiciaires, soit pour terminer leurs différends. Il y avait aussi des lits de repos pour les gens malades ou faibles.

On n'employait ordinairement les sièges que pour converser, pour s'occuper d'affaires, pour lire et écrire, pour toute espèce de travail; ainsi ils étaient en usage chez les artisans et chez les artistes. Pour prendre leurs repas les Romains se servaient non pas de chaises, mais de lits, disposés de manière que trois de ces lits entouraient une table de trois côtés; les convives se tenaient couchés sur ces lits, le corps appuyé sur le coude du bras gauche, et n'étaient ordinairement qu'au nombre de trois; on regardait comme inconvenant que plus de trois personnes prissent place sur un seul lit. Pendant les premiers temps les femmes eurent l'habitude de s'asseoir à table; mais elles finirent par se coucher, comme les hommes, sur les *triclinia*.

Les tables n'étaient point, comme parmi nous, un meuble de première nécessité dans les chambres; elles n'étaient indispensables qu'aux artisans : dans les boutiques, où elles étaient souvent maçonnées, on étalait sur les tables les marchandises : les bouchers y plaçaient la viande, les changeurs l'argent. Toutefois, quand le luxe se fut introduit à Rome, les tables devinrent un des meubles les plus importants et les plus somptueux des œci et des *triclinia*. Elles avaient d'abord été très-simples, ayant trois ou quatre pieds, et faites tout au plus de bois d'érable, bois qu'on estimait pour sa dureté et pour sa blancheur; enfin elles étaient quadrangulaires; plus tard elles furent rondes, portées sur un seul pied, tantôt d'argent, tantôt d'ivoire ou d'airain, et formées des bois les plus rares et les plus précieux, enrichis de sculptures. Les tables les plus recherchées étaient en citre, arbre qui croissait en Mauritanie. Les unes devaient à l'étendue et au prolongement des veines de leur bois le nom de *tigrines*; d'autres offraient des lignes recourbées en petits tourbillons, on les nommait *panthérines*; d'autres enfin étaient tavelées. De ces tables rondes, les plus grandes avaient quatre pieds de diamètre environ. La dimension la plus considérable que l'on eût encore vue, lors du règne d'Auguste, était celle d'une table qui venait de Ptolémée, roi de Mauritanie : elle avait quatre pieds et demi de diamètre et trois pouces d'épaisseur. — On appelait *abacus* de plus petites tables, sur lesquelles on étalait ordinairement des vases précieux : aussi avaient-elles un rebord destiné à empêcher la chute des objets; on s'en servait encore pour le jeu de dés et pour d'autres jeux. C'était un objet de luxe que, selon Tite-Live, les Romains devaient aux Asiatiques.

Outre le lit nuptial, placé dans l'atrium, il y avait dans les chambres à coucher un lit de bois fin, souvent incrusté d'ivoire, d'écaille ou d'argent; parfois il était tout entier en bronze, ou garni de pieds en bronze ou en ivoire, et si élevé au-dessus du sol qu'on avait besoin d'un escabeau pour y monter. — Des armoires (*armaria*) renfermaient l'argent et les objets de prix; d'autres, les habits, ou les aliments, ou les livres; dans les murs d'enceinte de l'atrium se trouvaient des niches, contenant les images en cire des ancêtres; on avait pour les voyages une valise en bois mince; la *dactyliothèque* était une boîte aux bagues; enfin des voiles, *aulæa*, s'étendaient devant les portes et les fenêtres.

ÉCLAIRAGE DES MAISONS. — Les esclaves étaient ordinairement éclairés, pour le travail auquel ils se livraient dans les chambres, par la lampe, *lucerna*, vase allongé, garni latéralement d'une ou de deux bobèches, où l'on plaçait la mèche; une petite chaîne maintenait sur ce vase un couvercle surmonté d'une anse, qui permettait de transporter facilement la lampe. Ces lampes étaient en fer ou en argile, et incrustées de bronze; on en a trouvé plus de cent de cette espèce dans les bains de Pompéi. La mèche était un cordon d'étoupe, imbibé d'huile, ou de suif, ou de cire : on employait aussi comme mèches les feuilles épaisses et grasses d'une plante appelée *lychnitis*. — La chandelle (*candela*) était une corde ou une tige de jonc enduite de cire ou de suif; elle paraît avoir été en usage plutôt que la lampe : elle était supportée par un candélabre, qui reposait non sur la table, mais sur le sol. Les candélabres étaient soit en bronze, soit en airain de Corinthe, quelquefois en bois, et avaient ordinairement deux pieds et demi de hauteur : on en a trouvé à Pompéi qui avaient jusqu'à cinq pieds de hauteur. Les Romains les plaçaient dans l'atrium et dans les chambres, pour éclairer la maison.

Le *lychnus*, lampe garnie d'un grand nombre de mèches, répandait une lumière très-vive; car Domitien l'employait dans les jeux et dans les chasses nocturnes. Pline parle d'un *lychnulus* placé dans le temple d'Apollon Palatin, et le compare à un arbre dont les branches portent des fruits : c'était donc un chandelier à branches, comme nos lustres. Ces chandeliers étaient surtout en usage dans les temples. — La *tæda*, torche de bois résineux, fut longtemps employée dans les noces et dans les solennités funèbres. Pour les noces, on allumait cinq de ces torches; on portait devant la nouvelle épouse une autre torche, d'épine blanche, bois que l'on croyait propre à écarter les maléfices. Dans les temps les plus anciens on se servait de la torche soit pour éclairer la maison, soit pour sortir de nuit.

On a trouvé à Pompéi beaucoup de petites pincettes, avec lesquelles les Romains retiraient la mèche de la lampe ou en enlevaient le champignon. Ils avaient aussi une espèce d'entonnoir pour verser l'huile dans la lampe. — Non-seulement on plaçait sur les tables les lampes, ordinairement supportées par des candélabres; mais on les suspendait encore par des chaînes au plafond des chambres. Souvent les candélabres étaient eux-mêmes remplacés par des porte-flambeaux, au sommet desquels étaient placées plusieurs lampes ; des arbres ou des statues remplissaient aussi le même office.

Enfin les gens du peuple se servaient parfois, pour sortir de nuit, de lanternes en feuilles de cornes, en peau de vessie, ou en morceaux de toile de lin huilés.

VILLA OU MAISON DE CAMPAGNE. — Nous connaissons mieux les maisons de campagne des Romains que leurs maisons de ville, grâce aux descriptions de villas que nous trouvons dans Pline le jeune, dans Vitruve, dans les agronomes Varron et Columelle; de plus la description faite par Cicéron de sa maison de campagne et de celle de son frère nous permet d'apprécier le caractère de ces habitations, où régnaient le luxe et le faste des maisons de Rome.

Le mot *villa* désignait originairement une ferme et ses dépendances, ou les bâtiments nécessaires à un laboureur ; plus tard il désigna aussi des maisons de plaisance qui ne faisaient que copier la ville : aussi les appelait-on *pseudourbanæ*; on n'y trouvait ni culture, ni prairies, ni bestiaux ; elles étaient bâties, décorées, meublées, avec tout le luxe, toute la magnificence, toute la recherche des plus belles maisons de Rome : en un mot, c'était la ville transportée au milieu de la campagne.

VILLA RUSTIQUE. — La *villa rustique* proprement dite était, dans sa grandeur, proportionnée à l'étendue du fonds de terre; car elle devait renfermer toute la récolte, en même temps que loger les esclaves de la *famille rustique* chargés des travaux de l'agriculture, et le bétail nécessaire à l'exécution de ces travaux. Elle se composait de trois parties distinctes, comprises dans le même enclos; l'*urbana* était la partie réservée à l'habitation du maître; la *rustica*, celle pour les esclaves et les animaux; et la *fructuaria*, celle où l'on serrait toutes les récoltes. On trouvait dans l'*urbana* des logements pour chacune des saisons de l'année : un appartement d'hiver, au midi; au nord, un appartement d'été; un appartement de printemps, et d'automne à l'orient. Elle avait encore des bains au sud-ouest. Les bâtiments de cette première partie étaient construits en briques revêtues d'un enduit, et avaient un entablement en terre cuite.

La *rustica* était, selon Varron, divisée en deux cours ou enclos. Dans le premier enclos habitait le *villicus*, esclave chargé de la direction de tous les travaux rustiques : il avait l'inspection générale sur tout ce que renfermait la villa : esclaves, bestiaux, nourriture habillement ; avec lui logeait la *villica* sa femme. La demeure du *villicus* faisait face à la porte d'entrée; cette disposition lui permettait d'observer ceux qui entraient et ceux qui sortaient. Venait ensuite la cuisine, assez vaste pour que les esclaves pussent s'y reposer à l'aise. En dehors, le long des murs étaient les étables des bœufs, qui de leurs mangeoires pouvaient voir le feu du foyer. Près de la cuisine se trouvaient les bains, placés eux-mêmes au dessous de l'*apotheca*, où l'on serrait le vin nouveau, afin que, grâce à la fumée, il mûrit beaucoup plus promptement. A côté des étables de bœufs on voyait les bergeries des brebis et des chèvres, puis les écuries, qui n'étaient point tournées du côté du foyer, parce que la vue du feu pouvait, disait-on, nuire aux chevaux et les faire dépérir. Sous la demeure du *villicus* s'étendait l'*ergastulum*, prison souterraine, où l'on renfermait les esclaves, les fers aux pieds. Non loin de la prison était le *valetudinarium*, infirmerie où l'on soignait les esclaves malades. Les autres esclaves habitaient des loges situées au midi et rangées les unes auprès des autres. Les murs d'enceinte de la basse-cour étaient garnis par des volières.

les poulaillers, des étables à porcs et des hangars. Enfin l'habitation du *villicus* était voisine d'un magasin appelé *horreum*, où l'on déposait tous les instruments de culture ; les outils de fer étaient serrés dans un endroit particulier, fermé à clef.

La dernière partie de la villa rustique, a *fructuaria*, renfermait, au midi, le *torcular*, pressoir à l'huile ou au vin, et les *cellæ*, celliers pour serrer le vin et l'huile. Le but de cette position méridionale était de laisser pénétrer la chaleur du soleil sans ouvrir de passage au froid, qui dans l'hiver eût empêché de presser l'huile, ou l'eût fait geler ; tandis que la chaleur du soleil échauffait le pressoir et, dans le cellier, faisait perdre à l'huile son âpreté. Le cellier au vin, rapproché du pressoir, était tantôt dans une obscurité presque complète, tantôt ouvert au nord et au midi, tantôt au midi seulement. L'office, *penus*, regardait le nord ; on la plaçait ordinairement dans un endroit frais et sec : on y gardait les différentes provisions destinées à être conservées, comme les fèves et autres légumes semblables, es figues, les cormes, les coings, les œufs. Dans le voisinage de l'office se trouvait le fruitier, *oporotheca*, où l'on conservait, de différentes manières, les pommes, les poires, etc. Le grenier, *horreum*, était situé dans un endroit sec, froid, aéré, élevé : c'était un magasin voûté, percé au nord de petites fenêtres ; le sol du grenier se composait d'un massif de maçonnerie, enduit de ciment poli. Le grenier se divisait en cases ou bassins, *granaria*, dans lesquels on serrait les diverses espèces de grains.

Nous compterons, enfin, comme dépendance de la villa rustique une seconde basse-cour, extérieure et munie d'un bassin qui servait à détremper les osiers, les baguettes, les pois secs, etc. ; les *sterquilinia*, ou fosses à fumier ; la *pistrine*, où les meules étaient mues par le trop plein de l'eau des bains ; le *fournil* et le *bûcher* ; le *fenile*, magasin au foin, et le *palearium*, magasin à la paille ; l'*area*, aire, où l'on triturait les épis ; le *verger*, le *potager*, le *rucher*, le *vivier*.

Telle était la véritable *villa* ; elle ne se distinguait point par un luxe stérile : elle était appropriée à l'exercice de la profession qui dans les premiers temps passait chez les Romains pour la meilleure, la plus féconde, la plus digne d'un homme libre, l'agriculture.

MAISON DE PLAISANCE. — Le plan des maisons de campagne était généralement conforme à celui des maisons de ville, avec cette différence que les premières, trouvant à la campagne un emplacement plus vaste, y gagnaient en grandeur et en beauté, et devaient un nouvel agrément aux parcs dont elles étaient entourées. Une jolie tour dominait toutes les constructions ; et des chambres de l'étage supérieur on jouissait d'une belle vue sur les environs. Ces maisons renfermaient un *sphæristerium*, salle affectée au jeu de paume ou à d'autres exercices corporels ; un *cryptoporticus*, galerie ou voûte souterraine où l'on prenait le frais.

Elles avaient, comme les *îles*, trois ou quatre étages. Au reste, les étages supérieurs ne faisaient pas la partie principale de la maison, si l'on en juge par les étroits escaliers qui y conduisaient. L'exiguïté de la plupart des chambres est frappante ; très-peu de ces chambres avaient une longueur de quatorze à vingt pieds, et une largeur de dix à quinze pieds ; on comprend d'ailleurs que les Romains aient pu s'accommoder de pièces si petites quand on songe au grand nombre de chambres qui remplissaient ces maisons : chambres à coucher, chambres d'hiver, chambres d'été, etc. Les salons et les salles à manger étaient plus spacieux. Les murs à l'intérieur étaient revêtus de stuc poli et fin, avec lequel on faisait les décorations des entablements, les festons, les baguettes, et autres ornements semblables. A l'extérieur ils étaient revêtus d'un mortier composé de gypse, de chaux, de marbre et de poudre de brique ; on se servait de ce mortier pour enduire les colonnes ; il était si poli, qu'il ressemblait fort au marbre, et si fin que plusieurs couches superposées n'avaient guère plus d'un centimètre d'épaisseur.

Ces maisons devaient à la mosaïque leurs plus beaux ornements. Outre les mosaïques qui décoraient le sol et les murs à l'intérieur, on voyait à l'entrée de la maison, dans une belle mosaïque, un chien enchaîné, avec cette inscription : *Prends garde au chien*. Les ouvrages les plus remarquables en ce genre sont aujourd'hui conservés dans le Musée royal de Naples et dans le Palais royal de Portici. — On voit aussi à Pompéi beaucoup de tableaux sur les murs. Ils consistent en arabesques, festons et couronnes, en scènes fantastiques tirées du monde animal et de la mythologie, et sont tous exécutés avec un goût sûr, avec un art extraordinaire. La maison d'un poëte tragique possède de belles peintures mythologiques, comme l'enlèvement de Briséis par Agamemnon, Thésée et Ariane, le sacrifice d'Iphigénie. Les couleurs se sont conservées si belles, qu'elles surpassent en éclat la plupart des peintures à fresque postérieures.

Si l'on rencontre tant de magnificence et tant d'art dans l'intérieur des petites maisons de Pompéi, quel devait être le faste des maisons de Rome, cette capitale du monde, cette ville où affluaient les chefs-d'œuvre de l'art, où les édifices publics montrent autant de goût et de sentiment de l'art que de magnificence!

Quant à l'ameublement, il était dans les maisons de plaisance généralement conforme à celui des maisons de ville.

COSTUMES.

COSTUMES DES HOMMES.—Depuis les temps les plus reculés jusqu'à l'époque impériale les Romains eurent toujours, dans le cours ordinaire de la vie, les mêmes vêtements, et les caprices de la mode n'en changèrent ni la forme ni l'étoffe; le luxe, en s'introduisant à Rome, n'eut sur le costume des hommes d'autre influence que de leur faire porter la tunique avec des manches, jusque alors inusitées, et la toge plus large, plus longue et plissée avec art.

TOGE. — La toge était le vêtement distinctif du citoyen romain, qui en temps de paix la portait toujours, quelle que fût sa classe, quel que fût son âge; il ne la déposait que dans un grand danger, lorsqu'une guerre était imminente. Quiconque n'était point citoyen romain n'avait pas droit à la toge; avai on perdu par le bannissement le dro de cité, on devait quitter la toge. L Romains la portaient même dans l pays étrangers. Comme ce vêtemer couvrait tout le corps et laissait à pein quelque liberté à un seul bras, on n pouvait le garder ni pendant le travai ni pendant les occupations domestique ni pendant celles de l'agriculture. L gens de la campagne et les habitants d municipes ne prenaient la toge que dar les occasions solennelles ou quand i allaient à Rome.

La toge, ou robe de dessus, fut d le commencement, comme la tuniqu ou robe de dessous, un vêtement laine. On recherchait surtout les lain d'Apulie, du territoire de Tarente de Canusium. Plus tard, sous les en pereurs, on prit aussi pour la toge d étoffes de soie. La couleur de ce vête ment était blanche, sans doute la co leur naturelle de la laine; aussi fallait-la nettoyer de temps en temps : c'éta l'ouvrage des foulons. Ceux qui bri guaient une charge publique se préser taient devant le peuple avec une tog dont la blancheur naturelle avait ét rendue plus éclatante encore par u préparation crétacée; ce qui les faisa appeler *candidati* (vêtus de blanc) o *candidats*. La toge brune (*pulla*) éta un signe de deuil ou de pauvreté. Quan un accusé avait recours à l'appel a peuple, il se montrait le vêtement souil et en désordre. — La *toge prétexte* longue robe blanche tout unie, et sin plement bordée d'une bande de pourpr était le costume des magistrats, et ell fut aussi depuis Tarquin l'Ancien l vêtement distinctifs de l'enfance, ju qu'à l'époque de la prise de la *toge v rile*. Les empereurs prirent une tog de pourpre, appelée *trabée*. Déjà à l' poque d'Auguste la toge ne fut plu portée généralement; l'empereur en té moigna son mécontentement, et o donna aux édiles de ne pas souffrir qu personne parût en lacerne (vêtemen destiné à garantir de la pluie) dans l'a semblée du peuple; néanmoins, sous le empereurs suivants on commença porter des toges de soie.

Selon toute vraisemblance, la form de la toge ne s'altéra, jusqu'à l'appari tion du luxe, que pour prendre plus d'ampleur et de plis. On rejetait la toge sous le bras droit jusqu'à l'épaule gauche de manière à avoir le bras droit libre. Les enfants portaient sur leur poitrine une *bulle*, petit ornement en forme de cœur, d'or pour les riches, et de cuir pour les pauvres; cette bulle leur servait peut-être à assujettir la toge. Quand ils étaient arrivés à l'âge d'homme, ils quittaient cette toge, bordée d'une bande de pourpre, pour la *toge virile*, robe entièrement blanche. La *toge brodée* (*picta*) était un vêtement de pourpre, brodé de palmes d'or, que portait le triomphateur. Selon Florus, elle parut à Rome sous Tarquin l'Ancien, après la soumission des Étrusques.

TUNIQUE. — Le vêtement que les Romains, hommes et femmes, portaient immédiatement sur le corps, était la *tunique*, moins longue que la toge, et aussi plus étroite et retenue par une ceinture, parce qu'on gardait la tunique pour travailler. Elle fut d'abord sans manches; plus tard on y ajouta, pour les hommes, de petites manches qui ne descendaient pas jusqu'au coude. Les hommes ne pouvaient porter de manches longues sans se faire accuser de mollesse; elles étaient sans doute permises aux femmes, pourtant on en voit peu aux statues. Une tunique assez ample pour tomber jusque sur les pieds d'un homme le faisait passer pour un ami du luxe, pour un efféminé. Aulu-Gelle rapporte qu'on porta d'abord la toge sans tunique; par la suite, on plaça la tunique sous la toge, et on ne l'employa seule que pour travailler. On finit même par ne plus se contenter d'une seule tunique, et par en porter plusieurs à la fois. — La couleur de la tunique était blanche, et faite de laine. Dans les derniers temps les riches eurent des tuniques en toile de lin.

La tunique ordinaire était dépourvue de tout insigne; mais les sénateurs portaient le *lati-clave*, tunique bordée depuis la poitrine jusqu'au bas d'une large bande de pourpre. Celui qui jouissait de la distinction du lati-clave ne pouvait ceindre que la tunique de dessous; César avait fait de celle de dessus une prérogative particulière. Auguste accorda aux fils des sénateurs l'autorisation de porter le lati-clave en même temps que la toge virile. Quand ils devenaient tribuns militaires, ils conservaient le lati-clave. Dans les municipes et dans les colonies, les fils des riches, ou peut-être des duumvirs, avaient aussi ce droit. L'*angusticlave* était la tunique des chevaliers. Le triomphateur portait sous sa toge une tunique de pourpre, brodée de palmes d'or; la même tunique était accordée à celui qui conduisait la procession par laquelle on inaugurait les jeux du Cirque. — On ne sait à quelle époque remonte l'usage du lati-clave et de l'angusticlave comme vêtements distinctifs des sénateurs et des chevaliers : cet usage existait déjà lors du désastre des Fourches-Caudines.

Outre la tunique et la toge, les Romains portaient encore, surtout pendant l'époque impériale, des vêtements que sous la république ils n'avaient portés que dans certaines circonstances.

En voyage, pour se garantir de la pluie ou de la poussière, ils remplaçaient la toge par la *pénule*, espèce de manteau sans manches : il était fermé jusqu'en haut par des points de couture; car Cicéron, dans son plaidoyer pour Milon, disait que son client, couvert d'une pénule, n'avait pu par conséquent attaquer Clodius. Ce vêtement avait aussi un capuchon. On ne portait la pénule en ville que par les temps de pluie, mais elle servait ordinairement de casaque de voyage. La laine était presque toujours l'étoffe de ce vêtement; quelquefois il était de peau. — Un autre vêtement très-usité, et qui remplaçait souvent la toge, était la *lacerne*, manteau ouvert par devant, comme le *pallium* des Grecs, et fixé sur l'épaule par une agrafe. Ovide parle de ce vêtement comme existant déjà sous le dernier roi de Rome, et nous montre Lucrèce faisant une lacerne pour son époux Collatin. Sous les empereurs on plaça la lacerne sur la toge pour protéger ce dernier vêtement; on la portait aussi sans toge. L'usage n'en était pas encore très-répandu à l'époque de Cicéron; car il reprochait à Antoine de porter une lacerne. On s'en servait surtout dans les jeux, en partie parce qu'elle garantissait mieux de la pluie et de la poussière, en partie parce que, n'étant pas toujours de couleur blanche, elle se salissait moins facilement. Toutefois le decorum portait les gens de bonne famille à préférer la toge à la lacerne, quoique ce dernier vêtement fût plus ordinaire. La lacerne avait aussi un capuchon, avec lequel on se couvrait, pendant la nuit, la tête et même le visage, de manière à ne pouvoir être reconnu. — On nomme encore comme vêtements employés par les hommes dans des circonstances particulières la *læna*, large manteau d'hiver, qu'on mettait par-dessus la tunique, et surtout usité dans les solennités religieuses : la *læna* était de pourpre pour les prêtres ; la *læna coccinea*, de couleur d'écarlate, et marque distinctive de la richesse et des dignités ; l'*abolla*, somptueux vêtement grec, de couleur de pourpre : le roi Ptolémée le portait à Rome, ainsi que le stoïcien Égnatius et les philosophes de l'école cynique ; l'*endromide*, manteau dont on se couvrait particulièrement après les exercices corporels, pour prévenir un refroidissement ; la *synthèse*, vêtement pour les repas : il était par conséquent plus commode que la toge. Néron en se montrant sur la voie publique avec ce vêtement choquait les convenances ; car on ne se montrait en *synthèse* que dans les Saturnales.

Chaussures. — Les chaussures romaines, malgré leurs dénominations très-différentes, peuvent se ramener à deux espèces :

1° Le *calceus*, qui couvrait tout le pied, et avec lequel on se montrait en public : il serrait le pied plus que la sandale (*solea*), et Paul-Émile s'en plaignait. Le *calceus* était simple, d'une seule couleur, quelquefois rouge. Il était fixé à la jambe par quatre courroies. Les chaussures des sénateurs avaient de plus une *lunule* d'argent ou d'ivoire, en forme d'un petit croissant, C : ce chiffre romain (cent) indiquait, selon Plutarque, le premier nombre des sénateurs. La lunule était peut-être placée au point de jonction des quatre courroies. Les Romains qui n'étaient ni sénateurs ni magistrats curules avaient des souliers qui montaient jusqu'aux chevilles, et manquaient des quatre courroies et de la lunule : ces chaussures étaient grossièrement faites, tandis que celles des Romains de distinction étaient élégantes, d'un cuir fin et souvent coloré. Les souliers ordinaires n'avaient qu'une courroie au lieu de quatre.

2° La sandale (*solea*), qu'on portait avec la tunique, comme on portait le *calceus* avec la toge : c'était donc une chaussure domestique, et l'on faisait un reproche à l'homme de se montrer en public avec des sandales. Mais dans les provinces, où l'on ne portait point la tunique romaine, cette chaussure n'était pas inconvenante. On la prenait aussi pour les repas, en même temps qu'on quittait la toge, afin d'être plus à l'aise. Les sandales étaient légères et assujetties sur le pied avec de minces courroies, mais de manière que le pied fût découvert jusqu'à la semelle. La différence entre la *solea* proprement dite et la *crepida*, autre espèce de sandale, consistait peut-être en ce que la première était tout à fait plate, tandis que la seconde avait un talon. Les sandales étaient ordinairement de cuir ; mais les pauvres portaient aussi des sandales de bois, quelquefois ferrées. Les *sculponæ* étaient des sabots, dont se servaient les gens de la campagne.

Coiffure. — Les Romains dans la vie ordinaire n'avaient point de coiffure, et ne se couvraient la tête que dans les solennités religieuses : on portait, par exemple, lors des Saturnales le *pileus*, coiffure propre des esclaves que l'on affranchissait et des esclaves qu'on exposait en vente sans répondre d'eux. Cette coiffure de laine était plutôt un bonnet qu'un chapeau. Le *pétase* ressemblait beaucoup au *pileus* ; seulement il avait de grands bords, et l'on s'en servait, surtout en voyage, pour se garantir du soleil et de la pluie. Caligula permit aux Romains de porter le pétase dans le théâtre pour se défendre contre l'ardeur du soleil. Ces bords ne se trouvaient pas dans le *galerus*, qui avait plutôt la forme d'un casque : c'était une coiffure de peau. L'*apex*, selon Servius, était proprement une baguette enveloppée de laine que les prêtres, et aussi les rois, portaient à l'extrémité de leur bonnet ; plus tard le mot *apex* désigna le bonnet même des prêtres. Une coiffure beaucoup plus usitée que toutes celles dont nous venons de parler était la cape de la pénule et de la lacerne. On se couvrait aussi la tête avec le pan de la toge que l'on rejetait sur l'épaule gauche; mais on le laissait retomber quand on abordait un homme à qui l'on devait témoigner beaucoup de respect.

COSTUME MILITAIRE. — Plusieurs des pièces de vêtement que nous venons de citer faisaient partie du costume militaire comme du costume civil. La tunique était un vêtement propre aux centurions. Elle était encore plus nécessaire aux soldats qu'au Romain en temps de paix, parce que le *sagum* n'enveloppait pas tout le corps, comme le faisait la toge. Le *sagum* était une casaque, que l'on portait par-dessus les autres vêtements et la cuirasse; il était ouvert par devant, tombait jusque sur le genou, et était retenu sur l'épaule par une agrafe : c'était le vêtement des simples soldats aussi bien que des chefs. Il était d'une étoffe épaisse, et avait la forme d'un pallium : les chefs portaient un *sagum* de pourpre, souvent orné de broderies. Quelle était la couleur du *sagum*? C'est ce qu'on ne saurait déterminer : pourtant il est maintes fois question d'un *sagum* de couleur rouge. La prise du *sagum* était l'indice d'un grand et imminent danger; on le quittait quand la guerre avait cessé. — La *pénule* et la *læna* étaient aussi en usage parmi les soldats; mais la forme de ces deux vêtements différait de celle du *sagum*; ils étaient plus amples, plus longs et plus propres à garantir du froid : aussi les portait-on surtout en hiver. L'usage de la lacerne était moins répandu.

Le *paludamentum* était l'habit militaire du général en chef : il était de laine et, comme le *sagum*, fixé sur l'épaule avec une agrafe; mais il tombait plus bas, et il avait la couleur de pourpre. Le général qui partait de Rome pour faire la guerre, prenait le *paludamentum* sur le Capitole; à son retour, il devait, si on ne lui accordait pas le triomphe, déposer ce vêtement devant Rome, et faire son entrée couvert d'une toge.

Les chaussures des soldats étaient les *caliges*, brodequins qui montaient jusqu'à mi-jambe, et que portaient les simples soldats. Les *ocreæ* étaient des chaussures en métal, qui couvraient la partie antérieure de la jambe. — Pour coiffure, les soldats avaient, soit un casque en peau (*galea*), garni d'une aigrette et orné d'une crinière, soit un casque en métal (*cassis*). Le premier devint plus tard, comme le second, un casque en métal. La différence entre ces deux coiffures consistait peut-être en ce que la dernière était affectée à la cavalerie, et l'autre à l'infanterie.

COSTUMES DES FEMMES. — L'influence du temps et de la civilisation ne fut pas plus puissante sur les costumes des femmes que sur ceux des hommes; elle réforma ou ajouta dans les costumes certains accessoires, elle changea l'étoffe et l'ornement des vêtements; mais elle n'en changea pas les formes prédominantes.

La *tunique* était pour les femmes le premier, le plus indispensable des vêtements de dessous; elles la portaient volontiers, même dans leur maison. L'étoffe de la tunique fut d'abord la laine; mais quand les Romains, vers les derniers temps de la république, entretinrent avec l'Égypte des relations plus étroites, on remplaça généralement la laine par le lin. Les vêtements de soie, ainsi que les fins et transparents tissus de Cos, devinrent de même un article de luxe et de coquetterie. La *stole* était une longue robe blanche, que les femmes portaient par-dessus la tunique et s'attachaient sur les épaules au moyen d'une agrafe; elle descendait jusqu'à terre, et couvrait même les pieds; elle était entourée à l'extrémité inférieure d'une espèce de falbala qui passait pour la partie essentielle de la stole, et à la partie supérieure, ornée de bordures d'or et de pourpre. La stole était pour les femmes ce qu'était la toge pour les hommes : le luxe respecta toujours cet habit de caractère, cet habit des Romaines proprement dits; mais il y ajouta une profusion d'autres vêtements, robes ou manteaux, dans la confection desquels entraient tous les genres de tissus, toutes les nuances de couleurs, et surtout la pourpre. L'énumération d'une partie de ces vêtements peut offrir quelque intérêt.

37.

Le *calthula*, petit manteau court, d'une étoffe couleur de souci (*caltha*), plante à laquelle il devait son nom.

Le *cerinum*, vêtement dont l'étoffe était jaune; il tirait son nom de la couleur de la cire.

La *crocotula*, petite robe ou tunique de couleur de safran. — Les prêtres de Cybèle portaient eux-mêmes une robe semblable.

Le *cymatile*, vêtement de couleur de mer, dont l'étoffe était peinte de manière que quand on la regardait d'une certaine manière, on voyait des ondes les unes sur les autres.

L'*impluviata*, vêtement de couleur brune, robe carrée à quatre côtés, comme l'*impluvium* d'une maison. Varron parle de l'*impluvia* comme d'un manteau contre la pluie.

L'*intusiata* était, soit une chemise, soit une robe que les femmes mettaient dans la maison.

La *patagiata*, tunique parsemée de grandes fleurs d'or ou de pourpre, et ornée de riches franges.

Le *plumatile* produisait un effet d'optique analogue à celui du *cymatile*; en regardant l'étoffe sous un certain jour, on croyait voir les plumes des oiseaux.

La *ralla* était un manteau de gaze, d'une étoffe claire et légère.

Le *ricinium*, pièce d'étoffe carrée, espèce de voile ou d'écharpe, qui se portait moitié sur la tête, moitié sur les épaules. — Nous ne ferons que citer le *basilicus*, l'*exoticus*, le *laconicum*, le *linteolum cæsicium*, le *melinum*, la *mendicule*, la *régille*, la *spissa*, le *subparum*.

Les femmes à la promenade étaient presque invisibles, et l'on n'apercevait que leur figure : la stole leur descendait jusque sur les talons, et en outre elles s'enveloppaient d'un ample manteau (*palla*), qui ne permettait point de voir leur taille. Presque toutes les femmes portaient même des voiles qui leur cachaient la moitié du visage; elles voulaient par là plutôt irriter la curiosité qu'obéir à l'ancienne coutume qui défendait aux Romaines de sortir la figure découverte.

Les chaussures des femmes étaient presque toujours des sandales (*soleæ* ou *crepidæ*), rarement des brodequins (*calcei*).

Parmi les articles de toilette qui servaient proprement à la parure des femmes, il faut compter les colliers, les chaînes, les pendants d'oreille, les joyaux d'or, les perles, les pierres précieuses, les bracelets et les bagues. Les hommes eux-mêmes sous les empereurs firent usage de ces ornements. — D'un autre côté, les Romaines connaissaient une foule de préparations pour relever et entretenir la beauté naturelle, pour dissimuler les défauts corporels, pour cacher les ravages du temps. Ainsi les femmes employaient le fard pour relever leur teint ; des pommades pour teindre leurs cheveux. On cherchait surtout à leur donner la couleur blonde de la chevelure des Germaines. En visitant la maison des vestales à Pompéi, on a trouvé, dans une des chambres de la troisième cour habitées par les femmes, une foule d'objets affectés à la parure des femmes ; un miroir de métal, décoré d'arabesques sur le derrière, des broches d'or de forme ronde, des épingles d'ivoire pour les cheveux, un peigne, une boîte à onguent, de petits vases de verre, qui contenaient du fard, des flacons d'eaux de senteur, des bracelets d'ivoire, des pendants d'oreille, des cure-dents, des colliers et des ciseaux.

La coiffure était une des principales parties de la toilette des femmes. Elles renfermaient leurs cheveux dans un léger réseau, ou les entouraient de bandelettes de soie ou de pourpre; elles se coiffaient aussi d'une *mitre*, coiffure orientale, sorte de turban ou de bonnet phrygien avec des mentonnières. Les jeunes filles avaient surtout pour coiffure des bandelettes de laine blanche, que portaient aussi les vestales et les prêtres. Les Romaines qui n'avaient pas de cheveux se plaçaient sur la tête, comme un casque, des coiffures toutes préparées, qu'on appelait *galeri*; certaines de ces coiffures se nommaient *corymbia*, parce qu'elles étaient disposées en grappes de lierre. Les cheveux postiches venaient surtout de la Germanie, qui produisait ceux du blond le plus ardent; on les préférait en raison de leur rareté, les femmes brunes étant beaucoup plus communes en Italie que les blondes. Aussi une dame romaine attachait presque toujours une grande importance à ce que ses cheveux fussent d'un blond ardent, d'un blond d'or ou d'un blond cendré. Quand elles n'avaient pas besoin de recourir à des cheveux postiches, elles teignaient les leurs, soit à l'aide d'une infusion de brou de noix, soit avec un mélange de lie de vinaigre et d'huile de lentisque, soit avec un savon des Gaules, qu'elles employaient en pâte ou en liquide, et qui était composé de cendres de hêtre et de suif de chèvre. Les brunes ne conservaient la couleur naturelle de leurs cheveux que quand cette couleur s'accordait mieux avec leur genre de beauté.

Le *tutulus* était une sorte de coiffure de forme conique et très-élevée. L'épouse du flamine avait les cheveux disposés de la même manière, et entourés de bandelettes de pourpre. Parmi les femmes, les unes arrangeaient leur chevelure en petites boucles sur le front, ou la renouaient, avec une chaîne de perles indiennes, sur le derrière de la tête, ou la ramenaient sur leur sein en boucles onduleuses; les autres portaient leurs cheveux lissés, partagés sur le front, ou en formaient un chignon rattaché avec un peigne d'écailles, ou les étalaient crêpés de tous côtés, ou les relevaient en un léger nœud sur le devant de la tête. Des esclaves étaient chargées spécialement d'arranger les cheveux de leur maîtresse, de les mettre en boucles : mettaient-elles de la lenteur dans cette tâche, commettaient-elles une maladresse, l'impatience ou le dépit portait souvent leur maîtresse à les maltraiter : celle-ci saisissait le miroir d'argent poli qu'une esclave debout tenait devant elle, le jetait à la tête de celle qui avait provoqué sa colère, lui faisait déchirer le corps à coups de fouet ou de lanières de cuir de bœuf, poussait même quelquefois la cruauté jusqu'à lui enfoncer dans les bras les dents d'un peigne ou la pointe d'une aiguille, ou faisait venir chez elle les bourreaux publics pour la remplacer dans la torture que ses forces ne lui permettaient pas toujours de rendre assez terrible. En un mot, les femmes ne se montraient jamais plus redoutables pour leurs esclaves qu'au moment de leur parure. — On appelait *ciniflones* certaines esclaves chargées de teindre les cheveux au moyen d'une poudre qu'elles soufflaient dessus; d'autres, les *cinerarii*, faisaient chauffer dans les cendres de grosses aiguilles à friser (*calamistræ*); les *calamistri* façonnaient les cheveux en boucles, en les enroulant autour de ces aiguilles; enfin la *psecas* parfumait les cheveux en les baignant d'une huile de senteur.

Pour entretenir la fraîcheur de leur visage et l'éclat de leur teint, les Romaines se servaient de marc de parfum, et s'en appliquaient une couche épaisse sur la figure le soir en se mettant au lit. D'autres employaient une pâte faite avec de la farine de froment délayée dans du lait d'ânesse. Pour blanchir la peau, on prenait de la céruse, résidu de plomb apprêté en pâte, et que l'on faisait venir de Rhodes. Pour faire ressortir l'éclat des yeux, on promenait obliquement et avec légèreté sur les paupières l'extrémité d'une longue aiguille qu'on avait trempée soit dans une teinture de safran, soit dans une pâte de suie grasse. Enfin les femmes cherchaient à relever les agréments de leur figure en s'appliquant sur le visage des espèces de petits emplâtres de peau.

Nous en avons assez dit pour montrer que chez les Romains le goût ou plutôt la passion de la parure ne connaissait point de bornes. Dans les premiers temps de la république on avait essayé à diverses reprises d'arrêter cet entraînement, et l'austère Caton le Censeur avait appuyé de l'autorité de sa parole le maintien de la loi *Oppia*, qui défendait aux femmes d'avoir à leur usage plus d'une demi-once d'or; mais les tribuns s'étaient laissé gagner par les instances des femmes, et les femmes avaient triomphé. Au reste, l'abrogation de la loi Oppia ne fut qu'un des moindres encouragements donnés au luxe de la parure des dames romaines. Le sénat fit bien des concessions, et les maris eux-mêmes avaient à un trop haut degré la passion du luxe dans les vêtements pour la combattre dans leurs femmes.

COSTUMES DES ESCLAVES. — A l'exception de la toge, vêtement distinctif du citoyen libre, de la stole et du manteau *palla*, vêtements réservés aux matrones, les esclaves portaient le même costume que les Romains ; seulement, pendant leurs travaux domestiques ils n'avaient que la tunique, qui leur laissait la facilité et la liberté de leurs mouvements ; elle était de couleur brune, comme celle des Romains pauvres : ils ne pouvaient se coiffer la tête qu'avec la cape de la lacerne ou de la pénule. Mais la différence essentielle entre le costume des esclaves et celui de leurs maîtres consistait en ce que les vêtements des premiers étaient d'une couleur sombre et d'une étoffe grossière ; il est vrai qu'ils se rencontraient en ces deux points avec les Romains de la dernière classe. La tunique des esclaves était plus étroite que celle des hommes libres. Les esclaves des empereurs, surtout ceux qui faisaient le service de la table, étaient vêtus de blanc.

REPAS. — Il y a deux mots inséparables dans la langue latine : *amare* et *potare*, aimer et boire. C'étaient en effet les deux éléments principaux de la vie d'un Romain de l'empire ou des derniers temps de la république. La question de la table devint la préoccupation continuelle de leur existence ; afin de justifier et de légitimer à leurs propres yeux leur sensualité, ils avaient fait des repas autant d'actes de piété. Bien manger et bien boire, c'était complaire à son génie (*genio indulgere*) ; vivre chichement et de peu, c'était lui faire tort, le priver (*genium defraudare*). Toutes les occasions de témoigner à ce génie commode leur respect et leur sympathie, ils les saisissaient avec empressement. Jamais culte ne fut mieux ni plus ponctuellement observé. Repas de bienvenue pour le voyageur qui arrive, repas d'adieu pour le voyageur qui part ; repas de condoléances neuf jours après les funérailles, repas à la suite des sacrifices, repas d'anniversaires de naissance, repas d'amis, repas de famille, repas avec les courtisanes ; festin enfin partout et toujours. Rarement ils sont nombreux ; on connaît le vieux proverbe : *Septem conviræ, convivium ; novem, convicium*, sept convives, repas ; neuf, fracas. Il ne faut pas que le bruit trouble les plaisirs de la table. Ces repas privés sont généralement les soupers, *cœnæ*, vers la dixième heure du jour, c'est-à-dire vers quatre heures après midi : avant, ce ne sont que de légères collations.

C'est d'abord au matin le déjeûner, *jentaculum*, qui se compose de pain trempé dans du vin, ou simplement de pain sec. Tacite ne fît jamais d'autre déjeûner, nous apprend Vopiscus. Quelquefois c'est du pain et du fromage ou bien un fruit : *nos in essedo panem et palmulas gustavimus*, dit saint Augustin ; nous mangeâmes dans la voiture du pain et des dattes. D'autres personnes prennent simplement du vin, dans lequel on mêle une plante appelée *silum*, ce qui fait encore donner quelquefois au déjeûner le nom de *silatum*.

Le *prandium* ou dîner a lieu vers la sixième heure du jour, c'est-à-dire à midi : c'est un repas très-léger et très-frugal, où l'on sert rarement quelque chose de chaud, souvent même on ne se met pas à table. Il est destiné à faire attendre patiemment le souper ou *cœna*, qui était le repas principal. Pour certaines personnes ce dîner est un repas régulier, mais elles n'y prient aucun convive ; d'autres, trop impatientes, le font suivre encore d'une autre collation, appelée *merenda* (*postméridien*), collation ou goûter qui précède de très-près le souper (*proxima cœnæ*). Ce repas était donné aux ouvriers par ceux qui les employaient. Enfin vient le souper, le repas par excellence, le repas prié, vers la neuvième ou la dixième heure, trois ou quatre heures de l'après-midi ou même plus tard, par exemple en hiver, quand le travail n'avait pas commencé de bonne heure ; quand l'assemblée du sénat ou du peuple s'était prolongée jusqu'au soir, ce qui n'était pas rare. Les débauchés ou les oisifs se mettent à table avant le soir et dès la huitième heure ; mais ce n'est pas l'ordinaire. Le souper est quelquefois suivi d'une *commissatio*, sorte de collation nocturne, où le vin n'est pas épargné ; ce sont le plus souvent des parties de débauche entre jeunes gens et courtisanes. Lorsqu'un repas a paru trop sage et qu'on ne s'y est pas enivré, la *commissatio* sert de compensation. Il en est pourtant qui font suivre une *cœna* abondante d'une *commissatio* qui ne l'est pas moins ; Vitellius par exemple, qui, dit Suétone, *commmissationi sufficiebat vomitandi consuetudine.* »

Ces cinq repas ne sont faits tous les cinq que par les enfants; le déjeûner se compose pour eux de petits gâteaux sortant du four, que vend un pâtissier ambulant :

« Surgite, jam vendit, pueri, jentacula pistor. »

Les personnes âgées se contentent de trois repas, et quelquefois même de deux, le dîner et le souper.

Sans faire un tableau historique des progrès de l'art culinaire à Rome, on peut montrer que le luxe de la table y suivit les différentes phases de la civilisation. D'abord les repas sont simples et d'une frugalité toute primitive : c'est le temps de la pauvreté et de la religion. « Autrefois, dit Ovide, on s'asseyait sur « des bancs de bois, et on croyait que « les dieux assistaient aux repas. » J'imagine que Cincinnatus ne faisait pas de somptueux festins. Curius Dentatus mange à son dîner les racines qu'il a fait cuire lui-même. On ne connaissait pas alors les inventions de plusieurs services composés de plats différents. Les repas les plus splendides consistaient en un plat de viande cuite dans l'eau et d'une espèce de bouillie appelée *puls*. Les anciens Romains ne connaissaient même pas ce qui de nos jours est souvent l'unique aliment du pauvre et abonde dans les palais des riches, le *pain*. « Ils ne se nourrissaient pas de pain, dit Pline, mais de *puls*. Pour préparer cet aliment on faisait cuire comme une bouillie de la farine de blé ou de froment; plus tard on y ajouta une espèce de boudin (*botellus*) ou de farce; on faisait aussi le *puls* avec des légumes et des herbes potagères. Ce genre de vie si frugal demeura en honneur, même dans les grandes familles, jusqu'à la première guerre Punique.

Mais bientôt avec les arts, le luxe et la mollesse de la Grèce font invasion dans la rude Italie. La sensualité romaine éveillée tout d'un coup ne se contente plus d'une vie frugale. Elle cherche de nouvelles jouissances; mais ses premiers essais se ressentent un peu du défaut d'habitude. Prenons par exemple l'époque de Plaute : on trouve à peine quelques boulangers dans la ville : ce sont des femmes qui cuisent le pain dans les maisons particulières. Les jours ordinaires, pour le repas de la famille, la cuisine est faite par quelque grosse servante, quelque fille robuste, grasse et laide, que l'on puisse battre au besoin, « *horrida, quæ vapulet* » dit Plaute. Y a-t-il réunion pour le souper, le père de famille court dès le matin faire ses provisions au marché, à moins qu'il ne préfère y envoyer un parasite. Ce n'est pas tout; il faut louer un cuisinier : les voilà tous réunis sur la place, attendant qu'on les occupe. Chacun d'eux vante ses talents, et déploie toutes les séductions d'une éloquence intéressée. Choisissez, et choisissez bien : voici le bon cuisinier, le cuisinier recherché, qui se paye un didrachme par jour. Prenez celui-là; gardez-vous de ceux qui se proposent pour une drachme : ce sont des ignorants, l'opprobre du métier, des cuisiniers du neuvième jour, *nundinales coqui*, c'est-à-dire qui ne trouvent de l'emploi qu'aux jours de marché. Après être convenu du prix, l'amphitryon emmène ses cuisiniers de louage, et les établit pour la journée dans sa demeure, où il a fait emporter ses provisions. Peut-il se reposer ? Non, il faut qu'il surveille ces cuisiniers si habiles; car par malheur la probité n'est pas toujours compagne du talent; chez eux surtout, dit la voix publique, leur réputation a souffert. Les trouve-t-il dérobant quelque objet, il les fait fustiger dans le *puteus*.

La préparation des mets était d'ailleurs simple comme les mets eux-mêmes. Les plus recherchés étaient le sanglier, le lièvre et la grive. Il y a loin de là aux plats de rossignols ou de langues d'oiseaux rares que nous trouverons sur les tables des gourmands et des riches au temps des empereurs. Chacun amène son esclave pour être servi, mange avec ses doigts, qu'il essuie comme il peut; l'invention des nappes et des serviettes ne date que du temps d'Ovide. Les tables sont rondes et basses, à trois pieds; ce n'est que plus tard que l'on verra des tables d'érable et de citronnier, en bois de différentes couleurs naturelles, avec un seul pied en ivoire. A chaque service un jeune esclave nettoyait cette table sans nappe avec une éponge ou une orosse. Les repas qui suivent les fêtes et les sacrifices sont presque seuls ornés de la présence de joueuses de flûte ; et encore ce sont des femmes rouges et bourgeonnées, qui portent sur leur figure l'indice de leur amour proverbial pour le vin miellé.

Ainsi, à cette époque de transition, où la Grèce vaincue envahit l'Italie, où une civilisation s'essaye, mais gauchement encore et lourdement, on se réunit pour beaucoup manger, beaucoup boire et casser quelques pots sur la tête des parasites; mais la recherche, le bon goût, la délicatesse ne président pas à la composition du repas. Opposons à ces gros festins improvisés par des cuisiniers de louage, ces repas élaborés longtemps par des artistes habiles, reconnus et payés comme tels, classés dans une hiérarchie puissante; nous parlerons ensuite des repas en général.

Entrons dans la Rome de Néron, nous y sommes tout d'abord saisis par je ne sais quelle atmosphère lourde et épaisse, infectée, dit Sénèque, par l'odeur des cuisines qui fument de toutes parts. Les maisons des gourmands se reconnaissent aux flots de fumée qui s'en échappent. Que sont devenus les cuisiniers de louage ? Qui s'en contenterait aujourd'hui ? Chaque maison compte quatorze ou quinze cuisiniers, tous ayant leur spécialité, et dirigés par un chef, un inspecteur en titre, le *promuscondus*. « Combien d'hommes, s'é-
« crie Sénèque, un seul ventre met en
« mouvement! » Et quels hommes! de véritables artistes, des savants dans l'art culinaire ; chacun d'eux est élève d'un maître renommé, dont il se recommande; tous ont étudié dans des écoles où se professe la théorie et la pratique de la cuisine. Là s'élève une jeunesse studieuse, qui doit par la suite se presser dans des cuisines plus vastes, dit Pline, que le champ qui nourrissait un citoyen de Romulus. « Il n'est point d'homme,
« ajoute-t-il, dont on fasse plus grand
« cas aujourd'hui que de celui qui sait
« ruiner son maître avec habileté. » Il n'en est point non plus de mieux payé; l'achat d'un tel esclave a égalé parfois les frais d'un triomphe. Un cuisinier habile est ce que le gourmand chérit le plus après lui-même. Un nouveau plat est-il venu piquer sa sensualité, aussitôt l'auteur est appelé devant les convives; on le félicite, on le couronne, et on encourage son talent par quelque présent précieux. Mais par hasard un plat est-il manqué, un rôti est-il brûlé, on fait tenir l'artiste dans la salle même du festin, et après force reproches et force invectives on le fait fustiger en présence même des convives. Le maître de la maison va quelquefois jusqu'à se charger du soin de sa propre vengeance : « Le
« lièvre n'est pas cuit; tu demandes
« qu'on t'apporte le fouet : tu aimes
« donc mieux fendre ton cuisinier que
« ton rôti ? »

Aux plus célèbres gourmands les plus habiles cuisiniers : si vous en avez un à prendre, choisissez celui qui sortira de la demeure d'un augure ou d'un pontife. Ce sont des artistes expérimentés, capables de vous faire manger des citrouilles durant tout un repas, sous diverses formes et sous divers noms, sans que vous le soupçonniez. En doutez-vous, demandez à Martial, qui en a fait hier l'expérience chez Cécilius ? Excitée d'un côté par la séduction des récompenses, stimulée de l'autre par la crainte des coups de fouet, l'industrie culinaire trouve encore un nouvel élément de succès dans la gastronomie même des Romains. Ce sont de sévères, mais de dignes appréciateurs. Il y a plaisir en effet à cuisiner pour un Lucullus, pour un Apicius, gourmand de génie qui donne lui-même des leçons de bonne chère et met au concours l'invention de mets nouveaux. Un tel maître sait donner les moyens de bien faire, et l'heureux cuisinier est sûr d'accommoder le soir ce qui le matin aura paru dans la ville de plus beau et de plus cher en fait de poisson ou de gibier. Dans les festins donnés à l'occasion de fêtes, il était d'usage d'élire un roi du festin ; on apportait les dés, et le convive qui amenait le coup de Vénus, trois six, était aussitôt déclaré roi ; ses sujets devaient, sous peine d'amende, exécuter tous ses ordres. C'est lui qui fixe le nombre de coupes que chacun videra ; il ordonne à ceux qui ont de la voix de chanter, au poëte d'improviser des vers, condition bien dure pour lui et les autres, dit Martial. C'est lui qui nomme la personne en l'honneur de qui l'on doit boire. D'autres fois il commande que chacun, après avoir vidé sa coupe, propose quelque question agréable à la compagnie. Si quelqu'un enfreignait une de ces lois, il était condamné à boire un coup de plus : c'est ce qu'on appelait *cuppa potare magistra*. Il y avait encore une autre sorte d'amusement appelé *cottabus* : c'était de jeter par terre ce qui restait de vin dans la coupe de manière à produire un certain son. Ils se divertissaient aussi à jeter des noyaux au plafond : si le noyau y touchait, c'était d'un bon augure pour leurs plaisirs. Un roi sévère, un tyran ou un dictateur, comme l'appelle Plaute, peut exiger que chacun de ses sujets égoutte sa coupe après chaque rasade, pour s'assurer que ses ordres ont été remplis; ces rasades sont si multipliées, que les convives se souhaitent autant d'années les uns aux autres qu'ils ont bu de coups pendant le repas. Ailleurs ils comptaient leurs coups par les douze parties égales dont l'as était composé; enfin ils buvaient quelquefois autant de coups de vin qu'il y avait de lettres dans le nom de la personne en l'honneur de qui l'on buvait. On conçoit qu'ils prissent des précautions contre l'ivresse. Le vin fort et capiteux et en même temps épais naturellement était mélangé d'eau dans des proportions indiquées par le roi du festin : sa couleur première était d'un noir foncé; ainsi dans la *Cistellaria* une vieille à qui l'on verse de l'eau malgré elle se plaint avec amertume de ce qu'on lui brunit son vin. Le poëte boit trois fois trois coups en l'honneur des Grâces, et ainsi le nombre de ses rasades égale celui des muses : *Musas amat impares*, dit Horace.

Le souper régulier, convenable, *cœna recta*, se compose quelquefois de six, ordinairement de trois services. Le premier est destiné à éveiller l'appétit : on commence généralement par servir des œufs; de là l'expression d'Horace : *Cantare ab ovo usque ad mala;* Chanter depuis les œufs jusqu'aux fruits, c'est-à-dire depuis le commencement du repas jusqu'à la fin. Puis ce sont des laitues, des olives, des figues, et autres hors-d'œuvre servis toujours dans la même intention. Ce premier service s'appelle *gustatio*, ou bien *antecœna*, ou bien encore *pro mulsis*, repas pris avant le vin miellé : de là cette autre expression : *Promulside aliquem conficere;* Rassasier quelqu'un dès le commencement du souper. Le second service constitue le fond du repas; il se compose de ragoûts servis en grand nombre et d'un rôti. Enfin vient le dessert, *secunda mensa;* ce sont des fruits, des pâtisseries, des friandises, désignées sous le nom de *bellaria*.

La disposition des mets sur la table est calculée de manière à flatter les yeux. Le *structor* est chargé de les placer dans un ordre régulier et symétrique; le *scissor* ou *carptor* les découpe à mesure : « Le malheureux ! s'é- « crie Sénèque, qui ne vit que pour dé- « couper avec grâce des volailles ! » Plus malheureux sans doute est celui qui ne vit que pour nettoyer les traces de l'ivresse des convives, ou pour passer une éponge sur la table à chaque service. Dans l'intervalle qui sépare ces trois services, intervalle bien court, car la nouvelle table, *secunda mensa*, est apportée toute préparée sur un plat d'argent, l'esclave amené par chaque convive vient verser de l'eau sur les mains de son maître, tandis que les échansons remplissent les coupes. On choisit pour servir le vin de jeunes esclaves, paraissant tous du même âge, vêtus d'une petite tunique, qui descend au-dessus du genou. Dès qu'ils vieillissent on les envoie à des fonctions plus pénibles; aussi s'efforcent-ils de paraître moins âgés qu'ils ne le sont en réalité; *luctantur cum senectute*, dit énergiquement Sénèque; Ils luttent avec la vieillesse. L'agilité est un de leurs principaux mérites : il leur faut accourir au premier signe, et remplir la coupe du buveur impatient. En été on place auprès des lits de jeunes filles et des enfants chargés de rafraîchir les convives en agitant devant leur visage un éventail, et de chasser les mouches avec une baguette de myrte; le premier emploi appartient aux jeunes filles, le second appartient aux enfants.

Au milieu de ce luxe et de cette délicatesse, il y a peu de chose pour la propreté et la commodité. La nappe destinée à couvrir la table s'introduisit fort tard. Point de serviettes fournies par le maître de la maison ; chacun apporte la sienne, et fait son possible pour la remporter. Mais c'est chose difficile lorsque Hermogène est du repas :

Ad cœnam Hermogenes mappam non attulit
unquam,
A cœna semper rettulit Hermogenes. »

« Jamais Hermogène n'apporta de serviette à un souper ; toujours il en rapporta. » L'on a bien des couteaux, des cuillers pour manger les œufs, mais rien autre chose. Force est de prendre les morceaux avec les doigts pour les porter à la bouche. Ovide recommande aux amants de le faire avec grâce et de ne salir ni la table ni leur visage : *est quidam gestus edendi*.

L'idée religieuse attachée à la table du festin et au repas lui-même s'était conservée. La table était regardée comme une chose sacrée, parce que c'était par elle qu'on exerçait le droit de l'hospitalité et qu'on entretenait l'amitié, le plus doux présent des dieux. Aussi était-elle comme un autel, que les convives touchaient lorsqu'ils faisaient quelque serment solennel. Dans la salle du festin ou sur la table même étaient placées de petites statues de divinités, telles que l'Hercule-Eutrapezius. On invoquait toujours les dieux au commencement du repas, et on leur offrait des libations. On répandait un peu de vin à terre, et on faisait en même temps une prière pour la prospérité de ses amis. Vers la fin du repas, de jeunes garçons et de jeunes filles venaient exécuter des danses voluptueuses, ou chanter quelques chants d'amour, ou quelque élégie contemporaine. Ailleurs ce sont des baladins qui font quelques tours de force, accompagnés de plaisanteries d'un goût douteux. Dans les derniers temps un nouveau divertissement consista à faire représenter par des hommes armés quelques épisodes tirés de l'*Iliade*. Quelquefois enfin on introduisait des esclaves, qui au milieu des coupes combattaient avec le fer, et arrosaient le triclinium de leur sang.

A ces plaisirs on ajoutait certains jeux. Les plus communs étaient les dés ou *tessères*, et les osselets, ou *tali* : c'étaient de petits cubes d'ivoire. Les *tessères* portaient six numéros ainsi tracés : I, II, III, IV, V, VI ; les *tali*, quatre seulement, les faces des deux extrémités restant nues. Pour le jeu on prenait ordinairement quatre osselets, ou trois dés. On jetait ces cubes dans un cornet et, après les avoir agités, on les versait sur une table creuse. Quand les osselets montraient quatre nombres différents par exemple, 1, 3, 4, 6, c'était le meilleur coup, le *coup de Vénus* ; le même nombre partout, c'était le *coup du chien*, c'est-à-dire le moins bon. Le *coup de Vénus* dans le jeu de dés, c'était trois 6 ; le *coup du chien*, trois 1. Le premier coup, dans l'un et l'autre jeu, faisait toujours gagner ; le second toujours perdre. — Quoique le jeu de hasard fût interdit par le sénat, on y jouait non-seulement dans les maisons des particuliers, mais encore dans les tavernes.

On appelait *latroncules* une sorte d'échecs ; ce jeu savant, dont l'invention est attribuée à Pyrrhus par le grammairien Donat, se jouait avec des pièces d'ivoire, ou le plus souvent de verre de diverses couleurs, représentant comme les soldats de deux camps ennemis ; il offrait dans ses combinaisons une image de l'art stratégique, par exemple le siége et la prise d'une ville. Celui qui avait perdu le moins de pièces était le gagnant. — Les *douze écrits* étaient une autre sorte de jeu de dames ; la table sur laquelle on le jouait était creuse et peinte à sa surface de douze lignes alternativement blanches et noires. Chaque joueur rangeait cinq petits disques sur ces lignes, et les promenait suivant l'indication donnée par des dés qu'il jetait sur la table. Parmi les autres jeux, nous citerons le *pair ou impair*, les *lapilli*, jetons blancs et noirs, que l'on rangeait trois à trois sur une tablette partagée en compartiments rectangulaires, également blancs et noirs ; chaque joueur cherchait à conduire ses jetons jusqu'au fond du jeu de son adversaire ; — le *jeu du cottabe*, qui consistait à jeter de haut et avec bruit quelques gouttes de vin dans de petits vases placés sur de l'eau et à les y faire enfoncer, etc. Dans quelques maisons le souper était suivi d'un concert et d'une représentation théâtrale. Quelques sages seulement, au milieu de la corruption géné-

ple, employaient le temps du repas à entendre, comme Pline l'Ancien, la lecture de quelque auteur grec ou latin qu'ils se faisaient faire à haute voix.

Le souper fini, on partage ordinairement entre tous les convives les restes du dernier service; chacun est libre d'envoyer ce qui lui plaît à ses parents ou à ses amis; quelques parasites remplissent leur serviette de ces débris, pour les manger le lendemain; quelques avares, comme Sanetra, pour les vendre. Aussitôt ces provisions faites, on apporte les chaussures, on allume les torches; les convives se séparent, se souhaitant les uns aux autres la santé du corps et de l'esprit. Souvent ils ont ordonné à quelques-uns de leurs esclaves de venir les chercher avec des lanternes de Carthage. Les rues, en effet, sont peu sûres une fois la nuit venue, et les voleurs seuls ne sont pas à craindre: les jeunes gens de bonne famille se font un jeu d'attaquer les passants attardés, de les maltraiter et de les dépouiller. C'est un de leurs passe-temps nocturnes. « Y « a-t-il quelqu'un de plus audacieux que « moi? s'écrie Sosie, me voilà marchant « seul au milieu de la nuit, moi qui con« nais les mœurs de notre jeunesse. »

Quant aux repas de cérémonie ou *cpulæ*, c'étaient proprement des banquets sacrés, que l'on donnait en l'honneur des dieux dans certaines fêtes religieuses. On nommait *triumvirs épulons* les prêtres chargés du soin de ces banquets. Sylla et César instituèrent, le premier des septemvirs, le second des décemvirs, avec mission de préparer sur le Capitole des banquets en l'honneur de Jupiter. — On appelait *dapes* les aliments offerts aux dieux dans leurs fêtes.

Mais voyons quels sont les mets servis à ces descendants de Fabricius et de Dentatus. La pièce principale du second service, le *caput cœnæ*, était un rôti de sanglier. Vers l'an 660 de Rome, P. Servilius Rullus introduisit l'usage de servir les sangliers sans les partager: jusqu'alors on ne présentait sur la table que le râble de cet animal. Ces sangliers servis tout entiers contenaient des boudins, des saucisses, des hachis de vulves de truie, des jaunes d'œufs, des poulardes farcies, des grives et d'autres petits oiseaux. Pétrone rapporte même qu'au moment où le découpeur ouvrait le ventre de l'animal, il s'en échappait des grives toutes vivantes, que les convives tuaient dans la salle même du festin. On avait des parcs où l'on conservait des sangliers: ceux d'Étrurie, de Lucanie, d'Ombrie, étaient les plus estimés. — Certaines parties du porc donnaient un mets très-recherché. Le fameux gastronome Apicius avait trouvé l'art de rôtir le foie du porc comme celui de l'oie. On servait des truies accommodées comme les sangliers, et remplies d'oiseaux et d'autres animaux, ainsi que de saucisses: on appelait ce mets *une truie à la troyenne*. Le jambon de porc était un morceau friand; on estimait aussi la hure de cet animal, les tetines, les glandes, les béatilles, et surtout les vulves de la truie. Les jambons et les saucissons venaient de la Gaule, de la Lycie (partie de l'Anatolie) ou de l'Ibérie (la Catalogne); le porc salé venait du pays des Séquanes (la Franche-Comté).

D'autres mets distingués étaient le lièvre, dont beaucoup de tables ne pouvaient se passer; les loirs qu'on nourrissait avec des châtaignes, et que l'on faisait confire avec du miel et des pavots; les chevreaux d'Ambracie, les lapins.

En fait de volaille, on recherchait surtout le paon de Samos; Lyrcon gagna une fortune considérable en trouvant le moyen d'engraisser ces oiseaux. Dans les oies, on préférait le foie, qu'on faisait gonfler, en le baignant dans du lait et du miel, ce qui lui donnait une grosseur supérieure même à celle du volatile d'où il était tiré: l'invention de cette succulente préparation est attribuée par les uns à M. Séius, chevalier romain, et par les autres à Métellus Scipion, homme consulaire. Dans les canards les gourmets ne mangeaient que l'estomac. Il y avait encore les chapons, les poulardes, les faisans, des langues de phénicoptères, le pigeon à cravate, qu'on élevait à la campagne et qu'on vendait très-cher; les grives, les perdrix, les grues, les cigognes, les rossignols.

Parmi les poissons les plus estimés on mentionne le turbot de Ravenne, les murènes du détroit de Sicile. C. Hirus avait des viviers de murènes; il donna six mille de ces poissons à César pour son repas de triomphe; la richesse de ses viviers fit vendre sa villa environ 750,000 fr. Le surmulet était le poisson préféré par les gourmands. Un surmulet pesant plus de cinquante livres, et envoyé au marché par l'empereur Tibère, fut acheté cinq mille sesterces (947 fr. 17 cent.) par Octavius. On paya même quelquefois les surmulets six mille (1,169 fr.), sept mille (1,363 fr. 84 cent.), huit mille (1,558 fr. 68 cent.), et jusqu'à dix mille sesterces (1,948 fr. 35 cent.)! On cite encore l'élops et l'esturgeon de Rhodes. Le *loup du Tibre*, poisson infiniment estimé, quand il avait été pris dans le Tibre entre les deux ponts; c'était peut-être une espèce de brochet.

Parmi les mollusques testacés qui faisaient partie, soit du premier service, soit du second, il faut compter les huîtres, qui venaient ou de Circéi, ou des roches du Lucrin, ou du promontoire de Rutupe (dans le comté de Kent, en Angleterre), l'*echinus*, ou hérisson de mer, le peigne, de Chio ou de Tarente, les escargots d'Afrique.

Les pauvres ne connaissaient pas ces mets si recherchés; ils ne pouvaient même se procurer que peu de viande; leur nourriture principale consistait en légumes, fèves, lentilles, navets, raves, choux. Sur la table des riches les légumes n'étaient que des mets secondaires, dont les plus fréquents étaient le poireau, le chou, la laitue et l'asperge.

Le souper se terminait par un troisième service : c'était le dessert; il se composait de fruits frais ou secs, de figues, de poires, de pommes, d'olives, de noix, de raisins, de confitures et de pâtisseries: Aulu-Gelle y ajoute des vins sucrés ou liquoreux.

La boisson au premier service était un mélange de vin et de miel, qu'on appelait *mulsum;* au second il y avait du vin, que l'on rafraîchissait avec de la glace ou que l'on aromatisait; les gens sobres le buvaient toujours mélangé. Tantôt un esclave faisait le mélange dans la coupe, tantôt on présentait aux convives mêmes le vin et l'eau, qu'ils mêlaient à leur volonté, ordinairement en quantités égales. En hiver on remplaçait le vin et l'eau froide par une boisson composée de vin, d'eau chaude et souvent aussi d'épices. — Les meilleurs vins venaient de la Campanie; le pl[us] estimé à Rome était le *Cécube,* que l'o[n] récoltait sur le territoire d'Amycles près du golfe de Caïète. Le vin le pl[us] estimé après celui-là était le *Falern[e]* que produisaient les collines de Calè[s]. Le troisième rang appartenait au vi[n] d'Albe ou de Sorrente, qui passait pou[r] le plus salutaire, et que pour cette ra[ison] on faisait boire aux convalescents puis venaient le *massique,* que l'on re[c]coltait sur le territoire de Putéole (Pouzzoles) et de Baïes; le *statanum* qui croissait non loin de Falerne, [et] avait presque toutes les qualités de [ce] dernier vin; le vin de *Calès,* le *fund[a]num,* le *mamertinum,* qui croissait prè[s] de Messine. L'empereur Auguste acco[r]dait la préférence sur tous ces vins celui de *Sétia,* bourg du Latium (aujou[r]d'hui *Sezza*), non loin des Marais-Po[n]tins. Ce vin obtint le premier rang quan[d] on ne put plus avoir le Cécube. Parm[i] les vins plus ordinaires Martial cite [le] vin de *Trifolium,* montagne de la Cam[-]panie, près de Sinuessa; le *signinum* de Signia (Segni), dans le Latium; le *n[o]mentanum,* de Nomentum dans le L[a]tium; le *veientanum,* de Véies; le *vat[i]canum,* qui croissait sur le Vatican, un[e] des sept collines de Rome; le *pelignu[m]* que produisait le territoire des Pél[i]gniens, près de l'Adriatique; le *spolet[i]num,* ou vin de Spolète, en Ombrie enfin le *tarentinum,* ou vin de Tarent[e].

Les vins étrangers les plus renommé[s] étaient les vins grecs; on en faisait tan[t] de cas, que l'on n'en offrait qu'avec l[a] plus grande parcimonie, du moins sou[s] la république. Au rapport de Pline, Lu[-]cullus racontait que dans son enfanc[e] il n'avait jamais vu servir plus d'un[e] fois du vin grec, même dans un repa[s] somptueux. On recherchait surtout [le] vin de Chios, puis celui de Thasos; le vi[n] de Lesbos, que le médecin Érasistrat[e] recommandait, et dont le goût avai[t] certaine ressemblance avec l'eau d[e] mer. Sous les empereurs, on estima[it] fort le vin de Clazomène, ville d'Ionie celui de Cypre, de Sicyone, et de Telmesse en Carie. On connaissait aussi le vin d[e] Lalétanie, bourg de la Tarraconaise, e[n] Espagne, et celui de Marseille, en Gaule.

Pour donner au vin un goût et un bou[-]quet plus fins et plus piquants, on l[e] élangeait d'aloès, de myrrhe et d'aromates, ou d'une huile odorante. — Le [vi]n vieux et récolté dans une bonne année avait beaucoup de valeur. On cite [s]urtout le Falerne du *vieux consul*, ou [co]nsulaire, c'est-à-dire récolté sous le [co]nsulat d'Opimius, l'an 633 de Rome, [a]nnée qui fut remarquable pour l'excel[le]nce de ses vins; après plus d'un siècle, [o]n trouvait encore ce vieux Falerne sur [le]s tables des gourmands. Hortensius [la]issa à sa mort dix mille cruches de [vi]n de Chios. — On préparait aussi des [b]oissons avec du blé et de l'orge; ainsi [l]e *zythum* était une espèce de bière, [fa]ite avec de l'orge ou du blé; le *camum* [ét]ait aussi une boisson fermentée, qui se [fa]isait avec de l'orge; la *cervisia*, ou [c]ervoise, autre sorte de bière. Le *cydo[n]itum*, ou cotignac, était une boisson [fa]ite avec du coing; l'*hydromel*, boisson [d']eau et de miel fermentés. Mais ces [b]oissons étaient à peine en usage parmi [le]s pauvres de Rome; elles étaient beau[c]oup plus communes dans les provinces, [c]e qui s'explique facilement : Rome, [j]alouse de réserver à l'Italie le monopole [d]e la culture de la vigne, interdit cette [c]ulture sous les empereurs, aux nations [t]ransalpines. Le vin ne pouvait donc être bien répandu dans les provinces du nord et de l'ouest.

On conservait le vin dans des vases de terre cuite, ayant la forme d'une courge, souvent d'une grandeur remarquable et enduits à l'intérieur d'un mélange de poix, de cire et d'aromates. Ceux qui contenaient des vins faibles étaient simplement posés sur le sol; ceux qui contenaient des vins puissants, étaient enfoncés en terre. Le cellier était situé soit au nord soit au midi de la maison; quelquefois on y entretenait la fraîcheur et une obscurité complète; souvent aussi on perçait des fenêtres au midi, par lesquelles pouvait entrer la chaleur, pour hâter la maturité du vin. Ce dernier point était très-important; car la plupart des vins d'Italie n'étaient bons à boire qu'au bout de cinq, dix, et souvent quinze ans de récolte. Le vin de Sorrente n'était fait qu'après vingt-cinq ans; le Falerne voulait être attendu dix ans. Aussi plaçait-on parfois le cellier dans le voisinage des fourneaux, pour hâter la maturité. Les cruches qui le conservaient étaient appelées *amphores;* on y indiquait l'année consulaire pendant laquelle le vin avait été récolté. On collait le vin avec des œufs de pigeon.

En été, on le rafraîchissait en le faisant passer à travers un sac de lin plein de neige. Ce procédé, outre l'avantage qu'il offrait de rendre la boisson plus fraîche, avait encore celui d'ôter au vin trop généreux sa force capiteuse. C'est ce que Pline appelle la *castration* du vin. On appelait *calda* un mélange d'eau chaude et de vin, auquel on ajoutait peut-être des aromates, du nard et des roses, ou des roses seules, du lentisque ou de l'absinthe, ou encore du miel du mont Hymette.

On ne gardait point pour le repas le costume ordinaire; chacun prenait une toge légère, appelée *synthesis* ou *cœnatoria;* tantôt le maître de la maison la fournissait lui-même, tantôt les convives se la faisaient apporter par un esclave. Elle était uniquement destinée aux festins et aux saturnales. On quittait même les vêtements de deuil pour le repas. On ne gardait la *toge* qu'à la table des empereurs, quoique les empereurs eux-mêmes prissent un vêtement plus léger. — On quittait aussi les souliers (*calcei*) pour mettre des sandales (*soleæ*), chaussure plus légère. Dans la suite même on ne garda plus de chaussures à table, afin de ne point souiller les couvertures des lits ; mais de jeunes esclaves après avoir aidé les convives à retirer leurs chaussures, leur versaient de l'eau à la neige sur les mains et sur les pieds; « J'ai vu parfumer « même la plante des pieds, dit Pline (1). « Ce fut Othon qui avait enseigné cette « délicatesse à Néron. » Les cheveux aussi étaient parfumés avec des essences de nard ou de safran fournies par le maître de la maison, s'il était riche, autrement apportées par les convives eux-mêmes. On distribuait ensuite des couronnes de fleurs ou de feuillage, que les convives plaçaient sur leur tête ou autour de leur cou, et qu'ils gardaient jusqu'à la fin du repas. Les Romains croyaient que ces couronnes, composées de lierre, d'ache et de lis, plus souvent de roses et de violettes, ou de feuilles

---

(1) Plin., XIX, 4.

de roses cousues ensemble, étaient des préservatifs contre l'ivresse. L'hiver elles étaient faites avec l'amarante d'Égypte, fleur séchée, qui reprend sa fraîcheur lorsqu'on la met dans l'eau, ou de fleurs artificielles auxquelles, grâce à des parfums ajoutés, on donnait leur odeur naturelle. Le triclinium était jonché de fleurs de toutes espèces.

Dans les premiers temps les Romains restaient assis pour prendre leur repas; plus tard ils adoptèrent la mode des Asiatiques, qui pour manger se tenaient à demi couchés, le corps appuyé sur le coude; au reste, cette mode ne s'introduisit que dans les soupers; pour les autres repas, on conserva l'habitude de s'asseoir. Les femmes elles-mêmes restèrent assises pendant le souper longtemps après que les hommes avaient pris la coutume de se coucher; mais elles finirent par imiter la mollesse des hommes. Les garçons prenaient place au pied du lit, ainsi que les filles ; mais jusqu'à l'époque où ils recevaient la toge virile, ils restaient assis.

On n'eut pas d'abord de salle à manger proprement dite; on prenait les repas dans l'atrium, près du foyer des Lares. Par la suite les grandes maisons eurent des salles à manger aux étages supérieurs. Ces salles s'appelaient *triclinia*; les lits tricliniaires portaient ordinairement trois personnes. Les *triclinia* étaient, en général, deux fois aussi longs que larges. Quant aux *biclinia*, c'étaient plutôt des lits pour deux personnes seulement que des salles de festin à deux lits; la garniture de ces derniers lits ne se composait que de peaux de boucs. Il n'en était pas de même pour les autres; on y trouvait des matelas rembourrés de laine des Gaules, de plume, ou de duvet de cygne, des housses magnifiques, qu'on faisait venir de Babylone, et dont les unes étaient de différentes couleurs, les autres couvertes de dessins représentant des chasses et tout leur appareil. Pline rapporte que Mamurra avait payé une de ces housses huit cent mille sesterces (163,666 fr.). Il y avait des salles à manger différentes, pour l'hiver, pour le printemps et l'automne, pour l'été : dans les premières, les lits étaient incrustés d'or et d'ivoire ; dans les secondes, ils étaient ornés de plaques d'argent et d'écailles de tortue; dans les dernières, ils étaient de bois d'érable et de citre; des baguettes d'argent en dessinaient les encoignures et les jointures.

Tant qu'on se servit dans les salles à manger de tables carrées, on plaçait trois lits tricliniaires de trois côtés de la table ; et on laissait le quatrième côté libre, afin de faciliter le service. Le *lit mitoyen* (*lectus medius*) faisait face au côté libre ; à la gauche de ce lit se trouvait le *lit haut* (*lectus summus*), et à droite le *lit bas* (*lectus imus*). Le dossier du *summus* se trouvait au côté qui était le plus en dehors, celui de l'*imus* à son point de jonction avec le lit du milieu.

Voici l'ordre des places sur les trois lits; la place d'honneur du *summus* était contiguë au dossier de ce lit ; la place d'honneur du lit du milieu se trouvait à la droite de ce dernier lit, c'est-à-dire à l'endroit où il rejoignait le lit *imus*; cette place, réservée au convive le plus distingué, s'appelait *consulaire*; la première place du lit *imus* était la plus rapprochée de la place consulaire. Plutarque explique le nom donné à cette dernière place, en disant que quand un consul était parmi les convives, jamais il ne se mettait autre part, parce que là il pouvait, sans déranger les autres convives, entendre des rapports, donner des ordres ; en effet, le lit du milieu, en joignant le lit *imus*, formait un angle rentrant, un espace libre, où se plaçait celui qui avait quelque rapport à faire au consul, et le consul pouvait, sans se retourner, l'entendre et lui parler. Le maître de la maison se mettait à droite de la place consulaire, c'est-à-dire prenait la première place du lit *imus*, d'où il pouvait s'entretenir avec le convive le plus distingué, en même temps que surveiller le service et les esclaves.

Le nombre des convives était rarement supérieur à celui des places du *triclinium*. Lorsque des convives inattendus étaient amenés par des invités, hôtes de surcroît que l'on appelait des ombres, on était forcé de mettre sur un seul lit quatre ou même cinq personnes; mais il n'était pas de bon goût de placer plus de trois personnes sur un lit. Quand le nombre des convives était trop grand, on disposait, pour les recevoir, plusieurs *triclinia*, que la salle pouvait aisément contenir. Ce cas se représentait dans le *souper pontifical*, dont Macrobe fait la description dans ses *Saturnales*. — Le tableau suivant fera mieux comprendre que toute explication l'ordre des lits triclinaires et des places disposées sur ces lits.

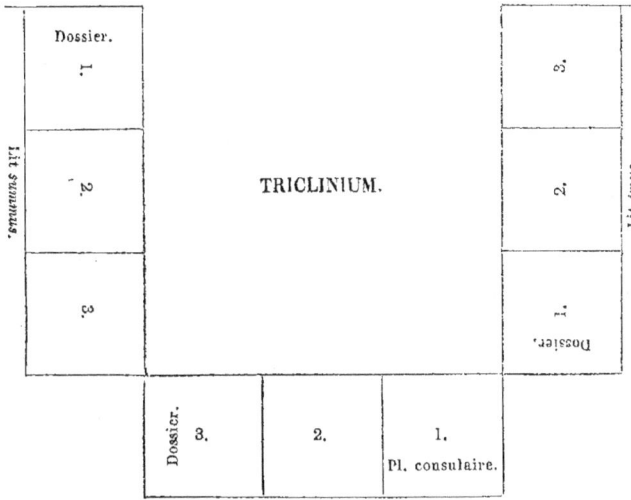

Quand la mode et le luxe remplacèrent les tables carrées par des tables rondes, on ne put plus employer les anciens lits triclinaires ; on y substitua des lits demi-circulaires, dont la forme se rapprochait beaucoup de la forme de la lettre C : mais, les tables de luxe n'étant pas très-grandes, il était rare qu'on admît alors plus de huit personnes à la fois.

Beaucoup de Romains pratiquaient l'usage révoltant de se faire vomir avant de se mettre à table : ils voulaient par là exciter l'appétit ; ils recommençaient après chaque service, en s'introduisant dans le gosier les barbes d'une plume. L'époque impériale, qui suscita tant de coutumes honteuses, n'eut pas à se reprocher l'introduction de cet usage : il existait déjà dans les derniers temps de la république ; Jules César ne se faisait pas faute de s'y conformer, et Cicéron lui-même, dans une lettre à Atticus, mentionne le fait comme s'il le trouvait très-simple, et très-naturel.

Le luxe qui s'introduisit à Rome après les guerres d'Asie déploya dans la décoration des *triclinia*, dans l'ordonnance des festins, un faste et un appareil si scandaleux, que des lois somptuaires essayèrent d'en arrêter les excès. La loi *Orchia* fut la première loi somptuaire, portée, l'an 578 de Rome, par le tribun C. Orchius ; mais elle fut insuffisante, car elle prescrivait seulement le nombre des convives, et, par conséquent, elle ne limitait la dépense des repas que d'une manière fort indirecte. La loi *Fannia*, portée l'an 593, fut beaucoup plus précise et plus sévère : elle défendait que la dépense des festins d'apparat, donnés par les citoyens pendant les jeux et les fêtes, outrepassât cent as, non compris le pain, le vin et les légumes ; en vertu de cette loi, on ne pouvait présenter sur la table d'autre volaille qu'une poule engraissée. Cette loi parut insupportable, et l'on chercha à l'éluder par tous les moyens ; on y réussit si bien, qu'il fallut rendre, l'an 610, une nouvelle loi, la loi *Didia*, qui reproduisait toutes les dispositions de la précédente, et les rendait obligatoires pour toute l'Italie. La loi *Licinia*, rendue l'an 657 par le riche et efféminé Licinius Crassus, reproduisait généralement la loi *Didia*. Mais toutes ces lois somptuaires n'empêchèrent pas le luxe de la table de s'accroître jusqu'à nécessiter, en 673, la loi *Cornelia*, publiée par Sylla, puis les lois *Antia*, *Julia* (de Jules César). La loi *Julia* d'Auguste limita la dépense, pour le repas des jours de fête, à deux cents sesterces; pour les repas des calendes, des ides et des nones, à trois cents sesterces; et enfin pour un festin de noces ou de lendemain de noces, à mille sesterces. Cette loi était relativement plus sévère que les lois somptuaires précédentes; car depuis la bataille d'Actium le luxe de la table s'était accru dans des proportions énormes; et sous les empereurs suivants il n'eut plus guère de répression à craindre.

LES BAINS. — Le bain est une mesure hygiénique partout, mais particulièrement indispensable sous les climats chauds, où la transpiration est si abondante. C'est là un besoin de première nécessité.

Jampridem ecastor frigida non lavi magis
[lubenter,
Nec unde me melius, mea Scapha, reor esse
[defœcatam.

« Il y avait longtemps, ma chère Scapha, que je n'avais pris un bain plus agréable, et où je me fusse mieux lavée. » Tel est le langage tenu dans la *Mostellaria* de Plaute par une courtisane qui se félicite du charme et de l'efficacité de son bain. Cette confidence nous montre que l'on recherchait alors dans un bain à la fois l'agréable et l'utile. Ce n'était pas encore une affaire de luxe; mais seulement de santé et même de propreté. L'usage était de se baigner tous les neuf jours, à l'époque du marché; chaque matin on se lavait les bras et les jambes. Les établissements de bains publics étaient des monuments épais, massifs, éclairés par des fentes plutôt que par des fenêtres : ils se divisaient en trois compartiments, la *caldaria*, la *tepidaria*, la *frigida*, dont le nom indique assez la destination spéciale. Des esclaves se tenaient tout prêts à asperger d'huile et à frotter avec une étrille les amateurs qui leur feraient signe : hommes et femmes y étaient également admis à l'âge de puberté; mais en général parmi les femmes les courtisanes usaient seules de ce droit d'admission. La compagnie du reste y était si mêlée, chacun pouvant entrer pour un quadrant, qu'il n'était pas inutile de veiller sur ses habits, si l'on ne voulait s'exposer à rentrer chez soi vêtu à la légère.

De tout cela il n'est resté dans la Rome impériale que les voleurs et les courtisanes. Les fentes qui donnaient à peine passage au jour sont remplacées par d'immenses ouvertures; la pierre a fait place au marbre; le cuivre et le plomb à l'argent. Écoutons Sénèque, qui semble s'être chargé de nous apprendre tous les raffinements de luxe déployés dans les bains, et qui montre en traits énergiques la différence du présent et du passé, en faisant un triste retour vers la simplicité antique. Il vient de visiter la maison de campagne, la retraite de Scipion à Literne; le souvenir de l'injustice populaire et de la magnanimité du héros lui inspire quelques antithèses, puis il décrit cette simple et pauvre demeure : « Je vis, « dit-il, le bain, petit, obscur et téné-
« breux, suivant la coutume de nos an-
« cêtres : ils croyaient nécessaire pour
« avoir chaud de n'y voir pas clair. Ce
« fut un grand plaisir pour moi de com-
« parer les mœurs de Scipion et les
« nôtres. C'est dans ce sombre réduit
« que ce héros, la terreur de Carthage,
« lavait son corps fatigué des travaux
« de la campagne. Aujourd'hui qui con-
« sentirait à se baigner ainsi? On se
« croirait dans l'indigence si les pierres
« les plus précieuses, taillées par un ci-
« seau habile, ne resplendissaient de
« toutes parts sur les murs; si les mar-
« bres d'Alexandrie n'étaient dans toute
« leur étendue incrustés de marbres nu-
« mides, si la voûte n'était faite de
« verre, si les piscines n'étaient entou-
« rées de marbre de Thasos, merveille
« réservée jadis pour quelques temples
« privilégiés; si l'eau ne s'échappait pas
« des robinets d'argent, et encore, je
« ne parle que des bains plébéiens; que
« sera-ce si nous passons dans les bains
« d'affranchis! Combien de statues, de
« colonnes qui ne soutiennent rien,
« mais placées seulement pour l'orne-
« ment de l'édifice! Telle est aujour-

ITALIE.

« d'hui notre délicatesse, que nous ne
« consentons plus à fouler aux pieds
« que des pierres précieuses. Dans les
« bains de Scipion on ne trouve que de
« petites fentes pour fenêtres : aujourd'hui
« on dit d'un bain : C'est un cachot,
« s'il n'est pas disposé pour recevoir
« par d'immenses fenêtres le
« soleil durant toute la journée, si de
« la cuve on n'aperçoit les campagnes
« et la mer.

« Autrefois on comptait peu de bains,
« et ils étaient très-peu ornés ; pourquoi,
« en effet, déployer de la magnificence
« dans des édifices où l'on entrait
« pour un quadrant, et qui étaient destinés
« à l'utilité plutôt qu'à l'agrément ?
« L'eau n'y tombait point en cascades
« et ne se renouvelait pas sans cesse.
« Combien on trouverait Scipion grossier
« de n'avoir point introduit par de
« larges pierres spéculaires le jour dans
« son *caldarium*, de ne s'être pas proposé
« de digérer dans le bain. Oh ! le
« malheureux ! il ne savait pas vivre !
« il ne se baignait pas dans une eau
« claire et reposée, mais trouble le plus
« souvent et presque bourbeuse ! mais
« peu lui importait : il venait là laver
« sa sueur et non ses parfums. Que diriez-vous
« donc si vous saviez qu'il ne
« se baignait pas tous les jours, non
« plus que ses contemporains ; les hommes
« mal propres ! dites-vous. — On l'est
« devenu bien plus depuis que les bains
« se sont multipliés. Que dit Horace
« pour peindre un homme décrié par
« l'excès de son luxe ? » « Qu'il sent
« les parfums ; » « Scipion sentait la
« guerre, le travail, le héros. Choisissez
« entre Rufillus et Scipion. »

La disposition des bains particuliers
et des bains publics est la même ; il n'y
a de différence que dans les proportions.
Ceux-ci sont d'une telle immensité
qu'Ammien Marcellin les compare à des
provinces, *lavacra in modo provinciarum exstructa*. On y trouve jusqu'à
des bibliothèques. Le quartier le plus
obscur possède ses thermes : Agrippa
pendant une seule année, celle de son
édilité, en fit construire soixante et dix,
où les plébéiens furent admis sans payer.
Il légua même au peuple les plus beaux,
ceux qu'il avait fait élever au milieu du
Champ de Mars.

Nous n'avons donc que l'embarras du
choix : entrons dans les bains de Mécène,
les plus beaux, et aussi les plus
fréquentés. La première cour est destinée
au bain froid en plein air, la cuve,
baptisterium, n'est recouverte que d'un
toit léger, soutenu par deux colonnes,
qui sert à préserver des ardeurs du soleil ;
vient ensuite une salle nommée
apodyterium, où l'on se déshabille ;
tout à côté, le second *frigidarium*, le
bain froid couvert. C'est un hémicycle
orné de statues, et entouré de gradins,
où viennent s'asseoir ceux qui se contentent
d'être spectateurs. Cette salle est
celle des oisifs, des bavards, des nouvellistes
et des parasites. La pièce suivante,
tepidarium, est plus spécialement
réservée aux baigneurs ; elle contient
deux grands bassins d'une telle étendue,
dit Pline, qu'il serait possible d'y nager ;
vient enfin le *sudatorium*, ou sudatoire,
salle de bains de vapeur. Cette
pièce est circulaire ; au milieu se trouve
un réservoir d'eau bouillante. La vapeur
qui s'en échappe va envelopper les
baigneurs assis dans des sortes de stalles
ou de niches, et s'échappe lorsqu'elle
est en excès par une espèce de
soupape placée au sommet de la voûte,
et formée d'un bouclier rond de bronze,
qui se manœuvrait d'en bas à l'aide
d'une chaîne. La température de cette
salle est étouffante ; « c'est un véritable
« incendie ! s'écrie Sénèque ; de tels
« bains devraient être destinés aux esclaves
« convaincus de quelque crime. »
Ils étaient cependant le rendez-vous de
tous les efféminés et de tous les voluptueux,
et des femmes même lorsque
les bains leur étaient ouverts. La promiscuité
des sexes dans les thermes fut
tour à tour défendue et autorisée ; quelques
épigrammes de Martial ne peuvent
laisser aucun doute à cet égard : il va
même jusqu'à railler les femmes qui par
un reste de pudeur ne voulaient paraître
dans les bains que couvertes de quelque
vêtement. Les thermes devinrent donc
un lieu de scandales et de galanterie ;
ils furent souillés par la débauche : faut-il
s'en étonner, quand les temples eux-mêmes
servaient d'asile à la prostitution ;
quo non prostat femina templo,
dit Juvénal.

Le père de famille se fait accompa-

38ᵉ *livraison*. (ITALIE.)

gner au bain par ses esclaves, le patron par ses clients et ses parasites, l'amitié et le souper sont à ce prix. Les esclaves apportent le linge nécessaire, et veillent sur les habits. A défaut d'esclaves, on trouve des personnes toutes prêtes à rendre les mêmes services moyennant salaire. C'est une industrie dont vivent une foule de gens à Rome, les poëtes incompris ou manquant de pain entre autres, nous apprend le grand satyrique. Ceux qui se chargent de garder ainsi les habits sont les *capsarii*; les parfumeurs, *aliptæ* ou *unctores*, envoient ou portent chaque jour aux bains une succursale ambulante de leur taverne. A côté d'eux voici les épileurs, *alipili*, race bruyante autant qu'habile; enfin les frotteurs ou masseurs, *tractatores*, pris généralement parmi les enfants, les eunuques ou quelquefois même les femmes. Masser n'est pas un métier, c'est une science, c'est un art : il faut savoir tourner et retourner le corps avec délicatesse, frotter les chairs et frictionner sans faire éprouver la moindre douleur; il faut savoir frapper à propos avec le plat ou le creux de la main, faire adroitement craquer les articulations, manier vivement le strigile, sorte de grattoir de corne ou d'ivoire. Après que le riche a été frictionné et épilé, on l'arrose d'huiles et d'essences contenues dans des fioles de corne de taureau ou de rhinocéros, appelées ampoules. Alors on le couvre d'un manteau ou d'un peignoir bien chaud, ses esclaves l'emportent dans sa litière et ses clients l'accompagnent jusqu'à sa demeure.

Des soins si longs et si minutieux deviennent très-coûteux pour ceux qui ne peuvent se les faire donner par leurs propres esclaves. Le pauvre, qui n'a ni esclaves ni argent, doit se contenter des services de l'alipile et du frictionnement à la main, *unctio plebeïa*, dit Sénèque. Quelquefois ils se frottent eux-mêmes contre les murailles, ou bien encore ne se frictionnent pas du tout. Il en est ainsi encore en Égypte. « Un bain avec « tous les préparatifs, écrivait Savary, « me coûte trois livres; les gens du peu- « ple ne font pas tant de façons; ils vont « simplement suer dans l'étuve, se la- « vent eux-mêmes et donnent trois ou « quatre sous en sortant. »

Le bain à Rome était précédé souvent de divers exercices; les uns, les plus vigoureux, s'exercent à balancer d'énormes masses de plomb; les autres s'amusent à lutter, ou à jouer à la paume en parties régulières : ceux-ci courent autour de la cuve à toutes jambes, ceux-là les mains liées ramassent des anneaux. Tous ces exercices sont mêlés de cris bruyants et discordants ; ajoutez à cela les déclamations des rhéteurs et des philosophes, qui courent les bains pour y montrer leur talent, les vociférations des chanteurs, les cris de douleur de ceux qu'on épile avec maladresse, les esclandres des voleurs d'habits surpris et arrêtés ; ajoutez encore les cris divers et les modulations différentes de chaque industrie, des charcutiers, des confiseurs, des pâtissiers et des débitants de boissons, et vous comprendrez que Sénèque se fasse un mérite et presque une gloire d'avoir pu travailler et philosopher demeurant au-dessus d'un bain (1).

(1) On a découvert, en 1824, des bains à Pompéï, près du Forum de cette ville. Ces bains ne sont pas très-spacieux : ils paraissent avoir été destinés à ne recevoir que vingt-cinq personnes; mais ils sont décorés avec beaucoup de luxe, et, en général, si bien conservés, qu'un simple coup d'œil suffit pour en faire connaître la disposition. Ils couvrent un espace de terrain d'environ cent pieds carrés, et sont divisés en trois parties. La première était affectée au fourneau, qui chauffait les bains d'étuve, les bains de vapeur et les bains d'eau chaude; des passages étaient réservés aux esclaves chargés d'entretenir le feu et de remplir la chaudière. Les deux autres parties comprenaient les divers compartiments des bains proprement dits, placés à gauche et à droite du fourneau, et recevant, d'un côté les hommes, et de l'autre les femmes. — De tous les thermes dont les ruines subsistent à Rome, les plus grands et les mieux conservés sont ceux de Caracalla. Ils sont situés près du mont Aventin, dans la plaine qui s'étend entre cette colline et le mont Cœlius. Ils avaient environ six cent douze mètres de longueur et quatre cent quatre-vingt-douze de largeur. D'un côté se trouvaient les temples d'Apollon et d'Esculape, dieux protecteurs de la santé; de l'autre, les temples d'Hercule et de Bacchus, dieux tutélaires de la famille des Antonins. Le bâtiment principal avait un vestibule de

TRAVAUX MANUELS. — La vie du Romain des anciens temps était aussi laborieuse que simple : à la ville il vivait sur le Forum, aux champs il travaillait à la terre; dans l'intérieur de la maison il n'y a que la femme, qui file la laine, et les esclaves, qui fabriquent.

Quoique le tissage du lin fût connu à Rome, c'était la laine surtout qu'on employait; elle servait à faire les toges et presque toutes les tuniques. Le travail de la laine consistait à la blanchir, la nettoyer, la carder, et la peigner avec un peigne de fer. On la préparait au filage en l'arrosant de vin pour la nettoyer, et en la frottant de graisse ou d'huile pour la rendre plus douce et plus molle; on avait même coutume de la teindre avant le filage, quand on ne voulait pas la laisser blanche. Lorsqu'on avait confectionné le fil avec la quenouille et le fuseau, on tissait : la machine qui remplaçait les métiers de nos tisserands consistait en deux déchargeoirs placés verticalement, et supportant un autre déchargeoir rond et mobile, sur lequel étaient fixés les fils. Pour les tissus simples, on conserva plus longtemps ce métier vertical qu'employaient les *linteones* ou tisseurs de lin; tandis que pour les tissus plus compliqués on tendait les fils sur un métier horizontal, avec lequel on pouvait mieux mouvoir l'appareil destiné à élever et à abaisser les fils pour la trame. — Les Romains tenaient probablement cet art des Étrusques.

Un autre travail, réservé aux femmes, était la broderie, *acu pingere*.

La femme avait aussi, du moins dans les premiers temps, la surveillance du ménage; ce qui le fait voir, c'est qu'au jour du mariage les clefs des magasins lui étaient confiées. Tertullien, dans son *Exhortation à la chasteté*, énumère ainsi les occupations de la femme : l'administration du ménage, la direction de la caisse, la garde des clefs, le soin et la distribution du travail de la laine, l'achat des provisions pour le ménage, et l'entretien de la maison. — Plus tard, quand, avec de grandes richesses, un luxe immodéré eut pénétré dans les familles des nobles romains, ils établirent dans leurs maisons des esclaves chargés spécialement de telle ou telle partie des soins du ménage; le maître ou la maîtresse se contentait de se faire présenter par ces esclaves les mémoires des dépenses, et de leur donner des ordres. Alors l'appartement de la matrone comprit plusieurs chambres de parade, qu'on appelait, d'après les Grecs, *gynæceum*, quoiqu'elles ne fussent point situées, comme les appartements des femmes grecques, dans l'intérieur de la maison, mais sur le devant, près de l'*atrium*.

La cuisine était ordinairement située dans l'intérieur de la maison; et comme il ne s'y trouvait aucune cheminée, on ne pouvait brûler que du charbon ou du bois tout à fait sec. Le fourneau était vaste et disposé de manière que la fumée pût s'échapper; le *focarius* était chargé du chauffage; le *coquus* et l'*offarius*, les cuisiniers, préparaient les aliments : les *mediastini* étaient les aides du cuisinier et du boulanger. Tous ces esclaves étaient sous la surveillance du *vicarius*, chef de cuisine. On n'employait à la cuisine que des esclaves mâles, tandis que dans la boulangerie on employait aussi des esclaves de l'autre sexe.

Pendant que le père de famille était au Forum ou aux champs, et que la maîtresse de la maison filait, les esclaves se livraient aux diverses occupations qui leur étaient assignées, et certes les occupations ne leur manquaient pas. A la campagne, point de perte de temps, point de vagabondage, point de repos qui ne fût forcé, et le repos n'était forcé que pendant les fêtes des Saturnales : les habitudes intéressées de la famille ne permettaient pas le chômage pendant les autres fêtes, et Caton n'était nullement embarrassé de trouver

---

forme circulaire, et quatre portiques à ses différents côtés : il contenait des salles pour les bains froids, pour les bains tièdes, pour les bains chauds et pour les bains d'étuve. On jugera de la grandeur de ces thermes en considérant que dans un vaste portique se trouvaient seize cents sièges de marbre poli, à la disposition des baigneurs, et que, d'après Venuti, deux mille trois cents personnes pouvaient s'y baigner en même temps.

des occupations pour les esclaves dans les jours fériés, tandis que les bœufs reposaient. Le séjour de la ville n'était pas moins laborieux : les uns nettoyaient la maison et époussetaient les meubles; en un mot, ils pourvoyaient à tous les soins du ménage. Les autres, employés par un spéculateur à quelque industrie, étaient confinés dans une forge, dans une boulangerie, dans un atelier quelconque, qui ne connaissait point l'air libre ni le soleil. L'homme que la fiction d'Apulée a métamorphosé en âne nous décrit ainsi le spectacle qui s'offrit à sa vue dans une boulangerie : « Quels avor-
« tons d'hommes! le fouet a sillonné
« toute leur peau de traces livides, et
« a meurtri leur dos, que recouvre à
« peine une casaque en lambeaux ! Quel-
« ques-uns n'ont qu'une étroite cein-
« ture, mais tous se voient à nu à tra-
« vers leurs haillons ; le front marqué,
« la tête à moitié rasée, les pieds
« étreints d'un anneau de fer, hideux de
« pâleur ; les paupières rongées par
« cette atmosphère de fumée et de va-
« peur obscure, si bien qu'ils gardent à
« peine l'usage de leurs yeux. »

Il est certain que les esclaves n'étaient pas tous astreints à des travaux aussi rebutants; car parmi eux il y avait les médecins, les scribes, les précepteurs, les lecteurs, les bibliothécaires, les artistes de tout genre; leur besogne dut surtout diminuer à mesure que leur nombre augmenta dans les maisons romaines. Le luxe y introduisit une multitude de fonctions moins pénibles. Mais il y eut toujours des esclaves moins privilégiés, qu'attendaient, avec les travaux les plus rebutants, les plus durs traitements. La liste des supplices auxquels ils étaient exposés est des plus longues.

AGRICULTURE. — Les premiers Romains s'attachèrent plus à l'élève des bestiaux et à l'exploitation des pâturages qu'à l'agriculture proprement dite; mais à mesure que le territoire de Rome s'étendit et que le danger des invasions ennemies diminua l'agriculture gagna chaque jour, et fut regardée comme l'occupation la plus honorable du citoyen : c'est ainsi que plusieurs familles nobles de Rome empruntèrent leur nom d'un genre particulier de culture, comme les Fabius, de *faba* (fève), Cicéron, de *cicer* (pois chiche), Lentulus, de *lens* (lentille), Séranus de *serere* (semer), etc.; d'illustres généraux quittèrent la charrue pour aller commander les armées : tel fut Cincinnatus. « La réputation du bon cultivateur, dit Caton, était la meilleure. »

La mesure agraire des Romains était le *jugerum*, une journée, l'étendue de terrain que pouvait labourer dans un jour un attelage de bœufs ; le *jugerum* comprenait deux *actus*, et l'actus était long de 120 pieds, large d'autant ; il était donc de 14,400 pieds carrés ; le *jugerum* correspondait donc à près de vingt-cinq de nos ares. Deux *jugera* constituaient une portion appelée *hæredium*, et l'on nommait *centurie* une centaine de ces portions.

Le propriétaire affectait la plus grande partie de son terrain à la culture du blé, une autre partie à la culture de la vigne, le terrain humide aux prairies, que Caton place même avant les terres labourables. On accordait une attention particulière aux prairies; on en arrachait en automne les épines et les mauvaises herbes; on les fumait en février ; on connaissait et on pratiquait aussi le renouvellement des prairies. — Pour la culture du blé, on choisissait des champs dont le sol était plat ou légèrement incliné, le terrain gras, meuble, friable ; on labourait profondément avec un attelage de bœufs : pour couper et faire périr les racines des herbes, le cultivateur labourait en sillons très-étroits, répétait cette opération jusqu'à cinq fois pour un sol gras, et labourait même transversalement; ce qui rendait le hersage à peine nécessaire. Le premier labour se faisait au milieu d'avril, le deuxième au commencement de l'été, et on interrompait jusqu'au mois de septembre. Avant de labourer un sol maigre, on y charriait, pour chaque *jugerum*, vingt-quatre ou au moins vingt-deux charges d'engrais.

Les espèces de blé que l'on cultivait le plus généralement étaient le froment, *triticum*, et l'épeautre, *ador, semen adoreum*. Le froment de première qualité s'appelait *siligo* : la farine en était très-blanche; aussi les riches l'employaient pour le pain et la pâtisserie;

le froment d'été, *triticum, trimestre*, était mûr au bout de trois mois. On semait le froment et l'épeautre en septembre et en octobre, l'orge, *hordeum*, à la même époque, l'avoine au printemps. — On cultivait, entre autres légumes, le lupin (*lupinus*), peut-être la vesce amère, légume qu'on regardait comme très-avantageux, parce qu'il exigeait peu de culture et augmentait la fertilité du sol; la faséole (*phaselus*), qui demandait un terrain gras; le pois (*pisum*), qui voulait un terrain léger et meuble, un sol chaud et humide; la fève proprement dite (*faba*), qu'on semait dans un terrain gras ou bien fumé; les lentilles (*lentes*), qu'on semait dans un sol meuble et friable, après les avoir mélangées avec de l'engrais. La culture du lin n'est point recommandée par Columelle, qui la dit nuisible aux champs; on le semait depuis le mois d'octobre jusqu'au mois de décembre; le chanvre était semé vers la fin de février; on en semait six grains sur un pied carré. — Les herbes fourragères étaient la luzerne, qu'on pouvait faucher de quatre à six fois par année; elle servait à la nourriture des bestiaux; après trois labours, on recouvrait le champ de vieux fumier, on l'ensemençait en avril, et on le hersait aussitôt. On semait les vesces, en partie au commencement de l'automne pour en faire du fourrage vert, en partie au mois de janvier ou plus tard, pour recueillir la graine. Quant à la dragée (*farrago*, mélange de divers grains), on la semait après bonne fumure, au commencement de l'automne, pour la faucher en vert et en nourrir les bœufs. Il y avait encore le fénugrec (*fœnum græcum*), l'*errum*, espèce de vesce, la *cicera*, pois chiche, le *cytisus*, arbuste dont les feuilles étaient données aux brebis et aux pourceaux.

La culture de la vigne était plus lucrative. Quand on avait le choix du terrain, on prenait un sol très-friable, qui ne fût ni trop gras ni tout à fait maigre. Pour le villageois qui habitait dans le voisinage d'une grande ville, il pouvait être plus avantageux de vendre le raisin en grappes. Le vigneron, ne voulant pas transplanter sur son sol des ceps étrangers avant de savoir par expérience s'ils pouvaient y réussir, se faisait une pépinière (*vitiarium*), où il essayait les ceps étrangers. Les espèces de vins les plus renommées en Italie étaient le *massicum*, le *surrentinum*, l'*albanum*, le *cæcubum* et le *falernum*; mais le rapport en était moins considérable que celui des autres espèces.

Un caractère particulier de la culture de la vigne en Italie, c'est qu'on réunissait les ceps avec des plantations d'arbres, surtout avec l'orme, mais aussi avec le peuplier noir, le frêne, le figuier, l'olivier : le terme *tabulata*, étages, désignait les branches d'arbre étendues pour soutenir les vignes. Quand on déchaussait une vigne pour la recoucher, on se servait d'un instrument de fer à deux fourches, appelé *pastinum*. On donnait aussi ce nom au terrain préparé pour la plantation (*ager pastinatus*) : on creusait le sol à deux pieds de profondeur, et on faisait en sorte que la terre de dessous se trouvât au-dessus, et réciproquement. Les fosses et les sillons où l'on devait planter la vigne étaient d'abord préparés, afin que sous l'influence de l'air et de la chaleur les plantes que la terre contenait pussent pourrir. Quant aux grandes plantations de vignes, on les divisait en sections, dont chacune contenait cent ceps; une de ces sections, équivalant à la moitié d'un *jugerum*, s'appelait *tabula*; elles étaient séparées les unes des autres par des sentiers d'une largeur de dix pieds. Les plantations encore plus grandes étaient séparées par un sentier ou chemin, appelé *via decumana*, large de dix-huit pieds; il allait de l'est à l'ouest, en traversant un autre sentier qui allait du midi au nord, *cardo*, ligne des deux pôles. — Non-seulement on mariait les ceps avec des arbustes, mais on les attachait encore à des échalas, *palus*, ou à un joug, *jugum*, formé par deux échalas que réunissait une courroie. Enfin, comme les lieux où l'on plantait les ceps servaient de pâturages aux troupeaux, on entourait les vignobles, pour les protéger, d'enclos qui consistaient en haies vives, ou en épines, ou en saules, ou en pieux. On les entourait aussi de murs, faits de moellons, ou de briques, ou de terre grasse. Le feuillage des arbustes auxquels s'attachaient les ceps servait de fourrage aux animaux : aussi choisissaiton de préférence les arbres dont le feuillage donnait un bon fourrage, comme les ormes, les frênes, etc.

Les instruments d'agriculture des Romains étaient : 1° la charrue, *aratrum*. Comme les Romains labouraient très-profondément, que souvent la charrue se brisait dans la terre, et qu'il fallait même jusqu'à huit taureaux pour la tirer, elle devait être d'une grande solidité. Elle différait beaucoup de nos charrues ordinaires. La partie la plus importante de la charrue était la *buris* ou *bura*, pièce de bois courbée placée entre le timon et le soc; à cette partie tenait le *dentale*, autre pièce de bois qui servait à fixer le soc. Les autres parties étaient le timon, *temo*, auquel s'attachait le joug, *jugum*; *stiva*, la queue ou le manche de la charrue, à l'extrémité de laquelle était une traverse, appelée *manicula*, que le laboureur tenait, et dont il se servait pour diriger l'instrument; — 2° la herse, *occa, crates*, qui servait à recouvrir de terre les grains nouvellement semés; — 3° l'*hirpex*, sorte de herse avec des dents de fer, traînée par des bœufs, comme une charrette, pour enlever les racines hors de la terre; — 4° le sarcloir, *sarculum*, petite pioche, qui avait souvent plusieurs pointes, ou qui portait d'un côté, une pointe, de l'autre côté un instrument dentelé, pour arracher les mauvaises herbes et pour aplanir le sol; — 5° la bêche, *ligo* ou *pala*, employée surtout dans la culture des jardins et des vignes, mais qui servait anciennement au labour des terres à blé; — 6° le rateau, *rastrum*, pioche munie de plusieurs dents, pour fouir et amonceler la terre; — 7° le *rutrum* (serfouette?), qui servait à remuer légèrement la terre, ainsi qu'à remuer le mortier; — 8° l'*ascia*, pioche à deux tranchants; — 9° la doloire, *dolabra*, dont le tranchant était en travers du manche; — 10° le *bidens*, sorte de hoyau à deux dents de fer pour rompre les mottes et pour bêcher la terre autour des plantes, etc.

Quant aux instruments dont on se servait pour couper les arbres et la vigne, il y avait, entre autres, la *falx putatoria*, serpette courbe, avec laquelle on taillait les arbres et la vigne; la *falx vinitoria*, employée exclusivement pour la vigne; pour faucher le blé et les fourrages on avait la faucille, *falx messoria* et *fœnaria*. On fauchait le blé, non près du sol, comme cela se fait de nos jours, mais immédiatement sous les épis; on coupait ensuite la paille restée debout. Dès que les épis étaient abattus, on les jetait dans des corbeilles, et on les transportait dans l'aire, ordinairement située auprès de la maison, sur un terrain élevé et ouvert de tous côtés aux vents; elle était souvent couverte d'une couche d'argile bien battue. Pour détacher le blé de l'épi, on fait courir sur l'aire couverte de gerbes le bétail et les chevaux; on se servait encore d'une machine appelée *tribulum*, formée par un assemblage en charpente garni de pierres et de fer, que traînait une paire de bœufs attelés. Quand le blé avait été vanné et criblé, on le mettait dans des greniers (*horrea* ou *granaria*), diversement construits : les uns voulaient des murs de briques très-épais, avec une toiture compacte, et sans fenêtres, afin que le vent ne pût y pénétrer; les autres préféraient des greniers de bois, appuyés sur des colonnes, ou étendaient le grain sur le sol.

Les *agricolæ* étaient ou propriétaires ou fermiers des champs qu'ils cultivaient; le bail du fermage était ordinairement pour un lustre (espace de cinq années).

Les Romains connaissaient et pratiquaient déjà pour la culture et pour la propagation des arbres les procédés encore usités parmi nous. Les moyens artificiels de multiplier les arbres étaient : 1° par rejetons (*stolones*), qu'on prenait à la racine des arbres et qu'on plantait en sillons; 2° par marcottes (*propagines*); on courbait une branche et on la fixait dans la terre sans la séparer du tronc principal : elle produisait alors de nouveaux bourgeons et prenait racine; 3° par boutures, c'est-à-dire, en enfonçant dans la terre des branches coupées fraîchement comme des pieux, terminées en pointe, ou fendues en quatre à l'extrémité inférieure; 4° en plantant de petites branches garnies de deux boutons opposés, *surculi* et *malleoli*; 5° par la greffe ou l'ente (*insitio*); on insérait une petite branche ou greffe, *tradux*, d'un arbre, dans la tige ou dans les branches d'un autre. Pour greffer en fente on fendait l'extrémité de la tige d'un arbre, et on introduisait dans la fente une jeune branche taillée en tranchant, de manière que la coupe de son écorce coïncidât avec celle de l'arbre. Pour écussonner, on détachait par incision un bouton d'une jeune branche avec son écorce, et on faisait une autre incision en forme de T dans l'écorce de la branche que l'on voulait greffer. On insérait alors le bouton enlevé, ou *écusson*, sous l'écorce de la branche, par la fente qu'on y avait pratiquée, et on le fixait avec un lien pour l'empêcher de se détacher. Pour les oliviers, on plantait des branches coupées, longues d'un pied ou d'un pied et demi; elles prenaient bientôt racine.

Dès les temps les plus reculés les Romains s'adonnèrent avec zèle au jardinage; il est probable que les clients convertissaient en jardins les petites possessions qui leur étaient confiées par leurs patrons, le jardinage rapportant plus que l'agriculture, et ces possessions se trouvant d'ailleurs dans le voisinage de la ville. On regardait comme une mauvaise ménagère la maîtresse de maison dont le jardin était négligé. Les agronomes romains nommaient un jardin *altera succidia*, un second dessert (ou un jambon de lard), ou une salade (*acetaria*), parce que les aliments fournis par le jardin exigeaient peu de feu et de bois, ou même n'en exigeaient point. On choisissait pour un jardin un sol gras, et on l'arrosait constamment avec un soin particulier; dans les terrains qui étaient privés d'eau, on avait recours à des conduits qui leur amenaient, souvent de très-loin, l'eau nécessaire. Pour le jardin on employait de préférence le fumier d'âne, parce qu'on pensait qu'il arrête avec plus d'efficacité la croissance des mauvaises herbes. Quand les Romains étalèrent dans leurs maisons de campagne le luxe et le faste, ils ne cherchèrent plus qu'à se procurer de l'ombrage par des arbres touffus : ces arbres étaient le buis, l'if, le cyprès et le myrte. En fait de fleurs, Varron ne mentionne que la rose, la violette, le lis et le safran. Il paraît qu'on faisait aussi des bosquets de lauriers et de myrtes; on employait beaucoup le platane, qui donnait un large ombrage : les arbres étaient entrelacés ou taillés en différentes formes par des esclaves qui avaient fait de cet art une étude particulière, et que l'on appelait *topiarii*.

Dans les derniers temps de la république et sous les empereurs les serres chaudes furent connues des Romains; Martial parle des fruits et des raisins, qui y étaient abrités contre le froid par des vitres; on cultivait aussi des fleurs dans les serres, non-seulement pour embellir la maison, mais encore parce qu'elles étaient nécessaires pour les couronnes usitées dans les repas. On les remplaçait souvent, en hiver, par des fleurs artificielles, qu'on imbibait d'eaux parfumées; mais les riches préféraient certainement les fleurs naturelles, ne fût-ce qu'à cause de leur rareté. — On employa aussi les beaux-arts à l'embellissement des jardins, qu'on décorait de statues, surtout de statues des divinités champêtres, comme Hermès, Pomone, Priape, et les Nymphes.

Les jardins romains cités par les historiens et par les poëtes comme les plus beaux et les plus dispendieux sont ceux de Lucullus, possédés plus tard par Messaline, qui y fut mise à mort : ils restèrent, sous leur ancien nom, une propriété impériale. On cite encore les jardins possédés par Salluste l'historien, puis par le petit-neveu qu'il avait adopté; ceux de Pompée, de César, de Tibère et de Néron.

ÉLÈVE DES BESTIAUX. — Les Romains regardaient l'élève des bestiaux comme une partie essentielle de l'agriculture, et c'était avec raison : car déjà pour le labourage on avait besoin de bêtes de trait; d'ailleurs le sol eût beaucoup perdu de sa fertilité si l'on n'avait pris soin de renouveler ses forces par des engrais.

Quand on voulait acheter ou nourrir des bêtes à cornes, il fallait surtout chercher une bonne race; il y en avait de très-différentes en Italie. On choisissait de jeunes bœufs ou génisses dont le corps était ramassé, les os forts, les cornes grandes, solides et noires, le front large et velu, les oreilles rudes, les yeux et les lèvres noirs, les naseaux larges, le col long et musculeux, la peau du ventre tombant presque jusqu'aux genoux, la poitrine large, le dos droit et plat, les jambes plutôt courtes que longues, la corne du pied grande, et la queue longue et velue. Un bon éleveur ne permettait l'accouplement ni avant la quatrième année ni après la douzième. On donnait aux bœufs du fourrage vert; quand il ne suffisait pas, on y ajoutait de la paille de millet, d'orge et de froment, et quand ils devaient labourer, de l'orge et du foin. En automne, on leur donnait, à défaut d'autre fourrage, le feuillage des ormes, des frênes, des peupliers.

Le haras exigeait des soins particuliers. Les Romains distinguaient trois races de chevaux. Ceux de la plus noble étaient employés dans les courses du cirque et dans les jeux consacrés aux dieux. La deuxième race (*mularis*) était celle des mulets. La troisième était celle des chevaux ordinaires; dans la race commune, on ne séparait pas les étalons et les juments; pour les chevaux de choix, on ne permettait l'accouplement qu'à l'équinoxe du printemps.

Un animal qui rendait beaucoup de services à l'agriculteur était l'âne, *asellus*. L'entretien de cet animal est très-facile : quand les pâturages font défaut, il se nourrit de chardons et de feuilles. Dans les terrains légers, les Romains l'employaient au labourage; on lui faisait encore conduire et porter les charges, et moudre le blé, ce qui était sa tâche principale. — Après les chevaux et les ânes, la brebis était l'animal le plus précieux : on recherchait les brebis grandes, dont la laine était blanche, le poil long, la toison épaisse, surtout autour du cou, à la nuque, et au ventre. Les espèces de brebis les plus estimées étaient celles de la Calabre, de l'Apulie, de Milet, de Tarente, de la Gaule et d'Altinum, de Parme et de Modène. On les nourrissait de feuilles de cytise, de luzerne, de son, de farine d'orge ou d'ervum; on les menait aussi aux pâturages. — On donnait aux chèvres les feuilles et jeunes pousses des arbrisseaux : on recherchait celles qui donnaient beaucoup de lait; on les prenait avec ou sans cornes; on préférait les boucs sans cornes, parce qu'ils sont moins fougueux. — Avec le lait des vaches, des brebis et des chèvres, on faisait des fromages, surtout quand on ne pouvait vendre leur lait.

Les Romains mangeaient beaucoup de viande de porc; on châtrait ceux qu'on voulait engraisser; ils étaient nourris de glands, de graines, de fèves et de légumes. Les meilleurs jambons, *succidia*, venaient des Gaules.

La manière de fabriquer et de conserver le vin différait beaucoup des procédés usités maintenant.

On mettait les raisins dans des paniers d'osier (*corbula*, *fiscella*); ou dans des outres; on en exprimait ensuite le jus au moyen d'une machine appelée *torculum*: le jus passait à travers une chausse, et coulait dans une cuve (*lacus torcularius*), ou dans un grand vaisseau (*dolium* ou *seria*) de bois, anciennement d'argile; on l'y laissait jusqu'à ce que la fermentation fût achevée. — Une espèce de vin très-estimée était le *vinum passum*; pour en faire, on exposait des raisins au soleil, on les laissait ainsi se sécher pendant six jours, puis on en exprimait le jus. Quelquefois, pour le conserver longtemps, on le faisait cuire avant qu'il eût fermenté, *mustum*. Quand il avait été réduit à moitié, on l'appelait *defrutum*; à un tiers, *sapa*. Le moût coulait du *lacus*, à travers des roseaux, dans une cuve, *cupa*, quand on voulait le boire promptement; dans les vaisseaux (*dolia*), quand on voulait le conserver : ces vaisseaux, semblables à des citrouilles, et faits d'argile, étaient enfoncés dans le sol; on ne les remplissait point tout à fait, parce que le moût devait y fermenter. Après la fermentation, on versait la liqueur dans des tonneaux, ou dans des vases plus petits (*amphoræ* ou *cadi*), ordinairement de terre; d'où on les appelait *testæ*. On inscrivait sur chaque vase le nom des consuls ou de l'année dans laquelle le vin avait été pressé, et on plaçait toujours le plus vieux au fond du cellier. Ces vaisseaux étaient scellés à leur ouverture avec de la poix ou du plâtre. — On fabriquait encore, en mêlant avec le vin des épices ou des herbes, beaucoup d'autres boissons, que l'on appelait *vina fictitia*, et qu'on employait aussi comme médicaments. Pline cite le vin de myrrhe (*vinum myrrhinum*), le vin parfumé du nard, et le cotignac; Columelle cite le vin d'absinthe, le vin d'hysope, le vin d'aurone, le vin de thym, etc.; enfin, le vin de marrube et le vin de scille.

Les olives étaient aussi d'un bon rapport ; on les mangeait fraîches et confites, ou on en exprimait l'huile, qui servait soit à oindre le corps dans les exercices gymnastiques et dans les bains, soit à assaisonner les aliments. Les meilleures olives étaient celles d'Italie, surtout de Vénafre en Campanie ; parmi les plus estimées, on comptait les olives de Licinius (*olivæ liciniæ*) ; l'olive appelée *pausia* était celle qui avait le plus de chair.

Toute propriété immobilière s'appelait chez les Romains *fundus*. On appelait *prædium* le bien de campagne avec ou sans bâtiments. On a vu plus haut ce qui était la *villa*.

Le rapport du *prædium* variait naturellement beaucoup ; un *suburbanum* (maison de campagne située dans le voisinage de Rome) donnait un plus fort revenu qu'une propriété éloignée de la ville, parce que l'exportation des productions était plus facile et plus prompte, et qu'on vendait très-avantageusement aux habitants de la ville la volaille, les œufs, le lait, les herbes potagères, tandis que le bénéfice du cultivateur éloigné était fort diminué par les frais du transport. Les vignobles étaient placés, comme produit, au premier rang.

COMMERCE. — Entre Rome et sa campagne il y eut de bonne heure un commerce pour lequel Servius Tullius fixa certains jours, afin de le régulariser et de le soumettre à une surveillance : le peuple de la campagne venait tous les neufs jours à la ville acheter ce qui lui était nécessaire et vendre ses denrées.

La place où se tenaient les marchés s'appelait *forum* : il y avait le *forum boarium*, ou marché aux bœufs, le *forum suarium*, ou marché aux porcs, le *forum piscarium*, ou marché aux poissons, le *forum olitorium*, ou marché aux légumes, le *forum pistorium*, ou marché au pain, le *forum cupedinis*, ou marché au fruit ; on y vendait aussi la pâtisserie et les confitures. Le *forum macellum* n'était pas seulement le marché à la viande, il désignait l'ensemble des marchés : tous ces lieux de vente étaient contigus les uns aux autres, le long du Tibre. Les édiles étaient chargés d'examiner les objets mis en vente ; et s'ils étaient d'une mauvaise qualité, ils les faisaient jeter dans le Tibre. Ils brisaient les faux poids et les fausses mesures.

Outre les marchés, il y avait des boutiques où se tenaient les boulangers, les bouchers, etc. Les riches citoyens en avaient quelquefois plusieurs, qu'ils faisaient tenir pour leur compte par des esclaves, des affranchis, des mercenaires : on nommait ces agents *institores*. Les *popinæ* étaient des tavernes, où mangeaient ordinairement les esclaves ou les hommes de la dernière classe ; le *caupo* était un aubergiste, qui vendait à boire et à manger : son auberge s'appelait *caupona* ; le *leno* était un marchand d'esclaves (surtout de femmes) ; on appelait *thermopolia* les cabarets où l'on vendait des boissons chaudes. Toutes ces boutiques étaient très-nombreuses à Rome ; il fut même nécessaire, sous Domitien, d'interdire la construction de ces boutiques près des maisons parce qu'elles rétrécissaient beaucoup la voie publique. Une épigramme de Martial est tout entière relative à ce fait :

A César le Germanique.

« L'audacieux boutiquier s'était emparé de Rome entière, et son échoppe obstruait l'entrée de toutes les maisons. Vous avez fait élargir les voies trop étroites, et ce qui naguère n'était qu'un sentier est une rue aujourd'hui. Il n'y a plus de piliers entourés de bouteilles enchaînées ; et le préteur n'est plus obligé de marcher au milieu de la boue. Le rasoir du barbier ne fonctionne plus à l'aventure au milieu d'une foule qui se presse ; et de noirs cabarets n'encombrent plus la voie publique. Le barbier, le cabaretier, le rôtisseur, le boucher restent chez eux. Rome est Rome maintenant ; naguère elle était une immense boutique. »

Les Romains s'adonnèrent aussi de bonne heure au commerce maritime. Ils naviguaient le long des côtes de l'Italie et des îles voisines, la Sicile, la Sardaigne, la Corse, même jusqu'en Afrique, pour vendre les produits de leurs champs, le blé, l'huile et le vin ; ils trouvaient même un bon débouché à

Carthage : ce qui le prouve, c'est le premier traité conclu entre Rome et Carthage, dans l'année qui suivit l'expulsion des rois, traité de commerce qui fut renouvelé deux fois. Du reste, dans leurs relations avec Carthage les Romains achetaient plus qu'ils ne vendaient. Ils tiraient de cette ville des esclaves noirs amenés de l'intérieur de l'Afrique, et dont Rome fit de bonne heure grand cas; des tissus renommés pour leur légèreté, de l'orfévrerie, des pierres précieuses, de l'ambre jaune, de l'étain. — Un commerce très-important chez les Romains était celui qui se chargeait d'approvisionner Rome d'esclaves; ceux qui faisaient ce commerce (*mangones*) ne devaient cacher aucun des défauts de leur marchandise. Ainsi, on exposait ordinairement tout nus les esclaves que l'on mettait en vente, et ils portaient à leur cou un écriteau sur lequel leurs bonnes et leurs mauvaises qualités étaient détaillées. Si le vendeur avait fait une fausse déclaration, il était obligé de dédommager l'acheteur de la perte que celui-ci pouvait faire, et même, dans certains cas, de reprendre l'esclave. Ceux que le marchand ne voulait pas garantir étaient mis en vente avec une sorte de bonnet sur la tête, afin que l'acheteur fût bien averti. Les esclaves venus des pays situés au delà des mers portaient à leurs pieds des marques faites avec de la craie, et leurs oreilles étaient percées.

Le commerce des Romains dut s'étendre en même temps que leur empire. Mais comme ils n'avaient point de colonies commerciales, et qu'il n'y avait pas en Italie de fabriques ni de manufactures qui auraient pu exporter des produits à l'étranger, si ce n'est dans les colonies grecques et dans l'Étrurie, le commerce était en grande partie aux mains des étrangers. Les chevaliers ne partageaient pourtant pas ce dédain des vieux Romains pour les profits de négoce. Ils faisaient tous le grand commerce d'importation. Le plus grand marché de l'Italie était Rome; mais le grand point d'arrivage pour les vaisseaux d'Alexandrie ou d'Espagne était Pouzzoles. En Gaule les principales places de commerce étaient Marseille, *Burdigala* (Bordeaux), *Namnetes*, vers l'embouchure de la *Loire*; *Lugdunum* (Lyon), au confluent du Rhône et de l'Arar (Saône). Le vin, l'huile, le blé, le bétail, le lin et le fer étaient les objets les plus importants du commerce de Lyon; cette ville servait d'entrepôt à Marseille et à Trèves. De la Gaule Rome tirait du fer, du blé, des chevaux et du lin. L'Espagne lui donnait le produit de ses mines; quarante mille hommes travaillaient à celles de Carthagène. Les Romains avaient d'autres mines dans les Gaules, en Norique, chez les Salasses, en Illyrie, en Pannonie, en Thrace et en Macédoine.

L'Afrique donnait du blé, des esclaves, et des animaux féroces, dont les jeux du cirque faisaient une grande consommation. L'île de Délos était le principal marché pour les esclaves que l'on tirait de l'Asie, de la Thrace et de la Sarmatie. — L'Égypte envoyait à Rome ses abondantes moissons, et de plus les riches produits de l'Inde, que des vaisseaux apportaient dans le golfe Arabique, à Myos-Hormos. De là des caravanes les amenaient au Nil, qu'ils descendaient jusqu'à Alexandrie. L'Égypte tirait de l'or, de l'ivoire et des esclaves de l'Éthiopie, des parfums de l'Arabie, des épices de l'Inde, du vin de l'Europe et de la Phénicie, et produisait d'ailleurs elle-même beaucoup de blé, de coton, de lin et du papyrus.

INDUSTRIE. — Dans les premiers temps, bien peu d'hommes libres à Rome cherchaient dans les travaux manuels une profession lucrative : l'agriculture était, sinon l'unique, du moins la plus honorable occupation des citoyens romains. Les patriciens riches eurent de bonne heure des esclaves affectés à l'entretien de leur maison et à la culture de leurs terres, et ces esclaves suffisaient, dans la simplicité des mœurs du premier âge, pour subvenir à tous les besoins de leurs maîtres.

Mais quand la population de Rome se fut accrue, et que la petite propriété d'une famille pauvre ne suffit plus à nourrir tous ses membres, beaucoup d'individus durent chercher leur subsistance dans le travail manuel. Ces ouvriers libres sortaient presque toujours de la classe des esclaves qui exerçaient spécialement ces travaux, et continuaient à s'en occuper quand ils avaient recouvré leur liberté : ainsi, l'industrie était exercée à Rome surtout par des affranchis, qui demeuraient clients de leurs anciens maîtres et appartenaient à leurs *gens*. On comprend donc pourquoi l'industrie, exercée par les citoyens de la dernière classe, par des affranchis et par des esclaves, fut délaissée et dédaignée. Les métiers manuels et le commerce de détail étaient considérés comme des professions basses (*sordida negotia*).

On rapporte à Numa Pompilius la distribution des artisans en différentes catégories. Les corporations des métiers étaient au nombre de neuf : les joueurs de flûte, les orfèvres, les charpentiers, les teinturiers, les ceinturiers, les corroyeurs, les chaudronniers et forgerons, les potiers; tous les artisans non compris parmi ceux-là formaient une neuvième corporation. Servius Tullius admit dans les centuries de l'armée quelques-unes de ces corporations : peut-être voulait-il augmenter leur considération. Nous devons nous étonner de ne point trouver dans ces corporations désignées nominalement les tailleurs, les cordonniers, les bouchers, les boulangers et les maçons, qui cependant subviennent par leur travail aux premiers et aux plus impérieux besoins de l'homme. — Chaque corporation avait ses chefs (*magistri*); les *fabri* (ouvriers en fer ou en bois) qui servaient dans l'armée étaient sous les ordres d'un *préfet* (*præfectus fabrorum*). Les ouvriers qui s'occupaient des constructions formèrent une catégorie particulière : ils travaillaient comme manœuvres, quand ils avaient été engagés par un entrepreneur de bâtiments (*ædificator* ou *magister structor*). Il en était de même de ceux qui travaillaient le cuir : une même catégorie comprenait les corroyeurs, les cordonniers, peaussiers, ceinturiers, foulons, etc. Une foulerie (*fullonium*), atelier qui devait être très-nécessaire à Rome pour le nettoyage des toges blanches, se voit encore à Pompéi. On trempait les habits de laine dans une cuve (*pila*), et on les foulait aux pieds dans l'eau mélangée d'urine et de la saponaire; on jetait l'eau à mesure qu'elle devenait sale; on en mettait de la nouvelle, et on répétait l'opération jusqu'à ce qu'elle ne se troublât plus. Ensuite on étendait les habits sur une table de pierre placée devant l'auge; on les passait sur la vapeur de soufre et on les frottait avec de la craie, pour leur donner un nouveau lustre; enfin, on peignait la laine avec un chardon à carder, pour qu'elle prît du poli. Les instruments usités se trouvent dans la maison de Pompéi, à côté d'un fourneau, d'une presse et de plusieurs vases contenant de la craie ou de la terre de foulon; on voit encore un puits et une fontaine dans la cour. Un tableau sur un pilier de la foulerie représente tous les procédés usités dans le foulage.

On pouvait s'enrichir par l'exercice des métiers manuels, et s'élever avec la fortune qu'on y avait gagnée; il suffit pour le prouver de rappeler Térentius Varron, qui causa la défaite des Romains à Cannes : il avait exercé comme courtier une *profession basse*, *sordidum negotium*, et son père avait été boucher.

Les tables si artistement travaillées qu'on vendait à Rome venaient probablement de l'étranger; car à l'époque où ce luxe régnait dans la ville il ne s'y était pas encore formé d'ouvriers assez habiles pour faire ces ouvrages d'art.

ÉDUCATION DE LA JEUNESSE. — L'éducation des enfants chez les Romains n'était pas, comme chez les Spartiates, dirigée par l'État : la *patria potestas* se fût opposée à cet empiétement. L'enfant était confié d'abord à la sollicitude maternelle. Plus d'un homme illustre dut sa grandeur à l'éducation qu'il avait reçue de sa mère. Cornélie, la mère des Gracques, Aurélie, celle de César, et Attia, celle d'Auguste, ont été célèbres pour la sollicitude et le dévouement qu'elles mirent à diriger l'éducation de leurs fils. Dans les derniers temps de la république et sous les empereurs, cette gravité de la discipline domestique s'altéra. Les mères songèrent plus à la parure et aux plaisirs qu'à l'éducation de leurs enfants.

Bien que l'éducation chez les Romains ne fût point publique comme chez les Grecs, et ne fût même réglée par aucune loi, elle n'était pas complètement abandonnée à l'arbitraire des parents : les censeurs, qui surveillaient la vie et les mœurs des citoyens, surveillaient aussi la direction donnée aux enfants. L'éducation durait pour le fils jusqu'à l'époque de son entrée dans la vie publique, c'est-à-dire jusqu'à dix-sept ans, époque où il prenait *la toge virile*. Le jeune homme s'attachait alors à quelques hommes versés dans les affaires : il les accompagnait au forum et aux tribunaux, recueillait avec soin leurs jugements ou leurs avis, et se préparait ainsi à prendre part un jour aux affaires publiques.

Le premier enseignement était donné aux enfants dans la maison paternelle ; quelquefois par le père lui-même, mais ordinairement par le *pædagogus*, esclave qui remplissait les fonctions de gouverneur, ou par quelque autre esclave lettré. L'enfant débutait par la lecture pour la lui faciliter, on le faisait jouer avec des lettres d'ivoire. Après la lecture : on passait à l'écriture, puis au calcul. Mais comme tous les parents ne pouvaient pas instruire eux-mêmes leurs enfants, et que d'ailleurs les esclaves capables de cette tâche difficile étaient rares, on sentit le besoin d'écoles publiques ; elles ne furent ni établies ni réglées par l'État. Un professeur habile ouvrait une école, et les parents y envoyaient leurs enfants, moyennant une certaine rétribution ; c'était le plus souvent à l'âge de sept ans que les enfants y étaient envoyés. On nommait ces écoles *jeux littéraires* (*ludi litterarum*), parce que l'étude des sciences, à côté de la gravité des affaires publiques, ne devait être qu'une agréable récréation. C'est à l'époque des décemvirs qu'on trouve mention, pour la première fois, d'une école pour les filles adultes : les écoles de garçons devaient être bien plus anciennes. Les écoles élémentaires étaient sur des places, où les enfants pouvaient facilement arriver. Au rapport de Plutarque, l'affranchi Sp. Carvilius enseigna le premier pour de l'argent : il avait donc été jusque alors en usage de ne dédommager les professeurs que par des présents.

Quand les Romains se furent mieux familiarisés avec la civilisation grecque, ils apprirent à estimer les arts et les sciences. L'enseignement de la langue grecque fut alors introduit dans les é les : le *grammaticus*, ou grammairi expliquait Homère à ses élèves, non s lement pour leur donner l'intellige du texte, mais encore pour les prépa à la rhétorique. On y ajouta l'étude l'histoire, et surtout la connaissa des grandes actions des ancêtres : voulait par là enflammer d'une no émulation l'âme des enfants. A l'h toire et à l'explication des poëtes joignit l'étude de la mythologie. L' pagnol Hygin, affranchi d'Auguste, a écrit un manuel de mythologie desti comme nous dirions, aux classes. Cet semble d'études formait *les human* (*studia humanitatis, artes liberales*) Grâce au séjour à Rome de Polyb des exilés achéens, au milieu du sec siècle avant notre ère, le goût de littérature grecque devint plus vif c les Romains, que Carnéade, Diog et Critolaüs avaient déjà initiés à philosophie. L'étude de la gramma grecque fut introduite par l'ambas deur du roi Attale de Pergame, Cra de Mallos.

Le troisième degré de l'enseignem était l'étude de la rhétorique ; cet fut d'abord enseigné par des Grecs, p par des Romains même, qui l'en gnèrent en langue latine. L'éloquen si nécessaire dans une république, vait, pour être plus sûre d'elle-mê s'appuyer sur une exacte connaissa de la constitution et du droit. A faisait-on apprendre par cœur aux fants, dans les écoles, les lois des Do Tables, qui étaient considérées com le fondement du droit romain : c qui se sentaient quelques dispositi pour l'éloquence fréquentaient les éc des rhéteurs ; mais, comme ces rhéte étaient pour la plupart des Grecs, s'occupaient peu des lois romaines donnaient à leurs élèves des sujets déclamation, leur enseignaient l' ploi des figures, l'arrangement et la nière de plaider le pour et le con Les abus étaient encore plus sensi dans l'enseignement de la philosop elle ne parut d'abord que sous la fo de la dialectique ; et elle se com dans les arguties et dans les raiso ments sophistiques ; ce qui la fai mépriser par la plupart des Roma

Néanmoins le goût des lettres grecques s'accrut toujours; de jeunes Romains se rendaient même à Athènes, à Rhodes, etc., pour se former sous la direction de rhéteurs éminents. Auguste fit instruire ses petits-fils par un savant affranchi, Verrius Flaccus; et, non content de lui donner une maison sur le Palatin, il lui assigna un revenu de 100,000 sesterces (21,000 fr.).

A mesure que les domaines de la république s'étendirent, les relations de Rome et des sujets se compliquèrent; il fallut multiplier les lois, et la connaissance du droit, indispensable à quiconque voulait s'occuper des affaires publiques, devint une des principales études de la vie. Le droit civil était si étroitement lié avec la religion, que très-souvent les grands pontifes étaient les hommes les plus versés dans la jurisprudence. Sous les empereurs, il se forma comme des écoles de droit, dont les professeurs étaient rétribués par leurs élèves, et enseignaient sans autorisation de l'État. L'empereur Julien reconnut et régla trois écoles de droit, à Rome, à Constantinople et à Béryte.

Sous l'empire le besoin de l'instruction devint si impérieux, que l'État dut prendre des mesures pour propager les études. Sous Auguste on assigna certains édifices publics pour l'enseignement de la jeunesse, et on pensionna les professeurs sur le trésor de l'État. Vespasien assigna aux rhéteurs grecs et latins un traitement considérable. Adrien établit au Capitole une école publique pour les arts libéraux, et traita avec beaucoup de distinction les professeurs éminents. Antonin le Pieux conserva et étendit même les institutions d'Adrien. Marc Aurèle le Philosophe nomma à Athènes des professeurs pour les quatre sectes de la philosophie, celle des académiciens, des stoïciens, des péripatéticiens et des épicuriens. Constantin exempta les professeurs du service militaire et même de plusieurs impôts. Julien voulut que l'État ratifiât l'institution de chaque professeur, et que la moralité et l'éloquence fussent des conditions indispensables de cet emploi. Grâce à Constantin le Grand, le christianisme prévalut dans l'empire, et exerça sur l'instruction une influence considérable. Julien chercha à rétablir l'ancien enseignement, et défendit de confier des places de professeur aux chrétiens.

Sous Théodore II et Valentinien III, les chrétiens combattirent énergiquement l'ancien enseignement païen prétendant que la nouvelle société n'avait pas besoin de la littérature grecque, et que toute science devait se borner à la connaissance de l'Écriture, ce qui n'empêchait pas les écrivains chrétiens de cette époque d'étudier la littérature grecque avec ardeur et avec fruit, comme on le voit dans leurs ouvrages.

DROIT ET JURISCONSULTES. Voyez ci-dessus, p. 469.

ÉLOQUENCE. — Dans les États républicains, où la publicité des actes et la participation de tous les citoyens à l'administration exigeait que tout homme proposant des réformes convainquît ses concitoyens de la justesse de ses vues et leur montrât les moyens de les réaliser, on dut avoir de bonne heure l'habitude de la parole; l'éloquence étant dans la paix l'arme la plus utile et la plus redoutable. Les plus grands orateurs des anciens temps furent, suivant Cicéron, Brutus, qui chassa les rois; Ménénius Agrippa, qui ramena le peuple du mont Sacré; L. Valérius Potitus, qui apaisa le peuple après la déposition des décemvirs; C. Fabricius, App. Claudius, qui s'opposa à la paix avec Pyrrhus; M. Cornélius Céthégus, à l'éloquence duquel Ennius, son contemporain, rend hommage; Caton le Censeur, qui se distingua par la dignité de ses discours, et qui posséda, eu égard à son temps, toutes les qualités oratoires; Serv. Galba, qui savait par l'élégance de sa parole, agir sur le cœur, exciter vivement la compassion et la sympathie, et atteindre ainsi le vrai but de l'orateur. Il cite encore C. Lælius et son contemporain P. Cornélius Scipion l'Africain. Ces orateurs vécurent au temps où les Romains commençaient à mieux connaître et à mieux apprécier l'éloquence des Grecs. Les ambassadeurs d'Athènes Carnéade, Diogène et Critolaüs, montrèrent l'influence de la philosophie, spécialement de la dialectique, sur l'art oratoire: ils recommandèrent l'unité du plan, la souplesse dans l'invention, l'exactitude dans la division, la rigueur dans la démonstration, la justesse dans le choix des ornements. L'art oratoire fit ainsi de rapides progrès chez les Romains, mais en s'appropriant au caractère de ce peuple ; il rechercha surtout la simplicité et la force, la concision et la clarté : on exigeait de l'orateur la connaissance des usages, des lois, du droit civil et public, de la constitution et de l'histoire de sa nation. L'influence de l'éducation grecque se montre déjà dans les deux Gracques. Tib. Gracchus eut pour professeur d'éloquence Diophane de Mitylère. C. Gracchus fut plus ardent que son frère ; il possédait des connaissances remarquables ; il était plein de gravité et de force. Cicéron eut pour contemporains des orateurs éminents, M. Antonius, Hortensius, Cotta, Q. Catulus, L. Crassus, et même C. Julius César ; mais il les surpassa tous.

La nature l'avait très-heureusement doué ; mais il développa ces dons naturels par un exercice assidu, par une étude consciencieuse de la philosophie ; il parcourut en étudiant l'Asie et la Grèce ; il suivit à Athènes les leçons de Démétrius Syrus, en Asie celles de Ménippe, et à Rhodes celles de Molon. Ce ne fut qu'après une absence de deux ans qu'il revint à Rome, et porta de nouveau la parole devant les tribunaux. Il obtint la questure, tandis que ses rivaux Hortensius et Cotta obtenaient, l'un l'édilité, l'autre le consulat. Quand il eut été nommé édile curule, les Siciliens s'adressèrent à lui pour accuser Verrès d'exactions ; Cicéron se chargea de l'accusation, et triompha dans cette cause, où Verrès avait, grâce à son immense fortune, fruit de ses pillages, beaucoup de protecteurs. Dans sa préture il prononça le célèbre discours *pour la loi Manilia*, qui lui valut l'amitié de Pompée, la reconnaissance des chevaliers romains, et lui ouvrit le chemin du consulat, quoiqu'il fût *homme nouveau*. Consul, il découvrit et étouffa la conjuration de Catilina. — Cicéron brilla dans l'éloquence judiciaire et dans l'éloquence politique. Il avait presque la force et l'abondance de Démosthène, et il le surpassait par l'esprit et l'élégance de l'élocution. — Non content d'être ora-

teur, il voulut former des orateurs, e composa dans ce but plusieurs traité *Brutus, de l'Orateur*, etc.

L'éloquence tomba avec la liberté sous les empereurs les assemblées d peuple n'existaient plus ; si dans le séna il était encore possible d'être éloquent la franchise de la parole était dange reuse. L'art oratoire passa de la vie dar l'école ; l'éloquence judiciaire conserv seule quelque valeur. Sous August l'éclat de l'éloquence n'avait pas enco entièrement disparu. Asinius Pollion s fit remarquer par l'ordonnance philoso phique de ses discours, et en mêm temps par son amour de l'antiquité e par la simplicité de son style. M. Val rius Messala Corvinus avait une dictio élégante, Cassius Sévérus un esprit mo dant et incisif, mais de la force et u savoir étendu. Sous Tibère, Domitiu Afer se signala comme orateur, pu Julius Africanus et Pomponius Secu dus. Sénèque introduisit un nouvea genre par son ton déclamatoire, ses ar tithèses et son clinquant. Sous Vespasie Quintilien fut professeur d'éloquence il chercha à ramener l'art aux maxime de Cicéron. Sous Trajan, Pline le Jeun se distingua dans l'éloquence judiciair et montra dans le panégyrique de Traja une sage ordonnance, mais une éléganc qui laisse trop voir la recherche et l'e fort.

Dès les premiers temps de l'empire y avait eu à Rome un célèbre rhéteur M. Porcius Latron, qui enseignait l'él quence à la jeunesse romaine. Sous Ves pasien les rhéteurs furent rémunéré par l'État. Non-seulement à Rome, ma dans presque toutes les grandes ville de l'empire, il y eut des écoles de rhé teurs ; on y faisait, sous prétexte d s'exercer à l'éloquence, des déclamation qui faussaient le goût. Depuis Antoni la pureté de la langue latine se perd sans retour.

PHILOLOGIE. — Dans les écoles o n'apprenait pas seulement la grammair de la langue latine ; dès qu'on se fut fa miliarisé avec la Grèce, on en étudi aussi la langue ; Caton l'apprit dans s vieillesse ; et dans les derniers temp de la république on considéra cett étude comme étant, avec le droit, l fondement de toute éducation libérale

Plus tard on expliqua les auteurs latins, comme on faisait pour les auteurs grecs : ce qui appela l'attention sur la nature de la langue latine, qu'on étudia alors grammaticalement. Le premier Romain qui travailla sur la grammaire et sur les étymologies de cette langue, et fit connaître ses recherches, fut M. Porcius Caton le Censeur. Après lui M. Térentius Varron publia un écrit sur la même langue. Mais on n'avait pas encore composé de grammaire proprement dite; on ne croyait pas en avoir besoin pour la langue maternelle. Quand l'influence vivifiante des grands modèles eut cessé, et que l'art oratoire ne fut plus cultivé que comme un exercice scolaire, on sentit le besoin d'une grammaire, qu'Ælius Donatus composa sous le titre : *Des lettres, des syllabes, des pieds et des tons*. Nous avons aussi des commentaires de Donatus sur Térence, de M. Valérius Probus sur Térence et sur Virgile, et d'Asconius Pédianus sur plusieurs discours de Cicéron.

MÉDECINE ET PHYSIQUE. — La pharmaceutique n'était pas inconnue des Étrusques ni des Grecs de la basse Italie, où l'école de Pythagore établissait déjà des règles de diététique, qui supposaient des observations physiologiques; on pratiquait aussi l'anatomie sur les animaux. Il n'y avait à Rome en fait de médecins, ou du moins de chirurgiens, que des esclaves amenés comme prisonniers de guerre; ils ne jouissaient d'aucun crédit, et n'étaient employés que par la famille à laquelle ils appartenaient ou par les familles qui avaient avec elle des relations d'amitié. Le premier homme qui se fixa à Rome comme médecin fut Archagathus, fils de Lysanias du Péloponnèse ; encore semble-t-il avoir exercé surtout la chirurgie : il obtint à Rome le droit de cité. Le culte d'Esculape passa de Grèce à Rome au troisième siècle. Après une peste Rome lui éleva un temple, et ses prêtres, les Asclépiades, partagèrent avec les esclaves dont nous parlions tout à l'heure l'exercice de la médecine. Ce temple était bâti dans l'île du Tibre ; c'est là qu'on envoyait mourir les esclaves malades. — Depuis qu'Archagathus eut fait fortune à Rome, beaucoup de Grecs ignorants y accoururent, et se donnèrent pour médecins, quoiqu'ils ne sussent que pratiquer des saignées, arracher des dents, etc. Mais bientôt vinrent de plus habiles. Asclépiade de Prusa en Bithynie vint à Rome pendant la guerre contre Mithridate, et fut jugé digne de l'amitié de Cicéron. Instruit par l'étude d'Hippocrate et de ses autres devanciers, Asclépiade fonda l'école méthodique ; les maladies résultaient, selon lui, de la relaxation des organes (*asthénie*), ou de leur tension (*hypersthénie*). Parmi les élèves d'Asclépiade il faut compter M. Artorius, Thémison, Eudème, Antonius Musa, qui guérit Auguste d'une maladie dangereuse, et fut élevé au rang de chevalier. — Vers le même temps vivait à Rome un autre médecin célèbre, le Grec Athénée, d'Attalie en Cilicie, dont les principes étaient opposés à ceux de ses contemporains, et qui fonda l'école pneumatique; il se rapprochait, quant à ses idées philosophiques, des péripatéticiens. Comme les stoïciens, il expliqua la formation des corps par le développement de germes existant de toute éternité : selon lui, l'esprit était transmis par la procréation. Les corps résultaient non pas d'une combinaison des molécules détachées de la matière première, mais d'un principe de nature spirituelle. La force du pouls était pour Athénée l'indice d'une force vitale activement agissante. Dans la diététique il détermina quelques propriétés de l'atmosphère et leur influence sur la santé; il ne traita pas la diagnostique comme une science spéciale, il la réunit avec la thérapeutique. Agathinus de Sparte, élève d'Athénée, se rapprocha des empiriques et des méthodiques, et, en cherchant à concilier la doctrine d'Athénée avec celle des méthodiques, il forma le système des éclectiques. Son disciple, Archigène d'Apamée, fleurit à Rome sous Domitien, Nerva, et Trajan. En même temps, vivait aussi à Rome Arétée de Cappadoce, qui dans le système éclectique se distingua par la profondeur de ses observations et par la beauté de son langage. Selon lui, des molécules et des esprits, solides et fluides, forment le corps humain ; la juste proportion du mélange fait la santé.

Ces divers systèmes, et l'application de la dialectique à la médecine, introduisirent dans la science des divergences, dont les funestes effets se manifestaient même dans la pratique. Le célèbre Claude Galien chercha à tirer la médecine de ces théories artificielles pour la ramener à l'observation de la nature. Dans la philosophie il s'attacha à Platon et à Aristote, et entreprit de concilier leurs doctrines avec les opinions d'Hippocrate. Toutes les parties de la médecine, qu'il traita dans ses nombreux écrits, durent à ses théories une nouvelle forme scientifique; ses doctrines trouvèrent chez les médecins savants une approbation si générale, qu'elles devinrent les fondements de toute médecine scientifique.

Quant à la physique, elle fut peu cultivée par les Romains, malgré les progrès qu'elle avait faits en Grèce, grâce à Aristote et à Théophraste. Cette science ne fut considérée que comme une partie de la philosophie, et ne trouva d'accès chez les Romains qu'autant qu'elle servait à l'éloquence : Cicéron, qui traita dans la langue latine presque toutes les parties de la philosophie, négligea la physique, à moins qu'on ne veuille regarder comme un travail de physique sa traduction en vers des *Phénomènes* d'Aratus. Pline l'Ancien traita le premier, dans son Encyclopédie, la physique, qu'il coordonna d'après les trois règnes de la nature. Cet ouvrage de Pline est très-riche en descriptions de phénomènes naturels, et l'on doit admirer beaucoup son activité et sa curiosité. Toutefois, avec son savoir et ses lumières, il a souvent accueilli le fabuleux dans ses récits. Déjà avant Pline deux poëtes avaient décrit la nature dans des poëmes didactiques : Lucrèce, qui dans ses six livres *Sur la Nature des Choses*, se montre encore plus philosophe que peintre de la nature, en parlant de la physique, de la formation du monde, de l'âme, de la mort; et Æmilius Macer, qui décrit les oiseaux, les serpents. Les plus grands progrès de la physique chez les Romains furent dus à Sénèque, qui dans ses études sur la philosophie traita la physique comme une partie de cette science. Après avoir rassemblé, pendant plusieurs années, des notes sur la physique, et s'être instruit par ses propres observations, il fit connaître, dans ses *Questions naturelles*, les résultats de ses travaux.

C'est dans les écrits sur l'agriculture, sur le jardinage et la culture de la vigne, dans les agronomes en un mot, que l'on trouve les meilleures observations de la nature. Le plus ancien écrivain en ce genre est Caton le Censeur : il recueillit les résultats de ses propres expériences et de celles d'autrui, et les communiqua à ses compatriotes, mais sans les coordonner scientifiquement. M. Térentius Varron introduisit déjà un ordre scientifique dans son écrit *sur l'Agriculture*, et montra un vrai savoir dans la manière dont il traita ce sujet; il cite les Grecs qui ont écrit sur l'agriculture, ainsi que le Carthaginois Magon. Son ouvrage est divisé en trois livres. L'écrit le plus instructif sur l'agriculture a pour auteur Columelle; il y a consigné ses propres expériences, appuyées sur une étude attentive de ses devanciers, et exposées dans un langage clair, ferme et net. Palladius écrivit aussi un ouvrage en quatorze livres sur l'agriculture.

Sans doute, dans ces écrits sur l'économie domestique on ne trouve encore aucune méthode scientifique de l'agriculture, fondée sur la physique, car les Romains étaient encore peu familiarisés avec cette science : toutefois ces ouvrages nous montrent de louables efforts faits pour ramener l'agriculture à des principes, et qui eussent certainement été utiles à la science de la nature, si l'esprit humain à cette époque avait été mieux préparé aux tentatives scientifiques.

PHILOSOPHIE. — Ce ne fut qu'au sixième siècle après la fondation de Rome que le goût de la philosophie s'éveilla chez les Romains, pendant le séjour de Carnéade, partisan de la nouvelle Académie, du péripatéticien Critolaüs et du stoïcien Diogène, venus à Rome comme ambassadeurs d'Athènes; la nouveauté de leurs doctrines excita à un haut degré l'admiration des jeunes Romains de distinction, que leur éducation avait déjà familiarisés avec la langue grecque. Mais ce qui attira surtout les Romains, et ce qui parut un danger à Caton, ce fut l'éloquence sophistique de ces Grecs plutôt que la connaissance de leur philosophie : on pouvait se promettre de la première une utilité plus directe, et la jeunesse romaine montrait déjà un penchant à préférer à la primitive et simple éloquence des Romains, formée par l'exercice et par l'expérience, l'éloquence grecque, si souple, si habile à cacher de faux raisonnements sous la beauté du discours et des images : aussi le sénat tout entier se rallia à l'avis de Caton pour éloigner les ambassadeurs et pour rendre même un décret qui bannissait de Rome les philosophes et les rhéteurs grecs. Mais il était trop tard; les germes existaient et devaient bientôt parvenir à leur maturité. L'amour du luxe, éveillé chez les Romains par leurs conquêtes en Asie et en Grèce, excita l'amour des arts et de la science. Des Romains distingués et instruits, en séjournant dans ces deux contrées, se mirent en relation avec des savants grecs, apprirent à connaître les doctrines, si admirées, des philosophes, et s'en occupèrent, en suivant toutefois la tendance de leur esprit qui les porta surtout vers les doctrines pratiques.

De toutes les écoles philosophiques des Grecs, les doctrines qui convenaient le moins au génie des Romains étaient celles de la nouvelle académie, et elles ne trouvèrent accès chez eux que parce que la dialectique de la nouvelle académie était particulièrement profitable à l'éloquence. La philosophie péripatéticienne avait eu pour fondateur Aristote de Stagire, qui définissait la philosophie « la science de la vérité des principes ». Le système philosophique d'Aristote, ordonné avec une grande rigueur, était la doctrine qui eût dû trouver le plus favorable accès chez les Romains, car elle traitait avec soin de la dialectique, de la rhétorique et de la politique, sciences fort considérées chez ce peuple; mais les Romains n'étaient pas assez préparés par leur éducation à recevoir un système si vaste et enchaîné avec tant d'art. Seulement on préféra sa morale à celle des autres écoles, parce que, déduite des principes de la vie sociale, elle offrait le moyen d'apprécier plus nettement les devoirs ordinaires.

Deux autres écoles obtinrent plus de succès, celles d'Épicure et de Zénon : la première, parce qu'elle convenait à l'esprit des Romains de ce temps, corrompus par le luxe et la sensualité; la seconde, parce qu'elle répondait au caractère des anciens Romains, qu'avaient retenu quelques hommes de bien, et leur donnait un appui dont ils avaient besoin pour lutter contre leur temps. D'après la morale d'Épicure, la sensation décide seule de la réalité et, par conséquent, de la valeur des choses : la sensation de plaisir est donc le souverain bien, celle de douleur est le plus grand mal. On doit donc agir de manière que le plaisir soit le dernier but de l'action. Ainsi la morale épicurienne est une doctrine de prudence. Comme ce système était, dans sa logique et dans sa physique, facilement intelligible, même pour l'homme peu habitué à la pensée philosophique, et posait dans sa morale un principe qui, surtout quand on le prenait à la lettre, devait plaire à l'esprit du temps, il trouva beaucoup de faveur, surtout chez ceux que les troubles de l'État, aux derniers moments de la république, éloignèrent des affaires, comme Lucrèce, ou qui, par inclination, préféraient une vie tranquille et consacrée à la satisfaction de leurs penchants, comme T. Pomponius Atticus. Les Épicuriens furent les premiers qui écrivirent en langue latine sur leur philosophie; elle fut exposée par C. Amafius et par Lucrèce, qui, dans son poëme didactique, voulut favoriser le progrès des lumières et bannir la superstition religieuse.

Zénon de Citium, fondateur de l'école stoïcienne, avait eu en vue de former par la réunion de la logique, de la physique et de la morale, un système qui conciliât les systèmes opposés les uns aux autres. Il avait établi comme principe de la philosophie *l'effort vers la perfection*. Cette perfection de l'esprit consiste en partie dans la pensée, c'est l'objet de la logique; en partie dans la connaissance des choses, c'est l'objet de la physique; en partie dans les actions dirigées par le principe de l'effort continu vers la perfection, c'est l'objet de la morale. Le bien et le mal ne sont pas dans la nature des choses; car les choses ne dépendent pas de la volonté humaine, mais ils sont fondés sur les actions libres de l'homme ; le bien doit être toujours utile : aussi la vertu seule est-elle le bien, parce qu'elle est toujours utile ; le mal nuit : aussi le vice est-il le mal. La règle suprême de la morale stoïcienne est celle-ci : *Vis conformément à la nature*, c'est-à-dire, efforce-toi de faire ce qui est toujours utile ; car cela est conforme à la nature et moralement bon. La santé, les richesses, les honneurs, sont choses indifférentes, parce que ces choses ne dépendent pas de la volonté du sage. La vertu seule peut nous rendre heureux. — Une telle morale devait convenir au caractère énergique de ces Romains qui n'avaient pas encore cédé à l'invasion du luxe et de la dépravation, à ces nobles esprits qui voulaient garder au moins pour eux-mêmes l'ancienne simplicité des mœurs romaines, à tous ceux enfin qui, croyant à la ruine de la liberté, cherchaient à se consoler en élevant d'autant plus leur âme. Or, la morale stoïcienne leur apprenait à supporter avec résignation, comme indifférentes, les choses dont l'action sur nous ne dépend pas de notre libre arbitre. On retrouve dans toute une école de jurisconsultes romains son influence. C'était surtout la partie pratique de la doctrine stoïcienne qui plaisait aux Romains ; la partie théorique n'était considérée qu'autant qu'elle était indispensable au fondement de la morale. Ce fait se manifeste dans Sénèque, l'un des stoïciens qui, postérieurement à Auguste, se sont illustrés par leurs écrits : le côté pratique de la philosophie était pour lui l'essentiel ; l'action devait concorder avec la doctrine et la confirmer. Aussi cherchat-il par ses écrits, sinon par ses exemples, à inculquer la doctrine de la vertu, et les moyens de dompter les passions et les penchants qui lui sont contraires. Épictète ne fit pas, comme Sénèque, étalage de sa philosophie ; il confirma ses maximes par sa vie, qui était aussi simple que sa doctrine. Le principe « vivre conformément à la nature » était le fonds de son enseignement et la règle de sa conduite. Il prêchait le complet détachement des biens de la vie et la résignation aux peines qu'on ne peut

écarter. « Chaque passion, disait-il, n[e] fait dépendre de ce que nous désiro[ns] et nous en rend esclaves : nous devo[ns] donc dans la possession et dans [la] jouissance des biens de cette vie av[oir] toujours en vue qu'ils ne sont pas no[tre] propriété, qu'ils sont passagers et so[u-]mis au caprice de la fortune : ce[tte] pensée contribuera puissamment à no[tre] repos. Mais si pourtant la vie devie[nt] insupportable, on peut s'en débarrasse[r] comme d'un fardeau. » Un exemple éc[la-]tant de l'influence des maximes des sto[ï-]ciens, et spécialement d'Épictète, e[st] l'empereur M. Aurèle le Philosophe. [Il] adoucit la rigueur de la morale sto[ï-]cienne, et la rendit plus tolérante. O[n] voit aussi dans sa philosophie la te[n-]dance religieuse qu'avait prise la m[o-]rale. L'homme doit se considérer comm[e] une partie du monde gouverné par [un] Dieu sage, et se soumettre aux dispo[-]sitions et aux volontés de ce Dieu.

La doctrine de Pythagore fut aus[si] renouvelée parmi les Romains et réun[ie] avec la morale stoïcienne par Q. Se[x-]tius ; l'école cynique eut aussi, sous l[es] premiers empereurs, quelques repr[é-]sentants ; ils recommandaient une v[ie] simple, le mépris des besoins artificie[ls] du luxe. Le cynique le plus célèbre f[ut] Démétrius, contemporain de Sénèque[,] qui l'égale à Socrate, à Chrysippe, à Z[é-]non, et l'appelle un homme d'une s[a-]gesse accomplie. — Les plus célèbre[s] disciples des différentes écoles philoso[-]phiques furent à Rome : parmi les p[y-]thagoriciens, Nigidius et Vatinius[;] parmi les épicuriens, Cotta, Velléiu[s,] Pansa, Atticus ; parmi les platonicien[s] ou les sectateurs de la nouvelle Aca[-]démie, Varron, Pison, M. Brutus[,] Gallus ; parmi les stoïciens, M. P. C[a-]ton d'Utique, Thraséas, etc.

Il y eut aussi à Rome des homme[s] qui, d'un esprit plus libre, ne s'atta[-]chèrent à aucune école spéciale, et étu[-]dièrent tous les systèmes, pour en e[x-]traire ce qu'ils y trouvaient de meilleu[r.] Parmi ces éclectiques la première plac[e] appartient à Cicéron ; il traita la ph[i-]losophie moins en vue d'elle-même [,] moins pour s'éclairer sur les plus hau[ts] intérêts de l'humanité et pour trouver e[n] elle le principe de sa vie, que pour e[n] faire un moyen d'arriver à ses fins :

voulait se perfectionner par elle dans l'éloquence et dans la politique, et accroître par là son influence et sa gloire. Son principal mérite fut d'éclaircir les différents systèmes de la philosophie et de les faire connaître à ses compatriotes. Il ne se propose pas de déduire d'un principe un système philosophique pour le suivre dans toutes ses conséquences; il compare les différentes écoles, sans s'attacher exclusivement à aucune; dans la dialectique il rend hommage aux doctrines de la nouvelle académie, tandis que dans la morale il suit les stoïciens, et demeure en tout et toujours éclectique. Les écrits philosophiques de Cicéron sont plutôt une histoire des différents systèmes alors connus, avec des remarques critiques sur la vérité de leurs principes, qu'un système philosophique proprement dit. La plupart de ces ouvrages sont accessibles aux intelligences les moins préparées aux matières philosophiques : les livres *De la Nature des Dieux* et les *Questions Académiques* sont seuls d'une forme plus technique. Dans le premier de ces ouvrages il approuve surtout les idées des stoïciens ; dans un autre écrit, *De la Divination*, il expose la doctrine stoïcienne, qu'un des interlocuteurs, Marcus, combat. Il la combat lui-même dans le *De Fato*. Les *Tusculanes* traitent de l'immortalité de l'âme d'après les principes platoniciens. Dans le *De Finibus* il expose la doctrine du souverain bien, et rejette le système épicurien pour le système péripatéticien et le système stoïcien, qu'il trouve d'accord dans les points essentiels. La doctrine des devoirs proprement dite est tracée dans les trois livres *De Officiis* (*Des Devoirs*), d'après les principes stoïciens. L'ouvrage intitulé *De la République* traite de la meilleure forme de gouvernement; Cicéron se déclare pour un gouvernement qui combinerait la monarchie, l'aristocratie et la démocratie. Il continue le même sujet dans les livres *Des Lois* : il place le fondement du droit et des lois dans la raison donnée à l'homme par l'Être-Suprême; il reconnaît des lois divines et des lois humaines. Dans la partie théorique de cet ouvrage, Cicéron a surtout devant les yeux les principes de Platon.

Cicéron est tout à fait le représentant de l'esprit des Romains de son siècle : il n'a pas assez de puissance de réflexion pour se frayer une nouvelle voie et pour répandre un esprit nouveau. Dans la politique il ne se décide pour aucun parti; il se montre le même homme dans sa philosophie. Il peut comprendre, apprécier, examiner la philosophie; mais elle ne le persuade point, elle ne pénètre pas tout son être, elle n'échauffe pas son cœur : aussi ne sait-il à quel système adhérer. Après tout ne serait-ce point parce qu'il voit trop bien que la vérité absolue n'est dans aucun système, comme il voyait que la justice absolue n'était dans aucun parti?

MATHÉMATIQUES. — Aux sciences philosophiques appartiennent encore de très-près les sciences mathématiques. Les Romains en reconnurent bien l'utilité, mais ne les étudièrent jamais avec autant de zèle que les Grecs. Ils se bornèrent à la partie des mathématiques qui offrait une utilité pratique, à l'arpentage et à l'arithmétique. Ils tenaient l'arpentage des Étrusques, et le pratiquèrent dès les plus anciens temps. Ce qui montre combien les Romains étaient encore peu versés à l'époque de César dans les sciences mathématiques et dans leur application à l'astronomie, c'est la nécessité où l'on se trouva de faire venir pour opérer la réforme du calendrier un mathématicien d'Alexandrie, Sosigène. En revanche on s'enfonça, sous les empereurs, dans des rêveries astrologiques; on prédisait d'après les astres, et on nommait cette superstition *mathematica*, et ceux qui prédisait la destinée humaine *mathématiciens*. Divers écrivains, comme Siculus Flaccus, Frontin, Hygin, dans leurs ouvrages sur l'agriculture, déterminent la relation réciproque des différentes mesures de surface, les mesures de longueur, de largeur, les procédés de limitation des propriétés, les lignes droite, parallèle, courbe; les différentes sortes d'angles et de figures, le rhombe et le rhomboïde, enfin le cercle. M. Vitruve Pollion, dans son écrit sur l'architecture, donne des renseignements sur l'application des mathématiques à l'architecture et à l'usage des machines.

Quant à l'art de la guerre, que les

Romains avaient porté dans la pratique à une haute perfection, ils n'en écrivirent point la théorie, si ce n'est Frontin dans les *Stratagèmes*, et Végèce dans son traité intitulé *Epitome institutionum Rei Militaris*.

Poésie. — Chez les peuples où le développement de l'esprit suit une marche naturelle et indépendante la poésie épique parut d'abord, puis la poésie lyrique; toutes deux forment ensuite le drame. Chez les Romains, qui tenaient la poésie des Grecs, le développement poétique, si nous en jugeons par les œuvres qui nous restent, suivit une marche inverse. Il fut inauguré par la poésie dramatique.

Poésie dramatique. — Ce fut lors de la soumission de Tarente, et pendant la première guerre Punique, que les Romains commencèrent, en Sicile, à observer et à apprécier l'art grec : immédiatement après la fin de cette guerre parut parmi eux un poëte dramatique, Livius Andronicus, esclave grec de Tarente, affranchi de Livius Salinator : il traduisit en latin des tragédies grecques, et les représenta à Rome. C'est ce que fit encore, quelques années après lui, le Campanien Cn. Nævius. Ennius les surpassa, donna aux vers une mesure plus juste, perfectionna le langage, et imita Euripide. Pacuvius eut plus de savoir et dessina mieux les caractères. L. Accius, son contemporain, montra encore plus de force et de dignité dans l'expression. L. Varius, à l'époque d'Auguste, écrivit une tragédie, *Thyeste*, qui déjà pouvait presque soutenir la comparaison avec les tragédies grecques. Précisément à la même époque parut la *Médée* d'Ovide. Nous avons encore un recueil de tragédies, qui sont attribuées à Sénèque; il y règne un goût faux, qui paraît moins dans les caractères et dans l'enchaînement du poëme, que dans les sentences brillantes, dans les maximes philosophiques et dans les antithèses, dont il est semé.

La comédie commença par les exodes (*exodia*), qui étaient proprement des farces données après le spectacle, et par les *fables atellanes*, farces réservées à la jeunesse romaine, et que les histrions ne pouvaient représenter. Livius Andronicus chercha à remplacer ces farces grossières par des traductions de pièces grecques; Nævius fit de même. Plaute écrit ses comédies avec plus d'indépendance et une langue mieux formée. Il est si heureux dans l'expression, si piquant dans ses reparties, si divertissant par son humeur, si souple dans le dialogue, et dans ses pièces imitées de Diphile et de Philémon il y a tant de vie et d'effet comique, qu'on lui pardonne des négligences dans la métrique, dans la disposition et dans la conduite du plan et des caractères, et une certaine âpreté dans ses saillies, qui ne sont pas toujours du meilleur goût. Térence surpassa Plaute par le sentiment de l'art, le goût, la juste ordonnance de la pièce, et l'exact arrangement du plan et des caractères. Mais il a moins de verve, et son élégance est quelque peu froide. Après eux la comédie tomba; car les Romains n'avaient pas cet atticisme, cette éducation de l'esprit qui permettait au peuple athénien de suivre le plan et l'intrigue d'une comédie; ils ne désiraient que des saillies et des scènes grossières, cherchaient bien plus le plaisir des yeux que celui de l'esprit, et désertaient le théâtre pour le cirque. Aussi, l'art dramatique resta-t-il au point où l'avaient amené Ennius et Pacuvius dans la tragédie, Plaute et Térence dans la comédie.

Satire. — La satire était une composition mélangée de poésie et de prose, sans forme déterminée. Lucilius, de Suessa en Campanie, fit de la satire une composition propre aux Romains, et l'employa à châtier les vices et les folies de l'homme. Il avait beaucoup d'esprit et de hardiesse. Horace lui reproche de la loquacité et de la rudesse. Il en a laissé lui-même d'excellentes, où l'on trouve une vue sereine de la vie. Perse censure son siècle avec amertume; car il est stoïcien. Juvénal tient parfois du rhéteur; il attaque avec une âpre et mordante ironie les folies et les vices de ses contemporains. La satire de Sénèque sur la mort de l'empereur Claude, l'*Apokolokyntose*, est une mauvaise action du philosophe.

Quant à l'épigramme, elle peut se confondre chez les Romains avec la satire. C'est ce que fit Martial; avant lui l'épigramme n'était qu'un petit poëme d'un ou de plusieurs distiques. Il n'eut qu'un successeur, Ausone, qui resta bien au-dessous de lui.

Épopée. — Livius Andronicus, qui donna la première tragédie, traduisit l'*Odyssée* en latin, et Nævius fit un poëme, *La Première Guerre Punique*, qui avait certainement un caractère épique. Vers le même temps, mais avec plus de perfection, Ennius s'essayait dans la tragédie et dans l'épopée; ses *Annales* en dix-huit livres étaient composées en hexamètres, vers qui paraissaient pour la première fois chez les Romains. Ce fut sous Auguste que les Romains eurent enfin leur poëte épique, Virgile, qui ne se distingue point par l'invention, mais par sa belle langue, sa douce poésie, l'heureux choix des épisodes, et la rare élégance de l'expression. Il a d'ailleurs beaucoup d'érudition, et sait l'employer à propos. Il n'a pu se séparer des modèles grecs, Homère est toujours sous ses yeux; mais comme il avait puisé son poëme à la double source de l'histoire romaine primitive et de la mythologie, comme il avait intimement lié son sujet aux destinées de Rome et de la famille Julienne, il écrivit, malgré ses imitations, un poëme national. Après lui l'influence des rhéteurs domina ceux qui voulurent marcher sur ses traces. Lucain choisit pour sujet la guerre civile entre César et Pompée; il fit *la Pharsale*. Qu'il ait été animé du génie poétique, c'est ce que l'on reconnaît dans beaucoup de beaux passages; mais le sujet étouffa son génie, et la subtilité des rhéteurs se retrouve à chaque instant dans ses portraits, dans ses discours ampoulés, dans ses perpétuelles antithèses. Silius Italicus écrivit un poëme historique, *Punica*, en dix-sept livres, sur la seconde guerre Punique. S'il tombe plus rarement que Lucain dans la déclamation, il est souvent languissant, et c'est un mauvais copiste de Virgile.

Valérius Flaccus, autre imitateur de Virgile, composa *les Argonautiques*, en huit livres, sur le modèle d'Apollonius de Rhodes, auquel il s'attacha servilement; il est souvent obscur, et il ne se montre poëte que dans des tableaux isolés. L'érudition est le trait saillant de la *Thébaïde* et de l'*Achilléide* de Stace. Claudien suivit Virgile et Stace, mais il resta bien loin derrière eux.

Poésie lyrique. — La poésie lyrique n'allait pas, ce semble, au génie romain. Catulle prit Callimaque pour modèle dans l'élégie: quand il ne suit que ses propres impressions, on ne peut lui contester de la sensibilité et de la vérité; mais quand il imite l'érudition de son modèle, il devient souvent languissant et affecté. Tibulle, poëte d'un sens délicat et d'un tact exquis, exprime avec naturel les sentiments qui l'animent; il se distingue par la simplicité de l'expression et par l'élégance des tableaux. Properce imite les Grecs, et laisse trop voir le travail, pas assez la nature. Ovide montre une imagination vive, mais sans un seul sentiment profond.

La poésie lyrique proprement dite n'eut chez les Romains qu'un représentant, dont la perfection ôta peut-être l'envie de l'imiter au peu de Romains que la nature en rendait capables. Horace avait, avec les talents les plus éminents, un esprit souple, un tact délicat, un vif sentiment de la grâce et de la beauté; par l'étude assidue des meilleurs modèles grecs, il porta ces dons naturels à un haut degré de perfection; il donna à son style de la souplesse, de l'abondance, et le fit servir à l'expression la plus parfaite des sentiments gracieux ou élevés. Après lui la poésie lyrique n'eut plus de chantres à Rome; le temps n'était pas propre à favoriser la poésie; l'essor en était gêné, tant par la situation politique de l'État que par la tendance des esprits d'alors vers l'érudition.

Poésie didactique. — Le premier Romain qui se distingua dans ce genre de composition fut Lucrèce; dans les poëmes où il exposa la doctrine épicurienne sur la nature des choses, il sut développer cette thèse en une suite de brillants tableaux, et ne pas rester pour la force de l'expression, pour l'énergie de la pensée au-dessous de la grandeur du sujet. Virgile dans ses *Géorgiques* se montre plus grand poëte que dans son épopée; son poëme est un des plus parfaits qui existent. On peut ranger parmi les poëmes didactiques l'ouvrage d'Horace l'*Épitre aux Pisons*, appelée aussi *Art poétique*. Horace avait moins en vue de donner un enseignement sur la poésie que de montrer à Pison les difficultés de cet art, et de lui faire remarquer que l'homme destiné par sa naissance aux plus hautes dignités ne doit point se vouer à la poésie sans une vocation intime et extraordinaire. Il a su éviter heureusement l'aridité de la didactique; il présente ses vues, ses préceptes sous la forme d'exemples, et les applique à des cas donnés, en les exprimant par de belles et ingénieuses images.

Ovide appartient aussi à la poésie didactique par son *Art d'aimer*, ses *Remèdes d'amour*, ses *Fastes*, etc. A part un plan bien suivi, la souplesse de l'exposition et la facilité de la versification, ces poésies n'ont rien de remarquable. Manilius exposa, dans ses *Astronomiques*, l'influence des astres sur la vie et sur les destinées de l'homme; il y a bien peu de vraie poésie dans beaucoup de passages. Némésien écrivit en vers sur la chasse. Il est moins mauvais poëte que Q. *Serenus Sammonicus*, auteur d'un poëme sur les maladies et sur les remèdes, moins encore que J. Firmius Maternus, qui enseigna l'astrologie dans son *Astronomicon* (en huit livres).

Idylle. — Ici nous retrouvons Virgile et ses idylles, trop mêlées de souvenirs de Théocrite, Calpurnius et Ausone.

HISTOIRE. Les premiers historiens en prose, Q. Fabius Pictor, L. Cincius Alimentus, Caton le Censeur, Fannius et Vennonius sont du troisième siècle. Mais les vrais historiens, les historiens politiques ne se montrèrent qu'aux derniers jours de la liberté.

Jules César écrivit avec une grande pénétration, et dans un style agile, ferme, précis, qui ne cherche que la vérité. Salluste, plus artiste, raconta la conjuration de Catilina, la guerre contre Jugurtha, et l'histoire de Rome depuis Sylla jusqu'à la conjuration de Catilina. Nous avons ces deux premiers ouvrages; il ne nous reste que peu de fragments du troisième. Il aime surtout les peintures de mœurs; aussi a-t-il une originalité, une force politique, que n'avait encore montrée aucun historien romain. Tite-Live, qui écrivait sous Auguste, entreprit une *Histoire Romaine* complète depuis la fondation de Rome jusqu'à son temps; et il acheva cette grande entreprise. Pour se consoler du présent, il se reporte en esprit dans le passé glorieux, où les grands hommes avaient fondé et étendu la domination de Rome; il veut montrer ce que la vie et les mœurs de ses concitoyens avaient été autrefois, comment la discipline (*disciplina*) s'est affaissée successivement, jusqu'à sa ruine entière. Mais Tite-Live néglige ce qui eût pu le guider le plus sûrement, la formation et les modifications de la constitution; il se repose trop sur le travail de ses devanciers, pour laisser à son talent de peintre un libre essor dans l'exposition des grands caractères et des grands événements. Il n'a pas toujours pu ou il n'a pas toujours voulu pénétrer la vérité historique. Son style se recommande d'ailleurs par d'éclatantes beautés, et par l'abondance, la richesse et une éloquence entraînante. L'imagination a peut-être eu une trop grande part dans son travail; mais comme art son livre est une grande et admirable composition.

Cornélius Népos n'a guère puisé qu'à des sources grecques. Velléius Paterculus a écrit aussi une *Histoire Romaine*. Mais ce n'est qu'un abrégé vif et énergique; dans l'expression il se rapproche de Salluste, seulement il l'imite avec trop de servilité.

La collection d'anecdotes et d'exemples moraux donnée par Valère-Maxime est précieuse par les renseignements de mérite fort divers qu'elle contient; mais c'est là tout son mérite. Quinte-Curce dans son *Histoire d'Alexandre le Grand* a négligé la vérité, pour exposer d'une manière poétique les actions de son héros. Toutefois, son récit est intéressant. Florus écrivit dans le même esprit une histoire ou plutôt un éloge du peuple romain, moins en historien qu'en rhéteur. L'influence du goût corrompu de l'époque impériale se montre encore, quoiqu'à un moindre degré, dans les biographies des douze premiers Césars, de Suétone. Tacite s'en est à peu près complétement affranchi. C'est un grand peintre, j'allais presque dire un grand poëte. Mais le culte passionné de la forme et les préjugés aristocratiques ne lui ont pas toujours permis de peindre avec impartialité tous les personnages dont il parle. Il écrivit d'abord la biographie d'*Agricola*, son beau-père; puis dans son livre sur la Germanie il fit ressortir le contraste entre les mœurs simples d'un peuple encore sauvage, mais énergique et fort, et les Romains de son siècle, amollis et énervés par l'amour des jouissances et par le luxe. Ses *Histoires* renferment le temps écoulé de la mort de Nerva à celle de Domitien; ses *Annales*, l'histoire romaine depuis la mort d'Auguste jusqu'à celle de Néron.

Tacite est le dernier des historiens romains. Après lui on ne voit plus guère que des abrégés. C'est ce que firent Justin, abréviateur de Trogue-Pompée, S. Aurélius Victor, Eutrope, Sext. Rufus. Les écrivains de l'*Histoire Auguste*, qui ont écrit la biographie des empereurs depuis Adrien jusqu'à Valérien, sont Ælius Spartianus, Vulgatius Gallicanus, Trébellius Pollion, Flav. Vopiscus, Ælius Lampridius et Julius Capitolinus. — Un ouvrage précieux est l'histoire d'Ammien-Marcellin ; ses consciencieux efforts pour trouver la vérité, sa pénétration et la justesse de son jugement, eussent fait de lui un historien remarquable; mais les défauts de son temps se montrent dans son ouvrage : sa langue n'est plus celle du grand siècle et son style n'est pas celui de l'histoire. Paul Orose écrivit, à l'instigation de saint Augustin, une apologie du christianisme, qu'on accusait d'avoir causé les maux qui affligeaient l'empire romain. Mais cet ouvrage est sans mérite littéraire.

ARCHITECTURE. — Ce fut sous Tarquin l'Ancien que Rome vit s'élever les premiers monuments remarquables, comme le Cirque, le temple du Capitole, le *Grand Cloaque*, entrepris pour dessécher les terrains bas situés aux environs du Forum; la voûte de cet égout est composé d'un triple rang de voussoirs enchevêtrés l'un dans l'autre. On aplanit aussi le *Forum* et le *Comitium*, et l'on bâtit un palais pour le roi. Servius éleva un temple à la Fortune sur le *Forum Boarium* (marché aux bœufs), et creusa la prison appelée de son nom le *Tullianum*. Le premier temple construit sous la république fut voué par le dictateur Aulus Postumius, et dédié par Sp. Cassius à Bacchus, à Cerès et à Proserpine; Démophile et Gorgase l'ornèrent de statues et de tableaux : sur les tympans du fronton étaient des statues d'argile et d'airain doré. Quand, après la prise de Syracuse, M. Claudius Marcellus rapporta à Rome de riches dépouilles, on tira du butin les ouvrages d'art pour en décorer un temple consacré à la Vertu et à l'Honneur. Les premiers portiques de Rome furent construits par les édiles M. Æmilius Lépidus et L. Æmilius Paulus, quand ils établirent le marché *Emporium*, à la porte *Trigemina*. Le premier portique auquel on donna une double colonnade fut le portique *corinthien*, élevé par Cnéius Octavius, vainqueur du roi de Macédoine. Un portique plus magnifique encore fut celui de *Pompée*, qui reposait sur cent colonnes, et était entouré d'une double allée d'arbres. Quant aux théâtres, ils furent d'abord temporaires, même celui de Scaurus, qui le décora avec la plus grande magnificence : on y voyait trois mille statues d'airain, une muraille de bois dorée, une autre revêtue de verre. Ce théâtre, qui contenait quatre-vingt mille spectateurs, dura à peine un mois. Curion montra, vingt années après, dans la construction de son théâtre, un luxe non moins dispendieux ou plutôt non moins extravagant.

Sous la République les Romains avaient abandonné l'architecture étrusque pour l'architecture grecque. Des artistes venus de la Grèce avaient construit les principaux monuments dans le style grec. Cicéron nomme parmi eux Cluatius, Cyrus, son affranchi Vettius. On écrivit aussi des ouvrages sur l'architecture. Rutilius laissa sur ce sujet un livre assez estimé, mais incomplet. L'architecture fut florissante au commencement de l'époque impériale, puisque Auguste se glorifiait de laisser de marbre une ville qu'il avait trouvée de briques. C'est aussi à cette époque que se développa chez les Romains le goût des constructions colossales. Dans les formes extérieures on demeura fidèle au style grec; mais pour assurer la solidité de l'intérieur on remplaça les colonnes et la charpente par des piliers et par des arcs. Le style grec, après Adrien, fut déparé par l'excès de l'ornementation. Certains genres étaient affectés à certaines constructions : ainsi le temple de Mars était d'ordre dorique, plus sévère, et il semblait plus fort ; les temples de Vénus, de Flore, et des Nymphes étaient d'ordre corinthien, plus riche et plus orné. Les temples de Junon, de Diane, de Bacchus, étaient d'ordre ionique ; ils n'avaient par conséquent ni la gravité imposante du dorique ni la délicatesse gracieuse et légère du corinthien.

Les édifices particuliers ne le cédaient pas en magnificence aux monuments publics. Les constructions de Lucullus, de Lépidus, de Scaurus, d'Aquilius, de Mamurra, sont célèbres dans l'histoire des antiquités de Rome. Rome recevait de Gabies et de la plaine de Tibur la pierre, le marbre et le plâtre ; des forêts des environs de Pise, des bois magnifiques ; des environs de Fidènes, du mont Albain et de l'Ombrie, une quantité de pierre tendre, appelée tuf ; des montagnes de Luna, du marbre blanc.

Sous la République fallait-il construire ou réparer un bâtiment, les censeurs mettaient l'ouvrage en adjudication aux enchères publiques, quand ils n'en dirigeaient pas eux-mêmes la construction ; ou bien quand ils n'y procédaient pas eux-mêmes, ils se faisaient représenter pour surveiller les travaux par des commissaires, appelés *duumvirs*, ou *triumvirs*, ou *quinquevirs*, selon qu'ils étaient au nombre de deux, de trois, ou de cinq. La construction achevée, les censeurs ou les édiles étaient chargés par un sénatus-consulte de reconnaître et de recevoir les travaux, dont le prix était payé, après cette formalité, sur le trésor public. Plus d'une fois aussi les riches cherchèrent la popularité en faisant construire ou réparer à leurs frais des édifices publics ; dans le premier cas ils obtenaient l'autorisation de faire graver leur nom sur le monument, dans le second cas, ils pouvaient le mettre à côté de celui du fondateur. Mais il fallait toujours pour qu'un particulier pût réparer à ses frais un édifice public, qu'il y fût préalablement autorisé par un sénatus-consulte.

Le prix des maisons donne un moyen d'en apprécier la magnificence. La maison que Cicéron possédait sur le mont Palatin lui avait été vendue par Crassus trois millions cinq cent mille sesterces (736,125 fr.). Clodius, celui-là même pour le meurtre duquel Milon fut poursuivi et exilé, avait acheté une maison qui ne revenait pas à moins de quatorze millions huit cent mille sesterces (3,027,833 fr. 31 c.).

SCULPTURE. — Les premiers ouvrages de sculpture chez les Romains furent des statues des dieux, faites de bois et d'argile par des artistes étrusques. On cite comme les plus anciennes les statues de Romulus, de Janus Geminus, consacrées par Numa, celles d'Hercule triomphateur sur le *Forum Boarium* (marché aux bœufs), d'Accius Nævius, de Camille près des Rostres, de Clélie et d'Horatius Coclès. Sur la place du *Comitium* se trouvait la statue d'un légiste d'Éphèse, nommé Hermodore.

Après la prise de Syracuse, la conquête de la Macédoine, de la Grèce et de l'Asie, le goût pour la sculpture devint plus vif. Les statues ne servirent d'abord qu'à orner les triomphes. Bientôt elles furent employées, non-seulement à embellir les places et les monuments publics, mais encore à décorer les maisons des particuliers. Sylla, Lucullus, Verrès, Hortensius, en donnèrent l'exemple : il fut suivi dans les derniers temps de la République par tous les riches. Aussi, les artistes grecs venus à Rome y trouvèrent beaucoup d'ouvrage et la fortune. Parmi eux on cite Pasitèle, qui exécuta une statue pour le temple de Jupiter, et reçut le droit de cité : il eut pour élèves Colotès et Stéphanus. Arcésilaüs fit la *Vénus génitrix* pour César. On cite encore Posis et Ménélas, Décius, et Damasippe. Sous Auguste l'Athénien Diogène fit pour le Panthéon d'Agrippa des statues que l'on plaça sur le fronton de l'édifice. Auguste fit ériger lui-même dans le portique de son Forum les statues des orateurs et des triomphateurs les plus illustres. On voit encore au Capitole une statue de cet empereur avec une proue à ses pieds, en souvenir de sa victoire sur Sextus Pompée. Sous Néron, le Gaulois Zénodore exécuta une statue colossale de l'empereur; cette statue d'airain était haute de 110 pieds. La *Colonne de Trajan* avait 132 pieds de hauteur, 14 pieds pour le piédestal, 3 pour le socle, 90 pour la colonne, 14 pour le piédestal de la statue, 11 pour la statue. Cette colonne était entourée de reliefs, qui représentaient la première et la deuxième campagne de Trajan contre les Daces, et sa victoire sur Décébal (101 ap. J. C.). Ces bas-reliefs contenaient deux mille cinq cents figures humaines, outre les trophées, les machines de guerre; les chevaux; ces figures ont presque toutes une hauteur de deux pieds. Le buste célèbre d'Antinoüs date du règne d'Adrien. Asinius Pollion avait réuni un musée où l'on voyait le taureau Farnèse, l'Hercule Farnèse de l'Athénien Glycon et le torse du Belvédère d'Apollonius. On apporta aussi à Rome le groupe du Laocoon qui a été retrouvé dans les thermes de Titus. Néron rapporta de Grèce cinq cents statues, parmi lesquelles était probablement l'Apollon du Belvédère et le gladiateur ou guerrier combattant d'Agathias.

Les Grecs avaient de bonne heure orné de ciselures les vases, les meubles, les chars et surtout les armes. Les Étrusques étaient aussi des ciseleurs distingués, dont les ouvrages étaient très-répandus et très-estimés, même en Grèce. Ils travaillaient surtout les vases, les meubles et les boucliers. A Rome cet art n'atteignit jamais la perfection où les Grecs et les Étrusques l'avaient porté.

Les Romains empruntèrent des Grecs l'art de frapper les monnaies. Ce fut sous Servius-Tullius que parurent les premières monnaies; celles d'argent ne furent frappées que l'an 483 de la fondation de Rome, et celles d'or vers l'an 547; encore les pièces d'or sont-elles rares et presque toutes des médailles commémoratives de familles. L'usage n'en fut répandu que par César. Les Grecs, surtout dans la Grande-Grèce et dans la Sicile, avaient déjà avant l'époque d'Alexandre porté à une haute perfection l'art de graver les monnaies; mais ils ne les frappaient pas avec autant d'habileté; les Romains perfectionnèrent le monnayage dans les derniers temps de la république. Dans les monnaies de bronze l'*as* avait une tête de Janus, le *semis* celle de Jupiter, le *triens* et l'*uncia* celle de Minerve, le *quadrans* celle d'Hercule, et le *sextans* celle de Mercure; sur le revers de toutes les monnaies de cuivre on voyait la proue d'un vaisseau; depuis l'an 700 de la fondation de Rome les types des monnaies atteignirent une grande perfection, qu'ils conservèrent jusqu'à l'époque des Antonins, où le goût se corrompit. Dans les premiers temps les Romains coulaient leurs pièces de monnaie, comme on peut le reconnaître au peu de finesse du relief et à l'épaisseur des pièces; même sous les empereurs on trouve encore des monnaies coulées dans les provinces, par exemple celles de Samos, d'Éphèse, etc.

Peinture. — La peinture fut cultivée d'abord à Sicyone ou à Corinthe : cet art atteignit sa perfection en Grèce avant le temps d'Alexandre. Après la prise de Corinthe les Romains transportèrent à Rome beaucoup de tableaux. Mummius savait si peu les apprécier, qu'il laissait ses soldats jouer au dés sur les chefs-d'œuvre de peintres illustres. Ce fut dans le temple de Cérès qu'on plaça le premier tableau exposé publiquement; il était d'Aristide, et représentait un Bacchus. Lorsque Sylla, pendant la première guerre contre Mithridate, eut pris Athènes, il enrichit Rome d'un grand nombre de tableaux, en même temps qu'il y faisait transporter des colonnes du temple de Jupiter Olympien. La seconde guerre contre Mithridate fournit une favorable occasion aux pillages des Romains. Lucullus recueillit un grand nombre de chefs-d'œuvre. Au rapport de Pline, il acheta pour deux talents un tableau de Pausias. Un autre tableau du même peintre, représentant un sacrifice de taureaux, fut placé dans le portique de Pompée, où l'on voyait encore une Calypso et un Alexandre de Nicias, un Cadmus et une Europe d'Antiphile. Les rapines de Verrès en Sicile valurent à Rome vingt-sept portraits de rois de Syracuse, et un tableau d'Agathocle, représentant un combat de cavalerie. Il serait trop long d'énumérer les acquisitions de ce genre faites par Hortensius, César, Agrippa, et tous les riches romains.

Auguste peupla les portiques de son forum de statues, et les décora de tableaux, parmi lesquels on en remarquait deux d'Apelle, dont l'un représentait Castor, Pollux, Nicée et Alexandre; l'autre, ce roi sur un char triomphal. Dans la Curie, qu'Auguste dédia à Jules César, se trouvait une peinture encaustique (sorte de peinture exécutée avec de la cire, et à l'aide du feu) de Nicias. Dans le temple que l'empereur éleva à César sur le Forum-Romain on plaça plusieurs tableaux remarquables, entre autres la Vénus sortant du bain, peinture d'Apelle, qui avait pris pour modèle Pancaste ou la courtisane Phryné. Un temple que Tibère éleva à Auguste sur le même forum fut orné d'un tableau de Nicias, représentant Hyacinthe. Ce Nicias entendait parfaitement la distribution de la lumière et des ombres, et réussissait surtout à représenter les femmes. La curie qu'Auguste fonda en l'honneur de sa sœur Octavie possédait une Hésione et un autre tableau représentant Alexandre, Philippe et Minerve; ces deux ouvrages étaient d'Antiphile, contemporain d'Apelle. Le temple de la Concorde renfermait une peinture de Zeuxis; c'était Marsyas, avec ses mains liées sur le dos, en punition de l'audace qu'il avait eue de se mesurer avec Apollon. Le portique de M. Philippe contenait une Hélène de Zeuxis, un Hippolyte d'Antiphile, un Alexandre enfant, un Bacchus du même peintre, et des scènes de la guerre de Troie par Théodore.

Tous ces tableaux étaient ordinairement peints sur bois, rarement sur toile; quelques peintures encaustiques étaient faites sur les parois des appartements. Ce dernier genre de peinture fut surtout en usage après Auguste, et employé à la décoration des habitations. On commença aussi à orner les chambres et les portiques de paysages, qu'on animait en y mêlant des personnages et une action le plus souvent comique ou burlesque. Fabullus fut continuellement occupé, sous Néron, aux décorations intérieures de sa maison dorée. Sous Adrien la peinture paraît en décadence; elle se relève un moment, mais on la trouve bientôt exercée par des esclaves comme un métier; dès lors sa décadence ne s'arrête plus.

Les anciens n'employèrent d'abord pour peindre chaque figure qu'une seule couleur : ils tenaient plus à l'exactitude du dessin qu'au coloris. Longtemps ils ne se servirent que de quatre couleurs, le blanc, le rouge, le jaune, le noir. Pour préparer ces couleurs on les faisait infuser dans l'eau, puis on les mêlait avec de la colle ou de la gomme; l'usage de l'huile était encore inconnue. Les peintres célèbres Polygnote, Micon et Panænus ne pouvaient guère se contenter des quatre couleurs primitives; ils recoururent aux mélanges, et en obtinrent l'incarnat, le vert et le bleu. Plus tard on varia beaucoup les couleurs.

Mosaïque. — Le goût pour la mosaïque passa à Rome avec celui des autres arts. On se servait de petites pierres dures, ou de morceaux d'argile cuite, ou de verre qu'on joignait artistement ensemble, pour former, soit une figure géométrique, soit un portrait, soit un tableau. Les ouvrages les plus simples de ce genre étaient les *pavimenta sectilia* : on taillait des pierres d'argile cuite, en leur donnant une forme régulière, on les colorait, et on les assemblait de manière à représenter, sur le sol, un hexagone, ou un octogone. On faisait de semblables dessins sur les murs et sur les toits. Grâce aux matériaux employés, nous avons conservé un certain nombre de ces antiques ouvrages.

Musique. — Les Romains, qui durent la musique à la Grande Grèce ou aux Étrusques, l'employèrent de bonne heure dans la guerre et dans les cérémonies religieuses; car il est déjà question de trompettes et de cors dans les centuries militaires de Servius Tullius, de trompettes et de joueurs de lyre dans les sacrifices et dans les fêtes. Toutefois les Romains ne firent jamais autant de cas de la musique que les Grecs : aussi cet art ne parvint-il chez eux, ni dans la pratique, ni dans la théorie, à un degré de perfection remarquable.

Parmi les instruments à cordes, le plus ancien était la *lyre* : c'était un instrument dont les cordes n'étaient pas fixées sur un clavier; elles ne pouvaient donc donner le ton que d'après l'accord. Aussi ne servait-elle qu'à accompagner le chant et le récit déclamatoire du poëte dans les réunions publiques. La *cithare* était de construction plus savante; aussi était-ce avec cet instrument qu'on disputait le prix dans les concours de musique, et non avec la lyre. La cithare avait vraisemblablement un clavier, tandis que la lyre, avec ses quinze cordes, ne pouvait donner que deux octaves. Il y avait encore nombre d'instruments à cordes, qui se rapprochaient plus ou moins de la lyre ou de la cithare : nous citerons la *phorminx*, la *magadis*, le *psaltérion*, le *barbiton*, le *trigonon* (instrument à cordes, triangulaire, que l'on peut comparer à notre harpe). On touchait les cordes de ces instruments, soit avec les doigts, soit avec le *plectrum* ou avec le *pecten*, espèce de peigne qui servait d'archet, et touchait plusieurs cordes à la fois.

Les instruments à vent, que les Romains reçurent des Grecs, étaient employés les uns à accompagner le chant et la déclamation, les autres à donner, dans les cérémonies, la mesure du mouvement de la danse, ou de la marche guerrière, ou encore le signal du combat.

Le principal de ces instruments à vent était la flûte ou *tibia*, dont les Romains se servaient dans les sacrifices, dans les repas, dans les funérailles et pour l'accompagnement du chant : on sait que C. Gracchus se faisait, dans ses discours, donner le ton par un joueur de flûte, qui modérait les éclats de sa voix, ou la relevait quand elle faiblissait. La flûte grecque consistait en une tige creuse, munie de trous et d'une embouchure. Elle avait plus de ressemblance avec notre clarinette et avec notre hautbois qu'avec notre flûte : on avait des flûtes aiguës et des flûtes basses. La *tibia* était ordinairement en buis, ou en bois d'ébène, ou aussi en ivoire : on s'attachait moins à donner le mode mineur qu'à produire le mode majeur, parce qu'on employait cet instrument dans les cortéges, dans les marches guerrières et sur le théâtre. Il faut remarquer que sur le théâtre les musiciens indiquaient le genre de chaque scène par le ton de la modulation et l'espèce de flûtes dont ils se servaient. Ces flûtes étaient de deux espèces : les droites, *dextræ*, employées dans les endroits sérieux, parce que leur son était grave; les gauches, *sinistræ*, servant pour les endroits gais, parce qu'elles rendaient un son aigu. — Le chalumeau, *calamus*, était composé de sept roseaux, dont la grandeur allait diminuant. La trompette, *tuba*, était droite : elle servait, dans l'armée, à donner le signal du combat, et à sonner la retraite. Les cors, *cornua*, étaient recourbés, et servaient à rappeler les porte-enseigne. Les *buccines* sonnaient la charge, et indiquaient le commandement.

Les Romains connaissaient aussi l'orgue hydraulique. Toutefois ils n'accordèrent jamais à la musique la même considération que les Grecs, qui en faisaient une partie importante de leur éducation. Aussi ne se perfectionna-t-elle pas chez les Romains, quoique Auguste et Néron l'encourageassent beaucoup, et que Rome à l'époque de César comptât déjà de dix à douze mille chanteurs et musiciens. C'est qu'elle n'était cultivée que par des esclaves : les hommes libres la dédaignaient.

MIMIQUE ET DANSE. — Le terme *mimi*, mimes, désignait à la fois certains artistes dramatiques et les pièces qu'ils jouaient. Ces artistes cherchaient à amuser et à faire rire les hommes par l'imitation de manières d'agir folles ou inconvenantes; ils le faisaient soit dans les funérailles, soit dans les festins. Ils ne portaient point de masques, comme les autres artistes dramatiques, et n'avaient ni le cothurne des acteurs tragiques ni le *soccus* ou brodequin des comédiens. La mimique et la danse étaient réunies dans la représentation des *pantomimes*, qui servaient d'intermèdes aux véritables pièces. Par les mouvements du corps et des mains, les acteurs des pantomimes représentaient, en gestes très-expressifs, une action, un sentiment, ou une passion. Ces sortes de représentations furent usitées surtout depuis le règne d'Auguste, sous lequel on nomme, comme les plus célèbres pantomimes, un affranchi de Mécène et Pylade. Le fameux Roscius avait déjà perfectionné cet art chez les Romains.

Ces représentations furent si généralement goûtées sous le règne d'Auguste, qu'elles se répandirent dans les provinces. Tibère crut même nécessaire d'interdire aux sénateurs d'y assister et aux chevaliers de se montrer dans la société des mimes. Caligula remit en faveur les représentations et les artistes.

Quant à la danse, elle consistait en mouvements et en poses avec accompagnement de la flûte. La danse du chœur, dans les fêtes des dieux, n'était qu'une marche au son de la musique et souvent accompagnée de chant.

GYMNASTIQUE. — Les anciens donnaient une grande attention à ces exercices du corps que nous négligeons trop. L'exercice le plus usité, celui auquel on affectait même, dans les grandes maisons, une salle particulière, nommée *sphæristerium*, était le jeu de paume, *pila*. On appelait ainsi une petite balle, remplie d'une matière élastique. Quand trois personnes jouaient ensemble, elles se plaçaient triangulairement, et le jeu prenait alors le nom de *paume trigonale*. Martial cite une autre espèce de jeu, où les joueurs cherchaient à enlever la balle à la volée. Un jeu moins fatigant était celui du *follis*, ballon gonflé de vent ; on le lançait en le frappant du poing, et un autre joueur le renvoyait. Il y avait enfin la *paganique;* ce n'était qu'une pelote de plumes, moins grosse que le *follis*, mais plus grosse que la balle trigonale. Ceux qui voulaient exercer leur force et leur adresse pour se préparer aux travaux de la guerre jetaient le *discus*, disque de fer, ou de plomb, qu'on lançait soit en longueur, soit en hauteur, vers un but déterminé, ou ils s'escrimaient contre un poteau qui représentait un ennemi.

Les seuls hommes qui pussent se dispenser de ces exercices, qui avaient lieu publiquement au Champ de Mars, sans encourir le blâme étaient ceux qui donnaient tout leur temps à l'étude, ou qui étaient forcés au repos par une constitution faible et une mauvaise santé. Marius même sexagénaire s'y livrait comme un jeune homme.

FÊTES. — Voyez ci-dessus le chapitre consacré à la religion des Romains.

JEUX PUBLICS. — Les jeux se divisaient en deux classes : les *jeux périodiques* et les *jeux votifs;* les premiers avaient cela de commun avec les autres, qu'ils avaient été institués en vertu d'un vœu fait à telle ou telle divinité ; mais ils en différaient en ce qu'ils étaient voués à perpétuité, et célébrés périodiquement, à des intervalles plus ou moins rapprochés, tandis que les *votifs* avaient été voués pour une fois seulement, ou pour un nombre de fois déterminé. Les circonstances qui donnaient lieu à ces derniers jeux étaient le commencement d'une guerre, le siège d'une ville, une bataille engagée ou imminente, une calamité publique, ou la dédicace d'un temple, d'un théâtre, un triomphe, des funérailles, une adoption, l'anniversaire de la naissance du prince, etc.

Les jeux périodiques étaient au nombre de vingt : les *Grands Jeux* ou *Jeux Romains*, les *Apollinaires*, les *Augustaux* ou *Palatins*, les *Capitolins*, les *Céréaux*, les *Césariens* ou de J. César, les *Compitaliens*, les *Floraux*, les *Gymniques*, les *Martiaux*, les *Mégalésiens*, les *Piscatoriens*, les *Plébéiens*, les *Tauriliens*, les *Victoriaux*, le jeu *Troyen*. Ces seize jeux étaient annuels et plusieurs se rattachaient à des fêtes religieuses. Les quatre autres, sans être annuels, étaient périodiques ; les jeux *Actiens* et les *Quinquennaux* se célébraient tous les cinq ans, les *Décennaux* de dix en dix ans, et les *Séculaires* tous les siècles. Pendant la durée de ces jeux on ne pouvait rendre la justice, et les tribunaux demeuraient fermés : on les ouvrait quelquefois, mais seulement pour la répression des crimes de majesté. Ils étaient présidés tantôt par des questeurs, tantôt, et plus ordinairement par des préteurs ou par les édiles.

Les jeux étaient pour ces magistrats une charge fort onéreuse : la somme fixe allouée par l'État ne couvrait qu'une partie des dépenses. Plus tard même, après la conquête de la Grèce et de l'Asie, lorsque les magistrats chargés des jeux cherchèrent à y déployer la plus grande magnificence, l'allocation de l'État fut si insignifiante, si disproportionnée avec la dépense réelle, que les édiles n'en firent plus mention, et déclaraient *donner les jeux à leurs*

ITALIE.

frais. Les allocations étaient de vingt mille, de quatre-vingt mille, de trois cent mille as (1,023 fr., 4,092 fr., 15,345 fr.). On n'allouait pas plus de deux cent mille sesterces (40,917 fr.) pour les *Grands Jeux*, les plus solennels de tous; et jusqu'à l'époque de la première guerre Punique les *Jeux Plébéiens* ne coûtèrent que cinq cents mines d'argent (46,652 fr.). Mais les dépenses étant devenues exorbitantes, les magistrats chargés d'y faire face s'entendirent avec les proconsuls, qui faisaient payer aux provinces étrangères, même à l'Italie et aux alliés du peuple romain, par des impôts extraordinaires, les spectacles célébrés à Rome. Toutefois, cette ressource ne s'offrait pas toujours, et l'on vit des citoyens, des familles même, engloutir toute leur fortune dans les dépenses de ces spectacles. Cicéron cite des jeux qui amenèrent la ruine entière de trois familles; car les idées du temps faisaient aux amis d'un magistrat un devoir de contribuer de leur bourse aux jeux qu'il donnait.

La saison des jeux commençait à l'équinoxe du printemps, et finissait avant l'hiver : pendant ces huit mois soixante-sept jours étaient consacrés à la célébration des seuls jeux périodiques. Il ne sera peut-être pas sans intérêt d'entrer dans quelques détails sur la célébration de plusieurs de ces jeux.

Grands Jeux, ou *Jeux Romains*. — Ces jeux, les plus solennels de tous, étaient encore nommés quelquefois *Jeux du Cirque*. On les représentait en l'honneur de Jupiter, de Junon, de Minerve, de Consus, et des autres grands Dieux ou Pénates de la ville de Rome : l'institution de ces jeux remonte à Romulus, qui les célébra le premier; ils furent marqués alors par l'enlèvement des Sabines. Ils duraient ordinairement trois jours : mais l'an 388 le sénat rendit permanente l'addition d'un quatrième jour; une loi proposée par Antoine, après les ides de mars si fameuses par le meurtre de J. César, ajouta un cinquième jour en l'honneur du dictateur. Du temps de Tarquin la fête ne se composait que de courses de chevaux et des combats du ceste; plus tard on y introduisit les exercices du théâtre, c'est-à-dire les récitations poétiques, le chant, les instruments à corde et à vent et les exercices du cirque, c'est-à-dire les courses à pied et en chars, la lutte et le pugilat. Un cortége partait du Capitole, et se rendait au cirque en traversant le *Forum Romanum*; il était conduit par le magistrat président des jeux, que suivaient les fils de chevaliers. Venaient ensuite les athlètes, trois chœurs de danseurs, des joueurs de flûte, des joueurs de harpe et des joueurs de luth, des chœurs de satires et des silènes, une foule de ministres du culte, et enfin les statues des dieux, escortées par tous les collèges des prêtres. — Les jeux du cirque durèrent jusqu'au règne de Constantin, qui les supprima, l'an 325 de J. C.

Jeux Apollinaires. — Ces jeux, institués en l'honneur d'Apollon, l'an 538 de Rome, pendant la seconde guerre Punique, se célébraient au cirque et au théâtre, et duraient huit jours. Ils consistaient en courses équestres, en chasses, et surtout en jeux scéniques où l'on représentait des tragédies.

Jeux Augustaux. — La célébration de ces jeux, institués pour fêter le jour natal d'Auguste, se bornait à une seule journée, et était remplie par des combats équestres, des chasses, et un repas offert dans le Capitole aux sénateurs et à l'empereur lui-même.

Jeux Capitolins. — Ils avaient été institués par un sénatus-consulte, à la suite de l'invasion des Gaulois à Rome, et en commémoration de la conservation du Capitole. La célébration de ces jeux était confiée à un collége de prêtres, choisis parmi ceux qui habitaient au Capitole même et dans la citadelle.

Jeux de César. — Institués en commémoration de la victoire de César sur Juba, en Libye, ils duraient trois jours : c'étaient des jeux du cirque.

Jeux Céréaux. — La célébration des jeux de Cérès était confiée aux édiles plébéiens, à l'exclusion de tous les patriciens : ils consistaient en jeux du cirque, mais uniquement en courses équestres.

Jeux Compitaliens. — C'était une fête des Lares : les esclaves seuls aidaient les prêtres dans l'oblation des sacrifices : on croyait le ministère des esclaves plus agréable aux Lares que celui des hommes libres.

Jeux Gymniques. — Ces jeux, dont l'origine est inconnue, consistaient en exercices de force, tels que le saut, la course, le jet, la lutte; on y donnait aussi des *présents* de gladiateurs.

Jeux Martiaux. — Ces jeux ne duraient qu'un jour : ils se célébraient dans le grand cirque, et se composaient de courses équestres et de chasses : ils ne furent institués qu'après la victoire de Philippes, lors de la dédicace du temple voué par Auguste à Mars Vengeur.

Jeux Mégalésiens. — Voués à perpétuité, l'an 547 de la fondation de Rome, pendant la seconde guerre Punique, ces jeux passaient à Rome pour les plus saints, les *plus* religieux de tous. On les célébrait sur le mont Palatin, devant le temple de la Victoire, et sous le regard même de la déesse Idéa. La fête commençait par une procession de *Galles*, ou prêtres de Cybèle, qui dès l'aurore parcouraient toutes les rues de la ville au son des instruments de musique; elle se terminait par des jeux scéniques, suivis de banquets, qui se prolongeaient pendant la nuit.

Jeux Piscatoriens. — C'était la fête des pêcheurs; elle était présidée par le préteur urbain, et se célébrait dans le Champ de Mars.

Jeux Plébéiens. — Ces jeux, qui duraient ordinairement trois jours, se rapprochaient des Jeux Romains par les exercices du cirque et le banquet de Jupiter, qui les terminait.

Jeux Tauriliens. — Institués sous le règne de Tarquin le Superbe en l'honneur des dieux infernaux, ces jeux étaient entièrement expiatoires, et se célébraient, quelquefois pendant deux jours, hors de Rome, au cirque Flaminius.

Jeux Victoriaux. — Établis par le dictateur Sylla en commémoration de sa victoire sur le Samnite Télésinus. Ces jeux duraient cinq jours, et se composaient des combats du cirque.

Jeu Troyen. — Fête agreste et urbaine. Ce jeu était célébré à la ville dans le grand cirque par des courses de chevaux, et à la campagne par des purifications, des offrandes et des expiations. On n'immolait aucune victime.

— Le jeu troyen terminait la fête *Palilies.*

Jeux Actiens. — Célébrés en l'honneur d'Apollon, ils se composaient combats équestres, représentés par enfants et des hommes faits, tous triciens, de concerts de musique d'exercices gymniques.

Jeux Quinquennaux. — Établis l'honneur d'Auguste, et présidés to à tour par chaque membre du coll quindécemviral; ils étaient destinés remercier les dieux de ce que le peu romain avait un empereur.

Jeux Décennaux. — Cérémonie se renouvelait tous les dix ans, et da laquelle Auguste se faisait prorog l'empire pour une nouvelle période dix années. Les consuls célébraient cette occasion des jeux magnifiques des libéralités étaient faites au peu et aux soldats.

Jeux Séculaires. — Au Forum héraut, monté sur les rostres, anno çait les jeux séculaires par cette proc mation : *Venez voir des jeux que pe sonne n'a jamais vus, et que person ne reverra jamais!* Les jeux séculair duraient trois jours et troits nuits institués en l'honneur de Jupiter, Junon, d'Apollon, de Latone, de Dian des Parques, de Cérès, de Pluton et Proserpine, ils se composaient des *je du cirque*, y compris le *jeu troyen.* troisième jour était le plus solennel tous. Une procession, dans laquelle fig raient les quindécemvirs, les consul les préteurs, le sénat, tous les magi trats en général, et vingt-sept jeun garçons et autant de jeunes filles, a partenant aux premières familles Rome, se rendait au temple d'Apollo Palatin; là les jeunes garçons et l jeunes filles chantaient un hymne Apollon, et imploraient de ce dieu prospérité et la paix de l'empire romai

JEUX SCÉNIQUES. — Les *jeux sc niques*, institués l'an 390 de Rome pou apaiser le courroux des dieux et pou obtenir d'eux la cessation d'une affreus épidémie qui ravageait Rome, étaie célébrés annuellement par les édiles c rules, et duraient depuis un jour jusqu quatre. Tantôt ils ne composaient qu'un partie du spectacle, tantôt ils formaien seuls tous les jeux d'une fête.

Les théâtres furent d'abord temporaires. Parmi les théâtres permanents, celui de Vénus fut longtemps le seul théâtre de pierre que posséda Rome, et l'on y donna tous les jeux scéniques. Depuis on en construisit deux autres, celui de Balbus, dédié l'an 741, et pouvant contenir trente mille deux cent quarante-cinq spectateurs; le théâtre de Marcellus, dédié la même année par l'empereur Auguste, et pouvant recevoir trente mille spectateurs. Le théâtre de Pompée en contenait quarante mille, et l'emportait sur les deux autres en magnificence et en grandeur. Ce théâtre avait à l'intérieur la forme d'un hémicycle parfait, autour duquel se courbaient des gradins; on appelait *théâtre* toute la partie réservée aux spectateurs. Le *proscenium* ou avant-scène, endroit où les acteurs jouaient leurs rôles, commençait à la ligne diamétrale de l'hémicycle; on appelait *orchestre* la partie restée libre au milieu de l'hémicycle entre le *théâtre* et l'avant-scène. Les chevaliers étaient placés sur quatorze gradins, dont le premier rang entourait l'orchestre, et dont le dernier se trouvait séparé des autres par une balustrade.

L'édile cherchait et engageait les acteurs, lisait les ouvrages dramatiques des poëtes, et les achetait quand il les jugeait convenables; on distribuait les rôles, et on faisait les répétitions dans la maison même de l'édile. Arrivait le jour de la représentation. Une immense voile, suspendue entre les acteurs et la scène, mobile et manœuvrée par des soldats de marine, s'abaissait; et un acteur, paraissant sur le *proxenium*, récitait le *prologue*, dans lequel il donnait l'explication sommaire de la pièce. Les spectateurs, vu leur grand nombre et l'immensité du théâtre, n'entendaient pas toujours très-bien les acteurs; le prologue était donc d'une indispensable nécessité, pour que le spectateur, connaissant d'avance le sujet du drame, en pût suivre l'intrigue et les développements. Pendant les entr'actes les spectateurs étaient récréés par un concert de flûtes, derrière la scène. — Les acteurs portaient un masque, qui conservait aux sons toute leur netteté, et permettait d'ailleurs de faire toujours remplir les rôles de femme par des hommes. En terminant la représentation du drame l'acteur en scène prononçait la formule finale de toutes les comédies : *Applaudissez*. Mais les spectateurs répondaient plus d'une fois à cette invitation par des sifflets et des huées.

Résumé. — Pendant les six premiers siècles de leur histoire les Romains consacrent toute leur activité à soutenir des guerres continuelles, à étendre leur domination : aussi les sciences et les arts ne peuvent pénétrer à Rome. Mais l'État s'est peu à peu consolidé, la constitution s'est développée dans les luttes des patriciens et des plébéiens; les droits des citoyens ont été déterminés; chacun veille attentivement sur les siens, et emploie toute son énergie à les défendre et à les faire respecter. Tous comprennent que de la sûreté de l'État dépendent la conservation des droits de l'individu et la prospérité générale : la lutte contre les ennemis du dehors avive l'amour de la patrie, et les querelles des partis inculquent aux âmes le sentiment du droit strict. Ainsi naît et grandit la jurisprudence, tandis que l'éducation politique se fait dans les assemblées du sénat et du peuple. L'agriculture est l'occupation préférée, les besoins et la vie sont simples. Tel est l'état de Rome jusqu'à la soumission de la Grande Grèce et de la Sicile; le contact de ces deux pays introduit chez les Romains les arts et les besoins raffinés de la civilisation.

Après la première guerre Punique on voit commencer parmi eux une littérature qui suppose un goût déjà cultivé et un certain sentiment du beau; mais ce sentiment n'est pas assez vif pour leur faire produire des œuvres originales; il ne leur sert qu'à reconnaître et à s'approprier les beautés des œuvres grecques. Leurs conquêtes en Macédoine et en Asie les familiarisent avec les arts et le luxe des Grecs européens et asiatiques; la prise de Carthage et de Corinthe donne un nouvel élan à leur développement intellectuel. Néanmoins, malgré l'importation de la philosophie, des études de grammaire et de rhétorique, par les ambassadeurs d'Athènes, les Romains n'acquièrent dans la science et dans l'art que des connaissances superficielles : ils montrent peu d'originalité, et restent presque partout les imitateurs des Grecs. Ils se distinguent surtout dans la jurisprudence, qu'ils amènent à un degré de perfection auquel peu de peuples ont atteint ; dans l'histoire ils produisent de grands ouvrages, écrits d'un style énergique et sévère. Leur constitution leur faisant une obligation de l'éloquence : ils ont eu, comme orateurs de dignes rivaux des Grecs. La poésie fleurit un instant sous Auguste, mais ne peut se maintenir longtemps à la hauteur où Virgile et Horace l'ont portée. Bientôt les poëtes montrent plus d'érudition que d'imagination et de sentiment; leurs statuaires sont tous grecs, comme le sont à peu près tous les peintres. Dans l'architecture ils ajoutent la voûte et l'arc aux lignes droites et aux surfaces planes des Grecs. Enfin la mosaïque est un art tout romain. Mais si Rome n'a pas beaucoup ajouté aux arts et aux sciences de la Grèce, du moins elle nous les a conservés, c'est là aussi un grand service.

FIN DU SECOND VOLUME DE L'ITALIE ANCIENNE.

TABLE ALPHABÉTIQUE

ET ANALYTIQUE

DES MATIÈRES CONTENUES DANS L'ITALIE ANCIENNE.

A

Aborigènes (Les), peuple primitif de l'Italie, tome I, page 14.

Accensi (Les), agents inférieurs de l'administration, II, 165.

Acteurs (Les), II, 552.

Actions. Voyez *Procédure civile* et *Procédures particulières*.

Adda (Bataille de l'), I, 236.

Adoption, II, 490 et 516.

Adrien; sa jeunesse, I, 590; est proclamé empereur, I, 593; son gouvernement, I, 594; il adopte Antonin; sa mort, I, 602.

Affranchissement, II, 479.

Agonales (Les), sacrifices publics, II, 398.

Agraire (La loi), I, 69.

Agricola, général; ses victoires, I, 581.

Agriculture (L'), II, 543 et 596; instruments divers, II, 598; élève des bestiaux, II, 599.

Agrippine, épouse de Germanicus; sa mort, I, 546.

Alamans (Les), ravagent l'Italie, I, 632; sont vaincus, I, 636.

Albe; sa fondation, I, 42; sa destruction, I, 48.

Albinus (Clodius), aspire en vain à l'empire, I, 616.

Alésia, ville; est assiégée et prise par César, I, 408.

Alexandre, roi d'Épire; son expédition, I, 127; sa mort, I, 130.

Alexandrie, ville d'Égypte, I, 440.

Allia (Bataille de l'), I, 98.

Ancile (L'), bouclier sacré, II, 393.

Ancus (Martius), quatrième roi de Rome, I, 49.

Annibal, général carthaginois, I, 244; son arrivée en Italie, I, 250; bat les Romains, I, 251 et 252; à Cannes, 253; se retire à Capoue I, 255; est défait à Zama, I, 261.

Antinoüs, favori d'Adrien; son apothéose, II, 451.

Antiochus, roi de Syrie, I, 264.

Antoine (Marc); ses commencements, I, 418; vient au secours de César, I, 435; attaque Brutus et Cassius, I, 483; est seul maître de Rome, I, 484; rivalité entre lui et Octave, I, 488; est vaincu à Modène, I, 489; se réconcilie avec le vainqueur, I, 494; est vainqueur avec Octave, à Philippes, I, 496; son séjour en Grèce et en Orient, I, 504; son mariage avec Octavie, I, 505; nouvelle rupture avec Octave, I, 512; est vaincu à Actium, I, 513; sa mort, I, 518.

Antonin, son portrait, I, 597; son administration, I, 600; sa mort, I, 602.

Apollon, divinité mythologique, II, 409.

Apollonius (Thaumaturge), II, 457.

Apothéose; sa description, II, 436.

Appius (Claudius); consul, sa défaite, I, 73; sa mort, I, 81.

Appius (Claudius), censeur, sa lutte avec les tribuns, I, 158.

Aquilée (Siège d'), I, 627.

Aquitaine (L'); est conquise par César, I, 407.

Architecture (L') à Rome, II, 615.

Ardée (Guerre d'), I, 83.

Argées (Les), fêtes publiques, II, 398.

Armée (L'); son organisation primitive, II, 267; princes, hastiaires, triaires, *ibid*.; levée des troupes, II, 268; levées extraordinaires, II, 270; troupes alliées, II, 273; commandement, II, 274; costume militaire, II, 276; armes, *ibid*.; arsenaux et enseignes, II, 278; exercices militaires, II, 279; bagage des soldats, II, 280; solde, II, 294; elle est augmentée, II, 298; l'armée sous Marius, II, 294; sous César, II, 295; sous les empereurs, II, 296; durée du service, II, 297.

Armorique (L'); est conquise par César, I, 407.

Asculum, ville d'Apulie, I, 216.

At, roi des Gaulois cisalpins, I, 230.

40ᵉ *Livraison*. (ITALIE *.)

626   TABLE ALPHABÉTIQUE

Athènes, ville de la Grèce, I, 330.
Augures (Les), II, 389.
Aurèle (Marc) arrive à l'empire, I, 602; combat les Parthes et les Marcomans, I, 602-607; sa philosophie, I, 608; sa mort, I, 610.
Aurélien, est nommé empereur, I, 637; son expédition contre les Alamans et Zénobie, I, 637; est assassiné, I, 638; murs qui portent son nom, II, 18.
Ausonie, un des plus anciens noms de l'Italie, I, 34.
Auspices (Les), II, 166; cérémonies en usage, II, 169.

B

Bacchus, divinité mythologique, II, 412.
Bagaudes (Les); leur insurrection, I, 642.
Bains (Les), II, 592-594; bains publics, II, 239.
Bédriac (Bataille de), I, 566.
Bénévent (Bataille de), I, 219.
Bretagne (La Grande-), I, 408 et 581.
Brutus (Junius), neveu de Tarquin le Superbe, I, 54; exécution de ses fils, I, 55; sa mort, I, 56.
Brutus (Marcus), assassine César, I, 454; vaines tentatives d'insurrection, I, 456; son portrait, I, 458; est vaincu à Philippes, I, 496.
Brutus (Albinus); son caractère: conspire contre César, I, 461.

C

Cadastre (Le), II, 250.
Calendrier (Le), II, 335; division des mois en calendes, nones, ides, II, 341; différentes espèces de jours, fastes, néfastes, comitiaux, etc., II, 343.
Caligula; son portrait, I, 550; première période de son gouvernement, I, 551; sa maladie et sa démence, I, 552; ses folies sacrilèges, II, 438; veut se faire adorer des Juifs, II, 439; ses débauches, I, 555; ses exactions, I, 556; est assassiné, I, 557.
Camille, général; chasse les Gaulois, I, 100.
Camps; divisions intérieures, II, 283 et 300; construction des retranchements, II, 284; service, gardes de nuit, mot d'ordre, II, 285; rondes, II, 286.
Canuléius, tribun du peuple, I, 81.
Capitole, monument, est pris par Herdonius, I, 76; est assiégé par les Gaulois, I, 100; son histoire, II, 3 et 401.
Caracalla, succède à Septime-Sévère, I, 621; tue son frère, *ibid.*; sa mort, I, 628.
Carin, empereur, I, 641.

Carmenta, divinité mythologique, II, 359.
Carthage, I, 112. Voyez *Puniques* (Guerres).
Carus, est proclamé empereur, I, 640.
Cassius (Spurius); son traité avec les Latins, I, 64; sa mort, I, 70.
Cassius, assassin de César, I, 453; son portrait, I, 460; est vaincu à Philippes, I, 496.
Cassius (Avidius), général de Marc-Aurèle, I, 604; soulève l'Égypte et la Syrie; sa mort, I, 606.
Castor, personnage mythologique, II, 416.
Catilina, conspirateur fameux, I, 367.
Caton (Marcus-Porcius), I, 274; est nommé consul, I, 276; censeur, I, 277.
Caton (d'Utique); sa mort, I, 446.
Caudines (Les Fourches-), I, 139; les Romains passent sous le joug, I, 141.
Cavalerie, sa composition, II, 272; ses armes, II, 277.
Censeurs (Les); leurs attributions, II, 86 et 158.
Centumvirs, officiers publics, II, 176.
Centuriate, assemblée mixte, II, 116; son mode de convocation, II, 121.
Céréalis, général romain; ses victoires, I, 570.
Cérès, divinité mythologique, II, 414; ses mystères, II, 415.
César (Caïus-Julius); ses commencements, I, 370; il brigue le consulat, I, 403; pacifie la Gaule, I, 410; passe le Rubicon, I, 427; arrive à Rome, I, 429; écrase Pompée à Pharsale, I, 436; est nommé dictateur, I, 441; est vainqueur à Munda, I, 449; son triomphe et ses projets, I, 450; sa mort I, 451; son testament et ses funérailles, I, 482.
Chéronée (Victoire de), I, 330.
Chevaliers (Les), I, 286; II, 533.
Cicéron; ses commencements, I, 354; est nommé consul, I, 374; foudroie Catilina, I, 384; quitte l'Italie et passe en Grèce, I, 412; son retour à Rome, I, 415; est nommé proconsul, I, 422; son caractère, son importance et sa politique, I, 468.
Cimbres (Guerre des), I, 295; sont taillés en pièces, I, 299.
Cincinnatus, sauve la république, I, 77.
Cinéas, confident de Pyrrhus, I, 215.
Civilis, chef des Bataves, I, 570.
Claude I, frère de Germanicus, est proclamé empereur, I, 558; son portrait, *ibid.*; les affranchis gouvernent à sa place, I, 559; intrigues de cour, I, 562; ses règlements religieux, II, 442.
Claude II, est proclamé empereur par les soldats, I, 636; défait les Goths et meurt de la peste, I, 637.
Cléopâtre, reine d'Égypte, captive César, I, 440; Antoine, I, 504; sa mort, I, 518.
Clodius, tribun du peuple, I, 411; est assassiné par Milon, I, 421.

Clusium, ville d'Étrurie, I, 93.
Code de Justinien, II, 473.
Collines (Les sept), II, 2.
Colonies (Les), II, 30; leur rôle, II, 31; elles sont de deux sortes, II, 316; colonies maritimes, II, 317; colonies militaires, II, 319.
Combat, préliminaires, ordre de bataille, II, 280; la réserve, II, 281; modes d'attaque, II, 282; machine de siéges, II, 287.
Commerce (Le) à Rome, II, 601.
Commode; son avénement à l'empire, I, 610; ses débauches et sa cruauté, I, 611; conspiration; il est assassiné, I, 612.
Constance Chlore, est nommé césar par Dioclétien, I, 648.
Constantin, règne seul, I, 650; transporte le siége de l'empire à Byzance, I, 651.
Constitution (La); ses développements, II, 86, 119, 121.
Consulat; son établissement, I, 55; il est partagé entre les deux ordres, I, 106; pouvoirs consulaires, II, 155.
Consus, personnage mythologique; ses fêtes, II, 416.
Coriolan; son exil, I, 65; se retire chez les Volsques, I, 68.
Corioles, capitale des Volsques, I, 64.
Corse (Expédition contre la), I, 229.
Costumes des hommes : la toge, II, 576; la tunique, II, 577; des femmes, II, 579; des militaires, *ibid.*; des esclaves, II, 581; chaussure et coiffure, II, 578.
Crassus, reçoit le gouvernement de la Syrie, I, 417; fait la guerre aux Parthes, I, 418.
Curiate, assemblée exclusivement patricienne, II, 115; son mode de convocation, II, 121.
Cybèle, divinité mythologique, II, 419.

D

Dacie (La); première guerre, I, 591; deuxième guerre, I, 592; est réduite en province romaine, *ibid*.
Danse (La) à Rome, II, 619.
Décébale, roi des Daces; sa mort, I, 592.
Décemvirat (Le), I, 79.
Décemvirs (Tribunal des), II, 177.
Décius (Publius), tribun du peuple; son dévouement, I, 118.
Décius, sénateur; est proclamé empereur, I, 629; persécute les chrétiens, I, 630; sa mort I, 631.
Délateur (Le), II, 549.
Délits. Voy. au mot *Procédure criminelle*.
Devins (Les), II, 540; *conjectores*, II, 541; *sagæ*, II, 542.
Diane, divinité mythologique, II, 351.
Dictateur; son rôle, II, 161.

Didius (Julianus), achète l'empire, I, 614; est mis à mort, I, 617.
Digeste, II, 473.
Dioclétien; ses premiers actes, I, 641; fait la guerre, I, 642; son gouvernement, I, 643; persécute les chrétiens, I, 647; son abdication, I, 650.
Discipline militaire, peines, II, 288; récompenses, II, 290; sa corruption, II, 303.
Divorce, II, 486 et 522.
Domitien; sa cruauté, I, 580; combat les Germains, I, 581; ses exécutions, I, 584; conspirations, sa mort, I, 586.
Douze Tables (Les), II, 467.
Droit des gens, II, 310 et 468.
Droit des personnes, II, 475.
Droit Romain; les Douze Tables, II, 467; *jus Ælianum*, II, 468; *jus gentium*, *ibid.*; *lex Annua*, II, 469; plébiscites, *ibid.*; senatus-consultes, édits, II, 471; Constitutions des empereurs, II, 472; loi des citations, *ibid.*; le Digeste, II, 473; les Institutes, II, 474; principales divisions du droit romain, II, 475. Voyez *Procédure civile* et *Procédure criminelle*.
Droits réels, II, 496.

E

Édiles (Les); leurs fonctions, II, 238; surveillent la distribution des eaux et les marchés, II, 239; les mœurs, II, 240; les fêtes, le théâtre, les poids et mesures, II, 244.
Éducation (de la jeunesse), II, 603.
Égérie, personnage mythologique, II, 387.
Élagabale; ses mœurs I, 624; ses folies sacriléges, II, 455; sa mort, I, 625.
Éloquence (L') à Rome, II, 605.
Empire (L'); ses limites à la mort d'Auguste, II, 44; sous les Antonins, II, 47; ses divisions sous Constantin, II, 49; sa population, II, 51.
Enée, personnage mythologique, II, 364.
Èques (Les), combattent Rome, I, 70; leurs victoires, I, 75; leur défaite, I, 81; deuxième guerre, I, 83; leur soumission, I, 164.
Espagne, Expédition de César, I, 431; bataille de Munda, I, 449.
Esculape, personnage mythologique, II, 418.
Esclaves (Les); leur condition primitive, II, 476; sources de l'esclavage, II, 559; emplois des esclaves, II, 560; leur prix, II, 563; leur condition dans la famille, II, 561; leurs mœurs, II, 567; leur affranchissement, II, 479 et 568.
Étrusques (Les), ancien peuple de l'Italie, I, 25; leur origine, d'après Hérodote, I, 25; d'après Denis d'Halicarnasse, I, 27;

40.

d'après Tite-Live, I, 28; origine orientale, I, 30; leurs établissements, I, 31; sont défaits par Romulus, I, 46; par Valérius, I, 56; trêve de quarante ans, I, 71; nouvelle guerre, I, 158; sont battus, par Æmilius, *ibid.*; par Q. Fabius, I, 159; par Papirius, I, 161.

Evandre, personnage mythologique, II, 360.

Fabius (Les); leur influence, I, 70; leur dévouement, I, 71.
Fabius (Q. Maximus), maître de la cavalerie, I, 133; sa lutte avec Papirius, I, 134; est nommé prodictateur, I, 252; sa tactique, I, 253.
Fabricius (Caïus), consul; son ambassade à Tarente, I, 215.
Famille (La) à Rome; sa constitution, II, 482; le mariage, II, 485 et 518; cérémonies, II, 521; divorce et répudiation, II, 522; droits du père sur les enfants, II, 488; la tutelle, II, 491; la naissance, II, 514; l'adoption, II, 516; prise de la robe virile, II, 517.
Faunus, divinité mythologique, II, 356.
Faustulus, personnage mythologique, II, 375.
Favonius (M.), imite Caton d'Utique, I, 462.
Féciaux (Les), prêtres, II, 394.
Férales (Les), fêtes en l'honneur des mânes, II, 356.
Fidènes (Ville), I, 86.
Finances (Les) sous la république, II, 244; dépenses publiques, II, 245, 248; revenus, II, 249; sous les empereurs II, 253.
Flamines (Les), prêtres, II, 389.
Flore, divinité mythologique, II, 384
Floraux (Les jeux), II, 419.
Fordicidia (Les), fêtes, II, 396.
Fornacales (Les), fêtes, II, 395.
Fortune (La), divinité mythologique, II, 407.
Forum (Le), rendez-vous de toutes les assemblées publiques, II, 7.
Funérailles (Les) à Rome, II, 523.

G

Galba, règne sept mois, I, 565.
Galérius, nommé César par Dioclétien, I, 645; impose sa volonté, I, 647.
Gall, roi des Gaulois cisalpins, I, 230.
Gallien; son insouciance en face des barbares, I, 633; est assassiné, I, 634.
Garda (Lac); bataille livrée aux Alamans, I, 636.
Gaulois (Les); leur établissement en Italie, I, 39; première invasion, I, 98; leur défaite, I, 100; deuxième invasion, I, 108; fin de la guerre, I, 112; alliance des Transalpins et des Cisalpins, I, 231; sont vaincus à Télamone, I, 233; soulèvement général, I, 235; sont battus par Flaminius, I, 236; fin de la guerre, I, 237; la Gaule est pacifiée, I, 410.
Génucius, tribun du peuple, est assassiné, I, 72.
Germains (Les); leur invasion, I, 631; sont repoussés par Maximien, I, 642.
Germanicus; sa mort, I, 535; honneurs qu'on lui décerne, II, 438; destruction de sa famille, I, 542; sa réhabilitation, I, 551.
Géta, fils de Septime-Sévère; sa mort, I, 621.
Gladiateurs (Guerre des), 349; combats de gladiateurs, II, 555.
Gordien III, est proclamé auguste, I, 629; est mis à mort, I, 629.
Goths (Les), font une invasion, I, 631; sont repoussés par Aurélien, I, 637.
Gracchus (Tibérius), tribun du peuple, I, 279; ses lois, I, 280-281; sa mort, I, 282.
Gracchus (Caïus), I, 285; sa puissance, I, 287; sa mort, I, 290.
Grecs; leur établissement en Italie, I, 38.
Grecques (Villes de l'Italie Méridionale), I, 189; leurs guerres avec les indigènes, I, 190; passent sous la domination romaine, I, 222.
Gymnastique (La) à Rome, II, 620.

H

Helvidius (Priscus); sa conduite à Rome, I, 568; son exil et sa mort, I, 574.
Hérauts (Les), agents inférieurs de l'administration, II, 165.
Hercule, divinité mythologique, II, 361.
Herdonius, général sabin, I, 76.
Herniques (Les), alliés de Rome, I, 71.
Histoire; principaux historiens à Rome, II, 614.
Histriens (Les), peuple primitif de l'Italie, I, 24.

Icilius, tribun du peuple, I, 79.
Illyriens (Pirates), I, 238.
Industrie, II, 602.
Institutes (Les), II, 474.
Italie; ses dimensions, II, 21; volcans, II, 22; fleuves et lacs, II, 23; ses anciens noms, I, 1; étymologie de ce mot, I, 2; ses anciens peuples, I, 3; leurs noms: Sicules, Aborigènes, Pélasges, I, 14; OEnotriens, I, 17; Ombriens, I, 18; Liguriens, I, 20; Venètes, I, 22; Histriens, I, 24; Étrusques, I, 25; Osques, I, 34; Sabelliens, etc.,

I, 35; est conquise par Rome, II, 26; son organisation, II, 28; voies militaires, II, 33; son état à l'époque de la deuxième guerre Punique, I, 245; II, 37; après la guerre, II, 37; au commencement de l'empire, II, 38; sous les Antonins, II, 41; à la fin de l'empire, I, 650 et 651.

J

Janus, divinité mythologique, II, 346.
Jérusalem, capitale de la Judée, I, 572.
Jeux (Les) à Rome; jeux séculaires, II, 417; jeux publics, II, 620; leur énumération, II, 621; jeux scéniques, II, 622.
Juifs (Guerre des), I, 572.
Jugurtha, soutient la guerre contre les Romains, I, 293; est livré entre leurs mains, I, 294.
Junon, divinité mythologique, II, 404.
Jupiter, divinité mythologique, II, 402.
Jurisconsultes (Les), II, 534 et 469.

L

Laboureur (Le), II, 543.
Lares (Les), divinités mythologiques, II, 385.
Latium (Le) avant la fondation de Rome, I, 39-43; guerre des Latins, I, 59; leur soumission, I, 61; reprise des hostilités, I, 124; sont encore vaincus, I, 125.
Légion (La); sa création, II, 266; ses divisions, II, 268; nombre des soldats dont elle se compose, II, 271 et 299; ses noms sous les empereurs, II, 298; grades qu'on y obtient, II, 299.
Legs et *Fidéicommis*, II, 511.
Lémurales (Les), II, 378.
Libon (L. Scribonius); son procès, I, 533.
Libraires (Les), II, 537.
Licteurs (Les), agents inférieurs de l'administration, II, 165.
Liguriens, peuple primitif de l'Italie, I, 20.
Littérateurs (Les), II, 535 et 603.
Lois et *Plébiscites*, II, 469.
Lupercales (Les), II, 376.

M

Macédoine (La); sa réduction en province romaine, I, 267.
Macrin, est proclamé empereur, I, 623.
Maisons (Les) de ville, II, 569; de campagne ou villas, II, 574.
Manlius-Torquatus; son duel, I, 108.
Manlius (T.), fils du consul du même nom; son combat singulier, son exécution, I, 124.
Manilia (Loi), I, 363.
Mammée, mère d'Alexandre-Sévère, I, 625.

Marcellus (M.), I, 255; s'empare de Syracuse, I, 257.
Marchand (Le), II, 544.
Mariage (Du), II, 485, 519.
Marine; ses commencements, II, 304; arsenaux de construction, II, 307; ordre de bataille navale, II, 309.
Marius, I, 291; est nommé tribun du peuple, I, 292; consul, I, 293; sa rivalité avec Sylla, I, 321; prend la fuite, I, 323; sa mort, I, 328.
Mars, divinité mythologique, II, 374.
Mars (Journée des ides de), I, 451; influence de la journée des ides de Mars sur le sénat, I, 455.
Marseille (Siége de), I, 431.
Mathématiques à Rome, II, 618.
Matronales (Les), II, 381.
Matuta, personnage mythologique, II, 362.
Maximien; est associé à l'empire, par Dioclétien, I, 641; fait la guerre en Occident, I, 642; son triomphe, I, 647; son abdication, II, 650.
Maximin, son portrait, I, 627; échoue devant Aquilée; sa mort, I, 628.
Médecine à Rome, II, 607.
Médecins (Les), II, 538 et 607.
Ménénius (Agrippa); son *Apologue*, I, 63.
Mercure, divinité mythologique, II, 417.
Métaure (Le), fleuve (Bataille du), I, 258.
Milan (Siége de) par Auréolus, I, 636.
Milon, son procès, I, 422.
Mimique et *Danse* à Rome, II, 619.
Minerve, divinité mythologique, II, 405.
Misithée, précepteur de Gordien III, I, 629.
Mithra, divinité, son culte, II, 453.
Mithridate, roi de Pont, traite avec Sylla, I, 331; est battu par Pompée, I, 363.
Modène (Siége de), I, 489.
Monnaies romaines (Les), II, 261; tableau de leur conversion en francs et en centimes, II, 264.
Municipes (deux sortes), II, 314; leur organisation intérieure, II, 28, 315; municipes *sine suffragio*, II, 314; municipes *cum suffragio*, II, 315.
Munda, ville d'Espagne (Bataille de), I, 449.
Musique (La) à Rome, II, 618.

N

Naissance, II, 514.
Naples, ville d'Italie; sa fondation, I, 201.
Néron; ses heureux commencements, I, 562; ses crimes et ses folies, I, 564; ses impiétés, II, 443; ses persécutions contre les chrétiens, II, 444; sa mort, I, 565.
Nerva; sa faiblesse; il adopte Trajan, I, 587.
Numa, roi de Rome, I, 47; ses institutions, I,

48; organise le sacerdoce; ses livres, II, 388.
Numérien, fils de Carus, empereur, I, 641.

O

Obligation (Des), II, 497.
Octave; ses commencements, I, 484; est nommé consul, I, 493; est vainqueur à Philippes, I, 496; se rend maître de la Sicile, I, 509; défait Antoine à Actium, I, 513; est proclamé *imperator*, I, 519; ses modifications politiques, I, 521; il protège les lettres, les arts et les sciences, I, 523; sa mort, I, 526; ses funérailles, I, 528.
OEnotriens, peuple primitif de l'Italie, I, 17.
Ombriens, peuple primitif de l'Italie, I, 18.
Ops, divinité mythologique, II, 355.
Orchomène (Bataille d'), I, 331.
Othon, empereur; sa mort, I, 566.
Ovation (L'), II, 294.

P

Paganisme; sa formation et son développement, II, 344; prohibe les religions étrangères, II, 434; ses superstitions les plus usitées aux temps des empereurs, II, 449; tentative de régénération, II, 451; tendance à l'unité, II, 453; sa décadence sous Constantin, II, 460; remonte sur le trône avec Julien, II, 461; son état au quatrième siècle, II, 465; sous Honorius, II, 466; son interdiction en Italie, II, 467.
Palès, divinité mythologique, II, 378.
Palladium (Le), II, 371.
Papinien, jurisconsulte célèbre, I, 619.
Papirius (L. Cursor), créé dictateur, I, 133; son portrait, I, 147; créé de nouveau dictateur par Cn. Fabius, I, 160.
Parasite (Le), II, 551.
Parthes (Invasion des), I, 507; ils sont repoussés, I, 507, 565, 593, 603.
Patriciens (Les), leur première conquête, II, 73; usurpation, insolence et exaction, II, 87; Marius s'oppose à leurs envahissements, II, 91; réformes aristocratiques de Sylla, II, 93; vaines tentatives, II, 97; création de l'empire, II, 97.
Patronat (Du), II, 482.
Peines. Voyez *Procédure* et *Discipline*.
Peinture (La) à Rome, II, 617.
Pélasges, peuple primitif de l'Italie, I, 14; leur dispersion, I, 15.
Pénates (Les), dieux domestiques, II, 371.
Pérenna (Anna), personnage mythologique, II, 367.
Pertinax, succède à Commode; sa mort, I, 614.
Pescennius (Niger) aspire en vain à l'empire, I, 616.

Pharsale, ville de Thessalie (Bataille de), I, 436.
Philippes, ville de Macédoine (Bataille de) gagnée par Antoine et Octave sur Brutus et Cassius, I, 496.
Philippus (Julius), préfet du prétoire, empereur; sa mort, I, 629.
Philologie, II, 606.
Philosophie à Rome, II, 608-611.
Physique (La) à Rome, II, 407.
Picus, divinité mythologique, II, 356.
Pirates (Guerre des), I, 357.
Pison, son procès et sa mort, I, 535.
Plautien, favori de Septime-Sévère, I, 619.
Plébéiens (Les); font des plébiscites, II, 77 et 469; obtiennent l'égalité civile, II, 78; l'égalité politique, II, 79; l'égalité judiciaire, II, 82 et 85; l'égalité religieuse, II, 395.
Plébiscites, lois rendues au nom du peuple, II, 469.
Plotin, philosophe célèbre, II, 457.
Plotine, femme d'Adrien; son apothéose, II, 451.
Pluton, divinité mythologique, II, 417.
Poésie à Rome, II, 612.
Police. Voyez *Édiles*, II, 238.
Pollux, personnage mythologique, II, 416.
Pomœrium (Le), II, 3.
Pompée (Cn.), I, 336; fait la guerre contre Mithridate, I, 363; est seul consul, I, 422; est chassé de Rome par César, I, 427; est battu à Pharsale, I, 436; est assassiné, I, 439.
Pompée (Sextus, fils de Cn. Pompée), I, 505; remporte sur Octave une victoire navale, I, 508; sa mort, I, 512.
Pontifes (Les), II, 395; Auguste, II, 423; Tibère, II, 432; Titus et Domitien, II, 447, etc.
Pontins (Les Marais), II, 25.
Pontius (C.) général des Samnites, I, 138; est fait prisonnier, I, 184; sa mort, I, 184.
Poppée, femme de Néron; son apothéose, II, 44.
Porsenna, roi de Clusium, I, 57.
Portumus, divinité mythologique, II, 363.
Pouzzoles (Le pont de), I, 555.
Préfecture, II, 316.
Préteurs (Les); leurs attributions, II, 157.
Probus, est proclamé empereur par les soldats, I, 638.
Procédure civile sous la république, II, 175; premières formules, II, 182; la citation, II, 190; différentes espèces d'actions, II, 184; la *vindicatio*, II, 185; la *condictio*, II, 186; la *manus injectio*, II, 187; actions mixtes, II, 187; la litiscontestation, II, 188; les avocats et les patrons, II, 210 et 211; le jugement, II, 189; jugements extraordinaires, II, 196; durée du procès, II, 190-191; la sentence, II, 192; l'exécution, II, 199;

voies d'appel, II, 204 ; sous les empereurs abolition des formules, II, 197 ; comparutions des témoins, II, 198 ; exécution, II, 199 ; contrainte par corps, II, 199 ; saisie des débiteurs du fisc, II, 200 ; adoucissement de la contrainte, II, 201 ; des voies d'appel, II, 202 ; nombre d'appel, permis, II, 203.

Procédure criminelle, II, p. 211 ; délits privés : *furtum*, II, 212 ; *rapina* et *injuria*, II, 214 ; actions populaires, II, 215 ; délits publics, II, 216 ; le meurtre, II, 217 ; incendies, maléfices et violences, II, 218 ; attentat aux mœurs, II, 219 ; le faux et l'usure, II, 221 ; délits extraordinaires, II, 222 ; délits militaires, II, 223 ; délits des esclaves, *ibid.;* des peines, leur division, II, 223 ; amende, II, 224 ; exil, confiscation, II, 225 ; emprisonnement, II, 226 ; procédure sous les rois, les consuls et le sénat, II, 227 ; sous les empereurs, II, 230 ; sous Constantin, II, 231 ; formalités, devant le peuple, II, 232 ; devant une commission, les preuves, II, 233 ; votation, II, 333 ; exécution du jugement II, 236 ; l'appel, II, 237. Voyez *Tribunaux.*

Procédures particulières ; les interdits, II, 203 ; différentes sortes, II, 204-205 ; *actio, finium regundorum*, II, 206 ; *controversio agrorum*, II, 207 ; *cognitores* et *procuratores*, II, 209.

Procédure exceptionnelle ; les dénonciateurs, II, 237 ; les délateurs, II, 549.

Propriété (La) à Rome, II, 494.

Proserpine, divinité mythologique, II, 416.

Provinces (Les) acquises sous la république, II, 41 ; leur étendue et leur division sous l'empire, II, 44 ; elles sont partagées entre l'empereur et le sénat, II, 47 ; titres divers des cités, II, 319.

Publicain (Le), II, 546.

Puniques (Guerres) : première, I, 223 ; fin de la guerre, I, 226 ; deuxième, I, 243 ; fin de la guerre, I, 261 ; troisième, I, 274.

Puissance paternelle, II, 488.

Pyrénées (Passage des) par Annibal, I, 244.

Pyrrhus, roi d'Épire, appelé par les Tarentins, I, 212 ; marche contre Rome, I, 214 ; est défait à Bénévent, I, 219.

Q

Questeurs (Les) ; leurs attributions, II, 160.
Quirinus, personnage mythologique, II, 387.

R

Récupérateurs (Les) ; leurs fonctions, II, 178.
Rémus. Voyez *Romulus*.

Repas (Les), II, 582 ; frugalité primitive, II, 583 ; le luxe s'introduit, II, 584 ; énumération des mets, II, 587 ; des vins, II, 588 ; le triclinium, II, 590.

Robigales (Les), fêtes champêtres, II, 397.

Romain (Le peuple) ; sa formation, II, 53 ; ses mœurs, au troisième siècle avant notre ère, II, 55 ; invasion des mœurs grecques et orientales, II, 59 ; décomposition de la société romaine, *ibid.;* destruction de la classe moyenne, II, 61 ; transformation totale, II, 68 ; organisation politique sous les rois, II, 69 ; révolution de l'an 510, son caractère, II, 73 ; nouvelle constitution de l'an 444, II, 79 ; son état au troisième siècle avant notre ère, II, 84 ; constitution impériale sous Auguste, II, 98 ; son état au second siècle de notre ère, II, 103.

Rome ; son emplacement, II, 1 ; sa fondation, I, 43 ; et II, 3 ; son enceinte et ses portes, II, 4 ; ses temples et ses portiques, II, 8 ; ses marchés et ses ponts, II, 9 ; ses bibliothèques, II, 11 ; ses cirques, II, 15 ; ses théâtres, II, 16 ; ses amphithéâtres, son étendue et sa population, II, 19 ; formation de sa population, II, 44 ; ses conquêtes en Italie, II, 26 ; sa topographie au quatrième siècle, II, 463.

Romulus ; traditions nationales à son sujet, I, 43 ; II, 374 ; guerres avec les Sabins, I, 44 ; avec les Étrusques, sa mort, I, 46 ; premiers établissements politiques, *ibid.*

S

Sabins, ancien peuple de l'Italie, I, 35 ; enlèvement des Sabines, I, 44 ; défaites des Sabins, I, 81.

Sacré (Le mont), retraite du peuple, I, 63.

Sagonte (Prise de), I, 244.

Saliens (Les) prêtres), II, 392.

Samnites (Les), prise de Vulturnum, I, 89 ; de Cumes, I, 90 ; guerres avec Rome, I, 115 ; première défaite, I, 118 ; deuxième défaite, I, 119 ; fin de la guerre, I, 122 ; reprise des hostilités, I, 131 ; première défaite, I, 137 ; sont vainqueurs aux Fourches-Caudines, I, 139 ; sont battus par Papirius Cursor, I, 146 ; par Junius Bubulcus, I, 157 ; par le consul Fabius, I, 169 ; fin de la guerre, I, 187.

Sancus, personnage mythologique, II, 382.

Sardaigne (Expédition contre la), I, 228.

Saturne, divinité mythologique, II, 352.

Scipion l'Africain ; vainqueur à Zama, I, 261 ; est envoyé en exil, I, 276.

Scipion Émilien, I, 278 ; sa mort, I, 282.

Sculpture (La) à Rome, II, 616.

Séjan, préfet du prétoire, I, 539 ; son orgueil et sa disgrâce, I, 543 ; son arrestation et sa mort, I, 545.
Sémentines (Les), fêtes en l'honneur de Cérès, II, 396.
Sénat (le) ; son origine, II, 123 ; recrutement primitif, II, 124 ; ses attributions principales, II, 125 et 131 et 532 ; premières querelles avec les patriciens, II, 126 ; affaiblissement de sa puissance, II, 127-129 ; son mode de recrutement, après la bataille de Cannes, II, 130 ; âge des sénateurs, II, 132 ; durée des fonctions sénatoriales, II, 133 ; lutte avec les chevaliers, II, 135 ; ses attributions, sous César, II, 137 ; sous Auguste, II, 138 ; sous Tibère, II, 141 ; sous Néron, II, 144 ; sous Adrien, II, 146 ; sous Commode, II, 148 ; sous Élagabale, II, 149 ; sous Aurélien, II, 150 ; sous Dioclétien et Constantin, II, 151.
Sénateurs (Les), II, 532.
Sénatus-Consultes, II, 471.
Serment militaire, II, 269 et 297.
Sertorius (Guerre de), I, 341.
Servius Tullius, sixième roi de Rome, I, 51 ; innovation politique, I, 52 et II, 70 ; innovation militaire, II, 267.
Sévère (Alexandre), I, 625 ; son gouvernement réparateur, I, 626 ; sa mort, I, 627 ; ses actes religieux, II, 456.
Sévère (Septime), devient maître de l'empire, I, 616 ; va combattre en Orient, I, 618 ; son gouvernement, ses réformes, I, 619 ; dans l'île de Bretagne, sa mort, I, 620.
Sybillins (Les livres), II, 408 ; leur influence II, 412.
Sicules, peuple primitif de l'Italie ancienne, I, 14 ; leur expulsion, I, 15.
Sociale (La guerre) ; ses causes, I, 303.
Spartacus, I, 349.
Successions, II, 504.
Summanus, personnage mythologique, II, 383.
Sutrium, ville d'Étrurie (Bataille de), I, 159.
Sylla, ses commencements, I, 320 ; rival de Marius, I, 321 ; marche sur Rome, I, 322 ; fait la guerre contre Mithridate, I, 329 ; ses proscriptions, I, 334 ; est nommé dictateur, sa mort, I, 335.

T

Tacitus (Claudius), est élu empereur, I, 638.
Tarentins (Les) ; leur intervention dans la guerre des Samnites, I, 146 ; guerre avec les Lucaniens, I, 207 ; rupture avec Rome, I, 211 ; ils appellent Pyrrhus à leur secours, I, 212 ; prise de Tarente, I, 258.
Tarquin (Priscus), cinquième roi de Rome ; son histoire, I, 50.
Tarquin (le Superbe), septième roi de Rome ; ses guerres, I, 52 ; abolition de la royauté, I, 55 ; sa mort, I, 59.
Tatius, roi des Sabins, I, 44 ; son union avec Romulus, *ibid*, et II, 381.
Télamone (Cap) ; victoire remportée par les Romains, I, 233.
Térentillus (Arsa) ; sa proposition, I, 75 ; elle est acceptée, I, 79.
Terminales (Les fêtes), II, 397.
Testament II, 504.
Teuta, reine d'Illyrie, I, 239 ; son insolence provoque la guerre, I, 240 ; elle prend la fuite, fin de la guerre, I, 242.
Teutons (Guerre des), I, 295 ; sont taillés en pièces près d'Aix, I, 298.
Thapsus (Bataille de), remportée par César, I, 443.
Théâtre. Voyez *Jeux* et *Acteurs*.
Tibère, succède à Auguste, I, 525 ; ses premiers actes, I, 529 ; il fait d'abord le bonheur de l'Italie, I, 534 ; ses opinions religieuses, II, 432 ; sa conduite comme grand pontife, II, 432 ; temples élevés en son honneur, II, 437 ; il se livre à Séjan, I, 539 ; il se retire à Caprée, son portrait, I, 541 ; ses derniers actes, I, 547 ; sa mort, I, 549.
Tibre (Le), fleuve, II, 373.
Titus, s'empare de Jérusalem, I, 572 ; est nommé empereur ; sa mort, I, 576.
Toge virile (Prise de la), II, 517. Voyez *Costumes*.
Traités (Trois sortes), traité d'alliance, II, 311 et 313 ; d'isopolitie et d'hospitalité, II, 312.
Trajan, empereur, I, 588 ; fait la guerre aux Daces, I, 591 ; aux Parthes, I, 593 ; sa mort *ibid*, colonne trajane, II, 15.
Travaux manuels (Les), II, 595.
Trebonius, assassin de César, I, 465.
Tribunat (Le) ; établissement, II, 75 ; ses progrès, II, 76 ; sa position, vis-à-vis des consuls, II, 85 ; ses attributions, II, 163.
Tribunaux ; organisation primitive, II, 175 ; sous les empereurs, II, 193 ; après Constantin, II, 195 ; leurs siége, sessions et vacances, II, 181 ; Voyez *Procédure* et *Doit Romain*.
Tribus (Assemblée par) ; exclusivement plébéienne, II, 117 ; mode de convocation, II, 121.
Triomphe (Le) ; son origine et sa marche, II, 291 ; l'ovation, II, 294.
Tullius (Hostilius), troisième roi de Rome, ses guerres, sa mort, I, 48
Tutelle (De la), II, 491.

U

Ulpien, préfet du prétoire, I, 625; sa mort, I, 627.
Usurier (L'), II, 548.

V

Vadimon (Lac de). Bataille gagnée par Papirius Cursor, I, 161.
Valérien est nommé empereur, I, 631; est fait prisonnier par les Perses, *ibid*.
Valérius. Tribun du peuple; son duel avec un Gaulois, I, 111.
Véiens (Les), première guerre contre Rome, I, 70; trêve de vingt ans, I, 88.
Velléius Paterculus, historien romain I, 534.
Vénètes (Les), peuple primitif de l'Italie, I, 22.
Ventidius, lieutenant d'Antoine; ses victoires et son triomphe; I, 507.
Vénus, divinité mythologique, II, 365.
Verceil (Victoire de), I, 299.
Verrès, proconsul fameux, son procès, I, 354.
Vertumnus, personnage mythologique, II, 384.
Vespasien, ses premiers actes, I, 573; il encourage les lettres et les arts, I, 575; derniers événements de son règne, sa mort; I, 576; ses miracles, II, 445.
Vestales (Les), prêtresses, II, 390 et 530.
Vésuve (Le mont); son éruption, I, 576; bataille, I, 125.
Viateurs (Les), agents inférieurs de l'administration, II, 166.
Victoria (Mère des camps), I, 634.
Villas, II, 574.
Vinalia (Les), fêtes rustiques, II, 367.
Vitellius, empereur; ses orgies, I, 566; sa mort, I, 568.
Voies militaires, II, 33; tableau général, II, 35.
Volsques (Les); première guerre, I, 61; leur défaite, I, 64 et 81; deuxième guerre, I, 83; passent sous le joug, I, 84.
Vulcain, divinité mythologique, II, 382.

TABLE

DES ANNALES DE L'ITALIE ANCIENNE,

TOME II.

INSTITUTIONS, MOEURS ET COUTUMES.

		Pages.
1	Description de Rome sous les rois, la république et les empereurs.	1
2	Description de l'Italie et organisation de cette péninsule par les Romains.	21
3	Les provinces.	41
4	Formation et décomposition du peuple romain.	53
5	Organisation politique des Romains et développements successifs de leur constitution.	69
6	Administration.	115
	§ I. Assemblées générales du peuple romain.	ibid.
	§ II. Le sénat.	123
	§ III. Magistrats et fonctionnaires publics.	152
	§ IV. Organisation judiciaire et procédure.	174
	§ V. Police.	238
	§ VI. Organisation financière.	244
	§ VII. Organisation militaire.	266
	§ VIII. Organisation provinciale.	310
7	De la Religion des Romains.	335
	§ I. Examen des traditions religieuses antérieures à la fondation de Rome.	346
	§ II. Établissements religieux des rois de Rome.	373
	§ III. Changements introduits dans la religion romaine. De l'expulsion des rois au temps d'Auguste.	411
	§ IV. De la religion des Romains sous les empereurs.	430
8	Les principes généraux du droit romain.	467
	§ I. Sources du droit romain.	ibid.
	§ II. Droit des personnes.	475
	§ III. Droits réels et obligations (1).	494

(1) La troisième division faite par Gaius du droit Romain, les *actions*, se trouve p 181 et 184.

TABLE

	Pages.
9 Mœurs et Coutumes.	514
Naissance.	*ib.*
Adoption.	516
Prise de la toge virile.	517
Mariage.	519
Divorce ou Répudiation.	522
Mort, Funérailles.	523
Le Riche et le Pauvre.	529
La Vestale.	531
Les Sénateurs.	532
Les Chevaliers.	533
Les Littérateurs.	535
Les Libraires.	537
Les Médecins.	539
Le Laboureur.	543
Le Marchand.	544
Les Publicains.	546
L'Usurier.	548
Le Délateur.	549
Le Parasite.	551
Les Gladiateurs.	555
Esclaves.	559
Maisons.	572
Villas.	574
Costumes.	576
Repas.	582
Bains.	592
Travaux manuels.	595
Agriculture.	596
Commerce.	601
Éducation de la jeunesse.	603
Jurisconsultes.	469
Éloquence.	605
Médecine et Physique.	607
Philosophie.	608
Mathématiques.	611
Poésie.	612
Histoire.	614
Architecture.	615
Sculpture.	616
Peinture.	617
Musique.	618
Mimique et Danse.	619
Gymnastique.	620
Jeux publics.	*ib.*

TABLE DES PLANCHES

DU SECOND VOLUME.

CARTES.

Pl. 3. Étrurie.
Pl. 4. Rome sous les rois.
Pl. 5. Empire romain.
Pl. 6. Rome sous Aurélien.
Pl. 7. Carte ancienne des environs de Rome.

EMPIRE ROMAIN.

65. Les Rostres, le Tabellarium, à Rome.
66. Arc de triomphe de Titus, à Rome.
67. Colonne Trajanne, à Rome.
68. Basilique d'Albe.
69. Théâtre de Marcellus, à Rome.
70. Le grand théâtre de Pompée.
71. 1. 2. 3. Acteurs. — 4. 5. 6. 7. Masques.
72. Amphithéâtre Flavien, à Rome.
73. 1° Gladiateurs. — 2° Casques.
74. 1° Cestiaires. — 2° Cestes. — 3° Disque. — 4° Strigille.
75. Cirque de Caracalla, à Rome.
76. Mosaïque représentant les jeux du cirque.
77. Album à Pompéi.
78. Chars.
79. Pont Fabricius, à Rome.
80. Aqueduc et porte Majeure, à Rome.
81. Citerne à Baies. — Fontaines publiques à Pompéi.
82. Les thermes de Caracalla, à Rome.
83. Nymphée, à Albano.
84. Peinture antique des thermes de Titus, représentant l'intérieur des bains.
85. Meubles et ustensiles des bains.
86. Restes du palais des Césars, à Rome.
87. César en toge.
88. Licteurs.
89. Plan d'une maison romaine.
90. Entrée d'une maison romaine. — Le prothyrum.
91. Maison romaine. — L'atrium.
92. Maison romaine. — Le triclinum.
93. La boulangerie. — Meule et moulin.
94. Manipulation de la boulangerie.
95. La villa de Mécène, à Tivoli.
96. Mariage romain.
97. Jeune Romain avec la bulle. — Bulle. — Bagues. — Cachets.
98. Coiffures des dames romaines.
99. Métiers. — Le foulon.
100. Métiers à tisser et à filer.
101. Instruments de musique.
102. Meubles.
103. Lampes.
104. Candélabres, lampe portative. — Lampadaire.
105. Ustensiles de cuisine.
106. Cadrans solaires, calendriers. — Compas. — Abaque.
107. Mesures publiques. — Balances et poids.
108. Monnaies d'airain.
109. Monnaies d'argent et d'or.
110. Monuments militaires.
111. Camp des prétoriens.
112. Allocution.
113. L'empereur Trajan présidant un conseil de guerre.
114. Enseignes. — Couronnes civiques, murales, etc.
115. Soldats prétoriens. — Armure. — Bagage du soldat. — Épée.
116. Machines de guerre.
117. Navires.
118. Naumachie d'Auguste, à Rome.
119. Pyramide funéraire de Cestius.
120. Tombeau de Cecilia Metella.
121. Colombaire.
122. Funérailles. — Conclamation.
123. Triclinum pour les repas funèbres à Pompéi.
124. Sarcophages.
125. Célébration des saints mystères dans les catacombes.
126. Agapes. — Cubiculum.
127. Fossores.
128. Ornements sacrés.

TABLE DES PLANCHES

DU PREMIER VOLUME.

CARTES.

Pl. 1. Italie ancienne septentrionale.
Pl. 2.   Id.   méridionale.

ABORIGÈNES, PÉLASGES.

1. Hiéron du mont Circé.
2. Hiéron de Signia.
3. 1° Ruines d'un oracle à Suna. — 2° Oracle de Mars à Fiora.
4. 1° Pont à Cora. — 2° Aqueduc pris de Terracine.
5. Murailles de Norba.
6. 1° Porte de l'acropole d'Alatri. — 2° Porte à Norba.
7. 3° Porte du hiéron de Circé. — 4° Porte du hiéron de Signia.
8. 5° Porte de l'acropole d'Arpinum. — 6° Tombeau d'Elpénor au mont Circé.

COLONIES GRECQUES.

9. Temple de Neptune à Pestum.
10. Temple à Métaponte.
11. 1° Casques. — 2° Cuirasses. — 3° Cnémide. — 4° Chanfrein de cheval.
12. Tombeau à Canosa.

ETRUSQUES.

13. 1° Temples. — 2° Temple d'Albe.
14. Amphithéâtre de Sutri.
15. Repas. Peintures du tombeau de Marzi, à Corneto.
16. Danse. Peintures du tombeau de Querciola, à Corneto.
17. Jeux gymniques. Peintures d'un tombeau à Corneto.
18. 1° Bracelet. — 2° Fermoir. — 3° Collier. — 4° Fibulle.
19. Lits de bronze.
20. Candélabres.
21. Ustensiles.
22. Vases.
23. Bas-relief représentant des cavaliers.
24. Guerriers.
25. Pectoral d'or. (Tombeau de Cære.)
26. 1° Boucliers. — 2° Vases de bronze.
27. Miroirs mystiques et scarabées.
29. Intérieur d'un grand tombeau de Cære.
30. Tombeau à Corneto.
31. Tombeau de la famille Tarquinia à Corneto.
32. Tombeaux circulaires.
33. Tombeau à Volterra.
34. Tombeau à Norchia.
35. Tombeau à Castel-d'Asso.
36. Tombeau près de Cortone.
37. Urnes funéraires.
38. 1° Autel portatif de bronze. — 2° Vase à purifier.

SOUS LES ROIS DE ROME.

39. Médailles consulaires copiées sur des types anciens.
40. La Cloaca Maxima.
41. Prison Mamertine à Rome.
42. Portes jumelles à Signia.

OSQUES.

43. Murailles de Pompéi, porte du Sarnus.

RÉPUBLIQUE ROMAINE.

44. Médailles. Iconographie consulaire.
45. L'Émissaire du lac d'Albano.
46. Tombeau consulaire à Palazzuolo.
47. Médailles romaines. — Triumvirs, dictateurs, généraux.

EMPIRE ROMAIN.

48. Médailles d'empereur.
49. Costume d'empereur. (Titus.)
50. Costume d'impératrice. (Agrippine.)
51. Empereurs d'après les médailles.
52. Empereurs d'après les médailles.
53. Empereurs d'après les médailles.
54. Empereurs d'après les médailles.
55. Empereurs d'après les médailles.
56. Temple de Jupiter Stator.
57. Temple de Vesta à Rome.
58. Autels.
59. Trépied et ustensiles sacrés pour sacrifices.
60. Candélabres sacrés.
61. Sacrifice. — Suovetaurilia.
62. Pompe sacrée des personnages se rendant à un sacrifice.
63. Flamine, apex, vestale, lampes, augure.
64. Le Forum romain.

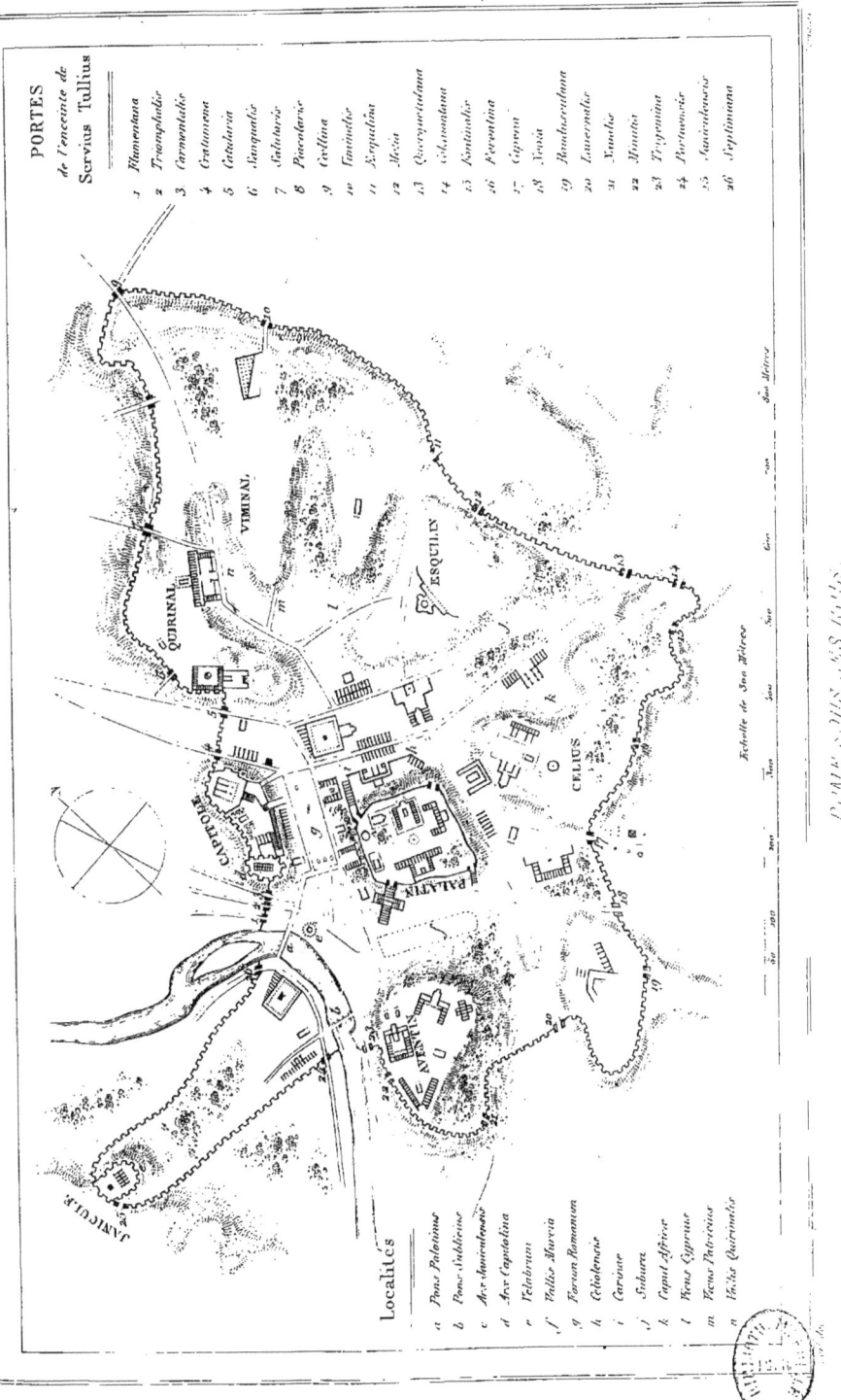

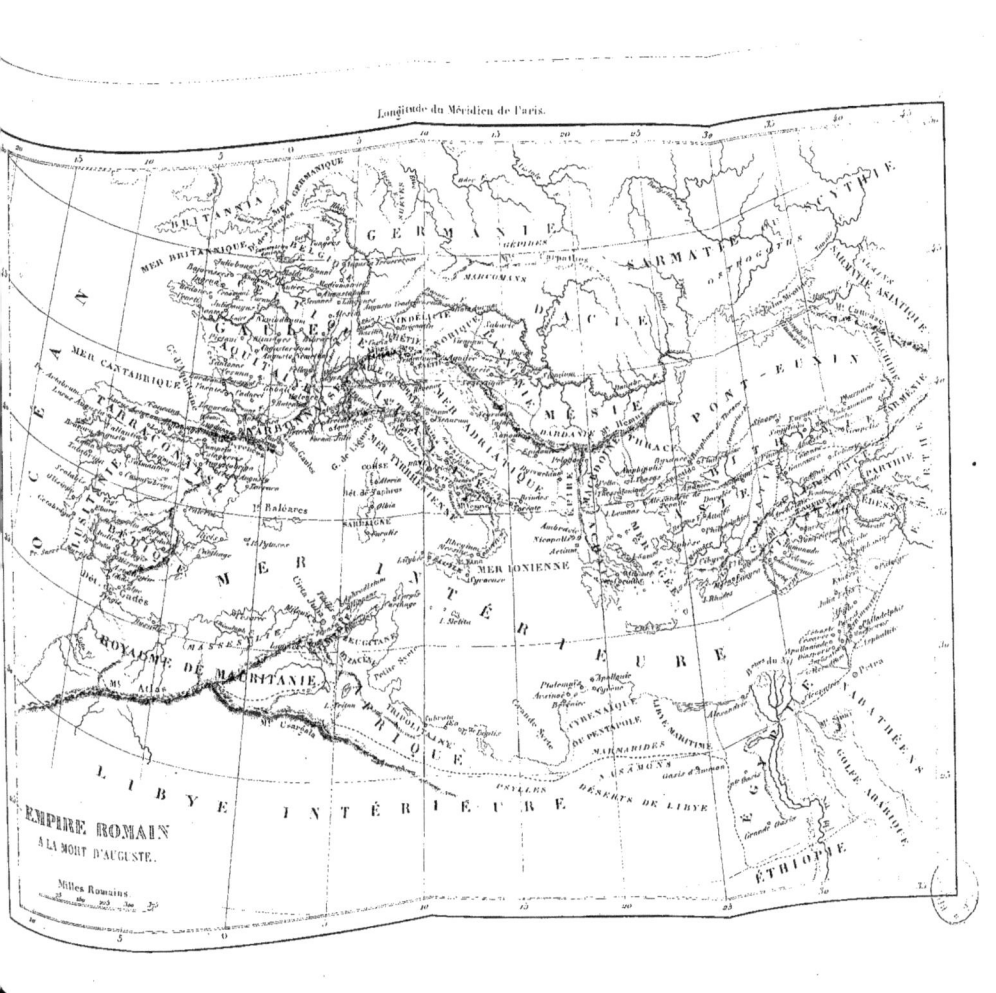

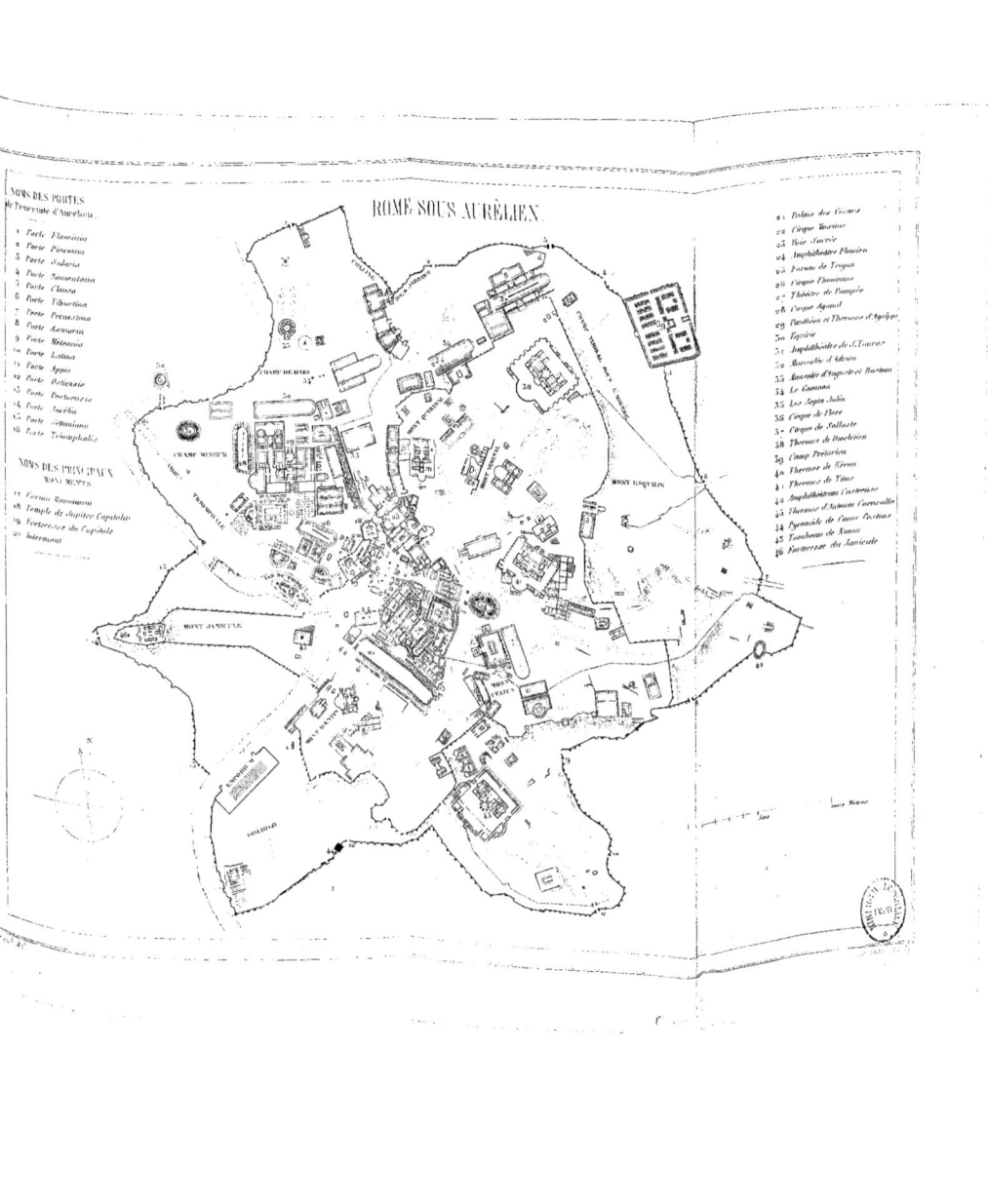

ITALIE ANCIENNE. EMPIRE ROMAIN

Les rostres du Tabularium à Rome.

Arc de triomphe de Titus à Rome.

Colonne Trajane, à Rome.

ITALIE ANCIENNE.   EMPIRE ROMAIN.

Basilique d'Albe

HALLE ANCIENNE (MARCHE SUTTARD)

Galerie des Marchands, à Rome.

ITALIE ANCIENNE. — EMPIRE ROMAIN.

Le grand théâtre de Pompéi.

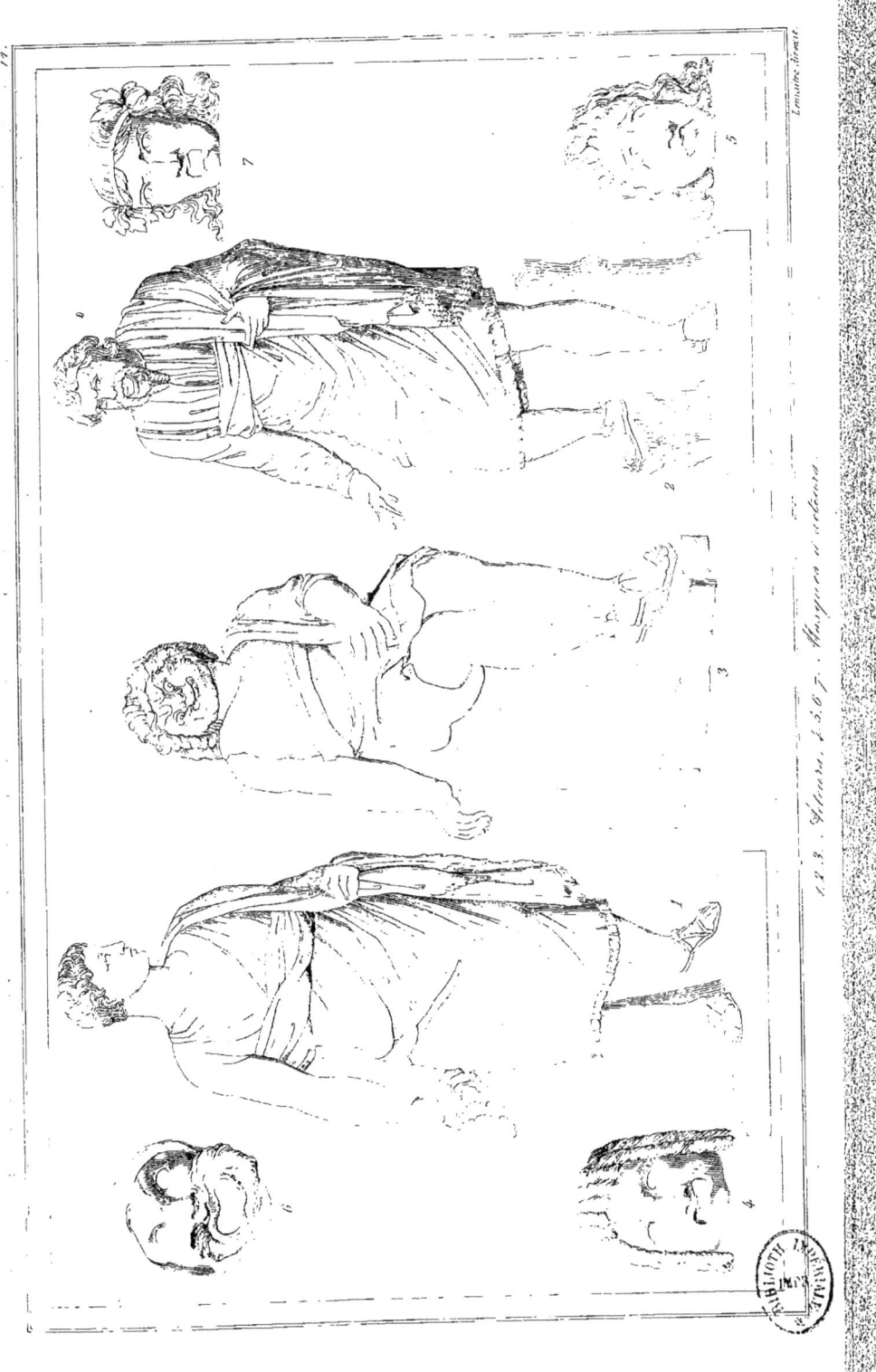

ITALIE ANCIENNE. (EMPIRE ROMAIN.)

Amphithéâtre Flavien, à Rome.

ITALIE ANCIENNE, EMPIRE ROMAIN.

1. Gladiateurs. 2. Casque de Gladiateurs.

1re Italie Ancienne

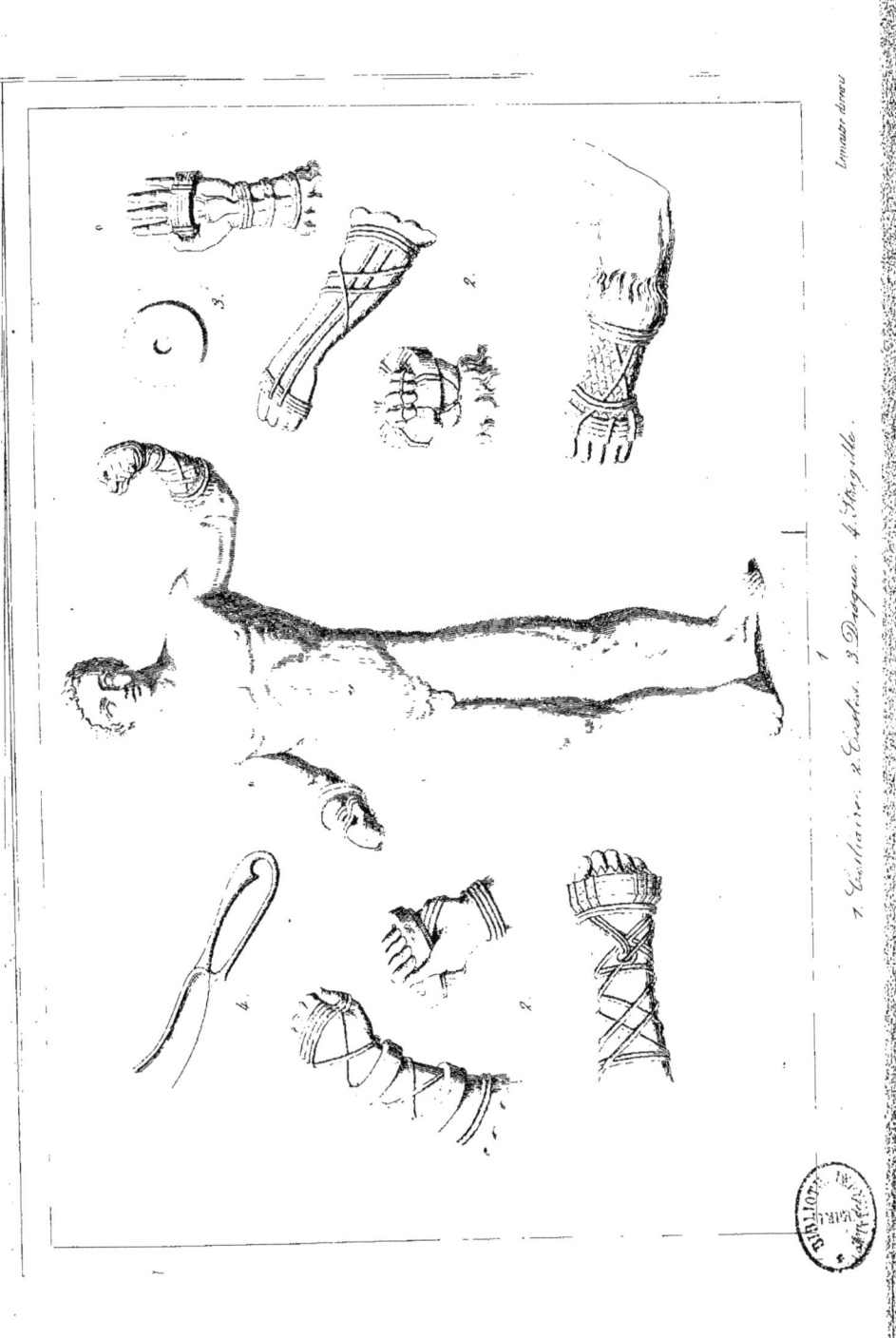

1. Cestiarius. 2. Cestus. 3. Disque. 4. Sangulla.

ITALIE ANCIENNE. EMPIRE ROMAIN.

Cirque de Caracalla à Rome.

ITALIE ANCIENNE, EMPIRE ROMAIN.

Mosaïque représentant des jeux du cirque.

ITALIE ANCIENNE   EMPIRE ROMAIN

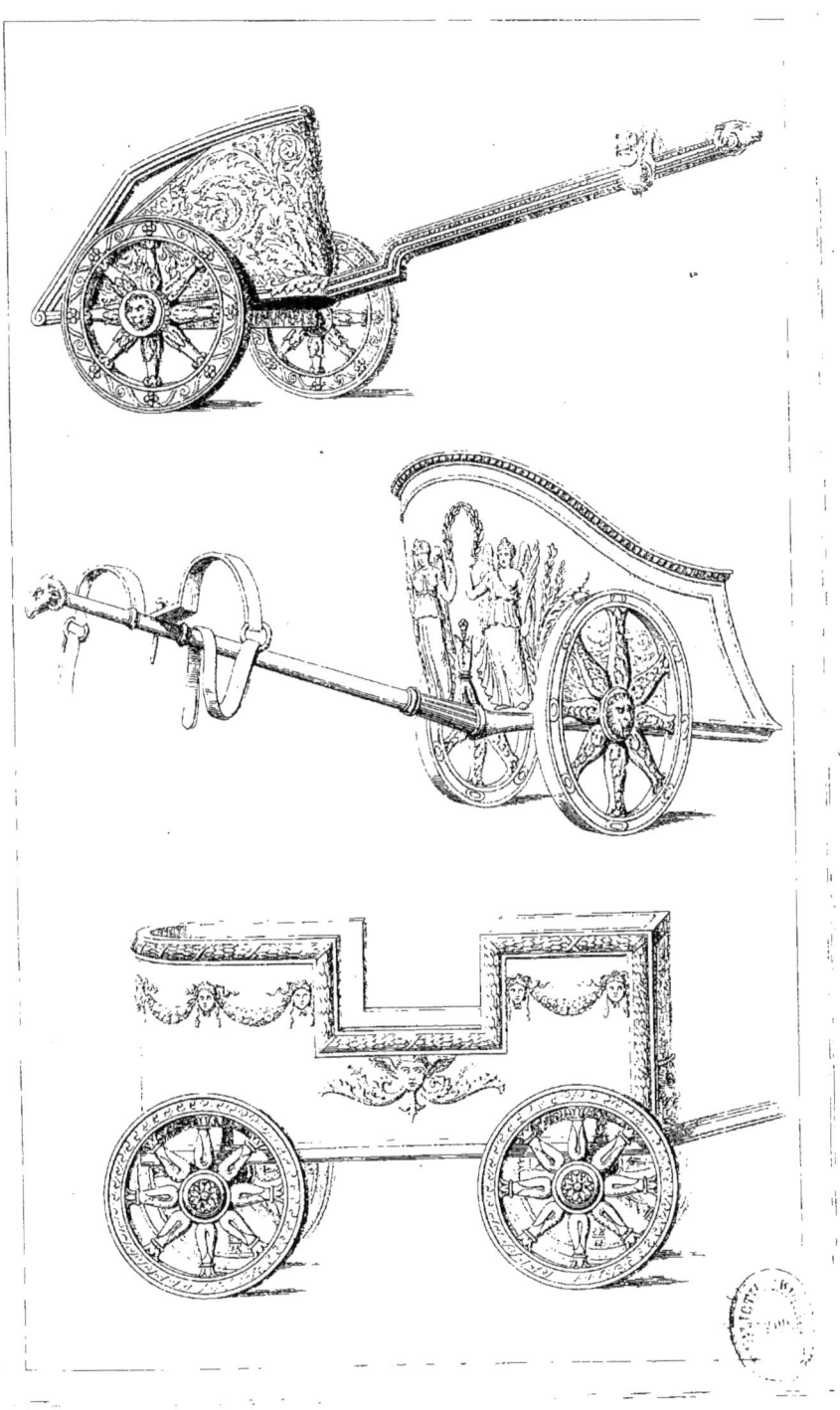

Chars

HALLE ANCIENNE

Pont Intérieur de Rennes

ITALIE ANCIENNE. EMPIRE ROMAIN.

Sépulture d'Eurysaces Majeures à Rome.

ITALIE ANCIENNE. *EMPIRE ROMAIN.*

Citerne à Baies. — Fontaines publiques à Pompeï.

ITALIE ANCIENNE. EMPIRE ROMAIN.

Les Thermes de Caracalla à Rome.

ITALIE ANCIENNE. EMPIRE ROMAIN.

Nymphée à Albano.

ITALIE ANCIENNE. EMPIRE ROMAIN.

Peinture antique des Thermes de Titus, représentant l'intérieur des bains.

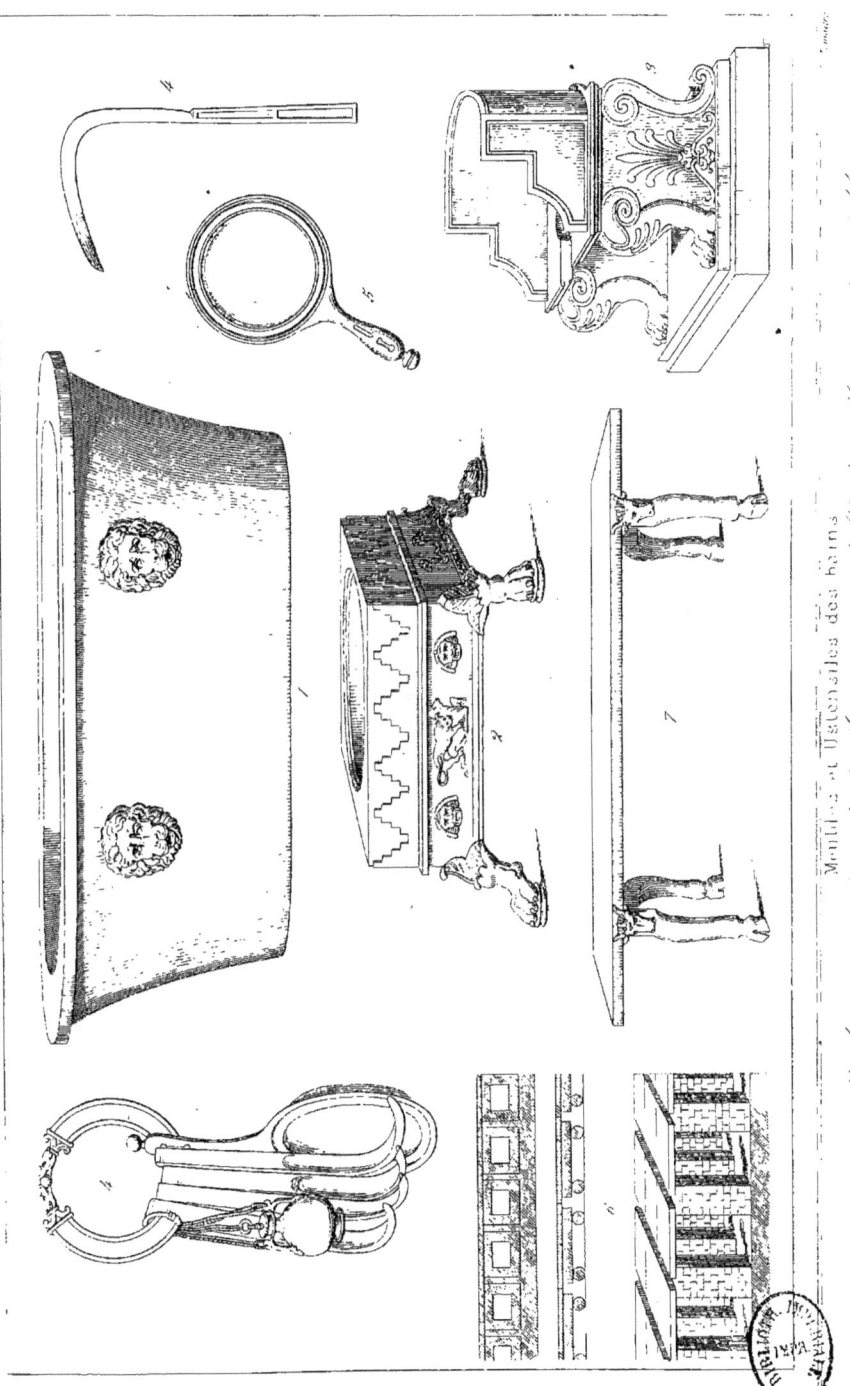

Meubles et Ustensiles des bains

1. cuve, 2. hypokausum, 3. siège, 4. strigiles, 5. miroir, 6. détail de l'hypocauste, 7. table.

Restes du palais des Césars, à Rome.

ITALIE ANCIENNE (EMPIRE ROMAIN)

César en toge.

ITALIE ANCIENNE (EMPIRE ROMAIN)

Licteurs

ITALIE ANCIENNE.   EMPIRE ROMAIN.

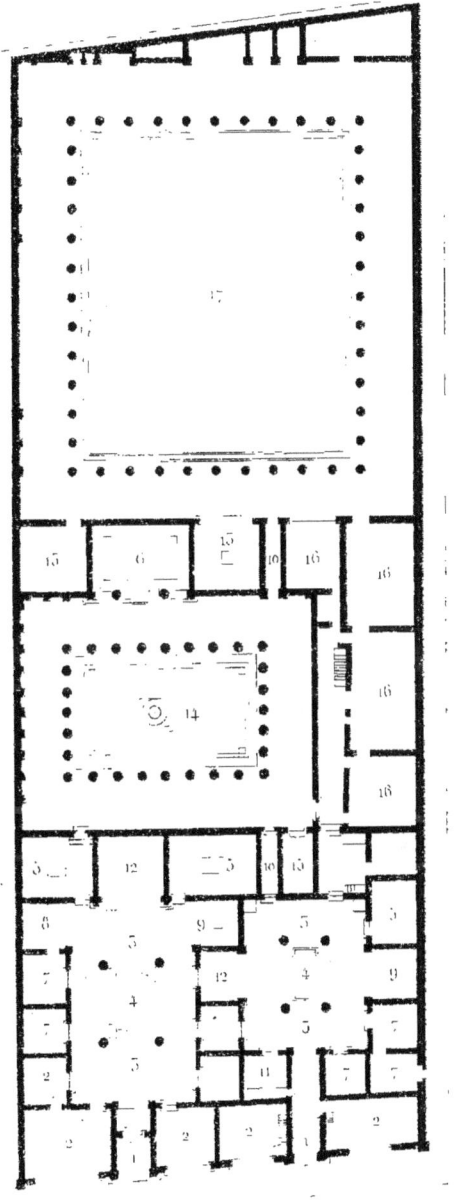

Plan d'une maison romaine.
La maison du Faune à Pompéi.

ITALIE ANCIENNE.   EMPIRE ROMAIN

Entrée d'une maison romaine. Le Prothyrum

Maison romaine. l'Atrium.

ITALIE ANCIENNE. EMPIRE ROMAIN.

Maison romaine, le Triclinium

1. la boulangerie. 2.3. meule et moulin.

Monuments de la Boulangerie. Bas-relief du tombeau du boulanger.

ITALIE ANCIENNE. *EMPIRE ROMAIN.*

La villa de Mécène à Tivoli.

ITALIE ANCIENNE. *EMPIRE ROMAIN.*

Mariage romain.

ITALIE ANCIENNE. (EMPIRE ROMAIN.)

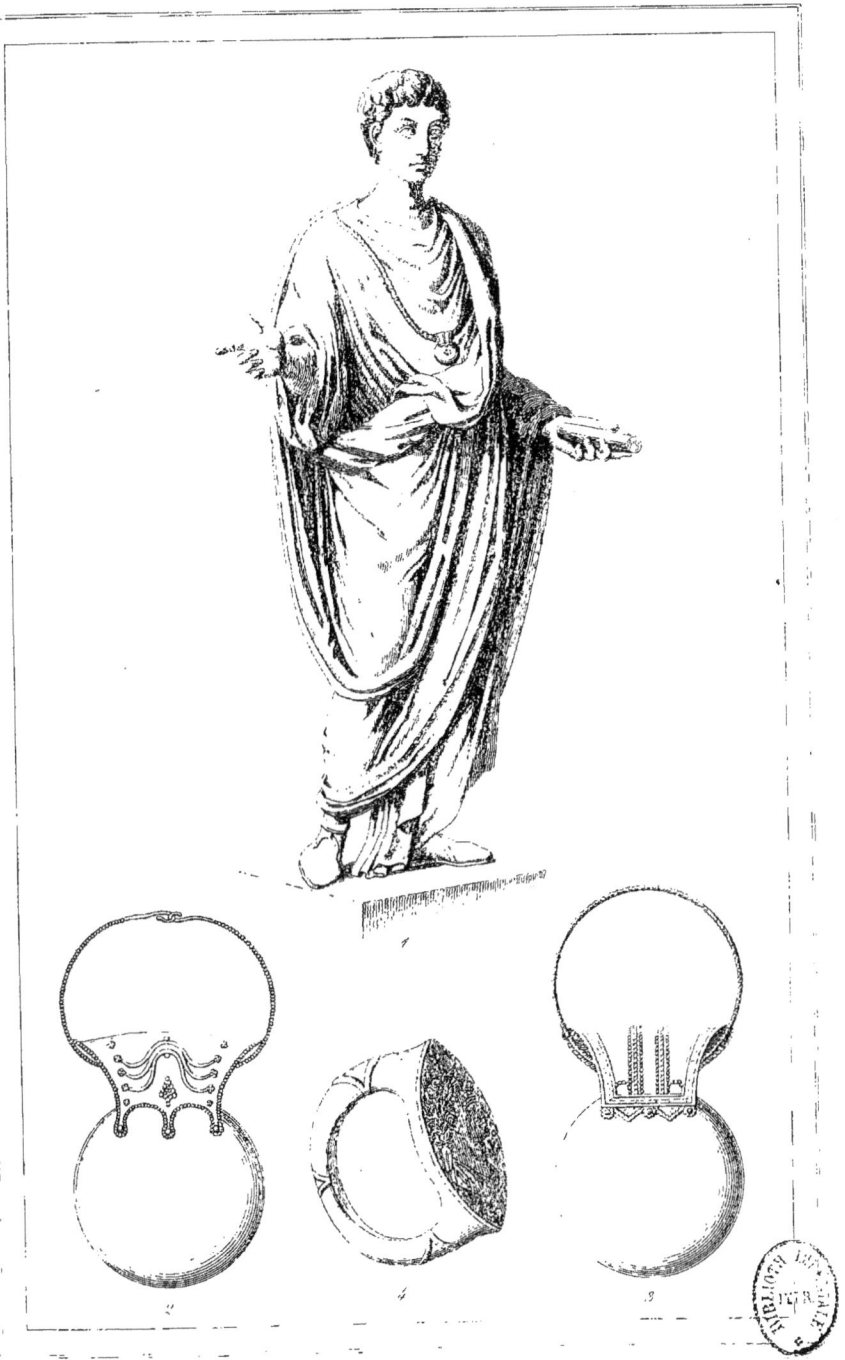

1. Jeune Romain avec la Bulla. 2.3. Bullæ. 4. Bague.

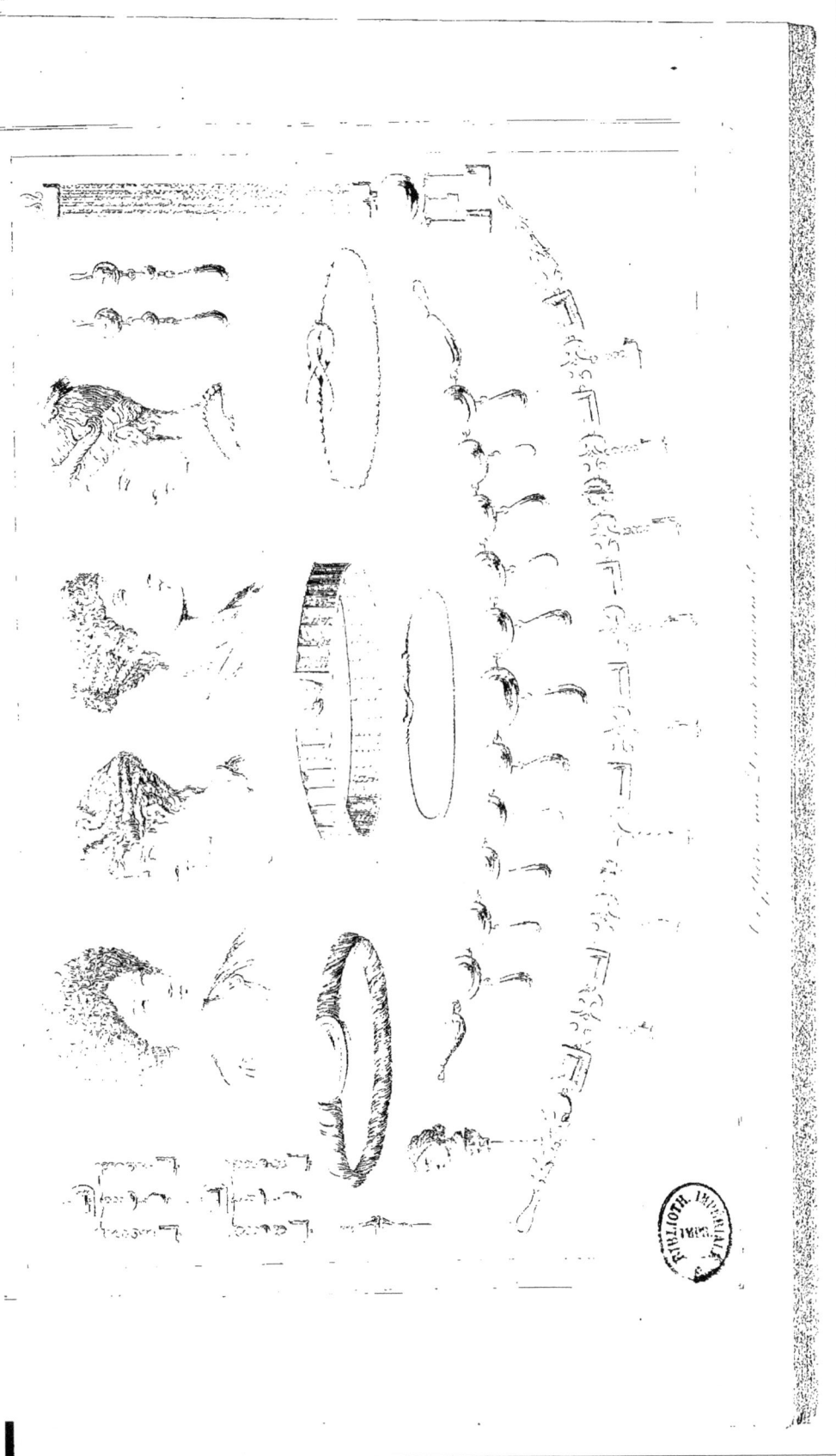

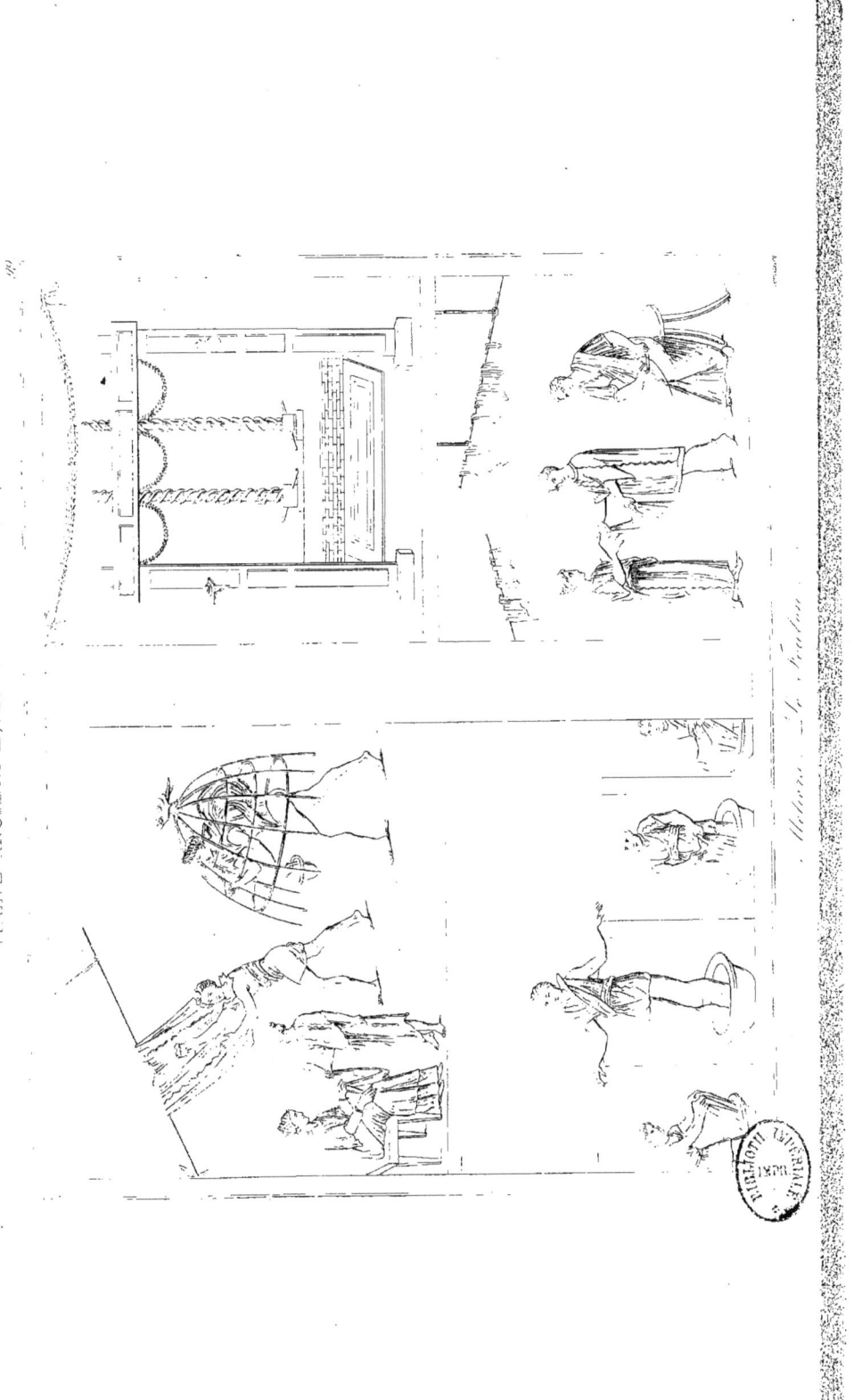

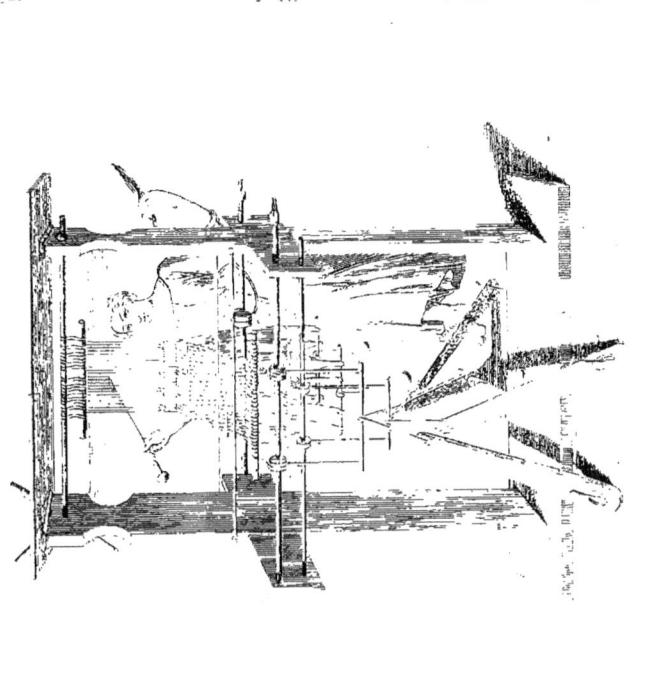
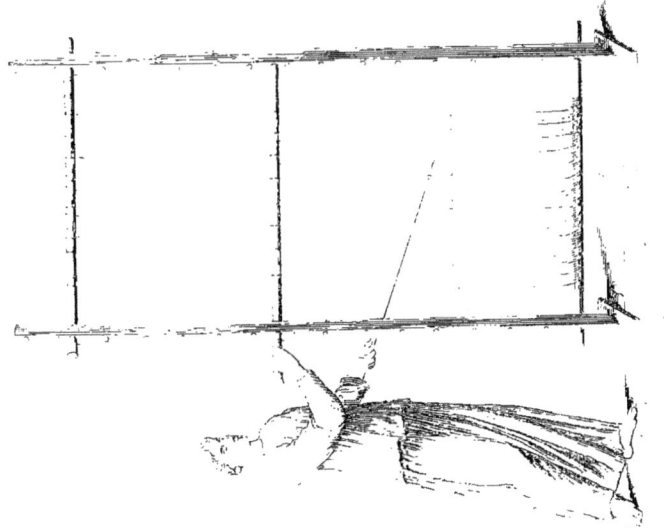

ITALIE ANCIENNE. EMPIRE ROMAIN

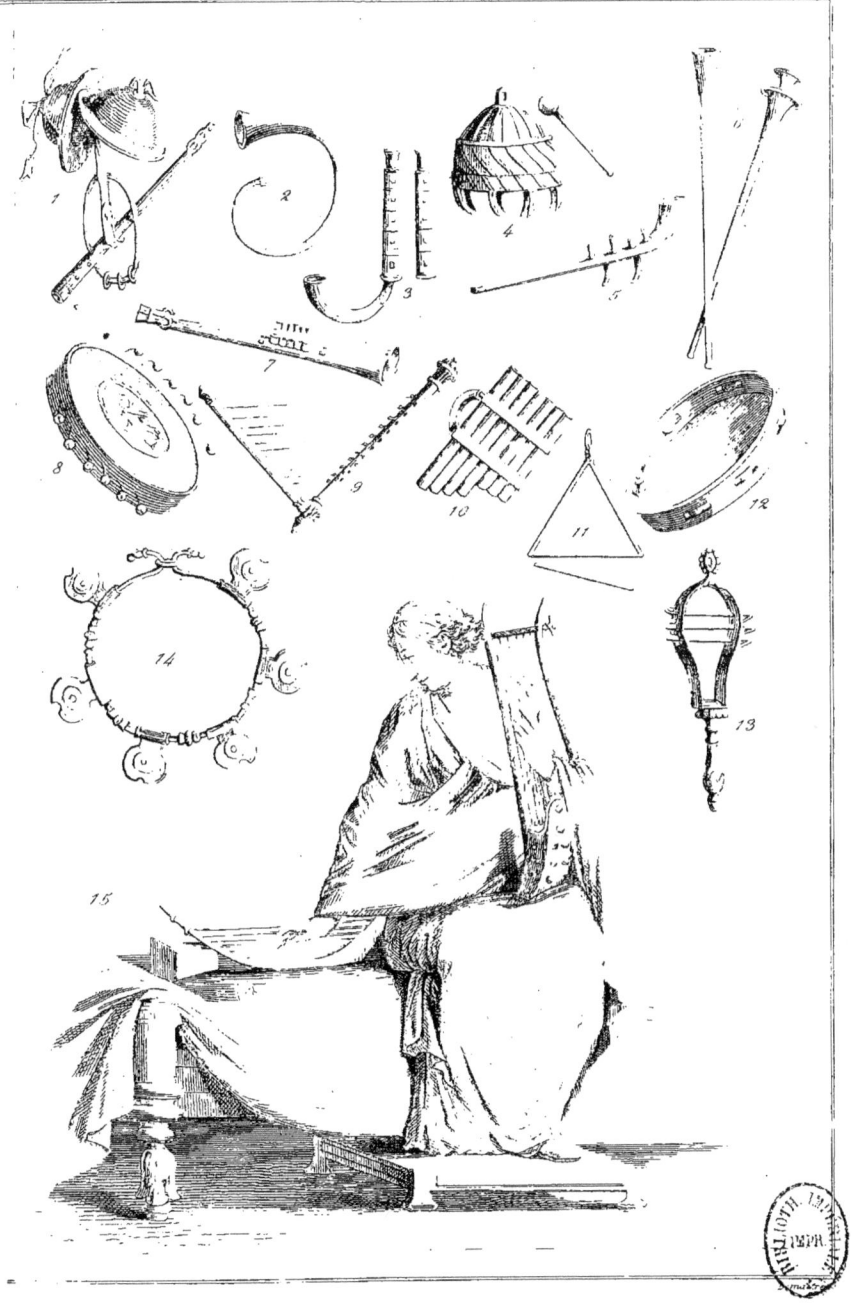

Instruments de musique.

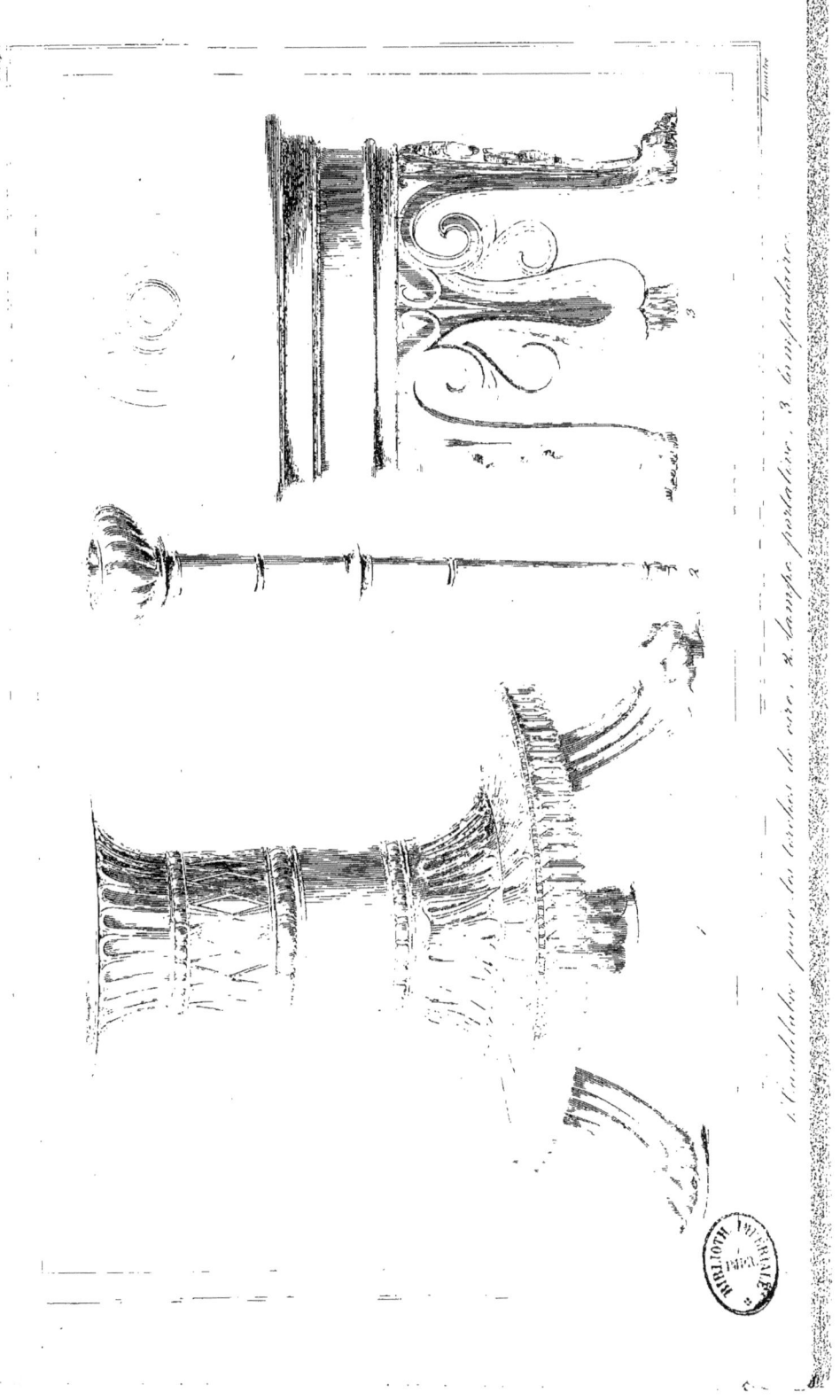

1. Candelabro pour les torches de cire. 2. Lampe portative. 3. Lampadaire.

ITALIE ANCIENNE. *EMPIRE ROMAIN.*

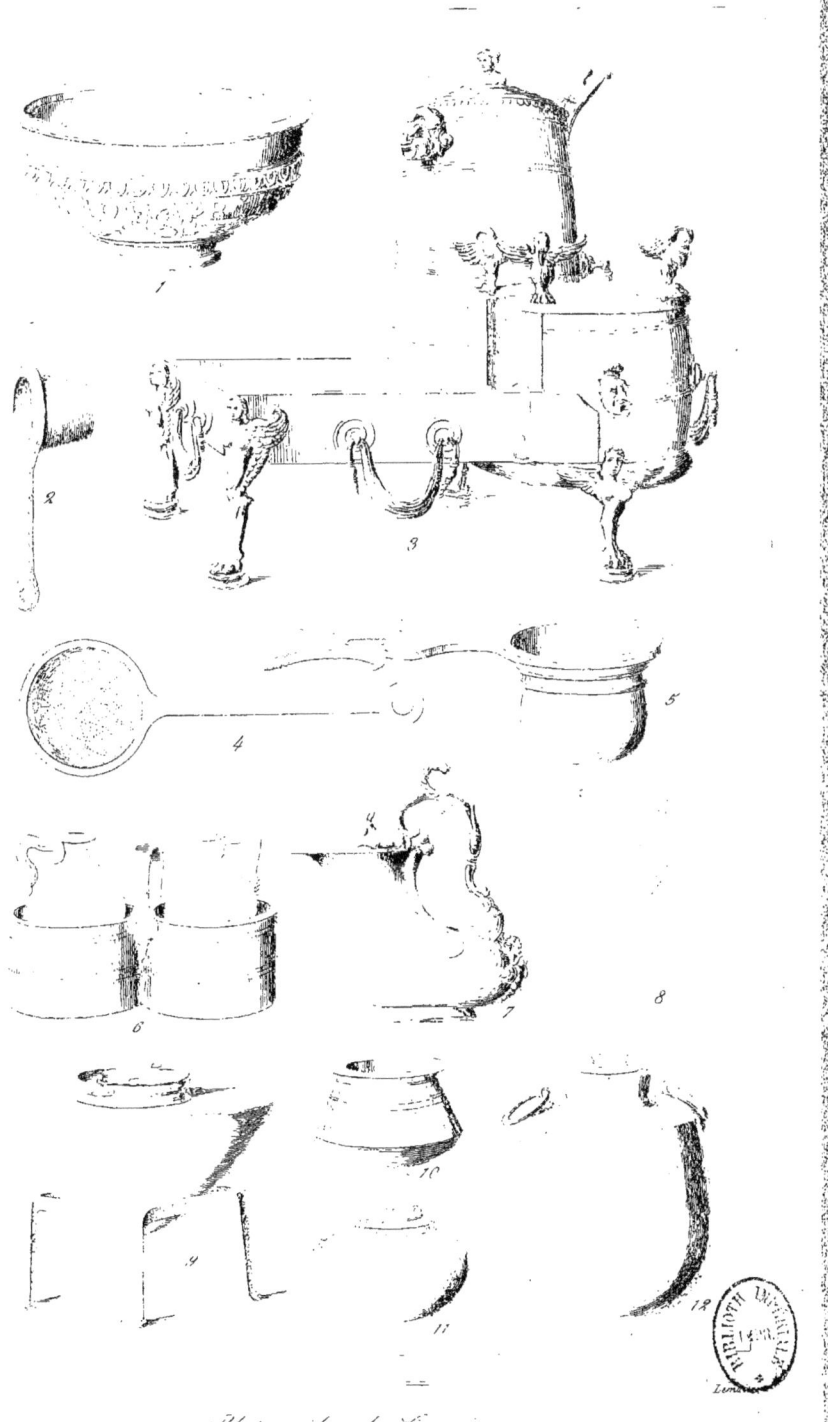

Ustensiles de Cuisine.

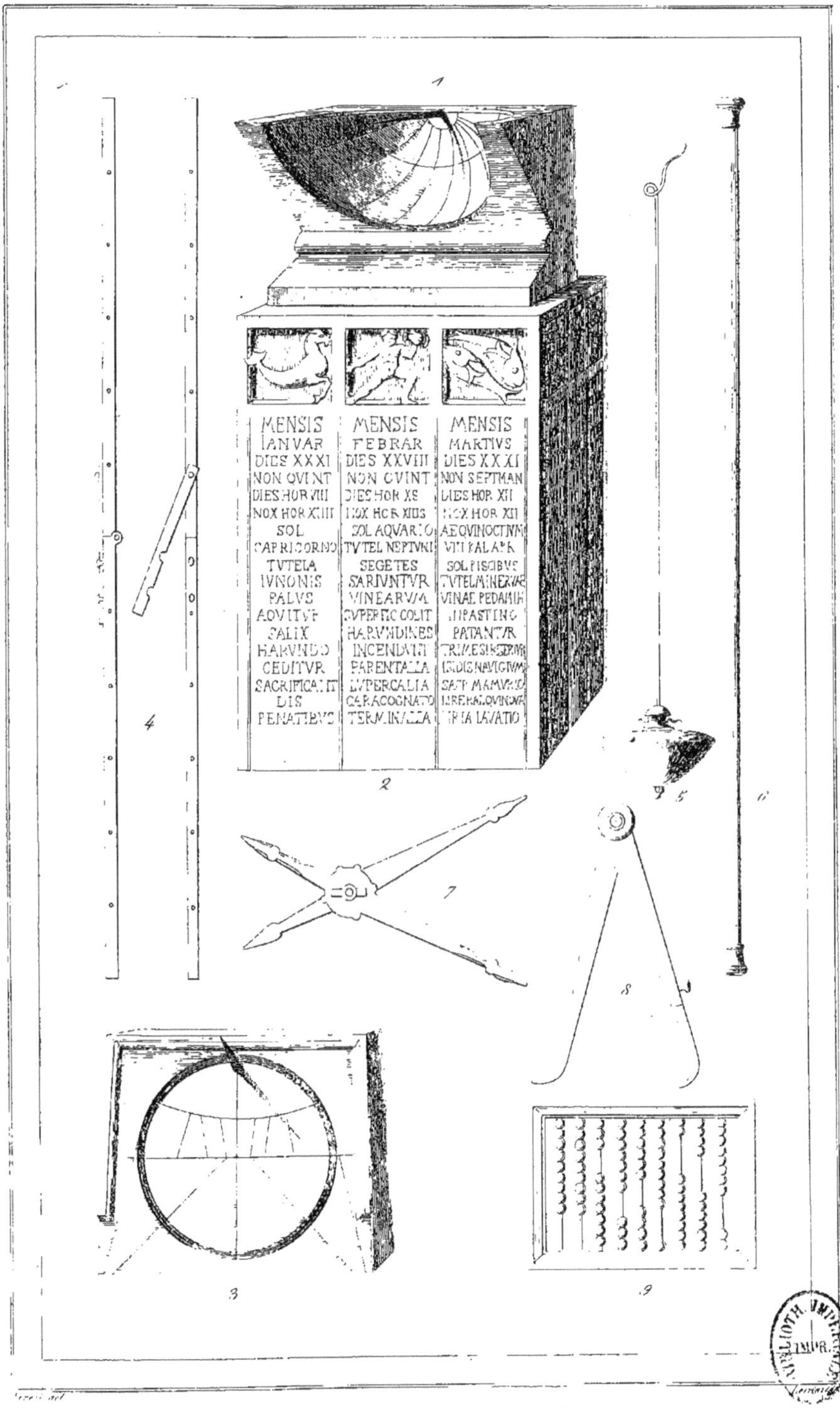

... del.

1.2 Cadrans solaires. 3 calendrier. 4.5.6. mesures et aplomb. 7.8 compas. 9 abaque.

ITALIE ANCIENNE, EMPIRE ROMAIN

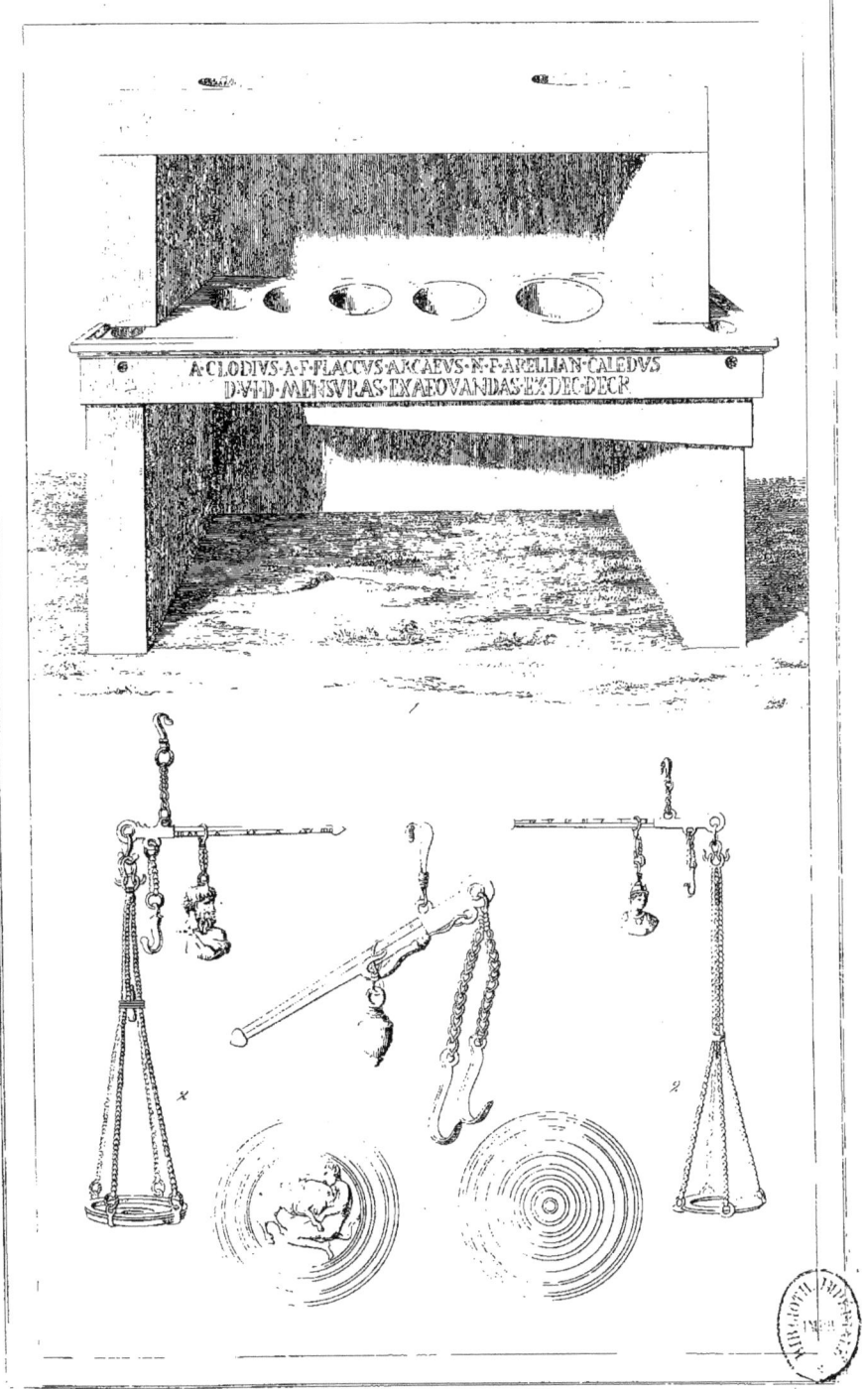

1. Mesures publiques. 2. Balances et poids.

ITALIE ANCIENNE - EMPIRE ROMAIN.

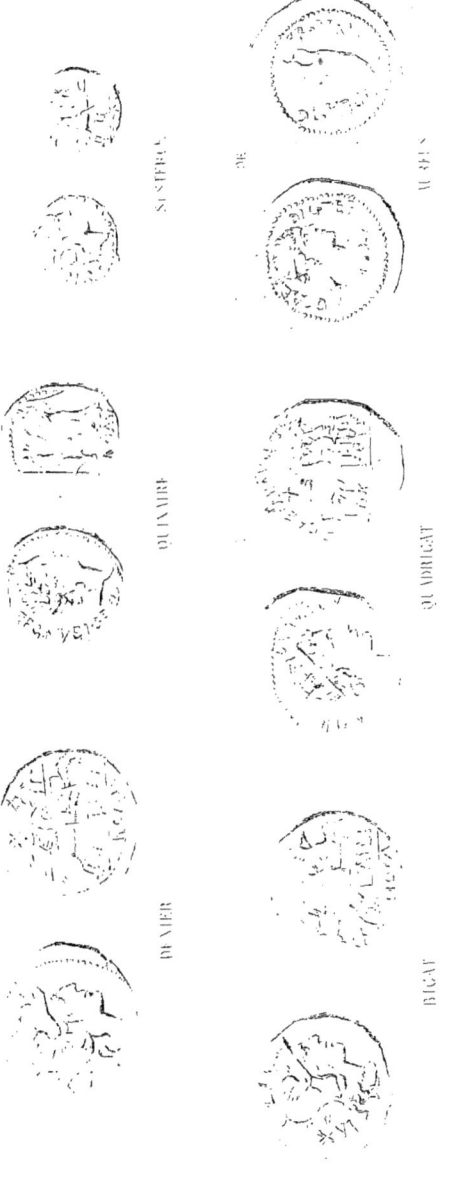

DENIER

BIGAT

QUADRIGAT

OLIVIER

SESTERCE

AUREUS

Monnaies d'argent, le denier et ses divisions, et l'or, l'aureus.

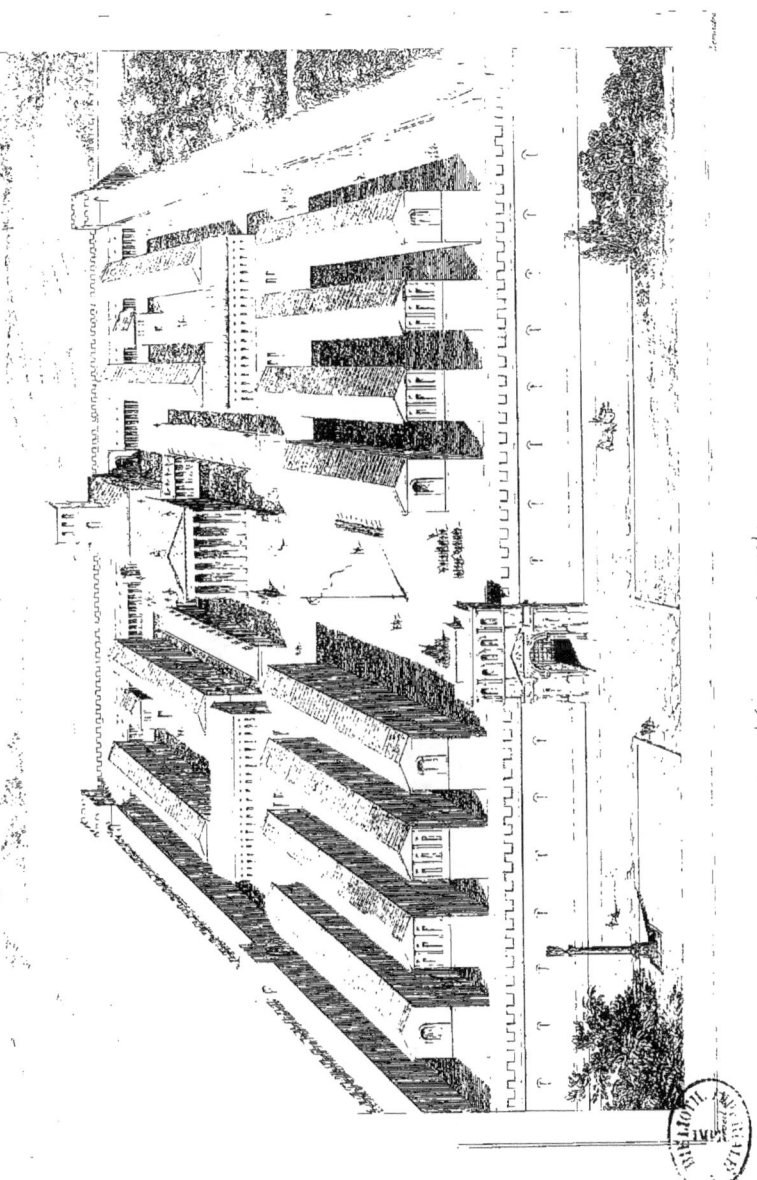

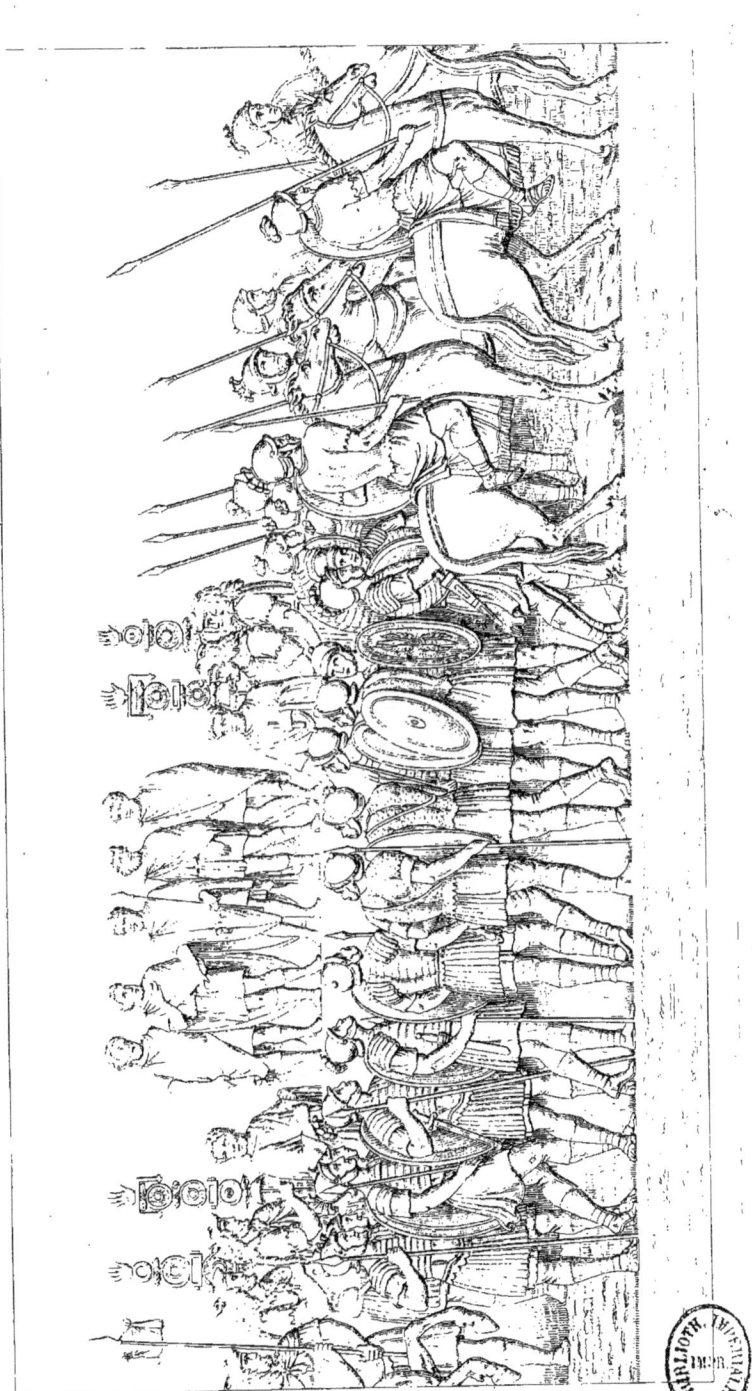

ITALIE ANCIENNE. EMPIRE ROMAIN.

Mersken bas-relief de la colonne Antonine.

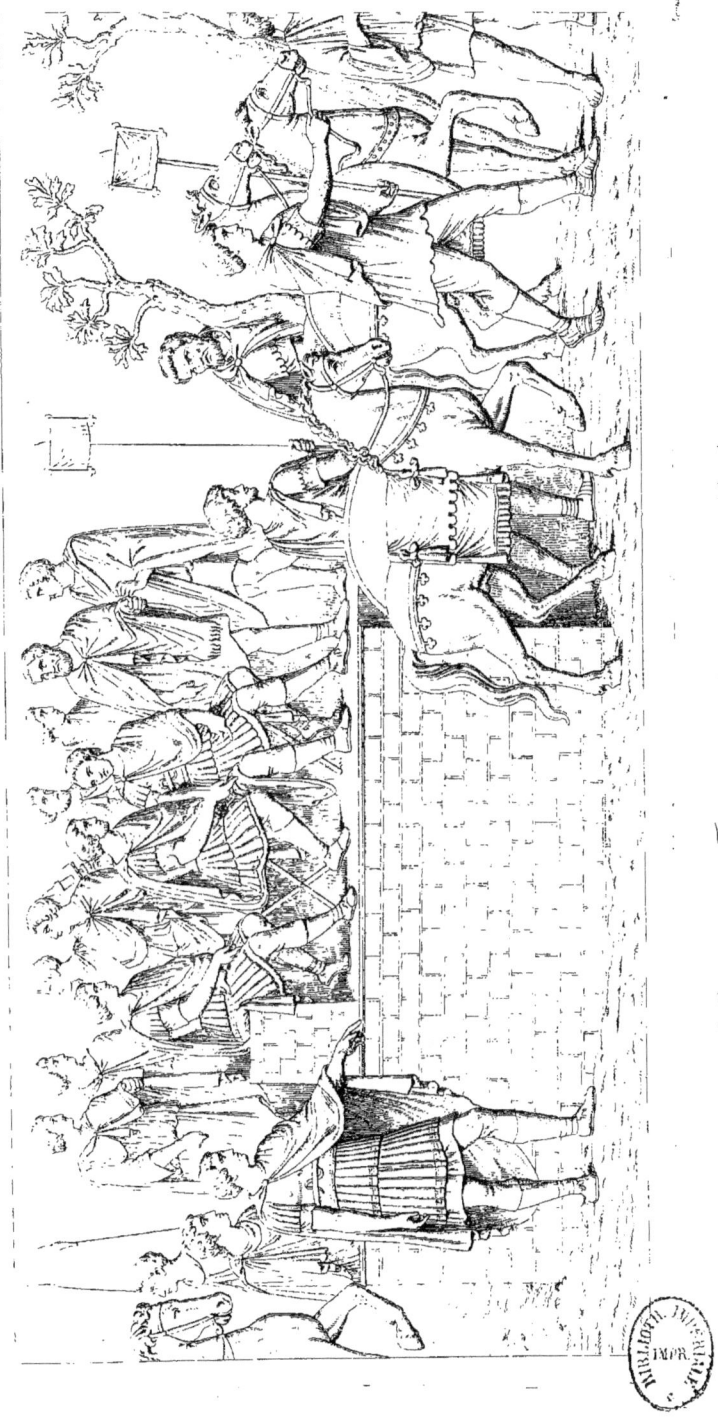

L'Empereur Trajan présidant un conseil de guerre.

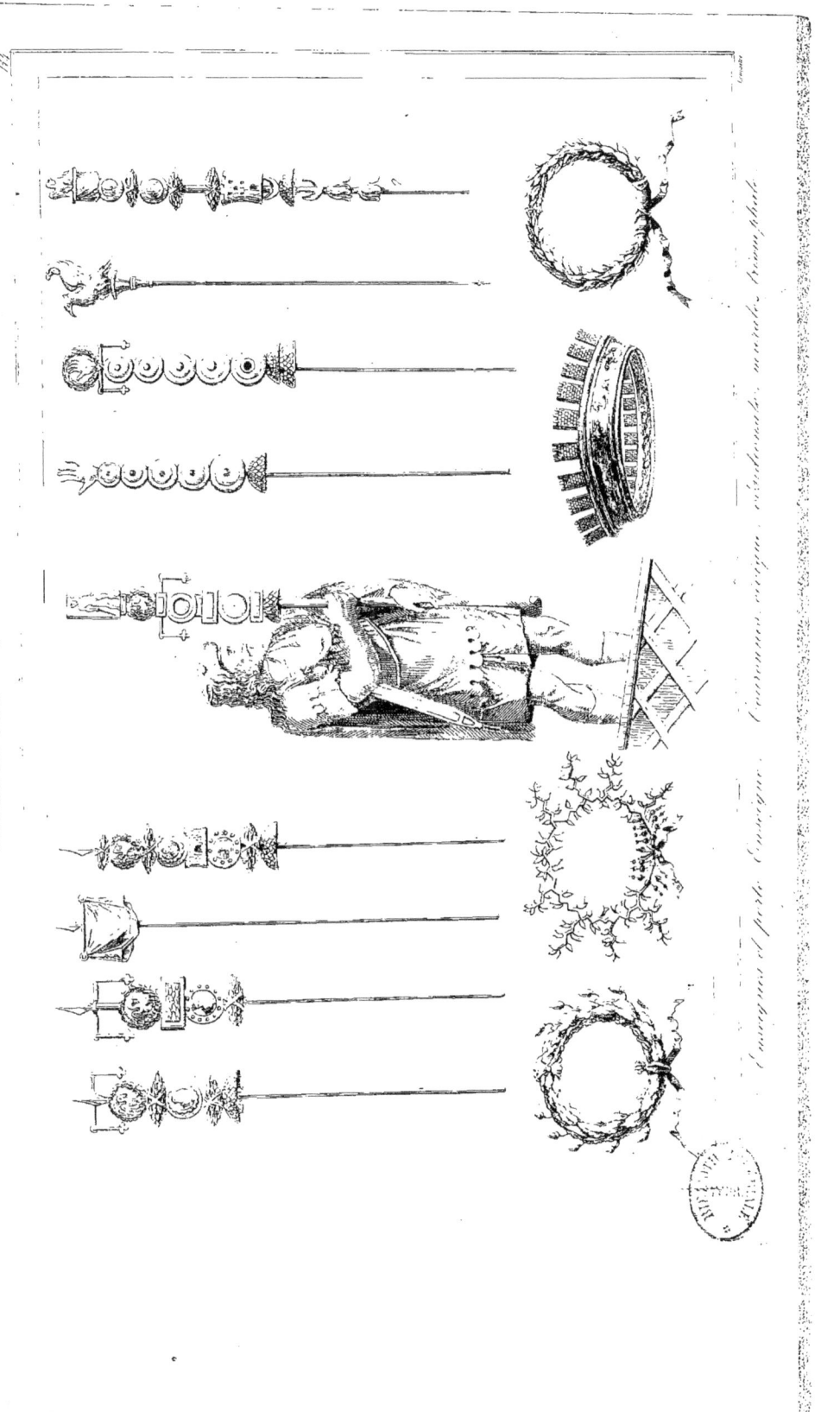

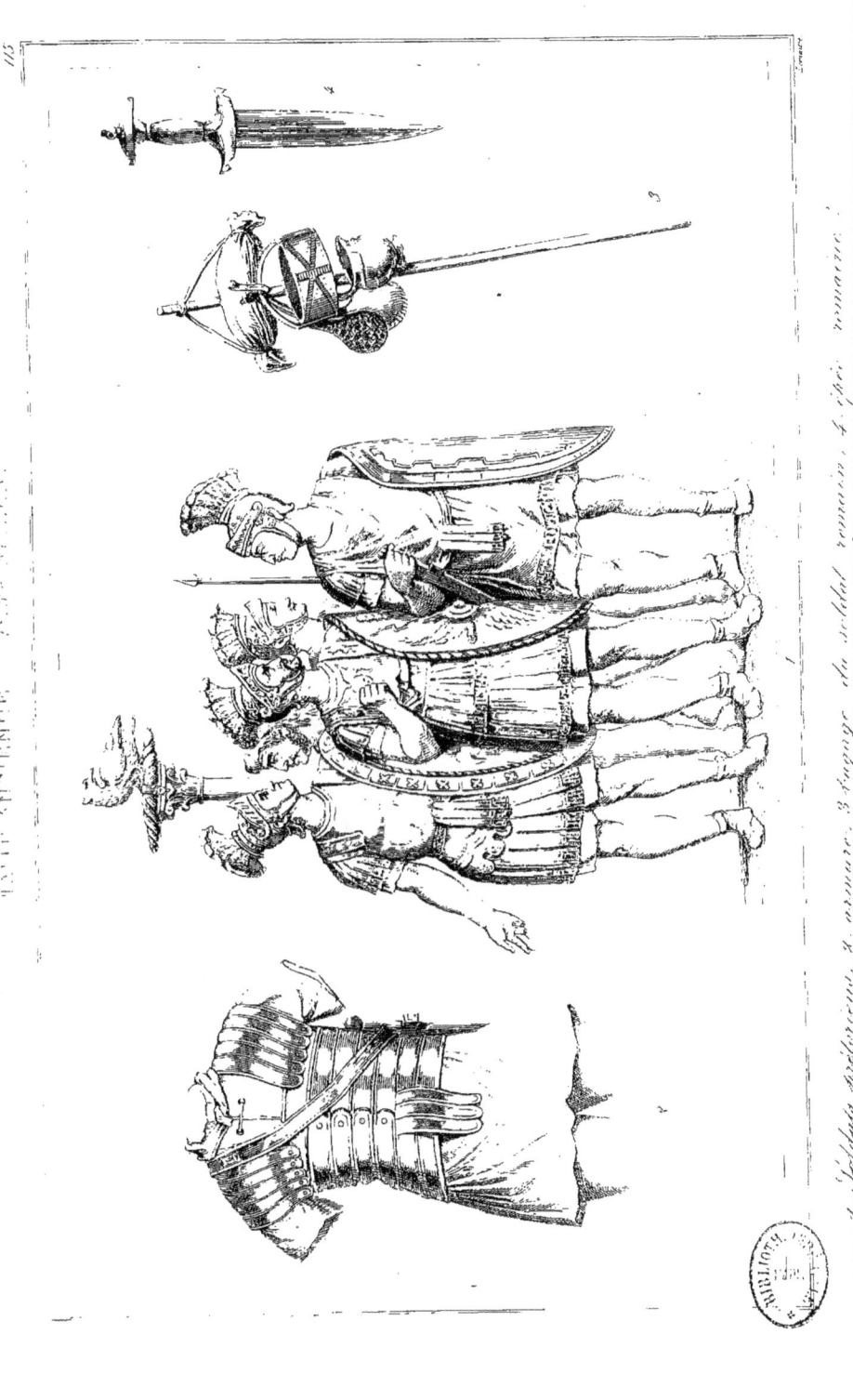

ITALIE ANCIENNE, EMPIRE ROMAIN.

Machines de guerre.

ITALIE ANCIENNE, (EMPIRE ROMAIN)

117.

Navires.

Tombeau de Cecilia Metella.

ITALIE ANCIENNE. (EMPIRE ROMAIN.)

Columbarium.
Intérieur du tombeau des affranchis d'Auguste

ITALIE ANCIENNE. (EMPIRE ROMAIN.)

Tombeaux pour les repas funèbres à Pompéi.

ITALIE ANCIENNE. (EMPIRE ROMAIN.)

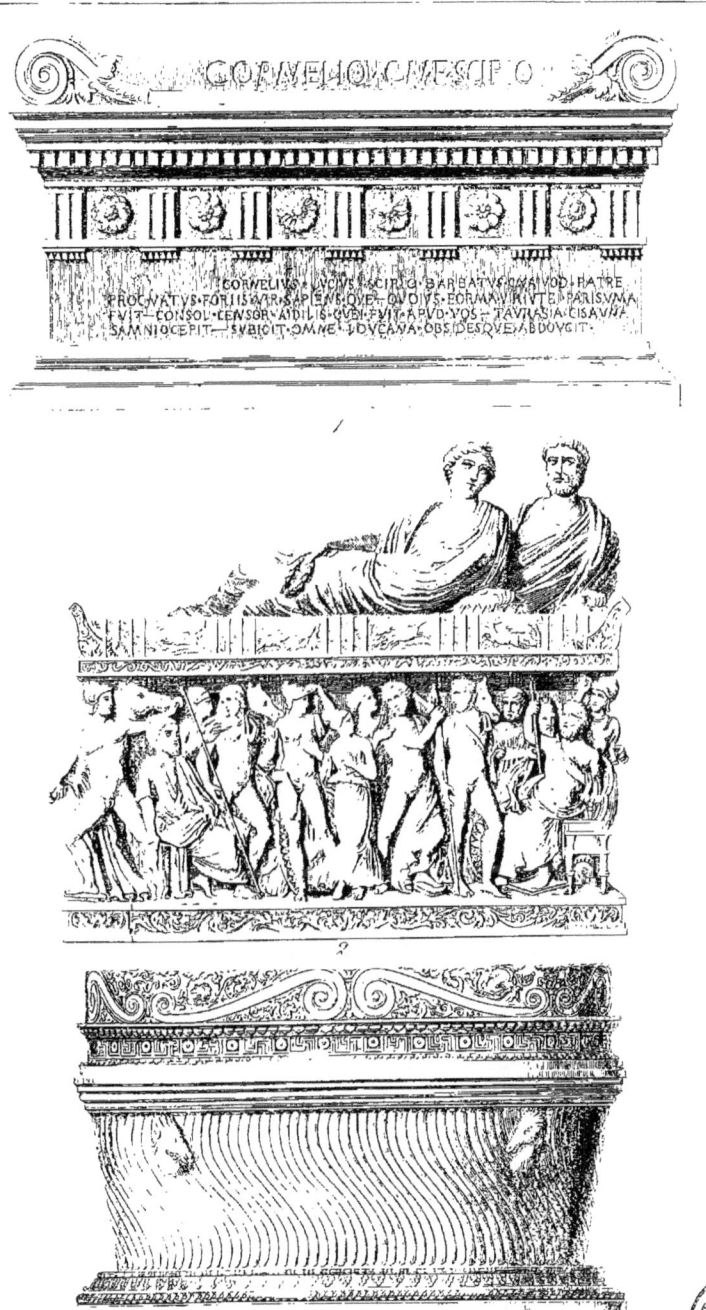

Sarcophages.

ITALIE ANCIENNE. — PREMIERS CHRÉTIENS.

Célébration des Saints Mystères dans les Catacombes.

ITALIE ANCIENNE.   PREMIERS CHRÉTIENS.

1. Agapes.   2. Cubiculum.

ITALIE ANCIENNE. — PREMIERS CHRÉTIENS.

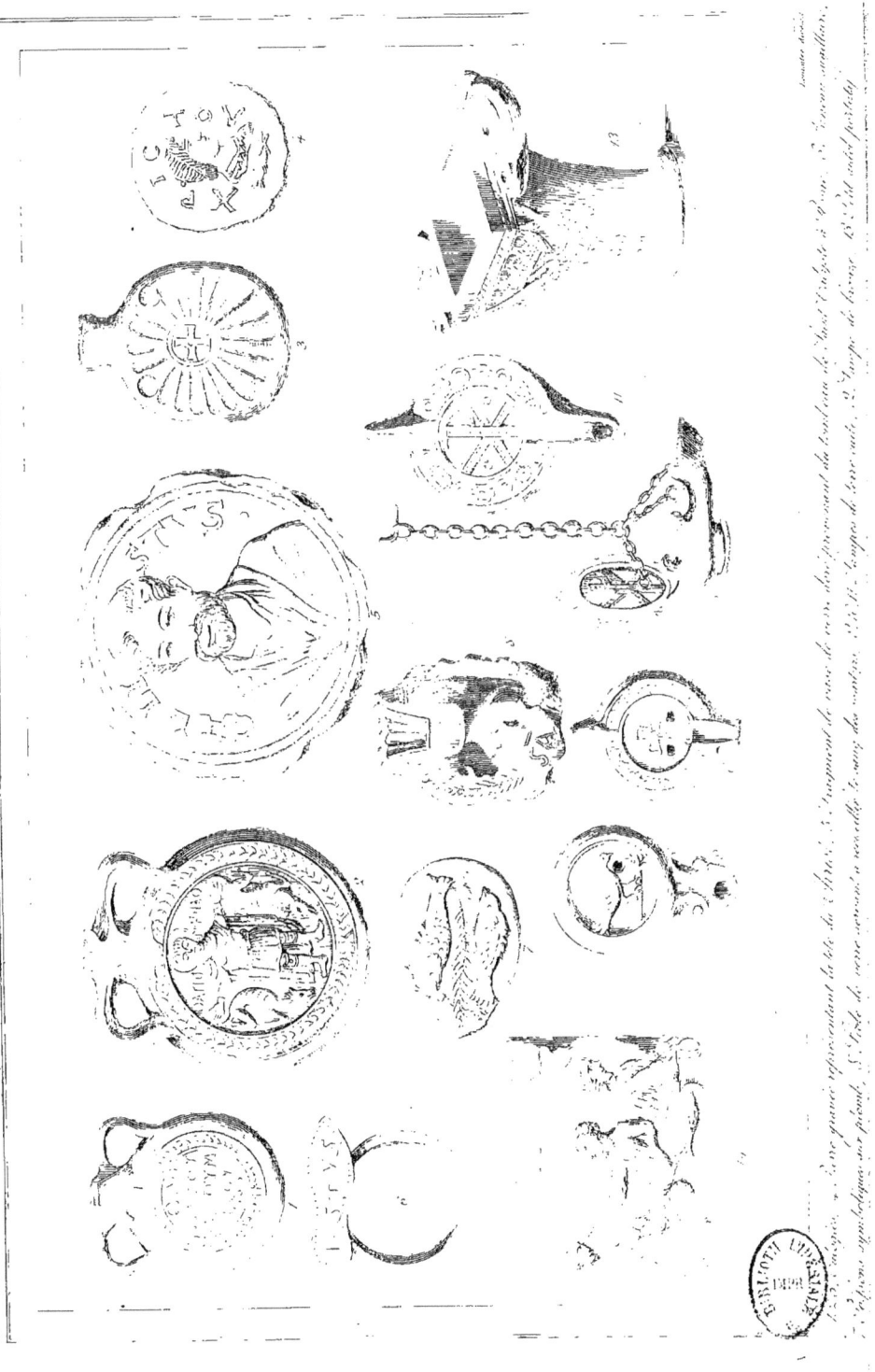

www.ingramcontent.com/pod-product-compliance
Lightning Source LLC
Chambersburg PA
CBHW061733300426
44115CB00009B/1199